社會科學叢書

政府規制論

— 規制와 規制緩和의 政治經濟 —

서울大 行政大學院 教授
崔 炳 善 著

法 文 社

초판 제15쇄에 부쳐

이 책의 출간연도가 1992년이니까 어언간 15년의 세월이 흘렀다. 이 긴 시간이 지나도록 꾸준하게 책이 나가고 있음에도 불구하고 개정판을 내지 않은 예는 이 책 말고는 없을 듯하다. 저자로서 책임을 다하지 못해 죄송한 마음 이루다 말할 수 없거니와, 이 책의 수명이 아직 다하지 않았다는 것이 신기하게 생각되기도 한다.

「정부규제론」이 아직까지 살아남은 이유는 그것이 정부규제와 규제정책에 관한 기본서로 인식되어서일 것이다. 그런 이유로 저자는 처음부터 이 책의 개정을 염두에 두지 않았다. 그러나 다행인지 불행인지 이 책에 실린 당시로서는 참신했던 규제사례의 상당수가 기억에서 사라져가고, 1990년대 중후반에 본격화된 정부의 규제개혁 과정, 문제점과 성과 등을 다루지 못함에 따라 이제 도저히 발을 뺄 수 없게 되어버리고 말았다.

이 책의 개정을 마음먹고서도 또 몇 해가 지나가고 있지만, 개정작업에 본격적으로 착수하지 못한 중요한 이유가 하나 있다. 「정부규제론」의 부제를 통해서도 알 수 있듯이 이 책은 정치경제학의 관점에서 규제와 규제완화에 접근하고 있다. 그런데 그간에 저자의 학문적 시각과 관심이 제도주의와 제도경제학으로 확대되었다. 이에 따라 위와 같은 정도의 선에서 이 책을 보완하는 수준의 개정이 아니라 제도론의 관점을 대폭 수용하여 전면개정을 하는 것이 낫겠다고 생각해 왔다. 지금도 이 생각과 계획에는 변함이 없다. 이 책의 전면개정은 앞으로 2년 정도가 소요될 것으로 생각된다. 이 책의 개정을 기다리고 계신 독자들에게는 너무 긴 시간이겠지만 지금으로선 그렇게 약속을 할 수밖에 없다.

끝으로 이 책을 사랑해 주신 독자들을 위하여 그간 저자가 규제 및 규제개혁과 관련하여 집필해 온 책과 논문들 가운데 참고하실 만한 것들을 여기에 열거한다. 부족하나마 기회가 되신다면 이 책을 보완하는 글들로 읽어 주시기를 희망한다. 아래 글들의 거개는 저자의 서울대학교 행정대학원 웹사이트(http://plaza.snu.ac.kr/~bschoil)에 올려져 있음을 알려 드린다.

- "신제도경제학에서 본 규제이론과 정책: 이견과 확장",「행정논총」제44권 제2호, 서울대학교 행정대학원, 2006. 7.
- 김영평 · 최병선 · 신도철(공편저),「규제의 역설」, 삼성경제연구소, 2006. 4.
- "로날드 코오스: 시장의 진실과 세상의 이치," 김한원, 정진영(편),「자유주의: 시장과 정치」, 부키, 2006. 3.
- "규제문화의 연구: 정치문화이론의 적용가능성,"「규제연구」, Vol. 12, No. 2. 한국규제학회/한국경제연구원, 2003. 9.
- "법의 지배와 행정: 행정/복지국가에서의 법과 정책," 한국제도경제학회 창립 학술대회「인치 · 법치 · 관치: 법의 지배 확립」발표논문, 2003. 6. 13.
- "Regulation and Corruption: A Hidden Relationship," *The Korean Journal of Policy Studies,* Vol. XVIII(1), 2003. 10.
- 신종익 · 최병선(공편저)「시장경제와 규제개혁」, FKI 미디어, 2002. 10.
- "세계화시대의 국가간 규제(정책 및 제도)의 조화에 관한 연구,"「한국행정연구」제10권 제4호, 한국행정연구원, 2001년 겨울호.
- "한국의 규제정책 분야 실증연구의 경향과 분석,"「행정논총」제39권 제3호, 서울대학교 행정대학원, 2001.
- "정부주도 경제사회의 운영과 행정윤리,"「행정논총」제39권 제4호, 서울대학교 행정대학원, 2001.
- "하이에크의 자유주의 사상과 정치경제학 이론," 안청시 외(편),「현대 정치경제학의 주요 이론가들」(아카넷, 2000).
- "규제완화의 정치: 사상, 이해관계, 제도의 역학," 진창수(편),「규제완화의 정치: 비교연구」, 세종연구소, 1998. 12.
- "부정부패와 정부규제,"「한국행정연구」제5권 4호, 한국행정연구원, 1997. 2.
- "새로운 규제개혁 추진전략과 과제,"「규제혁파, 새로운 전략과 과제」, 행정쇄신위원회 · 한국행정연구원 · 대한상공회의소 공동주최 토론회, 1997. 11. 11.
- "우리나라 규제개혁정책의 핵심과제와 쟁점,"「행정논총」제35권 2호, 서울대학교 행정대학원, 1997. 12.

2006년 여름　　최 병 선

서 문

민주화의 핵심은 정부역할의 재정립에 있다. 구사대의 권위주의적 정치행정 풍토 속에서 지속적으로 팽창되어 온 정부기능을 그대로 유지한 채 민주주의를 실현하기란 어렵다. 비대해진 정부기능을 축소 또는 조정하지 않는 한 시민사회의 자율성은 자라날 수 없다. 반면에 민주화를 위해서 새롭게 정부역할과 기능의 강화가 요구되는 부문도 적지 않다. 그러면 어떤 부문에서 정부역할이 축소되고, 어떤 부문에서 정부역할이 강화되어야 할 것인가? 또한 정부역할은 어떤 방식으로 이루어져야 할 것인가? 이 책에서 추구하고 있는 근본적인 문제의식은 바로 이것이다.

민주화 시대에 걸맞게 정부역할을 재정립하고자 할 때 우선적으로 봉착하지 않을 수 없는 중요한 문제 가운데 하나가 바로 정부규제의 개혁이다. 왜냐하면 국가만이 유일하게 지니고 있는 강제력에 기초하여 정부가 기업활동과 국민생활에 제약을 가하는 것이 바로 정부규제이기 때문이다. 정부의 강제력이 민주적인 절차와 방법을 통해 행사되지 않는 사회, 또한 정부의 무절제한 강제력 사용을 국민들이 묵인하고 방관하는 사회라면 이는 결코 민주사회라고 할 수 없다.

그러면 우리 사회에서 정부규제는 민주적으로 또한 합리적으로 이루어지고 있는가? 한 마디로 답하기는 어렵다. 그러나 대체로 부정적인 평가가 우세할 것이다. 여기에는 여러가지 이유들이 있을 수 있겠으나, 정부규제의 정치경제학적 속성에 대한 이해의 부족이 문제의 근원을 이루고 있다고 말 할 수 있을 것이다. 저자가 이 책을 쓰게 된 동기도 바로 여기에 있다. 국민생활과 기업활동에 지대한 영향을 미치는 정부규제 및 규제완화와 관련된 숱한 이슈들이 연일 신문에 오르내리고 있음에도 불구하고 그것이 심각한 정책논의의 대상이 되는 경우가 드물고, 어쩌다 벌어지는 정책토론도 문제의 핵심을 파악하지 못한 채 끝나버리는 것을 자주 보아왔기 때문이다.

따라서 이 책을 쓰면서 저자는 다음과 같은 점에 주안점을 두었다. 첫째, 정부규제의 정책문제에 함축된 행정학적·정책학적 측면을 부각시키려고 하였다. 정부규제는 그 자체로 광범위한 현상이기 때문에 경제학, 정치학, 법학 등 많은 학문분야가 관련되어 있다. 그러나 정부규제 정책문제의 핵심은 언제나 정부의 구조적인 특성과 행태에 귀착한다. 바로 여기에 정책문제를 행정학적·정책학적 시각에서 접근하지 않으면 안될 이유가 있다. 어떤 정책의 경우든, 어디에 정책 아이디어가 부족해서 정책이 빗나가고 정부불신이 야기되고 있는가? 무엇이 옳고, 어떻게 하는 것이 옳은지 알면서도 그렇게 하지 않거나 못하기 때문이다. 우리는 왜 정부가 그렇게 하지 않거나 못하는지 그 이유를 명확하게 이해하지 않으면 안된다.

둘째, 정부규제 및 규제완화의 문제를 정치경제학적 시각에서 분석하였다. 정부규제를 다루어 나가는 과정에서 발생하는 문제의 태반은 이 정책문제에 내재된 다양한 이해대립과 갈등을 충분히 이해하고 이를 민주적인 방법으로 원만하게 조정하지 못하는 데서 비롯된다. 이 문제는 무엇보다도 정부규제가 갖고 있는 차별적인 효과, 이해집단 사이의 갈등, 정치가와 관료의 가치판단과 행동유인에 대한 이해의 부족에서 연유한다. 이런 점을 감안하여 이 책에서는 정부규제의 정치경제학적 속성을 심도있게 분석함으로써 정책논의의 이론적 토대를 제공하려고 하였다.

셋째, 政府와 市場이 각각 어떤 측면에서 어떤 장단점을 갖고 있는지를 독자들에게 이해시키려고 하였다. 우리 사회에서는 정부가 모든 일을 해야 하고, 무슨 일이나 다 잘할 수 있는 존재로 생각하는 경향이 매우 강하다. 못한다면 정부가 부패해서 또는 무능해서 못하는 것으로 생각한다. 물론 그런 측면도 없지 않다. 그러나 전세계적으로 '작은 政府', 民營化, 규제완화, 분권화 등이 유행어처럼 되고 있는 오늘날, 정부가 우리가 기대하는 만큼 민주적이거나 효율적일 수 없는 존재라는 새로운 인식이 긴요해지고 있다. 우리가 당연시해 온 정부역할, 또는 정부에 지워온 요구들이 과연 정당한 것들인지? 그것은 정부보다는 시장에 의해 보다 잘 확보될 수 있는 것은 아닌지를 재고하지 않는 한 정부역할의 적정화 논의는 스스로 명백한 한계에 봉착할 수 밖에 없다.

우리 사회에서 정부불신이 제기되고 있는 원인도 따지고 보면 정부가 당연히 해야 할 일과 해서는 안될 일, 잘 할 수 있는 일과 잘 할 수 없는 일을 잘 구분하지 못하면서, 당연히 해야 할 일은 하지 않고, 잘 할 수 없는 일은 하겠다고 덤벼드는 데서 비롯되고 있다. 이것은 우리가 이미 정부 및 정부역할에 대한 시각과 관념을 근본적으로 전환하지 않으면 안될 시점에 도달하고 있음을 잘 보여주는 것이다. 이 책은 바로 이런 문제의식에서 출발하여 민주화 과정에 있는 우리 사회에서 정부규제로 대변되는 정부역할이 왜, 어떤 방향으로, 어떻게 개혁되어야 할 것인지를 논의하고 있다.

이 책을 쓰면서 저자가 중요하게 생각한 독자층은 관료, 정치가, 학자, 언론인, 시민단체 및 경제단체 종사자, 그리고 대학교 상급학년 이상의 사회과학분야 학생들이다. 저자는 행정대학원에서 정부규제를 4년 동안 강의하였다. 강의안에 매달리기 보다는 현실적으로 대두되는 규제정책문제를 놓고 학생들과 대화하려 하였다. 이 책을 쓰면서도 저자는 처음부터 끝까지 독자와 대화하는 마음과 기분을 유지하였다. 독자들 역시 이 책을 읽으면서 저자와 대화하고, 질문하고, 비판해 주기 바란다.

미련하게 보일만큼 두꺼워져 버렸지만 이 책에서 저자는 몇 가지 새로운 시도를 하였다. 첫째, 개별사례를 중심으로 개발된 기존이론들을 두서없이 소개하기 보다는 저자의 생각에 따라 일관성있게 정리해 나감으로써 독자들이 정부규제에 관련된 많은 문제들을 체계적으로 이해할 수 있도록 하였다. 둘째, 독자의 생각이 논리적으로 전개될 수 있도록 충분한 분석과 설명을 가하였다. 셋째, 우리나라의 실제 정책사례를 최대한 활용함으로써 이론과 실제 사이의 거리가 그리 먼 것이 아님을 보여 주려 하였다. 이상과 같은 이유로 이 책은 누구에게나 생각했던 것보다는 이해하기 쉽고 재미있는 책이라는 느낌을 줄 수 있을 것으로 믿는다.

〈감사의 말씀〉

저자는 이 책을 쓰는 가운데 많은 분들의 도움을 받았다. 우선 이 책에 관심을 갖고 이모저모로 도움을 주신 안해균, 오석홍, 방석현, 김영평, 안문석, 김석준, 오연천 교수님께 감사드린다. 신문기사와 판례를 수집 정리해 준 이호준, 전종윤군, 교정작업을 한 양우성, 곽채기, 노상섭, 이원희군, 색인을 적성해 준 신숙자양, 草稿로 강의하는 동안 열심히 토론해 준 박사과정 학생들 모두에게 고맙게 생각한다. 색다른 표지 디자인을 해주신 방혜석씨께 특히 감사한다. 그리고 이 책의 출판을 기꺼이 맡아주신 법문사의 배효선 사장님, 많은 분량의 원고를 솜씨있게 정리해 주신 최복현 이사님, 유재식 차장에게 감사한다.

끝으로 지난 일년 가까이 연구실에서 밤낮없이 컴퓨터와 붙어 산 나를 잘 이해해 준 아내와 딸 유진, 아들 형진에게 미안하고 고맙게 생각한다. "아빠, 나하고 바둑두기 싫어서 또 학교 가시는거죠?" 어느 날 저녁식사 후 연구실로 향하는 나에게 일곱살 난 아들 형진이가 던진 말이다. 사랑하는 이들과 친가, 처가의 부모님께 이 책을 바친다.

1992년 1월

저 자

목차 개관

내용 목차

제1부 정부규제 개관

제 2 부 정부규제의 원인과 과정

제 3 장 시장실패와 정부규제

제 4 장 정부규제의 정치경제

제 3 부 경제적 규제

제 8 장 경제적 규제의 특성

제 9 장 진입규제

제 11 장 독과점 및 불공정거래 규제

제 12 장 자율규제

제 4 부 사회적 규제

제 13 장 사회적 규제의 특성

제 14 장 환경규제

제5부 정부규제의 개혁

제6부 평가와 전망

사례 목차

제 1 부

정부규제 개관

제 1 장

서　론

이 책에서 저자는 정부규제(regulation)를 정치경제학적 시각에서 분석하고 있다. 본장은 제2장에서부터 시작되는 정부규제에 대한 본격적인 논의에 앞서서 정부규제 연구가 어떤 정치경제학적 의의를 갖고 있는가? 왜 정부규제에 대한 연구는 정치경제학적 시각에서 이루어져야 하는가? 에 대한 저자의 생각을 밝히는 데 목적이 있다.

다음으로 이러한 논의과정에서 정부규제에는 어떤 것들이 포함되는지, 그리고 그것이 얼마나 광범위한 정책현상인지를 독자들에게 보여 주려는 부차적인 목적도 가지고 있다. 끝으로 본장에서는 정부규제연구의 방법론적 특성과 본서의 구성에 대해 간략하게 소개하려고 한다.

1. 정부규제연구의 의의

1.1 정치경제학적 분석시각

정부규제가 어떤 정치경제학적 속성을 갖고 있는지를 고찰하기 전에 우선 이 책에서 정치경제학(political economy)이 어떤 의미로 사용되고 있는지를 간단히 언급할 필요가 있다고 생각된다.

정치경제학에 대한 정의는 지극히 다양하고 학자마다 다른 함축성을 가지고 정치경제학이란 말을 사용하고 있기 때문에 혼란스럽기조차 하다.[1] 정책을 연구하는 학자들이 굳이 자신의 연구에 '정치경제학적 연구'란 말을 덧붙이는 이유 가운데 공통분모를 찾는다면 그것은 아마도 기존 학문으로서 정치학이나 경제학이 입각하고 있는 각각의 기본적 假定과 기존의 방법론에 의해서는 지극히 복잡한 현실세계를 체계적으로 설명하기가 곤란하다는 인식일 것이다. 다시 말하면 정치경제학적 연구는 그 어느 것을 막론하고 정치와 경제의 체계적 관계(systematic relationship)를 고찰함으로써 현실을 보다 정확하게 그리고 사실적으로(realistically) 설명하려고 하는 노력의 표현이다.

정치경제학에는 크게 두 가지 이론모형이 있다. 그 하나는 決定論的 理論(deterministic models)이다. 예를 들면 경제적 과정(economic process)이 정치적 과정(political process)을 결정한다고 보거나, 이와 반대로 정치적 과정이 경제적 과정을 결정한다고 보는 입장이다. 전자의 대표적 예로서는 마르크스(Karl Marx)의 사회주의 정치경제학(socialist political economy), 즉 마르크시즘(Marxism)과 순수한 다원주의적 정치경제학 이론(pluralist political economy)이 있다. 우선 마르크시즘은 생산수단을 소유한 자본계급이 정치를 좌우하는 것으로 본다. 이에 비해 순수다원론적 입장에서는 사회계급 대신 강력한 이익집단이 정치를 좌우하는 것으로 본다. 물론 이 두 가지 경우에 정부는 受動的 존재일 뿐이다.[2] 經濟決定論과 상반되는 입장을 취하는 政治決定論은 정치를 지배하는 자들(국가엘리트) 스스로의 이익이 자본가 계급이나 어떤 특수 이익집단의 이익보다 우선한다고 보는 입장이다. 이 가운데 어느 입장을 취하든 결정론적 이론은 사회개혁가 또는 혁명가에게 보다 매력적인 행동대안을 제시한다. 왜냐하면 이 이론들은 '사회악'의 근원이 어디에 있는가를 제시해 주기 때문이다.

---

1) Martin Staniland, *What Is Political Economy?* (New Haven: Yale University Press, 1985).

2) David Held and Joel Krieger, "Theories of the State: Some Competing Claims," in Stephen Bornstein, David Held, and Joel Krieger, *The State in Capitalist Europe* (London : Geroge Allen & Unwin, 1984), pp. 1~20.

정치경제학의 두번째 이론모형은 상호작용 이론모형(interactive models)이다. 이것은 정치와 경제를 기능적으로 분리된 것으로 파악하면서도 양자 사이에는 어떤 交互的 관계(exchange)가 존재하고 따라서 정치와 경제는 상호 영향(reciprocal influence)을 주고 받는 것으로 본다. 결정론적 모형과 비교할 때 상호작용이론적 입장에 서 있는 정치경제학은 대단히 복잡하고 애매모호한 측면을 갖고 있는 것도 사실이지만, 있는 그대로의 현실(the world as it is)을 보다 실감있게 파악해 보려는 知的 작업의 표현이라고 할 수 있다.

우리나라에서 정치경제학(political economy)이라고 하면 그것은 곧 마르크스(Karl Marx)의 사회주의 정치경제학(socialist political economy), 즉 마르크시즘(Marxism)을 의미하는 것으로 이해되고 있다. 저자는 이것을 대단히 안타깝게 생각한다. 왜냐하면 우리나라에서의 정치경제학 논의는 정치경제학의 기본적 특성인 현실을 보다 실감있게 생동감있게 분석하는 노력을 방치한 채 고도로 抽象化되고 있기 때문이다. 경험적 분석과 설명(empirical explanation)을 경시하는 한 그것은 정치경제학으로서의 가치를 크게 갖기 어렵다.[3)]

이 책에서 저자는 개별 정부규제에 대한 경험적 연구에 기초하여 정치경제학적 주장을 전개하고 있지는 않다. 단지 정부규제가 갖고 있는 정치경제학적 측면을 깊이 있게 분석하고 있을 뿐이다. 저자는 정부규제가 다양한 경제사회집단에 발생시키는 차별적인 경제적 효과를 분석하고 그것에 정치학적 의미를 부여함으로써 현실에서 이루어지고 있는 정부규제와 관련한 정책과정(policy process)을 현실감있게 이해하고 예측해 보려고 하였다. 따라서 이 책에서의 정치경제학적 연구는 장차 보다 본격적이고 경험적인 정치경제학적 연구를 위한 기초작업에 해당한다고 말할

---

3) 우리나라에서 이와 같이 정치경제학이 성급한 추상화로 치닫고 있는 이유는 정치경제학의 기저를 이루는 정치학과 경제학의 거리가 지극히 멀기 때문이라고 생각한다. 우리나라에서 정치학은 구체적인 국가정책에 대한 연구수준으로 내려오지 못한 채 정치이념과 정치제도의 연구 수준에 머물고 있다. 그런가 하면 경제학은 신고전적 경제이론(neo-classical economics)에 입각하여 경제적 효율성 중심의 분석에 치중하고 있기 때문에 정치학자들에게 큰 도움을 주지 못하고 있는 것 같다.

수 있다. 저자의 분석이 이러한 수준에서 머물고 있는 이유는 두 가지이다. 첫째, 우선 정부규제의 정치경제학적 속성을 깊이있게 이해하고 정리하는 일이 시급하다고 판단하였다. 그것은 우리 현실에서 정부규제가 커다란 변혁을 맞이하고 있는데 이것이 어떤 이론적 기초도 근거도 없이 진행되고 있는 것에 대한 안타까움이었다. 둘째, 우리나라에서 정부규제에 대한 보다 본격적인 정치경제학적 연구가 이루어지기에는 기존 연구의 부족문제가 심각하다는 현실 때문이었다.

1.2 정치경제학적 연구의 필요성

이상에서의 정치경제학적 분석시각에 대한 간단한 설명에 기초하여 이제 정부규제가 정치경제학적 시각에서 볼 때 어떤 의의를 갖고 있는지를 고찰해보기로 한다. 제2장에서 깊이 있게 고찰하게 될 것처럼 정부규제의 개념정의는 각양각색이다. 그러나 한 가지 공통점이 있다고 한다면 그것은 어떤 형태와 방법으로든 "정부가 민간(개인과 기업)의 행위에 제약을 가한다"는 것이다. 정부가 민간의 행위에 제약을 가하는 것에 대한 기본적인 문제의식(problematic)은 어떤 측면에서 보면 당연한 것이고 어떤 측면에서 보면 奇異한 것이다. 우선 全體主義(totalitarianism) 사회에서 본다면 정부가 개인이나 기업의 행위에 제약을 가하는 것은 지극히 당연한 일이다. 이 사회에서는 권력이 궁극적으로 국가(혹은 소수의 독재자)에 소재하기 때문이다. 그러나 자유주의와 자본주의를 바탕으로 하는 사회에서 정부가 개인과 기업의 행위에 제약을 가한다면 거기에는 그래야 할 만한 충분하고 정당한 이유가 있어야 한다.

그러나 이것은 이론적인 얘기일 뿐이다. 현실적으로 아무리 전체주의적인 사회라고 할지라도 거기에는 개인과 기업에 맡겨져 있는 경제사회영역이 있다. 그런가 하면 자유주의-자본주의 사회에서도 절대적으로 개인과 기업이 침범해서는 안되는 국가영역이 있다. 이렇게 본다면 정치경제체제의 구분은 상대적이라는 것을 알 수 있다. 그러면 사회유형 또는 정치경제체제의 특성을 결정하는 요인은 무엇인가? 그것은 한 사회를 지배하는, 또는 조직(organize)하고 통제(control)하는 가장 기본적인(따라서 고도로 추상적일 수 밖에 없다) 원리 및 방법이 무엇이냐는 것이다. 정통적인 정치경제학적 시각에서 볼 때 사회를 조직하고 통제하는 두 가지 기본원리 또는 기본적 방법(basic principle or basic methods)은 政府와 市場(market)으로 파악된다.[4] 여기서 정부는 권력 또는 권한(power or authority)을 상징하고, 市場은 민간의 자유로운 교환관계(exchange relationship)를 상징한다.[5]

바로 이 점에서 최근 소련과 東歐圈의 체제변혁은 사회조직의 기본원리가 무엇인지를 극명하게 보여준다. 이들 나라에서 경제사회의 많은 영역이 국가권력의 지배하에 있었으나 이제 시장(개인과 사기업)이 국가권력을 대체해 나가고 있다. 지금까지 국가가 담당해 왔던 경제사회의 많은 영역을 이제 시장이 담당해 나가도록 하고 있다. 이와 같은 변화를 체제변혁이라고 부르는데 이의가 없고, 이들 사회에서 일어나고 있는 변화의 핵심이 곧 정부 대신 市場에 보다 많이 의존하는 것이라는 점을 인정한다면, 이것은 곧 정부와 市場이 가장 기본적인 사회조직과 통제원리라는 사실을 확인하는 것이다.

정부규제는 바로 이것과 똑같은 논리로 개인과 기업의 자유선택과 경쟁에 맡겨져 왔던 영역이 정부의 간섭과 통제하에 놓이게 됨을 의미한다. 역으로 규제완화(deregulation)는 정부의 간섭과 통제하에 놓여 있던 영역이 이제 시장경쟁에 맡겨지게 됨을 의미한다. 다시 말하면 정부규제

---

4) 이것만큼 강력한 사회과학적 명제는 없을 것이다. 근대사조를 지배해 온 아담 스미스(Adam Smith)와 칼 마르크스(Karl Marx) 및 그의 추종자(비판자)들은 모두 이 문제를 탐구하였다. Charles E. Lindblom, *Politics and Markets: The World's Political-Economic Systems* (New York: Basic Books, 1977), pp. 3～13.

5) 우리 사회에서 市場의 의미는 지나치게 축소되어 해석되고 있다. 여기서 말하는 시장이 동대문 시장, 금융시장, 증권시장, 노동시장, 출판시장, 장물시장 등 구체적인 재화나 서비스가 교환되는 장소만을 의미하는 것이 아니다. 여기에서의 시장의 의미는 대단히 넓다. 사회구성원(개인과 기업)이 자기의사에 따라 자유로이 서로 어떤 것을 교환하고 그 결과 선택이 이루어지는 것이면 모두 시장이다. 상급학교 진학, 직장 선택, 거주지 선택, 배우자 선택, 영화관람(여가의 선택), 술마실 장소 선택 등등. 이렇게 본다면 시장은 곧 국민과 국민, 기업과 국민, 기업과 기업이 상호작용하는 것으로 이해할 수도 있다.

는 정부가 주도적 역할을 하는 경제사회 영역이 확대됨을 의미하고, 규제완화는 민간이 주도적 역할을 하는 영역이 확대됨을 의미한다. 해당 영역을 지배하는 논리가 시장에서 정부로 바뀌게 되는 것을 정부규제라 하고, 역으로 정부에서 시장으로 바뀌는 것을 규제완화라고 부른다.

그러면 정부규제 및 규제완화는 구체적으로 어떤 것들을 지칭하는가? 먼저 독자들은 이 책의 본문 목차와 사례 목차를 훑어 보아주기 바란다. 독자들은 상당히 많은 정부정책들이 정부규제로 불리우고 있음을 알게 될 것이다. 독자들이 신문에서 읽은 또는 방송보도에서 들은 내용들이 정부규제 또는 규제완화의 범주에 속하고 있음을 알게 될 것이다. 이런 정책 혹은 조치들은 모두 해당분야를 규율하는 원리가 시장에서 정부로 또는 정부에서 시장으로 변화해 가는 것을 보여주고 있다.

이와같이 어떤 경제사회 영역을 규율하는 원리가 바뀌어 가는 것은 정치경제학적으로 무슨 의미를 갖는가?

첫째, 우리가 제3장과 제5장에서 각각 고찰하고 있는 바와 같이 시장과 정부는 각각의 독특한 논리구조와 특성을 갖고 있다. 왜 그리고 어떤 정치·경제·사회적 상황 속에서 특정 분야를 지배하는 또는 조직하고 통제하는 사회조직의 원리가 시장에서 정부로 또는 정부에서 시장으로 바뀌게 되는가? 이것은 대단히 복잡하고 어려운 질문이다. 이 질문에 답하기 위해서는 시장상태하에서의 경제적 효과 혹은 정부규제 상태하에서의 경제적 효과가 우선 파악되어야 하고, 그것이 누구에 의해 어떻게 정치적 議題(political agenda)로 등장하게 되는지를 파악해야 한다. 즉 시장상태 혹은 정부규제 상태에서 각각 어떤 문제가 발생하고, 그로 인해 누가 득을 보고(who wins?), 누가 손해를 보고 있는가(who loses?)를 우선 파악하고, 다음으로 이런 이해관계에 대해 국회나 행정부(규제기관)가 왜 어떤 문제의식을 갖게 되는가를 파악하여야 한다.

둘째, 경제사회문제에 대한 정치적 개입이 어떤 방향성을 갖고 있는지를 파악하여야 한다. 시장상태 혹은 정부규제 상태에서 각각 어떤 문제가 발생하고, 그로 인해 누가 득을 보고(who wins?), 누가 손해를 보고 있는가(who loses?)는 객관적으로 파악 가능하다. 그러나 이 문제가 정치적 문제로 인지되는 과정에서 국회나 행정부(규제기관)의 독자적 이익이 투영된다. 따라서 객관적 이해관계가 정치적 의사결정 과정에 투입되는 과정에서 어떤 정치적 현상이 왜 일어나게 되는가를 밝혀야 한다. 여기에서는 주로 정치인의 정치적 동기와 규제기관의 조직적 특성 및 관료들의 행태적 특성이 분석되어야 한다. 이 때 비로소 우리는 이익집단과 정부(의원, 대통령, 규제기관, 관료)사이의 역학관계를 파악할 수 있다. 우리는 제4장과 6, 7장에서 이에 관해 고찰하게 될 것이다.

셋째, 정부규제 및 규제완화가 특정 시장에 대한 정부개입 또는 그것의 철폐 및 완화를 통한 시장원리의 회복을 의미한다면, 그것은 전체 사회의 변화와 무슨 관계를 갖고 있는가를 분석해야 한다. 정부규제 및 규제완화는 사회변화를 상징적으로 표현한다. 왜냐하면 위에서 소련 및 동구권의 극단적인 예를 통해 보았듯이 사회변화의 가장 핵심적인 사항은 정부와 시장(민간)의 역할변화에 있기 때문이다.

아래에서는 정부규제 및 규제완화가 사회변화의 방향을 결정하는 핵심적 요인이 된다는 사실을 보여 주기 위해서 우리나라 제3공화국 이후 최근까지의 주요한 정부규제의 변화를 개관해 보려고 한다.

제3공화국의 등장은 경제영역에 대한 정부개입의 급속한 확대를 가져왔다. 물론 이전에도 정부개입은 지대하였다. 예를 들면 불완전하나마 토지개혁을 통해 모든 농민에게 농지가 분배되고 小作제도가 폐지(진입규제 및 거래규제)되었다. 戰時에 생산량과 가격이 통제(가격규제)되고 배급제가 실시되었다. 전후복구 과정에서 정부는 外換을 배정하고, 金利와 與信을 규제하였다. 굵직한 사업의 인허가(진입규제)는 정치자금과 관련되어 배분되었다. 귀속재산으로 정부에 귀속되었던 銀行은 민간에 불하되었다. 고급공무원을 충원하기 위해 고시제도(진입규제)를 부활하였다.

그러나 제3공화국의 등장과 함께 정부는 경제성장을 위해 경제에 보다 넓게 그리고 깊숙하게 관여하기 시작하였다. 재벌이 소유한 민간은행

주식을 환수함으로써 은행을 國有化(금융규제)하였다. 경제개발을 위해 外資도입을 확대하면서 이것을 정부가 배정하였다. 국제규모의 공장을 건설한다고 사업인허가를 제한하였고, 이들의 경쟁력 확보를 위해 수입을 규제하였다. 외국인투자 역시 제한(진입규제)하였다. 수출자유지역 工團을 시발로 勞使관계에 대한 규제를 강화하기 시작하였다.

제4공화국에 오면서 시장에 대한 정부개입은 더욱 확대강화 되었다. 고교교육 평준화를 위해 學群제도(진입규제)를 도입하였다. 인문계 학교보다 실업계 학교를 빠르게 증가시켰다. 8.3조치로 私債를 동결(거래규제, 금융규제)하였다. 제2금융권(단기금융, 종합금융회사, 증권회사, 보험회사 등)을 육성(진입규제 완화)하기 시작하였다. 기업공개를 촉구하였다. 석유위기에 따라 석유류 가격을 전면 통제하였다. 물가억제를 위해 가격규제를 강화함과 동시에 미온적이나마 독과점규제를 실시하였다. 물가안정과 수출경쟁력 확보 그리고 농어촌 개발을 위해 二重穀價制(가격규제)를 도입하였다. 중화학공업 육성을 위해 수입규제를 강화하고 장기저금리 자금과 정책자금(금융규제)을 지원하였다. 대기업에 대한 與信規制도 간간이 강화하였다. 1970년대 말에 이르면서 부동산투기가 일어나자 토지와 주택의 소유와 거래에 대한 규제를 강화하였다. 물가안정을 위해 농수산물과 제조업에 대한 수입규제를 완화하기 시작하였다. 해외건설업체의 과당경쟁을 막기 위한 규제(진입규제)도 강화하였다. 수도권 인구집중을 막기 위해 공업배치법을 제정하고 수도권의 대학 정원을 동결(진입규제)하였다. 그린벨트를 설정(토지규제, 환경규제) 하였다. 유신체제를 뒷받침하기 위해 노사규제를 일층 강화하고 언론사의 신증설(진입규제)을 억제하였다.

제5공화국에 들어 오면서 정치사회적 변화와 함께 정부역할은 상당히 변모되었다. 부실 중화학공업체의 정리(진입규제)를 시도하였다. 독과점규제 및 공정거래에 관한 법률을 제정하고 재벌의 비대화를 저지하려고 하였다. 한국소비자보호원을 설치하면서 소비자 보호를 위한 규제에도 어느 정도 관심을 기울였다. 중소기업 육성을 위해 중소기업 고유업종제도(진입규제)를 도입하였다. 시장개방(수입규제의 철폐 및 완화)을 급속하게 추진하였다. 시중은행을 민영화(금융규제의 완화)하기 시작하였다. 경제안정화를 목적으로 임금상승을 억제(가격규제)하였다. 노사관계에 대한 규제를 한층 강화하였다. 부동산 투기를 억제하기 위해 토지소유 및 거래방법에 대한 규제를 강화하였다. 아파트 분양가격을 규제하면서 債券入札制(사례10-1)를 도입하였다. 課外공부도 금지하였다. 경제활성화를 위해 각종의 정부규제를 완화하였다.

제6공화국 현정부에 들어서면서 정부역할은 크게 바뀌었다. 정치사회의 민주화 욕구에 따라 새로운 역할이 정부에 부여되었다. 언론출판사들이 증가(진입규제 완화)하였다. 이념과 사상에 대한 경직적 사고도 어느 정도 완화되었다. 노사문제에 대한 규제가 완화되면서 노동조합이 크게 증가하였다. 임금상승에 대한 규제도 많이 완화되었다. 정치사회의 민주화 분위기 속에서 저임금 근로자를 보호하기 위한 최저임금제도(가격규제)를 시행하고 있다. 환경문제, 직업병 문제가 크게 대두하자 환경규제, 산업안전에 대한 규제를 다소 강화하고 있다. 인권보장 및 기회균등의 측면에서 여성고용, 장애자 고용확대를 의한 새로운 제도(사회적 차별에 대한 규제)들이 도입 시행되고 있다. 지역차별을 방지하기 위한 목적으로 本籍地 표기를 하지 않도록 하였다. 토지공개념이 도입되어 부동산의 소유와 거래에 대한 규제가 다소 강화되었다. 그런가 하면 제5공화국에 이어서 자유로운 기업활동을 저해하는 각종의 정부규제를 계속 완화해 가고 있다. 시장개방(수입규제 철폐 및 완화) 폭이 더욱 확대되고 외국인투자도 자유화되었다. 해외여행이 자유화되었다. 외환의 送・受金이 한때 자유화되었다. 외국에 대한 해외투자와 부동산투자도 허용되고, 최근에는 재벌에 대한 여신규제가 상당히 완화되었다. 또한 많은 공기업들이 민영화되었다. 과외공부도 부활되었고, 지방도시에서는 고교입시도 다시 부활되고 있다.

이상에서 각 공화국 별로 주요 정부규제(및 규제완화) 사례들을 살펴보았다. 다소 산만한 감이 없지 않으나 독자들은 이런 예들을 통해서 각

공화국에서의 정부규제 및 규제완화로 인해 각 시대 마다의 사회적 특성이 크게 변화하였음을 이해할 수 있게 되었을 줄로 생각한다.

이와 같이 정부규제의 변화는 정부역할 변화를 대표한다. 이것은 정부규제가 시장에 대한 정부개입의 확대를 의미하고, 규제완화가 시장에 대한 기왕의 정부개입의 배제 및 축소를 의미하는 것이라는 점을 생각하면 너무나 당연한 귀결이다. 그러나 우리는 여기에서 각 시대마다의 정부역할의 변화가 시대적 요청과는 괴리된 부분들이 적지 않았음을 이해하지 않으면 안된다. 이것은 정부규제 개혁에 중대한 함축성을 갖는다. 즉 정부규제의 개혁은 반드시 시대적 요청 또는 公益과 일치되는 방향으로 진전되지 않을 수 있다는 것이다. 제24장에서 저자는 1980년대의 정부규제 완화과정에 대한 약간의 분석을 통해 이를 확인하고 있다.

그러면 왜 이런 현상이 나타나는가? 이제 우리는 정치경제학의 가장 근본적인 문제의식에 도달하였다. 정부규제에 대한 정치경제학적 연구의 궁극적 목표는 바로 이 문제의 원인을 논리적으로 설명하는 데 있다. 저자는 제5부(19~23장)와 제6부(24~25장)에서 그런 원인을 논리적으로 추론하면서, 앞으로 우리 정부가 취해 나가야 할 정책방향을 규범적으로 제시하였다. 이미 앞에서도 언급하였지만 이 책이 정치경제학적 연구로서 갖고 있는 취약점이 바로 여기에 있다. 그러나 경험적 자료와 분석이 결여되어 있는 시점에서 이것은 불가피하였다. 앞으로 이 문제에 깊은 관심을 갖는 학자들의 경험적인 연구가 계속 이루어지기를 간절하게 바란다.

2. 정부규제와 관련학문

방법론적 측면에서 정부규제 연구는 다음과 같은 특색을 지닌다.

첫째, 정부규제는 상당히 넓은 學際間 연구(interdisciplinary studies)를 필요로 한다. 우선 정부규제 연구의 기본적 시각은 行政學 및 政策學

분야에서 공급되어야 한다. 특히 규제기관의 조직적 특성과 규제관료들이 갖고 있는 성향 및 행태에 대한 분석에 있어서 행정학 및 조직이론적 배경이 필요하다. 규제정책 결정과정에 있어서의 여러가지 특성을 파악하는 데 있어서 정책학적 분석시각은 중요하다.

둘째, 정부규제의 정치경제학적 효과분석은 정부규제를 이해하는 데 긴요하다. 정부규제의 효과는 여러 각도에서 분석이 가능하겠지만 그것의 경제적 효과를 분석하는 것이 기본이 된다. 특히 정부규제로 인해 야기되는 자원배분(resource allocation)효과와 소득분배(income distribution)효과의 파악없이 정부규제의 합리성을 판단하기 어렵다. 이를 위해 微視經濟學(microeconomics)에서 개발된 분석개념이 동원되고 있다.

셋째, 정부규제를 둘러싸고 일어나는 이해관계 집단사이, 이익집단과 국회·규제기관·법원 사이, 국회와 규제기관과 법원 사이에 일어나는 상호작용에 대한 분석도 필요하다. 따라서 정부규제 연구에는 의회정치, 권력분립 등에 대한 정치제도 분석과 이해관계집단의 상호작용 패턴에 대한 政治學的 분석틀이 요구된다.

넷째, 정부규제는 국가권력 작용이므로 국가권력 행사에 있어서 적법절차 또는 정당한 절차(due process)에 대한 法學 지식이 요구된다. 특히 정부규제가 법적 분쟁으로 발전하는 경우에 있어서 법이론, 특히 經濟法의 이론적 기초가 필요하다.

다섯째, 그 밖에도 정부규제의 실질적인 내용을 이해하기 위해서는 예를 들면 환경 및 자원공학·보건학·의학 지식 등이 요구된다. 그러나 이런 지식은 정부규제의 정치경제학적 또는 정책학적 연구에 있어서 결정적으로 중요한 역할을 하는 것은 아니다.

정부규제 연구의 多學問的 성격으로 인해 독자들이 공연한 염려를 갖지 않기를 바란다. 저자 역시 이 학문 모두를 깊이 있게 섭렵하고 있지 못하다. 그러나 저자는 독자들이 정부규제의 정치경제학적 속성을 이해하는데 필요한 만큼의 지식은 이 책의 내용이 진전되는 과정에서 꽤 충분하게 공급하고 있다고 자부한다. 여기에서 독자들은 다만 정부규제의 깊이 있는 분석과 이해를 위해서는 이런 연관 학문들이 동원될 수밖에 없다는 사실을 이해해 주기 바란다.

3. 본서의 구성

독자들이 본문 목차에서 확인할 수 있듯이 이 책에서는 꽤 많은 정부규제를 다루고 있다. 따라서 정부규제 하나하나를 놓고 본다면 그것과 관련된 논의가 여기저기에 분산되어 있는 경우가 많다. 이것은 논의의 중복을 피하기 위해 불가피하였다. 따라서 본절에서는 독자의 편의를 위해 이 책이 어떻게 구성되어 있고 어떻게 활용하는 것이 최선인지를 안내해 주고자 한다.

우선 제2장에서는 정부규제의 개념을 정리하고 그것을 경제적 규제와 사회적 규제로 크게 구분하였다. 이 구분은 이 책에서 대단히 중요하게 사용되고 있다. 경제적 규제에 속하는 정부규제는 제3부에서 다루고 있다. 다만 제12장 자율규제는 경제적 규제의 경우에만 사용되는 대체적인 규제방법이 아니고 오히려 사회적 규제의 경우에 보다 많이 활용될 수 있는 것이나, 독과점 및 불공정거래에 대한 규제에 이어서 논의하는 것이 보다 적절할 것으로 생각되어 이곳에 배치하였다. 독자들의 오해가 없기를 바란다. 제3부의 경제적 규제를 공부할 때는 반드시 제8장 경제적 규제의 특성을 먼저 읽어 주기를 바란다. 각 장에서는 해당 정부규제의 정책수단에 대한 논의가 핵심을 이루고 있고 그것의 정치경제적 속성은 제8장에 묶어서 정리하고 있기 때문이다. 이것은 제4부 사회적 규제의 경우에도 마찬가지다. 다만 제18장(司法的 救濟)은 제14~17장을 보완하는 것이므로 각 장을 공부할 때 제18장의 해당 절을 추가하여 읽는 것이 좋을 것이다.

다음으로 제3장은 정부규제를 정당화하는 경제학적 기초가 되는 市場失敗를 다루고 있다. 여기에서는 시장실패의 요인 각각에 대해 그 개념을 설명하고 그것이 왜 정부개입 및 규제를 필요로 하는가를 밝히고 있다. 제3장이 정부규제의 경제학적 원인을 제공하는 것이라면, 제4장에서는 정부규제가 이루어지는 정치적 원인을 설명하려 하였다. 제5장에서는 시장결함 또는 시장실패 요인의 존재로 인해 정당화되는 정부개입이 어떤 보다 복잡한 문제를 야기시키는 것인지를 밝힘으로써 시장과 정부는 모두 불완전한 선택대안(imperfect alternatives)일 뿐이라는 점을 부각시키려고 하였다.[6] 여기에서의 논의는 정부규제 완화 및 '작은 政府' 지향의 강력한 論據가 된다.

특히 우리나라에서와 같이 시민사회의 발전이 지체되고 있고 모든 경제사회문제의 해결을 정부에 일임하려는 사고방식과 行政觀이 지배적인 국가에서는 시장에 대한 정부개입을 최소한으로 유지하려는 노력이 절실하게 요구된다. 정부역할에 대한 기대의 증가는 필연적으로 정부부문의 비대화를 초래하기 때문이다. 정부부문의 비대화는 비능률을 초래하고 민주주의의 실현을 위협한다. 지속적 민주화를 추진해 나가야 할 시점에서 이것은 결코 바람직한 현상이 아니다. 경제규모가 팽창하고 민간부문의 자율성이 신장되고 있다면 정부역할도 질적으로 변모되어야 하기 때문이다. 이런 의미에서 제5장은 제6부에서의 논의의 기초와 철학을 제시해 주는 것이라고 할 수 있다.

제6장에서는 정부규제를 담당하는 규제행정기관의 조직적·행태적 특성에 대해 논하고 있다. 제7장에서는 이것에 이어서 규제기관의 정책결정은 어떤 방식으로 이루어지고 있는지를 試論的으로 제시해 보았다. 이 2개 장과 제5장에서 행정학적 이론이 많이 원용되고 있음을 유의해 주기 바란다.

제5부에서는 정부규제의 개혁에 대해서 논의하고 있다. 우선 제19장에서는 제2부와 대칭적으로 규제완화의 원인과 과정을 요약정리하였다. 제20～22장에서는 우리나라에서 정부규제 개혁이 어떤 영역에서 어떤

---

6) Charles Wolf, Jr., *Markets or Governments: Choosing Between Imperfect Alternatives* (Cambridge, Mass.: MIT Press, 1988).

방향으로 이루어져야 할 것인지를 논의하고 있다. 먼저 제20장에서는 경제적 규제는 대폭적으로 완화되어야 한다는 측면에서 기득권 상실을 두려워 하면서 규제완화에 저항하고 반대하는 논리들이 갖고 있는 盲點을 밝히는데 주력하였다. 반면에 제21장에서는 우리나라는 이제 사회적 규제의 강화를 필요로 하고 있다는 관점에서 사회적 규제의 강화에 걸림돌이 될 수 있는 요인들을 어떻게 극복해 나가야 할지를 논의하였다. 제22장에서는 정부규제와 규제개혁을 민주적인 방법으로 추진하기 위해 필요한 조직과 정책과정 상의 문제점들을 적시하고 새로운 제도적 장치를 모색하여 보았다. 제23장에서는 정부규제의 합리화 및 과학화에 기초가 되는 정부규제의 비용편익분석(cost-benefit analysis) 및 인간의 건강과 생명을 보호하기 위한 사회적 규제에 있어서 필요한 위험편익분석(risk-benefit analysis) 기법을 소개하고 그것이 갖고 있는 문제점과 효용성에 대한 논란을 비판적으로 평가하였다.

끝으로 제6부에서는 1980년대 초 이래 우리나라에서 추진되어 온 정부규제 개혁의 성과를 비판적으로 평가하면서 앞으로 어떤 방향으로 정부규제가 개혁되어 나가야 할 것인지에 대한 저자의 생각을 요약 정리하였다.

제 2 장

정부규제의 개념과 유형

1. 서 론

독자들은 정부규제의 개념과 유형 분류를 한 章으로 다루고 있는 책을 읽은 기억이 없을 것이다. 저자 역시 마찬가지이다. 그러나 그것이 불가피하다면 도리가 없다. 정부규제의 영역은 대단히 넓다. 그 속에는 무수한 정책들이 있다. 정부규제 또는 규제정책이란 수많은 정책 가운데 숨어 있는 독특한 특성을 좇아 분류한 정책유형이기 때문이다.

또한 이 章이 길어지게 된 데는 또 다른 이유가 있다. 그것은 저자 나름대로의 독특한 정부규제 개념과 유형 분류를 시도하고 있기 때문이다. 먼저 제2절에서는 정부규제의 개념과 정치경제학적 본질에 대해 논한다. 제3절과 4절에서는 저자가 분류하고 있는 정부규제 유형인 경제적 규제와 사회적 규제의 개념, 목적에 대해 각각 논의하고 있다. 제5절에서는 정부규제를 이와 같이 분류해야 할 필요성과 유용성을 확인시키는 의미에서 양자의 차이를 정리하고 있다. 제6절에서는 규제정책이 국가정책에서 어떤 위치를 차지하고 있는가를 정책학에서 논의되고 있는 政策類型論에 입각하여 소개하고 있다.

2. 정부규제의 개념과 본질

2.1 정부규제의 개념

정부규제를 정치경제학적 관점에서 접근하고 있는 이 책에서 저자는 정부규제를 "바람직한 경제사회 秩序의 具現을 위해 政府가 市場에 개입하여 기업과 개인의 행위를 制約하는 것"으로 정의한다. 아래에서 이런 개념정의가 의미하는 바를 좀더 구체적으로 설명하기로 한다.

첫째, 정부규제는 정부가 민간(기업과 개인)의 의사결정과 행위를 제약하는 것이다. 정부규제의 主體는 정부라는 것이다. 정부규제라 하면 혹시 정부를 규제하는 것으로 오해할 독자도 없지 않을 것이다. 이런 의미에서 정부규제라고 하는 것보다는 그냥 규제라고 부르는 것이 나을지도 모른다. 영어 표현에서도 정부규제(government regulation)라고 하기 보다는 그냥 규제(regulation)라고 말하는 경우가 대부분이다. 그러나 우리나라에서는 그냥 규제라고 하기 보다는 정부규제라고 부르는 경우가 많다고 생각되어 이 표현을 사용하기로 한다. 다만 정부규제 완화는 규제완화(deregulation)라고 줄여 부르기로 한다.

정부규제의 주체가 정부라는 것은 정부가 정부규제의 客體가 될 수 없음을 의미한다. 예를 들면 중앙정부가 지방자치단체에 대해 내리는 지시나 명령은 정부규제가 아니다. 마찬가지로 대통령이 각부 장관에게 내리는 명령이나 지시 역시 규제가 아니다. 정부규제의 주체가 정부라 할 때 그것은 규제 행정기관을 의미한다. 제6장에서 고찰하는 바와 같이 규제기관은 여러 가지의 조직형태를 갖는다. 행정부처 조직, 행정부처의 하부조직, 행정부처 산하의 外廳, 독립규제위원회 등이 바로 그것이다. 우리나라에서는 주로 앞의 두세 가지가 주류를 이루고 있다.

둘째, 정부규제는 바람직한 경제사회 질서(desirable socio-economic

order)의 구현을 목적으로 한다. 정부규제의 목적은 의외로 불분명한 경우가 많다. 예를 들면 사업의 인허가(제9장)는 경쟁을 제한함으로써 기득권을 가진 사업자를 보호하기 위한 것인지, 일정한 기준을 갖춘 자만이 사업에 참여할 수 있게 함으로써 소비자를 보호하기 위한 목적을 갖는 것인지, 아니면 행정편의와 통계의 확보를 위한 것인지 분명치 않다.

어떤 경우에는 정부규제가 서로 상충되는 목적 속에서 우왕좌왕하는 경우도 있다. 예를 들면 독과점 및 불공정거래 규제(제11장)는 대기업으로부터 중소기업을 보호하기 위한 목적에서 이루어지는 것인지, 아니면 중소기업을 보호하고 시장경쟁을 창달함으로써 궁극적으로 소비자를 보호하기 위한 것인지 알 수가 없다. 이 경우에 이들 두 가지의 정책목적은 서로 상충된다. 왜냐하면 소비자 보호를 위해서는 대기업이든 중소기업이든 값싸고 품질이 좋은 상품과 서비스를 제공하면 되기 때문이다. 따라서 그런 능력을 갖춘 대기업이 존재하고 있는데 중소기업을 보호하기 위한 목적으로 독과점 및 불공정거래 제도를 운용한다면 소비자의 이익은 확보되지 못한다.[1)]

이와 같이 정부규제의 목적이 불분명하거나 서로 상충되는 목적을 갖고 있는 경우가 많기 때문에 정부규제가 어떤 목적을 갖고 있는가를 파악하기란 지극히 어렵다. 그러나 다양한 정책목적 가운데 공통점을 찾는다면 그것은 정부가 '바람직하다고 생각하는 경제사회 질서'라고 할 수 있다. 바로 여기서 정부규제에 대한 정치경제학적 문제의식이 나타난다. '바람직하다'는 것은 도대체 누구(who?)의 입장에서 볼 때, 누구에게(for whom?) 바람직하다는 것인가? 이 책에서 독자는 이 문제에 계속 봉착하게 될 것이다.

다음으로 '경제사회 秩序'라는 말은 대단히 추상적이다. 저자가 이 말을 사용하고 있는 이유는 규제(regulation)란 말이 본래 갖고 있는 뜻과 관련되어 있다. 규제란 말은 원래 무질서한 것에 일정한 질서를 부여하

1) 이에 대한 상세한 논의는 제11장 참고.

는 것을 의미한다. 정부규제도 이와 마찬가지다. 자유스런 시장경쟁 속에서 개인이나 기업의 행위가 바람직하지 못한 방향으로 나가고 있다고 판단될 때 이것에 일정한 방향을 주기 위해 이루어지는 것이 정부규제다.[2] 따라서 그 판단이 잘못되었을 때(다시 말하면 시장경쟁상태가 오히려 바람직함에도 불구하고 정부가 기업과 개인의 행위를 규제하게 될 때) 오히려 문제가 왜곡되거나 더욱 복잡해지게 될 수도 있다. 정부규제의 결과는 그것이 잘된 것이든 잘못된 것이든 민간의 경제사회활동을 규율하는 하나의 秩序로서 기능한다.

정부가 바람직하다고 생각하는 경제사회적 질서에는 여러가지가 있을 수 있다. 경제성장, 물가안정, 공평한 소득분배, 공정한 사회, 정의로운 사회, 경제사회적 약자가 차별받지 않는 사회, 인권이 보장되는 사회, 환경오염이나 각종 재해가 없는 사회, 기술혁신이 이루어지는 사회 등등. 이런 경제사회적 질서는 반드시 시장에 정부가 개입하여 규제할 때 달성될 수 있는 것은 아니다. 그러나 오늘날의 혼합경제체제(mixed economic system) 속에서 그렇게 생각하는 경향이 강한 것은 사실이다.

다음으로 정부규제는 반드시 경제사회적 영역에 국한되는 것은 아니다. 예를 들면 정치인의 정치활동에 대한 규제, 이익단체의 정치적 로비활동(lobby activities)에 대한 규제, 노동조합의 정치활동에 대한 규제, 민간인의 집회 및 시위에 대한 규제, 언론방송의 윤리규제 등도 모두 정부규제에 속한다. 그러나 이런 규제들은 정부규제론 교과서 속에서 다루어지지 않고 있다. 그 이유는 명확치 않다. 이 책에서도 이런 규제문제는 다루지 않고 있다. 그 이유는 이런 규제들이 다른 규제들과는 사뭇 다른 속성을 갖고 있어 이 책에서 사용되고 있는 분석틀과는 다른 새로운 분석틀을 필요로 하기 때문이다.

---

2) 사실 기업과 개인이 갖고 있는 선호(preferences)와 行動誘因은 극히 다양하고 이질적이다. 따라서 시장경쟁을 통해 나타나는 상태가 무질서한 것으로 이해되기 쉽다. 그러나 시장상태는 항상 무질서한 상태가 아니다. 그것은 '보이지 않는 손(invisible hand)'에 의해 질서가 형성되는 상태다. 따라서 제1장에서도 강조한 바와 같이 시장상태와 규제상태 어느 것이 보다 바람직한 상태냐 하는 것은 어디까지나 가치판단의 문제이다.

정부규제가 '바람직한 경제사회 질서의 형성'을 목적으로 하고 있다는 것은 우리 현실에서 여러가지 정책적 시사점을 갖고 있다. 이미 앞장에서 정부규제의 정치경제학적 의의를 논하면서 언급하였듯이 정부규제는 시대변화와 밀접한 상관성을 갖는다. 정부역할 변화가 사회변화의 핵심이라고 한다면 정부규제 역시 사회변화의 주축이 된다. 정부규제를 이렇게 정의할 때 우리는 정치·사회·경제적 변혁기를 맞이하여 정부가 실현시켜 나가야만 할 새로운 경제사회 질서 예컨대 '작은 政府'의 지향, 민주적 지배(democratic governance), 기본권의 신장, 경제력과 富의 집중 완화 및 방지, 소득계층간 및 지역간 불균형의 시정, 지방자치제의 실현 등 바람직한 정책목표들이 모두 정부규제 여하에 중요하게 의존하고 있음을 알 수 있게 된다. 또한 우리나라에서 요구되는 새로운 경제사회 질서는 과거 권위주의 시대의 정부역할, 그 속에서 야기된 각종의 정책실패 및 遺産(policy failures and legacies)의 청산을 요구하는 것이라고 할 때 정부규제에 어떤 짐이 지워져 있는지 짐작할 수 있을 것이다.

셋째, 정부규제는 정부가 민간(기업과 개인)의 행위를 제약하는 것이다. 정부규제의 客體는 민간(기업과 개인)이다. 이들을 被規制産業(regulated industries) 또는 被規制者라고 부른다. 정부규제의 대상은 이들의 의사결정 및 행위다. 정부규제의 객체는 많은 경우 기업이다.[3] 기업(여기에는 영리법인, 비영리법인 모두가 포함된다)의 설립, 투자, 구매, 고용, 생산, 유통, 판매, 기술, 경영방식 등 기업활동의 모든 측면이 정부규제의 대상이 될 수 있다. 그러나 개인에 대한 규제도 많다. 예를 들면 공공장소에서의 금연, 자동차의 운전속도 및 방법, 進學, 야간통행, 落胎 등에 대한 규제가 그런 예들이다.

넷째, 정부규제는 민간(기업과 개인)의 행위를 제약하는 것이다. 민간의 행위를 제약하는 방법은 다양하다. 가장 전형적인 형태는 정부가 국

3) 이와 같이 정부규제가 주로 기업을 대상으로 하는 것은 국민의 수보다는 기업의 수가 적고 따라서 통제가 보다 용이하기 때문일 것이다. 예를 들면 환경규제에 있어서 기업의 환경오염은 통제하기 쉽지만, 가정의 환경오염 행위 또는 등산객의 환경오염 행위는 통제하기 어렵다.

가의 強制力(coercive power)에 의존하여 기업과 개인이 정부의 요구에 응하지 않을 때 불이익을 주고 처벌하는 등 소극적 誘因과 報償(negative incentives and rewards)을 부여하는 방법으로 정부규제가 이루어진다. 여기에는 다시 여러 가지의 유형이 있다. 우선 禁止(prohibition)를 생각해 볼 수 있다. 예를 들면 총포·화약·刀劍·痲藥 등의 거래에 대한 규제, 耕者有田 원칙에 입각한 농지거래 규제 등이 이에 속한다고 볼 수 있다. 그러나 이런 예에 속하는 규제는 그렇게 많지는 않다. 한 가지 주의할 것은 정부규제는 산업사회의 발달에 따라 불가피하게 야기되는 경제사회적 문제를 해결하기 위해 바람직한 경제사회 질서를 구축하려고 하는 것이기 때문에 罪惡으로 인정되는 행위, 예를 들자면 살인·강도·절도·강간·폭행 등을 금지하는 것은 정부규제에 해당되지 않는다는 점이다. '살인규제,' '강간규제'라고 하는 말들이 없는 이유도 여기에 있다. 그런 행위는 제한될 대상이 아니고 아예 없어야 좋을 행위들이다.

보다 많은 정부규제 형태는 역시 認可·許可·免許 등을 통한 방법으로 이루어진다. 이것은 일정한 요건을 정하여 그 요건에 부합되지 않는 한 특정 행위를 하지 못하게 하는 것이다. 이것들은 모두 특정 산업 또는 職種에 대한 신규 사업자의 進入을 규제하는 것이다. 다음으로 규제는 소위 團束 및 監視의 형태를 띨 수도 있다. 어떤 기준을 설정하고 이 기준의 위반여부를 확인하는 것이다. 여기에는 규제의 많은 경우가 속한다. 교통규제, 식품위생 규제, 산업안전 규제, 환경규제, 독과점 및 불공정거래에 대한 규제, 허위 및 과장광고에 대한 규제 등이 이것의 좋은 예들이다.

다음으로 정부의 決定 방식으로 정부규제가 이루어지기도 한다. 예를 들면 공공요금 규제, 독과점가격 규제, 아파트분양가격 규제, 金利규제, 보험료·증권수수료 규제 등 가격규제가 대표적인 경우다. 정부규제는 制度 형태로 이루어지기도 한다. 예를 들면 최저임금제도, 남녀고용평등제도, 장애자 고용확대제도 등 경제적 약자를 보호하기 위한 또는 사회적 차별을 방지하기 위한 규제가 바로 그것이다. 물론 정부의 결정과 제도에 대한 위반행위는 처벌대상이 된다.

그러나 국가의 強制力에 입각한 것이 아니고 정부가 갖고 있는 權威 또는 道德的 說得(moral suasion)에 입각하여 민간의 행위를 유도하는 방법으로 정부규제가 이루어지기도 한다. 行政指導(administrative guidance)라고 불리우는 것이 바로 그것이다. 이런 방식의 권력행사는 관료주의적 문화가 뿌리깊게 자리잡고 있는 우리나라나 일본과 같은 나라에서 아주 흔히 이루어지고 있다. 예를 들면 사기업 및 공기업 부문의 임금상승율을 제시하여 지도한다든가, 은행민영화 이후 간접적인 방법으로 은행경영에 간섭한다든가, 서비스 업계의 가격상승을 자제하도록 유도한다든가(이것은 제12장 自律規制에서 설명되고 있다.), 특정 농작물의 경작을 장려하거나 억제하는 등 아주 다양하다. 행정지도가 정부가 지니고 있는 강제력을 속으로 감추면서 직간접적인 압력을 가함으로써 상당한 효력을 발휘할 때 그것은 정부규제와 다를 바 없다. 그러나 행정지도 방식으로 정부규제가 이루어지는 것은 바람직하지 않다. 왜냐하면 행정지도는 정부가 신축성을 가질 수 있다는 장점 때문에 많이 이용되고 있지만 그것이 법령에 明文規定 없이 이루어지기 때문에 恣意的일 가능성이 크기 때문이다.

이상에서 고찰한 바와 같이 정부규제는 국가의 강제력(coercive power)에 의존하여 정부가 기업과 개인이 정부의 요구에 응하지 않을 때 불이익을 주고 처벌하는 등 소극적 誘因과 報償(negative incentives and rewards)을 부여하는 방법으로 이루어진다. 이것이 정부규제의 전형적인 방법이다. 그러나 정부규제는 간혹 적극적 誘因과 報償(positive incentives and rewards)을 부여하는 방법으로 이루어질 수도 있다. 이것의 대표적인 예로서는 特許와 補助金(subsidy) 지급을 들 수 있을 것이다. 우선 특허는 기술개발을 촉진할 목적으로 知的 發明을 다른 사람이 모방하지 못하도록 함으로써 知的 發明者를 보호하는 제도다. 다음으로 보조금은 사회적으로 유익한 행동을 유도하기 위해서 자금을 지원하는 것이다. 예를 들면 중소기업체의 환경오염 처리시설비를 지원해 주는 방법으로 환경규제를 하는 것과 같다.

이와 같이 소극적 유인과 보상을 통해 민간의 행동을 제약하는 것이 아니고 적극적 유인과 보상을 부여함으로써 바람직한 경제사회 질서를 형성하고 구현하려는 노력을 정부규제라고 볼 것인지에 대해서는 많은 논란이 있다. 우선 정부규제를 민간의 행위에 영향을 미치기 위한 노력(attempt to change the behavior of private sector)이라고 廣義로 개념정의할 때 보조금 지급은 당연히 정부규제 수단이 된다.[4] 예를 들면 농작물 생산과잉을 막기 위해 농지를 경작하지 않도록 하되 일정한 보상금을 주는 **休耕補償제도**가 있다. 이것은 농부가 경작을 하지 못하도록 제한하는 것이기 때문에 외형상 정부규제에 속한다. 다만 농부의 경작행위 제한이 그에게 보상을 제공하는 방법으로 이루어질 뿐이다.

그러나 적극적 유인과 보상을 주는 방법으로 민간의 행위를 변화시키는 것을 모두 정부규제에 포함시키는 것은 옳지 않다고 생각된다.[5] 왜냐하면 이것은 상당부분 정부규제의 대상이 되는 행위와 정부규제의 정책수단을 혼동한데서 비롯되는 것으로 생각되기 때문이다. 따라서 저자는 정부규제는 역시 정부가 민간의 행위를 제약하는 것으로 개념정의하기로 하고 다만 그 정책수단으로서는 소극적 방법 뿐만 아니라 적극적 방법이 사용될 수 있다고 보려고 한다. 독자들은 이 차이를 분명하게 이해해 주기 바란다.

2.2 정부규제의 본질

앞에서 정부규제는 "바람직한 경제사회 秩序의 구현을 위해 정부가 기업과 개인의 행위를 制約하는 것"이라고 정의하였다. 이 가운데 바람

4) Kenneth J. Meier, *Regulation : Politics, Bureaucracy, and Economics* (New York: St. Martin's Press, 1985), pp. 1~2.

5) 저자는 정부규제를 상당히 광범위하게 개념정의하고 있는 편에 속한다. 사실 지난 몇 년 동안의 논문에서 저자는 정부규제는 적극적 유인과 보상을 주는 방법으로도 이루어질 수 있다고 주장해 왔다. 졸고, "정부규제 연구의 방향모색,"「행정논총」, 제26권 2호(1988), 서울대학교 행정대학원.

직한 경제사회 질서란 도대체 누구의 입장에서 볼 때 '바람직한' 것인가에 대해서 많은 논란이 있을 수 있다는 점을 지적하였다. 이 문제는 이 책에서 앞으로 두고두고 제기될 성질의 문제이다. '바람직한' 경제사회 질서란 특수 이익집단의 이익을 반영한 것일 수도 있고, 국민적 合意 혹은 公益에 바탕한 것일 수도 있고, 정치가나 정부관료의 독단적·자율적 판단일 수도 있다. 실상은 어떻든 이 문제에 대한 최종적 판단은 정치인(議員)과 정부관료의 손에 달려 있다. 그러면 정부가 바람직한 경제사회 질서를 구현하려고 할 때 그것은 어떤 결과를 초래하는가? 이것에 대한 논의는 정부규제의 정치경제학적 본질을 파악할 수 있게 해 준다.

정부규제의 본질은 "국민의 基本權, 財産權의 사회적 配分(allocation of rights, income, and wealth in a society)"에 있다.[6] 예를 들면 최저임금제도(사례 25－1)는 저임금 근로자의 최저생계유지 또는 인간다운 삶에 대한 권리를 정부가 인정한 것이다. 그러나 이 제도는 市場賃金에 기초하여 임의로 노동을 고용할 수 있는 企業主의 경영권에 제약을 가한다. 法院이 연탄공장 업주에 대해 공장 주변의 환경피해 주민에게 피해를 배상하도록 명령할 때 주민은 환경을 보호받을 권리를 회복하지만 기업주는 지금까지 아무런 비용부담없이 환경을 오염시킬 수 있었던 권리를 상실한다. 공공장소(예: 지하철역 구내)에서의 禁煙 조치는 非吸煙者의 맑은 공기에 대한 권리를 회복시켜 주는 것인 동시에 吸煙者에게는 기득권의 상실을 초래한다.

이와 같이 정부규제는 사회구성원(개인과 기업) 사이에 존재하던 권리관계를 변화시킨다. 이것은 어떤 정부규제의 경우에도 마찬가지다. 새롭게 권리를 인정받는 측이 있는가 하면, 기득권을 상실하는 측이 있다. 또한 새롭게 의무를 부담하는 측이 있는가 하면, 이로 인해 직간접적으로 이익을 보는 측이 있다. 정부규제가 국가만이 지니는 強制力(coercive

---

6) Alan B. Morrison and Roger G. Noll, *Government and the Regulation of Corporate and Individual Decisions in the Eighties : A Panel Report* (Englewood Cliffs, N.J. : Prentice-Hall, Inc., 1980), p. 7.

power)에 근거하지 않으면 안되는 이유가 바로 여기에 있다. 다시 말하면 정부규제는 국민의 기본권과 재산권을 침해하거나 의무를 부과하는 속성을 갖고 있기 때문에 강제력에 기초하지 않을 수 없다는 것이다.

이런 정부규제의 정치경제학적 본질은 우리가 정부규제에 관해 갖게 되는 가장 근본적인 의문이 어떠해야 하는가를 잘 보여 준다. 정부규제는 어떤 경제사회적 목적과 가치의 실현을 위한 것이냐의 측면에서만 보아서는 안된다는 것이다. 이에 앞서서 우리가 우선적으로 생각하여야 할 것은 정부규제로 인해 누구의 권리가 새롭게 설정되고(또는 기존의 권리가 침해되고), 누구에게 새로운 의무가 부과되느냐(또는 기존의 의무가 해제되느냐)라고 할 수 있다. 정부규제를 사람중심의 정치경제학적 관점에서 연구해야 할 가장 기본적인 이유가 바로 여기에 있다. 強制力을 가진 정부가 하는 일이 도대체 누구의(for whom?) 이익에 봉사하는 것인지를 먼저 판단해야 할 필요가 있다.

정부규제가 국민의 기본권과 재산권에 직접적으로 간섭하는 것인 이상, 정부규제(및 규제완화)를 둘러싸고 이해관계 집단 사이에 첨예한 대립과 갈등이 빚어지게 되는 것은 불가피하다. 새로운 정부규제의 채택 또는 기존 규제의 강화 또는 철폐 및 완화에 따라 반드시 勝者와 敗者(winners and losers)가 생겨나기 때문이다. 누가 승자가 되고 누가 패자가 되는지는 개별적인 정부규제에 따라 다르다. 또한 승자와 패자는 정부규제의 직접적 당사자 뿐만 아니라 간접적·비의도적 당사자로 확대되어 나간다.

정부규제를 이익집단 정치(interest group politics)의 측면에서 먼저 고찰하지 않으면 안될 이유가 바로 여기에 있다. 그러나 이익집단 정치만으로 정부규제가 이루어지는 것은 아니다. 그것은 궁극적으로 정부의 판단에 달렸다. 예를 들면 많은 국민이 환경규제의 강화를 요청한다. 그러나 기업은 환경규제의 강화가 물가인상, 경제침체, 실업확대를 초래하게 될 것이라고 반박한다. 기업 사이에도 기업의 특성에 따라 입장에 차이가 있다. 정부는 이 논쟁 속에서 정책방향을 선택한다. 물론 왜 특정

방향으로 경사된 정책결정을 내리는지는 분명하지 않다. 이것에 대한 궁극적 판단은 정책과정에 대한 깊이있는 그리고 경험적인 정치경제학적 연구를 통해서만 확인될 수 있다. 제 4 장에서 우리는 이 문제를 다루게 될 것이다.

다만 여기서 우선 강조하고 싶은 것은 정부규제 연구에 있어서 그것의 정책과정(policy process)과 의사결정절차(decision-making procedure)에 대한 연구, 이익집단의 정치적 영향력과 전략에 대한 연구, 정치가와 관료의 誘因體系(incentive system)에 대한 연구가 대단히 중요하다는 사실이다. 정부규제에 대한 정치경제학적 연구의 핵심은 바로 규제정책 과정 속에서, 누가, 어떤 이해관계를 갖고 있느냐? (*who* has *what stakes* in the regulatory policy *process*?)를 분석하는 데 있다. 물론 이 문제를 연구하는데 있어서의 문제의식은 정부규제 정책이 과연 민주적인 방법으로 이루어지고 있느냐 하는 것이 되어야 한다.

2.3 다른 학자들의 정부규제 정의

위에서 저자가 사용하고 있는 정부규제의 개념과 정부규제의 정치경제학적 본질을 설명하였다. 정부규제에 관한 많은 문헌 가운데 정부규제의 개념을 명시적으로 정의하고 있는 경우는 드물다.[7] 여기서는 독자들의 편의를 위해 몇가지 다른 정의를 소개하기로 한다.

우선 정부규제란 "편익이나 制裁를 가하는 모든 정부활동(governmental activities)," "사기업의 경영이나 국민생활에 어떤 식으로든 영향을 미치는 정부활동"이라 하여 아주 廣義로 개념정의를 하는 예도 있고, 규제대상을 중심으로 또는 규제기관을 중심으로 또는 규제기능을 중심으로 狹義로 개념정의를 내리는 견해들이 있다.[8] 국내학자의 정의를 살펴

---

7) 정부규제 연구가 가장 활발한 미국문헌에서 정부규제의 개념정의가 소홀히 되고 있는 것은 미국사회에서 규제(regulation)라는 말이 일상적으로 사용되는 말이기 때문일 것이다.

8) 鄭用德, "자유시장경제와 정부규제: 연구문제의 선정," 「한국행정학보」, 제 18 권 2호 (1983), pp. 597~619.

보면 "특정집단의 경제활동에 대해 경제적·물리적 制裁를 통해 그 활동을 억제하는 정부의 행위"라고 규정하거나,[9] "정부가 市場에 직접·간접으로 개입하여 경제행위자들에게 비용이나 편익을 제공함으로써 의무를 부과하거나 행동을 제한하는 것"을 경제적 규제라 하고, "부수적이기는 하지만 노동·보건·위생·公害 등과 같이 간접적으로 경제활동과 관련 있는 규제"를 사회적 규제라 하며, 정부규제는 이 양자를 포함하는 것으로 정의하는 학자도 있다.[10] 한편 외국학자의 개념정의를 보면 "민간의 행위를 통제하려는 정부의 노력,"[11] "공익목적에 따라 제정된 규칙에 따라 민간의 활동(private activity)을 행정적으로 감시(public administrative policing)하는 것"[12] 등이 있을 뿐이다.[13]

3. 경제적 규제

저자는 정부규제 유형을 경제적 규제와 사회적 규제로 나눈다. 본절에서는 먼저 경제적 규제의 개념, 일반적 목적을 정리해 보려고 한다. 사회적 규제에 대한 논의는 제4절에서 이루어지고 있다.

3.1 경제적 규제의 개념

경제적 규제(economic regulation)는 "기업의 本源的 활동에 대한 정

---

9) 安文錫, 「우리나라에서의 정부규제강화요인에 관한 연구」, 전국경제인연합회, 1987. 12, pp. 3~5.

10) 李宗范, "다원화시대에 있어서 행정의식의 문제점," 전경련(편), 「제6화공화국과 정부규제합리화 추진방향」, 1988. 6, p. 75.

11) Meier, *op. cit.*, p. 1. 兪焄 교수 역시 이 개념을 수용하고 있다. 兪焄, 「정부기업관계론」(서울: 법문사, 1991), p. 61.

12) Barry M. Mitnick, *The Political Economy of Regulation* (New York : Columbia University Press, 1980), pp. 4~7.

13) 이상에서 고찰한 개념정의가 갖고 있는 공통적인 약점은 정부규제의 목적과 지향성을 외면하고 있다는 점이다. 이것은 정부가 각종의 규제정책 수단을 통해 國家意思를 실현하고자 하는 의도와 또 그것을 실현할 수 있는 능력을 갖고 있는 실체(entity)라고 하는 사실을 충분히 고려하지 않고 있는 때문이라고 생각된다.

부규제"다. 기업의 본원적 활동이라 하면 기업의 설립 혹은 개인사업의 개시, 제품(혹은 서비스)의 가격(또는 불합리하게 높은 가격으로 인해 발생하는 이윤), 생산량, 품질, 거래상대방과 거래방법 및 조건 등에 대한 의사결정 및 행위를 망라한다. 경제적 규제는 다시 크게 (1) 進入규제, (2) 價格(및 이윤)에 대한 규제, (3) 기타 품질, 생산량, 공급대상·조건·방법 등에 대한 규제로 나눌 수 있다.

경제적 규제는 모두 동일산업에 속한 기업간의 자유로운 경쟁을 제약한다는 공통점을 갖고 있다. 예를 들면 進入규제(entry regulation)는 기존기업과 그 산업에 참여를 희망하는 잠재적 기업 사이의 경쟁을 제약한다. 마찬가지로 수입규제는 국내생산자와 외국의 생산자간의 경쟁을 제한한다. 또 다른 대표적 경제적 규제유형인 가격규제, 품질규제, 거래방법 규제는 기업들이 가격, 품질, 거래조건 등을 둘러싸고 벌이는 시장경쟁을 제약한다. 自由企業主義(free enterprise system) 하에서 능력과 의사가 있는 한 누구나 자유경쟁을 통해 어떤 사업에든지 응당 참여할 수 있고, 그가 생산하는 재화나 서비스의 가격, 품질, 거래대상, 조건, 방법 등을 임의로 결정할 수 있어야 함이 원칙이다. 경제적 규제는 바로 이들의 의사결정의 자유와 각각의 자유로운 의사결정에 기초한 기업활동 과정에서 야기되는 시장경쟁에 대해 일정한 제약을 가한다.

이 책에서 저자는 독과점 및 불공정 거래(unfair trade practices)에 대한 규제를 경제적 규제에 포함시키고 있다. 그러나 이것은 일반적인 경제적 규제와는 다른 특수성을 갖고 있다. 우선 독과점 및 불공정거래 규제는 그것이 진입, 가격, 생산량, 품질, 공급대상 및 조건 등을 직접적 규제대상으로 삼고 있다는 점에서 경제적 규제와 일치한다. 그러나 독과점 및 불공정거래 규제는 그것이 시장경쟁을 제약하는 방향으로 이루어지는 것이 아니고, 시장경쟁을 창달하거나 시장경쟁 하에서와 비슷한 시장성과(market performance)를 확보하는 방향으로 이루어진다는 점에서 시장경쟁을 제한하는 속성을 갖고 있는 일반적인 경제적 규제와는 완전히 상반된다.

따라서 이와 같은 특수성을 갖고 있는 독과점 및 불공정거래 규제를 경제적 규제에 포함시켜야 할 것인지 여부에 대해서는 논란이 있다. 최근의 정부규제에 관한 연구서들은 독과점 및 불공정거래에 대한 규제를 경제적 규제, 사회적 규제 그 어느 편에도 속하지 않는 제3의 규제유형으로 분류하고 있다.[14] 그러나 이 책에서 저자는 독과점 및 불공정거래 규제를 경제적 규제의 특수유형으로 다루려고 한다.

이 두 가지 대안은 모두 장단점을 갖고 있다. 우선 독과점 및 불공정거래에 대한 규제를 경제적 규제에서 배제하여 별개의 규제유형으로 보는 관점은 경제적 규제와 독과점 규제는 전자가 시장경쟁을 제한하는 성격의 규제이고, 후자가 시장경쟁을 촉진하는 규제라는 점을 분명하게 해주는 장점이 있다. 반면에 이런 구분은 양자의 규제대상이 동일하다는 이유에서 규제유형의 구분을 불명확하게 만들 우려가 높다. 이에 비해 이 책에서와 같이 독과점 및 불공정거래 규제를 경제적 규제에 포함시키게 되면 경제적 규제의 대상 측면에서는 유형분류의 일관성이 확보되는 장점이 있다. 그러나 경제적 규제와 독과점 규제는 근본목적을 달리하고 있다는 점에서 논의에 혼란을 줄 가능성이 있다. 따라서 이 두가지 대안 가운데 어느 것을 선택하는 것이 바람직한가는 정부규제 분석목적이 무엇이냐에 따라 결정되어야 할 것이다.

저자는 독과점 및 불공정거래에 대한 규제의 대상이 경제적 규제의 그것과 일치한다는 점을 보다 중시하여 이 책에서 독과점 및 불공정거래에 대한 규제를 경제적 규제에 포함시키고 있다. 저자가 이와 같은 입장을 취하려고 하는 이유는 다음과 같다.

첫째, 독과점 및 불공정거래에 대한 규제는 전통적으로 경제적 규제로서 취급되어 왔다. 이것은 독과점 및 불공정 거래에 대한 규제가 독과점기업의 횡포를 방지하기 위한 목적에서 또는 시장경쟁 상태를 유지하

14) 대표적인 것들로서는 Damodar Gujarati, *Government and Business* (New York : McGraw-Hill, 1984) ; Douglas F. Greer, *Business, Government, and Society* (New York : MacMillan Publishing Co., 1987)등을 들 수 있다. 유훈 교수도 이런 입장을 취하고 있다. 兪焄, 전게서 참고.

는 방법으로서 독과점기업의 가격, 이윤, 거래방법 등을 직접 규제하는 경제적 규제수단에 의존하여 왔기 때문이라고 할 수 있다. 전통적인 자연독점산업에 대한 규제는 이것의 전형적인 예라고 할 수 있을 것이다.

둘째, 경제적 규제를 통해 현재의 시장경쟁 상태를 제한할 것인지 아니면 독과점규제를 통해 현재의 시장경쟁상태를 촉진시킬 것인지는 순전히 정책적 판단의 문제다. 이것은 시장경쟁의 정도 및 상태에 대한 객관적인 판단기준이 존재하지 않음을 의미한다. 그 결과 역사적으로 볼 때 경제적 규제와 독과점규제는 시장경쟁의 유효성에 대한 상반된 논쟁으로 점철되어 왔고 그에 따라 주기적으로 순환하는 모습을 보여 왔다. 다시 말하면 시장경쟁이 저해되고 있을 때에는 시장경쟁의 창달을 위해 독과점규제가 강화되고, 반면에 시장경쟁이 과다하다고 생각되는 경우에는 시장경쟁을 제한하려는 목적에서 경제적 규제가 강화되어 왔다. 이것은 경제적 규제와 독과점규제가 어디까지나 상대적인 관계에 있음을 의미한다.

다시 말하면 비록 政策指向은 다를지라도 시장경쟁이라는 동일한 현상을 그 대상으로 하고 있는 경제적 규제와 독과점규제는 시장경쟁 상태에 대한 현실인식과 규제대상 산업내의 이해관계집단(대기업, 중소기업, 소비자 등)의 상대적인 정치적 영향력의 변화에 따라 상호경쟁적인 관계에 서게 된다. 따라서 양자의 정치경제적 성격을 깊이있게 이해하기 위해서는 양자를 동일한 이론적 틀 위에서 고찰해 나가는 것이 필요하다고 생각한다.

그러나 독과점규제를 경제적 규제의 특수한 유형으로 보는 것의 문제도 없지 않다. 오늘날에 있어서와 같이 경제적 규제의 결함이 크게 부각되면서 경제적 규제의 緩和(economic deregulation)가 주도적인 추세로 자리잡아 가고 있는 현실(제19장)에서 독과점규제는 경제적 규제완화와 병행하여 또는 경제적 규제의 완화 이후에 경쟁적인 시장질서를 촉진·유지하는 중요한 정책수단이 되고 있다. 이와 같이 경제적 규제와 독과점 및 불공정거래 규제의 관계 뿐만이 아니라, 경제적 규제완화와 독과점 및 불공정거래 규제의 관계가 동시에 문제가 되는 경우에는 개념상 혼란이 야기되지 않을 수 없다. 이 경우에는 반드시 독과점 및 불공정거래에 대한 규제와 일반적인 경제적 규제를 구분하여 생각하지 않으면 안 된다. 따라서 독자들은 이책에서 저자가 경제적 규제의 완화 필요성을 주장하는 경우에 그것이 결코 독과점 및 불공정거래에 대한 규제의 완화까지를 의미하는 것은 아니라는 사실에 각별히 유의해 주기 바란다. 다시 말하면 일반적인 경제적 규제(가격규제, 진입규제 등)가 완화될 때 독과점 및 불공정거래 규제는 반드시 강화되어야 한다는 것이다. 이것만을 독자들이 확실하게 이해하고 유념해 준다면, 독과점 및 불공정거래 규제를 경제적 규제의 특수한 유형으로 분류하는 것이 경제적 규제의 보다 깊이있는 정치경제학적 분석에 유용성을 갖는다고 확신한다.

이상에서의 논의를 종합하여 경제적 규제의 개념을 다시 정의해 본다면 경제적 규제는 시장경쟁에 직접적으로 영향을 미치는 기업의 본원적 활동(진입, 가격, 생산량, 품질, 공급대상 및 조건 등)에 대한 규제라고 말할 수 있다. 여기에서 다시 한번 분명히 해 두어야 할 사항은 경제적 규제의 분류는 어디까지나 그것의 대상, 즉 규제대상에 따라 이루어진 것일 뿐 그것의 정책목적을 염두에 두고 이루어진 것은 아니라는 사실이다. 사실 경제적 규제의 종류는 극히 다양할 뿐만 아니라 그것의 목적도 그때그때의 특수한 경제, 산업상황 속에서 다양하게 규정되어 왔다. 따라서 경제적 규제의 개념을 그것이 추구하는 목적에 기초하여 정의하려고 하는 것은 불가능한 일일 뿐만 아니라 무모한 일이라고 생각된다.

일견 정책목적과 상관없이 규제대상의 공통성에 입각하여 경제적 규제의 개념정의를 내리는 것이 무슨 의미를 가질 것인지 불만스럽게 생각될 수도 있을 것이다. 그러나 경제적 규제가 기업의 본원적 활동과 관련한 경제적 변수들을 규제대상으로 삼고 있다는 것은 대단히 중요한 의미를 갖고 있다. 왜냐하면 이때 비로소 무수하고 다양한 경제적 규제를 몇가지의 그룹으로 묶어서 정리할 수 있을 뿐만 아니라, 그 각각에 대해 잘 발달된 경제이론에 바탕하여 일관된 분석을 할 수 있게 되기 때문이다. 사실 경제적 규제에 대한 논란은 그것의 효과 특히 경제적 효율성과 사회적 형평성 측면에서의 효과에 관한 것이라고 볼 때 일반성을 지닌 규제정책의 분석 및 정책결론의 도출을 위해서는 이런 개념정의가 유용하다고 하겠다.

3.2 경제적 규제의 목적

앞에서 우리는 경제적 규제의 개념이 그것의 목적에 입각한 것이 아니고 그것의 대상에 초점을 맞추어져 내려진 것임을 지적하였다. 그러나 경제적 규제 역시 다양한 정책목적 아래서 이루어지는 것인 만큼 경제적 규제의 목적을 나름대로 정리해 볼 필요가 있다. 경제적 규제의 목적은 크게 소비자보호(consumer protection)와 산업 또는 생산자보호(industry or producer protection)의 두가지로 나누어 볼 수 있다.

3.2.1 소비자보호 목적

(1) 독과점적 횡포의 방지

완전경쟁시장과는 거리가 먼 현실의 시장에서 독과점적 산업의 존재는 항상 소비자 이익을 위협한다. 독과점적 사업자는 생산량을 제한하고 독점가격을 부과함으로써 또는 저급의 품질을 가진 제품이나 서비스를 공급함으로써 독점적 이윤을 향유할 수 있는 시장지배력을 갖고 있는 반면에, 소비자의 입장에서는 이에 대해 불가항력적인 처지에 놓이지 않을 수 없다. 바로 이런 문제를 시정 또는 완화하기 위해 정부가 독과점산업에 개입하게 되었다고 볼 수 있다.

이와 같이 소비자의 이익을 확보하고 소비자와 생산자 사이의 공평한 관계를 실현하기 위한 목적에서 이루어지는 경제적 규제는 특히 자연독점(natural monopoly) 산업의 경우에 현저하게 나타나는데 이것은 이런 산업들이 그 속성상 규모경제 효과(scale effect)가 대단히 높고 따라서 시장의 크기에 비해 最小效率 생산규모(minimum efficient scale)가 크기 때문에 장기적으로 하나의 사업자에 의해 산업이 지배되지 않을 수 없기 때문이라고 할 수 있다.

이런 속성을 지니는 자연독점산업으로 간주되는 산업은 전력, 상하수도, 가스, 철도, 전화통신 등 주로 공익 서비스산업에 많고, 우리나라에서 이런 사업부문은 예외없이 공기업의 형태로 운영되어 왔다. 이런 산업에 대한 규제는 진입규제(entry barrier) 이외에도 공익성의 확보를 위해 생산비와 적정이윤을 포함하는 선에서의 가격규제, 그리고 서비스공급의 의무화 또는 서비스 질(quality)의 유지를 위한 규제가 아울러 이루어지는 것이 보통이다.

자연독점산업의 경우와는 달리 그밖의 독과점산업에 대한 규제에 있어서는 진입규제보다는 가격규제와 품질규제가 주축을 이룬다. 물론 이 경우에 있어서도 특정 산업부문의 규모경제 효과가 자연독점산업의 경우와 같이 분명하지는 않으나 산업정책적 관점에서 규모의 경제성을 중시하여 그 산업부문에의 진입을 제한하는 경우도 없지 않다. 그러나 이보다는 다른 어떤 구조적인 이유(예: 제품차별화) 또는 법적인 이유(예:특허)로 인해 독과점이 형성되어 있는 경우가 많다. 이런 경우에 있어서는 독과점적 횡포를 방지함으로써 소비자이익을 보호하려고 하는 것이 규제의 주된 목적이 된다.

(2) 不當利得의 방지

특정 산업에 있어서는 공급이 극히 비탄력적이기 때문에 수요의 증가가 곧 초과이윤 또는 경제적 지대를 발생시키는 경우가 있다. 이런 산업에 있어서의 생산자는 수요의 증가에 따라 아무런 노력없이 초과이윤을 얻을 수 있다. 이것은 수요자의 입장에서 볼 때 지극히 불공평한 일이 아닐 수 없다. 따라서 이와 같이 부당이득이 발생하는 곳에는 정부가 개입하여 최고가격의 지정 등 가격규제를 통해 소비자의 이익을 보호하는 것이 보통이다. 이런 부당이득은 석유나 천연가스 등 유한한 천연자원의 개발에서는 물론이고, 토지와 같이 공급이 단기적으로 고정되어 있거나, 주택과 같이 공급탄력성이 낮은 경우에 자주 발생한다.

(3) 부당한 가격차별의 방지

독과점적 지위에 있는 사업자는 이윤의 극대화를 위해 가격차별화를 시도한다. 이런 가격차별이 가능한 것은 수요자 사이에 존재하는 수요의 가격탄력성의 차이 때문이다. 이런 차이가 생겨나는 것은 다음과 같은 이유에서이다. 하나는 대규모 수요자의 경우 수요독점적(monopsony) 지위를 가지거나 스스로 수요를 자급할 수 있는 능력을 가질 수 있기 때문에 이들의 수요탄력성은 높다. 다른 하나는 어떤 수요자의 경우에는 대체재를 공급하는 공급자가 여럿이 있어서 이 가운데 선택가능성을 갖고 있는데 반하여, 유일한 공급자에 의존하지 않을 수 없는 수요자도 있다.

이런 경우에 공급자의 입장에서 볼 때 수요의 탄력성은 다르게 나타난다. 어떤 경우에 해당하든지 수요의 탄력성이 낮은 그룹의 소비자는 보다 높은 가격을 지불하지 않을 수 없는 입장에 서게 된다. 이것은 극히 불공평한 일이 아닐 수 없다. 이런 문제의 해결을 위해 정부는 가격규제를 실시한다. 이 경우에 있어서의 가격규제는 가격수준 보다는 주로 가격구조(price structure) 또는 요율구조를 규율하는 것이 보통인데, 경제적으로 합리화할 수 없는 부당한 이유에서의 가격차별을 금지함으로써 취약한 입장에 있는 소비자를 보호하려는 것이 이런 규제의 목적이다.

부당한 가격차별은 비단 가격을 통해서만이 아니라 여러가지 간접적인 형태로 이루어질 수도 있다. 예를 들면 거래조건, 거래시기, 대금지불방법, 거래상대방의 제한 등에 차등을 둠으로써 가격차별을 할 수 있는 것과 같다. 이런 차별적인 거래방법에 대한 규제 역시 부당한 가격차별을 방지하려는 목적을 갖고 있다.

(4) 交叉補助를 통한 서비스공급의 확대

부당한 가격차별의 경우와는 반대로 이번에는 정부가 특정 산업에 대해 가격차별을 하도록 하기 위해 규제를 하는 경우도 있다. 예를 들면 어떤 그룹의 소비자에 대해 한계생산비를 초과하는 가격을 부과함으로써 얻어진 수익을 갖고 다른 그룹의 소비자에게 생산비에 미달하는 가격수준에서 서비스가 공급될 수 있도록 하는 경우가 바로 그것이다. 이와 같은 메카니즘을 交叉補助(cross-subsidization)라고 하는 바 전력, 전화, 교통과 같은 공익서비스의 경우에 자주 볼 수 있는 현상이다.[15] 예를 들면 대도시를 왕래하는 소비자에게 높은 운임을 부과하여서 얻은 수익으로 교통량이 극히 낮은 지역의 주민에게 교통서비스가 값싸게 공급될 수 있게 함으로써 공익서비스의 이용을 확대할 수 있는 경우 등이 이에 해당한다. 물론 이 경우의 가격차별은 내부적으로 이루어질 뿐이다.

이런 성격을 가지는 교차보조는 보이지 않는 소득재분배(hidden redistribution) 기능을 수행한다. 이 경우 정부가 추가적인 재정부담을 안게 되는 것도 아니다. 이와 같이 재정부담없이 공익서비스의 공급을 확대할 수 있기 때문에 특히 공익서비스 산업에 있어서는 이런 교차보조를 노리는 정부규제가 흔히 이용되는 것을 볼 수 있다. 이 때 교차보조의 효과를 기대할 수 있기 위해서는 이 산업에 대한 진입을 제한하지 않을 수 없다. 따라서 이 경우 정부규제는 가격규제와 진입규제 형태를 동시에 취하게 된다.

3.2.2 생산자보호 목적

(1) 過當競爭의 방지

공급의 탄력성이 극히 낮아 산업전체로서 과잉시설(excess capacity)의 문제를 안기 쉬운 산업에 있어서, 경기후퇴기에 기업들이 파괴적인 가격경쟁를 야기함으로써 동 산업내의 태반의 기업들이 돌이킬 수 없는 피해를 입게 될 가능성이 높다. 따라서 이런 산업에 대해서는 수요감퇴기에 파괴적인 가격경쟁을 방지하기 위해 최저가격(minimum price level)을 설정하는 등 가격규제를 하는 경우를 많이 볼 수 있다. 그런데 이와 같이 최저가격을 규제하는 경우에는 이 산업에 대한 진입을 동시에 제한하지 않는 한 최저가격을 유지할 수 없게 되므로 이런 경우에 있어서는 가격규제와 동시에 진입제한이 이루어지는 것이 보통이다.

---

15) 교차보조에 관한 이론은 Richard A. Posner, "Taxation by Regulation," *Bell Journal of Economics and Management Science*, Vol. 2, No. 1(Spring 1971), pp. 22~50.

과당경쟁의 방지를 목적으로 한 가격 및 진입규제는 특정산업의 생산기반을 안정적으로 유지함으로써 경기의 변화에 효과적으로 대응하기 위한 것이다. 그러나 산업의 특성상 과잉시설이 유발되기 쉽고 대공황과 같은 심각한 경기후퇴에 직면하게 된 경우를 제외한 보통의 경제상황하에서는 과잉경쟁의 의미는 애매모호하고 따라서 이것에 기초한 규제의 당위성은 상당히 약하다.

지금까지 설명한 과당경쟁의 경우와는 사뭇 다르지만 라디오 및 TV 등이 사용하는 電波波長 혹은 油田地帶(oil field)와 같은 소위 公有資源(common property resources)에 대한 규제도 흔히 볼 수 있는 유형의 규제이다. 이런 공유자원의 경우에 있어서는 그것의 개발 활용이 무제한적으로 이루어지게 될 경우에는 상호간섭 현상을 일으켜 자산의 가치를 파괴시키거나 자원의 무절제한 낭비를 초래할 가능성이 높다. 따라서 정부는 이런 공유자원의 보존을 위해서 자원의 사용권을 제한하는 진입제한적 규제를 취하는 것이 보통이다.

(2) 산업육성

산업선진국에서와는 달리 개발도상국의 경우에 흔히 볼 수 있는 규제가 바로 산업육성을 목적으로 한 규제라고 할 수 있다. 개도국의 경우에 있어서는 자본시장(capital market)의 미발달로 인해 장기적으로 그 육성이 바람직한 산업에 대한 투자가 원활하게 이루어지지 못하는 경향이 있다. 이런 자본시장의 결함을 시정하고자 정부가 시장에 적극적으로 개입하는 것을 볼 수 있다. 이런 목적에서 이루어지는 규제로서는 외국의 경쟁력 있는 산업으로부터의 보호를 목적으로 하는 수입규제, 규모경제의 효과가 비교적 크다고 생각되는 특정산업부문에 대한 투자기업수의 제한 또는 기술도입선의 제한, 중소기업의 보호육성을 위한 중소기업고유업종 지정 등과 같은 것들이 대표적인 예라고 할 수 있다.

산업육성을 목적으로 하는 이런 규제들은 끝없이 새로운 규제를 요구한다. 예를 들면 그러한 산업육성에 필요한 자원의 동원과 배분을 위해 예금은행은 물론 특수은행, 단기금융회사, 보험, 증권 등 광범위한 금융부문에 대한 각종의 규제를 초래한다. 이 때의 금융규제는 이자율에 대한 규제, 정책자금의 조성 및 배분 등 금융배분(credit allocation)에 대한 간섭은 물론이고, 다양한 금융기관간의 업무영역규제, 점포의 신증설에 대한 규제, 금융기관의 예산·인사에 관한 규제로 번져간다. 규제가 규제를 낳는 소위 규제의 피라미드(pyramiding regulation)현상이 야기되는 것이다.

(3) 불공정한 기업간 경쟁의 방지

위에서 교차보조를 통한 공익서비스 공급의 확대와 관련하여 설명한 바와 같이 공익서비스의 공급대상을 확대하기 위해서는 교차보조가 필요한 경우가 있을 수 있고, 이런 교차보조 현상이 일어날 수 있도록 하기 위해서는 우선 이 부문에서의 과도한 경쟁을 방지하여야만 할 필요성이 제기된다. 또한 상대적으로 수익성이 높은 특정 사업부문에만 전문화하는 업체의 참여를 배제해야 할 필요도 생긴다. 예를 들면 지방소도시에 항공서비스를 제공하기 위해서는 항공이용도가 높은 대도시간 항공요금을 상대적으로 높게 책정하고 여기에서 얻어진 수익을 지방소도시에 대한 항공서비스 지원에 전용할 수 있어야 한다. 이 때 수익성이 좋은 대도시간의 항공서비스에만 특화하는 항공사가 난립하여 수익성을 낮추게 된다면 교차보조에 의거한 지방소도시에 대한 항공서비스 공급은 곤란하게 될 것이다. 이와같이 수익성이 높은 서비스부문에만 특화하는 경우를 소위 脫脂行爲(cream-skimming)라고 부르는 바 이런 행위를 불공정한 경쟁으로 보아 규제하지 않을 수 없다는 것이다.[16)]

이런 이유에 기초한 진입규제는 특히 교통, 전화 등 서비스 공급형태가 다양한 공익서비스 산업의 경우에 흔히 볼 수 있는 것으로서 이 경우에는 진입제한과 동시에 교차보조를 통한 서비스공급의 확대 및 균형화를 위한 노선(route)규제, 업무영역(business boundary)규제 등이 아울러 행해지는 것이 보통이다. 그러나 여건이 불리한 지역이나 소비자에 대한

---

16) 脫脂行爲에 대한 논의는 Alfred E. Kahn, *The Economics of Regulation : Principles and Institutions*, Vol. 2 (New York : John Wiley & Sons, 1971), pp. 220~46 참고.

서비스의 공급을 위해 정부규제의 교차보조적 기능을 활용하려는 시도에 대해서는 찬반 논란이 있다(제 9 장).

4. 사회적 규제

4.1 사회적 규제의 개념

사회적 규제(social regulation)란 기업의 사회적 행동(social conduct)에 대한 규제이다. 여기서 기업의 사회적 행동이란 환경오염, 근로자의 보건 및 안전에 대한 위협, 소비자권익의 침해, 근로자에 대한 차별 대우 등과 같이 기업내부적으로 국한되는 것이 아니고 사회적 영향을 야기하는 기업행동을 말한다. 이렇게 본다면 사회적 규제는 기업의 사회적 책임을 강제하기 위한 규제 혹은 기업의 사회적 횡포(social abuses of companies)를 막기 위한 규제라고도 정의해 볼 수 있다.

물론 사회적 규제가 반드시 기업만을 대상으로 하는 것이라고는 보기 어렵다. 예를 들면 환경규제의 주요한 대상은 기업이라고 할 수 있지만 개인이나 가정도 환경오염의 원인자가 되는 한 사회적 규제의 대상이 될 수 있다. 공공장소에서의 흡연에 대한 규제는 개인을 대상으로 하는 대표적인 환경규제라고 할 수 있다. 또 다른 예로서 落胎에 대한 규제, 淫亂物에 대한 규제는 병원이나 음란물의 제작 및 배포기업 뿐만 아니라 이를 이용하는 개인을 대상으로도 이루어진다. 또한 학교 祈禱(school prayer)에 대한 규제는 이를 강요하는 학교가 규제대상이 된다. 이와 같이 사회적 규제는 반드시 영리를 목적으로 하는 기업 뿐만 아니라 모든 사회구성원을 규제의 대상으로 삼는 경우도 있다.[17] 그러나 사회적 규제

17) 최근 미국에서 새롭게 규제대상으로 등장하여 논란을 빚은 낙태, 음란물, 학교기도, 銃砲의 휴대 등에 대한 사회적 규제에 대하여는 Raymond Tatalovich and Byron W. Daynes (eds.), *Social Regulatory Policy : Moral Controversies in American Politics* (Boulder : Westview Press, 1988) 참고.

라고 하면 주로 기업의 사회적 행동(social conduct)에 대한 규제를 의미하는 것으로 보는 것이 일반적이다.

이런 개념정의에 따라 본서에서는 많은 사회적 규제영역 가운데 환경규제, 작업장 안전 및 보건규제, 소비자보호규제, 사회적 차별에 대한 규제를 중점적으로 고찰하고 있다.[18] 이런 유형의 사회적 규제들은 제13장에서 보게 될 것처럼 1960년대 중반 이후로부터 1970년대 중반에 이르기까지의 약 10년 동안 미국사회를 크게 지배하여 온 것들로서 흔히 '새로운' 규제('new' regulation) 혹은 '새로운' 사회적 규제('new' social regulation)로 불려지고 있다.[19]

4.2 사회적 규제의 목적

앞에서 사회적 규제는 기업의 사회적 행동에 대한 규제라고 하였다. 여기에서는 그러면 이런 사회적 규제는 어떤 목적을 갖고 있고 또한 어떤 속성을 보여주고 있는가를 살펴 보려고 한다.

4.2.1 삶의 질 확보

사회적 규제는 소득 및 생활수준의 향상, 산업사회의 진화와 밀접한 관계를 갖고 있다. 굶주림을 극복하기 위해 일자리를 찾는 것 자체가 다급한 상황에서 환경문제, 작업장의 안전문제가 심각한 고려의 대상이 되기는 어렵다. 또한 생산단계와 생산기술이 비교적 단순하고 생산자와 소비자 사이에 거래가 직접적으로 이루어지는 사회에서는 소비자문제가 야

18) 대부분의 학자들도 이 네가지를 주요한 사회적 규제로 다루고 있다. 대표적 문헌으로서는 Greer, *op. cit.*; Gujarati, *op. cit.*; Lester B. Lave, *The Strategy of Social Regulation* (Washington, D.C. : Brookings Institution, 1981) ; Leonard W. Weiss and Allyn D. Strickland, *Regulation : A Case Approach* (New York : McGraw-Hill, 1982) 등 참고.

19) David Vogel, "The "New" Social Regulation in Historical and Comparative Perspective," in Thomas K. McCraw (ed.), *Regulation in Perspective : Historical Essays* (Cambridge, Mass. : Harvard University Press, 1981), pp. 155~85; Richard A. Harris and Sidney M. Milkis, *The Politics of Regulatory Change : A Tale of Two Agencies* (Oxford : Oxford University Press, 1989), Chap. 3 참고.

기되지 않는다. 반면에 대량생산, 생산기술의 복잡화, 유통단계의 복잡다기화 등 대량생산-대량소비 산업사회의 단계에 이르게 되면 소비자는 정보의 부족 또는 정보처리능력의 부족으로 인해, 그리고 集團行動의 딜렘마(collective action dilemma)로 인해 생산자의 횡포에 속수무책인 지위에 처하게 되면서 소비자문제는 광범위하게 그리고 심각하게 야기된다.

사회적 규제는 생활수준의 향상에 따라, 삶의 질(quality of life)의 욕구가 상승함에 따라, 그것의 계속적인 강화가 요구되는 경향이 있다. 이것은 소득수준 및 생활수준의 향상으로 국민들의 건강과 안전에 대한 관심이 증가하고 여가(leisure), 쾌락한 자연환경(amenities) 등에 대한 인식이 새로와지게 되기 때문이다. 또한 생활수준의 향상은 이런 것들에 대한 평가(valuation)를 높이게 됨으로써 한 시대에는 비경제적인 것으로 생각되었던 것을 다음 시대에는 경제적으로 타당하고 실현가능한 정책요구로 만든다. 예를 들면 보다 안전한 약품을 개발하기 위해서는 새로운 연구와 기술개발이 이루어져야 하고 여기에는 엄청난 비용이 수반되어 약값이 턱없이 비싸지게 됨으로써 경제성이 없는 것으로 판단될 수 있다. 그러나 소득수준이 향상되면 보다 안전한 약품의 개발이 경제성을 가질 수 있게 된다.

4.2.2 인간의 기본적 권리의 신장

사회적 규제는 사회적으로 바람직하다고 여겨지는 가치(value)의 실현을 추구한다. 사회적으로 바람직하다고 여겨지는 가치란 인간 생명의 존엄성, 기회의 균등, 부당한 차별을 받지 아니할 권리, 인간다운 생활을 영위할 권리 등을 포함한다. 따라서 정치사회의 민주화는 새로운 사회적 가치들을 만들어 내고 따라서 사회적 규제의 강화를 요청한다.

사회적 규제가 이와같이 사회적으로 바람직하다고 여겨지는 가치의 실현을 목적으로 하고 있는 한 사회적 규제의 범위, 강도, 방법 등을 둘러싸고 철학적·이념적·도덕적 논란이 수반되는 것은 당연하다. 특히 개인의 권리와 관련된 규제는 철학적·도덕적 논란을 야기하고 환경·소비자보호, 작업장 안전과 관련된 사회적 규제의 경우에는 자본주의 체제 그 자체에 대한 이념적 논란을 불러 일으킨다. 그런가 하면 사회적 차별에 대한 규제는 자유기업주의 원리에 대한 도전으로 간주되기도 한다. 이런 이유로 인해 사회적 규제는 정치적 구조 및 정치사회적 진보와 매우 밀접한 관계를 갖고 확대강화되는 경향을 가지게 된다.

4.2.3 경제적 약자의 보호와 사회적 형평 확보

경제사회의 성장발전에 따라 전통적인 사회적 가치관이 무너지고 기업활동을 둘러싼 세력관계가 변화할 때 필연적으로 제기되지 않을 수 없는 것이 바로 기업의 사회적 책임의 문제이다. 산업사회의 진전에 따라 일반국민의 생활의 질이 점차 기업에 의존하지 않을 수 없게 되는 상황에서 기업의 횡포로부터 일반소비자와 근로자를 보호하기 위해서는 기업의 사회적 책임을 강제하기 위한 정부개입이 요청되는 것이다. 이런 면에서 본다면 사회적 규제는 정부가 변화하는 산업사회에서 생산자와 소비자 그리고 생산자와 근로자 사이의 불균등한 세력관계를 교정 또는 보완함으로써 사회적 형평을 도모하기 위한 것이라고도 말할 수 있다.

예를 들면 소비자보호 규제는 시장지배력을 악용하는 기업 또는 소비자의 無知를 악용하여 소비자를 기만하려는 사업자로부터 소비자를 보호하기 위해, 또는 소비자 스스로의 無知로 인해 불의의 피해를 당하게 되는 것을 방지하기 위해, 이루어지는 규제이다. 작업장 안전에 관련된 규제는 생계를 위해 열악한 작업환경 속에서나마 일하지 않으면 안되는 근로자를 보호하기 위한 규제이다. 또한 사회적 규제는 개인의 힘으로는 도저히 거스릴 수 없는 사회적 편견으로부터 개인을 보호하려는 것이다.

바로 이런 이유로 인해 사회적 규제는 국가의 적극적인 역할, 家父長的(paternalistic) 역할을 요구한다. 그것도 수동적이기 보다는 능동적인 국가의 역할을 요구하고, 사후적이기 보다는 사전적이고 예방적인 대책을 보다 중시하게 된다. 이것은 기업의 잘못된 사회적 행동으로 인해 발생하는 피해의 복구가 불가능하거나, 그것이 어느 정도 가능하다고 하더라도 엄청난 부작용과 비용을 초래하기 때문이다. 예를 들면 직업병, 산업재해로 인해 근로자가 생명을 잃게 된다거나 평생을 불구자로 살아가지 않으면 안되는 경우나, 소비자가 불량음식을 먹고 엄청난 고통에 시달린다거나, 안전성이 결여된 자동차를 운전하다가 불치의 부상을 입게 되는 경우를 생각해 보면 자명하다. 마찬가지로 한번 훼손된 자연환경은 복구가 불가능하거나 그것이 가능하다고 하더라도 엄청난 비용을 필요로 한다.

5. 규제유형 분류의 의의

이상에서 우리는 경제적 규제와 사회적 규제의 개념, 일반적 목적에 대해 고찰하였다. 본절에서는 양자가 어떤 측면에서 차이가 있는가를 비교하기로 한다. 아울러 정부규제를 이와 같이 분류하는 것의 한계에 대해서도 언급하려고 한다.

5.1 규제의 이론적 근거의 차이

사회적 규제의 이론적 논거는 거의 대부분 시장실패(market failure)에서 찾아질 수 있다(제3장). 예를 들면 환경문제는 외부효과(externalities)라는 시장실패 때문에 야기되고, 소비자문제는 정보의 불완전성(imperfect market information)이라는 시장실패로 인해 야기되는 문제이다. 그런가 하면 작업장 안전 및 보건문제는 이 두가지의 시장실패가 모두 관련된다. 물론 사회적 차별 문제는 역사적 관습과 이로 인한 뿌리깊은 사회적 偏見에 기인하는 문제로서 시장 밖에서의 문제라고 할 수 있다.

물론 경제적 규제 가운데서도 자연독점산업(natural monopoly industries)에 대한 규제는 費用遞減産業의 존재라고 하는 또 하나의 전형적인 시장실패 현상으로 인해 정부규제가 필요한 분야라고 할 수 있지만 경제적 규제는 대체로 시장경쟁의 효과성과 공평성에 대한 불신에서 비롯되고 있다고 볼 수 있다.[20] 이것은 경제적 규제의 이론적 근거가 사회적 규제의 그것에 비해 약함을 보여준다. 바로 이런 이유로 인해 경제적 규제의 경우와는 다르게 사회적 규제의 경우에는 규제 자체의 필요성 혹은 이론적 타당성 문제는 제기되지 않는다. 사회적 규제의 경우에 논란이 되는 것은 어떤 방법으로 사회적 규제를 실시할 것이냐 또는 어떤 強度로 사회적 규제를 실시할 것이냐의 방법론적 문제라고 할 수 있다.[21]

5.2 규제대상의 차이

경제적 규제는 기업의 本源的 경제활동, 즉 진입(entry), 가격, 생산량, 거래대상, 방법 등에 대한 규제이다. 이에 비해 사회적 규제는 기업활동의 본질적인 요소가 되는 경제적 변수를 규제하는 것이 아니고 기업활동의 과정에서 부수적으로 발생하는 사회적 문제를 다루기 위한 규제이다. 따라서 사회적 규제는 그것이 규율하려고 하는 기업활동의 측면이 경제적 규제와는 근본적으로 다르다. 경제적 규제는 특정 개별산업(specific individual industries)을 대상으로 이루어진다.[22] 그러나 사회적 규제는 그것이 모든 산업에 공통적으로 적용되며 따라서 경제적 규제에 비해 被規制산업의 범위(coverage)가 대단히 넓다.

5.3 시장경쟁과의 관계

경제적 규제는 생산, 유통, 가격 등과 같은 기업의 本源的이고 경제적

---

20) 물론 소수이기는 하지만 분배의 불공평을 시장실패의 한 유형으로 보는 학자도 있다. Charles Wolf, Jr., *Markets or Governments : Choosing Between Imperfect Alternatives* (Cambridge, Mass. : MIT Press, 1988) 참고.

21) 사회적 규제의 영역에 있어서도 시장기능은 잘 발휘될 수 있기 때문에 정부의 간섭을 줄이고 시장에 맡겨야 한다는 극단론을 펴는 학자도 있다. Milton & Rose Friedman, *Free to Choose* (New York : Harcourt Brace Javanovich, 1980) 참고.

22) 물론 미국적 상황이라고 할 수 있지만 중요한 被規制산업 하나하나 마다 개별적인 독립규제위원회가 설치되어 있고 이들에 의해 규제정책이 결정, 집행되는 것이 경제적 규제의 또 하나의 특성이라고 보는 견해도 있다. Greer, *op. cit.*, pp. 272~3.

인 활동 혹은 경제적 變數(economic variables)를 규제한다. 이와같이 특정산업에 속한 기업 혹은 기업들의 경제적 변수를 통제하는 경제적 규제는 항상 시장경쟁(market competition)을 제한하는 속성을 갖고 있다. 경제적 규제가 자원배분(resource allocation)과 소득분배(income distribution)에 직접적인 영향을 미치게 되는 것은 바로 경제적 규제가 시장경쟁을 대체하는 속성을 지니고 있기 때문이다. 물론 경제적 규제의 특수유형인 독과점 및 불공정거래에 대한 규제는 시장경쟁을 제한하는 규제가 아니고 창달하는 규제이다. 이렇게 볼 때 경제적 규제는 시장경쟁을 직접적으로 좌우하는 규제라고 할 수 있다.

이에 비해 사회적 규제는 시장경쟁과는 직접적 관련이 없다. 물론 사회적 규제도 시장경쟁에 영향을 미치게 되는 경우가 있기는 하다. 그러나 그것은 어디까지나 간접적인 효과로서 그러할 뿐이다. 예를 들면 모든 산업에 대한 환경규제로 인해 중소기업의 경쟁력이 대기업의 그것에 비해 더욱 열악해지게 되는 것과 같다. 환경규제, 작업장 안전규제, 고용에 있어서의 사회적 차별에 대한 규제 등 사회적 규제는 시장경쟁과는 무관하게 기업의 사회적 책임(social accountability)을 강조하는 것으로서 기업활동이 인간의 보건과 생명, 삶의 질, 기본권 등 중요한 사회적 가치를 침해하지 않도록 하는데 그 목적이 있다.

경제적 규제와 사회적 규제의 분류에서 특히 복잡한 문제를 제기하는 것은 이 책에서 사회적 규제로 분류하고 있는 소비자보호(consumer protection) 규제다. 제3절에서 고찰한 바와 같이 경제적 규제의 중요한 목적 가운데 하나가 바로 소비자보호이기 때문이다. “소비자”의 개념정의에 따라서 다르겠지만 사실 거의 모든 정부규제는 소비자보호를 그것의 직간접적 목적으로 삼고 있다고 볼 수 있다. 정부규제가 형식적으로 모두 公益목적을 추구하는 것인 이상 이 공익 개념 속에 소비자의 이익이 들어가게 되기 때문이다. 물론 소비자보호 규제의 중점은 소비자 안전(consumer safety) 확보에 놓여 있다. 그러나 제품의 가격, 품질, 공급량, 공급대상 및 방법 등에 대한 규제도 소비자보호의 중요한 일면을 이루고 있다.

그러나 소비자보호 규제는 사회적 규제로 분류하는 것이 좋다. 이것은 다음과 같은 이유에서다. 첫째, 경제적 규제는 반드시 소비자보호를 목적으로 하는 것이 아니다. 역사적으로 볼 때 제품의 가격규제, 진입규제 등 경제적 규제는 소비자보호를 위해서라기 보다는 그때그때의 경제적 사정이나 被規制산업의 구조적 특성으로 인해 시장경쟁이 그 산업의 안전과 성장을 해친다고 판단되는 경우에 취해져 왔다. 이와 같이 경제적 규제목적의 핵심이 소비자보호(consumer protection) 보다는 산업의 보호(industry protection)에 보다 치우쳐 있는 한 경제적 규제를 소비자보호 규제와 동일시 하기는 어렵다.

둘째, 경제적 규제는 시장경쟁을 제한하는 것인데 반하여 소비자보호 규제는 일반적으로 시장경쟁을 촉진하는 방법을 통해서 이루어진다. 이것은 소비자문제가 근본적으로 정보의 불완전성(imperfect information)이라고 하는 시장실패(market failure) 현상에 기인하는 것이기 때문이다. 충분하고 적절한 소비자정보의 제공을 통해 시장경쟁이 활발하게 이루어질 때 소비자의 이익이 최대로 보장될 수 있다. 물론 예외적으로 시장경쟁을 제한하는 것이 오히려 소비자 이익에 합치되는 경우도 있다. 여기에는 두가지의 예외가 있다. 하나는 自然獨占(natural monopoly) 산업의 경우이고 다른 하나는 과당경쟁(excessive competition)의 경우이다.

먼저 자연독점산업의 경우에는 그 산업의 속성으로 인해 시장경쟁을 제한하고 규모경제(economies of scale) 이익을 최대한 확보하는 것이 소비자이익에 도움이 된다. 다음으로 과당경쟁의 경우는 이것을 어떻게 정의하느냐의 문제는 차치하고서라도, 기업들의 치열한 가격인하 경쟁 속에서 제품의 질이 하락하게 되므로 과당경쟁을 제한하는 것이 소비자이익에 합치하는 것이라는 주장의 전개가 가능하다. 그러나 이것은 논리적으로 합당치 않다(제20장).

이런 두 가지 경우를 제외하고는 언제나 시장경쟁은 소비자에게 보다 큰 이익을 가져다 준다. 따라서 소비자보호를 위해 시장경쟁을 제한해야 한다는 것은 논리적으로 모순이다. 이 점은 기업의 진입, 제품의 가격, 생산량, 품질, 공급조건 등을 둘러싼 기업간의 시장경쟁을 규제하는 경제적 규제가 소비자보호를 목적으로 하기 보다는 산업의 보호를 근본목적으로 하고 있다는 앞에서의 명제를 다시 한번 확인시켜 주는 것이다. 바로 이런 이유로 인해서 소비자보호를 목적으로 내세우는 경제적 규제에 대해서는 그것이 과연 소비자이익의 보호를 위한 것인지를 의심해 보아야 할 필요가 있다. 또한 경제적 규제는 처음에는 소비자보호를 이유로 하여 시작되었을지라도 그것이 점차 시장경쟁으로부터 생산자를 보호하기 위한 방편으로 전환되는 속성이 있음에 유의할 필요가 있다. 이것은 경제적 규제가 시장경쟁을 제한하는 것이라는 데서 우러나오는 당연한 결과이다.

5.4 정치경제학적 속성의 차이

특정산업을 규제하는 경제적 규제에서는 규제기관이 피규제산업의 요구에 호응하고 피규제산업에 대해 同情的 입장을 취하는 규제기관의 捕獲(regulatory capture) 현상이 곧잘 일어난다. 사회적 규제의 경우에는 그것이 거의 모든 산업을 대상으로 하고 있기 때문에 규제기관이 특정산업에 포획되는 현상은 잘 나타나지 않는다.

그러나 사회적 규제에는 보다 복잡한 문제가 따른다. 사회적 규제는 거의 全産業을 대상으로 하기 때문에 그것의 경제적 파급효과가 크다. 이런 이유로 사회적 규제는 경제활동 수준(level of economic activity), 인플레 수준에 따라 그 집행 강도가 좌우되는 경향이 있다. 즉 경제의 침체기 또는 인플레기에 있어서 사회적 규제에 대한 기업의 반발은 거세어지고 정부도 이런 기업의 주장에 동조하게 될 가능성이 높다.

정치적 과정 면에서 볼 때 경제적 규제는 주로 피규제산업과 소비자와 정부 사이의 문제라고 볼 수 있지만, 사회적 규제는 경제적 규제에 있어서와는 다르게 제3자집단으로서 公益團體(public interest organizations)들이 정책과정에서 중요한 역할을 담당한다. 또한 환경규제, 소비자보호 규제 등 사회적 규제는 일반국민 모두가 관심을 갖고 있는 문제이고 따라서 정치적 顯示性(political saliency)이 대단히 높기 때문에 言論매체의 역할도 두드러지게 나타난다. 이런 이유들로 인해 사회적 규제의 정책과정은 경제적 규제의 경우와는 비교가 되지 않을 만큼 고도의 政治性을 띠게 된다.

5.5 규제기관의 차이

이것은 주로 미국적 상황에서지만 경제적 규제의 경우에 독립규제위원회의 설치를 통해 규제가 이루어진다. 반면에 사회적 규제는 행정부에 속한 부처의 내부조직 또는 산하기관의 조직 형태를 취하는 경향이 있다. 물론 사회적 규제에 있어서도 독립규제위원회의 형태를 띤 규제기관이 없는 것은 아니다. 예를 들면 미국의 소비자제품 안전위원회(Consumer Product Safety Commission), 고용기회 균등화 위원회(Equal Employment Opportunity Commission) 등이 그러한 예들이다.[23] 우리나라에서 규제기관은 거의 예외없이 행정부에 속해 있다. 따라서 규제기관과 관련하는 한 경제적 규제와 사회적 규제의 구분 의의는 별로 크지 않다고 볼 수도 있다. 그러나 조직설계의 측면에서 볼 때 이것은 심각하게 고려해 보아야 할 사항이다. 이에 대해서는 제7장 및 22장에서 논의하게 될 것이다.

5.6 유형분류의 한계

이상에서 고찰한 바와 같이 경제적 규제와 사회적 규제는 여러가지 측면에서 차이를 보인다. 이것은 경제적 규제와 사회적 규제를 전혀 다

---

23) Greer, *op. cit.*, pp. 80～81 참고.

른 각도에서 분석해야 할 필요성을 제기한다. 이에 따라 저자는 제3부에서 경제적 규제를, 그리고 제4부에서는 사회적 규제를 묶어서 논의하고 있다. 특히 제8장과 제13장은 경제적 규제와 사회적 규제의 각각의 경우에 적용되는 일반적인 특성을 정리하고 있다. 한가지 주의할 사항은 제3부에서 논하고 있는 自律規制(industry self-regulation)는 경제적 규제와 사회적 규제 어느 쪽에서나 정부를 대신하여 관련업계가 자율적으로 업계의 기업, 또는 職種의 사업자의 행동을 규제하는 것을 말하는 것이므로 경제적 규제에만 포함되는 것으로 생각해서는 안된다는 점이다.

정부규제 가운데는 경제적 규제와 사회적 규제의 속성을 동시에 지니고 있는 것들이 있다. 예를 들면 최저임금제도는 그것이 임금에 대한 규제인 이상 일단 경제적 규제로 분류된다. 그러나 그것은 경제적 약자를 보호하기 위한 목적에서 이루어지는 것이고 모든 산업에 적용되는 규제라는 점에서 사회적 규제의 성격을 강하게 띠고 있다. 그러나 이 때 중요한 것은 그것이 어느 규제에 속하느냐가 아니다. 두 가지의 성격을 동시에 갖고 있는 이상 두 가지 측면에서의 검토가 필요하다. 다시 말하면 경제적 규제에 속하는 부분은 경제적 규제로서 사회적 규제에 속하는 부분은 사회적 규제로서 다루어져야 한다.

이와 같이 경제적 규제와 사회적 규제의 양편에 속하는 정부규제는 그리 많은 것 같지 않다. 위에서 설명한 소비자 보호규제 정도가 이런 부류에 속한다. 혹시 경제적 규제와 사회적 규제를 그것의 목적에 따라 구분하려고 할 때에는 많은 문제점이 야기될 수 있다. 그러나 이 책에서 저자는 경제적 규제와 사회적 규제를 규제대상이 무엇이냐에 따라 구분하고 있을 뿐 그것의 정책목적에 따라 구분하고 있는 것이 아님을 유의해 주기 바란다. 본장에서 저자가 경제적 규제와 사회적 규제의 일반적 목적을 제시하기는 하였으나 그것은 정부규제의 분류의 기준으로서가 아니고 경제적 규제와 사회적 규제에 대한 이해를 돕기 위한 목적 밖에는 없었다. 이점 독자들의 착오 없기를 재삼 강조한다.

6. 정책유형으로서의 규제정책

이제 정부규제의 개념과 유형을 정리하였으므로 규제정책이 국가정책에서 어떤 위치를 점하고 있는 것인지를 논의할 수 있다고 생각된다. 여기에서는 공공정책의 유형분류로서 비교적 자주 사용되고 있는 로위(Lowi), 리플리와 프랭클린(Ripley and Franklin)의 정책유형 분류를 검토하면서 이들이 규제정책을 어떻게 파악하고 있는지를 평가하기로 한다.

6.1 로위의 정책분류

정치학자 로위(Theodore J. Lowi)는 정책을 國家意思(state intentions)의 표현 또는 국가의 실제행동(state in action)으로 파악한다. 그는 정책을 대상(subject)에 따라 또는 정책을 요구하는 이익집단을 중심으로 개념정의하는 것은 별 의미가 없다고 본다. 예를 들면 정책을 그 대상에 따라 농업정책, 노동정책, 교육정책 등으로 분류하는 것은 농민, 노동자, 학부모 등이 정부에 무엇을 요구하는가는 파악할 수 있게 해 줄지는 몰라도 그 정책을 담당하는 국가엘리트의 意思나 意圖는 파악할 수 없다고 본다. 이런 관점에서 Lowi는 공공정책의 유형을 정책을 둘러싸고 일어나는 政治(politics)의 특성에 따라 구분하는 것이 의미가 있다고 주장한다. 그가 이런 견지에서 구분하는 정책유형은 다음의 네 가지다.[24)]

---

24) Theodore J. Lowi, "The State in Politics : The Relation Between Policy and Administration," in Roger G. Noll (ed.), *Regulatory Policy and the Social Sciences* (Berkeley : University of California Press, 1985), pp. 67～105; "Four Systems of Policy, Politics, and Choice," *Public Administration Review*, Vol. 32 (July/August 1972), pp. 298～309; "Foreword: New Dimensions in Policy and Politics," in Raymond Tatalovich and Byron W. Daynes (eds.), *Social Regulatory Policy : Moral Controversies in American Politics* (Boulder : Westview Press, 1988), pp. x～xxi. Lowi의 정책분류에 대한 소개는 安海均,「政策學原論」, 제2판 (서울: 茶山출판사, 1990), pp. 46～49; 鄭正佶,「政策學原論」(서울: 大明출판사, 1989), pp. 54～58 참고.

첫째, 규제정책(regulatory policy)이 있다. 규제정책은 국가가 개인에 대해 의무를 부여하거나 制裁를 가하는 규칙(rule)을 제정하고 이것에 기초하여 개인의 행동(individual conduct)을 직접적으로 통제하는 방법으로 이루어진다. 따라서 규제정책에는 順應(compliance)과 不應의 문제가 따른다. 이것의 예로서는 公衆保健法, 산업안전법, 교통법, 독과점금지법 등이 있다.

둘째, 재분배정책(redistributive policy)이 있다. 재분배정책은 국가가 국민을 일정한 분류기준 또는 지위(status)에 따라 분류하는 규칙을 제정하고 국민은 국가가 규정한 특정 범주(category)에 속하여 그 범주에 부여하는 의무를 이행하도록 하는 것이다. 이 정책의 예로서는 소득세, 중앙은행의 割引정책, 사회보장정책 등이 있다.

셋째, 분배정책(distributive policy)이 있다. 분배정책은 국민 개개인의 특성에 맞추어 특권, 특혜를 부여하는 정책이다. 규제정책이나 재분배정책과 달리 분배정책에 있어서 국가는 국민에게 의무를 부과하지 않는다. 정부가 베푸는 특혜를 받아들이느냐 여부는 국민 개개인의 자유로운 판단에 따른다. 이것의 예로서는 공공사업, 농업개발사업, 國有地 拂下 등이 있다.

넷째, 立憲的 정책(constituent policy)이 있다. 이것은 권력에 대한 규칙(rules about powers), 규칙의 규칙(rules about rules)이라고 할 수 있는 것으로서 예를 들면 행정부처, 법원의 관할구역을 설정한다든가 예산기관, 인사정책 기관 등을 설치하는 정책이다.

이상에서 아주 간략하게 Lowi의 정책유형을 검토해 보았다. 로위의 정책분류는 우리가 흔히 정책대상분야에 따라 정책의 속성이 다른 것처럼 잘못 이해하고 있는 점을 지적하고 있다는 데 가장 큰 의의가 있다고 생각된다. 다시 말하면 경제정책과 사회정책, 산업정책과 노동정책 등 수없이 많은 정책들이 있을 수 있지만 그것을 둘러싸고 벌어지는 정치적 과정과 정치적 속성에 주목하는 한 국가정책은 이상의 네 가지 가운데 어느 하나에 속하고 있다는 지적은 대단히 중요하다는 것이다. 독자들은 규제정책이 독특한 정치적 속성을 갖고 있는 정책으로서 수많은 정책들이 이 책에서와 같은 규제정책 분석틀 속에서 연구될 수 있음을 이해해 주기 바란다.

6.2 리플리와 프랭클린의 정책분류

리플리(R. B. Ripley)와 프랭클린(G. A. Franklin)은 정책유형을 재분배정책, 경쟁적 규제정책(competitive regulatory policy), 보호적 규제정책(protective regulatory policy), 분배정책으로 나누고 있다.[25] 여기에서 우리의 관심은 경쟁적 규제정책과 보호적 규제정책에 돌아간다. 먼저 경쟁적 규제정책은 정부가 稀少한 자원(예: 전파, 텔레비전 채널)을 이용할 수 있는 권리 또는 그것의 공급방법이 어떠냐에 따라서 국민이 이해득실을 갖게 되는 특정 재화나 서비스를 생산공급할 수 있는 권리를 하나 또는 소수의 기업으로 제한하는 정책이다. 예를 들면 특정 철도회사(항공사)에 사업권을 주되 특정노선에 운행하도록 하는 것, 특정업체에 텔레비전 및 방송사를 설립할 권리를 주고 특정 서비스를 제공하도록 하는 것과 같다.

다음으로 보호적 규제정책은 민간활동에 대해 어떤 조건을 부여함으로써 국민을 보호하기 위한 정책이다. 여기에는 환경오염, 작업장 위험, 불공정거래, 不當勞動行爲 등을 금지하는 정책 등이 포함된다. 이들이 들고 있는 보호적 규제의 예로서는 최저임금제도, 근로시간 제한, 露天鑛業으로 인한 환경훼손 규제, 임금 및 가격규제, 비행기의 안전성 검사, 무기나 휘발유 등의 사용을 억제하기 위한 세금, 이자율 公示制度, 식품이나 의약품의 市販前 검사, 공공요금 규제, 부당노동행위에 대한 규제 등이다.

---

25) Rindall B. Ripley and Grace A. Franklin, *Policy Implementation and Bureaucracy* (Chicago: Dorsey Press, 1986), pp. 74~77. 경쟁적 규제와 보호적 규제의 분류에 대한 이들의 견해는 兪焄, 전게서, pp. 74~5; 安海均, 상게서, pp. 49~51 참고.

Ripley와 Franklin은 이와 같이 규제정책을 경쟁적 규제정책과 보호적 규제정책으로 나누고 있어 흥미로우나 이론적으로 정교하지 못할 뿐더러 상당한 혼란을 야기할 가능성이 높다. 독자들은 이들의 분류가 위에서 저자가 설명한 경제적 규제와 사회적 규제의 분류와 어떤 관계를 갖고 있는지, 즉 어떤 면에서 공통점이 있고 어떤 면에서 차이점이 있는지를 스스로 확인해 보기 바란다.

아상에서 고찰한 Lowi, Ripley와 Franklin의 정책분류는 모두 규제정책에 대한 충분한 이해가 부족하다는 비판을 면키 어렵다. 여기에는 몇가지 이유가 있다. 첫째, 이 책에서 저자가 강조하고 있는 바와 같이 정부규제는 분배정책적 측면과 재분배정책적 측면을 모두 갖고 있다(제4장, 8∼17장, 19∼22장 참고). 물론 정부규제에서 나타나는 분배적 혹은 재분배적 효과는 정부규제의 직접적·의도적 효과로 나타나는 경우도 있고 간접적·비의도적 효과로 나타나는 경우도 있다. 둘째, 이들은 정부규제를 정치경제학적으로 접근하지 못하고 있다. 우선 정부규제가 어떤 경제적 효과를 갖고 있는지를 충분하게 검토하지 못하고 있고 그것을 정책을 담당하는 정치가나 관료의 利害에 연결시키지 못하고 있다. 셋째, 이들은 지나치게 정부규제를 담당하는 기관의 외형적 특성에 치중하고 있다. 그러나 규제기관은 그것의 공식적 표현과는 상관없이 정치사회적 환경변화에 끊임없이 적응하는 존재이다.

7. 결 론

본장에서는 정부규제의 개념과 유형을 정리하였다. 저자는 정부규제를 "바람직한 경제사회 질서의 구현을 위해 정부가 민간(기업과 개인)의 행위를 제약하는 것"이라고 정의하였다. 제2절에서 分說한 바와 같이 이것은 여러가지 의미를 내포하고 있다. 그 가운데서 특히 독자들이 유의해야 할 것은 "바람직한 질서"라 할 때 그것이 누구의 입장에서 바람직한 것이냐가 늘 문제가 된다는 것이다. 우리는 제4~7장에서 이 문제를 검토하게 될 것이다. 결론부터 말한다면 정부가 그런 문제에 대해 최종적인 판단을 내리는 것은 사실이나 그것이 누구를 위한 것인지는 언제나 불명확하다는 것이다. 따라서 이것은 정부규제를 정치경제학적으로 연구하는 이 책에서 계속적으로 제기되는 중요한 문제의식 가운데 하나다.

다음으로 저자는 본장에서 정부규제를 경제적 규제와 사회적 규제로 분류하였다. 이것이 정부규제 연구서에서 보편적으로 사용되고 있는 분류이기는 하나 저자의 분류는 차이가 있다. 우선 독과점 및 불공정거래 규제를 경제적 규제의 특수유형으로 포함시키고 있다. 이에 대해서는 많은 비판이 제기될 수도 있을 것이다. 그러나 본문에서 밝혔듯이 거기에는 몇가지 분명한 이유가 있다. 그러나 저자가 받아들이지 않을 수 없는 비판은 다른 경제적 규제와는 달리 독과점 및 불공정거래에 대한 규제는 경제적 규제가 완화될 때 더욱 강화되어야 한다는 점에서 큰 차이가 있다는 비판이다. 이 점은 대단히 중요하다. 왜냐하면 이 책에서 저자는 경제적 규제의 타당성에 대해서 깊은 회의를 표시하면서 경제적 규제의 대폭적인 완화를 주장하고 있기 때문이다(제19, 20, 25장). 따라서 독자들은 저자가 경제적 규제가 완화(deregulation)되어야 한다고 주장할 때 거기에 독과점 및 불공정거래 규제는 포함되는 것이 아니며 오히려 그것들은 강화되어야 한다는 점을 분명하게 인식해 주기 바란다.

제 2 부

정부규제의 원인과 과정

제 3 장

시장실패와 정부규제

1. 서 론

제1장에서 우리는 가장 기본적인 사회의 조직원리(basic principle of social organization)로서 시장과 정부가 상호대체적인 관계에 있음을 고찰하였다. 시장과 정부는 바람직한 경제사회질서의 형성, 자원의 효율적 배분, 소득의 공평한 분배, 경제의 안정과 성장 등 중요한 경제사회적 목적을 추구하는데 있어서 사용될 수 있는 두 가지의 서로 다른 조직원리라는 것이다. 이것은 정부규제의 가장 중요한 이론적 근거가 바로 시장의 결함 또는 시장실패에서 찾아져야 함을 의미한다.

물론 정부규제의 이론적 근거가 모두 시장결함 또는 시장실패에서 비롯되는 것은 아니다. 예를 들면 시장에서 이루어지는 소득분배의 공평성의 문제에 대해 윤리적 측면에서 부정적인 견해가 지배적인 한, 시장은 이미 경제사회적 공평의 실현 도구로서는 중요하게 기능할 수 없다. 또한 인간의 自由나 기본권과 같이 거래되어서는 안될 사회적 가치도 있다. 그러나 이런 경우를 제외하고는 정부규제의 論據가 몇 가지의 시장결함 또는 市場失敗 요인으로부터 찾아질 수 있다는 것은 대단히 놀라운 일이 아닐 수 없다. 최소한의 정부역할을 규정함에 있어서 경제학자들이 의존하고 있는 것이 바로 이 시장실패의 개념임을 상기한다면 이 말의 의미를 쉽게 이해할 수 있을 것이다.

시장결함 또는 시장실패 요인의 존재는 시장에 대한 정부개입을 정당화한다. 이것을 역으로 말한다면 시장은 정부개입의 효과성을 판단하고 평가하는 출발점이 된다. 요컨대 시장과 정부는 부단하게 서로 우월성을 다투는 관계에 서 있다. 시장실패를 보완하기 위해 정부개입이 용인되기도 하나, 반대로 정부개입이 기대한 역할을 다하지 못할 때는 다시 시장기능에 보다 많이 의존하는 방향으로 전환할 필요성이 제기된다. 본장에서의 시장실패에 대한 논의는 정부규제의 정당성을, 제5장에서 고찰하게 될 政府失敗(government failure)에 대한 논의는 정부개입의 축소 또는 시장에의 復元을 정당화하는 논리적 기초를 제공한다.

우선 제2절에서는 자원배분 메카니즘으로서 시장이 갖고 있는 효율성을 고찰한다. 본서에서 경제적 효율성이라는 말이 아주 빈번하게 사용되고 있는 바 독자들은 이 개념을 여기에서의 논의를 통해 깊이있게 이해할 수 있기를 바란다. 제3절에서는 시장실패 현상에 대해 고찰하면서 그것이 왜 불가피하게 정부의 개입을 필요로 하는가를 설명한다. 제4절에서는 시장의 가장 큰 결함으로 지적되고 있는 소득분배의 공평성이란 무엇을 의미하는 것인가를 간략하게 고찰한다. 끝으로 제5절에서는 보다 동태적인 관점에서 시장이 갖고 있는 결함과 이것을 이유로 한 정부개입의 양상에 대해 고찰하게 될 것이다. 한가지 부언할 것은 본장은 정부규제가 성립하게 되는 이론적 근거를 분명히 하는 것을 주된 목적으로 하고 있기 때문에 구체적인 정부규제의 내용과 방법에 대해서는 간략하게 언급하는데 그치고 있다는 것이다. 물론 이에 대한 구체적 사항은 본서의 해당 각 장에서 충분히 설명되고 있다.

2. 완전경쟁시장과 자원배분의 효율성

2.1 완전경쟁시장 이론

완전경쟁 시장(perfect competition market)이란 다음과 같은 네 가지의 구조적 조건을 충족시키고 있는 시장을 말한다. 첫째, 그 시장에는 많은 수의 공급자와 수요자가 있어서, 어느 공급자도 스스로의 공급량을 조절함으로써 가격에 영향을 줄 수 없고, 어느 수요자도 스스로의 구매량을 조절함으로써 가격에 영향을 주지 않아야 한다. 다시 말하면 이 시장에서 가격은 어느 누구에 의해서 설정되는 것이 아니고 누구에게나 동일하게 주어진 것이어야 하고, 따라서 수요자와 공급자는 모두 價格受容者(price taker)가 되어야 한다. 따라서 가격에 직접적 영향을 행사하는 독과점적인 사업자가 존재하거나 독과점적인 수요자가 존재하는 시장은 완전경쟁시장이라고 할 수 없다.

둘째, 완전경쟁시장은 동질적인 상품(homogeneous product)이 거래되는 시장이다. 만약 동일한 이름을 가진 제품이라 하더라도 어떤 기업이 생산하는 제품이 다른 기업이 생산하는 제품과 품질이 서로 다르다면 이것은 동질적인 상품시장이 아니다. 이와 같이 서로 다른 공급자가 생산하는 혹은 판매하는 상품 사이에 완전한 代替性이 보장되는 경우에 수요자는 공급자를 굳이 가려야 할 이유가 없다.

셋째, 자원의 완전한 移動性(perfect mobility)이 보장되어야 한다. 모든 생산자원이 어느 부문으로든 완전하게 자유롭게 이동될 수 있어야 한다는 것이다. 보다 구체적으로는 어떤 생산활동에 투입되는 노동, 자본, 토지, 원료, 기술 등이 아무런 장애없이 다른 생산활동에 轉用될 수 있어야 한다. 이 때 자원의 이동이 순식간에 또는 즉각적으로 이루어질 수 있어야 함을 의미하는 것은 아니다.[1] 예를 들면 토지나 공장과 같이 단기간에는 고정되어 있는 것이라 할지라도 장기적으로 이동성을 가지는 것이면 된다. 자원의 완전한 이동성은 보다 구체적으로 기업이 어떤 생산활동에 참여하고 싶을 때 쉽게 참여할 수 있고, 그 사업을 그만두고 싶을 때 쉽게 그만둘 수 있어야 함을 의미한다. 즉 어떤 시장에 대한 기업의 進入(entry)과 退出(exit)이 자유로와야 한다는 것이다. 따라서 규모경제(economies of scale) 효과, 특허제도, 각종의 인허가 제도 등으로 인해 진입과 퇴출이 제한되어 있는 시장은 완전경쟁 시장이라고 할 수 없다.

넷째, 완전경쟁 시장은 공급자나 수요자 모두가 자기의 의사결정에 필요한 경제적, 기술적 情報를 완전하게 갖추고 있는 시장이다. 수요자가 어떤 품질의 상품들이 있고, 그 각각의 가격이 어떤지를 정확하게 알 수 있어야 하고, 생산자나 공급자도 제품의 가격, 임금, 재료비, 이자율 등 생산과정에 필요한 모든 정보를 갖고 있어야 한다. 이런 완전한 정보(perfect information)의 조건이 갖추어져 있을 때 이 시장에는 하나의 價格만이 존재한다. 왜냐하면 동질적인 상품시장에서 다른 경쟁자보다 높은 가격을 요구하는 공급자는 보다 낮은 가격을 요구하는 공급자에게 소비자를 모두 잃어 버리게 될 것이기 때문이다.

이런 조건이 충족되는 완전경쟁 시장에 있어서 균형(equilibrium)은 어떻게 이루어지는가?[2] 우선 개개 공급자가 직면하는 수요곡선은 완전탄력적(perfectly elastic)인 수요곡선이 된다. 물론 시장전체의 수요(시장수요)는 가격과 반비례적인 관계에 있어 右下向의 곡선으로 표시되지만, 독점사업자가 아닌 개별 공급자가 보는 수요곡선은 현행 시장가격에서 고정된 수평선으로 그려진다는 것이다. 한편 이런 시장에서 시장공급곡선은 각 기업의 한계비용곡선을 수평으로 합산한 右上向의 곡선이 된다. 이 때 물론 시장균형은 수요와 공급이 일치하는 점에서 이루어진다.

그러면 완전경쟁 시장은 존재하는가? 이미 앞에서 완전경쟁 시장의

---

1) 이승훈, 「미시경제학」(서울: 영지문화사, 1986), p. 203n.

2) 완전경쟁시장에 있어서의 단기적, 장기적 균형에 대한 자세한 설명은 李俊求, 「미시경제학」(서울:법문사, 1989), pp. 356~76 참고.

네 가지의 조건을 살펴 보았거니와 이런 조건이 현실적으로 충족되기도 어렵고 그것이 반드시 바람직하지 않은 측면도 있다. 즉 수요자는 무수히 많을지라도 공급자(기업) 수는 분명히 제한되어 있다. 또 동질적이고 표준화된 상품만이 있는 시장은 반드시 바람직하지도 않다. 더구나 소비자나 생산자가 완전한 시장정보를 가진다는 것은 불가능하다. 따라서 완전경쟁 시장은 현실적으로 존재하는 시장은 아니다. 그러나 현실의 시장이 이런 조건을 완전하게 갖추지 못하고 있다고 할지라도, 완전경쟁시장 이론에서 도출되는 결론은 현실의 시장에서 이루어지는 결과를 이해하고 예측하는데 많은 도움을 준다.

2.2 완전경쟁과 자원배분의 효율성

완전경쟁시장 이론에서 얻어질 수 있는 중요한 결론은 한 마디로 말해 완전경쟁은 효율적인 자원배분(efficient resource allocation)을 보장한다는 것이다. 이것이 완전경쟁 시장의 厚生經濟學的 의미다. 완전경쟁시장이 자원배분의 효율성(allocational efficiency) 또는 경제적 효율성(economic efficiency)을 가져 오게 되는 이유는 다음과 같다.[3)]

첫째, 완전경쟁시장은 경쟁압력을 가함으로써 모든 기업으로 하여금 가장 효율적인 방법으로 생산활동을 영위하도록 강제한다. 완전경쟁시장에서의 장기적 조정과정에서 그리고 이윤의 높고 낮음에 따라, 기업은 끊임없이 새로운 시장에 진입하고 탈퇴한다. 이 치열한 경쟁 속에서 비효율적인 기업은 도태되고 오직 효율성을 최대로 추구하여 온 기업만이 살아남게 된다.

둘째, 완전경쟁시장에서 개별기업이 직면하는 수요곡선은 수평선이기 때문에 가격=한계비용($P=MC$)이라는 조건 속에서 이윤의 극대화를 추

3) 본서에서는 자원배분의 효율성을 경제적 효율성이라고 간략하게 부르고 있다. 이에 대한 알기 쉽고 친절한 설명은 이준구, 상게서, pp. 377~9 및 pp. 627~41; Robin W. Boadway, *Public Sector Economics* (Boston : Little, Brown and Co., 1979), pp. 3~27 참고.

구한다. 이 때 기업이 생산하는 제품의 가격이 마지막 한 단위의 제품의 생산에 소요된 한계적 자원비용(resource cost), 즉 限界費用과 같다는 것은 이 제품의 생산에 사용된 자원이 가장 효율적으로 사용되고 있음을 의미한다.

이것은 쉽게 말해 무엇을 의미하는가? 우선 여기에서 어떤 제품의 가격은 소비자가 그것을 소비함으로써 얻을 수 있는 한계편익(marginal benefit)을 뜻한다는 점을 이해해야 한다.[4] 예를 들어 사과 한 개를 300원에 사서 먹은 소비자가 얻는 만족은 돈으로 따져 최소한 300원은 될 것이다. 만일 그의 만족(효용)이 이 보다 작다면 그는 사과보다는 다른 것을 사먹을 것이다. 거꾸로 그가 얻는 만족이 이보다 크다면 그는 생각보다 싼 가격으로 사과를 사먹은 꼴이 된다.[5] 그러나 이 때에도 여전히 사과 한 개의 생산비용, 사과의 한계비용은 300원이다. 결국 가격=한계비용이라는 조건이 성립될 때 사과 한 개의 생산과 소비로 인해 나타나는 사회적인 한계비용과 사회적 한계편익이 같아지게 된다.

제 3 절에서 보다 자세하게 고찰하게 되겠지만 獨占이 사회적으로 자원의 효율적 배분을 가져 오지 못하는 것은 바로 이 조건이 충족되고 있지 않기 때문이다. 독점에 있어서는 가격이 한계비용과 같아지는 점($P=MC$)에서가 아니고 가격이 한계비용보다 높은 점($P>MC$)에서 결정된다. 다시 말하면 독점하에서 생산되는 제품의 사회적 편익은 그것의 생산에 들어간 한계비용보다 크다. 이것은 독과점품목의 생산을 늘리게 되면 가격이 한계비용에 일치하는 선까지는 계속해서 사회적 厚生이 증가될 수 있음을 의미한다. 우리는 여기서 자원배분이 사회적으로 효율적인 것이 되기 위해서는 항상 가격=한계비용($P=MC$)의 관계가 성립하여야 함을 알 수 있게 된다.

---

4) 시장수요곡선(market demand curve)은 곧 한계편익(marginal benefit)을 나타내 주는 곡선이라고 이해하면 편리하다.

5) 이때 그가 얻은 추가적인 만족을 소비자 잉여(consumer surplus)라고 부른다. 이것은 시장가격선 위 그리고 수요곡선 아래의 삼각형으로 표시된다. 소비자 잉여에 대한 설명은 이준구, 전게서, pp. 193~99 참고.

이 관계가 성립할 때 우리는 파레토 最適(Pareto optimum)이 달성된다고 말한다. 이태리의 경제학자 파레토(Vilfredo Pareto, 1848~1923)에 의해 수립된 후생경제학의 기초원리인 파레토 最適은 "더 이상 개선이 불가능한 최적의 자원배분 상태"를 가리킨다. 파레토는 바로 이 "더 이상 개선이 불가능한 상태"의 판단기준을 발견하였다. 이것은 "적어도 어떤 한 사람에게 손해를 입히지 않고서는 다른 사람에게 이득을 줄 수 없는 상태(a state of affairs that no one can be made better off without at the same time making at least one other person made worse off)"이다. 다시 말하면 어떤 사람에게 보다 큰 이득을 주기 위해서는 다른 사람의 이익이 희생되어야 한다는 것이다. 이것을 파레토 기준(Pareto criterion)이라고 부른다.[6)]

셋째, 완전경쟁이 자원배분을 효율화하는 또 하나의 이유는 완전경쟁시장에서 모든 기업이 장기적으로는 그것의 장기 평균비용곡선(long-run average cost curve)의 最低點에서 생산을 하지 않을 수 없다는 데 있다. 왜냐하면 장기적 평균생산비용이 이보다 높은 기업은 시장경쟁에서 승리할 수 없고 따라서 존립을 계속할 수 없기 때문이다.

이상 세 가지 결과는 완전경쟁시장이 아니고서는 도저히 기대할 수 없다. 따라서 완전경쟁시장은 자원배분의 효율성을 보장하는 유일한 조건이라고 할 수 있다. 아담 스미스(Adam Smith)가 시장의 힘을 '보이지 않는 손(invisible hand)'에 비유한 것은 바로 이런 시장의 힘을 의미하는 것이었다. '보이지 않는 손'이란 모든 경제주체가 시장가격을 주어진 것으로 보고 자신의 이득에 부합되는 방향으로 행동할 때, 질서가 형성되고 이 속에서 公益이 자연스럽게 달성되는 것을 말한다. 즉 각 소비자는 자신의 효용을 극대화하기 위해, 또한 각 생산자는 자신의 이윤을 극대화하기 위해 행동할 때, 비록 그들 각자의 행동이 명백히 私益(self-interest)에서 출발하고 따라서 서로 충돌을 일으킴에도 불구하고 궁극적으

---

6) Boadway, *op. cit.*, pp. 4~7 참고.

로는 公益(public-interest)을 달성하게 된다는 것이다. 이것은 그들이 주어진 시장가격을 공통적 기준으로 삼아 행동하기 때문이다. 직접 그의 유명한 말을 인용하여 보기로 한다.[7)]

> "모든 개인은 公益을 증진하려고 의도하지도 않고 또한 그가 얼마나 공익을 증진시키고 있는지도 알지 못한다…. 그는 단지 자신의 이익(own gain)만을 목표로 추구한다. 이 과정에서 그는 "보이지 않는 손"에 이끌려 그의 의도와는 아무런 상관없는 어떤 목적(end)을 증진시킨다. 그의 의도가 이런 목적의 달성과 아무런 관계가 없는 것이었다고 하여 이로 인해 항상 사회가 손해를 보는 것도 아니다. 개인이 공익의 달성을 의도적으로 추구하는 경우보다는 그 자신의 사익을 추구함으로써 사회적 목적을 보다 더 효과적으로 증진시키는 경우가 흔하다. 나는 공익을 앞세우는 사람들이 좋은 일을 이루어 놓은 것을 본적이 없다."

아담 스미스의 이런 주장, 즉 개인이나 기업이 사익을 추구함에 있어서 그의 행동으로 인한 사회적 파급효과를 전혀 고려하지 않음에도 불구하고, '보이지 않는 손'에 이끌려 공익을 증진하게 된다는 것은 놀랍고 신기한 일이 아닐 수 없다.[8)] 달리 표현하여 완전경쟁시장의 조건이 충족될 경우 개인의 分權的 의사결정(decentralized decision-making)이 最適의 자원배분상태, 즉 經濟的 效率性(economic efficiency)이라는 목적을 가장 잘 달성할 수 있다는 주장은 여간 놀랍지 않다. '보이지 않는 손'의 기능 즉 시장의 이런 기능을 좀더 잘 이해하기 위해 예를 들어 보기로 한다.

수많은 대학입시생을 수많은 대학에 어떤 방법으로 입학시키는 것이 사회적으로 가장 바람직하다고 할 수 있겠는가? 여러가지 방법이 생각될 수 있을 것이다. 예를 들어 고성능 컴퓨터를 이용한 아주 혁신적인

---

7) Adam Smith, *An Inquiry Into the Nature and Causes of the Wealth of Nations* (Chicago : Encyclopaedia Britannica, Inc., 1952), p. 194.

8) 어떤 정치경제학자는 이것을 일컬어 부산물적 해결(epiphenomenal or by-product solution)이라고 부른다. 이러한 예에 대하여는 Charles E. Lindblom, *Politics and Markets: The World's Political-Economic Systems* (New York : Basic Books, 1977), pp. 257~8 참고.

인력배분정책이 있어 이 정책에 따라 우수한 학생을 우수한 학교에 순차적으로 배치한다면 어떨까? 그러나 불행하게도 이런 인력정책이 고안될 수 있다고 할지라도 이것은 많은 사람을 동시에 만족시키지는 못할 것이다. 왜냐하면 각자가 어떤 학교를 지원할 때 그 이유는 천차만별일 것이기 때문이다. 어떤 학생은 교수진이 좋아서, 혹은 연구시설이 좋아서, 혹은 학비가 싸므로, 어떤 학생은 학교의 전통이 좋아서, 어떤 학생은 졸업생들이 장차 자신의 사회생활을 잘 이끌어 줄 것이므로, 어떤 학생은 여자대학이므로 …등등.

이와 같이 많은 기준들을 모두 충족시켜 줄 수 있는 인력정책이란 있을 수 없다. 최선의 방법이 있다고 한다면 그것은 개개인의 자유로운 분권적 의사결정과 경쟁에 의한 방법 뿐이다. 이 때 자유로운 개인의 분권적 의사결정과 경쟁의 결과 얻어진 인력의 효율적인 배분상태는 결코 어떤 사전에 짜여진 인력정책으로 인한 것이 아니고 사익을 추구하는 개개인의 자유로운 선택의 결과일 뿐이다. 이런 결과는 누구도 미리 예측한 것이 아니다. 어느 누구도 이런 바람직한 인력배분 상태의 실현을 위해서 의사결정을 한 것이 아님에도 불구하고 나타난 理想的인 결과이다. 이것이 바로 "보이지 않는 손"의 기능, 즉 市場機能이다.

이와 같이 자원배분의 메카니즘으로서 완전경쟁은 훌륭한 기능을 수행한다. 그러나 시장경쟁이 모든 문제를 해결해 주는 것은 아니다. 특히 공평성(equity)의 실현에 관한 한 완전경쟁이 어떤 결과를 가져다 주는지는 불투명하다. 물론 완전경쟁시장에서 이루어지는 소득분배 상태가 그밖의 상태 하에서 이루어지는 소득분배 상태에 비하여 열등함을 의미하는 것은 아니다. 다만 완전경쟁이 경제적 효율성 문제를 명쾌하게 해결해 주는 것처럼 공평성의 문제를 해결해 주지는 못한다는 사실이 중요하다. 이 문제는 제4절에서 다시 거론될 것이다.

3. 시장실패와 정부개입의 근거

이상에서 고찰한 바와 같이 자원배분의 효율성이라는 이상적인 결과는 완전경쟁을 전제로 한 것이다. 따라서 이런 완전경쟁이 전제되지 않는다면 시장에 의한 자원배분이 효율성을 가진다는 命題는 무너질 수 밖에 없다. 이것을 市場失敗(market failure)라고 부르고 완전경쟁이 이루어지지 못하게 만드는 요인을 시장실패 요인이라고 한다. 시장실패 요인이 존재한다고 하는 것은 시장에 의한 자원배분 기능이 最適이 아니라는 것을 뜻하며 경제를 시장기능에만 맡겨둘 수 없다는 것을 뜻한다. 경제학자들은 바로 이런 시장실패를 보완하기 위한 목적에서의 시장에 대한 정부개입만을 정당한 것으로 본다. 다시 말하면 시장실패는 정부개입을 정당화하는 고전적 근거가 된다.[9)]

시장실패 요인으로는 보통 다음의 네 가지를 든다. (1) 불완전한 경쟁, (2) 정보의 불충분성, (3) 공공재, (4) 외부효과가 그것이다. 그러나 학자에 따라서는 (1)과 (2)는 시장의 불완전성 그 자체로 인한 요인이라고 할 수 있기 때문에, (3)과 (4)만을 시장실패 요인으로 보기도 하고,[10)] 이 모두와 (5) 시장에 의한 소득분배의 불공평성(distributional inequity)을 포함하여 시장실패 요인으로 분류하기도 한다.[11)] 아래에서 이 각각의 시장실패 요인에 대해 차례로 고찰하면서 정부개입 혹은 정부규제의 근거를 아울러 제시하기로 한다.

---

9) 물론 이러한 경우에 있어서까지도 시장은 자체조정능력을 가지고 있기 때문에 정부개입은 정당화 될 수 없다는 주장을 펴는 일부의 학자도 있다. 이들을 보통 시카고학파 (Chicago school)라고 부른다. Milton and Rose Friedman, *Free to Choose* (New York : Harcourt Brace Javanovich, 1980) 및 Milton Friedman, *Capitalism and Freedom* (Chicago : University of Chicago Press, 1962) 참고.

10) Douglas F. Greer, *Business, Government, and Society* (New York : Macmillan Publishing Co., 1987), 2nd ed., pp. 24~31.

11) Charles Wolf, Jr., *Markets or Governments : Choosing Between Imperfect Alternatives* (Cambridge, Mass. : MIT Press, 1988), pp. 17~29.

3.1 불완전 경쟁과 정부개입

3.1.1 독과점의 존재

완전경쟁 시장에서는 공급자나 수요자 모두가 시장가격을 주어진 것으로 보고 그것에 반응하는 가격수용자(price-taker)이지, 가격설정자(price-maker)가 아니다. 그런데 현실 시장에는 자신의 공급량을 변동시킴으로써 가격에 영향을 미치는 공급자들이 있다. 이들을 일컬어 독과점기업이라고 한다. 한 산업을 한 공급자가 모두 차지하고 있을 때 이를 독점기업(monopolist)이라 하고, 이 시장을 소수의 기업이 나누어 차지하고 있을 때 이들을 寡占기업(oligopolists)이라고 부른다.

이와 같이 한 개 혹은 소수의 기업이 독점력(monopoly power)을 가지게 되는 원천으로서는 여러가지가 있다. 첫째, 독점력이 稀少資源의 독점적 소유에 기인하는 경우가 있다. 예를 들면 보크사이트 광산을 소유한 기업은 알미늄산업에 참여하여 독점력을 누릴 수 있다. 둘째, 특허 등을 통하여 독점력이 확보되는 경우가 있는가 하면 상표권을 통하여 독점력을 향유할 수도 있다. 예를 들면 상카(Sanka)회사는 카페인을 제거한 커피를 개발하여 상표이미지를 굳혔다. 셋째, 정부의 독점적 허가를 통하여 독점적 사업자가 되기도 한다. 넷째, 規模經濟 효과(economies of scale)가 큰 산업의 존재이다.

처음 세 가지의 원인은 자연적인 또는 정책의 결과로 인해 나타나는 원인이므로 더 이상 논의할 필요가 없을 것이다. 그러나 마지막의 요인은 특히 중요하기 때문에 설명을 요한다. 이런 산업은 생산규모의 확대에 따라 생산량이 점점 감소하거나 혹은 비례적으로 증가하는 것이 아니고 생산규모의 확대보다 더 빠른 속도로 생산량이 증가하는 기술적 특성에서 기인하는 것으로서 規模收穫遞增(increasing returns to scale) 산업이라고도 불리운다. 이런 산업에서는 기술적 특성에 더하여 (1) 우월하고 전문화된 생산기술, (2) 우수한 인재확보를 통한 경영능력과 마케

팅 능력의 우월성, (3) 자금의 동원능력 등을 통하여 규모경제 효과를 최대화할 수 있다.

이와 같이 특수한 기술적 성격을 가지는 산업이 존재하는 시장구조 하에서 독과점기업의 경쟁적인 행태를 유도하기는 어렵다. 왜냐하면 이런 산업에서는 생산규모를 증가시킬수록 비용을 절하할 수 있고, 이를 통하여 중소기업을 시장에서 내몰고 결국에는 독점기업이 되기 때문이다. 독과점기업은 가격을 한계비용과 일치되는 선(p^*)에서 결정하는 것이 아니고 한계비용보다 높은 선(p)에서 결정한다(그림 3-1 참고). 따라서 앞절에서 본 경제적 효율성 달성조건(혹은 파레토 最適조건)은 무너지고 이 때 자원배분의 효율성은 달성되지 않는다.

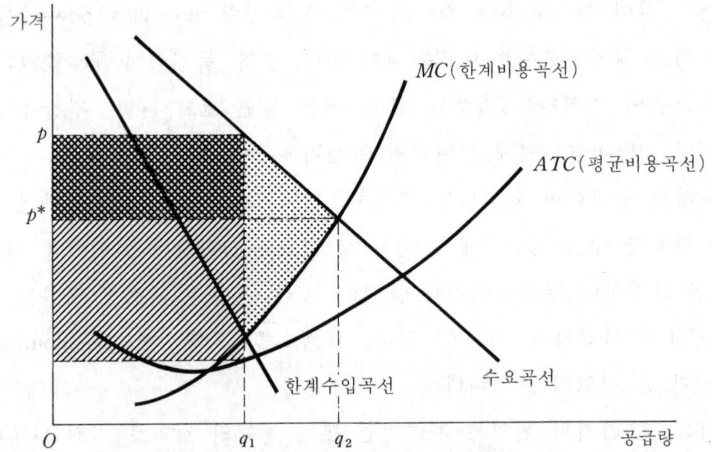

[그림 3-1] 독점기업의 가격결정

산업의 기술적 특성으로 인해 높은 규모경제 효과를 갖고 있는 산업의 경우에는 종국적으로 한 산업에 하나의 독점기업이 출현하게 된다. 이것이 바로 自然獨占產業(natural monopoly)이다. 전력, 상수도, 전화, 철도산업 등은 대표적 자연독점 산업으로 얘기된다. 이런 산업의 평균총생산비용(*ATC*) 곡선은 규모경제 효과로 인해 계속적으로 下向하기 때문에 한계비용(MC) 곡선은 언제나 평균생산비용곡선의 아래에 위치한다 ($ATC \rangle MC$). 따라서 가격을 한계비용에 일치시키는 선에서 결정하는 한계비용에 입각한 가격결정(marginal cost pricing) 방법 하에서는 항상 營業缺損이 발생한다.

3.1.2 정부개입의 필요성

위 두 가지의 어떤 경우이든 독점으로 인해 시장이 불완전한 경우에는 자원배분의 효율성이 확보되지 못한다.[12] 첫째, 독점으로 인해 [그림 3-1]에서 점 표시 삼각형 만큼의 厚生損失(welfare loss), 혹은 사회구성원 아무에게도 귀속되지 않고 날아가 버리는 自重損失(deadweight loss)이 발생하게 된다. 둘째, [그림 3-1]에서 빗금친 사각형은 獨占利潤(monopoly profit)을 나타내며 이 중 일부(pp^*)는 소비자로부터 독점사업자에게 이전된 소득이다. 독점기업의 투자자가 일반소비자에 비하여 부유하다고 가정한다면, 독점이윤으로 인해 대체로 逆進的 소득분배가 일어나고 富의 편중을 심화시킬 수 있다고 보는 것이 타당할 것이다.

셋째, 독점기업은 이런 독점적 지위를 유지하기 위해 진입장벽(entry barrier)을 구축하는데 막대한 자금을 쏟아붓게 될 것이다.[13] 실제로 미국의 전신전화회사인 AT&T는 그것의 독점적 지위를 유지하기 위한 법정투쟁에 1974~81년간에 걸쳐 무려 2억5천만 달러를 사용한 것으로 알려지고 있다. 여기에 포함되지 않은 그밖의 로비비용을 합하면 엄청난 액수가 될 것이다.[14] 넷째, 독점으로 인한 또 다른 문제로는 소위 X-비효율성(X-inefficiency)이라고 불리우는 문제가 있다. X-비효율성이란 배분적 비효율성(allocative inefficiency)과는 전혀 다른 개념으로서 이것은 개인이나 기업이 경영효율성을 추구하기 위한 노력이나 유인의 감소로

12) 물론 한편으로 규모의 확대에 따른 생산비용의 감소로 인하여 이득을 보게 되는 측면도 기대될 수 있다. 이에 대한 자세한 설명은 이준구, 전게서, pp. 398~407 참고.

13) Richard A. Posner, "The Social Costs of Monopoly and Regulation," *Journal of Political Economy*, Vol. 83, No. 4 (1975), pp. 807~26.; 이준구, 상게서, p. 403.

14) 이준구, 상게서, p. 403.

인해 나태해지거나 방만해짐으로써 발생하는 비효율성을 말한다.[15] 다섯째, 확실하지는 않으나 기술혁신을 위한 노력이 약화될 수도 있을 것이다.[16]

독점산업에 정부가 개입하게 되는 것은 바로 이와 같이 많은 문제들 때문이다. 독점산업에 대해 정부가 개입하는 방식으로서는 다음과 같은 방식이 있다. 첫째, 자연독점산업이 아닌 일반적인 독점산업의 경우에는 反獨占 및 企業結合의 규제, 경쟁제한적 불공정거래에 대한 규제를 들 수 있다. 둘째, 자연독점산업의 경우에는 보통 정부가 독점기업의 가격과 이윤을 직접 규제하는 방법을 사용한다. 이 두 가지 방법에 대해서는 제 9~11장에서 상세하게 다루고 있으므로 여기에서는 생략한다. 셋째, 이런 산업을 공기업(public enterprise)으로 전환하는 방법도 있다. 이 경우에는 후생의 극대화를 위해 한계비용 가격책정(marginal cost pricing) 방법이 도입되게 될 것이나, 이로 인해 발생하는 영업손실을 보전하기 위해서는 불가피하게 財政支援이 이루어지지 않을 수 없고, 다른 한편으로는 공기업에 항상 따라다니는 경영의 비효율성 문제가 야기되기 쉽다.

3.2 정보의 불완전성과 정부개입

3.2.1 정보의 불완전성

완전경쟁시장에서는 市場情報가 완전하다는 가정에서 출발하고 있으나 정보만큼 불완전한 것은 아마도 없을 것이다. 예를 들어 정보가 완전하고 충분하다고 한다면 불량식품, 안전하지 못한 가전제품이 시장에서 활개를 칠 수 없다. 실속없는 각종의 건강식품, 운동기구, 自家치료기구 등이 만연될 수도 없다. 왜냐하면 소비자들이 그 사실을 알고 있는 이상

15) *X*-효율성 또는 *X*-비효율성의 개념은 이 개념의 창시자인 Harvey Leibenstein, "Competition and *X*-Efficiency," *Journal of Political Economy*, Vol. 81(May/June 1973), pp. 756~77 참고. 이것에 대한 보다 상세한 논의는 제5장 참고.

16) 물론 이러한 주장에 대하여는 막강한 반론이 있다. Joseph A. Schumpeter, *Capitalism, Socialism, and Democracy* (New York : Harper Torchbooks, 1950), 3rd ed., pp. 87~110 참고.

이런 제품을 구매할 까닭이 없고, 소비자가 이렇게 현명하다는 사실을 알고 있는 한 생산자나 공급자가 이런 제품을 생산하지도 않을 것이다. 만일 그러한 어리석은 기업이 있다면 이 기업은 이내 망하고 말 것이기 때문이다. 질이 나쁜 제품의 가격은 질 좋은 제품 가격에 비하여 당연히 싸야 함에도 불구하고 그렇지 못한 경우가 비일비재하다. 똑같은 제품이 일반시장에서 보다 백화점에서 수배에 달하는 가격으로 팔리고 있는 것도 정보의 불완전성 때문이다. 동질의 제품인 줄 안다면 누가 수배의 값을 내고 백화점에서 그런 제품을 사겠는가?

이런 문제들은 모두 정보가 불충분하기 때문에 또는 기업이 광고선전활동을 통해 얼마든지 소비자를 欺瞞할 수 있다고 보기 때문에 발생하는 문제들이다. 불충분한 정보는 소비자를 기만하는 생산활동을 조장할 뿐만 아니라 귀중한 자원이 효율적으로 사용되지 못하도록 하기 때문에 더욱 문제가 된다. 다시 말하면 좋은 제품을 생산하는데 사용되어야 할 인력과 자원이 불필요한 제품의 생산에 잘못 투입되고 있는 것이다. 이것은 비단 인력과 자원만을 낭비할 뿐만 아니라 이것의 생산에 들어가는 자본(그것이 자기돈이든 금융자금이든 관계없이)의 효율성을 떨어뜨린다.

이런 문제는 인력 또는 노동시장의 경우에 있어서도 마찬가지다. 인간이 지닌 능력과 자질을 정확하게 평가할 수 있는 방법이 없는 한 그 정보는 불완전하고 그 결과 인적 자원의 적재적소 배치가 어려워진다. 개개인이 지닌 능력과 자질을 최대한으로 활용할 수 있게 될 때 인적 자원의 사회적 활용이 극대화될 수 있으나, 그것 자체에 대한 정보가 부족할 때 유능한 사람이 능력발휘를 할 수 없는 직장에서 일하는가 하면, 능력이 부족된 자가 자기 능력을 벗어난 자리를 차지하는 사태가 발생한다. 이런 인적 자원의 비효율적인 배분이 생산성을 떨어뜨리는 중요한 이유가 됨은 두말할 필요가 없을 것이다.

시장정보가 충분하게 공급되지 못하는 이유는 생산자 또는 공급자와 소비자의 양측에서 발견된다. 먼저 정보의 공급측면부터 살펴 보면 정보는 非歸屬性(inappropriability) 문제를 안고 있다. 이것은 정보 공급자

(제조업자 또는 판매업자)가 자기의 정보제공으로 인해 발생하는 이득을 전부 흡수할 수 없는 현상을 가리키는 것으로서 이 때 공급자는 시장에 정보를 충분하게 공급하려는 유인을 갖지 못한다.

예를 들면 어떤 판매자가 어떤 소비자에게 상품특성을 진실하게 그리고 자세하게 설명할 때 그 소비자는 설명을 다 듣고 난 뒤 그 상품을 사지 않기로 마음을 정하거나, 다른 상점으로 가거나, 다른 상표의 제품을 찾아 갈 수도 있다. 뿐만 아니라 그렇게 얻은 상품정보는 그 소비자를 통하여 다른 소비자에게 파급될 수도 있다. 이 경우에 정보제공자는 그와 같은 정보의 제공이 자기에게 궁극적으로 어떤 영향을 미치게 될지 알 수 없게 된다.

이런 문제는 노동자나 피보험자의 경우에도 발생한다. 취업을 희망하는 자가 고용주에 대해 자신이 갖고 있는 능력과 무능력을 정확하게 꾸밈없이 공개할 때 그의 진실성이 보상을 받으리라는 보장이 없다. 즉 고용주는 그가 갖고 있는 약점을 보다 중요시하여 고용을 거절할 수도 있는 것이다. 마찬가지로 피보험자가 보험회사에 대해 자기에게는 선천적 질환이 있다고 한다면 어느 보험회사가 그를 환영하겠는가? 자동차보험에 가입을 희망하는 자가 자신의 음주운전 습관을 솔직하게 말한다면 어느 자동차 보험회사가 그에게 선뜻 보험을 팔려고 하겠는가? 이와 같이 정보를 제공해 주어야 할 입장에 있는 정보공급자는 자신이 가진 정보를 모두 제공한다고 하여 이로부터 이득을 보는 것이 아니라 손해를 볼 수도 있기 때문에 정보의 제공을 기피하는 경우가 많다.

시장정보가 불충분하게 되는 원인은 정보의 수요자 측에도 있다. 우선 소비자는 어떤 객관적인 자료나 연구에 의한 도움을 받지 않고서는 그가 필요로 하고 있는 정보가 무엇에 관한 정보인지 조차 정확히 알지 못하는 경우가 많다. 예를 들어 어떤 소비자가 자동차를 사려고 할 경우에 자기가 가져야 할 정보가 가격, 자동차의 燃比(fuel efficiency), 자동차의 견고성 또는 사고시의 안전성 그 어느 것에 관한 정보인지를 알지 못한다. 뿐만 아니라 수많은 종류의 정보가 상호모순되는 관계에 있을 때 어떤 정보를 보다 중요시하여야 할 것인지 혼돈에 빠지기 쉽다. 이런 이유들 때문에 소비자정보 시장(consumer information market)은 잘 기능할 수 없다.

정보가 시장에 충분하게 공급되도록 하기 위해서는 정보를 수요하는 자가 힘을 합쳐 그것을 강력하게 요구할 수 있어야 할 것이나 이것도 용이하지가 않다. 왜냐하면 정보는 公共財(public good)적 특성을 갖고 있기 때문이다. 정보는 그것이 비록 무형이라고는 하지만 그것의 획득과 유통에는 비용을 수반하는 재화(commodity)이다. 그러나 정보는 일반적인 私的 財貨(private good)와는 달리 그것이 어느 만큼 공급되든지간에 일단 공급이 되기만 하면 공급자가 누구이든 관계없이 소비자 모두가 아무 불편이나 효용의 감소없이 공동으로 그것을 이용할 수 있는 성질 즉 非排他性(non-excludability)과 非競合性(non-rivalry)을 갖고 있는 공공재이다.

정보가 이런 공공재적 특성을 갖고 있는 한 거기에는 공공재에 일반적으로 나타나는 無賃乘車者(free-rider) 문제가 야기된다. 즉 모든 소비자가 정보를 필요로 하지만 개별 소비자는 모두 다른 누군가가 그러한 소비자정보를 획득하여 제공해 주기만을 원할 뿐, 그 스스로는 시간과 비용을 들이려 하지 않는 성향을 가진다. 그 결과 정보수요자 개개인은 단결된 힘을 과시함으로써 정보의 공급자로 하여금 그들이 필요로 하는 정보를 충분하게 공급하도록 만들 수 있는 힘을 가지지 못한다. 소비자 개개인으로서는 물론이고 집단형성을 통해서도 스스로의 문제를 해결하지 못하는 현상 즉 집단행동의 딜렘마(collective action dilemma) 현상이 야기되는 것이다. 이에 대해서는 제4장에서 보다 상세하게 고찰하게 될 것이다.

끝으로 정보의 불충분성은 소비자의 의사결정을 誤導할 뿐만 아니라 생산자인 기업의 의사결정을 오도한다. 예를 들면 기업은 자기가 고용하는 근로자의 능력과 자질을 충분하게 평가할 수 있는 정보를 갖고 있지 않다. 흔히 학력 등에 근거하여 이것을 추측할 뿐이나 그것이 완전한 정보가 되지 못함은 분명하다. 기업은 또한 경쟁기업의 태도나 전략에 대해 깊이 알지 못한다. 따라서 경우에 따라서는 경쟁기업과 동시에 같은 제품을 생산하여 기대했던 만큼의 시장을 확보하지 못할 수도 있고, 소비자들의 선호를 정확하게 파악하지 못함으로써 소비자로부터 외면을 당하는 제품을 생산하고 자원을 낭비하는 일이 발생하게 된다.

3.2.2 정부개입의 필요성

이상에서 고찰한 바와 같이 정보의 불완전성 혹은 정보의 불충분성의 문제는 한편으로는 정보 그 자체가 갖고 있는 비귀속성, 공공재적 속성으로부터 야기되고, 다른 한편으로는 인간의 합리성의 한계로부터 야기된다. 따라서 정보의 불완전성 문제를 완전하게 극복한다는 것은 거의 불가능한 일이라고 할 수 있다. 그러나 정보의 불완전성 때문에 야기되는 시장실패로 인해 발생하는 경제사회적 문제는 아주 심각하기 때문에 그냥 방치해 둘 수 없다.

우선 시장정보가 불완전할 때 인적, 물적 자원의 배분이 왜곡된다. 시장에서 신호(signal)의 구실을 하고 있는 정보가 불완전할 때 시장기능이 제대로 발휘될 수 없음은 너무나도 당연한 이치이다. 이것은 마치 도로에서 교통신호체계가 잘 정비되어 있을 때 모든 방면의 교통소통을 원할하게 해 주나, 그것이 잘못되어 있는 경우에는 어떤 방면의 차들은 계속 밀리게 되고 다른 방면의 차들은 쌩쌩 달려갈 수 있게 되는 것과 같다.

시장에서 신호등이라고 할 수 있는 정보가 불충분할 때 소비자들의 選好(preferences)가 기업의 의사결정 과정에 정확하게 반영될 수 없고, 기업 역시 기업활동에 필요한 자원에 대한 정확한 정보가 없이는 올바른 의사결정에 도달할 수 없다. 그 결과 소비자에게 불요불급한 제품 또는 위해한 제품이 과잉생산(over-production)되는가 하면 정말 필요한 제품 또는 소비자에게 유익한 제품이 과소생산(under-production) 되는 현상이 나타나게 된다. 더 나아가서 이런 제품시장에서의 자원배분의 왜곡은 필연적으로 노동, 토지, 자본 등 생산요소(factors of production) 시장에서 자원배분의 왜곡을 초래한다. 즉 어떤 제품의 생산이 사회적으로 바람직한 수준보다도 과잉생산되고 있다면 노동, 자본, 토지 역시 사회적으로 바람직한 수준 이상으로 이 부문에 과잉투입되어 사회 전체적으로 생산성을 저하시키고 경제산업구조를 왜곡시키게 된다.

정보의 불충분성으로 인한 자원배분의 왜곡은 비단 비효율적인 생산활동과 소비활동을 초래하는 것이 아니고, 많은 사회적 문제들을 야기시키게 된다. 정보의 불완전성으로 인해 야기되는 대표적인 문제는 소비자문제(제16장)다. 이에 관해서는 이미 앞에서 대강 설명하였으므로 추가적인 설명이 필요없을 것이다. 다음으로 産業災害 문제(제15장)도 상당부분 정보의 부족, 즉 근로자의 무지나 부주의에 기인한다. 性차별, 지역차별 등 고용에 있어서의 사회적 차별의 문제(제17장) 역시 상당부분 정보의 부족에 기인한다. 생명보험이나 손해보험 가입에 있어서의 차별문제도 결국은 보험가입자의 건강상태, 운전습관 등에 대한 정보의 부족으로 인해 야기되는 측면이 많다.

따라서 정보의 부족으로 인해 혹은 정보의 부적절성, 허위성 등으로 인해 야기되는 각종의 경제적, 사회적 문제의 해결을 위해서 정부는 시장에 적극 개입하지 않을 수 없다. 정부가 불완전한 정보로 인해 야기되는 각종의 문제의 해결을 위해 시장에 개입하게 될 때 취하게 되는 접근방법에는 여러가지가 있다. 첫째, 정부는 소비자들을 위험에 빠뜨리는 각종의 危害要因에 대한 정보를 정부 스스로가 생산하여 시장에 제공할 수 있다. 각종의 시험검사 등을 통하여 얻어진 정보를 제공하거나 교육을 통하여 최신의 과학정보를 전파하는 것 등이 바로 이것이다.

둘째, 정부가 취하는 보다 보편적이고 장기적으로 효과적인 정보보완의 방법은 기업들로 하여금 정보를 공급하도록 의무화함으로써 개별 소비자들이 부담해야만 할 情報費用(information cost)을 낮추어 주는 것이다. 정보비용이란 정보를 필요로 하는 자가 정보의 획득에 투입하는 비용을 말하는 것으로서 경쟁적인 제품 혹은 상점 가운데 어느 제품 어느 상점이 보다 유익한가를 탐색하는데 수반되는 비용, 시간, 노력 등을 말한다. 불완전한 시장에서 소비자의 정보비용은 개별 소비자로서는 도저히 감당할 수 없을 정도로 높을 뿐만 아니라, 모든 소비자가 거의 동일한 소비자정보를 얻기 위해 그만한 비용을 지불해야 한다면 이것은 사회적으로 막대한 자원의 낭비를 초래하게 되기 때문에, 공공재적 속성을 지니는 정보를 기업이 제공하도록 의무화하는 것이다. 예를 들면 表示規制를 통해 제품의 내용물, 가격, 성능, 효과 등에 대한 정보를 기업이 스스로 공개(disclosure)하게 하는 것은 전형적인 경우이다.

이런 방법을 통한 정보제공의 의무화는 소비자들의 합리적인 의사결정을 도와주는 직접적인 효과만을 가지는 것이 아니다. 소비자의 합리적인 선택이 가능해지게 될 때 기업들이 이제는 단순히 가격경쟁이나 광고경쟁을 통해서는 시장을 확보할 수 없다는 인식하에 소비자 불만요인을 제거하기 위한 품질 및 서비스 향상을 위해 노력하지 않을 수 없게 하는 효과를 발휘한다. 더 나아가서 품질향상을 둘러싼 시장경쟁과정에서 자연발생적으로 생산 공급되는 소비자정보는 경쟁기업들에 대한 추가적인 자극으로 작용함으로써 시장경쟁의 양상을 본질적으로 변화시킬 수 있다.

3.3 공공재와 정부개입

3.3.1 공공재의 존재

공공재(public good)는 다음과 같은 속성을 가지는 특수한 유형의 재화나 서비스를 말한다. 첫째, 공공재는 생산과 소비가 보통 동시적으로 이루어지고, 따라서 축적되지 않는 성격을 갖고 있다. 이것은 공공재가 갖고 있는 서비스로서의 성격 때문이라고 할 수 있다. 예를 들면 國防을 위해서는 무기의 생산과 병력의 유지가 필요하지만 이것이 목표로 하는 것은 국민에 대한 국방서비스지 무기생산 또는 병력의 유지 그 자체가 아니다. 공공서비스가 이와 같이 그것이 생산되자 마자 곧 소비되는 성격을 갖고 있다는 것은 공공재의 생산이 항시적으로 이루어져야 함을 의미한다. 다시 말하면 국방이라는 공공재의 수요가 있는 한 그것의 공급이 어느 날에는 이루어지고 어느 날에는 이루어지지 않아도 되는 것이 아니다. 이것은 역시 축적은 되지 않지만 수요가 있을 때에만 생산공급되는 민간서비스의 경우와 크게 다른 점이다.

둘째, 보다 중요한 공공재의 특성은 어느 누구도 그것의 소비로부터 배제될 수 없다는 것이다. 이를 가리켜 공공재의 非排他性(nonexcludability) 이라고 부른다. 예를 들면 국민이라면 누구도 국방이라는 혜택으로부터 배제되지 아니한다. 공공재의 비배타성이란 국민이라면 누구나 국방의 보호를 받을 수 있는 동등한 법적 권리를 갖고 있다는 것을 의미하는 것이 아니다. 이것은 공공재가 공급되고 있는 한 모든 국민이 그것을 동시적으로 소비할 수 있게 되는 공공재 고유의 경제적 특성을 가리키는 말이다. 공공재가 아니고 기업이 생산하는 사적 재화와 서비스는 반드시 그것에 대한 댓가를 지불하는 자만이 그것을 소비할 수 있다. 그러나 공공재의 경우에는 댓가를 지불하지 않더라도 그것을 소비할 수 있는 특성을 갖고 있다.[17)]

공공재의 비배타적 특성으로부터 공공재에 고유한 무임승차자 문제(free-rider problem)가 야기된다.[18)] 아무런 댓가의 지불없이도 공공재의 이용과 소비가 전혀 지장을 받지 않는데 어느 누가 댓가를 지불하려고 하겠는가? 이것은 어느 한 사람의 합리적인 계산이 아니고 누구나의 합리적인 계산에서 나오는 당연한 결과이다. 바로 이런 무임승차자의 특성 때문에 공공재의 공급은 시장을 통해서 자체적으로 이루어지기 어렵다. 공공재가 대체로 정부에 의해 생산공급되지 않을 수 없게 되는 것은 바로 이 때문이다. 물론 공공재의 생산과 공급에 들어가는 비용은 모든 국민이 내는 세금으로 충당된다.

---

17) 예를 들어 어떤 국민이 국방서비스를 수혜받지 못하도록 하기 위해서는 그를 국외로 추방하는 방법 밖에는 없다. 왜냐하면 그가 국내에 있는 한 그는 계속 국방의 혜택을 받게 되기 때문이다.

18) 공공재 혹은 집단재(collective goods)에 대한 일반적인 경제학적 논의는 Paul Samuelson, "The Pure Theory of Public Expenditure," *Review of Economics and Statistics* (November 1954); 이에 대한 정치경제학적 논의는 Mancur Olson, *The Logic of Collective Action : Public Goods and the Theory of Groups* (Cambridge, Mass. : Havard University Press, 1965) 참고.

셋째, 공공재는 또한 非競合性(non-rivalry)이라는 경제적 특성을 가진다. 비경합성이란 다른 사람의 소비로 인해 나의 소비가 지장을 받거나 소비에서 얻는 효용이 감소되지 않는 것을 말한다. 예를 들면 옆집에서 TV를 보고 있다고 해서 우리집에서 TV를 보는데 지장이 생기지 않는다. 이것은 私的 재화의 경우와 비교하면 명확하다. 다른 사람이 기차표를 나 보다 먼저 사게 되면 내가 기차표를 살 수 있는 양은 줄어든다. 다른 사람이 극장에 먼저 들어가 앉아 있을 때 내가 들어 가기 어렵다. 이런 특성을 갖는 사적 재화나 서비스의 경우와는 다르게 다른 사람의 소비와 나의 소비가 경합을 일으키지 않는 것을 공공재라고 부른다. 이것을 좀더 경제학적으로 표현한다면 추가적인 한 사람의 소비로 인한 한계비용(marginal cost)은 零이거나 零에 가까운 재화가 곧 공공재라고 말할 수 있다.

그러나 공공재의 경우에 있어서 다른 사람이 먼저 이용하고 있다고 하여 내가 이용하기 어려운 것은 아니나, 나의 소비에서 얻어지는 효용이 감소하게 되는 예는 흔하다. 예를 들면 도로에 차들이나 사람들이 어떤 선을 넘어 지나치게 많아지면 내가 도로에서 얻는 효용은 감소한다.[19] 이것이 바로 混雜(congestion)의 문제이다. 도로, 교량, 공원 등은 대표적인 예이다.[20]

그러나 공공재의 비배타적 특성이나 비경합적인 특성은 상대적인 것이라 할 수 있으므로 이것을 지나치게 엄격하게 해석하는 것은 옳지 않다. 사실 위에서 설명한 특성을 완벽하게 지니는 순수한 공공재(pure public goods)란 그리 많지 않다. [그림 3-2]는 각종의 재화와 서비스가 어느 정도의 비배타성과 비경합성을 지니는가에 따라 분포시켜 본 것이다. 여기에서 가로축은 경합성의 정도를, 세로축은 비배타성의 정도를 보여주고 있다.

---

19) 이러한 성격을 갖는 공공재는 수영장, 골프코스, 테니스코트 등이 있다. 이와 같이 경합성을 가지고 있는 공공재를 클럽재화(club goods)라고 부르기도 한다. James M. Buchanan, "An Economic Theory of Clubs," *Economica*, Vol. 32 (Feb. 1965), pp. 1~14.

20) 이러한 공공시설들은 이용자에 따라 이용회수나 강도가 다르기 때문에 가변적 이용시설(variable-use public utilities)이라고도 부른다. Boadway, *op. cit.*, p. 33.

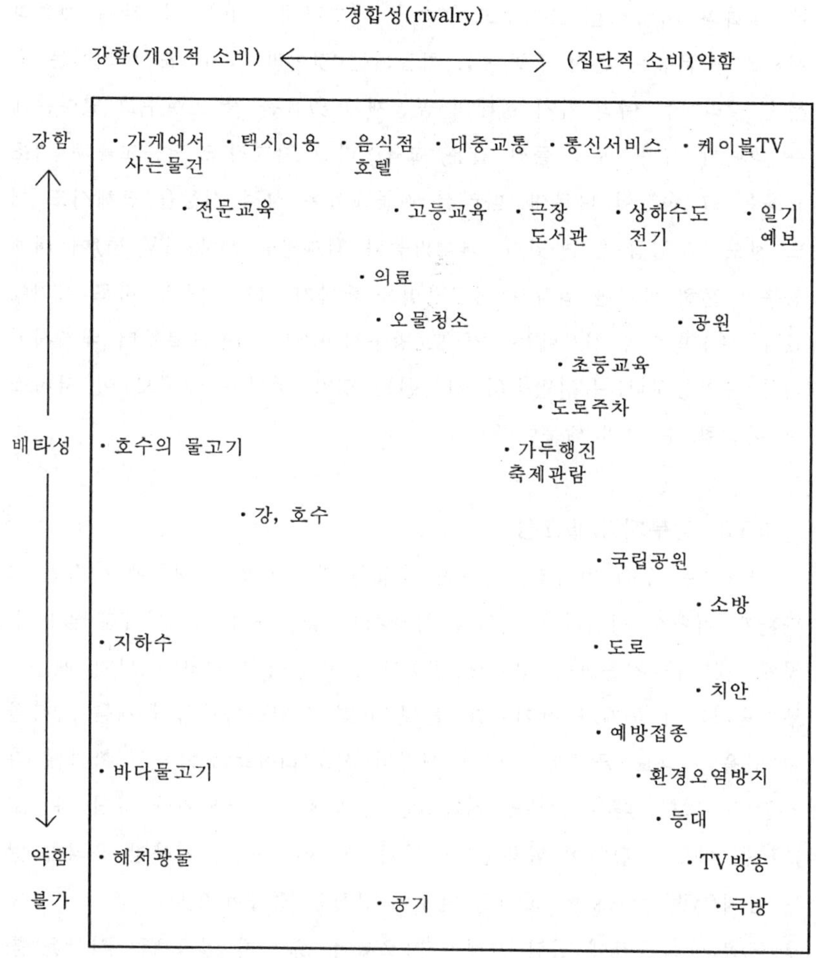

[그림 3-2] 배타성과 경합성에 따른 재화와 서비스의 분류

자료: E. S. Savas, *Privatizing the Public Sector : How to Shrink Government* (Chatham : Chatham House, 1982), p. 34. (저자가 약간 수정하였음.)

[그림 3-2]에서 左上方은 배타성과 경합성이 모두 높은 사적 재화(private goods)를, 右下方은 비배타성과 비경합성이 높은 순수한 공공재(public goods)를 보여주고 있다. 그런가 하면 右上方은 배타성은 강하나 경합성은 약한 재화와 서비스를, 左下方은 배타성은 낮으나 경합성이 높

은 재화와 서비스를 보여주고 있다.[21] [그림 3-2]에서와 같은 재화와 서비스의 분류는 흔히 공공재로 취급되는 것이라 할지라도 여기에는 속성을 달리하는 여러 가지 형태의 공공재가 있음을 잘 보여주고 있다는데 큰 의미가 있다. 예를 들면 같은 교육이라고 할지라도 전문교육과 기초교육은 그 속성이 다르며, 따라서 전문교육은 사적 시장을 통해서도 어느 정도 잘 공급될 수 있다. 無線방송과 有線방송(cable TV 등)에 대해 정부가 흔히 상이한 입장과 접근방법을 택하게 되는 이유도 바로 여기에 있다. 무선방송의 경우에는 누구도 방송서비스의 이용으로부터 배제시키기가 불가능하나, 유선방송의 경우에는 댓가 없이는 누구도 이 서비스를 이용할 수 없기 때문이다.

3.3.2 정부개입 필요성

공공재는 우선 비배타성이라는 특성을 지니고 있기 때문에 사적인 교환관계 위에서 성립하는 시장을 통해서는 충분하게 이루어지지 않는다. 첫째, 댓가를 지불함이 없이도 공공재의 이용이 가능하게 되기 때문에 무임승차자의 문제가 야기된다. 둘째, 비록 무임승차자의 문제를 극복할 수 있을 지라도 공공재에 대한 개인의 선호(preference)를 정확하게 파악할 수 없다. 다시 말하면 개개인은 공공재가 공급되기만 하면 자기도 그것을 아무 불편없이 활용할 수 있기 때문에 자기가 지불할 용의가 있는 금액(willingness-to-pay)을 낮추어 말하는 경향이 있다.

공공재의 공급에 이런 문제가 가로놓여 있는 한 공공재는 시장을 통해서 공급되지 못하고, 비록 공급이 된다고 하여도 過小공급되지 않을 수 없다. 따라서 이런 재화가 사회적으로 바람직한 한 정부는 국민들로 하여금 강제적으로 세금을 내게 하고 이 세금을 갖고 이런 공공재를 생산하여 사회에 공급하게 된다.

다음으로 공공재는 비경합성을 지니고 있기 때문에 공공재를 이용하

---

21) 어떤 학자는 이 각각을 요금재화(toll goods), 공동소유 재화(common-pool goods)라고 부르고 있다. Savas, *op. cit.*, pp. 29~51.

는 사람이 추가될지라도 사회적 비용이 초래되지 않는다. 따라서 공공재의 이용은 보다 많은 사람에게 이를 허용하면 할수록 사회후생을 증진시키며 경제적으로 효율적이 된다고 말할 수 있다. 따라서 이런 속성을 지니는 공공재를 정부가 제공함으로써 보다 많은 사람들이 이를 이용하게 하는 것이 바람직하다. 우리가 도로, 항만 등 사회간접자본시설을 설치운영함에 있어서 민간이 하는 것보다는 정부가 하는 것이 경제적으로 보다 높은 효율성을 달성할 수 있을 것으로 보는 이유는 바로 여기에 있다.

그러나 공공재의 경우에 있어서도 많은 경우에 정도는 차이는 있으나 競合현상이 나타난다. 이런 유형의 공공재에 있어서 경합현상이 일어나게 되면 자연히 공공재의 소비로 인한 효용이 감소하게 되므로 이를 적절한 수준으로 유지하는 것이 필요하다. 경합성이 흔히 일어나는 공원이나 도로의 경우에 있어서 정부가 입장료 또는 사용료를 징수하는 것은 물론 재원의 확보라고 하는 목적도 갖고 있지만, 지나친 경합 현상을 막기 위한 목적도 갖고 있다.

이상에서의 일반적인 설명만을 갖고서는 공공재의 존재로 인해 정부가 개입하게 되는 특히 정부가 규제해야 할 필요성이 언뜻 떠오르지 않을지 모른다. 그러나 보다 다양한 형태의 공공재가 있음을 이해함으로써 정부개입의 이론적 근거로서 공공재의 존재가 갖고 있는 의미를 보다 정확하게 파악할 수 있다.

우리는 공공재 하면 자꾸만 유형적인(tangible) 것만을 연상하기 쉬우나 모든 공공정책을 통하여 달성하려고 하는 "바람직한 상태" 또는 공공정책의 집행을 통하여 기대하는 효과는 모두 공공재적 속성을 갖고 있다고 볼 수 있다. 예를 들면 [그림 3-2]의 예 가운데 예방접종, 공해의 방지 등이 보여주듯이 전염병이 만연하지 않는 상태, 환경오염이 없는 상태의 실현은 국민의 건강, 맑은 공기와 마찬가지로 공공재라고 할 수 있다. 왜냐하면 이로 인한 이득이 사회구성원 모두에게 고루 미치고, 이런 이득을 보는 사회구성원이 많다고 하여 그것의 효용이 감소하는 것이 아니기 때문이다. 이런 예는 이밖에도 많다. 각종 法律의 집행으로 인한 경제사회질서의 확보, 소비자보호, 산업재해의 방지, 차별이 없는 사회 등등은 모두 공공재로 볼 수 있다는 것이다.

이와 같이 공공재의 범위를 무형의 재화와 서비스, 사회적 가치에까지 확대하게 되면 정부가 시장에 개입하는 이유가 보다 분명해 질 수 있다. 한가지 주의할 것은 앞의 [그림 3-2]에서도 시사된 바와 같이 흔히 정부가 공급하고 있는 재화나 서비스 가운데 비배타성이 약한 공공재에 있어서는 시장을 통한 혹은 민간부문을 통한 공급이 가능하고 바람직한 경우가 많다. 소위 民營化(privatization) 문제는 바로 이런 측면에서 제기되는 문제라고 할 수 있다.[22)]

3.4 외부효과와 정부개입

3.4.1 외부효과

外部效果(externalities)란 어떤 사람(기업)의 행동이 비의도적으로 그리고 그것에 대한 댓가의 교환없이 다른 사람에게 이득이나 손해를 가져다 주는 것을 말한다. 외부효과는 이와 같이 일반적인 시장거래와는 달리 의도하지 않은 결과로서 나타나며, 그것에 대한 댓가가 지불되거나 또는 수취되지 않는다는 특징을 갖고 있다. 이런 특성을 가지는 외부효과는 따라서 개인적인 생산활동이나 소비활동의 私的 비용(private cost: *PC*)이 그것의 사회적 비용(social cost: *SC*)과 괴리되고 개인적인 소비활동 또는 생산활동으로 인해 얻어지는 私的 편익(private benefit: *PB*)이 사회적 편익(social benefit: *SB*)과 괴리되는 현상을 초래한다.[23)]

외부효과에는 두 가지 유형이 있다. 하나는 개인적인 비용이 사회적인

22) 민영화의 개념, 대두 배경, 정치경제적 의의에 대해서는 졸고, "민영화의 정치경제," 姜珉 외 공저, 「國家와 公共政策」 (서울: 법문사, 1991) 참고.

23) William J. Baumol and Wallace E. Oates, *The Theory of Environmental Policy* (Englewood Cliffs, N.J. : Prentice-Hall, 1975), chapter 3, pp. 14~32. ; Otto A. Davies and Morton I. Kamien, "Externalities, Information, and Alternative Collective Action," in Robert Dorfman and Nancy S. Dorfman (eds.), *Economics of Environment: Selected Readings* (New York: W. W. Norton and Co., 1977), pp. 111~19.

비용보다 작은($PC<SC$) 경우로서 이것을 外部不經濟(external diseconomies)라고 부른다. 다른 하나는 이와 반대로 개인적인 편익이 사회적 편익보다 작은($PB<SB$) 경우로서 이것을 外部經濟(external economies)라고 부른다. 아래에서 이 각각을 구체적 예를 통하여 살펴보기로 한다.

(1) 외부경제

외부경제의 예로서 흔히 들어지는 것으로서 과수원과 꿀벌업자의 애기가 있다. 즉 과수원 주인이 과일나무를 심으면 인근에 있는 꿀벌업자는 자연히 꿀을 많이 딸 수 있게 된다. 이때 중요한 것은 과수원 주인이 과일나무를 심은 것이 남의 꿀 생산을 돕기 위한 것이 아님에도, 꿀벌업자가 재미를 본다는 점이다. 또한 과수원 주인이 꿀치는 사람한테서 댓가를 받고 과일나무를 심은 것도 아니다. 과수원 주인이 과일나무를 심은 것은 어디까지나 과일을 생산하려 함이었음에도 불구하고 의도하지 않은 부산물로서 꿀 생산 증가라는 사회적 이득이 생겨나게 된 것이다. 이 경우에 과수원 주인이 얻는 개인적 편익은 그의 행동으로 인해 사회 전체가 얻게 되는 사회적 편익보다 적다($PB<SB$).

다른 중요한 예로서는 교육과 기술혁신을 들 수 있다. 교육을 받음으로 인해 개인적으로 얻게 되는 이익(그의 소득)은 대체로 사회적 편익(그의 사회적 기여)에 비하여 적다. 따라서 이 경우에는 교육이 過小하게 이루어지게 된다. 마찬가지로 기술혁신의 결과는 개인이나 기업에 가져다 주는 사적 이익 이상의 이익을 사회에 가져다 준다. 왜냐하면 그 기술혁신은 장차 다른 기술의 개발에 도움을 주기 때문이다. 각종의 사회간접시설 역시 이와 같은 외부경제 효과를 갖고 있다.

이와 같이 어떤 생산활동(과수원 식수, 교육, 기술혁신 등)의 결과로 얻어지는 의도되지 않은 사회적 편익이 그러한 생산활동을 하는 자에 의해 충분하게 흡수되지 않는다면 그와 같은 외부경제 효과를 가지는 활동은 사회적으로 바람직한 수준만큼 이루어지지 않는다. 이런 상황을 보여주는 것이 [그림 3-3]이다. 그림에서 공급곡선(SS)은 어떤 개인이나 기업의 생산활동의 크기를 나타낸다. 수요곡선은 어떤 생산활동으로 인해 얻어지는 결과에 대한 사회적 가치평가를 나타낸다. 이때 수요곡선 DD는 외부경제 효과를 감안하지 않은 경우이고, 수요곡선 $D'D'$는 외부경제 효과를 감안한 경우의 수요곡선이다.

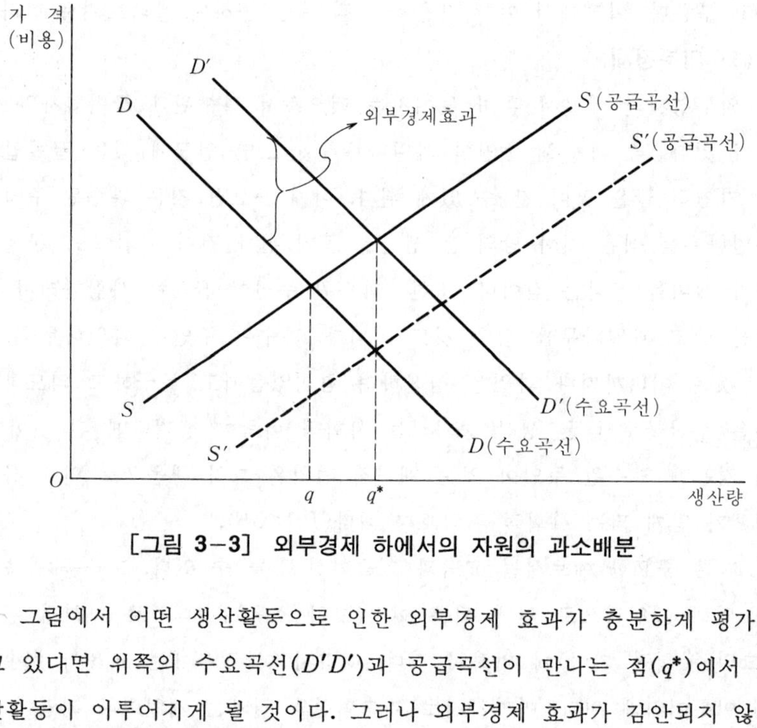

[그림 3-3] 외부경제 하에서의 자원의 과소배분

그림에서 어떤 생산활동으로 인한 외부경제 효과가 충분하게 평가되고 있다면 위쪽의 수요곡선($D'D'$)과 공급곡선이 만나는 점(q^*)에서 생산활동이 이루어지게 될 것이다. 그러나 외부경제 효과가 감안되지 않은 상태에서는 아래 쪽의 수요곡선(DD)과 공급곡선이 만나는 점(q)까지 밖에는 생산활동이 이루어지지 않는다. 이것은 외부경제 효과를 갖고 있는 사회적으로 유익한 생산활동에 대한 사회적 평가가 충분하게 이루어지지 못하면, 다시 말하여 그러한 활동을 하는 자에게 그의 활동으로 얻어진 사회적 가치가 충분하게 귀속되지 아니하면, 외부경제 효과를 갖는 생산활동이 사회적으로 바람직한 수준보다 過少하게 이루어짐을 보여주는 것이다.

(2) 외부불경제

외부경제의 경우와는 반대로 어떤 생산활동은 그것의 사적 비용이 사회적 비용보다 작기($PC<SC$) 때문에 사회적으로 바람직한 수준 이상으로 過多하게 이루어지는 경우가 있다. 이런 생산활동은 사회적으로 불이익을 초래하는 것이므로 외부불경제(external diseconomies) 효과를 갖고 있다고 말한다. 이것의 대표적인 사례가 바로 公害(pollution)라고 할 수 있다.

개인이나 기업이 소비 또는 생산활동을 함에 있어서 일으키는 공해는 자신의 비용에 산입되지 않는다. 예를 들면 가정에서 사용하는 세탁제의 비용은 그것을 구입한 비용이다. 세탁제의 사용으로 인해 야기되는 사회적 비용(social cost)은 세탁제의 생산비에, 그것이 사용될 때 야기되는 공해비용을 합한 금액이다. 따라서 세탁제의 私的 비용은 그것의 사회적 비용보다 훨씬 작다. 마찬가지로 예를 들어 염색공장을 운영하는 기업은 옷감을 염색하는데 들어간 생산비용(염료, 물, 인건비, 기계감가상각비 등)만을 비용으로 생각한다. 그러나 염색과정에서 발생하는 수질오염이라는 사회적 비용은 그의 계산에 들어가지 않게 된다.

이와 같이 개인이나 기업의 소비활동 또는 생산활동 과정에서 야기되는 사회적 비용(SC)이 사적 비용(PC)을 초과하게 될 때 그러한 소비활동 또는 생산활동은 사회적으로 바람직한 수준 이상으로 과다하게 이루어지게 되는 것이다. 이것을 보여주고 있는 것이 [그림 3-4]이다. 여기에서 수요곡선(DD)은 개인이나 기업의 소비 또는 생산활동에 대한 사회적 가치평가를 나타낸다. 공급곡선은 생산활동에 들어 간 한계비용의 크기를 나타낸다. 이때 공급곡선 SS는 어떤 생산활동으로 야기된 사회적 비용을 감안하지 않은 경우의 공급곡선이고, 공급곡선 $S'S'$는 이런 사회적 비용을 감안한 공급곡선이다.

그림에서 어떤 생산활동의 외부불경제 효과가 충분하게 감안된 경우에는 공급곡선 $S'S'$와 수요곡선이 만나는 점(q^*)에서 생산활동이 이루어지게 되고 이 점은 그러한 생산활동의 사회적으로 바람직한 수준을 나타낸다. 반면에 어떤 생산활동으로 인한 사회적 비용이 감안되지 않은 경우에는 공급곡선 SS와 수요곡선이 만나는 점(q)에서 생산활동이 이루어

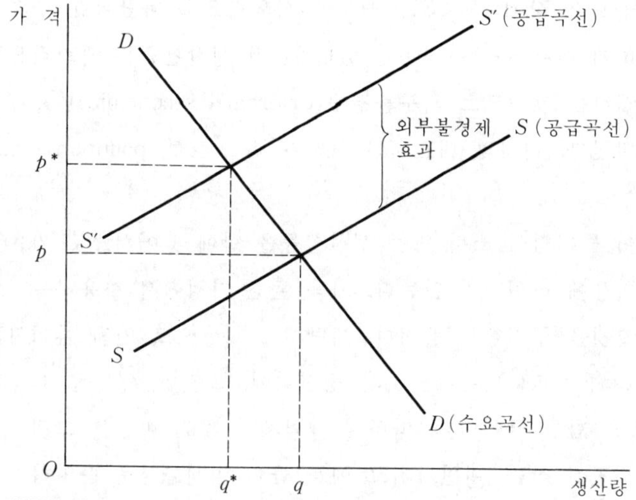

[그림 3-4] 외부불경제 하에서의 자원의 과대배분

지게 된다. 이것은 외부불경제 효과를 가진 생산활동이 사회적으로 바람직한 수준이상으로 이루어지고 있음을 보여준다.

공해와 더불어 외부불경제 효과를 야기하는 대표적인 예로서는 교통혼잡(congestion)을 들 수 있다. 예를 들면 어떤 개인이 자동차를 운전할 때 그가 고려하는 비용은 휘발유값, 자동차의 磨損비용 등에 불과하다. 그러나 그의 자동차 운전행위는 교통혼잡을 야기하여 시간적 손실이라는 사회적 비용을 초래한다. 다시 말하면 그의 운전행위로 인해 교통혼잡이 야기될 때 그 자신의 시간은 물론이고 다른 사람의 귀중한 시간이 소모되는 것이다. 물론 휘발유도 많이 허비된다. 여기서 중요한 것은 그가 이런 비용의 발생을 의도하지 않은 것임에도 불구하고 그의 행위의 결과로서 교통혼잡이 야기되고 이로 인해 시간적 손실이라는 사회적 비용이 발생하게 된다는 것이다.

3.4.2 정부개입 필요성

이상에서 살펴 본 바와 같이 외부효과는 자원배분을 왜곡한다. 즉 외부경제를 가진 경제활동은 사회적으로 바람직한 수준보다 과소하게 이루어지고, 반면에 외부불경제를 가진 경제활동은 사회적으로 바람직한 수준보다 과다하게 이루어지기 때문에 자원의 효율적인 배분이 이루어지지 않는다. 이것을 다르게 표현한다면 외부경제 효과를 가진 활동에는 자원이 과소하게 투입되고, 외부불경제 효과를 가진 활동에 자원이 과다하게 투입된다는 것이다. 외부효과가 있는 경제활동에 정부가 개입하게 되는 것은 바로 이런 자원배분의 왜곡성을 시정함으로써 자원배분의 효율성을 높이기 위한 것이다.

이와 같이 외부효과가 존재하는 경우 자원이 효율적으로 배분될 수 있도록 하기 위해서는 외부효과를 제거하여야 한다. 이것은 결국 괴리를 보이는 사적 비용(*PC*)과 사회적 비용(*SC*)을, 그리고 사적 편익(*PB*)과 사회적 편익(*SB*)을 각각 일치시키는 것을 말한다. 이것을 가리켜 사회적 비용 혹은 사회적 편익의 內部化(internalization)라고 부른다. 이와 같이 사회적 비용과 편익을 사적 비용과 편익에 편입시킬 때 이 둘 사이의 괴리로 인한 자원배분의 왜곡이 시정될 수 있을 것은 당연하다.

먼저 외부경제 효과로 인해 자원의 과소배분이 이루어지는 경우에 있어서는 외부경제를 제공하는 원인자에게 그가 발생시키는 외부경제로 인한 사회적 이익을 어떤 방법으로든지 환원시켜 주는 것이 필요하다. 이를 위해서는 두 가지 방법이 사용될 수 있다. 첫째는 그의 활동에 대한 댓가를 충분하게 보상해 주는 방법이다. 정부의 기술개발 지원과 개발된 기술의 보호를 위한 特許제도는 바로 이런 목적에서 이루어진다. 특허제도는 다른 기업이나 개인이 이미 개발된 기술을 모방하지 못하도록 함으로써 기술개발자가 기술개발로 인한 이득을 충분히 흡수할 수 있도록 일정기간 독점적 사용권을 인정하는 방법으로 기술개발을 장려하는 제도라고 할 수 있다.[24)]

24) 다만 특허제도에 있어서 일정기간이 경과한 후에 있어서는 특허기술을 다른 사람이 이용할 수 있게 하고 있다. 이것은 지나치게 장기간 특허권을 인정하게 되면 유사한 기술개발이 저해될 가능성이 있기 때문이다. 이렇게 볼 때 특허제도는 기술개발로 인한 개인적 이익과 사회적 이익을 적절하게 조정하는 제도인 것이다.

둘째, 이와는 달리 외부경제를 유발하는 활동의 비용을 낮추어 주는 방법으로 사회적으로 바람직한 활동을 촉진할 수도 있다. 다시 말하면 보조금 지급을 통해 사회적 편익을 유발하는 활동의 생산비용을 낮추어 주는 것이다. 이를 [그림 3-3]으로 설명한다면 공급곡선 *SS*를 그것이 가진 사회적 편익의 폭만큼 아래 쪽으로 이동시킴으로써 점선으로 표시된 공급곡선 *S′S′*가 새로운 공급곡선이 되도록 하는 것을 말한다. 교육에 대한 지원제도는 바로 이런 목적을 가지고 있다. 예를 들면 정부가 국공립 학교를 설립운영한다거나, 사립학교의 재정을 보조하며, 학생들에게 장학금을 지급하는 것 등은 바로 이런 이유에서 이루어지는 것이다. 이 두 가지의 어떤 방법에 의존하든 정책효과는 동일하게 됨을 [그림 3-3]에서 확인할 수 있을 것이다.

다음으로 외부불경제 효과로 인해 자원의 과다배분이 이루어지는 경우에 있어서는 사회적 비용을 그것을 야기하는 개인이나 기업활동에 부담시키는 것이 필요하다. 다시 말하면 그러한 활동으로 인해 발생하는 사회적 비용을 자기의 계산에 넣도록 하는 것이 필요하다. 정부가 공해를 방지하기 위해 또는 교통혼잡을 방지하기 위해 부과하는 공해배출 부과금, 교통유발 부담금, 또는 처벌은 그것이 어떤 형태로 이루어지든지 사회적 비용을 내부화함으로써 개인이 느끼는 사적비용이 상승하여 사회적 비용과 일치(*PC*=*SC*)되게 함으로써 이런 활동을 억제하는 효과를 발휘한다(제14장 참고). 원인행위자 부담(polluters should pay) 원칙은 바로 이러한 효과를 기대하고 있다.

이 때 한 가지 주목할 사실은 이와 같이 사회적 비용을 야기하는 활동에 대해 負擔金을 부과할 때에는 그렇지 않은 경우에 비하여 제품의 가격이 상승하게 된다는 것이다. 이것은 지극히 당연한 결과라고 할 수 있다. [그림 3-4]에서 균형가격이 p에서 p^*로 상승하게 됨은 바로 이것을 말해주는 것이다. 따라서 예를 들어 공해를 규제할 때 공해를 유발하는 생산활동이 위축될 뿐만 아니라 그러한 생산과정을 거쳐 생산되는 제품의 가격도 단기적으로 당연히 상승하게 된다.

이와 같이 환경규제는 공해를 유발하는 제품의 가격을 단기적으로 상승시키는 것만이 아니다. 환경규제가 이루어지게 될 때 그것은 공해유발적인 산업으로부터 低공해 혹은 無공해 산업으로의 자원의 이동이라는 동태적 효과를 초래한다. 즉 환경규제로 인해 공해유발적 제품의 가격은 상승하고, 그 결과 그것에 대한 수요는 감소하게 되며, 공해를 유발하는 생산활동도 따라서 감소하게 된다. 이 때 공해를 유발하는 생산과정에 투입된 자원들은 보다 바람직한 용도에 轉用되어 사용되게 됨으로써 사회 전체적으로 볼 때 자원배분의 효율성이 향상되게 된다.

3.4.3 共有資源

지하자원, 海底자원, 수산자원 등과 같은 공유자원(common property resources)의 경우에도 외부효과는 발생한다. 즉 자원이 유한하기 때문에 한 사람이 이런 자원을 과도하게 채취할 경우 다른 사람은 보다 많은 시간과 노력을 들이지 않고서는 이런 자원의 채취가 불가능해지게 된다. 따라서 이런 공유자원은 적절한 규제가 없는 한 무자비하게 착취됨으로써 빨리 고갈되게 된다.[25] 예를 들면 어떤 어부가 고기를 잡을 때 그가 고려하는 비용은 배를 빌리는 값, 휘발유, 인건비 등 뿐이다. 그러나 그가 고기를 많이 잡으면 잡을수록 다음 어부는 고기량이 줄어서 수확이 떨어지게 되고, 이런 측면에서 처음 어부의 고기잡이는 사회적 비용을 초래한다고 말할 수 있다.

공유자원의 보호 혹은 효율적인 사용을 확보하기 위한 방법으로는 여러가지가 있을 수 있다. 예를 들면 공유자원에 대한 財產權을 설정해 줌으로써 민간이 서둘러 자원을 고갈시키는 일이 일어나지 않도록 할 수도 있다. 경우에 따라서는 공유자원을 정부가 소유하면서 일정한 조건 하에서만 자원의 채취를 허용하는 방법도 사용될 수 있다. 그런가 하면 일정

25) Garrett Hardin, "The Tragedy of Commons," *Science*, Vol 162, No. 3859 (December 1968), pp. 1243~48. 이 개념의 보다 폭넓은 적용은 Thomas C. Schelling, *Micromotives and Macrobehavior* (New York : Norton, 1978), pp. 110~15 참고.

한 주기마다 공유자원에 대한 쿼타(quota)를 설정함으로써 남획이나 무분별한 채취행위를 방지할 수도 있다. 電波와 같은 특수한 공유자원의 경우(제9장)에는 정부가 인허가를 통하여 공익에 맞는 사업자를 선정할 수도 있다.

3.4.4 외부효과 문제와 사적 계약 (코오스의 정리)

외부효과라는 시장실패 요인의 존재로 인해 야기되는 문제를 해결함에 있어서 반드시 정부가 개입하지 않더라도 이해당사자 사이의 권리관계가 명확하게 설정될 수 있다면 당사자 사이의 협상과 계약(contract)을 통하여 문제가 해결될 수 있다는 주장이 있다. 이것이 바로 코오스의 定理(Coase's theorem)라고 불리우는 것이다.[26)]

코오스의 정리는 다음 네 가지 조건을 전제로 한다. 첫째, 당사자의 권리가 명확하게 설정되어 있고 둘째, 시장이 경쟁적이며 셋째, 당사자들이 외부효과의 존재에 대해 정확히 알고 있고 넷째, 당사자 사이에 권리관계의 분쟁을 해결하기 위한 협상비용(bargaining costs), 계약의 체결과 집행비용 등 去來費用(transaction costs)이 무시할 수 있을 정도로 작아야 한다는 것이다.

이런 네 가지 조건이 충족될 경우 외부효과의 문제는 누구에게 어떤 권리를 인정해 주느냐에 따라 다음의 어느 한 방법으로 해결될 수 있다는 것이 바로 코오스의 주장이다. 여기에서는 외부효과로 야기되는 전형적인 사회문제라고 할 수 있는 환경문제를 갖고 설명하기로 한다.

첫째, 환경오염으로 인해 피해를 입는 주민에게 깨끗한 환경에 대한 권리를 정하여 주는 방법이다. 이 경우에 주민들은 자신들의 권리를 침해하는 공해공장에 대해 피해의 배상을 요구하게 될 것이다. 이 경우에 피해를 입고 있는 모든 주민이 단결하여 공해유발 공장의 주인과 협상을 벌이고 타협에 이른다면 공장주는 결국 자신이 유발한 사회적 비용을 손

---

26) 코오스는 1991년 노벨경제학상을 수상하였다. Ronald Coase, "The Problem of Social Cost," *Journal of Law and Economics*, Vol. 3 (October 1960), pp. 1~44.

해배상 형태로 내부화하는 것이 되므로 외부효과는 사라지게 된다.

둘째, 이와 반대로 공해를 유발하는 공장주에게 환경을 오염시킬 수 있는 권리가 주어져 있는 경우에는 공장 주변의 주민들은 환경오염을 막기 위해 공장주와 협상을 벌이게 될 것이고 공장주에 대해 환경오염을 방지할 것을 조건으로 일정한 補償을 제공하는 계약을 체결할 수 있을 것이다. 이 경우는 사회적 비용을 야기하는 행위를 정당화한다는 점에서 명백하게 우리의 감정에 반하는 것이긴 하나, 외부효과로 인한 자원배분의 왜곡을 막을 수 있게 된다는 점에서는 앞의 방법과 차이가 없다.

그러나 이런 방법에 의한 문제해결은 經濟法學的으로 아주 정교하기는 하나 실제적용에는 문제가 있다. 그것은 이런 문제해결 방법의 전제조건을 충족시키기가 어렵기 때문이다. 첫째, 공해의 원인자가 누구이고 그것의 피해자가 누구인지 파악하기가 어려운 경우가 많이 있다. 예를 들면 산성비(acid rain)는 대기오염으로 인해 발생하는 것인데 바람과 구름의 이동으로 인해 현재 여기에서 발생한 피해가 궁극적으로 어디에서 淵源하였는지를 밝히기 어렵다. 폐기물의 경우에는 동네에 누가 폐기물을 버리고 갔는지를 확인하기가 어려운 경우가 많다. 그런가 하면 공해로 인한 피해자의 범위는 훨씬 더 광범하고 피해의 정도도 사람에 따라 각기 다르다. 둘째, 이와 같이 공해의 유발자와 피해자가 다수이고 불명확한 경우에 이들을 효과적으로 조직화하기는 어렵고 또 그것이 가능하다고 할지라도 엄청난 거래비용이 소요될 것이다.

따라서 현실적으로 사적인 계약을 통하여 외부효과의 문제를 해결하기란 어렵다. 그러나 작업장에서 일어나는 산업재해의 경우에 비록 부분적이긴 하나 이와 유사한 방법이 실제로 활용되고 있음을 볼 수 있다. 예를 들면 고용계약에 있어서 사업주와 근로자는 모두 각각 작업장의 위험에 대한 주관적 판단을 갖고 있고 따라서 어떤 형태로든지 작업장 또는 작업성격에 따른 위험도를 부분적으로나마 임금에 반영시키고 있다는 것이다. 근로자가 이와 같이 작업장 위험에 상응하는 초과임금(wage premium)을 지불받고 있다면 실제로 작업장에서 사고가 발생한 경우 그

책임은 원칙적으로 근로자에게 귀속한다.

이것은 정부의 개입을 통해서가 아니고 시장에서의 자유로운 계약을 통하여 문제를 해결하는 방법을 보여준다. 이 방법이 갖고 있는 경제적 타당성도 충분히 인정된다. 왜냐하면 위험한 작업장을 갖고 있는 사업주는 작업장 위험으로 인해 추가임금을 지불해야 하기 때문에 이것을 피하기 위해 (또는 최소화하기 위해) 안전사고 예방을 위한 추가적인 조치를 하게 될 것이므로 위험량을 사회적으로 적절한 수준까지 낮출 수 있기 때문이다.[27] 또한 근로자로서도 자신에게 실제로 재해가 발생하지 않도록 하기 위해 최선의 노력을 기울이게 될 것이다.

그러나 이런 방법으로 산업재해의 문제를 해결하려고 할 때에도 역시 많은 문제가 따른다. 첫째, 사업주와 근로자는 모두 위험의 존재와 안전사고에 따른 비용을 정확하게 파악하지 못하는 것이 보통이다. 근로자들은 "설마 그런 사고가 내게 발생하랴"라고 생각하는 경향이 강하다. 따라서 얼마 안되는 초과임금을 노려 이런 직장에 취업하게 됨으로써 초과임금이 충분한 보상이 될 수 없는 경우가 많게 될 것이다. 둘째, 사업주와 근로자가 동등한 위치에서 이런 계약을 체결하기를 기대할 수도 없다. 근로자는 약자이기 때문이다. 특히 위험한 직장을 스스로 선택하지 않을 수 없는 근로자의 처지는 더 말할 필요가 없을 것이다.

셋째, 보다 중요한 문제로서 이 모든 것이 가능하다고 하더라도 인간의 생명, 안전과 관련되는 위험을 시장거래(market transaction)에 방임해도 괜찮은 것인지에 대한 철학적, 윤리적 문제가 제기된다. 다시 말하면 경제적으로 취약한 입장에 있는 근로자가 자기에게 닥칠 위험을 경제적 가치로 환산하여 거래하는 것을, 그것이 비록 근로자의 자유의지와 선택에 의한 것이라 할지라도 人道的 견지에서 이를 용인하는 것이 합당한 일이냐 하는 보다 근본적인 철학적, 윤리적 문제에 봉착하게 된다.[28]

---

27) 물론 이 때에 사업주의 사고방지를 위한 노력은 그의 추가적인 노력에 들어가는 한계비용과 한계수입(초과임금지불의 감소)이 일치하는 선까지 이루어지게 될 것이다.

28) 이와 비슷한 문제는 인간의 臟器(특히 肝, 腎臟 등)의 매매와 관련하여서도 흔히 제기된다. 즉 자신의 신체의 일부를 적정한 보상을 받고 파는 행위를 사회적으로 용인해야 할

이렇게 볼 때 시장거래의 확장에는 엄연한 한계가 있음이 분명하다. 예를 들면 어느 사회의 어느 누구도 가족관계나 친구관계를 시장적 거래가 지배하게 되는 것을 원하지 않을 것이다. 위의 예에서와 같이 작업장 위험의 시장거래에 대해 부정적인 견해가 압도적이라면, 그 사회에서 이런 방식에 의한 산업안전 문제의 해결은 용납되기 어렵게 될 것이다.

4. 시장의 불공평성과 정부개입

제2절에서는 시장이 자원배분의 메카니즘으로서 갖고 있는 우월성을 강조하였고, 제3절에서는 시장이 실패하게 되는 경우와 요인들을 지적하면서 정부개입의 근거를 고찰하였다. 그러나 이런 시장실패에도 불구하고 시장은 여전히 효율적인 자원배분 기구로서 우월성을 인정받고 있다. 시장기구에 대한 가장 중대한 도전은 역시 시장기능의 결과로 나타나는 소득분배의 불평등(distributional inequity) 측면에서 제기된다.[29] 사실 이것이야 말로 시장에 대한 정부의 개입을 정당화하는 가장 중요한 요인이라고 할 수 있다.[30] 설사 완전경쟁 시장이 존재한다손 치더라도 거기에서 이루어지는 소득분배가 공평하다고 주장할 경제학자는 아무도 없기 때문이다.

소득분배의 공평성 문제가 중요하다는 점에서는 모두가 동의할지라도 어떤 기준에 의해 그것이 판단되어야 할 것인가에 대해서는 만족할 만한 해답이 주어져 있지 않다. 만족할 만한 또는 누구나 동의할 만한 판단기준이 없을 때, 어떤 상태가 공평한 것인지에 대한 판단이 자의적이고 애

것이냐의 문제이다. 이러한 문제에 대한 정책갈등에 관하여는 Thomas C. Schelling, "Economic Reasoning and the Ethics of Policy," *The Public Interest* 63 (Spring 1981), pp. 37~61 참고.

29) 이 문제를 시장실패의 하나로 파악하는 학자도 있음은 이미 지적하였다. Wolf, *op. cit.*, pp. 28~29.

30) Jacob Viner, "The Intellectual History of Laissez Faire," *Journal of Law and Economics*, Vol. 3 (Oct. 1960), pp. 45~69.

매모호 해지지 않을 수 없다. 아래에서는 우선 공평성에 대한 몇가지 판단기준을 간략하게 고찰한 다음, 이런 기준에 입각하여 정부가 시장에 개입하게 되는 경우들을 예시하는 것으로 그치기로 한다.

4.1 기회의 평등과 결과의 평등

기회의 평등(equality of opportunity)은 어떤 사람이든 그가 소망하는 목적을 추구함에 있어 그가 갖고 있는 능력(capabilities)을 아무런 인위적 제약없이 사용할 수 있어야 함을 의미한다. 이런 의미에서의 기회의 평등은 인간의 자유(liberty)를 신장시키기 위한 필요조건으로 볼 수 있다.

기회의 평등관념에 입각할 때 문제가 되는 것이 사회적 차별의 문제다. 이것은 인간이 아무런 인위적 제약없이 자기의 가치관에 따라 그리고 자기의 타고난 재능(talents)에 적합한 직업을 임의로 선택할 수 있고 일정한 지위에 도달할 수 있도록 하는 것을 말한다. 요컨대 그가 가진 능력(abilities) 외에는 그의 성별, 국적, 피부색, 종교, 신체적 장애 등 어떤 요인도 부당하게 그가 추구하는 인생의 목적을 제약하거나 방해해서는 안된다는 것이다. 다음으로 기회의 평등과 관련하여 주목을 요하는 것으로는 자본에 대한 접근(access to capital)에 있어서의 차별문제가 있다. 자본시장에 있어서의 기회의 불평등은 가난한 자가 교육을 받고 사업을 시작할 수 없게 만드는 중요한 요인이 될 뿐만 아니라 이후에 나타나는 불평등의 基底요인이 된다는 점에서 중요하다고 할 수 있다.[31)]

이런 의미에서 볼 때 기회의 평등이란 결국 개인의 평등, 법 앞에서의 평등(equality before law)을 좀더 구체적으로 표현한 것에 다름 아니다. 기회의 평등은 인간이 유전적, 문화적 차이를 갖고 있고 따라서 서로 다른 인생경로를 추구하고 또한 추구할 수 있어야 한다는 바로 그 이유

31) Arthur M. Okun, *Equality and Efficiency: The Big Tradeoff* (Washington, D.C.: Brookings Institution, 1975), pp. 79~82.

때문에 의미와 중요성을 가진다.[32] 그러나 하나의 사회적 이상(ideal)으로서 기회의 평등은 말하기는 쉽지만 이를 완전하게 실현한다는 것은 거의 불가능하다. 물론 기회의 평등 관념에 입각하여 교육제도가 확대되어 왔고, 자유기업주의(free enterprise system), 경쟁, 자유방임(laissez faire) 등의 경제사회제도가 발전되어 왔으나, 아직도 法外的인(extralegal) 경제사회의 관행과 제도는 개인이 자유롭게 직업을 선택하고 지위의 향상을 꾀하는데 장벽이 되고 따라서 차별을 야기시키는 경우가 많다.

복지사회의 대두와 더불어 기회의 평등과는 전혀 다른 차원에서 새롭게 등장하기 시작한 것이 바로 결과의 평등(equality of outcome) 관념이다. 결과의 평등이란 누구나 동일한 생활수준 또는 소득을 가져야 한다는 것으로 마치 競走(race)에서 잘 달리는 사람이나 못달리는 사람이나 구별없이 누구나 동시에 골인할 것을 요구하는 것이다. 따라서 결과의 평등관념은 기회의 평등관념과는 대조적으로 명백하게 자유의 관념과 갈등을 일으키게 된다. 즉 결과의 평등에 대한 요구는 궁극적으로 정부의 보다 많은 간섭과 개입을 초래하고, 따라서 보다 큰 정부(bigger government)를 필요로 하며, 그 결과 인간의 자유를 제약하며 따라서 민주주의를 위협하게 된다는 것이다.[33]

4.2 수평적 공평성과 수직적 공평성

수평적 공평성(horizontal equity)이란 "동일한 것은 동일하게 취급되어야 함(equals should be treated equally)"을 말한다. 여기에서 문제는 "동일한 것"이 의미하는 바가 무엇이냐 하는 것이다. 예를 들면 두 가정의 소득이 같다고 하더라도 한 가정의 소득은 근로소득이고, 다른 가정의 소득은 부모로부터 물려받은 재산소득이라고 할 때, 이 두 가정은 조

32) *Ibid.* p. 132.
33) 결과의 평등을 추구하는 것이 결과적으로 정부의 팽창과 인간자유의 속박을 초래한다는 웅변적 주장에 대하여는 Milton & Rose Friedman, *op. cit.*, Chap. 5 참고.

세정책 측면에서 같은 대접을 받아야 할 것인가? 똑같은 양의 오염물질을 배출하고 있다고 할지라도 영세한 축산농가에서 배출되는 오염과 골프장에서 배출되는 오염을 동일하게 취급해야 할 것인가?

수평적 공평성의 개념은 이와 같이 모호한 측면을 갖고 있음에도 불구하고 실제 정책에 있어서 중요한 평등의 기준개념으로 사용되어 왔다. 예를 들면 같은 직장에 일하고 있는 남자와 여자는 동일하게 취급되어야 한다거나, 능력이 동일하다면 학력에 관계없이 동일한 임금을 받고 동일한 승진기회를 누릴 수 있어야 한다는 것 등이 그러한 예이다. 이에 관해서는 제17장에서 자세하게 고찰하게 될 것이다.

다음으로 수직적 공평성(vertical equity)은 "다른 것은 다르게 취급되어야 한다(unequals should be treated unequally)"는 것이다. 이 경우 역시 "다른 것"이 의미하는 바가 무엇이냐가 반드시 명확하지 않다. 그러나 역사적으로 가장 중요하게 "다른 것"으로 취급되어 온 것은 부자와 가난한 자의 구별이라고 할 수 있을 것이다. 실제로 수많은 정책은 바로 이 기준, 즉 가난한 자 혹은 서민을 보호한다는 측면에서 이루어져 왔다. 대기업보다는 중소기업을 보호해야 한다는 주장에서 이루어지고 있는 정책도 또한 마찬가지다.

또 하나 수직적 공평성 개념에 입각하여 다루어져 온 중요한 구분은 現世代와 次世代(future generation)의 구분이라고 할 것이다. 이것은 특히 환경, 자원정책 등에서 특히 중요한 위치를 차지하고 있다. 예를 들면 현세대에 있어서의 경제성장 가속을 위해 후세대에 엄청난 환경문제를 물려줄 수 있는가? 현세대의 행복을 위해 한정된 자원을 낭비하여도 좋은 것인가? 등의 문제들이 바로 그러한 예들이다. 이와 같은 측면에서의 고려는 대체로 후세대를 위해 자원을 절약한다거나 환경오염을 최소화해야 한다는 방향으로의 결론을 유도하게 마련이다.

4.3 롤스의 정의

존 롤스(John Rawls)는 어느 누구도 자신의 기호, 소득, 능력 등을 알지 못하고 어느 누구도 장래의 사회에 있어서 자신이 어떤 위치를 차지하게 될지 모르는 假想的인 原初的 상황(original position) 속에서 사람들이 합의하게 될 기본적인 원칙이 바로 社會的 正義가 되어야 한다고 주장한다. 그가 이런 원초적 상황을 가상하는 것은 모든 사람이 모험회피적(risk-averse)일 때 사회의 가장 기본적인 원칙이 도출될 수 있다고 믿기 때문이다.

이런 재미있는 假定을 통하여 그가 도출한 정의의 원칙은 다음의 두 가지이다.[34] 첫째, 모든 사람이 동등한 만큼의 기본적 자유(basic liberty)에 대한 사전적 권리(prior right)를 가져야 한다는 것이다. 이것은 자유가 모든 경제적, 사회적 가치에 우선하여야 함을 강조하는 것이다. 그의 두번째의 원칙은 소위 最少極大化의 원칙(maximin principle)이라고 불리우는 것으로서 사회적, 경제적 불평등은 가장 불리한 위치에 있는 자의 후생(the well-being of the least advantaged)을 극대화하고 기회의 평등을 확보할 수 있도록 이루어져야 한다는 것이다.

특히 그의 최소극대화의 원칙은 중요한데 이것을 좀더 쉽게 말한다면, 가장 가난하고 불리한 위치에 있는 자에게 이득을 가져다 주기 위해 절대적으로 필요한 경우가 아니고서는 자유와 기회, 소득과 富, 自尊(self-respect) 등 모든 사회의 기본적 가치 및 재화는 평등하게 분배되어야 한다는 것이다. 이 주장은 한 사회에서 가장 못사는 사람들의 지위를 향상시키는 것이 평등의 실현수단이 된다는 것을 역설적으로 강조하고 있는 것으로 볼 수 있다. 이런 롤스의 正義觀은 특히 영세서민을 보호하기 위한 목적에서의 정부개입을 옹호하는 논리로서 곧잘 활용되어 왔다.

---

34) John A. Rawls, *A Theory of Justice* (Cambridge, Mass. : Belknap Press, 1971). 롤스의 정의 관념과 이에 대한 비판은 李俊求, 「所得分配의 理論과 現實」 (서울: 다산출판사, 1989), pp. 55~66 참고.

4.4 소득분배의 공평성과 경제적 효율성과의 관계

이상에서 시장기능에 의존할 때 야기될 수 있는 소득분배의 불평등 문제를 어떤 측면에서 접근해 들어갈 수 있을 것인지에 대해 다각적으로 고찰하여 보았다. 그러나 이런 목적에서 정부가 시장에 개입할 경우 그것이 반드시 소득분배의 공평성을 증진시키리란 보장은 없다. 오히려 정부의 개입으로 인해 새로운 불공평의 문제가 생겨나기도 하고, 정부가 소득분배의 공평성 실현을 위한 목적에서가 아니고 다른 정책목적에서 시장에 개입하게 될 때 전혀 새로운 불공평의 문제를 야기하는 경우도 적지 않다.

그런가 하면 정부의 개입을 통하여 소득분배의 공평성을 추구한다고 할 때 그것이 불가피하게 자원배분의 효율성을 침해하는 현상이 야기된다.[35] 이와 같은 자원배분의 효율성과 소득분배의 형평성 실현이라는 두 가지의 정책목적 사이의 상충관계(trade-off)는 불가피하게 소득분배의 공평성 실현을 위한 정부개입에 있어서 어떤 방법이 보다 경제적으로 효율성을 가지는 것이냐에 대한 새로운 논의를 야기하게 된다. 다시 말하면 똑같은 정도의 공평성을 가장 효율적으로 달성할 수 있는 방법이 무엇이냐에 논의의 초점이 모이게 되는 것이다. 이런 문제들에 대해서는 제8장에서 구체적으로 검토하게 될 것이다.

5. 기타의 시장결함과 정부개입

지금까지 우리는 비교정태적(comparative-static)인 관점에서 시장의 성과를 논의하면서 정부개입의 이론적 근거를 고찰하였다. 이밖에도 정

35) Okun은 이것을 가리켜 "새는 바가지(leaky bucket)"라고 부르고 있다. Okun, *op. cit.*, pp. 88~106.

부는 동태적(dynamic)인 면에서의 시장의 결함을 시정하기 위한 목적에서 시장에 개입하고 있다.[36] 아래에서는 이 가운데 특히 시장의 미시적. 거시적 불안정, 過渡期的 문제(transitional problems), 경제성장의 촉진이라는 측면에서 이를 고찰하려고 한다.

5.1 미시적 · 거시적 불안정

경제의 주기적 변동, 기후의 변화, 그밖의 우발적인 요인으로 인해 시장수요와 공급은 커다란 진폭을 보이게 되는 경우가 있다. 이로 인한 문제는 특히 공급 탄력성(elasticity)이 낮은 산업의 경우에 보다 심각하게 나타난다. 예를 들면 풍년 혹은 흉년으로 인해 농작물의 공급과 농민의 소득이 급격한 변화를 보인다든지, 석유위기(oil shock)가 발생하여 경제가 일시에 타격을 입게 되는 경우가 바로 그것이다. 이런 경우에 시장은 단기간에 조정을 해 주지 못하게 되어 경제사회적 문제가 야기되므로 정부가 시장에 개입하지 않을 수 없게 되는 경우가 많다.

경제불황이나 고도의 인플레 상황 속에서 시장에 대한 정부개입은 급증하는 경향을 보인다. 예를 들면 경제의 급속한 불황 속에서 실업의 확대, 기업의 도산, 금융의 破局을 막기 위해 정부가 시장에 개입하는 경우가 많다. 이와 반대로 인플레기에 있어서도 고정소득자와 재산소득자 간의 소득 불평등의 심화, 부동산투기, 매점매석의 방지 등을 위해 정부가 시장에 보다 적극적으로 개입하게 된다. 이와 같이 경기의 변동으로 인해 야기되는 경제사회적 문제의 해결을 위해 정부가 개입하게 되는 것에 대해서는 제 9 장에서 보다 구체적으로 검토하게 될 것이다.

5.2 과도기적 문제

경제의 변동과 긴밀하게 관련되는 문제로서 과도기에 있어서 기업의

36) Greer, *op. cit.*, pp. 31～32.

적응을 원활하게 하기 위해 정부가 시장에 개입하게 되는 경우도 많다. 특히 산업구조의 변동과정에서 새로운 균형에 도달하기까지의 과정에서 야기되는 경제적 부담을 완화하고 단기적 손실을 감소시키기 위해서는 시장의 힘을 어느 정도 배제해 주어야만 할 경우가 생기게 된다. 산업구조 조정과정에서의 지체는 근본적으로 자본과 노동이 갖고 있는 非移動性(immobility) 때문이라고 할 수 있다. 어떤 생산활동에 투입된 자본과 노동이 순식간에 다른 생산활동으로 이전 또는 전환될 수 없다고 한다면 이 과정에서 많은 調整費用(adjustment cost)이 발생하게 된다. 이것은 곧이어 조정과정 자체를 거부하려고 하는 정치적 영향력으로 작용하는 경우가 많다. 다시 말하면 힘든 구조적 조정과정을 거치기보다는 그것을 거부하려고 하는 성향을 강하게 한다는 것이다.

따라서 산업구조 조정을 보다 원활하게 하기 위한 목적에서 정부가 시장에 보다 적극적으로 개입하여 조정의 속도를 조절하고 과도기에 나타나는 경제적 부담을 완화해주어야 할 필요가 생겨나게 된다. 대외적인 市場開放으로 인해 경제산업구조적 조정이 요구될 때 정부가 과도기적 부담을 감소시키기 위해 각종의 지원시책을 펴게 되는 것은 좋은 예라고 할 수 있을 것이다. 이 과도기적 적응의 문제에 대해서는 제20장에서 보다 구체적으로 검토하게 될 것이다.

5.3 경제성장의 촉진

보다 장기적인 관점에서 시장이 고도의 경제성장을 달성하기 어렵다는 사회적 판단이 지배적일 때 정부는 시장에 적극적으로 개입하게 된다. 이것은 비단 후진국의 경우만이 아니고 선진국에서도 마찬가지이다. 예를 들면 기술혁신의 저조로 인한 국제경쟁력의 약화와 경제성장세의 둔화, 국가안보 능력의 저하 등이 우려되는 경우에 선진국 정부들도 시장에 보다 적극적으로 개입하려고 하는 성향을 보여주기는 마찬가지다.

그러나 경제성장을 촉진하기 위해 정부가 시장에 개입한다는 것의 이론적 정당성은 매우 의심스럽다. 왜냐하면 제2절에서 본 바와 같이 시장은 가장 효율적으로 자원배분을 이룩할 수 있는 메카니즘이라고 할 수 있기 때문이다. 시장이 원활하게 기능하는 한 이보다 더 나은 자원배분 메카니즘은 없다고 할 수 있다. 정부가 경제의 성장을 촉진할 목적으로 시장에 개입하게 될 때 그것이 시장의 기능을 왜곡시키고 위축시킬 가능성을 오히려 보다 높게 갖고 있는 경우가 많다. 이런 목적에서의 정부개입이 어떤 다양한 정책문제들을 야기하게 되는지에 대해서는 제3부에서 보다 구체적으로 검토하게 될 것이다.

6. 결 론

정부는 바람직한 경제사회질서의 형성, 자원의 효율적 배분, 소득의 공평한 분배, 경제의 안정과 성장 등 중요한 경제사회적 목적을 추구하기 위해 다양한 형태로 시장에 개입하고 있다. 본장에서는 이런 각각의 경우에 있어서 시장에 대한 정부개입이 정당화될 수 있는 이론적 근거를 찾아 보려고 하였다. 무수하고 다양한 형태로 이루어지는 정부개입의 이론적 근거를 일일이 제시한다는 것은 대단히 어려운 일이다. 따라서 본장에서는 정부규제의 이론적 근거를 주로 시장이 갖고 있는 결함 및 시장실패이론과 관련하여 고찰하였다. 정부규제의 이론적 근거를 이와 같이 시장결함 또는 시장실패에서 찾는 것이 정당하고 충분한 것인가에 대해서는 반론이 제기될 수 있다. 그러나 정부와 시장이 서로 대체적인 관계에 있는 사회조직의 기본적인 원리라는 점을 감안한다면 정부규제의 가장 기초적인 이론적 근거를 시장실패에서 찾으려 하는 것은 당연하다.

본장에서의 논의를 통하여 우리는 정부규제의 이론적 근거가 상당부분 시장결함 또는 시장실패에서 찾아질 수 있음을 고찰하였다. 또한 정부가 시장에 개입하지 않을 수 없는 이유로서 시장실패만이 아니고, 시장에서 이루어지는 소득분배의 불공평성 문제의 해결, 또는 인간의 자유와 권리와 같이 시장을 통해서는 거래될 수 없는 사회적 가치의 실현도 중요한 요인을 이루고 있음을 고찰하였다. 여기에 더하여 거시경제적 불안정, 과도기적 조정부담의 완화, 경제성장의 촉진 등을 위해 정부가 시장에 미시적으로 개입하고 있는 경우도 있음을 살펴보면서 이 경우에 정부개입이 과연 정당하고 바람직한 것인지에 대해서 의문이 있음을 밝혔다.

이와 같이 정부규제의 이론적 근거를 주로 시장결함 또는 시장실패에서 찾게 될 때 뒤따라 제기되는 문제는 그러면 정부는 시장실패를 얼마나 성공적으로 다룰 수 있느냐 하는 것이다. 정부가 시장에 비하여 보다 효율적으로 그리고 효과적으로 경제사회적 문제를 해결할 수 있다고 한다면 다행이겠으나, 정부는 또 다른 보다 복잡하고 다루기 힘든 문제들을 야기하고 있다는 것이 일반적으로 널리 인정되고 있는 사실이다. 이것이 바로 정부실패(government failure)라고 불리우는 현상이다. 시장이 시장실패의 문제를 안고 있는 것과 마찬가지로 정부는 정부실패의 문제를 갖고 있다는 것이다. 제5장에서는 바로 이 문제를 깊이있게 검토하게 될 것이다.

제 4 장

정부규제의 정치경제

1. 서 론

앞 장에서 우리는 정부가 시장에 개입하는 것은 시장실패 현상으로 인해 시장에 의해서는 적절하게 확보될 수 없는 자원배분의 효율성과 분배의 공평성 실현이라는 공익 목적을 추구하기 위해서라는 것을 고찰하였다. 사실 시장실패만큼 넓게는 시장에 대한 정부개입, 좁게는 정부규제의 이론적 근거를 강력하게 제시해 주고 있는 것도 없다. 그러나 시장실패이론은 정부규제의 필요성과 정당성을 경제이론적으로 잘 뒷받침해 주고 있지만 정부규제가 실제로 누구에 의해, 누구를 위해, 어떻게 이루어지고 있는가에 대한 보다 현실적인 의문에 대해서는 아무런 설명도 제시해 주지 못하고 있다는 점에 주목할 필요가 있다.[1]

예를 들어 독과점기업이 존재할 때 정부개입이 필요하다고 말할 수 있지만 정부가 반드시 독과점기업을 경제이론이 제시하는 방법으로 규제하고 있는 경우는 드물다. 급속한 경제성장 전략을 추진하는 과정에서 정부가 오히려 독과점기업의 생성을 조장하는 경우가 있는가 하면 산업

1) 물론 시장실패이론은 정부규제의 원인을 설명하기 위한 이론이 아니다. 그것은 어디까지나 완전경쟁시장이론에서 출발하여 시장을 불완전하게 만드는 요인의 유형화를 위하여 개발된 이론이다. 따라서 시장실패이론이 이러한 현실적인 질문들에 답해 주지 못한다고 해서 시장실패이론이 무용하다는 말도 결코 아니다. 시장실패이론은 정부규제가 필요하게 되는 이유 또는 정부의 시장개입이 정당화될 수 있는 이유를 설명해 주는 것으로 족한 이론이다.

구조, 시장구조의 변화 또는 경제상황의 변화에 맞추어 독과점을 강력하게 또는 느슨하게 규제하는 것이 우리가 보게 되는 현실이다. 또한 독과점에 대한 정부규제의 방식과 범위, 深度는 국가마다 서로 다르다. 요컨대 독과점규제는 독과점 문제를 둘러싸고 벌어지는 정치사회 세력관계에 따라 좌우된다.

환경규제 역시 마찬가지이다. 환경문제도 외부효과(externalities)라는 시장실패 요인으로 인해 야기되는 문제지만 환경문제가 심각하게 제기된다고 하여 정부가 즉각 환경규제를 실시하는 것은 아니다. 환경규제 역시 경제상황의 변화에 따라, 그리고 이해관계자 사이의 세력관계에 따라 그것의 실시 시기, 방법, 強度가 결정된다. 요컨대 정부규제는 그것에 이해관계를 가지는 이익집단 사이의 정치적 협상과 타협의 결과로서 이루어지거나 이루어지지 않기도 하고, 그것이 이루어지는 방법과 양상에도 많은 차이가 있다.

본장에서 우리는 바로 이런 보다 현실적인 문제인식에 입각하여 정부가 어떤 정치경제적 상황과 이해집단의 정치적 상호작용 속에서 왜, 특정 이익집단에게 유리한 결과를 초래하는 특정 정부규제를 채택하게 되는가를 분석하고 설명하는 정치경제학적 이론들에 대해 고찰하려고 한다. 여기에서는 우선 公共選擇(public choice)의 이론적 맥락에서 제시되고 있는 보다 경제학적인 이론으로서 스티글러(George J. Stigler), 펠츠만(Sam Peltzman), 그리고 포스너(Richard A. Posner) 이론을 차례로 고찰하기로 한다. 다음으로는 보다 정치학적인 이론으로서 議會政治 過程理論, 이익집단의 조직 특성과 정치적 상황의 차이에 근거한 集團行動의 딜레마(collective action dilemma) 이론과 윌슨(James Q. Wilson) 이론 등을 차례로 고찰해 보도록 한다.

2. 공공선택이론

2.1 스티글러의 정부규제이론

공공선택(public choice) 이론적 시각에서 정부규제이론을 정립한 경제학자는 조지 스티글러(George Stigler)이다.[2] 그는 전통적인 정부규제이론들이 정부규제를 시장실패를 보완함으로써 일반국민 모두와 소비자를 보호하기 위한 公益的 견지에서 당연히 이루어져야 할 어떤 것으로 보고 있다고 비판한다. 그는 정부규제도 하나의 경제적 재화(economic commodity or goods)인 이상 그것에 대한 수요자와 공급자가 있게 마련이고 따라서 규제이론은 정부규제의 수요와 공급측면을 모두 설명할 수 있어야 한다고 주장한다. 다시 말하면 어떤 요인과 변수들이 정부규제의 수요와 공급을 결정하는가를 밝히는 것이 정부규제이론이 되어야 한다는 것이다.

그에 의하면 정부규제의 수요자는 정부규제로부터 모종의 편익(benefits)을 얻을 것으로 기대하는 被規制產業(regulated industry) 또는 被規制職種(regulated occupation)으로 대표되는 이익집단이다. 이에 비해 정부규제의 공급자는 강제력을 지니고 있는 規制者(구체적으로는 입법을 담당하는 국회의원 및 행정기관)이다. 이들에게 있어 정부규제는 富의 분배(distribution of wealth)를 위한 정치적 수단이라는 것이다. 여기서 정부규제가 부의 분배를 위한 정치적 수단이 된다는 점은 정부규제가 기본적으로 기업과 개인의 권리 및 이해관계를 좌우하는 정치경제적 속성을 갖고 있음을 상기한다면 이해하기 쉬울 것이다.

---

2) George J. Stigler, "The Theory of Economic Regulation," *Bell Journal of Economics and Management Science* (Spring 1971) ; 동 논문과 그것에 대한 비판에 대한 자신의 해명은 그의 저서 *The Citizen and the State : Essays on Regulation* (Chicago : University of Chicago Press, 1975)에 종합되어 수록되어 있다.

특정 산업이나 직종의 이익을 대변하는 특수이익집단(special interests)은 그들 산업이나 직종의 수익성(profitability)을 증대시키기 위해 정부정책을 수요한다. 이들이 수요하는 정책유형으로서는 (1) 직접적 보조금(direct subsidy) 지급, (2) 자신들의 산업에 신규로 참여하려는 사업자를 제한하는 進入制限(control over entry), (3) 자기 산업과 대체적 관계에 있는 산업을 억제하는 정책 또는 자기 산업과 보완적 관계에 있는 산업을 지원하는 정책, (4) 시장경쟁가격 이상의 선에서 가격을 유지할 수 있게 하는 價格策定(price-fixing) 등 네 가지가 있다.

그런데 이 네 가지 정책유형은 특수이익집단을 도와주기 위한 것으로서 정치적 정책결정과정을 통해 생산되는 정치적 편익(political benefits)이라 할 수 있다. 따라서 정치적 과정이 민주적인 한 그런 정책을 얻어내리란 보장이 없고 비록 그러한 정책이 일시적으로 얻어진다고 하더라도 그것의 효과가 불확실하고 장기간 지속되기 어렵다. 따라서 특수이익집단은 자기들의 이익을 보다 장기적으로 그리고 보다 확실하게 보장받을 수 있게 하기 위한 방편으로서 정부규제 관련 입법과 행정을 담당하고 있는 정치인이나 공무원에게 투표, 선거운동 지원, 정치헌금, 퇴직후의 직장제공 약속 등 여러가지 형태의 報償(rewards)과 유인을 제공하지 않을 수 없게 된다는 것이다.

그러나 정치가나 정부관료들이 이들의 뜻대로만 움직여 주기를 바랄 수는 없다. 왜냐하면 민주적인 정책과정에서 이런 정책에 반대하는 다른 이익집단 또는 공익집단이 존재하기 마련이고 그들도 일정한 보상을 제공하려 할 것이기 때문이다. 따라서 정치가나 관료는 겉으로는 중간적 입장(intermediate positions)을 취하는 척 하면서 실은 보다 많은 보상을 제공하거나 약속하는 이익집단에 유리한 재화(정부규제)를 공급하게 된다. 이 때 자신의 이익을 신장시키는 정부규제를 획득할 수 있는 집단이 특수이익집단이다.

Stigler는 왜 정치가와 관료가 일반이익 또는 공익을 대변하는 多數국민이 아니라 항상 소규모의 특수이익집단에 특혜적인 정부규제를 공급하게 되느냐에 깊은 관심을 가졌다. 그는 이 의문에 대한 해답을 집단의 규모와 집단이 정치적 과정을 이용하는 데 들어가는 비용의 관계 속에서 찾고 있다. 그는 이익집단의 규모(group size)가 커지게 되면 첫째 정부규제로 인해 기대되는 장차의 이익과 부담에 대한 정보비용(information costs)이 높아지고, 둘째 집단을 조직화하는 비용(costs of organization)이 급증하게 되기 때문에 규모가 큰 이익집단은 자신들의 주장을 효과적으로 전개하지 못한다고 본다.[3] 반면에 규모가 작은 집단은 정보비용을 충분히 흡수할 용의가 있고 또한 조직화하는 데 드는 비용도 낮기 때문에 정부정책 또는 정부규제에 대한 영향력있는 수요자가 될 수 있다는 것이다.

이때 이익집단들이 정치가에게 제공하는 報償의 크기는 그들이 바라는 정책으로부터 얻어낼 수 있는 집단적 이익(total gains)과 집단 구성원 개개인의 평균적 이익(average gains)의 크기에 비례한다고 본다. 다시 말하면 보다 많은 이익을 기대하는 이익집단은 보다 많은 자원을 자신의 주장을 관철하기 위해 정치적 과정에 투입한다는 것이다. 따라서 정부규제를 수요하는 이익집단 간의 정치적 균형(political equilibrium)은 소규모의 특수이익집단에게 유리한 방향으로 이루어진다. 다시 말하면 기대하는 편익이 정치적 비용보다 충분히 크고 이 정치적 비용을 조달할 수 있는 특수이익집단이 정부규제를 획득할 수 있게 된다.

바로 이런 이유로 인해 그는 정부규제가 진정으로 의도하고 있는 효과(truly intended effects)는 그것의 실제적 효과(actual effects)로부터 演繹되어야 한다고 주장한다. 그는 실제로 그의 논문에서 미국의 트럭산업에 대한 진입규제와 각종의 직업면허(occupational licensing)로 인해 트럭산업과 각종의 전문직업인들이 얼마나 큰 이익을 얻고 있는가를 계량적으로 분석해 보이면서 이런 규제가 이들의 특수이익을 신장시키기 위한, 즉 생산자 보호(producer protection)를 위한 규제라는 주장을 전

3) 이익집단의 집단적 행동에 대한 일반적 논의는 Mancur Olson, *The Logic of Collective Action* (Cambridge, Mass.: Harvard University Press, 1965), pp. 43~52.

개하고 있다.

Stigler의 이론은 정치가나 정부관료도 역시 합리적인 행위자(rational actor)인 이상 자신의 효용극대화(utility maximization)를 추구함에는 변함이 없다고 보는 점에서 전형적인 공공선택 이론적 시각을 대변한다.[4] 그는 정부규제는 私益(private interest)을 추구하는 이익집단에 의해 수요되고 역시나 私益을 추구하기는 마찬가지인 정치가들에 의해 공급되는 재화임을 강조하고 있다. 그러나 그는 자기 이론을 정부규제의 私益理論(private interest theory of regulation)이라고 부르는 것에 대해 동의하지 않는다. 그는 어디까지나 정부규제에 관한 일반이론(general theory)을 추구하고 있다고 주장한다. 이것은 그가 특수이익집단과 공익집단은 다만 구성원의 규모에 차이가 있는 것에 지나지 않는 것으로 보기 때문일 것이다.[5]

그의 이론에 대해 제기되는 보다 강력한 의문은 현실적으로 많은 정부규제들이 오히려 잘 조직화되지 못한 집단, 예를 들면 농민 또는 소비자의 보호를 위해 이루어지고 있는 점을 충분히 설명하지 못하고 있다는 것이다. 또한 그의 이론은 경제적 규제(economic regulation)에 대한 이론일 뿐 특수한 이익집단(예를 들면 기업)에 대해 경제적 부담을 안겨주는 사회적 규제(social regulation)에 대해서는 설명력을 거의 갖지 못한다. 물론 그의 이론을 변형시켜 해석한다면 어느 정도 설명이 가능하다고도 할 수 있겠으나 그가 사회적 규제 까지를 포함하여 자신의 이론을 전개하고 있다고 보기는 어렵다. 또한 그의 이론은 장기적으로 볼 때 정부규제의 실제효과가 반드시 당초에 당해 정부규제의 획득을 위해 노력한 특수이익집단에게 귀속되는 것이 아니라 공익목적 실현을 위한 규제로 전환되는 경우도 있을 수 있다는 점을 간과하고 있다.

---

4) Stigler는 인간행동에 대한 일반이론은 효용극대화이론 바로 그것 하나 뿐이라고 말한다. 다시 말하면 정치가나 관료라고 하여 별다른 인간이 아니라는 것이다. *Ibid.*, p. 137

5) 대학교수가 사익에 입각하여 자기의 수입이 늘 것을 염두에 두고 정부의 대학에 대한 보조금 지급을 바라는 것이나, 다른 사람의 자녀에 대한 교육의 질 향상이라는 공익에 입각하여 보조금 지급을 바라는 것이나 이론적으로는 아무 차이가 없다고 그는 말하고 있다. *Ibid.*

2.2 펠츠만의 정부규제 일반이론

Stigler의 이론에서 한걸음 더 나아가 그의 이론을 가일층 정교화하여 일반이론으로 제시하고 있는 경제학자는 샘 펠츠만(Sam Peltzman)이다.[6] 그의 이론모형에서 그는 규제자(정치가)가 추구하는 것은 자신을 지지하는 보다 많은 投票(votes)라고 가정한다. 좀더 정확히 말하면 정치가는 자기를 지지하는 투표를 최대화하고 자기를 반대하는 투표를 최소화함으로써 자기에게 호의적인 純投票(net votes)의 극대화를 추구한다고 본다. 여기에서 그의 관심은 정치가가 이를 위해 어떤 한 집단 그리고 어떤 크기의 집단을 선택하여 그들에게 유리한 정책을 제공하려고 하느냐이다. 이것을 역으로 말하면 정치가는 어떤 집단에 대해 불리한 정책 또는 정부규제를 실시하려고 하느냐는 것이다.

그가 상당히 복잡한 수학적 이론모형을 통해 도출한 결론은 비록 하나의 특수이익집단이 정부규제로 인한 카르텔 이익(cartel profits)을 專有한다고 하더라도 그 이익의 크기는 정부에 의존함이 없이 그들 스스로가 별도의 방법으로 확보할 수 있는 이익의 크기 보다 작다는 것이다. 이것은 정부규제가 정치적 과정을 통해 이루어지는 한 자동적으로 강력한 局外者(powerful outsiders) 또는 限界的 입장(marginal position)에 있는 者의 利益도 고려하지 않을 수 없기 때문이다.[7] 이 사실로부터 Peltzman은 Stigler와는 다르게 합리적인 규제자(rational regulator) 혹은 규제행정기관은 단일의 특수이익집단(single economic interest)만을 위해 봉사하는 것이 아니라는 중요한 결론을 도출하고 있다.

다시 말하면 합리적인 규제자는 정부규제를 공급함에 있어서 특정의 정부규제를 강력하게 요구하는 단일의 이익집단에 모든 이익을 몰아 주기 보다는 다른 관련집단 안에(within group) 존재하는 차이를 최대한

6) Sam Peltzman, "Toward A More General Theory of Regulation," *Journal of Law and Economics*, Vol. 19, No. 2 (August 1976), pp. 211~40.

7) *Ibid.*, p. 217.

정치적으로 활용하려 할 것이고 따라서 자기가 취하는 입장에 지지를 보낼 것으로 생각하는 집단을 특수 이익집단과 더불어 勝者그룹(winning group)에 포함시키려고 한다는 것이다. 이때 승자그룹에 포함되는 집단은 해당 규제의 대상이 되고 있는 재화나 서비스에 대한 수요가 비교적 작고, 수요의 탄력성이 크며, 그 규제로 인해 피해를 받는 것에 민감한 집단이다.[8)]

정부규제에 있어서 규제자가 단 하나의 특수이익집단에 100% 만족을 주는 정책을 채택하기 보다는 80~90%를 만족시키면서 다른 집단을 자기 편으로 끌어 들이려고 한다는 Peltzman의 주장은 우리가 경험하고 있는 현실에 보다 접근한 것으로 평가할 수 있다. 예를 들어 택시요금 규제에 있어서 택시업자의 입장에서 요금은 높을 수록 좋다. 사실 그들은 이를 위해 정치적 로비를 전개한다. 그러나 합리적인 규제자라면 자신의 정치적 입장을 강화하고 보다 많은 지지표를 확보하기 위해 택시요금의 인상으로 인해 가장 타격을 받을 집단(예를 들면 서민층)의 입장을 함께 고려하지 않을 수 없다. 따라서 그는 택시업자(택시운전자도 포함)에게만 유리한 방향으로 요금을 결정하는 것이 아니고 이들을 만족시키면서 서민층도 어느 정도 납득시킬 수 있는 수준을 찾게 된다. 또 다른 예로서 약사면허에 있어서 약사협회는 약사의 수를 제한하는 것이 유리하다. 따라서 그들은 정부가 약사의 자격을 보다 강화할 것을 요구한다. 이때 규제자는 약사면허를 강화할 때 피해를 입게 되고 따라서 자기에게 반대표를 던질 가능성이 높은 집단(이 경우에도 서민층이 될 가능성이 높다)의 입장을 고려하여 그들이 납득할 만한 수준에서 면허기준을 정하게 된다.

Peltzman의 이론은 Stigler이론을 한층 심화시킨 것으로서 그의 이론과는 다른 경지를 개척하고 있지만 Peltzman의 이론은 여전히 다음과 같은 점에서 비판을 받고 있다.[9)] 첫째, 그의 이론은 특정산업에 대한 규

8) *Ibid.*, p. 219

9) Barry R. Weingast, "Regulation, Reregulation, and Deregulation: The Political Founda-

제(industry-specific regulation), 즉 경제적 규제(economic regulation) 영역에서 비교적 높은 설명력을 가지나 소비자단체, 환경단체, 노동조합 등이 중요한 역할을 담당하는 사회적 규제(social regulation) 영역에서는 설명력이 낮다. 둘째, 그의 모델은 경제적 규제에 대해서도 충분하게 설명하고 있지 못하고 있는 측면이 있다. 즉 규제완화(deregulation)에 있어서 규제기관 또는 정치가의 유인(incentives)은 규제가 이루어지는 경우와 상당히 달라지게 되나 Peltzman의 모델은 이 점을 전혀 고려하지 못하고 있다는 것이다. 셋째, 보다 근본적인 비판으로서 현실 정치가(political actor)를 그가 가정하고 있는 바와 같이 그렇게 단순한 존재로 볼 수 있겠느냐 하는 문제가 있다.

2.3 포스너의 정부규제이론

經濟法學者인 포스너(Richard Posner)는 정부규제의 課稅(taxation by regulation)이론이라는 독특한 이론을 전개하고 있다.[10] Stigler의 규제이론이 정부규제의 실제효과에 주목하는 것이라고 한다면 Posner의 정부규제이론은 정부규제의 실질적 기능(function)에 착안한 것이라고 할 수 있다. 여기서 말하는 정부규제의 실질적 기능이란 交叉補助(cross-subsidization) 또는 內部補助(internal subsidization)라고 불리우는 정부규제의 중요한 기능을 가리킨다.

교차보조 또는 내부보조란 동일산업 내에서 한 부문의 결손을 다른 부문에서 나오는 이익금으로 충당하는 것을 말한다. 이런 현상은 철도·우편·전신·전력·수도 등 공익서비스 산업분야에서의 가격규제의 경우 특히 많이 나타난다. 예를 들면 시내전화 사용자에게 보다 값싼 서비스를 제공하기 위해 시외전화 사용자에게 평균비용보다 높은 요금을 부과

---

tions of Agency Clientele Relationships," *Law and Contemporary Problems*, Vol. 44, No. 1 (1981), p. 149.

10) Richard A. Posner, "Taxation by Regulation," *Bell Journal of Economics and Management Science*, Vol. 2, No. 1(Spring 1971), pp. 22~50.

하고 그 수익으로 시내전화 부문의 결손을 충당하는 것과 같다. 정부규제는 바로 이런 교차보조를 통해 보조가 없이는 서비스 공급이 불가능하거나 불충분한 부문에 서비스공급을 가능하게 함으로써 공익을 실현하는 기능을 한다는 것이 바로 Posner의 이론이다.

그가 쓰고 있는 "정부규제에 의한 課稅(taxation by regulation)"라는 표현은 정부규제가 마치 하나의 과세인 양 오인하도록 하는 경향이 있으나 그가 말하는 과세는 稅金이라는 금전의 납부를 요구하는 과세가 아니고 정부규제를 받고 있는 산업의 소비자 집단을 여러 小集團으로 差等化하여 어떤 소집단의 이익을 위해 다른 소집단에 보다 높은 가격을 부과하는 방법으로 이루어지는 課稅다. 이것을 하나의 간접적 과세(indirect taxation) 방식으로 볼 수는 있겠으나, 과세라는 말이 갖고 있는 근본적 의미와는 다름을 주의할 필요가 있다.

정부규제가 이런 교차보조의 기능을 가질 수 있는 것은 동일한 서비스라 할지라도 그것의 제공에 따르는 비용은 소비자 집단의 특성에 따라 각기 다르기 때문이다. 예를 들면 시내버스를 이용하여 교통서비스를 제공함에 있어서 변두리에 거주하는 주민에 시내버스 서비스를 제공하는데 드는 비용은 都心지역에서 타고 내리는 승객에게 서비스를 제공하는데 드는 비용에 비하면 상당히 높다. 거의 빈 차로 변두리지역을 운행하게 되는 시내버스를 생각해 보면 쉽게 이해할 수 있는 사실이다. 그러나 변두리에서 변두리로 여행하는 주민이나 都心에서 타고 내리는 승객에게 동일한 버스요금을 물리게 될 때 변두리 지역주민에 대한 서비스비용은 버스요금보다 높고 도심지역에서의 승객에 대한 서비스 비용은 버스요금보다 낮게 될 것이다. 따라서 이 두 집단의 소비자 사이에는 교차보조가 일어나게 된다.[11)] 즉 도심지역의 승객이 변두리 주민에게 富 또는 소득을 이전해 주는 결과가 나타나게 된다.

이와 비슷한 논리는 그 밖의 공익서비스 경우에도 그대로 적용된다.

---

11) 공익서비스 산업에 있어서의 교차보조 현상과 이러한 정부규제의 기능을 활용하기 위한 목적에서의 진입규제 및 가격규제에 대한 보다 자세한 논의는 제9장 및 제10장 참고.

예를 들면 전력이나 전화사용자 가운데 산업용과 가정용, 장거리전화를 많이 쓰는 업체나 가정과 주로 시내(지역)전화를 많이 사용하는 업체와 가정, 또는 深夜에 전력이나 전화를 많이 사용하는 업체와 가정 사이와 같이 서비스를 이용하는 시간帶나 거리, 사용규모 또는 빈도 등에 따라 차별가격제를 실시하는 경우 차별가격 적용기준을 어떻게 정하고 각각의 소비자층을 어떻게 분류하느냐에 따라 서로 다른 그룹에 속하는 소비자 사이에 교차보조 현상이 발생하게 된다. 반면에 차별가격을 정하지 않는 경우에는 이용하는 서비스의 시간帶 간에 또는 거리 간에 마찬가지의 교차보조현상이 나타나게 된다.[12] 비슷한 논리는 우편요금의 책정에 있어서 우편내용의 종별에 따라 가격을 달리 정하는 경우에도 그대로 적용된다. 또 다른 예로서 자동차보험회사가 사고를 일으킬 위험성이 높은 운전자나 낮은 운전자를 가리지 못하도록 규제할 때에도 교차보조 현상은 발생한다. 이 때에는 사고율이 낮은 운전자로부터 높은 운전자에게로 소득이 이전된다.

Posner의 정부규제 이론은 공익서비스 산업에 대한 규제에 특히 높은 적합성을 보여 주고 있다. 그러나 그의 이론은 여기에 국한되지 않고 보다 광범위하게 적용될 수 있다. 예를 들면 금융산업의 업무영역조정과 같은 경우에 無利子附 요구불예금의 취급을 일반 시중은행에만 허용하는 것은 제 2 금융권에 비해 수익율이 낮은 시중은행의 收支채산을 위해 요구불예금자로부터 시중은행으로 소득을 이전시키는 방법의 하나다.[13] 또 다른 예로서 많은 독과점 가격규제의 경우 수요의 변동에 관계없이 일정한 선에서 경직적으로 가격을 규제하는 것은 수요가 증가하는 기간의 수익으로 수요가 감소하는 시기에 발생하는 손실을 어느 정도 충당할 수 있도록 하는 효과를 가진다. 이 경우에 있어서는 동일 시점에서가 아니

12) 이와 같은 교차보조 현상은 서비스생산에 들어가는 간접비용(joint or overhead costs)을 서로 다른 유형의 서비스별로 할당하는 데 있어서의 기술적 곤란성에서 연유한다고 할 수 있다. 이에 대한 보다 구체적인 설명은 제 10 장 참고.

13) John Tuccillo, "Taxation by Regulation: The Case of Financial Intermediaries," *Bell Journal of Economics and Management Science* (Autumn 1977) 또는 Damodar Gujarati, *Government and Business* (New York : McGraw-Hill Book Co., 1984), pp. 44~45 참고.

고 서로 다른 시점(현재와 미래 또는 과거와 현재)에서의 소비자 사이에 교차보조가 이루어진다.

이렇게 볼 때 정부규제를 통한 교차보조는 租稅와 財政支出을 통한 전통적인 소득재분배와 동일한 기능을 수행한다고 볼 수 있다. 그러면 정부는 왜 보다 직접적인 전통적인 소득재분배방식이 아니고 정부규제에 의한 간접조세방식으로 소득재분배를 추구하려고 하는가? 여기에는 여러 가지 이유가 있다.

첫째, 정부가 소득재분배를 명시적 또는 의도적 목적(explicit and deliberate goal)으로 삼아 정부규제를 실시하거나 이용하려는 경향을 가지게 되는 가장 중요한 동기는 정부규제에 의할 경우 정부규제에 따르는 약간의 행정비용(administrative costs)을 제외하고는 추가적 財政負擔 없이 소기의 목적을 달성할 수 있다고 보는 데 있다.[14] 오늘날과 같이 租稅抵抗이 심각한 상황하에서 추가적 조세부담을 통해서 국가의 소득재분배기능을 수행하기 보다는 조세부담을 초래하지 않고 정책목적을 달성하게 해주는 정부규제가 행정부나 국회의 입장에서 볼 때 매력적인 정책수단으로 보이게 될 것은 자명하다. 이것은 예를 들어 정부가 국민들에게 공익서비스를 제공하는 대체적인 방법들을 서로 비교해 보면 명백하게 드러난다.

첫째의 방법은 예를 들어 버스, 지하철, 철도 등 교통서비스 산업을 공기업화하는 것이다. 이 경우에는 우선 공기업 설립에 막대한 투자가 요구된다. 다음으로 공기업이 제공하는 서비스의 가격을 높게 책정할 수도 없다. 또한 공기업은 많은 경우 비효율적으로 운영된다. 따라서 정부는 공기업 운영적자를 보전해 주지 않을 수 없다. 둘째의 방법은 공공서비스의 제공을 민간이 담당하게 하는 방법이다. 이 경우에는 민간기업들이 최대이윤의 확보를 위해 이용시간대·거리 등에 따라 요금을 차별화하는 결과 교통량·물동량·이용회수 등이 낮은 도시 변두리 지역 주민

14) Richard J. Zeckhauser, "Using the Wrong Tool: The Pursuit of Redistribution Through Regulation," Paper prepared for the Chamber of Commerce of the United States, August 1979, p. 6.

이나 산간오지 주민에게 상대적으로 높은 차별가격을 물리지 않을 수 없다. 경우에 따라서 민간업체는 그러한 지역에 대한 서비스 제공을 아예 기피하거나 게을리할 우려가 많다. 따라서 이 경우에는 수지가 맞지 않는 지역에 대해서도 교통서비스를 제공해 주고 그 지역 주민의 경제적 부담을 덜어주기 위해서는 민간업체에 대한 보조금의 지급을 위한 재정지출이 필요해지게 된다.

셋째의 방법은 역시 민간에게 사업을 맡기되 이 때 발생하는 불공평 문제를 해결하기 위해 정부가 공익서비스 산업을 규제하는 것이다. 이 때 정부는 그 사업부문에 대한 신규사업자의 進入을 규제함으로써 기존업체가 시장경쟁 상태하에서와 비교할 때 상대적으로 높은 이윤을 확보할 수 있도록 해 주는 대신 요금, 운행노선(routes), 운행회수, 서비스 질(quality of service) 등을 직접 규제함으로써 보다 많은 국민에게 동질의 서비스가 제공될 수 있도록 한다. 여기에서 우리가 주목해 보아야 할 것이 바로 공익서비스의 제공을 민간업체에 맡기고 이들을 규제하게 될 때 정부는 행정비용 이상의 재정지출을 필요로 하지 않는다는 점이다.

다음으로 정부규제를 통해 소득재분배를 추구할 경우 소득이전(income transfer)에 소요될 추가적 재정부담을 회피할 수 있을 뿐만 아니라 보다 직접적인 조세와 재정지출방법으로 소득재분배 정책을 수행하는 경우에 수혜대상자의 파악 및 관리에 들어가게 될 막대한 행정비용(administrative cost)을 절약할 수 있다는 점도 정부가 정부규제를 통해 소득재분배를 실시하려고 하는 중요한 동기가 된다.[15)]예를 들면 보통의 사회복지 사업(welfare program)을 수행할 때 엄청난 행정비용이 요구된다. 그러나 정부규제를 통해 소득재분배를 추구할 때 소득수준에 따라 공공요금을 차등 적용하지 않고 동일한 요금수준을 적용함으로써 상대적으로 이득을 보는 계층과 손해를 보는 계층을 구분할 필요도 없이 내부적 교차보조 현상에 따라 소득재분배가 공공서비스를 이용하는 소비자

15) 행정비용 뿐만이 아니라 민원사무의 복잡화, 지나친 문서화(red tape)에 따른 사회적 비용도 절감할 수 있음은 물론이다.

그룹 사이에 저절로 일어나게 된다.

정부규제를 통해 소득재분배기능을 수행하려고 하는 세번째 동기는 시장기구나 경쟁원리를 통해 이루어지는 소득분배 상태가 공평하기를 기대할 수 없다는 일반인들의 인식(또는 시장에 대한 불신)과 밀접하게 관련되어 있다.[16] 다시 말하면 바람직한 소득배분이 시장기능을 통해 자연스럽게 달성될 수는 없다는 인식이 지배적인 속에서 또는 시장의 소득재분배적 기능에 대한 不信(disbelief) 속에서 시장을 대체할 수 있는 것은 정부기능 밖에 없고 따라서 정부가 당연히 시장에 적극적으로 개입하여 바람직한 소득분배 상태를 시현해야 하는 것으로 인식되고 있다는 것이다. 그러나 이와 같이 정부가 소득재분배의 주된 책임을 가지게 되면 일반인들은 공공재적 성격을 갖고 있는 慈善 또는 寄附행위 마저 점차 포기하거나 줄여 나가게 됨으로써 정부로 소득재분배기능이 집중되지 않을 수 없다. 또한 소득재분배를 위한 정부의 시장개입은 당연시되고 일반인으로부터 그러한 기대감을 받게 됨으로써 점차 정부가 보다 적극적으로 소득재분배기능을 강화해 나가지 않을 수 없게 된다. 이 경우 정부의 주된 정책수단으로서 정부규제가 소득재분배를 위해 보다 많이 활용될 것이다.[17]

넷째, 정부가 보다 직접적인 소득보조방법보다 정부규제에 의한 소득재분배방법을 선호하는 또 다른 이유는 저소득층(영세민, 빈민)에게 직접적으로 소득을 보조해주는 경우 이들이 느끼게 될지도 모를 자존심(self-respect)의 손상을 막을 수 있고 수혜자들이 빠지기 쉬운 自己卑下感(demeaning or stigmatizing effect)을 느끼지 않게 해 줄 수 있다는 것이다. 예를 들면 대중교통수단의 이용에 있어서 영세민에게 회수권을 발급해 준다면 이들은 이것을 사용할 때마다 주위를 살피고 스스로 어떤 모멸감 같은 것을 느낄 수도 있을 것이다. 그러나 정부규제에 의해 交叉

---

16) Lester C. Thurow, *The Zero-Sum Society: Distribution and Possibilities for Economic Change* (Middlesex, England: Penguin Books, 1980), pp. 122~128 참고.

17) 그 밖의 정부의 소득재분배를 위한 정책수단으로서 정부의 사회복지적 지출, 조세제도, 공공사업 등 보다 강력하고 직접적인 수단들이 있음은 물론이다.

補助란 간접적 방법으로 소득보조 및 소득이전이 이루어지게 될 때에는 자신이 보조를 받고 있다는 생각을 가질 필요조차 없다.

이상에서 Posner의 정부규제이론을 살펴 보고 아울러 정부가 조세나 재정지출을 통한 직접적 방법이 아니라 정부규제라는 간접적 방법을 통해 소득재분배를 실시하고자 하는 이유에 대해 논의하였다. 그러나 정부규제를 통한 소득재분배가 언제나 공익목적에 부합하는 것인지에 대해서는 몇가지 의문이 있다.[18] 첫째, 교차보조로 인해 발생하는 비용과 편익에 대한 판단기준이 없다. 또한 교차보조로 인해 누가 누구로부터 얼마만큼의 소득이전을 받고 있는지가 명확하지 않다. 둘째, 교차보조는 공평성(equity) 문제를 야기한다. 예를 들면 奧地나 산간지역에 철도서비스를 제공해 주는데 들어가는 비용을 다른 철도 이용자가 부담하는 것이 공평한 일인가? 또 다른 예로서 사고율이 높은 사람을 위해 사고율이 낮은 사람이 결과적으로 높은 자동차보험료를 부담하여야 한다면 이것이 공평한 일인가에 대해 많은 의문이 제기될 수 있다. 셋째, 정부규제 대상산업이 교차보조에 따른 비용을 충당할 만한 충분한 수입을 확보하지 못하게 될 때 가격을 인상시키지 않는 한 그것은 서비스 질의 저하를 초래하게 된다.[19]

이상에서의 논의를 바탕으로 Posner의 정부규제이론을 평가해 본다면 이 이론은 정부규제의 실질적 기능을 잘 파악하게 해 주고 교차보조가 경제적 효율성과 불공평성의 문제를 크게 야기시키지 않는 경우에 그것이 공익의 실현에 도움이 될 수 있음을 잘 설명해 주는 이론이라고 할 수 있다. 그러나 이 이론은 정부규제의 원인이론으로서의 설명력은 상당히 부족하다. 왜냐하면 정부가 정부규제의 소득재분배적 기능에 착안하여 규제를 실시하게 되는 경우는 별로 없을 것이기 때문이다. 진입규제·가격규제 등 경제적 규제의 분야에서 교차보조에 의한 소득재분배적 기능이 대단히 중요한 역할을 하고 있는 것은 사실이지만 그것이 이런 정

18) 정부규제를 통한 소득재분배정책의 제반 문제점에 관한 상세한 분석은 제8장 참고.
19) 이 점에 관한 보다 자세한 논의는 제10장 6절 참고.

부규제의 가장 주된 동기나 이유가 된다고는 보기 어려운 경우가 많다. 예를 들면 공공요금에 대한 규제는 물가안정을 우선적 목적으로 하는 경우가 많다.

3. 의회정치과정이론

공공선택 이론적 시각은 議會政治를 연구하는 정치학자들에 의해서도 대체로 지지되고 있다. 정부규제의 결정과정에서 의회의 역할을 연구하는 정치학자들은 국회의원들은 再選(reelection)을 위해 모든 노력을 다한다는 가설을 세우고 있다. 이런 가설은 보편적으로 받아 들여지고 있다.[20] 따라서 국회의원들은 再選을 위해 선거구민(constituencies), 특히 정치적으로 적극적인 선거구민 및 이익집단의 요구에 민감하게 반응하지 않을 수 없다고 본다.

이것은 곧 의원들의 정책적 안목이 좁아지지 않을 수 없음을 의미한다. 물론 의원에 따라서는 국가전체적으로 이로운 정책의 수립에 많은 관심을 갖고 노력하는 경우도 없지 않겠으나 재선가능성을 의식하는 한 그 역시 지역구민의 요구와 관심을 외면할 수는 없다. 이것은 선거구민들이 갖고 있는 정보의 장벽(information barrier) 때문이다.[21] 즉 선거구민은 자기지역 출신의원이 사회전체적으로 의미있는 역할을 수행하는 것에 대해 관심도 적고 그것을 잘 이해하지도 못한다. 따라서 의원들은 예를 들면 지역개발사업의 유치와 같이 可視的이고 지역주민의 보다 적극적인 관심을 불러 일으킬 가능성이 높은 활동에 주력하게 된다. 다음으로 지역의 이익집단(local interest groups)은 그들의 경제적 이해관계에

20) John A. Ferejohn, *Pork Barrel Politics* (Stanford: Stanford University Press, 1974); Morris Fiorina, *Congress : Keystone of Washington Establishment* (New Haven: Yale University Press, 1977) 참고.

21) Barry R. Weingast and Kent S. Hall, "Congress, Regulation, and the Courts : Economic Perspectives on Political Choice," in Allen R. Ferguson (ed.), *Attacking Regulatory Problems* (Lexington, Mass,: Ballinger Publishing Co., 1981), p. 63.

직접적으로 영향을 미치는 정책에 대해 그 지역 출신의원이 어떤 입장을 취하느냐를 잘 파악하고 있고 또한 그의 입장에 따라 정치적 활동을 전개하려 할 것이다. 따라서 의원은 그 지역주민과 직접적인 이해관계를 갖고 있는 정책에 대해 보다 많은 관심을 가지지 않을 수 없다. 이상의 두가지 이유로 인해 의원들은 어떤 정책의 국가전체적 측면에서의 효율성과 타당성 보다는 그것의 분배적 결과(distributional consequences), 특히 자기 출신지역에 미치는 효과에 보다 많은 관심을 갖고 그 지역의 활동적인 정치적 이익집단의 이익을 확보하기 위해 노력하지 않을 수 없게 된다는 것이다. 의원들이 출신지역을 위해 일할 수 있는 상임위원회(committee)에 배정되기를 바라는 것도 같은 이유에서다.

여기에서 특히 주목해야 할 것은 일반적으로 의원들이 왜 소수의 이익집단의 특수이익(special interests)에 사로잡히게 되느냐 하는 문제이다.[22] 이 문제에 대한 간단한 대답은 정치적 참여에 적극적인 이익집단만이 정치가(議員)에게 보상(rewards)을 제공할 수 있기 때문이라는 것이다. 여기에서 報償이라 하면 정치적 지지, 선거자금의 제공 등 선거활동 지원 등이다. 정치가는 이런 보상을 이들로부터 기대할 수밖에 없기 때문에 이들의 요구에 민감하고 이들에게 잠재적인 이득을 보장해 주지 않을 수 없다는 것이다. 이 경우에 정책이 偏向性(bias)을 띠게 되는 것은 당연하다.

이런 현상이 나타나는 이유는 정치적 과정에 참여하는 이익집단의 속성의 차이에서 비롯된다. 이익집단은 집단의 크기(group size), 개인적 유인(individual incentives), 조직화(organization) 가능성에 따라 정치적으로 활동적인 소규모의 이익집단(privileged group)과 정치적으로 소극적인 대규모의 잠재적 이익집단(latent groups)으로 나눌 수 있다.[23] 이처럼

---

22) Friedman은 미국 사회에서는 의회 위원회, 규제기관, 수혜집단이 '철의 삼각(iron triangle)'을 이루어 기득이익의 유지를 도모하고 있다고 비판한다. Milton & Rose Friedman, *Tyranny of the Status Quo* (New York : Harcourt Brace Javanovich, 1984), pp. 41~51. 의회 정치학자들은 '철의 삼각'을 '하위정부(subgovernment)' 라고 부르기도 한다. 이 삼자의 상호 의존적 관계에 대한 보다 공식적인 연구는 Weingast, *Regulation, Reregulation, and Deregulation, op. cit.*, pp. 147~77 참고.

23)Mancur Olson, *The Logic of Collective Action* (Cambridge, Mass.: Harvard University Press, 1971), pp. 43~52.

어떤 정책에 대해 서로 다른 속성을 지닌 이익집단이 있다고 가정할 때 잘 조직되고 정치적으로 활동적인 소규모 집단이 無賃乘車(free-ride) 문제를 안고 있는 잠재적인 대규모 집단을 압도할 수 있게 된다.

그런가 하면 분산된 이익(diffuse interest)을 가진 잠재적인 집단이 정치적으로 영향력을 발휘하게 되는 경우도 있다. 이것은 특수 이익집단의 정치적 영향력이 아무리 클지라도 국회의원이 주기적으로 再選을 바라볼 수 있기 위해서는 지역의 선거구민으로부터 보다 많은 지지투표를 얻어낼 수 있어야 한다. 이때 그 지역 출신 국회의원이 선호하는 정책이 자기에게 어떤 결과를 가져다 주느냐에 대한 지역주민의 인식수준이 높아지면 그 국회의원은 특수이익집단에 유리한 정책을 채택함으로써 자기에게 돌아오게 될 손해를 보다 크게 감안하지 않으면 안되는 상황에 처하게 된다.[24)]

이와 달리 정치적으로 큰 영향력을 지니는 企業家的 정치인(political entrepreneurs)이 존재할 때에도 분산된 이익이 잘 대변될 수 있다. 기업가적 정치인이란 잠재적 이익집단에 이득을 가져다 주는 것 그 이상의 목적을 추구하는 정치인들을 가리킨다. 이들은 명성, 영향력, 권력을 얻거나, 장래의 정치적 야망의 실현을 위한 경력을 쌓거나, 역사적 인물로 기록될 것을 목표로 삼는다.[25)] 정치적 기업가는 보통 그가 추구하는 정책목적의 실현을 위해 언론매체를 최대한으로 활용한다. 위에서 지적한 정보의 장벽(information barrier)을 극복하기 위해서는 정책문제에 대한 잠재적 집단의 관심과 인지도를 높이는 것이 필요하기 때문이다. 이들은 또한 막대한 정치자금을 필요로 하지도 않는다. 그들이 노리는 것은 자신의 정치적 역할에 대한 일반국민의 認知(recognition)를 높이는 것이고 이것은 바로 투표로써 나타나는 것이기 때문이다. 이렇게 볼 때 정치적 기업가는 대규모의 잠재적 집단이 결여하고 있는 정치적 조직(political

---

24) Arthur T. Denzau and Michael C. Munger, "Legislators and Interest Groups : How Unorganized Interests Get Represented," *American Political Science Review*, Vol. 80, No. 1 (March 1986), pp. 89~106.

25) Weingast and Hall, *op. cit.*, p. 67.

organization)을 대신하는 역할을 하고 있는 셈이다.[26]

4. 집단행동의 딜레마와 정부규제이론

앞절에서 우리는 정부규제로 인한 이익이 분산되어 있는 경우에도 기업가적 정치가에 의해 정부규제가 가능해지는 상황을 검토하였다. 본절에서는 특히 이 문제에 관련해 정부규제가 이루어지게 되는 정치적 상황에 대해 고찰하려고 한다.

集團行動의 딜레마(collective action dilemma)란 수많은 기업 또는 수많은 사람으로 구성되는 집단 혹은 잠재적 집단(latent group)이 공통의 이해관계가 걸려 있는 문제를 스스로의 노력으로 해결하지 못하는 상황을 일컫는다.[27] 잠재적 경제사회 집단이 스스로 힘을 뭉쳐 자신들의 문제를 해결할 수 없는 것은 대규모 집단에 항상 따라다니는 無賃乘車(free-ride) 성향 때문이다. 무임승차는 公共財(public goods)에 흔히 나타나는 현상이다. 공공재는 그것이 일단 공급되면 국민 모두가 이것을 당연히 수혜할 수 있게 되기 때문에 어떤 국민도 그가 합리적으로 사고하는 한 그러한 공공재의 생산과 공급을 위해 스스로 특별한 노력(시간, 노력, 비용 등)을 투입하지 않으려 하는 성향을 유발한다. 예를 들면 누구에 의해서든 國防이라는 서비스가 제공되는 한 국민은 모두 그 혜택을 본다. 이것은 공공재가 갖고 있는 非排他性(non-excludability) 때문이다.[28] 따라서 어떤 국민도 국방을 위해 자기의 돈이나 노력을 제공하려 하지 않는다. 정부가 국민들에게 세금을 부과하고 징병제도를 실시하는 것은 바로 이런 무임승차의 성향 때문이다.

---

26) Andrew S. McFarland, *Public Interest Lobbies* (Washington, D.C. : American Enterprise Institute, 1976).

27) Barry M. Mitnick, *The Political Economy of Regulation* (New York : Columbia University Press, 1980), pp. 164～65, pp. 143～44, 319～333 등 참고.

28) 이에 대한 자세한 설명은 제 3 장 3절 참고.

이와 똑같은 문제가 대규모 집단 어디에나 나타난다. 예를 들면 소비자 집단은 소비자정보(consumer information)로 부터 편익을 얻게 되지만 이런 정보의 공공재 혹은 集團財(collective goods)적 성격으로 인해 어떤 한 사람의 소비자도 소비자정보 제공을 위해 스스로 자신의 시간과 노력과 비용을 투입하려고 하는 생각을 갖지 않고 다른 누군가의 노력으로 그것이 제공되기 만을 바람으로써 결과적으로 소비자정보는 시장에 제공되지 못하게 된다. 그 결과는 생산자나 판매자의 기만적인 상행위 앞에 무력한 집단으로서의 소비자다. 이런 상황이 바로 집단행동의 딜레마 상황이다. 이것은 게임이론(game theory)에서 말하는 罪囚의 딜레마(prisoner's dilemma) 현상과도 유사하다.[29)]

집단행동의 딜레마는 국민 또는 소비자의 편에서만 발생되는 문제가 아니다. 예를 들면 수많은 기업으로 구성되는 어떤 산업(예: 섬유산업)이 不況에 처해 있다고 하자. 이 산업 내 기업들 입장에서 가장 바람직스럽기는 서로 談合하여 생산량을 조절함으로써 가격이 떨어지지 않게 하는 것이다. 그러나 생산자 간의 談合이 공정거래법상 금지되어 있는 한 이런 공동전략을 취하기는 어렵다. 따라서 각 기업은 자신이 생산공급하는 제품의 가격을 인하해서라도 불황을 이겨 나가려고 할 것이다. 그러나 이런 전략은 이 기업만이 채택하는 것이 아니다. 다른 기업 역시 생존하기 위해서는 가격을 인하하지 않을 수 없기 때문이다. 그 결과 출혈적인 가격인하 경쟁이 야기되고 경쟁력이 약한 기업으로부터 연속적으로 倒産하지 않을 수 없다. 가격인하로 인해 자신의 시장점유율을 확대할 수 있기는커녕 치열한 시장경쟁으로 인해 모두가 치명적인 타격을 입게 된다.

이와 같이 집단행동의 딜레마가 존재하는 경우에는 마치 공공재의 경

---

29) 죄수의 딜레마란 두 공범자가 서로 입을 맞춰서 범죄사실을 숨기면 서로가 최선의 결과(최소한의 형량)를 누릴 수 있음에도 불구하고 비밀을 발설하면 죄를 감해준다는 꾀임에 빠져 서로가 비밀을 누설함으로써 최선이 아니라 최악의 결과(가장 무거운 형량)를 자초하게 됨을 말하는 것이다. 똑같은 논리는 복수의 사람 사이에서도 적용된다. 이에 대하여는 Thomas C. Schelling, *Micromotives and Macrobehavior* (New York : W. W. Norton & Co, 1978), pp. 216~17 참고.

우에 정부가 국민에게 세금을 부과하고 그 세입으로 국방, 치안, 소방, 도로건설 등 각종의 공공재를 생산하여 공급하게 되듯이 정부가 개입하여 문제를 해결하지 않을 수 없다. 이것이 바로 정부규제의 集團行動 딜레마 이론이다. 대규모의 잠재적 집단이 집단행동의 딜레마로 인해 공동의 이익을 확보할 수 없게 될 때 정부가 이들의 문제해결을 돕기 위해 개입하거나 규제하게 된다는 것이다. 예를 들면 소비자 집단의 집단행동의 딜레마 해결을 위해서는 정부가 소비자 문제에 개입하여 기업으로 하여금 소비자들이 필요로 하는 상품정보를 보다 많이 제공하게 한다거나 정부 스스로가 상품의 비교테스트 등을 통해 소비자 정보를 생산해 내고 허위과장 광고를 규제한다.[30] 다음으로 불황에 처한 산업에 대해서는 정부가 이들 기업이 협동적으로 생산량을 조절하거나 가격수준을 조절할 수 있는 생산카르텔 또는 가격카르텔 등을 형성할 수 있도록 허용해 줌으로써 불황을 이겨나갈 수 있도록 한다.[31]

잠재적 집단의 집단행동 딜레마로 인해 정부 규제가 이루어지게 되는 경우는 대체로 시민사회가 다원화되어 있고 이익집단의 조직과 활동이 활발하게 이루어지고 있는 선진국에서는 비교적 사례가 적다고 하겠으나 이익집단이 제대로 조직되지 못하고 기능하지 못하는 개발도상국의 경우에 있어서는 정부개입의 이유를 설명하는 이론으로서 상당한 중요성을 갖고 있다고 볼 수 있다. 또한 대규모의 집단이 스스로의 이익을 공통적으로 추구하지 못하는 것이 바로 집단행동 딜레마 현상이기 때문에 이런 문제를 해결하기 위해 시작되는 정부규제는 공익적 목적을 가지게 되는 경우가 많다고 할 수 있을 것이다. 그러나 과연 정부가 잠재적 집단이 안고 있는 공통적인 문제의 해결을 위임받은 代理人(agent)으로서 충실하게 이들의 이익을 대변하고 확보할 수 있느냐에 대해서는 의문이 제기될 수 있다. 이것이 소위 代理의 문제(agency problem)다.[32]

---

30) 소비자보호규제의 원인과 수단에 대하여는 제16장 참고.

31) 카르텔에 대한 규제 및 정부에 의한 카르텔 행위의 허용에 대하여는 제 11 장 참고.

32) 대리문제에 대한 이론적 고찰과 응용은 John W. Pratt and Richard J. Zeckhauser (eds.), *Principals and Agents: The Structure of Business* (Boston: Harvard Business School Press, 1985) 참고; 대리문제의 정부규제에의 적용은 Mitnick, *op. cit.*, pp. 144~151, 308~363 참고.

代理 문제는 사회의 발전과 분업의 진전에 따라 자기 일을 자기 스스로 해결하지 못하고 다른 사람의 노력을 통해 해결할 수 밖에 없는 현대의 사회조직 어디에서나 발견되는 문제이다. 예를 들면 환자와 의사, 地主와 小作人, 학부모와 교사(또는 가정교사까지도), 의뢰인과 변호사, 국민과 대통령, 대통령과 행정부 공무원, 지역주민과 국회의원, 회사의 株主와 사장, 사장과 직원, 노동조합원과 조합장간의 관계는 모두 각각 주인-대리인의 관계(principal-agent relationship)로 볼 수 있고 여기에는 대리의 문제가 따른다.[33]

대리의 문제란 첫째, 대리인의 선호 혹은 관심사항(preference or interest)이 주인의 그것과 반드시 일치하지 않을 수 있기 때문에 야기된다. 예를 들어 소비자들은 소비자의 이익이 최대로 보장되는 방향으로 정부가 소비자보호 입법과 제도를 마련해 주기를 희망하나 정부와 국회는 기업의 로비에 넘어가서든 과도한 소비자보호정책이 기업성장과 경제성장에 짐이 된다고 판단하여서든 소비자가 원하는 것과는 상당히 거리가 있는 입법과 제도의 채택에 그치고 말 가능성이 있다. 또한 소비자보호를 위한 정책의 집행과정에서도 규제기관은 본래의 설립목적과는 다르게 상대적으로 조직력이 크고 정치행동으로 그들의 이익을 보다 잘 반영시킬 수 있는 피규제산업의 입장에 同情的(sympathetic)인 방향으로 정책을 집행할 가능성이 높다. 대리의 두번째 문제는 주인은 대리인에 비해 전문지식이 부족하기 때문에 代理人이 과연 자기를 위해 최선을 다하고 있는지를 올바로 식별하거나 감시(monitoring)할 수 없기 때문에 발생한다.

---

33) 사회의 모든 조직은 대리의 문제를 안고 있고 代表性을 논하는 정치학 및 사회학 이론이나 조직의 관리에 관한 행정학, 경영학 이론들은 모두 이 대리의 문제를 어떻게 하면 보다 잘 해결할 수 있느냐를 연구하는 이론들이라고도 볼 수 있다.

5. 윌슨의 규제정치이론

5.1 개 관

앞의 절들에서 부분적으로 제시된 이익집단의 조직 특성과 정부규제 정책과정에 대한 이론들은 하바드대학 정치학 교수였던 제임스 윌슨(James Q. Wilson)에 의해서 보다 체계적으로 정리되었다.[34] Wilson교수는 전통적으로 인정되어 온 규제의 公益이론(public interest theory of regulation)이나 최근에 보다 새롭게 제시되고 있는 규제의 私益이론(self-interest theory of regulation) 그 어떤 것도 정부규제의 정치적 원인을 만족스럽게 설명해 주지는 못하고 있다고 비판한다. 여기에서 전자는 정부규제의 정치적 원인을 광범위한 사회운동 또는 극적인 危機의 발생에 따라 기업이 일정한 책임을 다할 수 있도록 하기 위해 규제입법과 정책이 마련된다고 보는 이론들이고, 후자는 특정산업이 자기의 이익을 보호하기 위해 또는 경쟁자에게 부담을 주기 위해 정치적 영향력을 사용한 결과 규제가 생겨나게 된다는 이론들이다.

Wilson은 규제입법과 정책은 다양한 정치적 원인을 가질 수 있고 따라서 規制政治(regulatory politics) 이론은 어떤 政治的 狀況(political circumstances)에서 어떤 정치적 원인이 어떻게 상호작용하고 있는가를 분명히 밝힐 수 있어야 한다고 주장한다. 그는 이런 정치적 상황은 현재 논의중인 정부규제로부터 각각의 이익집단이 실제로 또는 그럴 것으로

---

34) Wilson의 정부규제이론은 다음 논문에 처음 발표되었다. James Q. Wilson, "The Politics of Regulation," in James W. McKie (ed.), *Social Responsibility and the Business Predicament* (Washington, D.C. : Brookings Institution, 1974), pp. 135~68. 이 논문의 개작이 그의 책 *The Politics of Regulation*(New York : Basic Books, Inc., 1980), chapter 10 및 *American Government : Institutions and Politics* (Lexington, Mass. : D.C. Heath and Co., 1980), chapter 14~15에 실려 있다. 특히 마지막 책에서 그는 이 이론을 정부규제 뿐만 아니라 기타 모든 경제정책의 경우에로 확대 적용하고 있다. 여기에서는 주로 앞의 두 논문을 인용하고 있다.

感知하는 비용과 편익의 분포(distribution of the perceived costs and benefits)가 어떤가에 따라 〈표 4－1〉에서와 같이 네 가지 유형으로 분류할 수 있다고 본다.

〈표 4－1〉 규제의 네 가지 정치적 상황

		감 지 된 편 익	
		넓게 분산	좁게 집중
감지된 비용	넓게 분산	大衆的 政治 (majoritarian politics)	顧客 政治 (client politics)
	좁게 집중	企業家的 政治 (entrepreneurial politics)	利益集團 政治 (interest-group politics)

출처: Wilson, *American Government, op. cit.*, p. 419.

여기에서 이익과 편익이 집중 또는 분산되어 있다는 것은 어디까지나 상대적인 구분이다. 먼저 정부규제로 인한 비용이 '넓게 分散(widely diffused)' 되어 있다는 것은 이 비용을 부담하는 집단이 불특정 다수인이고 그 비용은 미미한 물가인상이나 세금의 증가로써 지불되어 그렇게 크게 부담스럽게 느껴지지 않는 상태를 말한다. 반대로 비용이 '좁게 集中(narrowly concentrated)' 되어 있다는 것은 비용부담자가 특정의 산업, 기업, 혹은 地域인 경우로서 이들은 상당한 액수의 부담금(fee), 세금, 관세 등을 부담하여야 하는 상태를 말한다. 다음으로 편익이 '넓게 분산' 되어 있다는 것은 그 편익이 다수에게 약간의 가격 및 세금의 인하, 제품이나 서비스의 질 향상, 소비자를 기만하거나 우롱하는 행위의 감소 등의 형태로 귀속되는 것을 말한다. 반대로 편익이 '좁게 집중'되어 있다는 것은 특정의 산업, 직종에 대해 보조금이 지급되거나 특정인에게 사업의 허가 및 면허 등이 주어지는 경우다.

Wilson은 정부규제에 따른 비용과 편익의 상대적 분포는 두 가지 방식으로 규제정치(regulatory politics)에 영향을 미친다고 본다. 첫째, 개인이나 집단은 자신의 純便益(＝편익－비용)이 증가하는 경우 보다는 그것이 갑작스럽게 또는 상당한 정도로 감소할 때 정치적으로 보다 민감하게 반응하고 정치적으로 활동적으로 된다는 것이다. 다시 말하면 새로운 정부규제(또는 기존 규제의 변화)로 인해 자신들이 부담해야 할 비용이 증가할 것 같거나 아니면 자신들이 누리고 있는 편익이 감소할 것 같은 징후가 감지되는 경우에 정치적으로 보다 민감해진다는 것이다. 이것은 개인이나 집단이 현재 상태의 改善 가능성보다는 현재 상태에 대한 위협을 보다 중요시함을 의미하는 것이다. 그는 경제불황, 과다한 가격경쟁, 금융위기, 급격한 가격상승 등 경제적 불안정과 불확실성(economic instability and uncertainty)이 심각할 때 많은 규제기관이 설치되고 규제입법이 제정되는 것은 바로 이 때문이라고 본다.[36)]

둘째, 정치적 행동(political action)은 비용이나 편익이 대규모의 異質的 집단에 분산되어 나타나는 경우보다는 소수의 同質的 집단에 집중되는 경우에 보다 쉽게 고무된다. 먼저 집단의 규모는 정치적 행동의 강약에 중요한 요인이다. 이것은 집단의 규모가 작을수록 집단 구성원 개개인의 기여(contribution)가 집단의 목표달성에 커다란 의미를 갖고 집단규모가 작을수록 개개인의 기여가 쉽게 눈에 띄어 다른 사람의 주목을 끌고 報償을 받게 되기 때문이다.[37)] 또한 집단 구성원의 동질성 수준도 정치적 행동의 강약에 중요한 영향을 미친다. 즉 집단이 동일 산업, 직종, 지역을 기초로 구성되어 있을 때, 이해관계와 신념의 동질성(homogeneity of interest and belief)이 높을 때 그렇지 못한 경우에 비해 정치적 행동을 위한 집단의 조직이 용이해진다. 예를 들면 어떤 부품산업의 동업자조합(business associations)은 그 부품에 대한 輸入關稅를 인하하려고 할 때 그 부품산업에 종사하는 모든 기업의 이해가 일치하기 때문에 똘똘 뭉쳐 이런 조치에 반대하게 될 것이다. 그러나 여러 산업으로 구성되는 경제단체(umbrella associations)는 산업마다 각각의 이해관계가 서로 다르기 때문에 일사불란하게 입장을 정리하지 못하고 엉거주춤

---

36) Wilson (1974), *op. cit.*, p. 140.
37) Olson, *op. cit.*, pp. 48~50, 126~128.

하게 된다.

이제 이상에서의 논의를 바탕으로 네 가지의 정치적 상황을 하나씩 고찰해 보기로 한다. 여기에서 우리가 관심을 가지는 것은 (1) 각각의 정치적 상황하에서 어떤 유형의 규제정치적 행동이 관련 이익집단 사이에 벌어지게 되는가? (2) 각각의 정치적 상황 속에서 이루어지는 정부규제는 어떤 특성을 보이는가? (3) 규제행정기관은 각각의 정치적 상황 속에서 어떤 행태를 보이는가? 등이다.

5.2 고객정치

고객정치(client politics)적 상황은 정부규제로 인해 발생하게 될 비용은 상대적으로 작고 이질적인 불특정 다수인에게 부담되나 그것의 편익은 대단히 크며 동질적인 소수인(또는 소수의 기업)에 귀속되는 상황이다. 이런 상황에서 상당한 이익을 얻을 수 있는 소수집단은 대단히 빠르게 정치조직화하며 그러한 편익이 자신들에게 제도적으로 보장될 수 있도록 하기 위한 정치적 압력을 행사한다. 이들의 정치적 행동은 상대편이 조직화되지 못하고 따라서 정치적 세력이 미약하기 때문에 별 도전없이 받아 들여지는 것이 보통이다.

이런 정치적 상황 속에서 이루어지는 정부규제로서 대표적인 것은 농산물에 대한 최저가격(minimum price) 규제, 수입규제, 각종의 직업면허(의사·약사·변호사·이발사 등), 택시사업 인가 등이 있다. 이것들은 모두 우리가 제 3 부에서 검토하게 될 경제적 규제(economic regulation)에 속한다. 가장 전형적인 예라고 할 수 있는 수입규제를 살펴보면 어떤 제품의 수입을 규제함으로써 이득을 보는 집단은 수입품과 경쟁관계에 있는 국내생산자 및 수입업자 등 소수라고 할 수 있고 수입규제로부터 얻을 것으로 기대하는 이득도 대단히 크다. 반면에 이로 인해 손해를 보아야 하는 집단은 소비자, 그 제품을 중간재로 수요하는 前方聯關産業(forward linkage industries) 등이라 할 수 있고 이들 각각의 입장에서 볼 때 손해의 크기는 별로 대단치 않다. 따라서 수입규제를 요구하는 집단은 조직을 통해 자기들의 이익을 도모하기 위해 동업자조합이나 협회 등을 구성하여 열심히 로비를 전개하려고 하는 반면에 이에 대항해야 할 집단은 집단행동의 딜렘마 현상으로 인해 이들의 정치적 압력을 저지하지 못하게 된다.

이런 유형의 정부규제는 대체로 다음과 같은 특성을 가진다.

첫째, 해당 산업에 있어서 경쟁을 제거하거나 약화시키고 따라서 기존의 산업 또는 직종에 종사하는 자들은 높은 수익성을 보장받게 된다.

둘째, 따라서 이 산업에 대한 신규사업자의 진입(entry)은 제한되거나 많은 비용이 소요된다.

셋째, 이런 규제의 수혜자는 잘 조직되어 있어서 규제기관의 정책결정 및 집행에 강력한 영향력을 행사한다.

넷째, 이런 정부규제가 논란의 대상이 되는 경우에는 시장경쟁을 제한하는 것이 제품의 안전성, 품질 또는 서비스의 수준을 높게 유지하고 詐欺的이고 무책임한 기업행위를 예방하기 위해 불가피하다고 주장한다. 경우에 따라서는 해당산업과 경제성장의 촉진을 위해 그러한 정부규제가 필요하다고 주장한다. 어떤 경우이든 이들은 현재의 규제방법이 공익 목적의 달성을 위해 최선이라고 억지를 쓴다. 물론 국내 幼稚産業을 육성하기 위해 불가피하게 수입보호가 필요한 경우가 있는 것도 사실이고 국민의 안전을 위해 의사나 약사의 자격을 국가가 정하고 소정의 자격과 자질을 갖춘 자만이 이런 직종에 종사할 수 있도록 하는 것이 불가피한 측면이 없지 않다. 문제는 이들에 비해 조직력과 자금력이 약한 일반 국민이 필요 이상의 희생을 감수해야 하는 상황이 필연적으로 발생할 수 밖에는 없다는 데 있다. 더 나아가서 신규사업자에 대한 진입제한의 강화는 해당산업의 경쟁력과 서비스 질의 저하로 이어질 수 밖에는 없다. 우리가 자격증을 요하는 특수직종의 서비스에 불만을 갖고, 높은 요금(치료비, 약값, 변호사 의뢰비용)에 불만을 갖게 되는 것은 모두 이 직종들에 높게 쳐진 진입장벽으로 인해 경쟁의 압력을 상대적으로 적게 받고 있기 때문이다. 행정관청은 늘 공익을 앞세우기는 하지만 진정한 顧客은 바로 이들 산업, 이들 직종의 종사자들이라고 할 수 있다.

다섯째, 이런 정부규제가 도입되는 과정에 있어서는 조용한 幕後交涉과 로비 등이 특징적으로 나타나며 소비자단체 등과 같은 公益團體(public interest associations)의 항의와 반박이 없는 한 별다른 논란의 여지가 없이 은밀하게 이루어지는 것이 통례이다. 또한 이런 정부규제가 이루어지게 되면 수혜산업 또는 집단과 규제기관은 자신들에 대항하려는 세력이 형성되지 않도록 하기 위해 관련되는 규제정책의 可視性(visibility)을 낮게 유지하려고 애쓴다. 그러면서 한편으로는 자신들이 갖고 있는 막강한 자금력과 정치적 영향력을 동원하여 정치인 및 규제행정기관과 긴밀한 관계를 유지함으로써 자신들에 대한 도전을 무력화시키고 자기들에게 유리한 방향으로 정부규제가 운용되도록 한다.

이와 같이 경제적 규제는 바로 被規制산업(regulated industries)의 요청에 의해 이루어지고 규제기관도 이들을 보호하기 위한 목적에서 설립되는 경우가 많기 때문에 규제기관이 피규제산업에 捕獲(capture)되는 현상, 즉 규제기관이 공익보다는 피규제산업의 이익을 대변하고 이들의 이익에 봉사하는 존재로 전락하는 현상이 일찍부터 나타나고 이 기관이 운영되는 과정에서 형성되는 共生的 관계(symbiotic relationship) 속에서 더욱 강화된다.[38] 요컨대 고객정치적 상황하에서 이루어지는 경제적 규제에 있어서 유일한 고객(client)은 정부규제를 받는 산업 바로 그것이다. 이들에 대한 규제가 아무리 공익 목적을 내세울지라도 이들 생산자의 보호(producer protection)를 위한 私益的 규제의 성격을 벗어나지 못한다. 한 때 공익 목적에서 필요했던 규제라고 할지라도 경제사회 상황의 변화 또는 산업구조 및 시장구조의 변화에 따라 당연히 제거 또는 완화되어야 할 것이나 영속되고 오히려 확장되는 것은 이런 유형의 규제가 갖고 있는 정치경제적 속성 때문이다.

---

38) James Q. Wilson, *Bureaucracy : What Government Agencies Do and Why They Do It* (New York : Basic Books, 1989), pp. 79～80. 규제기관의 포획 현상에 대하여는 제6장에서 상세하게 고찰하고 있다.

5.3 기업가적 정치

위에서 본 고객정치 상황과는 정반대의 비용과 편익의 분포를 보이는 것이 企業家的 政治(entrepreneurial politics) 상황이다. 즉 비용은 소수의 동질적 집단에 집중되어 있으나 편익은 대다수에 넓게 확산되어 있는 경우이다. 이런 유형에 속하는 정부규제는 환경오염규제, 자동차안전규제, 산업안전(occupational safety) 규제, 危害性 물품(식품, 의약품, 화장품, 전기용품, 완구류 등)에 대한 衛生규제, 安全규제 등이 좋은 예들이다. 이들은 모두 기업에 경제적 부담을 지우는 규제들로서 우리가 제 4 부에서 고찰하게 될 사회적 규제(social regulation)에 속한다.

기업가적 정치 상황에서는 비용을 부담해야 하는 기업들은 잘 조직되어 정치적으로 막강한 영향력을 발휘하는 반면에 편익을 기대할 수 있는 집단은 잘 조직되어 있지 못하고 정치적 활동도 미약하다. 즉 후자 쪽에 집단행동의 딜렘마(collective action dilemma)가 생긴다. 도대체 이런 상황에서 잘 조직된 소수의 동질적 집단에게 불리한 정부규제가 현실적으로 가능해지게 되는 원인은 무엇인가? 이것은 정치학자들을 곤혹스럽게 만드는 질문이다. 왜냐하면 강력한 少數가 미약한 多數에 밀리는 이해하기 어려운 현실이 설명되어야 하기 때문이다.

우선 생각해 볼 수 있는 원인은 경제사회적 위기 및 災難의 발생이다. 예를 들면 원자력 사고, 수질오염 사고, 자동차나 비행기의 결함으로 인한 사고, 집단적 식중독 사고, 의약품 사고, 소비자에 대한 대형 사기 및 허위광고 사건, 산업재해 및 직업병의 대량적 발생 등과 같이 사회적으로 커다란 충격과 분노를 일으키는 사고가 발생하는 경우이다. 이 때에는 言論이 이를 대대적으로 보도하고, 소비자단체, 환경단체 등 공익단체들이 기업의 비윤리성·비도덕성을 고발하고 기업의 사회적 책임을 강화하기 위한 입법 또는 기존 입법의 강화를 요청하는 반면에 기업들은 기업에 공격적인 여론을 의식하여 강력한 입법저지 활동을 벌일 수 없게 된다. 예를 들면 최근의 대구 낙동강 페놀오염 사건, 원진레이온에서의 집단적 職業病 발병 이후 비등하는 여론 속에서 관련 입법이 강화되는 것과 같다.

또 다른 이유는 정권의 변동이다. 정권변동기에는 기존의 정치경제적 질서에 대한 반성이 일게 되고 또 새 정권은 참신한 모습을 보여 주기 위해 이런 유형의 규제들을 기업의 반발을 무릅쓰고 이루어 낼 수도 있다는 것이다. 혁명적 방법으로 집권한 정부일 수록 과거 정권에서의 정경유착을 공격함으로써 정치적 정통성을 확보하려 할 것이기 때문에 혁신적인 정책으로서 이런 유형의 규제를 실시하게 될 가능성이 높다. 예를 들면 우리나라에서 제6공화국 정부가 민주화 요구 속에서 약간이나마 이런 유형의 규제를 강화하고 있는 것과 같다.

그러나 이런 유형의 정부규제가 반드시 이런 경제사회적 위기 및 재난이 발생한 경우나 정권의 변동기에만 가능해지는 것은 아니다. 제 13장에서 고찰하게 될 것처럼 미국에서 1960년대 중반 이후 1970년대 말에 이르기까지의 기간동안에 이런 유형의 규제, 즉 환경규제, 소비자 및 근로자의 안전을 위한 규제 등이 폭발적으로 증가하였는데 이런 규제의 증가는 앞에서 살펴 본 요인으로 설명되기 어려운 측면들을 보여주고 있다. 미국에서 이런 사회적 규제들이 강화되게 된 이면에는 공익단체의 눈부신 활약이 있었다. 이들은 단지 사회적 책임을 망각한 기업을 사회적으로 고발하는데 그치지 아니하고 언론매체를 최대한 활용하여 여론을 실질적으로 주도하였다. 또한 이들은 美議會가 환경문제, 소비자와 근로자의 안전문제 등에 대한 깊은 관심을 가지도록 유도하고 기업의 사회적 책임을 강화하기 위한 입법을 하지 않을 수 없도록 분위기를 조성하였다. 대통령을 꿈꾸는 상원의원들은 스스로 이런 사회적 대세에 뛰어 들어 공익단체들과 적극적으로 협력하면서 대중정치가로서의 자신의 정치적 이미지를 심기에 주력하였다.

이런 과정에서 적극적인 역할을 담당한 공익운동가, 언론기자, 국회의원 및 정치가 등을 기업가적 정치가(political entrepreneur)라고 부르며 이들의 주도적인 노력에 의해 위에서 본 유형의 규제들이 채택되거나 강화된다고 하여 기업가적 정치(entrepreneurial politics)라는 이름이 붙여진 것이다.

기업가적 정치 상황에서 이루어지는 정부규제들은 다음과 같은 특성을 갖고 있다. 첫째, 이런 정부규제가 이루어지기 위해서는 사회적 분위기와 정치적 契機(political momentum)의 형성이 중요하다. 특히 국민의 인식과 국회의원의 관심을 불러 일으키는 것이 무엇보다도 중요하다. 그래야만 강력한 정치적 영향력을 갖고 있는 기업들의 반발을 억누를 수 있고, 이런 규제가 정치적 議題(political agenda)로 등장할 수 있기 때문이다. 이런 규제(규제입법)가 이루어지는 과정에서는 공익단체와 언론, 기업가적 정치인이 주도적인 역할을 담당한다. 이들은 사회악(social evil)에 대한 대대적 고발, 특히 그것을 보다 극적인 것으로 만들기 위한 전략으로서 특정의 대기업, 특정의 산업 등을 명확한 표적으로 삼아 홍보함으로써 사회악에 대한 국민의 의식을 고취하고 그들의 정치적 지지를 동원하기 위한 모든 노력을 기울인다.

둘째, 이런 규제입법은 그 내용이 상당히 엄격해지게 된다. 이것은 이런 규제입법을 요구하는 사회적 분위기 및 국민 일반의 도덕적 支援(moral support)을 외면하기 곤란하기 때문이다.

셋째, 그러나 규제입법의 절차적 규정(procedural provisions)에 있어서는 많은 예외규정 및 법의 엄격성을 완화하기 위한 규정 등이 삽입된다. 이것은 입법과정에서 정치적 영향력이 큰 기업집단의 로비가 이루어지기 때문이거나 법의 공정한 절차(due process)의 보장, 정부조직 및 예산 사정을 감안하게 되기 때문이다. 물론 이런 절차적 고려와 협상으로 인해 규제입법의 내용이 실질적으로 완화 또는 변질되는 경우도 있게 된다. 그러나 위기가 재발하면 기존의 법제도에 대한 재검토가 이루어지게 된다.

넷째, 이런 규제를 담당하는 규제기관(환경처, 보사부, 교통부, 동력자원부 등)은 피규제산업과 적대적인 관계에 놓이게 된다.[39] 이런 규제에 쏟아지는 국민일반 또는 정치인의 관심이 높고 따라서 지원이 잘 이루어지는 동안에는 그런대로 제 기능을 잘 수행할 수 있다. 그러나 점차 국민들의 관심이 퇴조하게 되면 이런 규제기관은 사각지대에 처하여 인력, 예산, 기술의 측면에서 피규제산업을 앞서기 어렵게 된다. 따라서 이 때에 이르면 피규제산업들의 정치적 영향력과 규제기관을 포획하려는 시도는 강화된다. 요컨대 이런 규제를 담당하는 규제기관은 고객정치 상황에서의 규제기관과는 다르게 피규제산업에 捕獲되는 것이 불가피한 것은 아니지만 결과적으로 포획될 가능성을 안고 있다.[40] 규제기관 포획의 결과는 느슨한 정책집행이다.

5.4 이익집단 정치

정부규제로부터 예상되는 비용과 편익이 모두 소수의 동질적 집단에 국한되고 그것의 각각의 크기도 개개인(개개 기업)의 입장에서 볼 때 대단히 크기 때문에 쌍방이 모두 조직화와 정치행동의 유인을 강하게 갖고 있고 조직적 힘을 바탕으로 서로의 이익확보를 위해 서로가 첨예하게 대립하는 것이 바로 이익집단 정치(interest group politics) 상황이다. Wilson의 모형이 근본적으로 이익집단 정치(interest or pressure group politics)적 접근방법에 입각하고 있기 때문에 여기에서 말하는 이익집단 정치 상황은 그것을 가장 좁은 의미에서 파악하고 있는 것으로 보아야 할 것이다. 협의의 의미에서의 이익집단 정치 유형에 속하는 정부규제의 예는 그리 많지 않다. 가장 대표적인 경우로서는 노사관계에 대한 제반의 정부규제 및 제도(노동기본권, 근로기준, 노동쟁의 절차 등에 대한 규제)를 들 수 있다.

다른 예로서는 대기업과 중소기업의 관계에 대한 규제(예를 들면 중

---

39) 이런 규제기관이 피규제산업과 과연 이런 관계를 유지하고 있느냐에 대해서는 물론 많은 의혹이 있다. 이에 대해서는 제 6 장에서 다시 고찰하게 될 것이다.

40) Wilson(1989), *op. cit.*, pp. 80~81.

소기업 固有業種 지정제도, 대기업 與信規制 등), 도매업자와 소매업자 또는 대형 백화점 및 연쇄점과 개인 상점업자 사이의 관계를 규율하는 규제(예를 들면 再販賣價格維持 규제),[41] 서로 대체적이거나 경쟁적 관계에 있는 산업의 규제(예를 들면 철도와 트럭, 철도와 고속버스의 요금 규제, 그리고 醫藥分業에 있어서의 병원과 약방 또는 의사와 약사 등) 등을 들 수 있다. 이런 예들은 노사관계에 대한 규제의 경우와는 다르게 해당 규제에 이해관계를 크게 가지는 제3의 집단들(국민 일반)이 집단행동의 딜레마에 빠지게 되기 때문에 규제가 경쟁적 관계에 있어 대립하는 강력한 두 이익집단 사이의 타협과 협상에 따라 좌우되는 특성을 보인다. 다시 말하면 일반적으로 소비자 또는 일반국민의 이익은 거의 무시된다.

[사례 4－1] 의약분업제도의 보류

우리나라 처럼 의약품의 오용과 남용이 심한 나라도 별로 없을 것이다. 전문가도 판별하기 어려운 의약품을 무분별한 약품광고에 현혹되어 소비자가 임의로 선택하여 사용할 때 심각한 문제가 발생한다. 따라서 거의 모든 선진국에서는 오래 전부터 의약분업제도를 실시하고 있다. 우리나라에서 의약분업제도에 관한 논의는 1980년대에 들어 와 비롯되어 1989년 전국의료보험의 실시를 앞두고 크게 논란이 되었으나 보건사회부는 이 문제를 둘러싸고 첨예하게 대립되어 있는 대한의사협회와 대한약사협회의 치열한 이권다툼 틈바귀에서 명확한 정책결정을 내리지 못하고 있다.

兩大 이익단체 간의 논쟁의 초점은 의사의 처방전(prescription) 발행을 의무화하느냐(이를 강제분업이라고 한다) 아니면 임의로 하느냐(임의분업)에 놓여져 있다. 먼저 약사들은 의사의 처방전 발행이 임의로 이루어질 경우 의사들이 처방전 발행을 기피하여 결과적으로 약사의 고유기능인 조제권을 침해하는 결과를 초래할 것을 우려하고 있다. 반면에 의사들은 약사협회의 주장대로 처방전 발행을 의무화한다고 할지라도 항생제, 스테로이드 제제, 향정신성의약품 등 부작용이 심한 세가지 의약품에 대해서는 의사들에게 조제권 및 투약권을 주어야 한다고 맞서고 있다. 또한 의약협회는 의약분업을 실시하기 위해서는 전문의약품과 일반의약품의 분류가

41) 재판매가격유지(resale price maintenance) 규제에 대해서는 제 11 장 참고.

선행되어야 하고 부분적인 분업을 실시하더라도 치료약에 대한 약국의 자유판매가 규제되어야 한다고 주장한다. 보건사회부는 이러한 양측의 주장을 수렴하는 방안을 마련하여 절충을 시도하였으나 약사협회가 자신들의 주장인 의약 강제분업이 관철되지 않을 경우 전국 약국의 휴업을 단행하겠다고 위협하자 의약분업제도의 검토와 실시 자체를 1991년 이후로 미루어 버리고 말았다. 대한의사협회와 약사협회는 모두 자기 주장을 전개함에 있어서 국민의 건강, 안전, 편의 등을 내세우고 있다. 그러나 이들이 의약품 가운데 오용과 남용이 특히 심하나 약품소비가 많고 이윤도 높은 습관성 의약품을 중심으로 한치의 양보도 없는 이권다툼을 벌이고 있다는 사실은 여간 아이로니칼하지 않다.

이익집단 정치 상황의 정부규제는 다음과 같은 일반적 특징을 가진다. 첫째, 이해관계집단의 쌍방이 강한 결속력을 갖고 있고 엇비슷한 정치적 영향력을 행사할 수 있는 힘(예를 들면 기업은 정치자금으로 노동조합은 정치적 지지와 투표로 이것을 행사한다)을 갖고 있기 때문에 정부가 중립적인 이해조정자로서의 역할을 벗어나기가 어려운 경우가 많다. 그 결과 정부규제의 내용도 쌍방이 동의할 수 있는 선에서 서로의 권리와 의무를 선언하는 協約(charter)의 형태를 띠게 된다.

둘째, 어느 일방이든 局外者(outsider)들과의 연합형성(coalition building)을 통해 자기들의 정치적 입장을 보다 강화하기 위한 정치적 상징조작을 꾀하기 때문에 또는 법원에 소송이 제기되는 경우가 많기 때문에 可視性(visibility)이 높다.[42)]

셋째, 양편의 이익집단이 모두 강력한 정치적 영향력을 바탕으로 계속적으로 자기들에게 유리한 방향으로 협정내용을 이끌어 내고자 하기 때문에 어느 일방이 계속적으로 규제행정기관 또는 규제정책의 집행과정을 지배할 수 없고 따라서 이런 유형의 정부규제에 있어서 규제기관이 어느 한편의 이익집단에 捕獲(capture)될 가능성은 약하다.[43)] 다만 경제

---

42) 여기에서 국외자라고 하는 것은 예를 들면 노사문제 규제의 경우 소비자, 소매상, 농민, 지식인, 학생, 일반국민 등과 같이 노사문제의 해결방향 여하에 따라 직간접적으로 이해관계를 가지거나 이념적으로 또는 정치적 이해관계를 같이하는 집단과 계층을 말한다.

43) Wilson (1989), *op. cit.*, pp. 81~82.

사회상황의 변화에 따라 또는 이익집단이 이런 규제기관의 속성을 이해하고 자신의 입장을 효과적으로 대변할 수 있는 정도에 따라 혹은 이런 규제기관의 책임자가 어떤 정치적 성향을 갖고 있느냐에 따라 규제기관이 어느 한편에 보다 유리한 입장을 취할 가능성은 없지 않다. 그런가 하면 이런 규제기관 관료 특유의 직업적 가치관(professional value)에 따라 어느 한편에 경사된 입장을 가지게 되는 경우도 있을 것이다. 예를 들면 작업장 안전문제를 규제하는 기관은 근로자의 주의를 환기하기 보다는 사업주의 작업장 환경개선 노력을 유도하는 방향으로 규제정책을 이끌어갈 가능성이 높다.

5.5 대중적 정치

大衆的 政治(majoritarian politics) 상황은 이익집단 정치상황과는 정반대로 해당 정부규제에 대한 感知된 비용과 편익이 쌍방 모두 이질적인 불특정 다수에 미치나 개개인(개개 기업)으로 보면 그 크기는 작은 경우다. 여기에 속하는 정부규제의 예는 비교적 적다.[44] 예를 들어 본다면 독과점 및 불공정거래에 대한 규제, 신문·방송·출판물의 윤리규제, 사회적 차별에 대한 규제, 落胎에 대한 규제, 종교활동에 대한 규제 등이 있다. 예를 들면 독과점 및 불공정거래에 대한 규제는 모두에게 도움이 되는 측면이 있고 모두가 손해를 보는 측면이 동시에 존재한다. 왜냐하면 대기업이라 하더라도 다른 대기업의 불공정거래 행위를 규제하는 것이 필요하다고 생각한다. 그러나 한편으로 자신이 규제의 대상이 되는 것은 바라지 않는다. 소비자들은 상당한 이익을 기대할 수 있지만 집단행동의 딜렘마에 빠져 주도적인 역할을 담당하지 못한다. 이와 같이 대중적 정치 상황에서는 어느 누구도 그러한 규제로부터 항상 특별히 큰 이익이나 특별히 큰 손해를 보는 것이 아니고 따라서 그러한 규제를 강력하게 요

44) 사실 Wilson은 그의 1974년 논문에서 이것을 별도의 정치적 상황으로 논의하지 않고 있다.

구하거나 반대하는 집단이 존재하지 않는다.

다른 예로서 落胎에 대한 규제를 생각해 보자. 우선 낙태를 허용하는 것이 철학적, 윤리적으로 정당하냐 아니냐에 대해 논란이 있다. 낙태에 대한 규제를 가장 원할 胎兒는 말이 없다. 산부인과 의사들은 낙태의 불법화를 싫어할지 모른다. 그러나 이것을 문제삼기도 고약하다. 언론매체의 윤리규제도 마찬가지다. 폭력, 음란, 외설적인 내용을 규제하는 것이 사회적으로 바람직하긴 하나 자칫 언론의 자유, 표현의 자유를 억압하기 쉽다. 가장 보호받아야 할 집단인 어린이나 청소년들은 이 문제에 대한 판단을 내리지 못한다. 자녀를 둔 어머니들이 이런 규제를 원하겠지만 집단행동의 딜렘마가 있다.

그러면 어떻게 그와 같은 유형의 규제들이 현실적으로 정치적 의제(political agenda)로 등장할 수 있게 되는가? 이것은 사회의 발전에 따라 새로운 사상이나 신념(new ideas and beliefs)이 대두하고 국민 일반의 감정(popular sentiment)이 뒷받침되며 이것을 정치적 이슈로 삼아 주도적 역할을 담당하려고 하는 영향력있는 기업가적 정치인들이 있을 때 가능해지게 된다. 다시 독과점 및 불공정거래에 대한 규제의 경우를 예로 들어 보면 경제의 급속한 성장과정에서 대기업 및 재벌의 시장횡포가 극심해지고 이로 인해 경제력의 집중이 심각해지게 되면 사회적인 불만이 팽배한다. 이때 정치권은 비로소 이 문제를 정치적 이슈로 채택하여 입법화를 도모하게 된다. 우리나라에서 1980년에 이르러 공정거래관계법이 제정되게 된 것도 바로 이와 같은 과정을 밟았다고 할 수 있다. 물론 이 과정에서 財閥그룹이 맹렬한 반대로비를 전개하기도 하였지만 그것은 입법내용이 기존에 형성된 기업집단의 해체에까지 이르지나 않을까를 우려한 때문이었고 공정거래제도에 대해서는 그렇게 눈에 띈 반대를 하지 않았다. 오히려 이 입법에 가장 적극적이었던 것은 당시 물가안정기조의 정착을 위해 고심하던 경제기획원이었고 이 제도의 수혜자라고 할 수 있는 소비자나 중소기업은 별다른 입법노력이나 정치적 행동을 보여주지 않았다.[45]

이런 유형의 규제정책들은 다음과 같은 일반적 특성을 가진다.

첫째, 이런 유형의 규제 필요성은 사익을 추구하는 이익집단 보다는 公益團體에 의해 먼저 제기된다.

둘째, 정부가 어떤 방식으로든 이런 문제에 대해 조치를 취해야 한다는 여론형성이 중요하다.

셋째, 이런 유형의 규제에 대한 이념적 반대가 극복되어야 한다. 예를 들면 자유기업주의와 정부개입의 한계, 언론매체의 윤리와 표현의 자유, 낙태의 비윤리성과 母性의 인권 등 사이의 이념적 갈등이 해소되어야 한다는 것이다. 일단 이념적 갈등이 어떤 방향으로 해소되어 규제가 시작되더라도 상황의 변화, 사회인식의 변화에 따라 다시 이런 문제는 제기될 수 있다. 경우에 따라서는 法院이 어떤 입장을 취하느냐도 중요하다. 예를 들면 법원은 낙태에 대한 규제를 인권침해를 이유로 違憲결정할 수도 있다.

넷째, 이런 규제를 담당하는 기관이 얼마나 적극적으로 이런 규제업무를 집행해 나가느냐 하는 것은 규제기관의 책임자, 그를 임명하는 대통령의 생각에 많이 좌우된다. 물론 대통령이나 규제기관의 책임자는 여론의 향방을 많이 의식하게 될 것이다.[46] 예를 들면 불공정거래가 심각한 사회문제로 제기되는 경우에는 이를 적극적으로 규제하게 될 것이다. 예로서 葬儀社들이 터무니없는 값과 요구로 유족들을 괴롭힌다거나, 예식장들이 평생에 한번 기분을 내고 싶은 신혼부부에게 강요를 하는 것이 사회문제가 되면 이들에 대한 규제를 강화하지 않을 수 없다. 그러나 장의사나 예식장 업주들은 이런 규제의 무력화를 위한 은밀한 로비를 전개하게 될 것이고 이 때 이런 규제는 어느 사이 슬그머니 약화되고 만다.

---

45) Byung-Sun Choi, *Economic Policymaking in Korea: Institutional Analysis of Economic Policy Changes in the 1970s and 1980s* (Seoul : Chomyungsa, 1991), chapter 5.

46) Wilson(1989), *op. cit.*, pp. 82~83.

6. 정부규제와 이익집단

이상에서 다양한 이익집단 정치(interest group politics) 모형들에 관하여 고찰하였다. 여기에서는 이런 논의를 종합하여 보기로 한다. 이상에서의 이론들은 다음과 같이 크게 세가지로 분류할 수 있을 것이다. 첫째는 다원적 이익집단 모형이다. 두번째는 포획모형이다. 이 두 모형은 모두 非政府的 참여자(non-governmental participants)의 역할을 강조하는 모형으로서 전자가 피규제산업을 포함한 그 밖의 많은 이익집단의 상호작용에 주안점을 둔 것이라면 후자는 피규제산업의 압도적 영향력을 강조하고 있는 것으로 볼 수 있다. 셋째는 비교적 최근에 주목을 받고 있는 모형으로서 규제관료 역할의 중요성을 강조하는 조직모형이다. 이들을 차례로 간략하게 정리해 보기로 한다.

6.1 다원적 이익집단 모형

다원적 이익집단 모형(interest group model)에서는 규제기관을 서로 경쟁적인 압력집단이 영향력을 행사하려고 시도하는 標的(targets)으로 본다. 이익집단 가운데에는 상당기간 동안 조직화되지 않고 잠재적으로 존재하는 이익집단도 있다. 그러나 이들 역시 어떤 위기사태가 발생하는 경우에 빠르게 조직화되고 정치적 참여를 적극화 할 수도 있다. 비교적 이들에 동정적인 규제관료들은 이들의 이익대변을 도와주기도 하고 앞장서서 이들의 조직화와 정치적 활성화를 도모하기도 한다.

이 모형에 의할 때 규제정책은 규제기관의 독립적인 정책판단의 결과가 아니라 경쟁적인 집단의 이익과 가치의 균형을 이루는 협상과 타협(bargaining and compromise)의 산물이다. 이 모형은 규제기관 관료들이 피규제산업 및 그 밖의 집단과 적당한 관계를 유지하려는 복합적 유인

(mixed incentives)을 갖고 있다고 본다. 따라서 이 모형은 결코 피규제 산업의 막강한 정치적 영향력을 부정하지는 않으나 이들의 요구도 때로는 묵살되거나 관철되지 않을 수 있다고 본다. Wilson의 기업가적 정치상황과 대중적 정치상황은 이런 경우를 잘 보여주고 있다.

물론 다원주의적 이익집단 모형이 규제기관을 경쟁적인 압력집단의 표적으로 본다고 하여 규제기관을 그때그때 가장 강력한 압력에 수동적으로 대응하는 존재로만 보는 것은 아니다. 이론에 따라서는 규제기관 그 자체도 하나의 이익집단을 이루고 있는 것으로 본다.[47] 규제기관 역시 독자적인 이익을 갖고 있다는 것이다. 규제기관의 이익이란 때로는 기관의 사명(mission)을 완수하는 것일 수도 있고 때로는 관료 개인적인 목적을 추구하는 것일 수도 있다. 그러나 이들이 추구하는 이익이 과연 무엇이냐에 대해서는 이 모형은 어떤 암시도 주지 못한다.

이 모형의 결정적 약점은 어떤 집단의 이익이 어떤 경우에 왜 보다 효과적으로 반영되고 어떤 상황에서 어떤 집단이 성공하고 실패하는지에 대한 충분한 설명을 제시하지 못한다는 데 있다. 일반적으로 이익집단은 그 집단의 규모가 클수록, 자원이 풍족할수록, 지역적 분산도가 크고 연합형성의 폭(coalition breadth)이 넓을수록, 그리고 凝集力(cohesion)이 높을수록 정치적 영향력과 정당성을 높게 가진다고 말할 수는 있을 것이다.[48] 그러나 이 모형은 과거의 구체적인 사례연구를 통해 어떤 집단의 이익이 어떤 상황에서 왜 보다 큰 영향력을 행사할 수 있게 되었는지는 설명할 수 있을지라도 앞으로를 향해 어떤 예측(prediction)을 가능하게 해주지는 못한다.[49]

앞절에서 고찰한 Wilson의 규제정치이론은 이점에서 진일보한 것으로 볼 수 있다. 즉 규제정책으로 인해 예상되는 비용과 편익의 사회적 분포

---

47) David B. Truman, *The Governmental Process: Political Interests and Public Opinion* (New York : Alfered A. Knopf, 1958), pp. 416~421.

48) Kenneth J. Meier, *Regulation: Politics, Bureaucracy, and Economics* (New York: St. Martin's Press, 1985), pp. 18~22.

49) Bruce M. Owen and Ronald Braeutigam, *The Regulation Game : The Strategic Use of Administrative Process* (Cambridge, Mass.: Ballinger Publishing Co., 1978), pp. 11~13.

를 분석함으로써 다원적 이익집단모형의 약점을 어느 정도 극복하고 있다. 그의 이론에 의하면 규제의 비용과 편익의 사회적 분포면에서 규제의 비용을 집중적으로 부담해야 하는 집단, 또는 규제로 인한 편익을 보다 집중적으로 수혜하는 집단은 조직유인이 강하고 따라서 적극적인 정치적 활동을 통해 자신의 이익을 규제정책 과정에서 관철시킬 수 있다는 것이다.

6.2 포획모형

捕獲模型(capture model)은 규제기관이 규제대상 산업(regulated industries)을 지배하기 보다는 오히려 그들에 의해 지배되는 경향이 있고 심지어는 이들의 포로(captives)가 된다고 보고 있다. 그리고 포획모형에는 다시 두 가지의 서로 다른 유형이 있다. 하나는 주로 독립규제위원회(independent regulatory commission)의 형태를 지닌 규제기관을 대상으로 한 이론으로서 규제기관은 당초에 공익적 목적의 실현을 위해 설치된 것이나 시간이 지남에 따라 규제대상이 되어야 할 집단의 포로로 전락하고 만다고 본다.[50] Wilson이 기업가적 정치상황 혹은 대중적 정치상황에서 야기될 수도 있다고 보는 포획현상은 바로 이런 유형의 포획현상이라고 할 수 있다. 이런 유형의 포획현상에 대해서는 다음 제 6 장에서 깊이 있게 검토하게 될 것이다.

이 유형의 포획이론에 의하면 규제기관들은 규제이슈의 정치적 顯示性(political salience)이 시간의 경과에 따라 감소하게 되면 정치엘리트나 소비자이익과 같은 공공이익을 대변하는 집단의 힘이 약화되고 대신에 피규제집단의 영향력이 그 공백을 메꾸게 되면서 이들이 규제기관을 지배하기에 이른다는 것이다. 이 단계에 이르게 되면 규제기관은 규제대상

---

50) Samuel Huntington, "The Marasmus of the ICC : The Commission, the Railroads, and the Public Interest," *Yale Law Journal* (April 1952), pp. 467~509 ; Marver Bernstein, *Regulating Businesss by Independent Commission* (Princeton : Princeton University Press, 1955).

산업에 유형의 편익(tangible benefits)을 제공하는 반면에 상징조작을 통해 소비자의 잠재적인 정치적 저항을 무마하려고 한다.[51] 이런 규제기관의 포획현상은 의회가 규제기관의 권한을 제한할 때까지 계속된다.[52]

두번째 유형의 포획이론은 여기에서 한 걸음 더 나아가서 규제기관은 처음부터 사실상 규제대상 산업의 이익에 봉사하기 위해 만들어졌다는 것이다. 주로 경제적 규제(economic regulation)를 담당하는 규제기관이 이에 해당된다. 이런 이론을 대표하고 있는 것이 바로 公共選擇이론적 시각에 입각해 있는 Stigler와 Peltzman이다. 이들은 정치가와 규제기관은 투표(votes)의 최대화를 추구하는 바 자신들에게 가장 많은 정치적 보상을 제공해 줄 수 있는 집단을 이롭게 하기 위한 목적으로 규제기관의 再分配 권한(redistributive powers)을 사용한다는 것이다. 달리 표현한다면 정부규제는 정치가들이 정치적 報償의 극대화를 추구하는 재분배정책 수단의 하나라는 것이다. Wilson의 고객정치 상황은 이런 공공선택이론적 시각에 대단히 접근해 있다고 할 수 있다.

포획이론에 입각할 때 정부규제란 피규제산업에 대해 우선적으로 그리고 때로는 배타적으로 부여되는 편익에 불과하다. 물론 포획모형이 피규제산업 이외의 다른 압력집단의 존재를 부정하는 것은 아니다. 다만 이런 압력집단은 규제정책 결정에 관심이 없거나 관심이 있다고 할지라도 피규제산업의 막강한 정치적 威力 앞에서 제대로 영향력을 발휘하지 못하는 것으로 볼 뿐이다. 또한 포획이론은 규제관료의 역할의 중요성을 부인하는 것도 아니다. 그러나 이 모형은 규제관료들을 피규제산업의 감각(sentiments)을 전달해 주는 운송벨트(conveyor belt)에 불과한 것으로 본다.[53]

---

51) 이것이 바로 Edelman이 '상징적 정치(symbolic politics)'라고 부르는 것이다. Murray Edelman, *The Symbolic Uses of Politics* (Urbana : University of Illinois Press, 1967).

52) Theodore Lowi, *The End of Liberalism*, 2nd ed. (New York : W. W. Norton & Co., 1979).

53) William T. Gormley, Jr., *The Politics of Public Utility Regulation* (Pittsburgh: University of Pittsburgh Press, 1983), p. 134.

6.3 조직모형

이상의 두 가지 이론모형에 속하는 이론들은 Wilson의 모형을 제외하고는 모두 규제기관의 내부적 조직특성을 무시하고 규제기관에 영향력을 가하려고 하는 외부의 이익집단에 주목하고 있다. 그러나 규제기관이 외부의 이익집단에 단지 수동적으로 반응하는 존재가 아니라고 한다면 이익집단모형은 근본적 한계를 지니고 있다고 말할 수 있다. 다음 제 5~7장에서 상세하게 검토하겠지만 우선 여기에서 간단하게 그러한 이론의 특성을 정리해 보는 것이 이익집단정치 모형이 갖고 있는 한계를 제시하는데 도움이 될 것으로 생각된다.

규제기관의 내부적 특성을 중요시하는 組織模型(organizational model)은 규제기관을 표준운영절차(standard operating procedures or routines)에 따라 정책산출물(policy outputs)을 생산해 내는 조직으로 본다.[54] 따라서 이 모형에서 규제정책은 제한된 시간, 기능, 지식이란 제약조건하에서 규제관료들이 개인적·직업적 가치(personal and professional values)를 극대화하는 노력으로 표현된다. 그 결과 이 모형에서는 명령의 통일성과 권력의 집중보다는 전문화와 分業이 중시된다. 이 모형은 외부의 압력집단의 존재를 부정하는 것은 아니나 관료들이 갖고 있는 행정적 전문성(administrative expertise)은 외부압력과 영향력에 대한 관료의 취약성을 감소시키는 방패 역할을 한다고 본다.[55]

조직이론가들에 의하면 규제관료들은 정책문제를 인지하고, 문제를

---

54) Herbert Simon, *Administrative Behavior*, 3rd ed. (New York : The Free Press, 1976) ; Anthony Downs, *Inside Bureaucracy* (Boston: Little, Brown & Co., 1967) ; Graham Allison, *Essence of Decision : Explaining the Cuban Missile Crisis* (Boston: Little, Brown & Co., 1971) ; David Welborn, *The Governance of Federal Regulatory Agencies* (Knoxville : University of Tennessee Press, 1977) ; Robert A. Katzman, *Regulatory Bureaucracy : The Federal Trade Commission and Antitrust Policy* (Cambridge, Mass. : MIT Press, 1981) 등 참고.

55) Gormley, *op. cit.*, pp. 134~5. 관료들의 영향력 혹은 자율성(autonomy)의 중요한 원천으로서 전문성을 특히 강조하는 것으로는 Francis E. Rourke, *Bureaucracy, Politics, and Public Policy*, 3rd ed. (Boston : Little, Brown and Co., 1984) 참고.

정의하며, 정책대안을 모색하는데 있어서 결정적인 역할을 수행한다. 규제정책에 관한 모든 정보를 수집하고, 조직하며, 분석하고 해석하는 것은 바로 이들이다. 따라서 관련정보의 처리와 보고는 이들에 의해 선택적으로 이루어진다. 그 결과 자신들이 선호하는 입장을 강화할 수 있는 정보는 적극적으로 활용되나 선호하지 않는 정책에 관한 정보는 이용되지 않고 死藏될 수도 있다.

이와 같이 규제관료들의 현실적인 역할을 강조하면서 정보의 제약(limited information), 조직의 의사결정에 있어서의 제한된 합리성 (bounded rationality)을 고려하고 있는 이 조직모형은 규제기관 내부에서 이루어지는 규제정책 결정과정과 이 과정을 거쳐 생산되는 규제정책의 내용을 설명하는데 있어서 대단히 높은 유용성을 갖고 있다고 볼 수 있다.

7. 결 론

정부규제의 원인은 정부규제에 이해관계를 가지는 이익집단의 상호작용을 분석함으로써 비로소 파악될 수 있다. 이것은 규제정책 과정 (regulatory process)이 기본적으로 정치적 과정(political process)이기 때문이다. 이런 관점에서 본장에서는 여러가지의 정치경제학적 이론을 간략하게 정리하여 소개하였다. 또한 이런 이론모형들은 각각이 강조하고자 하는 측면이 조금씩 다르기 때문에 상호보완적으로 해석될 수 있는 측면이 많다고 하는 것도 살펴 보았다.

여러 이론 가운데 특히 Wilson의 규제정치 이론은 그것이 상당히 균형잡힌 분석을 가능하게 해 준다는 점에서 주목할 필요가 있다고 생각된다. 왜냐하면 이 이론에 의할 경우 가장 강력한 이해관계를 갖고 있는 따라서 호시탐탐 규제기관을 포획하려고 하는 피규제산업 뿐만 아니라 공익을 증진하기 위한 각종의 공익단체의 정치적 활동 등을 동일한 이론적 틀 속에서 분석할 수 있게 해 주고 있기 때문이다. 또한 Wilson의 이론은 경쟁하는 이익집단 가운데 어떤 집단이 어떤 정치적 상황 속에서 압도적인 정치적 영향력을 발휘할 수 있는가를 설명하고 예측하게 해 준다는 점에서 다른 이론 보다 강력하다. 또한 규제기관의 속성을 짐작케 해 주는 여러가지의 가설을 풍부하게 제시하고 있다. 바로 이런 이유에 기초하여 본서에서의 정치경제학적 분석에 있어서는 수시로 Wilson의 규제정치 모형을 원용하게 될 것이다. 그의 모형에 대한 독자들의 충분한 이해가 있기를 바란다.

다음 제5~7장에서는 규제정책 결정과정에서 규제기관의 정치적 역할과 조직적 특성에 보다 주목하게 될 것이다. 물론 규제기관의 정책결정과정에는 규제정책의 성격에 따라 정도의 차이는 있을지언정 의회, 다수의 크고 작은 이익집단, 언론, 법원 등이 직간접적으로 개입하기 마련이다. 그러나 여전히 규제기관은 규제정책결정의 주된 場(locus of decision-making)으로서 상당한 폭의 재량(discretion)을 향유한다. 따라서 규제기관이 자신에게 주어진 재량을 어떤 방식으로 행사하느냐에 대한 이해는 그 자체로서 중요성을 가진다. 물론 규제기관의 정책과정에서의 역할과 행태를 분석함에 있어서는 정부규제를 둘러싼 다양한 정치적 이해관계 집단에 대한 본장에서의 분석이 유용하게 사용될 것이다.

제 5 장

정부개입의 한계와 정부실패

1. 서 론

제3~4장에서 우리는 정부규제의 원인을 설명하는 이론으로서 시장실패이론과 다양한 정치경제학적 시각에서의 이익집단 정치이론을 고찰하였다. 본장에서는 시장실패 요인의 존재, 이익집단의 私益추구, 혹은 정부관료의 사익추구 그 어떤 요인에 따라 정부가 시장에 개입할 때 과연 정부는 얼마나 효율적으로 그리고 사회적으로 바람직한 방향으로 정책문제를 해결할 수 있는 존재인지에 대해서 고찰하려고 한다. 결론부터 말한다면 정부 역시 정부실패(government failure)라고 불리우는 한층 다루기 어려운 여러가지의 결함을 갖고 있다는 것이다.[1)]

정부실패는 크게 두 가지 측면에서 지적될 수 있다. 그 하나는 정부는 국민의 선호(preferences)를 정확하게 대변하는 존재가 아니라는 것이다. 아무리 민주적인 정부라 할지라도 그것이 국민의 集團的 選好를

1) 정부실패는 Wolf에 의하여 비시장실패(non-market failure)라는 말로 처음 쓰여지기 시작하였다. 그가 정부실패라는 말 대신에 비시장실패라는 말을 쓰는 이유는 이것이 비단 정부만이 아니고 재단, 국공립대학, 교회, 사친회(parents-teachers associations : PTA's), 보이 스카웃 등 비시장조직(non-market organizations)을 모두 포함하는 것이기 때문이다. 물론 비시장조직으로서 가장 규모가 크고 영향력 있는 조직은 정부이다. Charles Wolf, Jr., *Markets or Governments : Choosing Between Imperfect Alternatives* (Cambridge, Mass : MIT Press, 1988), p. 38. 이 책은 그의 다음 논문을 확대보완한 것이다. "A Theory of Nonmarket Failure : Framework for Implementation Analysis," *The Journal of Law and Economics* (April 1979), pp. 107~139.

정확하게 반영하지 못한다. 국민의 집단적 의사에 따라 권한을 행사하는 것도 아니다. 때로는 국가 스스로의 意思 또는 어떤 특수한 이익집단의 영향력에 따라 정부의 권한이 행사될 때도 많다. 이것이 정부의 民主性, 衡平性, 責任性 문제다. 다른 또 하나의 문제는 정부의 非效率性 문제다. 비록 정부가 국민의 집단적 의사를 정확하게 반영하고 있다고 하더라도 불가피하게 발생하는 문제가 바로 이 비효율성(inefficiency) 문제이다.

이런 정부실패 현상은 우리를 당혹하게 한다. 어떤 경제사회적 문제가 존재할 때 우리는 흔히 그 문제의 해결을 위해서는 정부가 당연히 개입하여야 한다고 생각하지만 정부가 개입할 때 보다 더 심각한 문제가 발생할 수도 있기 때문이다. 제 1 장에서 지적한 바와 같이 시장과 정부는 사회조직(social organization)의 두 가지 기본원리라고 할 수 있다. 그러나 우리에게 현실적으로 주어져 있는 선택대안은 불완전한 시장과 불완전한 정부라는 불완전한 代案(imperfect alternatives) 밖에 없다고 할 때 어떻게 해야 할 것인가? 이것이 모든 사회가 당면하고 있는 가장 현실적이고 중요한 문제다.

정부실패 현상에 대한 연구는 다양한 이론적 시각에서 전개되고 있다. 첫째, 社會選擇(social choice) 이론 혹은 집단적 선택(collective choice) 이론은 정부가 과연 국민의 선호를 얼마나 잘 대변할 수 있느냐를 究明한다. 이것은 민주주의 사회에서 가장 기본적이고 중요한 정치학적 문제라고 할 수 있다. 정치학자들이 이 문제에 깊은 관심을 기울이고 있는 것도 이 때문이다. 그러나 여기에서는 최근에 경제학자들에 의해 보다 체계화된 이론을 간략하게 소개하는 것으로 그치려고 한다. 둘째, 公共選擇(public choice) 이론은 사회선택이론과 동일한 이론적 맥락 위에 서 있다. 그러나 공공선택 이론은 관료제의 내부조직과 정책결정과정 분석에 초점을 맞추면서 정부조직의 內在的 비효율성(inherent inefficiency)을 신랄하게 지적하는 이론으로서 주목되고 있다. 최근의 地代追求(rent-seeking) 이론도 이런 부류에 속한다. 셋째, 전통적인 行政學 이론, 특히 組織理論(organization theory)은 주로 관료제의 민주성과 효율성 증진을 목적으로 하는 규범적 이론들이다. 최근의 조직이론은 앞에서와 같은 이론들의 영향을 많이 받고 있다.

본장에서의 정부실패 현상의 원인과 양태에 대한 논의에 있어서는 위 이론 하나하나를 개별적으로 소개하기 보다는 이런 이론들의 유기적 연관성을 부각시키는 데 보다 중점을 두려고 한다. 이것은 단지 논의의 중복을 피하기 위해서 뿐만 아니라, 민주성과 효율성의 문제가 서로 긴밀하게 연결되고 많은 경우에 서로 상충적 관계(trade-off)를 보여주고 있기 때문이다. 이런 관점에서 먼저 제2절에서는 정부의 국민 代表性과 民主性을 검토한다. 제3절에서는 우선 정부부문에 있어서의 효율성의 개념으로서 配分的 效率性과 *X*-效率性을 구분하여 정의하고 이어 제4절에서는 이 두가지의 효율성 측면에서 정부부문 또는 관료제가 얼마나 비효율적인지를 살펴 본다. 다음으로 이런 비효율성을 야기시키는 원인을 정부개입에 대한 수요와 공급의 양 측면에서 분석한다. 끝으로 제5절에서는 정부실패의 유형화를 통해 앞에서의 논의를 종합한다.

2. 정부의 민주성과 정책대응성

2.1 사회선택이론

이상적인 민주사회에서 정부는 민주적인 절차를 통해 선출된 정치인들로서 구성되고 이들은 국민의 완전한 대리자(perfect agent of the public)로서 국민의 정책 선호(policy preferences)를 정책에 정확하게 반영하게 될 것이다. 그러나 현실적으로 이런 理想的 민주주의는 존재하지도 않고 그것의 실현을 기대하기도 어렵다. 현실 사회에서 국민 한 사람 한 사람이 능력, 재산, 富, 선호 등 모든 면에서 극히 이질적(heterogeneous)이기 때문에 아무리 민주적인 경쟁과 민주적인 절차가 보장된다고 하더라도 모든 국민의 선호를 정확하게 반영할 수 있는 국민의 대표자를 선출하기는 어렵다. 따라서 어떤 代議制度(representative system)도 불완전한 것일 수 밖에 없다.

그러나 이론적으로 볼 때 민주사회에서 多數決 원칙(majority rule)에 의해 정부정책이 결정되는 한 이상적 민주주의의 기본적인 특징이 살아남을 수는 있다. 이런 주장은 소위 中間的 投票者 모형(median voter model)을 통해 제기되고 있다.[2] 이 모형의 假說은 세 가지로 정리될 수 있다.[3] 첫째, 다수결의 원리에 기초하고, 동시적으로 이루어지는 투표를 통해 민주적으로 선택되는 정책은 중간적 투표자가 가장 선호하는 정책이다. 둘째, 모든 투표자가 전원 투표하거나 선호의 분포가 완전 대칭적이고, 두 政黨만이 경쟁한다면 兩黨의 정책은 중간적 투표자의 선호와 일치한다. 셋째, 소득(또는 소득을 발생시키는 재산)에 영향을 미치는 정책에 관한 결정에서 중간투표자는 중간적 소득(재산)을 가진 사람이다. 이상의 세 가지 가설은 이론적으로 경제문제와 관련한 정부정책 선택에 있어서 중간적 투표자가 결정적 역할을 하게 됨을 보여주고 있다.[4]

이 모형은 민주주의 사회에서 정부가 국민의 소망을 실현할 책임을 져야 한다는 민주주의적 理想을 확인해 주고 있다. 그러나 불행하게도 이런 이론구성은 대단히 취약하다. 이 모형은 다수결 원칙에 입각할 때 안정적인 정치적 균형이 도출될 수 있다고 가정하고 있으나 어떤 투표방법하에서도 집단적 선호(collective preference)의 우선순위는 일의적으로 결정되지 않는다.[5] 예를 들면 어떤 개인이 Y보다는 X를, Z보다는 Y를

2) 여기서 중간적 투표자란 소득, 선호, 학력 등 투표자의 속성을 일직선상에 배열할 때 그 중간에 위치하는 사람을 말한다. 예를 들면 101명의 투표자를 소득의 크기를 기준으로 적은 소득자로부터 큰 소득자로 배열할 때 51번째의 소득을 가진 국민이 바로 중간 투표자가 되는 것이다. 따라서 중간적 투표자란 평균 투표자의 개념과는 다르다. 소득분포 상태에 따라 중간적 투표자의 소득은 평균소득보다 크거나 작거나 할 것이다. 오로지 소득분포가 완전대칭적인 경우에만 두 투표자는 일치하게 된다.

3) Adam Przeworski, *The State and the Economy under Capitalism* (New York : Harwood Academic Publishers, 1990), pp. 4~15.

4) Thomas Romer and Howard Rosenthal, "The Elusive Median Voter," *Journal of Public Economics*, Vol. 12 (1979), pp. 143~70.

5) 이것이 애로우(Arrow)의 불가능성의 정리(impossibility theorem)라고 불리우는 것이다. Kenneth Arrow, *Social Choice and Individual Values* (New Haven : Yale University Press, 1963).

더 선호한다면 그는 Z보다는 X를 더 선호한다고 말할 수 있다. 다시 말하면 개인의 선호에 있어서는 선택대안의 우선순위에 順次性(transitivity)이 존재한다. 그러나 서로 다른 선호를 가진 개인 3인 이상이 모여 다수결 원칙에 의해 집단적 선호를 결정하려고 할 때 이런 순차성이 확보되지 않는다. 예를 들면 X가 Y보다 우선이고, Y가 Z보다 우선이면, X는 Z보다 당연히 우선되어야 할텐데 3인의 투표자의 개인적 선호가 어떻게 組合되느냐에 따라 Z가 X보다 우선되는 상반된 결론이 도출될 수 있게 된다.[6]

이것은 國民主權(popular sovereignty)과 집단적 합리성(collective rationality)이 갈등을 일으킬 수 있음을 의미한다.[7] 개인적 합리성을 모은다고 집단적 합리성이 보장되는 것은 아니라는 것이다. 왜냐하면 합리적 개인의 선호는 하나지만, 이런 개인의 선호를 모두 합쳐 내려진 사회적 결정은 하나가 아니고 여럿일 수 있으며, 서로 모순되거나 순환적(cyclical)일 수 있기 때문에 집단적 결정은 불안정하다. 이것은 민주적 의사결정을 통해 얻어진 결과가 합리적인 것이 아닌 한, 다시 말하면 투표(또는 선거)가 국민의 일반의지(popular will)를 표현하고 합리적인 사회적 결정을 가능하게 하는 메카니즘이 되지 못하는 한, 투표나 선거가 정부에게 어떤 특정의 정책을 추구할 권한(mandate)을 부여하는 것이 아님을 의미한다. 결국 사회선택 이론가들에 의해서 민주주의의 '天國'은 존재하지 않음이 확인된 것이다.[8]

2.2 다원주의와 조직화된 이익집단

사회선택(social choice) 이론에 입각해 볼 때 아무리 민주적인 정부라

---

6) 이에 대한 구체적 설명은 金東建, 「現代財政學」(서울 : 박영사, 1989), pp. 123~27 참고.

7) William H. Riker, *Liberalism Against Populism : A Confrontation between the Theory of Democracy and the Theory of Social Choice* (San Francisco : W. H. Freeman, 1982). 그는 이러한 의미에서 최소의 정부(minimum government)를 주장한다.

8) Nicholas R. Miller, "Pluralism and Social Choice," *American Political Science Review*, Vol. 77 (1983), pp. 734~47.

할지라도 그것이 국민을 완전하게 대표하는 존재가 될 수 없고 완전한 代議制度란 달성불가능한 하나의 이상에 지나지 않음을 알 수 있다. 이와 관련하여 특히 중요한 문제로 대두되는 것이 바로 다원주의적 사회(pluralist society)에 있어서 잘 조직화된 이익집단(organized interest groups)에 의한 정치체제의 잠재적 寡占(potential oligopoly) 현상이라고 할 수 있을 것이다.[9)]

정치적 다원주의는 다음과 같은 가정 위에 서 있다. 첫째, 개인은 자발적으로 複數의 이익집단에 또는 서로 다른 이익집단에 重疊的으로 소속(multiple or overlappping membership)하고 있기 때문에 어느 하나의 집단도 내부적으로 非民主的일 수 없다. 둘째, 이 가정위에서 민주적일 수 밖에 없는 이익집단들은 상호 경쟁, 협상, 타협을 통해 세력균형에 도달한다. 셋째, 이들의 경쟁과 타협에 의하여 公益은 보장될 수 있다.[10)] 그러나 다원주의의 假定과는 달리 실제에 있어서 이익집단 간에는 정당성(legitimacy), 권력에의 접근(access to power), 정보, 자금 등의 측면에서 상당히 불공평하다는 것이 경험적으로 확인되고 있다.

특히 어떤 정부프로그램이 어느 정부기관에 의해 만들어지게 될 때 이것에 전문성을 갖고 있는 소수의 이익집단이 다수의 집단을 압도하는 경향이 나타난다. 이것은 결국 이익집단 간에 잠재적 경쟁이 이루어지는 것이 아니고, 잠재적 寡占 현상이 나타나게 됨을 의미한다. 이런 집단의 월권을 방지하기 위해서는 대항세력(countervailing power)이 존재해야 하나 이들은 정부의 지원없이는 효과적인 대항세력으로서 기능하지 못한다.[11)] 그 결과 이익집단 자유주의(interest-group liberalism)라고 할 수 있는 다원주의는 국민에 의한 統制制度의 약화, 현상유지 및 새로운 特惠構造(new structure of privilege)와 보수성(conservatism)이라고 하는

9) Theodore J. Lowi, *The End of Liberalism : The Second Republic of the United States* (New York : W. W. Norton and Co., 1979), 2nd ed., pp. 57~58.

10) David B. Truman, *The Governmental Process* (New York : Knopf, 1958). pp. 501~16 ; Robert A. Dahl, *A Preface to Democratic Theory* (Chicago : University of Chicago Press, 1956).

11) John K. Galbraith, *American Capitalism* (Boston : Houghton Mufflin, 1952), p. 136.

삼중의 정치적 비용을 초래한다.[12)]

첫째, 다원주의는 그것의 이상이 어떤 것이든 실제에 있어서는 이해관계를 가장 크게 갖고 있는 이익집단에 정책결정 권한을 나누어 주는(parceling-out) 결과를 초래하며, 정치적 책임을 파괴하고, 공평·균형·조화의 측면에서 문제를 야기한다. 또한 그것은 결과적으로 잘 조직되지 못한 국민 대중을 정치로부터 격리시키는 故意的 陰謀(self-conscious conspiracy)로서 이루어지게 된다. '地代追求(rent-seeking)' 이론은 이것을 잘 보여준다.[13)] 이 이론에 의하면 정부는 잠재적 지대의 원천(source of potential rents)이다. 地代 즉, 초과소득이 존재하는 한 기업 혹은 집단은 지대를 얻기 위해 서로 경쟁하게 된다. 예를 들면 수입규제는 수입업자와 국내생산자에 대해 지대를 발생시킨다(제 9 장). 따라서 수입업자나 국내생산자는 수입규제정책을 얻어 내기 위해 부단하고 강력한 로비활동을 전개한다. 수입규제는 분명히 소비자에게 손실을 주는 것이지만 이들은 잘 조직되지 못하여 수입규제정책을 저지하기 어렵다. 다음 제 3 부에서 보게 되는 것처럼 수입규제를 포함한 수많은 경제적 규제(economic regulation)들은 모두 이런 성격을 지니고 있다.[14)]

둘째, 다원주의 사회에서 정부프로그램은 특혜를 만들어 내고 유지하는 역할을 담당한다. 이것은 利益集團 自由主義가 단지 多元主義만을 의미하는 것이 아니라 後援된 다원주의(sponsored pluralism)를 의미하는 것을 보여 주는 것이다. 셋째, 다원주의는 따라서 변화에 대한 저항(resistance to change)을 야기하고 保守主義的 성향을 증가시킨다. 이것은 다원주의하에서 잘 조직된 이익집단과 정부기관의 상호의존 관계가

---

12) Lowi, *op. cit.*, pp. 58～61.

13) Anne O. Krueger, "The Political Economy of the Rent-Seeking Society," *American Economic Review*, Vol. 64 (1974), pp. 291～303.

14) 이러한 지대추구활동이 경제적 비효율성을 초래하게 됨은 물론이다. 예를 들면 수입규제의 경우에 비효율성은 두 가지 측면에서 발생한다. 하나는 수입을 규제함으로써 국내산업이 보호되는 과정에서 자원의 배분적 비효율성으로 나타난다. 다른 하나는 정부가 수입규제 정책을 채택하게 하고 유지하게 하는 과정에서 지대추구자들이 소모하는 자원(로비자금 등), 그리고 지대를 배분하는 과정에서 발생한다. 예를 들면 수입을 보다 많이 하는 기업에 보다 많은 이익이 돌아가게 되면 기업은 무리하게 수입을 확장하려고 하게 될 것이다.

고착화되고 그러한 관계가 공식적인 것, 정당한 것으로 간주되는 경향을 가지기 때문이다.

이상에서 고찰한 바에 따르면 정부는 도대체 누구를 위해 존재하는가? 라는 질문이 제기되지 않을 수 없다. 즉 정부가 하는 일이 결국 잘 조직된 이익집단에 의해 좌우되고 그들에게 특권을 부여하며 변화에 저항하는 존재라고 한다면 정부는 도대체 누구를 위한 것인가? 하는 문제가 제기되고, 정부의 대표성과 공익의 문제가 심각하게 제기된다. 이때 국민은 더 이상 완전한 주권을 행사하는 국민이라고 볼 수 없게 된다.[15)]

2.3 정부의 팽창과 관료권력

정부의 대표성과 관련하여 또 다른 측면에서 보다 중요하게 제기되지 않으면 안될 문제는 정부규모의 팽창과 그에 따라 나타나게 된 정치권력의 집중 및 과점현상이라고 할 수 있을 것이다. 정치권력이 정당이나, 노동조합이나, 정부를 막론하고 소수에게 집중되어 과점되는 현상이 나타난다고 하는 것은 일찍부터 지적되어 왔다.[16)] 현대정부에서 중요하게 나타나고 있는 보다 심각한 현상은 선거를 통해 선출된 국민의 대표자로부터, 선출되지 않은 전문관료에게로 권력이 이전되는 현상이다. 이런 권력의 이전현상은 정부의 대표성(representativeness)에 보다 심각한 문제를 제기한다.

물론 다원주의적 사회에서 관료집단만이 유일한 집단은 아니고 한 사회에는 많은 권력집단이 존재한다.[17)] 정당, 이익집단, 노동조합이 그러한 예들이다. 또한 국가권력, 관료, 자본가의 권력 남용을 막기 위한 제도적 장치들도 어느 정도 마련되어 있다. 그러나 독점적 권력에 대한 대항세

15) E. E. Schattschneider, *The Semisovereign People : A Realist's View of Democracy in America* (New York : Holt, Rinehart, and Winston, 1960).

16) Robert Michels, *Political Parties : A Sociological Study of the Oligarchical Tendencies of Modern Democracy* (Glencoe, Ill. : Free Press, 1949).

17) Robert A. Dahl, *Who Governs?* (New Haven : Yale University Press, 1961).

력으로서 이런 경쟁적 집단의 존재가 과연 충분한 것인지에 대해서는 많은 의문을 가지지 않을 수 없다. 왜냐하면 이론적으로 경쟁적인 관계에 있는 이들 사회집단이 누구에 의해 어떻게 구성되어 있는가를 파악하지 않고서는 어떤 결론도 이끌어내기 어렵기 때문이다. 어떤 사람이 보다 강력하게 영향력을 행사할 수 있는 집단에 속해 있는가? 국가의 정책은 누구의 이익에 봉사하고 있는가? 이것은 경험적 연구를 통해서만 답해질 수 있는 질문이다.

그러나 실제의 정책결정과정에서 우리는 관료의 역할이 증대하면서 관료의 裁量(bureaucratic discretion)과 권한이 증대하게 되는 원인을 쉽게 찾아볼 수 있다. 민주적 과정을 거쳐 선출된 국민의 대표자(정치인)들은 그들 스스로가 사회적 合意(consensus)를 찾지 못하게 될 때 복잡한 정책문제의 실질적인 해결을 정부에 위임하게 된다. 이것은 그들이 무능하기 때문이 아니고 인간이 지닌 제한된 합리성(bounded rationality)으로 인해 그들 스스로 합의에 도달하지 못하기 때문에 불가피하게 발생하는 문제라고 할 수 있다.[18] 비록 궁극적인 의사결정은 정치인의 손에 주어져 있다고 할지라도 그들에게 주어지는 정책대안과 그에 대한 정책분석 정보(information)는 대부분 관료에 의해 작성되고 그들에 의해 통제된다. 관료들이 정부의 정책결정에 영향력을 행사할 수 있게 되는 가장 중요한 원천은 바로 그들이 갖고 있는 전문적 지식 및 정보의 통제(control over information)에서 비롯된다.[19] 이런 상황에서 "근대의 정치제도는 본질적으로 官僚的"이라는 결론이 가능해지게 되는 것이다.[20]

다음으로 중대한 문제는 정부규모의 지속적 팽창과 관료 수의 증가다. 위에서 고찰한 바와 같이 대표성을 결여한 관료제 혹은 정부조직의 팽창은 그것이 개인의 자유를 침범하기 때문에 문제가 되는 것이 아니

---

18) Friedrich A. Hayek, *The Road to Serfdom* (Chicago : University of Chicago Press, 1944), pp. 56~71.

19) Francis E. Rourke, *Bureaucracy, Politics, and Public Policy* (Boston : Little, Brown and Co, 1984), 3rd ed., pp. 15~47.

20) Joel D. Aberbach, Robert D. Putnam, and Bert A. Rockman, *Bureaucrats and Politicians in Western Democracies* (Cambridge, Mass. : Harvard Univesity Press, 1981).

다. 이것은 제 3 절에서 보다 구체적으로 검토하게 될 정부의 비효율성을 증가시키는 중요한 원인이 되기 때문에 문제가 된다. 정부조직은 한번 생겨나면 좀체로 소멸되지 않는다. 우선 정부조직은 법령에 근거를 두고 만들어지는 것이기 때문에 쉽게 해체되지 않는다. 또한 점증주의적 예산제도(incremental budget system) 하에서 정부기관에 대한 예산은 거의 규칙적으로 배정되고 거의 예외없이 매년 증가된다. 그것의 존립이 위태로울 때를 대비하여 자신에게 정치적 지지를 보내 줄 정치세력 및 이익집단과의 긴밀한 동맹관계를 형성하는 노력을 잊지 않는다.[21)]

물론 대표성이 약한 관료조직의 유지와 존속을 담보하는 이런 제도적 장치들은 항상 정부조직에 유리하게 작용하는 것만은 아니다. 예를 들면 정부조직의 설치근거법령이 지나치게 경직적이어서, 관료조직이 변화하는 환경에 신축적으로 적응하고 국민의 요구에 호응하려고 해도 효과적으로 그리고 신속하게 적응하지 못하는 경우도 있다. 그런가 하면 同盟勢力에 사로잡혀서 이들과 협상을 하여야 하고 이들의 동의가 있을 때만 정책을 변화시킬 수 있기 때문에 신축적으로 적응하지 못하고 그 결과 대표성을 확보하지 못하는 경우도 있다. 그러나 정부조직은 그것이 비록 이런 病理現狀을 보이고 있을지라도 쉽사리 통폐합되는 법이 없다.[22)]

2.4 준공공기관으로의 권한 이양

최근 선진국에서 두드러지게 나타나고 있는 현상으로서 정부의 팽창과 관련하여 주목되는 현상은 수많은 準公共機關(quasi-public organizations)의 등장과 이들에 대한 행정권한의 移讓 현상이다.[23)] 이런 현상은

---

21) 이것을 흔히 제국형성(empire-building)이라고 부른다. Brian W. Hogwood and B. Guy Peters, *The Pathology of Public Policy* (Oxford : Clarendon Press, 1985), pp. 57~58.

22) 정부조직이 통폐합되는 운명을 맞이하게 되는 것은 과거의 습관에 젖어서 새로운 환경에 적응하지 못하거나 정권의 변화로 인하여 정책이 대변동을 하는 경우 뿐이라고 한다. Herbert Kaufman, *Are Government Agencies Immortal*? (Washington, D.C. : Brookings Institution, 1976).

23) 영국에서는 이러한 기관들을 準非政府組職(quasi non-governmental organizations: QUANGOS)라고 부른다. 그리고 이러한 형태로의 행정권한이 이루어지는 현상을 빗대

특히 영국, 미국, 일본 등에서 두드러지게 나타나고 있고 우리나라도 예외가 아니다. 이것은 보다 많고 복잡한 공공재화와 서비스의 생산과 공급에 대한 요구가 증가함에 따라, 정부가 보다 분권화된 형태 그리고 보다 효율적으로 운영될 수 있는 조직형태로서 준공공조직을 만들어 나가고 있기 때문이다. 예를 들면 공기업, 각종 公團 등이 좋은 예이다.[24] 이런 준공공기관의 설치 확대는 결국 주권의 분산을 초래하고 나아가서는 전통적인 방법에 의한 관료제에 대한 사회적 통제(societal control)를 어렵게 만들고 행정책임(accountability)의 귀속을 불분명하게 만드는 결과를 낳고 있다.

3. 정부부문에 있어서의 효율성의 개념

정부부문에 있어서 효율성이 무엇을 의미하는 것이냐 하는 것은 반드시 분명하지도 않고 효율성을 운위하는 그것 자체가 하나의 問題意識(problematic)을 대변하는 것이라고 할 수 있다.[25] 왜냐하면 첫째, 우리가 관료제가 비효율적이라고 말할 때 그것은 낭비, 개인의 자유에 대한 관료적 제약, 관료적 목적 또는 이익의 추구행위에 대한 혐오 등이 혼합되어 있고, 둘째 관료제가 효율적으로 운영되고 있지만 그것이 비개인적(impersonal)이고 따라서 각 개인의 특성과 입장을 충분히 고려하지 못하기 때문에 비효율적이라고 말할 수도 있으며,[26] 셋째 관료제의 효율성을 강조하다 보면 그것이 본의 아니게 관료제로 하여금 절차와 규칙에

어 계약국가(contractual state)라고 부른다. Peter M. Jackson, *The Political Economy of Bureaucracy* (Totowa, N.J.: Barnes & Noble Books, 1983), p. 219

24) 우리나라의 예를 몇가지 든다면 중소기업진흥공단, 산업안전공단, 환경관리공단, 교통안전진흥공단, 산업인력관리공단, 한국소비자보호원, 증권감독원, 보험감독원, 에너지관리공단 등이 있다.

25) Jackson, *op. cit.*, pp. 174~75.

26) 이것을 對應性(responsiveness)이라고 한다. 정부의 공평성(fairness)과 대응성 사이에는 갈등이 존재한다. James Q. Wilson, *Bureaucracy : What Government Agencies Do and Why They Do It* (New York : Basic Books, 1989), pp. 326~27 참고.

소극적으로 집착하게 만드는 등 의도하지도 않고 예측하지도 않은 바람직하지 못한 결과를 초래할 수 있기 때문이다.

따라서 정부부문 또는 관료제의 운영에 있어서 효율성이 의미하는 바가 무엇인지를 명확히 하는 것은 대단히 중요한 일이다. 보통 관료제의 효율성을 평가할 때 그것을 市場機構와 비교하는 방법을 사용한다. 그러나 관료제에 대한 비판은 정부관료제 뿐만이 아니고 민간관료제에도 상당부분 그대로 적용될 수 있는 것이기 때문에 그것이 정부관료제의 특수한 성격과 특성으로 인해 보다 확대되는 측면이 어떤 것인지에 대해 주의를 기울일 필요가 있다.[27] 이런 측면에서 볼 때 관료제의 효율성을 논함에 있어서는 (1) 배분적 효율성(allocative efficiency)과 (2) *X*-효율성(*X*-efficiency)을 구분하여 고찰하는 것이 좋을 것이다.

3.1 배분적 효율성

정부부문의 배분적 효율성은 시장에서의 배분적 효율성의 개념과 마찬가지로 어떤 산출물의 생산을 감소시키지 않고서는 그 생산에 투입되는 생산요소(자본, 노동, 토지 등)를 다른 산출물의 생산에 재배분할 수 없는 상태,[28] 또는 어떤 국민 한 사람의 소비를 감소시키지 않고서는 다른 국민 한 사람의 소비를 증가시킬 수 없는 상태, 즉 파레토最適(Pareto optimum)이 달성된 상태를 의미한다.[29] 정부부문에서 배분적 효율성은 다음의 두 가지를 의미한다.

첫째, 정부부문과 민간부문 사이의 자원배분과 관련하여 정부부문의 자원배분의 효율성을 논할 수 있다. 이 경우 배분적 효율성이란 공공부문 산출에 사용된 자원이 민간부문에서 보다 유용하게 사용될 수 없는

---

27) Jackson은 관료제의 효율성을 논의함에 있어서 이점을 특히 강조하고 있다. Jackson, *op. cit.*, chap. 7.

28) 여기에서 정부 산출물이란 말은 정부의 인허가, 가격규제, 환경규제 등 각종의 규제적 활동, 사회간접자본의 시설 및 운영, 주택·의료 등 각종의 소득재분배적 활동, 공공재의 생산과 공급 등 모든 정부 정책과 그와 관련된 정부의 행위를 총괄하는 개념으로 사용되고 있다.

29) 파레토 최적 또는 파레토 효율성의 개념에 대한 자세한 설명은 제3장 2절 참고.

상태를 말한다. 즉 정부부문으로부터 민간부문으로 자원을 어떻게 재배분한다고 할지라도 다른 사람에게 손해를 끼침이 없이는 어떤 한 사람에게도 이득을 줄 수 없는 상태가 바로 배분적 효율성이 이룩된 상태라는 것이다. 바꾸어 말하면 정부부문에 자원배분의 비효율성이 존재할 때에는 그 자원을 민간부문으로 재배분함으로써 두 사람 모두에게 보다 나은 상태를 가져다 줄 수 있다는 것이다. 예를 들면 조세수입을 감소시키고 민간부문의 산출을 확대함으로써 모두가 이롭게 될 수 있다면 이것은 정부부문의 배분적 효율성이 확보되어 있지 않음을 보여 주는 증거라고 할 수 있다.

둘째, 배분적 효율성은 정부부문 내에서 정부기관 사이의 자원배분과 관계된다. 즉 정부기관과 정부기관 사이에 자원을 어떻게 재배분한다고 할지라도 보다 많은 정부 산출을 낼 수 없을 때 배분적 효율성이 달성되었다고 말할 수 있다. 다시 말하면 배분적 효율성이 확보되지 않은 상태에서는 자원을 재배분함으로써 다른 부문의 산출에 피해를 입힘이 없이, 한 부문의 산출을 증가시킬 수 있게 된다. 예를 들면 정부기관 간에 예산을 재배분함으로써 국민의 후생을 증진시킬 수 있는 가능성이 존재한다면 현재의 예산의 배분상태는 비효율적이라고 말할 수 있다.

정부부문에서 이런 배분적 효율성이 달성되지 못하는 원인은 우선 정부가 정부 産出物(government output)의 獨占的 供給者라는 사실로부터 비롯된다. 다음으로 제 5 절에서 고찰하게 될 것처럼 정부부문의 비효율성은 국민들의 정부 산출물에 대한 需要가 명확하게 정의되지 못하고, 따라서 복잡한 정치적 협상과 타협의 과정을 필요로 한다는 점에서 비롯된다.

3.2 *X*-효율성

하비 라이벤쉬타인(Harvey Leibenstein)은 미시경제학의 精緻化에 따라 경제적 효율성(economic efficiency)에 대한 논의가 배분적 효율성 논의에 국한되고 있음을 지적하면서 경제적 효율성은 또 다른 유형의 효율성, 즉 *X*-효율성에 의해 보다 크게 좌우될 수 있음을 지적하였다.[30] 이것은 대단히 의미있는 지적이라고 할 수 있다. 왜냐하면 경제적 효율성은 시장에 있어서의 효율성만을 의미하는 것이 되어서는 안되고 기업이나 정부의 조직내적 행동(intra-organizational behavior), 노동자 등 다른 경제주체의 심리적·행태적 특성 속에 잠재되어 있는 內的 效率性(internal efficiency)에 의해 크게 좌우되기 때문이다. 예를 들면 비록 시장성과에 있어서는 독과점기업이 사회적 자원배분 측면에서 비효율적인 결과를 초래하고 있다는 것은 누구나 아는 사실이지만, 이와는 다르게 경영의 효율성이라는 측면에서 독과점기업이 경쟁적 시장에서의 기업들과 마찬가지로 최소의 생산비 수준에서 생산활동을 하고 있는가 여부는 잘 알려지지 못하고 있다. *X*-효율성 이론은 바로 이런 현상을 분석하는데 도움이 된다.[31]

X-효율성은 기업이나 정부의 운영측면에서 제기되는 효율성의 문제라고 할 수 있다. 이런 각도에서 볼 때 기존의 경영학 이론이나 행정학 이론에서 말하고 있는 조직의 효율성은 경제학자인 라이벤쉬타인이 말하는 *X*-효율성과 같은 의미의 것이라고 말할 수 있다. 또한 이런 의미에서 *X*-효율성 또는 *X*-비효율성의 개념은 경제학과 행정학 및 경영학의 연구결과를 상호연결시키는 중요한 架橋역할을 하고 있다고도 볼 수 있다.[32]

X-비효율성(*X*-inefficiency)은 다음과 같은 세 가지 요인에 의해 발생하게 된다.

첫째, 勞動契約(labor contract)이 불완전하기 때문에 *X*-비효율성이 발생한다. 고용계약이 細密性(specificity)을 결여하고 있다는 것은 개인(경영자와 근로자)이 조직의 공식적 목적이 아니라 어느 정도 자기 자신

30) Harvey Leibenstein, "Allocative Efficiency vs. X-efficiency," *American Economic Review*, Vol. 56 (June 1966), p. 413.

31) Harvey Leibenstein, "Competition and X-efficiency : Reply," *Journal of Political Economy*, Vol. 81 (1973), p. 767.

32) Jackson, *op. cit.*, p. 179.

의 목적을 추구할 수 있음을 의미한다. 조직에 속한 개인이 자신의 목적을 추구할 수 있을 때 조직운영에 비효율성이 나타나는 것은 당연하다. 예를 들면 어떤 직원을 채용할 때 그가 해야 할 일을 일일이 조목조목 다 열거하여 정해둘 수 없기 때문에 그가 틈틈이 소설책을 읽는다거나 다방에 드나든다거나 할 수 있고, 이런 일들이 벌어질 때 그 조직의 효율성이 달성될 수 없다.

이런 현상은 다음과 같은 상황에서 자주 야기된다. 첫째, 조직의 목적 자체가 명확하지 못할 때이다. 특히 조직의 환경이 복잡하거나 불확실할 때 이런 문제는 보다 크게 나타난다. 이런 상황 속에서는 노동계약을 세밀하게 작성하는 것이 불가능하고 또 바람직하지 않은 측면도 있다. 둘째, 조직목적이 비록 분명하게 정의되어 있다고 할지라도 이 목적을 달성하기 위해 어떤 노력이 필요한 것인지가 불분명하게 되면 *X*-비효율성 문제가 발생한다. 셋째, 이 두 가지 요건이 갖추어져 있다고 하더라도 개인의 노동에 대한 계약사항이 제대로 이행되고 있는지를 관측하고 감시하는데 들어가는 去來費用(transaction costs)이 높을 때 개인은 여전히 조직목적 아닌 자기의 목적을 추구할 수 있게 되기 때문에 *X*-비효율성의 문제는 나타난다. 요컨대 개인이 조직목적과 유리된 재량적 의사결정(discretionary decision-making)을 내릴 수 있는 여지가 있을 때 조직의 *X*-비효율성은 증가된다.

둘째, 조직의 생산함수(production function) 또는 생산기술(production technology)이 완전하게 파악되거나 알려져 있지 않을 때 *X*-비효율성이 발생한다. 조직목표가 분명하지 않거나 조직목표가 여럿일 때 또는 조직목표가 자주 변동하게 될 때 특히 이런 현상은 심각하게 나타난다. 정부조직에 있어서 투입과 산출의 기술적 관계가 대단히 불명확하다는 것은 너무나도 잘 알려진 사실이다. 예를 들면 교육부가 추구하고 있는 정책목적을 일의적으로 정의하기는 곤란하다. 또한 어떤 방법으로 교육을 진흥할 때 그러한 목적을 성취할 수 있을 것인가는 더욱 불분명하다. 공기업의 경우에도 마찬가지다. 공기업은 이윤추구를 목적으로 해야할지 아니면 보다 넓은 사회복지의 달성이라는 목표를 추구해야 할지가 우선 불명확하고 그러한 목표가 어떻게 달성될 수 있는지는 더욱 더 불명확하다. 이와 같이 생산기술이 불분명할 때 조직의 비효율성이 높게 나타나게 되리라는 것은 쉽게 짐작할 수 있는 일이다.

셋째, 조직의 생산활동에 들어가는 모든 투입요소(inputs)가 시장에서 거래되는 것은 아니고, 비록 그것이 시장에서 거래된다고 할지라도 모든 조직에 동등한 조건으로 거래가 이루어지지 않을 때 조직의 *X*-비효율성이 나타나게 된다. 예를 들면 조직구조(organizational structure)가 월등하게 우수하다거나, 인적 자원의 관리능력이 우수하다거나, 규모의 경제효과를 최대한 실현하고 있다거나 하는 요인들은 조직의 효율을 높이는 요인이 된다. 그런데 이런 요인들은 시장을 통해 거래되는 것이 아닐 뿐 아니라 같은 조건으로 거래되지도 않는다. 예를 들면 우수한 조직구조와 인력은 어떤 조직이 특수한 과정을 거쳐서 축적한 결과인 경우가 많기 때문이다.

〔그림 5－1〕은 독점기업의 *X*-비효율성의 효과가 어떻게 나타나는지를 보여 주기 위한 것이다. 그림에서 위쪽의 공급곡선($S'S'$)은 *X*-비효

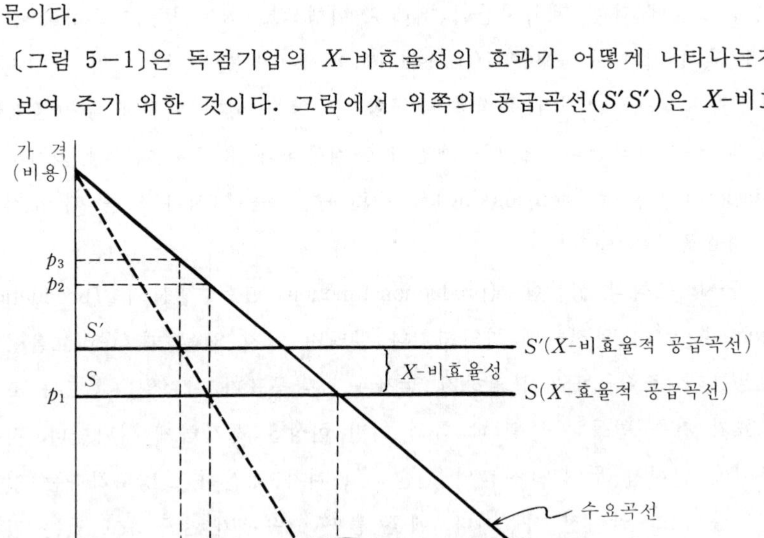

〔그림 5－1〕 X-비효율성의 효과

율성을 포함하고 있는 공급곡선이고, 아래쪽의 공급곡선(SS)은 X-비효율성을 배제한(다시 말하면 X-효율적인) 공급곡선이다. 따라서 이들 두 공급곡선의 간격은 X-비효율성의 크기를 나타낸다. X-비효율적인 독점기업의 산출량(Oq_3)은 X-효율적인 독점기업의 산출량(Oq_2) 보다 작고, 경쟁적 시장의 기업의 산출량(Oq_1)보다는 훨씬 작다. 따라서 가격은 이런 순서로 높아지게 된다.

독점기업의 과소생산과 과도하게 높은 가격은 사회적으로 바람직하지 못한 자원배분으로 인한 후생손실(welfare loss)을 표시할 뿐만 아니라 독점기업의 株主로부터 그 기업의 근로자에게로의 소득재분배를 반영한다. 다시 말하면 노동을 포함한 독점기업의 생산요소는 경제적 地代(economic rent), 좀더 쉽게 말하면 초과소득을 누리고 있는 것이다.[33] 이런 경제적 지대는 조직이론에서 말하는 조직의 餘分(organizational slack) 개념, 즉 조직을 유지하는데 필요한 최소한의 지출 이상으로 조직구성원에 지불되는 附帶支出(side payments)과 흡사하다.[34]

여기에서 우리는 다시 한번 X-효율성이 조직이론적 시각과 경제학적 시각을 맺어주고 있음을 확인할 수 있다. 科學的 管理論에서 경제적 유인의 제공을 주장하는 것이나, 人間管理論에서 조직구성원의 사회심리적 변수에 중요성을 부여하는 것은 모두 조직의 효율성을 높이기 위한 시도라고 할 수 있다. 경제학적으로 표현한다면 이런 노력은 조직의 X-효율성을 높이기 위해 부여하는 수많은 동기부여적 측면(motivational facets)에 다름 아니다.[35] 예를 들면 위의 독점기업에서와 같은 경우에 경쟁(competition)을 촉진하는 것은 X-효율성 향상을 위한 노력을 강화하게 하는 강력한 동기부여의 수단이 될 수 있다. 그런데 문제는 독점적 공급자인 정부부문에 있어서 경쟁을 통해 X-효율성을 향상시킨다고 하는 것

33) 경제적 지대의 개념에 대한 자세한 설명은 제10장 참고.

34) Richard M. Cyert and James G. March, *A Behavioral Theory of the Firm* (Englewood Cliffs, N.J. : Prentice-Hall, 1963); Oliver E. Williamson, *Economic Organization* (New York : Harvester Wheatsheaf, 1986).

35) Harvey Leibenstein, "Aspects of the X-efficiency Theory of the Firm," *Bell Journal of Economics and Management Science*, Vol. 6, No. 2 (1975), p. 582.

은 거의 불가능하는 데 있다. 조직구조의 개혁 논의 역시 조직의 *X*-효율성을 높이기 위한 것이 대부분이다.[36] 그러나 정부부문에 있어서 조직구조의 개혁을 통해 조직의 효율성을 높이려는 시도는 많은 저항에 부딪치게 됨이 보통이다.

4. 정부 및 관료제의 효율성 평가

이제 이상에서의 논의를 바탕으로 정부부문 또는 관료제의 효율성에 대해 보다 구체적으로 고찰하기로 한다. 정부관료제의 효율성 문제는 앞에서와 같은 이유로 조직이론적 관점에서 접근해 볼 수도 있을 것이나 그것이 주로 규범론적 주장에 치우치고 있기 때문에 여기에서는 공공선택(public choice)이론, 특히 울프(Charles Wolf)의 정부실패이론을 중심으로 논의를 전개하려고 한다.[37] 그는 정부실패의 현상을 살피기 이전에 먼저 정부실패가 야기되는 원인이 정부개입에 대한 수요와 공급의 고유한 특성에서 비롯된다고 주장하고 있다. 아래에서는 먼저 이것에 대해 살펴 보기로 한다.

4.1 정부개입의 수요특성

Wolf는 시장에서 생산, 공급되는 재화나 서비스에 대한 수요와는 다르게 정부가 생산, 공급하는 재화나 서비스에 대한 수요는 크게 다음과 같은 다섯 가지의 특성을 갖고 있다고 주장한다.[38] 이런 특성들에 대해서는 이미 제 2 절에서 정부의 대표성과 관련하여, 그리고 제 3 절에서 *X*-

36) Jackson, *op. cit.*, p. 182.

37) 그는 자신의 접근방법이 공공선택 이론보다 폭넓은 것이고 자신의 이론은 이미 잘 정리되어 있는 시장실패(market failure)이론에 상응하는 이론체계를 구축하기 위한 것이라고 주장한다. Wolf, *Markets or Governments*, *op. cit.*, pp. 36~37. 그러나 그의 이론은 여전히 기본적으로 공공선택이론의 입장에 서 있다.

38) *Ibid.*, pp. 39~50.

비효율성과 관련하여 상당부분 논의가 이루어졌으나 새로운 시각을 보여 주고 있다는 점에서 그대로 소개하되 다만 이해의 편의를 돕기 위해 가급적 우리나라의 예를 들어 설명하려고 한다.

4.1.1 시장결함에 대한 사회적 인식의 증가

정부부문 또는 관료제에 대한 수요는 시장의 불완전성에 대한 사회적 인식의 증대와 더불어 급격하게 증가하는 성향을 보인다. 산업화로 인한 대기오염, 수질오염, 산업폐기물의 증가 등 환경문제, 거대기업의 등장과 독과점의 심화로 인한 소비자문제, 인구의 증가와 도시화의 진전으로 인한 교통문제 등 새로운 문제들이 파생되고 이런 문제가 시장기능에 의해서는 해결될 수 없다는 인식이 확대되면서 정부 정책에 대한 수요는 크게 증가하고 있다. 이런 일반국민의 인식의 확대는 이런 문제들을 더 이상 방치해 둘 수 없다는 인식을 불러 일으키고, 일반국민들로 하여금 자본주의 체제에 대한 불신을 갖게 만들면서 정부의 적극적인 대책을 요구하는 정치적 압력으로 작용한다.

4.1.2 정치사회의 민주화와 民權의 신장

정치사회의 민주화는 새로운 정치적, 사회적 단체의 성장을 가능하게 하고 이들의 정치적 참여를 확대한다. 노동조합, 환경단체, 소비자단체, 학생집단, 그 밖의 집단적인 이익을 추구하는 각종의 이익단체 및 공익단체의 등장은 정치를 활성화 시킬 뿐만 아니라 정책에 대한 수요를 팽창시킨다. 특히 각종의 이익단체는 정부개입을 통해 시장경쟁을 제한함으로써 자신의 이익을 유지확대하려고 애쓴다. 그런가 하면 공익단체는 시장의 결함으로 인해 발생하는 독과점문제, 환경문제, 소비자문제 등의 해결을 요구하는 과정에서 정부활동의 확대를 부추긴다. 이들의 주장에 언론매체가 적극적으로 동조하는 경향도 나타난다. 이런 언론의 태도는 일반국민의 정책에 대한 수요를 더욱 조장한다.

4.1.3 정치적 보상체계의 왜곡

이상의 이유로 인한 정부정책에 대한 수요는 정치인이나 관료가 갖고 있는 왜곡된 報償體系에 의해 더 한층 고무된다. 어떤 경제사회적 문제가 있을 때 정치인이나 관료들이 그 문제에 대한 효율적이고 합리적인 접근 방법과 해결책을 차분하게 구체적으로 모색·검토하기 보다는 우선 그 문제의 害惡을 강조하고, 문제해결의 당위성 만을 강조함으로써 얻을 수 있는 정치적인 보상 때문에 무책임하게 정부활동을 확대하는 경향이 있다.

이것은 나라마다의 정치문화나 구조, 정치적 과정의 특성에 따라서 다르겠으나 대체로 일반적으로 확인될 수 있는 정치적 경향이라고 할 수 있을 것이다. 정치인이나 관료에 대한 평가와 報償이 구체적인 성과나 업적에 의존하기 보다는 그것의 상징성에 치우치게 될 때 정부활동은 그 실질에 있어서는 어떠하든 외형적으로 증가하게 마련이다. 선거기간 중에 公約이 남발되고 이에 따라 時機尙早의 정부정책이 급증하는 것은 좋은 예라고 할 수 있을 것이다.[39]

4.1.4 정치인의 短見

이런 왜곡된 보상체계, 정치적 참여자의 짧은 재임기간 등의 요인에 의해 정치인의 時間割引率(time discount rate)은 사회의 시간할인율에 비하여 높다고 볼 수 있다. 즉 정치인은 장기적 이익과 손해의 현재가치(present value)를 낮게 평가하고, 단기적 이익과 손해를 높이 평가한다. 이것을 보다 쉽게 말한다면 정치인의 視界(time-horizon)가 대단히 짧다는 것이다. 예를 들면 정치인들이 장차 커다란 부작용과 손실을 초래하게 될 정책이지만 단기적 이익을 제공하는 바람직하지 못한 정책을 추진하는 반면에, 장차 커다란 장기적 이익을 가져다 줄 것이지만 당장에는 손해를 초래하는 바람직한 정책의 추진을 기피하거나 연기하려고 하는

39) 물론 이와는 반대로 선거기간 중에 晩時之歎이 있는 정책들이 공약으로 내걸어 질 수도 있다. 다만 여기서 강조하고자 하는 것은 정부정책에 대한 수요가 정치적 목적으로 인하여 증폭되는 속성이 있다는 것이다.

것과 같다.

4.1.5 이익과 손해의 분리

정부 정책은 그것으로 부터 이익을 얻는 사람과 비용을 부담하는 사람이 서로 分離(decoupling)되어 있는 경우가 많다. 여기에는 두 가지 경우가 있다.

첫째, 현재 또는 장차의 정책으로 인한 이익이 특수한 소수집단에 집중적으로 귀속되는 반면, 그에 대한 비용은 불특정 다수 국민(납세자, 소비자 등)이 부담하게 되는 경우이다.[40] 이 경우에 있어서는 이익을 노리는 소수집단이 정치적 조직화와 로비를 통해 자신의 주장을 관철하려고 하는 반면에, 비용을 부담해야 하는 다수는 정치적 조직유인이 약하고 효과적인 로비를 전개할 수 없기 때문에 이들의 주장을 저지하지 못하게 된다. 농산물 가격지지(price support), 수입규제, 정책금융 등은 좋은 예이다. 반면에 다수에게 이익을 주는 정책이 채택되지 못하게 되는 경우도 있다. 우리나라에서 金融實名制가 실시되지 않고 있는 것은 이 경우의 좋은 예가 될 것이다.

둘째, 앞의 경우와는 반대로 어떤 정책의 채택으로 인해 이득을 보게 될 집단이 절대다수이고 이런 정책의 비용을 부담해야 할 집단이 소수인 경우이다.[41] 이 경우에는 이득을 보게 될 절대다수가 갖고 있는 투표에 의한 정치적 영향력 때문에 정치인들이 소수에 대한 비용의 집중을 무릅쓰고 人氣에 영합하는 정책을 채택하게 된다는 것이다. 의료보조, 사회적 扶助 및 보험 등 많은 재분배정책(redistributive policies)은 이런 경우의 좋은 예이다.

위 어느 경우이든 그 결과로서 나타나는 것은 정부개입에 대한 초과수요(excess demand)다. 이런 정치적 과정 속에서 산출되는 정책은 그것

---

40) Wolf는 이것을 가리켜 微視的 分離(micro-decoupling)이라고 부른다. 이 상황은 제4장에서 고찰한 Wilson의 顧客政治(client politics) 유형과 흡사하다.

41) Wolf는 이 경우를 거시적 분리(macro-decoupling)라고 부른다. 이 경우는 제4장에서 고찰한 Wilson의 기업가적 정치(enterpreneurial politics) 유형과 흡사하다.

이 경제의 논리에서 비롯된 것이 아니고 정치적 논리에 의해서 비롯된 것이기 때문에 정부부문의 비효율성을 조장한다.[42]

4.1.6 정부부문의 배분적 효율성 평가

이상에서 고찰한 바와 같이 정부 정책에 대한 수요는 시장기구의 결함에 대한 공공인식의 변화, 정치사회적 민주화의 진전, 비용과 이익의 분리현상 등 정치적 요인에 따라 제기된다. 또한 이런 정치적 요구는 왜곡된 보상체계와 단견적 안목을 갖고 있는 정치인과 관료 및 편향된 정치과정 속에서 충분하고 적절하게 여과되지 못한 채 그대로 새로운 정부활동의 증가로 나타나게 된다. 이것은 시장 수요(market demand)가 자체의 경제논리에 의해서 적절한 수준에서 자동조절되는 것과는 큰 대조를 이룬다. 시장에서는 재화나 서비스에 대한 초과수요는 발생하지 아니한다. 왜냐하면 시장에는 가격이라는 자동조절장치가 있어서 비록 단기적으로 초과수요가 존재한다고 할지라도 그것은 가격의 인상을 초래하여 곧 소멸되기 때문이다.

시장에서의 價格機能과 같은 자동조절장치가 작동하고 있지 않는 정부부문에서는 항상 정책에 대한 超過需要가 존재한다. 또한 이런 초과수요는 제2절에서 고찰한 바와 같이 대부분 잘 조직된 이익집단 또는 압력집단(pressure groups)의 영향력 행사의 결과라고 할 수 있다. 더구나 이런 정치적 요구를 충분히 수용할 수 있다고 보는 정부의 자만적인 태도는 정부부문의 팽창을 당연시하는 결과를 초래한다.

공공선택이론(public choice theory)의 핵심적 주장은 이 점에 모아지고 있다.[43] 즉 압력집단의 영향으로 인해 정책에 대한 초과수요가 발생하고 정부가 정부부문의 過大膨脹(over-expansion)으로 이에 대응하는 것은 공공부문이 지나치게 많은 산출물(output)을 생산하고 있음을 의미

---

42) Anthony Downs, *An Economic Theory of Democracy* (New York : Harper and Row, 1957).

43) James M. Buchanan and Gordon Tullock, *The Calculus of Consent : Logical Foundations of Constitutional Democracy* (Ann Arbor : University of Michigan Press, 1965).

하며, 따라서 정부부문에 의해 자원배분의 효율성(allocative efficiency)이 손상되고 있음을 말해 주는 것이라는 주장이다. 공공선택이론가들은 정부부문에 비효율성이 존재하는 한 정부부문으로부터 민간부문으로 자원을 재배분할 때 자원배분의 효율성이 향상될 수 있기 때문에 정부부문을 축소하고 民營化(privatization) 해 나가야 할 필요가 있음을 주장하고 있다.

4.2 정부개입의 공급특성

정부 정책 및 활동에 대한 수요 측면에서 뿐만 아니라 그것의 공급측면에서도 정부실패는 야기된다. 이것은 정부 산출물(output)의 非市場的(nonmarket) 특성 때문이다. 정부 산출물의 공급특성은 아래의 네 가지로 파악해 볼 수 있다.[44]

4.2.1 정부산출의 정의 및 측정 곤란성

시장을 통하지 않고 생산되는 정부 산출물(government output)은 이론적으로나 실제적으로나 定義하기가 무척 어려운 경우가 많다. 또한 그것의 양을 측정하거나 질을 평가하는 것은 극히 어렵다. 우선 정부산출물의 정의는 대단히 어렵다. 예를 들어 교육이란 무엇이고 국방이란 무엇인가를 정의해 보라고 한다면 그 정의는 천차만별일 것이다. 정부산출물을 정의하고 그것의 양이나 질을 측정하고 평가할 때 그 자체가 아니라 그것의 생산에 투입된 비용이나 투입물(inputs)의 크기로 측정하는 것은 바로 이 때문이다. 예를 들면 국방이라는 정부산출물을 측정함에 있어서 그것의 양과 질은 국방예산의 규모라고 하는 투입(GNP의 몇%, 정부예산의 몇% 등)으로 측정하게 되는 것이 일반적이다.

사실 정부정책을 통해 달성하고자 하는 최종목표는 정의하기가 곤란하고 측정하기가 어렵다. 예를 들면 보사부의 식품위생 행정의 성과는

44) Wolf, *op. cit.*, pp. 51~55.

불량식품 적발실적 몇 건 등으로 표시될 수 밖에 없고 상공부의 산업진흥 실적은 사업인허가 몇 건, 기술도입 인가 몇건 등으로 표시될 수 밖에 없으며, 국방부의 국방력 증강은 탱크 몇대, 대포 몇기, 장병 몇명, 특수훈련 몇회 등으로 밖에 표시될 수 없다. 이것은 정부의 산출물의 양과 질은 결국 추상적인 최종목표로서 파악되는 것이 아니라, 중간산출물 또는 代用物(proxies)로 밖에는 파악될 수 없음을 잘 보여준다. 이때 이 대용물이 최종목표의 달성에 얼마만큼 기여하는 것인지는 알 길이 없다. 예를 들면 장갑차가 몇대 더 늘어났다고 하여 국방력이 얼마나 신장된 것인지를 파악하기는 어렵다는 것이다.

특히 정부산출물의 질을 평가하기가 대단히 어렵다고 하는 것은 자명하다. 예를 들면 교육의 질, 사회복지의 질, 환경보호정책의 질, 과학정책의 질을 어떤 정보에 기초하여 평가할 수 있겠는가? 누가 이삼년 전의 교육의 질과 오늘의 교육의 질의 차이를 쉽게 단정할 수 있겠는가? 정부산출물의 질에 대한 평가가 극히 어렵다고 하는 것은 시장의 산출물과 좋은 대조를 이루는 부분이다.[45] 즉 시장에서의 재화나 서비스의 질은 소비자의 선택에 의해 즉각적으로 생산자에게 전달된다. 다시 말하면 소비자의 기호에 부합하는 상품의 판매는 늘고 그렇지 못한 상품이나 서비스의 소비는 감소하기 때문에 생산자는 즉각적으로 자기 상품에 대한 평가가 어떤지를 파악할 수 있다. 그러나 정부산출물의 소비자(국민)는 그 질을 정확하게 평가할 방법이 없고 또 그렇게 하기도 어렵기 때문에 질에 대한 정보가 정부조직에 정확하게 전달되기도 어렵다.

물론 정부의 산출물 가운데 질의 상대적 평가가 가능한 경우도 있다. 예를 들면 우체국의 서비스의 질은 민간이 취급하는 특급우편과 비교될 수 있고, 公立학교의 교육의 질은 사립학교의 교육의 질과 비교될 수 있으며, 경찰의 치안서비스는 청원경찰의 그것과 어느 정도 비교될 수 있을 것이다. 그러나 이런 비교가 어느 정도 가능하다고 하더라도 여기에

45) 여기에서 민간부문의 산출물에 대한 정의가 간단하다고 말하려는 것은 아니다. 그것의 물질적 특성에 관한 한 이 역시 복잡하기는 마찬가지다. Jackson. *op. cit.*, p. 193 참고.

는 많은 논란이 있을 수 있다. 예를 들면 사립학교 학생들은 성적이 우수하나 이기심이 보다 강하다든지, 우체국에서는 우편서비스만이 아니고 다른 여러가지의 서비스를 받을 수 있다든지 하는 등의 이유로 인해 비교결과에 확신을 가지기 어려운 경우가 많다.

또한 정부산출물의 양이나 질에 대해 왈가왈부하는 경우가 있다고 할지라도 그것이 전체국민의 의견을 정확하게 대변하는 것인지는 알 길이 없다. 예를 들면 소비자정책의 결과에 대해 소비자단체는 대단히 심한 불만을 나타내기 쉽지만 무언의 다수가 이런 평가에 과연 동조하고 있는지는 파악할 방법이 없다. 경우에 따라서 표본추출(sampling)에 의한 여론조사가 행해질 수도 있지만 각각이 생각하는 기준이 다르기 때문에 그것을 취합하는 과정에서 편향성이 야기될 수도 있다. 선거를 통해 국민여론이 표출될 수도 있지만 이것은 지나치게 많은 이슈에 대한 종합적인 느낌을 담고 있기 때문에 정책 개선을 위한 정보로서의 가치가 적다.

이와 같이 정부산출물에 대한 정의와 그것에 대한 질적 평가가 어렵고 따라서 정부조직이 궁극적 목표 보다는 중간적 혹은 실천적 목표(intermediate or operative goals)를 정의해 정책을 수립하고 집행하게 되는 현상을 전통적 조직이론에서는 불완전한 最適化(sub-optimization)라고 부르고 있다. 이런 조직목표의 제한적 최적화가 불가피한 것으로 인정되고 따라서 그것이 하나의 규칙(rule)이 되어 버린다면 정부부문에서 완전한 최적화를 추구할 유인, 다시 말하면 *X*-효율성을 추구할 유인은 사라지게 된다. 여기에서 보다 더 문제가 되는 것은 불완전한 최적화는 결과적으로 조직목표의 代置(goal displacement) 현상을 초래한다는 사실이다. 즉 정부조직이 궁극적으로 추구하는 정책목표가 명확하게 정의되지 아니할 때 실천적인 목표의 정의는 결국 잘 조직된 이익집단 또는 압력집단에 의해 정의되게 될 가능성이 높아지고 이 경우에 조직목표의 代置현상이 나타나게 된다는 것이다.[46] 제 6 장에서 고찰하고 있는 규제행정기관의 포획(regulatory capture) 현상은 이것의 대표적인 경우라고 할

46) Robert K. Merton, *Social Theory and Social Structure* (Glencoe, Ill. : Free Press, 1957).

것이다.

또 다른 측면에서 정부조직의 공식적 목표를 강조하고 이것을 조직구성원의 성과에 대한 평가기준으로 사용하다 보면, 결과적으로 조직구성원들로 하여금 자기의 保身을 위해 오히려 규칙과 절차를 철저하게 준수하게 만드는 의도하지 않은 결과를 낳게 될 가능성이 있다. 다시 말하면 규칙과 절차가 조직의 궁극적 목표에 우선하는 조직목표의 代置현상이 초래될 가능성이 있다.[47)]

4.2.2 독점적 생산

정부 산출물은 대부분 정부(또는 하나의 정부기관)에 의해 독점적으로 생산된다. 예를 들면 보사행정은 보사부, 노동행정은 노동부 등으로 법에 규정되어 있거나 행정규칙으로 그렇게 정해져 있다. 따라서 독점적 행정권의 행사에 대해 도전이 허용되지 아니한다. 예를 들면 상공부가 노동부의 노동정책에 불만이 있다고 하여 노동부의 고유영역을 침범할 수 없는 것이다. 야당이 집권당이 정책을 잘못 수립시행하고 있다고 비난할 수는 있지만 스스로 정책을 추진할 수는 없다. 한국전력이 전력서비스의 공급이 불량하다고 하여 이를 누가 대신하지도 못한다. 그 결과 정부부문 산출의 질에 대한 경쟁은 있을 수 없다. 이것은 市場과 극명하게 대조를 이룬다. 시장에서는 각 기업이 생산하는 제품이나 서비스에 대해 얼마든지 품질경쟁이 가능하고 이 경쟁에서 뒤쳐지는 자는 도태되기 마련이다.

4.2.3 생산기술의 불확실성

정부의 생산기술(production technology)은 거의 알려져 있지 않다. 예를 들면 교육의 성과를 높이기 위해서는 어떤 교육기술이 필요한지 알 수 없다. 敎科目의 적절한 편성이 중요한지, 선생님의 질이 중요한지, 학

47) *Ibid.*, pp. 199∼201; Hogwood and Peters, *op. cit.*, pp. 49∼52; Michel Crozier, *The Bureaucratic Phenomenon* (Chicago : University of Chicago Press, 1964).

생과 선생님의 비율이 중요한지, 현장학습이 중요한지, 숙제를 많이 내주는 것이 중요한지 알 수 없는 것이다. 또 다른 예로서 국가안보를 증강시키기 위해서는 장비가 중요한지, 인력이 중요한지, 정보가 중요한지, 통신이 중요한지 알 수 없고 그것들 사이의 관계도 정확하게 파악하기 어렵다. 전략적 공격력과 방어력이 어떻게 적절하게 조합되는 것이 바람직한지도 알 수 없다. 이런 예들은 정부부문의 생산성과 효율성을 높이기 위해서는 어떤 측면에서의 개선이 요구되는지를 파악하기가 어렵고 모호하다는 사실을 말해 준다. 이것이 어려운 한 정부부문의 효율성과 생산성, 공평성 등을 증진하는 방법이 무엇인지에 대해도 많은 의문을 가지게 한다.

4.2.4 최저선과 종결메카니즘의 결여

시장에서 민간기업의 성과는 즉각적으로 손익계산서에 나타난다. 그리고 손익계산서가 불량한 기업은 도태된다. 그러나 정부부문에 있어서는 이런 最低線(bottom-line)이 없다.[48] 활동이 부진하고 효과성이 없는 정부기관을 해체시킬 수 있는 終結메카니즘(termination mechanism)도 없다. 별 할일 없는 또는 별로 중요하지도 않은 정책을 담당하고 있는 정부기관이 있다고 할지라도 예산이 자동적으로 배정되고 직원이 떠나지 않는 한 존속한다.

4.2.5 정부부문의 비효율성: 종합

이상에서 고찰한 요인들은 정부부문이 왜 효율적이지 못하고 공평성의 측면에서도 바람직한 결과를 가져 오지 못하는지를 잘 설명해 준다. 우선 정부부문의 공급측면에서 볼 때 정부활동은 비효율적이다. 정부기관들은 각자의 정책영역에서 독점적인 위치를 점유하고 있고 정부활동이

48) 예를 들면 국방력을 시험하기 위해서는 위기사태에 닥쳐 봐야 한다. 그러나 국방력을 시험하기 위하여 위기사태를 조성할 수도 없다. 실제로 국방력이 강하다면 적대국의 도발행위가 야기되는 일도 없을 것이다. 결국 국방력의 크기는 확인할 방법이 없다. 이것은 어떠한 정부활동의 경우에나 대동소이하다고 할 수 있다.

이루어지는 방법과 과정, 즉 생산기술(production technology)이 불확실하기 때문에 그것에 대한 효과적인 통제도 곤란하다. 다음으로 정부부문의 수요측면에서 볼 때 불공평성의 문제를 일으킨다. 이것은 정부정책이 기본적으로 이익집단 정치(interest group politics)를 통해서 이루어지기 때문이다. 다시 말하면 정부정책과 정부활동은 정치적 영향력을 행사할 수 있는 집단의 이익에 부합되는 방향으로 이루어지고 따라서 정부활동으로 인한 이익과 부담이 불공평하게 나타나는 경우가 많다.

정부정책 및 활동에 대한 수요와 공급의 특성은 정부부문에 있어서 수요와 공급이 대체로 불균형 상태를 이루게 됨을 보여준다.[49] 시장에서 이루어지는 민간부문의 경제활동은 수입과 지출의 균형이 달성되지 않고서는 존립하기 어렵지만, 정부의 경우에는 이것의 균형을 강제할 수 있는 메카니즘이 미약하고 믿을 만하지도 않다. 예를 들면 조세부담의 증가에 따라 국민저항이 높아지는 경우에 정부는 정부부문을 축소시키거나 그것의 효율성을 높이지 않을 수 없는 압력에 봉착하게 되지만 이 정치적 압력이 효과적으로 그리고 장기간 지속적으로 행사되는 경우는 드물다. 정부규모와 활동이 지속적으로 팽창하게 되는 원인도 바로 여기에 있다. 경제가 성장하고 소득이 향상되어 조세수입이 증가할 때에는 증가된 자원을 활용하는 신규의 정부활동이 추가되고 기존의 정부활동이 확대된다. 반대로 경기가 후퇴하는 시기에는 소득재분배 및 사회복지 프로그램이 확대된다. 결국 어떤 경우에나 정부부문은 생산성과 효율성의 증진없이 지속적으로 성장, 확대되는 경향을 보이게 된다.

물론 정부에 따라서는 그것이 지향하는 이념에 따라 정부부문의 효율성 증진을 위해 정부기관을 축소하거나 통폐합하는 노력을 기울이는 경우도 있다. 그러나 이런 노력은 선후진국을 막론하고 대체로 크게 성공한 예가 드물다. 예를 들면 제6공화국 초기에 행정개혁위원회는 민주화, 지방화 시대에 있어서 '작은 *政府*'를 실현하기 위한 방안들을 제시하였지만 실제의 결과는 오히려 반대로 나타나고 있다(제 24 장).

---

49) Wolf, *op. cit.*, pp. 61~2.

5. 정부실패의 유형

앞 절에서 고찰한 정부 정책에 대한 수요와 공급특성으로 부터 정부부문에 특수한 실패현상들이 나타난다. 아래에서는 정부실패의 유형을 네 가지로 나누어 설명한다.[50)]

5.1 비용과 수입의 絶緣 : 비용의 중복과 상승

시장에 있어서 생산비용과 수입은 긴밀하게 연관되어 있다. 이 둘을 연결시키는 고리는 물론 가격이다. 생산자는 생산비용을 감안하여 상품이나 서비스의 가격을 매기고, 소비자는 그 상품이나 서비스를 그 가격에 구매함으로써 생산자에게 일정한 수입을 가져다 준다. 그러나 정부활동에 있어서는 그것에 소요되는 비용과 그로 인한 수입이 아무런 관련을 갖지 않게 된다. 정부활동에 있어서 비용과 수입이 絶緣(disjointed costs and revenues)되는 이유는 시장에서와 같은 가격을 매개로 하여 정부활동이 수요되고 공급되는 것이 아니기 때문이다.

주지하는 바와 같이 정부부문 활동은 주로 租稅에 의존한다. 물론 정부부문을 넓게 보아 공기업을 포함할 때에는 공기업이 제공하는 제품이나 서비스의 판매로 얻어지는 수입, 기타 사용료 등도 있으나 정부수입의 태반은 그것이 제공하는 서비스와는 아무런 관계없이 부과되는 조세수입으로 이루어진다. 정부의 수입이 이와 같이 정부가 제공하는 서비스의 생산비용과는 무관하게 보장되는 한, 정부부문에서의 자원배분이 왜곡될 가능성은 그만큼 높아지게 된다. 다시 말하면 불필요한 정부활동에

50) *Ibid.*, pp. 62~84. 여기에서 주로 Wolf의 이론을 소개하고 있는 것은 사실이다. 그러나 그가 들고 있는 많은 예들은 우리 현실에 부적합하고 독자들이 이해하기 어려운 것들이 많기 때문에 그의 이론을 그대로 소개하기 보다는, 그의 이론적 골격을 빌리되 여기에 저자가 독자적 설명을 가하고 있음을 밝혀둔다.

자원이 소요되기도 하고 비효율적으로 많은 자원이 사용되기도 한다.

정부활동이 정부규제, 사회복지의 공급, 공공재의 생산과 공급 그 어떤 형태를 취하든 거기에는 항상 중복적인 비용(redundant costs)이 발생하고 그 비용은 상승한다. 이것은 정부부문의 X-비효율성이 대단히 높기 때문이다. 예를 들면 시장경제에 있어서는 민간기업들이 시장경쟁에서 뒤지지 않기 위해 혹은 보다 높은 이윤의 확보를 위해, 이런 가능성과 기회를 부단하게 추구하는 것을 당연시한다. 그러나 정부는 생산성을 향상시키고 비용을 낮출 수 있는 생산기술이 이용가능해지고 규모경제를 실현할 수 있는 기회가 주어진다고 하더라도, 이런 가능성과 기회를 외면하거나 이를 충분하게 활용하려고 하는 유인이 적다.

정부부문이 이와 같이 생산성 향상이나 비용절감을 위한 강한 유인을 갖고 있지 못한 것은 앞에서 고찰한 정부정책 및 활동에 대한 수요와 공급특성 때문이다. 예를 들면 단기적 정책안목을 갖고 있는 정치인들은 어떤 정책문제가 발생하면 그에 대한 정부의 대책만을 소리높여 요구할 뿐 그것의 효율성에는 별 관심을 가지지 않는다. 관심이 있을지라도 거기에 관련된 기술적 특성에 대해서는 잘 알지도 못한다. 정부정책 및 활동에 대한 비용부담자와 이익수혜자 사이의 분리는 비현실적이고 무리한 정책을 추진하게 만드는 경우도 많다. 이 경우에 정부정책 및 활동은 어떤 단일의 정부기관에 의해 독점적으로 이루어지며, 그 결과가 비록 만족스럽지 못하다고 할지라도 그러한 정책과 활동, 그것을 담당하고 있는 정부기관은 쉽게 종결되지 않는다. 이와 같은 특수한 상황에 놓여있는 정부기관이 X-효율성을 증진시킬 유인을 적게 가지는 것은 당연하고 그 결과로서 자원의 비효율적인 배분이 야기된다.

5.2 내부조직목표와 사회적 목표의 괴리

시장에 있어서는 분명한 경영목표가 있고 목표달성의 정도를 평가할 수 있는 객관적 지표들이 존재한다. 예를 들면 소비자반응, 시장점유율,

손익 등이 그것이다. 이런 지표들은 기업행동을 일정한 방향으로 유도하고 지시하는 역할을 한다. 그러나 정부조직에 있어서는 이런 객관적 기준이 존재하지 않는다. 비록 그것이 존재한다고 할지라도 대단히 추상적이어서 정부조직의 활동을 일정한 방향으로 유도하거나 지시하지 못한다. 따라서 정부조직의 경우에는 자신의 활동을 유도하고 지시할 그 어떤 것을 필요로 한다.

개개의 정부조직은 그것의 조직구성원의 행동을 일정한 방향으로 유도하고 규율하며 평가하기 위해 표준운영절차(standard operating procedure or routines), 人事배치 및 평가에 관한 규칙, 예산의 배분 및 사용에 관한 규칙, 조직단위별 업적의 평가를 위한 규칙 등을 개발하여 사용하고 있다. 이런 절차와 규칙들은 물론 정부조직의 내부적 운영을 효율화하기 위해 만들어진 것이지만, 하나의 報償體系로서 조직구성원의 개인적·집단적 행동에 동기를 부여하고 그들의 행동기준(standard)이 되며, 조직이 어떤 정책(agenda)을 추구하는가를 결정하는 지침이 된다는 점에서 내부조직목표라고 부를 수 있을 것이다.[51)]

내부조직목표는 정부조직에나 민간조직에나 조직운영을 위해 당연히 필요한 것이다. 그런데 문제는 정부의 내부조직목표는 민간기업의 그것과는 다르게 정부기관이 당연히 봉사해야 할 공익목적(ostensible public purpose)과 분명하고 신뢰할 만한 연관관계 없이 정해지기 때문에 그것이 공익적이 아니고 私益的일 가능성이 높다는 데 있다.[52)]

민간기업의 경우에 있어서는 그것의 내부적 조직목표가 소비자의 반응과 괴리될 수 없고, 그런 면에서 市場의 시험(market test)을 회피할 수 없다. 즉 기업의 판매량, 수입과 손익의 크기, 시장점유율 등은 직접

51) Wolf는 이것을 가리켜 내부성(internalities)이라고 부르면서 그것이 민간기업의 목표(private organizational goals)와 대칭적인 것으로 보고 있다. 그러나 내부성이란 표현은 상당히 애매하다고 할 수 있으므로 여기에서는 이러한 의미를 보다 직접적으로 전달할 수 있는 내부조직목표라는 표현을 대신 사용하려고 한다. Wolf, *op. cit.*, p. 66 참고.

52) 인사행정에 있어서의 주요 관심사는 바로 공무원들의 개인적으로 추구하는 목적과 조직의 목적을 통합시키는 일이다. 그러나 이것은 번번이 실패하고 있다. 공공선택이론가들은 바로 정부조직의 특수성 특히 정부조직 목적의 불명료성에서 공공조직에 있어서의 인사행정이 사조직에 있어서의 인사관리에 비하여 덜 효과적일 수 밖에 없는 이유를 찾고 있다.

적으로 기업의 내부조직목표에 영향을 미친다. 만약에 어떤 기업의 내부조직목표가 소비자 이익과 괴리를 보인다면 이 기업은 존속할 수 없게 된다. 왜냐하면 소비자가 이 기업의 상품을 외면하고 경쟁기업이 그 자리를 차지하게 될 것이기 때문이다. 따라서 기업의 내부조직목표는 이런 시장압력(market pressures)에 따라 정해지게 된다.

그런데 정부조직에 있어서는 정부정책 및 활동에 대한 수요와 공급특성으로 인해 내부조직목표 또는 행동기준이 사회가 요구하는 것과는 유리될 수 있다는 것이다. 이미 고찰한 바와 같이 정부 산출물(output)의 양과 질은 그 특성상 정의하기도 어렵고, 측정은 더더구나 어렵다. 따라서 그것에 대한 국민의 반응은 결여되거나 믿을 만한 것이 되지 못한다. 또한 정부활동은 경쟁없이 독점적으로 이루어지고, 그 결과 생산성 향상이나 비용절감의 유인이 존재하지 않는다. 정부기관이나 활동이 비효율적이라 하여 그것을 종결시키기도 어렵다. 따라서 정부기관의 내부조직목표는 그 기관에 주어진 사회적 사명 혹은 공익적 임무하고는 무관하게 정해질 수 있게 된다는 것이다. 이제 정부기관은 어떤 내부조직목표들을 갖고 있고 그것이 어떤 정부실패를 야기하는지를 고찰해 보기로 한다.

5.2.1 더 많은 예산의 확보

사기업의 경우에는 이윤이라는 명확한 조직목표 달성의 평가기준이 있다. 그러나 이런 명확한 평가기준이 없는 정부조직은 얼마나 많은 예산을 확보하느냐를 갖고 스스로를 평가하려고 한다. 예산은 "많으면 많을수록 좋은 것(more is better)"이다.[53] 정부조직에 있어서 그것에 주어진 책임과 임무를 보다 잘 완수하고 있다는 지표로서 사용되게 되는 것이 예산규모라고 한다면 예산은 많으면 많을수록 좋은 것이다. 정부조직간은 물론이고, 한 정부조직내의 하위조직의 평가도 바로 이런 기준에 따라 이루어진다. 즉 예산이 많은 하부조직은 좀더 많고 중요한 일을 하

53) 이 명제는 Niskanen 모형으로 잘 정리되어 있다. William A. Niskanen, Jr., *Bureaucracy and Representative Government* (Chicago : Aldine Publishing Co., 1971) ; 그의 이론모델에 대한 평가는 Jackson, *op. cit.*, pp. 123~35.

는 조직단위로 평가되고 그것이 적은 조직은 그렇지 못한 것으로 낙인찍힌다.

이와 같이 더 많은 예산의 확보가 내부조직목표로 되어 있는 한 예산을 절약하는 것보다는 보다 많은 예산을 쓰는 것이 보다 높은 평가를 받게 된다. 정부기관들이 회계년도말에 이르러 남은 예산을 소진하기 위해 불필요한 사업을 추진하고, 절약해도 좋을 지출을 해대는 것은 미소진 예산이 있을 때 다음 해의 예산이 삭감되는 것을 두려워 하기 때문이다.

다른 예로서 보다 많은 수입의 확보도 내부조직목표가 된다. 예를 들면 공기업의 경우에 판매액을 늘려 최대한의 수입을 확보하는 것이 바로 보다 많은 인력과 예산의 사용을 정당화하는 수단이 되기 때문에 비용에 대한 고려 없이 수입만 늘리려고 한다는 것이다.

이와 유사한 내부조직목표는 정부인력의 고용측면에서도 나타난다. 즉 보다 많은 인력을 가지는 것이 보다 많은 일을 하고 있다는 증표가 된다는 것이다. 정부기관내의 하부조직들이 보다 많은 인원을 확보하기 위해 서로 경쟁을 벌이는 것도 그것이 보다 많고 중요한 일을 하고 있다는 증거로 간주되기 때문이다.

파킨슨 법칙(Parkinson's Law)은 바로 이런 상황을 잘 지적하고 있다. 이 법칙은 조직의 관리자들이란 무작정 자기의 부하 숫자를 증가시키려고만 하는 성향을 갖고 있다는 것이다.[54] 이것은 두말할 것도 없이 조직관리자에 대한 보상체계가 잘못되어 있을 때 나타나는 조직의 病理현상으로서 '관료적 帝國主義(bureaucratic imperialism)'라고 부를 수 있을 것이다.[55] 즉 기술혁신이나 전문성, 생산성의 증가가 보상을 받기 보다는 오히려 조직의 축소, 예산의 축소(결과적으로 자신의 수입의 축소)를 초래하는 한, 조직의 관리자는 자기의 부하들이 무슨 일을 하고 있는지 잘 알아야 할 필요도 없고 관심을 가져야 할 필요도 없다. 오로지 부

54) C. Northcote Parkinson, *Parkinson's Law or the Pursuit of Progress* (London : Penguin Books, 1957).

55) Gordon Tullock, *The Politics of Bureaucracy* (Washington, D.C. : Public Affairs Press, 1965), pp. 134~36.

하의 숫자를 늘리는 것에만 관심을 기울이면 된다. 이들의 전형적인 행태로서 나타나는 것이 바로 행정절차를 복잡하게 만들고 따라서 같은 양의 일을 하기 위해 보다 많은 부하를 거느리는 일이다.

이와 같이 보다 많은 예산, 수입, 인력을 확보하기 위해 노력을 기울이는 것은 각 기관이 갖고 있는 인력과 예산의 크기가 곧 그 기관의 성과를 대변하는 것으로 간주되고, 또 기관의 책임자와 구성원들이 보다 큰 영향력을 행사하고 위신을 세울 수 있기 때문이다. 그러나 그 결과로서 나타나는 것은 비효율적인 자원배분이다. 정부정책에 대한 사회적 요구의 변화에 아랑곳 없이 매년의 정부예산이나 인력의 배분이 전년도의 그것과 별 차이없이 이루어지는 것은 바로 이것을 말해 주는 것이다. 예를 들면 우리나라의 국방부와 환경처의 예산과 행정성과를 상호비교해 보라. 치열한 예산확보경쟁 속에서 국방부 예산은 매년 높은 성장율을 보여왔지만, 사회를 떠들썩하게 만든 환경오염 사건에도 불구하고 환경처 예산은 별로 늘지 않고 있다. 이런 행동기준과 내부조직목표 하에서 어느 정부기관이 자신의 예산이 삭감되는 것을 보고만 있겠는가?

정부조직의 내부적인 조직목표나 행동기준은 그 조직과 긴밀한 유대관계를 갖고 있는 집단(constituencies)에 의해서도 지지된다. 예를 들면 방위산업에 종사하는 기업은 국방예산이 증가되기를 바란다. 환경단체는 환경처의 예산이 증가되기를 바란다. 국회의 관련위원회도 관련부처의 예산이 보다 많아지기를 원할 것이다. 정부부문에서의 일의 중요성은 다름아닌 예산의 크기 바로 그것이 말해준다.

물론 더 많고 중요한 일을 수행하기 위해서는 보다 많은 인력과 예산을 필요로 할 경우도 있다. 그러나 시장을 통한 시험(market test)을 거치게 되기 때문에 비효율적인 운영의 지속이 불가능한 민간기업의 경우와는 달리, 정부활동의 효율성에 대한 명확한 판단기준, 목표달성 정도의 객관적 평가기준이 존재하지 않는 정부조직에 있어서는 더 많고 중요한 일을 수행하기 위해 더 많은 예산과 인력이 과연 필요한 것인지가 명확하지 않다는 것이다. 이런 속성을 가지는 정부조직에 있어서 '많을수록 좋은 것(more is better)'은 누구를 위한 것인지가 불분명하게 된다. 예를 들면 民生治安 문제가 심각해지게 되자 정부와 국회는 경찰 인력과 예산을 확대해 주었다. 경찰행정의 효율성에 대한 평가는 제대로 해 보지도 않은 채!

결국 이런 내부조직목표 하에서 자원배분의 효율성을 확보하기 어렵다는 것은 분명하다. 정부부문의 효율성에 대한 정확한 평가없이 더 많은 예산이 배정되고, 이 예산을 갖고 더 많은 일을 벌이게 될 때, 정부활동은 항상 과대공급되기 마련이고 그 결과 정부부문의 자원은 낭비되기 쉽다.

5.2.2 최신 기술에 대한 집착

정부활동의 성과 특히 정부산출물의 질에 대한 평가와 측정은 대단히 어렵기 때문에 정부조직은 대체로 새로운 기술, 최신의 기술, 보다 복잡한 첨단과학기술을 추구한다. 쉽게 말하면 "새롭고 복잡한 것은 좋은 것(new and complex is better)"이다.[56] 물론 정부기관이 새롭고 정교한 기술을 도입하는 것은 좋은 일이라고 할 수 있다. 문제는 그것의 비용을 제대로 감안하지 않는다는 데 있다.

예를 들면 정부는 京釜고속전철을 건설하는 데 세계 최첨단의 기술을 들여올 계획이다. 물론 그것의 비용은 엄청나다. 환경오염 측정기구나 장비도 첨단기술을 선호한다. 그러나 환경측정치는 정책적으로 거의 활용되지 않는다. 군사장비의 구입에 있어서도 최첨단기술을 활용한 장비가 항상 우선이다. 물론 군사장비에 있어서는 가상 적대국의 군사장비 보다 기술적으로 우위에 서야 한다는 것은 분명하다. 그러나 재래식 병기의 효용을 극도로 낮추어 보는 것은 문제이다. 예를 들면 월남전에서 가장 큰 역할을 해낸 것은 첨단 전자장치를 갖춘 최신 비행기가 아니고, 밀림

---

56) 이와는 반대로 "익숙하고 단순한 것이 더 좋은(familiar and simple is better)" 것으로 여겨지는 경우도 있다. 예를 들면 교육부문에서 새로운 교육기법을 도입하기 보다는 전통적인 방법에 의존하려는 성향이 있다. 이것은 새로운 교육기술의 도입으로 인하여 교사의 수가 감소될 것을 우려하기 때문이다.

지대에 무기와 탄약 등을 공급하는 군수기능을 효과적으로 발휘할 수 있었던 재래식 헬리콥터 수송기였다고 한다.[57]

5.2.3 정보의 취득과 통제

정보는 곧 영향력이고 권력이다.[58] 따라서 "남이 모르고 있는 것을 아는 것은 좋은 것(knowing what other do not know is better)"이다. 정보를 취득하고 정보를 통제함으로써 자신의 영향력과 권력을 확대 혹은 유지하려고 하는 경향은 외교 및 안보정책 분야에서 현저하게 나타난다. 그러나 이것은 이 분야에만 국한되는 것은 아니고 정부조직간 혹은 같은 조직의 하부기관 사이에도 흔히 보게 되는 현상이다.

특히 비밀성(secrecy)은 좋은 정책의 입안과 집행을 위해 필수적인 것처럼 여겨지기도 한다. 왜냐하면 정책의 결정과정에서 어떤 정책내용이 어떻게 논의되고 있는지가 일반에게 알려지게 되면 불가피하게 정치적 압력을 받게 되고, 따라서 합리적인 정책결정에 이르지 못하게 되리라는 생각 때문이다. 그러나 공유해야 할 정보가 통제되고 있을 때 자원배분이 왜곡될 가능성이 높다. 왜냐하면 정보가 통제되고 있을 때 외부기관 또는 개인의 참여는 당연히 제한되기 때문에 잘못된 정책을 수정할 수 있는 여지는 그만큼 줄어들게 되기 때문이다.[59] 또한 정보가 통제되고 있을 때 정부 혹은 정부기관이 어떤 일을 얼마나 효과적으로 하고 있는지 알기 어렵고 따라서 그것의 크기가 적정한지 여부를 판단하기도 어렵다.

5.3 파생적 외부효과

派生的 外部效果(derived externalities)란 정부활동의 결과로서 나타나는 잠재적, 비의도적 파급효과와 부작용을 말한다. 정부활동은 광범위

---

57) Wolf, *op. cit.*, p. 73.
58) E. A. Shils, *The Torment of Secrecy* (New York : Free Press, 1956).
59) Hogwood and Peters, *op. cit.*, pp. 89～92; 김영평, 「불확실성과 정책의 정당성」 (서울: 고려대학교 출판부, 1991).

한 정책효과를 가진다. 따라서 광범위한 정책효과를 사전에 속속들이 파악하고 예측하기는 대단히 어렵다. 이런 정부활동의 예기치 못한 효과를 파생적 외부효과라고 부른다. 이것은 시장에 있어서 외부효과(externalities)와 유사한 속성을 갖고 있다. 즉 시장에서 어떤 사람이 자신의 생산활동이나 소비활동과 관련하여 다른 사람에게 아무런 댓가의 교환없이 편익을 제공하거나 손해를 초래하는 것과 마찬가지로 정부도 예기치 못한 그리고 비의도적인 파급효과를 일으킨다는 것이다. 이런 파급효과는 분명히 정부가 야기한 것임에도 불구하고 정부는 그 사실을 인식하지 못하고 따라서 자신의 계산이나 행동에 영향을 받지 않는다.

정부활동에 있어서 이런 파생적 외부효과가 많이 발생하는 것은 정부활동이 정치적 압력에 따라 조급하게 이루어지는 경우가 많은 것과 관련이 있다. 이 경우에는 특히 정부가 충분한 시간과 지식을 갖고 정책의 부작용을 고려하기 어렵다. 또한 정치인들의 단기적 안목이나 높은 시간할인율은 잠재적인 부작용을 경시하는 경향이 있다. 더구나 정부산출물의 양과 질을 정의하고 측정하기는 대단히 어렵기 때문에 그것의 잠재적, 비의도적 부작용을 정확하게 파악하기도 쉽지 않다.

예를 들면 최근 정부가 전세입자를 보호하기 위해 주택이나 아파트의 임대차 기간을 1년에서 2년으로 연장할 때 그것이 전세의 인상을 초래하고 따라서 영세민의 부담을 오히려 가중시키는 결과를 초래한다는 사실을 사전에 충분히 예측하지 못함으로써 안타깝게도 상당수의 사람들이 자살하게 만드는 사태를 낳았다(사례 25-2). 또 다른 예로서 최저임금제도의 시행이 저임금 근로자를 돕기 위한 것이지만 결과적으로 숙련도가 낮고 교육수준이 낮아 가장 어려운 입장에 있는 근로자들의 취업을 오히려 어렵게 만드는 부작용을 초래한다는 사실을 이해하고 있는 사람도 드물다(사례 25-1). 경제성장을 위한 저축의 증대와 사회적 위화감 방지를 위한 과소비 억제정책이 미국과의 통상마찰 요인으로 등장한 것도 이런 예에 속하는 것으로 볼 수 있을 것이다.

이런 예들은 모두 시장실패를 교정하기 위한 목적에서 이루어지는 정부개입이 또 다른 문제를 낳고 있음을 보여주는 것으로서, 이런 경우에 어떤 문제가 보다 심각성이 큰 것인지를 판단하기 어렵다.

5.4 소득분배의 불공평

제3장에서 정부가 시장에 개입하게 되는 가장 중요한 요인 가운데 하나가 바로 시장경제에서 결과되는 소득분배의 불공평 시정이라는 점을 역설하였으나 정부정책 및 활동 역시 소득분배의 불공평 문제를 야기하는 경우가 흔히 있다. 이것은 정부가 의도적으로 시장에서 이루어지는 소득분배 상태를 교정하려고 개입하는 경우 뿐만이 아니고 다른 정책목적에서 시장에 개입하는 경우에도 마찬가지다.

시장에서 결과되는 불공평 문제는 소득과 부와 관련한 측면에서 제기되는데 비하여, 정부정책 및 활동으로 인해 야기되는 불공평은 이 보다는(혹은 이에 더하여) 권력과 특혜(power and privilege)의 측면에서 문제로 제기된다는 특성을 가진다. 그것은 어떤 형태의 정부정책 및 활동이든지 그것이 이루어지기 위해서는 누군가 권한을 가지게 마련이기 때문이다. 그러한 권한을 사용하는 데 있어서 지켜야 할 법령, 규칙, 절차 등이 있고, 그러한 권한의 사용에 대해 국회나 언론의 감시가 행해진다고 하더라도, 이 과정에서 부정과 非理가 저질러지고 그 결과 불공평의 문제가 야기된다. 그린벨트 지역내에 호화별장의 건축이 허가되고, 상수원에 인접한 지역에 골프장 건설이 허가된 예들은 이런 가능성을 잘 보여주는 예(사례 22-1)이다.

먼저 정부가 명시적으로 소득재분배를 목적으로 하는 경우에 발생하는 불공평의 문제로서, 예를 들면 생활보호대상자의 지정과정에서나 각종의 누진적 세금의 평가 및 부과과정에서 恣意的 판단이 개입되는 것을 막기 어렵다. 그러나 이런 경우에 있어서는 그래도 정부의 개입으로 인해 새롭게 야기되는 불공평 문제가 당초의 불공평의 문제만큼 심각하지는 않은 경우가 많을 것이다. 그러나 다른 경우에 있어서는 정부개입의 결과로 인해 새롭게 불공평의 문제가 야기되게 되는 경우가 많다. 예를 들면 수입규제로 인해 소득이 일반소비자로부터 국내기업 또는 주주에게 이전된다. 직업면허로 인해 특정의 전문직종의 수입은 대단히 높아지고 소비자는 보다 높은 경제적 부담을 안게 된다. 이와 유사한 예들에 대해서는 제9장에서 보다 구체적으로 검토하게 될 것이다.

정부개입으로 인해 빚어지는 불공평의 문제는 그것이 정치적으로 보다 강력한 영향력을 지닌 집단의 요구에 의해 그들에게 유리한 방향으로 정책을 전개하는 과정에서 야기된다는 점에서 더욱 문제가 된다. 시장경제에서 발생하는 불공평 문제에 대해서는 보통 적개심을 가지지는 않지만, 정부개입의 결과 발생하는 불공평 문제에 대해 많은 적개심을 가지는 것은 정부의 개입으로 인해 먼저 권력의 재분배가 이루어지고 여기에서 소득과 부의 불공평이 심화되는 속성을 보이기 때문이다.

정부정책 및 활동이 소득분배의 불공평이라는 정부실패를 야기하는 원인 역시 정부정책 및 활동의 수요와 공급특성에서 찾아질 수 있음은 물론이다. 먼저 그것에 대한 수요측면부터 본다면 시장경제에서 이루어지는 소득분배 상태가 불공평하다는 일반국민의 인식이 높아지고 이에 따라 이 문제의 시정을 위한 대책이 요구될 때, 그 대책이 야기시키게 될 불공평에 대해서는 사전에 충분하게 고려하지 않는 경향이 있다.

반면에 공급측면에서 보면 정부산출물(정부의 권한 행사)은 해당 정부기관들에 의해 각각의 정책영역에서 독점적으로 공급되지만 정부기관의 성과를 감시하고 이를 환류시켜 주는 과정(feedback process)이 제대로 작동하지 못하는 것이 일반적이다. 특히 이 과정에서 정부정책 및 활동으로 인해 이득을 보는 집단은 그것을 지지하는 역할을 잘 수행하지만, 이로 인해 피해를 입고 있는 집단은 자신들의 이해를 충분하게 반영시킬 수 있는 효과적 장치를 가지지 못한다. 이런 현상은 시장에서는 일어날 수 없는 현상이다.

6. 결 론

본장에서는 정부실패 현상을 정부의 국민 대표성과 효율성 측면에서 검토하였다. 또한 정부실패의 원인과 주요한 정부실패의 유형에 대해서도 고찰하였다. 우리가 도달한 결론은 정부의 개입은 단순한 시장실패 요인의 존재 때문이라기 보다는 이것을 기화로 한 특수한 이익집단의 정책 요구, 정치가 및 관료의 私益追求 성향 등으로 인해 과장되거나 왜곡되며, 정부의 활동은 독점적으로 이루어지고 명확한 목표의 정의나 계측 없이 이루어지기 때문에 대단히 비효율적이라는 것이다. 제3장에서 우리는 정부개입의 경제이론적 근거와 정당성이 시장실패 요인의 補正과 소득분배의 불공평, 경제의 불안정 등 시장결함의 보완에 있음을 지적하였다. 그러나 이 문제의 해결을 앞세워 시장에 개입하는 정부가 그 나름대로 또 다른 문제들을 안고 있고 해결하기 어려운 또 다른 문제들을 야기시킨다면 문제는 상당히 심각해지지 않을 수 없다. 시장과 정부, 우리는 어떤 것에 우리의 문제의 해결을 의뢰해야 할 것인가? 하는 문제이다.

불행하게도 우리는 불완전한 정부와 불완전한 시장이라는 모두 불완전한 선택대안(imperfect alternatives) 밖에는 갖고 있지 못하다. 진정한 정치경제학적 문제의식은 바로 이것이다. 우리는 흔히 시장이 실패할 때 정부를 바라보려 하지만, 정부가 실패할 때 시장을 다시 바라보려고 하지 않는 성향을 갖고 있다. 정치와 행정을 좀더 잘하면 문제가 보다 바람직하게 해결되지 않을까 기대하는 것이다.[60] 본장에서의 논의는 이것

60) 이것이 바로 우리나라의 종래의 정치행정학자들의 한결된 입장이라고 볼 수 있을 것이다. 이들에게 있어서 정치행정학의 출발은 항상 정부이다. 그러나 진정한 정부의 모습과 특성을 파악하기 위해서는 도대체 왜 정부가 필요한 것인지에 대한 근본적인 의문에서 부터 출발해야 한다고 믿는다. 이러한 주장에 동조하기 어려운 사람은 공공선택이론가들이 홉스(Hobbes)의 계약론으로부터 출발하고 있음을 깊이 음미해 볼 필요가 있을 것이다. Vincent Ostrom, "Why Government Fail : An Inquiry into the Use of Instruments of Evil To Do Good," in James M. Buchanan and Richard D. Tollison (eds.), *The Theory of Public Choice (II)* (Ann Arbor: The University of Michigan Press, 1984), pp. 422~35 참고.

이 허망한 기대에 불과할 수 있음을 보여주고 있다. 시장과 정부가 가장 기본적이고 원초적인 사회조직(social organization)의 두 가지 서로 다른 이론체계로서 또는 기본원리로서 공존하고 있는 한, 우리는 이 양자의 어떤 조합이 보다 바람직하게 현실의 문제를 해결하는 방법인지를 항상 비교하고 평가해 보지 않으면 안된다.

이런 문제의식은 정부규제의 연구, 특히 정부규제의 개혁을 논의함에 있어서 대단히 중요하다. 왜냐하면 정부규제 개혁의 핵심적인 문제는 정부와 시장 그 어느 것에 의존할 때 경제사회적 문제를 보다 공평하게 그리고 효율적으로 해결해 나갈 수 있느냐에 귀착되기 때문이다. 제 3 부와 제 4 부에 걸쳐 주요한 경제적 규제 및 사회적 규제를 차례로 고찰해 나감에 있어서 우리가 줄기차게 당면하게 될 문제는 바로 이것이다. 혹자는 정부규제의 문제, 혹은 정부규제 개혁의 문제를 이와 같이 시장과 정부의 선택의 문제로 축약하는 것에 대해 불만을 가질지도 모른다. 그것이 지나치게 경제학적인 문제인식에 치우치고 있는 것이 아닌가 의심하는 사람도 있을 것이다. 그러나 정부규제의 가장 핵심적인 문제는 바로 시장과 정부 중 어떤 것에 의존하여 문제를 해결하는 것이 왜 어떤 이유에서 바람직한가의 문제이다. 정부규제를 정치경제학적 시각에서 접근하는 한 이 문제는 결코 피할 수도 없고 피해서도 안될 문제이다.

제 6 장

규제기관과 관료행태

1. 서 론

정부규제는 정부가 바람직하게 여기는 경제사회적 질서를 형성하기 위해 개인이나 기업의 자유로운 행위에 제약을 가하는 일체의 정부행위이다. 사유재산권의 보장을 근간으로 하는 자본주의 경제체제하에서 정부규제는 불가피하게 개인이나 기업의 기본권 및 재산권에 대한 제약을 초래한다. 정부규제를 둘러싸고 수많은 경제사회집단이 자신의 이익을 최대한으로 보장하기 위해서 또는 손해를 최소화하기 위해서 다양한 정치적 노력을 기울이는 것은 바로 이 때문이다.

규제행정기관은 상반되는 이해관계 집단의 정치경제적 이해를 조정하여 경제사회적 질서를 창출하고 유지하는 역할을 담당한다. 다시 말하면 규제행정기관은 다양한 이해관계집단의 정치경제적 상호작용이 일어나는 주된 場所(locus)인 셈이다. 그것의 조직형태 여하를 불문하고 모든 규제행정기관은 본질적으로 準立法的·準司法的 기능(quasi-legislative, quasi-judicial functions)을 담당하는 권력기관이라는 점에서 일반적인 행정기관과는 성격을 달리한다. 미국에서 규제업무를 다루는 행정기관을 통틀어 흔히 "제4의 政府(the fourth branch of government)"라고 부르는 이유도 바로 여기에 있다.[1)]

1) 물론 이것은 미국과 같이 대부분의 규제기관이 독립규제위원회(independent regulatory

본장에서는 규제행정기관 및 관료의 행태적 속성에 관한 이론으로서 규제기관의 生命週期理論, 捕獲理論, 규제기관 관료의 誘因體系에 대한 경험적 연구들을 검토하려고 한다. 이런 이론들은 대체로 美國에서 발전된 이론으로서 우리 실정에 얼마만큼 부합될 수 있을 지는 미지수이다. 그러나 국내에서의 연구가 태부족한 상황에서 우리는 이런 이론들로부터 規制失敗(regulatory failure)현상을 이해하는 중요한 열쇠를 구할 수 밖에 없다. 다만 본장의 서술에 있어서 저자는 우리 현실에의 적합성을 보다 높이기 위해 가급적이면 우리의 사례를 이용하여 설명하려고 노력하였다.

2. 규제행정기관의 조직유형

규제행정기관의 행태를 고찰하기 전에 우선 어떤 행정조직들이 여기서 말하는 규제행정기관의 범주에 속하는지를 간단하게나마 살펴 볼 필요가 있다.

규제행정기관의 조직유형은 크게 다섯 가지로 나누어 볼 수 있는데 (1) 행정부처, (2) 행정부처의 하부조직, (3) 행정부처 산하의 독립기관, (4) 독립규제위원회, (5) 기타 특수목적의 규제기관 등이 그것이다.[2)]

규제기관의 서로 다른 조직유형은 규제기관이 추구하는 정책목적, 조직의 구성원 및 운영방법, 책임의 귀속, 행태 등의 측면에서 상당한 차이를 보인다.

---

commissions)의 형태를 취하고 있는 경우를 지칭하는 것이다. 미국에서 독립규제위원회들은 정도의 차이는 있으나 대체로 입법부, 행정부, 사법부에 대하여 상당한 정도의 독립성을 유지하는 행정체계상 특수한 지위를 점하고 있다. Damodar Gujarati, ***Government and Business*** (New York : McGraw-Hill Book Co., 1984), pp. 10~11; Louis M. Kohlmeier, *The Regulators : Watchdog Agencies and Public Interest* (New York : Harper & Row, 1969) 참고.

2) 다양한 형태의 규제행정기관을 가지고 있는 미국에서 통용되고 있는 규제기관의 유형분류에 관하여는 Gujarati, *op. cit.*, pp. 52~62 참고.

2.1 행정부처인 규제기관

이것은 특수한 분야의 규제업무를 전문적으로 담당하게 하기 위해 그 기관의 장을 대통령이 임명하는 행정부처 조직(executive branch agency) 형태의 규제기관이다. 우리나라에서 이런 유형에 속하는 규제기관으로서는 환경처, 그리고 상공부의 특허청과 공업진흥청(공산품의 규격, 품질 및 안전규제)을 들 수 있다.

2.2 행정부처의 내부조직

이 유형은 행정부처의 하부보조기관으로서 규제업무를 주로 담당하는 조직을 지칭한다. 이런 조직형태에 준하는 규제행정기관으로 볼 수 있는 경우로서는 재무부의 증권국과 보험국, 농림수산부의 국립동물검역소와 식물검역소, 건설부의 토지국과 수자원국, 동력자원부의 전력국과 鑛務局, 보사부의 위생국·醫政局·藥政局·국립검역소, 노동부의 勞政局과 근로기준국, 교통부의 안전관리국·陸運局·항공국, 해운항만청의 선원선박국, 체신부의 전파관리국, 과학기술처의 원자력국 등이 있다. 이런 기관들은 각 부처 장관의 보조기관에 불과하나 규제적 성격이 강한 개별법의 운용을 담당하고 있다는 점에서 이런 조직유형에 준하는 것으로 볼 수 있다. 우리나라의 경우 규제업무가 동일 부처 내에서도 여러 局에 분산되어 있고 또한 위에서와 같은 특정 局에 있어서도 일반행정업무와 규제업무가 심하게 혼재되어 있는 것이 보편적이기 때문에 이들 기관을 규제기관으로 부르는 데는 약간의 문제가 없지 않다.

2.3 행정부처 산하의 독립기관

이 유형은 독립위원회의 형태를 지니고 있으나 특정 행정부처에 소속되어 있는 규제기관이다. 우리나라에서 이런 유형에 속하는 대표적인 규제기관으로서는 경제기획원 산하의 공정거래위원회와 한국소비자보호원, 재무부 산하의 은행감독원·증권감독원·보험감독원, 그리고 노동부의 중앙노동위원회 등이 있다.

2.4 독립규제위원회

우리나라에서는 아직 독립규제위원회(independent regulatory commission)의 형태를 띤 규제기관은 예가 없으나 미국을 비롯한 선진국에서는 가장 보편적으로 사용되고 있는 조직형태이다. 독립규제위원회는 보통 입법부의 동의 하에 대통령이 任免하는 다수의 委員(commissioners)으로 구성되며 이들의 超黨派性과 任期는 최대한으로 보장되고 있다. 이런 조직형태가 미국에서 보편적으로 사용되게 된 이유는 전통적으로 경제적 이해관계를 조정하는 권한은 의회에 속하나 의회 스스로가 첨예하게 대립하는 이해관계 분쟁에 깊이 몰입되는 것을 꺼리는 한편, 규제업무에 대해서 대통령이 정치적 영향력을 행사하지 못하도록 하기 위한 二重的 필요에 부응하고자 하였기 때문이다.[3] 물론 이들 규제업무의 계속성과 개별성을 중시하여 전문성을 강화해야 할 필요성에 부응하기 위한 목적도 있었다.

2.5 특수목적의 규제기관

이 외에도 특수한 형태의 규제기관으로서는 금융통화위원회를 들 수 있다. 우선 이런 기관을 규제행정기관으로 볼 것이냐에 대해 논란이 있을 수 있겠으나, 이런 특수목적 기관이 담당하는 업무의 태반이 실질적으로 규제정책적 요소를 갖추고 있음이 사실이다. 예를 들면 利子率 결

3) Marver H. Bernstein, *Regulating Business by Independent Commission* (Princeton : Princeton University Press, 1955); Kohlmeier, *The Regulators, op. cit.* 등 참고.

정, 은행 점포의 신증설 허가, 支拂準備率 결정 등은 전형적인 경제적 규제에 해당한다고 하겠다.

3. 규제기관의 생명주기이론

규제기관의 生命週期(life-cycle of regulatory agencies) 이론은 독립규제위원회가 주도적인 규제기관 형태를 이루고 있는 미국에서 일찌기 마버 번쉬타인(Marver Bernstein)에 의해 제시된 이론이다.[4] 이 이론에 의하면 규제기관은 규제를 둘러싼 정치사회적 환경의 변화에 따라 다음과 같은 4단계의 리듬을 타고 변천하게 된다는 것이다.

3.1 생성기

첫번째 단계인 생성기(gestation phase)는 규제입법이 제정되고 이를 집행할 행정기관이 설치되기 이전까지의 단계로서 상당히 긴 시간 (보통 20년 이상)을 필요로 한다. 이 기간은 경제사회적 모순으로 인해 어려움을 겪고 있는 사람들이 이익집단을 형성하고 정치적 활동을 전개하여 자기들의 이익을 확보하고 보장해 줄 수 있는 규제입법을 얻어내려고 노력하는 기간이며 따라서 이런 입법을 한사코 반대하는 또 다른 이익집단과 정치적 투쟁을 벌이는 기간이다.

이런 정치적 투쟁을 거쳐 입법이 이루어지는 경우 그 입법내용은 아주 애매모호한 규정을 담고 있거나 엉거주춤한 상태에 머무르기가 십상이다. 그 이유는 이런 입법을 얻어내는 과정에서 입법에 반대하는 세력과의 타협이 불가피해지게 되기 때문이다. 근본적으로 이런 입법이 이루

4) Bernstein, *Regulating Business by Independent Commission*, *op. cit.*; 물론 Bernstein 이론이 대표적인 이론이기는 하나 이와 유사한 이론들이 그 이전에 전개되었다. 이러한 이론들에 관하여는 Barry Mitnick, *The Political Economy of Regulation* (New York : Columbia University Press, 1980), pp. 36∼50 참고.

어질 수 있게 되는 것도 대부분은 경제사회적 위기(crisis) 또는 이에 버금하는 사태의 발생에 힘입는 경우가 많다. 규제입법의 지연으로 말미암아 위기적 사태가 발생하게 되면 아무리 막강한 반대세력이라고 하더라도 그들의 저항을 다소 누그러뜨릴 수 밖에 없는 까닭이다.

또한 이런 비상사태에 힘입어 어렵게 얻어진 규제입법은 입법을 요구한 집단의 단기적인 문제 해소에 그 초점이 맞추어지기 쉽기 때문에 관련분야의 장기적인 정책이나 정책목표를 충분히 고려하지 못하는 것이 일반적이다. 더구나 약 20~30년이란 긴 세월 동안의 정치적 투쟁을 거쳐 규제입법이 만들어지기 때문에 입법이 완료되어 실행단계에 들어가는 시점에서 보면 그 동안에 이루어진 경제사회의 변화로 인해 이미 시대적으로 뒤떨어진 입법이 되는 경우도 흔하다.

예를 들면 우리나라에서 환경관계법이 제정된 것은 1979년으로서 경제개발에 착수한 이후 근 20여년이란 긴 세월을 필요로 하였다. 이 기간 동안에 환경오염으로 피해를 입은 주민, 환경과학자, 政策先導者(policy activist) 등은 이런 입법노력을 저지하기 위해 온갖 노력을 경주하는 기업들과 힘겨운 투쟁을 벌여여만 하였다. 그러나 환경관계법이 제정된 시점에서 그 입법내용은 그동안 엄청나게 누적되고 악화된 환경문제를 효과적으로 다루어 나가기에는 너무나 미약하였다.

3.2 유년기

규제행정을 위한 관련법과 이를 담당할 규제기관이 설치되어 개척적으로 그리고 공격적으로 규제업무를 시작해 나가는 단계가 바로 幼年期(youth phase)다. 그러나 이 단계에서는 규제기관이 아직 경험이 없고 전문성이 약하기 때문에 규제정책 목적을 뚜렷하게 정립하지도 못한 상태에서 잘 조직되고 경험이 풍부한 被規制집단의 대항에 적절하게 대처하지 못하는 것이 보통이다.

유년기에는 생성기에 응축되었던 국민들의 열렬한 관심과 지지가 점차 쇠퇴하고 그에 따라 정치권에서의 관심도 점차 감소되는 시기이다. 여기에는 여러가지 이유가 있을 수 있는데 중요한 요소로서는 일반인들이 이해하기 어려운 기술적 전문성, 정책선도자들의 방심, 정치가들의 관심이탈 등을 들 수 있다. 이와는 대조적으로 피규제집단이나 기업들은 그들이 갖고 있는 조직력과 자금력을 활용하여 규제기관에 대한 영향력을 음양으로 확대하려고 노력한다. 이들의 노력이 정치적 무관심 그리고 국민적 관심과 지지의 저하에 따라 상당한 성공을 거둘 수 있는 여건이 구비되는 것이 바로 이 시기이다. 이들은 자기들이 갖고 있는 정치적 힘을 활용하여 예를 들면 규제기관의 책임자를 任免하는 과정에서 상당한 영향력을 행사할 수 있게 된다.

그 결과 유년기에 있어서의 규제기관은 그야말로 '휘황찬란한 孤立(splendid isolation)' 속에 방치되지 않을 수 없다. 규제기관이 얼마만큼의 열정을 갖고 규제업무를 다루어 나가느냐 하는 것은 적정한 정부역할에 대한 인식수준 등 일반적인 정치적 환경에 좌우된다. 이 유년기에 들어서게 되면 정치가와 일반국민의 관심이 퇴조하기 시작하고 복잡하고 기술적인 규제업무에 대해 점차 흥미를 잃어가게 되기 때문에 규제기관은 孤立無援의 외로운 처지에 놓이게 된다.

3.3 성숙기

이와 같이 유년기를 거치면서 정치적 지원세력을 잃고 고립적인 입장에 서게 된 규제기관이 성숙기(maturity phase)에 접어들게 되면 점차 활력을 잃어가는 과정을 밟게 된다. 규제기관은 정치권이나 국민의 관심과 지지의 저하에 따라 무사안일에 젖은 나머지 규제업무에 개재되어 있는 갈등(conflict)을 본격적으로 다루어 나가려고 하기 보다는 그런 갈등을 회피하거나 흡수하려고 한다. 따라서 규제기관은 先例(precedent)와 내부규칙 및 절차(internal operating procedure or routine)에 의존하는 경향을 강하게 보인다.

또한 규제기관은 피규제산업에 대해 문제를 야기시키기보다는 이들과 원만한 관계를 유지하려고 하는 성향을 나타내며 이들의 불만을 살 만한 일을 꺼리게 된다. 그러면서도 규제기관은 표면적으로는 공평성과 정당성을 假裝하게 된다. 다시 말하면 규제기관의 편파성에 대한 근본적인 비판 만큼은 어떻게 해서든지 모면할 생각으로 규제사건 처리절차를 복잡하게 만들어 시간을 끄는 등 교묘한 방법으로 표면적인 공평성을 유지하려고 한다.

물론 이 단계에 이르게 되면 규제기관 관료들의 전문성이 향상될 수도 있다. 그러나 이들의 전문성이란 편협하고 선례를 중시하는 것으로부터 크게 벗어나지는 않는다. 그 결과 업무처리가 점차 지체되는 현상이 나타나지만 정치권과 국민들의 관심 및 지지의 저하에 따라 그리고 규제기관 운영의 비효율성에 대한 비판으로 인해 필요인력의 확보를 위한 추가예산을 얻어내기도 어려워 진다. 이 모든 것의 결과로 이 단계에서 규제기관은 피규제산업을 감시하고 감독하는 입장이 아니라 오히려 이들에 동정적인 '捕虜(captive)'로 전락하고 만다.

3.4 노년기

규제기관이 피동성과 무관심으로 대변되는 성숙기를 거쳐 노년기(old age phase)에 이르면 쇠약상태에 빠져 들어가게 된다. 규제기관의 행정절차는 '聖域'으로 다루어져 이것에 대한 도전을 용인하지 않는다. 또한 규제기관은 현상유지(status quo)를 중요한 목표로 삼게 되고 피규제산업의 보호자처럼 행동한다.

이런 비효율적인 규제기관에 대해 예산지원이 더 이상 이루어지지 않게 될 것은 당연하다. 따라서 규제기관 관료들의 질도 저하할 수 밖에 없다. 규제업무의 수행에 있어서 피규제산업이 제공하는 자료나 정책분석에 의존하는 경향도 더욱 두드러지게 나타난다. 또한 기술변화나 산업조직의 변화에 대한 적응력도 떨어져 폭넓은 정치사회적 변화에 부응하기 어렵다.

그러나 이와 같은 쇠약증세가 언제까지 계속될 수는 없다. 이런 규제기관의 무능력과 업무소홀로 인해 최초에 규제기관의 설립을 가져 오게 했던 경제사회적 위기가 재발하게 되면 규제를 강화해야 된다는 정치적 압력이 가중되면서 규제기관은 지금까지 살펴 온 생명주기를 새롭게 반복하게 된다. 반면에 더 이상 규제가 의미가 없고 오히려 경제의 효율성을 저해할 뿐이라는 판단에 이르게 되면 規制緩和(deregulation)에 따라 규제기관의 폐지 여부가 문제되는 경우도 있다.

이상에서 Bernstein의 生命週期 理論에 대해 고찰하였다. 이 이론은 규제를 둘러싼 정치사회적 환경, 규제기관, 被規制産業 간의 상호작용 관계를 생물의 일생과 맥락을 같이하는 생명주기를 갖고 정리하고 있기 때문에 이해하기가 쉽다는 장점을 갖고 있다. 물론 모든 규제기관이 이 4단계의 생명주기를 전부 거치게 되는 것은 아니고, 각 단계의 지속기간도 일정하지가 않으며 그 기간구분도 명확하지 못한 경우가 있을 수 있다. 또한 규제기관에 따라서는 이 4단계 가운데 어떤 단계를 건너뛰는 경우도 있을 수 있고 유년기나 성숙기의 상태에 계속 머무를 수도 있다. 그러나 어떤 경우든 규제기관이 잠재적으로 이런 생명주기를 거치게 될 가능성을 갖고 있다는 것은 규제기관의 속성을 이해하는 데 있어서 많은 시사점을 준다.

Bernstein의 이론은 원래 경제적 규제(economic regulation)를 담당하는 규제기관(보통 독립규제위원회)을 대상으로 삼고 있고 규제기관이 시간의 경과에 따라 소비자이익보다는 被規制산업의 기득이익을 제도적으로 보장해 주는 피동적 존재로 전락해 가는 규제기관의 捕獲(capture) 과정과 그 원인을 설명하는 것을 주목적으로 개발된 이론이기 때문에 이 이론이 조직형태를 달리하는 규제기관 그리고 사회적 규제(social regulation)를 담당하는 규제기관 각각에 대해 어느 정도의 적합성과 일반성을 가질 수 있을지를 평가해 볼 필요가 있다.

우선 독립규제위원회가 아닌 행정부처 형태의 규제기관에 있어서는 규제기관이 입법부와 행정부 상층으로부터 恒時的으로 감시와 통제를 받지 않을 수 없기 때문에 이 이론에서 말하는 규제기관의 정치적 무책임성과 행정적 비능률이 상당히 감소할 소지가 있다고 생각된다. 다음으로 이 이론은 사회적 규제를 담당하고 있는 규제기관의 행태적 속성의 변화에 대해서도 상당한 설명력을 갖고 있는 것으로 생각된다. 왜냐하면 사회적 규제는 이 이론에서 중요한 변수로 사용하고 있는 정치사회적 환경요인의 변화 및 경제사회 勢力關係의 변화에 따라 보다 직접적으로 영향을 받는 정치경제적 속성을 갖고 있기 때문이다(제13장). 다만 사회적 규제는 어떤 특정산업만을 대상으로 하는 것이 아니고 거의 모든 산업을 대상으로 하는 것이기 때문에 규제를 담당하는 규제기관의 포획현상을 설명하는 이론으로서는 한계가 있다고 본다.

이상에서 이 이론을 평가해 보았지만 이것은 어디까지나 이론적 논의에 불과하고 이 이론의 현실적 적합성과 타당성에 대한 궁극적 판단은 오로지 개별규제기관에 대한 경험적 사례연구를 통해서만 검증될 수 있을 뿐이다. 이런 측면에서 이 이론은 앞으로 우리나라의 규제기관에 대한 역사적·경험적 연구를 수행함에 있어서 좋은 길잡이가 될 수 있을 것이다.

3.5 관료조직의 생명주기이론

안쏘니 다운스(Anthony Downs)의 관료조직의 생명주기(life cycle of bureau) 이론은 규제기관의 행태를 설명하기 위한 이론이 아니고 모든 관료조직의 경우에 적용될 수 있는 훨씬 일반성이 높은 이론이다. 이 이론은 행정조직이 어떤 생명주기를 이행해 가느냐 하는 문제보다는 왜 그런 생명주기가 나타나게 되느냐를 행정조직의 人的 構成上 특징을 갖고 설명하려 하고 있다는 점에서 앞에서 고찰한 규제기관의 생명주기이론을 보완해 줄 수 있는 이론이다.

Downs는 관료의 유형을 다음의 5가지로 나누고 있다. 첫번째 유형은

登攀型(climbers)이다. 이들은 오로지 利己的 동기에서 보다 큰 권력, 높은 소득과 영예를 추구한다. 두번째 유형은 保全型(conservers)이다. 이들도 이기적 목적만을 고려한다는 점에서는 등반형과 동일하나 보다 큰 권력, 높은 소득, 영예를 추구하기 보다는 현재 누리고 있는 수준을 유지하고자 하는 부류이다. 이들에게 있어 중요한 것은 편의와 직장의 보전이다. 세번째 유형은 熱中型(zealot)으로서 이들은 이기적 목적을 추구하기도 하지만 또 한편으로는 공익적인 목적을 위해 자신이 선호하는 정책, 프로그램, 개념 등을 실현시키려는 복합적 욕구를 갖고 있다. 그러나 이들이 집요하게 추구하는 정책은 보통 편협함을 면치 못한다. 네번째 유형은 唱導型(advocates)이다. 이들 역시 이기적이면서도 이타적인 복합적 동기를 갖고 있다는 점에서는 열중형과 같으나 상대적으로 그가 속한 조직의 보다 폭넓은 목적의 달성을 고려한다는 점에서 차이가 있다. 마지막으로 다섯번째의 유형은 經世家型(statesmen)이다. 이들 또한 사익과 공익추구의 복합적 동기를 갖고 있으나 사회전체의 이익을 위한 목적을 중시한다.[5)]

Downs는 이와 같이 관료유형을 분류한 뒤, 만일 어떤 조직의 중요한 자리를 위의 어느 한 관료유형이 압도하게 될 때 그 조직의 특성과 행태는 그런 관료들이 전형적으로 나타내는 특성에 의해서 지배된다고 주장한다. 그는 조직의 성장과 쇠퇴를 바로 이와 같은 조직구성원의 인적 특성의 변화에서 찾으려 하고, 이런 人的 구성의 변화는 조직의 환경변화에 좌우되는 것으로 파악한다. Downs의 이론을 규제기관의 경우에 적용시켜 본다면 다음과 같다.

규제기관의 생성기에는 아무래도 규제목적에 찬동하는 창도형이나 열중형의 사람들이 그 기관에 모여들게 될 것이다. 다음으로 이 규제기관

---

5) Anthony Downs, *Inside Bureaucracy* (Boston : Little, Brown & Co., 1967), Chapters VIII and IX; Downs의 관료유형론을 쉽게 설명하고 있는 것으로는 吳錫泓, 「組織理論」(서울 : 박영사, 1980), pp. 263~66 참고. Downs의 다섯 가지 관료유형에 더하여 Mitnick은 忠誠型(loyalists)을 추가하고 있다. 이 형은 카리스마적 유형의 기관장이 장기간 재직하고 있을 경우 그를 추종하는 관료형이다. Mitnick, *op. cit.*, pp. 54~55.

이 성장과 확장을 시작하는 유년기에 들어설 즈음에는 보다 많은 승진의 기회를 노리는 등반형의 관료들이 증가하는 반면에 보존형의 사람들은 이 기관을 기피하거나 이 기관으로부터 疎外되게 될 것이다. 따라서 이 단계에서 규제기관은 등반형의 관료들에 의해 압도되게 될 것이며 그들이 갖고 있는 특성이 규제기관의 행태에 크게 반영될 것이다.

그러나 규제기관이 성숙단계에 이르면 더 이상 승진 기회를 누릴 수 없게 된 등반형의 관료들은 감소하고 보존형의 관료들이 지배적인 위치를 점하게 됨에 따라 규제기관은 선례와 절차를 중요시하는 행태를 강하게 보여 줄 것이다. 이런 경향은 규제기관이 노년기에 이르게 되면 더욱 두드러지게 나타나 등반형이나 열중형의 관료들은 이 기관으로부터 이탈하게 될 것이다.

여기에서 설명의 편의상 규제기관의 생명주기의 4단계에서 주요한 위치를 점하는 관료유형의 변화를 고찰하였지만 Downs 이론이 제시하는 인과관계는 양면성을 지닌다고 하는 점을 유의할 필요가 있다. 다시 말하면 규제기관의 생명주기에 따라 규제기관의 인적 구성이 바뀌기도 하지만 거꾸로 규제기관의 인적 구성이 바뀌게 됨에 따라 규제기관의 생명주기가 나타나게 될 수도 있다. 또 한 가지 우리가 염두에 두지 않을 수 없는 것은 Downs 이론은 관료들이 비교적 용이하게 자기들이 선호하는 기관을 임의로 선택할 수 있는 높은 이동성(mobility)을 전제로 하고 있다는 것이다. 따라서 이것은 미국과 같은 관료사회에서는 상당한 현실성을 가질 수 있는 반면에 우리나라와 같이 관료들의 이동성이 극도로 낮은 관료사회에서의 현실적합성(relevance)은 상대적으로 제약될 수 밖에 없다. 그러나 이 이론이 주목하고 있는 조직의 인적 구성의 변화는 우리나라의 규제기관의 행태를 설명하고 예측하는 데 있어서 여전히 하나의 중요한 변수가 될 수 있을 것이다.

4. 규제기관의 포획이론

규제행정기관은 당연히 공익목적을 위해 규제업무를 효과적으로 수행하여야 할 것이나, 실제에 있어서는 당초의 공익목적(public interest goal)으로부터 유리되거나 일탈하여 규제업무를 수행하는 현상이 흔히 지적되고 있다. 보통 規制失敗(regulatory failure)라고 불리우는 현상은 대체로 다음의 세 가지 경우로 대별하여 볼 수 있다. 첫째, 규제기관의 관료가 부패(venal)하여 규제권한을 개인의 금전적 목적을 위해 불법적으로 사용하는 경우이다. 물론 이런 문제는 규제기관에서만 예외적으로 나타나는 것이 아니고 어떤 형태의 행정기관에서나 있을 수 있는 문제이다. 그러나 상반된 이해관계를 관리해야 하는 규제기관은 그것의 조직특성으로 인해 여타의 행정기관에 비해 이런 문제를 야기할 가능성을 보다 많이 갖고 있다고 할 수 있다.

둘째, 규제기관이 무능한(incompetent) 경우에도 규제기관은 공익목적을 달성할 수 없다. 이와 같은 규제기관의 무능성은 주로 규제기관이 충분한 예산이나 유능한 인재들을 확보하지 못하는 경우에 발생한다. 우선 규제기관의 공익적 기능에 대한 사회적 인식이 낮고 규제정책의 정책우선순위(policy priority)가 낮을 경우에 규제기관은 충분한 예산을 확보할 수 없다. 또한 규제기관 관료의 봉급수준이 낮고 사회적 지위가 열등한 경우에 우수한 인적 자원을 확보하기가 어렵다. 더 나아가서 이런 인적·물적 자원의 빈곤은 규제기관의 목표설정이나 내부운영절차의 비합리성을 초래하여 규제기관의 무능력을 초래하게 된다.

셋째, 이상의 두 경우에 비해 보다 보편적이면서도 고질적으로 나타나는 규제기관의 행태는 소위 규제기관의 捕獲(regulatory capture)이라고 일컬어지는 현상이다. 이것은 공익목적의 실현을 위해 존재하는 규제기관이 본래의 의도와는 달리 被規制산업이나 집단의 代理者(agent)로 전략하여 은연중에 피규제집단의 選好(preference)와 일치되는 방향으로 또는 이들에 동정적(sympathetic) 입장에 서서 피규제집단에 유리한 규제정책을 펴 나가는 현상을 말한다. 여기에서 고찰하려고 하는 것은 바로 이런 규제기관의 포획현상을 야기시키는 원인이다. 한 가지 미리 말해 두어야 할 사항은 아래에서 설명되고 있는 요인들이 하나하나로서 보다는 상호중첩적인 관련 속에서 규제기관 및 규제기관 관료들의 행태에 영향을 미친다는 점이다.

4.1 침해된 정보

정부규제와 관련된 산업에 관한 기술적 정보(technical information)는 대단히 복잡하고 규제정책 결정에 필요한 정보도 대단히 복잡한 성격을 띠고 있다. 그 결과 기술적 정보에 대한 전문성면에서 규제기관 보다는 이런 기술을 직접 사용하고 있는 피규제산업이 보다 우월한 입장에 선다. 따라서 규제기관이 규제정책 문제의 認知와 해결책의 강구에 있어서 피규제산업이 제공하는 정보에 의존하기 쉽고 이때 피규제산업이 규제기관에 제공하는 정보는 온전히 객관적이고 정확한 정보가 아니라 피규제산업의 이익과 입장을 반영하기 위해 전략적으로 선택되고 조작되어 침해된 정보(information impactedness)이기 쉽다.[6] 규제기관이 흔히 규제정책 문제를 인지하고 해결책을 모색하는데 있어서 공익적 견지에서 보다는 어딘가 모르게 피규제산업의 인식과 입장을 그대로 반영하는 현상을 보이게 되는 것은 바로 이 때문이다.

특히 규제행정 관료들의 높은 離職 또는 補職轉換(turnover)은 관료들의 전문성의 저하를 가져와 피규제산업이 제공하는 정보에 대한 의존성을 더욱 높히는 중요한 요인이 된다. 이때 더욱 중대한 문제로 대두되

---

6) "침해된 정보"란 개념을 조직분석에 광범하게 응용하고 있는 학자는 제도경제학적 조직론자인 Williamson이다. Oliver E. Williamson, *Markets and Hierachies* (New York : The Free Press, 1975), pp. 31~37참고.

지 않을 수 없는 것은 규제기관의 관료들은 일반적으로 이런 사실을 自覺조차 못한다는 사실이다. 이것은 정보제공자인 피규제산업이 관련정보를 제공함에 있어서 노골적으로 私益을 주장하기 보다는 항상 '公益'을 앞세우기 때문이다. 관료들은 이들의 주장 가운데 담겨져 있는 '공익적 요소'에 미혹되는 나머지 이들의 주장에 쉽게 동조하고 이들의 입장을 적극적으로 옹호하고 나서는 것을 볼 수 있다.

예를 들면 최근 보사부가 약국에서 계속적으로 調劑·販賣할 수 있는 향정신성 의약품의 계속 調劑日數를 정하는 문제에 있어서 醫藥分業(사례 4-1)을 통한 일반국민의 보건과 안전의 확보라는 공익목적보다는 약사협회나 제약업체의 편파적 주장(장기 복용자의 불편해소 등 '공익'을 가장한 주장)에 귀를 기울인 나머지 그 기간을 현재의 3일에서 15일까지로 연장하기 위한 법개정을 추진하고 있는 것과 같은 경우다. 다른 예로서 라면파동 시에 공업용 油脂의 사용이 국민의 보건안전에 危害하지 않다는 관련 식품업체의 입장을 보사부가 적극적으로 옹호하고 나섰던 것도 좋은 예이다. 또 다른 예로서 환경규제에 있어서 환경처가 엄격한 환경오염규제가 초래할지도 모를 경제사회적 부작용(예를 들면 기업의 도산 또는 경영압박, 실업, 경제성장에 미치는 부정적 효과 등)을 지나치게 염려하여 환경오염업체에 대한 감독을 느슨하게 하거나 공해유발기업에 대해 가벼운 벌칙만을 부과하는데 그치는 경우는 모두 피규제산업이 제공하는 정보가 규제기관의 정책결정에 어떻게 사용되고 있는지를 보여주는 사례들이다.

4.2 자원의 비대칭성

일반적으로 규제기관은 피규제산업에 비해 자금력이나 인력면에서 劣勢에 처하는 경우가 많다. 피규제산업은 강력한 자금력에 바탕하여 줄기차게 로비 활동을 전개할 수도 있고 금품이나 각종 편익의 제공 등을 통해 쉽게 규제기관 관료들의 환심을 살 수 있다. 또한 규제기관에서 볼 수 있는 관료들의 높은 이직 또는 보직전환(turnover)은 관료들의 전문성의 저하를 가져와 이들의 유혹에 쉽사리 넘어가게 하는 요인이 되기도 한다. 여기에 더하여 피규제산업은 장차 규제기관의 퇴직관료들에게 매력있는 일자리를 제공해 줄 수도 있다. 바로 이런 면에서 피규제산업이 갖고 있는 보다 풍부한 자원(resources)은 이들이 규제기관의 관료들과 친숙한 관계를 구축하거나 유지하게 하는 중요한 요인들이다. 이처럼 규제기관이 갖고 있는 자원이 피규제산업이 갖고 있는 자원에 비해 상대적으로 미약할 때 규제기관이 공익 보다는 피규제산업의 이익을 우선적으로 고려하는 誘因 및 報償體系(incentive and reward system)를 가지기 쉽고 이 때 규제기관은 피규제산업의 대리자(agent)로 전락하고 규제기관과 피규제산업 사이에 共生關係(symbiotic relationship)가 형성된다.

4.3 갈등의 회피유인

앞에서 규제기관이 피규제산업의 대리자(agent) 또는 포로(captive)로 전락하게 되는 구조적 요인에 대해 살펴 보았다. 규제기관이 비록 피규제산업의 포로가 되지는 않을지라도 규제기관 관료들이 피규제산업과의 갈등을 회피(conflict avoidance)하고 공생적인 관계를 형성하려고 하는 경우도 있다.[7)]

규제기관의 입장에서 볼 때 피규제산업은 잠재적으로 同志(ally)가 될 수 있는가 하면 규제기관의 존립을 위협하는 존재가 될 수도 있다. 전자의 경우는 규제기관 예산의 확보에 있어서 피규제산업이 갖고 있는 정치적 영향력을 규제기관이 이용할 수 있는 경우이다. 반면에 후자는 규제기관과의 갈등으로 인해 규제기관이 정치적으로 궁지에 몰릴 위험성을 말하는 것이다. 이와 같이 잠재적 위협이 될 수도 있고 경우에 따라서는 후원자가 될 수도 있는 被規制산업이나 집단을 갖고 있는 규제기관

7) Roger G. Noll, "Government Regulatory Behavior," in Roger G. Noll (ed.), *Regulatory Policy and the Social Sciences* (Berkeley : University of California Press, 1985), pp. 28~33.

은 이들과의 마찰과 갈등을 최소화하려고 한다.

규제기관과 피규제산업과의 관계에 대해 일정한 규칙성과 예측가능성(regularity and predictability)을 가질 수 있는 것은 바로 이와 같은 경우에서다. 예를 들면 우리는 규제기관이 피규제산업의 이익을 극도로 침해함으로써 이들로부터의 반격으로 인해 스스로의 존립이 위태롭게 되는 정책을 섣불리 추진하려고 하지 않을 것으로 추측할 수 있다. 그런가 하면 규제정책 목적을 실현하는데 있어서 규제기관이 規制順應 費用(compliance costs)을 전적으로 피규제산업에 부담시키려고 하기보다는 규제기관의 예산증가를 통해 이를 해결하려고 하는 성향을 가지게 될 것도 예측해 볼 수 있다. 예를 들면 환경규제기관이 환경정화비용을 공해유발기업에 부담하기 보다는 정부예산(결국 모든 납세자에게로의 부담의 전가)으로써 이를 감당하려고 하는 것과 같은 경우다.

그러나 어느 경우에나 규제기관이 갈등을 회피하기 위해 피규제산업이나 집단에 유리한 정책을 모색해 나가려는 경향을 갖고 있다고 볼 수는 없다. 예를 들면 규제기관이 동질적인 피규제집단이 아니라 이질적인 집단을 아울러 규제하고 있는 경우에 있어서는 이런 이질적인 집단이 갖고 있는 서로 다른 정책선호와 마찰 속에서 어느 집단과의 갈등을 회피하려고 할 것인지가 분명하지 않게 된다. 예를 들면 보사부는 의사회와 약사회와 같이 경우에 따라(예를 들면 의약분업제도가 이에 속한다) 상반된 이해관계를 가질 수 있는 두 집단을 동시에 중요한 이익집단으로 갖고 있다. 이와 같이 상호 대립적인 이해관계집단이 있는 경우에 규제기관이 어느 집단과의 갈등을 우선적으로 회피하려고 할 것인지는 그때 그때의 상황에 따라 달리 나타날 것이다.

4.4 외부신호 의존성향

그 실천적 개념이 극히 애매모호한 공익(public interest)을 실현함에 있어서 규제행정기관은 다른 외부기관이 자신의 정책이나 역할에 대해 보이는 반응, 즉 외부신호(external signals)를 관찰함으로써 자신의 정책결정이 공익을 충족시키는 정도를 판단하는 경우가 많다.[8] 이것은 의사결정 이론에서 소위 滿足模型(satisficing model)이라고 불리우는 것과 일맥상통한다. 즉 규제기관은 정책대안의 선택에 있어서 순수한 합리성보다는 주관적 합리성(subjective rationality)에 따라 주관적으로 만족스러운 대안을 선택할 수 밖에 없다.[9] 이와 같이 규제행정기관이 스스로 순수합리성의 관점에서 公益을 정의하고 판단하기 보다는 외부적 기관들의 반응을 살펴 주관적으로 만족할 만한 선에서 규제기관의 정책과 운영양식을 결정하려고 하는 경향은 상대적으로 규모가 작고 중요성을 갖지 못하는 규제기관의 경우에 특히 현저하게 나타날 가능성이 높다.

이 때 규제기관이 그 판단기준의 지표로 삼게 되는 외부신호의 출처(sources of signals)는 주로 법원, 의회의 관련위원회, 예산기관, 언론, 중요한 이익집단 등이 있을 수 있다. 특히 이 가운데서도 공익을 대변한다고 생각되는 외부신호는 주로 법원, 선거직 공무원, 일반 국민으로부터 나온다고 본다. 여기에서 우리가 특별히 주목할 것은 보다 근본적인 외부신호 제공자로서의 學界의 역할이라고 할 수 있을 것이다. 학계에서의 정책조사연구활동은 다음과 같은 측면에서 보다 폭넓게 외부신호를 제공해 주는 역할을 할 수 있다. 첫째, 이익집단, 법원, 의회 등은 자기의 주장을 전개하는 데 있어서 학계의 의견을 유력한 무기로 사용한다. 둘째, 학계의 연구결과는 企業家的 政治人(political entrepreneurs)들로 하여금 관련정책 이슈를 공론화함으로써 자기의 정치적 지지기반을 구축하는 기회를 제공한다. 셋째, 관료들은 그들의 업적과 성과에 대한 학문적 평가에 관심을 갖고 그것이 적절하다고 판단되는 경우에는 평가결과를 적극적으로 수용하게 된다.

이와 같이 다양한 외부신호의 출처 가운데서 규제기관이 어떤 신호를 보다 중요시하느냐에 따라서 규제기관의 내부의사 결정과정(internal-

---

8) *Ibid.*, pp. 41~52.

9) Herbert Simon의 만족모형에 관하여는 吳錫泓, 전게서, pp. 549~550 참고.

decision-making)과 행태는 상당한 영향을 받지 않을 수 없다. 예를 들어 규제기관이 강력한 정치적 영향력을 가진 피규제산업의 눈치를 살피면서 규제정책을 수립하거나 규제업무를 집행하는 경우 이는 실질적으로 규제기관이 규제대상 산업에 포획된 경우와 별 다름이 없게 될 것이다.

또한 우리나라와 같이 정부가 기업의 성장을 통한 경제발전을 가장 우선적인 책무로 생각하는 경우에 있어서 규제기관은 여타의 경제관련 정부조직의 정책방향에 따라서 스스로 同調해 가는 현상이 나타나기 쉽다. 예를 들면 환경처의 경우 환경규제정책의 엄격한 집행은 곧 공해유발 산업 또는 공해유발성 제품을 생산하는 기업활동을 극도로 위축시킬 것이 분명하기 때문에 환경처는 이런 산업의 진흥을 담당하고 있는 여타의 행정기관과의 정책의 조화를 스스로 모색하게 될 가능성이 높다. 이와 같이 행정의 목표가 다양하게 정의되지 못하고 규제행정기관의 업적에 대한 평가기준이 명확하지 못한 경우에 기업에 경제적 부담을 안겨주게 되는 규제업무(환경보호, 소비자보호 등 사회적 규제의 경우가 주로 이에 해당된다)를 담당하고 있는 규제기관들이 보다 압도적인 중요성을 가지는 상위의 정책목표에 과잉동조(over-conforming)하는 경향을 보인다. 이것 역시 규제기관이 규제기관의 설치목적에 내포되어 있는 합리성에 기초하여 규제업무를 수행하기 보다는 외부 관련기관의 반응을 보다 중요시하는 데서 불가피하게 야기되는 현상이다.

5. 규제기관 관료의 유인체계

규제기관과 관료의 행태를 이해하는 데 있어서 규제기관 관료들이 대체로 어떤 유인과 보상체계를 갖고 있는지를 살펴보는 것도 도움이 될 것이다. 아래에서는 특히 규제기관의 포획을 초래하는 요인들로서 자주 원용되고 있는 요인들을 중심으로 고찰해 보려고 한다.

5.1 고급규제관료의 성향

규제기관의 장을 임명하는 데 있어서 그가 피규제산업과 어떤 관계를 맺어 왔으며 규제정책방향에 대해 어떤 정책선호(policy preference)를 갖고 있느냐 하는 것이 규제행정기관의 정책과 행태에 영향을 미칠 수 있다.[10] 미국과 같은 나라에서는 대통령이 규제기관의 책임자를 임명하는데 있어서 그 규제기관의 규제를 받아야 할 입장에 있는 산업에 종사한 경험이 있는 자를 기피하는 것이 하나의 관례처럼 되어 있는 것도 이런 假定에 입각한 것이다. 피규제산업에 대한 깊이있는 지식과 경험이 없는 사람이 어떻게 규제업무를 올바르게 수행할 수 있겠느냐 하는 반론이 간혹 제기되는 것도 사실이다. 그러나 규제기관 長의 전문성(expertise)과 정책판단에 있어서의 공정성(fairness)은 상호 이율배반적인 측면을 갖고 있기 때문에 이는 궁극적으로 각 사회의 고유한 가치판단의 문제라고도 할 수 있을 것이다.

5.2 규제기관과 예산유인

일반적으로 행정기관은 자신의 예산을 극대화하려는 욕구를 갖고 있는 것으로 알려져 있다.[11] 이런 전제하에서 본다면 예산극대화를 추구하는 규제행정기관은 자신의 영향력 범위(sphere of control)를 확대할 수 있는 가능성을 끊임없이 탐색하고 독점적인 산업 보다는 업체수가 많은 경쟁적 산업(competitive industries)에 대한 규제를 선호할 것이라는 예

10) 이 점과 관련하여 이루어진 미국에서의 한 연구의 결과에 의하면 前現職 규제기관의 장을 대상으로 한 면접결과 그들은 거의 모두가 규제기관의 장으로 임명될 당시에 피규제산업에 대하여 특별히 우호적인(pro-business) 정책선호나 성향을 지니지 않았다고 답하였다. Paul J. Quirk, *Industry Influence in Federal Regulatory Agencies* (Princeton : Princeton University Press, 1981).

11) 이에 관하여는 William Niskanen, *Bureaucracy and Representative Government* (Chicago : Aldine-Atherton, 1971); Aaron Wildavsky, *The Politics of the Budgetary Process* (Boston : Little, Brown and Co., 1964) 등 참고.

측이 가능하다.

그러나 실제적으로 나타나고 있는 행태는 이런 예측과는 상반되고 있음을 볼 수 있다. 첫째, 규제기관은 흔히 자신의 책임범위가 확대되는 것에 반대한다. 둘째, 경쟁적인 많은 업체에 대한 규제 보다는 소수의 업체에 대한 규제를 선호한다. 예를 들면 규제기관이 기업의 合倂을 촉진하는 것은 바로 이런 성향 때문인 것으로 설명된다. 역사적으로 볼 때도 규제기관이 보다 많은 피규제산업이나 규제분야에 규제를 확대해 나가게 된 것은 스스로 원해서라기보다는 마지못해서였다는 것으로 이것은 기존의 정부규제 하에서 피규제산업의 비효율성으로 인해 새로운 경쟁적 進入者(competitive entrants)가 대두하게 된 데 따른 것이다.[12] 이와 같이 볼 때 규제행정기관이 예산의 극대화를 꾀하여 규제를 보다 적극적으로 집행하려고 할 것이라는 가정은 별로 타당성이 없어 보인다.[13] 이것은 일반행정기관의 경우와 달리 규제행정기관에 있어서는 규제기관의 예산규모가 규제관료의 유인이나 보상체계에 별다른 영향을 주지 못하고 있음을 반증하는 것이다.

5.3 규제관료의 퇴직시 유인

규제기관의 관료들이 규제기관으로부터 離職한 이후에 피규제산업에 고용될 수 있는 가능성을 노려 평소에 이들과 우호적인 관계를 맺으려 하고 친기업적인 편향성을 드러낼 수 있다는 또 하나의 가정이 있다. 사실 이것은 직업 移動性이 상대적으로 큰 미국사회에서는 중요한 문제로 지적되고 있다. 규제기관을 상대로 자신의 이익을 보호받기 위한 노력을 게을리 할 수 없는 피규제산업의 입장에서 볼 때 규제관료들이 갖고 있는 규제기관 의사결정양식과 행태에 대한 경험과 그들이 다른 규제관료

---

12) James W. McKie, "Regulation and the Free Market : The Problem of Boundaries," *Bell Journal of Economics and Management Science*, Vol. 1 (Spring 1970).

13) Quirk, *op. cit.*

들과 맺고 있는 유대관계가 커다란 資產이 될 수 있다. 규제관료의 입장에서도 피규제산업이 제공하는 물질적인 유인과 報償은 항상 매력적인 것이 아닐 수 없다.

그러나 과연 여기에서의 가정과 같이 규제관료가 그런 유인을 갖고 있기 때문에 규제기관 재직기간 동안에 피규제산업 혹은 특정 기업에 대해 편파적인 정책을 수립하고 집행할 것인지 여부에 대한 궁극적인 대답은 오직 경험적인 연구를 통해서만 입증될 수 있을 뿐이다. 실제로 미국 법무성의 독점관리국(Antitrust Division)에 종사하고 있는 변호사들은 독점사업체나 기업결합(merger) 사례에 대해 가혹하다는 평판을 얻지 않고서는 일류 법률법인이나 기업에 고용되기 어렵다. 이것은 퇴직시 유인이 규제관료로 하여금 규제정책을 보다 철저하고 공정하게 집행하도록 유도하는 방향으로 작용할 수도 있음을 보여준다.

6. 결 론

본장에서 우리는 규제행정기관이라는 특수한 형태의 행정조직이 어떤 정치적 환경 속에 처해 있으며 어떤 변천과정을 거치고 이 조직의 관료들이 어떤 행태를 나타내게 되는지에 대한 이론, 가정들을 종합적으로 정리하여 보았다. 특히 우리는 왜 규제기관이 당초의 설립목적인 공익의 실현이라는 정책목표로부터 유리되거나 일탈하여 소위 規制失敗(regulatory failure) 현상을 야기하게 되는지를 이해하여 보려고 하였다.

여기서 제시된 많은 이론이나 가정들이 충분한 경험적 연구에 의해 뒷받침되고 있다고 보기는 어렵다. 일반적으로 조직이나 조직내 인간의 행태에 대한 연구의 태반이 그러하듯이 규제조직 및 관료의 행태에 대한 연구도 이런 수준을 벗어나지 못하고 있다. 그러함에도 불구하고 여기에서 제시된 이론이나 가정들은 충분히 경험적으로 연구해 볼만한 가치를 지닌 것 들이다. 특히 우리 현실에서 과연 이런 이론이나 가정들이 어느 정도의 적합성을 가질 수 있느냐를 경험적으로 탐구해 보는 것은 대단히 긴요하다고 생각된다. 이것은 정책적인 면에서 규제행정기관 더 나아가서는 일반 행정기관의 조직성과를 높이는 데 있어서 크게 기여할 뿐만 아니라 바람직한 조직설계(organizational design)를 위해서도 반드시 필요한 작업이다.

여기에서 특히 그 필요성을 강조하지 않을 수 없는 것은 규제기관의 내부적 의사결정 과정과 절차 및 행태에 대한 실증적 연구라고 하겠다. 외국에 있어서도 이런 연구는 대단히 드문 것이 사실이지만 우리나라에서 이런 연구는 전무한 형편이다. 정부규제는 그 속성상 상반되는 이해관계의 조정을 그 핵심으로 삼고 있다. 규제기관에서 어떤 과정을 거쳐 이런 의사결정을 내리고 있는지에 대해 깊이 이해할 수 있을 때 우리는 규제정책뿐만 아니라 모든 정책결정 과정의 民主化를 위한 많은 시사점을 얻을 수 있게 될 것이다. 다음 장에서는 이에 관해 살펴 보려고 한다.

제 7 장

규제기관의 정책결정 패턴

1. 서 론

앞장에서 우리는 규제정책을 담당하고 있는 규제행정기관이 어떤 조직적 특성을 갖고 있고 규제관료들이 어떤 행태적 특성을 갖고 있는가에 대해 고찰하였다. 본장에서는 규제행정기관이 실제로 어떤 정책목적에서 어떤 방법으로 규제정책에 관한 의사결정을 내리는지에 대해 논의해 보려고 한다. 규제기관의 정책결정과정의 특성을 찾아내기란 대단히 어렵다. 그것도 하나의 규제정책에 대한 사례연구(case studies)가 아니고 이를 일반화하여 논의하려 할 때 어려움은 가중된다. 그러나 비록 극히 불완전한 관찰에 불과할지라도 실제로 정부규제가 어떤 과정을 거쳐서 결정되며 어떻게 집행되고 있느냐를 이해하는 것은 규제정책을 합리화하고 규제행정기관의 성과(performance)를 높이는 데 있어서 대단히 중요하다. 왜냐하면 아무리 좋은 정책대안일지라도 그것이 기존의 정책결정구조에 대한 깊이있는 이해 없이 이루어지고, 기존의 정책결정구조에 의해 수용될 때, 불가피하게 변질될 수 밖에는 없기 때문이다.

안타깝게도 규제행정기관의 정책결정과정에 대한 경험적 연구(empirical studies)는 국내외를 막론하고 극히 부족한 형편이다.[1] 여기에는 여

1) Wesley A. Magat and Steven Estomin, "The Behavior of Regulatory Agencies," in Allen R. Ferguson, *Attacking Regulatory Problems* (Lexington, Mass.: Ballinger Publishing Co., 1981), p. 97.

러 가지의 이유가 있다. 첫째, 기존의 연구들은 규제행정기관 그 자체에 대해서보다는 주로 규제정책 결정과정에 있어서 의회의 역할, 이익집단의 역할 등 규제행정기관의 외부에서 규제정책과정에 영향을 미치는 다양한 정치적 조직(political institutions)에 연구의 초점을 맞추어 왔다. 이것은 규제행정기관이 극도로 다양한 업무를 다루고 있을 뿐만 아니라 각각 독특한 의사결정구조와 특성을 갖고 있기 때문에 규제행정기관 그 자체보다는 의회나 이익집단에 초점을 맞추는 것이 보다 생산적이라는 판단에 따른 것이다.

물론 규제기관의 정책결정과정에는 규제정책의 성격에 따라 정도의 차이는 있을지언정 의회, 다른 행정기관, 다수의 크고 작은 이익집단, 언론, 법원 등이 개입하기 마련이다. 그러나 여전히 규제기관은 규제정책 결정의 주된 場(locus of decision-making)으로서 상당한 폭의 재량(discretion)을 향유한다. 따라서 규제기관이 자신에게 주어진 재량을 어떤 방식으로 행사하느냐에 대한 이해는 그 자체로서 중요성을 가진다.

둘째, 규제정책 결정과정에 대한 연구가 부진한 중요한 요인으로서 규제기관 스스로의 인식부족과, 이런 연구에 대한 정보 및 연구비지원의 소극성을 들지 않을 수 없다. 여기에 더하여 규제기관들은 예외없이 기관 내부의 의사결정과정이 외부에 공개되는 것을 극도로 꺼리는 성향을 갖고 있다. 특히 다른 정부기관이 자신들의 의사결정규칙이나 방식을 샅샅이 알게 될 때 그것이 의사결정방식의 개혁 등 자신들이 원하지 않는 결과를 초래할 것에 대한 염려도 없지 않다. 이런 모든 가능성은 비록 정책결정과정에 대한 연구를 불가능하게 하는 것은 아닐지라도 그것을 대단히 어렵게 만드는 요인이 되고 있다.

이런 한계를 감안하여 본장에서는 규제행정기관이 어떤 방법으로 규제정책의 목표 및 우선순위(priority)를 결정하고, 정책수단을 선택하며, 정책의 집행방법을 결정하는지 등 규제기관이 정책결정을 내려야 되는 주요한 국면들에 대해 고찰해 보는 것으로 그칠 수 밖에 없다. 한 가지 첨언할 것은 여기에서 규제정책 결정과정이라 할 때 그것이 목표-수단

(ends-means) 관계로 이어지는 연속적인 정책결정과정을 의미하는 것이 아니라는 점이다. 우리는 흔히 정책결정을 다루는 교과서에서 정책결정이 목표의 설정──→정책대안의 **비교와** 평가──→최적대안의 선택이라는 과정을 체계적으로 밟아 이루어지는 것으로 배우고 있으나, 실제의 정책이 이와 같은 방식으로 이루어지는 경우란 극히 드물다. 이 점을 감안하여 여기에서는 규제기관의 정책결정이 이루어지는 중요한 국면에 있어서, 규제기관의 정책결정에 영향을 미치는 중요한 요인들과 정책결정과정에서 흔히 나타나는 주요한 특성을 찾아보려고 한다.

2. 규제정책의 목표 및 우선순위 결정

규제정책결정의 기초가 되는 규제입법은 그것의 목적이 불분명한 경우가 많다. 예를 들면 규제입법의 목적을 규정하는 관련법 제1조는 거의 예외없이 "경제성장을 촉진하기 위하여," "산업의 진흥과 안정을 위하여," "국민의 공공복리 증진을 위하여," 등등 막연하기 그지없게 표현되어 있다. 개별규정에 있어서도 애매모호하기는 마찬가지이다. 이와 같이 규제입법의 목적과 내용이 상세하거나 명확하지 않을 때 규제행정기관의 恣意的 해석은 불가피하다. 예를 들면 산업진흥을 위해 사업허가를 모두 몇건을 내 주어야 하는 것인지? 환경오염의 방지를 위해 환경규제를 도대체 어느 정도나 강력하게 하여야 할 것인지? 모두 불분명하다. 결국 각각의 경우에 있어서 실천적인 정책목표의 결정에는 규제기관의 재량이 개입되지 않을 수 없다.

다음으로 특정 규제기관에 주어진 수많은 규제임무 가운데 규제기관은 어떤 이유에서, 그리고 어떤 방법으로 규제정책의 우선순위를 결정하는가 하는 것도 대단히 궁금한 일이 아닐 수 없다. 예를 들면 환경처는 왜 대기오염보다는 수질오염 또는 산업폐기물로 인한 오염의 방지에 상대적으로 많은 정책적 관심을 기울이고 보다 많은 자원을 투입하고 있는가? 한국소비자보호원은 왜 어제는 세탁기에 대한 품질비교 결과를 발표하고 오늘은 자동차보험이나 할부판매에 있어서의 소비자 피해방지를 위한 조치를 정부에 건의하는가? 증권감독원은 왜 새삼스럽게 內部者去來(insider trading)에 대한 규제의 강화를 들고 나오는가?

이런 의문들은 모두 규제행정기관의 정책목표 또는 정책의 우선순위 결정에 관계된 것들이다. 즉 규제기관의 제한된 인력과 자원을 어떤 규제에 우선적으로 보다 많이 투입할 것인지에 관련된 문제, 즉 규제기관의 자원배분(resource allocation)에 관련된 문제다. 규제기관의 자원배분에 대한 의사결정은 그 자체로서 대단한 학문적 관심사항일 뿐만 아니라 실제적으로 중요한 문제다.[2] 이것이 잘못 이루어지는 경우에는 그로 인한 정책의 실패뿐만이 아니라 그로 인해 뒤로 밀려나게 된 다른 정책의 지체로 인해 많은 사회적 손실이 따르기 때문이다. 예를 들면 현시점에서 대기오염의 방지가 보다 큰 사회적 편익을 가져다 줄 수 있음에도 불구하고 다른 오염원의 방지에 규제기관의 자원이 사용된다면 이것은 바람직스럽지 못하다.

규제기관마다 우선순위의 책정을 위한 내부적인 의사결정규칙(decision rule)을 갖고 있는지, 갖고 있다면 그것은 어떤 것인지를 일반화하기는 어렵다. 그러나 일반적으로 다음과 같은 요인들이 이들의 우선순위 책정에 중요하게 작용할 것으로 생각해 볼 수 있다.

2.1 규제기관의 조직과 임무

규제행정조직의 임무가 특정산업에 대한 규제뿐만이 아니라 그 산업의 진흥(promotion of industry)과 중복되어 있는 경우에 규제기관의 정

2) 거꾸로 우리가 규제기관의 우선순위 책정으로부터 어떤 일정한 패턴을 발견할 수 있다면 우리는 이로부터 관련 규제정책의 정치경제적 특성에 대한 그 규제기관의 基底的 選好(underlying preferences)를 파악할 수 있게 될 것이다. 예를 들면 官報에 게재된 내용이 시간적으로 어떠한 변화를 보이는지를 분석함으로써 해당 규제기관의 정책 우선순위가 어떻게 변화하고 있는지를 파악할 수 있으며 그것에서 일정한 패턴을 발견해 낼 수 있을 것이다.

책수단은 誤導되는 경향이 있다. 즉 특정산업에 대한 규제업무가 그 산업에 대한 진흥업무와 混在되어 구분이 어렵게 되어 있는 경우에는 규제행정조직의 업무의 중점이 산업의 진흥에 치우치게 되는 현상이 나타난다.[3] 이런 현상은 규제업무만을 전담하고 있는 독립규제위원회(independent regulatory commission)의 조직형태가 아닌 그밖의 조직유형을 취하고 있는 규제기관에서 흔히 발견되는 현상이다. 극히 예외적인 경우가 아니고서는 규제업무가 보통의 지원업무와 혼재되어 있어, 따로 규제기관이라고 부르기 어려운 규제행정기관을 많이 갖고 있는 우리나라에서 이런 현상은 대단히 흔하게 나타난다.

예를 들면 교통부나 지방자치단체의 교통행정 관련기관은 버스나 택시 등 대중교통수단의 요금과 서비스의 질, 서비스 공급의 안정성·계속성 등을 확보하기 위한 규제업무를 담당하고 있다. 이와 동시에 이런 기관들은 이런 공익서비스 산업에 대한 지원정책을 수행하고 있다. 바로 이와 같은 경우에 문제가 발생한다. 예를 들면 시내버스나 택시의 요금인상에 대해 논란이 있을 때 규제기관들은 서비스 질 저하가 지나치게 싼 요금 때문이라는 업계의 요구를 대체로 수용해 버리는 것을 볼 수 있다. 이것은 규제기관이 버스나 택시의 서비스 질 저하가 사회문제화 되어 있고 따라서 요금인상에 반대하는 여론이 거셀지라도, 만약에 관련업계의 요구를 들어주지 않을 때 동맹파업과 같은 사태가 발생된다면 교통서비스의 안정적 공급을 책임지고 있는 자신들에게 모든 책임이 돌아올 것이므로, 이들의 요구에 보다 동정적으로 되기 때문이다. 이런 성향은 평소에도 그대로 작용하여 교통산업의 경영과 관련된 모든 사항에 깊이 관여하지 않을 수 없고 이 때에 규제기관은 피규제산업에 유리한 방향으로 교통규제정책을 전개하게 된다.

---

3) John E. Moore, "Recycling the Regulatory Agencies," *Public Administration Review*, Vol. 32 (July/August 1972), pp. 291~98.

[사례 7−1] **택시요금 인상**

1989년 전국택시연합회는 지난 8년여 동안 요금이 동결되었고 노사분규 등으로 인해 임금이 상승, 요금인상이 불가피하다고 주장하면서 대도시 36.4%, 기타 지역 32.7%의 택시요금인상을 요구하였다. 그러나 전국택시노조연맹 서울시지부는 하루 평균 480~500km씩을 운행해야 하는 과중한 부담이 교통체증을 유발하며 높은 교통사고율을 기록하게 하는 주범이기 때문에 운전자의 완전월급제가 시행되어야 한다고 주장하면서 이런 제도적 개선 없이 요금을 인상하는 것은 별로 의미가 없다고 주장하였다.

이에 대해 교통부는 승차거부, 합승행위, 불친절 등 택시업계의 고질적 병폐의 해결을 위해서는 도시교통혼잡의 완화(택시요금 인상은 택시이용율을 감소시킨다)와 택시운전사의 처우개선이 필요하다고 보고 요금인상 요구를 긍정적으로 검토하겠다고 밝혔다. 서울시도 대도시 교통난 완화와 관련하여 택시업자의 요구를 긍정적으로 받아들였다. 민정당은 전국 1,840개 택시업체와 13만 운전자들을 의식하여 업계의 임금인상 요구에 동조하는 태도를 보였다.

한편 경제기획원은 택시 운전자들의 수입이 타업종의 근로자 수입과 비교하여 결코 낮은 수준이 아니며 1985년 11월 거리·시간 併算制 실시로 10% 이상의 요금인상이 이루어졌고, 세 차례의 油價인하 및 LPG 가격인하, 1989년도의 자동차세 및 자동차 가격인하 등이 이루어졌기 때문에 택시업계는 임금인상으로 인한 원가상승을 자체 흡수하여야 한다는 입장을 보였다.

한편 시민들은 정부와 업계가 요금인상 때마다 서비스개선, 처우개선 등을 내세웠으나 제대로 실천된 적이 없다며 부정적인 반응을 보였다. 특히 도시교통난 해소방안의 하나로 택시 승차율을 낮추기 위해 택시요금을 대폭 인상하려는 발상은 本末이 전도된 것으로서 이것은 자가용승용차의 증가를 부채질할 뿐이라며 교통부의 무책임한 행정을 비판하였다. 그러나 많은 논란에도 불구하고 택시요금은 상당폭 인상되었다.

이와 같이 규제기관이 규제업무와 산업진흥 업무를 동시에 다루고 있을 때 피규제산업에 발생하는 모든 문제가 결국 자신의 책임으로 귀착되기 때문에 규제기관은 아주 자연스럽게 피규제산업에 포획되어 그 산업의 이익을 대변하면서 그것이 바로 자신들의 조직목표인양 착각하게 된다.[4] 이런 현상은 아주 일반적으로 나타난다. 예를 들면 보사부와 식품산업계·화장품 및 제약업계·의료기관 등의 관계, 건설부와 건설업계의 관계, 동력자원부와 전력·석탄·석유·가스 등 각종의 에너지 관련 산업과의 관계, 재무부와 금융·증권·보험업계 등이 그러한 예들이다. 이 점에서 우리나라에서와 같이 많은 규제행정조직이 규제기능과 함께 규제산업의 진흥기능을 동시에 담당하고 있는 현실은 하루바삐 재검토되어야 할 것이다. 산업진흥을 위주로 하던 때로부터 벗어나 이들 산업의 사회적 책임이 강조되어야 할 오늘날, 행정기관이 공익적 견지에서 규제정책을 운용할 수 있도록 하기 위해서는 어떤 방법으로든 이 두 가지의 기능이 명확히 구분될 수 있도록 할 필요가 시급하다.

규제행정기관이 하나의 특정산업만을 대상으로 한 규제업무를 담당하느냐, 아니면 다수의 이질적인 산업에 대한 공통적인 규제업무를 담당하게 하느냐에 따라서도 정책목표에 대한 결정은 중대한 영향을 받는다. 이 두 가지의 조직방식은 각기 장단점을 갖고 있어 그 우열을 논하기가 쉽지 않다. 예를 들면 단일산업을 대상으로 규제기관을 설치하는 경우(여기에는 주로 경제적 규제가 해당된다) 규제기관이 피규제산업의 실상을 속속들이 파악할 수 있어 전문성을 높일 수 있다고 하는 장점이 있는가 하면, 피규제산업의 대리자로 전락하게 될 위험성은 그만큼 커진다. 반대로 규제기관이 다수의 이질적인 산업을 대상으로 규제업무를 수행하는 경우(여기에는 환경규제, 소비자보호규제와 같은 사회적 규제가 주로 해당된다)에는 피규제산업에 대한 전문성이 약화되는 대신, 규제기관이 특정산업의 포로가 될 가능성은 보다 낮아지게 될 것이다.

---

4) James Q. Wilson, "The Politics of Regulation," James W. McKie (ed.), *Social Responsibility and the Business Predicament* (Washington, D.C. : Brookings Institution, 1974), p. 155 참고.

다음으로 규제기관과 감독기관(oversight agencies) 사이의 관계도 규제기관의 정책목표 및 우선순위결정에 영향을 미친다. 우선 감독기관이 입법부, 행정부, 사법부의 어디에 속하는가에 따라 규제기관은 서로 다른 유인을 가지게 된다. 왜냐하면 규제기관의 성과를 측정하고 평가하는데 있어서 서로 다른 감독기관은 서로 다른 평가기준을 적용하게 될 것이기 때문이다. 또한 감독기관의 통제력의 크기에 따라서도 규제기관의 행태는 영향을 받게 될 것이다. 좀더 구체적으로 말하면 규제기관의 고급관료에 대한 임면권을 누가 행사하느냐, 규제업무의 집행과정에 정치적 간섭을 할 수 있느냐 여부 등은 규제기관의 정책관행과 행태에 직접적인 영향을 미치는 요인이라고 할 수 있다.

2.2 위기의 발생

돌발사태 또는 위기(crisis)의 발생으로 인해 규제기관에 가해지는 정치적 압력(political pressure)은 규제기관의 정책목표 및 정책 우선순위에 변화를 일으키는 중요한 요인이다. 최근에 있었던 낙동강의 페놀오염사건(사례 21-1)은 비단 대구지역의 주민뿐만 아니라 온 국민을 경악케 한 사건으로서 이런 위기사태는 환경처로 하여금 수질오염의 방지를 위한 환경정책에 커다란 변화를 초래하는 계기가 되었다. 또 다른 예로서 원진레이온의 대량 직업병 환자 발생사태는 노동부로 하여금 직업병에 대한 정책 우선순위를 높히게 하는 직접적인 계기가 되었다.

이러한 돌발사태 또는 위기는 규제기관이 더 이상 無意思決定(non-decision making)을 통해 잠재적인 정책문제를 고의적으로 방치하거나 억누를 수 없도록 만든다.[5] 그것은 이런 정책문제의 정치이슈화에 따라 규제집단을 둘러싼 이익집단의 상대적 영향력 관계가 변화될 뿐만 아니

5) 無意思決定理論에 대하여는 Peter Bachrach and Morton Baratz, "Decisions and Non-Decisions : An Analytical Framework," *American Political Science Review* (Sep. 1963), pp. 632～42. 이 이론의 설명은 鄭正佶, 「政策決定論」(서울 : 大明出版社, 1988), pp. 312～15 참고.

라, 규제기관 내부에서도 이런 정책문제의 본격적인 취급을 주창하는 자들을 고무시키고 그들의 입장을 강화시키게 되기 때문이다.

또한 이런 상황 하에서 규제기관은 스스로의 권력(power)과 영향력의 증대를 위한 전략을 추구할 수도 있다. 정치엘리트들은 평상시에 규제정책과 행정업무에 대해 무감각하거나 별로 관심을 보이지 않는 것이 일반적이다. 그러나 규제정책이슈가 정치적 중요성(political salience)을 띠게 되는 경우에 정치엘리트들은 보다 적극적으로 규제정책과정에 개입하게 된다. 이것은 그들이 이 과정에 성공적으로 개입할 경우에 그에 따른 정치적 報償(reward)을 기대할 수 있게 되기 때문이다.[6]

따라서 규제기관은 특정 규제정책의 可視性(visibility)과 정치적 중요성을 높임으로써 규제기관의 임무와 사명의 중요성에 대한 정치엘리트의 인식을 새롭게 하고, 이들의 힘을 빌어 그 규제기관이 안고 있는 문제점을 극복하기 위한 수단의 확보, 즉 보다 넓은 폭의 입법적·행정적 권한(authority)의 위임과 보다 많은 자원(resources)을 확보하려 한다. 극히 다양하고 상충적인 이해관계에 둘러싸여 있는 규제기관이 스스로의 영향력을 확대·강화시키기 위해서 이런 기회를 최대한으로 이용하려고 하는 것은 당연하다. 이런 필요는 기관형성의 초기단계에 있는 규제기관일수록 더욱 크게 느끼기 마련이다.

그러나 규제기관이 이런 전략을 구사하는 데는 약간의 위험이 따르게 된다. 왜냐하면 규제정책의 미온성으로 인한 규제실패(regulatory failure) 또는 위기사태의 발생에 대한 책임을 모면하기 어렵게 되기 때문이다. 그 결과 책임있는 규제기관의 책임자의 교체 또는 규제기관의 통폐합이란 의외의 결과를 초래할 수도 있다. 그러나 그런 규제실패 현상이 이 규제기관의 통제권 밖의 요인, 예를 들면 예산이나 인력의 절대적인 부족 등에 기인한 경우에는 오히려 그 규제정책 문제에 대한 정치엘리트나 일반국민의 인식을 새롭게 함으로써, 새로운 권한을 위임받게 되거나

6) William T. Gormley, Jr., *The Politics of Public Utility Regulation* (Pittsburgh : University of Pittsburgh Press, 1983), pp. 24~6.

보다 많은 자원을 확보할 수 있는 기회를 얻게 되는 경우도 많다.

규제기관의 이런 전략은 위기사태 속에서 한층 더 높은 실현가능성을 가지지만, 그렇다고 하여 반드시 위기가 있어야만 이런 전략을 모색할 수 있는 것은 아니다. 즉 규제기관은 자기가 담당하고 있는 규제업무가 그 규제의 중요성에 대한 사회일반의 인식(public awareness)수준의 상승을 뒤쫓아 가지 못하고, 또한 당연히 받아야 할 만큼의 충분한 정책적 관심을 받지 못하는 경우에도 이와 유사한 전략을 추구할 수 있을 것이고, 이런 전략을 추구하는 한 규제기관의 정책 우선순위에 커다란 변화가 이루어지게 될 것이다.

2.3 유효한 정책수단의 존재

위와 같은 위기사태의 발생에도 불구하고 유효한 정책수단의 이용가능성(availability)이 제약되어 있는 경우에 규제기관은 이런 위기에 효과적으로 대응하지 못하고 미봉책에 머물고 만다. 예를 들면 환경관련 규제에 있어서 관계법 위반자에 대해 강력한 처벌로 대응하겠다는 엄포를 놓는다거나, 추후에 관련법의 개정 등 적절한 조치를 강구하겠다고 발표하는 등이 그것이다.

그러나 규제기관이 유효한 정책수단을 구비하고 있으나 이를 실행에 옮길 수 있을 만한 정치적 지지가 확보되지 못하고 그런 여건이 성숙되어 있지 못한 상태에 있다가, 위기사태가 발생하거나 사회문제화 되면 이를 기화로 하여 그런 정책수단이 적극 활용되는 것을 볼 수 있다.[7] 예를 들면 교통부가 교통혼잡으로 인한 사회적 문제가 심각해지자 대도시의 주요 건축물에 대해 교통유발부담금제도(제 21 장)를 신설하였다. 그

7) 어떠한 정책문제가 정의되고 나서야 비로소 그 문제에 대한 해결책이 모색되는 것이 아니고 거꾸로 어떠한 해결책이 준비되어 있을 때 의사결정자는 그것이 해답이 될 수 있는 정책문제를 탐색한다는 가설적 주장(proposition)이 있다. Michael, D. Cohen, James G. March, and Johan P. Olsen, "A Garbage Can Model of Organizational Choice," *Administrative Science Quaterly*, Vol. XVII, No. 1 (March 1972), p. 2. 이 쓰레기통 모형에 대한 설명은 鄭正佶, 전게서, pp. 708~715 참고.

런가 하면 환경처는 각종 폐기물의 불안전한 처리로 인한 공해가 커다란 사회문제로 대두되자 타이어, 윤활유, 유리병, 알루미늄 캔 등 폐기물의 처리비용 예치제도(deposit system)를 도입하였다(사례 14－2).[8)]

2.4 규제기관 책임자의 리더쉽

규제기관의 長이 갖고 있는 가치관, 정책관, 정치적 능력, 전문성(expertise) 등은 규제기관의 정책 우선 순위 결정에 중요한 영향을 미친다.[9] 규제기관의 長이 교체될 때 규제기관의 정책우선순위에 변동이 오는 것을 흔히 볼 수 있는 것은 이 때문이다. 물론 규제기관 長의 정책관과 규제기관 관료들의 정책관 사이에는 높은 齊合性(concurrence)이 존재한다. 정책내용이 무엇이냐에 따라 다르기는 하겠지만 경우에 따라서는 전자가 후자에 영향을 미치기도 하고, 반대로 후자가 전자에 영향을 미치기도 한다.[10)]

그런가 하면 규제기관의 장이 이익집단이나 규제대상 집단과의 관계를 어떻게 설정하느냐에 따라 규제기관의 정책 우선순위가 영향을 받기도 한다. 예를 들면 환경문제를 다루는 공익단체와 깊은 관계를 맺고 있던 사람이 환경규제기관의 長이 되는 경우와, 규제대상인 산업체와 깊은 관련을 갖고 있던 사람이 기관장이 되는 경우에 그의 정책관은 판연히 다를 수 있다. 그러나 앞장에서 고찰한 바와 같이 과거의 경력이 어떠하든지에 관계없이 규제기관의 장으로 임명되는 사람은 너나없이 규제기관의 사명과 역할에 대한 사회적 인식에 부합되는 정책관을 갖고 있다고 생각하는 경향이 있다는 점은 이런 의문에 대한 경험적 연구에서 주목되는 사항이다.

8) 환경처의 새로운 정책수단의 도입의도가 얼마나 업계와 관련부처의 강한 반발에 부딪쳐 있었던가 하는 것은 입법예고과정에서 적용대상품목의 축소(형광등, 종이기저귀, 각종 일회용품, 수은온도계 등)와 예치비의 하향조정 등이 이루어진 것을 통해서도 어느 정도 파악해 볼 수 있다. 동아일보, 1991. 7. 12일자.

9) Kenneth J. Meier, *Regulation : Politics, Bureaucracy, and Economics* (New York : St. Martin's Press, 1985), pp. 17～8.

10) Gormley, *op. cit.*, pp. 102～131.

3. 규제정책수단 선택

적절한 규제정책수단의 선택은 규제정책 결정과정에서 대단히 중요한 부분이라고 할 수 있다. 일반적으로 규제기관이 상호대체적인 규제정책수단 가운데서 어떤 정책수단을 선호하게 될 것인가에 대해서는 규제기관의 유인과 관련하여 다음과 같은 측면에서의 검토가 가능할 것이다.

3.1 불확실성과 모험회피 성향

규제기관은 보통 극히 제한된 정보(limited information)만을 갖고 규제정책을 결정하지 않으면 안된다. 예를 들면 규제기관은 규제를 시행할 당시에 그 규제로 인한 비용(costs)이 규제대상에 따라 어떻게 상이하게 나타날지를 정확히 파악할 수 없다. 또한 규제가 과연 기대한 바대로의 효과를 나타내게 될지, 또는 규제로 인한 사회적 편익(benefits)이 과연 규제비용을 충분히 상쇄하고도 남을 만큼 높게 나타나게 될지 여부에 대해 사전에 정확하게 파악하기 힘들다. 또한 대체적인 규제수단에 따르는 각각의 비용과 편익에 대한 정보도 정확하게 비교하기 어렵다.

이런 규제정보의 불완전성 또는 불확실성(uncertainties)에 대한 규제기관의 반응은 대체로 모험회피적(risk-averse) 성향을 띠게 된다. 즉 불확실성에 대한 대응방법이 그릇될 경우 규제기관에 돌아오게 될 사회적 비난을 고려하여 보다 안전하다고 생각되는 정책수단을 선택하는 경향이 있다. 이것은 규제기관이 규제정책에 내재된 불확실성의 문제를 스스로가 해결하기 보다는 제3자의 개입을 통해 해결하려 함을 의미한다.

예를 들면 규제의 비용과 편익이 모두 불확실할 경우 규제기관은 편익을 보수적으로(conservatively) 낮게 평가함으로써 최적수준에 비하여 느슨한 규제수준을 택하는 경향이 있다. 이것은 처음에 비교적 느슨한 규제에 의존함으로써 규제에 대한 被規制산업의 저항을 완화시키는 한편, 차후에 규제의 집행을 가속화할 수 있기 때문이다.[11] 이때 이런 규제로 인해 편익을 기대하는 집단은 기존의 규제가 지나치게 느슨함을 지적하게 될 것이고, 규제기관은 이런 주장을 받아들여 규제기준을 비교적 큰 저항없이 상향 조정할 수 있다.

반면에 규제가 이루어지지 않을 때 회복불능의 막대한 피해가 예상되는 경우에 규제기관은 대단히 엄격한 규제방법에 의존하려 할 것이다. 이때 규제기관이 적절한 수준 이상으로 엄격한 규제방법을 채택하는 이유는 규제를 시행하지 않음(regulatory default)으로 해서 초래될 사회적 비난을 우선 회피할 수 있고, 규제가 지나치게 엄격하다는 비난은 추후에 점차 낮추어 가면 된다고 판단하기 때문이다.[12] 이 때에는 규제를 받는 집단이 규제가 지나치게 엄격하기 때문에 나타나는 부작용을 강조하게 될 것이고, 이에 반하여 편익을 보고 있는 집단은 그런 규제수준의 유지를 주장할 것이다. 이 경우에 규제기관은 양측의 주장을 검토하여 보다 적절한 수준으로 규제방법을 재조정할 수 있게 된다.

규제기관이 市場誘因(market incentives)을 활용하는 정책수단보다는 명령지시적 규제수단을 더 선호하는 것도 역시 불확실성에 대한 규제기관의 대응방법을 보여주는 좋은 예로 볼 수 있을 것이다. 예를 들면 규제기관은 시장유인에 의존하는 공해배출부과금(effluent charges) 제도보다는 기술기준(technology standard) 또는 성과기준(performance standard)에 의한 환경규제를 선호한다(제14장). 이것은 시장유인적 규제수단이 근본적으로 기업이 갖고 있는 경제적 유인의 변화를 통해 효과를 발휘하게 되기 때문에 규제기관의 입장에서 보면 불확실성이 보다 높은 규제수단이라고 판단하지 않을 수 없기 때문이다. 또 다른 예로서 산업재해를 방지하기 하기 위한 규제에 있어서 규제기관은 근로자에 대한 危

11) Anthony C. Fisher, Alan J. Krupnick, and Allen R. Ferguson, "Setting Regulatory Priorities," in Allen R. Ferguson, *Attacking Regulatory Problems* (Cambridge, Mass.: Ballinger Publishing Co., 1981), pp. 159～162.

12) *Ibid.*, p 162

害정보의 제공이나 교육보다는 공장시설의 안전성 제고를 위한 행정명령에 보다 더 많이 의존하는 성향을 보인다. 이것도 각각의 규제정책수단이 갖고 있는 불확실성의 크기와 관계가 있다.

시장유인적 규제수단이 갖고 있는 불확실성은 특히 위기적인 상황에서 환경규제 수준의 강화가 필요한 경우에 즉각적인 효과를 발휘할 수 없게 된다는 점에서 보다 극명하게 드러난다. 이에 비하여 명령지시적 규제는 그것이 비록 경직적이고 따라서 경제적 비효율성이 높기는 하지만 규제기관과 피규제자가 해야 할 일이 무엇인지를 명확히 알 수 있고, 그것이 효과적으로 집행이 된다면 어느 정도의 효과를 거둘 수 있는지가 분명하기 때문에, 규제기관의 입장에서는 보다 안전한 규제방법으로 보이게 된다. 예를 들면 식품이나 의약품의 안전규제의 경우에 소비자에게 이를 주지시키는 것만으로는 부족하고 위해한 식품이나 의약품의 제조를 금지 또는 제한하는 것이 보다 즉각적인 효과를 초래한다.

규제의 불확실성과 관련하여 흔히 발견되는 재미있는 현상은 규제의 피라미드(regulation pyramid)현상이다.[13] 이것은 어떤 하나의 규제가 시행된 결과 예기하지 못한 또 다른 문제점이 나타나게 되면 규제기관은 그 문제의 해결을 위해 또 다른 규제를 하게 됨으로써 규제가 규제를 낳게 되는 현상이다. 이런 현상은 특히 기업의 본원적 경제활동을 규제하는 경제적 규제(economic regulation) 영역에서 흔히 나타나는 것으로서, 시장에서 경제활동을 정책목적에 맞게 규제한다는 것이 얼마나 힘든 작업인가를 웅변적으로 보여준다고 하겠다.

예를 들어 공익서비스 산업이 있어 이것의 독점이윤을 규제하기로 하였다고 하자.[14] 이 때 공익서비스 사업체는 일정한 이윤이 보장되는 한

---

13) Wilson, *op. cit.*, pp. 153~154. 이런 현상을 '타르 베이비 효과(tar-baby effect)'라고 부르기도 한다. '타르 베이비'란 조엘 해리스(Joel Harris)의 소설 속에서 토끼를 유혹하기 위해 사용되는 타르 人形(tar doll)에서 유래된 말로서 토끼들이 검은 칠을 한 인형을 친구로 착각하여 주변에 자꾸 모여들게 되듯이 잘못 이루어진 정부규제가 다른 정부규제를 불러오는 현상을 지칭한다. 이 개념의 사용은 James W. McKie, "Regulation and the Free Market : The Problem of Boundaries," *Bell Journal of Economics and Management Science*, Vol. 1 (Spring 1970), p. 9 참고.

14) 보다 상세한 설명은 제10장 참고.

생산성을 높이고 원가를 절하하려는 시장유인을 갖지 못한다. 이들은 자신의 봉급을 자꾸만 올리려고 한다. 증가하는 수요에 대처하기 위한 방법에 있어서도 가급적 자본집약적인 시설투자에 의존하려고 한다. 때로는 비탄력적인 수요자에 대해 높은 가격을 요구하고, 탄력적인 수요자에 대해서는 낮은 가격을 물리는 가격차별을 실시하려고 하기도 한다. 따라서 규제기관은 별수 없이 공공사업체 임원의 봉급수준을 규제하고, 투자사업을 일일이 심사하고 규제하여야 하며, 가격차별이 사회적으로 바람직하지 않다고 생각될 때에는 요금구조(rate structure)에 대한 규제를 아울러 실시하지 않을 수 없다. 이것들이 여의치 못할 경우에 공공사업체는 서비스의 질을 저하시킬지도 모른다. 따라서 이번에는 서비스의 질에 대한 규제를 해야 한다. 이 때 공익사업체는 온통 규제에 휩싸이지 않을 수 없고 경영효율성은 점차 낮아져만 갈 것이다.

3.2 정치적 설득력과 수용성

규제기관이 규제정책수단을 선택함에 있어서 중요하게 생각하는 것은 선택된 규제정책수단이 일반인이 이해하기 쉽고 따라서 정치적으로도 즉각적인 설득력을 가질 수 있어야 한다는 것이다. 예를 들면 환경오염에 대한 규제에 있어서 原因行爲者負擔(polluters should pay) 원칙과 같이 이해하기 쉽고 직관적으로 설득력이 큰 규제방법이, 이론적으로 정교하나 이해하기 어려운 방법에 비하여 선호되는 경향이 있다. 이 점에 있어서도 시장유인적 규제수단은 명령지시적 규제에 비하여 정치적 受容性이 약하다. 예를 들면 公害權(permit) 競賣제도는 경제이론적으로 대단히 정교한 것이나 그것이 기업에 대해 환경을 오염시킬 권리를 돈을 주고 사게 하는 것이라고 할 때 일반인이 이를 도저히 용납하기 어렵고 따라서 정치적 수용성(political acceptability)은 낮아진다. 선택된 규제정책수단의 정치적 수용성과 관련하여 특히 중요하게 고려되는 것은 그것이 공평한 정책수단이냐 하는 문제이다. 예를 들면 어떤 규제정책수단이 대기업에 비하여 중소기업에게 지나친 부담을 주는 경우 그에 대한 보완책이 수반되지 않는 한 선택되기 어렵다. 이것은 제4장에서 지적한 정치엘리트들이 규제정책을 하나의 재분배정책수단(redistributive policy instrument)으로 인식하는 경향이 강하다는 것과도 관련된다.

이 점에 있어서도 시장유인적 규제수단은 명령지시적 규제수단에 비하여 약점을 가진다. 예를 들면 환경규제에 있어서 명령지시적 규제수단은 어느 기업을 막론하고 동일한 환경기준이 공통적으로 적용되는 데 반하여, 시장유인적 규제수단은 각 기업의 공해제거 한계비용의 수준에 따라 공해제거의 수준이 달라지게 되므로 불공평한 것처럼 잘못 인식되기 쉽다.

3.3 재량성과 신축성

규제기관은, 같은 효과를 가지는 정책수단이라면 스스로가 보다 많은 재량(discretion)을 행사할 수 있을 것으로 기대하는 정책수단을 선호한다. 시장유인적 규제수단에 비하여 명령지시적인 규제수단이 보다 선호되는 이유 가운데 중요한 또 하나의 이유는 바로 여기에 있다. 규제기관은 상황의 변화에 따라 기준과 규칙을 신축적으로 운용하여야 할 필요를 가지게 되기 때문이다. 예를 들어 規制基準설정이 입법부의 행정부 위임사항으로 되어 있는 경우에는 행정부가 시행령이나 시행규칙의 개정을 통해 상황의 변화에 효과적으로 대응할 수 있다. 이런 측면은 특히 위기적인 상황 하에서 대단히 중요하다. 명령지시적 규제가 갖고 있는 많은 결점에도 불구하고 그것이 선호되는 이유는 긴급한 상황 하에서 규제기관이 예외적으로 벌칙수준을 급격하게 높힘으로써 기준의 효력을 강화할 수 있기 때문이다.

이와 관련하여 규제기관의 준사법적 판단이나 재량의 행사에 대한 법원의 태도는 규제기관의 정책결정에 있어서 중요한 고려요인이 될 수도 있다. 즉 규제기관의 재량권의 행사에 대해 법원이 敵對的인 경우 규제기관은 오히려 재량의 여지가 적고 따라서 분쟁의 소지가 적은 정책수단을 선호하게 될 가능성도 없지 않다.

4. 규제정책의 집행방법 결정

효과적인 규제정책의 집행(enforcement)을 위해서는 관련법규에 지극히 일반적이고 추상적으로 규정되어 있을 뿐인 규제정책 목적을 보다 구체화하지 않으면 안된다. 이 과정에서 규제정책의 구체적 해석과 적용은 불가피하게 규제기관과 관료의 판단에 의존하지 않을 수 없게 된다. 여기에서는 이 과정에서 규제기관과 관료들이 일반적으로 어떤 기준을 갖고 이에 대한 의사결정을 내리는가에 대해 고찰하고자 한다.

4.1 규제정책 집행방법 선택

규제기관의 규제업무의 처리방식은 크게 보아 規則의 制定(rule-making)방식과 개별적 裁定(adjudication) 방식이 있을 수 있다. 전자는 관련 산업 전체에 적용되는 일반적인 규칙의 제정을 통한 규제인 데 반하여, 후자는 그때그때 문제가 된 개개 업체 또는 규제사안에 대해 개별적인 정책판단을 내림으로써 규제목적을 달성하려고 한다.[15)]

일반적으로 규칙제정 방식이 개개 업체나 사안의 특수성에 따른 恣意性(arbitrariness)을 보다 쉽게 극복할 수 있도록 한다는 의미에서 보다 우월하다고 할 수 있을 것이다. 한편 認許可(licensing)와 같이 일률적으로 처리하기 곤란한 규제업무, 또는 규제위반사항에 대한 처벌의 실시와 같이 그때그때 대두되는 문제를 처리하는 데 있어서 이 방식을 적용할

---

15) William F. West, "The Politics of Administrative Rulemaking," *Public Administration Review*, Vol. 42, No. 5 (1982) and "Institutionalizing Rationality in Regulatory Administration," *Public Administration Review* (July/August 1983).

수는 없다. 반면에 개별적인 사안의 특수성을 보다 효과적으로 반영한다는 측면에서는 단연 재정방식이 우월하다. 따라서 실제에 있어서는 두 가지의 의사결정방식이 혼용되지 않을 수 없다.

규제기관의 정책결정과정이 규제의 실패현상과 관련하여 중요하게 다루어지지 않으면 안되는 까닭은 규제의 속성으로부터 비롯된다. 정부규제는 관련 경제사회집단의 이해관계에 중대한 영향을 미치는 것이기 때문에 이들은 규제정책과정의 공평성(fairness)에 깊은 관심을 가지지 않을 수 없다. 규제기관의 행정절차는 이와 같은 규제정책의 공평성 확보를 위해 마련된 것이라고 할 수 있다. 따라서 규제행정절차는 정당한 이해관계집단이 얼마나 효과적으로 자신의 입장을 정책과정에 투입할 수 있느냐를 좌우하는 중요한 요인이다.

규제행정절차는 어느 경우에나 표면적으로 공정해 보이지만, 내용적으로는 특정 이해관계집단에 대단히 유리하게 또는 불리하게 되어 있는 수가 많다. 예를 들면 정당한 이해관계자의 규제정책과정에의 참여를 광범위하게 허용한다고 할지라도 어떤 방법으로 이해관계를 疏明하게 하느냐, 또는 얼마 동안의 기간 내에 하게 하느냐 하는 것 등은 이해관계집단의 정치적 조직력이나 자금력, 기술적 전문성의 정도에 따라 실질적으로 불공평을 유발할 수 있다. 특히 규제정책결정과 관련하여 필요한 정보(information)의 제공에 있어서 피규제자가 자기에게 불리한 정보의 제공을 전략적으로 기피하거나 또는 엄청난 양의 정보공세를 펴 지연전술을 취하게 될 경우, 규제기관은 이들에 의해 교묘하게 이용당할 수 있고, 그 결과 정책결정이 피규제산업에 유리한 방향으로 편향성(bias)을 띠게 되기 쉽다.

4.2 집행목표의 수준 결정

막연하게 주어진 규제정책 목적을 정책집행의 구체적 목표로 작업화(operationalize)하는 과정에서 규제기관은 보통 그것이 추구할 정책목표를 소수의 범주(categories)로 국한하여 고려한다. 예를 들면 소비자안전 문제를 담당하는 규제기관의 경우 많은 정책집행 기준 가운데 소비자에게 미치는 危害의 심각성, 또는 소비자危害를 야기시키는 빈도를 중점적으로 고려하여 규제업무를 계획한다. 이처럼 정책집행 문제를 단순화함으로써 규제기관은 규제업무에 따르는 정보의 부족, 높은 불확실성 등 제약요인을 극복하려 한다.

규제기관의 이러한 의사결정방식은 조직의 의사결정모형의 하나인 滿足模型(satisficing model)에 의해 잘 설명될 수 있다.[16] 이 모형에 의하면 조직은 목표달성을 추구함에 있어서 이것의 극대화(maximization)를 위한 대안보다는 만족스러운 代案(satisficing alternative)의 발견을 추구한다. 다시 말하면 조직은 "받아들일 수 있는 수준의 목표(acceptable-level objectives)"를 설정하는데 이것은 조직이 그 조직의 성과지표(measures of performance)를 이 수준 가까이에 유지시키려고 함을 의미한다. 따라서 조직의 성과지표가 이 수준에서 유지되는 한 조직구성원은 표준운영절차(standard operating procedure or routines)에 충실하기만 하면 되고 특별한 의사결정이나 간섭을 필요로 하지 않는다. 그러나 성과지표가 이 수준에 미급할 때는 표준운영절차를 변화시키는 의사결정이 필요해지게 된다. 조직의 의사결정은 이와 같이 목표달성에 차질이 있다고 판단되는 경우에 '局限된 問題의 탐색(problemistic search)' 방법을 통해 이루어진다.[17]

물론 조직이 만족스럽다고 여기는 수준이란 과거의 정책경험(experience)의 내용에 따라 변화한다. 즉 최소한의 만족수준을 달성하는 것이 경험적으로 어렵다고 판단되면 그 수준을 더 낮추고, 이와 반대로 높은 만족수준을 달성한 경우에는 그 수준을 더 한층 높이게 된다. 그러나 조직은 특별한 경우가 아니면(다시 말하면 높은 비용을 들여서라도 더 좋

---

16) Herbert A. Simon, *Administrative Behavior : A Study of Decision-Making Processes in Administrative Organizations* (New York: Free Press, 1957). 이 이론에 대한 설명은 吳錫泓, 「組織理論」(서울 : 博英社, 1990), pp. 627~8 참고.

17) Richard M. Cyert and James G. March, *A Behavioral Theory of the Firm* (Englewoods Cliffs, N.J. : Prentice-Hall Inc., 1963), pp. 120~22.

은 대안을 찾아야 하는 경우가 아니면) 특별한 대안을 탐색하려 하지 않는다.[18] 여기에서 특별한 경우란 경제여건의 변동 등으로 인해 이익집단 사이에 형성되어 있던 기존의 균형이 깨지게 되는 경우를 포함한다. 이 경우에 규제기관은 이익집단 사이의 갈등을 최소화하기 위해 정책의 혁신(policy innovation)을 추구하지 않을 수 없게 된다.[19]

위에서 고찰한 조직의 의사결정이론들은 규제기관의 경우에 그대로 적용된다. 예를 들면 산업안전규제에 있어서 규제기관은 현재의 표준운영절차에 의거해서는 만족할 만한 수준의 목표를 달성할 수 없다고 판단하는 경우에 공장검사의 횟수를 늘이거나 벌칙을 강화하는 의사결정을 하게 된다. 그러나 규제기관이 근본적으로 다른 보다 적극적인 정책대안의 탐색, 예를 들면 감독관의 배치계획의 수정, 새로운 공장검사기법의 도입, 새로운 制裁조치의 도입 등에 대한 의사결정을 하게 되는 것은 앞의 우선적인 보완책만으로서는 만족할 만한 목표를 달성할 수 없다고 판단되는 경우에 국한된다.

이와 같이 규제기관이 급작스런 정책의 변화보다는 완만하고 점진적인(incremental) 정책변화를 선호하는 것은 앞절에서 살펴본 불확실성에 대한 규제기관의 모험회피적(risk-averse) 성향과도 관계가 깊다. 즉 기존의 규제정책수단이 비록 불만족스럽다고 할지라도, 규제기관은 그런 규제정책수단의 폐기보다는 그것을 보완하는 선에서 멈춤으로써 불확실성을 최대한으로 극복하려고 한다. 이것은 또한 규제기관이 현상유지적(status quo) 代案과 비교할 때, 보다 나은 결과를 가져올 것으로 기대되는 약간 개선된 정책대안의 限界的 價値(marginal value)만을 고려대상으로 삼음을 보여준다.[20]

---

18) David Braybrooke and Charles E. Lindblom, *A Strategy of Decision : Policy Evaluation as a Social Process* (New York : Free Press, 1962), pp. 88~90; 이것은 싸이버네틱 모형으로도 잘 설명될 수 있다. John D. Steinbruner, *The Cybernetic Theory of Decision* (Princeton: Princeton University Press, 1974), pp. 74~5.

19) Paul Joskow, "Inflation and Environmental Concern : Structural Change in the Process of Public Utility Regulation," *Journal of Law and Economics* (Oct. 1974).

20) Braybrooke and Lindblom, *op. cit.*, pp. 83~88.

4.3 목표의 대치현상

규제기관 역시 모든 행정기관과 마찬가지로 스스로의 성과(performance)에 대한 평가를 필요로 한다. 그러나 규제효과의 측정은 대단히 어렵기 때문에 규제기관은 보통 아주 간단하게 스스로의 규제정책 성과를 측정할 수 있는 기준(criteria)을 개발하게 된다. 이 과정에서 불가피하게 나타나는 것이 조직이론에서 말하는 목표의 代置(goal displacement) 현상이다. 예를 들면 환경규제기관은 환경규제로 인한 긍정적 효과(자연환경의 순화 효과)의 측정이 어렵기 때문에 이 보다는 얼마만큼의 오염을 감소시켰느냐를 갖고 스스로의 성과를 측정하고, 그것도 제거된 오염물질의 양이라는 물리적인 단위(physical units)에 의거하여 평가하게 된다. 또 다른 예로서 산업재해를 관장하는 규제기관은 산업재해 건수를 몇건 감소시켰느냐를 갖고 평가하려고 한다.

규제기관이 이와 같이 물리적 단위나 양과 같은 수량적 평가기준에 의존하게 될 때 당초의 규제목적이 상당히 왜곡될 수 있음은 물론이다. 예를 들면 오염제거량만을 문제삼는 경우에 오염이 주민에 미치는 위해정도는 심각하게 고려되지 않는다. 주민밀집지역이든 아니면 공장집중지역이든 가릴 것 없이 무조건 보다 많은 오염물질을 제거하면 그만이라는 생각이 압도하게 되기 때문이다. 마찬가지로 산업안전규제에 있어서 災害者 숫자만을 문제삼을 때, 만성적 職業病 보다는, 비교적 빈번하게 발생하는 부주의로 인한 안전사고의 방지에 보다 많은 정책노력과 자원을 투입하게 하는 결과를 초래한다.

더 나아가서 규제기관이 사회악(social ills)의 예방이 아니라 그 기관에 대한 불리한 사회적 비판(adverse criticism)을 예방하는 것에 주력하는 것도 목표의 代置현상으로 볼 수 있다. 규제관료들이 규제정책을 수행함에 있어서 자신의 업적으로 인해 칭찬을 듣는 것보다는, 비판을 훨씬 더 두려워한다는 것은 주지의 사실이다.[21] 왜냐하면 규제정책의 성공은 규제정책의 실패에 비하여 일반인의 별 관심거리가 되지 못하기 때문이다. 예를 들면 규제기관의 노력으로 인해서 엄청난 재앙을 회피할 수 있었다면 그것은 당연한 것으로 치부되지만, 규제정책의 실패로 인해 실제로 그런 재앙이 닥친 경우, 해당 규제기관은 사회적으로 호된 비난을 면키 어렵다.

이것은 규제기관이 높은 정도의 모험회피(risk-averse)적 성향을 갖게 만드는 근본원인이라고도 볼 수 있다. 이와 같이 높은 모험회피성향이 존재하는 한 규제관료들이 일반인의 주목을 집중시키는 대형사고의 발생위험이 높거나, 규제기관에 대한 추문(scandal)을 야기시킬 가능성이 있는 규제영역에 인력과 자원을 집중시키려고 할 것은 당연하다. 예를 들면 환경규제기관이 눈에 잘 띄지 않는(그러나 그것의 危害정도는 훨씬 심각한) 오염물질보다는 可視性이 높은 오염물질에 보다 많은 정책적 관심을 기울인다거나, 산업안전을 담당하고 있는 규제기관이 만성적인 직업병 보다는 산업안전사고의 방지에 주력한다거나, 공정거래업무를 다루는 규제기관이 기업결합(merger)과 같은 구조적인 위법사례보다는 詐欺세일과 같은 불공정거래 행태에 보다 많은 관심을 기울이고 보다 많은 자원을 여기에 투입하는 것 등은 모두 규제기관의 모험회피적 성향을 잘 보여주는 사례들이라고 할 수 있다.[22)]

규제기관이 일반국민으로부터 규제정책과 관련하여 제기되는 불만(complaints) 사항에 대해 보다 민감하게 반응하고, 이런 불만에 대한 실태조사와 그것의 조속한 시정에 보다 많은 자원을 투입하는 것도 역시 규제기관의 모험회피성향 때문이라고 할 수 있다. 이것은 일반국민이나

21) James Q. Wilson, "The Politics of Regulation," in James Q. Wilson, *The Politics of Regulation* (New York : Basic Books, 1980), pp. 375～78.

22) 이러한 각각의 사례에 대하여는 Marc J. Roberts and Susan O. Farrell, "The Political Economy of Implementation: The Clean Air Act and Stationary Sources," in Ann F. Friedlaender (ed.), *Approaches to Controlling Air Pollution* (Cambridge, Mass.: MIT Press, 1978), p. 165; Albert Nichols and Richard Zeckhauser, "Government Comes to the Workplace : An Assessment of OSHA," *Public Interest*, Vol. 49 (1977), p. 39; Susan Weaver, *Decision to Prosecute : Organization and Public Policy in the Antitrust Division* (Cambridge, Mass.: MIT Press, 1977), pp. 63～64 참고.

정치엘리트가 규제기관이 수시로 제기되는 불만사항에 얼마나 관심을 기울이고 그것을 얼마나 신속하게 처리하느냐 하는 것에 기초하여 규제기관의 對應性(responsiveness)을 판단한다고 보기 때문이다.[23] 다른 한편으로 대부분의 불만이 규제정책에 상당한 지식을 갖고 있는 사람들에 의해, 그리고 피해자에 의해 직접적으로 제기된다는 점을 감안한다면, 이것은 규제기관이 가장 費用效果的인(cost-effective) 방법으로 규제정책 목표를 추구하려는 성향을 갖고 있음을 보여주는 것일 수도 있다.

규제정책의 집행단계에서 목표의 代置현상이 일어나게 되는 또 하나의 이유는 규제정책이 실제로 얼마만큼이나 被規制者의 유인에 영향을 미치게 될 것인지가 불확실하기 때문이다. 따라서 규제기관은 규제대상행위의 예방이라는 다소 불확실한 목적의 달성보다는, 규제위반행위에 대한 처벌성과나 감독범위의 확대 등 보다 확실한 성과의 실현을 통해 규제기관의 효과성을 입증하려는 경향을 가지게 된다. 그 결과 예를 들면 규제기관이 규제 위반행위의 告發率, 규제대상 업체수 등 쉽게 파악할 수 있는 指標의 증가에 주력하는 것을 볼 수 있다. 그러나 규제정책의 실효성은 규제위반행위의 단속 및 처벌건수에만 달린 것이 아니고, 규제정책 자체의 정당성에 대한 평가 위에서 피규제자 또는 피규제산업이 얼마나 자발적인 順應(voluntary compliance)을 보이느냐에도 달려 있다는 점에서 이런 현상은 바람직스럽다고 보기 어렵다.[24]

4.4 분절적 점증주의적 접근

대단히 복잡한 규제정책 문제에 대한 규제기관의 의사결정은 통일적이고 總合的(synoptic) 방식이 아니고, 일련의 繼起的·漸增的·矯正的 선택(sequential, incremental, and remedial choices) 방식으로 이루어진다. 즉 규제기관은 그것이 다루어야 할 다양하고 복잡한 규제문제 하나하나

23) Colin S. Diver, "A Theory of Regulatory Enforcement," *Public Policy*, Vol. 28, No. 3 (Summer 1980), pp. 274~5.
24) *Ibid.*, p. 297.

에 대해 차례로 의사결정을 한다. 예를 들면 소비자보호를 담당하는 규제기관은 수많은 규제대상 품목에 대한 규제정책을 결정함에 있어서 각각 서로 다른 문제인 것처럼 분리하여 접근한다. 그 결과 규제기관 전체적으로 볼 때 규제정책의 성과는 잘 통합(integration)되어 있지 못하다는 인상을 준다. 즉 정책목표와 그 강조점이 수시로 변화하는 것 같고 또한 단기적인 안목에서 정책성과를 기대하는 것같은 모습을 보여준다.

이것은 규제기관이 分節的 漸增主義(disjointed incrementalism)에 입각하여 규제정책을 결정하는 데 따른 당연한 결과라고 할 수 있다.[25] 규제기관 관료들은 규제기관 전체적인 안목에서 어떤 규제업무에 얼마만큼의 비중을 두는 것이 가장 효과적일 것인가, 또는 규제정책의 부분과 부분들이 어떤 상호연관성을 갖고 있는가 등에 대한 모든 가능한 정책대안의 비교평가보다는 각각의 문제를 별개로 취급하려는 성향이 있다.[26] 또한 규제기관의 位階구조(hierarchical structure)가 이런 문제해결방식을 조장하는 경우도 있다.

그러나 이런 접근방법이 항상 잘못된 것이라고 말하기는 곤란하다. 왜냐하면 규제기관은 이런 접근방법을 통해 규제정보의 제약, 그리고 이에 따른 갖가지 불확실성으로 인해 규제정책 결정단계에서 간과되었거나 소홀하게 취급된 부분을 정책의 집행단계에서 보완해 나갈 수도 있기 때문이다. 실제로 많은 규제정책의 내적모순과 갈등, 미비점은 그 정책의 집행단계에서 비로소 認知되고 교정되는 것을 볼 수 있다. 이런 의미에서 규제정책 집행단계에서의 분절적 점증주의적 접근은 규제기관의 安全辦(safety valve) 구실을 한다고 볼 수도 있다.[27]

4.5 공정한 절차에 대한 고려와 지연

이상에서 검토한 바와 같이 규제기관의 정책결정과정은 대단히 불명

25) Braybrooke and Lindblom, *op. cit.*, pp. 83～106.
26) Steinbruner, *op. cit.*, pp. 71～8.
27) Diver, *op. cit.*, p. 279.

확하다. 그러나 규제기관의 정책결정은 사회전체에 심대한 파급효과를 가진다. 따라서 규제기관이 올바른 정책판단에 이를 수 있도록 강제하는 하나의 수단으로서 중요시 되고 있는 것이 바로 규제기관의 의사결정은 공정한 절차(due process)에 따라 이루어져야 한다는 원리이다. 규제정책에 의해 직간접적인 영향을 받게 되는 모든 이해관계자로 하여금 규제기관의 중요 의사결정에 참여하여 자기 의사를 개진할 수 있는 기회를 부여하자는 것이다. 이것은 실체적 공평(substantive fairness)을 기하기 어렵다면 절차적 공평(procedural fairness)을 확보하여 이 공정한 절차를 거쳐 나오는 결과에 모두가 승복하는 것만이 문제를 정의롭게 해결하는 방법이라는 보편적 인식에 입각한 제도적 장치라고 할 수 있다.

그러나 공정한 절차에 대한 고려는 거의 예외없이 정책결정의 遲延(delay)이라는 심각한 문제를 야기한다. 그것은 절차의 공정성에 대한 요구는 불가피하게 행정적 과정(administrative process)을 司法化(judicialize)하는 경향을 가지기 때문이다. 예를 들면 공청회, 관계자료의 열람, 이해관계인의 의견진술 등의 과정을 밟지 않고서는 규제기관이 정책결정을 할 수가 없다.

공정한 절차에 대한 요구는 정책결정과정의 지연을 초래할 뿐만 아니라 규제기관 관료의 소극적인 행태를 조장한다. 왜냐하면 적법하고 공정한 절차에 의한 정책결정이 아니고서는 거기에 반드시 법적 紛爭이 수반되며, 이때 규제기관이 어떤 법적 판단의 결과에 봉착하느냐에 따라 규제기관의 위신과 평판이 좌우되기 때문이다.

또한 공정한 절차의 보장은 보다 월등한 경제적 자원을 소유하고 있는 집단에 유리한 결과를 초래함으로써 그것의 理想과는 달리 실제에 있어서는 불공평한 결과를 초래할 수도 있다.[28] 왜냐하면 사법화된 행정적 과정에서 보다 유리한 입장을 전개하기 위해서는 많은 자원을 필요로 하기 때문이다. 또한 정책결정과정에서의 瑕疵를 이유로 한 소송비용의 부

28) Bruce M. Owen and Ronald Braeutigam, *The Regulation Game: Strategic Use of Administrative Process* (Cambridge, Mass.: Ballinger Publishing Co., 1978), pp. 21~25.

담능력도 문제가 된다. 이들은 규제정책결정이 자기들에게 불리하게 전개되는 경우에는 이를 저지하기 위해 엄청난 자료공세를 통해 遲延작전을 펼칠 수도 있다. 이와 같이 정책결정과정이 지연될 때 그 결과는 현상유지(status quo)라고 할 수 있고, 이로 인한 이득은 주로 인력과 자금이 풍부한 집단에 돌아가게 된다.

5. 결 론

본장에서는 높은 불확실성 속에서 규제기관이 어떤 방법으로 정책목표와 우선순위를 책정하고, 정책수단을 선택하며, 어떤 방법으로 규제정책의 구체적인 집행방법에 관한 의사결정을 하는가에 대해 논의하였다. 이미 서론에서도 분명히 한 바 있듯이 이런 논의는 추론의 수준에서 벗어나기 힘들다. 특히 지극히 다양하고 복잡한 규제업무를 다루고 있는 다양한 규제기관에 대해 그것이 일반적으로 어떤 정책결정 패턴을 갖고 있느냐를 분석한다는 것은 사실상 불가능한 일이고 따라서 여기에서의 논의는 하나의 試論에 그치지 않을 수 없다.

그러나 규제기관이 어떤 목적의 달성을 위해, 어떤 방법으로 정책을 검토하고, 어떤 결정을 내리느냐 하는 것은 정부규제의 연구분야 가운데서도 특히 중요한 위치를 차지하고 있다. 불행히도 아직까지 국내외적으로 만족스러운 연구들이 집적되고 있지는 못하나, 이런 연구를 통해 나오는 잠정적 가설들은 規制緩和(deregulation) 및 規制改革(regulatory reform)에 중대한 시사점을 제공하게 될 것이다. 우리나라에서 규제기관의 정책결정과정에 대한 경험적·실증적 연구는 전무한 형편이라고 하여도 과언이 아닐 만큼 빈약하다. 이런 측면에서 본장에서의 논의는 비단 규제기관의 정책결정과정에 대한 이해를 깊이하는 것 뿐만이 아니라, 앞으로 이런 연구들이 어떤 방향에서, 어떤 방식으로 이루어지는 것이 소망스러운지에 대한 시사점을 제시하는 데 주안점을 두었다.

제 3 부

경제적 규제

제 8 장

경제적 규제의 특성

1. 서 론

경제적 규제(economic regulation)란 주로 기업의 본원적 경제활동이라고 할 수 있는 특정산업분야에 대한 진입(entry), 생산제품 또는 서비스의 가격(또는 이윤) 및 그것의 품질(quality) 등을 규제하는 것을 말한다. 시장경쟁체제하에서 본원적인 기업활동은 기업의 자유로운 판단에 맡겨져야 함이 원칙이다.[1] 그러나 자유로운 시장경쟁에 의해서 산출되는 자원배분(allocation of resources)이나 소득분배(income distribution)의 결과가 사회적으로 바람직하지 않다고 여겨질 때 경제적 규제가 시작된다.

경제적 규제의 목적은 크게 두 가지로 나누어 볼 수 있다. 하나는 소비자보호목적이다. 예를 들면 독과점의 횡포로부터 소비자를 보호하는 것과 같다. 다음은 산업보호목적이다. 경제의 구조적 불황기에 자본집약적 산업의 생산시설과잉으로 나타나는 과당경쟁의 방지, 개발도상국에서

1) 개인의 자유와 경쟁을 기초로 하는 자유기업주의 혹은 자본주의의 원리에 충실할 때 정부규제는 불필요하다는 주장도 있다. 왜냐하면 자유로운 개인의 경제활동에 대한 판단과 상벌은 자유로운 시장에 의해서 자동적으로 조절될 수 있기 때문이다. 이러한 주장을 대변하는 학자로서는 1976년 노벨경제학상을 수상한 바 있고 경제자유주의의 본산이라고 할 수 있는 시카고학파(Chicago school)의 주도자인 Friedman을 들 수 있다. Milton Friedman, *Capitalism and Freedom* (Chicago: University of Chicago Press, 1962); Milton & Rose Friedman, *Free to Choose* (New York: Harcourt Brace Javanovich, 1980) 참고.

급속한 산업의 발전을 꾀하기 위한 각종의 진입규제, 수입규제 등은 이것의 좋은 예들이라고 할 수 있다. 그러나 경제적 규제의 목적은 의외로 분명하지 못한 경우가 많다. 규제에 따라서는 이 두 가지 목적을 모두 갖고 있는 경우도 있고 이 두 가지 목적이 혼재되어 어느 것이 우선하는지 구분할 수 없는 경우도 많다. 이것은 경제적 규제가 오랜 역사를 두고 경제사회의 변화 또는 관련산업의 구조적 변화에 따라 변천하여 온 결과라고 할 수 있다.[2)]

경제적 규제는 진입, 가격, 생산량, 품질, 거래방법 등 경제적 변수를 규제하는 것이기 때문에 자원배분(resource allocation)이나 소득분배(income distribution)에 직접적인 영향을 미친다. 따라서 경제적 규제를 둘러싸고 이익집단이 형성되기 마련이며 이에 따라 정치적 과정면에서 특수한 양상을 보여주게 된다. 또한 이 과정에서 규제기관이 경제적 규제를 다루어 나감에 있어서 이익집단의 상대적 영향력에 따라 독특한 행태와 성향을 보이기도 한다. 우리는 이미 제4장에서 경제적 규제가 이루어지는 원인과 정치적 상황을 Wilson의 顧客政治(client politics) 상황으로 정리해 보았다.

본장에서는 이런 논의를 보다 깊이있게 전개하려고 한다. 먼저 제2절에서는 경제적 규제에는 구체적으로 어떤 것들이 있는지에 대해 개관하기로 한다. 제3절에서는 경제적 규제의 목적을 보다 분명하게 파악하기 위해 미국과 우리나라에서 경제적 규제가 생겨나게 된 배경과 역사적 변천과정을 간략하게 정리한다. 제4절에서는 경제적 규제가 갖고 있는 소득재분배적 효과에 대해 깊이있게 고찰한다. 이런 논의를 바탕으로 제5절에서는 경제적 규제가 이익집단을 파생시키게 되는 원인과 과정을 설명한 뒤 경제적 규제의 정치경제적 특성과 규제기관 및 관료의 특성을 검토한다.

---

2) 정부규제 목적의 다중성, 중첩성, 모호성 등에 대한 체계적인 논의는 Barry M. Mitnick, *The Political Economy of Regulation* (New York: Columbia Univesity Press, 1980) 참고.

2. 경제적 규제의 유형

제 2 장에서 내린 경제적 규제의 개념정의에 입각할 때 경제적 규제는 크게 진입규제, 가격규제, 독과점 및 불공정거래에 대한 규제로 나누어 고찰할 수 있다.

2.1 진입규제

진입규제(entry regulation)란 어떤 산업 또는 직종에 참여하여 사업을 할 수 있는 영업의 자유를 제약하는 규제를 말한다. 가장 대표적인 진입규제유형으로는 각종 사업에 대한 認許可를 들 수 있다. 사업의 인허가는 공공목적을 위해 또는 산업정책적 목적의 달성을 위해 이루어지는 것이 보통이다. 예를 들면 공공서비스산업의 경우에는 그것의 自然獨占産業(natural monopoly industries)적 성격으로 인해 자원의 낭비를 막는다는 취지에서 그 사업에 대한 참여를 제한하며, 금융산업(은행, 보험, 증권 등)에 있어서는 공신력의 확보를 위해 진입을 제한한다. 그런가 하면 산업구조의 고도화 또는 생산단위의 국제규모화 등을 명목으로 진입제한이 이루어지기도 하고 대기업으로부터 중소기업을 보호하기 위해 中小企業 固有業種 등을 지정함으로써 특정 업종에 대한 대기업의 사업참여를 제한하기도 한다.

또한 희소한 경제적 자원의 사용을 억제하기 위해 이루어지는 진입규제도 있다. 예를 들면 電波의 이용권, 광업권, 어업권 등이 바로 이런 예에 속한다. 이밖에도 사업의 인허가와 유사한 것으로서 특허와 수입규제를 들 수 있다. 먼저 특허는 知的 발명자의 고유권한을 보장하기 위해 모방을 하지 못하도록 하는 것이고, 수입규제는 국내산업의 보호를 위해 또는 국제수지 방어목적에서 외국기업이 생산한 제품의 수입을 금지하는 것이므로 이 모든 경우에 있어서 시장경쟁은 제약된다.

다음으로 특이한 유형의 진입규제로는 職業免許(occupational licensing)를 들 수 있다. 이것은 의사, 약사, 변호사, 건축사, 공인회계사 등과 같이 어떤 사업을 할 수 있는 특수한 자격요건을 정하여 이에 부합하는 자에게만 그 사업을 영위할 수 있도록 하는 것을 말한다.

끝으로 진입규제와는 정반대로 어떤 사업에의 참여가 아니라 기왕에 하고 있는 어떤 사업으로부터 손을 떼지 못하도록 하는 규제도 있다. 이것을 退出規制(exit regulation)라고 부른다. 예를 들면 대기업의 清算에 관해서는 많은 제한이 있다. 이것은 공장폐쇄로 인해 그 공장이 위치한 지역경제, 그 사업체에 고용되어 있는 근로자들이 일시에 받게 될 충격을 완화하려는 목적을 갖고 있다.

2.2 가격규제

가격규제란 말 그대로 기업이 생산하는 제품이나 서비스의 가격을 직접적으로 규제하는 것을 말한다. 가격규제라 하면 우선 가장 중요한 것이 공공요금규제이다. 이것은 전기, 전화, 상하수도, 교통 등 각종 공익서비스산업의 요금에 대한 규제이다. 다음으로 가격규제의 대상이 되는 것으로서는 희소한 경제적 자원의 가격이 있다. 일반적으로는 석유, 석탄 등 에너지가격에 대한 규제가 이에 속하지만 토지가격, 아파트분양가격, 임대차가격, 금융의 가격(金利) 등이 이에 속한다. 이 때의 가격규제는 이러한 자원의 희소성으로 인해 발생하는 경제적 地代(economic rent) 때문이다.

그런가 하면 가격규제에는 최고가격규제와 최저가격규제가 있다. 보통 독과점품목에 대한 규제는 최고가격규제이고, 농수산물의 가격규제, 최저임금제도는 최저가격규제에 해당한다. 다음으로 가격규제 가운데는 하나의 가격이 아니라 가격구조(price structure) 또는 요금체계에 대한 규제가 필요한 경우가 많다. 예를 들면 전기요금의 경우에 가정용과 산업용이 다르고 또 그 안에서도 사용자에 따라, 또는 사용시간대에 따라 다른 요금체계가 적용될 수 있다. 보험의 경우에도 마찬가지다. 보험료도 피보험자의 특성에 따라 차등적으로 보험료가 정해지고 있다. 다음으로 사업자간의 담합에 의한 가격카르텔에 대한 규제도 경제적 규제에 속한다. 또한 사업자에 의해 수요자에 따라 가격차별(price discrimination)이 이루어지는 경우에 이것에 대한 규제도 가격규제에 속한다.

이 밖에 가격규제와 긴밀하게 관련되는 것으로서 우선 품질에 대한 규제가 있다. 이것은 보통 가격규제의 작용으로 품질수준이 저하하는 것을 막기 위한 목적에서 이루어지는 규제이다. 이와 반대로 가격규제 하에서 품질경쟁이 과도하게 야기되어 그것이 규제가격의 상승을 유발할 것을 염려 하여 품질경쟁을 제한하는 경우도 있다.

2.3 독과점 및 불공정거래에 대한 규제

제2장에서도 언급한 바와 같이 독과점규제 및 불공정거래에 대한 규제는 특수한 유형의 경제적 규제라고 할 수 있다. 왜냐하면 이것은 시장경쟁을 제한하는 규제가 아니고 시장경쟁을 촉진할 목적에서 이루어지는 규제이기 때문이다. 따라서 독과점 및 불공정거래에 대한 규제를 경제적 규제와 다른 별도의 유형으로 분류하고 있는 학자도 있다. 그러나 이 규제는 전통적으로 경제적 규제로 다루어져 왔고 경제적 규제와 떼어서 논의하기 곤란하다는 점에서 본서에서는 경제적 규제의 특수유형으로 다루고 있다.

독과점규제의 주요 유형으로서는 우선 企業結合 또는 合併에 대한 규제를 들 수 있다. 불공정거래규제의 주요한 것으로는 가격카르텔, 수량카르텔, 거래지역 및 상대방제한 카르텔, 규격제한 카르텔 등을 들 수 있다. 이 밖에 불공정한 거래행위로서는 거래거절, 거래차별, 不當廉賣, 거래강제, 조건부거래, 허위과장광고 등 무수히 많다.

반드시 독과점 및 불공정한 거래에 대한 규제에 속한다고는 볼 수 없으나 거래방법, 거래상대방, 거래지역 등에 대한 경제적 규제들이 있다. 이런 규제들은 결국 시장경쟁을 제한하는 것들로서 불공정거래 측면에서의 검토가 중요하기 때문에 제11장에서 독과점 및 불공정거래에 대한 규제를 논의할 때 아울러 검토하게 될 것이다. 이런 규제의 예로서는 특정 酒類업자가 자기업체가 위치하고 있는 市道의 경계를 벗어나 판매할 수 있는 양을 제한한 것, 농민이 아니고서는 농지를 소유할 수 없게 하는 耕者有田의 원칙 등이 있다.

3. 경제적 규제의 역사적 변천 개관

자유기업주의 혹은 자본주의 경제체제 하에서 정부가 본원적인 기업활동에 제약을 가하게 된 역사적 배경과 원인은 무엇인가? 이런 질문에 답하는 것은 경제적 규제의 속성을 보다 깊이있게 파악할 수 있게 해 줄 뿐만 아니라 어떤 정책목적의 달성을 위해 기업의 자유로운 경제활동에 제약을 가할 필요가 있었는지, 즉 경제적 규제의 목적이 무엇인지를 파악할 수 있도록 해 준다. 이런 논의를 위해서는 가장 일찌기 경제적 규제가 실시되기 시작하였고 많은 연구에 의해 그것의 속성이 잘 정리되어 있는 美國의 경우를 먼저 고찰하는 것이 도움이 되리라 생각된다.

3.1 미 국

19세기말부터 시작하여 1970년대말에 이르기까지 약 100년 동안 미국에서의 경제적 규제의 역사는 한 마디로 말하여 확장의 연속이었다고 할 수 있다. 그것은 우선 被規制산업(regulated industries) 수의 증가와 함께 규제의 내용과 규제의 심도 등 모든 면에서 확인될 수 있다. 미국에서 정부규제는 대체로 州(state) 정부에서 먼저 시작되었으나 논의의 단순화를 위해 여기에서는 연방정부를 중심으로 규제의 변천사를 개략적으로 살펴보기로 한다.

미국에서 규제가 처음 시작된 것은 철도산업이었다. 1828년에 시작된 철도부설은 1885년에 이르면서 총연장 125,000 마일에 달할 정도로 급성장하였다. 그러나 소수의 철도회사가 이를 寡占하게 되고 이들 간에 경쟁이 치열해지면서 많은 문제가 되기 시작하였다. 철도회사들은 遠距離(long haul) 수송화물에 비하여 短距離(short haul) 수송화물의 요금을 비싸게 하거나, 원가에 입각하지 않은 부당한 가격차별, 소규모 화물보다 대규모 화물에 대한 높은 割引率부여 등 횡포를 자행함으로써 특히 미국 남부 및 중서부 소농민, 그리고 동부의 상인과 제조업자들의 불만을 사게 되었다.[3] 다른 한편으로 이러한 가격책정행위에도 불구하고 철도회사들은 지나친 경쟁으로 인해 많은 부채에 허덕이게 되었다. 이에 따라 많은 州정부들이 철도산업을 규제하려 하였으나 그것이 州際產業(inter-state industries)이라는 이유로 좌절되자 연방의회는 1887년 州際通商委員會法(Inter-state Commerce Commission Act)을 제정하고 같은 이름의 위원회를 獨立規制委員會(independent regulatory commision)로 설치하기에 이르렀다.

이 사례는 경제적 규제가 독과점사업체의 부당하고 차별적인 가격행위를 방지하고 이로써 경제적 약자를 보호하는 데 우선적 목적이 있었음을 보여준다. 그러나 철도산업에 대한 규제는 소비자를 보호하는 것만을 유일한 목적으로 한 것이 아니었다. 그것은 자본집약적인 철도산업의 시설과잉을 막고 과당경쟁을 억제함으로써 철도산업을 "건전하게" 육성한다는 목적도 갖고 있었던 것이다. 철도산업에 대한 진입규제, 가격규제는 바로 이런 목적을 지니고 있었다. 따라서 이런 규제가 소비자를 보호하기 위한 목적에서 이루어진 것인지 아니면 산업을 보호하기 위한 목적에서 이루어진 것인지를 명확하게 분간하기가 어렵다.

---

3) 이 당시 철도산업이 사용한 각양각색의 가격책정행위에 대한 분석은 Ann F. Friedlaender, *The Dilemma of Freight Transport Regulation* (Washington, D.C.: Brookings Institution, 1970), pp. 8~16 참고.

1890년에는 기업결합과 합병을 통한 대기업의 등장과 이들에 의한 시장의 독과점화(monopolization)를 저지하기 위해 유명한 셔만독점금지법(Sherman Antitrust Act)이 제정되었다.[4] 그러나 법규정 자체의 모호성, 연방대법원의 소극적인 태도와 주정부 및 연방정부의 양면성(ambivalence)으로 인해 이 법은 크게 실효를 거두지 못하는 가운데 1897년으로부터 1903년에 이르기까지 역사상 유례를 찾기 힘들 만큼 엄청난 규모의 기업합병이 이루어졌다. 이것은 셔만법에 의거 법원이 카르텔행위를 강력하게 제재하게 되자 기업들이 持株會社(holding company)를 통한 거대기업(big corporations)의 형성에 나서게 되었기 때문이었다.[5]

이것은 또한 19세기말부터 크게 유행한 소위 組合運動(associational movement)의 조류 때문이기도 하였다. 이 당시에 기업은 산업별 협회를, 노동자는 노동조합을, 개인사업자와 소기업은 그들대로 동업자조합을, 그리고 농민은 농민조합의 결성에 열을 올렸던 것이다.[6] 특히 이 기간에 의사, 약사, 간호사, 이발사 등 각종의 직업에 대한 규제, 즉 직업면허(occupational licensure)가 크게 증가하였다. 이 규제 역시 겉으로는 자격미달이거나 비양심적인 전문직업인들의 횡포로부터 일반소비자들을 보호한다는 목적에서 취해졌으나 사실은 직업교육의 확대에 따라 이들 직종에서 경쟁이 심화하게 되자 기득권을 보호하기 위한 차원에서 이루어지게 된 것이었다.

그러나 1900년경에 이르면서부터는 소비재산업(consumer industries)이 발전하면서 대기업의 횡포가 극심해지게 되자 중산층의 소비자들을 중심으로 이에 저항하는 소위 進步主義(Progressivism) 개혁운동이 일어나기 시작하였다. 이런 가운데 1910년 윌슨(Woodrow Wilson) 대통령의 취임과 함께 反獨占의 강화를 통한 시장경쟁의 회복을 목적으로 1914년

---

4) 미국의 독점금지제도의 역사적 변천에 대해서는 Damodar Gujarati, *Government and Business* (New York: McGraw-Hill, 1984) 참고.

5) Alfred D. Chandler, *The Visible Hand: The Managerial Revolution in American Business* (Cambridge, Mass.: Harvard University Press, 1977).

6) Douglas F. Greer, *Business, Government, and Society* (New York: MacMillan, 1987), pp. 75~77.

불공정거래의 규제를 목적으로 한 연방공정거래위원회법(Federal Trade Commission Act), 셔만법규정을 보다 명확히 하고 구체화시킨 클레이튼법(Clayton Antitrust Act)이 속속 제정되었다. 이것의 배경으로서 연쇄점(chain) 등 근대적인 대형유통업체들이 생겨나면서 전통적인 영세소매상들이 커다란 위협을 받게 되었다는 점이 중요하게 작용하였다. 경쟁창달을 위한 연방정부노력의 획기적인 강화와는 대조적으로 그러나 이 기간에 주정부수준에서는 가스, 전기, 전화 등 새로운 공공서비스 산업분야로 규제가 확대되기에 이르렀다.[7)]

제1차 세계대전 이후 1920년대에 걸쳐 미국에서는 대기업 출현이 더욱 두드러지게 되면서 대체로 親企業(pro-business) 또는 기업자유주의(corporate liberalism)적 경향이 지배하게 되었다. 여기에는 1910년대에 등장한 新組合主義(new associationalism), 1차대전을 경과하면서 얻은 경험을 바탕으로 1920년대를 풍미한 소위 후버식 조합주의(Hooverian Associationalism)의 영향이 크게 작용하였다.[8)] 당시의 상무장관 허버트 후버(Herbert Hoover)에 의해 주창된 새로운 조합주의는 미국이 국제경쟁에 나설 수 있기 위해서는 능률을 추구하고 사회적 융화를 촉진할 수 있는 새로운 경제조직(economic organizations)의 구축을 위해서는 정부와 민간조직의 엄밀한 구분에서 탈피하여 관민이 합동으로 각종의 산업별 위원회를 구성하여 효과적으로 산업과 경제의 성장을 추구해 나가는 것이 필요하다는 사상이었다. 이런 추세에 따라 독과점 규제 등 대기업의 위치를 위협하는 정부규제가 후퇴할 수 밖에 없었음은 물론이다.

이러한 경제사회적 분위기 속에서 도래한 大恐慌(1929~33)은 루스벨트의 뉴딜(New Deal)정책을 낳게 되었고, 미국 역사상 유례가 없을 만큼 경제에 대한 정부간섭이 확대되고 경제적 규제가 만발하는 계기가

---

7) 이 가운데 전기산업에 대한 규제가 실시되게 된 역사적·정치적 배경에 관한 분석은 Douglas D. Anderson, "State Regulation of Electric Utilities," in James Q. Wilson (ed.), *The Politics of Regulation* (New York: Basic Books, 1980), pp. 3~41 참고.

8) 이에 관하여는 Ellis Hawley, "Three Facets of Hooverian Associationalism: Lumber, Aviation, and Movies, 1921~30," in Thomas K. McCraw (ed.), *Regulation in Perspective* (Cambridge, Mass.: Harvard Univesity Press, 1981), pp. 95~123 참고.

되었다. 두말할 것도 없이 이것은 倒產 위기에 처한 많은 산업을 보호하고 경제를 부흥시킨다는 명목에서였다. 정부는 우선 독과점규제를 정지시키는 한편 1933년에는 전국산업부흥법(National Industrial Recovery Act)을 제정함으로써 어려움에 처한 많은산업들이 협회 등을 조직하고 이를 통해 최저가격 및 거래조건의 책정, 생산량의 조절 등 다양한 카르텔행위를 할 수 있는 길을 열어 놓았다. 또한 정부는 보다 적극적으로 파괴적 경쟁(destructive competition)으로부터 중요산업을 보호한다는 명분으로 트럭, 농업, 항공기, 방송, 해운, 석탄산업 등에 대한 신규업체의 진입을 제한하고, 생산량과 가격을 조절할 수 있는 규제기관들을 설치하였다.[9] 뿐만 아니라 이 기간에 금융 및 증권산업의 안전성과 공익성을 제고할 수 있는 규제와 규제기관들도 마련되었다.

물론 NIRA는 1938년에 위헌판결을 받아 폐지되고 반독점규제가 부활되었으나 노동조합의 강화를 위한 전국노동관계법(National Labor Relations Act), 우유와 과일의 생산 및 유통조절을 위한 농업판매협정법(Agricultural Marketing Agreement Act), 중소 도소매상을 보호하기 위한 로빈손-팻트만법 (Robinson-Patman Act) 등이 제정됨으로써 경제활동의 거의 모든 부문이 정부의 간섭아래 들어가게 되었다. 이런 뉴딜시대의 추세는 제2차대전으로 인해 더욱 강화되었고 경제가 고도성장단계에 들어간 1950년대에 이르기까지 계속되었으나 1960년대에 들어서 대규모의 기업합병추세가 다시 거세어지자 독과점규제는 또다시 강화되기 시작하였다.

이후 미국 경제는 1960년대 중반부터 1970년대말에 이르기까지의 기간에는 경제적 규제보다는 기업의 사회적 책임을 강조하는 사회적 규제(social regulation)의 홍수시대를 맞이하게 되었다. 그러나 1979년경부터는 경제적 규제, 사회적 규제 할 것 없이 모든 정부규제가 인플레와 민간기업 부문의 경쟁력 상실의 주요한 원인으로 지적되고 비대화된 정부

---

9) 뉴딜기간 동안에 취해진 정부조치들에 대한 자세한 설명은 Ellis W. Hawley, *The New Deal and the Problem of Monopoly* (Princeton: Princeton University Press, 1969) 참고.

의 비능률이 주목을 끌게 되면서 규제개혁(regulatory reform) 시대에 접어들게 되었다.[10] 특히 레이건 행정부에 들어와 규제완화의 움직임은 더욱 고조되었고 정부규제 가운데서도 특히 경제적 규제는 급속하게 와해되기 시작하였다. 1970년대말 항공산업으로부터 시작된 경제적 규제완화는 곧 이어 철도, 트럭, 전화통신, 보험, 에너지, 금융, 의료산업에 이르기까지 수많은 산업으로 확대되었고 현재에도 이런 추세는 계속되고 있다.[11]

3.2 우리나라

우리나라에 있어서 경제적 규제는 건국초기부터 거의 모든 산업부문에 걸쳐 광범위하게 이루어졌을 뿐만 아니라 고도경제성장을 위한 산업정책을 추구해 오는 과정에서 지속적으로 확대심화되어 왔다. 1940년대말에 이루어진 귀속사업체의 공기업화를 통하여 생겨나거나 새롭게 건설된 각종의 공공서비스산업 및 그밖의 공기업은 물론이고 민간의 기업활동도 정부의 인허가를 비롯하여 폭넓은 규제의 대상이 되었다. 자주 물자의 부족을 경험해 온 우리나라에서 가격, 생산량, 거래대상 등에 대한 경제적 규제는 당연한 것으로 받아들여져 왔다. 또한 우리나라에서는 外換에 대한 규제, 금융에 대한 규제, 에너지 및 지하자원에 대한 규제 등 희소한 경제적 자원 또는 해외에 의존하고 있는 자원에 대한 규제가 광범위하게 시행되었다.

1960년대 이후에는 각종의 개별산업육성법, 진흥법들이 속속 제정되면서 사업의 인허가, 등록 등을 통한 진입규제가 급속도로 확대되었다. 이것은 협소한 국내시장에서 규모경제의 이익을 추구하기 위해서는 사업

---

10) 미국에 있어서 이러한 규제정책의 급격한 변화가 일어나게 된 역사적 배경과 정치적 요인에 대한 심도있는 분석은 Richard A. Harris and Sidney M. Milkis, *The Politics of Regulatory Change: A Tale of Two Agencies* (Oxford: Oxford University Press, 1989) 참고.

11) 미국에서의 주요산업에 대한 경제적 규제완화 사례분석은 Martha Derthick and Paul J. Quirk, *The Politics of Deregulation* (Washington, D.C.: Brookings Institution, 1985); Leonard W. Weiss and Michael W. Klass (eds.), *Case Studies in Regulation: Revolution and Reform* (Boston: Little, Brown, and Co, 1981) and *Regulatory Reform: What Actually Happened* (Boston: Little, Brown, and Co., 1986) 등 참고.

자 數를 적절한 수준으로 제한하는 것이 불가피하다는 이유에서였다. 이런 진입규제와 함께 중화학공업 등 幼稚産業의 보호라는 명목으로 수입규제가 1970년대말에 이르기까지 계속 확대강화되어 왔다.

이와 같은 진입규제 만연으로 인해 시장구조가 전반적으로 높은 독과점화의 경향을 보여 왔음에도 불구하고 독과점 및 불공정거래에 대한 규제는 1970년대중 주로 물가안정이라는 정책목적의 달성이라는 측면에서 추진되어 가격 및 생산량규제가 주류를 이루었고 그 결과 외국에서와 같은 기업결합규제, 카르텔규제는 극히 미미하였다. 1980년에 들어와 독과점 및 불공정거래에 대한 법률이 제정되고 관련기관이 다소 정비되기도 하였으나 충분히 제도화되지는 못하고 있다. 1980년대에 들어온 이후 경제력 집중의 완화가 정치적으로 중요한 이슈가 됨에 따라 중소기업 고유업종제도, 금융기관의 중소기업 의무대출비율제도 등 새로운 규제를 통하여 중소기업 보호를 위한 노력이 기울여지기도 하였다.

1980년대에 들어온 이래 세계적 추세에 따라 경제적 규제의 완화, 공기업의 민영화, 시장개방이 상당히 빠른 속도로 추진되고 있다. 그러나 이 가운데서도 예를 들면 1980년대초에는 시설과잉 중화학산업과 해외건설, 해운산업 등 구조적 불황산업이 늘어나자 산업합리화라는 명목으로 카르텔행위를 허용하는 등 우리나라에서의 경제적 규제완화과정은 상당히 복잡한 양상을 보여 주고 있다.

4. 경제적 규제의 소득재분배 효과

정부규제는 본질적으로 사회구성원 사이의 권리관계 및 이해관계를 변화시키는 속성을 갖고 있기 때문에 거의 모든 경우에 직접적으로든 간접적으로든 소득재분배적 기능(redistributive function)을 수행한다.[12] 정

12) 정책의 이러한 속성은 반드시 정부규제의 경우에 국한되는 것이 아니다. 좀더 넓게 말하여 경제성장 및 안정정책 등 경제정책 모두가 직간접적으로 소득재분배적 기능을 발휘

부규제의 소득재분배적 효과가 정부규제의 직접적인 목적이 되어 있는 경우가 있는가 하면 전혀 의도하지 않은 결과로서 소득재분배적 효과를 나타내게 되는 경우도 있다. 그런가 하면 정부규제의 소득분배적 기능은 명시적으로 드러나 있기 보다는 은폐되어 있거나 잘 인식되고 있지 못한 경우도 많다. 경제적 규제 가운데 진입규제(entry regulation)는 소득재분배적 효과가 은폐되어 있다. 예를 들면 (1) 국제경쟁력이 있는 산업에 대한 수입규제의 존속, (2) 직업면허(변호사·의사·약사 등에 대한 면허), (3) 관허업(franchise), (4) 산업의 自律規制(industry self-regulation) 등의 경우에서와 같이 정부규제가 시장경쟁을 제한하는 결과 해당 업계(업체)나 개인이 독과점적 이득을 향유하게 되는 경우가 바로 그것이다. 이런 규제는 모두 국내산업육성을 통한 경제성장의 촉진, 소비자의 보호 등을 표면적인 이유로 내세우고 있으나 그것이 특정업종 또는 직종에 특수한 이익을 가져다 주고 있다는 실질적인 효과는 흔히 무시된다. 물론 이런 경제적 규제들이 공익목적에 무관하다고는 할 수 없다. 그러나 부분적으로는 공익목적에 부합할지라도 그것이 순전히 공익을 위한 것인 양 과장될 때 우리의 판단은 오도되기 쉽다.

이에 비하여 가격규제(price regulation)는 정부규제의 소득재분배적 속성을 갖고 있으나 일반국민이 이 사실을 잘 인식하지 못한다. 예를 들면 (1) 자동차 손해보험요율의 적용에 있어서 운전자의 주거지역·연간 주행거리·운전경력·음주습관 등에 관계없이 料率(premium)이 일률적으로 적용된다면 실질적으로 사고위험이 높은 사람이 이득을 보는 결과를 낳게 되고(의료보험의 경우도 마찬가지다), (2) 시내버스·택시·지하철 요금 등 획일적으로 정해지는 공공요금의 경우 이용자간에 소득이 이전되는 효과가 나타나며, (3) 교통·철도·상하수도·전기통신사업 등의 경우 한계비용(marginal cost)에 입각한 요금의 차등화가 이루어지지 않을 때 대도시 지역 주민과 오지의 주민, 산업용 대 가정용, 장거리전화

한다. Burton A. Weisbrod, "Collective Action and the Distribution of Income: A Conceptual Approach, " in Robert H. Haveman and Margolis, *Public Expenditure and Policy Analysis* (Chicago: Rand McNally, 1977), 2nd ed., pp. 105~13 참고.

대 지역내 전화 등의 이용자집단 사이에도 交叉補助(cross-subsidization) 현상이 나타나 소득이 이전된다.

경제적 규제의 소득재분배적 기능은 모두 공익목적의 실현을 위해 불가피한 것으로 주장되고 있다. 그러나 이것은 아래에서 상세히 고찰하는 바와 같이 경제적 효율성(economic efficiency)과 형평성(fairness or equity) 측면에서 많은 문제를 안고 있다. 이런 문제에 대해 일반소비자의 인식이 낮은 것은 개별 소비자의 입장에서 볼 때 이로 인한 소득이전 효과가 그리 크지 않다고 보기 때문이다.

4.1 경제적 비효율성

우리는 제4장 2절에서 정부가 조세나 재정지출을 통한 직접적인 방법에 의해서가 아니고 정부규제를 통하여 간접적인 방법으로 소득재분배정책을 추구하려고 하는 까닭은 정부규제가 재정지출을 거의 필요로 하지 않고 행정비용도 줄일 수 있다고 하는 사실에 있음을 고찰하였다. 그러면 정부가 이와 같이 소득재분배를 명시적 또는 의도적 목적으로 삼아 정부규제를 시행하는 경우에 그것은 경제적으로 효율적인가? 다시 말하면 정부규제를 통한 소득재분배정책은 경제적으로 효율적이라고 말할 수 있을 것인가?

이런 문제제기에 대해 혹자는 정부가 사회적으로 보다 바람직하다고 생각되는 소득재분배의 실현을 위해 정부규제라는 정책수단을 채택하고 있는 이상 그것이 설령 경제적 효율성 면에서 문제가 된다한들 어쩔 수 없는 노릇이 아니겠는가 다시 말하면 경제적 효율성기준(market-like criterion of effciency)은 소득분배와는 무관한(irrelevant)것이거나 아니면 소득분배를 度外視(insensitive)하는 것이 아니냐 하는 반론을 제기할 수도 있을 것이다.[13] 그러나 정부규제의 경제적 효과를 연구하는 많은

---

13) 오쿤(Okun)은 미국사회에서조차 경제적 효율성보다는 평등이 우선시되는 영역들이 많이 있다는 점을 지적하고 있다. Arthur M. Okun, *Equality and Efficiency: The Big Tradeoff* (Washington, D.C.: Brookings Institution, 1975), chapter 1.

경제학자들은 정부규제가 소득재분배를 주목적으로 하는 정책수단으로 활용되는 것에 대해 강력한 이론적 비판을 제기하고 있다.

이들은 동일한 수준의 소득재분배목적의 실현은 정부규제를 통해서 보다는 좀더 직접적인 조세나 소득보조(more direct tax and income support)를 통해 최소의 사회적 비용으로 달성될 수 있다고 주장한다.[14] 즉 정부규제는 소득재분배 정책수단으로서 열등하거나 잘못 선택된 수단(inferior or wrong tool)이라는 것이다.[15] 이런 주장을 좀더 구체적으로 검토해 본다면 정부규제를 통한 소득재분배는 보다 직접적인 조세와 소득보조적 정책수단과 비교해 볼 때 다음과 같은 측면에서 결점을 갖고 있다고 할 수 있을 것이다.

4.1.1 배분적 비효율성

정부규제를 통한 소득재분배정책의 자원배분 왜곡효과는 조세와 소득보조를 통한 소득재분배정책의 그것보다도 크게 나타난다. 이것을 앞에서의 예를 통해서 설명해 보기로 한다. 예컨대 공중전화요금에 있어 정부가 장거리 전화요금을 한계생산비용보다 높게 그리고 시내 전화요금을 한계생산비용보다 낮게 책정했다고 가정할 경우, 시민들은 장거리 전화를 가급적 덜 사용하는 대신 시내 전화는 필요 이상으로 자주 사용하려는 유인을 가지게 될 것이다. 이것은 분명히 자원배분의 효율성(allocative efficiency) 측면에서 바람직하지 못한 결과를 초래한다. 이에 비하여 정부가 전화요금을 규제하지 않고, 대신 전화회사(통신회사)가 한계생산비에 의거한 가격정책을 하게 하되 정부가 일정률의 전화세를 부과하여 얻은 재정수입으로 회사의 영업결손액을 보전하여 주는 방식을 택한다면 앞에서와 같이 장거리 전화를 과소하게 사용하거나 시내 전화를 과다하게 사

14) Asnund Hylland and Richard Zeckhauser, "Distributional Objectives Should Affect Taxes But Not Program Choice or Design," *Scandinavian Journal of Economics* (June 1979), pp. 264~84.

15) Richard J. Zeckhauser, "Using the Wrong Tool: The Pursuit of Redistribution Through Regulation," Paper presented to the Chamber of Commerce of the United States, August 1979.

용하는 폐단을 크게 줄일 수 있고 따라서 자원배분의 왜곡을 감소시킬 수 있다.

또 다른 보다 좋은 예로서는 농산물 價格支持政策(agricultural price support programs)을 들 수 있다. 정부가 농민의 소득보조를 위해 이런 정책을 시행하는 경우에 있어서도 특정 농산물(예컨대 최근에 문제가 되고 있는 것으로는 原乳) 가격을 규제함으로써 소득재분배적 목적을 달성하는 경우보다는 해당 농산물 생산자에 대한 생산보조금의 지급이 자원배분의 효율성 측면에서 보다 바람직하다고 할 수 있을 것이다. 왜냐하면 농민에 대한 소득보조액은 두 경우가 동일할지라도 직접적 가격규제는 해당 농산물의 소비를 위축(최저가격을 지정하는 경우) 또는 조장(최고가격을 지정하는 경우)시키는 결과를 낳기 때문이다.[16] 여기서 우리가 유의해야 할 것은 소득재분배정책은 그 형태 여하를 막론하고 시장기구에 의한 자원배분의 효율성을 저해하는 것이나, 어떤 형태의 소득재분배정책이 더 효율적이냐 하는 상대적 평가의 문제가 제기된다는 점이다.

4.1.2 소비자선택의 자유제한

정부규제에 의한 소득재분배정책은 그것이 동일재화 또는 서비스의 소비를 통한 소득이전(in-kind transfer)의 성격을 띠고 있기 때문에 현금으로 수혜대상자의 지불능력을 전반적으로 제고시켜 주는 소득이전(income transfer)의 경우에 비하여 덜 효율적이다. 앞에서의 농산물 가격지지정책의 경우를 다시 예로 들면 정부가 二重價格制를 실시하여 특정농산물을 높은 가격에 구매하고 낮은 가격에 특수소비계층(도시영세민)에 공급함으로써 소비를 촉진하는 것은 농민에게는 바람직한 정책이 될 수 있을지 모르나 도시 영세민의 입장에서는 바람직하지 못하다. 도시 영세민의 입장에서만 생각해 본다면 정부가 해당 농산물의 판매가격

16) 이에 비하여 보조금 지급의 경우에는 보조금지급대상 농산물의 수익성이 보장됨으로써 농민이 이 농산물의 생산물의 생산으로부터 손을 떼지 않으려는 유인을 제공하고 따라서 동태적 관점에서 볼 때 비효율성의 문제를 야기한다. 보조금을 지급받는 대상농가가 불어나게 되는 것도 문제다.

을 낮게 규제하는 것보다는 영세민들의 소득을 보조해 줌으로써 이들의 구매력을 높여줄 때 이들이 보다 높은 효용수준에 도달할 수 있기 때문이다. 이것은 이 때에 영세민들이 스스로의 판단에 따라 소득증가분을 자신에게 가장 큰 효용을 가져다 주는 용도에 사용할 수 있게 되기 때문이다.

[그림 8-1]은 이것을 잘 보여 주고 있다. 그림에서 AA는 가격보조가 없는 경우의 소비자의 豫算線이다. 이때 소비자는 B_0점에서 소비의사결정을 내릴 것이고 이 때 무차별곡선 I_0로 표시되는 수준의 효용을 얻을 수 있다. 그림에서 AA_1는 해당 농산물에 대한 가격보조가 이루어지는 경우의 소비자의 예산선이다. 이 때 소비자는 B_1에서 소비의사결정을 내릴 것이고 소비자의 효용(I_1)은 다소 높아진다. 그러나 소비자에게 금전적으로 소득을 보조해 주게 되면 소비자의 가격선(예산선)은 A_1A_1가 되고 이 때 소비자는 B_2에서 소비의사결정을 하게 될 것이다. 이 때에 소비자는 가장 높은 효용수준(I_2)에 도달하게 된다.

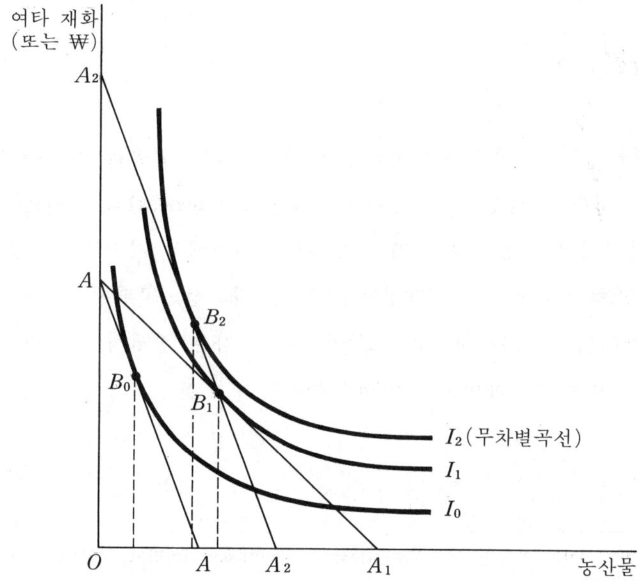

[그림 8-1] 가격보조와 소득보조의 비교

다른 예를 하나 더 들어 본다면 아파트 분양가격규제(사례 10-1)는 집없는 서민들을 급속한 아파트가격의 상승으로부터 보호하자는 취지에서 만들어진 제도이다. 이 경우에도 주택가격에 대한 직접적인 가격규제보다는 조세와 소득보조적 정책수단을 통하여 서민들이 증가된 소득을 스스로의 효용을 극대화하는 방향으로 사용하게 하는 것이 경제적으로 보다 효율적인 정책방향이라고 할 것이다.

그러나 실제에 있어서 이와 같은 경우에 거의 예외없이 소득재분배가 동일 재화나 서비스의 소비만을 종용하는 방향으로 이루어지고 있는 것을 볼 수 있다. 이것은 소득재분배정책의 수혜대상자에게 선택의 자유(freedom of choice)를 주는 것이 적절치 못하다는 가치판단이 지배하기 때문이라고 하겠다. 즉 소득재분배재원을 부담하는 납세자들은 소득재분배 수혜자들이 소득증가분의 용도를 임의로 결정하는 것에 대해 대체로 부정적 견해를 갖고 있기 때문이다. 요컨대 납세자들은 그들이 도와주려는 목적에 맞게 수혜자들의 소비행태가 유도되기를 희망한다.[17)]

4.2 불공평성

정부규제를 통한 소득재분배정책은 소득재분배의 실질적 효과란 면에 있어서도 또 다른 형평성 또는 공평성(equity or fairness)의 문제를 야기시킨다.[18)] 여기에서의 공평성 문제는 두 가지 측면에서 제기될 수 있는데 그 하나는 소득재분배의 수혜대상자 선정의 정확성·공평성(target efficiency)의 문제이고 다른 하나는 소득재분배에 따른 경제적 부담의 공평성(equitable share of financial burden) 문제다.

---

17) B.A. Weisbrod는 이것을 납세자주권(taxpayer sovereignty)이라고 부른다. Weisbrod, *op. cit.*, pp. 121~22.

18) 이로 인하여 발생하는 공평성의 문제는 그것으로 그치지 아니하고 경제주체의 誘因을 변화시킴으로써 종국적으로는 또 다른 경제적 효율성의 문제를 야기시킬 가능성이 있다.

4.2.1 수혜대상자 선정의 부정확성과 불공평성

소득재분배정책을 통하여 돕고자 하는 특정의 수혜집단이 (1) 얼마나 정확하게 가려지고 (2) 이 집단에 속한 사람들이 얼마나 빠짐없이 수혜를 받을 수 있느냐는 대단히 중요한 고려요인이라고 할 수 있다. 이 때 전자는 수직적 對象 的確性(vertical target efficiency) 문제라 부르고, 후자는 수평적 對象 包括性(horizontal target efficiency) 문제라고 부른다.[19] 이런 개념들은 조세정책 분야에서 말하는 수직적 공평성(vertical equity) 및 수평적 공평성(horizontal equity)의 개념과 유사하다.[20]

먼저 수직적 대상 적확성 측면에서 정부규제를 통한 소득재분배가 형평성·공평성 차원에서 문제를 야기시키는 경우를 예로 들어 본다면 석유류 가격규제의 경우 정부가 돕고자 하는 계층은 영세민, 도시서민 등이라 할 수 있다. 그러나 이들이 자가용차를 소유하는 경우란 거의 없을 것이기 때문에 석유류 가격규제를 통한 소득재분배효과는 본래의 정책목적과는 달리 자가용차를 소유할 수 있는 계층, 그것도 자가용차를 2~3대 소유하고 있는 부유한 계층, 그리고 주말·휴일 등에 자가용차로 관광을 많이 다니는 계층에게 대부분 돌아갈 가능성이 아주 크다. 많은 공공서비스요금의 경우 지불능력이 다른 부자와 빈민이 같은 요금을 내고 서비스를 이용함으로써 결과적으로 불공평한 부담이 초래된다.

또 다른 유형의 예로서는 최저임금제도(사례 25-1)에 있어서 이 제도가 돕고자 하는 수혜대상집단은 최저임금선 이하의 저임금을 받는 연소·비숙련 근로자계층이라고 할 수 있는데 제도시행의 결과 해고의 일차적 대상이 되는 집단은 바로 이들인 반면에 최저임금선 이상의 노동자들도 연쇄적으로 최저임금제도의 혜택을 입게 된다는 점에서 역시 공평성의 문제가 야기된다.

다음으로 수평적 대상포괄성(horizontal target efficiency) 측면에서

19) Weisbrod, *op. cit.*, pp. 114~18; Zeckhauser, *op. cit.*, pp. 11~12.
20) 본서 제3장 및 Robin W. Boadway, *Public Sector Economics* (Boston: Little, Brown, and Co., 1979), pp. 218~25.

문제가 제기되는 경우의 예로서는 의료보험이 있다. 의료보험에 있어서 같은 소득계층에 속하는 사람일지라도 병·의원을 보다 자주 이용하는 사람과 그렇지 않은 사람 사이에 수혜의 불공평성 문제가 야기되며, 같은 자동차보험료를 물고 있는 같은 소득계층의 사람이라도 자동차를 좀더 많이 운전하는 사람과 그렇지 않은 사람 사이에 수혜의 불공평문제가 발생한다. 또 다른 예로서는 하수도 및 쓰레기 수거료와 같이 요금이 사용량 기준이 아니고 가정단위일 경우, 같은 소득계층의 가정일지라도 쓰레기와 하수를 좀더 많이 생산배출하는 가정과 그렇지 않은 가정 사이에 수혜의 불공평성이 야기된다.

이상과 같은 불공평성 문제들은 지불능력 또는 부담능력의 지표로 사용되는 기준이 충분할 만큼 정교하지 못한데서 일차적으로 비롯되는 것이라고 할 수 있다. 즉 소득의 개념에 재산상태도 파악하여 포함시킬 것인지? 서비스사용가정의 가족 및 연령구성, 서비스사용빈도 등을 파악하여 기준에 포함시켜야 할 것인지? 등의 고려가 충분히 반영되지 못한 데서 비롯되는 것이라는 점이다. 그러나 반면에 정교한 소득기준, 수혜자기준이 정해질 때도 역시 불공평 문제는 남게 된다. 그 이유는 어떤 집단의 경우든 집단구성원 사이의 異質性(heterogeneity)으로 인해 수직적 대상적확성(vertical target efficiency)과 수평적 대상포괄성(horizontal target efficiency)이 서로 갈등(conflict)을 일으키게 되기 때문이다.[21] 보다 근본적으로는 어떤 집단의 분류기준(criteria)도 부분적 예측능력(partial prediction) 밖에는 갖고 있지 못하기 때문이기도 하다.[22]

4.2.2 경제적 부담의 불공평성

수혜대상집단의 불명료성 또는 비적확성(target inefficiency) 문제와 表裏關係에 서있는 문제가 바로 경제적 부담의 불공평(inequitable share of financial burden) 문제라고 할 수 있다. 정부규제를 통한 소득재분배

---

21) Weisbrod, *op. cit.*, pp. 123∼30.
22) Zeckhauser, *op. cit.*, pp. 2∼3.

의 경우 특정 수혜집단에 대한 所得移轉이 누구 또는 어느 계층 또는 집단의 경제적 부담으로 이루어지느냐의 측면에서 볼 때 제기될 수 있는 불공평성 문제가 바로 그것이다.

예를 들어 설명한다면 최근 논란이 되었던 바 있는 전국을 하나로 묶는 統合主義 방식의 의료보험제도의 경우에 보험료의 갹출이 소득을 기준으로 하여 결정된다. 이 때 所得源이 완벽하게 포착되지 않는 이자소득, 배당소득 등을 누리는 유산계층의 의료비를 소득원이 명백한 근로소득자나 농지소유자가 부담해야 하는 불공평 문제가 발생한다. 또 다른 예로서는 부동산투기 억제지역으로 묶여 있는 지역에 부동산을 소유하고 있는 사람은 그 지역에서의 부동산가격의 상승이 억제되고 있는 결과 이 지역 외부의 부동산소유자에 비하여 상대적으로 과소한 재산세 부담을 지게 되고, 그 반작용으로서 투기지역 외부의 부동산소유자가 상대적으로 과중한 재산세를 부담하여야 하는 불공평성 문제가 야기될 수 있다. 이와 비슷한 경우로서 綠地地帶(green-belt)의 경우에도 유일의 토지가 지대 내에 위치하고 있는 주민이 이 밖에도 다른 지역에 또는 녹지지대와 인접한 지역에 토지를 소유하고 있는 주민에 비하여 상대적으로 과중한 경제적 부담(녹지지대를 유지함으로써 국민들에게 위락공간을 제공하는 데 따르는 부담)을 지게 된다.

이상의 예들에서 알 수 있는 바와 같이 정부가 정부규제를 통하여 소득재분배적 기능을 수행하려고 하는 경우 거의 예외없이 수혜대상집단의 비적확성 또는 소득재분배를 위한 경제적 부담의 불공평성이란 두 가지 문제가 끊임없이 대두된다. 이것은 정부규제를 통한 소득재분배목적의 실현이 얼마나 어려운가를 잘 보여주는 것이다. 이런 점에서 볼 때 소득재분배목표의 추구는 정부규제에 의해서보다는 좀 더 직접적인 조세와 소득보조적 정책수단에 의존하는 편이 경제적 효율성과 사회적 형평성의 차원에서 보다 바람직하다는 명제에 다시금 도달하게 된다. "누구의 경제적 부담에 의해 누구에게 그 혜택이 돌아가는 것인지(who pays for whom?)"가 보다 분명하게 드러날 수 있기 때문이다.

4.3 정치적 과정의 불합리성

소득재분배를 위한 정책수단으로서 정부규제는 조세와 직접적 소득보조에 비해 경제적 효율성과 공평성 측면에서 상대적으로 열등하다. 정부규제를 통한 소득재분배는 정치적 과정(political process) 측면에서도 정당화되기 어렵다. 이런 방식으로 소득재분배가 추진될 때 이에 대한 공공적 統制 및 審査기능의 결여, 代表性의 결여, 이익집단의 편협성, 정부규제의 누적적 증가 등의 문제가 발생한다.

4.3.1 공공적 통제 및 심사기능의 결여

우리가 위에서 살펴본 바와 같이 정부규제를 통한 소득재분배정책은 그 파급효과가 대단히 복잡하고 미묘한 특성을 갖고 있기 때문에 일반국민이 이것에 대하여 충분한 이해를 갖고 정치적으로 민감한 반응을 보일 것으로 기대하기는 대단히 어렵다. 뿐만 아니라 이미 지적한 바와 같이 정부규제를 통한 소득재분배는 별도의 財政所要를 창출하는 것이 아니기 때문에 일반납세자가 이 문제에 대해 덜 민감한 것이 보통이고 국회의원들의 입장에서도 충분한 정책적 관심이나 주의를 기울일 필요를 느끼지 않는 경향이 있다. 그 결과 이런 성격을 갖고 있는 정부규제는 행정관료의 기술적 판단에 일임되는 경우가 많게 될 것이며 이 경우 자의성과 재량성(arbitrariness and discretion)이 개입될 소지가 대단히 크다고 해야 할 것이다.

4.3.2 대표성의 결여

소득재분배를 목적으로 하는 정부규제 정책결정과정에 이해관계집단 모두가 적극적으로 참여하기를 기대한다는 것은 역시 쉬운 문제가 아니다. 위에서 든 공공요금·보험료·아파트분양가격 등 가격규제의 경우 (1) 종합적 이해관계의 득실판단이 명백하지 못할 뿐만 아니라, (2) 이해관계가 광범위하게 분산(widely diffused) 되어 있고, (3) 개개 이해당사자의 입장에서 볼 때 이해의 크기(magnitude)도 별로 크지 않기 때문에 일반적으로 이해관계집단의 쌍방이 조직적인 정책활동을 전개하지 못한다.

이와 같이 다수의 일반대중이 정부규제로부터 어떤 이익(benefit)을 얻고 있거나 그러할 것으로 기대하는 경우 이 정부규제는 公共財(public good)의 성격을 갖기 때문에 어느 누구도 그런 이익의 확보를 위해 별도의 노력(시간과 비용)을 투입하지 않으려고 하는 무임승차자(free-rider)의 경향을 갖게 되고 따라서 일반공중의 이익투입활동은 미약할 수 밖에 없다. 그 결과 이런 유형의 정부규제는 정치인이나 행정관료에 의해서 별 저항이나 충분한 검토과정없이 일방적으로 채택될 수 있다.[23)]

이와 같이 소득재분배 효과를 가지는 정부규제로부터의 이해득실에 대해 충분하고 정확한 이해나 판단을 갖기 어려운 일반국민의 이해가 정부규제 정책결정과정에 충실하게 반영될 수 없기 때문에 정부규제를 통한 소득재분배정책은 민주정치적 과정측면에서 볼 때 그리 바람직스럽지 못하다. 이것은 경제적 부담자와 수혜집단이 명백하게 드러나는 조세나 직접적 소득보조적 정책의 경우와 비교할 때 상당히 대조적이다.

4.3.3 이익추구활동의 편협성

소득재분배를 목적으로 한 정부규제는 우리 주변에 수없이 많은데 그 각각의 경우에 (1) 이익집단이 추구하는 정부규제 정책이슈 사이에(across issues), 그리고 (2) 시간적 선후관계 사이에(across time) 이익의 較量과 調整(trade-off or coordination)이 쉽지 않다는 것도 문제점으로 지적된다.[24)] 먼저 (1)의 경우는 A라고 하는 정책에 이익을 갖고 있는 집단은 A라는 정책으로부터의 기대되는 이익에 집착하는 나머지 B 또는

---

23) 이러한 정치적 상황은 Wilson의 고객정치(client politics) 상황으로 파악될 수 있다. 제4장 4절 참고.

24) 이러한 성향이 결국 부문간 또는 세대간 자원배분(sectoral or intertemporal resource allocation)의 비효율성을 유발한다.

C라는 정책으로부터 기대되는 이익은 A의 이익과 무관한 것으로 취급하고 마는 경향이 있다. (2)의 경우는 지금 당장 이해관계가 걸려 있는 문제에 집착하는 나머지 장래에 이익을 가져다 줄 문제는 등한시하고 마는 경향이 있다.

이익집단의 이익추구 편협성으로 인해, 또는 그 결과로서 소득재분배를 목적으로 하는 정부규제 사이에 나타나는 還流효과(feedback effects) 및 相衝性(trade-offs)을 등한시할 때 상충적인 이해관계를 빚어내는 정부규제들이 量産될 수 밖에 없다. 이 경우 수많은 정부규제 사이에 상호 모순이 빚어지게 될 것은 필지의 사실이고 그 결과 소득재분배와 관련한 정부규제는 전체적으로 보아 논리적 일관성과 합리성을 크게 상실하게 될 수 밖에 없다.

이 때 훨씬 더 큰 폭의 행정관료의 재량, 이에 따른 부정부패, 총체적 소득재분배효과의 불명확성(opaqueness), 경제운용의 경직화, 행정기능의 累增的 증가와 낭비 등이 초래될 가능성이 높다는 것도 문제다. 또한 정책결정의 민주성과 공개성측면에서도 커다란 문제점을 낳는다. 요약하건대 정부가 정부규제를 통해 소득재분배를 추구하기보다는 조세와 소득보조정책(tax and income support policy)의 일관된 테두리 안에서 통일성 있게 체계적으로 소득재분재목표를 추구하는 것이 합리적이고 바람직하다고 할 수 있다.

4.4 정부규제의 누적적 증가

경제적 규제는 그 형태를 막론하고 시장과 가격기능의 배제를 그 속성으로 하고 있기 때문에 어떤 목적에서 정부가 시장에 개입하게 되든 일단 정부개입이 시작되면 시장의 가격기능을 정부가 대체하는 데서 비롯되는 예측된 또는 예측되지 않은 각종의 부작용을 초래한다. 이 경우에 정부는 당초의 정책목적이 沮喪되지 않도록 하기 위해서 또 다른 형태의 정부규제를 추가로 시행하지 않으면 안되는 상황에 처하게 된다.

이 때 그 결과로서 정부규제가 누적적으로 증가하게 되는 것을 정부규제의 피라미드(pyramiding regulation) 현상이라고 부른다.[25]

정부규제의 피라미드 현상은 특히 정부규제가 소득재분배적 목적에서 이루어지는 경우에 보다 심각하게 나타난다. 아파트 분양가격규제(사례 10-1)를 예로 들면 (1) 우선 건설업자에 대한 금융지원을 위한 금융규제가 필요하고, (2) 규제된 가격에서 이윤을 확보할 수 없는 건설업자는 공사를 부실하게 할 우려가 있으므로 건축규제 및 검사를 더욱 엄격히 해야 할 필요가 생기며, (3) 아파트 분양가격의 상승을 막고 주택용지를 확보하기 위해서는 주택건립 예정지의 토지가격상승을 억제하는 규제조치를 해야 할 필요가 생기고, (4) 분양이후의 프레미엄을 회수하기 위한 주택채권입찰제 및 轉賣행위에 대한 규제가 필요하다. 이런 累增的 규제조치에도 불구하고 소기의 정책목적(서민주택의 공급) 달성이 벽에 부딪치게 되면, (5) 주택건설업자에게 추가적인 보조금을 지급하거나 아니면 궁극적으로 아파트 분양가격을 현실화하지 않을 수 없게 될 것이다.

또 다른 예로서 수입규제를 들 수 있다. 정부가 국제경쟁력이 없는 어떤 산업의 도산 또는 실업사태의 방지를 위해 수입규제를 할 필요가 있을 수 있으나 수입규제의 필요성은 이 한 산업에 그치지 않는다. 우선 해당산업의 제품을 중간재 및 부품으로 사용하는 前方産業(downstream industries)의 경쟁력 손실보전을 위해 이 산업 역시 수입규제로 보호해 주어야 할 필요가 생긴다. 이와 같이 특정산업 분야에 수입규제가 확대될 때 이와 유사한 입장에 있는 여타의 산업부문에서도 공평성 견지에서 정부에 수입규제를 요구한다. 정부는 이런 요구를 묵살하거나 거부하기가 쉽지 않다. 한 나라의 통상정책이 보호주의 회오리(spiral of protectionism) 속에 휘말려 들어가게 되는 것은 바로 이 때문이다. 특히 미국이나 영국 등 이익집단의 정치적 활동이 활발하고 정책과정이 개방되어 있는 사회에서 이런 현상은 더욱 현저하게 나타난다.

요컨대 민주적 정치과정(democratic political process) 하에서 개개의

---

25) 이것을 "타르 베이비 효과(tar baby effect)"라고도 부른다. 제 7 장 註 13) 참고.

정부규제는 수없이 많은 새로운 이익집단을 창출한다.[26] 더 나아가서 이기적 이익추구에 집착하는 이익집단활동은 정부개입의 확대와 그것의 계속을 정당화한다. 이 때 시장경제는 점점 정부개입에 압도되는 현상이 나타난다. 정부규제의 이런 속성은 소득재분배를 목적으로 하는 정부규제에 특히 많이 나타난다. 그 결과 소득재분배를 목적으로 하는 정부규제가 많이 이루어지면 이루어질수록 소득분배의 공평성문제는 그만큼 복잡해지고 합리성을 잃게 되는 결과를 초래한다.

5. 경제적 규제의 정치경제적 특성

5.1 경제적 규제와 이익집단

위에서 고찰한 바와 같이 경제적 규제는 의도적이든 비의도적이든 시장경쟁을 제한함으로써 시장경쟁상태 하에서는 얻을 수 없는 "특별한 이익(special advantage)"을 특수한 집단에 부여한다. 이것은 경제적 규제에 국한된 것이 아니라 정부정책 어느 경우에나 공통적으로 나타나는 현상이라고 할 수 있다. 그러나 경제적 규제는 바로 경제주체 사이의 게임규칙(rule of game)을 정하여 주는 것이기 때문에 이런 속성이 다른 어떤 정책영역에서 보다도 더욱 두드러지게 나타난다.

경제적 규제는 정부가 소득재분배를 의도적·명시적 목적으로 삼고 있느냐 여부에 관계없이 소득재분배효과를 발휘한다. 따라서 경제적 규제로부터 직간접적으로 이익을 얻고 있는 집단은 기득이익(vested interests)의 확대를 위해서, 경제적 규제로부터 직간접적으로 피해를 보고 있는 집단은 정부규제의 철폐 또는 완화를 위해 강력한 이익집단(interest

---

26) Roger G. Noll and Bruce M. Owen, *The Political Economy of Deregulation: Interest Groups in the Regulatory Process* (Washington, D.C.: American Enterprise Institute, 1983), pp. 33~39.

groups)을 형성하기도 하고 그들의 이해관계에 따라 離合集散한다.[27]

경제적 규제로 인해 형성되는 이익집단의 유형을 살펴보기 위해서는 경제적 규제에 따라 파생되는 특별한 이익을 (1) 생산자(기업), (2) 원료나 노동 등 생산요소의 공급자 또는 원료 및 중간재의 공급자(suppliers), 그리고 (3) 사용자(users) 또는 소비자로 나누어 고찰해 볼 필요가 있다. 우선 경제적 규제로 인한 특별한 이익이 생산자 또는 기업에 일차적으로 귀속되는 경우는 비용에 기초한 가격결정(cost-based pricing)이나 進入障壁(entry barrier)과 같은 규제가 이루어지는 경우다. 먼저 비용에 기초한 가격규제, 다시 말하면 생산비에 적정한 수준의 이윤을 추가하여 규제가격을 정하는 경우에 생산자들은 구태어 생산비의 절하를 위해 과도한 경쟁이나 기술혁신의 노력을 기울일 필요를 느끼지 않는다. 따라서 이 경우에 생산자들이 이런 규제가격 결정방식의 유지를 위해 노력할 것이라는 점은 재론을 요하지 않는다. 다음으로 다양한 유형의 進入障壁으로 인해 파생되는 특별한 이익은 실질적으로는 카르텔이 형성된 경우와 동일한 효과를 가진다. 이와 같은 경우에도 역시 생산자들은 시장경쟁을 통해 달성할 수 있는 수준 이상의 초과이윤을 획득할 수 있기 때문에 이들이 진입장벽의 유지를 위해 공동의 정치적 노력을 기울이고 정치적 영향력을 행사하려고 할 것은 당연하다.

다음으로 이와 같은 유형의 규제에 의한 특수한 이익은 생산자에게만 귀속되는 것이 아니라 피규제산업에 생산요소 또는 원료나 부품을 공급하는 사업자에게도 파급된다. 다시 말하면 피규제산업이 독과점적인 위치를 향유할 수 있는 한 이 산업에 대한 공급자(suppliers) 역시 초과이윤을 나누어 갖는 방법으로 특별한 이익을 누리게 된다. 예를 들면 정부규제로 인해 진입이 제한되어 있는 피규제산업의 노동자들은 企業主와의 노사협상에서 보다 높은 임금을 얻어 낼 수 있다. 마찬가지로 이 산업에 대한 원료나 부품공급자 역시 보다 안정적인 수요처를 항상 확보할 수

27) *Ibid.*

있음은 물론 보다 높은 공급가격을 보장받을 수 있다. 따라서 이들 공급자들은 피규제산업에 대한 규제의 지속에 이해관계를 가질 수 밖에 없다.

생산자와 원료공급자간의 共生的 관계(symbiotic relationship)는 輸入規制의 경우에 보다 분명하게 드러난다. 어느 산업에 대해 수입규제가 이루어지게 되면 이 산업의 後方聯關產業 혹은 上流產業(upstream industries)들은 모두 보다 안정적인 수요를 확보할 수 있을 뿐만 아니라 국제가격에 비하여 높은 가격에서 원료나 부품을 공급할 수 있게 된다. 바로 이런 이유로 인해 어떤 산업에 대한 수입규제에 대한 정치적 지지(political support)는 해당산업과 이 산업의 노동조합뿐만 아니라 이 산업의 上流產業과 이들 산업의 노동조합 모두에 의해 확실하게 보장된다. 그 결과 이런 산업에 대한 수입규제의 완화 또는 수입자유화는 이들에 의해 강력하게 저지되기 마련이다.

정부의 가격규제에 따라 가격경쟁이 비가격경쟁의 형태로 전환된 경우에도 피규제산업에 대한 생산요소공급자는 규제로 인한 특수한 이익을 기대할 수 있다. 예를 들면 비행기요금에 대한 규제는 항공회사 사이에 운항회수 기타 서비스경쟁을 야기시키게 되는데 이 경우에 비행기 조종사에 대한 수요가 증가하게 되는 것과 같다.

다음으로 정부규제로 인해 특별한 이익을 얻게 되는 사용자나 수요자(users)가 정부규제를 옹호하는 것도 많이 볼 수 있다. 예를 들면 공공요금의 料率體系를 규제함에 있어서 정부가 영세민에 대한 특별한 고려를 한다거나 被規制품목의 공급에 있어서 영세민에 우선권을 부여하는 것과 같은 경우가 이에 해당된다. 이밖에 交叉補助 효과를 노린 특정산업에 대한 규제도 일반적으로 소비자가 선호하는 경제적 규제 가운데 하나다.

5.2 경제적 규제의 정치과정적 특성

제4장에서 고찰한 公共選擇이론(public choice theory)은 경제적 규제의 발생원인을 규명하는 이론이라고 할 수 있다. 이 이론은 이익집단을

경제적 규제의 수요자로 보고, 정치인과 관료를 경제적 규제의 공급자로 보아 이들의 이해관계가 일치될 때 경제적 규제가 이루어지는 것으로 본다. 다음으로 역시 제4장에서 고찰한 바 있는 Wilson의 정부규제의 네 가지 정치적 상황 가운데 顧客政治(client politics)적 상황은 산업 혹은 생산자보호를 목적으로 하는 경제적 규제의 정치경제적 속성을 잘 설명해 주고 있다.

이 모형에 의하면 경제적 규제로 인해 발생하게 될 비용은 상대적으로 작고 이질적인 불특정 다수인에게 미치나 편익은 대단히 크며 동질적인 소수인(기업)에 귀속되기 때문에 경제적 규제를 요구하는 집단에 유리한 방향으로 경제적 규제가 이루어지게 된다. 이것은 경제적 규제를 요구하는 집단이 자기들의 이익을 도모하려는 강력한 유인을 갖게 되고 따라서 쉽게 조직화될 수 있기 때문이다. 기업가집단이 보통 동업자조합이나 협회(trade associations) 등을 갖고 있는 것은 이 때문이다. 반면에 이에 대항하여야 할 소비자집단은 공동의 정치행동을 통하여 이를 저지하려는 유인을 별로 갖지 못하기 마련이고 따라서 조직력도 약하다고 할 수 있다.

그러나 이런 속성을 지니는 경제적 규제는 그것의 사회적 비용이 사회적 편익보다 큰 것이 보통이므로 社會的 厚生(social welfare) 측면에서 정당화하기 어렵기 때문에 이런 유형의 정부규제가 이루어지도록 하기 위해서는 무언가 이를 정당화할 수 있는 근거를 필요로 한다. 경제적 규제에 있어서 국내 유치산업의 육성, 경제성장의 촉진, 직업면허를 통한 소비자의 안전보호 등 '公益'을 빙자하고 있는 경우를 흔히 볼 수 있게 되는 것은 바로 이런 이유 때문이다. 경제적 규제가 도입되는 과정에 있어서도 조용한 막후교섭과 로비 등이 특징적으로 나타나며 소비자단체나 公益團體(public interest associations)의 항의와 반박이 없는 한 별다른 논란의 여지없이 쉽게 이루어지고 만다.

경제적 규제는 그 성격상 해당산업 또는 직종에 있어서의 가격경쟁요인을 제거 또는 감소시킬 뿐만 아니라 진입장벽으로 인해 이들 산업 또는 직종에 높은 수익성을 보장해 주는 결과를 초래한다. 물론 국내의 유치산업을 육성하기 위해 불가피하게 수입규제가 필요한 경우가 있는 것도 사실이고 국민의 안전을 위해 의사, 약사의 자격을 국가가 정하여 소정의 자격과 자질을 갖춘 자만이 이런 직종에 종사할 수 있도록 하는 것이 불가피한 측면이 없지 않으나, 이들에 비하여 조직력과 자금력이 약한 일반국민이 필요 이상의 손해를 감수해야 하는 상황이 필연적으로 수반된다는 데 문제가 있다.

더 나아가서 신규진입제한의 강화는 해당산업의 경쟁력과 서비스 질의 저하로 이어질 수 밖에는 없다. 우리가 자격증을 요하는 특수직종의 서비스에 불만을 갖고, 높은 요금(치료비, 약값, 변호사 고용비용)에 불만을 갖게 되는 것은 모두 이 직종들에 높게 쳐진 진입장벽으로 인해 이들이 경쟁의 압력을 상대적으로 적게 받고 있기 때문이다. 행정관청은 늘 공익을 앞세우기는 하지만 진정한 顧客은 바로 이들 산업 이들 직종의 종사자들이다.

5.3 이익집단과 규제기관의 행태적 특성

이상에서 고찰한 바와 같은 정치적 상황 속에서 이루어지는 것이 바로 경제적 규제라고 할 수 있기 때문에 경제적 규제에 있어서 특징적으로 나타나게 되는 현상이 바로 규제기관의 捕獲(regulatory capture)이라고 할 수 있다.[28] 포획현상이란 규제기관이 피규제산업의 입장과 주장에 은연중 동조하거나 공감함으로써 피규제산업에 유리한 방향으로 규제정책을 운용하는 것을 말한다. 경제적 규제에 있어서 이런 포획현상이 자주 발생하게 되는 이유는 여러가지로 설명할 수 있다.

우선 경제적 규제는 개별산업을 대상으로 하는 규제이다. 따라서 개별산업의 지도감독관청으로서의 규제기관은 피규제산업과 일상적인 관련

28) 규제기관의 포획현상에 대한 상세한 설명은 제6장 참고.

을 맺게 되고 이에 따라 긴밀한 유대관계가 형성되게 되기 쉽다.[29] 이 점은 사회적 규제와 비교할 때 더욱 분명하게 나타난다. 사회적 규제는 경제적 규제와 달리 거의 모든 산업에 공통적으로 적용되는 규제이다. 예를 들면 소비자보호규제, 환경규제, 작업장안전규제, 고용에 있어서의 차별규제 등은 모든 산업에 무차별적으로 적용된다. 따라서 규제기관은 특정의 산업과 특별한 유대관계를 형성하기가 어렵게 된다.

다음으로 경제적 규제에 있어서 규제기관은 피규제산업의 경영상태 전반에 대해 깊이 관여하지 않을 수 없다. 그런데 이것들에 관한 정보(information)는 피규제산업에 절대적으로 의존하지 않을 수 없다. 이와 같이 규제기관이 피규제산업에 필요한 정보를 의존하게 될 때 피규제산업은 보다 용이하게 규제기관의 정책결정을 좌우할 수 있게 된다. 예를 들면 독과점가격규제에 있어서 규제기관은 독과점업체가 제공하는 자료와 정보에 의존하지 않을 수 없다. 이 때 독과점업체는 자신에게 불리한 정보의 제공을 기피하고 자신에게 유리한 정보는 과장하여 전달할 우려가 많고 이에 따라 규제기관의 문제인식은 피규제산업의 문제인식에 어딘지 모르게 닮아가게 마련인 것이다. 더구나 피규제산업은 그것이 지닌 막강한 자금력과 정치적 영향력을 바탕으로 규제기관을 회유할 수도 있다. 경우에 따라서는 규제기관관료에게 퇴직 후의 일자리를 보장한다든지 하는 방법을 통하여 규제기관과 밀접한 관계를 구축해 나갈 수 있게 된다.

끝으로 경제적 규제를 담당하는 기관은 규제업무와 함께 피규제산업을 건전하게 육성해야 할 책무를 동시에 부여받게 되는 것이 보통이다. 따라서 규제기관은 피규제산업이 지게 될 경제적 부담에 대해 많은 관심을 기울이게 되고 어떻게 해서든지 그 산업의 건전성을 유지하려고 한다. 이것 역시 사회적 규제를 담당하고 있는 기관과 비교할 때 크게 차

29) 미국에서 이러한 규제기관은 대체로 독립규제위원회의 형태를 취하고 있다. 독립규제위원회의 포획현상을 지적한 대표적 문헌으로는 Marver H. Bernstein, *Regulating Business by Independent Commission* (Princeton: Princeton University Press, 1955) 참고.

이가 나는 부분이다. 사회적 규제를 담당하는 규제기관은 그 안목이 좁아서 각 산업이 정부규제로 인해 부담해야 할 규제 順應費用(compliance cost)을 전체적으로 종합적으로 고려하는 것이 아니고 자기가 부여하는 의무의 이행비용만을 고려에 넣는 경향이 있다.[30] 예를 들면 작업장 안전문제를 책임지고 있는 규제기관은 업체들이 작업장안전문제와 동시에 환경규제 등 그밖의 규제로 인해 지게 되는 모든 규제비용에 대해 별다른 관심을 기울이지 않는다.

6. 결 론

본장은 다음의 연속된 3개 장에서 검토될 진입규제, 가격규제, 독과점 및 불공정거래에 대한 규제의 분석을 위한 전제로서 그것의 정치경제학적 배경을 제공해주기 위한 목적을 갖고 있다. 제2장에서 분석한 바와 같이 경제적 규제는 기업의 본원적 활동에 속하는 특정산업분야에 대한 신규업체의 진입제한, 기업이 생산하는 제품이나 서비스의 가격, 생산량, 품질, 거래대상 및 방법 등에 대한 규제를 통칭한다. 따라서 경제적 규제는 시장경쟁의 제한을 그 기본적 속성으로 한다. 경제적 규제는 특정 규제대상 산업에 있어서 정부가 시장경쟁을 배제하고 이를 대신하는 것이라고도 말할 수 있다. 그러므로 경제적 규제는 자원배분과 소득분배에 직접적으로 작용하는 규제라고 할 수 있다. 경제적 규제와 사회적 규제의 근본적 차이는 바로 여기에 있다. 즉 사회적 규제가 모든 산업을 공통적인 대상으로 삼고 있는 데 비하여 경제적 규제는 특정산업을 대상으로 이루어진다. 경제적 규제가 시장경쟁을 직접적으로 제한하는 것임에 비하여, 사회적 규제는 시장경쟁과는 직접적 관련이 없이 이루어지는 규제이다.

30) 사회적 규제기관의 이러한 성향이 사회적 규제비용의 엄청난 증가를 부채질하고 있다는 견해에 대하여는 Murray Weidenbaum, *The Costs of Government Regulation of Business* (Washington, D.C.: Government Printing Office, 1978) 참고.

바로 이런 경제적 규제의 속성으로 인해 경제적 규제의 목적을 정확하게 파악하기 위해서는 역사적으로 경제적 규제의 대상이 되어 온 피규제산업(regulated industries)의 확대과정과 그것을 촉발시킨 정치·경제·사회적 배경을 고찰하지 않으면 안된다. 이런 의미에서 본장에서는 미국과 우리나라에서의 경제적 규제의 확산과정을 간략하게 고찰하면서 경제적 규제가 소비자보호(consumer protection) 목적과 생산자 또는 산업보호(producer or industry protection) 목적을 갖고 있으나 두 가지 목적 사이에는 갈등이 존재하고 따라서 어떤 목적을 우선해야 할 것인가에 대한 판단이 쉽지 않은 경우가 많음을 지적하였다.

이런 현상이 나타나는 것은 경제적 규제가 오랜 역사적 과정 속에서 또한 변화하는 경제사회적 여건 속에서 정책목적을 多重化시켜 왔기 때문이라고 할 수 있다. 이것은 경제적 규제가 자원배분과 소득분배에 직접적으로 영향을 미치는 것이기 때문에 이해관계 집단 사이의 영향력에 따라 경제적 규제가 그때그때 변형되어 왔음을 반영한다. 또한 규제기관이 피규제산업에 포획(capture)되어 피규제산업의 입장을 은연중 옹호하고 그 결과 경제적 규제가 피규제산업 중심으로 운용되어 나가고 있음을 의미하기도 한다.

오늘날 경제적 규제가 規制緩和(deregulation)의 중점적 대상이 되고 있는 것은 변화하는 환경 속에서 경제적 규제의 불합리성이 부각되고 있기 때문이다. 경제적 규제 가운데 이미 그 효력을 상실한 것들이 있고 또한 경제사회여건의 변화에 따라 오히려 경제의 비효율성을 심화시키고 소득분배를 왜곡시키는 결과를 낳고 있음에 비추어 이제 경제사회구조의 변화, 산업구조의 복잡화, 급속한 기술변화 등을 반영하여 시장기능을 회복하고 보다 활성화시키는 방향으로 나아가야 한다는 인식이 폭넓게 자리잡아 가고 있다. 다음의 각장에서 독자들은 왜 정부규제는 불완전할 수 밖에 없는가? 시장기능은 어떤 측면에서 정부규제에 비하여 우수성이 있는가? 하는 질문을 갖고 읽어 나가 주기를 바란다.

제 9 장

진 입 규 제

1. 서 론

진입규제(entry regulation)는 시장경쟁에 참여하는 개인사업자 또는 법인기업체의 수를 제한하는 것을 말한다. 정부가 특정 산업 또는 직업에 대한 진입을 제한하는 목적은 아주 다양하다. 우선 자연독점산업 분야에 있어서 중복투자와 자원의 낭비를 방지하기 위해 진입을 규제해야 할 필요가 있다. 또한 산업정책(industrial policy)적 목적에서 규모경제(economies of scale) 효과를 확보한다거나 과당경쟁으로 인한 폐해를 막기 위해 진입을 규제하는 경우도 많다. 예를 들면 국내산업의 보호육성을 위한 수입규제, 기술혁신을 도모하기 위한 특허제도 등이 그것이다. 또한 稀少資源(예를 들면 지하자원, 전파, 항공노선 등)의 개발이용에 있어서 공익성 확보를 위해 진입을 규제해야 할 경우도 있다. 그런가 하면 전문직업의 서비스를 이용함에 있어서 소비자의 무지(consumer ignorance)로 인해 야기될 수 있는 소비자피해를 줄이기 위해 그러한 직종에 종사할 사업자의 자격을 제한해야 할 필요도 있다.

이와 같이 다양한 정책목적에서 이루어지는 진입규제는 그 자체가 경제적 규제(economic regulation)의 전형적인 예일 뿐 아니라 가장 원초적인(primary) 경제적 규제라고 할 수 있다. 진입규제를 가장 원초적인 경제적 규제라고 말하는 것은 그것이 시장경쟁에 참여하는 기업의 수 그 자체를 제한하는 것이기 때문에 불충분한 시장경쟁으로 인한 경제적 부작용, 즉 경쟁가격보다 높은 가격과 초과이윤, 과소공급, 재화나 서비스 질(quality)의 저하 등의 문제를 유발하고 이에 따라 규제기관은 이러한 문제들을 해결하기 위해 추가적인 정부규제를 병행하지 않을 수 없다는 의미에서다.

진입규제는 그것이 직접적으로 시장경쟁을 제한하는 것이기 때문에 경제적으로 바람직하지 못한 결과를 초래하는 경우가 많은 경제적 규제라고도 할 수 있다. 바로 이러한 이유 때문에 진입규제와 그 정책수단을 검토함에 있어서는 우리가 제 4 장에서 논의한 바와 같이 각각의 진입규제가 당초에 누구의 이익을 유지·확보하기 위해서 생겨난 것이며 그것의 궁극적인 효과는 누구에게 귀속되고 있는가를 정치경제학적으로 분석하는 것이 대단히 중요하다. 또한 진입규제에 대한 논의에 있어서는 그것이 시장경쟁(market competition)을 직접적으로 제한하는 것이기 때문에 진입규제로 인해 시장경쟁이 제한된 상태하에서의 市場成果(market performance)와 진입규제가 없는 또는 그것이 완화된 상태하에서의 시장성과를 비교함으로써 진입규제의 경제사회적 타당성을 항시 검토하는 것이 필요하다.

진입규제는 특정의 산업에 대해서만이 아니라 수없이 많은 산업 분야에 걸쳐 보편적으로 이루어지고 있기 때문에 진입규제의 유형을 분류하는 것은 여간 어렵지 않다. 특히 제 8 장에서 지적한 바와 같이 진입제한을 직접적 목적으로 하는 진입규제가 아니더라도 정부규제 가운데는 간접적으로 또는 비의도적으로 진입장벽(barriers to entry)의 구실을 하는 경우가 많다. 사회적 규제(social regulation)에 속하는 정부규제들이 바로 그러한 예들이다. 이러한 이유로 인해 진입규제를 유형분류하는 일은 더욱 복잡해 질 수 밖에 없다. 이런 점을 감안하여 본장에서는 진입규제를 크게 (1) 사업의 認許可(認可 또는 허가), (2) 희소자원의 배분, (3)직업면허, (4) 특허, (5) 수입규제, (6) 사회적 규제(예: 환경규제, 안전규제)의 진입제한 효과, 그리고 진입규제와는 상반되는 관계에 있는 (7) 퇴출규제 등으로 나누어 차례로 고찰하려고 한다.

2. 사업의 인허가

사업의 認許可(industry licensing)란 법규정 또는 이에 근거한 행정명령이나 예규 등을 통하여 "…한 사업을 하고자 하는 자는 …장관(기타 관련기관)의 認可(또는 許可)를 받아야 한다" 라고 규정하여 개인이나 기업이 어떤 사업을 영위할 수 있는 권리를 원칙적으로 제한하고 특정한 요건을 충족시키는 경우에 한하여 이를 제한적으로 허용하는 것을 말한다. 자유기업주의(free enterprise system)를 기초로 하는 경제체제하에서 개인이나 기업이 어떤 사업을 영위하거나 어떤 직종에 종사하는 것은 원칙적으로 자유에 속한다. 그러나 정부는 이와 같이 자유기업주의를 무제한으로 인정할 때 소정의 정책목적을 달성하는 데 지장이 있다고 판단할 수 있다. 이러한 경우에 정부는 특정 산업분야에 대한 자유로운 진입을 제한하게 되는데 그것의 가장 전형적인 방법이 바로 사업의 인허가라고 할 수 있다.

정부가 특정 사업에 대한 자유로운 진입을 제한하여야 할 필요를 가지게 되는 경우는 극히 다양하다. 그러나 이것을 크게 나누어 본다면, (1) 자연독점산업을 포함한 소위 공익서비스 사업의 인허가와 (2) 산업정책적 목적의 인허가로 구분할 수 있을 것이다.

2.1 공익서비스 사업의 인허가

여기에서 공익서비스 사업이라고 하면 (1) 전력, 전화, 우편, 상하수도, 철도, 지하철 등 자연독점산업, (2) 항공, 도로, 해상 등 교통서비스 산업, (3) 금융, 보험, 신탁, 증권 등 광의의 금융서비스 산업 등을 들 수 있다.

2.1.1 자연독점산업

자연독점산업적 성격을 가진 공익서비스의 공급은 주로 공기업에 의하여 담당된다. 여기서 공기업(public enterprise)이란 정부부처의 형태를 띤 공기업, 公社(public corporation)형태의 공기업, 정부출자기관 모두를 포함한다. 공기업은 정부규제의 극단적인 형태(extreme form)라고 할 수 있다. 이것은 원래 정부규제의 개념상 정부가 그 대상 또는 당사자가 될 수 없다고 보기 때문이다.

공익서비스 사업에 민간기업의 참여를 금지 또는 제한하고 이것을 공기업이 담당하도록 하는 데는 여러 가지의 합리적인 근거가 있다. 우선 공익 서비스에 대한 수요는 막대하나 이 사업에 소요되는 자본투자의 규모가 엄청나게 큰 반면에 수익성이 불확실하기 때문에 민간이 투자를 기피하거나 민간기업이 담당하기 곤란한 문제를 안고 있다. 또한 국가안보와의 관련성 때문에 민간기업에 의한 사업수행이 바람직하지 못한 경우도 있다.

그런가 하면 민간기업에 의한 경영이 비효율적으로 이루어진다거나 불안정하게 이루어지는 경우에는 국민생활에 긴요한 공익서비스의 계속적, 안정적 공급에 지장이 초래될 수도 있다. 더구나 민간기업에 의하여 공익서비스의 공급이 이루어지게 될 경우에는 이것의 공익성을 확보하기 위해 수많은 정부규제(예: 가격규제, 이윤규제, 거래방법의 규제, 인사면에서의 규제, 자금동원 면에서의 규제 등)가 이루어져야 하는 바 이 때에 민간기업이 가질 수 있는 경영의 창의성 등이 발휘될 여지는 극도로 제약될 수밖에 없다.

특히 자연독점산업의 경우에 흔히 볼 수 있는 交叉補助 또는 內部補助(cross subsidization or internal subsidization) 효과를 통한 공익서비스 공급의 확대와 이를 통한 사회후생의 극대화를 도모하는 데 있어서 공기업은 효과적인 수단이 될 수 있다.[1] 예를 들면 구석진 시골이나 농촌 그

---

1) 물론 교차보조 행위가 공기업에 의해서만 가능하다는 것은 아니다. 민간기업 서비스의 경우에도 이러한 효과를 기대할 수 있지만 이 때에는 정치적으로 대단히 복잡하고 처리하기 곤란한 문제들이 발생하게 된다. 본서 제4장 및 Richard A. Posner, "Taxation by Regulation," *Bell Journal of Economics and Management Science* (Spring 1971), Vol. 2, No. 1, pp. 22~50 참고.

리고 산간奧地에 대한 철도서비스의 공급 또는 우편서비스의 공급은 이를 민간기업이 담당하고 있을 때에 비하여 공기업이 담당하고 있을 때 훨씬 바람직스러운 수준과 방법으로 이루어질 수 있게 된다.

반면에 공기업에 의한 공익서비스의 공급은 공기업의 내재적인 문제점과 비효율성으로 점철되기도 한다. 우선 공기업이 내재적으로 가지고 있는 경영의 경직성이 문제가 된다. 각종 관련법규에 의한 인사, 예산면에서의 경직성에 더하여 의사결정과정의 과도한 집권화(centralization)는 경제사회의 변화에 대한 신속한 적응을 저해한다. 또한 기업성을 무시한 공익성의 강조와 경영손실의 財政補塡은 공기업 조직 및 경영에 있어서의 혁신(innovation)을 가로막는다. 여기에서 더 나아가 비대해진 그리고 국민의 통제를 벗어난 공기업 부문은 급기야 정치적 선택을 제약하게 될 수도 있다.

이상에서 살펴본 바와 같이 공익서비스의 공급수단으로서 공기업은 장단점을 가지고 있다. 그것의 장점과 단점은 각 사회가 처한 경제사회적, 정치적 환경의 변화 속에서만 구체적으로 평가될 수 있다. 1980년대 이후 전세계적으로 물결을 이루고 있는 공기업의 민영화(privatization)는 바로 시장경쟁의 원리를 보다 많이 도입함으로써 공기업의 문제점을 극복하고 국가의 재정부담을 경감하며 궁극적으로는 국가역할을 축소하려는 노력으로 볼 수 있다.

2.1.2 교차보조 효과를 목적으로 한 진입규제

비용체감산업(decreasing cost industries)적 특성으로 인해 경쟁자가 존재하기 어려운 자연독점산업 분야와는 달리 항공, 버스, 해상운송 등 교통 및 운송산업과 전화산업[2]과 같이 다수의 민간 사업자가 참여할 수 있는 경우에 진입규제가 이루어지는 것은 공공정책적 필요에서 교차보조

2) 보통 전화산업은 자연독점산업으로 분류되나 여기에서 이 산업을 다수가 참여할 수 있는 산업으로 보고자 하는 이유는 국내전화 시장, 통신위성을 이용한 국제 및 장거리전화 시장 등으로 전화시장이 기술적으로 분할될 수 있는 가능성이 크기 때문이다.

(cross subsidization) 효과를 활용해야 할 필요성 때문인 경우가 많다. 다시 말하면 교차보조의 효과가 없다면 그러한 서비스를 수혜할 수 없는 지역 및 계층의 사람들에게 동질의 서비스의 공급이 확보될 수 있도록 해야 할 필요에서 진입규제가 요청된다.

예를 들어 버스요금이 서비스원가에 입각하여 책정된다면 도시의 변두리지역 주민이 부담해야 할 요금수준은 도심지역에서의 버스 이용자에 비하여 대단히 높은 가격을 지불하지 않으면 안된다. 이것은 사회형평의 측면에서 심각한 문제를 야기한다. 이것은 시외버스, 항공운송 등 모든 경우에 있어서 마찬가지이다. 따라서 이러한 경우에 규제기관은 교통요금을 균등하게 책정하지 않을 수 없게 된다.

그런데 이러한 공익서비스에 대한 공익목적에서의 가격규제는 더 나아가 진입규제를 불가피하게 만드는 요인이 된다. 가격규제하에서 서로 다른 서비스에 대하여 동일한 요금을 부과하는 한 교통사업자는 일정한 구간에서는 손해를 보고 또 다른 일정한 구간에서는 상당히 높은 이윤을 얻게 된다. 이 사업자가 전체적으로 채산성을 확보할 수 있기 위해서는 충분한 수입이 보장될 수 있도록 해 주어야 한다. 동일요금에 의한 구간간 교차보조 현상은 바로 이것을 가능하게 해주는 방법이다.

이와는 대조적으로 각 구간에 서로 다른 사업자들이 참여하게 되는 경우에는 이러한 교차보조의 현상을 기대할 수 없다. 이 문제는 마치 우유에서 알짜라고 할 수 있는 지방분을 빼내듯이 어떤 업자가 수익성이 높은 황금노선을 독차지하거거나 또는 전화사업에 있어서 수익성이 높은 장거리 통신을 독점하는 소위 '脫脂行爲(cream-skimming)'를 하는 경우에 특히 두드러지게 나타나게 된다.[3] 정부가 보다 많은 국민에게 공익서비스를 제공하기 위해서 교차보조효과를 활용해야 할 필요가 있다고 인정할 경우 예외없이 진입규제를 병행하지 않을 수 없는 이유는 바로 여기에 있다.

---

3) 이에 관하여는 Alfred E. Kahn, *The Economics of Regulation: Principles and Institutions* (New York: John Wiley & Sons, Inc., 1971), Vol. 2, pp. 221~246 참고.

다음으로 이러한 공익서비스 분야에서 진입규제가 이루어지게 되는 또 하나의 이유는 교차보조가 어떤 지역간에 또는 어떤 이용자간에 이루어지게 할 것이냐 하는 방법과 관련된다. 위의 예에서와 같은 경우에 가장 쉽고 무난한 방법은 역시 버스노선을 정함에 있어서 황금구간과 그렇지 못한 구간을 조합하는 방법이다. 예를 들면 모든 버스의 노선이 어떤 방식으로든지 변두리에서 출발하여 도심을 거쳐 다시 다른 쪽 변두리에 이르도록 하는 방법이다. 이와 같이 정부가 교차보조효과를 노려 路線規制(route regulation)를 병행하지 않을 수 없는 경우에 진입규제의 필요성은 더욱 강화된다.

2.1.3 공신력 확보를 목적으로 하는 진입규제

금융, 신탁, 보험, 증권, 투자회사 등 광의의 금융산업에 있어서의 진입규제는 이러한 산업의 공신력(public confidence)의 확보를 주된 목적으로 하는 대표적인 경우이다. 이러한 특수한 산업에 있어서 금융기관이 난립하여 과당경쟁(excess competition)을 하게 되면 결국 금융기관의 안정성이 크게 위협을 받지 않을 수 없고 이 때 예금주 등의 이익을 확보할 수 없다. 물론 이러한 기관들은 국가 금융정책을 수행하는 기관들이므로 이들이 집단적으로 도산한다거나 경영위기에 봉착하게 되면 경제전체에 커다란 충격을 초래하게 된다는 것도 중요한 이유가 된다.[4)]

따라서 광의의 금융기관의 설립에 있어서는 유례가 없을 정도로 강한 진입규제가 따르게 된다. 이 때 규제의 기준으로서 중요한 것은 최저자본금(minimum capital requirement) 규모와 경영자의 능력 및 신뢰성이라고 할 수 있다. 또한 우리나라와 같이 支店制度(branch system)를 택하고 있는 경우에는 점포의 수 및 설치지역을 제한하는 것이 보통이다. 이것은 보험, 증권 등 광의의 금융기관 모두에 공통되는 사항이다.

---

4) 예를 들면 미국에서 연방 및 각 주의 은행법이 강화된 것은 1930년대의 대공황(depression)속에서 많은 금융기관들이 도산하여 경제의 회복에 엄청난 타격을 주었던 뼈저린 경험을 한 이후였다.

광의의 금융기관의 경영안정성을 확보함으로써 궁극적으로 공신력을 높이기 위한 정부규제는 여기서 고찰하고 있는 진입규제 만으로 완전하게 이루어질 수 없음은 물론이다. 그러함에도 불구하고 이러한 산업에 있어서 진입장벽을 높게 설치하고 있는 것은 경제적인 요인보다는 정치적인 영향 때문으로 보는 것이 타당하다. 즉 기존의 금융기관이 기득권익의 유지·확대를 위해 신규진입을 적극적으로 가로막기 때문이다. 특히 우리나라와 같이 지점제도를 채택하고 있는 경우에는 지점의 설치 확대와 신규 금융기관의 진입은 서로 경쟁적인 관계에 서게 되기 때문에 기존의 금융기관이 보다 적극적인 정치공세를 펼 가능성이 높다고 할 수 있다.

금융산업에 대한 진입규제의 강도는 금융억압(financial repression)의 정도와도 긴밀한 관련을 가지고 있다. 산업정책적 목적을 위한 금융의 동원 및 배분을 위해 금융부문에 대한 정부개입이 폭넓게 지속적으로 이루어지는 경제에서 公定金利는 시장금리에 훨씬 미달하는 수준에서 결정되기 마련이다. 이와 같은 저금리체제하에서 금융기관의 저축동원 능력에는 한계가 있다. 이 때 금융기관 간의 예금유치 경쟁은 결국 제로섬게임(zero-sum game)의 양상을 띨 수 밖에 없다. 따라서 규제기관이 금융기관의 신규진입에 부정적 견해를 가지는 것은 당연한 측면이 있다.

또한 低金利의 유지가 불가피한 상황속에서 저축을 동원하기 위해서는 차별적인 금리의 설정이 불가피하다. 이 때 정부는 금융기관을 다양화하지 않을 수 없게 된다. 소위 투자금융회사, 보험, 증권 등 제2금융권(non-bank financial intermediaries)이라고 불리우는 금융기관들이 생겨나게 되면 서로 다른 유형의 금융기관 사이의 수익성의 차이를 적절한 수준에서 조절해야 하기 때문에 금융산업에 있어서 업무영역(business boundary)을 엄격하게 구분해 주어야 할 필요성이 생긴다.[5] 이 때에 각각의 업무영역에 있어서의 진입규제가 보다 강화될 수 밖에 없음은 분명

5) 梁佑誠, "국가의 산업화전략과 차별적 금융규제에 관한 연구," (서울대학교 행정대학원 석사학위논문, 1991. 2) 참고.

하다. 또한 전국적인 규모의 금융기관과 지역단위의 금융기관 사이의 지역적 경계(regional barriers) 설정도 진입장벽을 높이는 역할을 한다.[6] 우리나라에서 직할시 및 도에 설치된 지방은행의 경우 과당경쟁을 이유로 타 지역에서의 지점의 설치는 1개소로 제한하여 왔다.

그러나 오늘날 컴퓨터 및 통신기술의 급속한 발전이 금융산업에 도입 응용되면서 금융산업에 있어서의 업무영역 제한과 지역제한 등의 진입규제는 급속도로 그것의 합리성을 상실하여 가고 있는 실정이다. 소위 금융기관에 있어서의 兼業主義(general banking system) 추세로 인해 서로 다른 유형의 금융기관 간의 차이는 빠르게 소멸되어 가고 있고 지역적 제한도 아무런 의미를 가지지 못하는 시대를 맞이하고 있다. 1991년초 재무부가 "금융기관의 합병 및 전환에 관한 법률"의 제정을 통하여 제2금융권 기관의 은행화 등을 유도하고 있는 것은 물론 금융시장의 대외개방을 앞두고 경쟁력을 강화해야 한다는 시급한 이유도 있지만 이 보다는 금융기관 간의 유형의 차이가 급속도로 축소되고 있음을 인정한 것으로 주목된다.

2.2 산업정책적 목적의 인허가

정부는 산업구조의 고도화, 성장산업의 효과적 육성, 사양산업의 원활한 구조조정(structural adjustment), 중소기업의 보호육성 등 중요한 산업정책적 목적의 달성을 위해 특정 산업에 대한 진입을 규제하는 경우가 많다. 특히 이러한 목적에서 이루어지는 진입규제는 선진국에서는 상당히 드물게 나타나나 경제성장을 정부가 주도하고 있는 개발도상국에서는 아주 빈번하게 사용되고 있다. 우리나라도 예외가 아니어서 진입규제는

6) 예를 들면 미국에서는 McFadden법에 의거 주 경계를 넘어가는 은행(inter-state banking)을 원칙적으로 허용하지 아니하였다. 그러나 1980년대에 들어와서부터 보험, 증권, 신용카드, 유통업 등이 他州의 은행을 소유하게 되면서 급속하게 이 제한은 허물어져 가고 있다. Kenneth J. Meier, *Regulation: Politics, Bureaucracy, and Economics* (New York: St. Martin's Press, 1985), pp. 57~74 참고.

중요한 산업정책의 수단이 되어 왔다.

2.2.1 산업구조의 고도화를 위한 진입규제

우선 산업구조를 고도화하기 위한 목적 또는 成長産業(growth industries)의 육성을 위해 이루어지는 산업정책 목적의 진입규제는 정부가 중점적으로 육성하고자 하는 산업분야의 기술적 또는 시장적 특성을 감안하여 이 산업에의 참여를 정부가 정한 기준에 부합하는 기업에게만 허용하는 경우이다. 예를 들면 그것의 시장이 협소하나 규모의 경제성(scale economies)이 대단히 큰 것으로 인정되는 산업부문에 있어서 이 부문에 대한 신규투자를 무제한적으로 허용한다면 결국 규모경제효과는 상실되고 많은 자원의 낭비가 초래될 것은 뻔한 일이다. 따라서 이와 같은 경우에 정부는 그 산업에 참여할 기업의 적격성을 심사하여 규모경제 효과를 거두어 보려고 한다.

이 때에 정부가 참여 적격업체를 선정하는 기준에는 몇가지가 있을 수 있다. 예를 들면 사업담당자의 법률적 지위(예를 들면 과거 범법사실이 있는지 여부 등), 투자계획 및 재정능력(예를 들면 자본규모, 자금의 원천, 수익성, 건설비용 등), 생산계획, 국산화계획, 원료수급계획, 판매계획, 기술도입선, 기업경영방법 등에 대한 일정한 기준을 설정하는 방법이다. 이러한 기준들은 일단 객관적 기준(objective standards)으로 간주할 수 있다. 그러나 이러한 기준의 설정이 당초 이러한 기준을 필요로 한 정책적 취지에 정확히 부합하느냐에 대하여는 많은 논란이 있을 수 있다. 특히 사업신청인이 제공하는 정보가 이러한 기준에 표면적으로 부합하는 경우라 할지라도 그것이 과연 필요충분한 자격요건이 되는지에 대하여는 여전히 의문이 남을 수 있다.

또한 기준의 구성요소가 많은 경우에는 이러한 구성요소 전부를 100% 충족시킬 수 있는 사업신청자가 있을지도 의문이며 그러한 기업이 없는 경우에 어떤 요소에 상대적 중요성을 더 부여해야 할 것인지에 대한 판단이 불분명해지게 된다. 이와 같은 이유로 인해 사업의 인허가에 있어서는 행정재량(administrative discretion)을 배제할 수 없고 결국 정부관료의 주관적 판단(subjective judgement)이 개입되지 않을 수 없다. 이때에 절차상의 불공평성 문제가 초래될 것은 물론이다.

인허가에 있어서 절차적 공평성을 보장하기 위해서는 이러한 기준 자체가 보다 명확하게 설정되어야 할 것이나 비록 명확한 기준이 설정된다고 하더라도 이러한 기준하에서 인허가된 사업체가 이후 과연 정부가 바람직하다고 생각하는 기업행동과 성과를 시현하게 될 것인지는 여전히 미지수이다. 바로 여기에 사업 인허가에 있어서의 근본적인 딜레마가 있다. 즉 객관적인 기준 만으로서는 부족하고 정부관료의 주관적인 판단과 재량이 불가피하게 개입되지 않을 수 없다.

이러한 문제는 특히 규모경제의 효과가 크고 따라서 투자소요도 큰 산업분야에서 보다 심각하게 야기될 가능성이 많다. 왜냐하면 이러한 경우에 있어서는 사업신청인 수가 아무래도 적을 수 밖에 없기 때문이다. 특히 산업정책적 목적에서 새로운 입법이 이루어지고 이 법규정에 근거하여 인허가가 이루어져야 하는 경우에는 객관적 기준보다는 주관적 기준이 선행할 우려도 높다. 다시 말하면 인허가를 내줄 대상사업자를 먼저 염두에 두고 사후적으로 이를 정당화하기 위해 객관적 기준이 만들어짐으로써 기준 자체가 형식화되고 말 가능성이 크다.

우리나라에서 1970년대에 정부주도하에 급속한 중화학공업화를 추진하는 과정에서 자주 사용되었던 소위 '實需要者 선정제도'는 이것의 전형적인 사례에 속한다. 정부는 중점적으로 육성할 전략적 중화학산업 부문(예: 발전설비, 건설중장비, 자동차, 중전기기, 전화교환시스템, 비금속제련 등)을 선정하고 이 부문에 막대한 금융·조세지원과 함께 수입보호(import protection) 등 각종의 정부지원을 약속하면서 이 부문에의 민간대기업의 참여를 종용하는 한편 경쟁자가 다수일 경우에는 소위 실수요자선정이라는 방법으로 각각의 사업을 담당할 기업을 지정하였다.

물론 정부가 이와 같이 특정의 산업부문에 참여할 수 있는 민간기업을 지정할 수 있는 권한을 보유하고 행사할 수 있는 근거는 각각의 산업에 대한 개별법(industry-specific law)의 제정 또는 보완을 통하여 마련되었다. 그러나 이 경우에 있어서 개별법상의 실수요자 선정기준이란 그저 명목에 그친 것이었다고 할 수 있다. 왜냐하면 그 사업의 수행에 필요한 모든 財源과 지원이 정부에 의하여 보장되고 있었기 때문이다. 따라서 이 기준이 형식화하지 않을 수 없었고 실제적으로 중요한 기준이 되었던 것은 대기업 가운데 어느 기업이 보다 더 정부의 요구에 잘 순응할 것이냐 하는 것이었다. 그 결과 미리 어떤 기업을 염두에 두고 그 기업이 실수요자로 선정될 수 있도록 이를 합리화하기 위해 사전적으로 관계법이 개정 또는 보완되는 경우가 많이 있었던 것이다.[7)]

이러한 사례들을 놓고 볼 때 사업의 인허가에 있어서 인허가 기준을 세부화하고 명확화하는 것이 과연 바람직스럽고 현실성이 있는가에 대하여는 논란이 있을 수 있고 이러한 논란이 있는 한 주관적 판단과 행정재량에 대한 是非는 피할 수 없다. 지나치게 넓은 행정재량의 개입여지는 그 자체로서도 중요한 문제가 되지만 보다 더 큰 문제는 인허가 관련정책과정에서의 일관성(consistency)의 상실이다. 정부의 인허가가 일관성을 결여하게 될 경우에는 필연적으로 다음과 같은 문제들이 뒤따른다.

우선 사업신청인은 규제기관의 호의를 얻기 위해 객관적 기준 이외의 측면에 보다 많은 관심을 기울이게 될 것이다. 특히 인허가 관청 내부에서 사업 인허가를 함에 있어서 어떤 기준을 보다 더 중요시하는지에 대한 내부정보 또는 지식(inside information or knowledge)의 확보가 대단히 중요하기 때문에 이것을 얻기 위한 不正行爲가 나타날 수 있다. 정부의 인허가 결정에 있어서의 비일관성(inconsistency)의 문제는 곧바로 내부정보에의 접근에 있어서 차이가 있는 신청인들 사이에 불공평성(unfairness)의 문제를 야기하고 관련정책 결정의 불가측성 및 불확실성의

---

7) 여기서 과연 이러한 방법에 의한 중요산업의 실수요자 선정이 합리적인 것이었느냐에 대하여는 많은 논란이 있을 수 있다. 왜냐하면 실수요자의 선정에 있어서 정부는 참여희망 대기업이 가지고 있는 그 산업에 대한 경영경험, 기술적 친밀성, 해외자본의 조달능력, 경영자의 경영능력 등 대단히 중요한 요인들을 고려할 수 있었기 때문이다. 한편 이러한 기준에 부합되는 기업과 기업가의 존재가 먼저 확인되지 않는 한 그 기준 자체가 무용한 것이기 때문에 불가피하게 주관적 판단이 선행되지 않을 수 없는 성격을 띠고 있었다는 데 문제가 있다.

문제로 이어지며 이것이 행정에 대한 불신 및 냉소주의(cynicism)를 낳게 될 우려가 높다.

이상에서 고찰한 바와 같은 사업의 인허가에 있어서 객관적 기준의 현실적합성 문제는 결국 이것과 관련된 정책과정이 합법적인 의사결정과정이기 보다는 정치적인 의사결정과정(political decision-making)을 닮아가게 만드는 중요한 요인이다. 이러한 일련의 과정이 정부관료의 부패나 부조리 때문이 아니라 그것의 속성에서 비롯되는 것인 한 이에 대한 뾰족한 해결책이 있을 수 없다. 진입규제가 규제완화(deregulation)의 일차적 대상이 되는 이유도 바로 여기에 있다. 그것은 인허가를 통한 진입규제가 소기의 정책목적을 바람직한 방향으로 실현시키지 못하고 그것이 진입규제의 내재적인 문제(inherent problems)로 인한 것이라고 판단될 때 이것의 대안으로서는 인허가를 대폭적으로 완화함으로써 보다 활발한 시장경쟁을 도모하는 길 밖에는 없기 때문이다.

2.2.2 구조적 불황산업에 대한 진입규제

斜陽産業(declining industries) 또는 구조적인 不況産業(structurally depressed industries)에 있어서의 진입규제는 위에서 살펴 본 진입규제와는 사뭇 다른 방법을 통하여 이루어지고 다른 규제양상을 보여준다. 우선 이러한 산업에 있어서의 문제는 過當競爭(excessive competition)으로 요약해 볼 수 있다. 국내외적인 경제사회여건의 변화로 수요가 急減하는 경우에 기업들은 이윤의 급격한 감소를 피할 수 없고 이러한 상황에서는 가격이 가변적인 생산비용 또는 영업비용(operating costs)을 보전할 수 있는 한 영업을 계속하는 것이 최선책이라고 할 수 있으므로 기업은 손해를 보면서라도 가격을 경쟁적으로 인하하지 않을 수 없다. 이와 같은 상황에서 어느 기업도 손해를 감수하는 과당경쟁을 원치 않지만 불가피하게 과당경쟁은 계속되지 않을 수 없다.

정상적인 경기순환(business cycle) 과정에서 경기의 후퇴 및 불황이 야기된 경우라면 다시 경기가 호전함에 따라 문제가 불원간 해소될 수 있을 것이다. 그러나 불황이 구조적이고 장기화할 가능성이 높은 경우에 과당경쟁은 많은 기업의 도산을 유발하고 결과적으로는 잔존기업에 의한 시장구조의 獨寡占化도 가능해지게 된다. 이러한 위험성은 자본집약적인 산업일수록 더욱 높다고 할 수 있는데 이것은 호경기에 있어서의 활발한 투자의 결과 산업전체가 과잉시설(excess capacity)의 문제를 안게 되기 때문이다. 이러한 상황에서 불황을 이겨낼 수 있는 여력이 있는 기업은 이러한 기회를 오히려 장차 독과점적 이윤을 얻을 수 있는 기회로 판단하여 소위 약탈적 가격책정행위(predatory pricing)를 개시할 수도 있다. 이것은 나머지의 기업들에 대하여 큰 위협이 아닐 수 없다.

그러나 기업들 스스로는 이러한 문제를 해결할 방도가 없다. 물론 서로가 생산량을 감축하여 조절하게 되면 가격의 무한정한 인하와 영업손실을 막을 수 있겠지만 이러한 카르텔(cartel) 행위가 법적으로 제재를 받고 있는 한 이를 합법적으로 추구할 수 없다. 설령 그것이 묵인된다고 하더라도 카르텔의 고유한 문제라고 할 수 있는 속이기(chiseling)의 유인이 강력하게 작용하는 한 카르텔의 효력이 장기간 지속될 수도 없다. 이것은 구조적 불황하에서 기업들이 집단행동의 딜레마(collective action dilemma)에 빠져 들어가지 않을 수 없음을 잘 보여준다.

구조적 불황 기업들이 과당경쟁이라는 집단행동의 딜레마 상황에서 벗어나기 위해 관계기업 모두가 공동의 문제해결을 정부에 의뢰한다. 이들은 정부로 하여금 불황카르텔(recession cartel)의 설립을 공식적으로 허용하도록 할 뿐만 아니라 이것의 강행성을 정부가 보장하도록 요구한다. 이런 의미에서 불황카르텔에 의한 진입규제는 전형적인 산업보호(producer protection) 방법이라고 할 수 있다.

불황카르텔은 보통 다음과 같은 방식으로 이루어진다. 우선 정부는 불황산업의 기업 수와 생산능력을 현재의 수준에서 동결하고 연차적으로 과잉시설을 감소시켜 나가기 위한 계획을 확정한다. 물론 이 과정에서 정부는 관련산업계와 긴밀히 협조하여 생산시설의 감축계획과 이에 따른 보상계획을 수립한다. 우리나라의 工業發展法에 규정되어 있는 '産業合理

化 계획'도 바로 이러한 성격을 띠고 있다.

다음으로 정부는 이들의 카르텔 행위에 대한 공정거래법상의 제한과 처벌을 면제(exemption)해 줌으로써 관련기업들이 생산, 판매, 가격 등을 조절할 수 있도록 허가한다. 물론 이 경우에는 생산량, 판매량이 기업별로 할당되게 될 것이다. 다만 이들의 가격수준은 정부가 적절한 수준에서 규제해야 한다. 이러한 상황하에서 점차 여건이 호전되어 감에 따라 일부기업은 생산시설의 확충을 꾀하려고 하는 유인이 있을 수 있기 때문에 진입규제를 통하여 생산시설의 증설을 철저하게 감시하지 않으면 안된다.

불황카르텔의 허용은 그것이 限時的으로 이루어지지 않는 한 영속화할 가능성도 없지 않다. 그것은 이러한 산업의 기업들이 궁극적으로 시장경쟁으로부터 보호되고 있기 때문임은 물론이다. 이것은 기업들이 불완전한 경쟁상태에서 알뜰한 이윤을 확보할 수 있는 한 시장경쟁 상태로의 복귀보다는 이러한 상태의 지속을 원할 것이기 때문이다. 물론 이러한 폐단을 막기 위해 산업합리화계획 또는 불황카르텔은 한시적으로 허용되는 것이 보통이지만 경제상태가 완전히 호전되지 않는 한 이들이 가지고 있는 정치적 영향력을 이용하여 그것의 영속화를 도모하려고 하는 것이 일반적인 경우라고 해야 할 것이다.

이러한 경우에 진입규제의 경제사회적 폐해가 심각하게 나타나게 된다. 위에서 지적한 바와 같이 산업보호의 측면에서 이루어지는 사양산업 또는 구조적 불황산업에 대한 정부규제는 당연히 소비자의 이익을 배제한 것이라고 할 수 있다. 또한 이것은 시장에 의한 산업구조의 자발적인 조정을 지연시키는 것이므로 다른 보다 유용한 목적에 사용될 수 있는 자본과 노동력이 생산성이 낮고 효율성이 낮은 부문에 묶여 있는 것을 의미하므로 사회적 비용(social costs)은 대단히 크지 않을 수 없다.

단순하게 경제적 효율성의 측면에서만 고려한다면 이러한 산업은 하루 속히 시장수요에 적응할 수 있는 규모로 축소되는 것이 바람직하다고 할 수 있을 것이다. 그러나 이 산업에 고용된 자본시설과 노동 등 생산요소의 특수성(factor specificity)으로 인해 이동성(mobility)에 제약을 받지 않을 수 없고 그것은 급기야 이 산업을 구제하라는 정치적 압력으로 작용하게 마련이다. 이러한 산업에 대한 진입규제는 궁극적으로 이 산업이 가지고 있는 정치적 힘(political power) 때문에 이루어지게 되는 것이다.

특히 정부가 어떤 산업이 처해 있는 곤경을 경기순환과정에서 불가피하게 야기되는 것으로 보느냐, 아니면 구조적인 것으로 보느냐, 또는 어떤 정도의 경쟁상태를 과당경쟁(excessive competition) 상태로 규정하느냐가 극히 자의적인 경우에 이러한 정부규제의 사회적 비용은 더욱 커지게 될 가능성이 있다. 왜냐하면 객관적으로 불가피한 상황이 아님에도 불구하고 이러한 정부규제를 하는 경우에 있어서는 늘 시장경쟁에 따라 다니게 마련인 통상적인 경제적 構造調整(economic adjustment)의 부담까지를 온통 소비자에게 轉嫁하기 때문이다.

이러한 상황은 우리가 제 4 장에서 고찰한 Wilson의 정치상황이론 가운데 顧客政治(client politics) 상황으로 파악될 수 있다. 즉 정부규제로 인한 커다란 이익이 관련산업의 기업에 귀속되기 때문에 이들은 단체적인 정치적 활동과 로비를 적극적으로 전개할 수 있다. 이에 반하여 정부규제로 인한 경제적 부담은 다수의 국민이 지게 되나 개개 국민의 입장에서 보아 그것의 크기는 작기 때문에 집단행동의 딜레마 현상에 사로잡히게 된다. 그 결과 사회경제적으로 소망스럽다고 할 수 없는 정부규제가 출현하고 그것이 필요 이상으로 장기간 지속될 수 있게 된다.

2.2.3 중소기업 고유업종 지정

정부가 특정산업에 대한 진입을 규제함에 있어서는 모든 기업을 규제대상으로 하는 것이 보통이나 대상기업을 일정한 기준에 의거하여 분류하고 특정의 분류에 속하는 기업군에 대해서만 진입규제를 하는 경우도 있다. 중소기업 고유업종제도는 이러한 경우의 대표적인 예에 속한다. 이것은 중소기업의 보호육성을 위해 정부가 중소기업이 전문화할 수 있는 업종 또는 중소기업이 담당하는 것이 적합하다고 판단되는 업종을 미리 지정하여 이 업종에 대한 대기업의 신규참여를 원칙적으로 금지하는 제도이다.

이 때 원칙적으로 금지되는 대기업의 신규참여 범위에는 대기업의 신규투자, 기존 중소업체의 인수에 의한 참여 및 사업의 확장이 모두 포함된다. 또한 중소기업 고유업종으로 지정된 업종이라 할지라도 이미 대기업이 참여하고 있는 경우에는 기득권을 박탈할 수 없기 때문에 대기업이 더 이상 사업을 확장하거나 타 기업을 인수하지 못하도록 하는 선에서 사후적으로 관리해 나가게 된다.

그러나 중소기업 고유업종제도를 운용하고 있다고 하여 반드시 대기업의 신규참여를 철저하게 봉쇄해야 할 이유는 없다. 특히 이 제도의 운용에 따라 중소기업이 과보호됨으로써 시장경쟁 및 기술경쟁이 저해되는 것을 막기 위해 이러한 업종이라 할지라도 특별한 요건이 성립하는 경우에는 해당업종에 대한 대기업의 신규참여를 제한적으로 허용해 줄 수도 있다. 여기서 말하는 특별한 요건이란 시장수요의 변동에 따라 해당업종에 대기업이 참여한다고 할지라도 중소기업의 정상적인 성장과 경영활동에 커다란 악영향을 미치지 않는 상황을 말한다.

이 제도의 운용에 있어서 가장 문제가 되는 것은 당연히 어떤 업종을 중소기업의 고유한 사업영역으로 지정할 것이냐의 문제이다. 업종에 따라서는 대기업과 중소기업 사이에 분쟁의 소지가 별로 없는 것들도 있다. 예를 들어 규모의 경제효과가 비교적 크고 따라서 투자소요가 큰 업종의 경우에 있어서는 자본력이 약한 중소기업이 이 업종에 참여하려고 하지 않을 것이기 때문에 별로 문제가 되지 않는다. 그러나 산업기술의 급속한 발전에 따라 규모경제효과가 명확한 업종은 감소되어 가는 반면 대기업과 중소기업이 공존하면서 서로가 같은 시장을 상대로 경쟁을 벌이는 경우가 보다 일반적이라고 해야 할 것이다.

이것은 곧 중소기업의 고유업종이라고 할 만한 업종이 기술적 관점에서 볼 때 그리 많지 않음을 의미한다. 이것은 현대 산업기술사회에서 나타나는 하나의 특징적인 추세라고도 볼 수 있다. 그럼에도 불구하고 이 제도는 상당히 많은 국가에서 시행되고 있다. 물론 얼마나 많은 업종을 중소기업 고유업종으로 지정하느냐 하는 것은 나라마다의 산업구조적 특성과 발전단계에 따라 좌우될 성질의 문제이다. 그러나 한편으로 정부가 중소기업을 얼마나 강하게 보호하려고 하느냐 하는 것과 또 다른 한편으로 각 나라에 있어서 대기업과 중소기업의 정치적 영향력의 크기가 어떠하냐에 따라 이 제도의 도입 및 운용의 폭은 상당히 다르게 나타나게 마련이다.

우리나라에서 이 제도가 처음 도입된 것은 1979년으로서 중소기업사업조정법에 그 근거를 두고 있다. 중소기업 고유업종의 연도별 지정추이를 보면 1979년 23개, 1983년 103개, 1984년 205개, 1989년 237개 업종으로 대상업종이 크게 증가하였으나 최근에는 점차 이 선에서 안정적이거나 감소하는 경향을 보여 주고 있다.[8] 1989년에 시행된 중소기업 고유업종 지정기준을 보면 (1) 생산공정이 비교적 단순하고 특별한 기술을 요구하지 않으며 소량다품목 다규격의 제품을 생산하는 중소기업형 전문업종, (2) 중소기업제품으로서 품질수준이 우수한 품목, (3) 다수의 중소기업자가 좋은 품질의 제품을 생산하고 있으나 주요한 수요처가 대기업이어서 대기업이 스스로 참여하려고 하는 업종이라고 되어 있다.

중소기업 고유업종 지정제도는 산업정책적 견지에서 또는 사회정책적 견지에서 대기업에 비하여 일반적으로 경쟁력이 취약한 중소기업의 안정적인 성장을 도모하기 위한 제도임에는 틀림이 없지만 이러한 업종의 선정은 상당히 자의적인 것이 되지 않을 수 없기 때문에 이를 둘러싸고 대기업과 중소기업 사이에 격심한 분쟁이 야기되기 쉽다. 다시 말하면 중소기업계에서는 당연히 이러한 업종의 수를 계속 확대할 것을 요구하는 반면 대기업들은 이러한 진입규제가 대기업의 경영자율성 및 경제적 효

8) 중소기업 고유업종제도의 법규정 내용, 업종별 지정현황 및 동 업종에 있어서의 중소기업의 비중 추이 등에 관하여는 상공부(중소기업정책연구회) 편, 「경쟁과 협력」, 1991, pp. 34~43 참고.

율성의 추구를 방해할 수 있기 때문에 이것의 축소 내지 철폐를 요구할 것이기 때문이다.

경제이론적으로 만일에 중소기업 고유업종으로 지정된 업종에서 중소기업이 대기업에 비하여 보다 높은 효율성을 발휘할 수 있다고 한다면 굳이 중소기업의 고유업종을 지정하여 중소기업을 보호해야 할 아무런 실익이 없다. 따라서 이러한 견지에서만 본다면 이 제도의 경제적 합리성을 찾기 어렵다.[9] 그러나 동일한 정도의 효율성을 가진 중소기업과 대기업이 같은 업종에서 경쟁을 할 때 자본력, 판매망, 신기술 개발능력 등 면에서 취약할 수 밖에 없는 중소기업이 아무래도 경쟁력 열위(competitive disadvantage)를 면치 못하게 될 것임도 명백하다. 이러한 의미에서 중소기업 고유업종 지정제도는 경제적 효율성의 관점에서 보다는 중소기업 육성이라는 산업정책적 목적의 달성 또는 사회적 형평의 제고를 위해 모색된 제도라고 해야 할 것이며 따라서 어느 정도의 경제적 효율성의 상실을 전제로 하고 있다고 보아야 할 것이다.

그런데 이 제도의 보다 큰 문제점은 이 제도에 의한 진입규제가 어디까지나 생산자 위주의 사고방식에서 비롯된 것이라는 데 있다. 다시 말하면 중소기업 고유업종 지정을 통한 대기업에 대한 진입규제는 생산자보호(producer protection)를 기본목적으로 하는 규제의 일종이다. 소비자의 입장에서는 값싸고 질좋은 제품을 소비하는 것이 문제이지 그것이 중소기업에 의해 생산된 것이냐 대기업에 의하여 생산된 것이냐는 별로 중요한 문제가 못된다. 이러한 의미에서 중소기업 고유업종 지정을 통한 대기업에 대한 진입규제는 경제적 효율성 측면에서 정당화하기 어려운 측면이 있다. 물론 대기업에 의하여 시장이 독과점화하는 경우 보다는 다수의 중소기업에 의하여 시장경쟁이 이루어질 때 소비자의 이익이 보다 잘 보장될 수 있을 것이라는 주장도 가능하다. 그러나 과연 어떤 상

9) 우리나라의 경우 대기업 또는 재벌의 병폐로 지적되고 있는 소위 문어발식 또는 백화점식 기업확장을 견제하기 위한 목적에서 대기업에 대하여 진입규제를 한다면 이것은 어디까지나 정치적인 측면에서 정당화될 수 있는 고려이지 경제적 측면에서마저 합리화될 수 있는 것은 아니다.

태에서 소비자의 이익이 최대한 보장되고 경제적 효율성이 극대화될 수 있을 것인지는 경험적으로 판단되어야 할 문제라고 할 수 있다.

이러한 견지에서 현행법에서는 중소기업 고유업종으로 지정된 업종이라 할지라도 다음과 같은 경우에는 이를 해제함으로써 대기업이 신규참여를 할 수 있도록 허용하고 있다. (1) 고유업종 지정이 장기화되어 중소기업이 대기업과 경쟁할 수 있을 정도로 경쟁력을 갖춘 경우, (2) 이 제도를 악용하여 중소기업이 가격담합이나 불공정거래행위를 함으로써 부작용이 우려되는 경우, (3) 기술변화의 속도가 대단히 빠르기 때문에 중소기업만으로는 이에 적응하기 어렵다고 판단되는 경우, (4) 소비자의 안전이나 위생의 확보를 위해 시급하게 기술혁신이 요구되는 경우 등이다.[10)]

2.2.4 외국인 투자규제

산업정책적 목적에서 이루어지는 진입규제의 특수한 형태로서 개방경제체제(open economy system)에서의 외국인 투자에 대한 규제를 들 수 있다. 여기서 말하는 외국인 투자란 국내시장에서의 영업을 목적으로 하는 해외직접투자(foreign direct investment)를 가리킨다. 이러한 외국인 투자에 대한 규제는 그것이 국내시장에서의 외국기업의 활동을 규제대상으로 하고 있는 한 이것이 자유로운 경우에 비하여 국내시장에서의 경쟁을 약화시키는 요인이 된다. 각국 정부가 외국인 투자를 규제하고 있는 이유는 여러 가지가 있을 수 있겠으나 그것이 국내산업을 보호하기 위한 것일 경우에는 당연히 시장경쟁을 제약하는 것이 된다는 말이다.

외국인 투자에 대한 규제로 말미암아 심각한 문제가 야기될 수 있는 것은 주로 국내시장에서 대기업에 의한 독과점적 시장구조가 구축되어 있는 경우라고 할 수 있다. 이것은 독과점적 시장에서의 초과이윤이 바로 외국인 투자를 유인하는 요인이 되고 있음에 비추어 이것을 규제한다는 것은 국내 대기업이 계속 독과점이윤을 획득할 수 있게 해 주는 것을

10) 상공부, 전게서, pp. 36～37.

의미하기 때문이다. 1988년도에 개방된 생명보험시장의 경우는 이것의 전형적인 한 예라고 할 수 있을 것이다. 즉 국내 6개의 생명보험회사에 의하여 과점화되어 있었던 이 시장은 아주 높은 독과점이윤을 가져다 주는 소위 '황금알을 낳는 거위'로 인식되어 이에 참여하지 못한 국내기업들조차 눈독을 들이고 있던 이 분야에 미국의 보험회사들이 참여하게 됨으로써 보험시장의 판도가 크게 바뀌어 가고 치열한 서비스경쟁이 가열되었다. 이것은 바로 외국인 투자에 대한 규제가 국내시장구조의 독과점화를 조장하는 것이며 따라서 이러한 규제완화(또는 시장개방)가 시장경쟁의 제고에 얼마만큼 기여할 수 있는지를 잘 보여준 것이라 하지 않을 수 없다(사례 20-1).

물론 외국인 투자문제는 단지 시장경쟁의 창달과의 관계에서 만이 아니고 여러가지의 정책 측면에서 종합적으로 고려되어야 할 성질의 문제라고 할 수 있다. 그러나 대기업에 의하여 독과점화된 산업에 있어서 이 독과점의 문제를 해결하는 데 있어서 국내경쟁의 창달만으로 충분하지 못한 경우에 외국인 투자에 대한 규제를 완화하는 것이 유효한 정책수단이 될 수 있음도 사실이다. 국내경쟁의 창달만으로 시장구조의 획기적인 변화를 유도하기가 어렵다고 하는 것은 위에서 든 보험시장의 경우 6개사에 의한 보험시장의 독과점적 분할이 상당히 오랫동안 계속되었던 것으로도 반증이 된다. 물론 정부가 이러한 산업에 있어서의 국내기업에 대한 진입장벽을 높게 유지해 온 데에는 나름대로의 이유가 있었을 것이나 여기에는 기존업체들이 가지고 있는 정치적 영향력이 크게 작용하였던 것도 사실이다.

3. 희소자원 이용과 관련한 진입규제

국가가 소유하고 있는 電波, 路線(항공노선, 버스노선 등), 자연자원 등 稀少資源(scarce resources)을 가장 효율적으로 또는 공익목적에 맞게 사용할 수 있는 관련산업(방송 및 TV사업, 항공사업, 석유개발사업 등)의 적격 사업자를 선정하는 방법으로 진입을 규제하는 것이 바로 여기에서 말하는 희소자원 이용에 대한 진입규제이다. 이러한 희소한 자원을 개발 또는 사용할 수 있는 권리를 규제하는 까닭은 그것이 과다하게 사용 또는 개발될 때 필연적으로 공익을 저해하게 된다는 데 근거를 두고 있다.

예를 들면 전파의 이용에 있어서 가용 周波數帶(electromagnetic spectrum)가 한정되어 있는 바 이 한계를 초과하여 전파가 경쟁적으로 사용될 경우 전파의 간섭 현상이 일어나게 된다. 항공노선(aviation routes)의 경우에도 일정한 항공영역을 같은 시간대에 지나치게 많은 비행기들이 이용하게 될 경우 사고위험이 높아지게 된다. 석유, 가스, 광물 등 지하자원은 재생산이 불가능한 枯渴資源(depletable resources)이다.

이러한 희소자원을 개발하고 이용할 적격 사업자를 선정하는 방법에는 (1) 공익기준에 의한 방법, (2) 경쟁입찰에 의한 방법, (3) 추첨에 의한 방법 등이 있을 수 있다. 이를 차례로 설명하면 다음과 같다.

3.1 공익기준에 의한 배분

희소한 자원의 이용 및 개발사업에 대한 사업적격자의 선정을 공익기준(public interest standard)에 의하여 결정하고자 할 때 그 과정은 위에서 고찰한 일반적인 사업의 인허가 경우와 흡사하다고도 할 수 있겠으나 이 경우에 비하여 보다 엄격하게 이루어질 수 밖에 없다. 이것은 두말할 것도 없이 희소한 자원의 이용 및 개발권리는 극소수의 사업자에게 밖에 허용될 수 없기 때문이다. 예를 들면 전파의 경우에 일정한 폭의 주파수대는 오로지 한개의 방송사 만이 사용할 수 있도록 해 주어야만 한다. 또한 모든 주파수대를 모두 다 사용하는 것이 불가능하기 때문에 상당부분의 주파수대는 아예 사용할 수 없는 현상도 발생할 수 있다. 예를 들면 지방방송의 경우에 이웃 지방방송과의 간섭현상 때문에 상당폭의 주파수대를 비워 놓아야 한다.

따라서 희소자원의 이용에 대한 진입규제는 그 희소자원을 공익 목적에 맞게 사용할 수 있는 적격한 사업자들이 많이 있다고 할지라도 그 가운데 누가 좀더 공익목적을 최대한으로 달성할 수 있는지를 가려 그 사업자에게 이용권을 주어야 한다. 여기에서 검토하고 있는 진입규제가 위에서 고찰한 일반적인 사업 인허가와 크게 구분되는 것은 바로 이점에서의 차이 때문이다. 전자는 보통 하나의 적격자를 지정하는 과정인데 비하여 후자는 일정한 기준에 부합하는 사업자라면 모두 사업의 인허가를 받을 수 있다. 또한 '공익기준'이 구체적으로 도대체 무엇이냐 하는 보다 근본적인 문제는 차치하고서라도 여기에서는 누가 좀더 '공익'을 보다 잘 실현할 것이냐를 판단해야 되기 때문에 문제는 보다 복잡해지지 않을 수 없다.

희소자원의 이용에 대한 진입규제에 있어서 희소자원을 어떤 방식으로 배분할 것이냐를 결정하는 것은 대단히 어려운 문제이다. 예를 들면 전파의 경우 중앙방송 채널로 많이 쓰게 하느냐 아니면 지방방송 채널로 많이 쓰게 하느냐 또는 공영방송에 전파를 많이 할당할 것이냐 아니면 민영상업방송에 보다 많은 전파를 할당할 것이냐가 결정하기 힘든 문제인 것이다. 또 다른 예로서 항공노선의 경우에는 이것을 어떻게 획정하느냐에 따라 항공서비스의 전달체계가 전연 달라질 수 있고 이에 따라 지역개발에 差等을 초래하게 된다. 이러한 定義의 문제(definitional problems)는 여기에서 그치지 아니하고 희소자원의 사용기간을 얼마동안으로 하느냐, 그 기간이 경과한 후에는 어떤 방법으로 재배분을 하느냐 등에 따라 배분되는 자원의 내용이 달라지게 된다.[11)]

특히 이것과 관련하여 문제가 되는 것은 '무엇(what)'을 배분하느냐 하는 문제와 그것을 '누구(who)'에게 배분하느냐 하는 문제는 서로 분리된 두 개의 문제가 아니라 긴밀하게 연결된 하나의 문제일 경우가 많다

11) Stephen Breyer, *Regulation and Its Reform* (Cambridge, Mass.: Harvard University Press, 1982). pp. 72-74.

는 것이다.[12] 예를 들면 어떤 항공사가 어떤 노선에의 취항을 신청해 올 때 항공노선을 정하는 문제와 그 노선을 누구에게 허가하느냐의 문제가 별개의 문제로 존재하는 것이 아니라 불가분한 문제로 되는 경우가 많다는 말이다. 즉 어떤 항공사가 A－B－C－D市로 연결되는 항공노선을 신청하고, 다른 회사는 E－B－C－F市로 연결되는 항로를 신청해 왔다고 할 경우에 상호 공통되는 노선인 B－C 구간의 노선이 결국 누구에게 돌아가느냐 하는 것은 규제기관이 신규의 항공노선을 어떻게 획정하느냐에 따라 결정되게 된다.

이러한 경우에 무엇을 허가하느냐와 누구에게 허가하느냐를 결정하는 기준은 서로 달라야 함에도 불구하고 이것을 구별하여 적용할 수 없기 때문에 이 때의 허가결정은 대단히 정치적인 성격을 띠지 않을 수 없다. 왜냐하면 '무엇'에 대한 결정이 사실상 '누구'에 대한 결정이 되기 마련이고 따라서 정치적 로비가 성행할 수 밖에 없기 때문이다. 그 결과 공익기준에 의한 희소자원의 배분결정은 불가피하게 불공평(unfairness)의 문제를 야기할 소지가 크다. 즉 규제기관이 아무리 객관적으로 합리적인 판단을 내렸다고 할지라도 여기에서 탈락하는 신청자는 이는 규제기관이 특정인을 부당하게 선호한 결과라고 공격할 수 있다.

또한 일정한 기간이 경과하여 다시 희소자원의 이용권한을 갱신(renewal)해야 할 시점에 이르게 되는 경우 규제기관이 어떤 기준으로 기존업체(incumbent firm)와 신규 신청업체를 평가할 것이냐의 문제이다. 이 경우에 흔히 문제가 되는 것은 규제기관이 특별한 결격사유가 없는 한 보통 기존업체를 선호하는 현상유지(status quo)적 편향성을 강하게 드러낸다는 것이다.[13]

규제기관이 이러한 편향성(bias)을 갖게 되는 것은 다음과 같은 이유 때문이라고 할 수 있다.

첫째, 규제기관의 입장에서 기존업체가 가지기 마련인 재허가에 대한

12) *Ibid.*, pp. 75～78.
13) *Ibid.*, pp. 89～94.

합리적 기대(rational expectation)를 무시할 수가 없다. 왜냐하면 기존업체의 입장에서 볼 때 계속적인 허가에 대한 기대 가능성이 불확실한 속에서는 장기적인 투자나 기술개발 등을 추진하기 어렵게 될 것이기 때문이다.

둘째, 규제기관의 입장에서 신규 신청업체가 과연 어떤 성과를 보여주게 될지에 대한 판단은 상당한 모험을 수반하는 한편 기존업체가 별탈 없이 평균이상의 성과를 보여주었다고 한다면 다시 허가를 갱신하는 편이 보다 안전한 선택이라고 판단할 수 있다.[14)]

3.2 경쟁입찰방식에 의한 배분

이상에서 고찰한 바와 같이 공익기준에 의거한 희소자원의 배분은 경제적 효율성과 공평성의 양 측면에서 문제점을 가지고 있다. 경쟁입찰(competitive bidding) 또는 競賣(auction) 방식에 의한 희소자원의 배분은 바로 이러한 문제점을 어느 정도 극복할 수 있는 새로운 방법으로서 주목된다. 이 방법은 희소자원의 이용권한을 배분하는 객관적인 기준과 주관적인 판단 사이의 상충을 막기 위해 일정한 객관적 기준에 부합하는 자들을 대상으로 희소자원의 이용권에 대한 경쟁입찰을 통하여 적격자를 선별해 내는 방법이다.

이 방법은 희소자원을 개발 또는 이용할 수 있는 권리에는 경제적 地代(economic rent)가 발생하게 되므로 이 권리를 획득하기 위한 경쟁이 야기되는 바 이 때 발생하는 경제적 지대를 기초로 하여 경쟁자가 각각 입찰가격을 제시하도록 하고 이 가운데 최고가격을 제시한 자를 적격자로 선정함과 동시에 경제적 지대의 상당부분을 財政收入으로 확보하는 방법이다. 이 방법의 장점은 우선 위에서 고찰한 공익기준에 의거 희소자원을 배분하는 경우에 개인에게 돌아갈 수 밖에 없는 경제적 지대를

14) *Ibid.*

정부가 흡수함으로써 정부의 재정수입을 확보할 수 있을 뿐만 아니라 경제적 지대의 歸屬을 둘러싼 특혜에 대한 논란의 소지를 어느 정도 예방할 수 있다는 것을 들 수 있다.

또한 이 방법은 경제적 효율성 측면에서도 합리성을 가지고 있다. 이것은 희소자원의 이용권을 획득하고자 하는 경쟁자들이 제시하는 입찰가격은 곧 그들 각각이 희소자원의 이용에서 발생하는 경제적 지대의 크기를 얼마로 보고 있느냐를 반영하는 것이므로 간접적으로나마 희소자원의 배분으로 발생하는 '公益'의 크기를 비교가능하게 해 주기 때문이다. 예를 들면 어떤 항공노선에 대하여 경쟁입찰을 실시하게 되면 항공사들이 각각 서로 다른 입찰가격을 제시할 것인 바 이 때 높은 가격을 제시하는 항공사는 낮은 가격을 제시하는 항공사에 비하여 보다 경제적으로 그 항공노선을 사용할 수 있음을 나타내는 것으로 볼 수 있다. 좀더 쉽게 말하면 그 항공노선을 배정받아 능히 채산을 맞출 수 있는 항공사가 그렇지 못한 회사에 비하여 높은 가격으로 입찰하게 된다.

물론 이 때 입찰가격이 경제적 지대의 크기를 정확하게 시사해 주도록 하기 위해서는 어떤 경우의 경쟁입찰에서나 항상 고질적인 문제로 지적되는 경쟁자간의 談合(collusion)을 막을 수 있어야 한다. 또한 경쟁입찰에 있어서 落札者(winner)를 선정하는 기준을 최고가격으로 할 것인지 아니면 규제기관이 적정하다고 판단하는 내부가격으로 할 것인지도 미리 결정하지 않으면 안된다. 그렇지 않은 경우에는 희소자원의 이용권을 획득하고자 하는 욕심에서 무작정 높은 가격에 입찰하는 경우가 생길 수 있기 때문이다. 규제기관의 行政裁量을 배제한다는 당초의 취지에서는 물론 최고가격 입찰자를 선정하는 것이 바람직하지만 이것이 간혹 악용될 소지 또한 경계하지 않으면 안되기 때문에 이 방법에 의한 희소자원의 배분도 완벽한 것이 될 수는 없다.

한편 이와 같이 경제이론적으로 타당성을 갖추고 있는 경쟁입찰에 의한 희소자원의 배분방식은 그것의 정치적 실현성(political feasibility) 측면에서 적지 않은 난점이 있다. 공익목적에 기여해야 할 희소자원의 이용이 기업의 이해타산에 입각해 이루어지는 것은 곤란하다는 비판이 바로 그것이다. 경쟁입찰에 의한 희소자원의 배분에 있어서 가장 높은 가격으로 입찰하는 기업이 그 희소자원을 가장 공익목적에 맞게 사용하리란 보장이 없다. 이미 설명한 바에서 알 수 있듯이 이러한 비판의 이론적 타당성은 약하다. 그러나 이러한 주장은 정치인 그리고 일반국민들에게 있어서는 상당히 설득력을 갖고 있다.

경쟁입찰에 의한 희소자원의 배분방식이 갖고 있는 또 하나의 장점은 희소자원 개발 또는 이용기간이 경과한 뒤 허가를 갱신하는 과정에서 앞에서 살펴 본 공익기준에 의거한 경우와 달리 규제기관이 기존업체를 선호하는 편향성을 어느 정도 극복할 수 있다는 점이다. 그것은 이 때에도 마찬가지로 경쟁입찰방식으로 적격자를 선정하면 될 것이기 때문이다. 그러나 경쟁입찰방식에 의하여 이용자를 교체하고자 할 때에도 문제는 남는다. 즉 희소자원의 이용에 있어서 상당한 고정자본(fixed capital) 투자가 이루어지는 경우에 있어서는 투자를 해 놓고 있는 기존업체에 대하여 아무래도 우선적인 고려를 해 주지 않을 수 없기 때문이다. 물론 고정자본 투자가 미미한 수준인 경우에는 허가의 갱신과정에서 규제기관이 별다른 제약을 받지 않고 기존업체가 아닌 신규업체에 희소자원의 이용을 허가해 줄 수 있게 될 것이다.

이상에서 고찰한 경우 이외에도 경쟁입찰을 통하여 희소자원을 배분하는 방식은 상당히 폭넓게 사용될 수 있다. 예를 들면 민영아파트의 분양에 있어서 실시하고 있는 債券入札制度도 이와 유사한 관점에서 합리적이라 할 수 있다. 민영아파트 분양신청자의 자격을 일정한 범위로 제한한 다음에도 이에 대한 초과수요가 존재한다면 그것은 거기에 소위 프리미엄(時價와 분양가격의 차이)이라고 하는 경제적 지대가 있기 때문이다. 따라서 이 경우에 채권입찰제를 실시하게 되면 이 경제적 지대의 상당분을 정부가 흡수할 수 있고 이것을 다른 정책목적(예를 들면 영구임대주택의 건설)에 유용하게 사용할 수 있게 된다(사례 20-3).

3.3 추첨에 의한 배분

희소자원을 배분함에 있어 경쟁입찰방식이 적절하지 못한 예외적인 경우에는 추첨(lottery) 방식을 사용해 볼 수도 있다. 이러한 방식이 적절한 것으로 생각되는 경우로서는 우선 대단히 불확실성이 높고 위험도가 높은 사업, 예를 들면 대륙붕에서의 석유시추사업과 같은 경우이다. 이 경우에 입찰방식이 잘 기능할 수 없는 것은 사업위험도가 크기 때문에 입찰이 성립하지 못하거나 입찰가격이 아주 낮은 수준에서 이루어질 수 밖에 없다고 보기 때문이다.

또 다른 예로서는 상급학교 무시험 진학에 있어서 추첨으로 지원학생을 각 학교에 배정하는 것이 있다. 인적자원의 효율적 배분을 위한 가장 바람직한 방법은 자유경쟁, 즉 入試에 의한 선발이다. 그러나 과열 課外 등 입시경쟁으로 인한 사회적 문제가 심각한 경우 무시험과 추첨에 의한 학교배정 방법이 사용될 수도 있다. 그러나 아래의 사례에서 보는 것처럼 무시험－추첨에 의한 상급학교 입학은 비록 그러한 시비는 막을 수 있을지 모르나 더 많은 문제점을 야기한다.

[사례 9－1] 고교평준화 정책과 학군

1968년에 중학교 무시험 입학제도가 도입된 이후 인구의 자연증가, 무시험 입학으로 인한 중학생 증가로 인하여 세칭 一流高校 입학을 위한 입시경쟁이 가열되었다. 이에 따라 문교부는 1973년 6월 高校平準化 정책을 도입하였다. 이 정책은 市를 단위로 學群을 설정하고 연합고사를 실시하여 일정선 이상의 합격자를 추첨에 의하여 각 學群내 高校에 배정하는 것이었다. 이에 따라 서울과 부산은 1974년부터, 인천, 대구, 광주는 1975년부터 고교평준화 정책이 시행되었다. 서울과 부산의 경우는 시지역이 광대하기 때문에 시 지역을 더욱 세분하여 학군을 설정하였다. 서울시를 예로 들면 도심 반경 4km 범위 내의 高校를 '共同學群'으로 하고 그 밖은 '一般學群'이라 하여 중학교 학군을 기초로 5개학군을 나누었다. 그러나 1980년에는 공동학군을 폐지하고 9개의 학군을 설정하여 오늘에 이르고 있다.

1974년 3대 도시로의 고교평준화 확대실시를 앞두면서 부터 고교평준화 정책은 끝없는 贊反是非에 휘말려 들게 되었다. 우선 고교평준화의 전제조건이라고 할 수 있는 教員과 학교시설의 평준화가 선행되지 않은 속에서 고교평준화를 실시하자 서울과 부산의 학생들이 지방대도시의 명문고교를 지원하는 소위 '逆流'현상이 나타나게 되었다. 물론 고교평준화 실시 지역의 명문고는 하루 아침에 몰락하였다. 시험이 아닌 추첨으로 학급이 구성되자 학생들 사이에 우열의 차이가 현격하여 학습에도 많은 지장을 초래하였다. 이러한 문제에 봉착한 문교부는 실시지역 확대보류, 확대결정을 오락가락 하다가 1979년에는 대전, 전주, 마산, 청주, 수원, 춘천 등 7개 지방도시로 고교평준화 정책을 확대하였다. 이러한 과정을 되풀이하면서 고교평준화 지역은 1980년대에 이르어 전국 20개 시지역에 확대실시 되기에 이르렀다. 그러던 것이 제6공화국에 들어와서는 '지방 명문고교'를 육성한다면서 고교입시를 부활시키려 하자 또 다시 입시부활에 대한 贊反是非가 일고 있고 고등학교 학생들의 집단행동(예: 춘천시의 경우)도 나타나고 있다.

아무튼 학군제가 실시된 이후 새로운 명문학교들이 또 다시 생겨나게 되었다. 그 중 대표적인 것이 바로 서울의 '江南 8學群'이다. 이 학군은 비교적 부유한 신흥 중산계층이 살고 있는 지역으로서 어쩐 일인지 이 학군의 고교가 좋다는 평판이 나면서 너도 나도 이 학군에 몰려들기 시작하였다. 이 학군지역으로 이사를 오지 않는다고 하더라도 주민등록을 옮겨가며 이 학군내의 고교(중학교도 포함)에 진학시키려고 하는 풍조가 생겨나게 된 것이다. 그 결과 교육과는 아무 관계가 없는 8학군 지역의 집값, 아파트값이 상승하고 전월세도 뛰게 되었다. 오늘날 강남의 아파트들이 제일 높은 가격을 유지하게 된 것은 '학군이 좋은 덕분'이다.

이렇게 8학군 열풍이 불자 학군 자체의 의미가 문제되기 시작하였다. 1985년부터 8학군인 강남구와 서초구에 대하여 지역내 거주기간의 長短에 따라 신입생을 제한하지 않으면 안될 만큼 지원학생이 늘어나게 된 것이다. 그 결과 1990학년도에 실제로 또는 주민등록상 8학군 지역내 거주하는 것으로 되어 있는 학생들 중 12,000명이 인근의 他學群으로 밀려나게 되었고 후자의 학군에서는 또 다른 인근 학군으로 학생이 밀려나가지 않으면 안되는 현상이 발생하게 된 것이다. 이와 같이 8학군이 과밀현상을 보이자 이번에는 강동구와 송파구를 끼고 있는 9學群에 지원학생들이 몰려들기 시작하였다. 따라서 서울시 교육위원회(현 교육청)는 1992년도부터 9학군에도 거주기간에 제한을 둘 계획이다. 이러한 상황속에서도 학군제도를 유지해 나가야 되는가? 우리나라의 교육정책 만큼 갈팡질팡하는 정책도 드물 것이다.

4. 직업면허

職業免許(occupational licensing)는 정부가 일정한 자격요건을 정하여 이를 충족하는 자에게만 특정의 직업에 종사할 수 있도록 면허하는 것을 말한다. 직업면허의 대상직종은 의사, 약사, 간호사, 침술사, 안마사, 변호사, 공인회계사, 건축설계사, 조경사, 전기·열관리기사 등 엔지니어, 부동산 중개인, 직업소개인 등 소위 전문 서비스직종으로 불리우는 것들로서 그 폭이 상당히 넓다. 정부가 이러한 직종에 종사하고자 하는 개인에 대하여 일정한 자격요건(보통의 경우에 자격시험 합격)을 부과하고 있는 이유는 두 가지로 생각해 볼 수 있다.

첫째, 이러한 서비스에 대하여 소비자들이 無知(ignorant)하기 때문에 정부가 소비자를 보호하기 위해 이들의 자격요건을 규제해야 한다. 소비자 정보(consumer information)가 불완전한 현실의 시장에서 소비자는 서비스 제공자가 과연 유능한(competent)지 여부를 판단하기 어렵다. 또한 경쟁적인 서비스제공자 가운데 누가 더 능력이 있고 믿을 만한지 평가하기도 어렵다. 더 나아가서 이들이 제공하는 서비스가 양적으로 적절하며 질적으로 우수한지도 판단할 수 없다. 예를 들어 환자는 자기를 진료하는 의사가 얼마나 유능한지, 그의 처방이 정확한지, 그러한 처치(예: 방사선 촬영)를 받아야 하는지, 혹시 봉을 씌운 것은 아닌지를 정확하게 판단할 수 없다. 왜냐하면 환자는 치료를 받은 후 병이 나았다고 하더라도 그것이 그 의사의 유능한 치료 덕분인지 아니면 자연치유된 것인지를 알 수 없기 때문이다. 더욱 더 문제인 것은 환자가 어떤 의사의 치료를 받아보기 전에는 그가 어떤 사람인지에 관해서 조차 아무런 지식을 가질 수 없다.

이러한 문제는 모두 소비자정보의 불완전성이라는 전형적인 시장실패(market failure)로 인해 야기되는 것으로서 시장에 의해서는 이 문제가 해소될 수 없다. 시장실패로 인한 소비자문제는 비단 여기에서 고찰하고 있는 서비스에 그치는 것이 아니고 아주 보편적으로 나타나는 문제이지만 특정 서비스의 경우 정부가 특별히 그 서비스직종에 종사하려는 자의 자격을 엄격하게 규제하려고 하는 이유는 서비스의 전문성과 특수성으로 인해 일반 소비자가 스스로 자기 이익을 보호할 수 있기를 기대할 수 없기 때문이다. 또한 이러한 서비스는 소비자의 건강, 안전, 재산상의 손익에 중대한 영향을 미칠 수 있다는 것도 정부가 특별한 고려를 하지 않을 수 없는 이유가 된다.

둘째, 정부가 직종에 대한 진입을 자격기준을 통하여 규제하는 이유는 또 다른 유형의 시장실패와 관련된다. 즉 서비스가 잘못 이루어질 경우 그 소비자 뿐만 아니라 다른 사람에게 미치게 될 부정적인 파급효과 또는 외부효과(negative spillover or externalities)를 우려하여 특정 직업에 종사하는 자의 자격을 강화하지 않을 수 없다. 예를 들면 건축설계사의 잘못된 설계로 인해 건축물이 붕괴된다면 그 건축물의 많은 이용자에게 상해를 입힐 수 있고, 무능한 회계사의 잘못으로 어떤 회사에 대한 주식투자자의 판단이 그르치게 될 수도 있다.

물론 직업면허는 이상에서 고찰한 바와 같은 경제이론적 근거에서 합리화될 수도 있으나 그것이 실시되게 되는 역사적 배경과 아울러 정치적 동기의 측면에서 접근해 보면 직업면허는 반드시 소비자를 보호하기 위한 목적에서 이루어지는 것은 아니라고 하는 사실을 알 수 있다. 우선 직업면허는 대개의 경우 해당직종에서의 경쟁의 가열 또는 과당경쟁이 야기될 때 비로소 도입되게 된다. 이것은 곧 직업면허가 소비자이익의 보호를 명분으로 하고 있지만 실제에 있어서는 해당직종의 기존업자의 이익을 보호하기 위한 산업보호(industry protection) 규제로서의 성격이 강함을 보여준다.

직업면허의 이러한 속성은 직업면허의 경제적 효과를 통해서 분명하게 드러난다. 첫째, 직업면허를 통한 진입규제는 결국 해당직업에 대한 자유로운 진입과 경쟁을 제한한다. 직업면허가 일정한 자격을 갖춘 유능한 자에게만 그 직업에 종사할 수 있도록 하자는 취지에서 비롯되는 이상 이것은 불가피한 결과라고 할 수 있다. 그러나 실제에 있어서는 해당 서비스를 효과적으로 제공하는 데 필요한 수준 이상의 까다로운 자격을 요구한다거나 전혀 엉뚱한 요건(예: 출신지역, 종교 등) 또는 자의적 판단의 개입소지가 높은 기준(예: 도덕성, 성실성 등)을 부과함으로써 필요 이상으로 진입을 제한할 뿐만 아니라 사회적 차별(social discrimination)을 야기하는 경우가 많다는 데 문제가 있다.

특히 이러한 진입제한의 성격이 강하게 나타날 수 있는 경우로서는 직업면허의 기준이 지역에 따라 다르게 설정되어 있고 따라서 한 지역에서 면허를 얻은 자가 다른 지역에 옮겨 가는 경우에 또 다시 해당지역에서 정하는 자격기준을 취득하여야 할 때이다. 우리나라에서는 이러한 문제는 비교적 적다고 할 수 있으나 미국과 같이 각 州마다 상이한 기준으로 또는 별도의 시험을 거쳐 직업면허를 하는 경우(예: 변호사)에는 진입이 더 한층 제한되지 않을 수 없다.[15)]

둘째, 시장경쟁이 제한되는 당연한 결과로서 해당 서비스의 가격이 시장경쟁의 경우에 비하여 높게 책정되고 이에 따라 해당직종 사업자는 다른 직종의 경우에 비하여 높은 이윤을 얻을 수 있다. 물론 과연 이러한 직종의 서비스 가격과 이윤이 그렇지 않은 직종에 비하여 항상 높으냐 하는 것은 경험적으로 입증되어야 할 문제라고 할 수 있으나 이론적으로 볼 때 그것의 개연성은 대단히 높다고 아니할 수 없다.

셋째, 보다 중요한 문제는 직업면허의 궁극적 목적이 일정한 수준 이

---

15) Meier, *op. cit.*, pp. 185~86.

상의 서비스 질(service quality)의 확보 및 향상에 있으나 직업면허가 반드시 서비스 질의 향상과 확보에 기여한다는 보장이 있을 수 없다. 물론 자격시험을 통하여 일정한 정도의 지식을 갖춘 자만을 대상으로 직업면허를 내주기 때문에 그 시험이 엉터리가 아닌 한 형편없는 사람이 자격을 취득하기란 어렵지만 같은 시험에 합격한 자라 할 지라도 그들의 기능에는 많은 차이가 존재하고 있기 때문이다. 또한 어떤 사람들은 돈을 벌 욕심에서 서비스의 質보다는 量을 중시할 수도 있다.

물론 전문성이 높은 각 직종에 있어서 서비스 질이라는 것이 무엇을 뜻하는 것이고 어떤 기준으로 측정가능한 것인지와 관련하여는 많은 복잡한 기술적인 문제가 있다. 예를 들면 유능한 의사의 경우에 그의 명성을 듣고 불치병 환자들이 모여드는 결과 그의 치료성적은 낮게 나타날 수도 있다. 그러나 직업면허로 인한 진입제한으로 인해 서비스의 질이 다소 낮더라도 충분한 수입을 확보할 수 있는 한 서비스의 질의 문제는 여전히 남게 된다고 할 수 있다. 어찌 보면 진입규제를 통하여 서비스의 질을 확보한다는 것 자체가 상당히 무모한 일이 아닐 수 없다. 왜냐하면 서비스의 질이 만족스러운 수준을 유지할 수 있도록 하는 데는 진입규제에 더하여 항상 이것을 평가하고 감시할 수 있는 별도의 규제가 병행되어야 하기 때문이다.

또한 면허직종의 서비스 질의 문제는 이미 앞에서도 잠시 언급한 바와 같이 이러한 규제가 실시되는 시기가 이러한 직종이 처음 생겨나온 시점이 아니라 이러한 직종에 종사하는 자의 수가 상당히 증가하여 경쟁이 가열되는 시점에서 실시되는 것이 보통이기 때문에 이 규제의 실시 이전에 이미 그러한 직업을 영위하고 있는 자가 제공하는 서비스의 질이 문제가 된다. 이와 같이 소급적용을 인정하지 않은 소위 旣得條項(grand-father clause) 아래에서는 二重基準(double standard)의 문제가 발생한다. 다시 말하면 상당한 자격기준을 요구하는 직업면허는 전향적으로만 적용되기 때문에 규제실시 이전에 이미 이 직종에 종사하고 있는 자들의 자격은 사전에 심사되지 않고 따라서 새로운 규제하에서라면 그 직종에 종사할 수 없는 자들이 그 직종에서 버젓이 사업행위를 하게 되는 모순이 발생한다.

넷째, 직업면허는 소비자의 선택(consumer choice) 범위를 제약한다. 모든 소비자가 최고의 서비스를 필요로 하는 것이 아니고 소비자에 따라서는 그보다는 질이 떨어지지만 값이 저렴한 서비스를 필요로 할 수도 있다. 예를 들면 이빨소제(scaling) 같은 서비스는 반드시 치과의사가 해야 하는 것은 아니고 실제로 그들이 직접 이러한 서비스를 제공하는 경우도 드물다. 이러한 경우에 있어서는 이빨소제 만을 전문으로 하는 직종이 생겨나게 하는 것이 소비자가 보다 값싸게 이러한 서비스를 제공받을 수 있게 하는 방법이 된다. 이러한 예는 변호사의 경우에도 마찬가지다. 실제에 있어서도 중간 또는 낮은 전문성 수준의 서비스는 직업면허를 받은 자의 사업소에 고용된 자가 제공하는 경우(예: 간호원, 사법보조원 등)가 많다. 이들이 독립된 사업을 할 수 있도록 한다면 소비자의 선택범위는 확대될 수 있다.

[사례 9-2] 사법시험 합격자 수 공방

1981년 정부는 사법시험 합격자수를 100명선에서 300명선으로 대폭 조정하였다. 이후 변호사 숫자가 늘어남에 따라 합격자 수의 적정선을 놓고 시비가 계속되어 왔다. 1991년에 들어 서면서 大韓辯護士協會(대한변협)는 국회, 대법원, 총무처 등에 사법시험 선발인원을 150~200명선으로 대폭 줄여줄 것을 강력히 요구하였다. 이에 총무처는 사법시험 선발인원을 예년 수준보다 대폭 낮춰잡을 계획임을 예고하였다.

이러한 계획이 발표되자 法學界는 대한변협에 대하여 "변호사 수가 많아져야 司法改革이 가능하며 장기적으로 法曹 一元化를 이루기 위해서는 변호사 수가 판사 정원의 10배는 되어야 한다. 변호사단체는 집단적 이기심에서 조국의 선진화와 민주화를 가로막는 로비활동을 중단하라"고 요구하였다. 전국의 각 법과대학 교수 100여명이 참석한 세미나에서 교수들은 "우리나라 변호사수가 너무 적다. 변호사 1인당 인구수를 비교하면 미국이 513명, 서독이 1,300명, 일본이 9,294명인데 비해, 우리나라는 30,914명에 이르고 있다. 이것은 우리 국민들이 양질의 법률 서비스를 제대로 받지 못하는 증거다. 또한 우루과이라운드 이후 법률분야 시장개방이 임박하고 법조인의 전문화와 職域 확대가 더욱 절실히 요구되는 시점에서 선발인원을 줄여야 한다는 기존 법조계의 주장은 시대착오적인 발상에서 비롯되는 것이다. 사법고시 선발인원을 제한하려 하는 것은 法曹에 진입하려는 신임 법조인의 수를 제한함으로써 기존 법조인들의 收入과 권위를 보호하려는 목적에서 비롯되는 것"이라고 주장하였다.

이에 대하여 대한변협은 "사법시험 합격자 수의 격증으로 변호사들의 資質이 저하되고 인력수급의 불균형이 발생하고 있으며, 법률서비스의 질적 저하, 불만세력의 등장, 국민의 司法에 대한 불신, 사법권의 독립저해 등을 초래하는 요인이 되고 있는 바 법조인 가운데 94.7%가 사법시험 합격자수를 200명 이하로 줄여야 한다는 견해에 대해 찬성하고 있다"고 반박하였다.

총무처는 변협의 의견을 일부 수용하여 3백명 정원 선발방침에서' 시험성적에 따라 합격자 수를 유동적으로 결정하는 방식으로 한걸음 물러섰고 1991년도 사법시험에서 11년만에 최저수준인 287명을 2차 합격자로 발표하였다.

직업면허는 (1) 면허, (2) 등록 또는 신고, (3) 公認의 세 가지 형태로 이루어진다. 지금까지 살펴 본 것은 물론 첫번째 면허의 경우이다. 다음으로 등록(registration) 또는 신고(reporting)로 면허를 가름하는 경우가 있는데 이러한 방법에 의할 경우에는 면허의 경우에 비하여 진입제한의 강도가 낮아질 수 있다. 등록제도는 누구나 자유로이 사업을 할 수 있게 하되 그 사실을 관련기관에 등록 또는 신고하도록 하는 것으로서 진입제한의 효과가 가장 미약한 형태의 직업면허라고 할 수 있다. 그러나 이 경우에 있어서도 많은 소비자불만이 제기되는 경우에 해당관청은 그 사업자의 등록을 취소함으로써 그가 더 이상 그 직종에 종사할 수 없도록 하는 것이 보통이기 때문에 여전히 진입제한의 효과를 가진다고 할 수 있다.

公認(certification)에 의한 직업면허는 등록과 면허의 중간형태로서 어떤 직종에 종사하는 자들을 공인과 비공인의 두 부류로 나누어 공인의 경우에는 자격시험 등을 부과하지만 비공인의 경우에는 별다른 제한을 두지 않는다. 이것은 미국과 같은 나라에서 볼 수 있는 것으로 공인회계사(certified public accountant)가 있는가 하면 비공인 회계사가 있다. 非公認 사업자는 자기가 마치 공인사업자인 것처럼 행세해서는 안된다는 제약을 받을 뿐 공인사업자와 동일한 서비스를 제공하는데 제약을 받지 않는다. 공인제도는 소비자에게 선택의 여지를 주는 것이므로 합리적이라 할 수 있는 측면이 있다. 즉 소비자가 고수준의 서비스를 원하는 경우에는 공인사업자를 이용하고 중간 및 저수준의 서비스를 원하는 경우에는 보다 저렴한 가격으로 비공인 사업자의 서비스를 이용할 수 있다.

5. 특 허

특허(patent)는 기업이나 개인의 창작과 발명을 보호하기 위한 목적에서 이루어지는 특수한 형태의 진입규제이다. 이것이 진입규제의 성격을 갖게 되는 것은 특허가 어떤 창작물이나 製法을 발명한 자에게 그 사업을 독점적으로 영위할 수 있도록 법적으로 보호해 주는 장치이기 때문이다. 특허의 경제이론적 당위성은 독특한 유형의 시장실패(market failure)와 관련된다. 즉 발명을 포함한 넓은 의미에서의 기술개발 활동은 그것의 경제적 결실(fruit)이 기술개발자에게 전부 귀속될 수 없는 한 개인이나 기업의 기술개발 활동을 위축시키게 된다. 다시 말하면 개인이나 기업에 의한 기술개발 내용을 다른 사람들이 아무런 제한없이 모방(imitation) 또는 도용할 수 있다고 한다면 그 개인이나 기업이 기술개발의 과실을 완전하게 차지하지 못하게 된다. 이것을 非歸屬性(inappropriability)의 문제라고 부른다.

그러나 발명이나 기술개발 결과의 활용권을 발명자나 기술개발자에게만 독점시키는 것은 사회적으로 바람직스러운 것은 아니다. 왜냐하면 기술개발은 대단히 높은 외부경제 효과(external economies)를 가지고 있는 활동이기 때문이다. 즉 어떤 기술의 개발은 그것이 다른 기술의 개발에 충분히 응용될 때 최대의 사회적 이익을 가져다 줄 수 있다. 따라서 발명의 결실 또는 기술개발의 결실을 다른 사람이 활용할 수 있는 기회를 보장해 주는 것도 사회적으로 유익한 일이 아닐 수 없다.

이러한 이유로 인해 기술개발 활동과 관련하여 정부는 딜레마에 빠지지 않을 수 없다. 즉 기술개발 활동을 장려하기 위해서는 그것의 경제적 결실이 기술개발자에게 전부 귀속될 수 있도록 하는 것이 필요한 반면에 그것의 사회적 가치를 극대화하기 위해서는 다른 사람들이 그것을 합법적으로 이용할 수 있도록 하여야 한다. 이러한 딜레마로부터 벗어나는 방법이 곧 특허제도라고 할 수 있다.

특허는 결국 개인적 이익과 사회적 이익을 조화함으로써 두 가지 정책목적을 동시에 추구하는 장치이다. 이 두 가지의 정책목적의 조화는 궁극적으로 특허기간의 설정을 통하여 이루어진다. 즉 기술개발자에게 그 결실을 취할 수 있는 일정한 기간을 두어 이 기간동안에는 그에게 독점적 사용권을 부여하여 그의 이익을 보호하지만 일정한 기간이 경과한 후에는 그 결실을 다른 사람들이 자유롭게 활용할 수 있도록 한다. 따라서 특허기간을 얼마로 정하느냐가 특허제도에 있어서는 핵심적인 요소가 된다. 이 기간이 지나치게 길 경우에는 개발된 기술과 유사한 기술의 개발이 크게 저해된다. 반면에 이 기간이 지나치게 짧은 경우에는 기술개발의 경제적 결실을 충분히 흡수할 수 없게 되기 때문에 기술개발 활동을 위축시키게 된다.

따라서 특허기간의 설정을 둘러싸고 기술개발에 있어 경쟁적인 위치에 있는 기업(또는 개인)은 서로에게 유리한 방향으로 기간을 정하기 위해 노력하게 된다. 일반적으로는 기술진보가 빠른 경우에 특허기간은 짧아져야 한다고 말할 수 있겠으나 이것은 구체적 기술이 어떤 특성을 가지고 있느냐에 따라 달라질 수 밖에 없다. 다음으로는 특허의 실효성과 관련하여 분쟁이 있을 수 있다. 다시 말하면 특허로 보호되는 기술과 유사기술 사이에 모방에 대한 시비와 攻防이 자주 발생하게 된다.

특허가 지니는 또 다른 문제로 先導企業(leading firm)이 경영전략상 새로운 기술이나 제조방법의 개발초기 단계에서 대량으로 특허를 출원함으로써 그 산업 내에서의 다른 경쟁기업들의 기술개발 활동을 先占하는 전략(preemptive strategy)을 구사하는 경우도 있다. 이것은 기술선도 기업이라고 할지라도 기술개발에 따르는 시장의 불확실성과 위험(risk)을 회피할 수 없기 때문이다. 이러한 경우에 선도기업은 우선 신기술 특허를 먼저 획득하여 다른 경쟁기업의 기술개발을 방해하면서 다른 기업이 유사한 기술을 개발하여 이것을 성공적으로 상품화하는 것을 기다려 비로소 자기가 가지고 있는 특허기술의 상품화에 들어감으로써 기술우위를 여전히 유지하는 한편 경쟁기업의 시장전략을 보아 가면서 시장에 비로소 진입함으로써 시장위험을 최소화하는 고도의 전략적 행태를 취한다.

이러한 전략적 행동은 기술혁신과 신제품의 개발이 신속하게 이루어짐으로써 상품의 生命週期(product life cycle)가 급속하게 단축되어 가는 컴퓨터산업과 같은 첨단산업 부문에서 특히 현저하게 나타난다. 세계적인 산업용컴퓨터 생산기업인 IBM이 개인용 컴퓨터를 개발해 놓고서도 상품화를 늦춰오다가 다른 회사(예: Apple 컴퓨터)가 상품화에 성공하자 소형컴퓨터 시장에 참여하여 이를 석권하다시피 하였던 것은 이러한 전략을 활용한 좋은 예이다.

또한 기술 선도기업은 그 기술을 이용하는 산업의 시장규모가 커질 때 신기술이나 제품에 대한 수요가 더욱 확대되고 따라서 더 높은 이윤과 특허사용료(royalty)를 얻게 될 수 있게 되므로 앞에서와 같은 전략을 구사하기도 한다. 경우에 따라서는 이들은 타 산업 혹은 영세기업이나 개인 등이 개발한 것이지만 당장은 상업화하는 것이 위험하다고 생각되는 신기술을 매입하여 위와 같은 전략을 취하기도 한다.

이상에서 고찰한 바와 같이 특허가 기업들의 기술개발 경쟁에 미치는 영향은 지대하고 따라서 특허를 둘러싼 전략적 행태가 끊임없이 나타난다. 이러한 관점에서 특허가 가지는 경제사회적 비용과 편익에 대한 분석은 극히 어렵다고 하지 않을 수 없다. 예를 들어 위에서 본 기술선도적 기업들의 전략적 행동이 신기술이나 제조방법의 사회적 활용기회를 감소시키고 따라서 그것의 외부경제효과를 떨어뜨리게 되는 것인지 아니면 오히려 경쟁기업간의 기술개발 경쟁을 촉진함으로써 사회적 편익을 초래하게 되는 것인지에 대한 판단은 쉽지 않다. 그러나 우리가 한 가지 확실히 알 수 있는 것은 독과점적 지위를 누리고 있는 기업은 특허제도를 경쟁적 기업의 신규진입을 억제하고 자신의 기술우위를 강화하는 수단으로 악용하게 될 소지가 있다는 사실이다.

이상에서 특허의 전형적인 대상이라고 할 수 있는 발명, 기술개발에 대한 특허를 살펴 보았거니와 특허는 비단 이것에 그치지 아니하고 저작권, 상표권, 의장권, 실용신안권 등 모든 지적 소유권 또는 知的 財産權(intellectual property rights)을 포함한다. 그러나 이러한 유형의 지적재산권을 보호하는 경제적 이유와 보호방법은 약간의 차이가 있다. 우선 著作權은 그것이 지적 노력의 소산이라는 측면에서 발명에 대한 특허와 동일하다. 그러나 商標權은 상표에 따르는 소비자신뢰(loyalty)를 보호하고 상표의 도용을 막음으로써 사업자의 營業權(goodwill)을 보호한다는 취지에서 이루어진다. 한편 意匠權이나 實用新案權은 발명이나 고안의 실용화 또는 고유 디자인의 보호라는 측면에서 발명과 같이 취급될 수는 없고 본질적인 의미에서의 특허에 준한 보호만을 제공하는 것이 보통이다. 이와 같은 차이로 인해 특허는 그것의 대상이 무엇이냐에 따라 진입규제로서의 성격과 強度에 차이가 있게 된다.

6. 수입규제

수입규제를 진입규제의 일종으로 볼 것이냐에 대하여는 논란이 있을 수 있다. 왜냐하면 수입은 국내의 수입업자에 이루어지는 것이나 수입규제는 이 수입업자의 무역업에 대한 진입규제가 아니라 단지 그의 수입활동 또는 수입품목 등 일부분에 제한을 두는 규제라고 할 수 있기 때문이다. 그러나 수입경쟁산업(import competing industries)의 측면에서 고찰하면 수입규제로 인해 그 산업에서의 시장경쟁이 제한되는 것이므로 수입규제는 그 산업에 대하여 진입장벽을 설치하는 규제라고 할 수 있다. 이러한 의미에서 오늘날의 개방경제체제(open economy system)에 있어서 수입규제는 중요한 진입규제의 수단이 되고 있다.

수입규제는 특정 산품의 수입을 제한하는 것을 말한다. 수입규제의 목적은 다양하나 첫째, 수입품과 경쟁관계에 있는 국내산업의 보호, 둘째 공중보건과 위생, 국가안전, 공중도덕과 윤리의 보호 등 다양한 사회적 목적의 달성에 있다고 할 수 있다. 수입규제의 정책수단으로서는 (1) 관세를 통한 수입규제, (2) 비관세장벽(non-tariff barriers)을 통한 수입규제로 크게 나누어 볼 수 있다.

수입규제는 산업보호(industry protection)를 위한 진입규제의 전형적인 경우에 해당한다. 그러나 이 때의 정치경제적 이해관계는 상당히 다양하다. 우선 수입보호되는 국내산업은 수입경쟁(import competition)이 제한된 결과 수입경쟁 상태에 비하여 높은 가격과 이윤을 향유할 수 있게 된다. 이러한 효과는 여기에 그치지 않고 이 산업에 원료, 중간재, 부품 등을 공급하는 모든 後方産業(backward linkage or upstream industries)에도 직간접적으로 나타난다. 즉, 이들 산업은 수입규제로 인해 확실한 국내시장을 보장받고 또한 수입원자재, 중간부품에 비하여 높은 가격으로 판매할 수 있게 된다. 따라서 이러한 산업들이 모두 수입규제를 옹호하는 입장에 서게 되는 것은 당연하다.

반면에 수입규제 산업의 前方産業(forward linkage or downstream industries), 즉 이 산업이 생산하는 제품의 수요산업은 경쟁적인 수입품에 비하여 높은 가격과 낮은 품질의 국내산품을 이용하여 자기제품을 생산하여야 하기 때문에 국제경쟁력이 약화될 수 밖에 없다. 따라서 이들은 모두 수입규제에 반대하는 입장을 취하는 것이 보통이다.[16] 또한 소비자

---

16) 좀더 복잡한 경우로서 한 기업 또는 재벌기업들이 전방산업과 후방산업 양자에 모두 진출하여 있는 경우에는 수입규제에 대하여 어떠한 입장을 취하게 될지가 명확하지 않다. 이 경우에는 대체로 전체적인 입장에서 수입규제에 따른 이해득실을 평가하여 반응할 것으로 예측해 볼 수 있을 것이다.

역시 수입규제로 인해 국내생산제품의 가격이 상승할 수밖에 없기 때문에 수입규제에 대하여 반대하는 입장에 선다.

이와 같이 수입규제를 둘러싸고 상반되는 이해관계가 형성되나 우리가 제4장에서 고찰한 바와 같이 수입규제는 전형적인 顧客政治(client politics)의 유형에 속하는 정부규제로서 소비자의 이익보다는 수입규제 대상이 된 산업의 이익이 우선적으로 고려되는 경향이 있다. 특히 이 과정에서는 수입규제의 목적이 경제발전, 幼稚産業 보호(infant industry protection), 국가안보 측면에서의 자주성의 확보 등 쉽게 공격하기 어려운 공익을 앞세우게 되기 때문에 이러한 경향은 아주 강하게 나타난다.

6.1 관세를 통한 수입규제

먼저 수입규제 수단으로서 관세는 근본적으로 가격을 통한 규제이므로 수입규제의 악영향이 다음에서 설명하는 비관세장벽을 통한 경우 보다는 약하게 나타난다. 물론 이것은 관세율의 수준과 관련된 문제로서 관세율이 국내가격과 국제가격 차이 이상으로 아주 높게 설정되어 있는 경우에는 경제적 부작용이 심각해 질 수도 있다. 1960년대 이래 GATT 체제하에서 꾸준하게 관세율이 인하되어 온 결과 오늘날 선진각국의 평균관세율은 5% 내외의 아주 낮은 수준에 있고 개도국들도 10~20%의 낮은 수준의 관세율을 보이고 있다.

관세를 통한 수입규제에서 특히 문제가 되는 것은 관세율의 단계적 상승구조(tariff escalation)로서 이것은 가공단계가 높을 수록 관세율이 높게 책정된 관세율 구조를 말한다. 이와 같은 관세율 구조에 있어서는 낮은 명목관세율(nominal tariff rate)에도 불구하고 가공단계가 높을수록 실효관세율(effective rate of protection)은 누적적으로 높아지게 되어 국내산업을 과보호하는 결과 산업구조의 왜곡, 시장구조의 독과점화를 촉진하는 요인이 된다.[17]

17) 이 두 가지 관세율의 차이와 그것의 의미에 대하여는 Peter A. Lindert and Charles P.

6.2 비관세장벽을 통한 수입규제

비관세장벽이라고 하면 관세를 제외한 모든 수입규제수단을 말하는 것이기 때문에 그 방법과 형태가 무수히 다양하다. 전형적인 예로서는 수입할당(quota), 국민의 위생·안전확보를 위한 각종의 위생기준이나 안전기준 및 규격에 의한 검사, 關稅評價(customs evaluation)기준의 자의적 적용, 관세부과 과정상의 지연, 원산지(origin) 확인 등이 있다. 이 밖에도 政府調達(government procurement)에 있어서의 외국기업의 진입규제 및 차별대우도 중요한 수입규제의 수단이 된다.

특히 이러한 비관세장벽은 모두 그럴듯한 이유와 정책목적을 가진 것처럼 보이나 실제에 있어서는 국내산업의 보호에 보다 큰 비중을 두는 경우가 태반이라고 할 수 있다. 사실 1970년대 이후 국제무역에서 비관세장벽의 설치가 극심해지게 된 배경에는 앞에서 살펴 본 바와 같이 관세의 계속적인 인하로 인해 관세를 통한 수입보호가 실효성이 낮아지게 되었다는 요인이 중요하게 작용하고 있다. 또한 비관세장벽(특히 수입할당)은 대체로 수량적 제한(quantitative restriction)의 방법으로 수입규제가 이루어지기 때문에 가격을 통하여 이루어지는 관세의 경우에 비하여 보다 확실성이 높은 수입보호의 수단이 될 수 있다는 것도 중요한 고려요인이라고 할 수 있다.

7. 사회적 규제의 진입제한 효과

환경규제, 소비자 보호규제 등 사회적 규제(social regulation)는 직접적으로 어떤 사업 또는 직업에의 진입을 규제하는 것은 아닐지라도 잠재

Kindleberger, *International Economics* (Homewood, Illinois: Richard D. Irwin, Inc., 1982), 7th ed., pp. 112~119.

적인 진입제한(potential barriers to entry) 효과를 갖는 것들이 대단히 많다. 이러한 사회적 규제의 잠재적 진입제한의 효과는 사회적 규제를 함에 있어서 규제기관이 그것을 기대하고 의도한 것이라기 보다는 예기하지 못한 따라서 비의도적인 것이기 때문에 의외의 문제를 야기하는 경우가 많다. 예를 들면 대표적인 사회적 규제라고 할 수 있는 환경규제에 있어서 환경기준이 까다롭고 많은 비용을 초래하는 경우에는 대기업에 비하여 상대적으로 자본력이 약한 중소기업 또는 영세기업이 커다란 타격을 입지 않을 수 없고 극단적으로는 도산하지 않을 수 없는 경우도 생각해 볼 수 있다. 또한 이와 같이 추가적인 부담을 안게 된 피규제산업에 대한 신규업체의 진입도 현저하게 감소하지 않을 수 없다. 따라서 환경규제를 본격화한 전후의 그 산업의 시장구조는 달라지게 되고 시장경쟁의 양상과 방향도 변화하게 될 수 있다.

이와 같이 사회적 규제가 가지고 있는 비의도적인 진입제한 효과로 인해 시장구조가 독과점화 될 수 있는 가능성이 높을 때 기업의 경쟁전략(competitive strategy)에 심대한 영향을 미친다. 정부의 입장에서는 사회적 규제의 차별적 효과(differential impact)를 무의식적으로 소홀하게 취급할 수 있을지 모르나 첨예한 기업간 경쟁에 익숙한 기업의 입장에서는 정부의 규제가 가지는 이러한 잠재적인 효과를 적극적으로 활용하려고 하는 유인을 가질 수 있다. 예를 들면 환경규제의 강화를 회피할 수 없다는 판단이 들 때 대기업들은 환경규제하에서 오히려 자기들의 경쟁력이 보다 강화될 수 있는 방향으로 환경규제가 이루어지도록 정부에 로비활동을 전개한다든가 공익을 빙자하여 자기들의 선호에 맞는 정책수단의 채택을 종용할 수도 있다.

특히 제 14 장에서 고찰하게 될 것처럼 사회적 규제 수단이 기술혁신을 저해하는 성격을 띤 경우에는 신규업체의 진입을 더욱 제약하게 된다는 점에 유의할 필요가 있다. 이것은 새로운 기술을 통하여 원가절감을 기할 수 있고 따라서 그 산업 내에서 경쟁력을 가질 수 있는 기업이라고 할지라도 경직적인 사회적 규제가 유지되고 있는 한 그가 가진 잠재적인

費用優位(cost advantage)를 실현할 수 있는 기회가 박탈되기 때문이다.

사회적 규제의 잠재적인 진입제한 효과는 그 산업 뿐만이 아니라 그 산업과 대체적인 관계에 있거나 보완적인 관계에 있는 관련산업에까지 영향을 미친다. 예를 들면 어떤 공해산업에 규제가 강화되면 그것과 대체적인 관계에 있는 산업은 反射的 이익을 얻게 되는 반면에 그 산업에 대하여 원료나 부품을 공급하는 산업은 그 산업으로부터의 수요가 감소하여 타격을 입게 된다. 물론 이 경우에 있어서도 그 타격의 크기는 관련산업 내에서의 경쟁력의 크기에 따라 달라지게 될 것이다.

8. 퇴출규제

退出規制(exit regulation)란 진입규제와는 정반대로 사업자가 그 사업을 폐쇄하는 데 제한을 두는 규제를 말한다. 이러한 규제의 목적은 두말할 것도 없이 사업의 폐쇄로 인해 노동자, 그 기업과 거래관계에 있는 기업, 그리고 지역경제 및 지역사회 전반에 주는 충격을 완화하기 위한 것이다. 예를 들어 광산촌과 같이 그 지역경제가 어떤 광업소를 중심으로 형성되어 있는 경우에 그 광업소가 경제사정의 악화로 인해 졸지에 사업을 폐쇄하게 될 때 그것이 미치게 될 충격은 엄청난 것이 되지 않을 수 없다.

사업의 폐쇄에 대하여 정부가 규제하는 것은 바로 이와 같은 경우에 야기되는 엄청난 정치적, 경제적, 사회적 충격을 완화하기 위한 것이다. 이러한 목적에서 이루어지는 전형적인 퇴출규제 수단은 工場閉鎖豫告制(prior notice system)이다. 이것은 사업자가 공장을 폐쇄하기 일정기간 전에 그 사실을 관계기관에 통고하도록 하는 제도이다. 이 제도의 취지는 기업이 채산성을 잃어 공장폐쇄가 불가피한 경우라 할지라도 그 기업에 고용되어 있는 노동자가 새로운 일자리를 찾아 나가거나 그 지역경제 주체들이 轉業할 수 있는 시간적 여유를 주자는 데 있다.

물론 그 기업이 가지고 있는 경제사회적 영향력과 파급효과가 대단히 큰 경우에 있어서는 그 기업이 생존할 수 있도록 하기 위한 지원정책(예: 보조금)의 마련이 정치적으로 가능해지게 되는 경우도 있겠지만 일반적인 경우라면 그 기업의 폐쇄가 미치게 될 충격을 완화하는 것이 최선의 방법이라고 할 수 있을 것이다.

퇴출규제는 이와 같이 기업의 사회적 책임을 다하도록 하기 위해 이루어지는 규제라고 할 수 있는데 이러한 규제가 폐쇄기업에 많은 경제적 부담을 주게 될 것임은 물론이다. 우선 그 기업의 사회적 가치가 크고 따라서 그 기업의 계속적인 운영이 정치적 중요성을 갖는 경우에는 정부가 나서서 그 기업을 제3자에게 유리한 조건으로 인수시킴으로써 퇴출기업이 정당한 가격에 그 기업을 매각할 수 있을 것이다. 그러나 그렇지 못한 형편에 있고 정치적 관심을 끌지 못하는 기업의 경우에 있어서는 예고제로 인해 사업폐쇄의 자유가 제한되는 것만이 아니고 그 기업의 賣却價値(sale value) 또는 시장가치가 더욱 형편없이 하락하게 될 것이다. 이 때에 그 기업은 淸算資金의 부족으로 근로자에 대한 적절한 보상을 하기가 더욱 어렵게 된다.

9. 결 론

본장에서는 진입규제의 범주에 속하는 여러가지 유형의 진입규제에 대하여 고찰하면서 그것이 필요해지는 경제사회 여건은 무엇이고, 이익집단의 정치적 상호작용은 어떻게 이루어지며, 그 속에서 규제기관은 무슨 이유에서 어떤 판단을 내리게 되는지 등에 대하여 다각적으로 검토하였다. 또한 진입규제의 경제적 효율성과 공평성에 미치는 영향을 분석하면서 부작용을 최소화 할 수 있는 대체적 규제방법 등에 대하여도 고찰하였다. 여러가지의 정책목적으로 인하여 진입규제가 불가피한 경우에 이러한 대체적 방법을 보다 적극적으로 사용하는 것이 바람직하다고 할 수 있다.

진입규제는 가장 원초적이고 전형적인 경제적 규제이다. 또한 진입규제는 어떤 산업 또는 직종 또는 어떤 시장에의 진입을 제한함으로써 시장경쟁을 직접적으로 제한하는 것이다. 이와 같이 시장경쟁을 제한하는 것을 속성으로 하는 한 진입규제는 경제적 효율성 측면에서 그리고 공평성 측면에서 많은 문제점을 야기한다. 진입규제는 겉으로 소비자 보호를 위한 것인 양 假裝하는 경우가 없지 않지만 그 어느 경우에나 생산자 보호(producer or industry protection)가 우선된다.

진입규제가 시작된 시점에 있어서의 경제사회 상황과 구조, 시장경쟁의 양상과 정도가 변화하면 진입규제도 당연히 변화되어야 한다. 그러나 진입규제는 시장경쟁을 제약하면서 기존업체나 업자에게 알뜰한 이윤을 가져다 주기 때문에 이들은 기득이익의 확보와 현상유지를 위하여 모든 노력을 기울인다. 이들은 진입규제가 완화되면 당장에 과당경쟁이 야기되어 소비자들이 큰 피해를 당할 것 같이 야단을 떤다. 그러나 경제규모가 성장하고 구조적으로 복잡화된 경제에서 과연 진입규제가 필요한지에 대하여는 많은 의문이 있다. 진입규제가 있는 산업 또는 시장에 들어가지 못하여 안달하는 신규사업자들이 많다는 사실을 상기해야 한다. 우리가 제 19 장과 20 장에서 고찰하게 될 것처럼 진입규제가 가장 핵심적인 정부규제 완화의 대상이 되고 있는 것도 이 때문이다. 제 24 장에서 고찰하고 있는 것처럼 1980년대 이후 우리 政府가 가장 역점을 두어 완화해 나가고 있는 대상도 바로 진입규제이다.

제 10 장

가 격 규 제

1. 서 론

가격규제는 원칙적으로 自然獨占産業(natural monopoly) 또는 그 밖의 독과점산업 등이 공급을 조절함으로써 완전경쟁시장 가격보다 높은 독점가격을 부과하지 못하도록 하기 위한 목적에서 이루어진다. 독과점산업은 생산량이 증가하면 할수록 비용이 계속적으로 감소하는 산업 즉 費用遞減 혹은 收穫遞增産業(decreasing cost or increasing returns industries)으로서의 속성을 지니고 있기 때문에 시장실패(market failure) 현상을 야기시키고 따라서 정부는 시장실패의 보완을 위해 독과점산업에 대하여 규제할 필요가 있다. 그러나 현실적으로 가격규제는 戰時 또는 급격한 인플레이션 위협이 존재할 때 物價安定을 위한 정책목적에서 보다 많이 행해지고 있다.

가격규제의 주된 대상은 우선 정부(공기업) 또는 민간에 의해 생산 또는 공급되는 각종의 공공적 재화나 서비스 가격(보통 공공요금이라 부른다)이 있다. 공공요금이란 국민생활에 중대한 영향을 미치는 재화 및 서비스의 가격이다. 여기에 포함되는 것으로서는 (1) 전기, 전화, 철도, 지하철, 상하수도 등 자연독점산업(natural monopoly)에 의하여 생산공급되는 것과 (2) 버스, 택시, 항공, 해운, 석유, 석탄, 보험, 의료 등과 같이 다수의 경쟁적 사업자에 의하여 생산공급되는 것이 있다. 둘째, 공공요금은 아니나 독과점 사업자로 지정된 업체에 의하여 생산공급되는 품목이나 서비스들이 있다. 독과점 품목이나 서비스로 지정되는 품목은 그때그때의 시장구조(market structure) 상황에 따라 달라진다.

일반적으로 가격규제라고 하면 이상의 것들만을 지칭하지만 좀더 넓은 의미에서의 가격규제에는 공급이 극히 제한되어 있거나 비탄력적이기 때문에 발생되는 경제적 地代(economic rents) 및 초과이윤(excess profits)에 대한 규제가 있다. 예를 들면 토지, 주택, 석유, 광물 등 지하자원의 가격에 대한 규제가 바로 그것이다. 이러한 품목의 가격규제는 利潤規制(profit regulation)로서의 성격을 강하게 지니고 있다. 위에서 열거한 일반적인 가격규제들 역시 이윤규제적 요소를 가지고 있으나 이 때에는 이윤 그 자체를 직접적인 규제의 대상으로 하기 보다는 가격규제를 통해 간접적으로만 규제될 뿐이라는 점에서 차이가 있다.

정부가 공기업 또는 민간이 생산공급하는 재화나 서비스의 가격을 합리적이고 공평한 선에서 규제하는 방법으로서는 기본적으로 재화나 서비스 비용에 입각하여 가격을 결정하는 방법과 특정 시점에서의 가격으로 동결하는 두 가지 방법이 있다. 제 2 절과 제 3 절에서는 이들의 각각에 대하여 살펴본다. 다음으로 제4절에서는 특수한 유형의 가격규제로서 경제적 지대 및 초과이윤에 대한 규제, 제5절에서는 차별가격에 대한 규제, 제6절에서는 가격규제의 부작용으로서 나타나는 서비스 질 저하 및 서비스 경쟁(service competition)에 대한 규제에 대해 고찰한다.

2. 독과점산업의 가격규제

독과점업체가 생산공급하는 재화나 서비스의 가격규제에 가장 보편적으로 사용되고 있는 방법은 서비스비용 가격결정(cost of service ratemaking) 방법이다. 독과점업체의 재화나 서비스 가격은 비교 가능한 경쟁시장가격을 가지고 있지 않다. 따라서 정부가 독과점업체에 독점이윤이 과도하게 발생하지 않도록 하면서 독과점 서비스의 가격을 가능한 한 최저수준으로 유지함으로써 자원배분의 효율화와 사회후생의 극대화를 기하기 위해서는 어떤 방법으로든지 독과점업체가 생산공급하는 재화나 서비스의 생산비를 산정하지 않으면 안된다. 서비스비용 가격결정은 이러한 목적에서 사용되는 가장 기본적인 규제가격 산정방법이다.

서비스비용 가격결정은 다음과 같은 절차로 이루어진다. 우선 기준년도를 정하고, 그 해의 해당사업의 운영비(operating costs), 감가상각비(depreciation), 조세(taxes)를 합산하여 총생산비용(total production costs)을 산출한다. 여기에 기업의 정상이윤(normal profit)을 더하여 그 기업이 필요로 하는 총수입(total revenue requirement)을 산정한다. 다음으로 그 재화나 서비스의 수요를 예상하여 이 만큼의 필요 총수입을 확보하기 위한 가격을 결정한다. 이 기업이 단일 제품 또는 서비스를 생산하거나 단일 수요집단에 서비스를 공급하는 것이 아니라 다수의 서비스를 생산하거나 다수의 수요자 집단을 가지는 경우에는 이 각각에 대한 가격을 체계화하게 된다. 이 결과로 나타나게 되는 것이 소위 가격구조 또는 料率構造(price structure or rate structure)이다.

이론적으로 볼 때 이와 같은 과정을 거쳐 결정된 독과점산업의 가격, 이윤, 생산량, 효율성 수준은 완전경쟁 시장 하에서 얻을 수 있는 효과에 근접할 수 있다. 그러나 이 방법을 실제로 적용하는 데는 복잡한 문제들이 따른다. 이것을 차례로 살펴보기로 한다.

2.1 투자비용의 산정

우선 독과점사업의 정상이윤(normal profit)을 결정하기 위해서는 그 사업의 투자비용을 파악하는 것이 문제가 된다. 보통의 경우에는 사업개시 시점에서 이루어진 실제 투자 혹은 역사적 투자(historical investments)의 장부가격에서 감가상각비를 차한 잔액을 현재의 투자비용으로

계상한다. 그러나 이것은 현재가치(present value)와 많은 차이를 보이게 된다. 여기에서 현재가치란 현시점에서 그만큼의 공공재화나 서비스를 생산할 수 있는 시설을 대체하는데 들어가는 비용 즉 代替費用(replacement costs)을 말한다. 이 두 가지 투자비용의 크기는 서로 다르고 그것이 의미하는 바도 다르다. 기술혁신으로 새로운 저렴한 생산시설이 이용가능해지게 되었을 때 역사적 투자비용은 대체투자비용을 초과하게 된다. 이때 그 사업의 투자비용은 과대계상되고 그 결과 초과이윤이 발생할 수 있다.

경제이론적으로는 대체비용에 입각하여 투자비용을 산출하는 것이 합리적이라고 할 수 있다. 그러나 정부관료가 이것을 파악하기란 여간 어렵지 않다. 또한 여기에 정치적인 고려가 작용할 수도 있다. 왜냐하면 공기업이나 독과점업체의 입장에서는 대체비용이 가급적 높게 책정되어야 유리하고 반면에 소비자의 입장에서는 이것을 가급적 낮추어 잡도록 하는 것이 유리할 것이기 때문이다. 따라서 대체비용을 산정하는 과정에서 논란이 야기될 수 있으며 그 결과 가치판단의 문제로 귀착되기 쉽다. 이에 비하여 역사적 비용에 입각한 투자비용 계산방법은 비록 이론적으로는 바람직하다고 할 수 없으나 계산이 극히 단순하고 명료하다는 장점을 가지고 있다. 정부가 일반적으로 대체비용에 입각하여 투자비용을 계산하기 보다는 역사적 비용에 입각하여 투자비용을 산출하는 방법을 따르는 것은 바로 이 때문이다.

그러나 역사적 비용에 입각한 투자비용 산정방법은 경제이론적으로 불합리하다. 특히 높은 인플레가 진행되고 있는 상황에서 심각한 문제를 야기한다. 즉 이 방법에 입각하여 정상이윤이 산출되고 이에 기초하여 공공요금이나 독과점가격이 결정될 경우 그 가격은 지나치게 낮아 소비가 과도하게 늘어나게 되는 동시에 생산시설 능력의 부족사태를 유발하기 쉽다. 따라서 이와 같이 인플레의 영향이 큰 경우에 정부는 장래의 투자비용에 대한 금융이자, 그 사업체가 보유하고 있는 공장용지의 보유비용 등을 현재의 공공요금 또는 독과점 가격결정에 감안함으로써 이러한 문제점을 부분적으로나마 극복하려고 하는 것을 볼 수 있다.

2.2 이윤율의 결정

공공요금 또는 독과점가격에 산입되어야 할 정상이윤의 폭을 결정하기 위해서는 투자비용과 아울러 이 투자비용에 대한 이윤율이 정해져야 한다. 이윤율의 결정에는 보통 투자자(株主)에 대한 적정한 이윤의 확보, 이러한 부문에의 지속적인 투자의 보장, 행정적 편의 등이 고려되는 것이 보통이다. 그러나 어떤 선에서의 이윤율이 과연 적정하고 공평한 것이냐를 결정하는 일은 대단히 복잡하고 어렵다.

적정이윤율을 결정하는 방법으로서는 다음과 같은 몇가지의 방법이 있다. 첫째, 비교가능한 산업을 선정하여 이 산업의 이윤율을 채택하는 방법이다. 그러나 이 방법은 어떤 산업이 비교가능한 산업이고 어떤 상태가 비교가능한 상태인지를 판별하는 것이 어려워 결국은 순환논법에 빠지지 않을 수 없다. 둘째, 현금흐름의 할인방법(discounted cash flow method)이 있으나 이 역시 경제상황의 변화, 정부정책의 변화, 자본시장에서의 기대의 변화 등 불확실한 요인이 많아 실제 적용이 어렵다. 셋째, 좀더 이론적인 방법이라고 할 수 있는 자본가격 결정모형(capital asset pricing model)이 있으나 이 모형 역시 모험(risks)의 측정곤란 등 앞의 방법과 유사한 문제점이 많아 현실적 적용에는 엄연한 한계가 있다.[1] 따라서 적정이윤율의 결정은 전적으로 정부의 가치판단에 의존하지 않을 수 없고 여기에 서비스비용 가격결정방법의 최대의 난점과 이론적 한계가 있다.

---

1) 이윤율의 계산방법에 대한 구체적 설명과 문제점에 대하여는 Stephen Breyer, *Regulation and Its Reform* (Cambridge, Mass. : Harvard University Press, 1982), pp. 38~37 참고.

2.3 수요의 추정

이상과 같은 방법으로 공기업 또는 독과점업체의 필요 총수입(revenue requirement) 규모가 결정되면 이것을 가격으로 환산하기 위한 수요의 추정이 필요하다. 수요의 추정이 빗나가게 되면 공기업이나 독과점사업체에 대하여 초과이윤 또는 손실을 가져다 주게 된다. 그러나 행정적으로 결정된 가격 및 가격구조하에서 수요의 가격탄력성(price elasticity of demand) 추정은 대단히 어렵다. 특히 인플레가 진행되고 있거나 예상되는 상황하에서는 수요의 추정이 더욱 어렵고 빗나가기 쉽다. 따라서 보통의 경우 정부는 기준년도의 수요를 기초로 하여 장래의 수요규모를 파악하는 편법을 사용한다.

2.4 가격구조(요율구조)의 결정

2.4.1 한계비용 가격결정

보통의 독과점사업체의 경우와 달리 자연독점산업으로서의 속성을 지닌 공기업이 생산하는 공공서비스는 대체로 그 형태와 내용이 다양하고 그것의 수요집단도 다양하다. 예를 들면 전력사용은 사용목적 또는 사용시간대 별로 다르며 수요자도 산업용, 가정용 등으로 나누어진다. 이 차이를 무시하고 필요 총수입을 단순하게 총수요로 나누어 평균가격을 산정하는 평균비용(average cost) 요금결정방식은 경제적 효율성 측면에서뿐만이 아니라 공평성의 측면에서도 많은 문제를 야기한다.

서비스의 소비자 가격이 그것의 생산비용과 일치하지 않을 때 문제가 발생한다. 전력의 경우를 예로 들면 전력수요가 폭주하여 전력 공급능력이 한계에 도달한 시점에서의 단위 전력생산비는 그렇지 않은 경우에 비해 높을 수 밖에 없음에도 불구하고 이것이 동일한 가격으로 공급되게 되면 특정 시간대에는 전력의 過負荷 현상이 나타난다. 반면에 다른 시간대에는 생산된 전력이 낭비되지 않을 수 없다. 또한 전력이 過負荷되는 시점에서 전력을 사용하는 소비자(보통 산업체가 이에 해당한다)와 전력이 유휴상태에 있을 때 전력을 사용하는 소비자(보통 일반가정)가 전력사용 단위당 동일한 전력요금을 지불해야 한다면 이것은 공평하지 않다. 왜냐하면 후자의 소비자집단으로부터 전자의 소비자집단으로의 소득이전(income transfer)이 발생하기 때문이다.

따라서 자연독점산업의 경우에 限界費用(marginal cost)에 입각한 공공요금 책정방식이 사용되고 있다. 자연독점산업은 초기 시설투자가 막대하여 고정비용이 대단히 높기 때문에 생산량 증가에 따라 평균비용이 계속 하락하고 따라서 한계비용이 언제나 평균비용을 밑도는 산업이다(그림 10－1에서 전구간에 걸쳐 한계비용(MC)곡선이 평균비용(AC)곡선의 아래에 위치한다). 이것은 평균비용은 고정비용의 일정분을 포함하지만 한계비용은 고정비용을 전혀 포함하지 않기 때문이다.

이 경우에 한계수요자가 지불하려고 하는 금액(willingness to pay)이 한 단위의 서비스를 추가적으로 제공하는데 드는 비용 즉 한계운영비용(marginal operating costs)을 상회하는 한 추가적인 공공서비스의 공급은

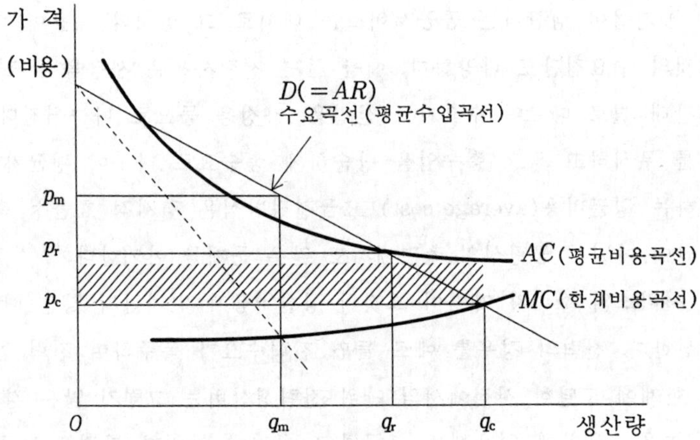

〔그림 10－1〕 자연독점산업의 가격결정

경제적으로 효율적이며 사회후생(social welfare)을 증가시킨다. 그러나 경제적 효율성을 추구하여 서비스의 가격을 한계운영비용에 일치시키게 될 때 ($p=p_c$)에는 〔그림 10－1〕에서 빗금친 부분 만큼의 영업결손이 발생한다. 이것은 자연독점산업에 있어서 한계비용에 입각하여 가격결정이 이루어질 때 이 한계비용에는 재료비 등 限界可變費用(marginal variable cost)과 생산시설의 減耗비용만이 포함될 뿐 固定費用(fixed cost)은 전혀 고려되지 않기 때문이다.

따라서 한계비용 가격결정에 있어서는 어떤 방법으로 자연독점산업의 고정비용과 인건비 등을 포함하는 共通費用(joint costs)을 가격에 반영하느냐가 대단히 중요하고 복잡한 문제가 아닐 수 없다. 다시 말하면 고정비용을 어떤 소비자집단에 어떻게 나누어 얼마만큼 부담시킬 것이냐가 중요한 문제로 대두된다. 우선 가장 손쉬운 방법은 모든 소비자가 고정비용과 공통비용을 균일하게 부담하도록 하는 방법이다. 그러나 이 방법은 행정적으로 간편하기는 하나 경제적 효율성을 감소시킨다. 왜냐하면 한계소비자가 실제적으로 소비하는 자원비용(resource costs)은 한계운영비용 뿐인데 이보다 높은 수준으로 가격을 책정하면 추가적인 자원비용이 없이 소비를 감소시키는 결과를 초래하기 때문이다. 이와 같이 불합리한 가격결정방법 하에서는 다른 사업자가 용이하게 채산을 맞출 수도 있기 때문에 이 산업에 진입하려 함으로써 불필요한 투자를 야기할 수도 있다.

2.4.2 람시 가격

이런 경우 자원의 낭비를 막고 사회후생을 극대화하기 위해서는 고정비용을 보다 효율적으로 분담시킬 수 있는 방법이 모색되어야 한다. 람시 가격결정(Ramsey pricing) 방법은 바로 이런 목적에서 고안된 방법이다.[2] 이것은 수요의 가격탄력성(price elasticity of demand)이 높은 수요자집단에 대해 고정비용의 분담을 적게 그리고 수요의 탄력성이 낮은 수

---

2) Frank Ramsey, "A contribution to the Theory of Taxation," 37 *Economic Journal* 47, 1927.

요자집단에 대해 고정비용의 분담을 높게 하는 방법이다. 이 방법은 고정비용의 분담을 수요자의 해당 공공서비스에 대한 가치평가에 따라 차등화하는 것인 만큼 수요감소를 최소화하고 자원의 낭비를 막을 수 있는 장점을 가진다.

그러나 이론적 정교성에도 불구하고 이 방법을 현실적으로 활용하기는 어렵다. 우선 수요탄력성을 파악한다는 것이 대단히 어렵고, 수요탄력성이 파악될 수 있더라도 개개 소비자를 그 각각의 수요탄력성에 따라 여러 수요자집단으로 분류하기는 현실적으로 불가능에 가까운 일이다.

엄밀한 의미에서 람시 가격결정방법이라고 보기는 곤란하나 이와 유사하게 서비스 가격을 결정하는 한 가지의 방법은 수요의 탄력성이 아니라 '상품가치(value of commodity)'에 따라 요금을 달리하는 방법이다.[3] 이 방법은 주로 철도운송요금의 책정 등에 사용되는 방법이다. 예를 들면 철도운송 화물 가운데 高價品의 운송료를 低價品 운송료에 비하여 높게 책정하는 방법이다. 이것은 고가품의 경우에 운송료 비중은 저가품의 경우 보다 훨씬 낮기 때문에 고가품 탁송자는 철도운송료가 다소 높게 책정되더라도 별로 관심을 두지 않을 것이나 저가품 탁송자는 철도운송료 수준에 탄력적으로 반응하기 때문에 저가품의 운송료를 싸게 하는 것이 타당하다는 데 논거를 두고 있다.

그러나 이 논거는 현실적이 아니다. 우선 고가품 탁송자든 저가품 탁송자든 그가 관심을 기울이는 것은 자기 제품의 최종 가격수준이 아니라 운송료 수준이 그 산업에서의 가격경쟁력에 어떤 영향을 미치는가? 이기 때문이다. 다음으로 그가 고려하는 것은 트럭 등 대체적인 운송수단의 요금체계이다. 다시 말하면 보다 저렴한 운송수단이 있다면 그는 그 운송수단을 이용하려 할 것이라는 것이다. 또한 대체적인 운송수단의 선택에 있어서는 다른 고려요인들이 작용할 수도 있다.

---

3) 이 방법은 실제로 미국의 주제통상위원회(Interstate Commerce Commission)가 철도화물 운송요금 책정방법으로 사용한 바 있고 이후 많은 나라에서 이것과 유사한 방식을 도입하여 사용하여 왔다. Ann F. Friedlaender, *The Dilemma of Freight Transport Regulation* (Washington, D. C.: Brookings Institution, 1969), pp. 12～16 참고

예를 들어 다이아몬드 회사는 철도 대신 트럭을 이용하는데 아무런 문제가 없으나 석탄회사는 철도 말고는 다른 대체적인 탁송수단을 갖기 어려운 경우가 많다. 이것은 곧 다이아몬드회사에 비하여 석탄회사의 철도이용에 대한 수요탄력성이 낮다는 것을 의미한다. 따라서 람시의 가격이론에 의하면 석탄의 운송료가 다이아몬드의 운송료에 비하여 오히려 높게 책정되는 것이 효율적이라고 할 수 있다. 이렇게 볼 때 상품가치(value of commodity) 기준의 가격결정과 람시가격결정은 상호모순됨을 알 수 있다. 이론적으로 볼 때 람시 가격결정이 보다 합리적이라고 할 수 있으나 상품가치 기준의 가격결정이 현실적 타당성이 높다.

람시 가격결정은 전력요금이나 전화요금의 경우에 주로 적용된다. 전력요금의 경우에 전력을 많이 사용하는 산업체의 전력요금은 상대적으로 낮게 책정하고 소량의 전력을 사용하는 가정용 전력요금은 상대적으로 높게 책정한다. 이러한 가격차별화(price differentiation)가 가능해지는 것은 가정 등 소규모의 수요자는 대규모의 산업용 전력수요자에 비하여 자가발전시설 등 대체적인 발전능력을 가질 수 있는 가능성이 없기 때문이다.

람시 가격결정에 의한 가격차별화는 우선 자연독점산업의 규모경제효과를 최대화하고 독점이윤을 극대화할 수 있는 방법이며, 따라서 공기업에 대한 정부의 재정적 부담을 최소화할 수 있는 방법으로 생각될 수 있다. 그러나 여기에는 추가적인 정책적 고려들이 작용하는 바 예를 들면 정부는 물가정책 또는 산업정책적 목적에서 산업용 전력수요를 우대할 수도 있다. 그러나 가격차별화는 산업용 전력의 過大사용과 가정용 전력의 過小사용이라는 자원배분 면에서의 비효율성을 초래한다. 소득분배적 측면에서도 逆進的이다. 그럼에도 불구하고 이러한 차별적 가격책정이 가능해지는 것은 가정용 전력 수요자들의 정치적 영향력이 약하기 때문이다.[4]

---

4) 예를 들면 1974년 미국의 캘리포니아주에서는 기본적인 가정용전력을 생활전력(Lifeline)이라 하여 아주 낮은 요금을 책정하는 방법을 도입하였다. 여기에 소비자단체의 강력한 정치적 영향력이 작용하였음은 물론이다. Douglas D. Anderson, "State Regulation of Electric Utilities," in James Q. Wilson (ed.), *The Politics of Regulation* (New York: Basic Books, 1980), pp. 26~32 참고.

2.4.3 最大負荷 가격결정

한계비용 가격결정(marginal cost pricing)은 전력, 상수도, 교통서비스와 같이 그것의 단기적 수요가 계절 또는 시간대에 따라 변동하여 수요공급의 불균형(mismatch)을 유발하는 경우에 특히 중요성을 가진다. 예를 들면 전력수요가 특정 계절 또는 시간대에 폭주하여 발전능력이 한계에 도달하는 最大負荷(peak load)가 있는가 하면 전력수요가 공급능력에 훨씬 미달하여 상당한 부분의 생산전력이 미소비 상태에 놓이게 되는 過小負荷(off-peak)가 주기적으로 반복되는 것이 바로 그것이다. 이와 같은 경우에 효율적인 가격결정방법은 계절별로 또는 시간대별로 전력요금을 차등화하는 것이라고 할 수 있는데 이것이 最大負荷 가격결정(peak-load pricing)이다.

우선 서비스 생산능력이 완전가동되지 않는 過小負荷 상태에서의 공공요금은 낮게 책정함으로써 기왕에 생산된 서비스가 모두 소비될 수 있도록 촉진하는 것이 경제적으로 합리적이다. 우선 낮은 할인가격을 적용함으로써 최대부하 때 전력소비를 감소시키고 대신 과소부하 때 소비를 증가시킴으로써 기존의 서비스 생산시설에 대한 과부하를 방지할 수 있으므로 새로운 생산시설이나 투자가 불필요하게 된다. 추가적인 생산시설 투자가 불가피한 경우에도 투자규모를 최소한으로 줄일 수 있어 자원을 절약할 수 있게 된다. 왜냐하면 생산시설의 과부하 상태를 초래하고, 추가 생산시설의 설치를 불가피하게 만드는 소비자들에게 높은 요금을 부과함으로써 수요를 감소시킬 수 있기 때문이다. 추가시설이 필요하다면 그 투자비는 이들이 부담해야 한다고 보는 것이다.[5)]

최대부하 요금책정방법 역시 합리적이긴 하나 실제 적용에는 여러가지 난점이 있다. 우선 추가적인 생산시설의 증설이 반드시 최대부하 때의 소비자만을 위한 것이냐가 문제된다. 추가적인 시설은 모든 소비자에 대해 서비스를 안정적으로 공급하기 위해 필요한 것이기 때문이다. 다음

5) 이에 대한 보다 자세한 설명은 金東建, 「현대재정학」(서울: 박영사, 1984), pp. 498 ~ 501 참고.

으로 시설비용, 부대비용을 소비자집단에 따라 적절하고 공평하게 배분하는 일은 대단히 복잡하고 어렵다. 또한 최대부하 소비에 대하여 높은 가격을 부과하게 될 때 수요가 어떻게 영향을 받을 것인지를 예측하기 어렵다. 예를 들어 수요의 가격탄력성이 상당히 커서 소비가 예측치 이상으로 감소한다면 투자비용을 회수할 수 있는 수입(revenue)을 확보하기 어렵게 된다.

더 나아가서 이러한 방식으로 요금을 부과하기 위해서는 최대부하가 시간대를 옮겨 가는 소위 負荷轉移(shifting peak) 현상을 파악하고 이것에 탄력적으로 적응할 수 있어야 한다.[6] 다시 말하면 상대적으로 요금이 높게 책정된 최대부하 시간대를 피하여 다른 시간대로 옮겨 가 버리게 된다면 최대부하 문제는 여전히 남게 된다. 예를 들어 낮 12시에 최대부하에 도달하였던 것이 이러한 요금체계의 도입으로 인해 낮 3시에 최대부하가 걸리는 것과 같다. 다음으로 '바늘 負荷(needle peak)' 현상도 나타날 수 있다.[7] 예를 들어 여름 낮 오후 시간대에 높은 전력요금을 부과한 결과 소비자들이 에어콘 사용을 자제하고 있다가 도저히 견딜 수 없는 온도에 이르게 되면 모든 소비자들이 일시에 에어콘을 켜게 되어 전력공급이 중단되어 암흑현상(blackout)이 발생할 수도 있다. 따라서 負荷轉移 또는 바늘負荷 문제에 대비하려다 보면 최대부하 수준의 수요를 충족하고도 남을 만큼 생산능력이 확충되어야 하고 이 때 과잉시설(excess capacity) 문제가 초래될 수도 있다.[8]

또 하나 최대부하 요금책정방법을 사용하기 위해서는 시간대마다 전력사용의 계측(metering)이 가능하여야 한다는 문제가 제기된다. 계측기의 설치 및 사용 그리고 그것의 기록이 기술적으로 가능하다고 하더라도 계측 및 기록장치의 비용이나 가격이 지나치게 높아서도 안될 것이다. 또한 이 제도 운용에 필요한 인력이나 예산이 지나치게 높아서도 곤란하다.

---

6) Breyer, *op. cit.*, pp. 56 ~ 58.
7) *Ibid.*
8) Paul L. Joskow and Roger G. Noll, "Regulation in Theory and Practice: An Overview," in Gary Fromm, *Studies on Regulation* (Cambridge, Mass.: MIT Press, 1981), pp. 17 ~ 21 참고.

이러한 많은 문제점들에도 불구하고 이 방법은 유럽제국에서 광범위하게 사용되고 있고, 미국에서도 상당수의 州에서 채택하고 있다. 유럽에서는 전력요금이 시간대별 뿐만 아니라 계절별로도 다르게 책정되고 있다. 이 국가들이 이처럼 복잡한 요금결정방식을 도입하고 있는 이유는 이 방법이 가지고 있는 경제적 장점 때문이라기 보다는 인플레이션하에서의 비용절감, 환경오염을 유발하는 발전소의 濫設을 저지하려고 하는 환경운동단체 등의 영향 때문이라고 보는 것이 오히려 타당할 것이다. 또한 이들 국가에 있어서 전력서비스의 공급이 단일 기업에 의해서가 아니라 다수의 경쟁적 기업에 의하여 이루어지고 있다는 것도 새로운 가격결정방식의 도입을 촉진하는 요인이다.

2.5 경제적 효율성 평가

이상에서 다양한 유형의 독과점서비스산업의 가격규제방식을 고찰하였으나 그 각각이 과연 얼마나 경제적으로 효율적이냐를 판단하기는 어렵다. 이는 비교가능한 경쟁가격의 不在 때문이다. 우선 공공재화나 서비스의 생산이나 공급을 자연독점적 업체(국영기업 또는 공기업)에 담당시키는 것은 이들 산업이 막대한 자본투자를 필요로 하고 그 결과 규모의 경제효과(scale economies)가 대단히 높은 것으로 알려지고 있기 때문이다. 따라서 이 부문에 민간의 중복적인 투자가 이루어질 경우에 불가피하게 자원의 낭비가 초래될 수 밖에 없다. 또한 국민생활에 긴요한 재화나 서비스의 안정적 공급의 확보는 국가안보 및 경제안정과 관련하여서도 대단히 중요하다. 이러한 고려들은 결국 경제합리성만을 좇아 공기업이 운영될 수 없음을 보여준다.

자연독점적 사업체에 의해서가 아니라 경쟁적 사업자에 의하여 공공재화나 서비스의 생산 및 공급이 이루어지는 경우에도 정부는 경제적 효율성만을 고집하기 어렵다. 이론적으로 이러한 재화나 서비스가 경쟁적 사업자에 의하여 생산공급되는 한 시장기능이 원활하다면 정부가 굳이 가격을 규제해야 할 필요성은 없다. 그러나 실제에 있어서 이러한 산업 분야에 있어서는 가격 그 자체 보다는 서비스의 안정적 공급이 보다 중요한 경우가 많다. 따라서 긴요한 재화나 서비스의 안정적 공급을 위협할 만큼 과당경쟁이 일어나고 있다든지 경쟁적 사업자간에 談合(collusion)이 이루어지지 못하도록 하는 것이 필요하다.

이러한 이유에서 정부는 기존의 경쟁적 사업자 가운데 가장 효율성이 낮은 기업의 생산비용을 최저선으로 삼아 공공재화나 서비스의 가격을 책정한다. 이것은 정부가 이들 사업을 경쟁으로부터 어느 정도 보호(protection from competition)하고 있음을 보여 준다. 그 대신 정부는 공익성의 확보를 위해 관련 재화나 서비스 질(quality)과 안정적 공급을 보장받으려고 한다. 예를 들어 가격수준을 지나치게 낮게 책정하거나 규제가격의 再査定(price review)이 무한정 지체되는 경우에는 기업이 이윤의 확보를 위해 재화나 서비스의 질을 감소시키려는 유인을 가질 수 있다. 이 경우에 정부는 적정한 가격수준의 유지와 적정한 질의 유지 가운데 어떤 것을 우선하여야 할지 갈등에 빠지지 않을 수 없다.

2.5.1 아버취-존슨 효과

자연독점산업체의 가격결정 및 투자행태는 효율적인가? 이에 대한 연구는 다양하나 여기에서는 가장 기초적인 Averch와 Johnson의 이론에 대하여 고찰하기로 한다.[9] 이들은 첫째, 자연독점산업의 생산비용은 경쟁적 기업의 비용보다도 높고 둘째, 정부규제하의 자연독점산업은 경쟁적 기업에 비하여 資本集約的 投資(capital-intensive investments)를 선호한다고 주장한다. 이 가운데 후자의 발견은 특히 중요성을 가지며 이것을 흔히 아버취-존슨 효과(Averch-Johnson effect)라고 부른다.

아버취-존슨 효과는 왜 자연독점산업(보통 공기업)이 무리한 시설투자의 확대에 주력하고 있는가를 이론적으로 설명해 주지만 그것이 상당

---

9) Harvey Averch and Leland Johnson, "Behavior of the Firm under Regulatory Constraint," *American Economic Review*, Vol. 52, 1962, pp. 1052~1069.

히 비현실적인 假定에 입각해 있다는 비판을 받고 있다.

첫째, 이 이론에서 정부는 자연독점산업의 이윤만을 규제하는 것으로 가정하고 있으나 실제로 정부가 규제하는 것은 이윤이 아니라 가격(요금)이다. 따라서 일단 공공요금이 책정되고 나면 그 다음에 다시 정부가 공공요금을 査定(rate review)할 때까지는 이 가격이 유효하기 때문에 생산비용과 수요가 급격하게 변동하고 있음에도 불구하고 요금사정이 신속하게 이루어지지 않을 때 규제산업이 어떤 행태를 보이게 될 것인지를 구체적으로 파악하지 않으면 안된다는 것이다.

이들은 일반적인 현상으로 볼 수 있는 規制랙(regulatory lag)이 존재하는 경우, 즉 규제기관이 일단 공공요금을 책정한 다음에는 일정기간이 경과하거나 특별한 상황변화가 없는 한 요금의 再査定을 실시하지 않는 경우에, 자연독점적 사업체는 생산원가를 절감함으로써 초과이윤을 얻고자 하는 유인을 가질 수도 있고 인플레 등 비용상승 요인이 존재할 때 이를 흡수하기 위해 노력할 수도 있다고 주장한다.[10] 그러나 공공요금의 가격 재사정이 일정기간마다 정기적으로 이루어지기 보다는 해당업체의 요구에 따라 이루어지는 것이 보편적임에 비추어 規制랙이 과연 경제적 효율성을 증진시키고자 하는 기업행태를 유발할 것인지는 판단하기 어렵다.

둘째, 아버취-존슨 이론은 공공요금 결정과정에서 생산비용 가운데 어떤 비용을 정당한 것으로 인정하느냐가 중요한 이슈가 된다는 사실을 간과하고 있다. 예를 들면 정부는 요금의 책정단계에서 공기업 임직원 급료의 인상 등을 계산에 넣지 않을 수도 있다. 이것은 물론 정부가 공기업의 원가절감 노력을 유도하고 공기업의 비효율성을 어느 정도 극복해 보려고 하는 의도를 가지기 때문이다.

셋째, 아버취-존슨 이론은 공기업의 투자계획이 대단히 짧은 視界(time horizon) 속에서 이루어지는 것으로 가정하고 있다. 그러나 실제에

---

10) 물론 정부가 자연독점산업의 효율성 증진을 유도하기 위하여 규제랙을 보다 적극적으로 사용할 수도 있다. 정부가 명백한 원가상승요인이 존재함에도 불구하고 공공요금 또는 독과점 가격의 사정을 지체시키는 것은 이러한 측면에서 정당화될 수도 있다.

있어서 공기업의 투자계획 및 결정은 공기업 독단으로 이루어지는 것이 아니고 정부와 협의하에 이루어지는 것이 보통이다. 또한 공기업이 자본 집약적 투자를 늘림으로써 비용산정의 기초(rate base)를 증가시키는 것이 반드시 공기업에 유리한 방향으로 작용하는 것도 아니다.

아버쥐-존슨 이론이 과연 적실성이 있는가를 평가하기 위하여 전력 공기업을 중심으로 이루어진 실증적인 연구 결과 역시 명확한 결론을 도출하지는 못하고 있다.[11] 아버쥐-존슨 이론의 타당성은 더 많은 실증적 연구를 통하여 확인되어야 하겠지만 이 이론은 공공요금 규제와 관련한 정책 및 제도 개편(institutional arrangement)이 공기업의 행태에 중대한 영향을 미칠 수 있음을 지적하고 있다는 데서 큰 의의를 갖는다.

2.5.2 競合市場과 堅持可能性 이론

최근에 개발되고 있는 경합시장이론(theory of contestable markets)과 견지가능성이론(theory of sustainability)은 독과점 업체의 경제적 효율성을 평가하는데 있어서 새로운 시각을 제공한다. 경합시장이론은 어떤 산업의 시장성과(즉 그 시장의 경쟁성 또는 독과점성 여부)는 그 산업에 속한 기업의 수효만을 가지고 판단할 수 없다고 본다. 독과점은 무조건 비효율적이라고 볼 수 없고 독과점 상태에 있을지라도 완전경쟁과 같은 市場成果(market performance)가 달성될 수 있기 때문에 독과점산업이라고 하여 정부가 반드시 이 산업 분야에 대한 진입을 규제하거나 가격을 규제해야 하는 것은 아니라는 것이다. 이 점에서 이 이론은 정통적 경제이론에 정면으로 도전하는 혁명적 발상이라고 할 수 있다.

競合市場은 바로 이러한 상태가 시현되는 시장이다. 경합시장에서는 잠재적 사업자가 독과점으로 인정되어 온 사업분야에 자유롭게 진입할 수 있는 시장이다. 다시 말하면 진입에 아무런 제약이 없는 시장이다. 만일 잠재적 진입자의 생산효율성이 기존업체에 비하여 낮기 때문에 기존업체

---

11) Joskow and Noll, *op. cit.*, pp. 10~14.

가 費用優位(cost advantage)를 누리거나 정부규제 등을 통하여 정부가 기존업체를 과도하게 보호함으로써 잠재적 진입자의 진입이 불리해지고 있다면 이것은 완전한 경합시장이 아니다.

어떤 시장이 다음과 같은 두 가지 속성을 보여 준다면 그것은 경합시장이다.[12] 첫째, 잠재적 진입자는 아무런 제약없이 기존업체와 동일한 수요를 담당하고 동일한 생산기술을 사용할 수 있다. 생산비용 면에서 잠재적 진입자의 진입을 가로막는 아무런 진입장벽(entry barrier)도 존재하지 않는다. 둘째, 잠재적 진입자는 진입 이전 상태에서의 기존업체의 가격수준(incumbent firms' pre-entry prices)에서 자기의 진입으로 인해 생산량이 늘어나고 따라서 가격이 하락하게 될지라도 기존업체 보다 낮은 가격으로 시장수요를 충족시키면서 수익성을 확보할 수 있다. 이러한 경합시장이 성립하기 위해서는 다음과 같은 조건이 성립되어야 한다. 즉 잠재적 진입자는 아무런 비용 없이(또는 극히 낮은 비용만을 지불하고) 그 산업으로부터 퇴출(exit)할 수 있어야 한다. 埋沒費用(sunk costs)이 무시할 정도로 작아야 한다는 것이다.

사실 이러한 조건은 매우 까다로와 실제로 이러한 조건이 충족될 수 있는 경우란 드물다. 항공산업은 이러한 시장에 근접한 시장으로 꼽힌다. 왜냐하면 항공산업 분야에서 항공사가 특정노선에 추가적으로 진입하는데 드는 비용은 작고 따라서 퇴출 또한 비교적 자유롭기 때문이다.[13] 그러나 급속한 기술혁신으로 인해 시설투자비용이 급속도로 낮아지는 산업이 많아지고 있다. 이것은 앞으로 전통적인 자연독점산업 분야에 있어서 경합시장이 존재할 수 있게 될 것이라는 전망을 가능하게 한다. 이것은 독과점산업이라고 하여 반드시 정부가 규제하여야 할 필요가 없는 산업이 생길 수 있다는 것을 의미한다.

---

12) William J. Baumol, John C. Panzar, and Robert D. Willig, *Contestable Markets and the Theory of Industry Structure* (New York: Harcourt Brace Javanovich, Inc., 1982), pp. 4~9.

13) 항공산업의 바로 이러한 특성으로 인하여 미국에서의 항공산업의 규제완화시 경합시장이론이 중요한 역할을 할 수 있었다. 經濟企劃廳 總合企劃局,「規制緩和の經濟理論」(東京: 大藏省 印刷局, 1989), pp. 39~42 참고.

그러면 어떤 조건을 충족시키고 있을 때 그 독과점산업은 경합시장으로서 더 이상 정부규제를 필요로 하지 않는가? 이에 대한 대답을 주는 것이 堅持可能性이론이다. 견지가능성이란 경합시장의 조건이 충족되고 있는 시장에서 잠재적 진입자가 기존업체보다 낮은 가격을 설정하여 신규진입을 꾀할지라도 正의 이윤을 확보할 수 없는 시장 상태를 말한다.[14] 다시 말하면 잠재적 진입자가 경합시장에 뛰어 들어 이윤을 낼 수 없다면 기존의 독과점업체는 효율적으로 운영되고 있음을 반증한다는 것이다. 이 시장은 경합시장이지만 견지가능한 시장(sustainable market)이다.

경합시장과 견지가능성 이론은 자연독점산업에 대한 규제에 있어서 중요한 시사점을 제시한다. 보통 자연독점산업은 단일한 재화나 서비스의 생산에 그치지 않고 복수의 재화 및 서비스(multi-product)를 결합생산(joint production)하고 있다. 예를 들면 우리나라에서 韓國電力(주)은 발전시설 뿐만 아니라 전기의 送電과 配電을 모두 독점 운영하고 있다. 자연독점산업이 관련된 재화나 서비스의 공급을 포괄적으로 담당하도록 하는 것은 이것이 여러 업체가 분담하여 각각의 서비스를 분담하여 생산하는 경우에 비해 효율적이라는 데 이유를 두고 있다. 그러나 韓電이 생산공급하고 있는 서비스의 특정 부분은 다른 업체가 분담할 때 보다 높은 효율성을 발휘할 수 있을지도 모른다.

이러한 가능성을 전제로 할 때 그러면 韓電은 이러한 경쟁적 사업자의 진입(competitive entry)을 효과적으로 봉쇄 또는 저지하는 선에서 전력요금을 결정하거나 정부가 그러한 선에서 가격규제를 하고 있는가? 견지가능성 이론은 바로 이것에 대한 판단기준을 제시해 준다. 이 이론에 입각해 볼 때 만일 현재 韓電의 전력요금 수준에서 경쟁적일 수 있는 사업자가 존재하고 있다면 현재의 규제가격 수준은 경제적으로 효율적이 아니다. 더 나아가서 이것은 전력산업에 대하여 경쟁적 사업자의 진입을 규제하는 것이 바람직스럽지 않다는 것을 시사한다.

---

14) Joskow and Noll, *op. cit.*, pp.14～17.

그러나 자연독점산업이 생산 또는 공급하는 재화나 서비스의 모든 商品領域(all commodity space)에 걸쳐 경쟁적인 사업자가 출현하기 보다는 대체로 특정분야에서의 기술혁신의 결과 자연독점산업의 일부 영역에 국한하여 경쟁적 사업자가 존재하게 될 때 문제는 복잡해진다. 왜냐하면 이 경우 실제로 자연독점사업의 일부 영역에 대하여 다른 업체의 진입을 허용해 줄 때 기존의 자연독점산업 전체의 경제적 효율성이 어떤 영향을 받게 될지 모르기 때문이다. 예를 들어 韓電의 사업영역 가운데 配電업무만을 따로 떼어서 이 부문에 다른 업체가 참여할 수 있도록 할 때 韓電은 結合生產(joint production)의 이익을 상실하고 비효율적으로 될지도 모르기 때문이다. 이 경우 과연 자연독점산업을 그대로 유지시키는 것이 바람직한지 아니면 부분적으로 경쟁적 진입을 병행하는 것이 바람직한지에 대한 판단은 매우 어렵게 된다.

3. 일반적 가격규제

3.1 기준시점 가격규제

위에서 우리는 자연독점산업 및 독과점산업에 대한 전형적인 가격규제 방법으로서 서비스비용 가격규제에 대하여 고찰하였다. 본절에서는 정부가 보다 광범위한 산업분야에 걸쳐 사용하고 있는 가격규제 방법으로서 戰時 또는 이에 준하는 비상사태에 취하는 價格凍結(price freeze), 어떤 재화나 서비스의 최고가격(price ceiling) 또는 최저가격(price floor) 규제 등 보다 일반적으로 사용되는 가격규제 방법에 대하여 고찰하려고 한다.

이러한 가격규제 방법들은 과거 특정 시점에서의 가격을 기준으로 하고 여기에 추가적인 고려를 가하여 규제가격을 정하는 방법으로 이루어지기 때문에 기준시점 가격규제(historically-based price regulation)라고 부르기도 한다. 예를 들면 전쟁이 발발한 경우 전쟁 직전의 상품가격 수준에서 가격을 동결한다거나 인플레 시 인플레 이전의 시장가격을 규제가격으로 정하는 것과 같다. 이 방법은 위에서 고찰한 서비스비용 가격규제의 경우에 비하여 단순하고 적용이 용이하다는 장점이 있으나 많은 문제점을 안고 있다.

첫째, 경제사회적 여건이 급속하게 변화할 때 실정을 정확히 그리고 신속하게 반영시키기 어렵다. 둘째, 기준시점 가격규제가 장기간 계속될 경우 기업이 이에 대응하는 과정에서 사회적으로 바람직하지 못하고 경제적으로 비효율적인 결과를 초래하기 쉽다. 특히 이 방식에 의한 가격규제가 장기화될 때에는 이를 회피하려는 바람직하지 못한 기업행태가 유발된다. 예를 들면 재화나 서비스의 내용이나 질에 약간의 변화를 줌으로써 경직적인 가격규제를 피해 나가려 하거나 暗市場을 형성하여 이윤을 확보해 보려고 하는 것 등이다.

셋째, 특히 기준시점 가격규제가 경제전체가 아니라 특정산업에 국한하여 적용될 때 가격규제를 받지 않고 있는 많은 다른 산업에서의 가격상승으로 인해 규제가격을 해마다 상향조정하여 주지 않을 수 없게 된다. 따라서 이 경우에 있어서는 기준시점가격(기존의 규제가격)에 기준시점 이후 발생된 원가상승분(additional costs)을 더하여 새로운 규제가격을 결정하지 않으면 안된다. 이것은 기준시점 가격규제가 결과적으로는 앞에서 고찰한 서비스비용 가격규제(cost of service ratemaking) 방식에 근접하게 되는 것을 의미한다.

기준시점 가격규제는 일견 매우 간단하게 적용될 수 있는 방법으로 생각되기 쉬우나 실제적용상 많은 기술적 한계를 안고 있고 또한 많은 부작용을 초래한다. 아래에서 이들을 차례로 검토한다.

3.2 가격규제의 일반적 문제점

3.2.1 분류의 문제

기준시점 가격규제의 최대 장점은 바로 개개 업체를 대상으로 적정비용을 산정하여 가격을 책정하는 것이 아니라 일반적인 규칙을 사용하여 규제가격을 정할 수 있다는 데 있다. 그런데 이 경우에 동일한 가격규제가 적용되는 기업군을 어떤 기준으로 분류하느냐가 우선 어려운 기술적 문제로 대두된다. 특히 기준가격하에서 인플레이션으로 인해 이윤이 감소하게 될 때 문제의 심각성은 더해진다. 보통 정부는 기업들을 산업별로 구분하고 그 산업의 정상이윤폭을 결정한 다음 그것이 정상적인 수준 이하로 떨어질 때 가격인상을 허용하는 방법을 사용한다.

이 때 동일한 범주에 속하는 제품이나 서비스는 동일한 규제가격을 적용받게 되기 때문에 어떤 범주에 속하느냐가 공평성(fairness) 측면에서 대단히 중요하다.

예를 들어 식품이라고 하더라도 생식품인지 가공식품인지, 또는 가공식품이라도 그것의 내용상 차이는 물론이고 보관기간이 오래된 것 또는 갓 생산된 것 등 각양각색이다. 따라서 이 분류의 문제는 끝없는 논란의 대상이 된다. 이 문제를 극복하기 위해서는 더욱 세부적인 분류가 필요해지게 된다. 그러나 분류를 좀더 세부적으로 하면 할수록 또 다른 보다 세부적인 차이가 나타나게 마련이다.

예를 들어 석유가격을 규제할 때 이미 생산된 석유가격과 새로 생산될 석유가격이 다르고, 새로 생산될 석유라도 그것이 기존의 유전에서 생산되는 것을 포함하는지 아니면 새로 개발된 유전을 의미하는지, 더 나아가서 새로운 유전이란 기존 유전으로부터 몇 킬로미터 이상 떨어진 유전을 말하는 것인지 등을 구체적이고 세부적으로 정의하지 않으면 안된다. 이와 같은 경우에는 결국 기준시점 가격규제라 하더라도 결국 개개의 경우를 별도로 다루지 않을 수 없기 때문에 이 방법이 가지는 행정적 단순성과 용이성이 상실된다.

3.2.2 서비스비용 가격결정방법으로의 환원

기준시점 규제가격이 결정되어 상당기간이 경과하게 되면 이제 새로운 제품, 새로운 생산업체, 새로운 소비자, 새로운 판매지역, 새로운 판매조건, 새로운 포장용기나 디자인 등이 출현하게 되기 때문에 이것들에 대한 적정가격을 책정해야 하는 문제가 발생한다. 물론 처음에는 정부가 자의적인 방법으로 기존의 것들과 비교하여 가격을 규제할 수도 있겠으나 언제까지 이러한 편법에 의존할 수는 없기 때문에 결국에는 서비스비용 가격결정방법에 의존하지 않을 수 없게 되고 이 때 이 방법의 내재적인 문제점들이 결국 기준시점 가격규제에 그대로 나타나게 된다. 이러한 의미에서 기준시점 가격규제는 시간의 경과에 따라 그 효력이 감소할 수 밖에는 없다.

3.2.3 품귀현상 유발

기준시점 가격규제는 시간의 경과에 따라 물자부족 또는 品貴현상을 유발하게 된다는 데 결정적 약점이 있다. 여기에는 몇 가지 이유가 있다.

첫째, 물가상승분을 그때그때 제대로 제품가격에 반영할 수 없게 되면 기업은 신규투자를 주저하게 되고, 채산성이 없는 제품의 생산을 중단하거나 폐업해 버리게 된다.

둘째, 정부가 이것을 방지하기 위해 예외를 인정한다고 할지라도 여기에는 또한 상당한 검토기간이 소요되기 마련이다.

셋째, 이와 같이 예외를 인정하는 데 있어서 또한 문제가 되는 것은 예를 들면 재고품 또는 在庫 원자재를 사용하여 생산되는 제품과 신규제품을 어떻게 구분하여 不當利得이 발생하지 않도록 할 것이냐 하는 보다 복잡한 문제가 야기된다. 이 경우에 동일 재화의 가격에도 차별이 생겨나게 됨은 물론이다.

넷째, 이와 같은 보완방식은 결국 기업으로 하여금 기존의 생산라인을 새로운 생산라인으로 교체하여 약간 변형된 제품을 생산함으로써 가격규제를 회피하도록 하는 유인을 부여한다.

이러한 문제점으로 인해 규제품목 또는 서비스의 품귀현상이 심각하게 야기될 때 이에 대처하는 방법으로서는 배급제(rationing)를 생각하지 않을 수 없으나 이것은 급기야 암시장을 성행하도록 할 뿐이다. 또한 위의 네번째 문제점을 극복하기 위해 단일가격(single uniform price)으로 규제하게 되면 이것의 가격산정 기초는 더욱 모호해지고 결과적으로는 가격관리의 관료화만을 더욱 조장하게 된다.

3.2.4 신규투자의 저해

기준시점 가격결정방식은 신규투자를 저해하고 따라서 품귀현상을 조장한다. 또한 가격규제하에서 기업은 약간 변형된 새로운 제품을 생산하려고 한다. 이것은 이에 대한 수요가 증가함에 따라 여기에 품귀현상이 나타나게 되면 대단히 높은 이윤을 올릴 수 있게 되기 때문이다. 그러나 이러한 가격규제하에서는 정상이윤을 초과하는 이윤을 기대하기 어렵기 때문에 소비자 기호(taste)의 변화에 부응하는 속도가 더디어지게 된다.

이러한 문제로 인해 정부는 경우에 따라 특정 분야에 대한 가격규제를 철폐함으로써 이 분야에 대한 투자를 촉진하려 할 수도 있다. 그러나 이것은 결국 다른 산업에로 파급되지 않을 수 없고 이 때 근본적으로 이러한 가격규제방법은 재고되지 않을 수 없다.

3.2.5 집행상의 문제

기준시점 가격규제는 서로 다른 생산비용을 가지는 수많은 생산자들을 한데 묶어 규제해야 하는 것이므로 여기에는 虛點(loopholes)이 많을 수 밖에 없다. 예를 들면 끼워팔기(tie-in sales)는 이러한 규제를 회피하는 교활한 방법 가운데 하나이다. 또 제품이나 서비스 질(quality)의 점진적인 저하를 획책할 수도 있다. 정부도 가격을 경직적으로 규제하고 있는 한 생산자들에게 종전과 같은 서비스 수준의 유지를 고집하기가 힘들어지기도 한다. 예를 들면 연탄가격을 오랫동안 규제하고 있을 때 연탄배달 서비스가 전처럼 유지되기를 기대하기는 곤란하다. 이 밖에도 서비스 질의 저하는 아주 교묘한 방법으로 이루어질 수 있다. 예를 들면 가게 주인이 과거에 비하여 취급품목을 줄인다든가 아니면 시간당으로 요금이 계산되는 직종(예: 변호사 의뢰비용)에 있어서는 시간을 질질 끄다거나 또는 술집에서 신용카드 사용을 은근히 거부하는 것 등이다.

물론 정부는 이와 같은 문제점을 극복하기 위한 대책을 취할 수도 있겠으나 이미 지적한 바와 같이 정부 스스로가 가격규제의 문제점을 잘 알고 있는 한 정부의 입장만을 고집할 수 없는 경우가 많다. 따라서 이 문제가 심각한 경우에 정부는 문제가 되는 산업이나 직종을 예외적으로 취급하여 가격조정을 해 줄 수도 있을 것이다. 그러나 일단 예외를 인정하는 선례를 남기게 되면 이후 이와 같은 행태나 예외취급의 요구를 조절하기 어렵게 된다. 이러한 의미에서 기준시점 가격규제방법은 근본적으로 민간의 자발적인 순응과 협조 속에서만 기대한 효과를 거둘 수 있다. 그러나 자발적인 협조가 무한정 계속되기를 기대할 수는 없다.

[사례 10−1] 아파트 분양가격 규제

아파트 분양가격 규제는 전체 아파트 가격 상승의 요인이 되는 신규 아파트의 건설시 분양가격을 일정선에 규제함으로써 부동산투기를 억제하고 서민들의 내집 마련을 용이하게 한다는 취지에서 도입되었다. 그러나 시장의 실제가격과 괴리를 보이는 신규 아파트 분양가격 규제하에서 초과수요(excess demand)가 야기되는 반면 건설업자는 채산이 맞지 않음을 이유로 아파트 건축을 기피함으로써 아파트 공급이 차질을 빚게 되는 것은 당연하다. 공급이 줄지 않더라도 건설업자가 채산을 맞추기 위해서 아파트의 질이 저하될 수도 있다. 더 큰 문제는 아파트 분양가격과 실세가격과의 차이로 인하여 아파트 분양 당첨자에게 불로소득이 발생한다.

이에 정부는 1983년 2월 부동산투기 억제대책을 발표하면서 아파트 분양가격을 실제 시장가격에 접근시키되 債券入札制를 도입하기로 하였다. 채권입찰제는 아파트 분양신청자가 아파트 분양추첨에 참여할 때 각자가 자기의 판단에 따라 얼마치의 주택채권을 살 것인지를 동시에 신청하게 하고 그 금액의 크기 순으로 당첨이 되도록 함으로써 아파트 당첨에서 얻어지는 불로소득의 상당부분을 정부가 흡수하기 위한 제도이다. 따라서 신청자는 실세가격과 분양가격의 차이가 크고 경쟁이 치열할 수록 높은 금액의 채권액을 입찰하게 되고 이 때 정부는 분양가격의 규제로 인하여 발생하는 불로소득을 최대한 흡수할 수 있게 된다.

이와 같은 방법으로 조성된 채권액은 영세민을 위한 영구임대주택의 건설기금으로 사용된다.

3.3 최고가격 규제

최고가격(price ceiling) 규제 또는 戰時에 있어서의 가격동결(price freeze)은 기준시점 가격규제의 변형으로 볼 수 있다. 높은 인플레이션이 진행되는 시기에 있어서도 중요한 생활필수품의 수요를 안정시키기 위해 최고가격 규제가 필요한 경우가 있다. 이와 같이 소비자보호(consumer protection)를 목적으로 하는 최고가격 규제하에서는 불가피하게 초과수요(excess demand)가 발생하게 된다. 이것은 최고가격이 시장의 균형가격 아래로 책정되기 때문이다. 따라서 최고가격 규제하에서는 점차 공급이 감소하고 수요는 계속적으로 확대되어 暗市場이 형성되기 쉽다. 이 경우에 통상적인 시장에 대한 공급은 더욱 감소하게 되므로 配給制의 실시가 불가피해지게 될 수도 있다. 戰時에 배급제가 성행하게 되는 것은 이 때문이다.

金利規制나 보험요율에 대한 규제도 최고가격 규제의 일종이다. 먼저 金利는 투자의 위험성(risk), 수익성, 대출기간, 대출상대방의 신뢰성(credibility) 등에 따라 자유로 결정되는 것이 원칙이나 경제정책적 목적에서 이를 규제할 경우에는 위와 같은 문제들이 발생한다. 마찬가지로 보험료의 경우에 있어서도 먼저 생명보험의 경우에는 피보험자의 건강·연령·생활습관·유전적 요인 등에 따라, 자동차 손해보험의 경우에는 피보험자의 운전경력·연령·주거지·자동차의 주 사용목적 등에 따라 보험요율에 차등을 두는 것이 합리적이나 이 경우에 사회적 차별(discrimination) 문제가 야기된다. 따라서 정부는 일정한 분류기준에 따라 획일적으로 보험료를 결정하여 규제하게 된다. 이 경우 역시 위에서 본 문제점들이 야기됨은 물론이다.

[사례 10-2] 금리규제와 꺾기(구속성 예금)

우리나라에서는 고질화된 金利規制로 인하여 꺾기가 성행하고 있다. 꺾기란 금융기관(은행・제2금융권)이 기업에 자금을 대출하면서 기업이 대출금의 일부를 다시 예금으로 입금하도록 강제하는 것을 말한다. 예를 들면 어떤 은행이 10억원을 융자하면서 그 중 3억원은 그 은행에 다시 예금하도록 하는 것을 말한다. 이 때 그 은행의 대출금은 10억원이라고 하나 실제 대출액은 7억원이 된다. 이러한 꺾기는 여러가지 형태로 이루어진다. 예를 들면 기업에게 대출해 주되 기업임직원이나 사장의 친인척 명의로 예금을 하도록 한다거나, 명동지점에서 대출하되 영등포지점에 예금하도록 한다거나, 대출 후 상당한 기간이 지난 후 예금을 강요하는 것 등이다. 외국은행은 여기서 한 걸음 더 나아가 높은 이자율에 대출하면서 대출금 중 상당액을 금리가 형편없는 보통예금에 강제로 예금하게 하는 행위도 서슴치 않았다. 시중의 자금사정이 어려울 때면 어려울 때일수록 꺾기는 더욱 성행하고, 은행감독원 등 감독기관이 감독을 강화하면 할 수록 새로운 유형의 교묘한 꺾기가 계속 개발(?)되고 있다.

도대체 이런 어이없는 일은 왜 벌어지고 있는가? 그것은 규제금리가 실세 시장금리보다 크게 낮기 때문이다. 이와 같이 상당한 金利差가 존재하는 한 꺾기를 막을 수 없다. 기업은 금융기관의 변칙적인 꺾기 요구에 불평을 하면서도 그래도 시중금리보다는 싼 이자로 자금을 빌려 쓸 수 있기 때문에 꺾기에 응한다. 우리나라에서 대출기업이 금융기관에 컴미션을 주는 것이 관행처럼 되어 있는 것도 마찬가지 이유 때문이다. 자금의 가격이라고 할 수 있는 金利가 낮게 규제되고 있는 한 대출자금에 대한 초과수요(excess demand)는 막을 길이 없고, 초과수요가 존재하는 한 규제금리와 시장금리의 차이가 완전하게 좁혀질 때 까지는 꺾기・대출 컴미션 등에도 불구하고 금융기관 자금을 대출받는 것이 유리하기 때문이다.

3.4 최저가격 규제

최고가격 규제가 소비자를 보호하기 위한 것이라면 최저가격(price floor) 규제는 생산자 보호(producer protection)를 목적으로 한다. 이것은 공급탄력성이 아주 낮은 제품, 특히 특정 계절에 생산과 출하가 집중되지만 저장방법이 마땅치 못한 농산물, 수산물 등이 좋은 예이다. 또한 需給관계가 일시적으로 불균형 상태에 있는 경우에도 공급기반의 유지를 위해 최저가격제의 실시가 필요한 경우도 있다. 예를 들면 우유나 우유제품의 경우이다. 우리나라에서 이 제도를 도입하고 있는 것은 축산기반의 유지를 위해서다. 이와 같이 공급측면의 특성으로 인해 가격이 과도하게 떨어지는 경우에 공급자들이 입는 손실을 막기 위한 것이 최저가격규제이다.

최저가격은 시장의 균형가격 이상의 수준에서 책정된다. 따라서 이 경우에 있어서도 역시 생산자와 수요자는 암시장을 통하여 거래하려는 유인이 존재한다. 이 경우에 생산자가 최저가격 보다 낮은 가격으로 팔려고 하는 것은 최저가격으로 규제되고 있는 시장을 통해서는 자기의 생산량을 다 처리하기 곤란하기 때문이다. 그러나 최저가격 규제하에서 반드시 암시장이 생겨나는 것은 아니다. 예를 들면 이중곡가제와 같이 정부가 최종구매자(buyer of last resort)로서 무한정으로 양곡을 구매함으로써 최저가격을 지지하는 소위 '지지된 최저가격(supported price floor)'의 경우에는 어떤 농가도 이 가격 밑으로 시장에 쌀을 내놓을 이유가 없다.[16] 오히려 이 경우에는 정부가 잉여양곡의 보관 및 처리의 문제를 안게 된다.

또 다른 최저가격 규제의 유형으로서는 생산요소인 노동에 대한 최저임금제도(minimum wage system)가 있다. 이것은 두말할 것도 없이 미숙련 노동자들을 보호하기 위한 목적에서 이루어지는 규제이다. 이 제도의 효과는 물론 노동시장의 특성에 따라 다르게 나타나지만 대체로 실업을 증가시키는 경향이 있다. 또한 이 제도는 서로 이질적인 노동 서비스를 세부적으로 분류하지 않고 동질적인 것으로 보아 동일한 최저임금을 적용토록 함으로써 최저임금 대상그룹 내에서도 또 다른 차별의 문제를 낳는다(사례 25-1).

---

16) Jack Hirshleifer, *Price Theory and Applications* (Englewood Cliffs: Prentice-Hall, 1980), 2nd ed., pp. 41~42.

4. 경제적 지대(불로소득)에 대한 규제

4.1 경제적 지대의 개념

가격규제의 특수한 형태로서 초과이윤(excess profits), 우연한 소득(windfall profits), 불로소득(unearned income)에 대한 규제가 있다. 이것은 학문적으로 경제적 地代(economic rent)라고 불린다.

경제적 지대란 공급이 제한되어 있는 또는 공급탄력성이 극히 낮은 생산요소(토지·노동·자본)에 발생하는 추가적 소득이다. 따라서 경제적 지대는 독과점기업이 제품의 생산과 공급을 조절하여 가격을 올림으로써 발생하는 독점이윤과는 다르다.

예를 들면 유명한 야구선수 봉급의 대부분은 경제적 지대다. 이 때 경제적 지대는 그가 모든 야구팀에서 뛸 수 없기 때문에 발생한다. 그가 만일 다른 二流팀에 소속되었을 때 年俸 6천만원을 받을 수 있을 뿐인데 현재의 소속팀에서 1억원을 받고 있다면 그 차액인 4천만원은 경제적 지대라고 할 수 있다.

또 다른 예로서 어떤 사람이 노다지 金鑛을 발견하여 금을 캐는 데 드는 비용이 돈당 1만원이고 금의 시장가격이 5만원이라고 한다면 그 차액 4만원은 경제적 지대다. 이와 같이 경제적 지대를 창출하는 원천이 제약되어 있기 때문에 경제적 지대는 발생한다.

위의 예에서 노다지 금광이 대단히 커서 그가 금에 대한 시장수요를 모두 충족시킬 수 있다고 한다면 금값은 돈당 1만원 정도로 떨어지게 되고 경제적 지대는 없어지게 된다. 대신 이번에는 그가 금의 독점생산자가 되어 금값을 올리고 독점이윤을 향유할 수 있게 될 것이다.

4.2 경제적 지대의 규제근거와 방법

경제적 지대는 공급이 제한되어 있기 때문에 발생한다. 또한 경제적 지대는 경쟁적 시장이냐 비경쟁적 시장이냐를 막론하고 아주 흔하게 나타난다. 예를 들면 새로운 생산기술을 발명하였다거나 아주 유능한 경영자를 고용하고 있다거나 아주 값싼 원료를 발견하였다거나 값이 아주 쌀 때 좋은 기계를 구입하였다거나 할 때 경제적 지대는 발생한다. 이러한 경제적 지대의 추구활동을 위축시키는 것은 결국 효율성의 추구를 저해하는 것이기 때문에 사회적으로 바람직하지 않다.[17)]

그러나 경제적 지대가 개인이나 기업의 창의적 노력의 결과로서가 아니라 행운으로 또는 경제적 여건의 급격한 변화에 따라 막대한 규모로 발생하는 경우, 그리고 경제적 지대가 발생하고 있는 재화(궁극적으로는 생산요소)가 국민생활의 안정을 위해 긴요한 것들인 경우에 경제적 지대를 규제해야 할 필요가 생긴다. 이 경우의 경제적 지대는 흔히 우연한 이득 또는 불로소득이라고 불리운다. 부동산 임대차 가격의 급등, 갑작스런 국제원유가격의 인상에 따라 재고로 남아 있는 또는 비축되어 있는 석유 가치의 상승, 토지에 발생하는 개발이익 등은 전형적인 예이다.

또한 현실적으로도 불로소득의 억제를 요구하는 정치적 압력도 결코 무시할 수 없다. 불로소득의 발생으로 인해 소비자(특히 서민)는 엄청난 타격을 받는다. 예를 들면 주거비나 연료비의 급상승으로 가계소비가 왜곡되고 저축여력을 잃게 되며 이것은 더 나아가서 경기의 후퇴를 불러올 수 있다. 또한 불로소득은 소비자로부터 생산자 및 기업의 株主에게로 소득을 이전시키는 것이며, 이 때의 소득이전은 대체로 逆進的(regressive)이다. 따라서 갑작스런 가격인상으로 인해 소비자가 입게 되는 경제적 타격을 해소 또는 완화하고 소득분배의 공평성을 실현하기 위해서는

17) Breyer, *op. cit.*, pp. 21∼23.

불로소득에 대한 규제가 필요해진다. 이러한 의미에서 볼 때 불로소득에 대한 가격규제는 경제적 효율성 보다는 공평성(fairness)의 확보에 그 근본목적이 있다고 볼 수 있다.

이와 같이 형평성 확보를 위해 불로소득에 대한 규제가 이루어질 때 경제적 효율성을 저해할 가능성이 있어 문제가 된다. 예를 들어 주택이나 아파트 임대차가격의 급등을 막기 위한 임대료 규제(rent control)는 장기적으로는 부동산의 신규공급 또는 개발의욕을 위축시키고 단기적으로는 임대차 건물이나 주택의 용도 전환 및 분양을 조장한다. 임대건물의 유지관리를 게을리함으로써 노후화를 방치하거나 관리비용을 낮춤으로써 최소한의 이윤이나마 확보하려 하는 유인을 부여한다. 또 다른 예로서 석유가격을 규제하게 되면 장기적으로 신규유전의 개발투자가 위축되고 단기적으로는 油類의 소비절약이 어렵다.

따라서 불로소득에 대한 규제는 결국 효율성과 공평성의 확보라는 두 가지 정책목적을 조화시킬 수 있는 적절한 가격수준의 결정문제로 귀착된다. 이 때 적절한 규제가격 수준을 결정하기 위해서는 제2절과 3절에서 고찰한 서비스비용 가격결정방식과 기준시점 가격규제방식을 적절하게 혼합시키는 방식에 의존하지 않을 수 없다. 이 때 경제적 지대를 발생시키는 재화나 그것의 생산 및 공급자 사이의 異質性을 얼마나 인정하며 이들을 어느 정도로 細分하는 것이 행정적으로 관리가능한 수준이냐가 문제된다. 왜냐하면 가격규제의 공평을 기하기 위해서는 보다 세부적인 분류가 필요하나 행정적으로 감당하기 어렵게 될 수 있고, 반면에 행정적 편의를 생각하면 분류가 불공평해지기 쉽기 때문이다.

경제적 지대가 순전히 행운으로 또는 경제사회적 여건의 급격한 변화로 인하여 야기되는 불로소득의 성격을 가질 때 경제적 지대를 발생시키는 재화나 생산요소의 가격을 규제하는 대신 불로소득의 크기를 파악하여 이것의 일정분을 租稅로 흡수하는 방법도 있다. 이 방법은 시장에서 형성되고 있는 가격을 존중한다는 의미에서 경제적 효율성을 가진다. 그러나 공평성 측면에서는 문제가 있다. 첫째, 조세수준이 적절한 선에서 결정되지 않을 수 있다. 둘째, 불로소득에 대한 課税로 얻어진 조세수입이 바로 불로소득 때문에 직접적인 피해를 입는 계층에 대한 보조금으로 직결되어 사용되지 않는 한 불공평성의 문제가 남는다. 다른 한편으로 이들 소비자에게 보조금을 주게 되면 절약해야 할 재화의 소비를 촉진하는 부작용을 초래할 우려가 있다. 이것은 불로소득이 근본적으로 경제적 稀少性(economic scarcity) 때문에 발생하고 따라서 이 자원의 소비를 줄이는 것이 바람직함에도 불구하고 오히려 소비를 촉진하는 모순을 초래할 수 있다. 다시 말하면 공평성을 확보하려다 보니 이번에는 경제적 효율성이 저해되는 문제가 생겨난다. 따라서 경제적 지대를 어떤 방법으로 규제할 것이냐 하는 것은 경제적 효율성과 공평성이란 두 가지 정책목적 가운데 어떤 목적을 보다 중요시 하느냐에 따라 결정될 문제이다.

5. 차별가격에 대한 규제

제2절에서 독과점업체에 대한 서비스비용 가격결정(cost of service rate making)을 통한 가격규제방법을 고찰하면서 가격구조 또는 요율구조(rate structure)에 대하여 언급하였다. 가격구조 또는 요율구조는 결국 차별가격(discriminatory prices)을 설정하는 것이라고 할 수 있다. 가격차별은 크게 두 가지 방법으로 이루어질 수 있다.

첫째, 수요탄력성의 크기에 따라 수요자집단을 몇 개의 그룹으로 나누어 수요탄력성이 높은 집단에 대하여 낮은 가격(p_1)을 부과하고, 수요탄력성이 낮은 집단에 대해 상대적으로 높은 가격(p_2)을 부과함으로써 가격을 차별화하는 방법이다(그림 10-2 참고).

이것은 곧 市場分割(market segmentation)을 의미한다. 시장분할이 성공할 수 있기 위해서는 서로 다른 수요시장 사이에 거래가 이루어질 수 없어야 한다. 가격차별의 가장 전형적인 경우라면 국내시장과 외국시장에 대하여 판매가격을 다르게 정하는 덤핑(dumping)을 들 수 있다.

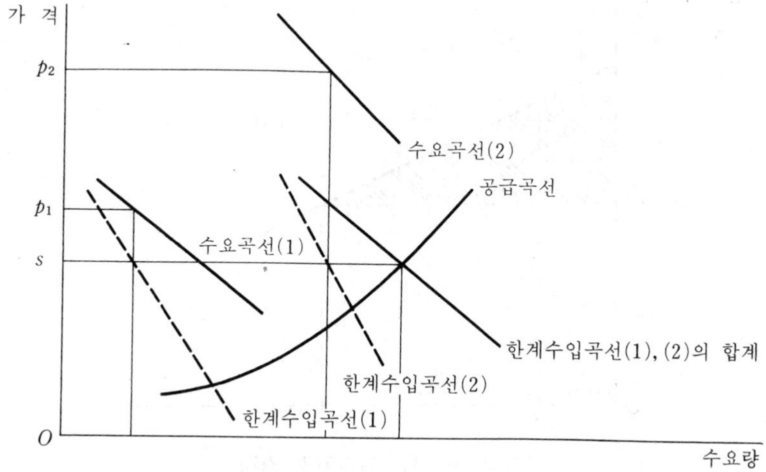

〔그림 10－2〕 수요탄력성 차이에 입각한 가격결정

이 경우에 양 시장 사이의 가격차이를 노리는 거래는 관세의 부과를 통해 억제될 수 있다. 그러나 국내시장에 있어서 이와 같이 완전하게 시장을 분할하기란 어렵다. 예를 들어 산업용 전력요금과 가정용 전력요금을 차등화할 경우 값싼 산업용 전력을 가정용으로 끌어다 쓰려고 하는 유인이 존재하고 이것을 모두 감시하여 막기는 사실상 불가능하다. 공무원 연금매장의 물건도 마찬가지다. 그러나 한 시장에서 다른 시장으로의 漏水(leakage)가 별로 크지 않다고 한다면 시장분할이 어느 정도 이루어지고 있다고 할 수 있을 것이다.

둘째, 가격차별화는 동일한 소비자에 대해서도 이루어질 수 있다. 〔그림 10－3〕과 같이 소비자의 총수요량을 일정한 구획으로 나누어 첫번째 구획의 수요에 대하여는 높은 가격(p_1)을 부과하고, 다음 구획으로 내려가면서 점차 가격(p_2)을 낮추어감으로써 가격을 차등화하는 방법으로 보통 복수가격결정(multi-part pricing)이라고 불리운다. 이 방법은 결국 수요 한 단위마다 소비자가 지불하려고 하는 최대의 금액(willingness to pay)으로부터 실제로 지불해야 할 금액, 즉 가격을 뺀 것(그림 10－3에서 빗금친 부분)에 해당하는 消費者剩餘(consumer surplus)를 판매자가

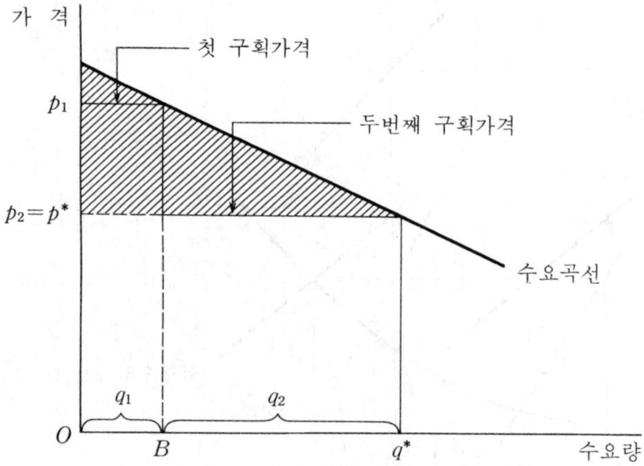

〔그림 10－3〕 복수가격 결정

흡수해 가는 것을 의미한다. 다시 말하면 이러한 가격결정방식에서는 소비자 잉여가 모두 판매자에 귀속된다.

물론 여기에는 소비자 잉여의 전액을 흡수할 수 있는 경우와 그것의 상당부분을 흡수할 수 있는 경우가 있을 수 있다. 전자를 완전 가격차별(perfect price discrimination)이라고 부른다. 후자의 예로서는 수요의 크기에 따라 단위 가격을 할인하는 방식(quantity discounts)을 들 수 있다. 즉 대량구매자에게는 단위가격을 낮게 하고 대신 소량구매자에게는 높은 가격을 부과하는 방식으로 수요량의 크기에 따라 각각 다른 가격을 매김으로써 소비자 잉여를 판매자가 흡수한다.

위의 어떤 방식에 의한 가격차별이든 이것은 경제적 효율성 면에서 문제를 일으키지는 않는다. 다시 말하면 가격차별은 이것으로 인해 그 제품이나 서비스가 사회적으로 바람직한 수준보다 너무 많이 또는 너무 적게 생산되도록 하는 것은 아니기 때문에 경제적으로 효율적이라고 할 수 있다. 그러나 일반인의 상식에 입각해 본다면 가격차별은 불합리하고 부당한 것으로 느껴질 수 있다. 실제로 차별가격에 대한 규제의 필요성은 광범위하게 인정되고 있다. 이것은 경제적 합리성에 입각해서라기 보다는 그것이 생산자나 판매자에게 독점이윤을 허용하는 것이며 소비자를 부당하게 차별하는 것이므로 마땅히 규제되어야 한다는 정치적 요구에 따라 이루어지는 것이 보통이다.

차별가격에 대한 규제는 실제에 있어서 많은 문제점을 안고 있다. 우선 구체적으로 어떤 것이 가격차별인지를 규정하기 어렵다. 같은 재화나 서비스의 가격이 시장에 따라 다르게 책정되는 것을 가격차별로 보는 것은 法的 해석이다. 이러한 시각에서 볼 때 수요의 탄력성에 입각한 가격차별은 허용될 수 없는 다시 말하면 마땅히 규제되어야 할 가격차별이다. 이것은 우선 이해하기 쉬우나 경제적으로 합리적인 가격차별을 과도하게 규제하게 함으로써 효율적인 경제활동을 제약하게 될 우려가 높다. 이에 비하여 경제학적 관점에서의 가격차별은 한 시장에 있어서의 가격과 그 제품의 한계비용의 비율이 다른 시장에 있어서의 그것과 다른 경우 즉, $MC_1/P_1 \fallingdotseq MC_2/P_2$인 경우만을 가격차별로 본다.

다음으로 가격차별은 비용의 차이없이 가격차별이 이루어짐으로써 가격차별의 有無가 명백하게 드러나는 것도 있지만 그것이 교묘한 방법으로 또는 위장된 형태로 은밀하게 이루어지는 경우가 더 많다. 예를 들면 소비자 가격은 동일하다고 할지라도 유통단계에서 브로커에 대한 컴미션, 대량 구매상에 허용해 주는 할인, 도매상이나 소매상의 판매촉진비의 지원, 거래후 생산자에 의한 광고 등 판매촉진 활동 등의 방식으로 차별적인 거래가 이루어지는 경우 이것을 가격차별이라고 보아야 할 것이냐 여부는 대단히 복잡하고 행정적으로 다루기 거북한 문제가 아닐 수 없다.

이와 같이 실제적이고 행정적인 문제 이외에도 가격차별에 대한 규제는 경제적으로도 바람직하지 못하다.[18] 우선 생산비용의 차이만을 기준으로 차별가격을 규제하는 경우에는 시장에 있어서의 경쟁패턴을 왜곡시킬 뿐만 아니라 소비의 효율성을 저해한다.[19] 예를 들어 생산비용은 같으나 수송비용이 달라 지역별로 가격차이가 발생하는 것을 규제한다면 이것은

---

18) Damodar Gujarati, *Government and Business* (New York: McGraw-Hill, 1984), pp. 198~200.

19) Richard A. Posner, *The Robinson-Patman Act* (Washington, D. C.: American Enterprise Institute, 1976), p. 3.

경제적 비효율성을 조장한다. 왜냐하면 이러한 경우에는 소비지역과 가장 근접해 있는 생산자가 가장 유리해지기 때문이다. 이 경우에 차별가격에 대한 규제가 그 근본에 있어서 소비자를 보호하는 데 목적을 두고 있으나 이것이 흔히 소비자보호가 아니라 동일한 산업에 있어서 경쟁력이 취약한 기업을 보호하는 결과를 초래한다는 점에 근본적인 문제가 있다.[20]

다음으로 가격차별이 없는 경우보다는 가격차별이 허용되는 경우에 사회적으로 유익한 서비스나 재화가 보다 많이 공급될 수 있는 경우가 많다.[21] 예를 들면 구석진 농촌지역이나 광산촌에 대한 철도서비스의 공급과 같은 경우에 가격차별을 못하게 하여 철도서비스가 공급될 수 없게 하는 것 보다는 가격차별을 허용하여 이것이 공급될 수 있도록 하는 것이 사회적 후생을 높이는 방법임은 자명하다. 물론 이 경우에 왜 동일한 기본 서비스를 수혜함에 있어 다른 대도시지역 주민에 비하여 높은 가격을 지불해야 하는지에 대한 불만이 있을 수 있다. 그러나 이러한 불공평의 문제는 다른 방법을 택하는 경우에도 여전히 발생하기 마련임에 주목할 필요가 있다. 예를 들면 가격차별을 허용하는 대신 交叉補助(cross-subsidization) 방식으로 이러한 지역에 보다 저렴한 가격으로 공공서비스를 제공하는 방법도 있을 수 있다. 그러나 제9장에서 검토한 바와 같이 교차보조방식은 또 다른 측면에서 또 다른 불공평의 문제를 야기시키게 된다. 따라서 이와 같은 경우에 가장 바람직한 방법은 가격차별을 허용하되 이 지역주민에 대하여 또는 철도회사에 대하여 직접보조금을 지급하는 방법이라고 할 수 있다.

---

20) 공정한 경쟁을 창달함으로써 궁극적으로 소비자를 보호한다는 취지가 결국에는 경쟁력이 취약한 기업의 보호에 귀착하게 되는 경우는 의외로 많다. 가장 대표적인 예는 중소기업의 보호와 같은 경우이다. 중소기업을 육성해야 하는 정책적 타당성은 여러가지가 있을 수 있으나 중소기업 부문이 활발할 때 시장경쟁이 보다 강화될 수 있다는 것은 아주 중요한 정책목적이 된다. 그런데 이 경우에 궁극적인 정책목적인 소비자보호는 어느 사이 뒷전으로 밀려나고 대기업에 비하여 경쟁력이 극히 미약한 중소기업의 입장을 감안하여 가격정책이나 그 밖의 소비자보호정책이 이루어지게 될 때 시장경쟁은 약화되고 소비자의 이익은 실종되기 쉽다. 보다 자세한 내용은 제 11 장에서 참고.

21) Joan Robinson, *The Economics of Imperfect Competition* (New York: MacMillan, 1933), pp. 188~95.

6. 서비스 질 및 서비스경쟁에 대한 규제

이제 가격규제에 대한 논의를 마무리하면서 가격규제로 인해 불가피하게 야기되는 또 다른 유형의 규제라고 할 수 있는 서비스 질 및 서비스경쟁에 대한 규제에 대하여 살펴 보려고 한다. 먼저 서비스 질에 대한 규제는 가격규제로 인해 나타나게 되는 서비스 질의 저하를 방지하기 위한 규제이다. 이것은 특히 공공적 성격으로 인해 규제가격이 낮게 책정되는 공익산업의 경우에 빈번하게 나타나는 현상이다. 그런가 하면 규제가격이 상당히 높은 수준에서 책정되는 경우에는 그것이 관련업계의 서비스경쟁을 촉발하고 급기야는 규제가격의 추가적 인상을 필요로 하게 되는 경우도 있다.

6.1 공익산업의 서비스 질에 대한 규제

공익산업에 있어서는 진입규제, 가격규제에 더하여 서비스 質(quality of service)에 대한 규제를 병행하는 경우가 많다. 여기서 말하는 서비스 질이란 서비스의 물리적 특성만을 말하는 것이 아니고 서비스의 공급이 일정한 빈도로 규칙적으로, 안전하게, 믿음직스럽게 이루어지는가를 말한다. 예를 들면 停電이 자주 발생한다든지, 수도물 공급이 자주 중단된다든지, 전화고장이 자주 일어나고 혼선이 자주 일어난다든지, 시내버스 회사들이 버스노선을 무단 변경하거나 배차시간을 제멋대로 결정하고 어떤 노선에 대해서는 버스운행을 중단하는 것과 같은 경우에 야기되는 문제가 바로 공익서비스 질의 문제라고 할 수 있다.

공익산업에 있어서 서비스의 질의 문제가 야기되는 것은 지나치게 낮은 규제가격(regulated price) 하에서 충분한 이윤을 확보하지 못하는 공익서비스 기업들이 서비스의 질을 저하시킴으로서 수지를 맞추거나 이윤을 확대하려는 유혹을 받게 되기 때문이다.

[사례10－3] 시내버스의 횡포

1991년 3월부터 8월까지 서울시가 90개 시내버스 회사, 433개 노선의 시내버스 운행실태를 조사한 결과를 보면 28개사가 승객이 적어 체산성이 낮다는 이유로 버스운행을 중단하였고, 2개사가 버스노선을 임의로 단축 혹은 변경하였으며, 6개사가 운행구간을 멋대로 변경하였다(동아일보, 1991. 9. 17일자).

물론 피규제기업이 교묘한 수법으로 서비스 질을 삭감하는 행위는 소비자 보호 측면에서 용인될 수 없는 일이고 이것이 불가피하다고 한다면 규제가격을 재조정한다든가 아니면 보다 근본적으로 가격규제를 철폐하고 진입제한을 완화하여 경쟁을 촉진하는 것이 바람직하다고 할 수 있다. 그러나 이것이 가능하지 않은 경우에 규제기관은 보통 서비스 질에 대한 규제를 가격규제에 추가하는 것을 볼 수 있다. 규제기관이 이러한 방법을 추구하는 데는 몇가지 이유가 있다.[22)]

첫째, 피규제기업이 많아지는 것보다는 진입규제를 통하여 피규제기업의 숫자를 적게 할수록 그들이 제공하는 서비스의 질에 대한 검사(inspection)가 용이하고 소비자를 보다 잘 보호할 수 있다고 판단한다. 둘째, 독과점적인 공익사업은 하나의 특혜(privilege)로 볼 수 있기 때문에 그 특혜를 계속 누리기 위해 피규제기업들이 규제기관이 정한 서비스 기준을 준수하려고 하는 성향을 강하게 가진다. 다시 말하면 공익사업의 허가를 갱신할 때 규제기관이 재허가를 하지 않을 수도 있으므로 규제기관의 지시나 명령에 따를 것으로 판단한다는 것이다. 셋째, 허가에는 경제적 이득이 따르게 되므로 규제기관은 피규제기업에 대하여 다소 재정적 부담이 될 수 있는 추가적인 의무(소비자보호를 위한 의무)를 부과할 수 있다. 넷째, 시장경쟁 상태에서 보다도 진입이 규제된 상태하에서 기

22) Alfren E. Kahn, *The Economics of Regulation* (New York: John Wiley & Sons, Inc., 1971), Vol. 2, pp. 175～178.

업은 보다 장기적인 관점에서 소비자의 신뢰(consumer goodwill)를 중요시 하게 된다.

그러나 이러한 판단은 규제기관 및 관료들의 관료적이고 행정편의적 발상 혹은 희망적인 기대에 불과할 뿐이다. 우리가 익히 경험해 온 바와 같이 시내버스나 택시회사들은 서비스 질의 저하가 지나치게 낮은 교통요금 때문이라며 요금인상을 요구해 왔고 이때마다 정부는 서비스 질의 향상을 약속하면서 요금을 인상해 주었으나 결과는 번번히 실망적인 것이었고 서비스 개선 없는 요금인상 요구는 어제나 오늘이나 계속되고 있다.

이러한 악순환이 빚어지는 이유는 분명하다. 우선 공익산업은 진입규제의 결과 독과점적 지위를 가지게 되고 따라서 생산성 향상이나 서비스 개선을 위한 노력을 게을리하는 경향이 있다. 이러한 속에서 서비스의 개선에 대한 사회적 요구가 있을 때 피규제산업은 서비스 수준이 낮은 것은 규제가격이 지나치게 낮기 때문이라고 핑계를 댄다. 그러면 사실이 어떤지를 잘 관찰하고 분석하여야 할 규제기관은 피규제산업이 제시하는 자료에 근거하여 이들의 주장이 근거가 있다고 판단하게 되고 이들의 서비스 개선은 규제가격의 인상이 선행된 연후에나 가능하다는 판단에 이르게 된다. 이것은 규제기관이 피규제산업의 주장을 그대로 받아들이고 동조하는 것에 불과하다. 이 때 바로 규제기관의 포획(regulatory capture)이라고 불리우는 현상이 나타나게 되는 것이다.

6.2 서비스 경쟁의 규제

시장경쟁을 완벽하게 제한한다는 것은 불가능하다. 왜냐하면 시장경쟁은 마치 흐르는 물과 같아서 무수히 많은 형태와 모습으로 이루어질 수 있기 때문이다. 보통 시장경쟁은 가격경쟁(price competition)과 비가격경쟁(non-price competition)으로 구분되는데 이들은 서로 대체적인 관계에 있다. 즉 가격경쟁이 제한되면 시장경쟁의 양상은 비가격경쟁이 강화되는 형태로 진전되고, 비가격경쟁이 제한되면 가격경쟁으로 발전한다.

여기에서는 비가격경쟁의 전형이라고 할 수 있는 서비스 경쟁(service competition)을 규제하는 이유와 그것의 합리성에 대해 고찰하려 한다.

이론적으로 볼 때 한 산업 내의 모든 기업의 한계비용(marginal costs)이 동일하다고 한다면 가격규제하에서 비가격경쟁이 야기될 수 없다. 그러나 기업마다의 한계비용에 차이가 있는 경우에 규제가격보다 낮은 한계비용을 갖는 기업은 경쟁기업에 비하여 보다 나은 서비스를 제공함으로써 시장을 확대할 수가 있다. 그러나 이러한 경우에는 다른 기업도 방어적인 측면에서 서비스의 향상을 기하지 않을 수 없기 때문에 불가피하게 서비스경쟁이 야기되지 않을 수 없다. 이러한 서비스 경쟁은 소비자의 입장에서 보아 환영할 만한 일이라고 할 수 있을 것이나 급기야는 서비스의 인플레(service inflation) 현상을 초래하고 결국은 가격인상을 불가피하게 만드는 요인이 된다. 어떤 산업에 대하여 가격과 진입을 규제하는 규제기관이 서비스경쟁마저 제한하지 않을 수 없게 되는 이유는 바로 여기에 있다.

진입규제와 가격규제를 받고 있는 항공사들 간의 서비스경쟁은 이것의 대표적인 예에 속한다. 일단 항공사들이 서비스경쟁에 돌입하게 되면 機內가 넓고 안락한 최신형 비행기의 도입, 비행기 운항회수의 무리한 증가, 기내에서의 식사의 고급화, 매력있는 스튜어디스의 고용에 이르기까지 별의별 서비스경쟁을 벌이게 되고 그것은 급기야 항공요금의 인상요인으로 작용하게 된다. 특히 이러한 서비스의 경쟁이 경제적 효율성 향상에 기여함이 없이 오히려 자원의 낭비를 초래할 가능성이 높아 문제가 된다. 예를 들어 항공사들이 무리하게 운항회수를 증가시킬 경우 평균탑승률(capacity utilization ratio)이 낮아지게 되어 실제 실어 나르는 승객의 수가 반드시 증가하게 되는 것은 아니다.

이 경우에 서비스의 향상은 좋은 일이지만 이로 인해 가격인상이 초래될 때 소비자 가운데는 이러한 서비스경쟁에 대하여 불만을 가질 수 있다는 문제가 발생한다. 즉 부유한 계층의 소비자라면 더 나은 서비스를 제공받기 위해 다소 가격이 인상되는데 대하여 이의가 없겠지만 그보다 못한 소비자 입장에서는 그러한 서비스경쟁이 사치스러운 것이다. 더구나 과도한 서비스경쟁으로 인해 요금인상이 불가피하다고 한다면 그 소비자는 다른 교통수단을 이용하지 않으면 안되는 경우가 생겨나게 된다. 이와 같은 문제는 서비스경쟁 그 자체로 인해 야기되는 문제라기 보다는 그것과 관련하여 가격경쟁이 충분히 발휘되지 못함으로써 야기된다.[23)]

다시 말하면 다양한 가격-서비스의 조합(combination)이 가능하여야 할 것인 바 가격규제로 인해 다양한 가격-서비스의 조합이 시장에 제공되지 못함으로써 경제적 효율성이 저해되는 것이 문제이다. 위의 항공산업의 예에서 보듯이 가격경쟁이 가능해지게 된다면 서비스경쟁은 자취를 감추게 될 것이다. 왜냐하면 서비스의 수준은 가격에 따라 다르게 정해질 것이기 때문이다. 실제로 미국에서 항공산업의 규제완화(deregulation)이후 저렴한 요금의 비행회사들이 새로운 여행상품(예: 단체여행)을 개발하여 저렴한 요금에 필수적인 서비스만을 제공하는 방법으로 넓은 시장을 차지해 나가고 있는 것은 이것의 좋은 예라 하겠다.

여기에서 우리는 정부규제의 피라미드(pyramiding regulation)현상을 또 다시 확인하게 된다. 즉 시장경쟁을 제한하는 어떤 정부규제가 시작되면 그 규제가 효력을 잃지 않도록 하기 위해서는 기존의 규제를 회피하여 이루어지는 또 다른 유형의 시장경쟁을 제한하기 위한 규제를 불가피하게 함으로써 정부규제가 상승적으로 증가하게 된다. 이러한 경우에 있어서 시장조건의 성숙 및 기술여건의 변화를 고려하여 규제완화의 필요성을 검토하는 것이 요긴함은 물론이다.

7. 결 론

가격규제는 독과점 이윤의 축소, 불로소득의 배제, 차별가격의 방지 등의 목적 또는 산업정책적 목적(예: 금리규제), 물가안정을 확보하기

23) Kahn, *op. cit.*, pp. 209～220.

위한 목적 등 다양한 목적을 갖고 이루어진다. 그러나 가격규제는 시장에서의 가격경쟁을 제한하는 방법으로 이루어지기 때문에 경제적으로 비효율성을 조장한다. 물론 독과점산업에 대한 규제는 그것이 시장실패 요인이라고 할 수 있으므로 이를 적절하게 규제하는 것이 경제적 효율성을 확보하는 방법이 된다. 그러나 우리가 제2절에서 검토한 바와 같이 독과점산업에 대한 가격규제가 효율적으로 그리고 적절하게 이루어지기는 어렵다. 최근의 競合市場이론 및 堅持可能性이론은 독과점산업이라고 하여 정부가 반드시 규제해야 하는 것은 아님을 보여주고 있어 흥미롭다.

가격규제는 많은 경제사회적 부작용을 파생시킨다. 규제대상 생산요소나 재화 및 서비스에 대한 초과수요를 유발하는 반면에 공급과 투자를 위축시킨다. 그 결과 품귀현상이 초래되고 이 때 암시장이 형성되고, 금융시장에서는 꺾기와 같은 변칙적인 금융관행이 자리잡고, 아파트 분양에 가수요가 생겨 부동산 투기를 조장한다. 이 모든 경우에 불로소득이 발생하고 끊임없는 불공평성의 문제를 야기시킨다. 불로소득을 적절한 방법으로 억제하거나 租稅로 흡수하기도 어렵다. 규제가격이 지나치게 낮을 때 기업은 채산을 맞추기 위하여 제품이나 서비스의 질을 저하시키기도 한다. 이를 막기 위해서는 이제 가격규제에 더하여 품질에 대한 규제가 필요해 진다. 이러한 측면에서 볼 때 가격규제는 또 다른 정부규제를 불가피하게 만드는 정부규제의 피라미드(pyramiding regulation) 현상을 초래한다.

이와 같이 한없이 많은 문제를 야기시키는 가격규제는 경제사회 상황의 변화에 맞추어 당연히 완화해 나가야 한다. 그러나 가격규제 역시 일정한 정책목적을 달성하고 있는 한 완화하기 어려운 경우가 많다. 예를 들면 아파트 분양가격 규제가 아무리 불합리한 것이라 할지라도 그것을 완화할 때 부동산투기를 불러 일으키고 물가가 상승한다면 이것을 쉽게 완화하거나 철폐하기 어렵다. 그러나 잘못된 정책은 언제든 한번은 바로 잡지 않으면 않된다. 이러한 문제들에 대해서는 제19장과 20장에서 다시 깊이 있게 고찰하게 될 것이다.

제 11 장

독과점 및 불공정거래 규제

1. 서 론

일반적으로 경제적 규제(economic regulation)라 하면 자유로운 시장경쟁을 제한하는 규제를 말한다. 이에 비하여 독과점 및 불공정거래에 대한 규제(antitrust and unfair trade regulation)는 시장경쟁을 제한하는 것이 아니고 시장경쟁을 창달하기 위한 목적에서 이루어지는 규제라는 점에서 일반적인 경제적 규제와는 근본적으로 성격을 달리한다. 이러한 이유로 독과점 및 불공정거래에 대한 규제를 경제적 규제로 볼 것인지 여부에 대하여는 논란이 있다.[1] 그러나 제 2 장에서 논의한 바와 같이 독과점 규제는 역사적으로 경제적 규제의 원형을 이루어 왔고 시장경쟁과 떼어서 논의할 수 없다는 의미에서 본서는 이것을 경제적 규제의 특수한 유형으로 분류하고 있다.[2]

---

1) 독과점 및 공정거래와 관련한 규제를 경제적 규제에 포함시키지 아니하고 별도의 규제유형으로 분류하여 파악하는 학자들도 있다. 예를 들면 Gujarati는 이것을 "일반목적의 규제(general purpose regulation)"로 분류하고 있다. Damodar Gujarati, *Government and Business* (New York: McGraw-Hill, 1984).

2) 수많은 정부규제 분야 가운데 거의 유일하게 독과점규제 및 공정거래와 관련한 규제에 대해서는 국내에서 이미 상당한 정도의 연구가 축적되어 있다. 따라서 여기에서는 관련제도에 대한 단순한 기술보다는 독과점 및 불공정거래규제의 이론적 타당성 검토에 주력하려고 한다. 관련제도 및 제도운용의 평가에 관하여는 경제기획원, 「공정거래백서」, 1984; 한국개발연구원 및 공정거래위원회(편), 「공정거래 10년」, 1991 등 참고.

시장경쟁을 창달하기 위해 정부가 시장에 개입하여 규제한다는 것은 逆說的이다. 그러나 현실의 시장에서 독과점 사업자와 같이 우월한 시장적 지위(market position)를 차지하고 있는 사업자가 있거나 企業結合을 통하여 그러한 시장적 지위의 확보를 꾀하는 경우에 정부의 개입이 없이는 시장경쟁이 원만하게 이루어질 수 없다. 또한 동일한 산업내의 기업들이 공동이익을 도모하기 위해 카르텔을 형성하고 공동행위를 하거나 우월한 시장적 지위를 악용하여 불공정한 거래를 하는 경우에도 정부의 개입이 없이는 시장경쟁이 원활하게 이루어질 수 없다. 따라서 이 경우에 정부가 개입하여 시장경쟁이 촉진되는 방향으로 시장질서를 유도하지 않으면 안된다.

그러나 어떤 상태가 시장경쟁이 원활하게 이루어지는 상태인가에 대한 명확한 판단기준이 없고 시장경쟁을 창달하기 위해 정부가 시장에 개입한다는 것이 역설적인 한 독과점 및 기업결합 규제가 반드시 필요한 것이냐에 대해서는 적지 않은 논란이 있다. 나라마다 독과점 규제에 대한 정책에 상당한 차이를 보여주는 것도 이 때문이다. 일반적으로 시장에 대한 정부개입이 활발한 국가에 있어서는 독과점 및 기업결합에 대한 규제가 미약한 반면에 自由企業主義 원칙에 보다 충실하여 정부개입이 적은 국가에서는 독과점 및 기업결합에 대한 규제가 보다 강력하게 이루어지고 있다. 또한 같은 국가에 있어서도 시대변천에 따라 독과점 및 기업결합 규제정책의 強度는 변화한다. 우리가 독과점 및 기업결합 규제를 경제적 규제의 틀 안에서 통일성있게 고찰하려고 하는 이유는 바로 여기에 있다.

카르텔(cartel)에 대한 규제에 있어서도 국가마다 상당한 차이가 있다. 영국과 미국과 같은 나라에 있어서는 이것이 금지되고 있는 데 비하여, 우리나라와 일본과 같은 나라에 있어서는 정부가 카르텔을 오히려 조장하거나 묵인하는 경향이 강하다. 따라서 카르텔에 대한 규제를 살펴봄에 있어서는 (1) 정부가 예외적으로 허용하고 있는 또는 공정거래법상 면책되고 있는 카르텔과 (2) 공정거래법의 제재 대상이 되는 카르텔로 나누어 보지 않으면 안된다. 다음으로 카르텔 행위를 제외한 불공정거래 행위, 즉 어떤 기업이 우월한 시장적 지위를 악용하거나 남용하는 불공정거래 행위에 대한 규제는 나라마다 거의 차이가 없고 규제필요성에 대한 異論도 없다. 그것은 말 그대로 불공정한 방법에 의한 거래행위이기 때문이다.

제2절에서는 우선 독과점 규제의 정치경제적 의의를 살펴보고 제3절에서는 독과점 규제의 유형을 사전적 규제와 사후적 규제로 나누어 고찰하려고 한다. 다음으로 제 4 절에서는 기업결합의 세 가지 유형, 즉 수평적 기업결합, 수직적 기업결합, 혼합결합의 각각에 대하여 살펴본다. 제5절에서는 전형적 불공정거래의 행위라고 할 수 있는 카르텔 행위에 대하여 살펴보되 위에서 지적한 바와 같이 여기에는 두 가지 유형이 있으므로 사업자들의 共同行爲와 정부가 예외적으로 허용하고 있는 공동행위를 구별하여 고찰하기로 한다. 끝으로 제 6 절에서는 기타의 불공정 거래행위에 대하여 살펴 본다.

2. 독과점규제의 정치경제적 의의

독과점 사업자란 공급량을 조절함으로써 시장가격을 변화시킬 수 있는 단일의 또는 복수의 생산자 또는 판매자라고 정의된다. 이 때의 사업자 속에는 동일 산업 내 다수의 기업에 의한 카르텔(cartel)도 당연히 포함된다. 이 정의에 의하면 시장 독점력(monopoly power)은 가격에 대한 지배력(power or control over price)으로 표현된다. 따라서 이 경우 어느 정도의 시장지배력을 독점력이라고 볼 것이냐가 문제가 된다. 자연독점 산업의 경우에는 물론 100%의 시장지배력을 가진다. 그러나 이밖의 경우에 있어서는 '상당한 정도'의 지배력이라고 애매하게 표현할 수 밖에 없다. 그 결과 어떤 사업자가 독과점적 사업자냐 아니냐를 판단하기 어렵다.

독과점 사업자의 독점력 크기를 측정하는 指數로 '러너지수(Lerner's index)'가 사용된다. 이것은 (가격－한계비용) / 가격 (= $(P-MC)/P$)로서 정의된다. 러너지수는 이론적으로 정교하나 한계비용의 파악이 불가능하기 때문에 현실적 실용성이 없다.

따라서 가격지배력을 파악하는 간접적인 지표로서는 일반적으로 산업집중도(concentration ratio: CR)라는 개념이 쓰이고 있다. 그러나 산업집중도를 기준으로 한 독점력의 측정에도 문제는 많다. 우선 이러한 지표의 가장 단순한 형태는 절대적 산업집중도라고 하는 개념이다. 이것은 기업규모의 크기 순으로 상위 몇개 기업(이것은 CRn으로 약칭되는데 여기에서 n은 상위 기업의 수를 나타낸다)이 그 산업에서 차지하는 시장점유율(%)로서 파악된다. 예를 들면 상위 4개 기업의 산업집중도(CR_4)가 70%라고 표현하는 것과 같다.

그러나 기업규모를 측정하는 변수가 무엇이냐가 문제된다. 여기에는 자산, 매출액, 생산량, 고용, 광고비 등 각종의 변수가 있을 수 있기 때문이다. 다음 어떤 변수에 의존한다고 할지라도 그렇게 측정된 지수가 과연 얼마나 그 산업에서의 독점력의 크기를 잘 반영하느냐가 문제된다. 다시 말하면 예를 들어 상위 4개사가 전체시장 매출액의 70%를 점유하고 있다고 할 때 그것이 무엇을 의미하느냐는 것이다. 즉 상위 4개사가 독점가격을 형성하여 독점이윤을 얻고 있다는 것인지 아니면 그럴 능력을 가지고 있다는 것인지, 도대체 그 수치가 무엇을 의미하는지가 여전히 불명확하다.

이러한 문제점에도 불구하고 산업집중도 개념은 대표적인 독점력 지표로 평가되며 실제로 많이 사용되고 있는 독점력 지표라고 할 수 있다. 오늘날 일반적으로 사용되고 있는 산업집중도의 지표로서는 이상에서 설명한 절대적 산업집중도 지수 외에도 허쉬만-허핀달 지수(Hirschman-Herfindahl index: HI)라는 것이 있다.[3] 이것은 절대적인 산업집중도가

3) 이 지수는 두 사람의 학자에 의하여 개발된 것이나 보통 후자의 이름만을 따서 '허핀달지수'라고 부르고 있다.

상위 몇개사를 제외한 다른 기업을 전혀 계산에 넣지 않고 있고, 상위 몇개사에 포함된 기업이라고 할지라도 그 각각의 시장점유율의 상대적 크기를 반영하지 못하고 있는 결점을 극복한 것이다. 허핀달 지수는 한 산업의 모든 기업 개개의 시장점유율(Si)을 제곱한 것의 합 ($HI=\sum_{i=1}^{n} Si^2$)으로 계산된다. 이 방법은 단순한 산업집중도 개념에 비하여 합리적이기 때문에 많이 이용되고 있으나, 그 지수가 무엇을 의미하는지는 여전히 불명확하다.[4)]

이상에서 검토한 바와 같이 독점력의 개념은 그것의 의미가 대단히 불분명하기 때문에 독과점규제에 있어서 많은 논란을 초래한다. 이러한 논란에 대하여는 차차 보기로 하고 여기에서 독과점의 폐해가 무엇이고 독과점을 규제하는 이유는 무엇인지를 먼저 고찰하기로 한다. 첫째 경제적인 측면에서 독과점은 경제적 비효율성을 초래한다. 독과점 사업자는 독점이윤의 극대화를 위해 재화를 시장수요에 미달하는 수준으로 공급하고 높은 가격을 요구하기 때문에 사회후생의 손실(welfare loss)를 초래한다. 시장수요가 있는 한 공급이 충분하게 이루어지는 것이 자원배분의 효율성(allocative efficiency) 측면에서 바람직한 바 독점은 사회적으로 필요한 재화나 서비스의 과소공급을 초래한다. 둘째, 독점이윤의 존재는 소비자로부터 기업(또는 주주)으로의 所得移轉(income transfer)을 유발한다.

정치사회적인 측면에서 볼 때 독과점은 다음과 같은 폐해를 갖고 있다. 첫째, 독과점으로 인한 소득이전은 逆進的이다. 둘째, 독과점 사업자들은 그들이 가지고 있는 경제력을 이용하여 정치적 과정(political process) 또는 입법과정에 영향력을 행사하려고 하기 때문에 민주주의에 反한다. 셋째, 중소기업이 활발할 때 시장경쟁이 강화될 수 있으나 중소기업은 독과점 기업과 경쟁하기 어렵다. 이러한 주장들을 검토해 본다면 우선 첫번째의 주장은, 물론 주식소유 계층이 누구냐에 따른 문제이나,

---

4) 이러한 독과점 지표에 대한 개념과 그것의 한계에 대한 자세한 설명은 Gujarati, *op. cit.*, pp. 143~150 참고.

상당한 현실적 타당성이 있다고 할 수 있다. 독과점의 정치적 영향력에 관련한 두번째의 주장에 대해서는 논란이 많다. 왜냐하면 그러한 개연성이 없지 않으나 역사적으로 보면 經濟立法의 대부분은 시장경쟁을 제한하는 방향으로 이루어져 왔고 또한 이러한 입법들은 대체적으로 경제적 약자를 보호하기 위한 목적에서 이루어진 경우가 많기 때문이다.[5]

셋째, 중소기업의 육성을 위해서는 독과점 규제가 필요하다는 주장도 별로 설득력이 없다. 왜냐하면 역설적으로 말하여 중소기업의 입장에서 바람직한 것은 독과점 규제를 하지 않는 것이기 때문이다. 즉 독과점 하에서 독과점기업은 가격을 그 기업의 한계비용을 초과하는 선에서 책정하게 되므로 한계비용 선에서 가격을 책정하도록 하는 경우(곧 시장경쟁하에서의 가격결정이 이루어지는 경우)에 비해 독과점기업 보다도 높은 한계비용을 가지는 중소기업이 독과점기업과 共存할 수 있는 여지를 남겨주게 된다.[6]

다음으로 독과점 규제의 필요성과 정치경제적 타당성의 검토를 위해서는 시장지배력 또는 독점력(monopoly power)의 원천에 대하여 살펴볼 필요가 있다. 첫째, 독점력의 원천으로서 중요한 것은 規模經濟 효과(economies of scale)다. 대기업은 그것이 가지고 있는 (1) 우월하고 전문화된 생산기술, (2) 우수한 인재확보를 통한 경영능력과 마케팅 능력, (3) 자금의 동원능력 등을 활용함으로써 규모경제 효과를 최대화할 수 있다. 둘째, 독점력은 희소자원의 독점적 소유에 기인하기도 한다. 예를 들면 보크사이트 광산을 소유한 대기업은 알미늄 산업에 참여하여 독점력을 누릴 수 있다. 셋째, 특허 등을 통하여 독점력이 확보되는 경우는 말할 것도 없고 상표권을 통해서도 독점력을 향유할 수도 있다. 예를 들면 상카(Sanka)회사는 카페인을 제거한 커피를 개발하여 상표이미지를 굳히었다. 넷째, 이밖에도 기업은 허가를 통하여 독점적인 사업자가 되기도 한다.

---

5) Richard A. Posner, *Antitrust Law: An Econmic Perspective* (Chicago: University of Chicago Press, 1976), pp. 18 ~ 19.

6) *Ibid.*

이상에서의 독점력에 대한 논의는 독과점 규제에 있어서 다음과 같은 두 가지의 근본적이고 內在的인 문제들(inherent problems)을 제기한다. 첫째, 독과점 규제를 통해 달성하려고 하는 목적이 분명하지 않다는 것이다. 즉 독과점 규제가 시장경쟁을 창달함으로써 궁극적으로 소비자를 보호하자는 것인지 아니면 시장경쟁의 창달을 이유로 비효율적인 중소기업을 보호하려는 것인지가 애매해지게 된다. 위에서 검토한 독과점 규제의 경제적 논거가 전자의 측면에서 제기된 것이라고 한다면 정치사회적 논거는 후자의 측면에서 제기된 것이다. 이것은 대단히 중요한 차이가 아닐 수 없다. 중소기업을 보호하는 것이 시장경쟁을 강화하는 것이고 그것은 궁극적으로 소비자에게 이익을 가져다 줄 것으로 기대할 수 있다. 사실 중소기업 육성의 당위성은 궁극적으로 이런 암묵적 가정에 입각하고 있다. 그러나 중소기업 육성이 반드시 소비자 이익에 합치되리란 보장은 없다.

독과점 규제가 갖고 있는 두번째의 내재적 문제는 독과점 기업을 무조건 규제할 것이냐 아니면 독과점 기업이 갖고 있는 경제적 우월성과 능률성을 살려 나갈 것이냐 하는 것이다. 이것은 중요한 정책판단의 문제다. 독과점 기업이 경제적 우월성과 능률성을 갖고 있다는 사실은 어느 정도 분명하다. 독과점 기업이 그가 갖고 있는 독점력을 사회적으로 바람직하지 못한 방향으로 사용할 가능성도 있다. 그러나 독과점 기업이 과연 독점력을 그런 방향으로 사용할 것인지 여부는 불확실하다. 따라서 독과점 규제의 필요성과 정당성은 독점력의 존재 그 자체로서가 아니고 독과점 기업이 그가 갖고 있는 독점력을 어떤 목적에서 어떻게 행사하느냐에 대한 구체적 판단에 따라 결정되어야 한다.

3. 독과점규제의 유형

독과점 기업을 규제하는 방식에는 두 가지가 있다. 하나는 독과점 기업의 발생을 사전적으로 그리고 구조적으로 봉쇄해야 한다는 입장에 있는 독과점규제이다. 이것을 일컬어 구조적 접근방법(structural approach) 또는 構造主義라고 부른다. 다른 하나는 독과점 기업의 존재를 인정하되 그것의 독과점적 행동에 따른 폐해를 제거하자는 입장이다. 이것을 일컬어 행동규제적 접근방법(conduct approach) 또는 사후적 弊害規制主義라고 부른다. 이 두 가지 접근방법의 차이는 우리가 위에서 본 독과점규제의 내재적인 문제와 긴밀한 관련이 있다.

3.1 사전적 구조주의

우선 事前的 構造主義는 독과점 기업의 형성과 확장은 시장경쟁을 제한하여 소비자이익을 침해하는 것이므로 당연히 규제하여야 한다는 입장이다. 따라서 이러한 접근방법 하에서는 대기업이 지닐 수 있는 경제적 이익을 소비자가 향유할 수 없도록 한다는 의미에서 일차적으로 중소기업의 보호에 보다 큰 비중을 두게 된다. 구조주의적 접근방법은 따라서 산업의 집중도를 중요한 정책판단의 지표로 삼는다. 이 때 이미 우리가 위에서 지적한 산업집중도와 독과점적 행동 사이의 인과관계의 설정 문제, 즉 산업집중도만을 가지고 독과점 현상의 존재를 추정하는데 따른 문제가 제기된다.

우선 독과점 여부를 판단하기 위해서는 독점력을 측정하고 판단하기 위한 有關한 시장(relevant market)을 명확하게 정의하여야 한다. 이것은 보통 관련법규에 "동일한 또는 긴밀히 관련된 산업 또는 시장에서"라고 표현되고 있다. 그러나 이 때 동일한 산업과 시장이 과연 어떤 산업과 시장이냐 하는 것이 문제된다. 즉 현재 논란이 되고 있는 기업과 동일한 산업과 시장 또는 그와 긴밀히 관련된 산업과 시장의 범위가 명확히 설정되어야만 비로소 그 기업의 독점력 행사 가능성이 문제될 수 있는 바이 범위의 설정이 대단히 어렵다. 여기에는 크게 두 가지의 문제가 있다. 첫째, 유사한 재화(goods) 사이에는 정도의 차이는 있을지언정 어느 만큼의 대체성(substitutability)과 보완성(complementarity)이 있다고 할 수 있다. 따라서 어느 정도의 교차탄력성(cross-elasticity)을 가진 산업과 시장을 유관한 시장으로 볼 것이냐가 문제다.[7] 다음으로는 유관한 시장을 정의함에 있어서 그것의 지역적 범위와 관련하여 문제가 된다. 즉 우리나라와 같이 시장이 협소한 나라에 있어서 이것은 그다지 중대한 문제라고는 할 수 없다. 그러나 예를 들면 미국과 같이 광활한 국가에 있어서는 전국적인 규모에서 독과점기업은 아닐지라도 州와 같은 특정의 일부지역 또는 생활권에서 독과점적인 위치를 지니는 기업은 대단히 많다. 이와 같은 경우에 기업의 시장 독점력을 판별함에 있어서 어떤 시장을 유관한 지역시장(relevant geographic market)으로 보아야 할 것인지가 문제된다. 예를 들어 유관한 지역시장을 넓게 정의한다면 그것을 좁게 정의하는 경우에 비하여 그 기업의 시장지배력은 낮아지게 되기 때문이다.

이상과 같은 이유들로 인해 오늘날 독과점의 규제에 있어서 構造主義에 철저하게 의존하고 있는 국가는 드물다. 구조주의적 접근이 가진 난점은 한 마디로 말하여 비록 객관적 지표로 보아 어느 기업이 독점력을 행사할 수 있는 능력(power)이 있다는 판단은 할 수 있을지 몰라도 그 기업이 그만큼의 능력을 갖추게 된 것이 과연 독과점적 이윤의 확보를 꾀하기 위한 것인지에 대한 판단이 어렵다는 데 있다. 따라서 오늘날의 관행은 독점력(monopoly power)의 존재와 함께 그것을 행사함으로써 시장경쟁을 제약하겠다는 意圖(will and intent)가 명백하게 확인될 수 있는 경우에 한하여 그 사업자를 독과점 사업자로 규정하고 이 경우에 한하여 독점적인 시장구조의 형성을 사전에 방지하려는 입장을 보이고 있다.[8]

---

7) 교차탄력성이란 어떤 제품의 가격이 변화할 때 다른 제품의 수요가 얼마만큼 변화하느냐를 측정하는 것으로서 수요변화분 대 가격변화분으로 표시된다. 교차탄력성이 正이면 두 재화는 서로 대체재(substitutes)라고 부르고 그 값이 陰이면 보완재(complements)라고 부른다. 李俊求,「미시경제학」(서울: 법문사, 1989), pp. 47∼48 참고.

8) 독과점에 대한 이와 같은 입장에서의 판단을 '합리성의 지배원리(rule of reason doctrine)'라고 부른다. 이러한 준칙은 미국의 각급 법원들이 독과점문제를 다루면서 발전시켜 왔다. Gujarati, *op. cit.*, Chap. 8 참고.

3.2 사후적 폐해규제주의

이상에서 설명한 구조주의적 접근과는 달리 독과점 규제에 있어서의 行動規制主義 또는 事後的 弊害規制主義는 독과점적 시장구조의 형성을 사전적으로 방지하는 것이 아니고, 독과점적 사업자가 독과점적 행동(monopolistic conduct)을 함으로써 경제사회적 폐해를 야기하지 못하도록 규제하는 것을 말한다. 독과점적 사업자의 독과점적 행동을 규제하는 방법에 관하여는 이미 제 9 장의 진입규제와 제 10 장의 가격규제에서 상세하게 설명하였으므로 여기에서는 이를 생략하기로 하고 아래에서는 독과점적 시장구조의 형성을 초래하는 기업결합과 카르텔 형성 행위에 대하여 차례로 살펴 보기로 한다.

4. 기업결합의 규제

企業結合은 한 기업이 다른 기업의 주식을 전액 현금으로 매수하거나 한 기업이 다른 기업에 출자함으로써 合併하는 것을 말한다. 기업결합의 형태에는 세 가지가 있다. 첫째는 수평적 결합(horizontal merger or integration)이다. 이것은 동일 업종의 기업들이 결합하는 것으로서 시장경쟁을 제약할 위험성이 가장 큰 기업결합 형태이다.[9] 둘째는 수직적 결합(vertical merger or integration)이다. 이것은 연관되는 산업에서 서로 수요-공급자의 관계를 맺고 있는 두 기업이 결합하는 형태이다. 예를 들면 철강생산기업과 그것에 대한 원료제공자인 석탄생산기업이 결합한다거나

9) 여기서 시장경쟁을 직접적으로 제한한다고 말하지 않고 대신 시장경쟁을 제약할 위험성이 크다고 말하는 것에 주의를 요한다. 이것은 위에서 지적한 바와 같이 동일업종의 두 기업이 수평적으로 결합함으로써 독과점적 행동을 전개할 수 있는 능력을 갖추었을지라도 과연 그러한 능력을 시장지배적으로 사용할 의도를 가지고 있느냐는 별개의 문제라고 보기 때문이다.

제조업체가 그것의 판매자인 동일한 업종의 유통업체와 결합하는 것이다.[10] 이러한 기업결합형태는 상당한 경제적 합리성을 갖추고 있고 그것의 시장경쟁 제한 효과도 그리 크지 않다. 셋째는 混合結合(conglomerate merger)이다. 이것은 흔히 財閥의 형성과 같이 전혀 다른 업종의 기업끼리 결합하여 기업집단을 이루는 것으로서 특정 업종에 있어서 시장경쟁을 제약하게 될 가능성은 대단히 약한 기업결합 형태라고 할 수 있다. 이러한 분류는 어디까지나 이론적인 것이고 실제에 있어서는 이것의 복합적인 형태의 기업결합들도 많다. 예를 들면 생산단계에서는 수평적 결합이, 유통단계에서는 수직적 결합이 동시에 이루어지는 것과 같다.

기업이 기업결합을 추구하는 동기로서는 일반적으로 다음의 두 가지를 들 수 있다. 첫째, 기업은 기업결합을 통하여 규모경제의 효과(economies of scale)를 얻을 수 있다. 여기에서 말하는 규모경제효과는 단지 생산면에서 뿐만이 아니라 금융, 유통, 광고 및 판매촉진 등의 다각적 측면에서 발휘될 수 있다. 기업들은 기업의 내적 성장을 통하여 이러한 효과를 얻을 수도 있겠지만 기업결합을 통할 때 보다 적은 비용으로 그리고 단시일 내에 이러한 효과를 거둘 수 있기 때문에 기업결합에 매력을 느낄 수 있다. 둘째, 고도의 경영기술(managerial technology)을 축적하고 있는 기업은 경영이 부실한 기업을 매수하거나 이것과 합병함으로써 경영효율을 극대화하고 빠른 시일 내에 새로운 산업에 진입하거나 성장을 가속화할 수 있다고 판단할 수 있다. 예를 들면 인수기업에 유능한 경영인을 파견함으로써 또는 재고관리, 자금관리 등을 보다 합리화 함으로써 또는 기술개발을 촉진함으로써 곤경에 처한 기업을 회생시키고 성장기업으로 전환시킬 수 있다.

기업결합은 이와 같이 경영효율성의 확보라고 하는 측면에서 상당한 경제적 합리성을 가지고 있다고 할 수 있다. 그러면 기업결합을 규제해야 할 이유는 무엇인가? 여기에는 보통 세 가지 이유가 거론된다. 첫째,

10) 여기서 전자는 후방산업결합(backward integration)이라 부르고 후자는 전방산업결합(forward integration)이라고도 부른다.

경제적인 이유로서는 기업결합을 규제함으로써 잠재적 경쟁(potential competition)을 조장할 필요가 있다. 다시 말하면 기업결합 보다는 새로운 기업의 설립을 통하여 새로운 산업에 진입하게 함으로써 시장경쟁을 촉진하는 방향으로 기업의 성장과 확대를 유도하는 것이 바람직하다는 주장이다. 그러나 이러한 주장의 현실성은 그리 강하지 않다. 왜냐하면 비용이 덜 들고 시간을 절약할 수 있는 기업결합 방식을 통한 기업성장의 기회가 봉쇄될 때 과연 그 기업이 새로운 기업을 설립하여 새로운 시장에 진입하는 신규진입(entry *de novo*)의 길을 택할 것인지가 불확실하기 때문이다.

기업결합을 규제해야 할 필요성으로 제기되는 두번째 주장은 사회적인 것으로서 기업결합은 중소기업의 보호를 위해 규제되어야 한다는 것이다. 이러한 주장의 정당성과 경제적 타당성에 대하여는 이미 위에서 검토한 바 있기 때문에 자세한 설명은 생략한다. 다만 이 경우에 중소기업의 보호와 소비자보호의 어느 것이 보다 궁극적인 정책목적이 되어야 할 것인지에 대한 논란이 있을 수 있다는 사실에 주의할 필요가 있다.

셋째, 기업결합을 규제하는 이유로서 經濟力集中(economic concentration)의 방지 또는 완화가 들어지기도 한다. 이 주장은 기업결합이 초래하는 경제적 결과의 정치적 함축성을 지적하고 있다. 그러나 과연 이것이 기업결합을 규제해야 할 타당하고 합리적인 근거가 될 수 있는지에 대해서는 상당한 논란이 있다. 이미 앞에서 독과점규제의 정치적 정당성에 대한 논란을 검토하면서 지적한 바와같이 독과점 또는 기업결합을 통한 거대기업의 등장은 민주적인 정치적 과정(democratic political process)을 훼방할 수 있는 가능성이 있다. 예를 들면 거대기업이 가지는 국민경제적 비중으로 인해 정부의 정책선택의 폭을 제약하거나, 그들이 상당한 정치적 영향력을 행사함으로써 처음부터 정부의 경제정책 선택에 偏向性(bias)을 개입시킬 가능성이 있다. 그러나 여기서 주의하지 않으면 안될 사실은 이러한 정치적 고려가 정상적인 기업성장을 무차별적으로 가로막는 것이어서는 안된다는 점이다. 예를 들어 기업성장이 시장경쟁을 제한하는 기업결합(이러한 효과는 수평적 기업결합의 경우에 가장 크다)을 통해 이루어짐으로써 직접적으로 소비자 이익을 침해하게 된다면 이 때의 기업결합은 당연히 규제되어야 할 것이다.

그러나 이러한 부작용을 초래하는 것이 아닌 한 기업성장의 중요한 수단인 기업결합의 길을 봉쇄하는 것은 비합리적이라고 아니할 수 없다. 왜냐하면 기업결합의 결과로서 나타나는 정치적 부작용은 기업결합을 직접적으로 규제함으로써가 아니라 다른 보다 적절한 정책수단을 통해 해결되는 것이 바람직하기 때문이다.

예를 들어 흔히 얘기되는 바와 같이 기업결합 등을 통하여 성장한 기업이 금융을 과도하게 많이 사용한다든가 자신들에게 유리한 정책을 얻어낼 수 있게 된다든가 하는 주장은 문제의 원천을 잘못 짚고 있는 것이라고 아니할 수 없다. 금융의 편중적 지원은 금융배분의 메카니즘에 바람직하지 못한 정치적 영향력과 행정적 간섭이 있기 때문에 야기되는 문제이지 경제력 집중의 당연한 결과로 볼 수 없다. 마찬가지로 경제력 집중이 당연히 편향된 경제정책을 생산해 내는 것도 아니다. 이것은 정책과정 또는 이를 둘러싼 정치적 과정 자체가 민주적이지 못한데 문제가 있다. 결국 이러한 문제를 염려하여 기업결합을 강력하게 규제한다면 이는 "구더기 무서워 장 못 담그는" 것과 다를 바 없다.

다만 기업결합 그 자체가 비정상적인 방법으로 또는 탈법적인 방법으로 이루어지는 경우에까지 이상에서의 같은 논리가 적용되어야 하는 것은 물론 아니다. 우리나라에서 특히 문제가 되고 있는 相互出資에 의한 기업확장과 같은 것이 바로 그것이다. 상호출자란 A기업이 B기업에 출자하고 다시 B기업이 A기업에 출자하는 방식을 말하는 바 이것은 새로운 자금의 도입을 통하여 이루어지는 출자가 아니라 架空的인 출자 혹은 회계장부상의 출자에 불과하다. 우리나라의 공정거래법은 바로 이러한 기업의 비정상적인 상호출자를 경제력 집중의 억제 측면에서 규제하고 있다.[11]

11) 한국개발연구원 및 공정거래위원회(편), 「공정거래 10년」, 1991, pp. 106~114 참고.

요컨대 기업결합은 그것이 비정상적인 방법으로 이루어지는 것이 아닌 이상 상당한 경제적 합리성을 갖고 있다. 이런 관점에서 기업결합의 사회적 유용성과 규제의 필요성에 대한 판단은 합리적인 근거위에서 이루어져야 할 것이다. 아래에서는 기업결합의 유형별로 각각의 경제적 효과와 규제의 타당성을 좀 더 구체적으로 살펴보려고 한다.

4.1 수평적 기업결합의 규제

위에서 언급한 바와 같이 수평적 결합(horizontal merger)은 동종의 업종(same line of business)에 있는 기업들이 결합하는 것이므로 시장경쟁을 제약하게 될 가능성이 대단히 높다. 물론 이 경우에 있어서는 앞의 독과점 규제에서 고찰한 바와 같이 동종업종의 정의, 유관한 시장(relevant market)의 정의를 둘러싸고 논란이 있을 수 있다. 그러나 수평적 결합은 어느 경우에나 시장에 있어서의 기업 수효를 감소시키는 것이므로 시장경쟁을 제약하게 된다. 특히 그 업종의 유수한 기업들이 수평적으로 결합하는 경우에 결합기업의 시장점유율이 높아지고 그 결과 산업집중도(concentration ratio)가 높아지기 때문에 시장경쟁 제한효과는 더욱 크게 나타날 가능성이 있다. 이러한 이유에서 수평적 결합은 이하에서 고찰하게 될 다른 유형의 기업결합에 비하여 강력한 규제를 받고 있다.

그러나 수평적 결합을 규제하는 데에도 문제는 있다. 경험적인 연구들에 의하면 기업결합으로 생산성이 향상되고 경영이 효율화된 기업들이 많고, 그 산업의 지속적인 성장으로 인해서 그 기업의 시장점유율은 장기적으로 하락하는 경향이 있는 반면에 가격상승이 유발되는 경우는 드물다는 것이다.[12] 또 다른 비교연구에 의하면 산업의 집중도를 국제적으로 비교해 보면 상당히 높은 유사성을 발견할 수 있는 바 이것은 각 산업이 고유하게 갖고 있는 기술적·경제적 특성 때문이라는 것이다. 다시

12) Yale Brozen, *Mergers in Perspective* (Washington, D.C.: American Enterprise Institute, 1982), pp. 14~24.

말하면 선진국 어디에 있어서나 산업별 산업집중도에 일정한 패턴을 보이는 것은 각 산업에 있어서의 수평적 결합이 그 산업 고유의 기술적·경제적 특성에 기인하고 있음을 보여주는 것이고 이러한 특성이 강한 산업에서 수평적 결합은 효율적인 기업경영의 방법이 될 수 있는 것이다.[13)]

한편 산업집중도와 가격수준을 비교연구한 결과에 의하면 산업의 집중도가 높은 산업일수록 대기업의 생산비용은 중소기업의 생산비용에 비하여 상대적으로 낮다.[14)] 이것은 치열한 시장경쟁의 결과 비용을 절감할 수 있는 방법으로서 기업결합이 유리한 수단이 될 수 있음을 보여 준다. 특히 이 산업이 규모경제(economies of scale) 효과가 큰 경우에는 각 기업이 最適 生産規模(optimal scale)에 도달하여야 하고 이에 따라 생산시설이 확대되면 치열한 가격경쟁을 통하여 궁극에는 최적규모 이상을 갖춘 기업만이 생존할 수 있게 되어 자동적으로 독과점적인 시장구조가 나타나게 될 수 있다.[15)]

이러한 주장은 수평적 기업결합에 대한 규제가 한 산업의 과잉 시설 또는 중복적 시설(excess and duplicative capacities)을 초래할 수 있음을 보여 준다. 또한 이것은 수평적 기업결합 규제가 산업의 집중화를 오히려 촉진할 수도 있음을 보여준다. 이것은 다음과 같은 두 가지의 이유 때문이다. 첫째, 규제로 인해 중소기업들이 기업결합을 피할 수 없기 때문에 이들의 경쟁력은 약화된다. 둘째, 기업결합 방식에 의한 기업성장 기회의 봉쇄는 그 산업내 대기업의 內的 成長(internal growth)을 더욱 촉진한다.[16)]

이상에서의 논의와는 또 다른 측면에서 수평적 기업결합에 대한 규제의 문제점이 제기되기도 한다. 수평적 기업결합에 대한 엄격한 규제는

---

13) Joe S. Bain, *International Differences in Industrial Structure* (New Haven: Yale University Press, 1966); Frederic L. Pryor, "An International Comparison of Concentration Ratios," *Review of Economics and Statistics*, Vol. 54 (May 1972).

14) Harold Demsetz, "The Trust Upon Which Antitrust Stands," *Antitrust Law Journal*, Vol. 46, No. 3 (Summer 1977), p. 821.

15) Joe S. Bain, *Industrial Organization*, 2nd ed. (New York: John Wiley and Sons, 1968), p. 183.

16) Brozen, *op. cit.*, pp. 21～24.

중소기업의 賣却價値(sale value)를 감소시키는 구실을 한다.[17] 즉 기업결합이 허용된 상태에서는 그 업종의 대기업이 중소기업을 흡수하려고 할 것이기 때문에 중소기업의 매각가치가 높을 수 있으나 그러한 가능성이 배제될 때 중소기업의 매각가치는 절하되기 마련이고 경쟁력이 취약한 중소기업은 급기야 도산하지 않을 수 없는 운명에 처하게 된다. 물론 이때 경영다각화의 측면에서 이 산업에 진입을 희망하는 기업집단 또는 재벌이 이러한 중소기업을 매수할 수도 있을 것이나 이 중소기업의 시장가치는 그만큼 절하되어 있을 수 밖에 없고 이러한 관점에서 수평적 기업결합규제는 중소기업자에게 반드시 유리한 제도도 아니다.

이상에서 수평적 기업결합 규제에 대한 다양한 견해들을 고찰하였는바 이 경우 역시 앞에서 독과점 규제의 딜레마, 즉 독점력(monopoly power)의 존재 사실만으로 독과점의 폐해를 추정할 수 없다는 딜레마의 예외가 아니다. 따라서 시장경쟁을 제약하게 될 가능성이 가장 높은 수평적 기업결합을 규제함에 있어서도 그 자체를 무조건 금지하기 보다는 그 산업의 기술적 특성, 시장규모, 경쟁여건, 방향, 강도 등을 종합적으로 고려하여 규제여부를 판단하는 것이 바람직한 접근방법이라고 할 수 있을 것이다.

4.2 수직적 기업결합의 규제

수직적 기업결합(vertical integration)은 어떤 기업이 그것에 원료를 제공하는 산업의 기업 또는 그것의 생산제품을 이용하거나 그것의 판매를 담당하는 산업의 기업과 결합하는 것을 말한다. 수직적 기업결합의 추진동기는 다양하나 원료공급의 안전성 확보, 중간재나 부품의 품질향상 및 기술개발 촉진, 販路의 안정적 확보 등을 주요한 이유로 들 수 있고 이러한 요인들은 모두 경영의 효율화 측면에서 정당화될 수 있는 것들이다.

수직적 기업결합의 문제는 주로 그것이 결과적으로 被結合 산업에 있

17) Posner, *op. cit.*, p. 105.

어서 진입제한(barriers to entry) 효과를 유발하지 않느냐 하는 측면에서 제기된다. 그러나 이 경우에 있어서 진입제한 효과를 판별하는 것은 그리 쉽지 않은 문제라고 할 수 있다. 예를 들면 정부규제 하에서 어떤 천연자원을 독점적으로 생산하는 기업이 있고 이와 같이 독점적으로 생산된 자원을 공급받고 있는 기업이 있어 이 두기업이 수직적으로 결합하는 경우에 후자의 산업에 대한 진입제한이 문제가 된다. 즉 독점자원 생산기업과 그것의 이용기업 사이의 수직적 결합이 후자의 산업에 진입제한을 형성하는 것으로 보아야 할 것이냐 하는 문제가 발생된다.

우선 만일 자원생산기업과 자원이용기업이 서로 수직적으로 결합한 결과 그 자원이 사회적 비용을 반영하는 수준보다 낮은 가격으로 후자의 기업에 공급된다면 그 자원을 이용하는 산업부문에 진입제한이 존재한다고 할 수 있다. 그러나 이 경우에 있어서 자원이용 산업부문에서 나타나는 진입제한 효과는 다른 산업 즉 자원생산 산업부문에 있어서의 독점에 따른 불가피한 결과라고 하는 점에 유의할 필요가 있다. 따라서 여기에서 자원생산기업과 그것의 이용기업 간의 수직적 결합 그 자체는 문제가 되지 않는다. 왜냐하면 이 경우에 수직적 결합기업이 누리게 되는 費用優位(cost advantage)는 완전경쟁 및 자원의 최적배분 조건하에서도 발생하는 差別的 地代(differential rent)에 불과할 뿐 사회적 비용을 야기하는 것은 아니기 때문이다. 다시 말하면 수직적 결합이 용인되지 않는 경우 좀더 많은 기업이 이 자원을 이용하는 산업에 참여하고 따라서 생산이 늘어나 사회적 이익을 가져다 줄 수 있다고 하더라도 어느 기업엔가는 이러한 비용우위가 나타나게 된다.[18)]

18) 이러한 주장은 물론 次善理論(theory of the second best)에 입각하고 있다. 차선이론이란 다른 관련 시장에서의 가격(other relevant prices)이 한계적 사회비용과 괴리되어 있는 경우에는 해당시장에서의 한계비용 가격책정(marginal cost pricing)의 원리를 적용하는 것이 반드시 최적(optimal)이라고는 볼 수 없다는 이론이다. 이 이론의 내용과 적용에 관하여는 Robin W. Boadway, *Public Sector Economics* (Boston: Little, Brown and Co., 1979), pp. 158~162 참고.

4.3 혼합결합의 규제

위에서 기업결합의 일반적인 효과를 열거하였으나 異業種 간의 기업결합인 혼합결합(conglomerate merger)은 경영효율화의 측면에서 보다 많은 장점을 가지고 있다. 우선 계열기업은 경영의 다각화(diversification)를 통하여 경영위험(business risks)을 분산시킬 수 있다. 다음으로 계열기업 간에 자금을 상호 융통할 수 있는 '企業內 자본시장(internal capital market)'이 형성됨으로써 자금동원능력을 극대화할 수 있다. 이러한 내부 자본시장의 형성 및 활용은 단지 외부금융에 대한 의존도를 감소시키는 것 뿐만이 아니라 이에 따라 기업내의 영업비밀(secret)을 노출시키지 않아도 되는 이점이 있다.

기업집단은 또한 계열내 기업간의 인사교류를 통하여 노동력의 배분 및 사용의 효율화를 기할 수도 있다. 특히 계열기업들은 상호 內部情報(inside information)의 유통을 통하여 새로운 시장기회, 기술개발 기회 등을 경쟁기업에 비하여 빨리 포착하여 이용할 수 있는 장점도 가지고 있다. 재벌기업들이 설치하고 있는 종합 기획조정실의 중요한 역할은 바로 여기에 있다고 할 수 있을 것이다.

특히 사업전망이 불투명하여 자금이나 인력조달에 어려움을 겪고 있거나, 기술개발의 애로에 봉착해 있는 부실한 기업을 재벌이 인수하여 그것이 가지고 있는 풍부한 자금과 인력 그리고 기술개발 능력을 최대한으로 발휘할 수 있게 된다면 이것은 국민경제적으로도 바람직한 일이라고 할 수 있을 것이다. 이러한 부실기업에 대해서까지 기업결합을 허용하지 않는다면 이것은 결국 국민경제적 손실을 초래할 뿐이다. 더구나 이러한 기업결합이 봉쇄된다면 부실기업의 매각가치(sale value)가 형편없이 저하되어 부실기업 및 그 기업의 노동자에게 더 큰 경제적 타격을 주게 될 것이다.

이와 같이 경영의 다각화(diversification)와 효율화의 측면에서 많은 장점을 가지고 있는 혼합결합 즉 재벌의 형성을 규제해야 할 필요성은 경제력 집중의 방지 및 억제라는 정치적인 고려와 중소기업의 보호라는 사회정책적 측면에서 주로 제기되고 있다. 경제적인 측면에서 혼합결합을 규제해야 할 이유는 별로 없다. 그것은 혼합결합이 異業種 간의 기업결합이기 때문에 시장경쟁을 제한하는 효과는 극히 적기 때문이다.

우선 사회정책적 측면에서 혼합결합 규제의 정당성과 필요성을 고찰해 볼 필요가 있다. 예를 들어 재벌기업이 중소기업이 전문화하는 것이 바람직하다고 여겨지는 산업분야에까지 무차별적으로 침투하여 지배적인 위치를 차지하려고 한다면 이것은 분명 바람직하지 못하다. 우리나라에서 소위 문어발식 경영이니 또는 백화점식 경영이니 하여 재벌의 무차별적인 기업성장 추구행태에 대하여 사회적으로 맹렬한 비난이 가해지고 있는 것도 이 때문이다. 그러나 이러한 목적에서 혼합결합의 규제가 이루어질 경우 그것이 궁극적으로 시장경쟁을 창달하고 소비자의 이익증진에 기여하는 것이 아니고 비능률적인 중소기업의 온존 등 중소기업의 배타적 보호를 합리화하는 제도적 장치로 전락하게 될 가능성이 높다는 점에 주의할 필요가 있다.

다음으로 기업이 혼합결합을 통하여 거대 財閥群을 형성하게 될 때 富와 소득의 편중현상이 가속화 될 것은 뻔한 이치이다. 이것은 특히 우리나라에서와 같이 아직도 가족경영 등 전근대적인 경영관행이 강하고 기업공개 등을 통한 所有의 분산이 미흡한 현실에서는 특히 중요한 문제가 아닐 수 없다. 더 나아가서 재벌이 그들이 가지고 있는 정치적 영향력을 사용하여 국가정책에 간섭하게 될 때 이러한 문제는 더욱 심각하게 제기되지 않을 수 없다. 물론 재벌기업들이 당연히 정치적 지배 (political control)를 획책하는 것으로는 볼 수 없을 것이다. 그러나 재벌이 국가정책 과정에 막대한 영향력을 음양으로 행사할 것이라는 개연성은 대단히 높다. 특히 우리나라에서와 같이 재벌의 성장이 대기업 편향적인 국가정책의 직간접적인 산물이라고 할 수 있고 이들이 차지하고 있는 경제영역이 중요산업에 집중되어 있을 경우에는 재벌의 요구가 없다고 할지라도 정부가 경제정책을 운용함에 있어서 이들의 경영 안정성 확보에 일차적인 정책적 관심을 기울이는 것을 쉽게 볼 수 있다.[19)]

이러한 정치적 문제에 대한 올바른 접근방법에 대하여는 이미 앞에서 논의한 바 있으므로 여기에서는 생략할 것이나 새삼 강조하지 않을 수 없는 사항은 혼합결합 그 자체에 문제가 있기 보다는 혼합결합을 추구하는 방법의 정당성(예: 자금의 출처와 출자방법 등) 확보, 재벌기업의 소유의 분산 촉진, 재벌기업들의 부당한 정치적 간섭을 배제할 수 있는 민주적 제도의 정착 등 실질적인 문제를 직접적으로 다루어 나가는 것이 합리적인 접근방법이라는 점이다.

5. 카르텔에 대한 규제

카르텔(cartel)이란 동일한 산업내 기업들이 각자 독립성을 유지하되 공동행위 즉 談合(collusion)을 통하여 다른 사업자와 공동으로 제품이나 서비스 가격의 조절, 생산량이나 판매지역의 분할 또는 할당, 또는 판매조건이나 방법을 획정하는 것을 말한다. 공동행위의 범위는 이것 중 어느 하나만이 이루어지는 경우도 있고 두가지 이상이 혼합되는 경우도 있다.

카르텔의 형성과 운용은 보통 동업조합인 사업자단체를 통하여 이루어진다. 여기서 사업자단체란 중소기업협동조합법, 각종의 특별법, 민법 등에 근거를 둔 각종의 ○○사업자 협동조합, ○○공업진흥회, ○○공업협회 등을 일컫는다.[20)] 이러한 사업자단체를 통한 카르텔 행위는 명시적인 계약이나 합의를 통하여 이루어지기도 하지만 보통은 묵시적으로 은밀한 방법을 통하여 이루어지는 경우가 더 많다. 이러한 방법으로 이루

19) 국가정책 과정에서 기업이 항상 정부의 특별한 고려의 대상이 되지 않을 수 없는 이유를 명쾌하게 설명하고 있는 글로서는 Charles E. Lindblom, "The Privileged Position of Business," *Politics and Markets* (New York: Basic Books, 1977), Chap. 13 참고.

20) 1990년말 현재 우리나라의 사업자단체는 총 1,116개로서 제조업에 512개, 도·소매, 음식숙박업에 240개, 운수·창고업에 207개 등이다. 한국개발연구원 및 공정거래위원회(편), 전게서, p. 135.

어지는 담합행위는 동종 산업의 기업들이 치열한 시장경쟁을 실질적으로 배제 또는 제한함으로써 공동이익을 확대하려는 명백한 불공정거래 행위로서 이 때 소비자의 이익이 침해되는 것은 물론이다. 이와는 대조적으로 정부가 예외적으로 기업의 공동행위 또는 사업자단체의 공동행위를 인가하는 경우가 있다. 이것은 특수한 경제상황 속에서 또는 산업구조 조정의 필요성에서 카르텔 행위를 허용하는 것이 불가피하다고 인정되는 경우에 국한된다. 제 4 장에서 논의한 바와 같이 극도로 악화된 경제상황 속에서 동업종의 기업들이 치열한 시장경쟁에 돌입할 때 공동이익을 확보할 수 없는 集團行動의 딜레마(collective action dilemma) 상황이 야기되고 이에 따라 동업종의 사활이 문제가 된다고 판단될 때 정부는 이러한 조치를 취하게 된다.

불황산업의 구조적 조정을 촉진하기 위한 不況카르텔(recession cartel)은 이러한 경우의 대표적인 예이다. 정부가 기업의 공동행위를 합법적으로 인정하는 경우에는 카르텔에 흔히 나타나는 속임(chiseling) 행위를 효과적으로 통제할 수 있기 때문에 카르텔의 효과는 보다 강력하게 나타난다. 이와 같이 정부가 카르텔 행위를 허용할 때 그것이 생산자보호(producer protection)를 목적으로 하는 것이기 때문에 소비자의 이익이 크게 침해될 것임은 물론이다. 따라서 이러한 예외적 카르텔은 限時的으로 이루어지는 것이 바람직하다고 할 수 있다. 이제 주요한 카르텔 행위를 유형별로 검토하기로 한다.

5.1 가격 카르텔

5.1.1 사업자의 카르텔 행위

가격가르텔은 2인 이상의 사업자가 최저판매가격 및 인상폭의 설정, 공통적인 가격산정방식의 설정을 통한 가격결정, 표준가격 · 기준가격 · 목표가격의 설정, 할인한도액 등 가격구성요소의 한정, 단체교섭에 의한 가격결정, 廉賣業者 배제 및 염가품의 還買, 再販賣가격유지, 장래의 가격에 대한 정보의 상호유통 등의 방법으로 이루어진다.

예를 들면 1984년 家電3社는 칼라 TV의 소비자가격 하락 방지를 위해 소비자가격의 일정수준유지를 위한 가격조정원칙과 專賣시장에서의 염가품의 유입방지 대책을 공동으로 결정하였다. 1987년에는 대리점 등의 최저판매가격을 공동으로 설정하여 강요하고 전매시장에의 염가품의 유입방지, 전매시장에서 판매되는 제품에 대한 보증수리의 거절 및 각종 판매장려금의 축소를 공동으로 실행하였다.[21] 이러한 가격 카르텔 행위는 유통질서의 문란(?)을 방지한다는 이유에서 상공부의 행정지도 일환으로 이루어진 것이나 이것이 공정거래법에 위반된 불공정거래 행위에 해당됨은 물론이다.

이와 같이 다수의 사업자가 담합(collusion)하여 가격카르텔(price cartel)을 형성하게 되면 독과점 사업자와 마찬가지로 시장을 지배하여 독점이윤을 누릴 수 있다. 우선 이들이 가격카르텔을 형성하려고 하는 것은 시장경쟁이 과열되어 기업들이 장기적 한계비용 이하로 가격을 인하하면서 까지 격심한 가격경쟁을 하지 않을 수 없기 때문이다. 따라서 이들은 생산량 또는 공급량을 조절함으로써 가격을 균형가격 이상으로 안정시키려고 한다.

그러나 가격카르텔하에서 모든 기업은 독점이윤을 향유할 수 있으나 협정을 위반하여 몰래 카르텔 가격 이하로 자기의 판매가격을 인하하게 되면 시장점유율을 확대시킬 수 있고 따라서 수입을 증가시킬 수 있기 때문에 언제라도 카르텔 협정을 위반(chiseling)하려고 하는 유혹을 받기 마련이다. 따라서 가격경쟁이 치열한 시장에서 가격카르텔은 오랫동안 유지될 수 없다.

5.1.2 예외적 허용

가격카르텔이 시장경쟁을 제한하고 소비자 이익을 침해하는 것임에도 불구하고 정부가 이러한 카르텔을 예외적으로 인정하여 공정거래법 상

21) 상게서, p. 219.

免責을 허용하는 경우가 있다. 예를 들면 산업정책적 고려에서 過當競爭(excessive competition)으로 인해 해당산업의 안정적 성장이 위협된다고 보는 것 등은 그 전형적인 경우이다. 이와 같은 이유에서 정부가 가격카르텔을 허용하는 경우에는 정부가 카르텔 가격을 직접 규제하지 않을 수 없다.

카르텔 가격의 규제는 두 가지 방법으로 이루어질 수 있다. 하나는 카르텔가격의 책정과 감시를 해당산업의 自律規制(제12장)에 맡기는 방법이다. 이 경우에는 해당산업의 기업체 가운데 가장 효율성이 낮은 限界企業(marginal firm)의 가격이 규제가격이 될 것이다. 따라서 한계기업을 제외한 모든 기업이 정상이윤 외에 경제적 이윤 또는 초과이윤을 얻을 수 있게 된다. 다른 하나는 자율규제의 폐단을 막고 해당산업의 생산성을 향상시키기 위해서 정부가 카르텔 가격을 직접 규제하는 방법이다. 이 경우에는 해당산업내의 한계기업의 가격 이상의 수준으로 규제가격을 책정해야 할 것이나 카르텔을 인정해 주는 근본목적이 기존업체의 경영안정성 확보에 있는 만큼 위의 경우보다 크게 낮은 가격수준을 규제가격으로 결정하기는 쉽지 않을 것이다.

이와 같이 정부가 가격카르텔을 허용해 주는 경우에 나타나는 보다 더 중요한 문제는 해당산업의 규제가격이 비효율적으로 높은 수준에 유지되는 한 이 산업에 대한 진입을 희망하는 기업이 늘어나게 된다는 것이다. 이 때 만일 이들의 자유로운 시장진입을 허용하게 되면 다시 경쟁이 격화되어 카르텔 또는 카르텔가격의 규제가 무의미해지게 되므로 정부는 결국 가격규제와 동시에 이 산업에 대한 진입규제(entry regulation)를 병행하지 않을 수 없게 된다. 이런 의미에서 가격카르텔의 허용은 극히 제한적으로 이루어져야 할 것이다. 이것은 일단 어떤 규제가 이루어지면 그것의 실효성을 지속적으로 확보하도록 하기 위해 계속적으로 또 다른 규제를 추가하지 않을 수 없게 되어 정부규제가 지속적으로 중첩적으로 증가하게 되는 정부규제의 피라미드(regulation pyramid) 현상 때문이다.

5.2 수량 카르텔

5.2.1 사업자의 카르텔 행위

수량 카르텔은 사업자가 공동으로 생산량·판매량을 결정하거나, 원재료의 구입제한, 기준설정에 의한 수량조절, 需給조정을 목적으로 한 수요예측 및 공급계획의 상호교환 행위 등의 방법으로 이루어지는 불공정한 거래행위다. 예를 들면 1982년부터 국내 精油6社는 휘발유, 등유, 경유 등 11개 석유제품에 대하여 과거의 판매실적을 토대로 회사별, 유통수단별 기준 시장점유율을 정하여 경쟁을 제한하여 왔다. 이들은 이러한 공동행위의 이행을 담보하기 위해 기준 시장점유율을 초과한 회사는 이에 미달한 회사로부터 초과판매분 만큼의 제품을 현금으로 구입하게 하고 사후 精算하는 등 내부적인 제재조치를 병행하여 왔다.[22] 이와 같은 방법에 의한 不當共同行爲는 판매가격의 유지 및 인상효과의 유발, 경영효율성 향상노력의 회피 등을 초래하는 것이므로 당연히 소비자 이익에 반하게 된다.

5.2.2 정부의 생산량 및 거래량 규제

그리 많다고는 볼 수 없으나 정부가 기업의 생산량 또는 거래량에 대하여 규제하는 경우가 있다. 우선 생산량에 대한 규제는 석유를 포함한 지하자원과 같은 枯渴資源(depletable resources)에 대한 생산량을 제한하는 것을 말한다. 이것은 이러한 자원이 재생산이 불가능하다는 특성을 가지고 있기 때문이다. 그런가 하면 독극물, 총포, 화약, 刀劍 등과 같이 위험성이 있는 물건의 생산량을 규제하는 경우도 있다. 이러한 규제는 단독으로 이루어지기 보다는 우리가 제9장에서 고찰한 바 있는 사업의 認許可를 통한 진입규제에 부수하여 이루어지는 것이 보통이다.

---

22) 공정거래위원회는 1988년 이들 정유6사의 부당한 공동행위에 대한 시정명령과 함께 20억 9천만원의 과징금을 부과하였다. 상게서, pp. 130~31.

이와는 달리 주류업에 있어서는 정부가 酒精의 생산량과 거래량을 규제함으로써 궁극적으로 주류의 생산량 및 거래량을 규제하는 것을 볼 수 있다. 이러한 규제는 그것이 경제적 합리성이 있어서라기 보다는 稅源의 정확한 포착, 租稅脫漏의 방지 등 재정수입의 확보를 보다 용이하게 하기 위한 행정편의에서 비롯된 것이라 할 수 있을 것이다. 이와 비슷한 것으로서는 은행예금액, 채권매입액 등에 개인별 상한을 두는 경우인 바 이것 역시 이자소득세의 감면 등 세무행정 상의 편의를 도모하기 위한 것으로 보아 무방할 것이다.

보다 일반적인 생산량 및 거래량의 규제는 전시나 비상사태하에서 물자의 부족사태를 극복하기 위해 실시하는 生產割當制 또는 配給制(rationing)를 들 수 있다. 특히 배급제를 실시함에 있어서는 과거의 소비량 또는 수요량에 일정비율을 곱하는 방식이 보통 이용되고 있다. 그러나 이러한 방식은 제10장에서 살펴 본 기준시점 가격규제와 동일한 문제점을 노정하게 되는 바 이에 대한 설명은 생략한다.[23)]

5.3 거래지역 및 거래상대방 제한 카르텔

5.3.1 사업자의 카르텔 행위

사업자가 공동으로 거래상대방의 제한, 거래지역의 제한, 受注의 배분, 수주예정자의 결정, 경쟁자와의 신규거래 금지, 등록제에 의한 고객의 거래처 고정화, 블랙리스트(black list)의 작성 등을 행하는 것을 말한다. 이 때에 사업자간의 판매경쟁이 제한되고 소비자의 선택권이 부당하게 침해됨은 물론이다. 이러한 유형의 카르텔 행위가 가격수준을 좌우하는 효과는 그다지 크다고 할 수 없으나 이것이 많은 경우 가격카르텔의 보완적 수단으로 사용되는 것을 볼 수 있다. 이것의 예로서는 휘발유 등 석유제품을 주유소 및 실수요자에게 판매하는 서울, 인천, 경기도, 강원

23) 이러한 방법에 의한 배급을 기준시점 배정(historically based allocation)이라고 부른다. Stephen Breyer, *Regulation and Its Reform* (Cambridge, Mass.: Harvard University Press, 1982), Chap. 6 참고.

도 일원의 대리점 40사가 "시장질서협의회"라는 것을 결성하여 매주 1회 정기적으로 회합을 가지면서 서로 다른 대리점의 주유소를 침범하지 못하도록 하는 한편 복수의 대리점과 거래하는 주유소로 하여금 1개의 대리점만을 선택하여 거래하도록 강제하는 등 부당한 거래행위를 한 것을 들 수 있다.[24)]

5.3.2 정부의 거래상대방 및 지역 규제

정부가 주도하여 거래상대방을 규제하는 대표적인 규제로서는 금융기관의 동일인 또는 계열기업에 대한 與信限度(credit ceiling) 규제를 들 수 있을 것이다. 이것은 금융기관 및 금융자금의 공익성에 비추어 금융자금의 수혜가 특정인 또는 특정기업 및 재벌에 편중되는 일이 없도록 하기 위한 규제이다. 이러한 규제는 우선 금융자금의 특정인에 대한 편중이 官治金融과 같은 경제외적 이유에 의해 이루어지고 있는 경우에 궁극적으로 경제적 효율성을 증진한다. 반면에 이러한 외부적 간섭 없이 자본시장이 원활하게 기능하고 있는 한 특정인 또는 특정기업 또는 재벌에 대한 여신한도 규제는 금융의 사용에 있어서 경제적 비효율성을 야기할 가능성이 있다.

이와 유사한 형태의 규제는 농지거래의 규제에서도 볼 수 있다. 우리나라는 1949년의 농지개혁 이래 耕者有田 원칙에 입각하여 농민이 아니고서는 농지거래를 할 수 없도록 하여 왔다. 이러한 규제는 전근대적인 小作제도의 부활을 막기 위한 다분히 정치적인 목적에서 이루어지는 것이라 할 수 있다. 그러나 이 규제는 농지의 가격을 억제하는 효과를 가지고 있다. 따라서 오늘에 있어서와 같이 부동산투기가 만연한 속에서 다른 용도의 토지가격에 비하여 농지가격이 극히 낮은 가격수준에 머무르게 될 때 농지소유자의 재산권의 보호 및 공평성 측면에서 문제의 소지가 있다.

---

24) 한국개발연구원 및 공정거래위원회(편), 전게서, pp. 131~32.

[사례 11-1] 農地所有 및 農地轉用 규제

1949년 농지개혁법이 제정시행된 이래 농지는 농민이 아니고서는 소유할 수 없다는 耕者有田의 원칙을 고수하고 농가 1가구당 농지소유 상한선도 3ha로 제한하여 왔다. 이것은 농가가 전국 가구의 70%이상을 차지하고 있던 당시의 상황에 비추어 절대다수 농가의 생존을 보장하고 小作制度가 부활되지 못하게 하기 위한 목적에서 였다. 그러나 이러한 농지소유에 대한 규제는 많은 문제점을 파생시키게 되었다.

첫째, 경자유전의 원칙에 입각한 비농민에 대한 농지매입 금지로 인해 농지거래가 실질적으로 위축되고 그 결과 농지가격이 다른 용도의 토지가격에 비하여 현저하게 낮은 선에 머물게 됨으로써 離農 또는 脫農을 원하는 농민들의 재산권이 침해되고 있다는 주장이 제기되었다. 그러나 농민의 재산권보호 목적으로 비농민에게 농지매입을 허용하게 되면 현재 농지의 수익률이 현저히 낮은 점을 고려할 때 농지가 부동산투기의 대상이 되고 결과적으로 농지의 他用途 轉用을 부채질하게 될 것이며, 이것은 농지규모를 늘려 영농을 근대화 해보려는 성실한 농민의 꿈을 앗아가는 것이라는 반박도 만만치 않다.

둘째, 농지의 타용도 전용에 관해서 정부는 농어촌발전 특별조치법에 의거하여 전국의 농지를 絶對農地와 相對農地로 구분하여 농지의 전용을 제한하여 왔다. 그러나 1989년 농림수산부는 이 구분을 폐지하는 대신 농업진흥지역과 그밖의 지역으로 二分하여 1992년 부터 시행할 방침이다. 농업진흥지역이란 집단화된 농지와 경지정리 및 기계화 등이 가능한 곳으로 농지의 타용도 전용을 어렵게 하고 그 밖의 지역은 광범위하게 전용을 허용한다는 것이다. 이 경우 진흥지역과 그밖의 지역 농지의 가격차는 더욱 벌어지게 될 것이다. 民自黨 역시 심각한 공장부지 및 주택건설 용지 확보난의 해결을 위해 농지전용의 폭을 확대하여야 한다고 주장하고 있다.

이 과정에서 1991년 7월 농림수산부는 농업진흥지역 내에서의 농지소유 상한선을 현행 3ha에서 20ha로 확대하는 방안을 내놓았다. 농지소유 상한선을 이와 같이 대폭적으로 상향조정해야 할 필요성으로서 농림수산부는 첫째, 우루과이 라운드 타결 이후 예상되는 농산물 시장개방에 대응하여야 하고, 둘째, 계속되는 이농 및 탈농으로 농촌인력이 고갈 및 고령화 추세에 들어 가 있는 만큼 영농규모의 대규모화와 농업기계화가 불가피하다는 것 셋째, 현실적으로 현재 3ha 이상 농지소유 농가가 약3

만 가구로 집계되고 있고 91년초부터 시작된 위탁영농이 농지소유 상한선 3ha를 사실상 무색케 하고 있다는 것을 들고 있다. 이러한 현실에 비추어 농지소유 상한선을 20ha로 확대하는 것이 필요하다는 것이다.

이러한 농림수산부의 계획에 대하여 전국농민회 총연맹은 "최근 부동산투기의 바람이 농지에 까지 미쳐 불법적인 농지전용 사례와 함께 투기꾼이 땅값이 오르기만을 기다리면서 놀리고 있는 또는 일손이 부족하여 영농을 포기하고 있는 休耕農地가 급증하고 있다. 小作도 많이 늘어나 90년말 현재 임차농지가 전체 농지의 37%에 이르고 있고 벼농사의 총 생산비 중 임차료가 차지하는 비율도 매우 높다. 따라서 농지소유 상한선 확대는 농민의 이농과 탈농을 부채질하고 결국 또 다른 사회적 문제를 만들어 내게 될 것"이라면서 이에 반대하고 있다.

유통질서(?)의 확보를 이유로 내세워 散賣를 금지 또는 제한하는 것도 거래규제에 속한다. 이것은 보통 정부가 인정하는 공동행위(예: 농산물의 공동판매)의 경우에 散賣가 이루어지게 되면 공동행위를 허가하는 목적을 저상할 가능성이 있기 때문이다. 이러한 규제는 자기의 사업영역이 침해되지 않도록 하기 위해 도매업 또는 소매업에 종사하는 자들이 생산자가 직접 소매상 또는 소비자에게 판매하지 못하도록 정치적 압력을 행사하는 경우에도 발생한다. 예를 들면 의약품 판매에 있어서 약사들이 소비자보호를 이유로 소정의 유통단계를 거치지 않은 생산자의 직접판매 및 거래행위를 제한하도록 하는 경우다. 이 때 보호되는 이익이 소비자 이익이라기 보다는 약사들 자신의 이익임은 물론이다.

다음으로 정부가 거래지역을 규제함으로써 일정 지역내에서의 시장경쟁을 제한하는 경우도 있다. 이러한 예에 속하는 것으로서는 1991년초 정부규제 완화대책의 일환으로 폐지된 주류 (막걸리, 소주, 청주)의 판매지역 제한(사례 24-7)을 들 수 있을 것이다. 이것은 직할시 및 도를 경계로 하여 그 지역에 소재한 주류생산업자가 그 지역 수요의 일정분을 독점할 수 있도록 하고 그 나머지에 대하여서만 타 지방의 주류생산업자가 공급을 경쟁적으로 담당하게 하는 방식으로 이루어져 왔다. 주류업에 있어서의 판매지역의 제한이 주류업자들 사이의 과당경쟁을 방지함으로써 소비자 이익은 아랑곳없이 기존 주류업체의 기득이익을 보호해 주고 있었음을 물론이다.

5.4 판매조건 카르텔

판매조건 카르텔은 주로 다른 카르텔의 보완적 수단으로 형성되는 경우가 많다. 예를 들면 앞에서 본 家電3社의 경우가 있다. 이들은 1986년 가전제품의 염가판매가 늘어나자 산하대리점으로 하여금 판매가격을 준수하도록 하는 한편 제품을 판 대리점에서만 아프터서비스(A/S)를 해주기로 합의하여 실행하였다. 이것은 소비자가 가전제품을 어디서 구매하든지 일정기간 고장수리를 받을 수 있는 권리를 침해한 것으로 당연히 부당 거래행위에 속한다.

5.5 생산제품의 종류 및 규격제한 카르텔

제품의 종류 및 규격을 제한하는 행위는 정부가 제품표준화를 위해 이를 시행하는 경우가 아닌 한 소비자의 선택권을 제한하는 행위로서 부당거래행위에 속한다. 이러한 부당행위의 실례로는 1984년의 여성잡지 部數제한, 1986년의 두부의 규격제한 사건 등이 있다.[25]

5.6 영업의 공동수행 및 관리회사의 설립

사업자가 공동으로 영업을 수행하거나 관리하기 위한 회사를 설립하는 것은 가격, 물량, 거래조건 등을 종합적으로 통제함으로써 독점적인 시장지위를 확보하려는 것으로서 부당한 거래행위의 일종이다. 예를 들면 淨化槽 제조업자 14개사는 공동출자로 관리회사를 설립하고 새로 개발된 정화조 實用新案權을 매수하여 관리회사에 상품화 할 수 있는 권리

25) 상게서, pp. 132~3

를 부여한 다음 이를 대리점에 판매하였다. 이 과정에서 제조회사는 관리회사를 통하여 각사별 생산능력을 할당하고 설립년도에 기준하여 생산량, 출하량을 배분하는 방법을 통하여 제품의 가격을 인상하였다.[26]

6. 기타의 불공정거래행위의 규제

앞절에서 살펴 본 카르텔 행위 외에도 사업자가 공동으로 또는 개별적으로 시장경쟁을 제한할 목적으로 행하는 부당한 거래행위의 예는 수 없이 많다. 여기에서는 그 중 중요한 것들만을 간략하게 살펴보기로 한다.[27]

6.1 거래거절 및 차별적 취급

정당한 이유 없이 특정사업자에 대하여 거래를 거절, 중단, 제한하거나 거래상대방에 따라 가격, 수량, 품질 등 거래조건에 차등을 두는 것을 말한다. 이러한 불공정 거래행위는 공급자 또는 수요자 어느 편에서나 행할 수 있고 개별사업자가 단독으로 또는 여러 사업자들이 공동으로 행할 수도 있다. 이것은 직접적으로 이루어질 수도 있고 다른 사업자를 통하여 간접적으로 이루어질 수도 있다. 이러한 행위는 보통 자기 또는 계열회사의 경쟁사업자를 배제하거나 특정 사업자를 축출하려는 부당한 목적에서 이루어지는 것이므로 당연히 규제되어야 한다.

6.2 不當廉賣 및 부당 고가매입

이것은 대기업이 그것이 가지고 있는 우월한 자금력을 활용하여 통상거래가격보다 낮은 가격에 판매하거나 높은 가격에 매입함으로써 자기

26) 상게서, p. 133
27) 여기에서 간단히 언급하고 있는 불공정거래 행위의 정의, 실제 사례 등에 대한 상세한 논의는 상게서, pp. 145~192 참고.

또는 계열회사의 경쟁사업자를 배제하려는 행위이다. 다만 이 경우에 문제가 되는 것은 그러한 가격설정이 적법한지 여부를 가리는 일이다. 이것은 그 기업의 생산비용을 정확히 파악할 수 없기 때문이다.

6.3 거래강제

이것은 말 그대로 사업자가 거래상대방에게 부당하게 거래를 강제하는 행위로서 여기에는 끼워팔기(tie-in)와 자기 또는 계열회사의 사원에 대한 사원판매가 있다. 먼저 끼워팔기는 서로 관련이 없는 제품을 한 묶음으로 판매함으로써 수요자가 어쩔 수 없이 두 제품을 사게 하는 것으로 명백하게 부당 거래행위로 볼 수 있다. 그러나 끼워팔기가 합리적인 이유를 가지고 있는 경우도 있다. 예를 들면 복사기 회사가 복사기를 팔면서 복사용지를 끼워 파는 것과 같은 경우로서 이 경우에는 복사기 회사가 자사제품에 적합한 복사용지 생산에 규모경제 효과를 살리고 전문지식과 기술을 활용하여 아프터서비스를 보다 철저히 할 수도 있기 때문에 소비자에게도 이익이 될 수 있다.

6.4 조건부 거래

조건부거래에는 사업자가 자기 또는 계열회사의 경쟁사업자와 거래하지 아니하는 조건으로 거래하는 배타조건부 거래와 사업자가 거래상대방과 제3자(상대방의 수요자, 공급자, 또는 경쟁자)간의 거래관계에 구속적인 조건을 부가하는 구속조건부 거래가 있다. 어느 경우에나 이것은 거래상대방의 자유로운 사업활동에 제약을 가하는 것이므로 부당한 거래행위가 된다.

6.5 허위·과장광고의 규제

이것은 사업자의 허위 또는 기만적인 광고의 결과 소비자가 이에 현혹되어 불필요한 소비를 하거나 오도된 광고로 인해 피해를 입는 것을 방지하기 위한 규제이다. 이와 같이 소비자보호를 목적으로 이루어지는 허위·과장광고의 규제는 사회적 규제라고 볼 수 있기 때문에 제16장에서 보다 구체적으로 논의하게 될 것이다.

허위·과장광고는 소비자에게만 문제를 일으킬 뿐만 아니라 동종의 사업자 간에도 불공평의 문제를 야기한다. 그것은 광고가 제품차별화(product differentiation)의 주요한 수단이 될 뿐만 아니라 진입제한의 효과를 가지는 경우가 있기 때문이다. 시장지배적 기업들이 막대한 비용을 들이면서 광고에 열중하는 것도 이 때문이다. 일단 광고를 통하여 형성된 기업 이미지(firm image)는 후발기업 또는 잠재적인 기업이 도저히 따라잡을 수 없는 보이지 않는 진입장벽 (barriers to entry)으로 작용한다. 광고는 또한 그것이 소비자의 선호를 변화시키고 특정 상표에 대한 충성심(brand loyalty)을 불러일으키기까지 상당기간의 선행기간을 필요로 하는 바 이것을 광고의 移越效果(carry-over effect)라고 부른다. 이런 광고의 이월효과가 존재하는 한 그것이 비록 허위·과장광고에 의한 것일지라도 신규업체로서는 해당산업에의 진입에 부담을 느끼지 않을 수 없게 된다.[28)]

이와 같은 광고의 경제적 효과를 감안하여 시장지배적 사업자가 경쟁적 사업자를 물리칠 목적에서 행하는 허위·과대광고를 규제할 필요가 생긴다.

6.6 재판매가격유지 행위의 규제

再販賣價格維持(resale price maintenance)란 제조업자나 그 밖의 공급업자가 유통업자들이 자기제품을 구입하여 재판매할 때 지켜야 할 가격을 정하여 주고 그 가격 이하로는 판매를 하지 못하도록 강제하는 행위를 말한다. 제조업자나 공급자가 이러한 행위를 하는 이유는 자기 상품

28) 광고의 참입제한 효과에 대하여는 Douglas F. Greer, *Industrial Organization and Public Policy* (New York: MacMillan Publishing Co., 1984), pp. 171~77.

의 염가판매가 성행할 때 그것의 聲價(reputation)를 유지하기 어렵다고 보기 때문이다.

그러나 재판매가격 유지행위는 결과적으로 자기 제품의 가격을 일정한 선에 고정시키는 효과를 가지기 때문에 불공정거래로 간주하지 않을 수 없다. 그러나 재판매가격 유지가 비록 유통업자 간의 가격경쟁을 제한하는 것은 사실이지만 그것이 긍정적인 효과를 낳는 경우도 있다. 예를 들면 출판 저작물에 있어서는 그것의 성가가 대단히 중요하다. 공익적 견지에서도 書籍에 대하여 재판매가격유지행위를 인정하는 것이 타당한 측면도 있다. 출판물의 경우에는 인기품목과 비인기품목이 있는데 서점들이 보다 다양한 출판물을 비치하여 이용자의 편의를 돕도록 하기 위해서는 비인기서적의 在庫유지 비용을 인기품목의 판매에서 얻어지는 높은 이윤으로 충당하도록 하는 것이 필요하기 때문이다. 우리 공정거래법에서도 이러한 이유로 서적에 대해서는 재판매가격 유지행위를 허용하고 있다.

재판매가격유지 행위는 이와 같이 부정적인 일면과 긍정적인 일면을 동시에 가지고 있는 경우가 많다. 따라서 재판매가격유지에 대한 규제에 있어서는 그것을 당연히 불공정거래로 보기 보다는 그때 그때 경우에 따라 그것이 반경쟁적인 목적에서 이루어지는 것인지 아니면 상품의 특성에 따라 불가피한 측면을 지니고 있는지를 잘 판단하여 결정하는 것이 필요하다.[29)]

6.7 불공정 하도급 거래의 규제

제조업과 건설업에 있어서는 대기업과 중소기업 간에 하청관계를 통하여 사업이 이루어지는 경우가 많다. 기업간의 都給관계는 民法 상의 계약관계로서 규정됨이 원칙이라고 할 수 있을 것이다. 그러나 下都給거래에 있어서는 특히 대기업이 중소기업의 약점을 악용할 우려가 있기

29) 이 문제에 대한 구체적 논의는 공정거래위원회, 전게서, pp. 170~75 참고.

때문에 우리나라에서는「하도급거래 공정화에 관한 법률」을 통하여 대기업의 하청 중소기업에 대한 횡포를 규제하고 있다. 예를 들면 대기업이 중소기업에 대하여 부당한 방법으로 대금결제를 한다거나, 선급금의 지급을 연기한다거나, 부당반품 및 감액을 한다거나, 보복조치 및 경영간섭 등을 하지 못하도록 규제하고 있다. 도급기업과 수급기업 사이에 발생하는 이러한 부당한 거래행위는 앞에서 설명한 불공정거래행위와 유사하므로 여기에서 자세한 설명은 생략하기로 한다.[30)]

7. 결 론

본장에서는 일반적인 경제적 규제와는 달리 시장경쟁을 창달한 목적으로 이루어지는 독과점 및 불공정거래 규제에 대해 고찰하였다. 독과점 및 불공정거래에 대한 규제를 경제적 규제에 포함시켜 논의하는 이유에 대하여는 이미 제2장에서 깊이있게 논의하였거니와 여기에서 다시 한번 정리해 본다면 다음과 같다.

첫째, 독과점 규제는 역사적으로 경제적 규제의 원형을 이루어왔고 시장경쟁과 떼어서 논의할 수 없다. 그러나 어떤 상태가 시장경쟁이 원활하게 이루어지는 상태인가에 대한 명확한 판단기준이 없고 시장경쟁의 창달을 위해 정부가 개입한다는 것이 역설적인 측면이 있는 한 독과점 규제가 반드시 필요한 것이냐에 대해서는 논란의 여지가 많다. 특히 현대산업사회의 진전에 따라 巨大企業化의 경향이 더욱 심화되고 있는 현실에서는 더욱 그러하다. 국가마다 독과점 및 기업결합의 규제에 대한 입장이 상이하고 또한 같은 국가에 있어서도 시대변천에 따라 독과점 규제에 양상과 強度가 변화되어 가는 것도 이 때문이라고 할 수 있다.

둘째, 독과점 및 기업결합 규제가 중소기업의 보호를 목적으로 하는 것인지 아니면 소비자 보호를 목적으로 하는 것인지가 항상 분명하지 못

30) 좀더 자세한 설명은 상게서, pp. 179~84 참고.

한 이상 이것을 경제적 규제의 일종으로 다룰 필요가 있다. 왜냐하면 독과점 및 기업결합에 대한 규제가 대기업에 의한 중소기업 지배를 방지함으로써 시장경쟁을 창달하고 궁극적으로 소비자를 보호하기 위한 목적에서 이루어지는 것인지 아니면 보다 직접적으로 소비자를 보호하기 위한 목적에서 이루어지는 것인지가 분명하지 않은 이상 그것이 소비자 보호보다는 생산자 보호에 치우치게 될 가능성이 높기 때문이다. 이 경우에 독과점 및 기업결합에 대한 규제는 일반적인 경제적 규제와 별 차이가 없게 된다.

이상에서의 논의는 카르텔 규제에 있어서도 거의 동일하게 적용될 수 있다. 왜냐하면 카르텔에 대한 규제의 필요성을 원칙적으로 인정하면서도 특수한 경제적 상황속에서 정부가 경쟁제한적 카르텔 행위를 조장하거나 묵인하는 경우들이 있기 때문이다.

이러한 경향은 특히 우리나라와 일본과 같이 독특한 산업정책을 추구하는 국가에서 흔히 나타나고 있다. 따라서 본장에서는 카르텔에 대한 규제를 살펴봄에 있어서는 (1) 정부가 예외적으로 허용하고 있는 또는 공정거래법 상 면책되고 있는 카르텔과 (2) 공정거래법으로 제재 대상이 되는 카르텔로 나누어 고찰하면서 특히 (1)의 경우에 속하는 경제적 규제들이 과연 경제적 합리성과 효율성을 갖고 있는지에 대해 많은 의문을 제기 하였다.

끝으로 본장에서는 카르텔 행위를 제외한 기타의 불공정거래 행위의 규제에 대해서도 간략하게 고찰하였다. 한가지 주의할 사항은 이러한 불공정거래행위들은 명백하게 불공정하다고 인정되는 경우가 많으나 경영효율성의 측면에서 혹은 공익적 견지에서 인정해 주지 않을 수 없는 경우도 있다는 점이다. 재판매가격유지 행위는 전형적인 사례에 속한다.

요약하건대 독과점 및 불공정거래에 대한 규제에 있어서는 어떤 기업행위가 형식상 독과점 및 불공정거래 행위에 속하는 것처럼 보이는 경우라 할지라도 과연 그것이 시장경쟁을 제한하는 속성과 효과를 지니고 있는지를 개별적으로 깊이있게 검토하지 않으면 안된다. 특정의 기업행위가 과연 시장경쟁을 제한하려는 목적에서 행해지는 것인지 여부, 그리고 그것이 실제적으로 시장경쟁을 제한하고 있는지 여부를 판단함에 있어서는 그러한 행위의 효과를 중소기업 보호 입장에서 판단해야 할 것인지 아니면 소비자 보호 입장에서 판단해야 할 것인지를 분명히 하는 것이 대단히 중요하다. 왜냐하면 시장경쟁의 창달과 이를 통한 소비자 이익의 보호는 단순히 중소기업의 숫자가 많아진다고 해서 저절로 이룩되는 것이 결코 아니기 때문이다. 이 문제에 대해서는 제20장에서 다시 깊이 있게 논의하게 될 것이다.

제 12 장

자 율 규 제

1. 서 론

정부규제라고 할 때 규제의 주체는 당연히 정부이다. 그러나 예외적으로 규제의 주체가 정부가 아니고 피규제산업 또는 업계가 되는 경우가 있다. 이것을 가리켜 自律規制(industry self-regulation)라고 부른다. 이론적으로 산업이나 직종 등 업계가 자신의 활동을 스스로 규제한다는 것은 생각하기 어렵다. 그러나 현실적으로 자율규제가 폭넓게 이루어지고 있고 또한 정부규제를 대신하는 정책수단으로서 주목을 받고 있다.[1] 이것은 첫째, 업계가 갖고 있는 전문성을 활용하지 않고서는 정부규제의 실효성을 확보하기 어려운 경우가 많고, 둘째 정부규제의 완화 과정에서 과도기적으로 사용해 볼 만한 규제방식이기 때문이다.

여기서 한 가지 주의할 사항은 자율규제를 제3부에 포함시키고 있다고 해서 그것이 경제적 규제영역에서만 활용될 수 있는 규제방법으로 보아서는 안 된다는 것이다. 경제적 규제의 일종인 職業免許(occupational licensing) 대상 직종에 있어서 관련업계가 자율적으로 행동양식을 규제하는 경우도 있지만 소비자 보호규제 또는 작업장 안전규제 등 사회적 규제영역에서 업계가 스스로 행동준칙을 제정하고, 감독하게 하는 방법

1) Michael S. Baram, *Alternatives to Regulation* (Lexington, Mass.: Lexington Books, 1982), pp. 53~76.

으로 자율적 규제가 이루어지는 경우가 많다. 굳이 여기에서 자율규제를 검토하고자 하는 이유는 자율규제가 흔히 반경쟁적 목적으로 운용되거나 주도적 입장에 있는 기업에 의하여 불공평하게 운용될 가능성을 높게 지니고 있어 그것을 독과점규제와 관련해서 고찰할 필요가 있기 때문이다.

제2절에서는 우선 자율규제의 개념과 유형을 살펴 본다. 제3절에서는 자율규제를 활용하려고 하는 이유를 정부와 업계의 입장에서 각각 고찰한다. 끝으로 제4절에서는 자율규제가 갖고 있는 경제적 효과, 즉 경제적 효율성과 공평성 측면에서의 문제점을 지적하면서 자율규제의 채택과 운용에 있어서 경계하여야 할 사항을 정리하기로 한다.

2. 자율규제의 개념과 분류

자율규제는 보통 업계가 同業者組合(trade associations)을 결성하고 이를 통해 스스로가 지켜야 할 기준을 제정하는 한편, 그것의 위반행위를 스스로가 점검하는 방법으로 이루어진다. 그러나 업계가 정한 基準(standards)을 규제기관이 公認하고 그 기준의 집행에 어떤 형태로든지 강제력을 부여하지 않는 한 자율규제가 그 자체로서 법적인 또는 이에 준하는 효력을 발생할 수 없다. 이러한 의미에서 자율규제는 정부규제의 변형이라고 볼 수 있다. 자율규제는 규제기관의 개입정도에 따라 다음과 같은 몇 가지 유형으로 나누어 볼 수 있다.[2)]

첫째, 가장 단순하고 순수한 형태의 자율규제는 업계가 해당산업내 모든 기업을 구속하는 일정한 산업기준(industry standards)을 정하여 이를 스스로 집행하는 방법이다. 예를 들면 映畵업계가 신규로 제작된 영화의 등급을 정하는 것과 같다. 둘째, 정부가 개입하되 개입의 수준이 비교적 낮은 자율규제 방법으로서, 민간업계가 자발적으로 산업기준을 제

2) David A. Garvin, "Can Industry Self-Regulation Work?" *California Management Review*, Vol. 25, No. 4 (Summer 1983), pp. 46~49 참고.

정하도록 하되 규제기관 또는 관련행정기관이 기술정보 등을 제공해 주는 형태로 이루어지는 자율규제가 있다. 셋째, 이 보다 정부개입의 정도가 약간 더 높은 자율규제로서 업계 스스로가 자발적인 규제를 보완하는 형태로 이루어지는 자율규제가 있다. 예를 들면 증권업계의 자율규제와 같이 산업기준은 민간업계에서 정하되 그 기준에 위반하는 기만적인 행위(deceptive practices)를 규제기관이 직접 감시하고 처벌하게 하는 경우이다.

넷째, 이 보다 약간 더 정부개입이 강하게 이루어지는 자율규제의 유형은 업계의 자율규제와는 별도로 규제기관이 規則制定(rule making)을 통하여 업계의 행동을 통제해 나가는 방법이다. 광고에 대한 자율규제는 이것의 좋은 예이다. 즉 업계 나름대로 광고활동에 대한 규칙이나 기준을 제정할 수도 있겠으나 규제기관은 이에 관계없이 별도의 준칙을 제정하고 이를 집행한다. 다섯째, 규제기관이 관련 법령에 업계의 자율규제를 규정함으로써 자율규제의 강력한 집행력을 보장하는 형태로 이루어지는 자율규제가 있다. 예를 들면 직업면허와 公認(certification)이 바로 그러한 경우이다. 이 경우에는 관련업계가 정한 기준과 준칙에 강제력이 부여되어 사업자가 이를 준수해야만 한다.

자율규제는 이와 같이 업계 공동으로 또는 상호협의 하에 이루어지는 것이므로 항상 독점 및 불공정거래의 가능성과 위험성을 안고 있다. 즉 자율규제는 항상 해당업계내에서의 경쟁을 제약함은 물론 잠재적 경쟁자의 신규진입(new entry)을 제한할 가능성을 가지고 있다. 물론 자율규제가 시장경쟁을 제약하는 정도는 이상에서 고찰한 자율규제의 유형에 따라 다르다. 그러나 어느 경우이든 그것이 시장경쟁을 제약하는 측면을 지니고 있는 한 반드시 반독점 및 공정거래 규제 측면에서 면밀한 검토와 감시가 수반되어야 할 것이다. 다만 특정산업의 특수성에 비추어 자율규제 형식을 빌은 카르텔(cartel) 행위가 불가피하다고 인정되는 경우에는 공정거래법상 免責(exemption)을 허용하는 경우가 있다.

3. 자율규제의 활용이유

3.1 규제기관의 입장

자율규제가 정부규제를 대체하는 수단으로서 또는 정부규제를 보완하는 수단으로서 활용되게 된 배경과 이유는 규제기관과 업계의 양 측면에서 고찰해 볼 수 있다. 규제기관은 다음과 같은 이유로 인해 전통적인 명령지시적 규제수단의 효과성(efficacy)이 극히 낮다고 판단할 때 자율규제 방식에 의존하려는 성향을 보인다.

첫째, 경제산업구조의 복잡화 및 기술진보의 가속화에 따라 일반적으로 규제기관이 보유하고 있거나 파악할 수 있는 기술정보(technical information)는 극히 부족하고 기술적 전문성에도 한계가 있다. 이 때 규제기관은 직접 제품의 안전기준이나 규제대상 기업들의 세부적인 행동준칙을 정하는 것이 무리라고 판단할 수 있다. 예를 들면 소비자 보호를 위한 제품의 안전기준을 제정함에 있어서 규제기관은 어떤 수준의 안전도 확보가 현재의 업계의 기술수준과 앞으로의 전망에 비추어 적절한 수준인지에 대한 정확한 정보를 갖기 어렵다. 이 경우에 규제기관은 기술정보에 정통한 업계로 하여금 스스로 기준을 제정하도록 하는 것이 바람직하다고 생각할 수 있다. 그러나 자율규제 기준이 이런 방식으로 정해질 때 그것이 공익에 반하게 될 위험성도 있다. 이 점에 대하여는 아래 제4절에서 별도로 고찰하게 될 것이다.

둘째, 비록 규제기관이 기준을 정할지라도 행정력의 부족으로 인해 관련업계 기업들의 순응 여부를 일일이 추적하고 점검하기 어렵다고 판단할 경우가 있다. 이러한 경우에 규제기관은 업계에 개개기업의 순응여부의 점검을 일임하는 편이 낫다. 왜냐하면 업계에 종사하는 사람은 그 업계의 사정에 정통하기 때문에 규제에의 순응 여부를 빠르게 그리고 정확하게 판별할 수 있기 때문이다.

특히 규제기관이 정한 기준이 대단히 細部的이어서 업계의 자발적인 順應(voluntary compliance)을 확보하지 않고서는 이를 성공적으로 집행하기 어려운 경우에 자율규제는 보다 바람직한 대안으로서 생각될 수 있다. 예를 들면 職業安全 규제(제15장)에 있어서 수천 수만개에 달하는 작업장의 안전시설과 이 시설의 구비 및 관리상태를 일일이 파악하고 위반행위를 점검하기란 사실상 불가능하다. 따라서 이러한 경우에는 산업별로 안전기준을 정하게 하고 업계가 스스로 이의 이행여부를 점검하도록 하는 것이 효과적인 방법이 될 수 있다. 그러나 이 경우에 업계가 제정한 자율규제 기준과 그것의 집행이 지나치게 느슨해지게 될 우려가 없지 않다.

3.2 업계의 입장

자율규제가 전통적인 명령지시적 규제의 바람직한 대안으로서 등장하게 된 배경을 이번에는 업계 및 개별기업의 입장에서 고찰해 본다.

첫째, 자율규제는 기업의 사회적 책임(social responsibility)을 요구하는 사회적 압력에 적극적으로 대응하는 방법이 될 수 있다. 다시 말하면 기업의 비윤리적인 이윤추구 활동을 비판하는 사회여론이 고조됨에 따라 정부가 명령지시적인 방법으로 기업활동을 강력하게 규제할 움직임을 보이게 될 때, 업계가 직접적인 정부규제를 회피하기 위한 전략으로서 자율규제를 실시하려고 한다는 것이다. 둘째, 업체 수의 증가에 따라 스스로의 이미지 제고와 고객으로부터의 신뢰성(credibility) 확보를 위해 자율규제를 실시하는 것도 흔히 보는 일이다. 셋째, 업계의 구조적 변화 과정에서 기존업체 및 선도적인 위치를 점하고 있는 업체가 기득권의 유지와 확대를 위해 신규진입을 제한하거나 업계의 경쟁을 제한할 反競爭的인 목적(anti-competitive purpose)에서 자율규제를 채택하는 경우도 있다. 이상의 세 가지 요인은 반드시 상호 배타적이라고 보기는 어렵다. 오히려 각 산업 또는 그 산업이 생산하는 제품과 서비스의 특성에 따라 이상의 세 가지 요인은 복합적으로 작용하여 자율규제를 생성시키고 있다고 보아야 할 것이다. 아래에서는 이 각각에 대해 좀더 구체적으로 살펴보기로 한다.

3.2.1 정부규제의 선점전략

산업구조의 복잡화와 과도한 경쟁 등으로 인해 기업이 소비자의 안전이나 작업장에서의 근로자의 안전확보를 게을리할 때 기업의 비윤리적 또는 비도덕적 활동에 대하여 맹렬한 사회적 비난이 가해지는 것은 당연하다. 이러한 사회적 비난이 고조되고, 정부에 대하여 기업의 비윤리적 이윤추구활동을 억제 또는 금지할 수 있는 대책을 요구하는 여론이 비등할 때 정부가 이를 수수방관할 수는 없다. 이러한 상황에서 정부는 기업이 지켜야 할 안전기준(safety standards)과 행동준칙을 제정하고 기업이 이를 이행하도록 강제하는 방법을 사용하는 것이 보통이다.

이와 같이 사회적 분위기가 업계에 불리한 방향으로 조성되고, 정부가 적극적으로 규제방안을 모색하려고 할 때, 관련업계는 그것이 갖고 있는 막강한 정치적 영향력에도 불구하고 자신들에게 유리한 방향으로 정부규제가 이루어지도록 하기 어렵다고 판단할 수 있다. 이러한 상황에서 업계는 자발적으로 스스로 지켜야 할 기준과 행동준칙을 제정함으로써 정부의 입법의도를 先占(preempt)하는 전략을 사용한다. 즉 공격적인 정부의 정책주도를 앉아서 기다리기 보다는 “선수를 쳐서” 스스로 지켜야 할 기준과 준칙을 제정하고 자율적인 규제를 실시함으로써 정부의 강경한 조치를 회피하려고 한다.

이 경우에 업계가 제정한 기준이나 준칙이 정부의 주도하에 마련될 기준이나 준칙과 비교할 때 어떤 차이를 보이게 될 것인지를 단정하기는 어렵다. 그러나 보통의 경우라면 자율규제의 기준은 정부가 의도하고 있는 기준보다는 덜 엄격한(stringent) 것이 될 가능성이 높다. 이 때 업계의 자율규제 기준과 정부가 예정하고 있는 기준 사이의 편차는 당시의 상황, 즉 여론의 강도, 문제의 심각성, 업계의 정치적 영향력 등 제반 요인에 따라 좌우된다고 볼 수 있을 것이다. 다시 말하면 정부가 대단히 엄격한 기준과 준칙을 제정하여 업계에 부과할 개연성이 높으면 높을수록 업계의 자율규제 기준도 보다 엄격해지게 될 가능성이 크다.

3.2.2 업계의 이미지 제고 및 신뢰도 향상

光섬유(fiber optics), 개인용 컴퓨터 등 新生産業(newly emerging industries) 또는 성장산업(growth industries)에 있어서는 신제품이 계속적으로 시장에 선을 보이는 반면에 소비자들은 이러한 제품에 대하여 무지하기 마련이다. 따라서 신상품과 신생산업에 대한 이미지를 제고하고 소비자의 인식을 고취하여 수요를 확대시키기 위해서는 제품의 품질을 높게 유지할 필요가 있다. 따라서 동일 산업에 속한 기업들은 최소한의 품질보장, 소비자에 대한 제품의 효용과 사용방법 등에 관한 상세한 시장정보의 제공 필요성에 쉽게 공감하게 된다.[3] 이 때 이들은 제품의 품질기준, 광고방법 등에 관한 기준을 마련하고 이에 미달하는 품질의 제품생산 업체 또는 허위광고업체에 불이익을 줌으로써 신상품 또는 신생산업에 대한 聲價(reputation)를 유지하려고 한다.

이러한 목적에서 이루어지는 자율규제 사례는 신생산업의 경우 이외에도 많다. 우선 서비스산업(service industries)에 있어서 불량한 서비스를 제공하는 사업자가 있을 경우 그 사업자 스스로가 장기적으로 불이익을 보게 되는 것은 당연하다고 하더라도, 그 사업자의 불량서비스로 인한 소비자 불만과 저항에 따라 그 산업내의 모든 사업자가 공동으로 피해를 입게 될 가능성이 높다. 따라서 이 산업 또는 직종의 사업자들은 최소한의 서비스 수준 유지를 위한 기준을 제정하여 시행할 공통적인 필

---

3) 이 경우 신상품 또는 신생산업에 대한 소비자들의 좋은 인식 또는 이미지는 공공재(public good)적 성격을 지닌다. 즉 신상품에 대한 이미지가 개선되면 이것으로 인한 혜택은 특정 사업자만이 아니고 그 산업의 모든 사업자가 이득을 보게 되는 것이다. 이것이 갖고 있는 공공재적 성격은 첫째, 이러한 이득이 특정사업자에 돌아가는 것을 막을 수 없다는 의미에서 비배타적(non-exclusion)이고 둘째, 이러한 이득을 많은 사업자가 공유한다고 하여 개개의 사업자에게 돌아가는 이득의 크기가 감소하지도 않는다는 의미에서 비경합적(non-rivalry)이라는 데서 분명하게 확인된다.

요를 느끼게 된다. 물론 이 경우에 불량한 서비스 제공자는 이러한 업계의 자율규제에 반발할 것이다. 여하튼 자율규제는 바로 이러한 사업자를 배제함으로써 그 업계의 이미지를 제고하고 소비자로부터의 신뢰를 확보해 보려는 그 목적을 갖고 있는 경우가 많다.

제9장에서 진입규제(entry regulation)의 일종으로서 고찰한 직업면허(occupational licesing)는 이것의 전형적인 사례라고 할 수 있다. 즉 의사, 약사, 변호사, 공인회계사 등 일정한 자격기준을 취득한 자에 한하여 해당 직종에서의 사업행위를 허용하고 일정한 의무를 부과하는 경우에, 면허기준은 보통 해당 직종의 협회 또는 조합이 제정한 기준을 그대로 수용하는 것이 보통이다. 이것은 결국 이러한 특수 전문직종에 대한 규제가 자율규제적 요소를 가미한 형태로 이루어지는 것을 의미한다.

업계의 이미지와 소비자 신뢰의 확보를 목적으로 한 자율규제의 대표적인 예로서는 광고의 경우를 생각해 볼 수 있다. 허위 또는 과장광고는 단기적으로는 그 광고자에게 이익이 될지 모르나, 장기적으로는 그 자신뿐만 아니라 그 산업 모든 사업자에게 피해를 입히게 된다.[4] 따라서 동종산업의 사업자들은 광고의 정확성에 대한 심사, 광고의 방법과 광고매체 등을 규율할 수 있는 자율규제를 필요로 한다.

물론 이 경우에 광고자는 광고의 자율규제 기준이 엄격하기를 바라지 않을 수도 있다. 왜냐하면 광고자는 보통 자기 제품이 경쟁자의 제품에 대하여 갖고 있는 比較優位(comparative advantage)를 부각시키려고 하기 마련이기 때문이다. 한편 광고 代行社의 입장에서는 광고의 기준이 보다 엄격해지기를 원한다고 할 수 있을 것이다. 왜냐하면 이들은 소비자들이 광고를 신뢰할 수 있을 때 광고의 효과가 크게 나타날 수 있고, 광고효과가 크게 나타날 때 광고에 대한 수요가 늘어 자신들의 수입을 증가시킬 수 있을 것이기 때문이다.[5]

해당산업 및 직종의 이미지 개선, 소비자로부터의 신뢰의 확보를 목

---

4) 광고에 대한 신뢰도를 높이는 것 역시 公共財的 속성을 지닌다고 할 수 있다.

5) Garvin, *op. cit.*, pp. 41∼42.

적으로 하는 자율규제는 보통 해당 사업자들로 구성된 협회나 조합의 기구가 감시기능(monitoring and policing)을 담당하게 된다. 이들은 전문성을 가지고 있기 때문에 회원 또는 조합원의 기준위반 행위를 쉽게 인지할 수 있고 따라서 자율규제의 실효성을 높일 수 있다. 또한 자율규제가 이루어지고 있을 때는 사업자가 서로서로 감시를 하기 마련이므로 자율규제의 실효성은 대단히 높게 나타난다. 예를 들면 목욕업자들이 정기휴일을 정한 경우에 이에 위반하여 영업하는 사업자가 있다면 이를 용인할 목욕업자는 아마도 없을 것이다.

3.2.3 기존업체의 반경쟁적 전략

자율규제는 기존업체들이 최소한의 품질수준의 확보 또는 가격의 통일성(uniformity) 등 공익을 앞세워 기득이익의 신장 또는 유지를 꾀하는 反競爭 戰略(anti-competitive strategy)의 일환으로 사용되기도 한다. 예를 들면 합판의 두께, 나사홈의 사이즈, 보일러의 압력, 가전제품의 안전기준 등에 관한 자율적 품질기준(voluntary standards)을 제정함으로써 사실상 품질규격의 통일을 企圖하는 경우에 경쟁업자 또는 잠재적인 경쟁자가 제품의 다양화 전략을 추구하기 어렵게 된다.

신규진입 제한의 성격이 보다 강한 경우의 예로서는 직업면허를 들 수 있을 것이다. 물론 면허기준은 규제기관이 정하는 것이지만, 이러한 면허를 강력하게 요구하는 집단이 다름 아닌 업계 자신이라는 점에서도 그러하거니와 그러한 기준의 제정을 실질적으로 좌우하는 집단도 다름아닌 업계 자신이라는 의미에서 직업면허는 자율규제의 전형이라고 할 수 있다. 물론 면허를 요구하는 업계는 부적격자의 해당 직종에의 진입을 제한하기 위해 면허를 실시해야 한다는 주장을 전개한다. 그러나 우리가 제9장에서 이미 고찰한 바와 같이 면허기준에 적격한 사업자라고 해서 반드시 최소한의 서비스 수준을 충족시키고 있다는 보장은 없다.

자율규제가 신규진입을 제한하는 또는 기존업체간의 경쟁을 제한하는 속성을 갖고 있는 한 자율규제가 갖고 있는 효용성은 각 기업의 경쟁력

정도에 따라 다르다. 따라서 자율규제를 통하여 기존업체 모두가 이득을 볼 수 있을 것으로 기대하는 경우에 자율규제는 쉽게 이루어질 수 있다. 그러나 기존업체 가운데 현격하게 경쟁력이 강한 업체 또는 현저하게 경쟁력이 떨어지는 업체가 공존하고 있는 경우에는 업계의 합의에 의한 자율규제가 이루어지기는 어렵다.

예를 들어 기존업계에서 월등한 기술우위(technological edge)를 바탕으로 높은 시장점유율을 확보하고 있는 대기업이 있을 때, 경쟁력이 약한 중소업체들은 자율적인 산업기준(voluntary industry standards)을 제정하거나 또는 정부가 품질기준을 제정함으로써 동등한 토대 위에서 시장경쟁이 활발해지게 되기를 바랄 것이다. 왜냐하면 품질기준이 제정되고 중소기업이 이 품질기준을 충족시킬 수 있을 때 어느 정도 기술격차가 해소될 수 있고, 이 때 중소기업들은 대기업의 소비자들을 유인해 낼 수 있는 가능성을 갖게 되기 때문이다.

그러나 技術先導的 기업은 산업기준이 정해질 경우 자신의 기술우위를 충분히 발휘하지 못한 채 다른 업체와 동등한 입장에서 경쟁해야 하기 때문에 경쟁전략상 불리하다고 판단할 수 있다. 아주 좋은 예로서 세계적인 컴퓨터회사인 IBM은 그것이 가지고 있는 절대적인 시장점유율을 유지하기 위해 컴퓨터 제품 및 기술의 互換性(compatibility)을 높이기 위한 컴퓨터 업계의 어떤 노력에 대하여도 극력 반발하여 왔다. 이것은 IBM이 자사제품의 비호환성을 바탕으로 소비자들을 묶어 두고 다른 컴퓨터 업체의 시장확보를 어렵게 함으로써, 신규진입을 제한하려는 경쟁전략(competitive strategy)을 구사하고 있는 것을 보여 준다.[6)]

---

6) IBM의 경쟁전략에 대한 자세한 설명은 Gerald Brock, "Competition, Standards, and Self-Regulation in the Computer Industry," in Richard E. Caves and Marc J. Roberts (eds.), *Regulating the Product : Quality and Variety* (Cambridge, Mass. : Ballinger Publishing Co., 1975), pp. 75~94 참고.

4. 자율규제의 효과

이상에서 고찰한 바와 같은 다양한 배경과 목적을 갖고 이루어지고 있는 자율규제의 정치경제적 효과를 분석하기는 쉽지 않다. 우선 규제기관이 규제정책의 집행상 난점(enforcement problems)을 감안하여 자율규제 방법에 의존하는 것은 상당한 합리성이 있다고 볼 수 있다. 또한 규제기관의 기술적 전문성이 낮을 때 업계의 자율규제에 의존하는 것도 불가피한 측면이 있다.

다음으로 업계의 필요에 따라 이루어지는 자율규제는 경제사회적으로 부정적인 효과를 유발하는 경우가 많다. 이 문제는 특히 자율규제가 정부규제의 先占戰略(preemptive strategy) 또는 反競爭戰略(anti-competitive strategy)의 일환으로 이루어지게 될 때 보다 심각하게 제기될 수 있다. 위의 두 가지 경우에 비하여 자율규제가 업계의 이미지 개선 및 소비자 신뢰의 확보를 목적으로 하는 경우 그것의 부정적 효과는 비교적 낮다고 할 수 있다. 아래에서는 좀더 구체적으로 자율규제의 효과를 경제적 효율성과 공평성의 두 가지 측면에서 평가해 보기로 한다.

4.1 경제적 효율성

자율규제의 경제적 효율성은 자율규제의 기준이 어떤 과정을 거쳐 누구에 의하여 설정되느냐에 따라 크게 좌우된다.

위에서 고찰한 바와같이 기존업체들이 기득이익의 확보와 유지를 실질적인 목적으로 공동노력(collaborative or concerted efforts) 또는 상호협의하에 자율규제 기준을 설정할 경우에는 그것이 반경쟁적인 또는 경쟁제한적인 효과를 가지는 경우가 많다. 왜냐하면 이 경우에 자율규제가 비록 최소한의 소비자 안전 및 소비자 보호를 명분으로 앞세우고 있을지라도 결과적으로는 소비자들의 제품선택의 폭이 좁아지고 가격이 균일화되거나 상승될 가능성이 크기 때문이다. 직업면허는 이것의 전형적인 경우라고 할 수 있다. 우리가 이미 제9장에서 논의한 바와 같이 직업면허는 최소한의 품질 및 서비스의 수준을 유지함으로써 해당직종의 평판을 고양시킬 목적에서 이루어지지만 신규진입을 제한하는 효과를 가진다. 따라서 직업면허로 인해 시장경쟁이 제한될 때 해당 직종의 서비스 질이 향상되기 보다는 해당 직종의 수익성만이 증가될 가능성이 높다.

그러나 자율규제가 규제기관의 행정력의 한계를 극복하는 수단으로서 채택된 경우에는 상당한 경제적 효율성이 있다고 볼 수 있을 것이다. 왜냐하면 규제기관이 기준을 정하여 정부규제를 시행할 경우, 그것의 실효성은 효과적인 감시체제 및 처벌가능성에 의존하는바 이 업무를 담당해야 할 규제기관의 행정력에 한계가 있다면 규제의 실효성은 확보할 수 없기 때문이다. 이 경우에 정부규제 대신 자율규제 방식을 도입하게 되면 업계 스스로 효과적이고 지속적인 감시체제를 유지할 수 있어 실효성을 한층 높일 수 있다. 이것은 자율규제 위반사항의 파악에 있어 업계가 규제기관보다 우월하기 때문이다. 또한 자율규제의 위반자는 업계 모두에 장기적으로 손해를 입히기 때문에 업계에 속한 모든 사업자가 상호 경계하고 감시하는 체제가 자연적으로 기능하게 된다. 이러한 의미에서 자율규제는 정부규제에 비하여 보다 엄격(more stringent)해질 수도 있다.[7)]

물론 자율규제의 경우에 있어서도 그것의 실효성은 기준의 위반자에 대하여 업계 스스로가 어떤 벌칙을 적용할 수 있느냐가 관건이 된다. 벌칙의 성격이 얼마나 경쟁제한적이냐 하는 것도 자율규제의 경제적 효율성을 판단하는데 중요한 기준이 된다. 예를 들면 자율규제 위반자에 대한 벌칙이 사업의 정지나 자격의 박탈에 이를 수 있다고 한다면 물론 이

---

7) Robert N. Katz, "Industry Self-Regulation: A Viable Alternative to Government Regulation," in Robert N. Katz (ed.), *Protecting the Consumer Interest* (Cambridge, Mass.: Ballinger Publishing Co., 1976), pp. 168~169 참고.

벌칙의 실효성은 대단히 높아질 수 있다. 그러나 자율규제의 경우 공식적인 절차없이 자의적으로 이러한 벌칙이 가해지기 쉽다는 점에 비추어 본다면 벌칙이 반경쟁적인 목적으로 활용될 소지도 많다. 또 다른 예로서 원료사용의 配定權(allotment)을 제한 또는 박탈하는 방법으로 벌칙이 가해지는 경우에도 이와 비슷한 반경쟁적인 효과가 나타나게 될 우려가 있다. 따라서 업계(또는 협회, 조합 등 동업자 조직)의 벌칙제도의 운영은 반드시 반독점 및 공정거래제도 상의 면책(exemption)이 있는 경우로 한정되어야 할 것이다.

4.2 공평성

이상에서 고찰한 자율규제의 문제점 및 결점은 주로 자율규제의 기준을 설정하는 과정에서의 불공평(unfairness)에서 연유하는 경우가 많다. 즉 자율규제의 기준을 제정하는 과정에서 직간접적인 이해관계자의 참여와 의견개진이 보장되지 않은 상태에서 업계의 주도적인 기업들이 일방적으로 자기들에게 유리한 방향으로 기준을 제정할 때 자율규제 기준의 반경쟁적 속성이 강화될 위험성이 있다는 것이다. 따라서 자율규제의 기준을 제정할 때에는 공청회를 개최하고 여기에 해당 업계의 주도적인 대기업 뿐만이 아니라 중소기업 그리고 이 업계와 관련을 가지는 산업의 이해관계자들이 충분히 참여할 수 있도록 하는 한편 적절한 정보를 제공하는 일이 중요하다.

이 과정에서 특히 소비자(또는 소비자 단체)의 참여를 보장하는 일은 대단히 중요하다. 왜냐하면 이 과정에 참여하여 주도적인 역할을 담당하는 사람들의 안목과 관점이 좁을 가능성이 높기 때문이다.[8] 우선 기술자들은 상호 공통적인 교육배경과 경험을 가지고 있기 때문에 같은 언어를 사용할 수 있고 쉽게 상호이해에 도달할 수는 있으나, 바로 이러한 이유

---

8) Ernest S. Rosenberg, "Emerging Issues in Standards and Industry Self-Regulation," in Robert N. Katz (ed.), *op. cit.*, pp. 154～156.

로 인해 이들이 자율규제를 보는 안목은 좁기 마련이다. 자율규제하에 생산되는 제품을 판매하거나 수요하는 사람들 역시 자율규제가 제품가격에 미치게 될 영향 등 좁은 이해관계에 사로잡히게 될 가능성이 높다. 심지어는 학계나 정부관계자들 역시 기술적인 사고에 사로잡힐 수 있다.

이러한 관점에서 본다면 소비자들만이 자율규제의 기준제정 과정에 다양한 시각과 문제의식을 투입시킬 수 있는 위치에 있다. 소비자들은 우선 극히 이질적이다. 따라서 동일한 제품이라 할지라도 그 제품의 사용목적, 용도는 소비자마다 서로 다르고 경우에 따라서는 생산자가 예기치 못한 용도에 제품을 사용할 수도 있다. 따라서 소비자들은 특정 제품이 갖추어야 할 속성이나 그 제품의 문제점을 다양한 측면에서 지적할 수 있다. 특히 소비자들은 제품의 가격수준보다는 안전성, 내구성, 견고성, 신뢰성 등 다양한 요인을 중시하기 때문에 기술자나 상업관계자의 좁은 안목을 시정해 줄 수 있다. 이러한 의미에서 소비자들의 참여는 자율규제 기준의 제정 초기단계에서부터 이루어질 수 있도록 하는 것이 보다 바람직할 것이다.

미국의 「소비자제품안전법(Consumer Product Safety Act)」에 규정된 提供者 제도(offeror system)는 이러한 측면에서 좋은 본보기라 할 수 있다.[9] 이 제도는 소비자제품의 안전기준을 제정하는 권한을 민간부문(대학, 연구소, 소비자 단체, 관련업계 등)에 주어 그 각각이 안전기준을 제안할 수 있도록 하되, 「소비자제품안전위원회」가 그 기준을 공식적 기준으로 승인하는 과정에 반드시 소비자의 참여가 확보될 수 있도록 하는 제도이다. 이 제도의 운영에 있어서 특히 중요한 것은 소비자를 안전기준의 개발 초기단계에 참여시킴으로써 기준제정이 보다 현실성을 갖도록 하는 데 있다. 물론 이렇게 제정된 제품 안전기준은 다시 일반공중에게 제시되어 모든 이해관계자가 의견을 개진할 수 있도록 되어 있다.

---

9) Judith A. Hermanson, "Regulatory Reform by Statute : The Implications of the Consumer Product Safety Commission's Offeror System," *Public Administration Review*, Vol. 38, No. 2 (March/April 1978), pp. 151∼55.

이와 같이 자율규제 기준을 정함에 있어 초기에 소비자의 참여를 보장하는 것은 대단히 중요하다. 그러나 소비자참여가 갖는 문제점도 없지는 않다. 예를 들면 소비자들이 자신의 생각을 자율규제 기준의 제정을 담당하는 기술자나 전문가에게 효과적으로 전달하기 어려운 경우가 많다. 이 경우에는 소비자들의 요구를 기술자들에게 정확하게 전달해 줄 수 있는 기술적 교육배경과 경험을 갖고 있는 행정가를 확보하는 것이 필요하게 될 것이다.

다음으로 기준 제정과정에서 대기업 등 업계의 행동방향 결정에 영향력이 큰 기업이 과도한 영향력을 행사할 수 없도록 제어할 수 있는 방법을 고안하는 것도 중요하다. 이것은 특히 동업자단체(협회나 조합)들이 단체회원의 기부금으로 운영되고 있는 것이 일반적인 바, 이 경우에 보다 많은 기여금을 납부하는 대기업의 영향력이 과도하게 될 위험이 있기 때문이다. 이 점과 관련하여 협회나 조합 등 동업자 단체의 활동에 대한 정보의 공개(information disclosure)는 중요한 의미를 지닌다. 즉 동업자단체의 활동내용에 대한 정보가 공개될 때 기득이익의 보호 및 확대에 치우친 동업자 단체의 활동은 상당히 감소될 수 있기 때문이다.

자율규제 기준의 설정방법에 있어서도 가급적 그 기준이 기술 또는 설계기준(technology or design standards) 보다는 성과기준(performance standards) 방식으로 이루어질 수 있도록 하는 것도 필요하다. 이것은 기술 또는 설계기준이 성과기준에 비하여 기업의 규제순응(compliance) 방법의 선택성 또는 신축성을 과도하게 제한함으로써 결과적으로 불공평성의 문제를 보다 심각하게 만들 가능성이 높기 때문이다.[10)]

10) 규제기준의 종류와 장단점에 대해서는 제14장 참고.

5. 결 론

특정의 산업 혹은 직종 등 관련업계 스스로에 의한 자율규제는 장단점을 동시에 가지고 있다. 따라서 산업마다의 특성에 따라 자율규제의 단점을 보완하는 데 충분한 주의를 기울인다면, 기업활동이 날로 복잡해지고 따라서 기업의 사회적 책임이 날로 강조되고 있는 현대 산업사회에서 자율규제는 보다 효율적으로 기업의 행동을 규제해 나갈 수 있는 방법이 될 수도 있다. 그러나 자율규제는 반경쟁적 효과 등 많은 부작용을 가지고 있다는 점이 항상 기억되어야 할 것이다.

또한 일반국민의 입장에서 볼 때 자율규제는 정부가 당연히 행사하여야 할 행정권한을 규제대상집단과 共有하거나 포기하는 것으로 보일 수도 있다는 점에 유의할 필요가 있다. 자율규제가 사회적으로 바람직한 기능을 수행할 수 있도록 하기 위해서는 무엇보다도 그것이 경제적 효율성과 공평성 측면에서 어떤 문제을 야기시키는 것은 아닌지를 정부가 끊임없이 주시하고 감시(surveillance)해야 할 필요가 있다. 이 과정에서 정부는 특히 소비자로부터의 불만의 제기, 업계의 약자라고 할 수 있는 중소기업의 불만 제기에 각별한 관심을 기울여야 할 필요가 있다.

이러한 측면에서 자율규제의 기준을 제정하는 과정에 관련 기업들의 공평한 참여만이 아니라 소비자를 위시한 폭넓은 정당한 이해관계자의 참여가 허용될 수 있도록 하는 일은 대단히 중요하다. 또한 정부는 언제라도 업계에 의한 자율규제를 철회하고 직접 개입할 수 있다는 여지를 남겨 두어야 할 필요도 있을 것이다. 왜냐하면 자율규제가 이루어지고 있을 때 관련업계는 스스로 의무를 다하고 있는 양 착각하여 정부나 국민을 의식하지 않은 채 기득이익의 유지와 확대에만 관심을 기울일 가능성이 높기 때문이다.

제 4 부

사회적 규제

제 13 장

사회적 규제의 특성

1. 서 론

현대 산업사회는 말 그대로 기업이 단순히 기술혁신과 생산성 향상을 통하여 재화와 서비스를 가장 효율적으로 생산하여 공급하는 일만을 담당하는 사회가 아니고 自意든 他意든 각종의 사회적 역할과 기능을 수행하는 사회이다. 이런 사회에서 기업의 경제적 활동은 경제적 영역에 국한되지 않고 직접적으로 혹은 간접적으로 사회적 영역으로 파급되며 사회적 변화를 야기한다. 예를 들면 근로자의 안전과 보건(산업재해와 직업병), 소비자의 厚生, 환경오염, 고용기회 등이 모두 기업행동 여하에 달려 있다. 현대산업사회의 등장과 함께 기업의 사회적 책임(social responsibility) 문제가 대두된 것은 바로 이런 이유 때문이다.

사회적 규제는 기업의 사회적 책임 가운데 소극적 의미에서의 책임을 강조하기 위한 것이다. 기업활동 과정에서 발생하는 환경오염을 줄이고, 근로자를 안전하게 보호·관리하며, 소비자가 안심하고 사용할 수 있는 제품을 만들고, 서비스를 제공해야 할 의무를 부과하는 것이 바로 사회적 규제이다. 이것을 달리 표현한다면 기업의 自律과 시장원리에 맡겨 두어서는 해결될 수 없는 사회적 문제의 해결을 위한 정부개입이 바로 사회적 규제라고 할 수 있다.

사회적 규제는 이와 같이 기업의 경제적 활동에서 부수적으로 야기되는 사회적 문제를 해결하기 위해 기업활동에 개입하는 것이다. 따라서 사회적 규제는 기업의 경제적 활동 그 자체만이 아니라 기업활동을 통해 야기되는 사회적 결과에 대한 보다 높은 가치인식이 있을 때 비로소 가능해지게 된다. 당장 생산의 확대가 급한 상황에서 사회적 규제가 이루어지기 어렵다. 기업활동으로 인한 사회적 결과에 대한 관심은 산업화의 진전에 따라 지속적으로 상승한다. 이것은 산업화에 따라 소득수준이 향상하고 소득수준의 향상은 보다 나은 생활에 대한 새로운 욕구를 만들어 내게 되기 때문이다.

사회적 규제는 기업활동에 대한 추가적인 부담을 초래한다. 그 결과 사회적 규제를 둘러싸고 기업과 사회는 대립적인 입장에 서게 된다. 기업은 사회적 규제로 인해 경제활동·기업활동이 위축되는 것을 막아야 한다고 주장하고, 사회는 기업활동으로 인해 사회적 價値가 손상되어서는 안된다고 주장한다. 경제적 규제의 경우와는 달리 사회적 규제의 경우에 자본주의 체제 혹은 자유기업주의 체제 자체에 대한 논쟁이 야기되는 이유가 바로 여기에 있다. 경제적 규제에 비하여 사회적 규제가 고도의 政治性을 띠고 정치사회의 민주화 수준과 밀접한 연관성을 갖게 되는 것도 이 때문이다.

본장은 다음 장에서부터 다루게 될 환경규제, 작업장 안전 및 보건규제, 소비자보호 규제, 사회적 차별에 대한 규제, 사회적 규제 영역에 있어서의 司法的 救濟 등 주요한 사회적 규제에 대한 분석의 철학적·이념적·정치사회적 배경과 사회적 규제의 정치적 속성을 부각시키는 것을 목적으로 하고 있다. 먼저 제2절에서는 사회적 규제가 이루어질 수 있는 정치사회적 상황과 요건에 대해 고찰한다. 제3절과 4절에서는 미국과 우리나라에서의 사회적 규제의 역사적 변천과정에 대해 각각 고찰한다. 끝으로 제5절에서는 사회적 규제가 본래의 의도와는 관계없이 소득재분배에 영향을 미치는 현상에 대하여 고찰한다.

2. 사회적 규제의 정치경제적 속성

사회적 규제는 사회의 발전 그리고 그 사회가 지향하는 가치의 실현과 깊은 관련을 가진다. 그러나 사회가 발전한다고 하여 사회적 규제가 저절로 강화되는 것은 아니다. 제4장에서 고찰한 Wilson의 이론은 사회적 규제가 어떤 정치적 상황 속에서 어떤 요인에 의해 이루어지며 정부는 사회적 규제에 대해 어떤 입장에 서게 되는가를 잘 설명해 준다.

사회적 규제는 이 모형 가운데 주로 大衆的 政治(majoritarian politics) 및 企業家的 政治(enterpreneurial politics) 상황을 연출한다. 먼저 대중적 정치 상황에서는 규제로 인한 비용과 편익이 모두 이질적이고 불특정 다수에게 분산되기 되기 때문에 쌍방에 집단행동의 딜레마(collective action dilemma) 현상이 야기된다. 예를 들면 고용에 있어서의 남녀의 차별은 광범위한 사회적 문제로서, 이것에 책임이 있는 기업은 무수하게 많고 이질적이다. 마찬가지로 이런 사회적 차별로 인한 피해는 모든 여성에 나타나며 차별로 인한 피해의 정도도 이질적이다. 그렇기 때문에 사회적 차별의 철폐를 주장하는 집단도 이것에 저항하는 단체적 기업행동도 쉽사리 조직화되지 않는다. 따라서 사회적 차별에 대한 규제는 사회적으로 바람직한 것으로 생각되면서도 쉽게 政策化되기 어렵고 비록 정책화된다손 치더라도 실질적 효과를 거두기 쉽지 않다.

사회적 차별에 대한 규제정책은 사회인식의 변화를 필요로 한다. 이런 문제에 대한 인식의 변화를 위해서는 이런 문제를 자기의 문제처럼 여겨 여론형성을 주도하고 정치적 압력을 동원할 수 있는 대중적 정치인과 언론의 역할이 중요하게 된다. 다시 말하면 잠재되어 있는 사회적 요구와 불만을 명확하게 정의하고 정치적 의제(political agenda)로 등장시킬 수 있는 능력을 가진 자들이 나타나야 된다. 바로 이런 이유로 인해 대중적 정치유형의 사회적 규제는 정치적 변동기 혹은 사회적 변혁기가 아니고서는 기대하기 어렵다.

사회적 규제의 보다 많은 경우는 기업가적 정치유형에 속한다. 이것은 사회적 규제로 인한 비용이 비교적 소수에게 집중되어 나타나지만 사회적 규제로 인한 편익은 광범위하게 나타나는 상황을 가리키는 것으로서 환경규제, 근로자 보건 및 안전규제, 소비자보호 규제 등이 모두 이 경우에 속한다. 예를 들면 환경규제는 공해를 유발하는 모든 기업을 대상으로 한다. 이 기업들은 환경규제로 인해 상당한 경제적 부담과 손실을 안게 된다. 당장 기업의 생산비가 상승할 뿐만 아니라 제품의 가격상승으로 수요가 감소하게 되기 때문이다. 따라서 被規制기업들은 환경규제에 적극적으로 반발하게 마련이고 그들이 갖고 있는 자금력과 조직력을 활용하여 어떻게 해서든지 환경규제가 이루어지지 않도록 혹은 소극적으로 이루어지도록 하기 위해 적극적인 정치적 활동을 전개한다.

반면에 환경규제로 인한 편익은 국민 모두에게 돌아간다. 그러나 국민들 한 사람 한 사람은 이것을 자기일로 여기지 않고 누군가의 힘과 노력으로 환경규제가 이루어지기 만을 기다린다. 다시 말하면 無賃乘車(free-ride)의 문제가 심각하게 야기된다. 그 결과 국민들은 기업들의 환경규제 반대노력을 효과적으로 봉쇄하거나 저지할 수 있는 정치적 영향력을 가지지 못한다.

이런 상황에서 어떤 결과가 나타나게 될 것인지는 뻔하다. 환경규제는 무한정 천연되고 비록 그것이 어쩔 수 없이 이루어지게 될지라도 실효성있게 이루어지기 어렵다. 환경규제기관 역시 잠재적인 이익집단이라고 할 수 있는 일반국민 편에 서기 보다는 맹렬한 로비를 전개하는 기업집단의 압력에 휘말리게 될 가능성이 높다. 왜냐하면 기업은 환경규제 그 자체에 반대하기 보다는 경제성장을 위해 또는 실업의 방지와 확산을 막기 위해 환경규제는 유보되거나 완화되어야 한다는 그럴싸한 이유를 갖다 대기 때문이다.

따라서 기업가적 정치상황에서 효과적인 규제가 이루어질 수 있기 위해서는 이런 기업가 집단의 영향력을 압도할 수 있을 만한 영향력을 가진 자들이 나타나야 한다. 그들이 바로 기업가적 정치인(political entrepreneur)이다. 이들은 공익단체(public-interest organization) 일 수도 있고 개인적인 공익운동가일 수도 있다. 이들은 말하지 않는 다수 국민을 대변하여 기업가 집단의 압도적인 정치적 영향력을 상쇄함으로써 정치적 과정이 公益을 지향할 수 있도록 한다.

이들이 성공적일 수 있기 위해서는 강력한 언론의 지지와 정치인들에 대한 설득이 필요하다. 조직적 기반의 지속적인 확대가 필요하고 조직을 유지하기 위한 자금력을 필요로 한다. 이를 위해서는 국민들의 잠재적 욕구에 불을 붙일 수 있는 새로운 사상(idea)의 개발과 확산이 필요하다. 혹은 돌발적인 위기(crisis) 사태가 발생한 경우 이것을 자신의 주장을 정당화하고 확인시키는 계기로서 효과적으로 활용할 수 있는 전략적 지혜가 필요하다. 또한 현재의 불만족스런 상황에 대한 책임의 소재를 명확하게 규명하고 책임을 강제하기 위한 정치적 지지세력을 동원할 수 있어야 한다. 이와 같은 엄청난 과업을 성취할 수 있을 때 이들은 비로소 정치적 과정에서 그 존재를 인정받을 수 있게 되고, 이로써 그들의 정치적 영향력을 확대해 나갈 수 있게 된다. 이들을 기업가적 정치인으로 부르는 이유도 바로 여기에 있다.

다음 절에서 우리는 美國에서 1960년대 중반으로부터 1970년대말에 이르기까지의 기간 동안에 사회적 규제의 폭발적 증가를 가져올 수 있었던 중요한 사회적 배경으로서 公益團體의 성공적인 활동과 그들이 취한 전략에 대해 상세하게 검토해 보려고 한다. 왜냐하면 이 기간 동안 미국에서 다른 나라에서는 유례를 찾기 힘들 만큼 단시일내에 엄청난 사회적 규제가 이루어지게 되었고 이 과정에서 사회적 규제의 정치적 속성을 잘 드러내 보여주고 있다고 보기 때문이다.

미리 요약한다면 공익단체들은 親企業的인 기존의 정치체제를 불신하면서 이것에 의해서는 국민적 요구라고 할 수 있는 인간다운 생활, 삶의 질을 확보하기 어렵다고 보았다. 이들은 풀뿌리조직(grassroots organization)의 강화와 국민 스스로의 參與를 통한 민주주의(participatory democracy)의 실현만이 국민들이 원하는 사회적 가치의 실현을 보장할 수 있는 유일한 길이라고 보았다. 이런 목적에서 그들은 우선 국민의 自覺을 일깨우기 위해 노력하였다. 그러나 이들은 그것만으로 충분치 않다고 생각하였다. 공익을 실현하기 위한 새로운 제도의 도입과 정착이 필요하다고 생각하였다. 따라서 이들은 정책과정에 공익단체의 참여가 확실하게 보장될 수 있는 방향으로 입법과정에 영향력을 행사하고 법원의 역할을 적극적으로 활용하였다. 이러한 노력의 결실로서 이들은 규제기관의 정책결정 과정에 깊이 참여할 수 있는 항구적인 통로를 확보할 수 있게 되었다.

3. 미국의 사회적 규제 변천

3.1 1960년대 이전의 사회적 규제

미국에서 사회적 규제의 기원은 1890년대로부터 제1차 세계대전에 이르는 기간에 대두하였던 進步主義(Progressivism) 영향하에 많은 州정부들이 근로자의 작업시간을 제한하고 소년노동(child labor)을 금지시킨 것으로 거슬러 올라갈 수 있다.[1] 1906년에는 「식품 및 의약품 안전법(Pure Food and Drug Act)」이 제정되고 農務省 산하에 식품의약국(Food and Drug Administration)이 설치되어 소비자를 기만하는 불량식품 및 습관성 의약품에 대한 규제가 시작되었다. 이 법이 제정되게 된 배경에는 불결하고 비위생적이기 짝이 없는 시카고의 육류가공 및 포장산업의 실태를 폭로하여 엄청난 사회적 파문을 일으켰던 업톤 싱클레어(Upton Sinclair)의 소설 「정글(*The Jungle*)」의 영향이 컸다.[2]

---

1) Thomas C. Cochran, *American Business in the Twentieth Century* (Cambridge, Mass.: Harvard University Press, 1972), pp. 96~100 참고.

2) 업톤의 베스트셀러 「정글」은 당시 데오도르 루스벨트(Theodore Roosevelt) 대통령을

그러나 이 법의 효과는 미미하여 허위·기만적인 약품광고 등은 여전히 기승을 부렸다. 그러나 1920년대 말로부터 1930년대 중반에 이르기까지 미국경제는 大恐慌의 여파를 이겨내는데 골몰하여 소비자보호는 한걸음 뒤로 밀려나지 않을 수 없게 되었다. 대공황의 긴 터널을 벗어나기 시작한 1930년대 후반에 이르러 또 다시 식품, 의약품, 화장품 등에 대한 欺瞞的 광고와 안전성을 결여한 제품의 유통이 문제가 되자 여성 소비자단체 등이 이것에 대한 강력한 규제를 요구하였다. 그러나 관련업계의 강력한 로비에 부딪쳐 번번이 수포로 돌아갔다. 이런 사이에 의약품업계의 사회적 무책임성을 맹렬하게 비난하는 폭로기사와 책들이 쏟아져 나오게 되었다.

그 중 특히 4개월만에 11版을 돌파하는 기록을 남긴 「100,000,000의 기니피그(*100,000,000 Guinea Pigs*)」라는 책은 제약업계가 충분한 安全度 시험을 거침이 없이 새 약품을 市販함으로써 1억의 미국 국민을 마치 실험동물처럼 취급하고 있다고 고발하였고, 때마침 충분한 사전검사 없이 시판되어 107명의 생명을 앗아간 신개발 약품 사건이 발생하여 국민을 경악케 하였다. 이런 사건이 터지자 美議會는 1938년 FDA의 신개발 의약품의 사전검사 기능을 대폭 강화시킨 「식품, 의약품, 화장품법(Food, Drug, and Cosmetics Act)」을 만장일치로 통과시키게 되었다.[3)]

이런 상황은 1960년대 초에도 또 다시 반복되었다. 특히 문제가 된 것은 처방약품의 터무니없는 가격책정과 유사약품의 횡행에 대한 규제, 약품광고에 있어서 약품의 부작용(side-effects) 및 사용해서는 안될 용도(contraindications)를 명기하도록 하는 규제 등이었다. 이것 역시 관련업계의 반발에 부딪치게 되었으나 때마침 탈리노마이드(thalinomide)라는 신개발 鎭靜劑가 유럽과 캐나다에서 많은 기형아를 출산케 하였다는 사실이 보도됨으로써 국민의 경각심이 다시 한번 일깨워지게 되었고 이

크게 감동시켜 적극적으로 이 법의 제정을 추진하게 만들었다고 한다. Paul J. Quirk, "Food and Drug Administration," in James Q, Wilson, *The Politics of Regulation* (New York: Basic Books, 1980), p. 194.

3) *Ibid.*, pp. 195∼7.

런 분위기 속에서 1962년 케네디 정부에 의해 「약품개정법(Drug Amendments)」이 통과되었다.

한편, 일반적인 소비자보호를 위한 연방거래위원회(Federal Trade Commission: FTC)의 기능은 미미하였다. FTC는 원래 1890년에 제정된 바 있는 「셔만 독점금지법(Sherman Antitrust Act)」의 시행을 강화할 목적으로 1914년에 「클레이튼 법(Clayton Act)」과 함께 제정된 「연방공정거래위원회법」에 근거를 두고 설치되어 불공정한 방법에 의한 경쟁제한 행위(unfair methods of competition)의 규제를 담당하도록 되어 있었다. 그러나 "불공정한 방법에 의한 경쟁제한 행위의 규제"가 의미하는 바가 애매모호하여 FTC는 점차 소비자보호보다는 주로 대기업의 독과점적 행위 또는 불공정한 행위로부터 중소기업을 보호하는 기능을 담당하여 왔다.

FTC의 소비자보호 기능이 보다 강화되게 된 것은 앞에서 고찰한 바와 같이 1930년대 중반 이후 소비자운동이 대두되는 가운데 1938년에 제정된 「윌러-리 법(Wheeler-Lea Act)」에 의해서였다. 이 법은 "상거래에 있어서 불공정한 또는 기만적인 행위나 관행(unfair or deceptive acts or practices in commerce)"을 폭넓게 불법적인 행위로 규정하고 이것에 대한 규제임무를 FTC에 부여하였던 것이다. 이로써 FTC는 이제 중소기업의 보호뿐만이 아니라 소비자보호를 위해 상거래 행위 및 관행을 규제할 수 있는 권한과 책임을 갖게 되었다. 특히 이 윌러-리 법은 FTC에 소비자보호를 위한 일반성을 갖는 규칙 제정(industry-wide rulemaking) 권한을 부여함으로써 FTC가 개별적인 독과점 및 불공정 거래행위에 대한 準司法的(quasi-judicial) 심판기능 외에 準立法的(quasi-legislative) 기능을 수행할 수 있도록 했다는 점에서 획기적인 의의를 지니고 있었다.

그러나 이런 권한과 기능확대에도 불구하고 1960년대 중반에 이르기까지 FTC는 소비자보호 기관으로서 부각되지 못하였다. 이것은 역시 1930년대 이후부터 1960년대에 이르기까지 미국 경제정책이 뉴딜정책의 기조로부터 탈피하지 못한 가운데 FTC가 친기업적인(pro-business) 자세를 유지하고 있었기 때문이었다.[4] 여기에 더하여 이 기간 동안에 FTC가 정치적 死角地帶가 되어 전문성이 없는 위원들이 FTC위원으로 임명되고 이에 따라 FTC 관료의 전문성 및 士氣가 극도로 저하되어 있었던 것도 하나의 중요한 원인이 되었다고 할 수 있다.[5]

이와 같이 1960년대 중반에 이르기까지 미국 정부나 의회는 친기업적인 정책노선을 견지하여 기업의 사회적 책임을 강조하는 사회적 규제에는 인색한 한편 극적인 사고의 발생으로 여론이 빗발치면 그때그때 임기응변적으로 대응하는 소극적인 태도에서 벗어나지 못하였다. 그 결과 1960년대 중반까지만 해도 각종의 사회적 규제 프로그램은 州정부 혹은 지방정부 차원에서 이루어지는 것이 고작이었다.[6]

3.2 사회적 규제의 폭발적 증가와 공익단체의 활동

1960년대 중반에 이르러 이런 상황은 크게 변화하였다. 이때부터 70년대말에 이르기까지 약 15년 동안 사회적 규제의 물결이 疾風怒濤와 같이 미국 사회를 휩쓸었다. 환경문제, 소비자문제, 작업장에서의 근로자의 안전 및 복지문제 등 사회적 책임을 망각한 무책임한 기업경영의 문제점들에 대한 국민의 관심이 고조되기 시작하면서 사회적 규제를 강화해야 한다는 목소리가 드높아지게 되었다. 이 기간 동안 연방의회의 매회기마다 규제입법이 논의되고 통과되지 않은 회기가 없을 정도로 여론의 압력이 지속적으로 이어졌고 그 결과 규제입법들이 폭발적 증가를 보였다.

---

4) 1930년대에 특히 문제가 되었던 허위 및 기만적인 광고에 대한 규제권한을 미의회가 당시에 규제권한을 적극적으로 행사하던 FDA가 아니라 FTC에 부여하였던 이유도 FTC가 기업에 대하여 보다 호의적이며 새로 부여받은 규제권한을 강력하게 행사하지 않을 것이라는 기대 때문이었다고 한다. Mark V. Nadel, *The Politics of Consumer Protection* (Indianapolis : Bobbs-Merill, 1971), p. 18.

5) Richard A. Harris and Sidney M. Milkis, *The Politics of Regulatory Change* (New York: Oxford University Press, 1989), pp. 145~54 참고.

6) David Vogel, "The "New" Social Regulation in Historical and Comparative Perspective," in Thomas K. McCraw(ed.), *Regulation in Perspective* (Cambridge, Mass.: Harvard Business School Press, 1980), p. 161.

이들 규제입법은 소비자보호, 작업장 안전, 환경문제와 관련된 것들이 대부분으로서 이 기간 동안에 이루어진 규제입법의 수는 우선 소비자보호 분야 입법이 62개, 근로자 안전과 관련된 법률이 21개, 환경 및 에너지 분야의 입법이 32개에 달하였다.[7] 여기에 더하여 이런 법률의 집행을 위해 대규모의 규제기관들이 속속 설치됨으로써 기업활동에 대한 정부개입은 빠른 속도로 엄청나게 증가하게 되었다.

1960년대의 중반 이후 미국에서 사회적 규제가 폭발적으로 증가하게 된 것은 기업의 사회적 책임의 강화를 요청하는 광범위한 社會聯合(social coalition)이 형성되었기 때문이었다. 즉 에드워드 케네디(Edward Kennedy)와 같이 사회적 규제에 깊은 관심을 갖게 된 기업가적 정치인, 사회적 규제와 관련된 의회 委員會에 포진하게 된 젊은 의원 보좌관들, 우후죽순처럼 늘어나기 시작한 공익단체(public-interest organizations)와 기업가적 공익운동가(enterpreneurial public-interest advocates), 이들에 협조적인 言論, 그리고 司法府를 포괄하는 사회연합이 공통된 문제의식과 연대의식을 갖고 이 기간 동안 정치적 議題(political agenda)를 주도하였다.[8]

사회연합 세력 가운데 가장 주목할 만한 역할을 수행한 것은 공익단체와 공익운동가들이었다. 수많은 공익단체들 가운데서 몇몇 단체들을 꼽아 본다면 먼저 소비자운동 분야에서는 미국소비자연합회(Consumer Federation of America),[9] 소비자동맹(Consumer Union),[10] 전국소비자연맹(National Consumers League)[11] 등 단체와 더불어 랄프 네이더(Ralph

---

7) Vogel, *op. cit.*, pp. 161~2.

8) 사회적 연합에 대하여는 Michael Pertschuk, *Revolt Against Regulation : The Rise and Pause of the Consumer Movement* (Berkeley: University of California Press, 1982), pp. 5~45.

9) 이 기관은 1967년에 발족하였으며 산하에 150여개의 전국 및 지방단위의 소비자운동단체를 거느린 소비자운동의 총본산(umbrella organization)이라고 할 수 있다. 이 기관의 주요한 기능은 회원단체에 대한 소비자보호와 관련된 입법정보 및 행정정보의 제공이다.

10) 이 단체는 소비자 제품의 시험검사를 주로 행하며 그 결과를 「소비자보고서(Consumer Reports)」란 잡지로 발간하여 판매하고 있다. 이 보고서는 약 200만부가 팔리고 있으며 이 잡지의 구독자들이 바로 이 단체의 회원으로 가입되어 있다. 1969년부터는 워싱턴에 사무실을 내어 소비자보호를 위한 로비활동도 겸하게 되었다.

11) 이 단체는 1899년에 설립된 가장 오래된 소비자단체로서 초기에는 소비자가 아니라

Nader)가 이끄는 소비자법연구센터(Center for the Study of Responsive Law),[12] 공익연구그룹(Public Interest Research Group),[13] 공익시민연합(Public Citizen, Inc.)[14] 등을 들 수 있다.[15] 환경분야에서는 오랜 역사를 가지고 있는 시에라 클럽(Sierra Club), 오두봉 모임(Audubon Society)에 더하여,[16] 1960년대말에 생겨난 지구의 친구들(Friends of the Earth), 자연보호연맹(League of Conservation Voters), 환경실천운동(Environmental Action), 환경방위재단(Environmental Defense Fund), 전국자원방위위원회(National Resources Defense Council) 등이 급속하게 회원수를 증가시키면서 활발한 정치적 로비활동을 전개하였다.[17]

이 시기의 공익운동(public-interest movement)에는 전국규모의 노동단체들도 동참하여 공익단체의 활동을 정치적으로 지원하였다.[18] 전통적으로 임금 및 근로조건의 개선을 위한 투쟁에 몰입하였던 노동단체들이 후기 산업사회(post-industrial society) 그리고 대중소비사회(mass consumption society)의 도래와 함께 소비자운동, 환경운동 등 공익운동에 관심을 보이고 적극적으로 참여하게 된 것이다. 물론 환경문제에 관한 한 노동단체와 환경단체 사이의 갈등도 없지 않았으나 소비자문제에 관한 한 노동단체의 지지는 거의 절대적이었다. 전통적으로 막강한 정치적

근로자의 근로조건 향상을 위해 투쟁하였다. 1910년대 이후에는 소비자단체로서 면모를 일신하였으나 1967년 전국소비자연합회의 발족과 더불어 그 기능이 쇠퇴하였다.

12) 이 센터는 1969년 Nader를 돕기 위해 자원한 수백명의 대학생(주로 법학, 경제학, 공학 등)으로 구성되어 주요한 규제기관의 업무를 감시하고 보고서를 만드는 역할을 주로 하였다. 처음에 이들은 방학기간 동안 자원봉사하는 방식을 취하였으나 점차 이 센터를 고정적인 일자리로 여겨 여기에 상주하게 되었다. 수백명에 달하는 이들을 일컬어 네이더의 奇襲隊(Nader's Raiders)라고 부르기도 한다.

13) 이 그룹은 1970년 공익변호사들로 구성되어 주로 소송업무를 담당하였다.

14) 이 단체는 Nader의 후원하에 100여개의 시민운동 단체의 대표자들로 구성된 시민운동 연합체로서 수십만의 독지가들로부터의 기부금으로 운영되며 1976년 이후 공익운동가(public-interest advocates)들의 전국적인 모임을 개최하여 결속을 다지고 있다.

15) 미국의 소비자단체들의 연혁과 역할에 대하여는 Nadel, *op. cit.*, pp. 155～191.

16) 이 두 환경단체의 회원수는 1967년으로 부터 1977년 사이에 각각 55,000 명에서 180,000 명, 54,000 명에서 280,000 명으로 급증하였다.

17) 이 환경단체들의 연혁과 활동에 대하여는 Helen M. Ingram and Dean E. Mann, "Interest Groups and Environmental Policy," in James P. Lester (ed.), *Environmental Politics and Policy: Theories and Evidence* (Durham: Duke University Press, 1989), pp. 135～57 참고.

18) Vogel, *op. cit.*, p. 171.

영향력을 보유하고 행사해 오던 노동단체들이 이와 같이 공익운동에 동참하게 됨으로써 공익단체의 정치적 영향력은 크게 강화되었다.

이와 같이 광범위하게 정치적·사회적 지지세력을 확보할 수 있게 된 공익단체들은 사회적 책임을 몰각한 기업행태로 인해 야기되는 각종의 사회문제 특히 환경, 소비자 안전, 근로자안전 문제에 대한 강력한 대책을 요구하고 줄기차게 여론 형성을 주도하였다. 특히 의회에 대한 로비활동을 통하여 각종의 사회적 규제입법을 실현시키고, 법원을 통하여 규제기관의 월권과 직무태만을 경계하는 감시자로서의 역할을 성공적으로 수행하였다.

우선 이들은 공공의 문제에 대한 일반시민들의 깊은 관심을 불러 일으키는데 주력하였다. 이들은 1960년대 미국국민들이 갖고 있던 기존의 정치체제에 대한 불신과 정치적 무력감을 최대로 활용하였다. 이들은 특히 1963년 미국 남부의 여러 州에서 흑인의 선거인명부 등록문제를 둘러싸고 고조되기 시작한 民權運動(civil rights movement)과 월남전쟁의 와중에서 대학가로 확대된 反戰運動(anti-war movement)으로 고무되기 시작한 국민들에게 참여를 통한 민주주의(participatory democracy) 만이 미국 사회의 문제와 병폐를 시정하고 해결해 나갈 수 있는 유일한 길임을 일깨우기 시작하였다.

이들은 특히 소비자문제, 환경문제, 근로자 안전문제 등 직접적으로 시민의 생활의 질(quality of life)을 좌우하는 문제들이 공익을 도외시하고 사회적 책임을 망각한 기업, 특히 大企業(corporations)에 의해 저질러지고 있음을 폭로하면서 기업 자유주의 혹은 企業 資本主義(corporate liberalism or corporate capitalism)에 공격의 화살을 맞추었다.[19] 예를 들

19) 바로 이 점에서 1960년대와 70년대의 공익운동이 비판적인 新左派(New Left Critique)의 영향을 받은 것으로 보는 견해가 있다. Harris and Milkis, *The Politics of Regulatory Change, op. cit.*, pp. 62~81; Vogel, "The New Social Regulation," *op. cit.*, p. 165 및 176; 한편 공익단체들을 "신계급(new class)"으로 부르면서 미국자본주의에 있어서의 도전으로 파악한 책들도 있다. 대표적인 것으로서는 Michael Novak, *The American Vision* (Washington, D.C.: American Enterprise Institute, 1978); B. Bruce Briggs (ed.), *The New Class* (New Brunswick, N.J.: Transaction Books, 1979); Irving Kristol, *Two Cheers For Capitalism* (New York: Basic Books, 1977) 등 참고.

면 1965년에 발간된 Ralph Nader의 저서「어떤 속도에서도 안전하지 못한 자동차(*Unsafe at Any Speed*)」는 거대한 자동차기업들이 생산하는 자동차가 설계 혹은 작동상 결함으로 인해 많은 인명손실을 초래하고 있음에도 불구하고 이들이 자동차의 안전도 향상에 무감각함을 신랄하게 비판하여 커다란 반향을 불러 일으켰고 그의 이름이 일약 소비자운동가의 대명사가 되게 하였다.[20)]

사실 Ralph Nader는 소비자운동에 관한 한 신화적 존재나 다름없었다. 프린스턴 대학과 하바드 법과대학을 졸업한 그는 변호사가 된 뒤 맨처음 자동차 안전문제에 깊은 관심을 기울였다. 그는 자동차관련법의 미비점을 발견하고 이의 보완을 위해 한때 미의회의 관련위원회에서 일하기도 하였으나 그러한 노력만으로 입법을 성사시킬 수 없다는 판단에서 보다 광범위한 국민들의 지지를 얻기 위해 그 책을 집필하게 되었던 것이다. 이 책의 성공으로 그의 명성이 널리 알려지게 되자 그를 도와주는 사람들이 늘어나기 시작하였다. 피해를 입은 소비자는 물론이고 그의 주장에 동조하는 많은 관료, 의원, 교수, 기술자들이 그에게 귀중한 정보들을 제공하였고 그는 이런 정보를 최대한으로 활용하였다.

그의 주된 활동무대는 의회의 청문회와 언론매체였다. 그는 기자, 의원 및 의원보좌관 등과 긴밀한 유대관계를 형성하면서 소비자보호를 위한 새로운 이슈를 차례차례 들추어 나갔고 이를 통하여 그의 정치적 영향력을 증가시켜 나갈 수 있었다. 그가 제기한 문제들이라면 거의 예외없이 의회에서 청문회를 열 정도였으니 그의 정치적 영향력과 그에 대한 신인도가 얼마나 강한 것이었는가를 짐작해 볼 수 있다. 그의 헌신적이고 열정적인 노력에 동조하는 많은 젊고 유능한 인재들이 그의 주변에 몰려들게 되자 그는 특유의 조직력을 발휘하여 많은 소비자단체를 조직해 나갔고 이들을 통하여 보다 넓은 범위의 소비자보호 이슈를 지속적으로 제기할 수 있었다. 그는 철저하게 대기업의 反社會的 행위를 폭로하

---

20) 1968년 1월 *Newsweek*는 Nader에 대한 특집기사를 내면서 그를 소비자운동의 십자군(consumer crusade)이라고 명명하였다.

고 대기업과 기존의 정치체제에 도전하는 끈질김을 보여 주었다.[21] 그의 이런 소비자운동이 시민들로 하여금 無力感을 극복하게 하고 국민들이 無事安逸에 젖어 있는 미국의 정치경제체제를 변혁시킬 수 있는 힘을 갖고 있음을 스스로 확인할 수 있도록 하였다.

공익단체 및 그 지도자들이 參與를 통한 민주주의(participatory democracy)를 부르짖은 것은 단순히 국민의 삶의 질에 대한 관심과 그들의 잠재적인 정치적 영향력만을 일깨우려 한 것이 아니었다. 이들이 지향하는 참여를 통한 민주주의의 참모습은 이 보다는 규제정책 결정과 집행의 전 과정에 걸쳐 공익이 실질적으로 확보될 수 있게 하기 위한 구체적이고 조직적인 노력에서 보다 더 잘 나타났다. 이들은 거대企業과 이들에 비교적 동조적인 거대한 政府로부터 일반시민들의 손에 정치권력을 재배분하기 위해서는 기업가의 계산속에 이윤(profit) 외에 公益에 대한 관념이 명백하게 들어갈 수 있어야 한다고 믿었다. 이를 위해서는 정책과정(policy process) 전반에 일반시민의 목소리가 분명하게 반영될 수 있어야 한다고 생각하였다.[22]

이들은 대체로 기존의 정치체제 그 자체에 대해 冷笑的 입장을 견지하였다. 전통적으로 미국사회에서 공익을 대변하고 옹호하는 역할은 대통령에게 주어져 있었지만 이들은 대통령조차도 상황의 변화에 따라 공익에 반하는 보수적 방향으로 기울어질 가능성이 있는 만큼 시민과 시민을 대표하는 그들 스스로가 기업과 관료의 대항세력(counterforce)으로서 규제정책 과정에 항시적으로 참여할 수 있는 토대를 마련해야 할 필요가 있다고 보았다. 공익단체들이 정규의 규제기관에 비견하는 풀뿌리조직(grassroots structure)에 토대를 둔 공익로비(public lobby) 단체의 조성에 주력한 것은 바로 이와 같은 기존의 정치체제에 대한 불신과 냉

---

21) 이러한 측면에서 그의 다음과 같은 일화는 유명하다. 즉 1965년 당시 폭발적 인기를 모았던 그의 저서로 인하여 타격을 입은 거대 자동차회사들 가운데 제너럴 모터스(GM)가 그의 뒷조사를 하는 등 그의 소비자운동을 방해하자 Nader는 이 회사를 상대로 사적인 권리(privacy) 침해를 이유로 손해배상소송을 제기하였고 이 소송에서 이겨 받은 40여만불의 배상금을소비자운동에 쏟아 넣었다.

22) Harris and Milkis, *op. cit.*, pp. 79~81.

소주의 때문이었다.[23)]

풀뿌리조직의 형성은 여기에서 더 나아가 첫째, 공익단체들이 독립적인 재정능력을 확보함으로써 그들의 주장의 정당성(legitimacy)을 유지할 수 있고, 둘째 많은 회원의 확보는 장차 이들 가운데서 공익운동의 지도자를 배출할 수 있도록 한다는 점에서도 중요하게 여겨졌다. 한마디로 풀뿌리 행동주의(grassroots activism)만이 규제정책이 공익으로부터 벗어나지 않도록 보장하는 확실한 堡壘라고 보았다.[24)]

풀뿌리에 근거한 공익단체의 확산과 그들의 정치적 로비는 의회의 입법과정, 법원의 역할, 규제기관의 정책수립 과정에 중대한 변화를 초래하게 되었다.[25)] 첫째, 입법과정에서 공익로비 단체들은 규제입법의 내용이 규제기관에 지나치게 넓은 재량(discretion)의 폭을 남기지 않도록 노력하였다. 새로운 규제기관의 설치에 있어서도 피규제산업에 捕獲(capture)되는 경향이 강했던 독립규제위원회 형태 보다는 대통령의 지휘를 받는 행정기관 형태를 선호하였다.[26)] 전통적으로 독립규제위원회 형태를 선호하던 미의회가 환경보호청(Environmental Protection Agency)을 이와 같은 조직으로 설치한 것도 이들의 주장 때문이었다.[27)] 이 기간에 많은 규제기관들이 대통령 직속 행정기관으로 설치되게 되자 의회는 자연히 대통령의 월권을 방지하기 위해 규제기관이 집행할 규제입법의 내용을 보다 세부적이고 구체적으로 규정하려는 경향이 강하여졌고 이것은 공익단체들이 규제기관의 정책에 대해 보다 구체적이고 강력한 공격을 가할 수 있는 기초를 제공하였다.

1969년에 제정된 환경정책법(National Environmental Policy Act)에

---

23) Jeffery Berry, *Lobbying for the People* (Princeton: Princeton University Press, 1977).

24) Harris and Milkis, *op. cit.*, pp. 85～6.

25) Berry, *op. cit.*

26) Nixon 행정부 시절에 독립규제위원회의 조직개선을 검토하기 위하여 설치되었던 「행정조직에 관한 대통령자문위원회(약칭은 Ash Council)」는 독립규제위원회 형태 보다는 대통령의 직접적인 지휘감독을 받는 규제행정조직 형태가 바람직하다는 의견을 제출한 바 있다. Roger G. Noll, *Reforming Regulation: An Evaluation of the Ash Council Proposals* (Washington, D.C.: Brookings Institution, 1971) 참고.

27) 이 기관이 취할 조직형태에 관한 논란에 대하여는 Harris and Milkis, *op. cit.*, pp. 227～32 참고.

근거를 둔 「環境影響評價(environmental impact statement: EIS)」 제도는 공익단체들이 규제정책과정에 항시적으로 참여하고 규제기관의 행동을 관찰하고 감독할 수 있는 법적 근거를 확보하기 위해 어떤 노력을 기울였는지를 아주 잘 보여주는 사례라고 할 수 있다. 왜냐하면 이 제도는 당초의 법안에 포함되어 있지도 않았고 환경보호청(EPA) 자체가 이것이 환경보호청의 정책활동에 제약을 초래할 것으로 판단하여 소극적인 태도를 취하고 있었음에도 불구하고 환경단체들이 정치적 영향력을 발휘하여 이 제도를 법안에 포함시켰기 때문이다.[28]

이 제도에 의하면 연방정부의 자금지원으로 이루어지는 모든 사업에 대해 환경보호청이 환경영향평가서를 제출받고 이를 심사할 수 있도록 되어 있다. 이것은 단순히 환경보호청이 이런 권한을 보유하게 됨으로써 환경정책을 효과적으로 추진할 수 있는 강력한 무기를 얻게 되었다는 데 뜻이 있는 것이 아니었다. 오히려 이보다 더 중요한 의의는 이 제도가 공익단체들로 하여금 환경정책과정에 보다 쉽게 접근해 들어갈 수 있게끔 해주는 귀중한 통로를 마련해 주었다는 데 있다. 왜냐하면 이 제도에 따라 작성되는 환경영향 評價書에 기초하여 그리고 점차 공개적으로 이루어지게 된 이 제도의 운용과정을 통하여 공익단체들은 환경기준을 위반하여 사업을 시행하는 사업자 또는 이 제도를 엄격하게 적용하지 않는 환경보호청을 상대로 보다 용이하게 訴訟을 제기할 수 있게 되었기 때문이다. 바로 이런 점에서 환경영향평가제도는 참여를 통한 민주주의(participatory democracy)의 실현을 최우선으로 하는 공익단체들이 효과적으로 정책과정에 참여하기 위해 개발한 메카니즘이라 하겠다.

둘째, 공익단체들은 참여를 통한 민주주의의 실현을 위해서는 법규정이나 정책내용(substance) 그 자체 보다는 법을 집행하는 과정(process)에 효과적으로 참여할 수 있는 권리를 보장 받는 것이 중요하다는 판단아래 정책과정에의 참여통로를 개설하는 데 많은 노력을 기울였다. 이런 관점에서 1970년대에 들어서서 제정된 상당수의 규제입법이 市民訴訟

28) *Ibid.*, pp. 238~40.

(civil suit) 혹은 集團訴訟(class action suit)을 인정하고 공익단체들에게 '공익적' 견지에서 소송을 제기할 수 있는 原告適格(standing)을 부여한 것은 중대한 의미를 갖는 것이었다.[29] 물론 이런 제도가 생겨나게 된 것은 공익단체들의 줄기찬 로비활동의 덕분이기도 하지만, 議會 역시 의회가 지니고 있는 감시기능(oversight function)의 한계를 감안할 때 잘 조직된 공익단체들에 이런 감시기능을 부여하는 것이 바람직하다는 판단을 갖고 있었기 때문이었다.

이런 소송절차의 변화는 공익단체들이 규제기관의 월권으로 인해 시민들에게 손해가 발생한 경우는 물론이고 규제기관이 당연히 취해야 할 행동을 취하지 않을 때 규제기관으로 하여금 엄격하게 관련법을 집행하도록 강제하는 소송을 제기할 수 있게 해줌으로써 공익단체들이 실질적으로 규제기관의 법집행 내용과 과정을 효과적으로 감시할 수 있게 하는데 크게 기여하였다. 이런 제도는 특히 환경규제 분야에서 공익단체들이 監視者(watchdog)로서의 역할을 충분히 다할 수 있게 하는 위력있는 무기가 되었다. 또한 새로운 제도의 도입은 결과적으로 규제정책 과정에 있어서 법원의 기능을 대폭적으로 신장시키는 역할도 하였다.

셋째, 공익단체의 대두로 인한 커다란 변화는 규제기관 그 자체의 정책결정 과정 속에서도 이루어졌다. 보다 세밀하게 규정된 규제입법, 법원의 엄격한 법해석은 규제기관들로 하여금 行政規則 제정(administrative rulemaking) 과정을 보다 공개적으로 진행시키지 않을 수 없게 만들었고 이에 따라 공익단체의 규제정책과정에의 참여는 보다 수월해지게 되었다. 다시 말하면 규제기관들이 공익단체들의 提訴와 소송과정에서 규제기관에 불리하게 조성되는 여론의 화살을 피하기 위해서는 어떤 형태로든지 사전에 공익단체를 광범위하게 정책과정에 참여시키고 이들의 의견을 존중하는 것이 안전하다는 생각을 갖게 된 것이다.

공익단체의 정책과정에의 참여를 보다 원활하게 하기 위한 목적으로

---

29) 이러한 집단소송제도에 대하여는 제18장 6절 참고.

공익단체에 보조금을 지원하는 제도들이 생겨나게 된 것도 바로 이런 배경에서 였다. 연방거래위원회(FTC)가 채택한 이해관계자 보조프로그램(intervenor funding program)은 이것의 대표적인 예라고 할 수 있다. 이 프로그램은 이해관계자가 규제정책 결정과정에 참여하여 의견을 개진하기 위한 준비비용의 일부를 규제기관이 보조하여 주는 것으로서 이 프로그램의 최대 수혜자는 당연히 공익단체들이었다.[30] 물론 이런 보조금의 지급이 아니더라도 공익단체가 독자적 시험연구를 통하여 습득한 전문지식과 경험을 존중하여 규제기관이 자발적으로 공익단체에 자문을 구하거나 공익단체들과 사전에 협의하는 것이 관례화 되었다. 끝으로 정책과정에 대한 공익단체의 참여가 확대된 중요한 계기로서 대통령 선거기간 중 공익단체들의 적극적인 후원에 힘입어 대통령에 당선될 수 있었던 카터(Carter)가 취임 초반 주요 사회적 규제기관의 長 및 간부직에 모두 59명에 달하는 공익운동가들을 대거 기용하였던 것을 빼놓을 수 없다.[31] 대표적인 인물로서는 연방거래위원회(FTC)의 위원장에 임명된 마이클 퍼척(Michael Pertschuk)을 들 수 있는데 앞에서 고찰한 바와 같이 FTC가 소비자보호의 선봉에 서게 된 것은 그의 주도적인 FTC 개혁노력에 따른 것이었다.[32]

3.3 사회적 규제에 대한 비판의 대두

1960년대말과 1970년대를 경과하면서 참여를 통한 민주주의(participatory democracy)의 기치 아래 일반시민과 공익단체들의 규제정책 전과정에 대한 참여가 확대되자 이에 따른 당연한 결과로서 규제기관과 기업의 관계는 상대적으로 疎遠해지면서 긴장이 조성되기 시작하였다. 뿐만 아니라 사회적 규제의 폭발적 증가와 규제강도의 실질적 강화로 인해

30) 이 제도의 내용과 논란에 대하여는 Harris and Milkis, *op. cit.*, pp. 173～77 참고.

31) Juan Cameron, "Nader's Invaders Are Inside the Gates," *Fortune*, Oct. 1977, p. 254.

32) 이에 관하여는 Harris and Milkis, *op. cit.*, pp. 140～224 및 Pertschuk, *Revolt Against Regulation*, *op. cit.* 참고.

기업들은 모두가 상당한 경제적 부담을 안게 되었다.[33]

이런 상황에서 기업들이 사회적 규제를 자유로운 기업활동에 대한 중대한 위협으로 받아들이게 된 것은 당연하였다. 사회적 규제가 증가하던 초기에는 사회적 분위기에 억눌려 혹은 업계 내부의 이해관계의 상충으로 분열되어 수세에 처하지 않을 수 없었던 업계가 1970년대초부터는 반격의 움직임을 보이기 시작하였다.[34]

우선 기업과 생산자단체들은 한결같이 사회적 규제의 강화가 생산성의 저하, 인플레 유발, 신규투자의 감소 등 많은 경제적 문제를 야기시키는 중요한 원인이 되고 있을 뿐만 아니라 기업의 창조적인 활동을 방해하고 자유기업주의 원리에도 위배되는 것이라고 비판하였다.[35] 이들은 한편으로 이런 주장을 합리화하기 위해 많은 경제학자들의 연구를 지원하고 사회적 규제에 비판적인 책, 연구보고서 등을 발간하고 배포하는데 상당한 자금을 투입하였다.[36] 또한 이들은 언론매체 등을 이용하여 미국의 지식인 계층에 기업활동에 대한 정부개입의 증가가 결코 공익에 부합하는 것이 아님을 인식시키려고 노력하기도 하였다.

한편 수많은 대기업들이 의회와 규제기관들에 대한 정치적 로비활동을 강화하기 위해 워싱턴에 사무소를 개설함으로써 1968~78년 사이에 이들의 사무소는 100개에서 500개 이상으로 급증하였다.[37] 1973년에는

---

33) 한 연구에 의하면 1976년 현재 사회적 규제로 인한 행정비용과 기업의 순응비용(compliance costs)은 각각 2,611 백만불과 16,869 백만불로서 합계 19,480백만불에 달하는 것으로 보고되었다. Murray Weidenbaum and R. Defina, *The Cost of Federal Regulation of Economic Activities* (Washington, D.C.: American Enterprise Institute, 1978) 참고. 그러나 이 수치는 조금 과대평가된 것이라는 지적도 있다. Robert E. Litan and William D. Nordhaus, *Reforming Federal Regulation* (New Haven: Yale University Press, 1983) 참고.

34) 예를 들면 환경규제의 강화로 인한 충격이 지역에 따라 다르게 나타남으로써 동일 업종에서도 이를 환영하는 측과 극력 반발하는 측으로 분열되었던 것이다. 이러한 사례의 분석은 Peter Navarro, "The Politics of Air Pollution," *Public Interest* (Spring 1980), pp. 36~44 참고.

35) 정부규제에 대한 이러한 비판적 시각들은 Carter 행정부에서 규제개혁을 주도하였던 Weidenbaum의 다음 문헌에 잘 정리되어 있다. Murray Weidenbaum, *The Future of Business Regulation* (New York : AMACOM, 1979).

36) 1970년대에 미국기업연구소(American Enterprise Institute), 시사문제연구소(Instiute for Contemporary Studies) 등에서 발간한 많은 책자들은 바로 이런 배경에서 이루어진 것이라고 볼 수 있다.

37) Vogel, *op. cit.*, p. 176.

사업자단체로서는 가장 규모가 큰 전국제조업자협회(National Association of Manufacturers)가 워싱턴으로 본부를 옮겨 갔고 뒤를 이어 1977년에 이르기까지 모두 2,000 여개의 업종별 사업자협회(trade associations)들이 워싱턴에 집중하게 되었다. 이와 더불어 기업의 이익을 대변할 450개의 법률법인, 234개의 회계법인들이 워싱턴에 새로 생겨나게 되었다.[38)]

이와 같이 폭발적으로 증가하는 사회적 규제에 따른 경제적 부작용과 계속적인 사회적 규제의 증가를 억제하기 위한 기업의 로비활동이 강화됨에 따라 1970년대의 닉슨, 포드, 카터 행정부는 모두 사회적 규제에 대한 심사기능을 강화하게 되었다. 우선 닉슨은 대통령 직속기관인 예산관리국(Office of Management and Budget: OMB)으로 하여금 「삶의 질 심사(Quality-of-Life Review)」를 담당하도록 하였다. 이것은 환경, 소비자보호, 직업안전 및 보건 규제를 담당하는 규제기관들로 하여금 새로운 규제프로그램의 내용, 규제에 따른 비용, 대체적 규제수단에 대한 검토의견 등을 예산관리국에 정기적으로 제출하도록 하고 OMB가 이것을 심사하도록 함으로써 불합리한 규제정책을 사전에 봉쇄하기 위한 목적을 갖고 있었다. 그러나 이 제도는 주로 환경규제에 대한 심사에 치중하였고 그 결과 환경단체, 노동조합, 소비자단체 등으로부터 환경보호에 역행하려는 의도를 갖고 있다고 하여 많은 비난을 불러 일으키게 되었다.

1974년 포드행정부는 특히 환경규제 및 작업장 안전에 대한 규제가 인플레에 악영향을 끼치고 있다는 판단 아래 규제기관들로 하여금 주요한 規制프로그램에 대해 「인플레영향 평가제도(inflation impact statements)」를 시행하도록 하고 OMB가 이를 심사하도록 하였다. 특히 카터 행정부는 행정명령(executive order)으로 규제영역에 비용편익분석(cost-benefit analysis)의 관념과 기법을 도입함으로써 이를 통하여 경제적 합리성과 효율성을 결여한 규제프로그램을 억제하는 방법을 사용하였다. 물론 이 분석기법 적용의 중요 대상은 사회적 규제, 그 가운데서도 특히

---

38) *Ibid.*, p. 177.

환경과 작업장 안전을 위한 규제였다.

이와 같이 비용편익분석에 입각하여 무리한 사회적 규제의 도입과 시행을 억제하려는 노력은 과거의 공화당 정부와는 달리 사회적 규제에 적극적이었던 민주당의 카터행정부에 와서도 지속되었다. 그는 특히 1978년초 「규제심사분석 그룹(Regulatory Analysis and Review Group)」이란 기구를 설치하였다. 이 기구는 OMB를 비롯하여 대통령 경제자문위원회(Council of Economic Advisors: CEA), 상무성, 재무성, 임금 및 물가안정위원회(Council on Wage and Price Stability: COWPS)의 부대표자급으로 구성되어 각종의 규제프로그램의 비용과 편익을 비교·검토하는 역할을 하였다. 이 기구에서의 결정은 규제기관을 법적으로 구속하는 것은 아니었으나 새로운 규제에 대한 대통령의 의사를 대변하는 것으로 간주되었기 때문에 상당한 영향력을 발휘할 수 있었다.[39]

그러나 1970년대를 통하여 지속적으로 확대강화된 사회적 규제입법이 잘 말해 주듯이 닉슨, 포드, 카터행정부의 사회적 규제에 대한 시각과 접근방법은 상당히 애매모호한 상태를 벗어나지 못하였다.[40] 이들 행정부는 그저 폭발적으로 증가하는 사회적 규제로 인해 야기되는 경제적 부작용을 최소화 하기 위한 노력을 전개한 것에 불과하였다. 이에 비하여 1980년 대통령에 당선된 레이건은 취임초부터 사회적 규제에 대한 정면적 挑戰을 선언하였다. '큰 政府(big government)'를 자유기업주의에 대한 근본적인 도전으로 간주하는 레이건 행정부의 등장으로 1970년대를 통하여 지속적으로 확대강화되는 추세에 있던 사회적 규제가 된서리를 맞기 시작한 것이다.

레이건 행정부의 사회적 규제에 대한 단호하고 공격적인 태도는 그가 대통령 취임과 동시에 「規制輕減을 위한 대통령 특별작업단(Presidential Task Force on Regulatory Relief)」을 설치한데서 여실히 드러났다. 부쉬

39) Harris and Milkis, *op. cit.*, p. 11.

40) 그러나 이들 행정부는 경제적 규제완화(economic deregulation)를 적극적으로 추진하였고 카터 행정부시절에는 이 면에서 많은 실질적 성과를 거두었다.

(Bush) 부통령을 책임자로 한 이 작업단은 그 명칭이 시사하는 바와 같이 자유로운 기업활동에 '무거운' 짐을 지우고 있는 사회적 규제를 덜어내기 위한 전략들을 고안해 내고 그것을 실천에 옮기는 임무를 부여받았다. 그러나 레이건 행정부가 사회적 규제의 경감을 위해 선택할 수 있는 정책수단의 폭은 제약되지 않을 수 없었다. 그것은 우선 의회가 사회적 규제에 보다 적극적인 민주당의 지배 하에 놓여 있었고, 사회적 규제의 유지강화를 절대적으로 선호하는 사회분위기가 지속되었기 때문이었다.[41)]

그 결과 레이건 행정부의 사회적 규제의 輕減 혹은 완화는 주로 행정적인 방법을 통하여 이루어지게 되었고 그것도 백악관이 규제정책과정을 장악하는 방법을 통하여 이루어지게 되었다. 여기에 가장 주도적인 역할을 담당한 것은 물론 예산관리국(OMB)이었다. 특히 OMB 내에 새로 설치된 「정보 및 규제업무 관리국(Office of Information and Regulatory Affairs: OIRA)」은 레이건 행정부가 마련한 기준과 원칙에 부합하지 않는 규제정책 업무를 통제하기 시작하였다. 그러나 행정적 방법으로 의회가 제정한 규제법에 근거를 둔 각 규제기관의 업무를 명확한 입법근거도 없이 OMB가 통제하고 해당 규제기관의 예산을 삭감하기는 어려웠다. 왜냐하면 행정부의 이런 노력이 의회와의 마찰과 반발을 불러일으키지 않을 수 없었기 때문이다.

다음으로 카터행정부 시절과는 정반대로 사회적 규제의 완화에 적극적인 인물을 규제기관의 장에 임명하고 그들로 하여금 규제기관 조직과 인력의 축소를 도모하도록 하였다. 그 결과 1970년대에 사회적 규제의 강화에 열성적이었던 관료들이 차차 소속기관을 떠나게 됨으로써 사기가 저하되고 규제기관이 무기력해지게 되는 경우들이 생겨나게 되었다. 1980년대초의 환경보호청(EPA)은 이것의 대표적인 사례였다.[42)]

또 다른 한편으로 레이건 행정부는 新聯邦主義(New Federalism)의

41) Martha Derthick and Paul J. Quirk, *The Politics of Deregulation* (Washington, D.C.: Brookings Institution, 1985), pp. 207～36.

42) Harris and Milkis, *op. cit.*, pp. 251～65.

기치 아래 사회적 규제 권한을 연방정부 및 기관에서 州정부 및 지방정부의 수준으로 이양하는 방법을 사용하였다. 그러나 이것이 사회적 규제완화에 어떤 결과를 가져왔는지는 분명치 않다. 왜냐하면 사회적 규제성격에 따라 어떤 분야에서는 오히려 규제가 더욱 강화되는 결과를 초래하였기 때문이다. 그 결과 기업들은 이런 전략에 대해 비판적인 입장을 표명하는 경우가 많아지게 되었고 따라서 이런 접근방법은 시간의 경과에 따라 점차 지지부진해지게 되었다.

이런 이유들로 인해 레이건이 재집권한 1980년대 중반 이후 사회적 규제에 대한 반격은 그 위세를 상당부분 상실하게 되었다. 이것은 무엇보다도 레이건 행정부가 입법적 수단이 아니고 행정적 수단에 의존하여 사회적 규제를 완화하려고 한 당연한 결과라고 볼 수 있다.[43] 또한 레이건 행정부의 규제완화 노력에 정면적으로 도전한 공익단체들의 저항도 만만치 않았다. 특히 1970년대를 거치면서 제정된 많은 규제입법 속에 참여를 통한 민주주의 실현의 토대를 구축한 공익단체들은 행정소송을 제기함으로써 행정부의 규제완화 의도를 효과적으로 저지할 수 있었다.

4. 우리나라의 사회적 규제 변천

4.1 소비자보호규제

우리나라에서 소비자보호를 위한 법제도가 어느 정도 모습을 갖추게 된 것은 1980년대에 들어와서라고 해야 할 것이다. 소비자보호제도의 母法이라고 할 수 있는 「소비자보호법」이 제정된 것이 1980년이고 「독과점규제 및 공정거래에 관한 법률」이 제정된 것은 1981년이다.

먼저 독과점규제 및 공정거래법의 제정 필요성은 일찌기 1963년의

43) 레이건 행정부의 규제완화 전략과 그것의 평가에 대하여는 *Ibid.*, pp. 97~139 참고.

三粉波動, 1968년의 코로나자동차 暴利사건 등 굵직한 사건이 발생할 때마다 꾸준하게 제기되어 왔고 입법을 위한 노력도 여러 차례 시도되었으나 번번이 좌절되고 말았다.[44] 이것은 경제성장을 최우선으로 하는 정부 스스로가 소비자보호에 소극적이었고 수많은 우여곡절을 거쳐 간간이 국회에 관련법안을 제출한 경우에도 국회가 강력한 기업로비에 부딪쳐 안건을 제대로 다루지 아니하였기 때문이다.

이런 상황은 1970년대 말까지 계속되었다. 그러나 이 때에 이르러 독과점기업들의 시장횡포가 극심해지고 매점매석 등 불공정한 거래가 성행함으로써 물가문제가 보다 심각해지면서 그것이 커다란 사회문제로 비화하게 되자 정부는 비로소 본격적인 의미에서의 독과점 및 공정거래법 제정을 위한 준비에 착수하였다. 물론 이전에도 1972년에 제정된 「물가안정법」과 1975년에 제정된 「물가안정 및 공정거래에 관한 법률」에 의거 부분적으로 소비자보호를 위한 노력이 이루어졌다고는 할 수 있지만 이런 법률들은 물가안정 확보에 주안점이 놓여 있었기 때문에 오늘날 우리가 이해하고 있는 소비자보호와는 상당한 거리가 있다.

현행의 「독과점규제 및 공정거래에 관한 법률」은 1970년대말 경제기획원이 내부적으로 검토를 해 왔던 것으로서 '經濟正義'를 표방한 제5공화국이 이 법이 가진 정치적 의미를 감안하여 강한 입법의지를 천명하였고, 당시의 억압적인 정치사회적 분위기 속에서 대기업의 반발과 저항이 위축된 결과, 법제정 노력이 이루어지기 시작한지 10수년이 지난 1980년말, 그것도 정상적인 국회가 아닌 「국가보위 입법회의」에서 이 법이 통과됨으로써 비로소 독과점 규제 및 공정거래법 다운 법의 제정을 실현할 수 있게 되었던 것이다. 독과점규제 및 공정거래법의 제정과정에서 공정거래위원회의 중립성 보장과 위상 정립 문제에 대해 많은 논란이 있었음에도 불구하고 이 법의 산파역을 맡은 경제기획원의 강력한 주장에 따라 공정거래위원회가 경제기획원 산하기관으로 설치되게 됨에 따라 이 위원

44) 1960~70년대에 있어서의 공정거래법 제정노력에 대하여는 경제기획원, 「公正去來白書」, 1984 참고.

회의 사무국이라고 할 수 있는 공정거래실도 경제기획원 내에 설치되었다.

다음으로 1980년초 소비자보호의 기본법으로서 「소비자보호법」이 제정 시행되게 되었다. 이 법은 아래에서 보게 될 것처럼 1970년대에 들어와 상당한 영향력을 가지게 된 소비자단체들의 끈질긴 요구에 따른 것이었으나 소비자의 보호받을 권리를 선언하는 이상의 큰 의미는 가지지 못하였다. 그러던 것이 1986년말 同法 개정을 통하여 소비자보호를 담당할 기구로서 「한국소비자보호원」의 설치근거를 두게 되었고 1987년 7월에는 한국소비자보호원이 발족되었다. 그 결과 소비자정책 결정기구라고 할 수 있는 소비자보호위원회는 경제기획원에 설치되어 있으면서 실질적인 소비자보호 업무는 행정기관이 아닌 한국소비자보호원이 담당하는 기형적인 소비자보호 행정체계가 나타나게 되었다.

소비자보호법은 우리 역사상 처음으로 소비자 피해에 따른 분쟁의 조정 및 피해구제에 관한 포괄적인 규정들을 마련한 데 큰 뜻이 있었으나 이런 규정의 집행을 한국소비자보호원이 대부분 담당하게 됨으로써 이후 소비자단체와 상당한 마찰을 빚게 되었다. 특히 행정기관이 아닌 한국소비자보호원에 소비자분쟁조정의 권한을 부여하고 또한 시험검사 결과의 독점적 公表權을 부여한 것은 소비자단체들의 소비자보호운동에 상당한 지장을 주고 있는 것으로 지적되어 왔다. 1989년에 이르러 與小野大 국회에서 이런 문제들을 개선하기 위한 개정법률안이 각 정당에 의해 발의되었으나 정부의 소극적 자세와 소비자단체를 고무시키게 될 것을 두려워 한 기업로비로 인해 유야무야된 채 오늘에 이르고 있다.

소비자보건과 안전에 관계된 개별 소비자보호법으로서는 공업진흥청 소관의 공산품품질관리법, 전기용품 안전관리법, 공업표준화법, 계량법, 보건사회부 소관의 식품위생법, 약사법, 공중위생법, 마약법, 그리고 동력자원부 소관으로는 고압가스 안전관리법, 전기사업법, 농림수산부 소관으로서는 축산물 위생처리법, 농산물검사법, 수산물검사법, 농약관리법 등이 있다. 다음으로 서비스와 관련한 소비자보호법으로서는 재무부 소관의 보험업법, 증권거래법, 교통부 소관의 자동차운수사업법, 관광사업법,

그리고 경제기획원 소관의 約款의 규제에 관한 법률과 독과점규제 및 공정거래에 관한 법률에 근거한 할인판매, 景品, 백화점 세일 등에 대한 규제를 위한 告示 등이 있다. 이런 개별 법령들은 소비자보호를 우선적인 목적으로 하고 있다기 보다는 해당 산업의 진흥을 우선적 목적으로 하고 있고 관련업계에 소비자보호를 위해 이행하여야 할 사업자의 의무를 나열적으로 규정하고 있는 것에 불과한 형편이다.

우리나라에 있어서 소비자운동은 이미 1950년대에 한국부인회, 전국주부클럽연합회 등 여성단체와 대한 YWCA 연합회 등 基督敎團體 등이 소비자의 교육과 계몽에 관심을 기울이기 시작하였고, 1970년에는 한국소비자연맹이 최초의 소비자운동 단체로서 출범하여 불량상품 불매운동 등을 전개하였다. 1976년에는 대한 YWCA 연합회, 전국주부교실중앙회, 전국주부클럽연합회, 한국여성단체연합회, 한국부인회 등 5개 여성단체가 주축이 되어 소비자보호단체협의회가 발족됨으로써 소비자운동이 보다 본격화되었다. 현재 우리나라의 소비자단체로서는 소비자보호단체협의회 산하에 위 5개의 여성단체와 한국소비자연맹, 소비자문제를 연구하는 시민의 모임, 한국공익문제연구원, 한국소비자생활교육원, 대한 YMCA연맹 등 모두 10개의 단체가 있다.

그러나 이들 가운데 한국소비자연맹과 소비자문제를 연구하는 시민의 모임의 2개 단체를 제외한 나머지 단체들은 여성 및 기독교단체로서 소비자문제의 비중이 커지게 됨에 따라 소비자문제를 역점사업으로 펼쳐나가고 있는 정도에 불과한 실정에 있다. 이들 민간소비자단체는 自體財源이 극히 미미하여 거의 국가의 재정지원에 의존하고 있는바 국고지원 역시 1989년에 764백만원(경제기획원 및 환경청이 566백만원, 지방자치단체 보조가 198백만원)에 불과한 실정이다. 또한 國庫補助는 고발센터의 운영, 출판홍보, 교육사업 등에 주로 쓰이고 있으나 경상비 충당에도 힘겨운 형편이라고 하지 않을 수 없다.[45)]

45) 한국소비자보호원, "소비자단체현황 및 주요사업," 기획관리자료 89-01.

4.2 환경규제

우리나라에서 환경오염 문제는 제1차 경제개발계획의 추진과 함께 제기되기 시작하였다. 이에 따라 공업화로 인해 야기되는 "대기오염, 하천오염, 또는 騷音·振動으로 인한 보건위생 상의 피해를 방지한다"는 목적하에 1963년에 「공해방지법」이 제정되긴 하였으나 이 법의 제정은 당시 外資導入을 원활하게 하기 위해 구색을 맞춘 데 불과한 것이었다. 이 법의 제정에도 불구하고 행정조직이나 예산면에서 아무런 조치가 취하여지지 않았고 시행령도 1969년말에야 비로소 제정된 것이 이를 반증한다.[46)]

석유화학공업 등 환경오염 유발적인 중화학 공업이 본격적으로 육성되기 시작한 1970년대에 들어 와 환경문제는 급속도로 악화되었다. 특히 중화학공업화 추진과정에서 채택된 工業團地化 정책은 울산, 포항, 온산, 반월 등 특정지역의 환경을 급속도로 악화시키게 되었고 이에 따라 환경문제에 대한 일반국민들의 관심이 새로와지고 환경대책에 대한 요구가 거세어지게 되었다. 이에 따라 정부는 1977년말 종래 衛生法的 성격을 강하게 띠고 있던 「공해방지법」을 전면적으로 개편하여 「환경보전법」을 제정하고 보다 본격적인 환경규제 정책수단을 강구하게 되었다. 또한 「환경보전법」의 제정에 따라 환경업무가 늘어나게 되자 정부는 1980년 초에는 보건사회부의 외청으로 環境廳을 설치하였다.[47)]

그러나 경제성장을 최우선으로 하는 국가정책기조하에서 효과적인 환경정책의 추진은 사실상 불가능하였다. 환경오염의 주범이라고 할 수 있는 중화학공업에 대한 환경관리의 강화를 추진하기 보다는 자연보호운동 등에 더욱 역점을 기울인 것은 바로 이와 같은 사정을 잘 말해주는 것이라고 할 수 있다. 환경정책 분야의 인력이나 예산이 극히 미미한 선에 머무르고 있는 것도 이것을 잘 반증해 주고 있다.

---

46) 환경처, 「環境白書」, 1990, pp. 38~9.
47) 환경청, 「환경보전」, 1988, pp. 43~73 및 pp. 92~105 참고.

1980년대에 들어와서 산업화·도시화의 급진전, 자동차의 보급확대, 골프장 등 관광레저산업의 급속한 팽창으로 인해 환경문제는 이제 모든 국민들이 일상적으로 경험할 수 있는 문제가 되었다. 국민들의 전반적인 소득수준 향상으로 생활의 질(quality of life)에 대한 관심이 급속하게 높아지기 시작하고, 환경문제에 대한 지식과 정보도 빠른 속도로 확산되어 가기 시작하면서 우리 주변에 환경오염의 문제가 산적해 있는 것을 발견하게 된 것이다. 이런 국민들의 인식의 변화속에 제6공화국 이후 정치사회의 민주화 속에서 환경문제는 정부정책에 대한 최대의 불만요인으로 등장하게 되었다. 특히 1989년 이후 수차에 걸쳐 발생한 수도권 및 대구지역의 상수원의 오염문제는 환경문제가 남의 일이 아니고 바로 나의 건강과 생명을 위협하는 심각한 문제가 되어 있음을 확인할 수 있게 해 주고 있다.

1980년대를 거치면서 환경정책의 효율적 추진을 위한 제도들이 정비되어 가고는 있으나 환경문제의 복잡성과 異質性에 대한 깊이있는 이해와 정책노력은 아직도 부족한 형편이다. 예를 들면 1981년말에 정부기관, 공공단체 및 정부투자기관이 시행하는 대규모 개발사업에 대한 환경영향평가제도를 도입하였고, 1987년에는 이 제도의 시행대상을 민간부문에 까지 확대하였으나 정부기관 스스로가 이 제도를 무시하고 있는 실정이다. 1983년에는 환경규제의 선진기법이라고 할 수 있는 汚染排出 賦課金 제도를 도입하고 이 부과금이 기본수입이 되는 환경오염 방지기금을 설치하였다. 그러나 제14장에서 상세하게 분석되고 있는 바와 같이 이 제도의 시행을 위한 행정력이 뒷받침되고 있지 못한 상황에서 기업의 환경오염부담을 오히려 경감시켜 주는 역작용을 하였다.

날로 환경문제의 중요성과 복잡성이 부각됨에 따라 1990년 1월에는 환경청을 環境處로 승격시키고 기구의 확대를 꾀하였으나 폭증하는 환경업무를 효과적으로 다루어 나가기에는 역부족인 실정에 놓여 있다. 환경청의 환경처로의 승격은 환경업무의 국가정책 우선순위를 제고하고 많은 부처와 지방관서에 산재해 있는 환경관련 업무에 대한 종합조정기능을 가지게 하는데 그 목적을 두고 있으나, 실질적인 행정 및 정책조정 권한의 확대강화 및 예산의 대폭적 증가가 수반되지 못하고 있는 상황에서 여전히 무력한 기관으로 남아 있다.[48]

환경청의 환경처로의 승격과 함께 1991년 2월에는 환경관련 법률도 6개법으로 세분화되었다. 즉 기존의 환경기본법이라 할 수 있는 환경보전법이 환경정책기본법으로 대치되면서 환경오염 피해분쟁조정법, 대기환경보전법, 소음진동규제법, 수질환경보전법, 유해화학물질관리법이 제정되었다. 따라서 기존의 폐기물관리법, 해양오염방지법, 합성수지폐기물처리사업법, 환경관리공단법 등을 포함하면 우리나라의 환경관련법률은 모두 10개에 이른다.[49] 여기에 더하여 최근 환경처는 자연환경보전법, 환경개선촉진법의 제정을 立法豫告해 놓고 있다. 물론 이런 환경법률의 세분화는 환경 汚染源의 증가에 대응하기 위한 세계적인 추세라고는 할 수 있지만 법체계의 혼란, 관련법 사이의 형평성과 조화의 측면에서 문제도 없지 않다.

우리나라에서 환경운동은 1960년대부터 이루어져 오고 있고 1980년대 이후 특히 제6공화국 이후 민주화 분위기 속에서 상당히 빠른 속도로 확대되어 가면서 시민의 환경의식을 일깨우기 위한 교육과 계몽에 기여하고 있으나 시민의식과 참여 부족으로 아직까지 조직기반이 극히 취약하여 중요한 사회운동단체로서의 위치는 확보하지 못하고 있다.[50] 물론 지역단위로 상당한 감시와 고발기능을 수행하고 있는 자생적 환경운동단체들이 늘어나고 있지만 아직 전국적인 수준에서 조직력을 갖춘 환경단체는 만들어지지 못하고 있다. 최근에 공해추방 운동연합이 발족하면서 비로소 이런 움직임이 시작되고 있는 단계라고 할 수 있다. 아직도 개발도상에 처해 있는 우리나라에서 환경문제는 경제성장과 직접적으로 갈등을 일으키는 관계에 있기 때문에 환경단체를 마치 불온한 집단처럼 여기

48) 환경처 이외의 타부처 소관 환경관련 법률의 현황에 대하여는 환경처, 전게서, pp. 376~83 참고.

49) 환경처,「환경백서」1990, pp. 61~76.

50) 우리나라의 환경단체의 현황은 상게서, pp. 366~67 참고.

는 분위기도 환경단체의 전국적 조직화와 과감한 정치사회적 운동의 전개를 가로막고 있는 중요한 요인이 되고 있다.

4.3 산업재해의 규제

작업장에서의 각종 위험으로 인한 산업재해와 직업병 문제는 급속한 산업화의 진전에 따라 우리나라에서도 날로 심각해지고 있다. 노동부의 산업재해 분석자료에 따르면 1990년중 산업재해로 인한 사망자가 2,236명, 부상자 129,019명, 신체장애자 27,813명, 직업병 1,638명으로 총 132,893명에 달하여 산업재해율(=재해자수/법 적용대상 근로자수)이 1.76%로 나타나고 있다. 이런 인명 및 신체적 손실 외에도 산업재해로 인한 경제적 손실은 약 2조 7천억원에 달하고 있다. 또한 산업재해자 가운데 사망자를 포함하여 3개월 이상의 가료를 요하는 중대재해자는 67,070명으로 전체의 50%를 점하고 있고 재해건수로 볼 때 전년 대비 30%의 높은 증가율을 기록하고 있다. 또한 전체 산업재해의 56.2%가 2백명 미만의 중소기업에서, 그리고 이 가운데 33%는 50인 미만의 영세한 사업장에서 발생하고 있다. 이를 근무년수를 기준으로 보면 6개월 미만의 미숙련 근로자가 전체 산업재해자의 53.7%를 차지하고 있고 학력별로는 고졸 이하가 97.8%로 압도적으로 나타나고 있다.[51)]

우리나라에서 근로자의 안전과 보건에 대한 법률규정은 1953년에 제정된 「근로기준법」 상 몇개 條文에 불과하였다. 보다 본격적으로 산업재해의 문제를 다루기 위한 「산업안전보건법」은 1981년말에야 겨우 제정을 보게 되었다. 작업장의 환경문제는 근로자들의 인식부족과 기업주의 무관심으로 인해 死角地帶를 형성해 온 것이다. 우리나라에서 노동단체의 운동은 주로 임금문제에 치우쳐 있는 경향을 보이고 있고 그 결과 근로자의 안전과 보건을 확보하기 위한 노력은 상대적으로 약한 경향을 보

51) 노동부, "90년도 산업재해 분석자료" (1991. 6. 26) 참고.

여 온 것도 이런 문제를 야기한 원인이라 할 수 있을 것이다.

산업의 안전 및 보건을 확보하기 위한 규제는 대단히 세부적이고 기술적인 법규정을 통하여 이루어지는 것이 보통이다. 우리나라의 관련법도 예외가 아니다. 예를 들면 산업안전보건법 시행규칙은 보건기준, 안전기준을 정하고 있는 480여개의 조문으로 구성되어 있고 기업주에게 이런 기준의 준수를 의무화 하고 있다. 법조문의 충분성·적절성은 차치하고라도 이런 규정만으로 근로자의 산업재해를 막기 어렵다는 것은 자명한 일이다. 근로자 스스로가 그러한 규정이 있는지 조차를 알지 못하고 있고 권위주의적 정치체제 속에서 명맥을 유지하기 어려웠던 노동조합들이 근로자의 안전과 보건의 확보를 위해 투쟁하지도 못하였다.

그 결과 엄청난 규모의 산업재해들이 꼬리를 물고 발생하고 있다. 그러나 정치사회의 민주화에 따라 그리고 근로자의 소득수준 향상에 따라 작업장의 안전 및 보건 문제는 더 이상 사각지대에 방치될 수 없는 단계에 접어들게 되었다. 그러나 근로자와 노동단체의 이런 법규정에 대한 관심이 높아지고 실제로 이런 법규정을 보다 활발하게 원용하기 시작하자 기업들이 이 법규에 대해 제동을 걸기 시작하고 있다. 예를 들면 1990년초 노동부는 분진, 진동, 압력 등 특히 위험한 직종으로 분류되어 작업시간이 제한되어 있는 직종의 범위를 오히려 축소하는 조치를 취하였다. 이 조치가 해당산업의 요구에 따라 이루어진 것임은 물론이다.

이것은 우리나라에서 외국의 法例를 좇아 이루어진 사회적 규제에 관한 법제도가 그동안 死文化되어 있다시피 하다가 비로소 빛을 보게 되자 이번에는 이 법이 우리 실정에 맞지 않고 기업의 경영자율을 지나치게 속박한다 하여 완화하려고 하는 試圖의 대표적인 경우라고 할 수 있을 것이다. 제15장에서 보게 될 것처럼 선진외국에서도 이런 방식에 의한 근로자 안전 및 보건의 확보에는 명확한 한계가 있음이 입증되고 있다. 그러나 이런 법규의 정신을 보다 잘 살리기 위한 노력과 이런 규정 자체의 완화를 추구하는 것과는 엄연한 차이가 있다.

4.4 사회적 차별에 대한 규제

민주화의 진전에 따라 우리나라에서도 사회적 차별의 문제에 대한 인식이 높아지고 있다. 사회적 차별 형태로서 중요한 것들로서는 고용과 임금면에서의 남녀차별, 학력에 의한 차별, 장애자에 대한 고용차별, 출신지역에 따른 차별 등이 있다.

우리나라에서 사회적 차별 문제에 대한 정책적 노력으로서는 1987년말 대통령 선거 직후에 제정된 「남녀고용평등법」이 그 시초라고 할 수 있을 것이다. 물론 근로기준법상 고용에 있어서의 차별을 금지해 온 것은 오래된 일이지만 그것이 별다른 효과를 거두지도 못하였고 또 정책적 관심 대상이 되지도 못하였다. 동법은 모집과 채용에 있어서의 차별금지, 정년·퇴직·해고에 있어서의 차별금지 등을 규정하여 차별을 당한 여성근로자 혹은 취업희망자가 차별행위를 한 해당 사업주를 대상으로 법적 권리를 주장할 수 있는 근거를 마련하고 있다.

1990년초에는 「장애인 고용촉진 등에 관한 법률」이 제정됨으로써 노동부장관이 신체장애자의 우선적 고용을 강제할 수 있는 법적 근거가 마련되었다.[52] 이에 따라 1991년초부터 일정규모 이상의 사업주를 대상으로 전체 근로자의 일정비율에 도달할 때까지 신체장애자의 고용을 확대하도록 하였고, 국가 및 지방자치단체는 공개채용 인원의 2%이상을 장애자로 고용하도록 의무화하였다.

여성과 장애자의 고용확대를 위한 이상의 제도와 정책들이 과연 어느 정도의 효과를 거둘 수 있을지는 의문이다. 왜냐하면 사회적 차별 문제는 정통적인 관습, 뿌리깊은 사회적 편견에 기인하는 것이기 때문이다. 물론 정부가 취약계층의 고용확대를 꾀함에 있어서 막연히 기업의 동정

52) 1982년에 제정된 「직업안정 및 고용촉진에 관한 법률」에도 신체장애자의 고용을 촉진할 수 있는 근거가 마련되어 있었으나 시행이 되지 않는 상태에 있다가 1987년 대통령 선거기간에 이 문제가 공약사항으로 채택되었고, 1988년에는 민정당과 野3당이 각각 동법안을 발의하였다. 노동부, 「노동백서」, 1990, p. 173.

적 자세에 기대하기 보다는, 대상 기업(보통 대기업)을 정하고 이들이 의무적으로 고용해야 할 여성 및 장애자의 비율을 설정하거나 이런 의무를 이행하지 못하는 기업에 대해 分擔金을 부과하는 방식으로 전환한 것은 제도적 측면에서 볼 때 장족의 발전이라고 할 수 있다. 그러나 이런 제도들이 실효를 거둘 수 있기 위해서는 무엇보다도 피해집단 스스로의 權利意識과 自救意識의 강화가 요긴하다는 점을 깊이 인식할 필요가 있다. 자신의 권리가 침해되었을 때 아무라도 거리낌없이 소송을 제기할 수 있어야 하기 때문이다. 이런 관점에서 정부는 이들의 조직적 활동을 지원하고 法院의 역할을 보다 강화할 필요가 있다.

4.5 사회적 규제에 대한 인식수준

우리나라는 이제 비로소 사회적 규제에 눈뜨고 있다. 제6공화국 이후 정치사회적 민주화의 기운이 드세어지고 있고 경제적으로 소득수준이 중진국의 수준에 달하게 되면서 사회문제에 대한 국민의식이 급속하게 변화하고 있다. 환경문제, 소비자문제, 직업병과 산업재해의 문제는 양식있는 국민으로 하여금 무분별한 경제성장의 추구에 회의적인 견해를 가지게 하고 있다. 바야흐로 이런 문제의 악화를 막기 위한 사회적 규제의 강화가 요구되는 시점에 도달해 있다. 그러나 시민들의 참여의식은 아직도 후진국의 수준에 머물러 있다.

다른 한편으로 기업들의 입장에서 사회적 규제는 새로운 부담으로 작용하고 있다. 경제성장 속도의 감소, 수출능력의 약화, 기술개발능력의 저위로 인해 우리 경제의 장래에 대한 전망이 그리 밝지 못하다. 이것은 사회적 규제의 강화라는 사회적 요구가 설 자리를 그만큼 좁히고 있다. 기업들은 아직도 환경문제, 소비자문제, 직업병문제가 산업화 과정에서 불가피한 문제라고 항변하고 있다. 더 이상 사회적 규제로 인해 추가적인 부담을 지우게 되면 경제가 온통 쑥밭이 될 것처럼 엄살을 떤다.

이런 상황 속에서 정부의 사회적 규제정책은 분명한 방향감각을 가지지 못하고 있다. 우선 당장 경제가 급하다는 생각에 젖어 있다. 그 결과 사회적 규제의 확대가 필요한 영역에서 오히려 규제를 완화하려 하는 경향까지 보이고 있다. 환경오염을 유발하는 도시의 無許可 공장들을 경제 활성화란 명분하에 양성화해 주거나 위험작업장에서의 근로시간 제한을 거꾸로 완화하였다. 그런가 하면 상수원 오염문제가 날로 심각해지고 있는 상황에서 상수원 인접지역에 골프장이 엄청나게 늘어나고 있다.

우리나라에서 사회적 규제를 둘러싸고 벌어지고 있는 이런 모순된 상황은 여러가지의 이유에서 비롯되고 있다. 첫째, 사회적 규제에 대한 연구가 극히 미흡하고 사회적 규제의 속성에 대한 이해가 부족하다. 그 결과 정부규제의 완화라고 하는 세계적 추세속에서 사회적 규제도 완화되어야 할 대상으로 誤認하는 경향이 있다. 그러나 사회적 규제가 완전하게 정착되어 있고 그것이 사회문화의 일부를 이루고 있는 선진국에서의 경우와 이제 비로소 사회적 규제에 눈을 뜨기 시작한 우리의 경우를 수평적으로 비교할 수 없는 것은 당연하다. 둘째, 사회적 규제가 정치사회적 지지기반 없이 이루어져 온 결과 이를 지켜 갈 사회적 세력이 형성되어 있지 않다. 바로 이런 이유로, 기왕에 만들어져 있던 사회적 규제마저 강화되기는커녕 오히려 뒤로 후퇴하고 있는 상황이 나타나고 있다.

5. 사회적 규제의 소득재분배 효과

사회적 규제는 주로 외부효과(externalities)나 정보의 불완전성(imperfect information)등 시장실패(market failure)를 보정하기 위한, 다시 말하면 경제효율성 제고를 주목적으로 하는 것임에도 불구하고 전혀 의도하지 않은 소득재분배 효과를 유발한다. 이와 같이 정부가 소득재분배를 명시적·의도적 목적으로 하여 정부규제를 시행하는 것이 아님에도 그것이 간접적으로 또는 부수적으로 또는 결과적으로 소득분배에 영향을 미치게 되는 경우에 그러한 효과가 은폐되거나 일반인에게 잘 인식되고 있지 못하는 경우가 대부분이고 따라서 경제적 효율성 측면에서 보다 더 심각한 문제를 야기한다. 논의의 편의상 아래에서는 사회적 규제의 소득 재분배적 효과를 주로 (1) 기업간 불공평, (2) 소득계층간 불공평, (3) 지역간 불공평의 세 가지 차원에서 살펴보도록 한다.[53)]

5.1 기업간 차등효과

기업을 대상으로 하는 많은 사회적 규제(예를 들면 환경규제, 직업안전 규제, 식품위생 규제, 물품안전 규제, 소비자보호 규제 등)의 경우 異種기업간 또는 동종산업이라 하더라도 기업의 규모(size), 비용구조(cost structure), 지리적 위치 등 여러 요인에 따라 동일산업의 기업간에 규제 順應費用(regulation compliance cost) 또는 부담능력 면에서 커다란 차이가 존재하기 마련이다. 규제정책결정 또는 집행과정에서 정부가 산업간, 기업간 차이와 특성을 적극적으로 고려하고 이것을 정책내용에 반영한다고 할지라도 정부가 사전에 그것을 속속들이 파악하는 것 자체가 불가능한 일일 뿐더러 그것을 규제정책 틀 속에 완벽하게 반영시키는 것 역시 불가능한 일이기 때문에 경제적 효율성 문제와 아울러 보다 중요하게 불공평성의 문제가 야기될 수 밖에 없다.

예를 들어 정부가 수질오염 방지를 위해 상당한 비용의 淨水시설 설치를 의무화할 때 기업의 경제적 부담은 (1) 산업의 성격(오염배출의 양, 질 등)에 따라, (2) 같은 산업이라 할지라도 기업의 규모·자금력·생산시설의 노후도·가공처리 기술(process technology)의 수준 등 요인에 따라, (3) 또한 공해방지시설 투자비용을 소비자에게 전가시킬 수 있는가 여부에 따라 기업마다 크게 다르게 나타난다. 그 결과 일부기업은 생산과 고용을 줄이거나 기업을 폐쇄해야 하는 등의 조치가 불가피해지

53) David Harrison, Jr., "Regulation and Distribution," in Allen R. Ferguson (ed.), *Attacking Regulatory Problems: An Agenda for Research in the 1980s* (Cambridge, Mass.: Ballinger Publishing Co., 1981), pp. 185~205 참고. 이 논문은 특히 사회적 규제의 소득분배 효과에 대한 연구가 극히 부족하다고 지적하고 있다.

게 될 수도 있다.

그러나 문제는 정부규제에 따른 부담의 불공평성 문제로 그치는 것이 아니고 장기적으로 볼 때 일부기업의 倒産 또는 退出(exit)로 말미암아 해당 산업이 그와 같은 정부규제를 이행해 나갈 수 있는 기업群(대기업 및 고수익성 기업)에 의해 독과점화될 가능성이 있고 언젠가는 이들이 독과점적 이윤을 확보할 수 있게 될 것이라는 데 있다. 또한 환경규제의 예기하지 못한 효과로서 이와 같이 독과점적 시장구조가 강화될 뿐만 아니라 환경규제로 인해 해당산업에의 진입장벽(entry barrier)이 높아지게 될 때 시장경쟁은 위축되고 자원배분도 왜곡될 가능성이 높아진다.

보다 보편적인 경우로서 정부가 환경규제로 인한 바람직하지 못한 소득재분배 효과를 미연에 방지해 볼 목적으로 영세기업 또는 노후기업 등에 정부규제의 예외적 조치(환경규제의 면제, 경감, 유예 등)를 허용해 주게 된다면 이번에는 당초의 환경보호 목적이 크게 저상될 수 밖에 없음은 뻔하다. 정부가 중소기업에게 예외적 조치를 허용하지 아니하고 동일수준의 의무를 부과하는 대신 이들에게 공해방지 시설비용을 보조해 주거나 금융지원을 해 주는 경우도 있으나 이 경우에는 보조금 때문에 공해를 배출하는 업소가 오히려 증가하게 될 위험도 배제할 수 없기 때문에 경제적 효율성의 문제는 상존한다.

이런 유형의 정부규제는 또한 기업의 장단기적 수익성을 좌우하고 경우에 따라서는 기업의 존망을 좌우하는 중대사가 되기 때문에 각각의 경쟁적 입지(competitive position)와 전략적 고려에 따라 기업은 정부규제의 향방에 대단히 민감해 질 수 밖에 없다. 그 결과 정부의 규제정책과정에서는 관계된 산업 및 기업의 이익집단 활동이 대단히 활발한 반면에 공해규제로부터 편익을 얻게 될 일반대중은 공해규제의 공공재적 성격으로 인해 적극적인 정책활동을 벌이지 않게 됨으로써 결국은 규제기관과 피규제산업 사이에 共生關係가 조성될 가능성도 없지 않다.

이런 현상은 위에서 든 사회적 규제의 어떤 경우에든 공통적으로 나타날 수 있는 것이며 산업 스스로에 의한 自律規制(industry self-regulation)가 이루어지는 경우에도 마찬가지다.[54] 예를 들면 소비자안전과 밀접한 관계가 있는 제품(자동차, 오토바이, 전기용품, 의약품 등) 생산업체들이 해당 사업자조합을 결성하고 이 조합을 통하여 안전기준(safety standard)을 자율적으로 결정하여 정부규제를 대신하는 경우 이것은 기존 생산업체들에 의해 카르텔(cartel)이 형성되는 것과 같은 결과를 초래할 수 있다.

이상에서 고찰한 바와 같이 많은 사회적 규제에 있어서 그것의 본래의 목적은 시장실패를 보정한다는 측면에서 또는 인간다운 삶의 질(quality of life) 확보 또는 경제적 약자(중소기업. 소비자 등)의 보호를 목적으로 하는 것임에도 불구하고 정부규제의 실질적 효과면에서는 또 다른 유형의 불공평 문제, 경제적 비효율성 문제, 규제정책과정의 비민주성과 불공정성 문제를 야기시키는 것이 보통이므로 정부규제를 연구하는 학자들의 주된 관심은 이런 부작용을 최소화할 수 있는 대체적 규제정책 수단의 발굴 및 실용화에 모여지고 있다.

예를 들면 제14장에서 고찰하게 될 환경규제 정책수단으로서 많은 경제학자들은 경직적인 환경기준(environmental standards)의 설정보다는 오염물질의 배출에 대해 각 기업이 최소의 비용으로 환경기준치를 달성할 수 있도록 시장기능을 최대로 활용하는 규제수단 즉 오염방지세(emission charge or tax)제도, 또는 양도가능한 오염권(marketable permits)제도의 채택을 권고하고 있다. 이런 규제정책 수단들은 경제적 효율성과 사회적 형평성 및 윤리성, 규제효과의 확실성, 규제정책 집행의 통일성, 환경정화를 위한 재원의 확보 등 여러 측면에서 많은 장점을 갖고 있음에도 불구하고 실제적으로 채택되어 사용되는 경우는 적다. 이것은 이런 규제정책 수단들에 대한 정치인들의 이해가 대체로 부족하고 일종의 '社會惡(social ill)'이라고 할 수 있는 公害를 그것의 생산자인 기업

54) 자율규제는 사회적 규제와 경제적 규제 영역에서 모두 이용될 수 있는 대체적인 정부규제 방법이다. 그러나 자율규제는 반경쟁적 속성을 강하게 갖고 있기 때문에 독과점규제와 관련하여 보기 위해 제3부 제12장에서 깊이있게 다루고 있다.

스스로의 판단에 맡겨 처리하려는 발상에 대한 거부감이 강하기 때문이다.

5.2 소득계층간 차등효과

앞에서 고찰한 바와 같이 경직적이고 指示的인 규제(directive regulation) 방법으로 사회적 규제가 이루어질 경우 그것의 부담이 중소기업, 영세기업, 노후기술(obsolete technology)에 주로 의존하고 있는 구식기업(older firm)의 경우에 상대적으로 과중하게 지워질 수 밖에 없는 것은 당연하다. 따라서 이런 기업의 노동자들은 정부규제의 직간접적 효과로서 실업 또는 임금손실의 위험을 보다 더 크게 안게 된다. 이와 같은 정부규제의 차등적 효과는 저소득 근로자층을 보호하기 위한 정부규제, 예를 들면 작업장의 안전확보 및 직업병 예방을 위한 시설명령 등을 통해 규제가 이루어지는 경우 또는 최저임금제도가 채택되는 경우 특히 현저하게 나타난다. 이런 종류의 정부규제는 정부의 정책목표와는 전혀 다르게 수혜대상 집단에게 도리어 불리한 영향을 미치는 결과를 초래한다는 점에서 규제정책 과정에서 보다 신중한 고려가 필요하다.

특히 최근 우리사회에서 크게 문제가 되었던 바와 같이 산업합리화의 필요성이 외국정부의 輸入開放壓力에 의해 촉발되는 경우(예컨대 쇠고기 및 양담배 수입개방)에는 수입개방에 따른 산업구조 조정에 따른 부담이 특정계층(이 경우에는 해당 농민)에 일시적으로 과중하게 부과된다는 점에서 반드시 이들에 대한 보상대책(compensatory policy measures)이 마련되어야 할 것이다.

다음으로 많은 사회적 규제의 경우 그것을 통해서 기대되는 편익(benefit), 즉 깨끗한 환경, 안심하고 먹을 수 있는 식품·의약품·물품의 확보로부터 얻게 되는 건강과 안전에 대한 가치평가(valuation)는 고소득계층의 사람이 저소득계층의 사람과 비교할 때 상대적으로 높다는 것이 상식처럼 되어 있다. 따라서 이런 목적의 사회적 규제에 있어서 정부가 예산을 들여서 공해방지사업을 시행하는 경우에는 고소득계층에게 결과적으로 보다 많은 편익(금전으로 환산된 편익)이 귀속되게 된다. 이런 주장에 대해 일반적으로 租稅제도가 잘 정비되어 있는 경우 고소득계층이 보다 높은 조세부담을 안고 있기 때문에 소득계층간 불공평의 문제는 그렇게 크지 않을 수 있다는 반론도 제기될 수 있겠으나 이 문제에 대한 궁극적 판단은 결국 무형의 편익(intangible benefits)의 금전적 환산 문제와 밀접하게 관련되어 있다.

정부규제로 인해 차등적 효과가 발생하는 경우에 대두되는 문제가 바로 정부규제로 인한 비용과 편익의 歸着(incidence) 문제라고 할 수 있다. 정부규제로 인한 비용과 편익의 귀착과정을 정확하게 파악할 수 없을 때 형평성의 확보를 위해 편익에 대해 課稅하거나 비용을 보상하는 일은 의외로 쉽지 않다. 우선 정부규제(주로 사회적 규제의 경우)로 인한 소득효과는 주택가격, 임금 또는 제품가격에 반영되어 나타난다. 예를 들면 비행장 활주로 주변의 주택가격은 비행기의 離着陸 시의 소음공해로 인해 타지역에 있는 類似 주택보다 낮다. 그러나 공기가 맑고 주변환경이 좋은 주택가의 주택가격은 그렇지 못한 지역에 있는 유사주택의 가격보다 높을 것이다. 작업장의 안전도가 낮은 경우에는 위험수당(risk premium) 만큼이 추가로 임금에 포함되게 된다. 마찬가지로 안전도가 높은 전기용품, 석유제품 또는 완구류의 가격은 그렇지 못한 동종제품의 가격보다 비싸지게 된다. 이것을 편익 또는 위험의 資本化(capitalization)라고 부른다.

이와 같이 정부규제로 인한 비용과 편익이 자본화되어 있는 경우에 있어서도 그것의 귀착과정을 정확하게 파악하기는 용이하지 않다. 예를 들어 비행기 소음 규제의 한 방법으로서 정부가 소음지역 내의 주택을 모두 구입하여 다른 용도지역으로 轉用하는 계획을 검토한다고 하자. 이 경우에 소음공해로 인한 진정한 피해자는 누구인가? 우리는 補償이 이루어지는 시점에서 그 지역에 주택을 소유하고 있는 사람(또는 전세를 들어 살고 있는 사람)이라고 생각하기 쉽다. 그러나 이들은 피해자라고 볼 수 없다. 왜냐하면 이들은 이미 널리 알려진 공해 때문에 주택구입시 또는 전세입주시 정상가격 이하의 가격을 지불하였을 것이기 때문이다. 이 경우에 있어서의 진정한 피해자(보상을 받아야 할 사람)는 비행장 공해가 사회적으로 인식되기 시작할 무렵 정상가격보다 낮은 가격으로 주택을 처분하고 다른 곳으로 이주했거나 또는 그곳에서 계속 거주하고 있는 原居住者다.

5.3 지역간 차등효과

비행장 주변의 주민에게 미치는 소득효과와 유사한 효과는 핵발전소 또는 핵폐기물 처리장, 쓰레기 및 하수처리장, 교도소나 장애자 수용시설(예컨대 정신박약자 등), 美軍部隊 시설 등 일반적으로 누구나 자기의 주택지역에 가까이 위치하는 것을 꺼리는 경향이 강한 소위 '혐오 시설'의 경우에도 마찬가지로 나타난다. 이 때 그것의 설치장소를 어디로 결정할 것이냐 하는 문제는 민주적인 규제정책 결정과정에서 대단히 복잡한 문제가 아닐 수 없다.[55] 소위 님비(not in my backyard: NIMBY)라고 불리우는 현상, 즉 내 뒷마당에 그러한 시설을 설치하는 것은 용인할 수 없다는 地域利己主義 현상 때문이다. 이와는 반대로 지방정부간의 공장(가급적 무공해산업) 유치경쟁, 도시재개발 사업 또는 농지구획 정리사업 대상지로의 선정을 위한 지역간 경쟁 또는 신규도로나 철도(또는 지하철)의 노선 및 경유지역 편입 경쟁 등의 경우에는 이런 것들이 지역의 성장발전에 지대한 파급효과를 갖고 있기 때문에 지역간 유치경쟁이 치열하여 마찬가지로 정책결정 과정상에 많은 어려운 문제가 야기된다.

정부규제의 소득재분배적 효과를 지역을 단위로 하여 보게 될 경우 지역내 주민의 소득 측면에서의 異質性(heterogeneity)이 대단히 높기 때문에 한 마디로 결론을 도출하기는 극히 어렵다. 지역간 소득효과를 유

---

55) 이러한 문제들에 대한 이론적·경험적 연구는 Robert W. Lake, *Resolving Locational Conflict* (New Brunswick, N.J.: Center for Public Policy Research, 1987) 참고.

발하는 이런 정책이 순전히 정치적 策略(예: log-rolling 또는 pork-barrel politics)에 내맡겨지는 것도 바람직하지 않다. 그런데 이 경우에 개개의 정부규제가 지역내 주민 특히 소득계층에 따라 어떤 차별적 효과(비용과 편익의 양 측면에서)를 초래하는지 그리고 정부규제의 누적적 효과면에서는 또한 어떤 결과를 초래하게 될 것인지에 대한 분석이 우선 어렵다. 지역전체적으로는 그러한 소득효과를 파악할 수 있다고 하더라도 그 지역내에 거주하는 주민의 소득수준은 천차만별이기 때문에 개개 주민의 몫을 산정하는 것은 더욱 어렵다.

최근 우리나라에서도 지방자치제의 실시에 따라 정부규제의 시행주체(중앙정부 또는 지방정부) 측면에서 전반적인 재조정이 요구되고 있다. 특히 이 경우 중앙정부와 지방정부 어느 편이 정부규제의 소득재분배적 효과를 보다 더 정확하게 파악할 수 있고 합리적으로 조정할 수 있느냐 하는 것에 대한 판단은 대단히 중요하다. 우선 지방정부의 민주성과 자율성이 신장될 때 소득재분배적 차등효과를 잘 다룰 수 있게 될 것이라는 일반론적인 주장은 전개할 수 있을 것이다. 그러나 일정한 지역을 뛰어 넘는 문제가 대두되는 경우에는 대단히 복잡해지게 된다.

[사례 13-1] 상수원 오염처리 떠넘기기

수도권의 상수도 공급원인 八堂湖 수질오염을 막기 위해 정부는 1990년 7월 팔당호를 끼고 있는 양평, 남양주, 가평, 광주, 이천, 여주, 용인 등 경기도내 7개군 지역을 수질보전 특별대책 지역으로 지정하였다. 이에 따라 이 지역 내에서는 숙박·접객시설의 신규허가가 금지되고 폐수배출에 대한 규제기준이 대폭 강화되었다. 이런 조치 이전부터 이들 지역은 그린벨트, 軍事 보호구역, 공장이전 촉진지역, 상수원 보호구역 지정 등으로 인해 지역개발이 낙후되어 있었다.

1991년 지방자치제의 실시로 인해 지방의회가 구성되자 이 문제가 정치쟁점으로 부각되기 시작하였다. 이들 7개 郡議會는 1991년 10월 공동으로 팔당호 수질보전 대책위원회를 구성하고 팔당 광역상수원을 상류의 소양댐으로 이전하거나 그것이 불가능하다면 7개군의 폐수처리시설 및 시설 운영관리비를 정부 혹은 수혜자인 서울시 등 수도권 지역에서 부담하는 한편 지역소득개발 사업을 지원하여 줄 것을 관계당국에 요구하기에 이르렀다. 이들은 해당 지방정부의 재정력이 취약하여 폐수처리장 및 간이오수처리장의 건설비용과 운영관리비용을 도저히 자체적으로 조달할 수 없다고 주장하고 있다.

이에 대해 서울시는 "환경정책기본법 상 수질오염의 처리는 原因行爲者가 부담해야 한다는 규정에 입각하여 당연히 원인행위자인 7개 군에서 맡아야 하며 만약 이것이 재정형편상 곤란하다면 중앙정부가 이를 지원해야 한다"며 발뺌을 하였다. 또한 서울시는 수도요금이 생산원가에 못미쳐 재정적자가 1,000억원이나 누적되어 있기 때문에 수도요금을 인상하지 않는 한 상수원 지역의 하수처리장 운영비를 지원할 방법이 없다는 입장이다.

한편 경제기획원과 건설부는 관련 지방자치단체 사이에 협상을 통하여 해결할 문제라며 國庫부담 不可의사를 분명히 하였다. 환경처는 서울시와 경기도 및 인천시 등 팔당호의 물을 마시는 지역에서 시설 운영비의 90%를 부담하고 나머지는 축산 폐수 등 오염을 배출하는 해당 군에서 부담하는 것이 좋겠다는 중재안을 냈으나 서울시와 해당 지역의 즉각적인 반발에 부딪쳤다. 이런 문제는 팔당호와 수도권 지역에 국한되지 않는다. 이와 유사한 문제는 이미 大淸湖를 안고 있는 충청북도와 대전시 및 충청남도 사이에서도 그대로 벌어지고 있다. 또한 다른 지역에서도 이런 문제는 끊임없이 제기될 것이다.

이 경우에 가장 공평하게 문제를 해결하는 길은 무엇인가? 일반적으로 생각해 본다면 한 기업이 환경오염을 유발하는 경우에 원인행위자가 공해를 처리하도록 함이 당연하다. 이 때 기업의 부담은 물론 이 기업이 생산하는 제품의 수요탄력성에 따라 그리고 이 기업의 시장지위(market position)에 따라 다르긴 하겠으나 궁극적으로는 소비자에게 轉嫁될 것이다. 그러나 이 사례에 있어서는 시장기능을 통하여 경제적 부담의 전가가 이루어지기 어렵다는 데 문제가 있다.

이 사례에 있어서 지역개발이 낙후된 경기도 해당 군의 지역개발의욕을 탓할 수 없는 한 상수원의 오염은 필연적으로 증가할 수 밖에 없고,

재정력이 취약한 해당 지방정부가 오염을 제거할 능력을 갖추기 어려워 수질오염을 처리할 수 없게 된다면, 수도권지역 주민이 오염된 물을 마시지 않을 도리가 없다. 수도권 주민과 지방정부가 현명하다면 수도권지역의 수도요금 인상으로 하수처리비의 일부를 부담해 나가지 않을 수 없게 될 것이다.

6. 결 론

본장에서는 다음 장에서부터 5개 장에 걸쳐 고찰하게 될 환경규제, 산업재해 규제, 소비자보호 규제, 사회적 차별에 대한 규제, 그리고 司法的 救濟에 대한 논의의 기초로서 사회적 규제의 정치적 특성을 부각시켜 보려고 하였다. 사회적 규제는 산업사회의 발전과 더불어 기업활동에 부수되는 사회적 문제들에 대한 규제이다. 다시 말하면 사회적 규제는 산업사회의 진전에 따라 발생하는 새로운 문제들에 대한 정부개입이다. 사회적 규제는 정부가 기업활동에 직간접적으로 간섭하는 것이기 때문에 자본주의 체제, 자유기업주의 체제에 대한 철학적·이념적·도덕적 논쟁을 야기한다. 왜냐하면 기업활동의 결과 파생되는 사회적 문제의 해결을 위해 간섭하는 것이 이 체제의 속성과 마찰을 일으키기 때문이다. 경제적 규제의 경우에 비하여 사회적 규제가 보다 강한 정치적 성격을 띠게 되는 근본적인 이유가 바로 여기에 있다.

사회적 규제가 이와 같은 성격을 갖고 있다고 할 때 사회적 규제의 방향과 범위, 사회적 규제의 방법을 둘러싸고 기업과 시민 사이에 치열한 정치적 攻防戰을 벌이는 것은 당연하다. 그러나 기업은 자신의 이익을 보호하고 증진할 수 있는 조직력과 자금력을 갖고 있는데 반하여 시민들은 그것을 갖고 있지 못하다. 이런 세력불균형 속에서 사회적 규제는 사회적 힘이 가해지지 않는 한 천연되는 경향이 있다. 이것은 미국의 경우에나 우리의 경우에나 마찬가지다. 1960년대 중반으로부터 1970년대

말에 이르는 기간에 미국에서 사회적 규제의 물결이 일어날 수 있었던 것은 사회적 규제의 강화를 요구하는 광범위한 社會聯合(social coalition)의 형성에 힘입은 것이다.

시민의 요구를 대변하는 공익단체는 參與를 통한 민주주의(participatory democracy)의 실현을 내걸고 규제정책의 전 과정에 지대한 영향을 미칠 수 있는 제도적 장치를 쟁취하였다. 이 과정에서 공익의 증진을 위해 헌신적인 그리고 정치적으로 노련한 수완을 발휘할 수 있는 시민운동의 大家들이 있었고 이들을 효과적으로 뒷받침해 준 시민의식과 시민세력, 기업가적 정치인, 언론매체, 법원의 역할이 있었다.

우리나라에서도 급속한 산업화, 도시화의 진전에 따라 환경오염, 근로자의 산업재해, 소비자의 피해를 막을 수 있는 사회적 규제에 대한 요청이 급속하게 증가하고 있다. 제6공화국이후의 정치사회적 민주화 기운속에서 이런 문제에 대한 시민의식과 시민의 불만은 엄청나게 높아졌다. 그러나 이들은 아직도 사회운동에는 소극적이다. 경제상황이 악화되는 속에서 정부는 二重的 태도를 보여주고 있다. 공식적으로는 사회적 규제의 강화 필요성을 역설하면서도 실질적인 면에서는 사회적 규제의 경제적 부담을 염려하고 있다. 예를 들면 최근의 수질오염 등 환경문제가 심각하게 제기되자 정부는 환경정화를 위한 노력을 약속하고 있으나 1992년 예산요구서에서 환경정책에 대한 정부의 강력한 의지를 읽기 어렵다. 사회적 규제는 산업사회의 발전에 따라, 정치사회의 民主化에 따라 불가피하게 야기되는 것이고, 그것은 산업화의 진전에 따라 계속 증폭될 수밖에 없다. 경제성장으로 소득수준이 향상되면 삶의 질에 대한 욕구가 증대하고, 정치사회의 민주화는 인간다운 생활의 보장에 대한 요구를 확대시키기 때문이다. 사회적 규제의 속성이 이러함에도 불구하고 사회적 규제를 천연시키려고 하거나 약화시키려고 하는 것은 時代逆行的 발상에 지나지 않는다.

제 14 장

환 경 규 제

1. 서 론

제 2 장과 앞장에서 우리는 사회적 규제(social regulation)의 개념과 그것의 정치경제적 특성에 대하여 고찰하였다. 이러한 논의에 기초하여 본장을 포함하여 앞으로 5개장에서는 환경규제 등 사회적 규제 목적의 달성을 위한 합리적 정책수단 선택에 대하여 주로 논의하게 될 것이다. 사회적 규제 정책수단은 일반적으로 다음의 두 가지로 크게 나누어 볼 수 있다. 첫째 방법은 法規定(legal provisions), 行政命令(administrative order), 또는 指示(directives) 등에 기초한 強制力을 행사함으로써 사회적 가치의 실현을 방해하는 행위를 직접적으로 금지 또는 제한하는 방법이다. 이것을 흔히 命令指示的 規制(regulation by directives)라고 부른다.[1] 이것은 정부가 개인이나 기업이 따라야 할 또는 지켜야 할 行爲基準(standards) 또는 規則(rules)을 제정하고 이를 위반하는 기업이나 개

1) 모든 정부규제는 어떠한 형태로든지 법적 근거 위에서 이루어진다. 그러나 간혹 정부가 명확한 법적 근거없이 민간부문의 의사결정이나 행위에 제약을 가하거나 영향력을 행사하는 경우가 있는 바 행정지도(administrative guidance)라고 일컫는 유형의 정부활동이 바로 이러한 경우에 속한다. 예를 들면 정부가 민간기업의 임금인상 수준을 일정수준으로 제한하기 위하여 민간기업에 대하여 정부의 의도에 적극 협조하여 주기를 요청하고 이에 대한 순응을 확보하기 위하여 명시적 또는 묵시적인 압력을 가하는 것과 같은 경우이다. 그러나 행정지도를 정부규제의 한 유형으로 보아야 할 것인지에 대하여는 논란이 있다.

인을 처벌하는 방법으로 규제가 이루어진다. 둘째 방법은 市場誘因的 規制(regulation by market incentives)라고 불리우는 것으로서 명령지시적 규제와 마찬가지로 개인이나 기업에 어떤 義務를 부과하기는 하되 그것을 달성하는 방법은 개인이나 기업이 자신의 경제적 판단에 따라 합리적으로 선택할 수 있는 여지를 부여한다.

명령지시적 규제가 統制指向的이고 硬直的이며 규제효과가 直接的으로 나타난다고 한다면, 시장유인적 규제는 誘導的이고 伸縮的이며 규제효과도 間接的으로 나타난다. 명령지시적 규제정책 수단은 규제대상인 개인이나 기업에 재량성을 인정하지 않는 반면에 시장유인적 규제정책 수단은 개인이나 기업에 제한된 범위에서 나마 어느 정도 재량성을 허용하고 있다는 점에 기본적인 차이가 있다. 그러나 이 두 가지 접근방법을 상호배타적인 것으로 보는 것은 옳지 않다. 왜냐하면 이미 앞에서도 언급한 바와 같이 시장유인적 규제정책 수단이 규제대상인 기업과 개인에게 재량성을 부여한다고 하여 그것이 사회적 규제정책 목적 그 자체를 부정하거나 무력화시키는 것까지 허용하는 것은 결코 아니기 때문이다.

예를 들면 환경오염을 규제함에 있어 규제기관이 일정한 환경기준을 설정하고 이를 달성하기 위해 특정 공해방지시설의 설치를 의무화하고 이를 위반하는 업체를 처벌하는 경우에는 기업의 대응방법에 선택의 여지가 있을 수 없다. 그러나 규제기관이 동일한 환경기준을 설정하되 이 기준 달성을 위하여 특정시설 설치를 강제하는 것이 아니고 이 기준을 초과하여 공해물질을 배출하는 업체를 가려내어 처벌하거나 벌금을 부과할 때 기업은 이 환경기준을 가장 적은 비용으로 충족시킬 수 있는 방법을 모색하려고 할 것이다. 여기에서 주목해야 할 것은 어떤 방법으로 환경규제가 이루어지든 그것이 정확하게만 이루어진다면 동일한 정책목적을 달성할 수 있다는 점이다.

사실 사회적 규제를 시행함에 있어서 규제대상 기업이나 개인 또는 집단에 대해 행동선택의 자유와 여지를 허용하느냐 여부는 대단히 중요한 발상의 차이라고 할 수 있다. 사회적 규제는 국민의 건강과 생명의 보호, 삶의 질(quality of life)의 확보, 경제사회적 공평성 확보, 기타 사회적 가치(social value)의 실현을 목적으로 하고 있다. 따라서 이러한 사회적 가치의 실현 또는 공익의 실현을 저해하는 개인이나 기업의 행위는 어떻게 해서든지 배제되어야 한다는 생각이 지배하기 쉽다. 예를 들면 환경오염을 유발하는 행위, 근로자의 생명과 안전을 위협하는 행위, 소비자의 건강과 안전을 위협하는 기업활동, 부당한 편견에 기초하여 사회적으로 차별하는 행위 등은 당연히 처벌되어야 한다는 생각이 지배적이다. 물론 이것은 옳은 생각이다.

그러나 조금만 현실적으로 생각해 본다면 사회적 규제를 시행해 나가는데 있어서 처벌, 엄벌만이 능사가 아님을 쉽게 알 수 있게 된다.

첫째, 사회적 규제는 기업활동에 새로운 경제적 부담을 초래한다. 사회적 규제로 인하여 가해지는 새로운 경제적 부담은 기업에 의해 내부적으로 흡수되는 것이 아니고 경제전체에 파급된다. 기업은 사회적 규제로 인해 지금까지 사용해 온 생산방식과 기술을 새로운 것으로 교체해야 하고 기업경영방법을 변화시키지 않으면 안된다. 이것은 모두 생산비용의 증가를 초래하고 더 나아가서는 인플레를 야기시키는 요인이 된다. 따라서 기업은 정치적 영향력을 행사하여 사회적 규제로 인한 경제적 부담을 경감시켜 보려고 한다. 사회적 규제의 궁극적 목적이 기업에 경제적 부담을 주자는 데 있는 것이 아니고 바람직한 사회적 가치의 실현에 있는 만큼 최소의 비용으로 그리고 가장 공평한 방법으로 사회적 규제 목적을 달성하기 위해서는 적절한 규제정책 수단 선택이 대단히 중요한 문제가 된다.

둘째, 사회적 규제의 시행에 있어서 직면하게 되는 보다 현실적인 문제를 고려하지 않으면 안된다. 사회적 규제는 특정 산업만을 대상으로 하는 경제적 규제와는 달리 모든 산업에 걸치고 수천 수만개의 기업을 대상으로 한다. 사회적 규제가 모든 국민 또는 가구를 대상으로 하는 경우도 있다. 이와 같이 규제대상 산업, 기업, 가구 및 개인이 무수하고 극히 이질적인 사회적 규제를 시행함에 있어서 제한된 능력을 가진 정부가 모든 기업과 개인행동을 감시, 조사, 확인하고 처벌하는 방법으로 대응하기는 무척 어렵다. 또한 그것은 바람직스럽지 못한 부작용을 초래할 가능성도 있다. 따라서 사회적 규제의 시행에 있어서는 정부가 피규제대상의 자발적인 협조를 유도할 수 있는 여러가지 방법을 모색하지 않으면 안된다.

우리가 사회적 규제의 다양한 정책수단을 검토하면서 사회적 규제정책 수단을 크게 명령지시적 규제정책 수단과 시장유인적 규제정책 수단으로 나누어 보려고 하는 이유가 바로 여기에 있다. 사회적 규제정책 수단을 이와 같이 구분하여 비교검토할 때 우리는 어떤 정치경제적 상황 또는 사회여건 속에서 어떤 방식이 보다 높은 경제적 효율성을 지니는지 또한 정치적으로 또는 행정적으로 보다 강한 설득력을 가질 수 있는지를 보편적으로 논의할 수 있다.

본장에서는 가장 전형적인 사회적 규제라고 할 수 있는 환경규제의 정책수단에 대하여 검토한다. 제 2 절에서는 우선 제 3 장에서 논의한 바 있는 환경문제의 발생원인과 본질을 간략하게 다시 정리해 보기로 한다. 제 3 절에서는 명령지시적인 방법으로 이루어지는 환경규제 정책수단에 대하여 고찰한다. 여기에서는 주로 기업과 개인의 행동기준(standards)을 정하는 방법의 장단점에 대하여 논의하게 될 것이다. 제 4 절에서는 시장유인적 방법으로 이루어지는 그리고 보다 최근에 개발되어 나오고 있는 규제정책 수단들에 대하여 고찰한다. 여기에서는 이미 우리나라에서 채택 시행하고 있는 오염배출금 부과금제도를 비롯하여 公害權(emission permit) 경매제도, 보조금 지급방법 등의 장단점에 대하여 깊이있게 분석한다. 끝으로 환경규제와 관련하여 환경오염으로 인하여 피해가 발생한 경우에 司法的 救濟는 피해자의 권익을 보호한다는 점에서 뿐만 아니라 이러한 문제에 대한 법원의 판결이 간접적으로 규제정책과 마찬가지의 효과를 발휘할 수 있다는 점에서 중요하다. 그러나 이 문제에 대해서는 제 18 장에서 다른 유형의 사회적 규제의 경우와 아울러 고찰하고 있다.

한 가지 첨언할 것은 본장에서 논의되고 있는 환경규제 방법의 태반은 교통혼잡(congestion)을 막기 위한 交通規制에 그대로 적용될 수 있다는 것이다. 왜냐하면 제 2 절에서 고찰하게 될 것처럼 환경문제와 교통혼잡 문제는 모두 외부효과(externalities)라는 시장실패 현상에서 비롯되는 문제이기 때문이다. 여기에서는 논의의 복잡성을 피하기 위하여 교통혼잡 문제에의 응용에 대하여는 생략하려고 하나 독자들은 본장에서의 논의가 교통혼잡을 막기 위한 제도의 모색에 어떤 시사점을 줄 수 있는지에 대하여 스스로 생각해 보기 바란다.

2. 환경문제의 본질

2.1 외부효과와 환경문제

제 3 장 3 절에서 고찰한 바와 같이 외부효과(externalities)란 어떤 사람(기업)의 행동이 비의도적으로 그리고 그것에 대한 댓가의 교환없이 다른 사람에게 이득이나 손해를 가져다 주는 것을 말한다.[2] 따라서 외부효과는 일반적인 시장거래와는 달리 의도하지 않은 결과로서 나타나며 그것에 대한 댓가가 지불되거나 또는 수취되지 않는다는 특징을 가지고 있다. 이러한 특성을 가지는 외부효과는 따라서 개인적인 생산활동이나 소비활동의 사적 비용(private cost: PC)이 그것의 사회적 비용(social cost: SC)과 괴리되고 개인적인 소비활동 또는 생산활동으로 인하여 얻어지는 사적 편익(private benefit: PB)이 사회적 편익(social benefit: SB)과 괴리되는 현상을 초래한다.

---

2) William J. Baumol and Wallace E. Oates, *The Theory of Environmental Policy* (Englewood Cliffs, N.J.: Prentice-Hall, 1975), chapter 3, pp. 14~32; Otto A. Davies and Morton I. Kamien, "Externalities, Information, and Alternative Collective Action," in Robert Dorfman and Nancy S. Dorfman (eds.), *Economics of Environment: Selected Readings* (New York: W. W. Norton and Co., 1977), pp. 11~19.

외부효과에는 두 가지 유형이 있다. 하나는 개인적인 비용이 사회적인 비용보다 작은(PC < SC) 경우로서 이것을 외부불경제(external diseconomies)라고 부른다. 다른 하나는 이와 반대로 개인적인 편익이 사회적 편익보다 작은(PB < SB) 경우로서 이것을 외부경제(external economies)라고 부른다.

우리가 여기에서 고찰하고 있는 환경오염 문제는 외부불경제의 대표적인 사례이다. 개인이나 기업이 소비 또는 생산활동을 함에 있어서 일으키는 공해(pollution)는 자신의 비용에 산입되지 않는다. 예를 들면 가정에서 사용하는 세탁제의 비용은 그것을 구입한 비용이다. 세탁제의 사용으로 인하여 야기되는 사회적 비용(social cost)은 세탁제의 생산비에 그것이 사용될 때 야기되는 공해비용을 합한 금액이다. 따라서 세탁제의 사적 비용은 그것의 사회적 비용보다 훨씬 작다. 마찬가지로 예를 들어 염색공장을 운영하는 기업은 옷감을 염색하는데 들어간 생산비용(염료, 물, 인건비, 기계감가상각비 등)만을 비용으로 생각한다. 그러나 염색과정에서 발생하는 수질오염이라는 사회적 비용은 그의 계산에 들어가지 않게 된다. 이와 같이 개인이나 기업의 소비활동 또는 생산활동 과정에서 야기되는 사회적 비용(SC)이 사적 비용(PC)을 초과하게 될 때 그러한 소비활동 또는 생산활동은 사회적으로 바람직한 수준 이상으로 과다하게 이루어지게 된다.

공해와 더불어 외부불경제 효과를 야기하는 대표적인 예로서는 교통혼잡(congestion)을 들 수 있다. 예를 들면 어떤 개인이 자동차를 운전할 때 그가 고려하는 비용은 휘발유값, 자동차의 마손비용 등에 불과하다. 그러나 그의 자동차 운전행위는 교통혼잡을 야기하여 시간적 손실이라는 사회적 비용을 초래한다. 다시 말하면 그의 운전행위로 인하여 교통혼잡이 야기될 때 그 자신의 시간은 물론이고 다른 사람의 귀중한 시간이 소모되는 것이다. 여기서 중요한 것은 그가 이러한 비용의 발생을 의도하지 않은 것임에도 불구하고 그의 행위의 결과로서 교통혼잡이 야기되고 이로 인하여 시간적 손실이라는 사회적 비용이 발생하게 된다는 것이다.

2.2 정부개입의 필요성과 효과

개인이나 기업의 생산 또는 소비활동에 따른 사적 비용과 사회적 비용이 달라질 때 자원배분(resource allocation)은 왜곡된다. 즉 외부경제를 가진 경제활동은 사회적으로 바람직한 수준보다 과소하게 이루어지고, 반면에 외부불경제를 가진 경제활동(환경오염, 교통혼잡)은 사회적으로 바람직한 수준보다 과대하게 이루어지기 때문에 자원의 효율적인 배분이 저해된다. 이것을 다르게 표현한다면 외부경제효과를 가진 활동에는 자원이 과소하게 투입되고 외부불경제효과를 가진 활동에 자원이 과대하게 투입된다. 외부효과가 있는 경제활동에 정부가 개입하게 되는 것은 바로 이러한 자원배분의 왜곡성을 시정함으로써 자원배분의 효율성을 높이기 위한 것이다.[3)]

외부효과가 존재하는 경우 자원이 효율적으로 배분될 수 있도록 하기 위해서는 외부효과를 제거하여야 한다. 이것은 결국 괴리를 보이는 사적 비용(PC)과 사회적 비용(SC)을, 그리고 사적 편익(PB)과 사회적 편익(SB)을 각각 일치시키는 것을 말한다. 이것을 가리켜 사회적 비용 혹은 사회적 편익의 내부화(internalization)라고 부른다. 이와 같이 사회적 비용과 편익을 사적 비용과 편익에 편입시킬 때 이 둘 사이의 괴리로 인한 자원배분의 왜곡이 시정될 수 있게 된다.

외부불경제(external diseconomies) 효과로 인하여 자원의 과다배분이 이루어지는 경우에 있어서는 사회적 비용을 그것을 야기하는 개인이나 기업활동에 부담시키는 것이 필요하다. 다시 말하면 그러한 활동으로 인하여 발생하는 사회적 비용을 자기의 계산에 넣도록 하는 것이 필요하다. 정부가 공해를 방지하기 위하여 또는 교통혼잡을 방지하기 위하여

---

3) 물론 외부효과가 존재한다고 하여 반드시 정부개입이 요구되는 것은 아니다. 이러한 주장은 1991년 노벨경제학상 수상자인 코오스(Coase)에 의하여 일찍부터 제기되어 왔다. 이에 관하여는 제3장 3절 참고.

부과하는 공해배출부과금, 교통유발부과금, 또는 처벌은 그것이 어떠한 형태로 이루어지든지 사회적 비용을 내부화함으로써 개인이 느끼는 사적 비용이 상승하여 사회적 비용과 일치(PC=SC)되게 함으로써 이러한 활동을 억제하는 효과를 발휘한다.

이 때 한 가지 주목할 사실은 이와 같이 사회적 비용을 야기하는 활동(환경오염 또는 교통혼잡 유발행위)에 대하여 부과금을 부과할 때 그렇지 않은 경우에 비하여 제품의 가격이 상승하게 된다는 것이다. 이것은 지극히 당연한 결과라고 할 수 있다. 환경규제는 공해를 유발하는 제품의 가격을 단기적으로 상승시키는 것만이 아니다. 환경규제가 이루어지게 될 때 그것은 공해유발적인 산업으로 부터 저공해 혹은 무공해 산업으로의 자원의 이동이라는 동태적 효과를 초래한다. 즉 환경규제로 인하여 공해유발적 제품의 가격은 상승하고 그 결과 그것에 대한 수요는 감소하게 되며 공해를 유발하는 생산활동도 따라서 감소하게 된다. 이 때 공해를 유발하는 생산과정에 투입된 자원들은 보다 바람직한 용도에 전용되어 사용됨으로써 사회전체적으로 볼 때 자원배분의 효율성이 향상된다.

3. 명령지시적 규제수단

3.1 환경기준의 설정

규제기관이 특정한 사회적 가치의 실현을 목적으로 사회적 규제를 실시할 때 보편적으로 의존하고 있는 방법이 基準設定(standard setting)이다. 여기에서 기준이란 바람직한 사회적 가치의 실현을 위하여 요구되는 개인이나 기업의 최소한의 행동기준으로서 환경기준, 안전기준, 보건기준, 위생기준 등이 그러한 예이다. 이러한 기준은 크게 기술기준과 성과기준으로 나뉜다.[4)]

3.1.1 기술기준

환경기준으로서 技術基準(technology standard)은 일명 投入基準(input standard) 또는 設計基準(design standard)이라고도 불리우는 것으로서 공해업체의 환경오염 방지시설 또는 처리시설, 자동차의 배기가스를 줄이기 위한 엔진규격 또는 부착장치, 공해를 발생시키는 물품의 생산과정에 들어가는 원료나 중간재의 성분, 재질 등에 대한 기준을 말한다. 이 기준들은 모두 환경오염을 방지 또는 제거하기 위한 '기술(technology)'과 관련되어 있다고 하여 이런 이름이 붙여진 것이다. 기술기준에 의거한 환경기준은 보통 법령에 "자동차에는 대기오염을 방지할 수 있는 淨化裝置를 부착하여야 한다"는 등의 방식으로 규정된다.

환경오염 규제에 있어서 규제기관이 기술기준에 의존하는 것은 이것이 다음과 같은 측면에서 장점을 가지고 있기 때문이다.

첫째, 피규제자가 해야 할 일이 무엇인지를 분명하게 지시해 준다. 예를 들면 공해업체는 규제기관이 정한 규격과 형식에 부합하는 공해방지시설 또는 처리시설을 갖추면 된다.

둘째, 집행(enforcement)이 용이하다. 규제기관은 피규제자의 규제에 대한 順應(compliance) 여부를 쉽게 판별 또는 확인할 수 있다. 이상의 두 가지 측면에서 기술기준은 아래의 成果基準보다 우월하다.

셋째, 규제기관은 사전에 피규제자가 지게 될 경제적 부담의 크기를 정확하게 파악할 수 있다. 왜냐하면 특정 시설 또는 장치의 가격을 알고 있기 때문이다.

넷째, 일반국민이나 정치인들의 이해와 지지를 구하기 쉽다. 왜냐하면 이들은 공해를 방지 또는 제거하기 위하여 관련업체들로 하여금 소정의 시설을 갖추게 하는 것은 지극히 정당하다고 보고 있기 때문이다.

그러나 기술기준에 의한 환경규제는 다음과 같은 측면에서 많은 문제점을 안고 있다.

---

4) 기준설정에 의한 환경규제 방법에 대한 평가기준에 대하여는 Baumol and Oates, *op. cit.*, pp. 230~45 참고.

첫째, 규제정책 효과가 불확실하다. 여기에는 두 가지 측면이 있다. 우선 비록 공해업체가 공해방지 및 처리시설을 갖추었다고 하더라도 그 시설을 가동하지 않고 방치하고 있다면 규제효과는 나타날 수 없다. 예를 들면 야밤에 공해처리시설을 가동시키지 않고 몰래 오염물질을 하수구에 배출한다면 공해처리시설이 무슨 도움이 되겠는가? 우리나라 기업들이 이와 같은 방법으로 환경규제를 회피해 가고 있음은 너무나도 잘 알려진 사실이다. 비록 기업이 규정시설을 모두 갖추고 이를 모두 가동하고 있다고 할지라도 그에 따라 환경오염이 얼마나 제거될 수 있는지가 불확실하다는 문제가 남는다. 즉 공해처리시설로 처리되는 오염이 과연 충분하고 적절한 수준인지에 대한 판단의 문제가 남게 된다.

둘째, 기술기준이 효과를 발휘하기 위해서는 기업이 공해처리시설을 정상적으로 가동하도록 해야 하고 이를 위해서는 시설가동 여부에 대한 감시(surveillance)가 일상적으로 이루어져야 한다. 그러나 행정력으로 이들을 모두 효과적으로 감시한다는 것은 거의 불가능한 일이다.

셋째, 특정 기술기준을 지정하고 그것의 이행을 의무화하는 것이 경제적인 측면에서 최선의 방법인지가 의문시된다. 왜냐하면 이 보다 적은 비용으로 동일한 목적을 달성할 수 있는 보다 효율적인 다른 방법이 있을 수 있기 때문이다. 예를 들면 동일 산업의 기업들이라고 하더라도 생산공정에 따라 다른 공해처리시설을 갖추는 것이 보다 경제적일 수 있음에도 불구하고 이러한 규제제도하에서 이 기업은 자신이 선호하는 보다 경제적인 공해방지시설을 설치하지 못하고 이에 따라야만 하기 때문인 경우이다.

넷째, 기술기준에 의한 환경규제는 더 나아가 기업간에 경제적 부담의 불공평성 문제를 초래한다. 즉 동일한 업종의 기업이라고 하더라도 그것이 각 기업에 부과하는 경제적 부담은 차이가 있기 때문에 경제력이 약한 중소기업은 대기업에 비하여 경쟁력 열세에 놓이게 된다.

다섯째, 기술기준이 현재 이용가능한 최선의 기술(best available technology: BAT)에 기초한 것이 아닌 한 보다 더 효율적인 방법을 사용하려고 하는 잠재적 경쟁기업이 이 산업에 진입(entry)하는 것을 저해한다. 이것은 곧 기술기준이 최신의 기술기준에 입각해 있지 않는 한 기술혁신(technology innovation)을 저해하게 됨을 의미한다.

3.1.2 성과기준

환경규제에 있어서 기술기준에 의한 규제가 특정의 공해방지시설의 설치 등을 의무화하는 것인데 비하여 成果基準(performance standard)에 의한 규제는 피규제자가 궁극적으로 달성해야 할 환경기준만을 설정하고 이것의 달성방법은 기업이나 개인에 일임하는 방법으로 이루어진다. 예를 들면 수질오염 규제에 있어서 공해기업이 방출할 수 있는 수질을 생물학적 酸素要求量(biological oxygen demand: BOD) 몇 p.p.m 이하로 규정하는 것과 같다. 물론 이 기준을 초과하여 심하게 오염된 물을 방출하는 기업은 처벌을 받게 된다.

성과기준은 기술기준에 비하여 많은 장점을 가지고 있다.

첫째, 기술기준에 비교하여 성과기준은 규제대상 기업에 대하여 보다 넓은 선택성을 부여한다. 공해기업은 정해진 환경기준을 지키기만 하면 되므로 가장 효율적으로 또는 가장 적은 비용으로 이 기준을 달성할 수 있는 수단을 강구하려고 하는 유인을 갖게 된다.

둘째, 기술기준에 의한 규제가 효과면에서 불확실성(uncertainty)이 크다는 점을 위에서 지적하였는데 성과기준에 의해 규제할 경우 그 규제가 효과적으로 집행만 된다면 공해의 수준이 어느 선에 머물게 될 것인지를 알 수 있다. 다시 말하면 확실하게 집행만 된다면 환경기준이 바로 환경오염 수준의 지표가 된다.

셋째, 바로 이 점과 관련하여 성과기준에 의한 규제는 국민이나 정치인의 입장에서 가장 이해하기 쉽고 바람직한 방법으로 평가될 수 있다. 왜냐하면 성과기준에 의한 규제는 사회적으로 적절한 수준에 기준이 설정되기만 한다면 일단 안심할 수 있기 때문이다.

그러나 성과기준에 의한 환경규제의 문제점은 바로 여기에서부터 시작된다. 도대체 사회적으로 바람직한 수준의 환경기준은 무엇인가?

첫째, 일반국민이 가장 바람직하다고 생각하는 수준이란 공해가 전혀 없는 수준일지 모른다. 그러나 좀더 합리적으로 생각해 본다면 환경오염으로 인한 사회적 손실(뒤집어 말하면 환경순화로 인한 사회적 편익)이 환경오염을 제거하는데 들어가는 비용과 맞먹는 수준이라고 할 수 있을 것이다.[5] 그러나 이것은 어디까지나 경제이론적인 얘기일 뿐이다. 현실적으로 사회적 비용과 편익을 정확하게 파악하는 일은 거의 불가능에 가깝다. 상식적으로 표현한다면 국민이 건강을 위협하지 않을 정도의 수준, 회복불가능한 자연훼손을 막을 수 있는 수준 또는 자연의 自淨力을 통하여 보완될 수 있는 수준이라고 말할 수 있을지도 모른다. 그러나 이것은 막연하기 그지없다.

둘째, 사회적으로 바람직한(desirable) 환경수준을 파악할 수 있다고 하더라도 그것이 현실적으로 이용가능한 최선의 기술(BAT)로서 달성가능한(possible) 수준이 아니라면 무의미하다. 왜냐하면 기술적으로 도저히 달성불가능한 수준에 기준이 설정되어 있을 때 그것이 비록 宣言的 의미는 가질 수 있을지 몰라도 전혀 현실성을 가질 수 없고 따라서 이 기준을 위반한 업체를 처벌하기도 어렵게 되기 때문이다. 이렇게 볼 때 사회적으로 바람직한 규제수준과 기술적으로 달성가능한 수준이 종합적으로 고려되어 성과기준이 설정되어야 한다. 우리나라에서는 보통 선진국에서 채택하고 있는 기준을 기초로 하고 우리의 특수한(?) 여건을 감안하여 이를 적절히 加減하는 수준에서 성과기준을 정하고 있으나 이에 대해서는 독자적인 연구가 시급하게 이루어져야만 할 것이다.

성과기준에 의한 환경규제는 그것의 집행에 있어서 많은 맹점을 노정한다. 성과기준이 효력을 발휘하기 위해서는 공해업체가 배출하는 오염을 항시적으로(적어도 수시로) 측정하여야 한다. 그러나 행정력이 이에 미치지 못한다. 우리나라에서는 환경단체나 시민단체 운동이 아직도 미

---

5) 물론 여기에서 말하는 편익과 비용은 모두 한계개념(marginal concept)에 입각한 한계편익과 한계비용을 일컫는다. 이에 대한 보다 구체적인 설명은 제4절 〔그림 14-1〕 참고.

약하여 이를 충분하게 보완해 주지도 못하고 있다. 아무리 훌륭하고 적절한 규제기준이 설정되어 있을지라도 그 기준의 순응여부가 확인되지 못한다면 無用之物이다. 예를 들어 공해업체가 행정감시 또는 주민감시가 있는 경우에만 공해방지시설을 가동하여 오염을 환경 基準值 이하로 통제하고 그렇지 않은 경우에는 시설가동을 중단함으로써 기준치를 초과할 수도 있다. 공해물질을 축적하였다가 주민감시가 소홀한 夜陰을 틈타 집중적으로 배출할 수도 있다.

셋째, 성과기준은 기술기준과 마찬가지로 규제대상 기업간에 불공평을 유발한다. 즉 동일한 업종의 기업이라고 하더라도 그것이 사용하고 있는 생산기술, 시설의 老朽度, 환경오염제거에 따른 비용상승의 소비자 轉嫁 가능성의 차이에 따라 각각 경제적 부담의 크기가 다르기 때문이다. 그 결과 예를 들면 기술적으로 낙후되어 있고 시장경쟁력이 취약한 중소기업은 대기업에 비하여 심각한 경제적 타격을 받지 않을 수 없다. 이것은 더 나아가서 시장구조(market structure)에 의도하지 않은 악영향을 미치는 결과를 초래할 수도 있다. 이 경우에 그렇다고 각 기업마다 서로 다른 성과기준을 부과할 수도 없는 것이고 보면 규제기관은 딜레마에 봉착하지 않을 수 없다. 환경을 보호하자니 중소기업이 울고 중소기업을 보호하자니 공해가 심해지게 되니 말이다. 결국 편법으로서 중소기업이나 취약한 산업에 대한 환경규제의 시행시기를 다소 늦추는 방법을 흔히 사용하나 이 문제가 해소되지는 않는다.

넷째, 이미 앞에서 기술기준을 설명하면서 지적했듯이 성과기준도 그것이 경직적인 규제방법인 한 기술혁신의 유인을 가로막는 단점을 가지고 있다. 즉 규제기관이 설정한 성과기준만 달성하면 되지 그 이상으로 환경오염을 줄이는 것이 기업에 아무런 득이 되지 않는다. 그런데 누가 추가적인 비용을 들여 그 이상으로 환경오염을 줄이려 하겠는가. 만일 기업이 성과기준을 초과달성할 수 있는 새로운 기술(BAT)을 개발할 경우 규제기관이 성과기준을 상향조정할지도 모르기 때문에 기업으로서는 추가부담을 요하는 기술개발을 서두를 필요가 없다. 이러한 문제점은 성과기준이 지나치게 낮은 수준에 책정되어 있을 때 더욱 심각해질 수 밖에 없다. 왜냐하면 이 상태에서 기술개발이 천연될 경우 상황변화에 따른 성과기준의 상향조정은 더욱 지체될 수 밖에 없기 때문이다.

바로 이 점과 관련하여 한 가지 첨언할 사항은 위에서 기술기준과 성과기준을 구별하여 왔지만 실제에 있어서는 두 가지 기준이 收斂하는 경향을 보인다는 점이다.[6] 즉 규제기관이 현존의 최신기술(BAT) 수준을 고려하여 성과기준을 정할 때 최신의 기술로써 달성할 수 있는 공해방지 수준 그것이 곧 성과기준이 된다는 것이다. 거꾸로 말하면 어떤 성과기준이 정해졌을 때 이 기준을 달성할 수 있는 기술이 개발되었다면 공해업체는 바로 그 기술을 내포하고 있는 특정 공해방지시설을 설치하지 않을 수 없게 된다. 이와 같은 경우에 기술기준과 성과기준은 결과적으로 같은 내용이 된다.

3.2 규칙의 제정

規則制定(rulemaking)이란 보통 기준설정(standard setting)과 동의어로 쓰이거나 그것을 포괄하는 개념으로 사용된다. 그러나 여기에서는 기준설정에 부수하여 기준을 보다 세부화·구체화하고 기준 위반자에 대한 벌칙을 제정하는 것을 의미하는 것으로 사용한다.[7] 규칙은 보통 법령의 條文으로 표현되는데 이에는 實體的 규칙(substantive rules)과 節次的 규칙(procedural rules)이 있다. 먼저 절차적 규칙은 기준을 설정하는 과정에서 이해관계인의 의견진술의 기회를 부여하는 절차, 기준의 변경절차 등 규제기관의 의사결정 절차 또는 입법절차와 관련된 규칙을 말한다(제22장). 실체적 규칙은 기준의 설정 및 적용에 있어서 포괄적인 예외 규정, 기준의 지역별 세부화, 기준의 적용 시점 세부화, 위반자에 대한 벌

6) Stephen Breyer, *Regulation and Its Reform* (Cambridge, Mass.: Harvard University Press, 1982), pp. 105~106.

7) Barry M. Mitnick, *The Political Economy of Regulation* (New York: Columbia University Press, 1982), pp. 396~99 참고.

칙의 구체화 등 기준의 실제적 적용을 보완하는 규칙들을 말한다.

규칙제정은 원래 입법부의 위임사항을 구체화하는 과정이고 이 과정에서 규제기관은 보다 전문적이고 기술적인 고려를 반영할 수 있게 된다. 이러한 규칙의 제정과정에서 규제기관이 기준의 획일성과 내재적 경직성(inherent rigidity)의 완화를 도모하려고 하는 것은 당연하다. 그러나 세부적인 규칙의 제정을 통한 기준의 경직성 완화는 어디까지나 획일적인 기준의 적용에 따른 불공평성(unfairness) 문제의 완화라고 하는 정치적, 행정적 고려에서 이루어지는 것일 뿐 기준이 갖고 있는 경제적 비효율성(economic inefficiency)을 완화하는 데까지 이르지는 못한다는 점에서 근본적인 한계가 있다.

3.3 장점과 한계

3.3.1 실행상 문제점

명령지시적 방법에 의한 환경규제에 있어서 실제로 부닥치게 되는 첫번째 문제는 규제의 標的(target)을 선정하는 문제이다. 기준설정을 통한 환경규제에 있어서 기준을 삼을 표적을 정하는 것이 어렵다는 것이다. 규제기관은 규제의 직접적인 표적보다는 보통 그것의 代用物(surrogate)을 규제기준으로 삼지 않을 수 없다.[8] 환경규제의 직접적 표적은 두말할 것도 없이 公害(pollution)이다. 그러나 공해수준을 파악하는 것은 쉽지 않다. 예를 들면 수질오염규제를 위하여 보통 사용하는 환경기준은 기업이 적법하게 배출할 수 있는 물의 생물학적 산소요구량(BOD)이다. BOD란 오염물질이 화학적 변화를 거치는 과정에서 필요로 하는 水中의 산소량을 가리킨다. 그러므로 BOD가 높으면 높을수록, 즉 오염물질이 더 많은 산소를 필요로 하면 할수록, 수중의 식물이나 물고기가 사용할 수 있는 산소량은 당연히 줄어든다.

8) Breyer, *op. cit.*, pp. 103～104.

그런데 일정량의 BOD가 일으키는 공해정도는 시간과 장소에 따라 변화한다. 즉 빠르게 흐르는 물은 溜水地의 물에 비하여 산소공급이 보다 원활하기 때문에 공해문제는 덜 심각하다. 그런가 하면 공해물질은 다른 물질과 화학적 반응을 일으키기 때문에 수중에 있는 다른 화학물질의 양에 따라 그 물질로 인한 공해의 심각성은 달라진다. 이와 같이 동일한 BOD량이라고 하더라도 水質公害의 정도에는 차이가 있다. 따라서 환경기준을 설정할 때 계절과 시간의 변화, 하천의 위치와 특성 등을 면밀하게 검토하여 이를 기준에 반영하는 것이 바람직하다. 그러나 이것은 현실적으로 쉬운 일이 아니다. 따라서 규제기관은 일정량의 BOD가 유발하는 공해는 시간과 장소 여하에 관계없이 일정한 것으로 假定하는 것이 보통이다.

바로 이 경우에 허용 BOD량은 환경규제의 직접적 대상인 공해(pollution)의 정도를 정확하게 대변하는 것이 아니라 공해를 측정하는 대용물(surrogate)에 불과하다. 환경규제에 있어서 공해 그 자체가 아니라 공해의 대용물인 BOD량을 환경규제의 실용적 기준으로 삼는 경우에 발생할 수 있는 문제는 규제기관이 본래의 목적인 公害의 제거 보다는 BOD수치를 낮추는 일에만 몰두하게 될 위험성이다.[9] 예를 들면 규제기관이 적은 양의 BOD를 포함한 溜水池의 공해(이것은 시간의 경과에 따라 더 많은 공해를 야기한다)를 제거하지 않고 높은 BOD수치를 보이는 강물의 정화에 더 많은 예산을 투입하는 과오를 저지를 수 있다. 그러나 강물이 빠르게 흘러가는 한 강물의 오염은 유수지의 오염에 비하여 덜 심각한 문제라고 할 수 있다. 또한 BOD수치를 낮추기에만 주의를 기울일 경우 커다란 사회적 편익을 가져다 주지도 못하면서 민간기업에 불필요하게 높은 부담을 줄 우려도 없지 않다.

둘째, 사회적으로 바람직한 기준의 설정과 기준의 기술적 달성가능성에 대한 판단은 어렵다. 기준의 설정을 위해서는 보통 규제기관이 가지

9) Albert L. Nichols, *Targeting Economic Incentives for Environmental Protection* (Cambridge, Mass.: MIT Press, 1984), pp. 69~82.

고 있는 것보다 훨씬 많은 기술정보(technology information)가 요구된다. 그러나 이러한 기술정보들은 규제대상 산업에 소재하고 있기 때문에 이들이 서로 자신의 경쟁적 지위(competitive position)를 강화시킬 목적으로 진실된 정보의 제공을 기피하는 한 그러한 정보를 구하기는 대단히 어렵다. 규제기관이 제3의 전문가에게 적정한 기준의 설정을 의뢰하는 경우에도 이러한 문제는 극복되지 않는다. 왜냐하면 이들 역시 주요 정보를 해당산업에서 얻지 않으면 안되기 때문이다. 그 결과 기준설정은 항상 지나치게 낮은 수준에 설정될 위험성이 있다.

셋째, 이것과 관련되는 문제로서 명령지시적 규제 특히 기준은 그것이 한번 입법화되게 되면 여간해서 변경되지 않는 속성을 지니고 있다는 것에 주목할 필요가 있다. 어떤 기준이 설정되기 까지에는 규제기관, 관련업계, 시민단체 또는 공익단체(public interest organizations)사이에 끊임없는 攻防이 있게 마련이다. 따라서 일단 설정된 기준을 변경하고자 할 때에 있어서도 또 한차례의 공방이 있게 되리라는 것은 쉽게 예측해 볼 수 있다. 또한 일단 정해진 기준하에서 형성된 관련업계의 경쟁관계는 새로운 기준의 설정으로 인하여 재편되지 않으면 안된다. 이와 같이 기준설정 과정에는 항상 불확실성(uncertainty)이 따르기 때문에 한번 정해진 기준은 좀체로 고쳐지기 어렵게 된다.

넷째, 기준을 설정할 때 어느 정도의 精巧性(degree of specificity)을 목표로 할 것이냐가 문제된다. 규제기관이 고도로 정교하고 세부적인 기준을 설정하면 규제대상에 대하여 보다 높은 통제력(control)을 가질 수 있는 장점이 있는 반면에 일반적이고 다소 모호한 기준을 설정하면 행정적으로 단순할 뿐만 아니라 보다 높은 신축성(flexibility)을 가질 수 있는 장점이 있다. 그러나 일반적이고 모호한 기준하에서는 기준의 위반여부의 판정에 있어서 恣意性(arbitrariness)이 개입될 소지도 높다.

예를 들면 산업폐기물의 처리에 있어서 산업폐기물의 수거, 운송, 처리방법을 지나치게 구체적으로 지정하면 규제기관이 규제대상 기업의 순응(compliance) 여부를 쉽게 판별할 수는 있으나, 행정적으로 복잡하고 지나치게 경직적인 기준이 되고 말 가능성이 있다. 그러나 규제기관이 "산업폐기물을 처리하는 자는 기술적으로 가능한 범위 안에서 최대한의 안전을 확보하여야 한다"와 같이 일반적인 행위기준을 정한 경우에는 결과적으로 처리업자가 적절하다고 생각하는 최선의 방법을 활용하게 될 것이므로 신축성을 가질 수 있고 집행에 있어서 단순한 이점이 있다. 특히 규제대상 산업의 자발적 순응(voluntary compliance)이 규제효과의 확보에 절대 불가결한 경우에 있어서는 복잡하고 집행이 어려운 기준보다는 단순하고 일반적인 기준이 더 나을 경우가 많다. 그러나 이렇게 모호하게 정해진 기준이 결과적으로 관련업계의 잘못된 관행을 묵인하는 꼴이 될 우려가 높다. 또한 명확한 기준의 제시가 없는 한 관련업계가 보다 나은 기술을 개발하거나 채택하려고 하는 유인은 갖지 못하게 될 것이다.

다섯째, 명령지시적 규제의 실효성은 기준 위반자에 대한 罰則(penalty)의 強度에 따라 좌우된다. 아무리 정교한 기준을 설정하더라도 위반자에 대한 벌칙이 가볍다면 실효를 거두기 어렵다. 또한 벌칙의 強度는 기준이나 규칙 위반행위의 적발가능성과의 관련 속에서 정해져야 한다. 예를 들면 적발가능성이 높은 경우에는 벌칙을 다소 낮게 하여도 무방하겠지만 적발가능성이 극히 낮은 경우에는 벌칙이 대단히 높지 않는 한 기준설정을 통한 규제의 실효성을 확보하기 어렵다.

3.3.2 반경쟁적 효과

이미 앞에서 지적한 바 있듯이 명령지시적 규제의 최대의 결점은 그것의 내재적 경직성과 무차별성으로 인하여 야기되는 경제적 비효율성(economic inefficiency)과 불공평성(unfairness)에 있다. 이에 대하여 다시 논의하는 대신 아래 사례로 대체하기로 한다.

[사례 14-1] 승용차의 고속도로 진입규제

1991년 10월 교통부는 교통체증이 중요한 성장애로요인으로 등장하게 되자 특히 교통체증이 심하여 수출물품의 반송에 지장을 주고 있는 京仁고속도로와 京水고속도로에서 약간이나마 교통체증을 덜어 볼 요량으로 8차선 확장공사가 끝나게 될 1992년 말 까지 限時的으로 일요일과 공휴일을 제외한 평일 오전 7시부터 밤 10시까지 사이에는 2인이하가 탑승한 승용차의 진입을 금지하는 방안을 검토하고 있다고 발표하였다. 그러자 이러한 조치를 환영하는 수출업계와 반대하는 지역주민 사이에 찬반논쟁이 격심하였다. 결국 교통부는 이 안을 제시한지 한 달도 못되어 黨政協議를 거쳐 이 방안의 대부분을 백지화하였다.

교통부 안을 둘러싼 찬반 논쟁 속에서 이 교통체증 문제를 시장유인적인 방법으로 해결해 보려는 발상은 거의 제시되지 않았다. 수출업계는 한시 바삐 이 제도가 시행되어야 한다고 주장하였다. 서울로 출퇴근하는 시민들은 2인이하가 탑승한 승용차의 고속도로 진입을 금지하면 많은 운전자들이 國道로 몰리게 될 것이므로 문제는 확장공사를 서두는 것 밖에는 없다고 주장하였다. 그러나 이와 같이 탑승자 기준으로 고속도로진입을 금지시킬 때 불공평의 문제가 생긴다는 문제는 거의 들추어지지도 않았다. 이 제도가 불공평한 이유는 대단히 중요한 일로 혼자 서울로 가는 운전자는 고속도로를 이용할 수 없게 되는 반면에 3~4명이 패거리를 지어 서울로 영화보러 또는 놀러가는 승용차는 버젓이 고속도로를 이용할 수 있게 되기 때문이다.

바로 이러한 문제의 해결에 시장유인적 규제수단이 보다 우수한 방법으로 활용될 수 있다. 즉 승용차의 고속도로진입을 탑승자수로 할 일이 아니라 고속도로 이용료를 가지고 과도한 차량의 진입을 감소시켜 보자는 것이다. 고속도로 이용료를 높일 때 쓸데없이 고속도로로 올라오는 차량은 상당수 감소하게 될 것이다. 감소되지 않는다면 이용료를 더 높이면 된다. 이 경우에 예상되는 문제점은 "돈있는 사람만 사람이냐"는 비판이다. 물론 이러한 비판은 설득력을 가진다. 그러나 이 때 생기는 불공평이 앞에서 생기는 불공평 보다는 나은 것이 아닐까? 승용차를 가진 사람은 이미 서민이라고는 보기 어렵고 이용료가 높더라도 꼭 가야할 사람은 그 만큼 더 값진 일을 보러 간다고 볼 수 있을 것이기 때문에 경제적 효율성과 공평성을 살릴 수 있다.

명령지시적 규제는 경제적 효율성 그리고 공평성 측면에서 많은 문제점을 갖고 있을 뿐만 아니라 시장경쟁을 제약하는 反競爭的 효과(anti-competitive effects)를 야기한다. 우선 규제기관이 先導企業을 염두에 두고 상당히 높은 기준을 설정하는 경우에 先導企業群의 경쟁적 지위는 강화될 수 있다. 물론 이 경우에 규제기관이 높은 기준을 설정하는 것은 기업의 기술혁신을 촉진하기 위함이다. 그러나 대개는 규제기관이 기준설정으로 인하여 기업이 지게 될 차별적인 경제적 부담을 파악하지 못한 채 높은 기준을 설정하는 경우가 많고 이 때 의도하지 못한 반경쟁적인 효과가 발생하게 된다.

이러한 반경쟁적인 효과는 단일의 기준설정으로 인하여 야기되기도 하지만 이 보다는 다른 정책목적에서 다른 사회적 규제(예: 직업안전 기준, 소비자보호를 위한 기준 등)가 동시에 적용될 때 더욱 두드러지게 나타날 가능성이 높다. 이러한 현상은 물론 각각의 사회적 규제 목적의 기준을 관장하는 행정기관이 다른 경우에 발생하기 쉽다. 아무튼 사회적 규제가 일시에 기업에 가해지게 될 때 피규제산업에 대한 신규사업자의 진입(new entry)이 저해될 가능성이 있고 따라서 사회적 규제가 反競爭的인 효과를 초래할 우려도 없지 않다.

그런가 하면 경쟁기업은 명령지시적 규제를 해당산업에서의 시장경쟁을 제약하기 위해 전략적으로 활용하려 할 수도 있다. 예를 들면 미국기업들은 환경기준을 강화함으로써 개도국으로부터의 수입을 억제시킬 수 있다. 어떤 업종에 신규로 참여한 기업이 최신의 공해처리기술을 갖추고 자신들이 달성할 수 있는 수준으로 현행의 환경기준을 높임으로써 기존업체를 궁지에 몰아넣게 될 수도 있다. 경우에 따라서는 사업자단체(trade associations)가 중심이 되어 수개의 기업이 장차의 잠재적인 사업자(potential entrants)에게 부담이 될 수 있는 自律規制를 요구하면서 반경쟁적인 기준설정을 주도할 수도 있다(제12장). 따라서 규제기관은 그러한 기준설정으로 인하여 동일 업종의 기업 사이에 경쟁관계가 변화될 수 있는 가능성에 대해서도 주의를 기울일 필요가 있다.

3.3.3 정치행정적 장점

이상에서 분석한 바와 같이 명령지시적 규제방법이 많은 결점을 가지고 있는데도 불구하고 사회적 규제의 보편적인 수단으로 활용되고 있는 이유는 무엇인가?

첫째, 명령지시적 규제는 사회적으로 바람직하지 못한 개인이나 기업의 행위를 금지 또는 제한하는 것이므로 정치적 설득력이 강하다. 또한 명령지시적 규제는 모든 규제대상을 동등하게 취급하고 있다는 점에서 보편적인 형평성 관념에 부합하는 것처럼 인식되는 경향이 있다.[10)]

둘째, 명령지시적 규제는 규제기관이 재량성을 발휘할 수 있기 때문에 규제기관에 의하여 선호되는 경향이 있다. 규제기관은 정치경제적, 기술적 환경의 변화에 따라 기준과 규칙을 유동적으로 운용하여야 할 필요를 갖고 있다. 명령지시적 규제는 규제기관이 이러한 환경변화에 신속하게 대응할 수 있는 수단으로 인식될 수 있다. 예를 들면 규제기준의 설정이 행정부 위임사항으로 되어 있는 경우 행정부가 시행령이나 시행규칙의 개정을 통하여 상황변화에 효과적으로 대응할 수 있다. 명령지시적 규제는 특히 위기적인 상황에 효과적으로 대처하게 해 주는 장점이 있다.[11)] 긴급한 상황하에서는 예외적으로 무거운 벌칙을 부과함으로써 규제효과를 높일 수 있기 때문이다.

4. 시장유인적 규제수단

위에서 고찰한 바와 같이 명령지시적 규제방법을 통한 환경규제는 그것이 정치적으로 설득력을 가지고 있고 이해하기 쉬워 일반국민들의 지지를 쉽게 확보할 수 있기는 하지만 많은 단점과 한계를 지니고 있다.

---

10) 이미 앞에서 분석한 바와 같이 명령지시적 규제는 불공평성 문제를 야기한다. 여기서 지적하고자 하는 것은 이러한 내용을 판별할 수 없는 일반인이 보기에 규칙은 어느 기업에나 공통적으로 적용되는 것이기 때문에 공평한 것처럼 인식되기 쉽다는 것이다.

11) Mitnick, *op. cit.*, pp. 401~403.

따라서 명령지시적 규제수단의 단점을 최대한 극복할 수 있는 방법으로서 비교적 최근에 경제학자들에 의하여 고안된 새로운 규제방법이 바로 시장유인적 규제(regulation by incentives) 방법이다.[12] 이 방법은 규제목적을 추구함에 있어서 피규제자에게 경제적 유인을 부여함으로써 효율적으로 규제정책 효과를 극대화 할 수 있는 가능성을 가지고 있다.

이러한 시장유인적 규제정책 수단을 이해하기 위해서는, 먼저 이러한 규제방법이 갖고 있는 價値前提(value premises)에 대하여 살펴볼 필요가 있다.[13]

첫째, 환경오염의 절대적인 금지는 가능하지도 않고 바람직하지도 않다는 것이다. 왜냐하면 환경오염의 피해를 줄이기 위해서 소요되는 비용이 그것으로부터 얻어지는 편익보다 크다면 그것은 불필요하게 많은 자원을 환경오염 방지 및 제거에 투입하고 있음을 의미하는 것으로서 그 자원은 다른 목적을 위하여 사회적으로 보다 유용하게 사용되는 것이 바람직하기 때문이다. 세상에는 환경문제 하나만 있는 것이 아니라는 말이다. 따라서 환경오염의 방지 및 제거는 그것으로 인해 얻을 수 있는 사회적 한계편익(social marginal benefit) 또는 환경오염으로 발생하는 한계피해(marginal damage)와 환경오염 방지 및 처리에 들어가는 한계비용이 같아지는 수준까지만 이루어지는 것이 바람직하다는 것이다.

둘째, 이미 서론에서도 언급한 바와 같이 사회적 규제의 문제들은 공

12) 여기에서 검토하고 있는 시장유인적 규제수단에 대해서는 Baumol and Oates, *op. cit.*, pp. 246~306; Nichols, *op. cit.*, ; Thomas C. Schelling (ed.), *Incentives for Environmental Protection* (Cambridge, Mass.: MIT Press, 1983); Allen V. Kneese and Charles L. Schultze, *Pollution, Prices, and Public Policy* (Washington, D.C.: Brookings Institution, 1975); Ann F. Friedlaender, *Approaches to Controlling Air Pollution* (Cambridge, Mass.: MIT Press, 1978); Robert W. Crandall, *Controlling Industrial Pollution: The Economics and Politics of Clean Air* (Washington, D.C.: Brookings Institution, 1983) 등 참고.

13) 여기에서 검토하고 있는 시장유인적 환경규제 수단들은 환경규제가 과도하게 또는 비효율적인 방법으로 이루어지고 있다고 비판받고 있는 미국에서 개발되어 나왔다. 따라서 이러한 새로운 환경정책 수단들은 환경규제의 완화를 위한 것이라는 비판을 받을 수도 있다. 그러나 이 방법은 기존의 명령지시적 규제수단의 합리화를 목적으로 하고 있을 뿐 환경규제의 완화를 정당화 해주기 위한 수단으로 인식되어서는 안된다. 다만 이러한 규제정책 수단들은 대단히 정교하여 잘못 사용될 소지가 없지 않고 그 결과로서 환경규제의 약화를 초래할 수도 있다. 이러한 제도를 성급하게 받아들인 우리나라에서 그러한 문제가 없지 않았다. 이에 대해서는 제 21 장 및 24 장 참고.

익을 위한 것이므로 당연히 정부가 강제력을 사용하여 금지시키거나 제한시켜야 한다는 생각이 지배적이지만 정부가 강제력을 직접적으로 사용하는 방법으로서는 정책목적 달성이 어려울 뿐만 아니라 효율적이지 않다는 것이다. 사회적 규제문제가 수천 수만개의 기업과 온 국민을 대상으로 하는 것이라면 시장기능을 최대로 활용하는 것이 최선이라는 것이다. 이 때 시장기능에 맡긴다는 것이 자유방임을 의미하는 것으로 혼동해서는 안된다. 왜냐하면 시장유인적 규제방법을 사용한다고 하여 그것이 정부의 간섭을 무조건 배제하는 것이 아니고 시장(기업과 국민)이 정부가 정한 기준에 따라서 최선의 대응책을 마련할 수 있도록 허용해 주는 것에 불과하기 때문이다. 복잡한 사회적 문제를 해결하는 데 있어서 시장기능이 갖고 있는 우수성에 대해서는 이미 제 3 장에서 충분하게 논의하였으므로 여기에서는 생략하지 않을 수 없으나 독자들은 아래에서 시장기능이 어떻게 활용되고 있는지를 잘 이해할 수 있게 되기를 바란다.

4.1 공해배출부과금제도

공해배출賦課金(emission charges or effluent charges)이란 일정한 환경기준을 초과하는 공해배출량(잔류량)에 대하여 일정한 단위당 부과금을 곱하여 산정되는 부과금을 공해배출업체에 부과하는 제도이다. 공해배출부과금은 일반적인 租稅賦課와 흡사하다. 왜냐하면 일반적으로 課稅標準을 정하고 여기에 일정한 稅率을 곱하여 稅金額을 결정하는 것이나 공해기업이 배출하는 공해량에 일정한 단위 부과금을 곱하여 공해배출부과금을 부과하는 것이나 마찬가지 방식으로 이루어지기 때문이다. 바로 이러한 성격 때문에 공해배출부과금을 공해배출세(emission taxes)라고 부르기도 한다. 그러나 공해배출세가 일반적인 조세와는 근본적으로 다른 목적에서 부과되는 것임은 물론이다.

이제 공해배출부과금제도에서 사용되는 기본개념과 그것의 작용 메카니즘을 〔그림 14－1〕을 통해 살펴보기로 한다.

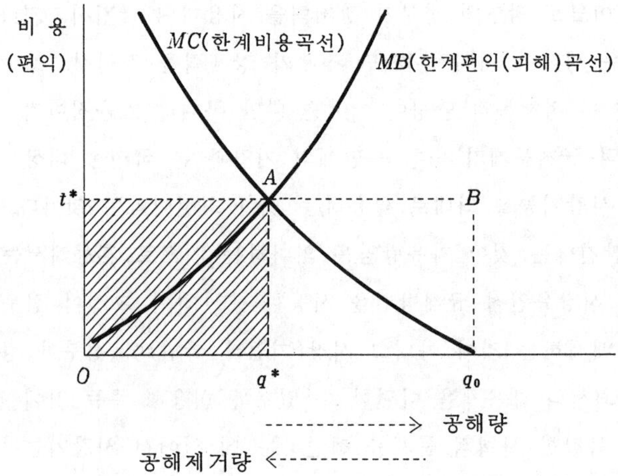

〔그림 14-1〕 공해배출 부과금 제도

〔그림 14-1〕에서 세로 축은 공해방지 및 제거(pollution control)에 들어가는 (소요)비용 또는 공해제거로 얻어지는 사회적 편익의 금전적 가치를 가리킨다.

다음으로 가로 축은 이 그림에서 두 가지 방법으로 읽어질 수 있는데 하나는 왼쪽으로부터 오른쪽으로 읽어 나가는 것으로서 이것은 공해량을 가리킨다. 다른 하나는 거꾸로 오른쪽에서 왼쪽으로 읽어 나가는 것으로 왼쪽으로 갈수록 공해제거량이 커짐을 의미한다.

4.1.1 단일기업이 존재하는 경우

우선 이해를 쉽게 하기 위해서 어떤 공해산업에 단 하나의 기업만이 존재하고 있다고 가정한다. 이 때 이 기업이 부담하는 공해비용은 곧 사회적 비용이 된다. 〔그림 14-1〕에서 기업의 공해제거 한계비용(*MC*) 곡선은 공해제거량이 증가함에 따라 상승하는 것으로 나타나 있다. 물론 이것은 하나의 가정에 불과하다. 즉 공해제거비용은 높은 공해수준에서 공해를 조금 줄일 때보다 낮은 공해수준에서 공해를 조금 더 줄일 때 급격하게 증가한다고 보자는 것이다.[14] 다음으로 그림에서 한계편익(*MB*)

곡선은 공해제거로 얻어지는 한계사회편익을 나타내는 것으로서 이를 달리 표현하면 공해량의 증가에 따라 늘어나는 限界被害(marginal damage)를 금액으로 환산한 것이다. 이 곡선은 右上向으로 그려지고 있는데 이 또한 공해가 늘어나면 늘어날 수록 그 사회적 피해도 기하급수적으로 늘어난다는 假定에 근거하고 있다.[15)]

이와 같이 공해피해(또는 공해제거로 얻어지는 사회적 편익)와 공해제거비용을 한계개념(marginal concept)으로 파악할 때 사회적으로 바람직한 최적의 공해제거 수준은 한계비용이 한계편익과 같아지는, 즉 $MC = MB$(또는 MD)인 균형점 A에서 결정된다. 왜 이 점이 사회적 균형점이 되는가? 우선 균형점 A의 오른편에서는 한 단위의 공해제거로 얻어지는 사회적 편익이 공해제거 한계비용보다 높기 때문에 공해제거의 수준을 더 높이는 것이 사회적으로 바람직하다. 반대로 균형점 A의 왼편에서는 이 기업의 추가적인 공해제거 비용이 추가적인 사회적 편익을 초과하고 있기 때문에 공해제거 수준을 낮추는 것이 사회적으로 바람직하다. 따라서 사회적 편익과 사회적 비용이 일치하는 점 A에서 사회적 균형이 달성된다.

그림에서 이 기업이 사회적으로 바람직한 수준까지 공해를 제거하도록 하기 위한 단위당 공해배출부과금(예: 공해물질 1kg 또는 1톤)은 Ot^*이다. 단위당 공해배출부과금이 책정되면 규제기관은 그 기업이 미처 처리하지 못하고 배출하고 있는 殘留 공해량을 측정하여 이것에 단위당 부과금을 곱하여 공해배출부과금액을 산출하게 된다. 바로 이 금액이 그 기업에 대한 공해배출부과금이 된다. 그러면 이 제도하에서 기업은 어느 선까지 스스로의 노력으로 공해를 제거하고 어느 만큼의 부과금을 물게 될 것인가? 이 기업이 합리적이라고 한다면 당연히 q^*q_0 만큼의 공해를 스스로의 부담으로 제거하려고 할 것이다. 왜냐하면 이 구간에 있어서는

14) 예를 들어 공해량에 관계없이 한 단위의 공해를 제거하는데 드는 비용이 일정하다고 가정한다면 한계비용곡선은 수평선이 된다.

15) 만일 공해로 인한 피해가 공해량에 비례적으로 증가한다면 이 곡선 역시 수평선이 된다.

단위당 부과금(그림에서 점선으로 된 수평선 t^*B)이 한계비용을 초과하기 때문에 기업은 부과금을 물기 보다는 스스로 공해를 제거하는 것이 삼각형 ABq_0 면적 만큼 득이 되기 때문이다. 이 때 기업에 부과되어야 할 공해배출부과금 총액은 잔류 공해량(Oq^*)에 단위당 부과금(Ot^*)을 곱한 것, 즉 그림에서 빗금친 부분(Ot^*Aq^*)이 된다.

4.1.2 복수기업이 존재하는 경우

위에서 공해산업에 단일기업이 존재하는 경우를 분석하였으나 실제적으로는 이 산업에 복수의 기업이 존재하는 경우에는 어떻게 되는가? 〔그림 14－1〕에서 한계편익(MB 또는 MD)곡선은 여전히 이 산업의 한계편익곡선이 된다. 그러나 한계비용(MC)곡선은 위에서는 단일기업의 한계비용곡선이었으나 여기에서는 이 산업의 한계비용곡선이 된다. 이것이 왜 그런지를 이해하기 위해서는 추가적인 설명이 필요하다.

공해산업에 다수의 기업이 존재하는 경우에 각 기업의 공해제거 한계비용은 각각 다를 것이다. 즉 한계비용이 대단히 높은 기업이 있는가 하면 대단히 낮은 기업도 있다. 따라서 산업전체로 볼 때는 낮은 한계비용을 가지고 있는 기업들이 먼저 공해제거에 나서서 많은 양의 공해를 적은 비용으로 처리하는 것이 산업전체의 공해제거비용을 최소화할 수 있는 방법이 된다. 그런데 공해배출부과금제도하에서는 이와 같은 현상이 자연적으로 나타나게 된다. 즉 한계비용이 낮은 기업(그림 14－2의 a)은 높은 부과금을 피하기 위하여 스스로 보다 많이 공해를 제거하려고 할 것이다. 반면에 한계비용이 높은 기업(그림 14－2의 b)은 차라리 부과금을 부담하는 것이 스스로 공해를 제거하는 것보다 득이 된다.[16)]

16) 이와 비슷한 논리는 단일 기업에 있어서도 그대로 적용될 수 있다. 즉 어떤 기업이라도 공해제거에 나설 때 비용이 적게 드는 공해제거기법을 우선적으로 사용하고 이 방법이 더 이상 효과적이지 못할 때 점차로 비용이 더 많이 드는 기법으로 이동하게 될 것이다. 이 경우에 한계비용(MC)곡선은 左上向의 모습을 보이게 될 것이다.

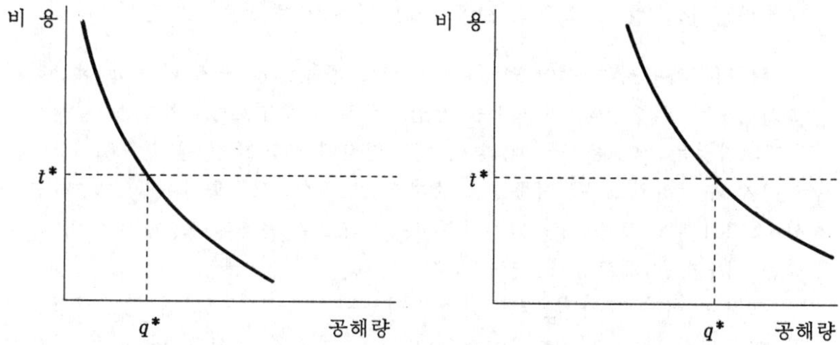

(a) 한계비용이 낮은 기업 (b) 한계비용이 높은 기업

〔그림 14－2〕 기업의 한계비용 곡선

따라서 이와 같이 한계비용이 낮은 기업이 먼저 공해제거에 나서고 점차 한계비용이 높은 기업이 여기에 참여하게 되면 산업전체의 한계비용곡선은 〔그림 14－1〕에서와 같이 右下向의 곡선으로 그려진다. 여기서 산업전체의 한계비용곡선이 개개 기업의 한계비용을 수직적으로 합한 것으로 이해해서는 안된다. 왜냐하면 이 제도하에서는 모든 기업이 동시에 공해제거노력을 기울이는 것이 아니기 때문이다. 즉 처음에는 한계비용이 상대적으로 낮은 기업들이, 다음으로는 그보다 한계비용이 조금 높은 기업들이 공해제거 노력을 기울이게 됨으로써 그 산업전체의 한계비용곡선은 오른쪽에서 왼쪽으로 갈수록 점차 上向하게 되는 것이다. 따라서 이 제도하에서는 모든 기업이 동일한 양의 공해제거 노력을 기울이는 것이 아니다. 한계비용이 낮으면 낮을수록 그 기업은 보다 많은 양의 공해를 스스로의 노력으로 제거하고 낮은 공해배출부과금을 부담하려 한다. 반대로 한계비용이 높으면 높은 기업 일수록 적은 양의 공해를 제거하고 대신 보다 높은 부과금을 부담하는 것이 득이 된다.

이 제도의 작용 메카니즘을 보다 더 잘 이해하기 위해서 이제 우리 일상 주변의 예를 들어 설명해 보기로 한다.

[사례 14-2] 맥주병 보증금제도와 폐기물 예치금제도

외국의 예에서와 같이 우리나라에서도 酒稅法에 근거를 두고 상당히 오래전부터 맥주병을 회수하는 방법으로서 맥주병보증금제도를 실시해 왔다. 이것은 맥주를 팔 때 병값으로 일정액(예: 30원)을 추가로 소비자에게 부담시키고 빈 맥주병을 소매상, 도매상, 맥주회사에서 회수하면서 소비자에게 보증금을 되돌려 주는 방법으로 운용된다. 이 제도의 목적은 맥주병을 재활용하는 데 있다.

그러나 이 제도가 환경오염을 방지하는 기능을 하고 있다는 사실은 잘 이해되지 못하고 있다. 어떤 소비자가 맥주를 마시고 빈 병을 반환하고 보증금을 되돌려 받았다면 그는 그 보증금을 받고 환경오염을 제거한 것과 같다. 만일 다른 사람이 똑같이 맥주를 마시고 빈 병을 반환하지 않은 채 그것을 길바닥에 내던졌다고 하자. 이 때 그 병이 깨졌다면 그는 환경오염을 발생시킨 대신 보증금을 상실하게 된다. 그는 이미 환경오염 부과금을 물은 것이다. 이 때 그가 맥주를 살 때 지불한 보증금은 이제 회사의 것이 된다. 만일 이 돈을 정부가 관리하고 있다면 정부는 반환되지 않은 보증금을 가지고 청소원을 고용하여 그 깨진 병을 청소하게 할 수 있다. 만일 그 빈 병이 깨지지 않고 있어 누군가가 그것을 주워 반환하고 보증금을 받아 간다면 그는 보증금을 받고 환경정화를 한 셈이 된다. 여기에서 주의해 보아야 할 사항은 이 경우에 정부가 반드시 빈 병을 반환하도록 강제하고 있지 않고 빈 병의 반환여부는 어디까지나 국민 각자의 판단에 따르도록 되어 있다는 것이다. 바로 이것이 시장유인적 규제방법이다.

이 때 만일 빈 병의 회수율이 극히 낮다면 이것은 보증금이 지나치게 낮아서 소비자들이 빈 병을 반환하려고 하는 유인을 갖지 못함을 의미한다. 만일 보증금 수준을 대폭 올리게 되면 회수율은 분명히 높아지게 될 것이고 따라서 소비자들은 빈 병을 반환하게 됨으로써 길거리에서 깨진 맥주병을 보기 어렵게 될 것이다. 그러나 이 때에는 소비자들이 빈 병 보증금이 너무 높은 것을 비판하게 될 것이다. 따라서 이 중간의 어떤 수준에서 보즘금 액수를 정한다면 가장 효과적으로 자원을 재활용할 수 있을 뿐만 아니라 그와 더불어 깨진 병으로 인한 환경오염을 방지할 수 있게 될 것이다.

이렇게 볼 때 이 제도는 맥주병 뿐만 아니라 환경오염을 유발할 수 있는 모든 제품에 확대적용될 수 있다. 사실 환경처는 이와 유사한 廢棄物 預置金제도를 1992년부터 도입하기로 하였다. 즉 종이 容器, 금

속제 캔, 유리병, 살충제 용기, 부탄가스 용기, 각종의 乾電池, 윤활유, 자동차 타이어 등을 생산하는 제조업자 및 수입업자가 이들 제품 하나하나에 대해 일정액의 금액을 환경관리기금에 예치하도록 하였다. 물론 이들 제품의 제조업자, 수입업자가 폐기물을 수거하여 환경처리를 하는 경우에는 그에 해당하는 금액을 환불해 주게 된다. 그러나 이들에 의하여 자체처리 되지 않는 폐기물은 한국자원재생공사 또는 폐기물 수거처리업자에 의하여 처리되고 이 비용은 환경관리기금에서 지불된다.

그러나 현재 추진중인 폐기물 예치제도는 이 제품의 소비자가 아니라 제조업자에게 예치금을 부담시키고 있기 때문에 얼마나 폐기물이 회수처리될 수 있을지 의문이다. 이 제도는 마땅히 소비자를 대상으로 하는 것이어야 했다. 이것은 정책의 메카니즘을 잘 이해하지 못한 결과이다.

이밖에도 이러한 제도는 여러 경우에 활용될 수 있다. 예를 들면 야구장에서 소주병이 난무하는 경우가 종종 있어 야구장에 들어갈 때 소주병을 가지고 들어가지 못하도록 몸수색을 한다. 이럴 필요가 없다. 소주든 양주든 가지고 들어가게 하되 입구에서 병 하나당 상당한 금액(예: 만원)을 예치하도록 하고 야구장에서 나올 때 빈병을 회수하면서 그 돈을 다시 돌려준다면 야구장에 빈 병을 두고 나올 사람은 별로 없을 것이다. 그래도 그런 작자가 있으면 예치금을 올리면 된다. 마찬가지로 국립공원에 들어갈 때 쓰레기를 배출할 만한 물건을 못가져 가게 하느라고 법썩을 떨 필요가 없다. 등산로 입구에서 특별한 마크가 붙은 비닐봉지를 하나씩 주고 예치금을 받은 다음 하산할 때 그 비닐 봉지에 쓰레기를 담아 왔는지 확인하고 예치금을 반환하면 된다.

4.1.3 이론적 장점과 적용상 한계

오염배출부과금제도의 첫번째 장점은 이 제도가 피규제자의 합리적 선택을 허용하는 것이므로 높은 경제적 효율성(economic efficiency)이 확보된다는 데 있다. 이 제도하에서는 오염제거 한계비용이 낮은 기업 다시 말하면 적은 비용으로 많은 공해를 제거할 수 있는 기업이 자기의 노력으로 보다 많은 공해를 제거하게 되고 반면에 한계비용이 높은 기업 다시 말하면 높은 비용에도 불구하고 적은 양의 공해밖에 제거할 수 없는 기업은 자기노력에 의한 공해제거 보다는 부과금의 납부를 통하여 그 기업이 배출하는 공해에 대한 사회적 피해에 책임을 지게 된다.

이 제도가 가진 이러한 장점은 기준설정에 의한 명령지시적 규제방법과 비교할 때 더욱 뚜렷하게 드러난다. 기준설정의 경우에는 한계비용이 높은 기업이거나 낮은 기업이거나를 가리지 않고 모든 기업이 규제기관이 정한 환경기준에 도달할 때까지 공해제거노력을 기울이게끔 강제된다. 그러나 공해배출 부과금제도하에서는 각 기업이 스스로의 판단에 따라 적절하다고 생각되는 수준까지 자기의 노력으로 공해를 제거하고 대신 잔존 공해에 대하여는 부과금을 납부하면 된다. 따라서 이 제도는 경제적으로 효율적이다. 왜냐하면 가장 적은 비용으로 동일한 양의 공해(달리 표현하면 동일한 비용으로 가장 많은 공해)를 제거할 수 있게 되기 때문이다.

둘째, 부과금제도는 윤리적인 면에서 우월성을 가지고 있다. 왜냐하면 이 제도하에서는 자기노력에 의한 공해처리비용에 추가하여 공해기업이 처리하지 못하고 그대로 방출하는 잔존 공해에 대하여 부과금(그림 14-1에서 빗금친 사각형)을 납부하도록 하고 있기 때문이다. 이 또한 앞절의 기준설정의 경우와 비교하여 커다란 차이가 있다. 기준설정 제도하에서는 규제기관이 지정한 공해처리시설을 설치(技術基準일 경우)하거나 일정한 환경기준(成果基準일 경우)에 순응하는 한 추가적인 부담을 지지 않는다. 다시 말하면 공해처리시설 기준일 경우에는 그 시설의 설치 및 가동으로 의무가 면제되고, 환경기준의 경우에는 그 기준만 충족시키면 그 기준치 이하의 공해배출량에 대하여는 아무런 책임이 없다. 이것은 윤리적으로 문제가 있다. 부과금제도는 바로 이 점에서 우수성을 가지고 있는 바 이 제도에 대한 기업의 반발이 극심한 이유도 상당부분 여기에서 비롯된다.

셋째, 부과금제도는 기업이 생산하는 모든 공해에 대하여 책임을 묻는다는 점에서 윤리적일 뿐만 아니라 공해기업으로 하여금 끊임없이 자기노력으로 공해를 제거하도록 유도하는 계속적인 誘因(incentive)을 부여한다. 만일 부과금 수준이 적절한 선에 책정되어 있기만 하다면 기업은 잔존 공해에 대해 부과되는 공해배출부과금의 부담을 줄이기 위하여 자기노력에 의한 공해제거를 지속적으로 실천하지 않을 수 없다는 것이다. 더 나아가 공해기업은 이 부담을 줄이기 위하여 생산시설이나 공정을 개선한다든가, 보다 효율적인 공해처리 기술개발에 주력하는 등 기술혁신(technology innovation)의 유인을 강하게 가지게 된다.

넷째, 부과금제도하에서는 國庫收入을 확보할 수 있다. 이것은 기준설정제도 하에서는 전혀 국고수입이 발생하지 않는다는 점과 비교하여 상당한 대조를 이룬다. 정부는 이 수입을 활용하여 추가적으로 공해방지 및 제거를 위한 정책노력을 기울일 수 있다.

부과금제도는 이와 같이 많은 장점을 지니고 있지만 다음과 같은 점에서 치명적인 결점을 가지고 있다. 첫째, 공해배출부과금(그림 14−1에서 t^*) 수준의 결정이 대단히 어렵다. 〔그림 14−1〕에서는 규제기관이 이 수준을 명쾌하게 파악할 수 있는 듯이 그려지고 있지만 이것은 어디까지나 이론적으로 그러할 뿐이다. 한계비용 곡선이나 한계편익(또는 한계피해) 곡선은 실제로 존재하지도 않을 뿐만 아니라 그것이 어떠한 모습(직선 또는 곡선) 어떠한 기울기를 가지는 것인지를 파악하기란 대단히 어렵다.

더 나아가서 한계비용과 한계편익의 측정을 둘러싼 불확실성(uncertainty)이 존재하는 한 이 문제를 둘러싸고 관련 이익집단은 서로 我田引水로 자기에게 유리한 입장을 고집하기 쉽기 때문에 규제기관이 봉착하는 어려움은 가중된다. 환경문제와 관련한 공익단체는 한계편익을 높게 보는 한편 한계비용을 낮추어 잡음으로써 결과적으로 공해배출부과금 수준을 높게 책정하려고 한다. 반면에 기업은 한계비용을 높게 책정하는 한편 한계편익은 낮추어 잡음으로써 결과적으로 낮은 부과금 수준이 적절한 수준이라고 주장하게 될 것이다. 이러한 논란 속에서 규제기관이 보다 객관적인 입장을 취할 수 있기 위해서는 스스로 복잡한 계측작업을 수행하여야 할 것이나 이것이 기술적으로 용이하지 않을 뿐더러 여기에 관련되는 많은 기술적 정보를 결국 기업이 제공하는 정보에 의존하여 얻을 수 밖에 없다는 문제점도 있다. 따라서 공해배출부과금제도를 실행에 옮기기 위해서는 별수없이 수많은 시행착오(trial and error)의 과정을 거쳐 사회적으로 바람직하고 적절한 수준에 수렴하여 가야 할 것이다. 이 때 과연 그러한 과정을 거쳐 결정된 부과금 수준이 최적이냐에 대하여는 여전히 의문이 남게 된다.[17)]

둘째, 부과금제도가 실제적으로 기능하기 위해서는 공해기업의 공해배출량에 대한 지속적인 감시와 공해배출량의 計測이 필요하다. 이 제도의 운용에 있어서 규제기관이 할 일이란 일정기간의 기업의 공해배출량(Q)을 측정하고 이것에 단위당 공해배출 부과금(t^*)을 곱하여 공해배출 부과금을 산정하여 이 금액을 납부토록 하는 일이다.[18)] 그런데 각 기업의 공해배출량을 일정기간을 정하여 주기적으로 측정하지 않는 한 규제기관은 이 기업의 공해제거 노력이 사회적으로 바람직한 수준에 도달하게 할 수 없다. 따라서 공해배출량의 계속적인 관찰(monitoring)이 행정적으로 그리고 기술적으로 가능하냐의 여부는 이 제도의 실제적 적용을 좌우하는 중요한 요인이 된다.

4.2 公害權의 경매

4.2.1 공해권 경매제도

이상에서 고찰한 공해배출부과금제도의 장점을 대부분 그대로 살리면서 이 제도의 결점을 어느 정도 극복할 수 있는 방법으로서 고안된 것이 바로 공해배출권의 경매(marketable permits) 방법이다. 또한 이 방법은 앞절의 기준설정과 공해배출부과금제도를 혼합한 것이라고도 할 수 있을 것이다.

우선 이 제도하에서는 특정의 공해산업 전체를 대상으로 그 산업의 모든 기업이 합법적으로 배출할 수 있는 공해의 총량을 기준(standard)

---

17) 이 문제와 관련한 정부규제에 있어서의 비용편익분석(cost-benefit analysis)에 대하여는 제 23 장 참고.

18) 이 과정은 세금을 부과하는 일반적인 방법과 동일하다. 따라서 여기에서 단위당 공해배출 부과금은 세율로 그리고 공해배출량은 課稅標準으로 생각하면 이해하기 쉬울 것이다.

으로 설정한다. 다음에는 허용가능한 공해배출 총량에 해당하는 만큼의 公害權(permits)을 규제기관이 발행하여 그 산업내의 기업들을 대상으로 경매한다. 이 공해권에는 예를 들면 "이 증서를 소지한 자는 일정량의 공해를 적법하게 배출할 수 있다"는 文句가 삽입된다. 이 때 해당산업의 기업들이 자기가 매입한 공해권 이상의 공해를 배출할 경우에 처벌을 받게 됨은 물론이다.

이와 같은 제도하에서 기업들은 공해권의 경쟁적 입찰을 통하여 공해권의 가격을 형성하게 될 것이다. 이것을 그림으로 표시하면 아래의 〔그림 14-3〕과 같다.

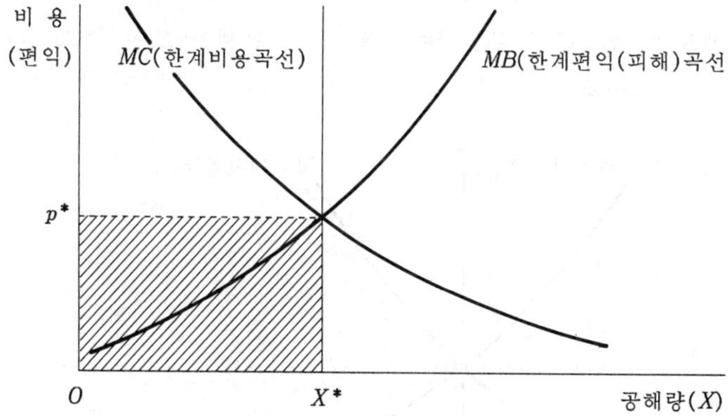

〔그림 14-3〕 공해권 경매제도하에서의 가격형성

〔그림 14-3〕에서 OX^*는 발행된 공해권의 총량을 나타낸다. 이 때 공해권 시장이 완전하게 기능한다면 그것의 가격은 p^*에서 결정될 것이다. 왜냐하면 기업의 공해제거 한계비용이 p^*보다 높은 한 기업들은 경쟁적으로 공해권을 매입하려고 할 것이므로 공해권에 대한 수요가 증가하여 공해권의 가격은 상승하고 반대로 한계비용이 p^*에 미달하는 한 기업들이 공해권을 매입하기 보다는 자기노력으로 공해를 제거하는 것이 경제적으로 유리하므로 공해권에 대한 수요가 감소하여 공해권의 가격은 하락할 것이기 때문이다.

이 때 공해권의 가격은 수요측면 뿐만 아니라 시장균형의 또 한 측면인 공급량의 크기에 따라 좌우될 것임은 물론이다. 이 제도 하에서 공해권의 공급량은 당연히 규제기관이 설정한 기준 범위(OX^*)에서 발행하는 공해권의 총량이다. 그러므로 기준이 지나치게 엄격하게 책정되어 공해권 발행총량이 작다고 한다면 시장에서 공해권의 가격은 그만큼 상승하고 반대로 기준이 지나치게 낮게 책정되어 많은 공해권이 발행된다면 그 가격은 시장에서 낮게 결정된다. 그런데 그 기준이 우리가 위의 공해배출세의 경우에 고찰한 바와 같은 준칙에 따라 즉, 기업의 공해처리 한계비용과 공해제거로 인한 한계편익이 같아지는($MC=MB$) 선에서 설정된다면 가장 이상적이라고 할 수 있고 이때 $p^*=t^*$, $Q^*=X^*$가 되어 공해배출부과금제도와 동일한 결과를 낳게 된다. 이 관계를 보여 주고 있는 것이 〔그림 14−4〕이다.

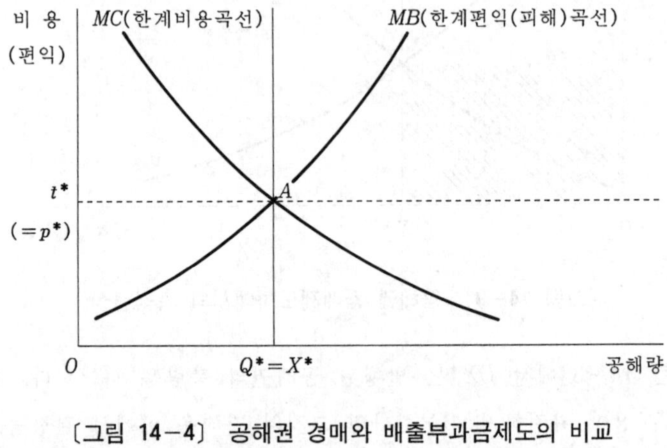

〔그림 14−4〕 공해권 경매와 배출부과금제도의 비교

또한 부과금제도와 공해권 경매제도는 동일한 액수의 국고수입($Op^*AX=Ot^*AQ^*$)을 가져다 준다. 다만 공해배출부과금제도의 경우는 기업의 잔존 공해량에 단위당 부과금을 곱한 공해배출부과금의 납부를 통하여 국고수입이 이루어지는데 비하여, 공해권 경매 경우에는 공해권 판매수입으로 국고수입이 이루어진다는 점에서 차이가 있을 뿐이다.

4.2.2 이론적 장점과 실제적용의 한계

이상에서 고찰한 바와 같이 공해권의 경매방법은 기준설정이 갖는 단점을 어느 정도 극복하면서 공해배출부과금제도가 가지고 있는 장점을 많이 살리고 있다는 점에서 상당히 정교한 환경규제 수단으로 평가해 볼 수 있다. 첫째, 이 제도는 기업에 대하여 신축성과 선택의 여지를 부여하고, 따라서 경제적 효율성이 높으며, 국고수입을 가져다 준다는 점에서 공해배출부과금과 동일한 장점을 가지고 있다.

둘째, 이 방법은 공해배출세제도에서 가장 극복하기 어렵다고 할 수 있는 문제점인 불확실성을 극복할 수 있는 장점이 있다. 그러나 그 문제의 해결방법이 결국 기준설정의 방법을 가미함으로써 이루어진 것이기 때문에 이 기준이 적절히 설정되지 못하는 경우에는 기준설정의 경우와 마찬가지로 過大규제 또는 過小규제의 폐단을 가지게 된다. 다만 어느 정도 불확실성을 극복하게 해 준다는 점은 장점으로 부각될 수 있다. 사실 이 제도가 고안되게 된 근본배경과 목적은 바로 여기에 있다고 할 수 있다.

그러나 이 방법은 이 방법 나름대로의 결점도 또한 가지고 있다.

첫째, 이 방법이 제대로 기능하기 위해서는 공해권을 팔고 사는 시장이 형성되어야 하나 실제로 그러한 시장이 형성될 수 있겠느냐 하는 문제이다. 이 제도를 시행하는 시초의 시점에 있어서는 시장형성이 어느 정도 이루어질 수 있다고 하더라도 상황의 변화 또는 기술의 변화에 따라 공해제거의 한계비용이 변화하거나 또는 환경오염방지로 인한 사회적 편익이 변화하는 경우에 이것에 즉응하여 공해권을 팔고 사는 시장이 새로 형성되고 그것의 가격이 적절하게 반응하겠느냐 하는 것이 문제된다.

예를 들어 기업의 공해처리 한계비용이 환경처리 기술의 개발로 인하여 하락하면 공해권에 대한 수요가 감소하고 그것의 가격은 떨어지게 될 것이다. 이 때 규제기관이 공해권을 다시 還買하지 않는 한 공해권을 가지고 있는 기업이 손실을 입게 될 것이다. 반대로 깨끗한 환경에 대한 사회적 평가가 높아져 환경기준이 상향조정되어야 할 경우에는 규제기관이 추가적인 공해권을 발행하지 않는 한 공해권의 시장가격은 상승하게 되고 기존에 공해권을 가지고 있는 기업은 초과이윤을 얻게 될 것이다.

요컨대 이 제도는 시장에 유통되는 공해권의 총량이 신축적으로 조절되고 시장기능이 원활할 때 비로소 사회적으로 바람직한 수준까지 공해를 제거할 수 있는 것이기 때문에 만일 시장이 잘 형성되지 않고 가격이 적절하게 반응하지 않는다면 여러가지의 복잡한 문제를 야기시키게 된다.

4.3 양 제도의 응용

이상에서 설명한 공해배출부과금제도 및 공해권의 경매방법은 그것의 시행상의 문제점으로 인하여 실용화는 상당히 뒤져 있으나 예외적으로 다음과 같은 방법을 통해 부분적으로 도입되고 있다.

4.3.1 비누방울 개념

비누방울 개념(bubble concept)라는 다소 희한한 이름으로 불리우는 이 방법은 대단위의 화학공장과 같은 경우에 각각의 화학물질별로 환경기준을 정하는 것이 아니고 공장 전체에서 배출할 수 있는 총공해량(이것이 여기서 얘기하는 비누방울에 해당된다)의 上限을 기준으로 정함으로써 工場主가 각 시설에서 배출되는 공해량을 경제적으로 가장 효율적이라고 생각하는 방법으로 조절할 수 있도록 하는 방법이다. 이와 같은 규제방법하에서 기업은 공해처리의 한계비용이 높은 공해물질 보다는 그것이 낮은 물질을 같은 비용으로 보다 많이 처리할 수 있게 됨은 물론이고 따라서 경제적으로 효율성이 있는 환경규제방법이라고 할 수 있다.

유사한 예로서 동종산업의 기업들이 집단적으로 입주하고 있는 工業團地에도 이러한 개념을 적용할 수 있다. 즉 공업단지에 입주하고 있는 기업전체에 대하여 일정한 환경기준에 의거한 공해권을 발행하여 판매하는 방법이다. 이 제도하에서 공단내 기업들은 서로의 공해처리 한계비용의 높낮이에 따라 공해권에 대한 수요가 다르게 나타날 것인 바 한계비용이 낮은 기업들이 한계비용이 높은 기업들보다 더 많이 공해를 제거하도록 함으로써 동일한 비용으로 최대의 공해제거 효과를 거둘 수 있다. 물론 이 경우에 공해권의 판매로 얻어지는 수입의 일정부분은 공해제거 기업에 비례적으로 나누어 지원하고 나머지는 공단에서 배출되어 나오는 잔존 공해처리에 사용할 수 있다.

4.3.2 상쇄정책

相殺政策(offset policy)이란 어떤 기업이 공해가 심한 지역과 덜 심한 지역에 각각 공장을 가지고 있을 경우에 공해가 심한 지역에 추가적인 공장의 설치를 허용하되 그 조건으로서 공해가 덜 심한 지역의 공장에서 배출되는 오염을 그만큼 더 줄이도록 강제하는 방법이다. 이 방법의 주된 취지는 공해지역의 집중화를 피하여 공해지역의 계속적인 지역적 분산과 확장을 방지하자는 것이다. 그러나 이 때 공해가 심한 지역에 연고를 가지고 있는 사람들(예: 지역주민, 공장근로자 등)이 과연 이러한 정책을 허용할 것이냐 하는 정치적 측면에서 문제가 제기될 수 있을 것이다. 그러나 이 지역이 인적이 드물고 어차피 공해가 심각하여 사람들이 거주하기 힘들게 된 지역이라고 한다면 정치적 저항은 상당히 감소될 수 있을 것이다.

4.4 보조금

이상에서 고찰한 환경규제 방법들이 모두 공해기업에 경제적 부담을 안겨주는 것이라면 보조금 지급에 의한 방법은 정부가 공해기업에 공해방지시설 비용, 처리시설비용, 그리고 또는 공해처리비용 등을 지원하는 방법이라는 점에서 대별된다. 이 방법은 물론 공해가 社會惡(social ill)이기 때문에 당연히 사회악의 원인 제공자가 그 비용을 부담(polluters should pay)하여야 한다는 일반적인 사회통념에 비추어 본다면 불합리하고 불공평한 환경규제방법이라고 할 수 있을 것이다. 그러나 실용적인 관점에서 볼 때 기업의 공해제거 비용은 결국 소비자에게 轉嫁된다는 측면에서 보면 납세자의 부담에 의한 보조금 지원이 그리 불합리한 것만은 아니다.[19]

보조금 지급에 의한 환경규제방법에는 우선 공해방지시설의 설치비 지원 또는 公共 공해처리시설의 설치 등이 있을 수 있다. 다음으로는 개개 기업의 공해처리(waste treatment) 비용을 지원하는 방법이 있다. 그러나 여기에서는 후자만을 다루기로 한다. 왜냐하면 전자의 경우는 일회적 지원으로 끝나는 것이 보통인 반면에 후자는 계속적으로 공해처리의 유인을 부여하는 것이라는 점에서 상기의 제도들과의 대비가 보다 용이할 것으로 생각되기 때문이다. 이 때 공해처리를 위한 보조금의 지급액을 어떻게 정해야 하느냐가 문제된다. 이것을 〔그림 14-5〕를 통하여 살펴 본다.

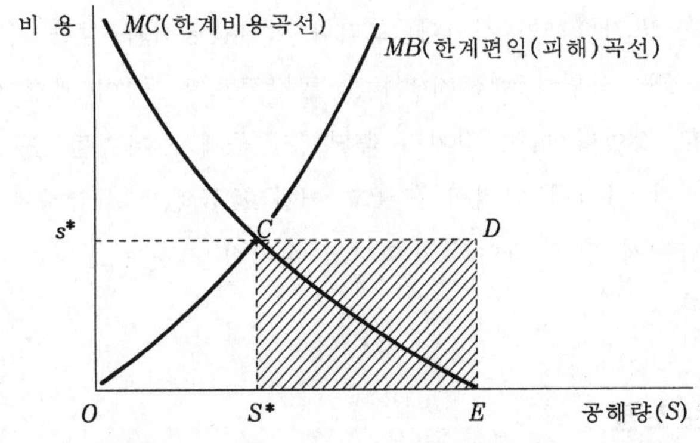

〔그림 14-5〕 보조금 지급을 통한 환경규제

〔그림 14-5〕에서 한계비용(*MC*)곡선 및 한계편익 곡선(*MB*)은 앞의 〔그림 14-1〕과 같다. 여기에서 사회적으로 바람직한 수준(S^*E)까지 공해를 제거하기 위해서는 공해물질 한 단위당 O_{S^*}에 해당하는 만큼의 보조금을 지급하여야 할 것이고, 이 때 소요되는 보조금총액은 따라서 빗

19) 일반적인 사회적 관념에 반하여 실제정책에서 보조금이 많이 이용되고 있는 이유는 이 제도가 갖고 있는 정치경제적 속성에 기인한다. 제4장 참고.

금친 부분(CS^*ED)이 된다. 이 때 사회적으로 바람직한 공해제거 수준이 한계비용과 한계편익이 같아지는 점, 즉 $MC=MB$인 점에서 결정된다면 $s^*=t^*=p^*$가 될 것이다. 따라서 환경규제의 사회적 효과 측면에서는 공해배출부과금 또는 공해권의 경매방법과 함께 보조금지급방법이 사용될 수 있음을 알 수 있다. 다만 전자의 두 경우가 국고수입을 가져 오는데 비하여 보조금의 경우에는 오히려 국고지출이 초래된다는 차이가 있음은 물론이다.

보조금 지급을 통하여 환경오염을 제거하도록 기업에 유인을 부여하는 방법이 가지고 있는 문제점은 우선 앞에서 지적한 바와 같이 그것이 사회관념에 배치된다는 점 외에도 상당히 많은 문제점을 가지고 있다.[20] 우선 보조금 지급방법은 공해기업이 공해를 유발하는 생산방법의 개선을 꾀하기 보다는 어떻게든지 보조금의 지원만 많이 받으려는 잘못된 유인을 부여한다. 또한 이 제도하에서는 비효율적이고 공해다발적인 기업이 능히 생존할 수 있기 때문에 오히려 공해기업의 증가를 조장할 수 있다.

4.5 정치적 수용성

4.5.1 규제수준의 불확실성

시장유인적 규제수단은 명령지시적 규제에 비하여 높은 경제적 효율성을 가지고 있지만 이 방법이 가지고 있는 시행상의 문제점으로 인하여 정치적 受容性(political acceptability)은 대단히 낮은 편이다. 이 가운데 특히 문제가 되는 것은 시장유인적 규제수단이 가지고 있는 불확실성(uncertainty)이다. 제 3 절에서 고찰한 명령지시적 규제는 그것이 비록 경직적이고 따라서 경제적 비효율성이 높기는 하지만 규제기관과 피규제자가 해야 할 일이 무엇인지를 명확히 알 수 있고 그것이 효과적으로 집행이 된다면 어느 정도의 환경규제 효과를 기대할 수 있는지가 분명하기

20) 보조금 지급에 의한 환경규제의 장단점에 대한 상세한 설명은 Mitnick, *op. cit.*, pp. 383~388 참고.

때문에 이해하기가 쉽고 따라서 이 제도의 시행은 정치적으로 문제될 것은 거의 없다.

이에 비하여 시장유인적 규제수단은 그것이 과연 어느 정도의 환경규제 효과를 가져오게 될지가 불확실하다. 이와 같은 측면에서 시장유인적 규제수단과 명령지시적 규제수단의 대표적인 것들이라고 할 수 있는 공해배출부과금제도와 성과기준 설정에 의한 환경규제 방법의 규제수준을 단순화하여 비교하고 있는 것이 〔그림 14－6〕이다.

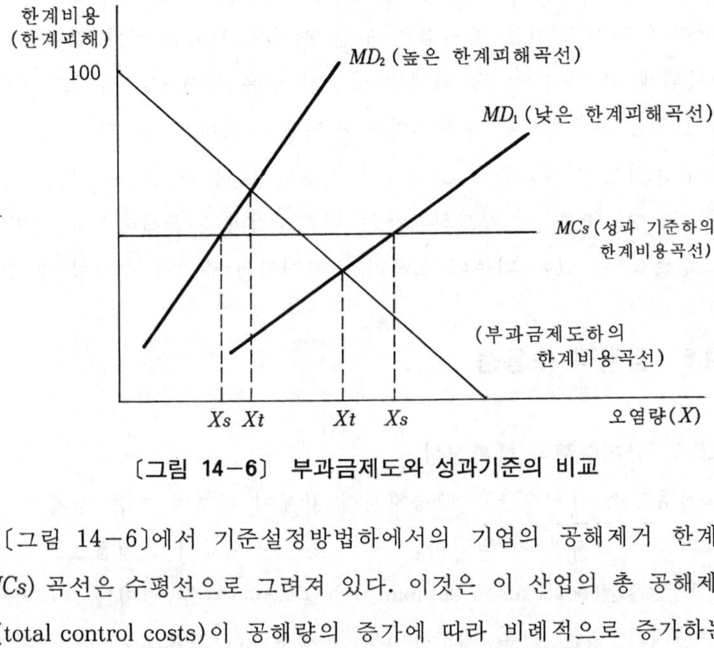

〔그림 14－6〕 부과금제도와 성과기준의 비교

〔그림 14－6〕에서 기준설정방법하에서의 기업의 공해제거 한계비용 (*MCs*) 곡선은 수평선으로 그려져 있다. 이것은 이 산업의 총 공해제거비용(total control costs)이 공해량의 증가에 따라 비례적으로 증가하는 것으로 가정했기 때문이다. 나머지의 다른 곡선들은 이미 앞에서 설명한 바와 같다. 위의 〔그림 14－6〕에서 알 수 있는 바와 같이 공해제거에 따른 사회적 한계편익(또는 공해로 인한 사회적 한계피해)이 상대적으로 낮은 경우에는 공해배출부과금제도 하에서의 공해제거노력이 기준설정 하에서 보다 높은 수준에서 결정된다. 그러나 한계편익 또는 한계피해가 보다 높은 경우에는 공해배출부과금제도하에서 보다 기준설정 하에서의

공해제거수준이 보다 높은 수준에서 결정된다.

이것이 시사하는 것은 다음의 두 가지 사항이다.[21)]

첫째, 시장유인적 규제의 우월성은 중간 정도의 공해제거범위에서 가장 크게 나타난다. 아주 낮은 수준에 있어서의 공해제거노력은 어느 방법에 의하든지 큰 차이를 보이지 않는다. 또한 대단히 높은 수준에서의 공해제거 노력은 비용이 많이 드는 공해제거 기법이 총동원 되어야 하기 때문에 시장유인적 규제수단이라 하여 현저하게 효율적이기 어렵다.

둘째, 사회적 한계피해(또는 공해제거로 얻어지는 사회적 한계편익)가 높을 수록 시장유인적 규제수단 하에서 배출되는 공해량이 많아질 수 있다. 왜냐하면 기준설정방법하에서는 비용이 낮은 공해제거기법이 미리부터 사용되지 않고 있을 수 있으나 부과금제도하에서는 이러한 가능성이 남아 있지 않기 때문이다. 그러나 여기서 한 가지 주의할 점은 한계피해의 수준이 높을 때 부과금제도가 비효율적이라는 것을 의미하는 것은 아니라는 것이다. 왜냐하면 어떠한 수준에서 공해제거가 이루어지든지 부과금제도는 보다 낮은 비용으로 동일한 양의 공해를 제거할 수 있게 해 주기 때문이다.

다음으로 부과금수준이나 공해권 가격의 조정이 상황변화에 따라 신축적으로 조정될 수 없다고 한다면 이 제도는 효과성을 발휘하기 어렵다.[22)] 이것은 시장유인적 규제수단의 효과가 근본적으로 기업이 갖고 있는 유인의 변화를 통하여 나타나는 간접적 규제의 성격을 띠고 있기 때문이다. 시장유인적 규제의 간접성으로 인하여 야기되는 문제로서 특히 주목해야 할 문제는 다음의 두 가지이다.

첫째, 제도의 시행초기에는 적정한 선에서 부과금수준이나 공해권의 가격이 책정되었다고 할지라도 이후에 일어나는 인플레(inflation)의 영향으로 부당하게 낮아질 수도 있다. 이것은 당연히 공해제거수준의 저하를 초래하게 된다. 더구나 부과금수준이나 공해권 가격의 조정이 정치적

---

21) Nichols, *op. cit.*, pp. 11～14.
22) Mitnick, *op. cit.*, p. 380.

과정(political process)을 통하여 쉽사리 이루어질 수 없다고 한다면 제도의 유효성은 많이 감소할 수 밖에 없다.

둘째, 특히 위기 또는 긴급한 상황에서 환경규제 수준의 강화가 필요한 경우에 부과금 수준이나 공해권의 가격을 급격하게 인상시키는 일이 어렵다고 하는 점은 시장유인적 규제가 가지고 있는 또 하나의 문제점이 아닐 수 없다. 이미 앞절에서 지적한 바와 같이 이러한 측면에서는 명령지시적 규제가 보다 효과적인 수단으로서 단연 돋보이지 않을 수 없을 것이다.

4.5.2 공평성의 문제

명령지시적 규제는 어느 기업을 가림이 없이 원칙적으로 모든 기업에 대하여 동일하게 적용되기 때문에 외견상 공평한 것처럼 인식되기 쉽다. 반면에 시장유인적 규제는 기업의 공해제거 한계비용의 수준에 따라 서로 공해제거의 수준이 달라지게 되기 때문에 불공평한 것처럼 잘못 인식되기 쉽다. 물론 이것은 인식의 오류라고 할 수 있다. 우리가 이미 지적한 바와 같이 기준설정 방법하에서 오히려 많은 불공평성이 야기될 가능성이 더 크다. 이에 비하여 부과금제도하에서는 비록 자기노력에 의한 공해제거 수준은 기업마다 서로 다르지만 자기노력에 의한 공해제거 수준이 낮은 기업은 대신 공해배출부과금을 납부해야 하므로 불공평성의 문제는 이론적으로 야기될 수 없다.

그러나 이러한 주장이 타당성을 갖기 위해서는 사회적으로 적절한 수준에 단위당 부과금 또는 공해권의 가격(t^* 또는 p^*)이 책정되어야 한다. 그러나 누차 강조해 온 바와 같이 이것을 적정하게 책정하기는 현실적으로 극히 어렵다. 또한 이러한 방법을 정확하게 사용하기 위해서는 계속적인 계측과 감시가 필요하나 이 역시 행정력의 한계로 말미암아 충분하게 이루어지기 어렵다.

다음으로 시장유인적 규제의 정치적 수용성을 약화시키는 요인으로서 중요한 요인은 공해와 같은 사회악(social ill)을 제거하는 데 있어서 정부는 가차없어야 한다는 일반적인 관념이다. 이러한 관념하에서는 공해기업에 대하여 재량성이나 선택성을 부여하는 것 자체가 못마땅하게 생각되기 마련이다. 다시 말하면 규제기관이 비록 소량일지라도 공해기업이 합법적으로 공해를 배출하도록 허용해서는 안된다는 생각을 갖기 쉽다는 것이다.[23] 이러한 오해는 공해권의 경매(marketable permit)제도의 경우에 보다 심각하게 대두된다. 도대체 공해를 공공연하게 배출할 수 있는 권리(license to pollute)를 정부가 판매할 수 있단 말인가? 이것은 일반인들(특히 환경보호단체)로서는 도저히 납득할 수 없는 그야말로 語不成說이 아닐 수 없는 것이다.

이와는 대조적으로 공해기업에 대하여 보조금을 지급하는 것은 사실 공평성의 측면이나 사회정의의 측면에서 더 큰 문제가 될 수 있다. 그런데 일반인들이나 정치인은 공해기업이 일시에 안게 되는 재정적 부담을 덜고 공해를 신속하게 제거하기 위해서는 부득이 공해기업에 공해방지시설자금 등을 지원해 주어야 할 것으로 생각하는 경향이 있다.

위의 어떤 경우이든 시장유인적 규제가 이론적으로 아무리 정교하고 우월한 제도라고 할지라도 일반인들의 인식이 이와 같다면 그리고 정치인이 이러한 일반인의 심정에 동조한다면 이것은 시장유인적 규제수단의 채택을 가로막는 정치적 장벽이 아닐 수 없다.

4.5.3 기업의 반발

시장유인적 규제는 공해기업이 자신에게 경제적으로 가장 유리한 방법으로 공해를 제거하는 방법을 선택할 수 있는 신축성을 부여하는 것이지만 공해기업은 대체로 이 방법을 선호하지 아니한다. 그것의 주된 이유는 이러한 제도하에서는 자기노력에 의한 공해제거 이후에 잔존하는 공해(residual emission)에 대하여 부과되는 부과금 또는 공해권의 매입에 따르는 경제적 부담 때문이다. 기업인들은 이러한 경제적 부담을 결국은

23) 물론 이 문제는 공해배출의 절대금지가 아닌 한 기준설정 방법에 의한 규제에서도 여전히 나타나는 문제이다.

소비자에게 轉嫁시킬 수도 있겠지만 하여튼 이것을 불필요한 추가적인 부담으로 생각하게 될 가능성이 높다.[24] 바로 이 추가적인 부담으로 인하여 중소기업은 심각한 타격을 입을 수도 있을 것이다. 또한 기업은 부과금 수준의 책정과정에서 대단히 불확실성이 높기 때문에 부과금 수준(t^*) 또는 공해권의 가격(p^*)이 부당하게 높게 설정될 것을 염려할 수도 있다.

또한 공해기업의 입장에서는 시장유인적 규제수단과 명령지시적 규제수단 중 어느 방법이 채택되는 경우에 자신들의 정치적 영향력이 보다 잘 발휘될 수 있을 것인가를 비교하려 하기도 할 것이다. 이 때 이들은 시장유인적 규제라는 政治人이 이해하기 어려운 제도 보다는 기준설정과 같은 이해하기 쉬운 제도를 선호하여 시장유인적 규제수단의 채택을 거부할 수도 있다.[25] 다음으로 앞에서 고찰한 바와 같은 시장유인적 규제에 따르는 규제수준의 불확실성은 규제대상 기업의 환경(environment)을 불안정하게 만들기 때문에 공해기업들이 호감을 갖지 않을 수도 있다.

5. 결 론

본장에서 우리는 가장 전형적인 사회적 규제라고 할 수 있는 환경규제의 정책수단에 대해 주로 고찰하였다. 우리는 환경규제 정책수단을 크게 명령지시적 규제수단과 시장유인적 규제수단으로 나누고 또 각각의

---

24) 공해기업이 공해제거에 따른 경제적 부담을 소비자에게 전가시킬 수 있는 정도는 물론 그 기업의 제품이나 서비스에 대한 수요의 탄력성에 달린 문제이다. 즉 수요탄력성이 작은 산업의 경우에는 기업이 그 부담의 태반을 소비자에게 전가시킬 수 있는 반면에 수요의 탄력성이 높은 산업의 기업은 이 부담을 소비자에게 전가하기가 어렵다. 이러한 이유로 자연독점산업(혹은 공익서비스 산업)과 같은 경우에는 경제적 부담의 전부를 소비자에게 전가시킬 수 있기 때문에 자기노력에 의한 공해제거를 전혀 행하지 않을 가능성도 있다. Mitnick, *op. cit.*, p. 381 참고.

25) 여기서 어느 경우에나 기업이 명령지시적 규제수단을 선호할 것이라고 말하려는 것은 결코 아니다. 우리나라에서는 같은 이름을 갖고는 있으나 제4절에서 설명한 것과는 전혀 다른 성격을 갖고 있는 공해배출부과금제도가 성급하게 도입되었는 바 여기에 기업의 반발이 적었던 것은 관계법 규정상 부과금의 수준이 극히 낮게 책정될 수 있고 위반행위의 적발가능성이 낮았기 때문이 아닌가 생각된다.

유형에 속하는 세부적인 규제정책 수단에 대하여 깊이있게 분석하였다. 아래의 〔표 14−1〕은 이들 정책수단을 여러가지 측면에서 상호비교하고 있다. 이 표에서 알 수 있는 바와 같이 각각의 정책수단은 서로 다른 장단점을 가지고 있다. 따라서 어떠한 정책수단을 채택하느냐 하는 것은 그때그때의 경제사회 상황, 정치적 여건에 달린 문제라고 할 수 있다.

〈표 14−1〉 명령지시적 규제와 시장유인적 규제수단의 비교

구 분	명령지시적 규제		시장유인적 규제		
	기술기준	성과기준	부과금	공해권	보조금
1. 기업행동의 신축성	저	중	고	고	고
2. 경제적 효율성	저	중	고	고	중
3. 기술혁신의 유인	저	중	고	고	중
4. 反競爭的 효과	고	고	저	저	중
5. 불확실성	저	중	고	중	저
6. 집행의 용이성	고	고	저	중	고
7. 정치적 受容性	고	고	저	저	고

그러나 본장에서는 우리나라에서도 시장유인적 규제정책수단을 좀더 활용할 필요가 있다는 견지에서 이것의 장단점과 작용 메카니즘을 상세하게 분석하려고 하였다. 우리나라는 이미 공해배출부과금제도가 도입되어 있다. 그러나 우리나라의 현행제도는 여기에서 검토한 제도의 본래적 취지와 특성을 왜곡하고 있다. 사실 이 제도를 성급하게 받아들이게 된 것도 이 제도에 대한 이해부족에 기인한 측면이 없지 않다. 외국에서 이 제도에 대하여 엄청난 정치적 반발이 일어나고 있음에도 불구하고 우리나라에서 이 제도가 쉽게 도입될 수 있었던 것이 그것을 증명한다. 기업의 입장에서도 이 제도가 갖고 있는 의미가 제대로 파악되었다면 아마 결사코 반대하였을 것이다. 그러나 부과금수준이 비현실적으로 낮고 이 제도의 운용이 대단히 느슨하게 이루어지고 있는 한 이 제도는 기업의 부담을 최소화하는 방편이 될 수 있다.

사실 우리나라에서 이 제도의 시행과정에서 이러한 문제는 여러차례

확인되었다. 부과금 수준이 낮고 그것도 어쩌다가 한번 적발되었을 때 약간의 부과금을 물면 그만이라는 생각때문에 기업은 공해방지시설을 제대로 갖추려 하지고 않고 갖추고 있을지라도 잘 사용하지 않고 있다. 1991년 봄 대구패놀오염 사건(사례 21-1) 이후 부과금제도의 문제점이 확인되어 관계법의 벌칙을 강화할 수 있는 특별법의 제정이 논의되었으나 업계의 반발로 무산되었다. 선진화된 제도를 도입하는 것은 좋은 일이지만 그것을 옳게 이해하고 옳게 사용하는 일은 그 보다 훨씬 더 중요하다는 점을 잊어서는 안될 것이다.

끝으로 본장에서는 환경규제정책을 둘러싼 정치경제적 현상에 대한 분석을 하지 못하였다. 이것은 아직 우리나라에서 환경문제에 대한 정치행정학적 연구가 태부족하기 때문이기도 하지만 제 13 장에서 사회적 규제의 전반에 공통적으로 나타나는 정치경제적 현상에 대하여 논의하였고 제 21 장에서도 이 문제를 논의하고 있기 때문에 중복을 피하려는 생각도 없지 않았다. 아무쪼록 환경문제에 특히 많은 관심을 가진 독자들은 관련되는 章들을 아울러 읽음으로써 환경규제 정책에 대한 종합적인 이해에 도달할 수 있기를 바란다.

제 15 장

산업안전 및 보건규제

1. 서 론

인간의 삶 가운데는 언제 어디에나 위험이 도사리고 있다. 그러나 산업체 또는 작업장에 상존하고 있는 산업재해의 위험은 근로자가 전적으로 혹은 직접적으로 통제할 수 없는 특수한 여건 속에서의 위험일 뿐만 아니라 만일 사고가 발생하면 신체불구가 되거나 불치의 직업병으로 시달리게 된다는 점에서 작업장 밖에서 발생하는 여타의 일반적인 위험과는 다르게 취급된다.

급속한 산업화의 진전에 따라 작업장에서 발생하는 산업재해와 직업병 문제는 우리나라에서도 날로 심각해지고 있다. 노동부의 산업재해 분석자료에 따르면 1990년 중 산업재해로 인한 사망자가 2,236명, 부상자 129,019명, 신체장애자 27,813명, 직업병 1,638명으로 총 132,893명에 달하여 산업재해율(=재해자수/법적용대상 근로자수)이 1.76%로 나타나고 있다. 이러한 인명 및 신체적 손실 외에도 산업재해로 인한 경제적 손실은 약 2조 7천억원에 달하고 있다. 또한 산업재해자 가운데 사망자를 포함하여 3개월 이상의 가료를 요하는 중대재해자는 모두 67,070명으로 전체의 50%를 점하고 있고 재해건수로 볼 때 전년대비 30%의 높은 증가율을 기록하고 있다. 또한 전체 산업재해의 56.2%가 2백명 미만의 중소기업에서, 그리고 이 가운데 33%는 50명 미만의 영세한 사업장에서 발생하고 있다. 이를 근무년수를 기준으로 보면 6개월 미만의 미숙련 근로자가 전체 산업재해자의 53.7%를 차지하고 있고 학력별로는 고졸 이하가 97.8%로 압도적이다.[1)]

작업장에서의 안전과 보건(workplace safety and health)의 확보를 위한 규제는 西歐 국가에서 가장 오랜 전통을 가지고 있고 정부규제의 원형을 이루어 왔다. 그러나 산업안전 및 보건 확보를 위한 규제의 효과성에 대한 많은 연구들은 한결같이 이 규제가 산업재해의 예방에 별로 기여하지 못하고 있음을 지적하고 있다. 미국의 경우를 예로 들어 보면 산업재해율은 1960년대에 이르기까지 계속하여 감소추세를 보이다가 1970년대에 이르러 다시 급속하게 상승하고 있다. 산업재해를 回歸分析(regression analysis)한 결과에 의하면 산업재해율은 우선 景氣의 수준과 밀접한 관련을 가지고 있는 것으로 나타나고 있다. 경기의 상승기에는 숙련노동자의 노동시간이 증가하고 작업속도가 빨라지게 되기 때문에 피로가 쌓이게 되기 때문이다. 또한 취업인구 가운데 젊은 층의 근로자가 차지하는 비중이 증가하고 있는 것도 산업재해 증가의 중요한 요인으로 밝혀지고 있다. 이것은 연령이 낮을수록 숙련도가 낮고 작업환경에 내재되어 있는 위험에 대한 친숙도가 낮기 때문이라고 한다.[2)]

산업안전 및 보건 문제는 직접적으로 근로자의 건강과 생명에 관련되고 있다는 점에서 합리적인 생각보다는 감정이 지배하기 쉬운 정책이슈(emotion-laiden issue)이다. 사업주가 작업장 안전 문제에 무심하고 안전조치를 소홀히 하기 때문에 발생하는 문제이기 때문에 사업주를 엄벌에 처해야 한다는 생각이 강하다는 것이다. 그러나 대체로 이러한 시각에서 출발하고 있는 정부규제가 기대한 만큼 산업재해를 감소시키는 역할을

---

1) 이상의 모든 통계수치는 노동부, 「90년도 산업재해분석자료」, (1991. 6. 26)에 의함. 참고로 산업재해율을 업종별로 살펴보면 광업이 10명당 1명꼴(11.5%)로 가장 높고, 운수·보관·통신업(1.9%), 제조업(1.8%), 건설업(1.5%), 전기·가스·수도업(0.5%)의 순으로 높게 나타나고 있다. 이것을 사망자수를 기준으로 살펴보면 건설업, 제조업, 광업, 운수·보관·통신업, 전기·가스·수도업 순으로 높게 나타나고 있다.

2) James R. Chelius, *Workplace Safety and Health: The Role of Workers' Compensation* (Washington, D.C.: American Enterprise Institute, 1977), pp. 12~15 참고.

하지 못하고 있다는 연구결과들은 우리가 좀더 냉정하게 산업안전 및 보건 규제 문제에 접근해야 할 필요가 있음을 말해 주고 있다.

이러한 관점에서 제2절에서는 우선 산업안전 및 보건문제에 대한 정부규제의 이론적 근거를 고찰한다. 제3절에서는 산업안전 및 보건 규제에 있어서 명령지시적 규제수단이 사용되지 않을 수 없는 이유와 이러한 방식의 규제의 한계점을 분석한다. 제4절에서는 명령지시적 규제정책 수단의 한계점을 극복하기 위한 방안으로서 보다 적극적으로 시장유인을 활용하는 새로운 정책수단을 모색해 보기로 한다. 다음 제5절에서는 산업안전 및 보건규제의 직접적 정책수단으로 보기는 어려우나 이것과 밀접한 관계를 갖고 있는 산업재해 보상보험제도에 관하여 검토하려고 한다. 끝으로 산업안전 및 보건 규제에 있어서 司法的 救濟는 재해근로자의 권익보호 측면에서 뿐만 아니라 간접적인 규제정책 수단으로서 중요하나 이에 대해서는 제18장에서 다른 사회적 규제와 아울러 다루고 있기 때문에 본장에서는 논의하지 않는다.

2. 규제의 이론적 근거

작업장에서의 안전 및 보건 수준은 사업주와 근로자들에 의하여 결정된다. 우선 안전사고와 직업병은 근로자에게 임금의 상실, 치료비 등 경제적 손실을 초래한다. 경제적 손실보다도 더 중요한 것은 이들이 겪게 되는 고통, 불안, 수명의 단축 등 비금전적인 손실이다. 사업주는 이러한 손실을 초래할 수 있는 위험한 직장에 근로자를 고용하기 위해서는 위험에 상응한 만큼의 추가임금(wage premium)을 위험수당의 형태로 지불하지 않으면 안된다. 또한 산업재해보험에 가입하여 보험료를 납입하지 않으면 안된다. 따라서 사업주는 위험수당으로서 지불되어야 할 추가임금으로 인한 경제적 부담을 지거나 사고를 근본적으로 감소시킬 수 있는 예방노력을 기울이거나 그 어떤 방법을 선택하지 않으면 안된다.

경제이론적으로 볼 때 만일 노동시장이 잘 기능하고 있다면 산업재해의 문제는 시장을 통하여 가장 효율적인 방법으로 해결될 수 있다. 왜냐하면 이 시장에서 사업주는 안전사고 및 직업병 예방에 소요되는 비용과 작업장 위험에 따르는 추가임금의 합계를 최소화하려고 할 것이기 때문이다.[3] 그러나 실제에 있어서 작업장 안전 및 보건 문제가 시장기능에 의하여 경제효율적으로 해결되기 어렵다. 왜냐하면 사업주가 작업장 위험에 따른 추가임금 所要를 결정하는 일은 극히 어렵기 때문이다.[4] 이것은 근본적으로 산업안전 및 보건 문제가 다음의 두 가지 시장실패(market failure) 요인을 극복하기 어렵기 때문이다.

2.1 위험정보의 불완전성

시장이 완전하게 기능하기 위해서는 사업주와 근로자 쌍방이 위험(risk)의 크기와 이 위험을 제거하는 데 소요되는 비용의 크기에 대하여 잘 알아야 한다. 이들이 이러한 비용정보를 활용할 수 있기 위해서는 우선 관련 정보가 존재해야 하고, 이것이 이들에게 잘 전달될 수 있어야 하며, 다음으로 이 정보가 잘 이해될 수 있어야 한다. 그러나 위험정보는 이 세 가지 측면에서 모두 해결하기 여려운 문제를 안고 있다.[5]

우선 작업장에서의 위험에 대한 정보는 극히 제약되어 있다. 물론 사업주는 근로자에 비하여 작업장의 위험에 대하여 보다 많은 정보를 가지고 있다고 볼 수 있다. 그러나 사업주는 이러한 정보의 제공을 기피한다.

---

3) Albert Nichols and Richard Zeckhauser, "OSHA After a Decade: A Time for Reason," in Leonard W. Weiss and Michael W. Klass, *Case Studies in Regulation: Revolution and Reform* (Boston: Little, Brown and Co., 1981), pp. 206~7.

4) 이것을 계산해 낸 연구들로서는 R. Thaler and S. Rosen, "The Value of Saving a Life: Evidence from the Labor Market," in N. E. Terleckyz (ed.), *Studies in Income and Wealth*, Vol. 40 (National Bureau of Economic Research, 1975); Robert S. Smith, *The Occupational Safety and Health Act* (Washington, D.C.: American Enterprise Institute, 1976), Appendix B; and W. K. Viscusi, "Labor Market Valuations of Life and Limb: Empirical Evidence and Policy Implications," *Public Policy*, Vol. 26, No. 3 (Summer 1978), pp. 359~386 등 참고.

5) Nichols and Zeckhauser, *op. cit.*, pp. 257~8.

왜냐하면 그러한 정보의 제공으로 인한 이익이 자기에게 모두 귀속되지 않기 때문이다.[6] 즉 사업주가 자신의 사업장에서 일할 때 어떤 위험이 발생할 수 있다는 사실을 근로자에게 알려 주었을 때 근로자가 그러한 정보를 바탕으로 보다 안전에 주의를 기울이려고 하기 보다는 아예 다른 사업장(이 역시 위험이 있기는 마찬가지다)으로 떠나 버리게 될 것이다. 아니면 보다 높은 임금을 요구하게 될 것이다. 따라서 사업주는 근로자에게 자신이 알고 있는 사항조차 말하려 들지 않는다. 사업주 조차도 자신의 사업장에 어떤 위험이 존재하고 있는지에 대하여 잘 알지 못할 수도 있다. 직업병의 경우가 바로 그것이다. 고도의 화학적 작용을 거쳐 발생하는 직업병에 대하여 사업주 조차도 무지한 경우가 많다. 바로 여기에 정부가 작업장에서의 사고 및 직업병의 원인을 분석하고, 안전사고 및 직업병을 감소시키기 위한 여러가지의 조치 및 방법에 관한 정보를 생산하여 근로자와 사업주에게 공급해 주어야 할 필요성이 있다.

다음으로 작업장 위험에 관한 정보가 유용한 것이 되기 위해서는 사업주와 근로자 모두에게 이러한 정보가 이해될 수 있는 형태로 공급되어야 한다. 그런데 많은 연구조사 결과에 의하면 인간은 산업안전사고나 직업병 발생율과 같이 아주 낮은 확률(small probabilities)로서 표시되는 사고위험에 관한 정보를 합리적으로 처리하지 못한다는 것이다.[7] 예를 들면 산업재해 위험이 1/100,000 또는 1/1,000,000 등 낮은 확률로 표시될 때 "설마 그런 끔찍한 사고가 내게 발생하랴"하는 안이한 생각을 가지고 만다는 것이다.

위험에 관한 정보 처리의 불합리성 문제는 안전사고(accidents) 보다 직업병(occupational diseases)의 경우에 보다 심각하게 나타난다. 안전사고의 위험은 쉽게 파악하거나 느낄 수 있다. 그러나 직업병에 罹患될 확률은 대체로 안전사고가 발생할 확률보다 낮고 또 직업병은 오랜 기간

---

6) 이것을 정보의 非歸屬性(inappropriability) 문제라고 하는데 이에 대해서는 제16장에서 보다 자세하게 설명하고 있다.

7) Amos Tversky and Daniel Kahneman, "Judgment under Uncertainty: Heuristics and Biases," *Science* 185 (1974), pp. 1124~1131.

잠복하였다가 나타나게 되는 경우가 많기 때문에 근로자들은 이것을 흔히 지나쳐 버리기 쉽다. 예컨대 근로자가 발암물질 등을 배출하는 위해한 작업환경 속에서 근무하면서도 그것으로 인해 자기가 암에 걸릴 확률이 어느 정도나 증가할 것인지에 대해서는 전혀 고려하지 않고 있을 가능성이 높다.

작업장의 위험정도에 따른 추가임금(wage premium)이 作業場別로가 아니라 산업 또는 업종별로 고려되고 있다는 것도 위험에 대한 정보가 갖고 있는 중요한 문제 가운데 하나이다. 근로자는 어떠한 업종이 보다 위험성이 높은지에 대해서는 보통 잘 알고 있는 편이다. 예를 들면 광산작업이나 건설작업에서 안전사고가 발생할 위험이 일반적으로 높다는 사실은 잘 알고 있다. 그러나 동일한 업종에서 어떤 작업장이 다른 작업장에 비하여 얼마나 더 위험한지에 대한 정보를 얻기는 쉽지 않다. 이것은 입에서 입으로 전해질 수 있는데 불과한 경우가 많기 때문이다. 따라서 위험정도에 따른 추가임금은 업종간에는 상당한 차이를 보이지만 동일업종의 다른 직장간에는 별 차이를 보이지 않게 된다. 이와 같이 근로자들이 각 작업장 마다의 위험정도에 대한 정보를 충분하게 갖고 있지 못할 때 사업주는 자신의 사업장 위험을 감소시키기 위한 예방노력을 기울일 유인을 작게 가질 수 밖에 없다. 이와 같이 위험정보가 업종 단위로 되어 있을 때 市場이 사업주로 하여금 작업장 안전도의 향상을 꾀하도록 유도할 가능성은 그만큼 작아지게 된다.

2.2 외부효과

산업안전 및 보건문제는 외부효과(externalities)라는 또 하나의 시장실패 요인을 안고 있다. 제3장에서 고찰한 바와 같이 외부효과란 사적비용(또는 편익)과 사회적 비용(또는 편익)이 괴리를 보이는 현상이다. 산업재해의 경우 외부효과는 주로 금전적 외부효과(financial externalities) 문제를 발생시킨다. 예를 들면 산업재해 보상보험(제5절)에 정부가

寄與金(보조금)을 급부하는 한 근로자에 대한 보상금의 상당부분은 모든 납세자의 부담으로 이루어진다. 또한 모든 사업주가 의무적으로 보험에 가입하여 보험료를 납부하는 한, 한 기업의 재해근로자에 대한 치료비와 보상금 지급은 다른 사업체의 보험료 부담을 증가시키는 요인이 되고 궁극적으로는 모든 소비자와 근로자의 부담으로 귀착된다. 이와 같이 산업재해에 따른 비용은 당사자 만의 문제가 아니라 전체사회에 비용을 초래하는 파급효과 또는 외부효과를 가진다. 따라서 정부는 개개 사업장에서 사업주와 근로자가 느끼는 위험수준(privately accepted level of risks)을 높여 줌으로써 산업재해를 줄이고 따라서 사회적 비용을 줄여야 할 필요를 느끼게 된다.[8)]

산업재해의 외부효과 역시 안전사고 보다는 직업병의 경우에 보다 중요하다. 왜냐하면 직업병은 상당히 오랜 기간을 두고 발병되는 것이 보통이고 따라서 그 직접적인 원인이 어느 작업장에서 비롯되었는지를 추적하기가 어렵기 때문이다. 직업병의 이러한 속성 때문에 사업주가 직업병의 위험요인을 감소시키려는 노력은 안전사고를 감소시키려는 노력에 비하여 덜 이루어지게 될 가능성이 그만큼 더 높다. 또한 같은 직업병에 속한다고 할지라도 그것의 경중에 따라서 외부효과는 크기를 달리한다. 예를 들면 소음으로 인한 청각장애는 보통 근로자가 느끼는 불편과 작업능률의 저하 등으로 국한되지만 *石綿*(asbestos)으로 인한 폐암은 그 발암물질에 노출된 후 보통 수십년 후에 나타나기 때문에 그로 인한 사회적 비용은 위의 청각장해의 경우와는 비교가 안될 정도로 훨씬 크다. 왜냐하면 직업병 사실이 밝혀질 때까지 재해근로자가 받게 되는 치료비 등은 계속 다른 보험가입자에게 부담을 주게 되기 때문이다.

2.3 家父長的 고려

위에서 산업안전 및 보건 문제가 안고 있는 두 가지 유형의 시장실패

8) Nichols and Zeckhauser, *op. cit.*, pp. 208～209.

현상에 대하여 고찰하면서 왜 정부가 산업안전 문제에 개입하지 않을 수 없는가를 분석하였다. 그러나 정부가 이 문제에 개입하지 않을 수 없게 되는 중요한 이유는 정부의 家父長的(paternalistic) 고려와 관련된다.[9)]

첫째, 인간생활에 위험은 어디에서나 상존하는 것이지만 특히 근로자가 작업장에서 당면하고 있는 위험은 그것이 보통 자기의 직접적이고 즉응적인 통제권(direct and immediate control) 안에 들어 있지 않을 뿐만 아니라 근로자의 모험행위에 따른 보상도 간접적으로만 그에게 귀속된다는 점에서 각별한 배려가 필요하다는 것이다. 즉 근로자의 작업장에서의 모험행위는 근본적으로 타인(소비자 및 사업주)을 위한 것이고 자기에게 돌아오는 報償은 사고가 없을 경우에는 약간의 위험수당(wage premium)을 지급받게 되지만 불의의 사고가 발생한 경우에는 복구하기 어려운 신체적 상해로 인하여 막대한 손실을 입게 된다.

둘째, 근로자가 일단 한 직장에 고용되고 난 후에는 그 직장에서의 작업에 따르는 위험도의 변화에 따른 적절한 대응을 취하기가 어렵다. 이것은 고용관계에 있어서의 근로자의 협상력 열위(bargaining disadvantage) 때문이다. 물론 작업위험이 증가되면 근로자는 노동조합을 통하여 추가적인 위험수당을 요구할 수도 있겠지만 이것을 통하여 문제를 원만하게 해결하기는 곤란하다. 그리고 원만한 협상이 이루어지지 못할 때 근로자가 취할 수 있는 최후의 수단은 그 직장을 떠나는 것 밖에는 없다. 그런데 특히 위험도가 높은 작업장에서 근로하기를 선택하는 근로자란 가난한 미숙련 노동자들이라고 볼 수 있기 때문에 소득분배 및 사회형평(social equity)의 고려에서 정부는 이들에게 보다 안전한 작업환경에서 일할 수 있는 권리를 보장해 주어야 할 필요가 있다는 것이다.

이에 대하여는 반론이 제기될 수도 있다. 즉 아무리 위험한 작업장이라고 할지라도 본인이 자원하여 선택한 것인 이상 정부가 이러한 위험한

---

9) 가부장적 고려에 기초하여 정부가 소비자 안전 및 보건 또는 근로자의 안전 및 보건 문제에 개입하는 것의 타당성에 대한 논의는 Steve Kelman, "Regulation and Paternalism," *Public Policy*, Vol. 29. No. 2 (Spring 1981), pp. 219~54 참고.

작업을 금지 또는 제한하게 되면 결국 정부가 보호하고자 하는 경제적으로 취약한 근로자들의 취업기회가 감소하게 되기 때문에 산업안전 및 보건의 문제는 시장에 일임하는 편이 낫다는 주장이 바로 그것이다.

그러나 산업안전 및 보건 문제가 시장에서의 사적인 교환관계(private exchange relationship)를 통하여 해결될 수 있기 때문에 정부개입은 불필요하다는 주장은 대단히 복잡하고 어려운 철학적·윤리적 문제를 제기한다. 즉 인간의 생명과 안전과 관련되는 위험을 시장거래(market transaction)에 방임해도 괜찮은 것인지에 대한 철학적 문제가 야기된다는 것이다.[10)]

다시 말하여 경제적으로 취약한 입장에 있는 근로자가 자기에게 닥칠 위험을 경제적 가치로 환산하여 거래하는 것을 그것이 비록 근로자의 자유의지와 선택에 의한 것이라 할지라도 방임하는 것이 과연 인도적이라고 볼 수 있느냐는 것이다. 더 나아가서 이와 같이 위험이 시장에서 거래되게 될 때 개인의 태도와 개인간의 관계에 있어 바람직하지 못한 결과를 초래할 수도 있다.[11)] 이러한 위험의 시장거래에 대한 철학적 문제에 대해 부정적인 대답이 압도적인 사회라고 한다면 그 사회에서 이러한 방식에 의한 산업안전의 문제해결은 용납될 수 없게 될 것이다. 다음 절에서 고찰하게 되는 것처럼 정부가 산업재해 문제를 시장유인적 규제수단 보다는 보다 직접적이고 경직적인 명령지시적인 규제정책수단에 의존하여 해결하려고 하는 성향을 가지게 되는 것은 바로 이러한 철학적·윤리적 사고 때문이다.

10) 이와 비슷한 문제는 인간의 臟器(특히 肝, 腎臟 등)의 매매와 관련하여서도 흔히 제기된다. 즉 자신의 신체의 일부를 적정한 보상을 받고 파는 행위를 사회적으로 용인해야 할 것이냐의 문제이다. 이러한 문제에 대한 정책갈등에 관하여는 Thomas C. Schelling, "Economic Reasoning and the Ethics of Policy," *The Public Interest* 63 (Spring 1981), pp. 37~61 참고.

11) 시장거래의 확장에는 엄연한 한계가 있음이 분명하다. 예를 들면 어느 사회의 어느 누구도 가족관계나 친구관계를 시장적 거래가 지배하게 되는 것을 원하지 않을 것이다.

3. 명령지시적 규제수단

3.1 안전기준의 설정과 공장검사

작업장의 각종 위험으로부터 근로자를 보호하기 위한 방법으로서 가장 기본적이고 보편적으로 사용되고 있는 방법은 규제기관이 각종의 작업장 안전기준을 제정하여 고용주가 이를 지키도록 함으로써 안전사고를 예방하는 것이다. 안전기준에는 기계·기구·장치의 안전설계 기준, 설치장소 및 방법에 관한 기준, 가동방법에 관한 기준, 작업장소 기준, 작업환경 기준, 근로시간 기준, 작업장의 건축물 防護 기준 등 헤아릴 수 없이 다양한 형태가 있을 수 있다. 그러나 이러한 안전기준들의 공통점은 그것이 모두 작업장의 물리적·공학적 안전기준(physical or engineering safety standards)의 확보에 그 초점이 맞추어져 있다는 것이다.

규제기관이 산업안전 및 보건 규제에 있어서 이와 같이 공학적 또는 물리적 안전기준에 치중하는 이유는 주로 규제기관 관료 및 관련분야의 전문가(대개는 工學者)들이 가지고 있는 직업적 이념 또는 가치(professional ideology or values) 때문이라고 볼 수 있다.[12] 이것은 이러한 안전기준 설정에 의한 규제에 대하여 산업안전 및 보건문제에 대한 이익집단이라고 할 수 있는 노동조합과 기업계의 쌍방으로부터 상반된 압력이 가해질 것은 필지의 사실이고 이와 같이 서로 상충되는 정치적 압력이 있을 때 관료들의 가치관과 재량(discretion)이 보다 크게 작용하기 때문으로 볼 수 있다.[13]

물론 작업장의 안전을 확보하는 데 있어서 이러한 물리적 안전기준들

12) 이러한 견해에 대하여는 Steven Kelman, "Occupational Safety and Health Administration," in James Q. Wilson, *The Politics of Regulation* (New York: Basic Books, 1980), pp. 248~255 참고.

13) *Ibid.*, p. 255.

을 충족시키는 것이 대전제가 되어야 한다고 볼 수 있을 것이다. 그러나 아무리 작업장의 물리적 조건이 안전하게 구비되어 있다고 할지라도 근로자의 부주의와 태만으로 사고가 발생할 수 있다는 사실을 감안한다면 물리적 또는 공학적 안전기준만에 의한 규제에는 엄연한 한계가 있다. 또한 많은 경우에 물리적 안전기준의 확보와 근로자의 주관적 주의의무는 상호대체적인 관계에 서게 된다. 예를 들면 화학섬유 공장에서 방출되는 유해가스의 물리적 제거와 근로자를 이러한 가스의 흡입으로 부터 보호하기 위한 개인적 보호장치(예: 마스크)의 착용은 동일한 효과를 낼 수 있다. 그러나 물리적 안전시설의 구비에 따르는 투자비용과 개인용 보호장비의 착용에 따르는 근로자의 불편을 감안할 때 어느 편이 근로자를 위험으로 보호할 수 있는 보다 나은 방법인지를 판단하기 어렵다.[14]

무릇 모든 기준설정(standard setting)에 의한 규제의 경우(예: 환경, 소비자안전 등)가 그렇듯이 안전기준에 의한 산업안전 및 보건규제 역시 유사한 장단점을 갖고 있다. 우선 장점으로서는 첫째, 사업주가 안전사고의 예방을 위하여 수행해야 할 의무사항이 분명하게 제시된다는 점을 들 수 있다. 물론 이것은 기준이 얼마나 세부적이냐에 달린 문제라고 할 수 있지만 산업안전규제의 경우는 어떠한 규제의 경우보다도 기준의 세부성(specificity)이 특히 높은 것이 일반적이다. 둘째, 이 방법은 산업장에서의 근로자의 안전과 보건을 사업주가 책임져야 한다는 일반적인 사회통념에 잘 부합되고 따라서 정치적으로 설득력이 강하다고 할 수 있다. 셋째, 안전기준은 특별한 재해발생 등 긴급한 상황에서 보다 즉각적인 효과를 거둘 수 있다.

그러나 이와 같은 장점에도 불구하고 안전기준 설정을 통한 산업안전규제는 현실적으로 많은 문제점과 제약을 가지고 있다. 첫째, 안전기준을 설정함에 있어서 우선 어떠한 정도의 물리적 조건에서 안전사고를 막을 수 있는 것인지를 판별하는 일이 대단히 복잡하고 불분명하다. 안전기준

14) 물론 이것은 안전사고의 예방책임을 사업주와 근로자의 어느 편에 두어야 할 것이냐 하는 보다 근본적인 가치판단의 문제도 내포하고 있다.

이라고 하면 소위 최저 안전(threshold safety) 기준을 말하고 이것은 보통의 근로자가 통상적인 주의의무를 기울일 때 사고를 예방할 수 있는 수준을 의미한다. 그러나 근로자 마다 각기 주의를 기울이는 정도, 숙련도, 근무경험, 나이 등이 모두 다른 점을 감안한다면 과연 어떠한 근로자를 기준으로 어떠한 수준의 안전도가 규제기준(standards)으로 정해져야 할지 막연해지지 않을 수 없다.

둘째, 수많은 업종에 따라 다양한 안전기준을 정해야 하기 때문에 엄청난 행정적 노력이 필요하다. 따라서 산업별 특수성을 반영하는 안전기준의 제정은 산업 스스로에 의한 자율규제(industry self-regulation) 방식으로 이루어지는 것이 보통이다. 그러나 자율규제는 제 12 장에서 상세하게 고찰하는 바와 같이 그 자체의 장점과 단점을 가지고 있다. 우선 장점으로서는 업계의 사정에 정통한 관련단체에 의하여 안전기준이 제정되기 때문에 보다 실효성이 높고 집행이 간편하다는 점을 들 수 있다. 반면에 산업안전기준이 업계에 의하여 제정될 때에는 업계의 주도적인 위치에 있는 대기업의 전략적 고려에서 기준이 작성될 가능성이 많고 따라서 반경쟁적인 효과(anti-competitive effects) 등 부정적인 효과를 초래하기 쉽다는 단점도 있다.

셋째, 안전기준이 적절하게 수립되었다고 할지라도 이러한 안전기준의 이행여부에 대한 공장검사(factory inspection)와 감시체제가 구비되지 않는 한 이 방법에 의한 규제의 효과는 극히 불확실하다. 수만, 수십만개의 작업장을 대상으로 안전기준의 이행여부를 규제기관이 모두 확인, 감시한다는 것은 불가능에 가까운 일이다.

따라서 보통의 경우에는 무작위 標本調査(random sampling inspection)를 할 수도 있겠으나, 많은 경우에 標的檢査(targeted inspection)에 의존하는 것이 보통이다. 표적검사에는 산업재해가 많이 발생하는 업종을 대상으로 우선순위를 정하여 특별검사를 실시하는 방법, 근로자의 불만(worker complaints)이 접수된 작업장 및 사업체를 대상으로 검사를 실시하는 방법, 또는 대형사고가 발생한 사업체를 대상으로 공장검사를 실시하는 방법 등이 있을 수 있다. 물론 이와 같이 안전문제가 빈발하는 사업장에 대하여는 사후검사(follow-up inspection)를 실시할 수도 있을 것이다. 이상의 어떠한 방법에 의존하든지 간에 검사를 통하여 안전기준의 이행여부를 확인하고 불이행자를 처벌한다는 것은 대단히 번거로운 일이 아닐 수 없고 따라서 그것의 행정적 집행가능성, 실효성 면에서 문제가 될 수 있다.

3.2 보건기준과 공장검사

앞에서의 안전기준이 작업장에서의 안전사고를 예방 또는 방지함으로써 근로자의 안전을 확보하려는 것이라면, 여기에서 고찰하게 될 보건기준(health standards)은 근로자의 건강을 위협하는 요인들, 즉 흔히 직업병(occupational diseases or job-related diseases)이라고 불리우는 보건사고를 야기시키는 여러가지 요인들을 예방하기 위한 목적에서 행해지는 것이다.

직업병을 위시한 보건규제가 시작된 것은 서구에서도 비교적 최근에 이르러서라고 할 수 있다. 미국의 경우를 살펴보면 1970년대에 들어 와 石綿(asbestos), 棉花粉塵(cotton dust), 납, 벤젠 등 발암물질(carcinogens)로 인한 직업병 문제가 크게 대두되기 까지만 하더라도 노동조합의 주된 관심은 작업장의 안전사고의 방지에 치중되어 있었다. 70년대 이후 노동자들의 직업병에 대한 관심이 급속하게 증대한 이후에도 규제기관의 규제노력은 여전히 지체되었는데 그것의 주된 이유로서는 다음의 두 가지를 들 수 있다.[15] 첫째, 직업병에 대한 과학적 기초(scientific base)가 미흡하고 따라서 직업병을 예방할 수 있는 수준의 유해물질에 대한 노출의 정도를 기준(threshold)으로 설정하기가 극히 어렵다는 것이다. 둘째, 직업병을 예방 또는 방지할 수 있는 기준의 제정과정에서 노동조합과 산

15) Kenneth J. Meier, *Regulation: Politics, Bureacracy, and Economics* (New York: St. Martin's Press, 1985), pp. 213~16.

업계가 치열한 공방전을 펼친 결과 규제기관이 정한 기준은 표면적으로 엄격해 보이나 실제 집행시기의 천연 등으로 인하여 양측 모두에게 실망만을 안겨주는 결과를 초래하였다고 하는 점이다.

보건기준(health standards)으로서는 가스·증기·분진 등에 대한 기준, 방사선·유해광선·초음파·소음·振動·異常氣壓 등에 대한 기준, 작업장에서 배출되는 기체·액체 또는 殘滓物 등에 대한 기준, 환기·채광·조명·보온·防濕 등에 대한 기준 등 다양하다. 보건기준 역시 안전기준과 마찬가지로 강제적이고 경직적인 기준설정(standard setting) 방법에 의한 근로자의 보호수단인 한 위에서 고찰한 안전기준에서와 동일한 장단점을 그대로 가지고 있다.

다만 근로자가 산업재해를 예방하기 위하여 취할 수 있는 행동의 범위에 있어서 안전사고의 경우와 직업병과 같은 보건사고의 경우가 서로 상당히 다른 측면이 있기 때문에 보건기준은 안전기준의 경우에 비하여 보다 높은 유효성과 실효성을 가진다는 점은 주의할 필요가 있다. 즉 안전사고는 근로자의 부주의가 주요 사고원인이 되는 경우가 많기 때문에 근로자의 역할이 안전사고 예방에 대단히 중요한 몫을 담당하고 있지만, 직업병의 경우에는 작업장에서 배출되는 유해한 화학물질 등이 그 근본 원인이 되는 경우가 훨씬 높아 근로자의 역할은 상대적으로 축소되고 사업주의 예방책임이 보다 강조되어 마땅하다는 것이다.

4. 시장유인적 규제수단

제2절에서 이미 고찰한 바와 같이 작업장에서의 안전 및 보건문제는 모험에 따르는 비용과 편익이 각각 다른 사람에게 귀속된다는 데 그 기본적인 특성이 있다. 이와 같이 어떤 모험행위에 따르는 모든 비용과 편익이 동일인에게 귀속되지 않을 때 그 모험행위는 사회적으로 적절한 수준에서 통제될 수 없다. 즉 모험행위에 따르는 비용이 편익에 비하여 클

때 그 사람은 그와 같이 위험한 행위를 하지 않으려 할 것이고, 반면에 편익이 비용보다 클 때에는 그러한 모험행위를 감행하려 할 것인데 이러한 비용과 편익이 동일인에게 귀속되지 않을 때에는 모험행위가 적절한 수준에서 통제(control)될 수 없다는 것이다.[16)]

작업장에서의 모험행위는 바로 이와 같은 상황 하에서 이루어진다. 즉 많은 경우에 모험으로 인한 편익은 소비자(그리고 고용주)에게 귀속되고 모험으로 인한 피해(injuries)는 근로자가 지게 된다. 이와 같이 어떤 모험행위로 인한 비용과 편익이 모두 근로자에게 귀속되지 아니할 때 근로자의 위험에 대한 판단과 모험행위의 수행에 대한 판단은 부적절하게 이루어질 가능성이 높다. 산업안전 및 보건과 관련하여 시장유인적 규제수단이 필요하게 되는 이유는 바로 여기에 있다. 즉 바로 이와 같은 상황에서 규제기관은 사업주와 근로자가 비용과 편익을 올바르게 파악할 수 있도록 하기 위해 시장기구의 결함을 보완하는 제도적 장치를 갖춤으로써 작업장에서의 위험을 최소화시킬 수 있다고 보는 것이다.

이미 우리는 제2절에서 근로자의 건강과 생명에 직결되는 산업안전 및 보건문제를 다룸에 있어서 규제기관이 이와 같이 시장유인적 접근 또는 비용/편익분석방법에 의한 접근을 시도할 때 복잡하고 어려운 철학적, 윤리적 문제가 야기됨을 살펴 보았다. 그러나 이러한 접근방법을 비인간적이고 경제학적 사고에 치우친 견해라고 일방적으로 공격하는 것은 문제의 핵심에 접근해 가는데 있어서 바람직하지 못하다.

왜냐하면 사업주가 작업장을 100% 안전하게 유지관리 한다는 것은 사실상 불가능한 일이기 때문이다.[17)] 또한 현실적으로 많은 고용계약에 있어서 사업주와 근로자는 모두 각각 작업장의 위험에 대한 주관적 판단을 가지고 있고 따라서 비록 위험수당이 충분한 것인가의 여부는 차치하

16) 여기에서 말하는 비용과 편익은 물론 한계비용(marginal cost)과 한계편익(marginal benefit)이다.

17) 이것은 작업장 이외의 인간생활 어디에서나 마찬가지다. 어떻게 본다면 위험은 인간생활의 일부를 이루고 있고 또한 위험이 있기 때문에 인간생활은 그 묘미가 더한 것이라고 말할 수 있는 것인지도 모른다. 예를 들어 100% 안전만을 고려한다면 어떻게 비행기 여행을 하고 스키, 서핑, 격투 등 위험한 운동을 즐길 수 있겠는가?

고서라도 어떠한 형태로든지 작업장 또는 작업성격에 따른 위험도를 부분적으로나마 임금에 반영하고 있다. 더 나아가서 산업안전 문제의 본질상 근로자를 무조건 보호해 주어야 할 대상으로만 파악하는 것은 이미 앞에서 지적한 바와 같이 실제에 있어서 근로자를 충분히 보호해 주지 못하는 결과를 가져올 수 있다는 점도 결코 무시할 수는 없다.

인간생활의 위험에 대한 이러한 견해는 곧 위험을 완전하게 제거한다는 것은 현실적으로 불가능하고 따라서 사회적으로 용인할 수 있는 최적의 위험(optimal risk) 또는 최적의 안전도(optimal safety)가 존재한다는 것을 의미한다.[18] 여기에서 최적의 위험 또는 최적의 안전도란 인간이 위험한 행동을 통하여 얻을 수 있는 純便益(편익-비용)을 극대화하는 수준의 위험 또는 안전도를 말한다. 이러한 개념을 산업안전과 보건문제에 그대로 적용한다면 산업안전에도 적절한 수준(optimum level)이 있을 수 있다고 볼 수 있을 것이다.

이와 같은 관점에서 산업안전 및 보건규제의 문제를 파악한다면 이 문제는 결국 어떻게 하면 산업안전 및 보건 문제의 당사자인 사업주와 근로자가 안전사고의 예방 또는 방지를 위한 각각의 노력을 최적화(optimize) 하느냐의 문제로 귀착된다. 이러한 시각에서 문제에 접근하기 위해서는 작업장 안전사고의 발생원인을 파악하는 것이 중요하다. 미국에서의 권위있는 한 연구에 의하면 산업재해의 약 45%는 근로자의 부주의 및 과실(careless behavior)에, 약 30%는 일시적인 작업장 관리의 부실(예: 철제서랍의 관리소홀로 인한 상해, 작업장 바닥의 습기로 인한 미끄러짐 등)에, 그리고 나머지 25%는 기계장치 등의 항구적인 물리적 결함으로 인하여 발생하는 것으로 보고되었다.[19]

이 자료는 마지막 카테고리에 해당되는 것만이 우리가 위에서 고찰한 명령지시적 규제수단, 즉 작업장 안전기준의 설정과 공장검사를 통하여

---

18) Chelius, *op. cit.*, pp. 4~5.

19) *Ibid.*, pp. 8~9; 한편 우리나라에서의 산업재해 원인별 통계분석 수치를 보면 안전교육 부실(66.5%), 작업관리 미비(17.1%), 기술조작 미숙(16.4%)의 순서를 보여주고 있으나 분류기준과 사고의 책임귀속이 명확하지 못하다. 노동부, 전게서.

그 효과를 기대할 수 있는 부분이며 그 나머지의 태반은 근로자의 충분한 주의가 확보되지 않는 한 사고발생이 불가피함을 보여주고 있다. 이와 같이 많은 안전사고의 원인이 근로자의 부주의한 행동에 기인한다면 산업안전 확보를 위한 예방책임을 전적으로 사업주에게만 부과하는 것은 사고의 감소에 크게 도움이 되지 않는다. 다시 말하면 사업주가 근로자가 아무리 주의를 기울인다고 하더라도 피할 수 없는 정도의 위험을 방치한다면 사고발생에 대한 책임이 사업주에 있음은 명백하고 따라서 이러한 정도의 위험을 방치하지 않도록 사업주에게 예방책임을 부과하는 것은 당연하다. 그러나 사업주의 이러한 노력에 추가하여 근로자의 주의의무가 수반되지 않는다면 안전사고는 여전히 발생할 수 있다는데 문제가 있는 것이다.

이상에서의 논의를 기초로 하여 산업안전 및 보건의 확보를 위한 시장유인적 규제수단에 대하여 고찰한다면 다음과 같다.

4.1 안전정보의 제공

작업장의 위험에 대한 정보의 제공은 제2절에서 검토한 바와 같이 산업안전 및 보건문제가 근본적으로 危害에 대한 근로자의 정보부족, 정보판단의 미숙, 그밖의 무지(ignorance)로 인하여 비롯되는 것이라는 인식에 근거한다.[20] 이 방법은 근로자에 대해 보다 많은 정보를 제공하고 교육훈련을 통하여 안전의식을 고취시키게 될 때 사고를 상당히 감소시킬 수 있다고 보는 것이다. 근로자가 안전에 대한 보다 높은 의식을 가지게 될 때 보다 높은 위험수당(risk premium)을 요구하게 되거나 사업주에 대하여 보다 많은 예방조치를 요구하게 될 것임은 당연하다. 경우에 따라서는 사업주와 근로자가 공동으로 사고의 예방을 위한 조치를 취할 수도 있게 될 것이다.

---

20) Douglas F. Greer, *Business, Government, and Society* (New York: MacMillan Publishing Co., 1987), p. 458.

사실 근로자에 대한 관련정보의 제공과 안전교육의 중요성은 산업안전 문제에 대한 노동조합과 정부의 태도가 모두 불만족스럽고 따라서 보다 근본적인 대책은 근로자 스스로가 보다 안전의식을 고취하고 보다 현명해지지 않으면 안된다는 인식에서 비롯되고 있다.[21] 이것은 소비자보호에 있어서 소비자에 대한 정보의 공개 및 소비자교육이 궁극적으로 정보의 불완전성이라는 시장실패를 극복하고 소비자문제를 원천적으로 시장을 통하여 해결할 수 있는 방법으로 생각되는 것과 같은 이치이다.

이러한 견지에서 본다면 정부가 수시로 근로자의 안전확보를 위하여 연구개발, 기술적·생물학적 시험검사를 실시하고 연구분석 및 실험의 결과를 가지고 세미나를 개최한다거나, 자료를 만들어 사업주와 근로자에게 배포함으로써 부단하게 산업안전과 관련한 정보를 제공할 필요가 있다. 경우에 따라서는 정부가 사업주로 하여금 근로자를 대상으로 한 안전교육을 실시하게 할 수도 있을 것이다. 이밖에도 정부가 새롭게 설정한 산업안전기준 등에 관한 안내사항을 작업장에 공고 또는 게시하게 함으로써 근로자의 작업장의 안전에 대한 권리를 인식시키는 등 다른 규제방법과 병행하여 보완적인 수단으로서 이러한 방법을 적극적으로 활용하는 것은 아주 중요한 일이라고 할 수 있다.

여기에서 특히 강조하지 않을 수 없는 것은 각종의 정보의 제공을 통한 근로자의 보호는 궁극적으로 근로자가 관계법령의 내용을 잘 알고 있어서 그것에 위반되는 행위를 관계당국에 고발할 때 비로소 실제적인 효과를 거둘 수 있다고 하는 사실이다.[22] 이것은 곧 규제기관이 관계법령과 그것의 집행방법에 대한 상세한 정보를 근로자에게 충분히 주지시키지 않아서는 안된다는 것을 말해주는 것이다. 다시 말하여 이러한 노력

---

21) John Mendeloff, *Regulating Safety: An Economic and Political Analysis of Occupational Safety and Health* (Cambridge, Mass.: MIT Press, 1979), p. 25.

22) 이것은 비단 산업안전 및 보건 규제의 경우에 국한되는 것이 아니고 사회적 차별에 대한 규제, 소비자보호를 위한 규제 등에서와 같이 정부규제와 함께 피해자의 적극적 자기보호(self-protection) 노력이 아울러 요구되는 모든 규제의 경우에 공통적 사항이다. Randall K. Bartlett, "Information, Uncertainty, and Regulation," in Allen R. Ferguson, *Attacking Regulatory Problems* (Lexington, Mass.: Ballinger Publishing Co., 1981), p. 26.

이 근로자의 自救努力으로 이어지지 않는 한 이 방법은 무력화될 수 밖에 없다는 결정적 약점을 가지고 있는 것이다.

4.2 傷害稅의 부과

위의 안전정보의 제공이 안전정보의 불완전성이라는 시장실패에 입각한 것이라면 여기에서 고찰하는 傷害稅의 부과는 산업안전 및 보건 문제가 갖고 있는 또 다른 유형의 시장실패, 즉 외부효과(externalities)에 촛점을 맞춘 규제방법이라고 볼 수 있다.

상해세(injury taxes)는 규제기관이 근로자의 작업상 상해에 대하여 사업주에 부과하는 부과금(또는 세금)이다. 이 상해세는 작업장에서 발생한 근로자의 상해 一件에 대하여 사업주가 물어야 할 부과금인 것이다. 이렇게 볼 때 상해세는 환경규제(제14장)에 있어서 규제기관이 오염배출기업에 대하여 부과하는 부과금(effluent charges or taxes)과 동일한 방법으로 작용하며 동일한 기능을 수행한다. 즉 환경오염 규제기관이 환경오염 유발업체를 대상으로 그 업체가 배출하는 오염량에 상응하는 오염배출부과금을 부과할 때 경제적으로 가장 효율적으로 환경규제의 목적을 달성할 수 있게 되듯이 산업안전 및 보건 규제기관이 일정한 금액의 상해세를 사업주에 부과하게 될 때 경제적으로 가장 효율적으로 정책목적을 달성할 수 있다는 것이다.

상해세 부과제도의 장점을 좀더 구체적으로 살펴보면 다음과 같다.[23)]

첫째, 상해세는 경제적으로 효율성이 있는 산업안전 규제 방법이다. 규제기관이 상해세를 부과하게 될 때 사업주는 근로자의 상해 한 건을 감소시키는 데 드는 한계 예방비용(prevention costs)이 정부가 설정한 상해세에 일치되는 선까지는 스스로의 노력으로 근로자의 안전사고를 방지하는 것이 경제적으로 보다 유리하다고 판단하여 스스로 예방노력을 강화하게 될 것이다. 상해세가 보다 높은 경제적 효율성을 갖는다는 것

23) Greer, *op. cit.*, pp. 458～459 참고.

은 앞에서 고찰한 안전 및 보건기준 설정의 경우와 비교하면 쉽게 알 수 있다. 먼저 기준설정의 경우에는 사업주가 근로자의 안전 및 보건확보를 위하여 지켜야 할 사항이 확정되기 때문에 사업주가 선택의 여지를 갖지 못한다. 이에 반하여 상해세 제도하에서 사업주는 산업재해를 감소시킬 수 있는 가장 유리한 방법을 스스로 선택할 수 있는 여지를 갖게되기 때문에 가장 낮은(또는 동일한) 비용으로 동일한(또는 가장 높은) 효과를 거둘 수 있도록 한다는 것이다.

둘째, 산업재해를 줄이기 위한 노력의 범위는 기준설정에 의한 방법의 경우에 비하여 훨씬 넓다. 이미 앞에서 검토한 바와 같이 기준설정의 경우에는 그 기준이 주로 물리적·공학적 기준이라는 특성을 지니고 있고 따라서 사업주는 기준에 정해진 기계·기구·장비 등 시설의 개체 외에는 다른 방법으로 산업재해를 줄이는 방법을 생각할 수 없다. 그러나 상해세 제도하에서 사업주는 어떠한 방법으로든지 산업재해를 줄이기만 하면 상해세의 부과를 회피할 수 있으므로 기준설정 제도 하에서는 동원되지 않는 방법, 예를 들면 작업관행(work practices)의 교정, 근로자에 대한 안전교육의 강화, 人事政策을 통한 안전의식의 고취 등 산업재해를 줄일 수 있는 효과적인 모든 방법을 다 동원할 수 있다는 것이다.

특히 상해세 제도하에서는 산업재해를 감소시키는 노력을 업체내의 모든 관리자층에 확산시킬 수 있다. 즉 작업장에서의 사고위험을 어떻게 관리하였느냐를 人事考課에 반영하는 방법을 통하여 최하층의 관리자에게 까지 사고예방 노력을 기울이도록 하는 유인을 부여할 수 있다는 것이다. 실제로 미국의 유명한 화학회사인 듀퐁(Du Pont)사는 이러한 방법을 활용하여 관리자의 안전의식을 고취시킴으로써 다른 화학공장의 경우에 비하여 훨씬 낮은 재해율을 기록하고 있는 것으로 알려지고 있다.[24)]

셋째, 바로 이러한 이유에서 상해세 제도는 사업주가 산업안전재해를 감소시킬 수 있는 혁신적인 기술(innovative technology) 개발노력을 기울이도록 유도할 것이라는 점을 쉽게 발견할 수 있다. 이것 역시 기준설

24) Nichols and Zeckhauser, *op. cit.*, pp. 228~229.

정에 의한 방법과 비교할 때 두드러지게 드러나는 상해세 제도의 장점인 것이다. 기준설정 제도하에서 사업주는 기준에 의하여 요구된 그 이상의 것을 할려고 하는 유인을 갖지 못한다. 그러나 상해세 제도하에서는 무슨 방법으로든지 근로자의 상해를 줄이기만 하면 상해세를 물지 않아도 되기 때문에 새로운 기술개발 노력을 기울이게 된다는 것이다. 이 때 기술개발의 범위에는 보다 안전한 기계설계, 작업방법의 개선, 근로시간 및 조건의 개선 등 모든 것들이 포함될 수 있다.

넷째, 상해세 제도는 또한 집행이 용이하다는 장점이 있다. 기준설정에 의한 산업재해 규제의 경우에는 일일이 공장검사를 통하여 기준의 이행여부를 확인하여야 비로소 그 효과를 발휘할 수 있으나 상해세 제도하에서는 업체별 상해건수만 파악하면 되기 때문이다.[25] 물론 안전사고로 인한 재해에 비하여 직업병의 경우에는 상당히 긴 시간을 경과하여야 비로소 직업병에의 罹患 사실을 파악할 수 있게 되기 때문에 다소 문제가 없지 않다. 그러나 직업병의 罹患 사실도 예를 들면 정기적인 근로자의 신체검사 등을 통하여 어느 정도까지는 주기적으로 파악할 수 있다.[26] 더 나아가서 상해건수는 기존의 산업재해 보상보험제도(제5절)의 시행기구를 통하여 보다 쉽게 파악될 수 있다는 장점도 있다.

또한 규제기관의 입장에서 볼 때 상해세 제도는 적절한 규제의 수행에 필요한 정보소요(information requirement)를 감소시킨다는 점에서 안전기준 설정보다 우월한 규제방법이라고 할 수 있다. 즉 기준설정의 경우에는 규제기관이 사업체마다의 사고 위험도에 대한 구체적 정보를 필요로 하지만, 상해세의 경우에는 규제기관이 이러한 정보를 필요로 하지 않는다는 것이다. 규제기관으로서는 근로자의 상해건수를 확인하여 상해

25) 이 점에서 산업재해 규제에 있어서의 상해세 제도는 환경규제에 있어서 오염배출부과금 제도와 상당한 차이가 있다. 즉 환경규제에 있어서 오염배출부과금 제도의 효과적 시행을 위해서는 배출오염량 또는 오염의 농도를 정확하게 측정하여야 비로소 부과금의 산정이 가능하나 산업재해 규제수단으로서의 상해세 제도 하에서는 상해건수만을 주기적으로 파악하면 곧바로 상해세를 산정하여 부과할 수 있다.

26) 이 경우에 있어서의 상해건수의 파악은 물론 부정확한 것이긴 하나 그래도 환경오염규제의 경우에 비하여는 보다 정확한 측정이 가능하다고 볼 수 있을 것이다.

세를 부과하는 것으로 규제목적을 충분히 달성할 수 있는 것이다.

다섯째, 비록 위험한 작업장에서의 산업재해가 감소하지 않는다고 하더라도 상해세 제도는 순기능적으로 작용한다.[27] 왜냐하면 상해세 제도 하에서 그 제품가격은 상승하고 따라서 수요는 감소하게 되기 때문이다. 다시 말하면 위험한 작업장에서, 근로자의 높은 희생속에 생산되는 제품 값은 (더 많은 상해세를 부담하여야 하므로) 보다 높을 수 밖에 없고, 따라서 이러한 제품의 수요는 자연히 줄어들게 되는 반면, 보다 안전한 작업장에서 생산되는 제품가격은 (적은 상해세만을 부담하기 때문에) 보다 낮을 수 밖에 없고, 따라서 이 제품의 수요는 증가하게 된다는 것이다.

여섯째, 상해세 제도는 앞의 기준설정을 통한 규제의 대체적 방법으로 사용될 수도 있지만 이와 병행하여 보완적인 방법으로 사용될 수도 있다. 이 때에는 비단 사업주 뿐만이 아니고 근로자들로 하여금 스스로 산업재해를 감소시키기 위한 노력을 기울이게 하는 효과를 기대할 수 있다. 왜냐하면 높은 상해세의 부과로 인한 손해는 비단 사업주 뿐만이 아니라 근로자 스스로에게도 미치게 되기 때문이다. 또한 두 가지 규제방법이 보완적으로 사용되는 경우에는 사업주가 안전기준을 준수하는지의 여부에 대한 근로자들의 감시가 보다 강화될 수도 있다.

이상에서 고찰한 바와 같이 상해세 제도는 많은 장점을 가지고 있는 반면에 다음과 같은 단점도 가지고 있다.

첫째, 상해세의 수준을 어떻게 정하느냐의 문제이다. 이러한 문제는 이미 환경규제에 있어서의 오염배출부과금 수준을 획정하는 데 있어서도 그대로 나타난 바 있다. 물론 상해세의 수준이 높으면 높을수록 사업주가 상해세의 부과를 피하기 위하여 스스로 근로자의 상해를 감소시키려는 誘因은 그만큼 증가하게 될 것이고 따라서 더 많은 사고예방노력을 기울이게 될 것이다.[28] 그러나 상해세의 기준이 지나치게 높게 책정되면

---

27) *Idid.*

28) 미국에서의 한 연구에 의하면 1970년 자료를 기초로 할 때 상해 일건당 $ 2,000의 상해세를 부과할 때 근로자 상해의 8.2%를, $ 4,000의 상해세를 부과할 때 약 16.3%의 근로자 상해를 감소시킬 수 있는 것으로 나타났다. Robert S. Smith, "The Feasibility of an 'Injury Tax' Approach to Occupational Safety," *Law and Contemporary Problems* (Summer/Autumn 1974), p. 741.

사업주는 이를 부당하게 생각할 것이고 따라서 이 제도의 도입시행에 반발하게 될 우려가 높아지게 될 것이다. 이것은 상해세가 하나의 벌금(fines)으로서 아래의 제5절에서 고찰하게 될 산업재해 보상제도와 근본적으로 성격을 달리하고 있기 때문이다. 즉 여기에서 말하는 상해세는 근로자 상해에 따르는 치료비와 이에 부수한 소정의 보상(compensation)과는 무관하게 추가적으로 부과되는 경제적 부담이라는 것이다. 물론 상해세 제도는 산업재해 보상보험제도와 병행하여 사용될 수 있다. 이 때에는 사업주가 산업재해에 대하여 더욱 무거운 경제적 부담을 지는 것으로 생각하게 될 것이다.

둘째, 상해세 제도는 정치적으로 별로 환영받지 못한다는 점도 약점이라고 할 수 있다. 상해세 제도가 정치적으로 인기가 없는 것은 우선 정치인들이 산업재해의 문제를 인도적인 차원에서 또는 윤리적인 차원에서 당연히 근절시켜야 할 문제로 보기 때문이다. 물론 이것은 잘못된 생각이다. 왜냐하면 상해세 제도가 아니라 안전기준 등의 설정에 의하여 산업재해 및 보건 문제에 접근할 때에도 역시 산업재해는 불가피하게 발생할 뿐만 아니라 이 때 사업주는 추가적인 경제적 부담을 지지 아니하기 때문이다. 이러한 이치에도 불구하고 정치인들이 상해세 제도의 도입에 부정적인 것은 이것이 마치 人命을 돈과 맞바꾸는 것으로서 차마 윤리적으로 동조하기 어려운 문제로 인식하고 있기 때문이다.

셋째, 바로 이러한 이유에서 이 제도는 노동조합의 입장에서도 선뜻 받아들이기 어렵다고 할 수 있다. 이들로서는 사업주가 당연히 수행하여야 할 안전사고의 예방을 위한 노력을 정부가 보다 철저하게 감시하고 보다 안전하게 작업환경을 구비할 수 있도록 각종의 압력을 행사하는 것이 당연하다고 보기 때문이다.

5. 산업재해 보상보험제도

산업재해 보상보험제도는 다음 두 가지 목적에서 시행된다. 첫째, 이 제도는 이미 발생한 작업장에서의 사고에 따른 재해근로자의 치료 및 치료후의 잔존장해에 대한 보상 또는 직업병에 罹患된 근로자의 치료 및 보상 등 장해자와 그 가족(또는 유가족)의 후생과 복지를 보장하기 위한 사회보장(social security)적 목적에서 이루어지고 있다. 둘째, 무릇 모든 보험과 마찬가지로 산업재해 보상보험 역시 산업재해의 발생으로 인하여 사업주가 부담하여야 할 사고후의 비용(post-injury costs)을 사회적으로 분산시키기 위한 목적에서 행해진다. 따라서 이 제도가 이러한 목적의 달성에 국한된 것이라고 한다면 그 자체로서 산업재해의 예방 또는 방지를 직접적 목적으로 하는 규제정책 수단이라고 보기는 어렵다.[29)]

그러나 산업재해 보상보험제도가 반드시 이와 같은 사회복지적 역할과 위험의 사회적 분산이라는 보험으로서의 역할만을 수행하고 있다고 보기 어려운 측면이 있다. 즉 보험가입자(사업주)의 보험료 그리고 재해근로자에 대한 보상보험금의 급여기준을 정함에 있어서 사업주와 근로자의 過失을 어느 정도 감안할 경우에는 사업주와 근로자의 사고예방을 위한 노력을 유도하는 기능을 할 수 있기 때문에 간접적인 규제정책 수단이 될 수 있다. 본절에서 산업재해 보상보험제도를 검토하고 있는 이유는 바로 여기에 있고 따라서 여기에서의 논의는 이 제도의 이러한 측면에 국한한다.

산업재해 보상보험제도를 규제정책적 수단으로 사용하는 것은 다음의 두 가지 경우이다. 첫째, 무릇 모든 보험에 있어서 경험과 사고기록에 입각한 차등보험(experience rating or merit rating) 제도의 도입이 타당한

29) 본서에서는 이러한 측면에서의 산업재해 보상보험제도에 대한 설명은 생략하려고 한다. 우리나라에서의 이 제도에 대한 상세한 내용설명은 노동과 건강연구회, 「직업병과 산업재해」(서울: 돌베개, 1989) 참고.

것처럼 산업재해 보상보험에 있어서도 차등적인 報償(reward)을 부여함으로써 사업주의 사고예방을 위한 노력을 유도할 수 있다는 것이다.[30] 다시 말하면 작업장에서의 사고예방을 위한 각종의 안전 및 보건기준을 이행하고 산업재해의 예방을 위한 노력을 많이 기울이는 사업주의 보험료는 이러한 의무를 태만히 하는 사업주에 비하여 낮게 책정함으로써 사업주의 보다 적극적인 사고예방 노력을 유도할 수 있다는 것이다.

이러한 측면에서 사업주의 보험요율을 차등적용하는 데 대하여 원칙적인 반론을 제기하기는 어렵다. 실제로 우리나라의 「産業災害 補償保險法」도 이러한 정신을 받아들여 이 제도를 부분적인 규제정책 수단으로 활용하고 있다. 보험료율의 산정기준을 정하고 있는 同法 21조 1항에서 "保險料率은 과거 3년간의 災害率을 기초로 노동부장관이 數等級으로 구분하여 정한다" 라고 규정하고 있는 것이 바로 그것이다. 그런데 문제는 과거의 재해율 실적을 기준으로 한 보험료율의 산정이 대기업의 경우에는 적용 가능하지만 중소기업의 경우에는 재해율의 체계적인 파악이 불가능하기 때문에 그 적용이 어렵다는 것이다. 따라서 중소 및 영세기업에 대해서는 보통 해당업종의 평균재해율을 기준으로 하는 경우가 많기 때문에 이 제도를 통한 규제정책 목적의 달성이 저해되는 경우가 많다.

둘째, 산업재해 보상보험제도에 있어서 근로자 본인의 과실에 따라 보험금의 급여를 차등화함으로써 근로자의 사고예방을 위한 노력과 주의를 환기할 필요가 있겠느냐 하는 문제이다.[31] 이러한 발상은 두말할 필요도 없이 산업안전 사고의 원인이 상당부분 근로자에게 있다고 하는 점을 고려할 때 가능하다. 그러나 이것은 위의 사업주에 대한 보험료율의 차등적용의 경우와는 달리 상당히 어려운 논란을 내포하고 있다. 왜냐하면 이와 같이 근로자의 과실을 고려하게 되면 이 제도가 가지고 있는 근본적인 목적, 즉 산업재해 근로자(이하 직업병 罹患者를 포함한다)와 그의 가족(또는 그의 사망시 유가족)의 후생과 복지를 보장한다는 사회보

30) 보험에 있어서 이러한 제도의 도입과 그 효과에 대하여는 제17장 참고.
31) 이 문제에 대한 긍정적 견해에 대하여는 Chelius, *op. cit.*, pp. 59~69 참고.

장적 성격이 상당부분 상실되게 되기 때문이다. 특히 누구의 과실로 인한 것이든 일단 발생한 사고로 인하여 재해근로자가 겪어야 할 고통과 그의(그리고 그 가족의) 최소한의 생계는 반드시 보장되어야 한다는 측면에서 본다면 상호모순이 아닐 수 없는 것이다.

특히 산업재해 보상보험제도의 시행경험이 아직도 부족하고 재해근로자에 대한 보험급여(療養·休業·障害·遺族給與·傷病補償年金 및 葬儀費 등) 수준이 근본적으로 극히 낮은 수준에 머물고 있는 우리나라에서 그나마 낮은 보상보험금 급여마저 근로자의 과실에 따라 차등화한다면 이 제도의 사회보장적 기능은 거의 소실된다고 보아도 과언이 아닐 것이다.

그러나 제18장에서 검토하는 바와 같이 산업재해 보상보험과 노동관계법(우리나라는 근로기준법)에 근거한 별도의 訴訟은 재해근로자의 입장에서 상호선택적으로 사용될 수 있는바 이러한 訴訟의 경우에는 근로자 본인의 過失을 감안하는 過失責任主義(fault-based liability)가 지배하고 있는 점을 감안할 필요가 있다. 다시 말하면 산업재해 보상보험제도에 의한 보험급여가 불충분하다고 판단되는 경우에는 상해근로자가 민사소송에 의하여 사업주의 과실책임을 물을 수 있도록 되어 있는 것이다. 이 때에는 물론 사업주의 과실과 근로자의 과실이 상호 비교되어 손해배상액이 결정되게 된다.

또한 보험을 통한 위험의 사회적 분산은 결국 금전적 외부효과(financial externalities)를 유발하는 것이라는 측면에서도 이 문제는 생각해 볼 필요가 있다. 즉 보험제도의 운용에 따른 부담은 모든 기업, 근로자, 그리고 일반국민(납세자)에게 귀착되는바 부주의한 근로자에 의한 재해의 발생으로 본인의 신체와 생계에 문제가 생길 뿐 아니라 그것이 더 나아가서 많은 다른 근로자, 국민에게 외부효과를 야기시킨다고 한다면 근로자의 부주의에 대한 벌칙을 강화하고 근로자의 적극적인 注意義務를 보다 강하게 환기하는 것이 반드시 잘못되었다고 말하기는 어려운 측면이 있다.

6. 결 론

산업안전 및 보건 문제는 과학기술의 발전에 의한 새로운 물질의 발견, 산업화의 진전에 따른 새로운 제품의 생산 등으로 인하여 날로 중요성을 더해 가고 있다. 또한 이 문제는 합리적인 사고보다는 맹목적 정서에 지배되기 쉬운 문제이기도 하다. 그 결과 이 문제에 대한 전통적인 접근방법으로서 명령지시적 규제수단이 주류를 이루고 있는 것이 현실이다. 그러나 이러한 정책수단 만으로는 근로자를 각종의 작업장 위험으로부터 충분하게 보호하기 어렵다는 것이 많은 연구결과를 통하여 입증되고 있다.

이러한 시각에서 본장에서는 산업안전 및 보건 문제가 내포하고 있는 경제적 특성을 구체적으로 검토하고 기존의 명령지시적 규제수단을 대체하거나 보완할 수 있는 방법으로서 시장유인적 규제수단에 대하여 심도있게 고찰하려고 하였다. 이러한 시장유인적 규제수단에 대해 상당한 철학적·이념적 반론이 제기될 수도 있음도 아울러 고찰하였다. 요컨대 산업안전 및 보건 문제는 그 사회의 형평의식과 긴밀하게 관련되는 문제라고 할 수 있다. 따라서 이 문제의 궁극적 해결은 특정 정책수단에 대한 편견에 사로잡히기 보다는 실질적이고 합리적인 정책논의를 통하여 그 사회의 通念에 부합하면서도 가장 효율적으로 근로자를 보호할 수 있는 최선의 방법을 모색하려는 노력을 필요로 한다.

제 16 장

소비자안전 및 보호규제

1. 서 론

모든 정부규제는 정도의 차이는 있으나 소비자보호(consumer protection) 측면을 지니고 있다. 그러나 본장에서는 협의의 소비자보호 개념을 취하여 소비자를 欺瞞과 詐欺(deception and fraud)로 부터, 그리고 危害製品(harzardous products)으로 부터 직접적으로 보호하는 것 만을 대상으로 한다. 따라서 여기에는 食品安全 및 衛生規制, 의약품 안전규제, 자동차 등 각종의 공산품 안전규제, 허위 또는 과장광고 및 기만적인 판매행위에 대한 규제 등이 포함된다.

소비자보호 문제에 접근하는 관점에는 크게 두 가지가 있다.[1] 첫째는 消費者主權論(consumer sovereignty view)의 관점이다. 소비자주권이란 시장이 완전하게 기능할 때 생산자가 무엇을 얼마만큼 생산해야 할지를 결정하는 권리는 소비자에게 있다는 것이다. 따라서 경제이론적으로 시장이 완전하게 기능하는 한 소비자문제란 발생할 수 없는 것이지만 현실의 시장은 각종의 시장실패(market failure) 요인으로 인해 불완전하기

1) Lucy B. Creighton, *Pretenders to the Throne* (Lexington, Mass.: Lexigton Books, 1976); Kenneth J. Meier, *Regulation: Politics, Bureaucracy, and Economics* (New York: St. Martin's Press, 1985), pp. 77~78.

때문에 소비자문제가 발생한다고 본다.

시장실패 요인 가운데 소비자주권과 관련하여 특히 중요한 것은 정보의 不在(absense of information) 현상이다. 소비자가 충분한 시장정보를 갖고 이 정보를 합리적으로 활용할 수 있다면 소비자주권이 실현될 수 있을텐데 소비자 정보가 不在하기 때문에 또는 불충분하기 때문에 시장에서 소비자가 주권을 행사할 수 없게 된다고 본다. 따라서 소비자문제의 해결을 위해서는 소비자에게 최대한의 정보를 제공함으로써 소비자가 스스로 합리적인 판단을 내릴 수 있도록 하는 것이 최선의 방법이 된다고 본다. 소비자들이 실제로 이 정보를 사용할 것이냐 여부는 문제가 되지 않는다. 왜냐하면 소비자는 그 정보가 별로 쓸모가 없다는 합리적인 판단 아래서 그러한 정보를 무시할 수도 있기 때문이다. 요컨대 이 이론은 소비자의 합리적 선택을 제약해서는 안되고 소비자가 합리적인 의사결정을 내릴 수 있도록 하기 위한 수단과 방법으로서 시장정보를 제공하는 것이 소비자보호의 주된 방법이 되어야 한다는 입장이다.

이에 비하여 소비자보호 관점(consumer protection view)은 소비자주권론이 상정하는 합리적인 경제적 인간모형(rational economic man model)을 부정한다. 이 이론에서는 소비자정보는 소비자와 기업 모두에게 동등하지 않으며 기업은 이윤동기에 따라 행동하려는 유인을 갖고 있으므로 소비자는 정부에 의하여 당연히 보호되어야만 한다는 것이다. 따라서 이 입장에서는 정부가 위험한 물건과 품질이 낮은 물건의 생산 또는 판매를 금지 또는 제한하여야 한다는 것이다. 이 이론에 입각하는 한 소비자의 선택범위는 위의 소비자주권론의 경우 보다 제약될 수 밖에 없으나 그것은 문제가 아니라고 본다.

앞으로 고찰하게 될 것처럼 소비자보호 규제수단과 관련한 논쟁은 사실 이 두 가지의 서로 다른 관점과 철학 사이의 논쟁이라고 할 수 있다. 본장에서는 기본적으로 소비자주권론적 입장을 취하면서 소비자보호론이 강조하고자 하는 바를 충분히 조화시키는 방향으로 논의를 전개하려고 한다. 그 이유는 첫째, 소비자문제는 대단히 광범위하고 다양할 뿐만 아니라 극히 복잡한 차원을 가진 문제이기 때문에 정부가 일일이 규제를 통하여 소비자의 이익을 지키고 안전을 도모하기는 사실상 불가능하다고 보기 때문이다. 둘째, 소비자보호론이 주목하고 있는 바와 같이 현실적으로 인간이 갖고 있는 합리성의 한계를 부정할 수 없는 한 소비자의 선택의 자유만을 고집하는 것이 과연 언제나 사회적으로 바람직한 것인지에 대해 의문이 남기 때문이다.

2. 소비자문제의 본질

소비자보호를 위한 규제정책 수단을 검토하기 전에 우선 소비자문제의 발생원인을 깊이있게 이해하는 것이 필요하다. 흔히 소비자문제는 단순히 비도덕적이고 비윤리적 기업활동 때문에 또는 소비자가 無知(ignorant)하거나 무능력(impotent)하기 때문에 야기되는 문제로 인식되는 경향이 있다.[2] 그러나 소비자주권론의 입장에서와 같이 소비자문제는 근본적으로 시장경제체제가 갖고 있는 결함 즉 消費者情報(consumer information)의 불완전성과 소비자의 비합리적 성향이 상호복합적으로 작용함으로써 야기되는 구조적 문제라고 할 수 있다.[3]

---

2) 소비자의 의식에 대한 설문조사(1990년 봄 서울시민 386명을 대상으로 실시)의 결과에 따르면 정부가 소비자보호시책 가운데 가장 문제가 많은 것으로 (1) 불량·악덕 제조업체의 단속 불철저 (56%), (2) 허위 또는 과장광고의 규제 허술 (18%), (3) 정확한 품질표시규제의 미흡 (11%), (4) 피해구제 절차의 번잡 (10%), (5) 소비자교육 및 계몽활동의 미약 (4%)의 순으로 지적하였다. 성별로 보면 남자는 허위광고규제의 미흡과 피해구제절차의 번잡성을, 여자는 악덕업자의 단속 불철저와 표시규제의 미흡을 상대적으로 더 중요한 문제로 제기하였다. 연령별로는 노년층으로 갈수록 악덕업자의 단속이 철저하지 못함을 압도적인 불만으로 가지고 있는 반면 젊은 층으로 갈수록 피해구제절차나 표시규제의 미흡에 상대적으로 강한 불만을 표시하였다. 소득수준별로는 고소득층으로 갈수록 악덕업자의 단속 불철저를 못마땅하게 생각하고 있고 저소득층으로 갈수록 피해구제가 복잡하고 품질표시가 미흡한 것을 보다 문제로 삼고 있는 것을 보여주었다. 졸고, "소비자보호를 위한 정부의 역할과 규제의 합리화: 소비자안전문제를 중심으로,"「行政論叢」, 서울대학교 행정대학원, 제28권 제1호, 1990. 12, pp. 203~204 참고.

3) 소비자문제의 핵심을 소비자정보의 문제로 파악하여 접근하고 있는 대표적인 문헌으로는 Roger M. Swagler, *Consumers and the Market* (Lexington, Mass.: D. C. Heath & Co., 1979) 참고.

소비자들이 어떤 경쟁상품(competing products)에 대한 정보와 경쟁상품의 특성을 상호비교하고 평가할 수 있는 충분하고 적절한 정보에 바탕하여 합리적인 소비의사결정과 선택을 할 수 있다고 한다면 소비자 문제는 야기되지 않는다. 왜냐하면 자유시장 경쟁하에서 기만적인 가격결정이나 소비자의 안전성을 도외시하는 기업활동은 장기적으로 존속되기 어렵기 때문이다. 소비자정보의 불완전성은 시장기능만을 통해서는 소비자정보가 적정량만큼 공급되거나 소비될 수 없다는 것으로서 전형적인 市場失敗(market failure) 요인 가운데 하나다. 소비자가 구매하려고 하는 물건의 가격, 품질, 성능, 안전성 등 합리적인 구매결정에 필요한 모든 정보를 시장에서 충분하게 공급받을 수 없을 때 소비자의 選好(preferences)를 올바르게 반영시킬 수 없고 그 결과 그러한 시장을 통해서는 자원의 적정배분이 이루어질 수 없다.[4] 예를 들어 현실의 시장에서 품질이 좋은 상품은 그보다 못한 상품에 비하여 그 가격이 당연히 높아야 할 것이다. 그런데 실제에 있어서는 품질과 가격사이의 相關度(correlation)는 극히 낮아 오히려 품질이 낮은 상품의 가격이 오히려 높은 경우도 있다. 이것은 바로 소비자정보가 불완전할 때 시장을 통해서 자원의 적정한 배분이 이루어질 수 없다는 사실을 잘 보여준다.[5]

2.1 소비자정보의 공급측면

2.1.1 소비자정보의 과소공급

현실시장에서 소비자정보는 그것이 갖고 있는 경제적 특성으로 인해 그 자체로서는 충분하고 적절하게 공급되지 않는다. 우선 소비자정보 제공자의 입장에서 볼 때 소비자정보의 非歸屬性(inappropriability) 문제가 있다. 이것은 소비자정보의 공급자(제조업자 또는 판매업자)가 자기가

---

4) Douglas F. Greer, *Business, Government, and Society* (New York: Macmillan Publishing Co., 1987), pp. 27~28.

5) Alfred R. Oxenfeldt, "Consumer Knowledge: Its Measurement and Extent," *Review of Economics and Statistics* (October 1950), p. 310.

제공하는 정보를 소비자가 어떻게 이용하게 될지 알 수 없기 때문에 진실되고 충분한 소비자정보를 제공하지 않으려는 성향을 갖고 있는 것을 말한다. 예를 들면 어떤 판매자가 어떤 소비자에게 상품특성을 진실하게 그리고 자세하게 설명할 때 그 소비자는 설명을 다 듣고 나서 그 상품을 사지 않기로 마음을 정하거나, 다른 상점으로 가거나, 다른 상표의 제품을 찾아 갈 수도 있다. 뿐만 아니라 그렇게 얻은 상품정보는 그 소비자를 통하여 다른 소비자에게 파급될 수도 있다. 이 경우에 정보제공자는 자기가 제공하는 정보가 자기에게 궁극적으로 어떤 결과를 초래할지 알 수 없게 된다.

이런 문제가 발생하게 되는 보다 근본적인 원인은 제조업자나 판매자와 소비자 사이에 존재하는 情報의 非對稱性(information asymmetry) 때문이다. 정보의 비대칭성이란 거래상대방의 한편 사람이 가지고 있는 정보를 다른편 사람이 정확하게 파악할 수 없는 현상을 가리킨다. 예를 들면 中古車 시장에 자동차를 팔려고 내놓는 사람은 자기차가 어떤 결함을 가지고 있는지 잘 알고 있다. 그러나 중고차를 사려고 하는 사람은 그것을 알지 못한다. 결함있는 중고차를 팔려고 하는 사람이 그 사실을 말해준다면 아무도 그 차를 사려고 하지 않을 것이다. 또 다른 예로서 보험에 가입하는 사람은 자기가 갖고 있는 持病을 잘 안다. 그러나 보험회사는 그 사실을 알기 어렵다. 보험회사가 만일 그 사실을 알게 된다면 보험에 가입시키려 하지 않을 것이다. 제품판매자는 제품 특성에 대하여 소비자보다 많이 알고 있지만 그 제품 특성을 약점까지 포함하여 속속들이 알려주면 소비자는 판매자에게 고맙다고 생각하기 보다는 딴 생각을 하게 된다. 따라서 정보를 많이 갖고 있는 거래자는 상대방에게 진실되고 충분한 정보를 제공하지 않으려 한다. 정보의 비대칭성 문제들에 대해서는 제 17 장에서 보다 더 구체적으로 고찰하게 될 것이다.

2.1.2 소비자정보와 시장구조

市場構造(market structure)는 소비자정보의 양과 질에 커다란 영향을 미친다. 먼저 대기업들이 규모경제 이익(economies of scale) 또는 대량생산의 이익을 향유하면서 새로운 기업가의 신규진입(new entry)을 저해하는 독과점적 시장구조하에서는 소비자들의 제품선택 폭이 좁아지게 되는 것은 물론이고 소비자들이 가격이나 품질을 상호비교할 수 없게 되므로 독과점기업들이 자발적으로 제품이나 서비스에 대한 소비자정보를 제공하려는 유인은 훨씬 적다. 더 나아가서 소비자들은 독과점기업이 생산 판매하는 제품이나 서비스 질이 아주 낮을지라도 그것에 전적으로 의존할 수 밖에 없기 때문에 독과점기업은 품질향상 노력을 도외시 할 가능성이 크다.

어느 정도 시장경쟁이 이루어지고 있는 산업부문에 있어서도 경쟁의 양상이 價格競爭(price competition)이냐 아니면 非價格競爭(non-price competition)이냐에 따라 소비자정보는 서로 다른 특성을 보인다. 우선 어느 산업이 품질면에서 극히 동질적이기 때문에 가격경쟁이 주가 되는 경우에는 기업들이 價格談合(price collusion)을 시도할 가능성이 높다. 이 때 상품품질이나 서비스 질에 대한 소비자정보 공급은 제약될 수 밖에 없다.

특히 이용가능한 현재의 생산기술수준을 고려할 때 안전도나 품질향상을 위해서는 상당한 원가상승이 불가피한 경우 해당산업의 기업들은 품질경쟁을 가급적 회피하려고 한다. 이런 현상은 소수의 기업이 寡占的競爭(oligopolistic competition) 상태에 있는 경우는 물론이지만 특정 산업이 영세기업들로 구성되어 있고 이들이 과당경쟁을 하고 있는 경우에도 비슷하게 나타날 수 있다. 영세기업들은 품질향상 노력을 통하여 자기 제품에 고유한 이미지를 심을 수 있는 여력이 거의 없기 때문이다.

이와는 대조적으로 製品差別化(product differentiation)를 통한 獨占的競爭(monopolistic competition) 산업 또는 일반적으로 비가격경쟁이 주를 이루는 산업에 있어서는 가격경쟁이 주를 이루는 경우와 비교할 때 품질에 관한 소비자정보가 보다 많이 제공될 가능성이 높다. 그러나 이 경우에 있어서도 기업들이 품질이나 성능 또는 안전성에 대한 결정적인 또는 치명적인 정보를 제공하지는 않으려고 한다. 이런 현상은 소비자의 안전에 직결되는 제품이나 서비스의 경우에 더욱 심하게 나타난다. 예를 들면 비행기나 자동차의 事故率과 같은 정보는 해당산업 누구에게나 불리한 영향을 미치기 때문에 관련 산업의 회사들 사이에 암묵적으로 쉽게 동의가 이루어지고 따라서 이런 정보를 구하기란 어렵다.

이와 같이 시장구조적 특성으로 인해 완전경쟁이 이루어지지 않는 경우에 시장경쟁이 보다 활발하게 일어날 수 있도록 경쟁여건을 조성하는 것은 대단히 효과적인 소비자보호 정책수단이 될 수 있다. 시장경쟁의 활성화로 인한 효과가 나타나기 위해서는 상당한 시간을 요한다고 할지라도 기업 스스로가 자기이익을 위해 보다 많은 소비자정보를 제공하도록 하는 유인을 갖도록 한다는 점에서 가장 확실한 소비자보호의 방법이 될 수 있다. 예를 들면 독과점적 시장구조에 의한 폐해를 막기 위한 방법으로서 輸入開放 만큼 효과적인 수단은 없다. 왜냐하면 외국의 값싸고 질좋은 제품이 수입될 때 기존의 국내 독과점기업은 원가절감 노력이나 품질향상 노력을 강화하지 않을 수 없게 된다.

2.1.3 소비자정보와 상품특성

시장구조나 시장경쟁 여하에 불구하고 소비자정보의 양과 질은 상품특성에 따라 큰 차이가 있다. 소비자정보의 내용과 유용성을 기준으로 상품을 분류해 본다면 탐색상품, 경험상품 그리고 신용상품의 세 가지로 나누어 볼 수 있다.[6)]

첫째, 探索商品(search goods)은 과일, 야채, 고기, 의류, 구두 등 일반적으로 소비자가 그것의 신선도, 스타일, 품질수준과 가격을 쉽게 비교하고 판별할 수 있기 때문에 그 자체로서 상당한 양의 소비자정보를 제공한다. 따라서 이런 상품들은 그 상품 자체의 특성이 비교적 단순하기 때문에 소비자가 올바른 선택을 할 수 있는 가능성이 높다.

둘째, 經驗商品(experience goods)은 맥주, 가공식품, 세탁제, 자동차,

---

6) Swagler, *op. cit.*, pp. 93~95; Greer, *op. cit.*, pp. 231~233.

가전제품 등과 같은 것들로서 이런 상품의 품질이나 성능에 관한 소비자 정보는 실제로 그것들을 구입해서 사용해 본 경험을 통해서만 얻어질 수 있다. 이런 상품을 올바로 선택할 수 있는 방법은 소비자가 자기의 경험에 비추어 보다 만족을 주는 특정 브랜드(brand)의 상품을 찾아냄으로써 가능해지게 된다.

셋째, 信用商品(credence goods)은 의약품, 화장품, 의료기구, 영양제, 건강식품 등과 같이 그것의 품질이나 효능자체에 대해 논란이 많고 그것을 사용해 본 경험을 갖고서도 그 상품에 대한 정확한 판단을 내리기 어려운 상품이다. 또한 이런 상품에 대한 소비자의 경험적 판단이 항상 옳다고도 할 수 없다. 예를 들면 어떤 영양제가 과연 건강에 도움이 되느냐의 여부에 대한 소비자의 주관적 판단은 그릇될 수 있다. 이와 같이 신용상품은 그 자체가 전달해 주는 소비자정보가 극도로 제약되어 있기 때문에 소비자가 이런 상품을 올바르게 선택하기란 대단히 어렵고 전문적인 연구기관의 시험분석결과 등을 통해서만 소비자는 상품의 우열을 가릴 수 있게 된다.

상품특성은 소비자문제가 발생되는 단계에 따라서도 규정해 볼 수 있다. 소비자문제는 보통 가공 및 생산과정에서의 잘못으로 비롯되는 것이 대부분이지만 상품에 따라서는 그것이 유통되거나 소비되는 단계에서 소비자 불만이 발생한다. 예를 들면 식료품이나 乳製品 등은 적정한 유통기일이 지나면 변질 또는 부패하게 됨으로써 소비자불만과 消費者 危害를 야기한다. 가전제품의 경우에는 부주의로 인해 소비자위해가 발생하기 쉽고 아프터서비스의 과정에서 소비자불만이 제기되기도 한다. 의약품의 경우에는 물론 제조 상의 문제로 인해 소비자 피해가 발생하기도 하지만 誤用이나 濫用으로 인해 소비자 피해가 발생하는 경우가 많다.

상품특성은 어떤 정보가 소비자에게 보다 유익한 정보가 될 수 있느냐를 판단하고 효과적인 소비자보호 규제정책 수단을 모색함에 있어서 중요한 판단기준이 될 수 있다. 예를 들면 探索商品의 경우에는 소비자들이 상품을 쉽게 비교하도록 하기 위한 가격표시나 제품표준화(product standardization) 정책이 보다 유효하다. 이에 비하여 經驗商品의 경우는 과장광고 또는 허위광고의 규제가 필요하다. 다음으로 信用商品의 경우는 상품에 대한 시험분석 결과의 공표 등 情報公開(information disclosure)가 보다 바람직한 접근방법이라고 할 수 있다.

소비자불만이 발생하는 단계도 역시 바람직한 규제수단의 모색에 있어서 중요하게 고려되어야 할 요소다. 예를 들면 유통단계에서 소비자불만이 야기되는 상품은 제조일자의 표시 또는 유효기간 등에 관한 表示規制(labeling regulation)가 적절하다. 물건의 사용시에 소비자문제가 발생할 수 있는 가전제품 등은 소비자 교육이 보다 적합한 소비자보호 방법이 될 수 있다.

2.2 소비자정보의 수요측면

2.2.1 소비자정보의 공공재적 특성

앞에서 시장에 소비자정보가 과소공급되는 원인을 공급측면에서 살펴보았다. 여기에서는 소비자정보를 필요로 하는 소비자 측에는 어떤 문제가 있는지를 고찰하려고 한다. 우선 소비자는 어떤 객관적인 자료나 연구에 의한 도움을 받지 않고서는 그가 필요로 하고 있는 소비자정보가 무엇에 관한 정보인지에 대해 조차 잘 알지 못한다. 예를 들어 어떤 소비자가 자동차를 사려고 할 경우 자기에게 필요한 정보가 가격인지 아니면 燃比(fuel efficiency)에 관한 정보인지 또는 자동차의 견고성 또는 사고가 났을 때의 안전성에 관한 정보인지를 분별하기가 어렵다. 뿐만 아니라 소비자가 구입하려고 하는 상품에 관한 수많은 종류의 정보가 상호 모순되는 관계에 있을 때 어떤 정보를 보다 중요시해야 할지 혼돈에 빠지기 쉽다. 이와 같이 소비자 스스로가 자기들이 필요로 하는 정보가 무엇인지 모르고 있을 때 消費者情報 시장(consumer information market)은 잘 기능할 수 없다.

소비자정보가 시장을 통해서는 충분하게 공급될 수 없는 것은 소비자

정보의 公共財(public good)적 특성 때문이다. 소비자정보는 그것이 비록 無形이기는 하지만 그것의 획득과 유통에는 비용을 수반하는 한 財貨(commodity)이다. 그러나 소비자정보는 일반적인 私的 財貨(private good)와는 달리 그것이 어느 만큼 공급되든지간에 일단 공급되기만 하면 공급자가 누구이든 관계 없이 소비자 모두가 아무 불편이나 효용의 감소 없이 공동으로 이용할 수 있는 성질, 즉 非排他性(non-excludability)과 非競合性(non-rivalry)을 갖고 있다. 이것을 소비자정보의 공공재적 특성이라 한다.

소비자정보의 이런 공공재적 특성 때문에 소비자 문제에는 여타의 공공재의 경우에서와 마찬가지로 無賃乘車者(free-rider) 문제가 야기된다. 즉 모든 소비자가 소비자정보를 필요로 하지만 개별 소비자는 다른 누군가가 그 정보를 획득하여 제공해 주기만을 원할 뿐 스스로 특별한 시간과 비용을 들이려 하지 않는 성향을 갖고 있다. 이 때 公共財인 소비자정보의 공급은 우리가 제 4 장에서 검토한 소위 집단행동의 딜레마현상에 빠지게 된다. 集團行動의 딜레마(collective action dilemma)는 이해관계를 같이하는 집단이 多數일 때 公共財 또는 集團財(public or collective good)에 흔히 나타나는 無賃乘車者(free-rider) 문제로 인해 자기들에게 유익한 최선의 해결책을 마련하지 못하는 상황을 말한다. 기본적으로 시장을 통하여 해결되어야 할 소비자문제의 해결을 위해 정부가 시장에 개입하지 않으면 안되는 이유는 바로 여기에 있다.

정부는 소비자들을 위험에 빠뜨리는 각종의 危害要因을 직접적으로 제거하는 책임을 지고 있는 것은 물론이고 보다 근본적으로는 불완전한 시장이 그 자체로서는 충분히 공급해 줄 수 없는 각종의 정보를 스스로 제공하여 주거나 기업들로 하여금 이를 공급하도록 강제함으로써 개별 소비자들이 부담해야만 할 情報費用(information costs)을 최소화하고 이로써 자원의 효율적 활용을 촉진하는 역할을 담당하고 있다. 여기에서 情報費用이란 소비자정보의 공급이 불충분할 수 밖에 없는 불완전한 市場(imperfect market)에서 개별 소비자가 자신의 이익을 위해 좀더 값싸고 좋은 제품, 좀더 안전한 상품과 서비스를 스스로 탐색하는 과정에 수반되는 비용과 시간과 노력을 말한다. 불완전한 시장에서 소비자의 정보비용은 개별 소비자로서는 도저히 감당할 수 없을 정도로 높다. 뿐만 아니라 모든 소비자가 거의 동일한 소비자정보를 얻기 위해 그만한 비용을 지불해야 한다면 이것은 사회적으로 막대한 자원의 낭비를 초래하게 된다. 이 경우에 정부가 개입하여 소비자 정보를 생산배급하거나 또는 기업으로 하여금 그렇게 하게 할 때 모든 소비자는 정보비용을 줄일 수 있고 국가전체적으로 자원의 낭비를 막을 수 있다.

2.2.2 소비자의 비합리적 성향

시장이 완전하게 기능하는 경우라 할지라도 인간이 지니고 있는 제한된 合理性(bounded rationality) 때문에 소비자문제는 불가피하게 야기된다. 특히 消費者 安全(consumer safety) 문제는 소비자가 危險(risk)의 존재를 인지하고 있을지라도 그것이 자기의 문제가 아니고 다른 사람들의 문제인 것처럼 생각하여 주의를 소홀히 하는 경향이 강하기 때문에 발생한다. 예를 들면 담배의 발암률이 높다고 하는 사실이 입증되고 있음에도 불구하고 계속적으로 흡연하는 경우, 또는 안전벨트가 사고가 났을 때 승객의 부상을 현저하게 감소시킨다는 사실에도 불구하고 일반인들이 안전벨트의 착용을 게을리하는 경우 등은 모두 인간이 위험에 대한 충분한 정보가 주어지고 있음에도 불구하고 자발적으로 모험을 감행하려고 하는 성향을 잘 보여 주는 예들이다. 이런 불합리한 성향이 존재하는 한 제품이나 서비스에 대한 충분한 정보가 주어진다고 하더라도 안전과 危害의 문제는 상존할 수 밖에 없다. 우리는 앞장에서 작업장에서의 안전문제도 상당 부분 근로자의 주의소홀로 야기됨을 보았다.

소비자의 안전의식 수준은 각종의 新物質, 新商品이 내포하고 있는 잠재적인 위해요인에 대한 과학적 분석과 연구결과가 널리 알려지게 될 때 상당히 높아진다. 과학정보의 국제적 이동이 대단히 신속하게 이루어지고 있는 오늘날 선진국에서 발견된 새로운 危害情報(예를 들면 발암물질과 같은 정보)들이 속속 보급됨으로써 소비자의 안전의식 수준이 급속하게 상승하는 추세에 있다. 이런 정보의 유통은 소비자의 인식을 변화시킬 뿐만 아니라 시장경쟁의 양상을 크게 변화시킨다는 점에서도 매우 중요하다.

소비자들이 이런 정보를 알고 있다고 할 때 제조업자 또는 판매자는 신경을 쓰지 않을 수 없게 되기 때문이다. 새로운 과학정보를 통하여 소비자들이 특정 상품이나 서비스에 만연되어 있는 위해요인이나 기만적인 사례들에 대해 높은 관심을 갖고 주의를 기울이게 될 때 공급자는 이제 단순히 가격경쟁이나 광고경쟁을 통해서는 시장을 확보할 수 없다는 인식을 갖지 않을 수 없고 소비자 불만을 제거하기 위해 품질 및 서비스 향상노력을 경주하지 않을 수 없다. 더 나아가서 품질향상을 둘러싼 시장경쟁과정에서 자연발생적으로 추가적으로 생산 공급되는 소비자정보는 경쟁기업들에 대한 추가적인 자극으로 작용함으로써 시장경쟁의 양상을 본질적으로 변화시킬 수 있다. 외국에서 최신정보가 들어 올 때 관련제품의 경쟁회사들이 자기 제품이 보다 안전하고 좋다고 선전하면서 소비자를 유인하려고 하는 것은 이것의 좋은 예이다.

[사례 16-1] PVC 랩(wrap)의 危害性 논쟁

1985년 PE랩 생산업체인 「크린랩」이 "크린랩은 일반(PVC) 랩과는 달리 고온에서 발생하는 유해한 염산 및 염소가스는 물론 염화비닐 단량체의 생성이 전혀 없어 전자레인지에도 안심하고 사용할 수 있다"는 광고를 내자 PVC랩 생산업체들의 항의가 잇달았다. 이에 공정거래위원회는 4차에 걸친 비방광고 시정명령 끝에 1987년 12월 「크린랩」을 검찰에 고발하였다. 그러자 「한국부인회」가 1989년 2월 네덜란드에서의 시험검사 결과를 토대로 PE랩이 PVC랩 보다 안전하다는 주장을 다시 전개하였다. 한국부인회는 PVC랩의 원료인 PVC 자체가 발암물질인 VCM을 중합시킨 것으로 발암물질이 잔존할 위험이 있고 식품포장재로 적합하지 않고 음식포장시 접착성을 높이기 위해 첨가하는 可塑劑도 발암성 물질이므로 소비자 건강을 위해 냉동, 냉장식품을 제외하고는 건강상 안전한 PE랩을 사용해야 한다고 주장하였다. 또한 기존 4개 PVC

랩 생산업체는 발암물질인 VCM량이 0.1ppm 이하로서 규제기준 1ppm 보다는 모두 낮다고 하나 시험검사 결과 PE랩은 발암물질이 전혀 검출되지 않은 반면 PVC랩은 일본 등 선진국에서 생산하지 않고 있는 점에 비추어 PVC랩 생산을 보다 엄격하게 규제해 줄 것을 촉구하였다. 소비자들이 이러한 논란을 두고 당황해 하자 보사부는 국립보건원을 통해 실시한 정밀검사를 기초로 1989년 4월 PVC랩은 無害라고 결론을 지었다. 그러면서 보사부는 섭씨 100도 이상에서 PVC랩을 사용하는 것은 좋지 않다고 덧붙였다. 그러나 전자레인지의 사용이 보편화되고 있는 현실을 감안할 때 보사부의 결정은 상당한 의문을 남기고 있다.

소비자정보가 충분한 경우라 할지라도 소비자의 연령, 학력수준 등에 따라 소비자의 이해능력이나 자기보호능력이 다르기 때문에 소비자문제가 야기되는 경우가 있다. 예를 들면 接着劑(본드) 흡입이 幻覺을 일으킨다는 危害情報가 오히려 청소년들의 호기심을 자극시킬 수도 있다. 의약품의 부작용에 대한 주의사항이 일반 소비자들로서는 도저히 이해할 수 없는 어려운 용어로 표시되어 있어 의약품의 오용이나 남용을 막기 어렵다.

일반적으로 소비자의 소득수준은 안전인식 수준에 중요한 영향을 미친다. 제품의 안전성 여부에 대한 정보가 충분하게 주어져 있는 경우라 할지라도 저소득층 소비자들은 비교적 안전성이 떨어지지만 싼 제품을 구입하려고 한다. 저소득층 노동자들이 비교적 재해의 위험성이 높지만 대신 높은 임금을 지불하는 직장을 찾는 것도 마찬가지다. 이들은 좀더 싼 제품 또는 좀더 월급을 많이 주는 직장이 안전한 제품이나 직장보다 낫다고 생각하는 경향이 강하다. 여기에 더하여 저소득층 소비자들의 교육수준이 일반적으로 낮다고 하는 점을 감안하여 본다면 소비자안전 문제는 저소득층에서 훨씬 높게 나타날 가능성이 많다.

이와 같이 시장기능 상의 문제보다는 소비자의 비합리적인 의사결정 때문에 소비자문제가 야기될 때 정부는 家父長的(paternalistic) 고려에서 그리고 개인적 소비의 자유를 보장하기 보다는 사회적으로 바람직한 道

德的 價値의 실현을 위해 소비자 문제에 개입하게 된다.[7] 이 경우 정부개입은 시장실패를 보완하기 위한 정부개입의 경우와는 달리 정부개입의 방법 및 수단의 선택에 있어서 법적 금지나 제한을 통한 보다 엄격한 접근을 보여주는 특성을 갖는다.

3. 명령지시적 규제수단

서론에서 언급한 소비자보호 관점(consumer protection view)에 입각하여 사업자(생산자나 판매자)가 지켜야 할 의무를 법에 규정하거나 사업자가 지켜야 할 안전기준(safety standards)을 설정하는 방법으로 또는 직접적인 법적 제한(legal restriction)을 부과함으로써 소비자를 직접적으로 보호하려 할 때 명령지시적 규제수단이 사용된다. 여기에서는 전자의 경우로서 물품의 안전기준 규제 그리고 후자의 예로서 허위 및 과장광고의 규제에 대해 차례로 살펴 본다.

3.1 물품의 안전기준 설정

현대의 大量消費社會(mass consumption society)에서 소비자들이 합리적이고 안전한 소비생활을 도모하기는 대단히 어렵다. 특히 수많은 제품의 홍수 속에서 소비자들이 그것의 복잡한 기술적 특성을 올바로 파악하기를 기대할 수 없다. 따라서 정부는 일반 소비자들이 제품의 危害(hazards)에 대해 충분히 이해하기 어렵고 인체의 건강, 생명, 재산에 대해 중대한 피해를 야기할 가능성이 높은 제품에 대해 안전기준(safety standards)을 설정하고 이 기준에 부합하는 제품만을 생산 또는 판매할 수 있도록 허가하는 방법을 사용하고 있다.

---

7) Steve Kelman, "Regulation and Paternalism," *Public Policy*, Vol. 29, No. 2 (Spring 1981), pp. 219~54.

안전기준에 의한 규제는 주로 식품, 의약품, 화장품, 의료기구, 완구류, 전기용품 등의 경우에 가장 흔하게 사용된다. 이런 제품의 안전기준을 정하고 있는 관계법(식품위생법, 약사법, 전기용품 안전관리법 등)에는 각종의 안전기준 뿐만 아니라 사업면허에서 부터 각종의 안전규격의 승인, 제품의 사전 및 사후검사, 위반행위에 대한 처벌방법 등을 같이 규정함으로써 안전기준을 기업이 준수하도록 강제하고 있다.[8]

안전기준 규제 역시 명령지시적 규제수단인 한 우리가 앞장에서 고찰한 바 있는 정치경제적 속성과 장단점을 그대로 갖고 있다. 우선 안전기준 규제는 정해진 안전기준에 적합하지 못한 제품의 생산이나 판매를 원천적으로 금지하는 것이므로 정책집행이 효과적으로 이루어질 수 있다고 한다면 가장 강력한 소비자보호 방법이 될 수 있다. 사업자로서도 정부가 정한 기준을 쉽게 이해할 수 있고 따라서 스스로 무엇을 해야 하는지가 분명한 장점도 있다. 또한 안전기준 규제는 정치적 호소력이 높기 때문에 도입하기가 비교적 용이하다.

그러나 안전기준 설정을 통한 규제방법은 많은 문제점을 갖고 있다. 우선 안전기준을 설정함에 있어서 어느 정도 수준의 안전성(threshold levels) 확보를 목표로 할 것이냐가 문제가 된다. 예를 들면 식품이나 의약품, 화장품의 경우 발암물질 또는 重金屬의 함유를 절대금지(prohibition)할 것인지 아니면 이를 제한할 경우 어느 선에서 제한해야 할 것인지가 문제이다. 물론 소비자를 확실하게 보호한다는 측면에서는 절대금지가 가장 소망스럽다고 할 수 있겠으나 경제성 또는 기술수준의 문제를 아울러 고려할 때 반드시 절대금지만이 최선이라고 보기 어려운 경우가 많기 때문에 논란의 소지가 많다.

또 다른 예로서 자동차의 안전규제에 있어서 車體 및 유리의 견고성, 타이어의 수명과 안전성, 사고시 충격완화 방법 등에 관한 成果基準(performance standards)을 정하는 것이 보통인데 이 때에는 사회적으로 바

---

8) 우리나라, 일본, 미국의 안전기준 관리제도에 관하여는 金錫喆 외, "消費者安全管理制度에 관한 硏究," 한국소비자보호원, 「연구보고서 89-05」 참고.

람직한 수준과 현존하는 기술로서 달성가능한 수준을 고려하여 안전기준이 설정된다. 그러나 기술적 정보를 충분하게 갖고 있지 못한 규제기관으로서는 부득이 관련산업에 기술적 정보를 의존하지 않을 수 없기 때문에 안전기준이 불합리하게 낮은 수준에서 결정될 우려가 높다. 그런가하면 경쟁업체가 서로 자기에게 유리한 기준을 얻어내기 위해 전략적으로 행동할 수도 있다.

안전기준을 설정하는 과정에서 시험검사(testing)의 정확성과 신뢰성에 관한 문제가 심각하게 제기된다. 특히 식품, 의약품, 화장품 등 인체의 건강과 생명에 직접적으로 영향을 미치는 제품의 경우에는 보통 동물시험(animal test)을 통하여 안전기준을 설정하게 되는데 이 때 동물시험결과를 인체에 확대적용(extrapolation) 하는 방법이 대단히 복잡하고 논란을 불러 일으킬 소지가 많다. 왜냐하면 동물시험의 경우에는 단기간에 상당한 양(dose)의 유해물질(발암물질)을 투여하는 것이 보통인데 정상적인 제품의 경우 인간이 섭취하게 되는 유해물질의 양은 극히 미량이고 또한 그 유해물질이 체내에 축적되어 위해를 일으키기 까지는 장기간을 요하는 경우가 많기 때문이다.[9] 자동차 안전도 시험검사에 있어서도 시험방법, 도로조건, 일기의 변화 등에 따라 그 결과가 달라질 수 있기 때문에 객관성 확보가 쉽지 않은 경우도 많다.

다음으로 안전규제가 갖고 있는 보다 심각한 문제점은 비록 안전기준이 적합한 수준에서 설정이 되어 있다고 할지라도 해당 제품이 이런 기준에 적합하게 생산 또는 판매되고 있는지를 철저하게 감시하지 않는 한 그것이 완벽한 소비자보호의 방법이 될 수 없다는 데 있다. 즉 관계법 위반행위를 항상 감시하고 그것을 엄격하게 처벌하지 않는 한 소비자보호가 미흡하게 된다. 이런 측면에서 안전규제는 가장 강력하게 소비자를 보호할 수 있는 방법처럼 보이지만 관련법 집행이 소홀해 질 때 소비자가 곧바로 위해요인에 노출되는 결과를 초래한다는 점에서 중대한 맹점을 갖고

---

9) 이에 대한 구체적 논의는 제 23 장의 위험-편익분석(risk-benefit analysis) 참고.

있다. 또한 위반행위의 적발방법으로서 규제기관이 불가피하게 의존하고 있는 표본추출(sampling)에 의한 사전 및 사후검사 방법은 표본의 크기가 상당히 크지 않은 한 안전상 결함을 간과하게 될 우려도 높다.

이런 문제점들로 인해 안전기준 규제는 행정력의 동원이 가능한 최소한의 품목을 대상으로 실시하는 것이 바람직하다. 그러나 오늘날 과학기술의 발달과 함께 인체의 건강과 생명을 위협하는 각종의 화학물질 등이 속속 발견되고 있어 그 대상이 확대되지 않을 수 없는 추세에 있다. 이런 견지에서 안전기준을 통한 정부규제의 대상품목의 숫자는 행정력이 뒷받침될 수 있는 범위내로 국한하되 품목은 소비자들의 안전의식 수준을 고려하여 그때그때 적절하게 조정해 나가야 할 필요가 있다.

다음으로 안전기준 규제하에서 안전기준을 위반한 제품의 시장유통이 금지되는 것은 물론이나 기술발전에 따른 시험검사 방법의 정확도 향상 또는 정규의 시험검사 시에 발견하지 못한 위해가 판명될 경우에는 보통 그 제품을 사업자가 자발적으로 回收(recall) 하도록 명령하거나 아니면 규제기관이 직접 수거하는 방법이 사용된다.[10] 이 때 그 제품의 소비자가 광범위하게 분산되어 있기 때문에 해당 제품의 소비자에게 이를 일일이 주지시키기가 대단히 어렵다는 점이 문제된다. 최근에는 컴퓨터기술의 발달과 보급의 확대로 소비자를 보다 쉽게 추적할 수 있는 방법들이 사용되고 있기는 하나 아직도 소비자보호에 미흡하기는 마찬가지다.[11] 이런 이유로 경우에 따라서는 제품의 하자나 결함을 公示 또는 광고하는 방법을 보완적으로 사용하는 것이 바람직할 것이다.

더 나아가서 瑕疵物品의 회수조치는 제품의 기술적 결함을 공식적으로 인정하는 것과 다름없기 때문에 그 물품을 사용한 소비자들로부터의 물품하자를 근거로 한 손해배상소송(product liability suits)을 폭주하게 만드는 계기를 부여한다. 이런 訴訟의 급증은 해당회사의 이미지를 가속

---

10) 물론 제품의 결함을 미리 발견한 업체가 스스로 문제의 제품을 회수할 수도 있다. 이것을 자발적 회수(voluntary recall)라고 부른다.

11) 이것에 관하여는 Murray L. Weidenbaum, *Business, Government, and the Public* (Englewood Cliffs, NJ.: Prentice-Hall, 1986), 3rd ed., pp. 43~48 참고.

적으로 실추시킬 뿐만 아니라 재정적 부담을 가중시키게 될 것이다. 물론 그 업체가 물품하자보험(product liability insurance)에 가입하고 있는 경우에는 다소 재정적 부담을 경감시킬 수도 있을 것이다.[12)]

끝으로 참고 삼아 우리나라 소비자들의 危害情報의 認知度와 그것에 대한 반응의 설문조사 결과를 살펴보는 것이 유익할 것 같다.[13)]

먼저 우리나라에서는 약국에서 쉽게 살 수 있는 약품들의 상당수가 선진외국에서는 의사의 처방 없이는 구입할 수 없는 의약품이라는 사실을 알고 있느냐는 질문에 대해 (1) 그런 얘기를 어디서 듣거나 읽은 기억이 있다(42%), (2) 처음 듣는 이야기다(35%), (3) 잘 알고 있다(23%)로 나타나 우리나라에서 의약품의 오용 또는 남용이 심각함을 보여주고 있다. 이런 危害情報에 대한 파악 정도는 여자, 젊은 층, 고소득층이 보다 높은 것으로 나타났다.

다음으로 물건의 위험사실이 보도되거나 알려진 식품 또는 물건에 대해 어떻게 하겠느냐를 묻는 질문에 대해 (1) 그 물건을 더 이상 사지 않는다(80%), (2) 꼭 믿을 만한 거래처에서만 산다(11%), (3) 유명회사 제품으로 바꾼다(8%), (4) 그래도 값이 싸다면 계속 사용한다(1%) 고 답변하여 위해정보에 대해 민감한 반응을 보여 주었고 이런 성향은 소득수준과 교육수준이 높으면 높을수록 더욱 강한 것으로 나타났다.

한편 항시 사용하는 화장품에 문제가 있다는 사실이 알려지면 어떻게 하겠느냐는 질문에 대해서는 (1) 당장 사용을 중단한다(77%), (2) 스스로 느끼기에 이상이 없다면 계속 사용한다(23%) 라는 반응을 보여 안전성의 판단에 있어 스스로의 경험을 지나치게 중요시하는 경향을 보여 주었고, 이런 경향은 저소득층과 저교육수준의 소비자 가운데 더욱 현저하게 나타났다.

---

12) George Eads and Peter Reuter, *Designing Safer Products: Corporate Responses to Product Liability Law and Regulation* (Santa Monica: Rand Corp., 1983), pp. 12~32. 물품하자로 인한 손해배상제도에 관한 보다 상세한 논의는 제18장 2절 참고.

13) 졸고, 전게논문, pp. 199~200 참고.

3.2 허위·과장광고의 규제

현대사회에서 막대하게 이루어지고 있는 광고의 홍수는 그것의 목적이 소비자에게 필요한 소비자정보를 제공해 주는데 있다기 보다는 소비자를 설득하는 데 있다고 할 수 있다.[14] 이것은 광고가 대체로 소비자들이 정보면에서 보다 많은 취약성을 안고 있는 經驗商品(experience goods)이나 信用商品(credence goods)을 대상으로 가장 집중적으로 행해지고 있다는 사실로부터도 명백하게 드러난다. 위에서 본 바와 같이 소비자들은 이런 유형의 상품소비에 보다 많은 정보를 필요로 하고 있으나 이런 유형의 상품을 대상으로 막대하게 이루어지는 광고는 주로 브랜드 이미지(brand image)의 창출 및 유지에 그 목적을 두고 있기 때문에 소비자 정보로서의 가치는 매우 적다.

그럼에도 불구하고 우리나라에 있어서 광고가 갖고 있는 위력은 상당히 높다. 1988년 3월 한국소비자보호원이 실시한 의약품 오용·남용 실태조사 결과에 따르면 조사대상자의 80.4%가 약광고에 많이 접하고 있고, 66%가 약광고에 관심이 많고, 59%가 약광고에 신뢰감을 갖고 있다. 77.8%의 조사대상자는 광고 약품을 광고되지 않은 약품보다 신뢰하고 있고, 전문가의 처방없이 광고를 보고 스스로 약을 선택하는 소비자가 77.3%(소화제)에서 27.6%(항생제)로 나타났다. 해열진통·소염제의 자기처방 비율이 66%, 위궤양 치료제나 해독제도 50% 이상의 소비자가 의사의 처방없이 약을 사용하고 있다. 심각한 문제가 아닐 수 없다.

소비자들이 광고에 의존하는 성향이 이처럼 높은 한 허위 또는 과장광고가 소비자를 오도할 가능성은 그만큼 높다. 허위 또는 과장광고의 사례는 무궁무진하나 중요한 것을 유형화 해 본다면 (1) 제품의 성분 또는 (2) 제품의 성능 및 효력을 허위로 또는 과장하여 광고하거나, (3)

---

14) David G. Tuerck, *Issues in Advertising: The Economics of Persuasion* (Washington, D.C.: American Enterprise Institute, 1978).

유명인사를 광고에 등장시킴으로써 소비자의 합리적 판단을 흐리게 한다든가, (4) 고도로 발달된 사진기술을 이용하여 소비자의 눈을 현혹시키는(특히 TV광고에서) 등의 광고행위를 말한다.

허위 또는 과장광고가 나쁘다는 것은 지극히 당연한 사실이나 무엇이 허위 또는 과장광고냐를 판단하는 것은 대단히 어려운 문제이다. 우선 주목하지 않으면 안될 사실은 허위 및 과장광고는 그 자체로서 문제가 되는 것이 아니고 그것이 소비자를 기만하여 비합리적인 소비행위를 하도록 유인할 때 문제가 된다. 다시 말하면 광고내용의 眞僞 그 자체가 문제라기 보다는 광고가 소비자의 마음 가운데서 일으키는 欺瞞 작용이 문제이다. 우리가 보통 사용하고 있는 허위 및 과장광고라는 말은 이 점에서 정확하지 못한 표현이라고 할 수 있다. 물론 진실된 광고는 대체로 기만적인 광고가 아니지만 진실된 광고라 할지라도 경우에 따라서는 소비자를 기만할 수 있다. 역으로 허위광고는 대체로 기만적이지만 허위광고라고 할지라도 경우에 따라서는 소비자를 기만하지 않을 수 있다.

먼저 전자의 예로서는 어떤 유명인사가 광고에 등장하여 “나는 건강을 위해 늘 ○○약을 복용하고 있습니다”라고 했을 때 그 사람이 실제로 그렇게 하고 있을지라도 소비자가 그 사람의 말을 믿고 따른다면 이 광고는 기만적일 수 있다. 반대로 후자의 경우로서 “이 제품은 세계에서 제일 좋은 제품”이라고 과장된 광고를 할지라도 소비자가 그것을 애교있는 과장으로 또는 광고에 있어서의 茶飯事로 받아들인다면 그 광고는 기만적인 광고라고 볼 수 없다.

이렇게 볼 때 허위광고(또는 과장광고)가 곧 기만적인(deceptive) 광고는 아니다. 그러면 어떤 광고를 기만적인 광고라고 할 수 있는가? 광고의 기만성은 보통 다음의 세 가지 요인을 동시에 충족하는 경우에 발생하는 것으로 본다.[15] 첫째, 그 광고가 잠재적으로 소비자를 기만할 수

15) 여기에서 설명하고 있는 기준은 미국의 연방공정거래위원회(Federal Trade Commission) 및 각급 법원이 1983년 이전까지 사용해 온 기준으로서 우리나라도 대체로 이와 유사한 기준을 사용하고 있다. 참고로 말하면 이 기준은 그것이 광고를 지나치게 엄격하게 규제하는 것이라 하여 대폭 완화되었다. Greer, *op. cit.*, pp. 250~266.

있는 능력이나 경향성(capacity or tendency to deceive)을 갖고 있어야 한다. 즉 잠재적인 소비자의 마음속에 그 광고를 진실이라고 믿게 하는 무엇인가가 있어야 한다. 이것은 사실의 왜곡일 수도 있고 밝혀야 할 사실을 은폐하는 것일 수도 있다. 예를 들면 건강식품 광고에 있어서 그것이 만병을 다스릴 수 있는 것처럼 왜곡한다거나, 의약품광고의 경우에 그 약품의 부작용을 언급하지 않는 것 등은 소비자를 오도할 가능성이 있다. 이 때 광고자가 소비자를 기만할 의도를 갖고 있었는지 또는 실제로 기만하였는지를 증명하여야 하는 것은 아니고 그 광고가 소비자의 판단을 오도할 잠재적 가능성이 있으면 그것으로 일차적인 기만성의 요건이 확립된다.

둘째, 어떤 광고가 기만적이려면 그 광고에 속임을 당한 소비자가 상당수 존재해야 한다. 물론 여기에서 상당수라는 표현이 소비자의 몇 퍼센트(%)라고까지 세밀하게 규정될 수는 없다. 보통 일반적인 상식을 가진 소비자가 속아 넘어갈 정도라고 해석하면 좋을 것이다. 그러나 문제가 된 광고제품이 특히 인체의 건강이나 생명과 관계되는 제품일 경우에는 보통 이하의 지식수준 또는 판단수준을 가진 소비자들을 보호하기 위해 보다 폭넓게 이 기준이 충족된 것으로 인정하는 것이 바람직하다. 왜냐하면 그래야만 남의 말을 무조건 믿고 그 결과 쉽게 속임수에 넘어가는 순진한 소비자를 보호할 수 있기 때문이다.

셋째, 광고의 기만성으로 인해 소비자에게 상당한 손해나 피해를 야기시키는 것이어야 한다. 즉 기만적 광고의 내용이 가격, 성능 및 효력, 내구성, 견고성 등 일반적으로 합리적인 소비자가 중요하다고 생각하는 요건에 해당하는 것으로서 그 소비자의 의사결정에 중요하게 영향을 미친 것이어야 한다. 따라서 예를 들면 유명인사가 광고에 등장하여 그 제품을 선전하였기 때문에 소비자가 그릇 판단하게 되었다면 이것만으로는 기만적인 광고라고 할 수 없다.

그러나 최근 우리나라에서 문제가 되었듯이 백화점들이 예를 들면 "신상품 정상가격의 60% 인하 세일," "평생 단 한번의 기회" 등 소비자를 현혹하는 요란한 세일광고를 냈으나 '정상가격(regular prices)'을 정상이상으로 높게 조작하여 이것에서 60%를 인하한 결과 평상시의 가격수준과 별 차이가 없는 가격에 제품을 판 경우는 명백하게 기만적인 광고행위에 해당한다. 왜냐하면 이런 기만적인 광고가 아니었다면 소비자는 그 가짜 '세일'에 몰려가지 않았을 것이기 때문이다.[16)]

[사례 16-2] 건강식품과 의약품 과장광고

1988년 9월에서 1989년 5월 까지 한국소비자보호원이 신문, 잡지, 傳單 등 각종 인쇄매체에 실린 광고의 내용을 검토한 결과 모두 81개의 광고가 허위 또는 과장광고로 지적되었다. 이 중 의약품과 건강식품 광고가 가장 많았다. 주요한 예를 들어 본다. "한알이면 모든 증상이 치료됩니다," "한방과 양방의 이중효과," "444효과－네 가지 성분이 들어있어 네 가지 증상이 한꺼번에 치유됩니다," "매일 ○○를 먹이세요," "머리가 아팠다하면 ○○," "속 쓰린 것은 위궤양, 위궤양에는 ○○," "명쾌한 약효, 만족스런 효과," "근원적 치료," "5중효과," "모든 질병에 불가사의한 효능발휘," "대량복용해도 안전," "효과없으면 100% 환불," "항암작용, 노화방지 및 중금속 해독," 등등. 독자들은 절대 이런 광고에 속아 넘어가지 않기를 바란다.

이상에서 고찰한 바와 같은 세 가지 요건에 부합하는 기만적인 광고에 대해 규제기관이 취할 수 있는 규제방법으로서는 다음과 같은 것들이 있을 수 있다. 첫째, 광고의 중지 또는 시정명령(cease and desist order)이다. 이것은 광고자에 대해 기만적인 광고행위를 앞으로 더 이상 하지 못하도록 명령하는 것을 말한다. 물론 규제기관은 광고자가 시정명령에도 불구하고 그런 광고행위를 계속할 때에는 처벌을 가하게 될 것이다.

둘째, 기만적인 광고의 시정방법으로서 적극적인 공개(affirmative disclosure)가 있다. 이것은 어떤 사실을 숨김으로써 소비자를 오도할 가능

16) 물론 이 경우에 백화점이 평상가격 이상으로 제품을 판매한 것이 아닌 한 소비자가 실질적으로 피해를 입은 것은 아니라고 주장할 수도 있을 것이다. 그러나 여기에서 문제가 되는 것은 소비자의 판단을 오도할 가능성이 있는 중요한 사항이 광고내용에 있었는지 여부지 소비자가 그 광고로 인하여 실질적으로 피해를 입었는지 여부는 아니다.

성이 높거나 또는 자기 브랜드의 고유성(brand uniqueness)을 과장함으로써 소비자를 오도할 가능성이 높은 경우에 특히 유효한 규제방법이라고 할 수 있다. 예를 들면 담배 광고에 흡연에 따르는 건강상의 위해를 표기하게 한다든지 의약품의 경우에 부작용이 있을 수 있음을 소비자에게 주지시킬 수 있는 표현을 삽입하게 하는 방법이다.

셋째, 기만적인 광고를 한 광고자에게 그것의 시정광고(corrective advertising)를 하도록 하는 방법이다. 이것은 기만적인 광고의 중지 및 시정명령 만으로는 소비자를 충분히 보호할 수 없다고 판단되는 경우에 사용된다. 규제기관이 광고주로 하여금 시정광고를 내도록 명령할 필요성은 광고가 갖고 있는 遲滯效果(lagged effect) 때문이다. 즉 광고는 즉시적으로 효과를 나타나는 것이 아니고 시간의 지체를 두고 나타나며 그 효과는 광고가 중단된 경우에도 상당기간 동안 지속되는 성질을 갖고 있기 때문에 이런 광고의 잔존효과를 제거하고 소비자를 보호하기 위해서는 종전의 광고가 잘못된 것이었음을 소비자에게 보다 적극적으로 주지시킬 필요가 있다. 예를 들면 입안을 소독하는 물약이 감기예방에 효과가 있는 것처럼 광고된다면 이것은 기만적인 광고라고 할 수 있다. 그러나 소비자들은 그렇게 믿고 계속적으로 그 물약을 사용할 우려가 높다. 이런 광고는 소비자들로 하여금 입안이 청결하게 느껴질 때 그것이 감기의 예방에도 도움이 될 것이라는 막연한 생각을 갖게 하고 따라서 그 제품을 계속적으로 사용하게 만들기 쉽다. 그러나 이 물약이 감기예방에 아무런 효과도 발휘하지 못한다면 그 사실을 소비자들이 주지할 수 있어야 한다. 이런 경우에 "이 물약은 감기예방에는 효과가 없다"는 내용의 시정광고를 하게 할 필요가 있다.

시정광고는 위의 어떤 규제방법 보다도 기업의 광고의 자유를 침해하고 기업 이미지와 名聲(reputation)의 급격한 추락을 초래할 수 있기 때문에 광고기업에 가장 부담스럽고 따라서 가장 논란이 많은 규제방법이라고 할 수 있다. 다시 말하면 광고기업으로서 자기가 행한 광고가 허위사실 또는 과장된 사실을 포함하고 있었음을 자인해 소비자에게 사과하기 위한 광고를 내야 한다면 이것은 대단히 곤혹스러운 일이 아닐 수 없다.

넷째, 광고주로 하여금 그가 하고 있는 광고가 객관적으로 진실된 광고라는 것을 입증하도록 명령하는 광고의 사실입증(advertising substantiation) 명령도 경우에 따라 사용될 수 있다. 이것은 규제기관이 특정 산업을 지정하여 일정기간 안에 광고의 진실성을 입증할 수 있는 증거자료를 제시하도록 하고 규제기관이 이것이 적정한지를 심사하는 방법이다. 이 방법은 기만적 광고의 규제방법으로서 보다는 기만적 광고가 아예 이루어질 수 없도록 사전에 예방하는 방법으로서 효과를 가질 수 있다.

이상에서 기만적인 광고에 대한 규제방법들을 고찰하였거니와 끝으로 우리나라 소비자들이 정부의 허위 및 과장광고 규제에 대해 갖고 있는 의식을 살펴보는 것도 참고가 될 것이다.[17] 허위 및 과장광고 규제에 대해 어떻게 생각하느냐는 질문에 대해 소비자들은 (1) 정부가 이를 보다 철저히 규제하고 처벌하여야 한다(39%), (2) 광고의 진실성을 정부가 사전에 심사하여야 한다(30%), (3) 신문, 방송 등 광고매체에 어느 정도의 심사의무를 부과해야 한다(26%), (4) 광고주의 양심에 맡길 수 밖에 없다(5%)의 순으로 응답하여 정부 또는 광고매체가 허위 또는 과장광고의 규제에 보다 적극적인 역할을 해야 할 것으로 생각하는 견해가 지배적임을 보여 주었다. 이런 견해는 나이가 많고 소득이 낮고 교육이 낮은 계층에서 더욱 강하게 나타났다.

3.3 불공정 거래행위 규제

이상에서 소비자보호를 위한 명령지시적 규제수단의 대표적인 유형을 살펴보았거니와 생산자나 판매자가 소비자의 약한 지위를 악용하여 부당한 이득을 얻으려고 하는 불공정 거래행위(unfair trade practices)도 당연히 여기에 포함된다. 예를 들면 세일을 미끼로 고객을 유인한 뒤 다른

17) 졸고, 전게논문, pp. 201~202.

제품을 사도록 하는 행위(bait and switch), 신형자동차로 광고하였으나 구형 엔진을 그대로 裝着하는 것과 같은 대체행위(merchandise substitution), 返品을 허용하지 않는 고압적인 방문판매 행위, 아프터서비스 보증(warranty)을 선택적으로 제공하는 행위 등의 불공정거래행위에 대한 규제는 이미 제 11 장에서 고찰한 불공정거래 규제의 예들이므로 여기에서는 구체적인 설명을 생략한다.

4. 시장유인적 규제수단

소비자 문제는 대단히 복잡다양하기 때문에 정부가 명령지시적 규제방법을 통하여 소비자보호의 목적을 충분히 달성할 수 있다고 보는 것은 오산이다. 시장유인적 방법에 의한 규제는 소비자문제가 근본적으로 소비자정보의 불완전성 때문에 야기되는 문제라는 데 착안하여 생산자나 판매자로 하여금 소비자가 합리적 소비행동을 하는데 필요한 최소한의 정보를 제공하도록 강제하고 소비자들이 이 정보를 최대한으로 활용하도록 함으로써 소비자문제를 해결하려는 접근방법이다. 여기에는 여러가지의 수단이 있다.

4.1 정보공개

정보공개(information disclosure)란 소비자가 합리적인 소비의사결정 및 행동을 취하는 데 필요한 소비자 정보를 생산자나 판매자가 명시적으로 제공하도록 하는 것을 말한다. 정보공개는 생산자에게 정보제공의 의무를 부과하는 것이라는 점에서는 명령지시적 규제처럼 보일 수도 있으나 그것이 그 자체로서 소비자를 보호하게 되는 것이 아니라 어디까지나 그 정보를 소비자들이 현명하게 활용하게 될 때 비로소 소비자보호 효과를 발휘할 수 있도록 하는 규제방법이다.

정보공개는 소비자가 쉽게 판별할 수 없는 제품정보를 제공하도록 강제하는 것이므로 여기에는 소비자의 정보수요에 따라 무수히 많은 형태가 있을 수 있다. 여기에서는 그것의 주요한 유형이라고 할 수 있는 품질, 성능, 유효기간, 보증(warranty) 등에 대한 표시규제와 등급사정을 중심으로 살펴보려고 한다.

4.1.1 표시규제

表示規制(labeling regulation)는 가장 보편적인 정보공개 수단이다. 이것은 물품이나 서비스의 가격 및 품질에 관한 기본적인 정보를 생산자나 공급자가 제품의 포장이나 용기에 표시하도록 하여 소비자가 쉽게 경쟁상품을 비교하여 합리적인 선택을 할 수 있도록 돕는 방법이다. 표시규제는 이와 같이 소비자의 합리적 선택을 뒷받침하는 역할에 그치는 것이 아니고 더 나아가서는 동종제품을 생산판매하는 기업간에 품질 및 서비스 향상 경쟁을 야기시키는 효과를 갖고 있다. 왜냐하면 제품에 관한 상세한 사항의 표시가 의무화될 때 소비자들이 그 표시내용을 소비자선택의 중요한 판단기준으로 삼는 것이 생산자나 유통업자들에게 확인되면 그들은 현명해진 소비자의 기호와 정보욕구에 부응하지 않을 수 없게 될 것이기 때문이다. 표시규제는 표시를 의무화하는 대상이 무엇이냐에 따라 품질 및 성분에 관한 것, 성능 및 효력에 관한 것, 제조일자 및 유효기간에 관한 것, 사용방법에 관한 것 등으로 나누어 볼 수 있다.

(1) 품질 및 성분표시

품질 및 성분표시는 식품, 섬유제품 등에 주로 많이 사용된다. 먼저 식품(가공식품)의 경우 생산자가 그 식품의 영양과 관련한 정보, 식품첨가물(food additives)에 관한 정보를 식품용기에 표시하도록 하는 방법으로 표시규제가 이루어진다. 예를 들면 전자에 해당하는 것으로는 비타민, 광물질(minerals), 칼로리, 단백질 및 탄수화물 등 식품의 성분과 영양가치를 표시하는 정보가 있다. 후자의 예로서는 인공조미료 및 인공감미료, 향료, 색소, 방부제 등에 관한 정보가 있다. 여기에 더하여 최근에는 건강에 이상이 있는 사람들의 상품선택의 편의를 위해 콜레스테롤 함량, 지방 및 지방산의 함량을 추가로 표시하게 한다든가 당뇨병 또는 비만증 환자의 사용적격성 등에 관한 정보를 제공하도록 하는 것도 볼 수 있다. 담배의 경우에는 개피당 타르(tar) 및 니코틴 함량을 표시하게 함으로써 소비자가 담배의 질과 유해정도를 고려하여 자기의 기호에 맞는 담배를 쉽게 선택할 수 있도록 할 수도 있다.

의약품(화장품)의 경우 우선 그것의 주요 성분(ingredients)을 표시하게 한다. 이 때에는 성분의 등록상표명(trademark names)이 아니라 일반 分類名(generic name)을 사용하도록 함으로써 의사, 약사, 그리고 소비자가 보다 쉽게 의약품의 성분을 파악할 수 있도록 하는 것이 중요하다. 왜냐하면 예를 들어 해열효과를 가지는 성분은 한 두 가지에 불과하나 그것을 제조하는 회사마다 그것에 다른 이름을 부착시키고 있는 경우에는 공연한 혼란을 야기시키게 되기 때문이다.

섬유제품의 경우 섬유의 성분이 毛인지, 綿인지, 화학섬유인지를 분명하게 표시하는 것이 필요하다. 또한 混紡인 경우에는 각각의 성분의 혼합비율이 어떤지를 정확하게 표시해 주도록 하는 것이 필요하다. 그렇지 않으면 세탁방법, 다리미질 방법, 염색방법 등에 혼란을 야기시키게 되기 때문이다.

(2) 효능 및 성능의 표시

이것은 주로 의약품이나 화장품의 표시방법으로서 유력한 방법이다. 이런 제품들의 경우에는 그 제품에 포함된 성분표시 만으로는 소비자들이 그 효능과 부작용 등을 파악할 수 없기 때문이다. 따라서 소비자의 합리적 선택을 돕기 위해서는 이 제품의 효능은 물론 이 제품을 사용해서는 안되는 또는 부적합한 증상의 표시(contra-indications), 이 제품의 사용시 나타날 수 있는 부작용(side effects)과 부작용 발생시의 처치방법에 대한 표시가 필요하다.

이런 표시는 자세할수록 좋으나 의약품의 容器나 포장에 이런 정보를 충분하게 담을 수가 없기 때문에 보통 용기안에 내용설명서(inserts)를 집어넣는 방법으로 행해진다. 내용설명서의 표기에 있어서 그것이 지나치게 기술적인 용어 또는 전문용어로 되어 있어서 전문가가 아니고는 이해 또는 판별하기 어렵게 되지 않도록 주의해야 된다. 왜냐하면 이런 표시를 하게 하는 것은 소비자들의 판단에 참고하게 하는 데 주목적이 있는 바 소비자가 이해할 수 없을 정도의 전문적인 정보는 무의미하기 때문이다. 또한 부작용이나 사용해서는 안되는 증상의 표시는 소비자의 눈에 쉽게 띄일 수 있도록 붉은 색 글씨로 쓰게 하는 등 세심한 주의를 기울일 필요도 있다.

다음으로 자동차나 가전제품 등 값이 비싼 내구성 제품의 경우, 예를 들면 자동차의 燃比(fuel efficiency), 가전제품의 전기효율 및 소모량, 電球나 건전지의 평균수명 등과 같이 소비자에게 긴요한 정보를 제공하게 할 수 있다. 일반적으로 이런 정보는 기업들이 공통적으로 그것의 제공을 꺼려하는 경향이 있다. 왜냐하면 이런 정보가 기업에 대해 요구하고 있는 것은 바로 해당산업의 기술혁신이고 이 기술혁신의 벽은 해당산업 기업 모두의 공통적인 문제이기 때문이다. 따라서 이런 정보의 제공을 의무화하는 것은 소비자의 기대수준을 제고시킴으로써 해당산업의 기업들이 기술개발 경쟁에 돌입하지 않을 수 없게 만드는 효과를 나타낼 수 있고 이 때 소비자들은 反射的 이익을 얻을 수 있게 된다.

(3) 제조일자 및 유효기간 표시

우유 및 우유제품, 빵, 가공식품, 건강식품, 의약품, 화장품 등 시간이 지남에 따라 변질되거나 부패하게 될 우려가 있는 제품의 경우에는 소비자의 건강과 안전을 위해 제조일자와 유효기간을 표시하게 하는 것이 필요하다. 이런 제품들은 비록 생산과정에서는 문제가 없다고 할지라도 장기간의 유통 또는 보관과정에서 문제가 생기는 것이 보통이다. 따라서 보통의 경우에는 제조일자와 유효기간을 동시에 표시하도록 하는 것이 소비자를 보다 철저하게 보호할 수 있는 방법이 된다.

[사례 16-3] 식품 등 표시제도의 후퇴

1990년 보사부는 식품 등의 표시방법으로서 그동안 제조일자와 유효기간을 동시에 표시하도록 의무화 해 오던 제도에서 후퇴하여 유효기간만을 표시하도록 하는 제도로 전환하였다. 이것은 대단히 불합리한 조치가 아닐 수 없다. 표시의무의 완화 배경을 보면 농산물과 식품의 대외시장개방과 관련하여 수출국이 수출품의 장기간의 운송과정으로 인해 국내제품에 비하여 경쟁력이 약화될 것을 우려하여 압력을 가했기 때문인 것으로 알려지고 있다. 한편 이와는 관계없이 국내업체들도 이런 표시의무의 완화에 적극 동조한 것으로 보인다. 관계당국인 보사부는 제조일자와 유효기간을 동시에 표시하게 하는 것은 이중의 부담을 주는 것이며 유효기간의 표시만으로 소비자를 충분히 보호할 수 있을 것으로 판단한 듯 하나 이것은 대단히 잘못된 정책이다.

예를 들면 우유나 우유제품과 같이 저장방법이 까다로와 쉽게 변질될 가능성이 높은 제품의 경우에는 제조일자가 없는 유효기간만의 표시는 소비자의 비교선택의 여지를 축소시킴으로써 소비자의 판단을 오도할 가능성이 크다. 왜냐하면 유통업자(도소매상)들은 당연히 가급적 유효기일이 빨리 당도하게 될 제품(따라서 출고된지 오래된 제품)을 진열장의 앞쪽에 진열하려고 할 것이다. 그래야만 반품을 줄일 수 있고 손해를 막을 수 있을 것이기 때문이다. 이 때 까다로운(현명한) 소비자들은 물론 가급적 유효기일이 아직도 많이 남아 있는 안쪽에 진열된 제품을 선호할 것이다. 그러나 보통의 소비자라면 의식부족으로 또는 소매상에 대한 체면 때문에 제품의 유효기일이 당도하지 않은 한 굳이 제품의 유효기일이 며칠이나 남았는지를 따지려고 하지 않게 될 것이다.

이와 같이 유통업자와 소비자들의 성향을 염두에 두고 생각해 본다면 당연히 제조일자의 표시가 소비자에게 보다 많은 도움을 줄 수 있을 것임은 자명하다. 더구나 유효기일만의 표시는 소비자들이 생산업자의 유효기일 표시의 진실성을 믿지 못하고 유통업자들이 보유하고 있는 저장시설의 안전성을 믿지 못하는 상황에서 소비자들의 불안감을 가중시키는 요인이 된다.

(4) 사용방법의 표시

사용방법에 관한 표시는 식품, 의약품, 화장품, 전기제품, 위험물품(예를 들면 부탄가스, 압력밥솥 등), 섬유제품 등 거의 모든 제품에 공통적으로 적용된다. 우선 의약품의 경우에는 나이에 따른 적정 복용량, 보관방법, 내복약과 외용약의 구별사용, 외용약의 眼科的 사용 등을 금지하는 표시 등이 중요하고 특히 습관성을 유발하는 향정신성 의약품의 경우에는 일회사용량 한도, 계속적 사용기간의 한도 등을 표시하도록 하는 것이 필요하다.

가전제품의 경우 正格 전압, 계속사용 가능시간, 발열정도, 화재의 위험, 설치장소, 누전의 위험성, 감전의 위험성 등을 소비자에게 주지시켜야 할 것이다. 또한 耐久제품의 경우에는 평소의 관리방법을 지시하는 것도 필요한 경우가 많다. 섬유제품의 경우에는 세탁방법, 다리미질 방법, 염색방법 등에 대한 설명을 부착하게 하는 것이 필요하다.

(5) 수리보증의 표시

가전제품 등 내구제품의 경우에는 보통 수리 또는 계속적인 이상이 있는 경우 반품 및 환불에 관한 보증(warranty)사항을 명백하게 표시하도록 함으로써 제품에 문제가 발생한 경우에 소비자들이 자기의 권리를 주장할 수 있도록 하는 것이 필요하다.

이상에서 살펴 본 표시규제는 표시내용 그 자체로서 소비자보호의 기능을 다 한다기 보다는 그러한 정보를 소비자가 충분히 활용하여 합리적으로 제품을 선택하고 올바르고 안전하게 그 제품을 사용할 수 있도록 도와 줌으로써 그 목적을 다하게 된다. 따라서 기업이 표시의무를 태만히 하거나 허위로 할 수 있도록 방치되는 한 아무런 효과를 거둘 수 없다. 따라서 규제기관은 기업의 표시의무에 대한 순응여부를 잘 감시하고 위반행위에 대해 효과적인 制裁를 가할 수 있어야만 한다.

표시규제는 근본적으로 그것이 없다고 한다면 엄청나게 소요될 소비자 情報費用(information cost)을 일정한 표시를 의무화함으로써 감소시키려는 데 그 목적이 있는 것이기 때문에 어떤 사항을 표시하게 하느냐는 대단히 중요한 문제가 아닐 수 없다. 따라서 제한된 지면에 소비자에게 가장 유용한 정보를 최대한으로 제공해 주기 위해서는 각각의 제품과 관련하여 소비자가 가장 궁금하게 생각하는 사항, 소비자의 보호 또는 안전을 위해 가장 중요한 영향을 미치는 사항이 표시되도록 하여야만 할 것이다.

또한 마찬가지의 이유에서 표시의 내용이 지나치게 전문적이고 기술적인 내용으로 되어 있어 소비자가 이해할 수 없다든가 또는 소비자가 이런 表示內容에 대해 아무런 주의를 기울이지 않는 경우에도 표시규제는 소비자보호 장치로서의 실효성을 가질 수 없다. 그리고 표시의 내용이 눈에 쉽게 띄지 않을 정도로 작게 한쪽에 치우쳐 있다든가 하는 경우에도 마찬가지의 결과를 가져올 수 있다. 따라서 표시규제의 경우는 항상 그 표시가 소비자가 이해하기 쉽고 소비자의 주목을 쉽게 끌 수 있는 방식으로 표시가 될 수 있도록 하는 것이 중요하다.

끝으로 표시규제가 소비자보호의 유력한 수단이 되기 위해서는 무엇보다도 소비자들이 제품에 표시된 사항들이 자기들의 합리적인 선택을 돕기 위해 제공되는 귀중한 정보라는 점을 깊이 인식할 수 있어야 할 것이다. 이런 소비자 의식과 인식의 확산을 위해서는 소비자들이 표시내용에 대해 충분한 주의를 기울이는 습관을 가질 수 있도록 홍보하고 교육하는 것이 필요하다. 이것이 잘 이루어지지 않는 한 소비자보호를 위한 표시규제의 정책효과는 부분적으로 밖에 나타나지 못하게 될 것이다. 우리나라 소비자들의 제품의 표시내용에 대한 주의도와 반응을 조사한 아래의 설문조사 결과를 통해 이것의 중요성을 실감할 수 있을 것이다.[18)]

우선 가공식품, 화장품, 의약품과 같은 물건을 살 때 포장지나 포장용기에 적힌 품질표시 내용을 반드시 읽어 보느냐는 질문에 대해 조사대상자의 81%가 그렇다고 대답하였다. 품질표시에 대해 주의를 기울이는 정도는 남자에 비해 여자가 훨씬 높고, 나이가 많은 층일수록 높으며, 소득수준이 높을수록 높은 것으로 나타났으나, 교육수준별로는 고졸 정도의 학력소유자가 대졸자보다 높은 관심을 갖고 있는 것을 보여 주었다.

제품의 품질표시를 잘 읽어보지 않는다고 응답한 사람들을 대상으로

---

18) 졸고, 상게논문, pp. 200~201.

그 이유를 물은 결과 (1) 늘 사는 물건이니까(46%), (2) 알고 싶은 사항은 판매자에게 물어보면 되니까(23%), (3) 읽어봐도 이해하기 어렵기 때문에(14%), (4) 어차피 믿을 수 없으므로(9%), (5) 시간도 없고 귀찮아서(8%)의 순으로 응답하였다. 의외로 고소득자 가운데 시간도 없고 귀찮다는 이유가 고학력자 가운데 품질표시 내용이 이해하기 어렵기 때문에 라는 응답이 상당수 있었는데 이런 현상은 아무래도 품질표시 제도에 대한 이해의 부족과 품질표시방법의 부적절성에 기인하는 것이라고 하겠다.

특히 의약품에 대해 그것의 부작용 등에 관한 제품설명서를 읽어 보느냐는 질문에 대해 조사대상자의 95%가 그렇다고 대답하여 소비자들의 높은 관심도를 반영하였고 연령층, 교육수준이 높을수록 보다 높은 관심도를 보여 주었다. 반면에 의약품의 설명서를 읽지 않는다고 답한 사람 가운데 48%는 약사로부터 설명을 들었기 때문에, 37%는 전에 사용해 본 경험이 있기 때문에 라고 응답하여 의약품에 관한 한 소비자들이 그것의 부작용 등 품질에 대해 높은 주의를 기울이고 있음을 보여 주었다. 다만 의약품 사용설명서의 내용에 대한 이해정도는 (1) 어느 정도는 이해할 수 있다(79%), (2) 거의 다 이해할 수 있다(13%), (3) 너무 어려워 전혀 이해할 수 없다(8%)로 나타났고 저소득, 저학력자일수록 이해가 곤란하다는 응답이 많아 의약품 품질표시 방법의 개선 필요성이 있음을 보여 주었다.

각종 제품의 품질표시 방법에 대해 (1) 정작 중요한 표시(제조일, 유효기간, 유해첨가물 여부, 부작용 등)가 빠져 있는 경우가 많다(46%), (2) 표시내용과 실제내용이 다른 경우가 많다(25%), (3) 표시내용이 이해하기 어렵다(15%), (4) 표시내용이 너무 작은 글씨로 되어 있어 읽기 어렵다(14%)의 순으로 불만을 표시하여 품질표시제도가 소비자정보의 제공 및 소비자보호 효과를 충분히 거두지 못하고 있음을 보여 주었다. 연령별로는 나이가 든 층일수록 글씨가 너무 작다는 불만이 고학력자일수록 중요사항에 대한 표시가 결여되어 있음을 가장 큰 불만으로 제기하였다.

4.1.2 공시규제

정보공개는 비단 제품의 경우 뿐만이 아니라 서비스의 공급계약에 있어서의 소비자의 보호, 공개기업에 대한 투자자의 보호 등 폭넓게 활용될 수 있는 방법이다. 여기에서는 서비스 공급계약내용에 대한 규제, 기업공개시의 공시규제에 대해 고찰한다.

(1) 서비스 계약

계약내용이 대단히 복잡하고 까다로와서 전문가가 아니고서는 이해하기 곤란한 서비스, 예를 들면 금융, 보험(생명보험, 손해보험), 변호사고용 등의 서비스 공급시 체결하는 계약내용을 규제하는 것이 여기서 말하는 서비스 계약과 관련한 규제이다. 이 때 규제대상이 되는 것으로서는 대출이자율, 보험료 및 재해시 보험수령액 및 그것의 산정기준과 방법, 변호사의 수수료율 등이다. 이런 사항은 해당직종이나 서비스산업에 있어서는 관행으로 자리잡고 있을지라도 일반소비자로서는 이해하기 곤란한 경우가 많고 따라서 부당하게 자신의 권리를 주장하지 못하게 될 우려가 높다. 따라서 이런 경우에는 일반 소비자가 계약내용을 충분히 이해할 수 있을 정도로 쉬운 용어로 계약서가 작성되어야 하며 관행으로 여겨지고 있는 계약사항에 대해 소비자가 자기 주장을 할 수 있는지 여부를 분명하게 해 주는 것이 크게 도움이 될 수 있다.

예를 들면 소송의뢰인이 변호사를 고용하는 계약을 체결할 때 勝訴할 경우의 변호사 비용, 소송에서 패소하였을 경우의 소송비용 부담 등에 관하여 소송의뢰인이 정당한 주장을 하기 어려운 경우가 있을 수 있다. 이런 경우에 물론 계약자유의 원칙이 적용되어야 할 것이나 소송절차, 승소의 가능성, 실제로 필요한 소송비용 등에 대해 전문적인 지식을 갖지 못한 소송의뢰인이 일방적으로 불리한 계약을 체결하게 될 또는 그러한 계약을 강요 받게 될 우려가 있다. 따라서 이 경우에는 일정한 요율체계를 작성하여 소비자가 보다 쉽게 판단을 내릴 수 있도록 하는 것이 바람직하다고 할 수 있다.

또 다른 예로서 葬儀社 이용의 경우는 소비자가 겪게 되는 어려움을 보다 극명하게 드러내 준다. 자기의 부모나 친족의 상을 당한 경우 장의 방법이나 장의비용에 대해 일반인은 잘 알지 못할 뿐만 아니라 장의비용을 갖고 장의사와 왈가왈부하는 것은 고인에 대한 예의가 아닌 것 같아 보통의 경우라면 관, 상복, 염하는 도구 및 수의, 장지의 마련, 운구의 방법 등에 관하여 장의사가 추천 또는 권유하는 방법을 그대로 따르지 않을 수 없는 경우가 많고 이 때 장의사는 유족의 약점을 이용하여 폭리를 취할 가능성이 높다. 이 경우에 규제기관은 소비자(유족)들이 적절하다고 생각되는 장의방법을 쉽게 선택할 수 있도록 선택적인 장의방법 및 각 방법에 의할 경우의 비용을 공시하게 할 필요가 있다.[19]

(2) 기업공시

非上場기업이 기업을 처음으로 공개하거나 자본시장을 통하여 증자를 추진하려고 하는 경우에 잠재적인 투자자들로서는 그 기업이 어느 정도나 재정적으로 건실한지에 대해 올바른 판단을 내리기 어렵다. 따라서 투자자의 보호를 위해서는 공개예정기업이 자기 기업의 재무상태에 대한 최소한의 정보를 일반대중을 상대로 제공하게 할 필요가 있다. 이 때에는 그 기업의 자산과 부채상황을 파악할 수 있는 대차대조표, 손익상황을 판단할 수 있는 손익계산서 등이 주로 公示의 대상이 된다.[20] 경우에 따라서는 향후 몇년간의 투자계획과 시장전망 등에 관한 정보를 제공하도록 할 수도 있을 것이나 이런 정보는 영업비밀(business secret)에 해당하는 것이 보통이기 때문에 공시의무를 부과하는 것이 어려울 경우도 있을 것이다.

未上場기업 뿐만이 아니라 기존의 상장기업들에 대해도 투자자들은 그 기업의 운영상황을 평가할 수 있는 정보를 필요로 한다. 따라서 규제

---

19) 실제로 미국의 연방거래위원회(Federal Trade Commission)는 장의사에 대한 공시의무를 부과하고 있다. Michael Pertschuk, *Revolt Against Regulation* (Berkeley: University of California Press, 1982), pp. 81~85 참고.

20) 兪君,「政府企業關係論」(서울: 법문사, 1989), pp. 231~34 참고.

기관은 상장기업들을 상대로 그 기업의 재정상태, 손익상태, 이익잉여금의 처분방법, 유상 또는 무상증자의 실시시기 등에 대한 정보의 제공을 의무화할 수 있다. 또한 기업사정에 정통한 기업내부인사의 內部者 去來(insider trading)로 인한 폐단을 막기 위해 대주주의 자기주 거래상황을 보고하게 하고 이것을 공시하게 하는 것도 경우에 따라 필요하다.

4.2 품질인증제도

품질인증제도란 정부가 일정한 제품에 대해 품질기준, 안전기준 등을 제정하고 이에 부합하는 제품을 생산하는 기업에 대해 그것이 생산하는 제품의 품질이 규제기관이 제정한 기준에 부합함을 증명하는 認證(seal of approval)을 제품(또는 그 포장)에 부착하도록 하는 것을 말한다. 이 제도가 갖고 있는 장점은 물론 규제기관의 공식적인 인증이 있는 제품의 소비자들에 대한 信賴度(credibility)가 높아지기 때문에 기업의 생산 및 기술개발활동을 정부가 의도하는 방향으로 유도할 수 있고 소비자들의 선택을 보다 편리하게 해 줄 수 있다는 점에서 찾아 볼 수 있다.

한편 이 제도는 품질인증 품목에 대한 지속적이고 효과적인 사후관리가 보장되지 않는 한 비록 품질인증을 받은 품목이라고 할지라도 불량품목 또는 기준이하의 품목이 시장에 유통되는 것을 막기 어렵다는 취약점을 갖고 있다. 물론 규제기관(품질인증기관)은 지속적인 시험검사를 통하여 이 제도가 악용되는 것을 막으려고 하고 위반행위가 발견되면 품질인증을 중단할 수 있지만 이 경우에 즉각적으로 소비자에게 이 사실을 알림으로써 소비자의 잘못된 선택을 예방할 수 없다.

참고로 우리나라 소비자들의 品質認證制度에 대한 反應을 살펴보면 다음과 같다.[21] 먼저 KS 마크, "품"자 등 정부가 그 품질을 인증하는 품목에 대한 소비자들의 인식 정도를 물은데 대해 (1) 잘 모르고 있다(50

21) 졸고, 앞의 논문, p. 201.

%), (2) 대강은 알고 있다(43%), (3) 잘 알고 있다(7%)로서 대체로 인식이 저조한 것을 보여 주었다. 이를 좀더 상세히 보면 성별로는 남자가, 연령별로는 젊은 층이, 소득수준별로는 고소득자가, 교육수준별로는 고교육자가 상대적으로 정부의 품질인증제도에 대한 관심과 이해가 부족한 것을 보여 주었다.

다음으로 정부의 품질인증제도가 얼마나 도움이 되느냐는 질문에 대해서는 (1) 정부가 품질을 인증하는 제품 가운데도 불량품이 많기 때문에 별 도움이 안된다(46%), (2) 도움이 된다(45%), (3) 품질인증품목 수가 적어서 큰 도움이 되지 않는다(9%)의 순으로 나타나 품질인증제도가 개선되어야 할 소지가 많음을 보여 주었다. 성별로는 여자가 그리고 연령별로는 젊은 층이 품질인증제도가 갖고 있는 한계, 즉 품질인증품목 가운데에도 불량제품이 있을 수 있는 것에 보다 강한 불만을 나타내었다.

4.3 등급사정

等級査定(grade rating)은 일정한 사항의 표시의무를 기업에 부과하는 표시규제와는 달리 품질의 우열에 상당한 편차가 있을 수 있는 특정 상품에 대해 그것의 품질등급을 사정하여 그 판정등급을 제품의 포장에 부착하도록 하는 방법이다. 등급사정은 상품의 등급을 매기는 그 자체가 의미가 있다기 보다는 궁극적으로 소비자가 어떤 상품의 가격이 과연 품질에 상응하는 것인가를 쉽게 판단하게 함으로써 소비자가 상품을 탐색하는 과정에 소요되는 정보비용(information costs)을 크게 감소시킬 수 있다는 데 그 의의가 있다.

예를 들면 肉類의 경우 脂方質의 함유정도에 따라 그 등급을 포장지에 표기하는 것이라든가 쌀, 人蔘 등의 등급을 부착하게 하는 것 등은 좋은 본보기이다. 이 방법을 사용하는데 있어서는 객관공정한 査定을 위해 공인기관이 판정을 하도록 하는 것이 바람직하나 경우에 따라서는 판매업자가 자체적으로 이를 실시하게 할 수도 있을 것이다. 다만 후자의 경우에는 판매업소 마다의 기준이 다를 수 있으므로 반드시 가격표시와 동시에 등급표시가 되도록 하는 것이 필요하게 된다.

등급사정에는 등급을 몇단계로 할 것이냐가 문제가 된다. 우선 합격과 불합격의 두 등급으로 나누는 가장 간단한 경우는 생산자가 합격권에 들 수 있는 한 더 이상 제품의 품질향상에 노력하지 않는 단점을 가질 수 있다. 또한 이 경우에 소비자로서는 제품 선택의 범위가 좁혀지는 것이 불만일 수 있다. 다음으로 등급을 다단계(예: 特上, 우수, 상등, 중등, 하등 등)로 할 경우에는 소비자의 선택의 범위를 넓힐 수 있는 장점이 있다. 즉 소비자는 자기가 지불하려고 하는 금액에 합당한 등급의 제품을 선택할 수 있는 폭이 넓혀지게 된다.

그러나 다단계 등급사정의 경우에는 등급이 자의적으로 책정될 가능성이 있고 따라서 소비자의 합리적 판단을 어렵게 만들 수도 있다. 따라서 다단계 등급의 사용은 제품의 성질에 따라 이런 등급의 의미가 소비자들에게 상식적으로 납득될 수 있는 특수한 제품에 국한되는 것이 바람직하다. 이 경우에 가급적이면 등급이 어떤 객관적인 계량적 기준에 입각할 수 있도록 하는 것은 크게 도움이 될 것이다. 예를 들면 인삼제품의 경우 몇년 根 인삼인지를 기준으로, 과일의 경우에는 과일의 굵기를 기준으로 등급을 책정하는 것과 같다.

4.4 제품표준화

製品標準化(product standardization)는 상당히 동질적인 제품의 규격, 중량, 容器, 포장방법 등을 표준화함으로써 소비자가 동종제품의 가격이나 품질을 보다 쉽게 비교할 수 있도록 하기 위한 것이다. 따라서 제품표준화는 똑같은 내용물을 가진 제품을 소비자가 그것의 용기나 포장방법의 차이로 인해 다른 제품으로 오인하거나 사업자가 다른 제품인양 誤導함으로써 높은 값을 받을 수 없도록 한다. 예를 들면 내용물의 용량 등을 약간 달리하면서 가격을 조작한다거나 소비자를 기만하는 행위는 불가능하게 된다.

제품표준화에는 두 가지 방법이 있다. 그 하나는 동종 제품의 종류를 단순화(simplification)하는 것이다. 예를 들면 벽돌크기 종류를 30개에서 10개로 단순화하여 축소하는 것이다. 두번째는 동종제품의 규격, 품질 등을 표준화함으로써 통일성(uniformity)을 갖게 하는 방법이다. 이 두 표준화 방법은 소비자들이 동종제품의 비교를 보다 용이하게 해 준다는 점에서는 같지만 서로 상충되는 경우가 있다. 예를 들면 벽돌 크기 종류를 30종에서 10종으로 단순화할 때 기업이 서로 다른 크기의 벽돌 생산에 전문화한다면 통일성은 감소된다.

제품표준화를 통한 소비자의 보호방법에는 (1) 중량표시의 단순화, (2) 규격 및 용량의 통일, (3) 가격의 표준화, (4) 보증표시의 표준화 등이 있다. 이것들을 차례로 고찰하기로 한다.

4.4.1 중량표시의 단순화

제품 중량이나 부피를 표시함에 있어서 예를 들면 세탁제(가루비누)의 중량을 제품포장에 표시하는 위치와 방법(예: 200g, 205.5g)이 생산자마다 다르다면 소비자는 경쟁제품을 서로 비교하는데 애를 먹는다. 또한 중량이나 부피를 표시할 때 "점보(jumbo)" 사이즈니 "풀(full)"사이즈니 "킹(king)"사이즈니 하는 막연한 말로 표시할 때 소비자는 혼돈에 빠지기 쉽다. 따라서 이런 경우에는 중량표시의 방법과 위치 등을 지정하여 소비자가 제품을 쉽게 비교할 수 있도록 할 필요가 있다.

4.4.2 규격 및 용량의 통일

빵, 버터, 마가린, 밀가루, 우유 등 제품의 경우에 규격이나 용기의 크기가 서로 다를 때 소비자는 가격비교에 염증을 느끼고 만다. 따라서 이런 제품의 규격을 정하여 통일시키게 되면 소비자가 단위당 가격비교를 보다 수월하게 할 수 있게 될 것이다.

4.4.3 가격 표준화

규격 및 용량의 통일 방법보다 소비자에게 더 유익한 가격표시 방법은 제품의 단위당 가격을 표시하도록 하는 방법이다. 예를 들면 마가린이나 잼과 같은 경우에 그램(g)당 가격이 얼마라고 표시해 준다면 소비자가 나눗셈을 해 볼 필요도 없이 경쟁상품의 가격을 보다 쉽게 비교할 수 있게 될 것이다. 이것의 이점은 경쟁사의 제품의 용량이 서로 다르고 값이 서로 다른 경우를 생각해 보면 쉽게 알 수 있을 것이다.

다음으로 가격표준화는 貸出利子率과 같은 경우에도 적용될 수 있다. 소비자가 금융기관으로부터 대출을 받을 때 공식적 이자율과 실질적 이자율이 다르다면 혼란에 빠지기 쉽다. 따라서 이 경우에는 동일한 기준에 의한 이자율을 산정하여 고객에게 알려주도록 함으로써 소비자가 어떤 자금을 또는 어느 금융기관에서 대출 받는 것이 가장 유리할지를 쉽게 판단할 수 있도록 해 줄 필요가 있다.

4.4.4 보증표시의 표준화

보증에는 완전보증(full warranty)와 제한보증(limited warranty)이 있다. 전자는 물론 보증기간 동안 비용의 전부를 판매자(또는 생산자)가 부담하는 것이고, 후자는 일정한 범위를 정하여 그 범위내에서만 보증을 하고 나머지는 소비자의 부담으로 돌리는 방법이다. 물론 보증의 방법은 판매자(또는 생산자)가 결정할 사항이지만 이것이 획일성을 갖지 못할 때 소비자는 혼돈에 빠질 가능성이 높다. 물론 보증내용에 충분한 주의를 기울이는 소비자라면 당연히 구별할 수 있겠지만 그렇지 못하여 불의의 손해를 입게 될 수도 있다. 따라서 이런 경우에는 완전보증인지 아니면 제한보증인지를 명확히 보증서에 표기하도록 하는 것이 소비자의 착오를 막을 수 있는 길이다.

다음으로 보증서의 내용을 기술하는 방법에 있어서 그것이 기본적으로 법률상의 책임한계를 명확히 하는 것이기 때문에 곧잘 법률적인 용어가 사용됨으로써 일반 소비자가 이해하기 어렵게 되거나 착오를 범하게 될 가능성이 대단히 높다. 예를 들면 "소비자의 過失로 인해 제품에 고장이 생긴 경우" 등의 표현은 어떤 경우 소비자 과실이 인정되는 것인지 불명확하다. 따라서 가급적 소비자가 착오없이 이해할 수 있고 보증에 대한 권리를 주장함에 있어서 혼돈이 야기되지 않도록 보다 직접적이고 명확한 용어로 책임소재를 표시하도록 하는 것이 소비자와 판매자(또는 생산자)사이의 불필요한 분쟁을 사전에 예방할 수 있는 방법이 된다. 또한 보증의 主體가 누구인지를 분명하게 하는 것도 중요하다. 예를 들면 가전제품의 수리보증의 경우에 수리를 판매자가 해 주어야 하는지 아니면 생산자가 해 주어야 하는지 생산자와 판매자 사이의 책임한계가 불명확한 경우가 많다. 이 때 불필요한 분쟁을 막고 소비자의 권익을 보다 철저하게 보호하기 위해서는 이것을 보다 명확하게 만들 필요가 있다.

5. 소비자 피해구제

물품의 하자나 결함으로 인해 신체상 또는 재산상의 피해가 발생한 경우 소비자가 피해를 복구할 수 있는 길을 제도적으로 보장하는 것은 소비자보호의 중요한 부분이다. 소비자 피해구제는 그것이 사후적 조치라는 점에서 지금까지 우리가 살펴 온 바와 같은 사전적이고 예방적인 소비자보호 수단과는 다르며 소비자보호의 효과도 미약하다고 볼 수 있을 것이다. 그러나 소비자 피해에 대한 賠償責任(product liability)제도가 확립되어 있다고 한다면 기업이나 판매자가 소비자 피해배상으로 인한 추가비용을 충분히 계산에 넣지 않고 영업활동을 할 수는 없게 된다고 하는 점에서는 사전적인 소비자보호 효과를 발휘할 수도 있다.

소비자 피해구제에 있어서 중요한 문제는 소비자피해와 물품의 하자 또는 안전상 결함과의 인과관계(causal relationship)의 설정문제라고 할 수 있다. 즉 소비자가 입은 피해가 과연 물품의 하자나 안전상 결함에 의해서 야기된 것인지 아니면 소비자의 사용상 부주의 때문에 야기된 것인지를 가리는 것이 문제이다. 따라서 소비자 피해와 관련한 분쟁을 효과적으로 처리할 수 있기 위해서는 司法的 또는 準司法的 節次의 확립이 중요한 과제가 된다. 정부가 소비자의 경제적 약자의 지위를 인정하여 소비자를 보다 강력하게 보호한다는 견지에서 본다면 소비자피해의 인과관계의 규명에 있어서 擧證責任을 기업에 두게 한다든가, 集團訴訟(class action suit)절차를 규정하는 것 등을 생각해 볼 수 있다. 소비자 피해구제에 대해서는 제 18 장에서 보다 구체적으로 고찰하고 있다.

다음으로 정부가 소비자 피해구제와 관련하여 맡아야 할 중요한 일 가운데 하나는 소비자들이 입는 각종의 피해를 집계하고 분석하여 소비자정책에 참고하는 일이다. 예를 들면 어떤 종류의 제품에 어떤 위험이 얼마만큼 존재하고 있는가를 항시적으로 수집분석함으로써 정부규제를 실시하는 대상품목을 調整한다든가 안전기준을 수립하는데 참고하는 것은 대단히 중요한 일이다. 이런 정보를 수집하는데 있어서는 행정관청이나 소비자단체에 접수된 소비자불만 신고사례도 중요하겠지만 여기에서 더 나아가 병원, 약국, 소방서 등을 통하여 보다 적극적으로 소비자피해사례에 관한 정보를 입수하는 방법도 검토되어야 할 것이다.[22)]

참고로 우리나라 소비자의 소비자피해 및 이에 대한 대처방법을 살펴보면 다음과 같다.[23)] 우선 물건을 잘못 사거나 잘못 사용하여 피해를 입은 경험을 물은 결과 (1) 한두 차례(45%), (2) 서너 차례(26%), (3) 다섯 차례 이상(15%) 그러한 경험이 있다고 응답하였고, (4) 전혀 그런 경험이 없다는 답변은 14%에 불과하여 소비자피해가 만연되어 있음을 보여 주었다. 피해를 입은 경우 어떻게 대처하였느냐는 질문에 대해서는 (1) 판매자에게 교환, 환불, 변상요구(51%), (2) 귀찮아서 그냥 참고 말았다(27%), (3) 어떻게 할지 몰라 그만 두었다(13%), (4) 제조업체에 교환, 환불, 변상요구(5%), (5) 한국소비자보호원에 신고(2%), (6) 민

22) 일본의 소비자위해정보의 수집 및 제공 제도에 관하여는 한국소비자보호원, 「消費者政策의 새로운 課題」, 정보관리자료 88-13 참고.

23) 졸고, 전게논문, pp. 202~203.

간소비자단체에 신고(1%)의 순으로 나타났고, (7) 시청 또는 구청의 소비자 고발센터의 이용이나 언론기관에 대한 제보는 극히 미미한 것으로 드러났다. 귀찮아서 또는 어떻게 해야할지 몰라서 그냥 참고 말았다고 답변한 사람들이 오히려 고소득 고학력자 가운데 많이 나타난 것은 우리나라 소비자들의 권리의식이 극히 박약함을 단적으로 보여주는 것으로 생각된다. 특기할 것은 정부기관, 한국소비자보호원, 민간 소비자단체의 피해구제 역할에 대한 소비자인식이 아직 낮은 수준에 머물고 있다는 사실이다.

이에 반하여 앞으로 소비자피해를 입게 된다면 어떻게 하겠느냐는 설문에 대해서는 (1) 판매업자를 통하여 피해복구(63%), (2) 제조업체를 통하여 피해복구(18%), (3) 귀찮으니까 그냥 참는다(6%), (4) 한국소비자보호원에 신고(4%), (5) 시청 또는 구청의 소비자고발센터 신고(3%), (6) 어떻게 해야 할지 모르겠다(1%), (7) 언론기관 제보(1%)의 순으로 나타나 앞으로는 제조업체와 소비자보호기관 및 단체를 통한 피해복구가 많이 증가할 것으로 전망된다.

다음으로 관계정부기관이나 민간단체에 고발 또는 신고한 경우 그것의 처리에 관하여는 (1) 처리절차의 번잡으로 중도에서 포기(54%), (2) 다른 제품과 교환 또는 환불처리(31%), (3) 아무런 조치를 받지 못하였다(15%)로 나타났다. 특히 처리절차의 번잡으로 인해 중도포기한 경우는 젊은 층보다는 나이든 층에서 그리고 교육수준이 낮은 층에서 현저히 높게 나타났다.

6. 결 론

본장에서는 우선 소비자문제가 근본적으로 시장정보의 부재 및 불완전성이라는 시장실패 현상으로 인해 야기되는 문제임을 이해하는 것이 중요함을 강조하였다. 물론 소비자문제를 보는 관점에는 소비자주권론과 소비자보호론이 양립되어 있지만 여기에서는 소비자문제의 광범위성과 복잡다양성을 감안할 때 소비자문제를 소비자주권론의 입장에서 접근하는 것이 보다 바람직함을 주장하였다.

이런 시각에 입각하여 본장에서는 정부가 소비자보호를 위해 취할 수 있는 정책수단을 명령지시적 규제수단과 시장유인적 규제수단으로 나누어 그 각각의 정책수단을 고찰한 다음 각각의 방법이 가진 장단점을 비교하였다. 소비자보호를 위한 정책수단으로서 어느 것이 항상 보다 바람직하다고는 말하기 어렵다. 그러나 소비자의 건강 및 안전과 관련되는 안전기준의 설정 그리고 허위 및 과장광고 등 소비자를 기만하는 행위의 규제를 위해서는 명령지시적인 수단이 보다 유효하다고 할 수 있다. 그러나 어떤 규제수단을 활용하든 각각의 규제수단이 갖고 있는 내재적 문제점을 깊이있게 이해하고 이를 최소화하기 위한 노력이 필요하다.

본장에서는 소비자보호 정책수단으로서 명령지시적 규제수단이 갖고 있는 약점을 소비자문제의 본질과 관련시키면서 소비자문제에 대한 보다 바람직한 해결책은 소비자정보의 제공을 통한 시장기능의 활성화에서 찾아야 할 것임을 강조하고 있다. 즉 시장에 의해서는 자발적으로 제공되지 않는 소비자정보를 생산자나 판매자가 제공하도록 의무화함으로써 궁극적으로 소비자의 情報費用(information costs)을 감소시키는 간접적인 소비자보호 방법이 보다 일반성을 가질 수 있고 장기적으로 보다 효과적인 방법이 될 수 있다.

물론 이런 주장에는 몇가지 전제가 필요하다. 첫째, 소비자문제가 시장기능의 활성화를 통하여 해결될 수 있기 위해서는 무엇보다도 소비자문제의 핵심이 소비자정보의 불완전성과 이로 인한 시장실패에 기인하는 것이라는 점에 대해 규제기관, 소비자단체, 소비자 모두의 깊이있는 이해가 필요하다. 둘째, 실제로 소비자보호를 위해 정부가 하고 있는 일의 태반이 사실은 충분하고 적절한 소비자정보 공급을 통하여 시장기능의 활성화를 도모하는 것이라는 점에 대한 인식이 필요하다. 예를 들면 표시규제, 품질인증, 등급사정, 공시규제 등은 일견 명령지시적 규제수단인 것처럼 여겨지기 쉬우나 본장에서의 분류와 같이 사실은 모두 시장유인적 규제수단이라고 볼 수 있다. 셋째, 시장유인적 소비자보호 규제수단들이 실효를 거두기 위해서는 무엇보다도 소비자 스스로가 정부시책의 취지를 이해하고 이를 적극적으로 활용하는 일이 중요하다. 소비자문제의 해결에 있어서 소비자교육 및 홍보의 중요성이 강조되어야 할 이유는 바로 여기에 있다.

이런 관점에서 소비자들이 현재 어떤 소비자보호시책의 강화가 시급하다고 판단하고 있는지를 살펴보는 것은 시사적이다.[24] 앞으로 소비자들이 안심하고 소비생활을 영위할수 있도록 하기 위해서 정부가 가장 역점을 두어야 할 사항은 무엇이냐는 질문에 대해 (1) 정확한 가격, 품질, 안전도 등의 표시 의무화(39%), (2) 악덕, 불량업자의 지속적인 단속과 엄한 처벌(26%), (3) 손쉽게 활용할 수 있는 피해구제 제도의 확립(18%), (4) 기업의 윤리의식 및 책임의식 고취(10%), (5) 소비자교육을 통한 소비자 인식제고(4%), (6) 정부의 품질인증제도 확대(3%)의 순으로 응답하였다. 본장에서 누차 강조해 온 바와 같이 이런 설문조사결과는 우리나라 소비자들이 소비자문제에 대한 이해가 얼마나 빈약한지를 잘 보여주고 있다고 생각된다.

24) 졸고, 전게논문, pp. 203~204.

제 17 장

사회적 차별에 대한 규제

1. 서 론

인간의 존엄성과 평등을 지향하는 현대 민주복지사회에서 사회적 差別(social discrimination)의 불식은 대단히 중요한 문제가 되고 있다. 사회적 차별은 각 나라마다의 특수한 역사적 전통과 사회문화적 관습 속에서 사회구성원의 마음속에 뿌리깊게 자리잡고 있는 사회적 편견(prejudice)에서 비롯된다. 따라서 편견에 의한 사회적 차별 불식의 중요성은 누구나 쉽게 공감한다. 그러나 이 문제를 정책적으로 다루는 것은 결코 용이하지가 않다.

사회적 차별의 유형은 다양하다. 남녀의 성별에 의한 차별, 인종 및 피부색깔에 의한 차별은 물론이고 연령, 신체적 장애, 출신지역, 종교, 생활패턴 등에 따라서도 사회적 차별이 이루어진다. 사회적 차별의 유형은 또한 나라마다 다르다. 미국과 같은 多民族 국가에서는 인종(race), 피부색깔에 의한 차별이 커다란 문제이나 유교적 전통을 가진 단일민족국가인 우리나라에서는 性(sex), 신체적 장애, 연령, 종교에 의한 차별이 많이 이루어지고 있고 최근에 와서는 출신지역에 의한 차별이 또한 중요한 문제로 대두되어 있다. 사회적 차별은 주로 雇傭과 관련하여 문제가 되는 것이 보통이지만 이밖에도 교육, 보험, 住居의 선택 등의 측면에서 문제가 제기되기도 한다. 본장에서는 우리나라에서 보다 중요한 사회적 차별 유형이라고 할 수 있는 성적 차별, 신체적 장애와 출신지역의 차별을 중점적으로 고찰하려고 한다. 또한 여기에서는 주로 고용과 관련된 차별 문제에 대해 논의할 것이며 부수적으로 교육, 보험, 주거생활 등의 영역에서의 차별도 아울러 검토하기로 한다.

2. 사회적 차별의 정의

사회적 차별에 대한 규제정책 수단을 검토하기 위해서는 먼저 어떤 차별이 합리적 차별(rational discrimination)이고 어떤 차별이 불합리한 차별 또는 편견에 기초한 차별로서 규제대상이 되어야 하는 것인지를 구별해야 한다. 또한 차별의 철폐를 위한 규제가 지향하는 궁극적인 정책목적도 명확히 정의되어야 할 필요가 있다.

역사적으로 고찰하면 西歐사회에서 차별에 대한 관념은 먼저 "神 앞에서 평등(equality before God)"으로부터 출발하였다. 인간은 모두 神 앞에서 동등한 권리를 가진 개체로 태어났기(created equal)때문에 어느 누구도 다른 인간의 운명을 지배하거나 다른 인간 위에 군림하여서는 안된다. 이런 개인적 평등(personal equality) 관념에 입각해 본다면 奴隷制度는 당연히 폐지되어야 할 대상이다.

개인적 평등 관념은 미국의 남북전쟁(Civil War)이후 기정사실로 받아들여지면서 기회의 평등(equality of opportunity)이라는 관념이 대두되었다. 기회의 평등이란 인간이라면 누구나 그가 소망하는 목적을 추구함에 있어 그가 갖고 있는 능력(capabilities)을 아무런 인위적 제약없이 사용할 수 있어야 함을 의미한다. 따라서 기회의 평등 개념은 평등과 자유 사이의 근원적인 마찰과 갈등을 야기하지 않는다. 기회의 평등은 신 앞에서의 평등개념과 마찬가지로 인간의 자유(liberty)를 신장시키기 위한 필요조건으로 볼 수 있다.

그러나 복지사회의 대두와 더불어 기회의 평등과는 전혀 다른 차원에서 새롭게 등장하기 시작한 것이 바로 結果의 평등(equality of outcome) 관념이다. '결과의 평등'이란 누구나 동일한 생활수준 또는 소득을 가져야 한다는 것으로서 마치 競走(race)에서 잘 달리는 사람이나 못달리는 사람이나 구별 없이 누구나 동시에 골인할 것을 요구한다. 따라서 결과의 평등 관념은 기회의 평등 관념과는 대조적으로 명백하게 자유의 관념과 갈등을 일으키게 된다. 즉 결과의 평등에 대한 요구는 궁극적으로 정부의 보다 많은 간섭과 개입을 초래하고, 따라서 보다 큰 정부(bigger government)를 필요로 하며, 그 결과 인간의 자유를 제약하며 민주주의를 위협하게 된다.[1)]

본장에서 주로 검토하고 있는 것은 기회의 평등관념에 입각한 사회적 차별의 문제이다. 개인적 평등과 마찬가지로 기회의 평등도 완전한 평등일 수는 없다. 예를 들면 부잣집에서 태어난 사람이 있는가 하면 가난한 집에서 태어난 사람도 있다. 자식의 교양을 중요시하는 부모가 있는가 하면 그렇지 못한 부모도 있다. 이와 같이 인간은 그가 태어날 때부터 이미 불평등한 조건에 놓이게 된다. 따라서 실천적 의미에서의 기회의 평등이란 인간이 아무런 인위적 제약없이 자기의 가치관에 따라 그리고 자기의 타고난 재능(talents)에 적합한 직업을 임의로 선택할 수 있고 일정한 지위에 도달할 수 있도록 하는 것을 말한다. 요컨대 그가 가진 능력(abilities) 외에는 그의 성별, 국적, 피부색, 종교, 신체적 장애 등 어떤 요인도 부당하게 그가 추구하는 인생의 목적을 제약하거나 방해해서는 안된다.

이런 의미에서 볼 때 기회의 평등이란 결국 개인의 평등, 法 앞에서의 평등(equality before law)을 좀더 구체적으로 표현한 것에 다름 아니다. 기회의 평등은 인간이 전통적, 문화적 차이를 갖고 있고 따라서 서로

1) 결과의 평등을 추구하는 것이 결과적으로 정부의 팽창과 인간자유의 속박을 초래한다는 웅변적 주장에 대하여는 Miton & Rose Friedman, *Free to Choose* (New York: Harcourt Brace Javanovich, 1980), chap. 5 참고.

다른 인생경로를 추구하고 또한 추구할 수 있어야 한다는 바로 그 이유 때문에 의미와 중요성을 가진다.[2)]

그러나 하나의 사회적인 理想(ideal)으로서 기회의 평등을 말하기는 쉽지만 이를 완전하게 실현한다는 것은 거의 불가능하다. 물론 기회의 평등관념에 입각하여 교육제도가 확대되어 왔고, 자유기업주의(free enterprise system), 경쟁, 자유방임(laissez-faire) 등의 경제사회제도가 발전되어 왔으나 아직도 法 外的(extralegal) 경제사회의 관행과 제도는 개인이 자유롭게 직업을 선택하고 지위의 향상을 꾀하는데 장벽이 되고 따라서 차별을 야기시키는 경우가 많다.

3. 고용기회의 차별에 대한 규제

3.1 고용기회차별의 이유

사회적 차별 가운데 가장 고질적인 것은 성별(sex), 신체적 장애(physical handicap), 출신지역, 종교 등에 근거한 고용기회의 차별이다. 이런 요인이 직무의 수행에 차이를 가져오는 요인이라고 볼 수 없는 한 이런 요인에 근거하여 특정 직업에 있어서의 고용기회에 차별을 가져온다면 그것은 사회적 편견 때문이다.

편견이 어디에서 유래되는 것인지에 대해서는 명확한 근거가 없다. 다만, 사회의 변화에 부응하여 또한 편견이 편견으로서 인식되기 시작할 때 사회적 편견은 점차 약화되지 않을 수 없으나 이런 편견이 완전히 사라질 것을 기대하기는 어려울지도 모른다.

이런 사회적 편견은 보통의 경우에 잘 드러나지 않으나 차별을 당해온 사람들(예 : 여성, 신체장애자, 특정지역 출신자 등)이 실제에 있어서

2) *Ibid.*, p. 132.

아무런 능력의 차이가 없고 따라서 사회적 편견과 차별의 대상이 되어야 할 이유가 없음을 과시하면서 고용기회를 다투는 강력한 경쟁자, 또는 자기 자리를 위협하는 강력한 경쟁자로 인식될 때 잠재적 편견(latent prejudice)이 되살아나 적극적인 차별로 나타날 수도 있다.[3)]

반면에 지금까지 사회적 차별의 대상이 된 사람들의 임금수준은 상대적으로 저위에 머물고 있기 때문에 고용주가 시장경제의 원리를 좇아 이들을 보다 많이 고용하려고 하는 유인을 갖게 되고 실제 이들을 고용해 본 결과 이들이 능력면에서 뒤떨어짐이 없다는 인식을 갖게 되고 이런 인식이 확대될 때 전사회적으로 편견을 무너뜨리는 중요한 역할을 할 수도 있다. 예를 들면 미국에서 농구선수라고 하면 백인이 압도적이었으나 점차 흑인들의 운동선수로서의 우수성이 입증되기 시작하면서 오늘날 대부분의 농구의 스타자리를 흑인들이 점령할 수 있게 된 것과 같다.

그러나 시장경제의 원리가 반드시 사회적 차별의 희생자들에게 유리한 방향으로 작용하리라는 보장은 없다. 이것은 소위 統計的 差別(statistical discrimination)이라고 불리우는 현상 때문이다. 통계적 차별은 어떤 고용주가(올바르게든 그릇되게든 간에) 어떤 집단의 사람들(예: 여성, 특정지역 사람)이 다른 집단(예: 남성, 비특정지역 사람) 사람에 비하여 평균적으로 보아 능력이 떨어진다고 믿고 있고 이런 믿음에 기초하여 고용결정을 내릴 때 발생한다.[4)]

예를 들면 어떤 고용주가 특정지역 출신은 믿을 만하지 못하다는 생각을 평소에 갖고 있을 때 지원자의 자질과 능력을 세밀하게 검토함이 없이 특정지역 출신의 지원자를 차별하는 것과 같다. 이런 통계적 차별이 존재할 때는 양 집단이 갖고 있는 미세한 차이가 중대한 차이(특정지역 출신과 비특정지역 출신의 피고용자수의 차이)를 초래한다.

---

3) Stanley Liberson, *A Piece of the Pie* (Berkeley: University of California Press, 1980), chapters 9, 12.

4) Paul Burstein, *Discrimination, Jobs, and Politics* (Chicago: Chicago University Press, 1985), p. 161.

3.2 명령지시적 규제수단

3.2.1 차별금지 입법

비합리적인 근거에서의 고용기회 차별을 규제하는 기본적인 방법은 역시 차별을 금지하는 법의 제정과 집행이다. 즉 신규채용, 보수, 훈련, 승진, 해고 등에 있어서 개인의 능력, 성적(performance) 등 직무와는 무관한 불합리한 근거위에서의 차별을 금지시키는 법을 제정함으로써 개인이면 누구나 이런 차별로부터 보호받을 수 있도록 하는 것이다. 이 방법은 개별적으로(case-by-case) 사회적 차별의 문제를 해결하려는 방식으로서 司法的 절차를 통하여 이루어지게 된다. 우리나라에서도 1987년말 「男女雇傭平等에 관한 법률」을 제정하였다. 이 법은 여성이 고용기회에 있어서 차별을 받지 않을 권리를 규정하고 이 권리가 침해된 경우 개인이 사법적 절차를 통하여 구제를 받을 수 있도록 하고 있다.

이 방법은 사회적 차별을 금지하는 효과가 미약하다는 결점을 갖고 있다. 특히 특정인에 대한 고용차별이 그 산업 또는 그 회사의 관행으로 자리잡고 있는 체계적 차별(systematic discrimination)에 속하지 않는 한 차별을 당하였다고 주장하는 측에서 차별사실의 존재를 입증하는 일이 대단히 어렵다. 예를 들면 승진대상자 가운데 여자직원과 남자직원이 있을 때, 또는 특정지역 출신과 비특정지역 출신이 있을 때, 또는 일반학교 출신과 특정학교 출신이 같이 있을 때 전자의 경우에 속하는 자가 불리한 차별을 받았다고 할 때 이를 입증하는 일은 대단히 어렵다.

왜냐하면 고용주가 자신의 고용에 관한 의사결정이 성별, 출신지역, 학교 등 비합리적인 요인에 기초한 것이 아니라 개개인의 능력과 성적에 기초한 것이라고 주장할 때 이를 반박할 수 있는 객관적 입증자료나 증거의 제시가 대단히 어렵기 때문이다. 이와 같은 이유로 인해 사회적 차별을 다루는 입법에 있어서는 차별여부를 입증하는 책임, 즉 擧證責任(burden of proof)을 누구에게 부여하느냐가 대단히 중요한 문제가 아닐 수 없다. 즉 차별을 받았다고 주장하는 사람쪽에 거증책임을 두느냐 아니면 차별한 사실이 없다고 주장하는 고용주에게 거증책임을 두느냐 하는 것은 대단히 중대한 의미와 중요성을 가진다. 사회적 차별을 금지하고자 하는 입법취지를 살리고 차별의 희생자를 막기 위해서는 당연히 고용주에게 거증책임을 두는 것이 바람직하다. 이것은 또한 차별행위를 한 사람이 바로 고용주이고, 차별사실의 여부를 입증하는 자료와 정보를 갖고 있는 사람도 바로 고용주라는 관점에서도 합리성이 있다.

다음으로 차별금지 입법이 실효성을 가지기 위해서는 법원의 判例가 차별의 희생자에게 유리한 방향으로 이루어짐으로써 사회적 차별의 희생자들의 권리의식을 고취하는 것도 중요하지만 사회적 차별이 입증되었을 경우에 법원이 취할 수 있는 처벌과 명령의 강도도 중요하다. 이런 사안에 대해 법원이 취할 수 있는 代案은 세가지다.[5] 첫째, 더 이상 그러한 차별행위를 하지 못하도록 명령하는 것으로 이것은 가장 소극적인 현상유지(status quo)적 접근방법이라고 할 수 있다.[6] 둘째, 부당한 이유로 차별을 받은 자를 장차 그 자리에 우선적으로 임용하게 하거나 승진시키도록 명령하는 것으로서 현실성이 가장 높은 방법이라고 할 수 있다. 셋째, 이 보다 더 급격하고 적극적인 방법은 부당하게 차별받은 자로 하여금 당장 그 자리를 차지할 수 있도록 하는 방법이다. 그러나 실제에 있어서 이 방법은 비록 고용주가 그러한 명령을 수용하였다고 할지라도 또 다른 차별적 대우를 유발할 수 있고 또한 이와 같은 과정을 거쳐 임용되거나 승진한 자를 그의 당연한 基本權 행사로 보아 넘기지 않은 사회풍토 속에서는 바람직하지 못한 측면도 없지 않다. 따라서 이 방법을 법원이 취하는 것은 극히 예외적인 경우가 아니고는 기대하기 어렵다고 해야 할 것이다.

끝으로 이런 입법이 그 자체로 강행성(self-enforcing)을 가지는 것은

5) *Ibid.*, pp. 169~172.

6) 이 경우에는 피해자에 대하여 추가적으로 소정의 피해배상을 지급하도록 명령할 수도 있을 것이다.

아니다. 차별금지 입법이 법이 의도하고 있는 受惠者(beneficiaries)를 실제적으로 도울 수 있느냐 없느냐 여부는 바로 잠재적인 수혜자들이 얼마나 효과적인 압력집단으로 조직되어 議會와 관계행정기관에 대해 정치적 영향력을 행사할 수 있느냐에 의존한다.[7] 이를 달리 표현한다면 단기적으로 비용을 부담해야 하고 경영자율성을 침해 받기 때문에 이런 제도의 시행에 반발하는 기업가 집단의 정치적 영향력을 압도할 수 있을 정도로 이들이 정치적 영향력을 강화하지 않는 한 이 제도의 시행은 미흡한 수준에 머무르지 않을 수 없다.

3.2.2 고용기준 또는 쿼타의 설정

환경규제에 있어서 기준(standards)을 정하는 방법이 사용되듯이 사회적 차별을 규제하는 경우에 있어서도 일정한 기준을 부과하고 이의 준수를 강제하는 방법이 사용될 수 있다. 예를 들면 일정수준 이상의 노동자를 고용하는 대기업으로 하여금 현재 불균형을 보이는 남녀직원의 구성비율이 정부가 정한 일정한 기준에 도달할 때 까지 여자직원의 신규채용을 확대하도록 하는 방법이 바로 그것이다. 이런 기준은 일시에 달성하기 곤란하기 때문에 목표년도를 정하여 점진적으로 이 기준에 도달하도록 하는 것이 보통이다.

우리나라에서 고용쿼타(employment quota)는 최근 신체장애자의 고용확대를 꾀하는 방법으로 도입되었다. 이것은 예를 들면 전체직원의 몇 %는 이들을 고용하도록 강제하는 방법으로 이루어진다. 물론 이런 규제가 적용되는 기업은 신체적 장애가 업무수행에 큰 지장을 주지 않는 산업 또는 직장이어야 할 것이다. 왜냐하면 이들의 고용으로 인해 작업장의 시설을 개체해야 한다거나 작업스케줄을 대폭적으로 조정해야 한다면 이것은 단기적으로 기업에 큰 부담을 주는 것이므로 저항을 유발하기 때문이다.

---

7) Paul Sabatier, "Social Movements and Regulatory Agencies," *Policy Sciences,* No. 6, 1975, pp. 301~342.

고용목표 또는 쿼타를 설정하는데 있어서 제기되는 문제점은 그 기준이 모호하다는 데 있다. 우선 이 기준을 적용할 대상업체의 지정도 그러하려니와 특정 업종을 대상으로 한 경우라 할지라도 전체 근로자의 몇%를 전통적인 사회적 차별의 희생집단에게 배분하느냐 하는 것은 자의적일 수 밖에 없다. 이런 이유로 인해 이 방법은 극히 예외적인 경우가 아니면 업체에 강제하기가 용이하지 않다.[8] 특히 이런 경직적인 규제는 자유기업주의 하에서의 기업경영의 자율성을 직접적으로 제한 또는 침해하는 하는 것이기 때문에 논란의 여지가 많다. 따라서 선진외국에 있어서도 이 방법은 보통 정부기관이나 이에 준하는 기관에서 시행되고 있는 정도이다.

다음으로 이런 방식의 사회적 차별의 규제는 소위 逆差別(reverse discrimination)을 야기시킨다는 것도 문제다. 역차별이란 같은 조건(교육수준, 업무수행능력 등)이라면 사회적 차별을 받아 온 희생자 집단(여성, 신체장애자, 소수민족 등)을 우대하는 결과 이번에는 전통적으로 우위를 누려 온 집단(남성, 정상인, 백인 등)이 역으로 불리한 처우를 받게 되는 것을 말한다. 다시 말하면 동일한 교육수준, 업무수행 능력을 갖고 있음에도 불구하고 단지 전통적으로 우위를 누려 온 집단에 속한 사람이라는 이유 하나로 거꾸로 차별을 당하게 됨으로써 생겨나는 또 다른 차별이 바로 역차별의 문제이다.

이론적으로 볼 때 이런 逆差別이 발생할 가능성은 분명히 있다. 그러나 1964년 이래 이런 제도를 시행하고 있는 미국에 있어서도 정부기관이나 대학 등 일부의 예외를 제외하고는 실제적으로 이런 역차별이 광범위하게 발생하고 있다는 경험적 증거는 극히 박약하다.[9] 또한 비록 역차별의 문제가 실제로 존재하고 있다손 치더라도 전통적인 유형의 사회적

---

8) 미국에서 고용주가 흑인, 소수민족, 여성에 대하여 보다 유리한 고려를 베푸는 것을 일컬어 긍정적 행동(affirmative action)이라고 하는데 이러한 용어의 사용 속에는 그것이 사회적으로 바람직한 행위이기 때문에 보다 많은 사업주가 자발적으로 이에 동참하여 주기를 바라는 뜻이 들어있다고 볼 수 있을 것이다.

9) Burstein, *op. cit.*, pp. 161~63.

차별 문제는 역차별의 문제와는 비교도 되지 않을 정도로 몇갑절 심각하기 때문에 역차별을 이유로 하여 전통적인 차별을 극복하는 노력이 손상되어서는 안될 것이다.

다음으로 고용쿼타 설정의 또 다른 문제점으로서 그것이 오히려 사회적 차별을 받아 온 취약집단에게 불리한 영향(perverse effect)을 초래할 수도 있다. 예를 들면 미국에서 흑인과 소수민족의 고용확대를 위해 이 방법을 사용했을 때 일부기업들이 백인 집단거주지역으로 사업장을 이전하거나 새로운 사업장 확장지역으로서 이런 지역을 선택함으로써 오히려 취약한 집단의 취업기회를 감소시킨 경우가 있다.[10]

끝으로 위와는 반대로 기왕에 쿼타방식으로 취업을 제한해 오던 것을 폐지함으로써 사회적 차별을 철폐 또는 완화할 수도 있다.

[사례 17-1] 여성에 대한 공직취업 문호확대

1989년 총무처는 「남녀고용평등에 관한 법률」 시행의 일환으로 「국가공무원임용령」을 개정하여 종래 국가공무원 채용시험에 있어서 여성공무원을 모집정원의 10% 선으로 제한 선발해 오던 제도를 폐지하고 여성의 공직취업에 대한 차별을 철폐하였다. 이에 따라 9급 행정직의 경우 여자합격자수는 1989년 41%, 90년 52.3%, 91년 65.8%로 급격하게 증가하고 있다. 1991년 6월에는 다시 「지방공무원임용령」을 개정하여 종래 20%선에서 규제해 오던 것을 철폐하였다. 이에 따라 각 시도에서 시행한 9급공무원 채용인원의 약 60%를 여성이 차지해 가고 있다. 이것은 하위 공무원직에 대한 남성의 기피현상이 증가하고 있는 반면에 비교적 신분이 강하게 보장되는 공직이 여성에게 매력적이기 때문이다. 이에 따라 여성 고학력자들의 공직 취업이 확대되면서 저학력 남성을 밀어내는 현상이 벌어지고 있다. 그동안 남성들의 독무대나 다름없었던 기술직의 경우에도 여성 진출은 현저하게 증가하고 있다. 아직까지 5~8급의 중간직에서는 여성진출이 두드러지지 않고 있으나 이것은 시간문제라고 할 수 있다.

---

10) Murray L. Weidenbaum, *Business, Government, and the Public* (Englewood Cliffs, NJ: Prentice-Hall, Inc., 1986), 3rd ed., p. 138.

3.3 시장유인적 규제수단

명령지시적인 규제수단이 갖고 있는 문제점을 극복하면서 보다 높은 사회적 확산효과를 거둘 수 있는 규제방법으로서 고용주의 시장유인을 활용하는 방법이 있다. 이 방법은 특히 사회적 차별이 오랜 역사적, 문화적 과정을 거쳐 형성된 사회적 편견에 의한 것이기 때문에 이의 시정에는 오랜 시간이 걸린다고 하는 점을 감안한 보다 현실적인 수단이라고 볼 수 있을 것이다.

3.3.1 정부계약을 통한 유도

사회적 차별은 한 사회의 오랜 관습에 뿌리박고 있기 때문에 이것의 시정을 위해서는 위의 사례에서와 같이 정부가 앞장서서 垂範을 보이는 것이 사회적 차별에 대한 잘못된 관념을 바로 잡는데 효과적일 수 있다. 정부 스스로가 아니라도 정부가 갖고 있는 구매력과 영향력을 적절하게 행사한다면 더욱 큰 효과를 발휘할 수도 있다. 이런 목적에서 선진국에서 이용되고 있는 방법으로서 政府購買(government procurement) 또는 정부계약(government contract)을 통한 유도방법을 들 수 있다.

정부에 납품을 하거나 정부工事에 참여하거나 그밖에 정부와 계약관계를 맺고 있는 일정 규모 이상의 기업(goverment contractors)을 대상으로 그 기업이 정부가 정한 일정한 기준 이상으로 사회적 차별의 희생집단이라고 할 수 있는 사람들의 고용을 확대시키지 않는 한 정부와의 계약에 참여할 수 없도록 함으로써 기업이 자발적으로 사회적 차별의 극복에 참여하도록 유도하는 방법이다.[11)]

---

11) 정부구매나 정부계약 등 정부가 가진 영향력을 발휘하여 정부규제의 목적을 달성할 수 있는 것은 비단 이 경우에 국한되는 것이 아니다. 예를 들면 정부구매는 환경규제, 작업장 안전 규제(occupational safety regulation) 정책수단으로서도 요긴하게 사용될 수 있다. 이에 관하여는 Michael S. Baram, *Alternatives to Regulation* (Lexington, Mass.: Lexington Books, 1982), pp. 109~136 참고.

이 방법은 정부와의 거래관계 수립 또는 유지를 원하는 기업들의 자율적인 선택으로 사회적 차별문제에 접근하려는 것이므로 앞에서 고찰한 명령지시적 방법에 의한 접근방법과는 근본적으로 성격을 달리한다. 다만 이 경우에 있어서도 정부가 어떤 기준을 설정하느냐와 관련해 그 기준이 자의적인 기준이 될 위험성이 여전히 존재한다. 따라서 이 경우에는 계약업자로 하여금 주요한 職位分類(job classification)와 특정집단의 사람들이 寡少雇傭되고 있는 이유에 대한 설명, 이런 차별을 제거하기 위한 목표(goals), 추진계획에 대한 약속(commitments), 그리고 정부기관에 대한 관계자료와 정보의 제출 및 보고의 의무를 부담하게 하는 것이 보통이다.

정부계약에 의한 사회적 차별 제거방법은 언뜻 보기에 별 효과가 없어 보일지 모르나 수많은 기업들이 정부(중앙정부와 지방정부)와의 계약관계속에서 기업활동을 하고 있는 점을 감안한다면 그 파급효과가 상당히 크게 나타날 수 있다.[12] 이 방법을 도입할 때는 우선적으로 이런 부담을 충분히 흡수할 수 있는 대기업을 대상으로 하고 그 파급효과를 보아 가면서 점차 그 대상범위를 확대시켜 나가는 것이 좋을 것이다.

3.3.2 私的 權利의 보호

제16 장 소비자보호 규제에서 우리는 시장유인적 규제방법으로서 소비자정보의 공개(information disclosure) 제도가 갖고 있는 장점을 고찰한 바 있다. 여기에서는 거꾸로 취업대상자의 사적인 권리(privacy)를 보장함으로써, 다시 말하면 자기에게 불리한 정보의 공개요구에 응하지 않아도 되도록 개인의 사적 권리를 보다 철저히 보장함으로써 사회적 차별을 막을 수 있는 방법에 관하여 고찰하려고 한다.

---

12) 미국에서 이러한 프로그램은 대통령 지시(executive order)의 방법으로 연방정부 수준에서만 이루어지고 있는데 1986년 현재 연방정부와 계약관계를 맺고 있는 기업만도 약 20만 개, 여기에 고용된 근로자수는 약 3천만명에 이른다고 한다. 1980년대초 레이건 정부에 의하여 이 프로그램의 적용폭이 축소된 점을 감안한다면 이 프로그램의 파급효과는 실로 엄청난 것임을 알 수 있을 것이다. Douglas F. Greer, *Business, Government, and Society* (New York: MacMillan Publishing Co., 1987), pp. 542～43 참고.

예를 들면 취업 지원서류에 本籍 표시를 하지 못하도록 한다든가, 얼굴사진을 부착하지 못하게 함으로써 고용주가 출신지역으로 인해, 또는 지원자의 容貌·신체적 결함을 이유로, 또는 성별을 이유로 한 편견에 입각하여 불합리한 의사결정을 하지 않도록 하자는 것이다. 또 다른 예를 들면 면접의 경우에 고용주가 던지는 질문도 그것이 직무의 수행에 직접적으로 영향을 미치는 것이 아닌 한 개인의 사적인 권리가 부당하게 침범되지 않도록 할 필요도 있다. 예컨대 "신체장애가 있습니까?"라고 막연하게 묻기 보다는 "이 직무를 수행하는데 지장을 줄 수 있는 신체적 장애가 있습니까?" 라고 보다 직접적으로 업무와 관련된 사항만을 질문하도록 함으로써 차별의 소지를 줄일 필요가 있다.[13]

개인적 사적 권리를 침해하지 못하게 함으로써 차별의 소지를 줄여야 할 필요성은 우리나라에서 대단히 높은 것으로 생각된다. 또한 취업희망자도 부지불식간에 자기에게 불리한 정보를 제공하지 않도록 교육하는 것도 필요하다. 우리나라에서는 개인의 사적 비밀에 관한 사항을 스스럼없이 묻고 대답하는 것이 관례화 되어 있기 때문이다. 물론 이런 정보를 감춘다고 생각한다면 그럴 필요까지야 있겠느냐고 생각될 수 있지만 직무수행능력과 관계없는 질문을 해야 할 필요도 없고 또 그것에 답해야 될 이유도 없다. 이런 불필요한 정보의 공개는 결국 비합리적인 요인이 의사결정에 개입하게 될 소지를 크게 만든다.

예를 들면 무턱대고 지원서에 사진을 부착하도록 요구하고 있는 것이 우리의 현실인 바 직무수행과 직접적으로 관련되기 때문에 사진이 필요한 경우가 아니라면 선진외국에서와 같이 이를 요구하지 못하도록 하는 것이 시급히 요청된다. 美貌가 아니라는 또는 별로 호감을 주지 못하는 인상 때문에 취업에 지장이 생긴다면 이것은 정말 어처구니 없는 일이 아닐 수 없다. 이것은 학교 입학에 있어서도 마찬가지로 적어도 입학지원서에 만큼은 사진을 부착해야 할 이유가 없다고 생각된다(물론 연극영

---

13) 이와 유사한 질문 例에 대하여는 Weidenbaum, *op. cit.*, p. 140 참고.

화과 같은 극히 일부의 특수학과 경우는 예외이다).

4. 임금차별에 대한 규제

고용기회 차별보다도 훨씬 복잡한 양상을 띠고 있는 것이 바로 賃金差別 문제라고 할 수 있다. 동일한 직무에는 동일한 임금(equal pay for equal work)이 지불됨이 원칙이나 실제로 동일한 직무에 종사하면서도 비합리적인 이유로 차별적인 임금을 받게 되는 경우가 많다. 가장 대표적인 경우는 성별에 의한 차별임금이다. 차별임금이라고 하면 물론 비합리적인 요인에 근거한 임금차별을 의미하는 것이지만 이것의 비합리성을 입증하기란 그리 쉽지 않다.

예를 들어 동일직급, 동일직무에 종사하고 있는 남성과 여성의 임금이 다를 경우에는 비교적 차별행위의 존재가 분명하다고 할 수 있을 것이나 실제에 있어서 그러한 경우는 드물다. 즉 동일직급, 동일직무에 남성과 여성이 같이 근무하고 있는 경우는 드물다. 이 경우에는 비교의 기준이 없기 때문에 임금차별의 정의가 쉽지 않다. 물론 동등한 정도의 능력과 노력을 요구하는 경우라고 할지라도 과연 "동등한 정도"의 의미가 무엇인지가 막연하다.

또 다른 유형의 임금차별은 학력의 차이가 있을 경우에도 문제가 된다. 즉 동등한 직무능력을 갖고 있고 동등한 성적(performance)을 갖고 있을지라도 학력수준에 따라 임금이 다른 경우에 임금차별의 가능성이 있으나 동등한 정도의 성적을 내고 있는지에 대한 판단기준이 모호하기 때문이다.

이와 같이 임금차별의 경우에는 능력 및 성적 차이를 명확하게 파악하고 비교하기가 어렵기 때문에 차별행위 여부를 식별하는 것이 대단히 어렵다. 물론 비합리적 요인 또는 사회적 편견에 의한 임금차별을 금지하는 입법규정이 근로관계법에 규정되어 있는 것이 보통이나 이와 같은 집행상의 난점으로 인해 그것의 실효성은 극히 낮지 않을 수 없다. 궁극적으로 임금차별을 둘러싸고 분쟁이 야기될 경우에는 보통 訴訟을 통해서(소송과정에서의 合意를 통해서) 개별적으로 해결될 수 밖에는 없다. 이것은 임금차별 문제를 다루어 나가는 방법이 갖고 있는 근본적인 한계라고 할 수 있다.

5. 교육차별의 규제

교육은 기회의 평등을 보장하는 가장 기본적 요인이고 교육수준이 곧 고용기회의 차별, 더 나아가서는 임금차별의 근거가 된다는 점에서 교육차별은 대단히 중요한 문제라고 할 수 있다. 여기에서 교육수준이라고 할 때 그것은 단순히 교육의 양(amount of education)만을 의미하는 것이 아니라 교육의 유형(type of education)과 교육의 질(quality of education)을 포함한다. 의무교육이 확대되고 있고 전반적으로 고등교육 이수자가 늘어나고 있는 오늘날 교육의 양은 점차 그 중요성을 상실해 가고 있다고 볼 수 있다. 사회적 차별과 관련하여 오히려 더 중요해지고 있는 요소는 교육의 유형과 질의 문제이다.[14)]

우선 교육의 量, 즉 學歷과 관련한 사회적 차별문제는 우리 사회에서 심각한 문제가 되어 왔다. 그러나 최근에 이르러 한편으로는 직종의 다양화, 직무의 다양화에 따라 그리고 다른 한편으로는 노동시장구조의 변화에 따라 학력에 따른 고용기회의 차별과 임금격차의 문제는 급속하게 해소되어 가는 양상을 보여 주고 있다. 예를 들면 대졸자가 많은 사무직의 초임수준보다 고졸이하의 학력을 가진 기능직의 초임수준이 앞서가는 현상이 나타나고 있다. 이와 같이 취업과 임금면에서 학력에 따른 차별이 해소됨에 따라 앞으로 학력에 따른 차별문제는 승진기회의 차별문제

---

14) Burstein, *op. cit.*, pp. 163～167.

로 진전되는 방향으로 나아가게 될 가능성이 높다.

이번에는 교육의 유형(type)과 관련한 사회적 차별, 특히 性的 差別 문제를 살펴 보기로 한다. 전문직업 또는 특수직업 교육 (법학, 의학, 약학, 공학, 경영학 등) 분야는 전통적으로 남성이 압도적인 위치를 점하여 왔다. 물론 사회적 편견으로 인해 직업학교들이 여성의 선호대상이 되지 못한 측면이 우선 강하겠지만 여기에 부수하여 입학시험과정에서 차별적인 대우를 받았을 가능성도 없지 않다. 경우에 따라서 여성에 대해 특별히 加算點을 주거나 쿼타(quota)를 설정하는 예도 없지 않으나 이 경우에는 逆差別(reverse discrimination)의 문제가 제기된다.

이런 전문직 혹은 기술직종에 있어서 여성의 진출이 낮은 것은 우선 그 직업이 여성에 적합하지 않다는 사회적 편견도 작용하고 있지만 더 중요한 문제는 여성이 이런 교육기관에서 교육을 받고 해당 직종에 진출하였다고 하더라도 여성이기 때문에 남성과 비교하여 볼 때 충분한 報償(reward)을 받기 어렵기 때문에 발생한다. 예를 들면 여자 변호사의 경우 남자 변호사에 비하여 자기가 받은 교육의 댓가를 충분히 보상받기 어렵다. 물론 어느 경우에나 이런 현상이 나타나는 것은 아니다. 예를 들면 전문직종이라고 하더라도 소아과·산부인과 의사, 약사, 교사, 가정법률 담당 변호사 등은 여성이 남성에 비하여 보다 유리한 입장에 서게 되는 경우가 많기 때문이다.

이렇게 볼 때 전문기술 직종에 여성이 진출하는 것에 대한 사회적 편견이 강하다고 할지라도 특수분야를 중심으로 여성의 적합성과 우수성이 점차 판명되어 나감에 따라 교육의 유형에 있어서의 차별은 상당히 빠른 속도로 제거될 수도 있을 것이다. 이를 위해서 정부가 할 수 있는 일은 교육기관의 입학요건이나 査定에 있어서 性的 차별을 초래할 소지를 제거하는 것이 긴요하다.

다음으로 교육의 質(quality)과 관련된 사회적 차별에 관하여 살펴 본다. 사실 교육의 질 문제는 대단히 미묘한 문제로서 이것을 측정하거나 비교한다는 것은 어려운 문제이며, 또한 교육의 질과 업무능력(work performance) 사이의 상관관계 설정은 더욱 어렵다. 실제로 고용주는 이런 상관관계의 확인 보다는 출신학교(educational credential)가 어떤 학교냐에 보다 많은 관심을 보이는 것이 상례이다. 그러나 업무능력은 학교교육을 통해서 보다는 현장교육 (on-the-job training)과정에서 습득된다.[15] 요약컨대 교육의 질에 따른 사회적 차별은 명확한 근거없는 하나의 편견에서 비롯될 가능성이 높다.

소위 일류 교육기관과 그밖의 교육기관의 교육의 질에 대한 사회적 인식과 평가에 현격한 차이가 있는 우리나라에 있어서 교육의 질로 인한 차별은 심각한 사회문제가 되어 있다. 물론 우리나라에서 교육의 질 차이는 다른 선진외국에 비교한다면 보다 클 가능성이 높은 것은 사실이다. 그러나 우리 현실에서 이런 교육의 질 차이는 학교교육의 질 차이라기 보다는 학생의 질의 차이에서 연유하는 것일 가능성도 크다. 왜냐하면 우리사회에서는 일류학교에 대한 사회적 편견이 강하기 때문에 무조건 일류학교에 입학하고 보려는 경향이 대단히 강하고 따라서 우수한 학생이 소위 일류학교에 집중되어 있기 때문이다.

소위 '一流病'이라고 불리우는 일류학교 선호현상은 우리 사회에서 다방면으로 그 해악을 미치고 있다. 우선 일류학교 선호현상은 대학교에 그치지 않고 중고등학교에 까지 파급되어 인구의 서울 및 대도시 집중을 초래하는 중요한 요인이 되고 있다. 이와 같은 취학인구의 편중현상은 불가피하게 교육 선택의 자유를 제약하는 정부규제를 유발하였다. 예를 들면 고교평준화, 學群의 설정(사례 9—1) 등이 바로 그러한 예에 속한다.

교육기회의 평등을 위해 교육 선택의 자유를 구속하는 이런 규제가 갖고 있는 문제점은 명확하다. 우선 이 제도들은 학교간 優劣을 판단할 수 있는 기준을 모호하게 함으로써 인적 자원의 비효율적인 배분을 초래한다. 능력이 우수한 학생과 열등한 학생의 혼합은 효과적인 교육전달을 어렵게 할 뿐만 아니라 학교가 갖고 있는 인적·물적 자원의 비효율적인

15) Lester Thurow, *Generating Inequality* (New York : Basic Books, 1975), chap. 3 참고.

사용을 초래하고 그 결과 우수한 학생과 열등한 학생은 모두 충분하고 적절한 교육을 받을 수 있는 기회가 가로막히게 된다.

무릇 잠재적 능력 면에서 천차만별이고 또한 그것의 평가가 용이하지 않은 인적 자원(human resources)의 효율적인 배분은 시장기능과 경쟁을 통할 때 가장 효과적으로 확보될 수 있다. 이 때 시장기능이 원활하게 이루어지도록 하기 위해서는 무엇보다도 충분하고 적절한 시장정보(market information)의 제공과 유통이 필요하다. 다시 말하면 학교마다의 특성에 관한 정보가 진학을 준비하는 학생들에게 충분하게 공급될 수 있어야 한다. 진학 학생과 학부모가 상당히 합리적이라고 한다면 이런 정보를 활용하여 최선의 대안을 선택할 수 있을 것이다. 우리나라에서 입시과열을 야기시키는 요인은 물론 무조건 일류학교를 선호하는 사회적 편견에도 기인하지만 상당부분 시장정보, 즉 학교에 관한 상세한 정보의 부족 때문이라고 하여도 과언이 아닐 것이다.

이런 점에서 본다면 大學評價制度의 확립과 활성화는 시급한 문제이다. 이 평가과정에서 산출된 많은 정보(교수의 수와 질, 교육연구시설, 학생의 질, 취업상황 등에 관한)가 진학을 희망하는 학생들과 장래의 고용주에게 공개되고 보급될 때 비로소 교육 선택의 자유가 보장되고 교육의 질에 대해 어느 정도 균형잡힌 판단을 가능하게 함으로써 점진적으로 사회적 편견을 시정하는데 기여할 수 있을 것이다.

6. 보험과 관련한 차별에 대한 규제

이상에서는 기업 내부에 있어서의 차별에 관하여 검토하였으나 본절에서는 보험회사의 가입자에 대한 차별을 검토하기로 한다. 보험(insurance)은 장차 특정의 상황(contingency)이 발생한 경우에 계약의 이행을 약속하는 방식으로 이루어지는 특수한 형태의 계약이다. 보험은 크게 생명보험과 손해보험으로 나뉜다. 생명보험은 인간이 살아 나가면서 부닥

칠지도 모를 불의의 재해나 질병, 또는 사망시에 보험금을 지급하겠다는 계약이고, 손해보험은 화재보험, 자동차보험과 같이 불의의 재난이나 사고를 당하였을 때 보험금을 지급하겠다는 계약이다. 보험가입자가 지는 의무는 물론 평소에 있어서의 보험료 납부이다.

보험은 두 가지의 사회적 기능을 담당한다. 그 하나는 위험의 분산(risk spreading) 기능이다. 이것은 불시의 위험에 따른 특정인의 손실을 많은 사람이 분담함으로써 당사자의 부담을 경감하는 기능이다. 보험의 또 다른 기능은 위험의 집합(risk pooling) 기능이다. 이것은 보험에 가입한 개개인이 갖고 있는 위험도는 서로 다르지만 이것을 집합시킬 때 일정한 예측성을 가질 수 있게 됨을 의미한다. 전자가 개개 보험가입자의 입장에서 본 보험의 기능이라고 한다면, 후자는 보험회사가 수행하는 기능이라고 말할 수 있을 것이다.

우선 생명보험의 경우를 살펴보기로 한다. 생명보험에 가입하고자 하는 동기는 병약한 사람, 또는 건강에 자신이 없는 사람일수록 높게 마련이다. 반면에 보험회사는 가급적 건강한 사람을 보험에 많이 가입시킬 때 보다 높은 수익을 보장받을 수 있게 될 것이다. 한편 보험회사는 보험가입을 희망하는 사람의 건강상태에 대한 정보를 갖고 있지 못하다. 자기의 질병에 대해 물론 본인도 알고 있지 못한 경우가 많으나 평소의 건강상태에 대해서는 보험회사 보다는 보험가입 희망자가 더 잘 알고 있는 것이 보통이다. 이 때 소위 情報의 非對稱性(information asymmetry)의 문제가 발생한다. 이것은 계약의 쌍방이 소유하고 있는 정보가 서로 다를 때 발생한다.

보험에 있어서의 차별의 문제는 바로 여기에서 비롯된다. 보험가입 희망자의 건강상태에 대한 정보가 부족한 보험회사는 이들로 하여금 스

---

16) 보험에는 이밖에도 道德的 危害(moral hazards)의 문제가 수반된다. 이것은 개인이 일단 보험에 가입하게 되면 당연히 기울일 주의의무를 게을리 하게 되는 성향을 일컫는다. 예를 들면 어떤 사람이 화재보험에 가입한 경우 화재에 대한 경각심과 주의의무는 보험가입 이전에 비하여 감소하게 된다는 것이다. 이에 관한 설명은 John M. Marshall, “Moral Hazards,” *American Economic Review*, Vol. 66, No. 5 (Dec. 1976), pp. 880~890 참고.

스로 알고 있는 본인의 건강에 대한 정보를 제공하게 하거나 특수한 진찰 또는 검사를 받도록 요구하게 된다. 이것은 바로 정보의 비대칭성으로 인한 '逆選擇(adverse selection)'이라는 특이한 문제를 회피하고자 하는 회사측의 욕구에서 비롯된다.[16] '逆選擇' 문제란 보험의 본래적 문제로서 아래와 같은 과정을 거쳐 발생한다. 즉 정보의 비대칭성 속에서 보험가입에 아무런 자격요건 상의 제한을 두지 않게 되면 일정한 保險料率(insurance premium) 수준에서 실제로 보험에 가입하는 사람은 건강상태가 악화된 사람, 평소 건강에 자신이 없는 사람, 또는 불치의 병으로 사형선고를 받은 것이나 다름없는 사람들에 집중됨으로써 보험금 지급을 야기시키는 상황의 발생빈도와 보험금 지급액이 엄청나게 늘어나 보험회사는 손실을 보지 않을 수 없게 될 것이다. 이런 상황에서 보험회사는 부득이 보험요율을 인상하지 않을 수 없게 될 것이다. 그러면 이번에는 전번보다도 더 건강상태가 나쁜 사람만이 보험에 가입하려고 할 것이므로 그 결과는 보다 큰 손실로 귀착될 수 밖에 없다.[17]

바로 이런 문제로 인해 보험회사는 어떻게 해서든지 자기 회사에 불리한 영향을 줄 사람을 보험으로부터 차별하거나 배제시키려고 한다. 그러나 이것은 명백하게 보험의 사회적 기능을 도외시하는 것이 아닐 수 없다. 즉 건강한 사람을 위한 보험은 위험의 분산이라는 보험의 사회적 의미를 반감시키는 결과를 초래한다. 정부가 보험산업에 개입해야 할 필요성은 바로 여기에 있다. 즉 보험요율 체계를 합리적으로 책정함으로써 보험회사의 과당이윤을 막는 것과 동시에 보험가입에 있어서의 차별행위를 배제함으로써 보험의 사회적 기능을 극대화 시킬 필요가 있다.

따라서 보험가입에 있어서의 차별적 배제가 이루어지지 않도록 하기

---

17) 본래 '역선택'문제는 가격(price)에 관한 정보는 제공되나 품질(quality)에 관한 정보가 소비자에게 주어지지 않을 때 좋은 품질의 제품이 오히려 차별대우를 받게 되는 것을 일컫는다. 이러한 현상은 中古車 시장에서 흔히 발견되는 것으로서 왜 그 시장에는 문제투성이인 중고차(이것을 '레몬(lemon)'이라고 부른다) 만이 판을 치게 되는지를 설명해 준다. 이러한 현상에 대한 이론적 논의는 George A. Akerlof, "The Market for 'Lemons' : Quality Uncertainty and the Market Mechanism," *Quarterly Journal of Economics*, Vol. 84 (Aug. 1970), pp. 488~500 참고.

위해서는 보험회사가 정당하게 요구할 수 있는 정보(information)에 제한을 두어야 한다. 예를 들면 보험가입신청서의 본인 記載事項의 제한, 의료관련 자료의 제출요구에 대한 제한을 통하여 보험회사가 보험가입자를 부당하게 차별하거나 배척하지 못하도록 할 필요가 있다.

이런 문제들은 화재보험, 자동차보험 등 손해보험의 경우에도 마찬가지다. 예를 들면 자동차보험은 불의의 사고시에 가해자와 피해자의 쌍방을 보호하기 위한 것이다. 그런데 자동차보험회사의 입장에서는 어떻게 하여서든지 자동차사고가 일어날 확률을 낮추지 않으면 타산을 맞추기 어렵다. 따라서 보다 많은 보험가입을 유도하면서 보험금 지급을 낮추기 위해서 사고의 위험성이 높은 운전자를 배제하려고 한다. 그 결과 예를 들면 남자보다는 여자를, 연소자보다는 중년층을, 사업용 운전자 보다는 자가용 운전자를 보다 우대하는 방향으로 보험요율에 차등을 두거나, 아예 연소자, 사고경험자 등을 차별하여 보험대상에서 배척하고자 노력하는 것을 볼 수 있게 된다.

이런 企圖는 보험회사의 입장에서 볼 때는 합리성이 있을지 몰라도 이들이야말로 정말 보험을 필요로 하는 사람들이라는 입장에서 본다면 이는 명백하게 보험의 사회적 기능을 망각한 것일 뿐만 아니라 보험에 기초한 제3자의 보호를 무력화시키는 것이 아닐 수 없다. 예를 들면 연소한 운전자를 차별하여 보험에 가입시키지 않았을 때 만일 그가 사고를 낸 경우 피해자는 피해를 보상받기 어려운 경우가 생길 수 있다.

자동차 손해보험의 경우에 이와 같은 비합리적인 요인에 따라 운전자를 분류하고 이를 다르게 취급하는 것은 명백하게 사회적 차별의 문제를 야기시킨다. 이것은 우리가 위에서 검토한 統計的 差別(statistical discrimination)의 일종이라고 할 수 있다. 즉 보험회사가 성별 또는 연령 등 막연한 요인에 기초하여 차별한다면 그것은 특정의 집단이 사고를 낼 위험성이 높다는 통계적 가정에 입각하고 있다. 그러나 연소자라고 하여 또는 남자라고 하여 반드시 장년층이나 여자에 비하여 사고 위험성이 높다고는 말할 수 없다. 이런 관점에서 볼 때 성별, 연령 등에 의한 차별은 분명히 불합리한 차별이라고 할 수 있다.

이런 비합리적인 요인에 의한 차별은 물론 금지됨이 마땅하지만 사고발생율과 직접적으로 관련되는 요인에 기초한 차별은 합리적인 차별이라고 할 수 있다. 예를 들면 운전경력, 無事故 기간, 차량의 용도와 사용빈도 등 요인은 사고의 위험성과 상당한 관련성을 가진다고 볼 수 있다. 소위 成績料率(merit rating)방식의 채택을 통한 보험요율의 차등화는 바로 이런 요인들에 기초하는 것이 보통이다. 이 제도의 장점은 우선 보다 높은 수준의 공평성(fairness)이 확보될 수 있다는 데 있다. 다음으로는 개개인의 사고유발 가능성에 기초하여 보험요율이 책정됨으로써 보험가입 대상을 보다 확대할 수 있고 따라서 경제적 효율성도 높다. 이 때 전반적으로 보험료의 수준을 낮출 수 있게 됨은 물론 보험회사의 건전한 재정을 유지하는데도 도움이 된다.

[사례 17－2] 자동차보험 할증제도

세계최고의 자동차사고율, 높은 의료수가(같은 부상이라고 할지라도 자동차사고 환자의 치료비는 보통 환자의 치료비보다 훨씬 높다), 이에 따른 자동차보험회사의 영업수지 악화로 인하여 해마다 자동차보험료의 인상 시비는 끊이지 않고 있다. 재무부는 보험료의 무차별적 인상에 따른 불공평의 문제를 해결하기 위하여 1990년 3월부터 자동차보험 사고기록 점수제를 도입하였다. 이것은 운전자의 개인적 특성과 사고기록을 기초로 아래 표와 같이 보험료율을 차등 적용하는 제도이다. 이에 의하면 우선 운전자의 성별과 연령을 기준으로 기본요율을 최고 100% 까지 할증 또는 할인하고, 운전자의 최근 3년간의 사고경력을 기초로 하여 사고의 경중 및 사고원인에 따라 정해진 사고점수를 부여하고 사고점수 1점에 대하여 10%씩 기본요율에 가산하되 할증료가 최고 120%까지 되게 한다는 것이다. 또한 무사고 기록 운전자에 대하여는 무사고 운전햇수에 따라 최고 50%(무사고 6년 이상)까지를 할인하도록 되어 있다. 이 제도는 사고경력에 따라 보험료를 차등적용하는 것이므로 사고운전자와 무사고 운전자 사이의 부담의 불공평성 문제를 어느 정도 해소할 수 있으나 여기에 더하여 운전자의 성별 또는 연령에 의한 할증 또는 할인을 허용하고 있어서 여전히 차별의 소지를 안고 있다.

(1) 운전자의 성별·연령별 할증률

연 령	남 자	여 자
21세 미만	100% 할증	50% 할증
21 ~ 26세	50% 〃	10% 〃
27 ~ 31세	15% 〃	5% 할인
32 ~ 41세	5% 〃	10% 〃
41세 이상	—	10% 〃

(2) 사고유형 및 사고원인별 점수

사고유형 및 원인		사고점수
인적 피해	사망 또는 중상	4점
	경상(정도에 따라)	1 ~ 3점
	운전자 자신의 부상	1점
물적 손실	50만원 초과	1점
	50만원 이하	0.5점
사고 원인	음주, 약물복용 운전	3점
	뺑소니 사고	3점
	자동차 사용 범죄	3점
	기타	1점

주) 이 점수는 누적적으로 계산된다. 예를 들어 음주운전자가 사람을 치어 죽게 하고 50만원 이상의 물적 피해를 발생시킨 한편 자신도 부상한 경우 벌점수는 4+1+1+3=9점이 되어 그의 다음해의 보험료는 90%가 할증되게 된다.

* 1991년 10월 자동차 보험료 할증제도는 대폭 강화되었다.

끝으로 痲藥 복용자, 飮酒 운전자와 같은 특수한 경우에 보험적용을 배제시키는 것이 사회적 차별인지 여부에 대해서는 논란이 있을 수 있다. 생각컨대 이런 자들의 운전행위 자체가 금지되어 마땅하다고 하는 관점에서 본다면 이들이 사고를 낸 경우에 이들 자신이 입은 신체상 또는 재산상 피해에 대한 보험금 지급은 논외로 하더라도 이들이 낸 사고로 인해 피해를 입은 제 3 자를 보호하는 수단으로서 보험의 기능이 무시되어서는 안될 것이다. 따라서 이들에 대해도 成績料率 방식을 적용하되 그 벌칙을 대단히 높게 하는 것이 바람직한 방법이 될 것이다.

7. 결 론

본장에서는 사회적 규제의 특수한 유형으로서 사회적 차별에 대한 규제를 검토하였다. 사회적 차별의 유형은 여기에서 검토한 것들에 국한되는 것이 아니고 우리 주변에 즐비하게 널려 있다. 사회적 차별문제는 그것이 역사적 관습으로 또는 뿌리깊은 관념으로 어느 사회에나 존재한다. 그렇기 때문에 사회적 차별 문제는 단기간에 해소될 수 있는 성질의 문제도 아니다. 이것은 사회적 차별의 심각성에 대한 인식의 전환, 사회분위기의 전환을 필요로 하는 문제이다. 따라서 이 문제에 대한 접근에 있어서도 행정적인 접근에 그칠 것이 아니고 근본적으로는 입법과정에서의 議會의 역할강화와 관계법의 실효성을 최후적으로 보장하는 法院의 보다 적극적인 자세의 정립이 뒷받침 되어야 할 것이다. 여기에는 잠재적 수혜자집단의 조직화와 정치적 활동의 활성화를 통한 지속적인 정책관심과 참여, 그리고 감시가 긴요하다.

사회전반에 만연되어 있는 사회적 차별문제의 해소를 위해서는 아무래도 정부기관이 앞장 서서 垂範을 보이는 것이 중요하다. 이런 의미에서 최근 우리 정부가 이런 방향으로 제도개선을 이루어 가고 있는 것은 환영할 일이다. 이에 더하여 선진외국에서와 같이 시장유인적 접근방법을 과감하게 도입시행할 필요도 있다. 즉 정부기관은 그것이 갖고 있는 구매력을 바탕으로 각종의 정부계약에 있어서 사회적 차별을 행하는 일정규모 이상의 기업들을 배제하는 정책을 통하여 사회적 차별의 철폐를 향한 정부의 의지를 보다 강하게 부각시킬 수 있다. 또한 이런 제도는 대상사업체를 점차 확대하여 나감으로써 보다 높은 확산효과를 거둘 수 있게 한다.

제 18 장

사법적 구제

1. 서 론

정부규제는 개인과 개인, 기업과 개인, 기업과 기업 사이의 권리관계, 이해관계에 직간접적으로 영향을 미친다. 정부규제는 정부가 민간(기업과 개인)의 행위에 대해 일정한 제약을 가하는 것이기 때문에 정부규제로 인하여 피규제대상 집단의 권리는 제한되고 그 결과 다른 집단이 반사적으로 권리를 부여받게 된다. 이러한 특성은 정부규제 가운데서도 특히 사회적 규제 영역에서 두드러지게 나타난다. 예를 들면 정부가 기업의 환경오염을 규제할 때 국민은 깨끗한 환경에 대한 권리를 갖게 된다. 이 때 환경규제에도 불구하고 만일 어떤 기업의 환경오염으로 인해 피해를 입은 주민이 있다면 그의 피해를 복구해 주어야 할 필요가 있다. 여기서 말하는 사법적 구제는 바로 이와 같은 경우에 발생하는 분쟁을 행정적으로가 아니라 사법적으로 처리하는 과정이다.

정부규제 영역에서 제기되는 司法的 救濟의 문제는 반드시 개별적 권리분쟁 사안에 대해 법원이 사후적으로 권위있는 법적 판결을 내림으로써 분쟁을 해소하는 의미만을 가지는 것이 아니다. 개별적인 사법적 구제의 결과 法的 先例(legal precedents) 또는 判例가 축적될 때 그것은 사후적으로 개별적 권리분쟁을 마무리하는 본연의 기능을 뛰어넘는다. 왜냐하면 법원의 판결은 단지 개별적 피해의 사후적인 복구 및 보상에 그치는 것이 아니고 관련기업에 대해 추후 유사한 소송제기의 가능성, 손해배상의 지불, 관련 사안으로 인한 불리한 언론보도(adverse publicity) 등 부담을 안겨 주는 것이기 때문에 이 기업은 분쟁의 재발을 방지하기 위해 사전적이고 예방적인 노력을 기울이지 않을 수 없게 되기 때문이다.[1] 또한 이런 과정을 거쳐 마련된 법적 선례는 장차에 있어서의 행정부의 행동과 의사결정에 지대한 영향을 미친다. 특히 많은 선진국에서와 같이 소비자피해나 환경피해 등 대량적으로 발생하는 피해를 신속하고 공정하게 구제하기 위한 集團訴訟(class action suit)이 제도적으로 인정되는 경우에는 사법적 구제가 새로운 경제사회질서의 형성을 주도하는 보다 적극적인 역할을 담당하게 된다.[2]

이런 의미에서 볼 때 사법적 구제가 단순한 피해구제의 수준을 훨씬 넘어서는 것임은 분명하다. 사법적 구제가 정부규제를 대체하는 수단 또는 이를 대신하는 정책수단으로 인식될 수 있는 것은 바로 이 때문이다.[3] 본장에서의 사법적 구제에 대한 논의는 바로 이런 관점에서 이루어지고 있다. 즉 사법적 구제는 우리가 제14~17장에서 논의한 보통의 사회적 규제정책수단 즉 명령지시적 규제수단과 시장유인적 규제수단을 보완하는 또는 대신하는 정책수단으로서 의의를 가진다는 것이다. 아래에서는 먼저 제2절에서 사법적 구제의 전형적인 경우라고 할 수 있는 소비자 피해구제에 대해 고찰하면서, 사법적 구제에 관련된 법이론으로서 契約理論과 不法行爲 理論, 過失責任과 無過失責任 理論 등을 일반적으로 소개하기로 한다. 이런 논의를 바탕으로 제3절에서는 환경피해 구제에 대해, 제4절에서는 산업재해 및 직업병의 사법적 구제에 대해, 그리고 제5절에서는 사회적 차별에 대한 사법적 구제에 대해 고찰한다. 끝으로 제6절에

---

1) 이 경우에 사법적 구제의 결과로 나타나는 해당 기업의 경제적 부담(예: 손해배상 등)은 해당기업이 발생시킨 외부효과(externalities)가 그 기업에 의해 內部化(internalize)됨을 의미한다. 사법적 구제의 경제적 효과 및 의미에 대해서는 제3장 '외부효과에 관한 논의' 참고.

2) 徐元宇, "公共訴訟에 관한 硏究 (I)," 「法學」, 제26권 1호(1985), pp. 105~30 및 "공공소송에 관한 연구(II)," 「法學」, 제26권 2.3호 (1985), 서울대학교 법과대학, pp. 41~71.

3) Michael S. Baram, *Alternatives to Regulation: Managing Risks to Health, Safety, and Environment* (Lexington, Mass.: Lexington Books, 1982).

서는 이런 종류의 피해구제에 있어서 날로 중요성을 더해 가고 있는 집단소송 제도에 대해 고찰한다.

2. 소비자 피해의 구제

제16장에서 고찰한 바와 같은 각종의 소비자 안전 및 보호를 위한 규제에도 불구하고 실제로 소비자에게 신체상 또는 재산상 피해가 발생한 경우에 그 피해를 복구하기 위해서는 최종적으로 民事訴訟 절차에 의존할 수 밖에 없다.[4] 소비자안전 및 보호와 관련한 사법적 구제는 법학에서 製造物 責任(product liability)으로 다루어지고 있다. 제조물 책임이란 물품의 생산, 판매 과정에 참여한 자가 그 물품의 결함으로 인해 야기된 제3자의 생명, 신체, 재산적 손해를 배상할 의무를 부담하는 것을 말한다. 여기에서 제조물이라 함은 완성품, 자연산물을 구분하지 않으며, 제조자는 제조물의 생산을 사업으로 하는 자, 제조물에 상표, 포장 또는 商號 기타 자기를 표시하는 명칭을 붙여서 이를 유통시키는 자, 제조물의 수입을 사업으로 하는 자 등을 총칭하는 개념이다.

제조물 책임에 대한 法理는 크게 보아 契約理論(contract principle)과 不法行爲 理論(tort principle)이 있다. 양 이론의 차이를 쉽게 이해하기 위해서 예를 들어서 설명하기로 한다.

甲이 브레이크에 결함이 있는 자동차를 운전하던 중 乙의 차와 부딪쳐 甲과 乙이 모두 부상을 입었다고 가정한다. 甲은 자동차 매매계약에 근거하여 자기에게 결함이 있는 차를 판매한 매도인에게 책임을 물을 수 있다. 이 때 매도인은 계약에 근거하여 또 다시 자동차 회사를 상대로 책임을 물을 수 있다. 다음 자동차 제조회사는 부품공급 계약에 의거 자

4) 여기에서 고찰하는 법이론, 특히 불법행위(tort)에 기초한 과실책임 및 무과실책임에 관한 法理論은 제조물의 경우에만 국한되는 것이 아니고 자동차 운전, 醫療行爲 등 서비스의 경우에도 그대로 적용된다. 이에 대한 법이론 및 판례에 대하여는 郭潤直, 「債權各論」, (서울: 博英社, 1986), pp. 637~41 참고.

동차 브레이크 제조업자에게 그 책임을 물을 수 있다. 그런데 문제는 乙이다. 乙은 甲의 자동차 매도인, 자동차 제조회사, 부레이크 제조기업 그 어느 누구와도 계약관계를 맺은 바 없기 때문에 그 어느 누구를 상대로도 그 책임을 물을 수가 없다.

이것이 계약이론에 의한 책임의 귀속과정이다. 계약이론에 입각하면 피해자가 제조자와 직접적인 계약관계에 있지 않으면 그에게 자기가 입은 피해의 배상을 청구할 수 없다는 것이다. 따라서 이와 같은 法理 하에서 甲은 충분히 보호 받을 수 있지만, 乙은 어떤 구제도 받을 수 없게 된다. 이런 법리는 비교적 계약관계가 직접적이고 단순한 경우에는 별 문제가 없이 적용될 수 있다. 그러나 위의 예에서 보는 바와 같이 물품의 제조자와 최종소비자 사이에 여러 단계의 거래가 성립하는 경우에 있어서는 문제가 된다. 즉 위의 예에서 보듯이 甲은 자동차회사 및 브레이크 제조기업으로 부터 피해배상을 받을 수 있으나, 乙은 배상을 받을 수 없게 되어 불공평한 결과가 초래된다.

현대사회에 있어서의 계약은 다단계의 거래관계 속에서 복잡하게 이루어지는 것들이 많고 그 결과 직접적인 계약관계 만으로는 제3자를 충분하게 보호할 수 없는 경우가 많다. 바로 이런 경우에 생겨나는 문제를 해소하기 위해 등장한 이론이 不法行爲 理論이다. 불법행위 이론은, 계약의 존재를 전제로 물품 제조자의 책임을 추궁할 수 있는 계약책임(contract liability)과는 전혀 다르게, 계약관계의 有無에 관계없이 결함이 있는 물건을 만든 자는 그로 인해 피해를 입은 자의 손해를 배상할 책임을 진다는 불법행위 책임(tort liability)을 규정함으로써 계약의 유무를 불문하고 피해자가 가해자를 상대로 책임을 추궁할 수 있다고 본다.

대체로 현대의 모든 국가는 이 계약책임과 불법행위 책임을 모두 규정하고 있다. 따라서 위의 예에서 甲은 계약책임으로 매도인에 대해 책임을 추궁할 수 있고, 불법행위 책임으로 자동차회사나 불량 브레이크 제조기업을 상대로 손해배상을 청구할 수도 있다. 이에 비해 乙은 오로지 자동차 제조회사나 불량한 브레이크 제조기업을 상대로 이들의 불법행위 책임에 근거하여 손해배상을 청구할 수 있을 뿐이다.

오늘날 제조물 책임의 법리는 불법행위 이론에 입각하고 있는 것이 보통이다. 이것은 거래관계가 다단계로 그리고 복잡하게 이루어지는 현대산업사회의 특성을 반영하는 것으로 볼 수 있다. 불법행위 이론에 입각한 제조물 책임은 다시 過失責任(negligence)과 無過失責任(strict liability)으로 나뉜다.[5)]

2.1 과실책임

제조물 책임에 있어서 과실책임은 물품의 제조자가 故意 또는 過失(보통의 주의깊은 사람이 기울이는 정도의 注意義務를 다하지 못하는 것)로 인해 제조물에 하자(瑕疵)를 유발하고 제3자에게 신체적, 재산적 손해를 미친 경우 이를 배상할 책임을 지도록 하는 것을 말한다.[6)]

과실책임이 성립하려면 다음의 네 가지 요소가 갖추어져야 한다. 첫째, 불합리한 위험으로부터 제3자를 보호하기 위한 물품제조자의 행동기준(standard of conduct)과 이 기준을 준수할 의무를 규정하는 법령이 존재하여야 한다. 즉 제조자의 주의의무에 대한 명백한 법규정이 있어야 한다. 둘째, 제조자가 이 기준을 준수하지 못하였다는, 즉 주의의무를 태만히 하였다는 증거가 있어야 한다. 셋째, 의무위반과 피해 사이에 因果關係가 성립되어야 한다. 넷째, 제3자의 피해는 실제적인 손해(actual loss or damage)여야 한다.

이 제조물 책임의 성립요건 가운데 가장 어려운 부분은 바로 두번째의 제조자의 過失(negligence)을 입증하는 일이다. 제조물 하자(product defects)를 유발하는 제조자의 過失은 제품의 설계, 위험도 시험(testing), 가공, 품질관리, 검사(inspection), 表示나 경고(labeling or warning), 보

---

5) 이에 관한 상세한 법이론적 설명은 상게서, pp. 608~617 참고.

6) 우리나라 民法(750조)을 포함하여 近代民法은 모두 이 過失責任主義를 취하고 있다. 과실책임주의의 성립과 제조물 책임에 관하여는 각각, 상게서, pp. 608~611 및 pp. 715~719 참고.

증(warranties) 등 제품의 제조 및 판매과정 전반에 걸쳐 어느 단계에서나 발생할 수 있는 소지가 있다. 이를 몇 가지 경우로 나누어 고찰하기로 한다.

첫째, 제조물의 설계(design)에 결함이 있을 때이다.[7] 설계의 결함(defective design)은 그 결함이 구조적이고 따라서 보다 많은 소비자들에게 피해를 입힐 수 있음을 말해 준다. 따라서 설계의 결함을 입증할 수 있다면 소비자가 이런 소송에서 勝訴할 가능성은 높아진다. 이 때 소비자는 손해배상을 받을 수 있고, 제조자는 장차의 유사한 소송의 제기를 방지하기 위해 설계상 결함을 보완하려는 강한 유인을 가지게 된다. 그러나 이런 설계상 결함은 전문가가 아니고는 판단하기 어려운 경우가 많고 비용이 많이 든다는 문제점이 있다. 선진국에서 채택되고 있는 집단소송(class action suit) 제도는 이런 경우에 소송비용을 절감할 수 있게 해 주기 때문에 보다 많은 소비자를 신속하게 보호해 줄 수 있는 장점을 가지고 있다.[8] 이에 대해서는 아래 제6절에서 상세하게 고찰하기로 한다.

둘째, 설계상 결함이 아니라 물품의 제조(manufacture or production) 과정에 있어서의 제조자의 過失에 대한 책임을 물을 수 있다. 이 때 물론 피해자가 제조자에게 전적인 책임이 있음을 입증하는 경우에 피해자는 손해배상을 받을 수 있다. 그러나 제조상 과실로 인해 물품에 하자가 발생한 경우에 설계의 결함과 같은 직접적인 증거를 얻기 어렵다는 데 문제가 있다. 왜냐하면 이 경우에 피해자는 오로지 제조자의 과실에 대한 傍證(circumstantial evidence)을 제시할 수 있을 뿐이기 때문이다. 또한 제조자는 자기가 충분하고 적절한 주의의무를 다 기울였다고 주장

7) 제품이 가지고 있는 본래적 위험에 대한 警告(warning)가 제조자 또는 판매자의 과실로 인하여 충분하고 적절하게 제시되지 못한 경우의 소송과정과 효과는 바로 이 경우에 준한다.

8) 우리나라에서도 집단적으로 발생하는 소비자피해를 구제하기 위한 집단소송제도가 제7차 5개년 계획기간(1992-96) 동안에 도입될 계획이다. 그러나 보도에 의하면 이 제도는 소비자보호 관련기관에 소송수행권한을 부여하는 정도의 것으로서 과연 여기에 소비자단체 등이 포함될 것인지 여부는 아직 분명하지 않다.

할 수 있다. 예를 들면 적정한 품질관리, 검사과정을 모두 거쳤기 때문에 안전한 제품이라고 항변할 수 있다. 또는 피해가 발생하게 된 데에는 사용자(소비자)측의 과실도 있다고 반박할 수 있다. 후자를 寄與的 過失(contributory negligence)이라고 부른다. 피해자 측의 寄與的 過失이 인정되는 경우에는 손해의 배상도 쌍방의 과실의 비교에 의거한 부분적 배상 밖에는 받을 수 없게 된다.

이런 이유들로 인해 물품의 제조과정상 결함을 이유로 제조자의 과실책임을 묻기는 쉽지 않다. 또한 제조과정에서의 제조자의 과실책임을 묻는 것은 제품의 설계상의 결함에 대한 책임을 묻는 경우에 비해 소비자를 보호하는 효과도 미약하다. 그것은 이런 사안에 있어서 소비자측의 기여적 과실 정도에 따라 법적 판단이 달라지지 않을 수 없고, 그 결과 이런 문제에 대한 법원의 판결은 일관성을 유지하기 어렵기 때문이다. 또한 이런 소송사건의 판결이 일관성이 없는 한 제조자는 제조과정을 개선함으로써 物品瑕疵의 발생을 막으려는 誘因을 훨씬 적게 가지게 된다. 따라서 피해자는 물품의 제조과정에 있어서의 결함에 근거하기 보다는 가급적 설계상의 결함에 기초하여 손해를 복구하려고 하는 일반적 경향을 보이게 된다.[9)]

셋째, 물품의 판매와 관련하여 부수적으로 제시하는 명시적 또는 묵시적 保證(express or implied warranties)에 입각하여 판매자의 과실책임을 추궁할 수도 있다. 즉 물품의 품질이나 조건(condition)에 대한 판매자의 명시적인 또는 묵시적인 표현이 거짓으로 판명될 경우에는 소비자가 손해를 배상 받을 수 있다.

어떤 경우에 있어서나 정도의 차이는 있을지언정 과실책임 원칙하에서 가해자의 책임을 입증하는 것은 대단히 어렵다. 아래에서는 두 가지 사례를 통하여 우리 법원이 인과관계의 추정 및 입증책임에 대해 어떤 입장을 취하고 있는지를 보기로 한다.

---

9) Baram, *op. cit.*, p. 12.

[사례 18-1] 제조물 책임에 대한 판례

양계장을 운영하고 있던 김모씨는 최모씨의 사료공장에서 사료성분 보증표가 부착된 완전 배합사료 2종과 種鷄用 기초사료 2종을 구입하여 사용하였다. 그런데 그 사료를 먹은 닭들이 3~4일 후부터 탈모현상과 함께 심한 중독현상을 보여 약 10일 후 産卵率이 80%에서 30%까지 떨어지자 경제성이 없다고 판단하여 닭을 전부 廢鷄 처분하고 사료공장주에 대해 손해배상을 청구하는 소송을 제기하였다.

법원은 위 사실을 모두 인정하면서 "비록 위 사료에 어떠한 불순물이 함유되어 있고 또 그것이 어떤 화학적, 영양학적 내지는 생리적 작용을 하여 이를 사료로 한 닭들이 卵巢 협착증을 일으키게 되고 산란율을 급격히 현저하게 저하케 한 것인지는 구체적으로 밝혀지지 않았지만 적어도 그 사료에 어떤 불순물이 함유된 것이 틀림없어 제조과정에 과실이 있었고 이로 인하여 원고가 사육하던 닭들이 위와 같은 현상을 초래하게 된 것이라는 인과관계가 입증되었다 할 것이므로 피고(사료공장주)는 원고에게 소정의 액을 배상하라"고 판시하였다 (大法院 判例 77다2092, 1977. 1. 25). 법원은 이 사건을 판단함에 있어서 동일한 사료를 사용한 鑑定人 이모씨의 시험에서 위 김모씨의 양계장에서와 같은 결과가 나타났으나, 사료보관이나 급식방법에 잘못이 없었으며, 또한 별도의 다른 사연이 없었다는 판단을 참고하였다.

[사례 18-2] 부당 의료행위에 대한 판례

이모씨는 상복부 통증과 탈항문 등의 증세로 경희의료원 내과에 입원하였다. 담낭염 및 담낭 담석증으로 진단한 외과팀은 수술을 하면서 진단이 정확하지 않았음을 알게 되어 2차수술을 하게 되었다. 그러나 수술후에 합병증이 나타나게 되어 3차수술 및 4차수술을 받게 되자, 이씨는 병원을 상대로 손해배상을 청구하는 소송을 제기하였다. 법원은 "의학지식에 있어 의사와 환자간에는 격차가 있고 증거자료의 거의 모두를 의사측이 갖고 있기 때문에 의료소송에 있어서 환자측이 의사의 과실 및 그 과실과 나쁜 결과 사이의 인과관계를 입증하는 것은 매우 어려우며 ... 수술방법 선택의 위험성 내지 불합리성을 상당한 정도로 추정케하는 자료가 제출되면 의사측에게 이에 대한 설명 및 반증을 하게 하고 이에 불응하면 의사측의 과실을 인정하는 것이 손해의 공평한 분담"에 적합하다고 판단하여 의료행위가 정당한 것이었음을 병원측에 입증하도록 하였다 (서울地法 북부支院 87가 합400, 1989. 2. 22).

이상에서 과실책임 원리에 입각한 제조물 책임에 관하여 고찰하였다. 정부규제의 보완적인 또는 대체적인 수단으로서 과실책임의 원리에 입각한 소비자 피해구제 방식은 다음과 같은 한계점을 갖고 있다.

첫째, 규제기관이 정한 기준이 충분하고 적합한 것이 되지 못할 경우에 피해구제가 충분하고 정당하게 이루어지기 어렵다. 기준제정을 통한 정부규제 어느 경우에나 공통적으로 적용되는 것이지만 규제기관이 설정한 기준 자체가 과연 충분하고 적합한 것인지에 대해서는 끊임없는 논란이 있다. 또한 한번 정해진 기준은 충격적인 사고의 발생 등으로 인해 기존의 기준이 적합하지 못하였다는 것이 판명된 경우가 아니고서는 개선되기 어렵다. 이런 측면에서 볼 때 피해자의 소송 제기에 따라 법원이 내리는 관련 법규정에 대한 판단과 해석은 사후적으로만 중요한 의미를 가진다.

둘째, 관련 소송에 따른 예상 손해배상액이 이런 소송을 미연에 방지하는데 필요한 비용(설계의 보완비용, 제조과정의 개선비용, 검사강화에 따른 비용 등)보다 높지 않는 한 제조자는 충분한 주의를 기울이지 않을 가능성이 있다. 이 경우에 사법적 구제수단의 정부규제 수단으로서의 효과는 제한적일 수 밖에 없다.[10] 다음으로 소비자(잠재적 피해자)의 입장에서 볼 때, 소송을 통한 예상 피해복구액이 소송비용보다 크지 않는 한 피해자는 소송을 통해 문제를 해결하려고 하지 않을 것이다. 따라서 피해의 규모(또는 사고의 규모)가 작은 경우에는 기업이 이런 사고를 미연에 방지하려고 하는 유인이 약하고 소비자 역시 소송을 제기하려고 하는

---

10) 이것은 곧 기업이 모든 예상가능한 우발사태에 대하여 완벽한 방지대책을 취하지는 않을 것임을 의미한다. 즉 합리적인 기업은 두 비용(즉 소송에서의 敗訴에 따른 배상비용과 물품결함 방지에 소요되는 비용)의 한계적 가치가 일치하는 선까지만 방지노력을 기울이게 될 것이라는 말이다. 그 결과는 안전기준이 얼마나 높게 설정되느냐에 관계없이 제품의 결함으로 인한 사고(accidents)가 일정한 선 이하로는 떨어지지 않을 것임을 의미한다.

유인이 약해지게 되므로 과실책임 원칙하에서의 제조자나 판매자의 불법행위 抑止效果(deterrent effect)는 미약하다.[11]

이런 문제점들은 정부규제의 대체적 수단으로서 사법적 구제수단이 갖고 있는 근본적 한계라고도 말할 수 있다. 사법적 구제는 우선 그것이 사후적 조치에 불과하다는 단점을 갖고 있다. 사법적 규제의 보다 근본적인 한계는 그것의 對社會的 效果(societal effect)가 제한적일 수 밖에 없다는 데 있다.[12] 이것은 사법적 구제가 개인의 私的 權利(private rights)를 보호하고 보장하는 수단으로서 항상 개인의 선택에 따라 개별적으로(case-by-case) 이루어 질 수 밖에 없기 때문이다.

2.2 무과실책임

이상에서 살펴 본 과실책임 원칙하에서 기업은 "故意 또는 過失이 없는 한 責任이 없다"는 法理에 따라 기업활동을 자유롭게 할 수 있었다. 반면에 소비자의 입장에서는 기업의 過失을 입증하기가 어려워 충분한 배상을 받지 못하는 문제가 수반되었다. 이런 문제는 특히 산업기술의 발전으로 무수한 신제품이 등장하고 새로운 산업이 생겨나면서 더욱 심각해지게 되었다. 그것은 신제품이 갖고 있는 고도의 기술적 복잡성(technical complexity)으로 인해 제품의 결함을 입증하고 이것을 제조자의 과실과 因果的으로 연결시키기가 더욱 어려워지게 되었기 때문이다.

산업사회의 발전과 기술혁신에 따라 無過失責任 원칙이 등장하게 된 또 다른 배경은 過失로 인정해야 할 것인지 여부를 판단하기가 어려운 사례들이 많이 등장하였다는 것이다. 즉 현존하는 최고의 기술로서도 더 이상의 물품안전을 도모할 수 없거나, 위험을 완벽하게 제거하기 위해서는 엄청나게 비용이 많이 드는 현실적으로 제거불가능한 위험(irreduci-

---

11) 반대로 배상액이 소송비용에 비하여 상대적으로 대단히 높고 불법행위가 명백하게 입증될 수 있는 경우에 소송은 증가하고 따라서 그것의 불법행위 억지효과는 크게 나타날 것이다.

12) Baram, *op. cit.*, pp. 13~14 참고.

ble risks)을 내포하는 제품들이 생겨나게 되었다.[13] 이런 제거불가능한 위험을 가진 제품들을 아예 생산하지 않고 시장에 내놓지 않기로 한다면 모르되, 그것에 대한 필요성이 존재하는 한 이런 제품의 생산소비과정에서 불가피하게 발생되는 문제를 합리적으로 처리할 수 있는 방법이 필요해지게 된 것이다.

예를 들면 石油試錐(oil drill)를 위해서는 爆破 방법이 사용되어야 한다. 그러나 아무리 정교한 기준과 절차에 따라 폭파실험이 이루어진다고 하더라도 현존하는 기술수준하에서 어떤 危害가 발생할 것인지에 대해서는 아무도 장담할 수 없다. 이와 같은 상황에서 과연 사회적으로 효용성이 높은 석유시추 사업을 허용해야 할 것인지 아니면 금지시켜야 할 것인지에 대해 우리는 딜레마에 빠지지 않을 수 없게 된다.

이런 딜레마로부터 벗어나는 방법으로서 고안된 것이 바로 無過失責任(strict liability) 원칙이다. 무과실책임의 원칙은 위험한 사업의 불가피성을 인정하되, 사업자가 무과실책임을 지는 것을 조건으로 하여, 위험한 사업행위를 허용하자는 원칙[14] 다시 말하면 잠재적인 사고 위험 때문에 사회적으로 유용한 사업(제품의 개발 등)이 행해질 수 없는 상황에서, 잠재적인 사고의 위험으로 인한 피해를 충분히 보상할 수 있는 방법을 도입함으로써, 사회적으로 유용한 사업을 가능하게 해 주는 역할을 담당한다. 여기에서 주목해야 할 것은 무과실책임 원리 하에서 사고에 따른 보상은 물론 해당 사업자가 일차적으로 부담하지만, 사업자의 부담은 궁극적으로 제품가격에 반영되고 그 제품의 소비자에게 전가되기 때문에 결과적으로 무과실책임에 의한 피해보상의 부담은 소비자(또는 사회일반)가 지게 된다는 점이다.

이렇게 볼 때 무과실 책임 원칙은 잠재적 위험을 지닌 제품의 생산을 가능하게 하되, 그런 생산활동으로 인해 야기되는 피해는 그것의 소비를

---

13) John G. Fleming, *An Introduction to the Law of Torts* (Oxford: Clarendon Press, 1985), pp. 153~5.

14) *Ibid.*, p. 155. 이러한 이유로 무과실책임 원칙에 입각할 때 損害賠償 대신 被害報償이라는 표현을 사용하는 것이 보통이다.

통해 편익(benefit)을 얻는 자가 부담하도록 하는 제도적 장치라고 할 수 있다. 이것을 달리 표현한다면 위험한 생산활동으로 인한 사회적 비용을 공평하게 배분하는 제도적 장치라고 할 수 있다. 또한 무과실책임은 과실책임 원리와 비교할 때 위험한 사업 추진에 따른 사회적 비용 즉 외부효과(externalities)를 보다 완전하게 내부화할 수 있도록 한다는 점에서 경제적 효율성(economic efficiency)도 갖고 있다. 왜냐하면 무과실책임 원칙하에서 만일 사업자가 사고위험을 감소시킬 수 있는 최선의 방법을 게을리할 때 사고로 인한 피해보상 비용은 제품가격을 높이게 되고 그 결과로서 그 제품에 대한 수요는 감소하고 따라서 사고유발적인 생산활동도 위축될 것이기 때문이다.[15)]

우리는 흔히 과실책임의 원칙에서 무과실책임의 원칙으로 이행할 때 과실책임주의가 갖고 있는 사고의 예방적, 경고적 기능이 약화되지 않을까를 염려한다. 즉 무과실책임하에서는 사업자가 아무리 충분한 주의를 기울일지라도, 피해자가 발생하면 무조건 보상을 해야 하기 때문에 오히려 주의의무를 게을리 할 것이 아니냐 하는 것이다. 그러나 무과실책임하에서 사업자는 그의 주의의무 이행여부와 관계없이 사고가 발생하면 피해를 보상해야 하기는 하나, 그 결과로서 자기 제품가격이 상승하고 따라서 그것에 대한 수요가 감소되기 때문에 사업자가 사고 위험을 감소시키기 위한 노력을 기울이고자 하는 誘因은 과실책임하에서 보다도 오히려 무과실책임 하에서 더 강하다고 할 수 있다.[16)]

이와는 반대로 무과실책임 하에서 사업자는 사고의 위험을 감소시키기 위해 비용효과성(cost effectiveness)이 없는 선까지 지나치게 많은 위험방지 투자를 함으로써 경제적 비효율성을 초래할 가능성도 없지 않다는 비판이 제기될 수도 있다.[17)] 그러나 생각컨대 사업자의 이런 노력은 사회적으로 바람직한 면이 있기 때문에 오히려 장려될 필요가 있다고 해

15) *Ibid.*, p. 156.
16) 郭潤直, 전게서, pp. 616~7.
17) Fleming, *op. cit.*, p. 156.

야 할 것이며, 이 때 이런 투자는 그 제품의 가격을 상승시키는 결과를 초래하고 사고위험이 높은 사업의 추진이 사회적으로 바람직한 수준에 머물 수 있도록 하는 것이므로 경제적 효율성 측면에서 볼 때 합리적이라고 할 수 있다.

이상에서 고찰한 제조물 책임에 있어서의 무과실 책임주의의 도입은 산업사회의 발전에 따라 선진각국에서 꾸준히 확대되고 있다. 선진국의 경우를 보면 무과실책임은 위험한 물건이나 이런 물건을 생산하는 행위에 대해서만 적용될 뿐, 일반 서비스나 그밖의 위험을 유발하는 행동에까지 적용되지는 않고 있다. 이것은 물품의 경우에 소비자가 그 복잡성을 이해하기 어렵고 안전에 관한 한 전적으로 제조업자에 의존하지 않을 수 없다는 점, 소비자가 사업자의 과실을 입증하기가 대단히 어렵다는 점, 제조업자가 이런 피해보상을 부담(궁극적으로는 소비자 부담으로 귀착될지라도)할 수 있는 능력이 보다 높다는 점(deep pockets of manufacturers), 완벽성(perfection)에 대한 합리적 기대는 서비스의 경우에 비해 제품의 경우가 보다 높다는 사회일반적 인식 등에 기초하는 것으로 볼 수 있다.[18] 우리나라에서 제조물 책임에 있어서의 무과실책임주의는 「自動車 損害賠償保險法」(제3조), 「獨占去來 및 公正去來에 관한 法律」(제45조) 등에 반영되어 있다.[19]

3. 환경피해의 구제

환경피해 구제에 있어서 사법부(법원)가 차지하고 있는 역할은 지대하다. 이것은 환경문제가 궁극적으로 이해관계자 사이의 권리분쟁으로 귀결되기 때문이다. 즉 환경문제는 궁극적으로는 오염배출업체와 근로자,

18) *Ibid.*

19) 이밖에도 無過失責任의 적용례는 鑛業法(91조 이하), 原子力損害賠償法(3조), 環境保全法(60조), 勤勞基準法(78조 이하) 등이 있다. 郭潤直, 전게서, p. 615. 이들에 관하여는 다음 절에서 다루기로 한다.

또는 인근주민 사이의 권리(혹은 책임) 분쟁으로 이어진다는 것이다.[20] 이 때 법원이 피해자의 권리를 확인하고 가해자의 배상(혹은 보상)책임을 선언하는 것은 그것이 단지 당해 소송에 있어서의 이해당사자간의 권리분쟁의 해소에 그치는 것이 아니고, 보다 적극적으로 장래에 있어서의 잠재적인 이해당사자에 대해 보다 분명한 권리의무를 획정하는 역할을 하는 것이다.

또한 이미 앞절의 소비자보호에 있어서의 제조물 책임에 대해 고찰하면서도 언급한 바 있듯이, 계속적인 분쟁으로 인한 손해배상액의 부담, 소송과정에서의 기업에 불리한 언론보도(adverse publicity) 등은 환경오염 기업(또는 산업재해 유발 사업주)으로 하여금 이런 분쟁을 사전에 예방하기 위한 조치를 보다 적극적으로 취하도록 만드는 유인을 부여한다. 사법적 구제가 정부규제의 대체적 수단으로 기능하게 되는 것은 사법적 구제가 바로 이런 역할을 수행하고 있기 때문이다.

이와 같은 법원의 역할을 경제학적으로 본다면 그것은 기업이 자기의 사적 비용(private costs)으로 인식하지 않는 사회적 비용(social costs)을 내부화(internalize) 하도록 강제하는 것이라고 할 수 있다. 먼저 환경문제와 관련하여 보면 환경오염 기업은 그것이 생산하는 제품의 생산비용에만 관심을 둘 뿐 그것으로 인해 야기되는 환경오염이라는 사회적 비용을 무시한다. 이것이 바로 외부효과(externalities)의 문제이다. 이와 같이 외부효과 또는 외부불경제(external diseconomies)가 존재할 때 법원이 개입하여 이해당사자 사이의 권리관계를 획정하는 것은 결과적으로 기업이 무시한 사회적 비용의 일부를 기업이 생산비용의 당연한 일부분으로서 내부화 또는 흡수하도록 하는 작용을 한다.

여기에서 사회적 비용의 '일부'라는 표현을 쓰고 있는 이유는 환경오염 유발적인 기업활동으로 인해 피해를 입은 모든 사람이 사법적 구제를

---

20) 물론 이 두 가지 문제는 동시에 발생할 수도 있다. 예를 들면 화학공장에서 배출되는 유해가스로 인하여 그 공장의 근로자가 직업병에 걸림과 동시에, 외부로 배출되는 가스로 인하여 인근주민이 피해를 입게 되는 경우이다. 최근 발생한 원진레이온의 문제는 이것의 좋은 사례이다.

받게 될 때 비로소 사회적 비용은 당해 기업에 의해 완전하게 내부화될 수 있기 때문이다. 따라서 이런 모든 사회적 비용이 다 내부화될 경우에 사법적 구제는 경제적 효율성을 달성할 수 있게 된다. 이런 기업이 내부화하여 부담하는 사회적 비용은 결국 관련제품 가격의 상승을 통해 소비자에게 轉嫁될 것이다. 이 경우에 그런 기업에서 생산되는 제품에 대한 수요가 감소하고 따라서 그런 사회적 비용을 유발하는 기업활동도 자연히 감소되게 된다는 의미에서 경제적 효율성이 달성된다.

환경오염으로 인한 신체적·재산적 피해의 배상을 요구하는 소송에 있어서 문제가 되는 것은 불법행위의 성립요건이라고 할 수 있다. 즉 오염으로 인해 피해가 발생하였을 때 해당 사업주의 고의 및 과실을 물을 것인지(과실책임주의), 아니면 무과실 책임을 인정하여 過失 여부에 관계없이 피해를 배상하도록 할 것인지에 관한 문제와 因果關係의 문제가 여기에 결부된다. 이 각각을 차례로 검토하기로 한다.[21]

3.1 과실책임과 무과실책임

우리나라의 「環境保全法」(1986개정법) 제60조 제 1 항은 "사업장 등에서 발생하는 오염물질로 인해 사람의 생명 또는 신체에 피해가 발생한 때에는 당해 사업자는 그 피해를 배상하여야 한다"고 규정하여 환경피해배상에 있어서의 無過失 責任主義를 채택하고 있다. 이것은 우리 民法에서 정하고 있는 과실책임주의에 대한 特則이라고 할 수 있다. 민법(제217조)에서는 먼저 토지소유자가 그 이웃 거주자의 생활에 고통을 주지 않도록 적당한 조처를 하여야 할 의무를 규정함과 동시에 이웃 거주자는 그 토지소유자의 토지이용이 통상의 용도에 적당한 것인 때에는 이를 忍容하여야 한다고 규정하여 이웃 주민의 受忍義務를 아울러 규정하고 있다.[22]

---

21) 보다 상세한 내용은 具然昌, "環境汚染의 私法的 救濟," 「法學」, 제22권 2호 (1981), 서울대학교 법과대학, pp. 54~79 참고.
22) 郭潤直, 전게서, pp. 709~711 참고.

그러나 위의 「환경보전법」 제60조에 의거한 무과실 책임주의는 환경오염으로 인한 분쟁의 모든 경우에 적용되는 것이 아니고 특정의 오염물질(동법 시행규칙에 정하고 있는 55종의 물질)이 원인이 되어야 하고, 그 피해가 인체적 피해에 국한되고 있어서, 이런 경우에 속하지 않는 환경분쟁에 있어서는 당연히 過失責任主義가 적용되기 때문에, 우리나라의 경우 환경분쟁의 처리에 있어서는 무과실책임과 과실책임이 병존하고 있다고 볼 수 있다. 환경분쟁에 있어서 과실책임이란 사업주가 상당한 오염방지 설비를 갖추어야 할 의무에 위반하여 공해를 발생케 한 때에 그 사업주의 배상책임을 인정하는 것을 일컫는다. 따라서 상당한 방지설비를 갖추기는 하였으나 기술적, 경제적으로 오염의 방지가 불가능한 경우에는 일응 과실이 없다고 할 수 있다. 환경보전법이 피해자의 보호를 위해 무과실 책임을 인정하고 있는 것은 바로 이 때문이다. 그러면 사업주의 무과실 책임이 적용되지 않는 경우에는 환경분쟁을 어떻게 처리하여야 할 것인가? 경우에 따라서는 「환경보전법」 제60조의 유추적용이 가능할 것이다. 한편 이런 유추적용이 적당하지 않은 경우에는 피해자의 보호를 위해, 손해발생의 豫見 가능성이 있는 때에는 과실을 인정하는 것이 동법의 제정취지로 보아 적당할 것이다.[23)]

3.2 인과관계의 문제

환경분쟁의 경우에 인과관계의 입증 및 입증책임의 소재 문제는 대단히 복잡하고 또한 중요하다. 각종의 공해 가운데 소음, 振動 등 직접적 원인에 의해 피해가 발생한 때에는 비교적 인과관계의 입증이 수월할 수도 있으나 大氣, 물과 같은 자연의 매개물을 통해 간접적으로 피해를 야기한 경우, 또는 다수 원인이 集積 혹은 競合하여 복합적으로 피해를 발생시킨 경우에 인과관계의 입증은 대단히 어렵다.

---

23) 상계서, p. 711.

이 때 피해자를 좀더 보호하고 그가 피해를 쉽게 구제받을 수 있도록 하기 위해서는 피해자의 입증책임(burden of proof)을 경감시켜 주는 것이 필요하다는 것이 오늘날의 일반적 경향이라고 할 수 있다. 즉 오염과 피해 사이의 인과관계가 과학적으로 엄격한 것일 필요는 없고 침해행위와 피해 사이에 인과관계가 존재할 만한 상당한 가능성, 즉 蓋然性이 있다는 입증 만으로 인과관계의 성립을 인정하는 것이 바람직하다는 것이다.[24] 이 때 加害者(사업주)가 이런 주장에 대해 반증할 수 있는 경우에 인과관계가 성립하는 것으로 보기 어려운 것은 물론이다. 이런 법해석은 곧 인과관계의 입증을 事實上의 推定에 의존하는 것을 말하며, 결과적으로 立證責任의 轉換을 초래하는 것으로 볼 수 있다.

[사례 18-3] 환경피해에 대한 판례(1)

강원산업(주)은 상봉동 일대에 저탄장을 설치하여 서울시내 군소 연탄공장에 가루상태의 석탄을 공급하는 한편, 연탄을 직접 생산하고 있었다. 저탄장과 연탄공장에서 많은 양의 석탄 粉塵이 발생하고 또한 농경지였던 주위 지역에 주택들이 들어서게 되자 강원산업은 防塵壁 및 방진망, 스프링클러를 설치하였다. 이 공장에서 발생하는 분진은 산업안전보건법상의 허용기준치에는 미달하였으나 환경보전법상의 허용기준치를 상회하고 있었다. 그러나 주위지역은 빨래가 검게 변할 정도로 먼지가 많아 주민들이 불편을 호소하고 있었다. 그러던 중 1979년 상봉동에 이주하여 1987년까지 거주한 박모씨는 1984년부터 호흡기 장해현상이 심하게 나타나기 시작하여, 1986년 국립의료원에서 塵肺症이라는 진단을 받게 되었다. 이에 박모씨는 강원산업을 상대로 공장의 불법행위로 인한 손해배상을 청구하였다. 법원은 강원산업의 불법행위 여부를 판단함에 있어서 피고인 강원산업 측에 공장에서 발생하는 분진과 박모씨의 진폐증 사이에 인과관계가 존재하지 않음을 입증하도록 하였다. 이것은 피해자에 비해 기술적, 경제적으로 월등한 위치에 있는 강원산업에 입증책임

24) 이러한 입장과 해석을 법학에서는 蓋然性理論이라고 부르며 우리나라의 판례도 이런 이론을 인정하고 있다. 상게서, pp. 12~13 참고.

을 지우는 것이 형평에 부합되며 실질적인 사법적 구제를 가능케 할 수 있다는 법원의 판단에 따른 것이었다. 이 소송과정에서 강원산업은 박모씨가 평소 기관지염을 앓아 다른 사람에 비해 진폐증 감염가능성이 높다고 주장하였다. 그러나 직접 석탄분진 장소에 근무하는 근로자가 아닌 사람에 진폐증이 발병된 경우가 없고, 1988년 공장주변 지역에 대한 疫學調査 결과 박모씨 외에도 4명의 환자가 더 있음이 발견되자, 법원은 당해 공장의 주변에 거주한 사실과 진폐증 발병 사이에 개연성이 입증되었다고 보고, 피고 공장에 대해 손해배상을 명령하였다. (서울 民事地法 88가합2897, 1989. 1. 12.)

[사례 18−4] 환경피해에 대한 판례(2)

1969년 김모씨 등 15인은 경남 창원군 웅동면의 해면에 漁業免許를 받고, 그곳 어장에서 김 養殖을 시작하였다. 그러나 김이 녹아 없어지거나, 퇴색하였고, 재차 이식한 것들도 生長이 좋지 못하여 병에 걸린 증상을 보이거나 유실되어 상품가치를 완전히 잃게 되었다. 다음해 다시 동일한 작업을 시도한 김씨 등은 같은 결과가 나타나자 그 원인을 조사하게 되었다. 제반 자연환경 조건이 거의 같은 인근의 다른 김양식장에서 김생산이 정상적이었던 점에 비추어 수질오염에 의문을 품게 된 이들은 이곳에서 20km정도 떨어진 진해시의 진해화학(주)에서 폐수를 다량 배출하고 있음을 알게 되었고, 김의 枯死 원인이 공장폐수에 있을 수 있다는 부산 수산대학의 조사연구결과를 토대로 불법행위에 의한 손해배상을 청구하였다. 법원은 이에 대한 판단에 있어서 피고 공장이 폐수를 방류하고 있었으며, 산업폐수는 김의 생장에 영향을 미치고, 당해 공장의 폐수가 문제의 어장에 유입되었다는 사실에서, 피해의 개연성을 인정하였다. 그리고 불법행위의 인과관계는 책임귀속의 관계를 결정짓기 위한 개념이므로 자연과학적인 것이 아니라 일응 인과관계의 증명이 있으면 충분하고, 가해자측에서 그것이 무관하다는 것을 입증하지 못하는 한 책임을 지는 것이 사회형평에 적합하다고 판단하였다. (서울高法 79나215, 1986. 9. 24)

3.3 환경분쟁 조정제도

환경분쟁에 있어서 복잡한 소송절차를 경유할 경우 소송기간의 장기화, 소송비용의 과다로 인해 소송에 의한 피해구제를 포기하는 사례가 생겨남으로써 피해자의 권리보호가 미약해질 뿐만 아니라, 많은 소송으로 인한 사회적 비용을 초래하는 것을 막기 위해 행정적, 준사법적으로 환경분쟁을 처리하려는 제도가 바로 환경분쟁 調停制度다. 우리나라에서 환경분쟁이 빈발함에 따라 이 제도의 도입을 위한 근거규정을 환경보전법에 마련하고 있었으나 실현되지 못하다가, 1990년 9월 「환경오염분쟁조정법」이란 별도 법률의 제정과 더불어 이 제도의 시행주체인 환경분쟁조정위원회가 1991년 7월 중앙과 15개 시도에 각각 설치됨으로써 시행을 보게 되었다.

법조인, 학자, 환경문제 전문가 등으로 구성되는 조정위원회는 알선, 조정, 재정의 세 가지 기능을 담당한다. 첫째, 斡旋은 위원회가 개입하여 이해당사자 사이의 대화를 통한 해결을 추구하는 것을 말한다. 둘째, 알선이 이루어지지 못한 경우에 조정위원회는 독자적으로 사실조사를 실시하고 調停案을 마련하여 이해당사자에게 통보하고 일정기간 이내에 異議제기가 없는 경우에는 조정안대로 합의가 이루어진 것으로 간주한다. 셋째, 이 調停에 대해 이의가 제기된 경우에는 중앙조정위원회가 소송에 준하는 절차를 거쳐 가해자의 손해배상의 책임 여부와 배상액을 裁定하여 이를 이해관계자가 수락하도록 한다. 물론 이 裁定案에 불복하는 당사자는 위의 사법적 절차에 따른 소송을 제기할 수 있다.

4. 산업재해와 직업병의 구제

산업재해 및 직업병과 관련한 사법적 분쟁에 개재되는 법해석 문제 및 그것의 경제적 효과는 환경피해 분쟁의 경우와 흡사하다. 그러나 산업재해 및 직업병 문제에 있어서는 환경문제의 경우와는 달리 산업재해 보상보험제도(제15장)가 구비되어 있다는 점이 크게 다르다. 따라서 산업재해에 따른 분쟁이라 하면 이 보험에 의한 보상이 불충분하다고 생각하는 재해근로자가 사업주를 상대로 하여 민사소송을 제기함으로써 이루어지게 된다.

우리나라의 법체계상 「産業災害 補償保險法」은 정부가 정하는 모든 사업자가 의무적으로 보험에 가입하도록 되어 있고 산업재해의 발생시 사업주의 過失 여부를 묻지 않고 보험금이 당연히 급부되는 것이므로 일반적으로 책임보험의 형식을 취하지 않고 있다. 그러나 이런 보험금의 지급이 있는 때에는 사업주가 그 한도에서 「勤勞基準法」 상의 재해보상 책임을 면하고 또한 災害補償을 한 때에는 그 한도에서 民法에 의한 손해배상의 책임을 면하도록 되어 있기 때문에 실질적으로는 責任保險의 성질을 가진다. 이 때 물론 民法에 의한 손해배상이 재해보상보다 높은 때에는 그 초과분은 사업주가 따로 過失責任으로서 배상하도록 되어 있다.[25] 이상의 사실은 우리나라에서 산업재해에 대한 사업주의 책임이 過失責任主義에 입각하고 있음을 보여주는 것이다.[26]

그러나 산업재해가 발생한 경우에 그 책임소재를 파악하는 것이 대단히 어렵다. 먼저 산업재해는 사업주의 사고예방을 위한 노력의 불충분성에서 기인한다. 이런 측면에서 사업주의 과실 여부에 대한 판단은 대단히 어려우나 규제기관이 정한 안전 및 보건기준의 불이행(non-compliance)의 경우에는 비교적 판단하기가 쉽다고 할 수 있을 것이다. 그러나 그런 기준의 이행에도 불구하고 사고가 발생한 경우에 있어서의 사업주의 과실을 판단하기는 극히 어렵다. 이 경우에 적용할 수 있는 하나의

25) 상게서, pp. 621~22.

26) 우리나라에서 산업재해 및 직업병에 대한 법이론이 과실책임주의에 입각하고 있기 때문에 법규정에서 어떤 질병을 직업병으로 인정하느냐는 중요한 의미를 갖는다. 최근 원진레이온에서의 이황화탄소 중독사태를 계기로 정부는 직업병의 인정범위를 대폭 확대하기로 하였다. 동아일보, 1991. 11. 9일자 참고.

기준으로서 다음과 같은 것을 생각해 볼 수 있을 것이다. 즉 사고발생시의 비용에 사고발생의 확률을 곱한 금액(즉 예상편익)이 사고예방을 위한 예상비용보다 큰 경우에 사업주의 과실이 있다고 보자는 것이다.[27)]

다음으로 산업재해는 근로자 자신의 과실 또는 동료 근로자의 과실로 인해 유발되기도 한다.[28)] 따라서 산업재해와 관련한 소송에서는 일반적으로 過失相計(comparative negligence)의 문제가 제기된다.[29)] 즉 산업재해를 유발하는 데 있어서 재해근로자 자신의 寄與的 過失(contributory negligence)이 있는 때에는 그것이 고려되어야 하고 그 결과 손해배상액의 결정에 있어서도 근로자(또는 동료근로자)의 과실에 해당하는 부분만큼 사업주의 배상책임이 경감된다는 것이다. 과실상계주의는 물론 법이론 적용상 당연한 것으로 볼 수도 있겠으나 경제학적 측면에서 보더라도 상당수의 재해가 근로자 자신의 부주의 및 과실로 인해 발생된다고 할 때 이런 제도는 간접적으로 나마 근로자의 주의의무를 더 한층 환기시키는 역할을 수행한다는 의미에서 합리적인 것으로 볼 수 있을 것이다.

끝으로 이론적으로 산업재해에 있어서도 사업주가 작업장에서의 위험에 대해 전적인 책임을 지도록 하는 無過失 責任主義의 적용을 생각해 볼 수 있다. 이와 같은 제도하에서 사업주는 근로자의 안전사고 방지를 위한 모든 가능한 예방노력을 다 기울이게 될 것이고 여기에 수반되는 비용의 부담은 궁극적으로 모든 소비자에게 귀착되게 될 것이다.[30)] 산업재해 보상보험제도는 부분적으로 바로 이런 역할을 담당하고 있는 것으로 볼 수도 있다. 그러나 제15장에서 이미 고찰한 바와 같이 이런 보험제도는 또 다른 금전적 외부효과(financial externalities)를 파생시킨다.

---

27) 물론 이 기준의 현실적 적용은 기술적으로 상당히 복잡하고 어렵다고도 볼 수 있을 것이다. 이러한 판단기준에 대한 구체적 설명은 Richard Posner, "A Theory of Negligence," *The Journal of Legal Studies*, Vol. 1, No. 1 (1972), p. 32 참고.

28) 산업재해가 동료근로자의 과실로 인하여 발생한 경우 사업주의 책임은 당연히 경감된다. 이것을 동료근로자 원칙(fellow-servant rule)이라고 부른다. Chelius, *Workplace Safety and Health* (Washington, D.C.: American Enterprise Institute, 1977), p. 34n.

29) 과실상계의 개념과 법적용에 관하여는 郭潤直, 전게서, pp. 749~753 참고.

30) 물론 이 경우에 사업주는 근로자를 고용함에 있어서 더 이상 추가임금(wage premium)을 지불할 필요가 없어지게 될 것이다.

또한 이 경우에는 근로자 측에서의 道德的 危害 또는 解弛(moral hazards)의 문제가 염려되기도 한다. 즉 피해에 대한 보상이 높으면 높을수록 자기의 당연한 주의의무를 소홀히 할 가능성도 전혀 배제할 수만은 없을 것이다.[31)]

[사례 18-5] 직업병에 대한 판례

대한중석광업(주)은 原石에서 몰리브데늄, 정창연 등 텅스텐 분말을 주로 생산하며 작업과정에서 砒素·비스무스·동·납·아연·망간·금 등 重金屬을 취급하는 공장이다. 이 회사의 근로자 김모씨는 1966년 임시공으로 취직하여 1970년까지는 熔解工으로, 그후 제련공과 금속공으로 1985년까지 근무하던 중 1982년 부터 신체에 이상을 보이기 시작하였다. 먼저 腎臟에 이상이 생긴 김씨는 이후 증세가 악화되자 회사를 사직하고 계속 요양하였으나 1986년에는 전신마비와 언어장애까지 나타나게 되었다. 이에 김씨는 동 회사를 상대로 손해배상을 청구하는 소송을 제기하였다.

법원은 김씨의 질환에 대해서 여러가지 가능성을 검토해 본 결과 각 중금속들의 복합중독일 가능성이 의심되기는 하나 확실한 異常 所見은 보여지지 않았다. 한편 당해 공장의 용해공정의 온열지수가 허용기준을 초과하고, 분쇄시의 분진의 농도가 허용기준치를 7배나 초과하고 있는 점을 볼 때 김씨가 근무하던 당시에는 작업환경이 이보다 더욱 열악하였으리란 추정 하에 피고측에 입증책임을 부담케 하였다. 다시 말하면 김씨의 증상이 중금속 중독증이 아니라거나, 혹은 공장에서 방출되는 중금속의 양이 미량이어서 인체에 전혀 피해를 줄 수 없는 것임을 입증하도록 하였다. 이에 따라 동 회사는 동회사 작업장에서의 오염이 법령상 허용기준치를 미달하고 있음을 주장하였으나 법원은 법령상 허용기준치는 통상인을 기준으로 한 것으로 그 기준치를 하회하더라도 감수성이 예민한 사람은 여전히 피해를 입을 수 있으므로, 허용기준치 이하라는 사실만으로 중독증이 생겨날 수 없다고 주장할 수는 없다고 판시하고 피해배상을 명령하였다. (大邱高法 88나3049, 1990. 1. 12)

31) 물론 자기의 신체와 생명이 관계된 일에 어떻게 태만함이 있을 것인가 하는 측면에서 근본적인 의문이 있을 수 있다. 그러나 그것은 인간의 합리성을 지나치게 확신하는 우려를 안고 있는 견해라고 볼 수 있을 것이다.

5. 사회적 차별에 대한 구제

제17장에서 고찰한 각종의 사회적 차별에 대한 규제를 보완하는 수단으로서 사회적 차별에 대한 피해구제는 대단히 중요한 역할을 담당한다. 우리 사회에 내재되어 있는 여러가지의 사회적 편견에 따라 수없이 많은 형태의 사회적 차별이 일어날 수 있다. 고용과 승진 및 해고에 있어서의 성, 연령, 신체적 장애, 출신지역, 종교 등을 이유로 한 차별, 교육에 있어서의 차별, 보험의 가입 및 보험료 산정에 있어서의 차별 등은 대표적인 사례들이다. 그러나 이런 사회적 차별에 대해 사법적 구제가 가능해지기 위해서는 먼저 차별을 받지 않을 권리의 법적 규정 및 선언이 필요하다. 우리나라에 있어서 사회적 차별의 문제는 최근에 들어 와서야 비로소 정책문제로 인식되고 있을 정도로 아직은 사회적 인식수준이 낮다고 할 수 있다. 그러나 1980년대의 후반에 이르러 「남녀고용평등법」, 「장애자 고용촉진법」의 제정, 「교육법」, 「보험법」 등의 개정에 따라 부당한 차별을 받지 않을 권리가 사회적으로 확인되어 가고 있는 추세에 있어 앞으로 이 분야에 있어서도 사법부의 역할 강화가 크게 요구되고 있다.

6. 집단소송제도

集團訴訟(class action suit) 제도란 동일한 사건의 피해자가 개별적으로 소송을 제기하는 것이 아니고 집단적으로 소송을 제기할 수 있게 하는 제도이다. 법률용어로 표현한다면 개인이 아닌 집단에 대해 소송에 있어서의 原告適格(legal standing)을 인정하는 제도이다. 이와 같이 집단에 대해 원고적격을 인정해 줄 필요성은 여러가지 측면에서 제시될 수

있다.[32)]

첫째, 본장에서 우리가 검토하고 있는 소비자피해, 환경피해, 작업장 안전 및 직업병 피해, 사회적 차별로 인한 피해의 경우에는 그것이 동일한 원인에 의해 동종의 피해가 복수의 시민 또는 근로자에 대해 야기되기 때문에 동종의 피해자들이 연합하여 공동으로 소송을 제기하게 하는 것이 분쟁의 신속한 해결을 기하고 개별소송으로 인한 소송비용의 중복과 낭비를 제거할 수 있다. 둘째, 개인적으로 입는 피해가 미미한 경우에 개별적으로 소송을 제기하여 피해사실을 입증하는 데는 난점이 있다. 그러나 그 피해가 개인적으로는 미미할지라도 그것이 광범위하게 발생하는 경우에 집단이 입는 피해는 커지게 된다. 따라서 집단소송을 인정하게 되면 미미한 개인적 피해, 그러나 광범위하게 발생하는 사회적 피해를 구제하거나 예방하는 데 효과적일 수 있다. 셋째, 이런 피해의 사회적 성격으로 인해 피해를 받게 될 가능성이 있는 입장에 있는 불특정 다수인을 보호해 줄 수 있다.[33)]

그러나 집단소송을 인정하는 경우 많은 복잡한 법해석 및 절차 상의 문제들이 부수된다. 첫째, 보통의 소송절차에 있어서 형식적으로 원고와 피고의 주장 및 입증의 기회는 동등하게 보장된다. 그러나 실질에 있어서 보면 양측이 동원할 수 있는 法的 武器에는 상당한 차이가 있는 경우가 보다 일반적이다. 환경, 소비자 문제 등과 같은 경우에 이런 차이는 구조적인 것이라고 할 수 있다. 왜냐하면 피고는 기업이고, 원고는 일반개인에 불과하기 때문이다. 따라서 법을 통한 실질적인 정의의 실현이라고 하는 측면에서 양자가 대등한 입장에서 다툴 수 있도록 하는 것이 필요하다고 할 수 있다. 그러나 이런 구조적 불평등성을 인정하지 아니하고 형식적 절차의 보장만을 고집할 때 집단소송제도의 도입은 어려워진다.

둘째, 보통의 경우에 민사소송의 대상이 되는 분쟁은 주로 소송당사자 사이의 권리의무가 중심이 되고 그것은 당사자에게 국한되는 사항이

32) 서원우, 전게논문, pp. 110~11.
33) 상게논문. pp.112~14.

다. 그러나 집단소송의 경우에는 쟁점 자체가 당사자에 국한되지 아니하고 널리 사회일반에 미치게 된다. 특히 장차에 발생하게 될 피해를 사전에 예방하기 위해 소송을 제기할 수 있도록 하는 경우에는 이런 효과가 더욱 두드러지게 나타나게 된다.[34] 즉 소송에서 다투고 있는 문제(爭點)가 社會化된다는 것이다. 이 때 양자 사이의 소송은 이미 양자 사이의 문제만이 아니고, 사회적·정치적 문제로 비화하게 된다. 따라서 이 경우에 과연 법관이 이런 문제를 판단할 수 있는 자격이 있고, 또 그가 이런 문제에 대해 판단하는 것이 옳으냐 하는 문제가 제기된다. 또한 쟁점 자체가 사회적 성격을 띠고 있는 한 국민일반의 意思가 소송과정에 대변될 수 있느냐 하는 것이 우선 문제이고, 또 다른 한편으로는 그것이 가능하다고 할 때 사실판단에 치중하여야 할 법원이 부득이 정치적 판단의 場이 되는 것이 바람직하냐는 문제가 제기된다.

셋째, 이 결과로서 법적용이 법관의 판단에 따라 裁量化 될 위험성이 높아진다는 것도 문제이다. 넷째, 소송을 통해 청구하는 사항이 特定되지 않는다는 것이다. 보통의 피해배상 소송에서는 피고는 원고에게 얼마를 배상하라 하는 식으로 판결이 내려지나, 피해를 야기시키는 원인행위에 대한 금지를 요구하는 소송에 있어서는 그것이 더욱 불분명해지게 된다. 예를 들면 전문적 지식이 부족한 원고는 환경오염을 유발하는 생산시설의 어떠한 부분을 개선하도록 요구하기 어렵다. 따라서 원고는 그런 시설의 설치 또는 가동의 금지명령을 내려 주기를 기대할 것이다. 그러나 원고의 요청대로 들어 줄 경우 피고의 손실이 지나치게 크게 되거나 이로 인해 다른 피해자가 발생할 수도 있다. 다섯째, 이런 여러가지의 문제들로 인해 집단소송은 보다 장기화되기 쉽다. 여섯째, 집단소송이 광범위하게 인정될 경우 소송이 남발되거나 오용될 가능성도 없지 않다.

이런 이유들로 인해 大陸法 체계를 따르고 있는 국가에서 집단소송제도는 극히 예외적으로 인정되고 있다. 그러나 英美法 체계에서는 집단소

34) 이와 같이 장차를 향하여 어떠한 행위를 하지 못하도록 요구하는 소송을 留止請求 소송이라고 부른다.

송이 비교적 넓게 활용되고 있다.[35] 대륙법 체계를 이어 받고 있는 우리나라의 경우에 집단소송 제도의 도입은 실정법 체계와의 조화, 국민의 사회적 권리에 대한 인식의 부족, 법관의 능력 등의 측면에서 많은 문제점이 가로 놓여 있다.

7. 결 론

사회적 규제를 보완하는 또는 경우에 따라 이를 대신하는 사법적 구제는 현대의 민주사회에서 정부규제에 못지 않은 중요한 역할을 담당하고 있다. 또한 이것은 재산권(property right) 및 人權의 확충에 따라 날이 갈수록 보다 중요해져 가고 있다. 그러나 사법적 구제는 그것의 속성상 분쟁이 야기된 개별사안에 국한될 수 밖에 없다는 측면에서 근본적인 한계를 갖고 있다. 이런 측면에서 미국에서와 같은 집단소송 제도의 도입은 중요성을 지닌다. 다음으로 정부규제의 대상이 되는 경제사회적 문제들에 대해 전문성을 결여하고 있는 사법부가 정부규제에 보다 능동적인 역할을 수행하는 것이 바람직한 것인지에 대한 의문이 가시지 않고 있다.

또한 선거라는 민주정치적 절차를 거쳐 구성되는 것이 아니고, 따라서 정치적 책임(political accountability)을 물을 수 없는 사법부, 그리고 본질적으로 능동적 정책의 수립과 집행과는 거리가 먼 사법부가 보다 직접적으로 정책형성과정(policy formulation process)에 참여하여 입법부와 행정부의 정책결정에 사후적으로 또는 경우에 따라 사전적으로 제약을 가하는 것이 과연 정당하고 바람직한 것이냐에 대한 논란도 계속되고 있다. 이런 비판들은 사법적 구제수단이 갖고 있는 독특한 장점들에도 불구하고, 이것은 어디까지나 정통적인 규제정책 수단의 보완적 지위에 머물 수 밖에 없음을 시사한다.

---

35) 서원우, 전게논문, pp. 124~30.

권력분립을 추구하는 정치제도 상의 문제는 차치하고서라도, 국민의 보호받을 권리, 피해를 배상 받을 수 있는 권리는 확실하게 보장될 수 있어야 할 것이다. 우리나라의 법원들도 이런 측면에서 과거와는 상당히 다르게 보다 전향적으로 사고하고 보다 적극적으로 입법의도를 해석하려는 자세를 보여 주고는 있으나 아직도 미흡한 점이 없지 않다. 관련 학계에서도 선진외국의 법제도에 대한 연구를 활발하게 진행시키고 있는 것은 사실이나 우리와 다른 정치발전 수준, 법체계, 사회관념을 갖고 있는 선진외국의 법제도를 우리나라에 어떻게 도입할 수 있을 것인지에 대해서는 아직 분명한 합의를 이루어내고 있지 못한 듯하다. 사회가 민주화되면 될 수록 그리고 국민의 법의식, 권리의식이 상승하면 할수록 사법적 구제가 갖는 중요성은 증가할 수 밖에 없다는 것이 선진국의 경험을 통해 우리가 알 수 있는 사실이라고 할 때 우리나라의 관련학계와 법조계에서도 보다 적극적으로 새로운 권리개념을 창출하고 이를 우리 실정에 맞게 적용시켜 가는 것이 긴요해지고 있다.

제 5 부

정부규제의 개혁

제 19 장

규제완화의 원인과 과정

1. 서 론

국가에 따라 그리고 시대적 상황 변화에 따라 정부와 시장의 결합관계는 변천한다. 그것은 경제사회구조 및 상황의 변화에 따라 시장과 정부기능의 상대적 효과성이 변화하고 이에 대한 사회적 인식이 변화하기 때문이다. 우리는 지금까지 정부가 시장에 개입하는 이유, 방법, 그것의 효과성에 대해 고찰해 오는 과정에서 정부규제가 우리의 기대와는 다르게 많은 실패현상을 야기시킴을 보아 왔다.

제 5 부에서 우리의 관심은 어떻게 하면 정부규제를 합리적으로 개혁할 수 있겠느냐 하는 것이다. 지금까지의 많은 논의들은 시장실패(market failure) 현상을 어떻게 교정할 수 있느냐는 문제의식에서 출발하였다. 그러나 이제부터는 規制失敗(regulatory failure), 보다 넓게는 政府失敗(government failure)를 극복하기 위한 방법은 무엇인가? 그것은 과연 극복가능한가? 그것이 불가능하다면 市場機能에 의존할 때 보다 나은 결과를 기대할 수 있지 않겠는가? 등의 문제의식을 갖고 규제완화 문제에 접근하게 될 것이다.

規制緩和라는 말을 쓰거나 규제완화에 대하여 논의할 때 경제적 규제(economic regulation)와 사회적 규제(social regulation)의 구분은 대단히 중요하다. 미국과 같은 선진국에 있어서는 삶의 質 향상, 인권과 재산권의 존중 등과 긴밀하게 관련되는 사회적 규제가 이미 상당한 수준에 도달해 있기 때문에 경제적 규제와 사회적 규제를 구분함이 없이 정부규제의 완화를 논의할 수도 있다. 그러나 이제 비로소 민주화 길목의 초엽에 들어선 우리나라에서 사회적 규제는 강화되어야 할 대상이지 완화되어야 할 대상이 아니다. 따라서 이런 구분없이 규제완화를 논의하게 되면 자칫 사회적 규제가 시대적 상황에 역행할 수 있는 위험성이 크다. 이런 차이 때문에 본장 이후에서의 논의는 경제적 규제와 사회적 규제를 반드시 구별하여 사용하고 있는 점에 독자들이 유의해 주기 바란다.

본장에서는 우선 규제완화가 어떤 정치경제적 요인과 정치경제적 세력들에 의해 어떤 방법으로 이루어지게 되는가를 고찰하려고 한다. 제 2 절에서는 규제완화의 정치경제적 배경을 일반적인 요인과 우리나라에서의 특수한 요인으로 구분해 고찰한다. 제 3 절에서는 정부규제 완화를 요구하는 정치경제세력의 상호작용 관계를 우리가 제 4 장에서 고찰한 Wilson모형을 응용하여 분석하게 될 것이다. 제 4 절에서는 정부규제 완화가 규제기관 및 규제관료에게는 어떤 문제로 제기되고 이에 대해 규제관료는 일반적으로 어떤 반응을 보이는지를 고찰한다. 끝으로 제 5 절에서는 정부규제 완화의 정치경제학적 효과에 대해 검토한다.

2. 규제완화의 배경 및 요인

2.1 선진국

정부규제의 완화 또는 개혁은 1970년대 중반 이후 선진제국은 물론이고 많은 개발도상국에서까지 중요한 정책이슈로 대두되어 있다. 정부규제의 개혁이 중요한 정책이슈로 등장하게 된 배경과 원인은 나라에 따라 다소 차이가 있으나 공통점도 많다. 여기에서는 주로 미국의 경우를 중심으로 설명하고 뒤에 일본의 경우를 간략하게 고찰하기로 한다.

첫째, 정부규제의 완화 또는 개혁이 중요한 정책이슈로 등장하게 된 가장 근본적인 요인은 경제의 성장과 안정을 위한 현대정부의 역할이 강조되면서 꾸준히 증가해 온 정부의 시장개입의 결과 오히려 경제의 활력(vitality)이 위축되고, 전반적으로 경제의 효율성(efficiency)이 저하되면서 경제구조와 경쟁력이 취약해지게 되었다는 인식의 확산이다. 정부개입의 확대 및 정부규제의 강화에 따라 경제의 硬直性(rigidity)이 높아짐으로써 경제구조 및 급격한 기술변화에 신속하게 적응하지 못하고 있다는 인식도 크게 확산되었다. 비효율적인 기업이 정부규제의 보호 속에서 온존하고 있다든가, 정부규제로 인한 시장경쟁의 제한으로 피규제산업이 초과이윤을 얻고 있는 반면에 소비자의 이익은 크게 침해되고 있다든가, 경쟁의 억제에 따라 기술개발의 필요성을 느끼지 못하거나 신기술 도입을 오히려 저지하려는 성향을 강하게 노정하고 있다는 비판이 바로 그것이다.

둘째, 정부규제의 만연으로 인해 경제구조가 경직화되고 경쟁력이 취약해졌을 뿐만 아니라 더 나아가서 경제의 인플레화를 초래하는 중요한 요인으로 작용하고 있다는 인식이 광범위하게 확산되었다. 1970년대말~80년대 초의 제2차 석유위기 이후 각국이 스태그플레이션(stagflation) 속에서 인플레를 퇴치하는 힘겨운 정책노력을 기울이는 가운데 정부규제의 불합리성 극복이 가장 중요한 정책문제로서 등장하게 되었다. 케인즈(Keynes)의 이론에 입각하여 주로 총수요를 관리하는 방법으로 이루어져 온 전통적인 경제안정화 정책이 스태그플레이션 상황하에서 더 이상 기대한 효과를 발휘하지 못하게 되자, 이제 공급측면의 애로 타개에 정책적 관심이 쏠리게 된 것이다. 소위 供給重視 경제학(supply-side economics)이 등장하고 공급측면에서 혁명이 일어나게 되면서 기업활동을 억압하는 불합리한 정부규제에 대한 관심이 증가하였다.[1)]

---

1) Paul Craig Roberts, *The Supply-Side Revolution* (Cambridge, Mass.: Harvard University Press, 1984).

셋째, 정부개입 확대 및 심화로 인한 경제적 성과는 이와 같이 실망적인데 비해, 정부기구는 급격하게 팽창함으로써 정부부문에서 발생하는 비효율성이 대단히 높아지고 있다는 인식이 확산되었다. 이에 따라 공공부문을 축소함으로써 소위 '작은 政府(small government)'를 실현하고, 민간부문의 창의성과 활력이 적극적으로 발휘될 수 있도록 하기 위해서는 정부규제를 완화함으로써 경쟁환경을 조성하는 것이 필요하다는 인식이 광범위한 지지를 확보하기에 이르렀다.[2] 이런 가운데 소비자들이 정부규제의 폐해에 대해 눈을 뜨게 되었고 정치가들이 적극적으로 동조하게 됨에 따라 강력한 정치적 영향력을 행사하던 被規制산업들도 정부규제의 계속을 더 이상 주장하기 어려운 상황이 전개되기 시작하였다.

넷째, 급격한 기술변화, 情報化, 소프트(soft)화, 서비스(service)화 등 최근의 기술환경의 변화 속에서 예전에 상상하지 못하였던 새로운 물질, 제품, 工法, 서비스 등이 속속 개발되면서 경제활동에 대한 제약이 새로운 산업의 성장을 가로막는 중요한 원인이라는 점이 혁신적인 기업들에 의해 지적되기 시작하였다.[3] 급속한 기술진보에 따른 새로운 재화와 서비스의 창출이라는 공급 측면에서 뿐만 아니라, 수요 측면에서도 소비자의 기호가 다양해지고 새로운 재화와 서비스에 대한 수요가 빠른 속도로 증가하고 있다는 것도 중요한 요인이 되고 있다. 종래의 業種개념을 뛰어 넘는 새로운 산업들이 속속 등장하고 있다. 따라서 전통적인 업종 개념에 입각하고 있는 많은 경제적 규제들은 새로운 산업의 진출을 저해하는 요인으로 공격대상이 되기에 이르렀다.

특히 규모경제 효과가 커서 종래 自然獨占産業(natural monopoly industry)으로 간주되어 오던 산업분야에서 이런 현상은 더욱 두드러지게 나타났다. 기술혁신으로 인해 투자소요의 크기가 감소하고 새로운 서비

2) 經濟企劃廳 總合企劃局(編), 「規制緩和の經濟理論」(東京: 大藏省印刷局, 1990), pp. 23~25. "작은 政府"의 실현이라는 측면에서 공기업 민영화도 중요하다. 民營化와 정부규제 완화의 차이 및 둘 사이의 상호관계에 대해서는 졸고, "민영화의 정치경제," 姜珉 외 공저, 「國家와 公共政策」(서울: 법문사, 1991) 참고.

3) 經濟企劃廳 總合企劃局(編), 「規制緩和の經濟的效果: 規制緩和硏究會報告書」(東京: 大藏省印刷局, 1986), p. 15.

스에 대한 수요가 창출됨으로써 자연독점산업 분야에서까지 시장경쟁 가능성과 시장경쟁 창달의 필요성이 드높아지고 있다. 예를 들면 전기통신 분야에서 통신위성, 光섬유(optic fiber)의 개발 등 통신기술의 발전에 따라 投資所要의 대폭적 삭감이 가능해지게 됨에 따라 전형적인 자연독점 산업 분야로 여겨져 오던 분야에 이제 엄청난 시장경쟁의 가능성이 전개되고 있다. 고성능 컴퓨터의 발달로 인해 금융, 항공 등 각종 서비스 산업분야에서 새로운 경영기법이 도입되어 활용되면서 경쟁이 가열되고 있는 것도 좋은 예라고 할 수 있다.

다섯째, 무역에 있어서 국가간 경쟁이 치열해지는 한편 다국적 기업 등에 의한 해외투자가 증가하고, 새로운 산업(예를 들면 서비스 산업)들이 국제무역에 참여하게 됨으로써 국제경제관계가 다양화되고 있다. 相互主義(reciprocity)에 입각한 시장개방 압력이 강화되고 있는 한편 외국기업에 대한 차별적 규제가 통상마찰의 중요한 원인을 이루고 있다. 이런 추세 속에서 이제 한 나라의 정부규제는 과거와 같은 효과성을 발휘할 수 없게 되어 가고 있다. 또한 국제경제관계의 긴밀화와 시장개방의 확대에 따라 국내기업만을 염두에 둔 채 만들어지고 시행되어 온 정부규제들이 무력화되거나 불합리해져 가고 있다. 정부규제로 인해 국내 독점기업이 누리던 독점이익은 시장개방에 따라 자연히 소멸되어 가는 현상이 두드러지게 나타나고 있다.

미국의 규제완화 과정에서 특이하게 나타나는 현상으로서는 정부규제의 모순과 그로 인한 경제사회적 손실이 경제적 규제(economic regulation) 영역에서 더욱 심각하게 나타나고 있음에도 불구하고, 정부규제에 대한 문제가 주로 사회적 규제(social regulation) 영역에서 제기되고 있다는 것을 들 수 있다.[4] 이런 현상은 우리가 이미 제 13 장에서 고찰한

4) 미국에서의 한 연구결과에 의하면 정부규제로 인한 경제적 비용(regulatory costs)의 60~70퍼센트가 경제적 규제로 인하여 발생하고 있다고 한다. Lester M. Salamon, "Federal Regulation: A New Arena for Presidential Power?" in Hugh Heclo and Lester M. Salamon (eds.), *The Illusions of Presidential Government* (Boulder, Colorado: Westview Press, 1981), p. 151.

바와 같이 미국에서 1960년대 중반으로부터 1970년대 후반에 이르기까지 약 10여년 동안의 짧은 기간에 환경보호, 작업장 안전문제, 소비자보호, 기회균등의 확보 등을 목적으로 한 사회적 규제가 급증하였고, 이런 사회적 규제의 증가와 강화에 따라 기업의 경제적 부담이 크게 가중되었기 때문이다.

그 결과 1970년대 후반 이후, 특히 공화당 레이건(Reagan) 행정부의 등장 이래 각종 사회적 규제를 완화하기 위한 노력이 미 행정부와 업계를 중심으로 활발하게 전개 되었다.[5] 그러나 사회적 규제의 완화를 위한 행정부나 업계의 줄기찬 노력에 비해 성과는 대단히 미약하였다. 이것은 소득수준의 향상, 삶의 질(quality of life)에 대한 욕구상승, 시민의 정치참여 확대에 따라 지속적으로 강화되지 않을 수 없는 사회적 규제의 속성에 기인한다.

그러나 미국에서 경제적 규제완화는 대단히 빠른 속도로 진척되었고 1983년경부터는 생산성 향상, 기술혁신, 가격인하 등 긍정적인 효과를 나타내기 시작하였다.[6] 항공산업을 위시한 운수산업 부문에서의 경제적 규제완화는 철도, 트럭산업으로 확대되었고, 이어서 통신·전화산업, 금융·보험산업으로 계속 이어지면서 엄청난 변화를 일으키게 되었다.[7] 미국에서 이와 같이 오랜 기간 정부규제 아래 보호되어 왔던 산업들이 파격적으로 시장경쟁에 내맡겨지게 된 것은 상당히 의외의 결과라고 하지 않을 수 없다. 왜냐하면 경제적 규제는 이것으로 인해 혜택을 보는 강력한 산업집단 및 이익집단에 의해 지지되는 것이 보통이기 때문이다.

한편 일본에 있어서는 석유위기에 대처하는 과정에서 공급측면을 중시하는 '작은 정부'를 향한 行政改革의 필요성이 1983년 이래 꾸준하게 제기되었고 이에 따라 정부규제 완화 문제가 자연스럽게 등장하게 되었

5) David Vogel, "The "New" Social Regulation in Historical and Comparative Perspective," in Thomas K. McCraw (ed.), *Regulation in Perspective* (Cambridge, Mass: Harvard Business School Press, 1980), pp. 155~85.

6) "Deregulating America: Special Report," *Businessweek*, Nov. 28, 1983.

7) 미국에서의 규제완화 동향에 대한 개략적 설명은 박원규, 「외국의 정부규제 완화동향과 효과에 관한 연구」, 전국경제인연합회, 1987. 12 참고.

다.[8] 특히 1985년 이후 급격한 換率切上(소위 엔高라고 불리우는 현상)을 경험하게 되면서 內需주도형 경제로의 전환과 高附加價値 산업을 중심으로 한 산업구조로의 전환이 시급하게 요청되었다. 또한 국제경쟁에 직면할 기회가 적어 규제가 만연해 있었던 서비스부문의 효율화와 경쟁력 강화가 요망되었다. 국내시장 개방압력이 집중되는 산업에 있어서 규제완화와 국제경쟁의 촉진을 통한 효율화가 요구되기도 하였다. 특히 불투명한 규제가 만연되어 있는 유통산업 분야에 있어서는 규제완화를 요구하는 외국의 압력도 강했다. 변화하는 경제적, 기술적 환경변화 속에서 산업의 기술혁신을 촉진하기 위해서도 정부규제를 재평가해야 할 시기가 도래하였다는 인식이 확산되었다. 이런 속에서 1988년 임시행정개혁 추진심의회의 「公的 規制의 緩和에 관한 答申」이 제출되었고, 5월에는 閣議에서 「세계와 함께 살아가는 日本－경제운영 5개년 계획」이 의결되어 정부규제의 완화가 지속적으로 추진되고 있다.

2.2 우리나라

이상에서 고찰한 정부규제 완화의 일반적인 배경은 우리나라에서도 그대로 적용된다. 그러나 우리나라가 세계적인 규제완화 추세에 보다 적극적으로 동참하게 된 이면에는 몇가지의 추가적인 요인들이 있었다.

첫째, 소위 개발년대에 있어서의 政策失敗 및 遺產(past policy failures and legacies)에 대한 反作用으로서 정부규제의 완화 문제가 등장하게 되었다.[9] 국가안보와 수출지향적 경제성장 목표에 치중하였던 1960~70년대에 정부개입이 난무하였던 결과, 1970년대말~80년대초에 이르러 각종의 정책모순과 실패가 빚어지게 되었고 이런 과오를 다시 되풀이해서는 안되겠다는 반성이 어려운 경제적 조정기를 거치면서 이루어짐으

8) 經濟企劃廳, 「規制緩和の經濟理論」, 전게서, pp. 25~26.

9) 이에 대한 보다 상세한 논의는 Byung-Sun Choi, *Economic Policymaking in Korea: Institutional Analysis of Economic Policy Changes in the 1970s and 1980s* (Seoul: Chomyungsa, 1991), chapter 4 참고.

로써 정부개입의 축소 및 정부규제의 완화가 자연스러운 정책대안으로서 대두되었다.[10] 특히 1980년대 초반 경제정책의 최우선적 과제가 경제의 安定化에 놓여져 있었고 이에 따라 경제의 自由化란 기치 아래 시장경제 원리의 창달을 위한 일련의 경제개혁 조치, 즉 수입개방, 금융부문의 자율화, 외환 및 자본시장 자유화, 공기업의 民營化, 공정거래제도의 정착과 확산이 모색되었다.

둘째, 한국에 있어서의 정부규제 완화는 경제상황이 극히 어려웠던 1980년대 초의 「성장발전을 위한 制度改善」이라는 이름 하에 5공화국 정부에 의해 비교적 강력하게 추진되었다. 1987년 이후에는 경제기획원의 공정거래실이 중심이 되어 특히 경쟁제한적 규제가 만연해 있는 주요한 산업을 선정하여 정부규제의 완화를 추진해 오고는 있으나 정치적, 관료적 저항으로 인해 커다란 성과를 거두지 못하고 있다. 또한 민주화 과정을 경과하면서 사회형평에 대한 국민들의 정치의식이 상승하고 있고, 소득수준의 향상에 따른 삶의 질(quality of life)에 대한 욕구가 상승함에 따라 환경, 산업안전 등 각종의 사회적 규제를 획기적으로 강화시키지 않으면 안되는 상황에 처해 있다. 1990년 이후 경제상황이 극도로 악화되기 시작하면서 정부규제 완화에 대한 정책적 관심이 또 다시 높게 일고는 있으나 과연 얼마나 정부규제의 개혁을 성공적으로 추진할 수 있을 것인지는 아직 미지수다. 우리나라에서의 규제완화 추진과정과 내용에 대해서는 제 24 장에서 자세하게 고찰하고 있다.

3. 규제완화와 이익집단

지금까지 검토해 온 규제완화의 경제적 배경과 요인 만으로서는 규제완화의 정치경제적 속성을 이해하는데 부족하다. 왜냐하면 경제사회, 산

---

10) 拙稿, "정치경제체제의 전환과 국가능력: 경제자유화와 민주화를 중심으로," 姜珉외 공저, 「國家와 公共政策」, 전게서, pp. 246~76.

업, 기술환경의 변화가 당연히 규제완화를 추진하도록 만드는 것은 아니기 때문이다. 또한 동일한 환경의 변화에도 불구하고 규제완화의 대상산업, 추진속도와 양상은 저마다 다를 수 있다. 따라서 규제완화의 정치경제적 속성을 파악하기 위해서는 이런 환경의 변화가 어떤 경제사회적 집단에 보다 유리하게 작용하고 어떤 집단에 불리하게 작용하는가를 분석하는 것이 대단히 중요하다고 할 수 있다.

규제완화의 과정을 보다 깊이있게 이해하기 위해서는 그것이 누구에 의해(by whom?), 누구를 위해(for whom?) 이루어지고 있는지를 살펴보아야 한다. 규제완화에 대한 정치경제학적 분석의 요체는 바로 이것이다. 우리가 제 8 장과 13 장에서 분석한 바와 같이 모든 정부규제는 소득재분배적 효과를 유발한다. 정부규제를 둘러싸고 많은 이익집단이 형성되거나 離合集散을 반복하는 것도 바로 이 때문이다. 정부규제로부터 직간접적으로 이익을 얻고 있는 이익집단은 既得利益(vested interests)의 유지와 확대를 위해서, 정부규제로부터 직간접적으로 피해를 보고 있는 집단은 이런 정부규제의 철폐 또는 완화를 위해 집단적 노력을 기울일 것은 당연하다. 이런 현상은 정부규제가 완화될 때에도 마찬가지다. 정부규제완화도 역시 소득재분배적 효과를 발생시키고 이익집단 政治(interest group politics)를 활성화한다. 즉 기존의 정부규제로 인해 이득을 보고 있는 이익집단은 기득이익의 유지를 위해 정부규제의 완화에 정치적으로 저항하고, 정부규제로 인해 손해를 보고 있는 집단은 규제완화를 위해 정치적 영향력을 행사하려 한다.

어떤 객관적인 경제사회 상황, 산업·기술 상황의 존재가 당연히 규제완화를 요구하는 것이 아니라면 그럼 규제완화는 어떻게 비롯되는가? 경제, 산업, 기술환경의 변화는 항상 산업간 또는 동종산업내 기업간 경쟁력관계에 변화를 일으키고 이 과정에서 개개 산업과 기업은 각각의 경쟁력 지위(competitive position)에 따라 정부규제에 대한 이해관계를 달리하기 마련이다. 따라서 경쟁력 優位를 누리고 있는 산업 및 기업군 또는 보다 큰 정치적 영향력을 행사할 수 있는 산업 및 기업군은 이런 환경의 변화에 따라 정부규제 보다는 자유로운 시장경쟁체제를 보다 선호하게 된다. 그들은 환경이 변화하고 있는 한 정부규제와 간섭하에서 보다는 자유 시장경쟁 체제 속에서 자신의 경쟁력 우위를 보다 잘 발휘할 수 있다고 판단한다.

이와는 약간 다르지만 정치사회의 변화에 따라 정부개입이 보다 강화될 위험이 높거나 기득이익에 위협이 가해질 때 규제완화를 요구할 수도 있다. 제6공화국에 들어와 정치사회의 민주화 기운 속에서 중소기업, 근로자, 농민, 소비자 등 그동안 소외되어 온 집단과 계층의 정치적 영향력이 강화되고, 이들에 의해 경제력 집중의 완화 등 經濟民主化(economic democratization) 요청이 거세어짐에 따라 대기업들이 전국경제인연합회(全經聯)를 중심으로 경제자율화 또는 민간주도 경제로의 전환을 강력하게 요구하고 있는 것은 이런 맥락에서 이해될 수 있다.[11] 이들은 표면적으로 날로 악화되고 있는 국제경제 환경 속에서 우리 경제의 경쟁력 강화를 위해서는 민간의 창의력을 충분히 발휘할 수 있도록 해야 한다고 주장한다. 그러나 이들의 숨은 의도는 만일 정부가 소외집단의 상승하는 정치적 압력에 밀려 그들의 자유로운 경제활동을 보다 제약하는 방향으로 새로운 정부규제를 확대·강화하게 되면 그들이 누려 온 기득이익이 불가피하게 상실 또는 감소하게 될 수 밖에 없기 때문에 이런 움직임에 대해서 사전에 쐐기를 박는데 있다.

과거 20~30년간의 開發年代를 경과하면서 권위주의체제 하에서 대기업은 정부개입과 규제의 직접적 수혜자였다. 그러나 이제 경제민주화 요구 속에서 강화될 새로운 정부규제는 자신들에게만 유리한 방향으로 전개되기는 어렵고 오히려 자기들의 자유로운 경제활동을 제약할 가능성이 높아졌다고 판단하고 있다. 이들의 입장에서 볼 때 민주화 추세에 부응하는 방향으로의 정부규제의 만연은 이제 거추장스럽고 부담스러운 존

11) 전국경제인연합회, "新政府의 경제운용 방향에 관한 경제계 의견" (1988. 1); 대한상공회의소, 「自由企業主義 창달을 위한 제언: 제12대 국회에 바란다」(1985. 5) 및 "經濟民主化를 통한 기업활력의 진작: 제6공화국에 대한 경제정책 제언," (1988. 2) 등 참고. 특히 全經聯과 大韓商議의 미묘한 입장의 차이에 주목할 필요가 있다.

재가 되고 있다.[12] 예를 들면 중소기업, 농업, 주택부문 등에의 금융지원 확대는 자신들의 몫을 제약하고, 중소기업 固有業種 指定制度(제 9 장)는 자신들이 참여할 수 있는 시장을 좁히며, 금융기관 民營化에 있어서 경제력 집중의 방지를 위한 대주주 持分의 제한은 자신들의 은행지배를 약화시키는 것이 아닐 수 없다. 이것은 모두 대기업이 지녀 온 과거의 성장패턴과 기업경영방식에 커다란 수정을 요구하는 것으로 받아 들여질 수 밖에 없다. 이런 상황의 전개가 불가피하다고 보고 있는 한 대기업 및 재벌들이 정부의 시장경제에 대한 개입과 간섭의 축소를 꾀하는 것이 차라리 낫다라는 생각에 이르게 됨은 극히 당연한 일이라고 할 수 있다.

이런 관점에서 볼 때 대기업 집단 등 기왕의 성장위주의 경제정책 과정의 주요한 수혜집단이 변화하는 정치사회적, 경제적 환경의 변화속에서 기득권의 유지를 도모하려는 의도에서 주장하는 경제자율화 또는 규제완화는 그것이 경제민주화의 시대적 요청과 相馳된다는 점에서 신중을 기해야 할 필요가 있다. 경제자율화는 경제적 효율성 측면에서 정부의 과다한 시장개입보다는 시장기능을 살려나가자는 것이 그 취지인데 반해 경제민주화는 경제력의 집중 또는 소득불균형의 시정을 위해 정부의 새로운 개입을 요구하는 측면이 강하기 때문에 양자는 상충되는 요소를 갖고 있다. 따라서 이 두 가지 정책방향의 차이에 대해 충분한 주의를 기울이지 않는 한 경제자율화에 따른 소득재분배적 효과는 저소득 계층에게 불리한 방향으로 작용할 가능성이 아주 높다.

---

12) 경제자유화와 민주화의 개념구분 및 양자의 상호작용 관계에 대하여는 拙稿, "정치경제체제의 전환과 국가능력," 姜珉 외 공저, 전게서, pp. 246~76; Byung-Sun Choi, "Political and Economic Democratization and Its Impact on the Government-Business Relationship in Korea," *The Korean Journal of Policy Studies*, Vol. 3 (1988), Graduate School of Public Administration, Seoul National University, pp. 30~50 참고.

4. 규제완화의 정치적 상황

규제완화는 어떤 정치경제적 상황하에서 이루어지는가? 이 문제에 답함에 있어서 제4장에서 고찰한 바 있는 Wilson의 정치적 상황 모형은 역시 유용하다. 왜냐하면 이해관계집단 사이에 규제완화로 인한 이익과 비용이 어떻게 분포되어 있느냐에 따라서 일관성있는 분석을 가능하게 해 주기 때문이다.

제4장에서와 같은 이유로 규제완화에 따른 이익과 비용의 분포는 아래 〈표 19－1〉과 같이 네 가지 유형으로 정리해 볼 수 있다. 이 표는 제4장의 〈표 4－1〉을 수정한 것으로서 가로축에 비용을, 세로축에 편익을 배치한 것이다. 이 표가 의미하는 바를 예를 들어 말하면, 제4장에서 소수에게 편익을 제공하고 다수에게 비용을 부담시키는 유형의 정부규제는 顧客政治 상황에서 가능해 질 수 있었으나, 이런 규제를 완화할 때에는 그로 인한 비용(편익의 상실)을 부담하는 소수가 규제완화로 인해 편익을 얻게 되는 다수를 압도하는 현상이 벌어지게 되므로 이번에는 企業家的 政治 상황이 전개된다고 볼 수 있다. 두 표의 차이에 대해 독자들의 혼동이 없기를 바란다.

〈표 19－1〉 규제완화로 인한 비용과 편익의 분포

		감지된 비용	
		넓게 분산	좁게 집중
감지된 편익	넓게 분산	大衆的 政治 (majoritarian politics)	企業家的 政治 (entrepreneurial politics)
	좁게 집중	顧客政治 (client politics)	利益集團政治 (interest-group politics)

注: 제4장의 〈표 4－1〉을 수정한 것임.

4.1 기업가적 정치상황

고객정치적 상황 속에서 소수자에게 집중적인 편익을 제공할 목적으로 이루어지는 정부규제가 완화되는 경우에 그로 인한 편익과 비용의 분포는 기업가적 정치(entrepreneurial politics) 유형을 보인다. 즉 규제완화로 인한 편익은 넓게 분산되나 그로 인한 비용(손실)은 좁게 집중된다. 경제적 규제(economic reguation)의 완화는 대체로 이 경우에 속한다. 경제적 규제의 완화를 추진하는 과정에서 그동안 집중적으로 편익을 누려온 피규제산업 내의 소수기업이나 직종의 종사자들은 현상유지를 위해 강력한 정치적 활동을 전개한다. 그러나 경제적 규제의 완화로 인해 편익을 얻게 될 잠재적 경쟁기업이나 일반국민들은 集團行動의 딜레마(collective action dilemma)에 봉착하게 된다.

그러나 같은 피규제산업 내의 기업일지라도 규제완화로 인해 새로운 경쟁환경이 조성될 때 자신의 경쟁적 위치가 보다 유리하게 변화할 것으로 기대하는 기업이 있을 수 있다. 왜냐하면 규제를 받고 있는 동안에 경제사회구조와 상황이 자기에게 유리한 방향으로 바뀔 수도 있고 그 기간에 자신의 상대적 경쟁력을 보다 강화한 기업들이 있을 수 있기 때문이다. 또한 시간이 지남에 따라 규제로 인한 이익이 감소하거나 소멸될 수도 있고, 경우에 따라서는 기술혁신의 결과 경제적 규제가 오히려 피규제산업의 성장을 가로막는 요소로 인식될 가능성도 있다. 피규제산업이 이와 같은 상황에 처해 있을 때 규제완화가 추진되게 되면, 처음에는 모든 기업이 현상유지를 선호해 규제완화에 반대하려고 할지 모르나 규제완화의 가능성이 내다보이면 이들 기업 사이의 결속력은 상당히 빠른 속도로 약화되거나 와해될 수 있다.

경제적 규제를 받고 있던 피규제산업 스스로가 규제완화를 먼저 요구하고 나오는 경우도 있다. 예를 들면 對外 시장개방 압력에 처한 경우이다. 외국으로 부터 시장개방 압력이 행사되고 있지 않을 때에는 국내의 정부규제가 피규제산업의 수익성을 보장하는 유효한 수단이 될 수 있었을지 모르지만, 시장개방이 불가피해져 보이고 따라서 산업의 경쟁여건이 커다란 변화를 맞이할 수 밖에 없을 것으로 판단되는 경우에는 피규제산업 스스로가 생존을 위해 경쟁력을 강화시키지 않을 수 없다. 따라서 경쟁여건의 조성을 위해서는 우선 국내의 경쟁제한적인 규제를 완화해야만 할 필요가 자연스럽게 제기된다. 이런 현상은 최근 우루과이 라운드(Uruguay Round)의 진행과 관련하여 고조되고 있다. 이런 중대한 경쟁환경의 변화는 경제적 규제의 완화에 대한 저항을 극소화하는 역할을 한다.

우리나라의 금융산업에 있어서의 규제완화는 이 경우의 좋은 예라고 할 것이다. 즉 1972년 8.3조치 이후 국내자본 동원의 극대화와 이를 위한 자본시장의 다각화를 목적으로 소위 제2금융권을 육성하면서 은행과 제2금융권의 業務領域을 규제해 왔다. 그러나 1980년대 중반 이후 자본시장의 개방확대가 불가피해지게 되자, 은행은 은행대로, 제2금융권의 기관들은 그들대로, 업무영역의 확장을 통해 금융의 서비스를 다양화하고 경쟁력을 향상시키려 하고 있다.[13] 물론 각각이 처한 산업부문에서의 경쟁의 양상과 경쟁력의 보유 여하에 따라서 차이를 보이고는 있으나 업무영역에 대한 경직적인 규제의 완화가 필요하다는 입장을 보이고 있다.

이와 같이 피규제산업 내부로부터의 규제완화 요구 가능성을 높이기 위해서는 보다 발전적이고 혁신지향적인 기업에 초점을 맞추어 이들에게 유리한 방향으로 규제완화의 대상, 범위, 순서 등을 정하는 것이 필요하다. 왜냐하면 이 때 이들 기업群의 적극적인 호응을 얻을 수 있고 이들을 규제완화의 옹호자로 끌어들일 수 있기 때문이다. 이와 같이 피규제산업 내에 분열이 생기게 되면 규제완화의 당위성이 한층 제고될 수 있다. 미국에서의 규제완화 과정에서 처음에는 규제완화에 대해 일사불란하게 공동전선을 펴 저항하던 피규제산업이 점진적인 규제완화의 추진과정에서 입장을 선회하여 규제완화에 적극적으로 호응하는 현상이 드물지

13) 금융산업 규제완화 과정에서 은행권과 제2금융권과의 알력관계는 梁佑誠, "국가의 산업화전략과 차별적 금융규제에 관한 연구," 서울대 행정대학원 석사학위 논문, 1991. 2 참고.

않게 나타나는 사실은 주목할 가치가 충분하다.[14] 이런 측면에서 볼 때 피규제산업의 구성이 異質的(heterogeneous)이면 이질적일수록 규제완화에 저항하는 정치적 힘은 쉽게 약화될 수 있다는 假定이 가능하다.

고객정치적 상황에서 생겨난 경제적 규제들은 그것의 사회적 폐해가 막대함에도 불구하고 그것이 오랜 세월을 두고 점차 심화되어 오는 과정에서 과소평가되는 경향이 있다. 예를 들면 수입규제로 인한 국민경제적 후생손실이 막대함에도 불구하고 개개인이 이로 인해 부담하는 손실의 크기는 무시할 수 있을 만큼 작기 때문에 특별히 문제삼으려 하지 않는다. 뿐만 아니라 개개인의 입장에서 이런 정도의 손실은 국내산업의 육성이라는 '公益'의 실현을 위해 각자가 당연히 부담해야 할 부분으로 인식하기 쉽다. 따라서 정부규제의 지속을 원하는 기업들이 국민들의 이런 경향을 악용하려 할 것은 당연하다. 즉 이들은 현상유지를 통해 자신의 기득이익을 지키기 위해 현존하는 정부규제가 완화 또는 철폐되는 경우에 야기될 여러가지의 문제점을 들어 저항한다.[15]

따라서 기업가적 정치 상황하에서 정부규제의 완화를 추구하기 위해서는 국민들의 인식 제고가 가장 중요하다. 국민들의 인식을 제고하기 위해서는 우선 불합리한 규제로 인한 국민경제적 손실의 크기를 계산해 냄과 동시에 피규제산업이 그만큼의 국민경제적 손실을 정당화할 수 있을 정도로 유익한 기능과 역할을 하고 있는지에 대한 경제적 평가가 이루어져야 할 필요가 있다. 예를 들면 많은 職業免許(제 9 장)가 피규제 職種의 수익성만을 보장하여 줄 뿐 소비자의 이익을 보호하는데 아무런 역할을 하지 못하고 있는 것은 아닌가? 수입규제로 인해 前方產業(forward linkage industries)과 소비자들이 많은 손실을 입고 있는데 수입이 보호된 산업의 경쟁력은 이런 손실을 능가할 수 있을 만큼 향상되었는가? (사실 경쟁력이 향상되었다면 굳이 수입규제를 계속해야 할 이유도

---

14) Martha Derthick and Paul J. Quirk, *The Politics of Deregulation* (Washington, D.C.: Brookings Institution, 1985), pp. 147~206.

15) 이들이 내거는 규제완화 반대이유와 그것을 공박할 수 있는 논리에 대하여는 제20장에서 상세하게 논의하게 될 것이다.

없다). 소비자의 희생 위에서 수입보호산업은 독과점이윤을 쉽게 누려온 것은 아닌가? 등에 대한 면밀한 검토가 선행되어야 한다.

정부규제의 국민경제적 부담에 대한 연구와 정부규제의 실효성에 대한 평가가 올바로 이루어지게 된다면 이것은 많은 국민들로 하여금 지극히 당연한 것으로 여겨오던 정부규제에 대해 회의를 갖게 만들 것이며, 정부규제로 인해 보호받아 온 산업과 이런 정부규제를 담당해 온 관련 행정기관의 입장을 대단히 궁색하게 만들 수 있는 계기를 부여하게 될 것이다. 이 경우 이것과 관련한 정보는 가급적 좀더 많이 공개적으로 다루어지는 것이 바람직하다. 예를 들면 국내가격과 국제가격의 차이에 대한 정보, 직업면허로 보호되는 특수직종의 수익성에 관한 자료들이 언론을 통해 많은 국민들에게 공개되어야 한다.

경제적 규제의 완화가 하나의 정치적 상징(political symbol)으로서 또는 전세계적인 정책 流行(policy fashion)으로서 자리잡게 됨으로써 가능해지게 되는 측면도 중요하다. 다시 말하면 기존 규제의 경제적 효과 및 부작용에 대한 비판적 평가와 분석에 더하여, 정치가나 혁신적인 관료들이 규제완화를 '작은 政府'를 지향하는 하나의 정치적 상징으로 부각시키고, 이것이 정치가나 관료의 마음속에 거슬릴 수 없는 추세로서 인식되는 일련의 과정을 거쳐 규제완화가 이루어지기도 한다. 1980년대 이래 선진국은 물론이고 우리나라에서도 이런 정책유행이 상당히 자리잡혀 왔고 계속 그러한 방향으로 나가고 있다고 하는 것은 부인할 수 없는 사실이다.

규제완화를 둘러싼 이런 상황의 전개가 모든 경우에 경제적 규제의 완화를 당연한 것으로 만드는 것만은 물론 아니다. 그러나 이런 정책성향이 자리잡게 된다면 규제완화에 저항하는 측에서 정부규제 지속의 필요성 또는 정부규제 완화의 부당성을 입증해야 하는 擧證責任(burden of proof)을 안게 되기 때문에 규제완화에 대해 전면적으로 거부하거나 반발하기 어렵게 된다. 이 때 중요한 것은 규제완화 그 자체가 아니라 규제완화로 인한 긍정적이고 可視的인 효과가 현실적으로 확인될 수 있어야 한다는 사실이다.

4.2 고객정치 상황

기업가적 정치상황에서 가능해진 정부규제의 완화는 고객정치(client politics) 상황으로 설명될 수 있다. 환경규제, 작업장 안전 및 보건 규제, 소비자보호 규제 등 주로 사회적 규제(social regulation)가 이런 범주에 속한다. 예를 들면 환경규제로 인한 비용은 비교적 소수의 기업이 집중적으로 부담해야 하나 그로 인한 편익은 대다수 국민들에게 미친다. 따라서 이런 규제가 완화되는 경우 소수 기업의 경제적 부담이 완화될 수 있기 때문에 이들은 규제완화를 요구하는 정치적 압력을 행사하려 한다. 그러나 환경규제의 완화로 인해 많은 국민이 피해를 감수하지 않으면 안되지만, 이들 편에서는 집단행동의 딜레마로 인해 이를 충분히 저지하기 어렵게 된다. 이것이 사회적 규제완화에 있어서의 고객정치 상황이다.

이미 제 1 절에서 지적한 바와 같이 우리가 규제완화라고 할 때에는 두 가지 경우가 있다. 하나는 미국과 같은 선진국에서 사회적 규제가 과도하여 기업활동에 경제적 부담을 가중시키고 있는 경우이다. 다른 하나는 우리나라에 있어서와 같이 정치사회 민주화에 따라 이제 비로소 사회적 규제가 강화되기 시작하였거나, 사회적 규제의 강화를 요청하는 국민의 요구가 드높아지고 있는 경우이다. 사회적 규제가 갖고 있는 이러한 시대적 특성에 비추어 볼 때 사회적 규제를 경제적 규제와 아울러 무차별적으로 완화하는 것은 있을 수 없다.

사실 선진국에 있어서도 사회적 규제에 관한 한 사회적 규제의 철폐가 아니라 사회적 규제 방법과 수단의 합리화를 통해 기업에 대한 부담을 경감하려 하는 선에서 벗어나지 않고 있다. 즉 사회적 규제가 지향하는 정책적 목적을 달성하는데 있어서 가급적 기업의 자율성을 제약하지 않음으로써 경제적 효율성을 최대로 살린다거나, 지나치게 경직적인 규제로 인해 기술혁신의 유인(incentive)이 저해되지 않도록 하는 등 사회적 규제의 경제적 효율화에 그 초점이 놓여져 있다. 이것은 우리나라와 같이 바야흐로 사회적 규제의 강화를 요구하는 정치사회적 압력이 거세게 일고 있는 속에서 사회적 규제는 당연히 강화하되 합리적인 방법으로 강화해 나가는 것이 바람직함을 시사해 준다. 이런 관점에서 여기서 고찰하고 있는 사회적 규제의 완화는 어디까지나 사회적 규제의 합리화를 의미하는 것으로 이해하는 것이 옳다.

사회적 규제가 합리적으로 이루어져야 한다는 주장은 근본적으로 규제로 인해 기업들이 부담하지 않을 수 없는 경제적 비용을 최소화 하자는 것으로 요약된다. 기업들이 경제학자들에게 많은 연구비를 제공하면서 정부규제의 불합리성을 지적하는 연구들을 지원하고 있는 것도 이런 맥락에서 이해된다. 이들에 의한 연구 결과 오늘날 이론적으로 정교한 사회적 규제정책 수단들이 많이 개발되어 나오고 있는 것도 사실이다. 그러나 이런 새로운 정책수단들이 경제적 효율성 측면에 초점을 맞추고 있는 한 그것의 정치적 受容性은 상당히 낮다. 사회적 규제가 추구하는 목적에 비추어 볼 때 다소의 경제적 불합리성은 용인하지 않을 수 없다는 주장이 강한 정치적, 도덕적 설득력을 가지기 때문이다.

이 과정에서 특히 주목을 받기에 이른 것이 바로 우리가 제 23 장에서 고찰하고 있는 정부규제에 대한 비용편익 분석(cost-benefit analysis) 기법이다. 비용편익 분석기법이 정부규제의 영역에 도입되게 된 것은 두말할 것도 없이 정부규제로 인한 편익이 이를 위한 정부규제의 비용(기업의 정부규제 순응비용과 정부의 행정비용의 합)을 정당화할 수 있을 만큼 충분한 것이냐를 판단하기 위한 것이다. 그러나 비용편익분석은 사회적 규제의 완화를 유도하기 위한 교묘한 방편으로 사용될 수 있고, 실제로 그렇게 사용되고 있는 경우가 없지 않다는 점에 유의하여야 한다.

사회적 규제 영역에서 비용편익분석이 정책판단을 誤導할 가능성을 갖게 되는 것은 일반적으로 사회적 규제의 비용은 비교적 파악하기 쉽고 계량화가 용이하나, 인간의 건강, 생명의 보호 혹은 기회의 균등과 같은 사회적 규제의 효과는 지극히 추상적이거나 계량화가 곤란하기 때문이다. 이 경우 비용편익 분석결과는 정책담당자로 하여금 사회적 규제가 필요이상으로 기업에 대해 과중한 부담을 주고 있다는 그릇된 결론에 도달하도록 만들 가능성이 높다.

여기에서 우리가 특별히 주의해야 할 것은 경제적 규제가 완화될 때 사회적 규제마저 덩달아 완화될 위험성이 없지 않다는 점이다.[16] 예를 들면 각종 인허가에 있어서의 시설기준을 완화함으로써 신규진입(new entry)을 촉진하는 방향으로 규제완화가 이루어지게 될 때 시설기준 속에 담겨져 있던 소비자 보호 등 사회적 규제 목적도 消失된다. 따라서 사회적 규제 목적에 보다 관심을 기울이는 입장에서는 경제적 규제의 완화가 지나치게 기업측의 사정만을 감안한 것이라는 비난을 가하면서 경제적 규제의 완화에 대해서 조차 거부적인 태도를 보일 수 있다. 따라서 어떤 정부규제가 경제적 규제목적과 사회적 규제목적을 동시에 갖고 있는 경우에 경제적 규제를 완화함으로써 해당 산업의 시장경쟁을 촉진하기 위해서는 경제적 규제의 완화와 동시에 이로 인해 약화되는 사회적 규제 목적을 擔保할 수 있는 별도의 조치를 반드시 강구해 두어야 한다. 경제적 규제를 완화하면서 독과점 및 불공정거래에 대한 규제를 보다 강화해야 하는 것도 마찬가지의 논리에서다.

다시 한번 강조한다면 어떤 정부규제에 있어서 경제적 규제 목적과 사회적 규제 목적이 경합되어 있는 경우 경제산업구조나 경쟁여건의 변화 등 경제적 규제완화의 객관적 조건이 성숙되었다고 한다면 이를 완화함이 당연하고 바람직하다고 할 수 있으나, 불합리해진 경제적 규제의 완화를 원활하게 추진할 수 있기 위해서는 이런 규제에 덧붙여져 있던 사회적 규제 목적을 계속적으로 추구할 수 있도록 하기 위한 보완적 대책이 반드시 수반되어야 한다. 한 가지의 정부규제에 경제정책적 목적과 사회정책적 목적이 혼재되어 있을 때 이 규제와 관련한 사회적 규제의 강화는 경제적 규제완화의 전제조건이 된다. 이를 역으로 말한다면 경제적 규제완화의 최대 장애가 그것에 부수되고 있는 사회정책적 목적의 달성

---

16) 제24장에서 검토되고 있는 바와 같이 1980년대에 우리나라에서 이루어진 정부규제 완화는 이러한 모순을 수없이 되풀이 하였다.

을 저해할 가능성이라고 한다면, 경제적 규제에 내포되어 있는 사회적 규제를 강화할 때 비로소 경제적 규제완화에 대한 저항을 쉽게 극복할 수 있다는 것이다. 요컨대 경제적 규제와 사회적 규제를 규율하는 각각의 정치적 상황이 엄연히 다르다고 한다면 경제적 규제와 사회적 규제는 각각에 적합한 정치적 상황 속에서 검토될 수 있도록 하는 것이 합리적이다.

4.3 이익집단 정치상황

협의의 이익집단정치(interest group politics) 상황 속에서 이루어지는 정부규제의 완화 사례는 별로 많지 않다. 그러나 이 경우에 있어서 우리가 주목해야 할 사항은 정부규제의 완화로부터 비용과 이익을 기대하는 쌍방이 소수의 동질적인 집단에 국한되어 있기 때문에 여기에 제3자적 입장에 있는 사회집단, 특히 일반소비자의 이익이 반영되지 않을 가능성이 높다고 하는 점이다. 즉 이익집단 정치상황에서 시작되는 정부규제가 소비자의 이익을 배제한 채 운용될 가능성이 높듯이, 이런 규제의 완화가 여전히 소비자 이익과는 거리가 멀게 이루어질 가능성이 높다.

예를 들면 대기업과 중소기업의 관계에 대한 규제(예를 들면 중소기업 고유업종 지정제도, 대기업 여신규제 등), 도매업자와 소매업자 또는 대형 백화점 및 연쇄점과 개인 상점 사이의 관계를 규율하는 규제(예를 들면 재판매가격유지에 대한 규제), 서로 대체적이거나 경쟁적 관계에 있는 산업의 규제(예를 들면 철도와 트럭, 철도와 고속버스의 요금규제, 그리고 醫藥分業에 있어서의 병원과 약방 또는 의사와 약사 등) 등을 들 수 있다. 이런 정부규제의 예들은 그것이 경쟁적 관계에 있어 대립하는 강력한 두 이익집단 사이의 타협과 협상에 따라 좌우되기 때문에 소비자 또는 일반국민의 이익이 거의 무시된 채 정책결정이 이루어지는 경우가 많듯이, 그것에 대한 규제완화도 소비자나 일반국민의 이해관계를 무시한 채 이루어지기 쉽다.

규제정책 과정에 있어서 일반국민 또는 소비자의 이익과 입장이 대표되지 못하거나 과소대표(under-represented)되고 있다는 사실은 의외로 잘 이해되지 않고 있다. 특히 규제완화의 과정에서 소비자의 이익이 무시되거나 경시되는 경향이 강하게 나타나게 되는 것은 다음과 같은 이유때문이다. 첫째, 소비자이익을 대변하는 소비자단체 등이 잘 조직되어 있지 못하다. 둘째, 비록 소비자단체가 존재한다고 하더라도 이들은 대체로 정부규제의 완화보다는 정부규제를 선호한다. 소비자단체도 하나의 단체인 이상 스스로의 생존(survival)과 영향력 증대를 꾀하지 않을 수 없고, 바로 이런 관점에서 볼 때 소비자단체의 영향력은 규제완화 속에서가 아니라 규제가 계속되고 있는 속에서 더 잘 발휘될 수 있다. 이것은 규제가 있을 때 규제기관이 이들 공익단체의 의견에 귀를 기울이고 관련산업에 대해 영향력(leverage)을 가질 수 있게 되기 때문이다. 따라서 일단 그러한 규제장치가 완화되게 되면 그만큼 공익단체가 행사할 수 있는 영향력도 감소하게 된다. 셋째, 소비자단체와 같은 공익단체들은 극히 이질적인 구성원을 갖고 있기 때문에 어떤 정책이슈에 대해는 효과적인 이익대변이 가능하지만 다른 정책이슈에 대해는 별다른 역할을 하지 못하는 경우가 많다.[17)]

또한 스스로 공익을 대변하고 있다고 생각하는 규제행정 관료들이 규제정책 과정에서 일반 소비자의 입장을 무심코 간과하게 되는 경우도 많다. 이것은 의도적인 것이라기 보다는 규제행정 관료들이 무심결에 일반소비자의 이익이 스스로에 의해 대변되고 있다고 생각하는 데서 기인한다. 예를 들면 이들은 규제완화에 관한 찬반 양론을 객관적으로 공정하게 듣고 판단하는 가운데 일반 소비자의 이익은 저절로 확보될 수 있는 것으로 생각하기 쉽다. 그러나 이 때에도 일반소비자의 이익이 무시되거나 간과될 수 있다는 것이다. 이미 앞에서도 누차 지적한 바와 같이 규제에 이해관계를 갖고 있는 이익집단은 어떤 경우에나 '公益'을 빙자하여 私益의

17) Roger G. No11 and Bruce M. Owen, *The Political Economy of Deregulation: Interest Groups in the Regulatory Process* (Washington, D.C.: American Enterprise Institute, 1983), pp. 44~45.

증진을 피하려 한다. 따라서 이 과정에서 일반 소비자의 이익이 자주 언급될 수 있고 규제행정 관료는 이들의 주장에 현혹되어 이들이 마치 일반 소비자의 이익을 위해 행동하는 것으로 착각할 수가 있다.

이런 관점에서, 특히 경제적 규제의 완화를 강력하게 추진하고자 하는 입장에서는, 어떻게 해서든지 일반 소비자들이 규제완화 논의에 적극적인 참여자가 될 수 있도록 유도하는 것이 대단히 중요한 전략이 될 수 있다. 이를 위해서는 무엇보다도 현재의 정부규제의 모순과 불합리성에 대한 객관적인 자료의 제시와 더불어, 공청회 등을 통해 이에 관련한 이슈를 공개적으로 확산시킨다든지 여론을 고취시킴과 동시에, 규제완화에 따르게 될 상황의 변화에 대한 청사진이나 예측자료를 제시함으로써, 소비자들에게 끊임없이 규제완화가 바람직한 정책방향임을 확신시키는 것이 필요하다. 일반 소비자들이 규제정책과정에의 적극적인 참여자가 된다는 것은 기대하기 힘들지만 적어도 이들이 깊은 관심을 갖고 정책의 전개상황을 주시하고 있다는 사실은 규제완화의 성공적 추진가능성을 높이는 절대적인 요건이 된다.

4.4 대중적 정치상황

대중적 정치(majoritarian politics) 상황은 이익집단의 정치상황과는 정반대로 해당 정부규제의 완화로 인한 비용과 편익이 쌍방 모두 이질적인 불특정 다수에 미치나 개개인(개개 기업)으로 보면 그 크기는 작은 경우이다. 여기에 속하는 정부규제의 예는 비교적 적다. 예를 들어 본다면 독과점 및 불공정거래에 대한 규제, 신문·방송·출판물의 윤리규제, 사회적 차별에 대한 규제, 落胎에 대한 규제, 종교활동에 대한 규제 등이 있다. 이런 규제를 둘러싼 대중적 정치상황에서는 어느 누구도 그러한 규제나 규제완화로부터 항상 특별히 큰 이익이나 특별히 큰 손해를 보는 것이 아니다. 따라서 그러한 규제나 그 규제의 완화를 강력하게 요구하거나 반대하는 집단이 존재하지 않는다. 또한 이런 정책문제들에는 많은 철학적·윤리적 판단의 문제가 개재된다. 개인의 자유 또는 자유기업주의에 입각한 기업활동의 자유와 이런 자유의 제약을 통한 사회적 가치의 실현이라는 복잡한 문제도 등장한다.

그 결과 이런 유형의 정부규제의 완화문제가 현실적으로 정치적 議題(political agenda)로 등장할 수 있게 되는 것은 시대의 변천에 따라 새로운 사상이나 신념(new ideas and beliefs)이 대두하고, 국민 일반의 감정(popular sentiment)이 뒷받침되며, 이것을 정치적 이슈로 삼아 주도적 역할을 담당하려고 하는 영향력 있는 企業家的 政治人들이 있을 때 가능해지게 된다. 예를 들면 최근 우리나라에서 논란이 되었듯이 姦通을 사회적 죄악으로 인식해 왔으나 이것이 개인의 자유를 억압한다고 보는 思潮가 강해지면서 이에 대한 법적 제재의 완화가 거론되고 있는 것과 같다. 그러나 이 사례에서도 경험한 바와 같이 간통을 사회적 죄악으로 보는 윤리관이 워낙 강할 때 이를 완화하기는 어렵다. 이렇게 볼 때 규제완화에 있어서 대중적 정치상황이 전개되는 경우란 그리 많지 않다.

5. 규제완화와 규제기관 행태

규제완화는 그것이 어떤 형태로 이루어지든지 규제기관 組織의 縮小(organizational reduction), 규제권한의 상실 또는 약화, 조직축소로 인한 昇進 기회의 감소, 규제권한 행사와 관련된 보상 및 유인의 상실 또는 감소를 초래한다.[18] 또한 규제관료의 입장에서도 그동안 규제업무와 관련하여 습득한 전문적 지식이나 경험이 埋沒되는 결과가 초래될 뿐만 아니라 기술적으로 생소한 새로운 업무에 적응하여야 할 새로운 부담을 안게 된다. 따라서 규제기관과 관료는 규제완화에 대해 저항한다.

특히 규제실패 현상이 노골적으로 드러나고 있음에도 불구하고 규제

18) Barry M. Mitnick, *The Political Economy of Regulation* (New York: Columbia University Press, 1980), chapter 9 참고.

기관이 관료적 타성(bureaucratic inertia)에 젖어 있거나 규제기관과 피규제산업이 상호 共生的인 관계를 형성하고 있을 때, 규제완화는 규제기관과 관료들의 강력한 저항에 봉착하기 쉽다. 또한 이들의 저항은 정권의 변동, 정치민주화 등 정치적 환경이 급격하게 변화하는 경우가 아니고서는 좀체로 약화되지 않는다. 그러나 政權變動 등으로 인해 국가의 사회적 통제력이 강화되거나, 이익집단 간의 정치적 영향력 관계가 변화하면서 기존의 규제정책 과정에서 소외되어 왔던 경제사회적 집단(예를 들면 소비자, 노동자 등)의 참여가 보다 활발해지게 될 때, 관료적 저항은 어느 정도 극복될 수 있다.[19] 실제로 국내외를 막론하고 정권의 변동, 또는 정치사회적 상황의 변화와 더불어 정부규제의 개혁이 행정개혁 차원에서 폭넓게 다루어지고 있다는 역사적 경험은 바로 이를 실증한다.

이런 현상은 정치체제의 성격의 차이에 관계없이 공통적으로 발견된다. 우선 민주적 정치체제에서 선거운동(political campaign) 과정을 통해 소외집단 및 경제적 약자의 정치적 목소리(political clout)가 비중을 가질 수 있게 됨은 물론이다. 그러나 권위주의적 정치체제에 있어서도 선거방법의 경유 여부에 관계없이 집권세력들이 과거의 정책실패나 遺産(policy failure and legacies)의 청산을 통해 새로운 정치적 지지기반을 구축하려는 정치적 전략(macropolitical strategy)에 의존하는 것이 보통이고 따라서 소외집단의 정치적 영향력은 강화될 수 있다.

규제완화에 대해 규제기관이 우선적으로 취하는 입장은 규제완화로 인한 조직축소를 가급적 회피하려는 것으로 나타난다. 예를 들면 규제가 아무런 정책효과를 거두지 못하고 있음이 지적되어 규제완화 요구가 대두되는 경우에, 규제기관은 문제가 되고 있는 규제분야에 소액이나마 예산을 새롭게 책정한다거나 인사교체를 실시하는 등의 상징적인 반응

19) 이러한 상황은 국가중심이론(state-centric theories)에서 사용하고 있는 국가자율성(state autonomy)과 국가능력(state capacities)의 개념으로 잘 설명될 수 있다. Dietrich Ruschemeyer and Peter B. Evans, "The State and Economic Transformation: Toward an Analysis of the Conditions Underlying Effective Intervention," in Peter B. Evans, Dietrich Ruschemeyer, and Theda Skocpol (eds.), *Bringing the State Back In* (Cambridge: Cambridge University Press, 1985), pp. 60~70 참고.

(symbolic response)을 보여줌으로써 규제기관에 대한 비판을 무마하려고 노력한다.

그러나 이런 정도의 추가적인 노력으로 규제완화 요구를 흡수할 수 없는 경우에 규제기관은 다소 적극적인 자세로 전환하되 규제완화가 최소한으로 제한될 수 있도록 先占的인 행동(preemptive move)을 취하게 된다. 예를 들면 認許可에 의한 규제가 지나치게 시장경쟁을 제약하므로 이를 폐지해야 한다는 주장에 대응하기 위해 인허가 제도를 登錄制 또는 申告制로 전환하는 등의 조치를 취한다. 이 보다도 더 강력한 규제완화의 요구가 있게 될 경우에 규제기관은 좀더 적극적인 입장을 취하여 상당한 정도의 실질적인 규제완화를 꾀하되, 어디까지나 자신의 계획과 집행책임 하에서 규제완화가 이루어지도록 하는 선까지 후퇴하게 될 것이다. 이 때 규제기관은 규제완화의 효과를 최소화하려고 한다.

한 걸음 더 나아가 규제완화의 요구가 보다 강력하여 규제기관의 존폐와 연결되게 될 경우 새로운 조직이나 기관으로 전환하는 전략을 택할 수도 있다. 예를 들면 규제를 전담하는 조직이 기능적으로 유사한 다른 조직에 흡수통합되는 것과 같다. 경우에 따라서 규제기관은 전혀 새로운 정책목적을 내걸어 기관의 존립을 유지하려고 할 수도 있다. 다시 말하면 조직목적의 承繼(goal succession)를 통해 규제기관을 유지하려고 한다.

규제기관이 규제완화의 요구에 직면하게 될 때 조직의 인적구성도 상당한 영향을 받게 된다.[20] 이것을 제 6 장에서 고찰한 Downs의 관료유형에 입각하여 설명한다면 규제기관이 활력을 잃고 조직축소의 위협 속에 처하게 되면 등반형(climbers)의 관료는 승진기회의 감소에 따라 이 기관을 떠나려 할 것이다. 반면에 보존형(conservers) 또는 창도형(advocates)의 관료는 규제완화에 맹렬하게 저항할 것이고, 충성형(loyalists)의 관료는 상급자의 진로를 추종하게 될 것이다. 따라서 규제완화의 추진은 규제기관이 소극적인 관료들에 의해 압도되는 결과를 초래한다. 더

---

20) 이것은 미국 사회에서와 같이 직업의 이동성(mobility)이 높은 사회에서의 얘기이다. 우리나라에서는 이러한 현상은 찾아보기 어렵다고 해야 할 것이다.

욱 심각한 문제는 규제기관 관료의 질적인 저하는 下向旋回(downward spiral)적인 경향을 갖게 된다는 점에 있다. 다시 말하면 유능하고 진취적인 관료들이 규제기관으로 부터 이탈할 뿐만 아니라, 새로운 유능한 인적 자원이 규제완화로 인해 조직축소의 길을 걷고 있는 규제기관을 외면하게 됨으로써, 우수한 인적 자원은 시간이 갈수록 고갈되지 않을 수 없고 이 때 規制失敗(regulatory failure)는 보다 심화된다.

규제완화 과정에서 특징적으로 나타나는 현상가운데 하나가 官僚的 政治(bureaucratic politics)이다. 정부 차원에서 규제완화를 추진할 때 이것을 주도하는 기관과 해당 부처 사이에 정책주도권 확보를 둘러싼 경쟁이 벌어진다.[21] 이것은 규제완화가 이루어지는 정부기관의 자율성(autonomy)이 감소되고 따라서 이들간의 상대적 위상이 변화하게 되기 때문이다. 1980년대에 이루어진 우리나라에서의 경제자유화는 이것의 좋은 예라고 할 수 있을 것이다.[22] 1980년대초 이래 경제기획원이 주도해 온 경제적 규제완화와 공기업 민영화 등을 포함하는 넓은 의미에서의 경제자유화는 물론 시장에 대한 정부개입을 전반적으로 축소하려 한 것이었지만, 이것은 다른 한편으로 경제기획원이 다른 경제부처의 행정권한을 약화시키는 한편 자신의 영향력을 강화하는 역할을 하였다.[23]

6. 결 론

1980년대에 들어 와 정부규제의 완화는 전세계적인 현상이 되었다. 그 결과 정부규제의 완화는 당연한 것으로 여겨지는 경향이 강하다. 본 장에서는 먼저 정부규제의 완화를 필요로 하는 경제사회, 산업, 기술환경의 변화를 고찰하였다. 이런 요인들은 일견 규제완화가 경제사회의 바람

21) Mitnick, *op. cit.*, p. 433.

22) 1980년대초 경제자유화 과정에서 경제기획원과 상공부, 재무부가 보여준 대응전략과 행태에 대하여는 安文錫, 「우리나라에서의 정부규제 강화요인에 관한 연구」, 전국경제인연합회, 1987. 12, pp. 76~85 참고.

23) Byung-Sun Choi, *op. cit.*, chapter 4.

직한 발전 방향이고 피할 수 없는 추세라고 하는 점을 이해할 수 있게 해 준다. 그러나 여기에는 두 가지 주의해야 할 점이 있다.

그 하나는 우리가 정부규제의 완화라고 할 때 거기에 어떤 유형 또는 성격의 정부규제를 포함시키느냐 하는 문제이다. 달리 말한다면 정부규제의 완화가 경제적 규제(economic regulation)의 완화만을 의미하는 것이냐, 아니면 사회적 규제(social regulation)의 완화까지를 포함하느냐 하는 문제이다. 선진국에 있어서 정부규제의 완화를 추진하는 과정에서 이 구분의 중요성은 그리 높지 않다. 왜냐하면 선진국에서는 이미 사회적 규제가 충분한 상태에 도달해 있고 그것이 대폭적으로 삭감될 가능성은 희박하기 때문이다. 그러나 정치, 경제, 사회발전이 지체된 개발도상국의 경우에 있어서는 이 구분이 대단히 중요하다. 왜냐하면 개발도상국에 있어서는 이제 비로소 사회적 규제의 중요성이 부각되고 있는 것에 불과하기 때문이다. 정치사회의 발전에 따라 자연히 확대·강화될 수 밖에 없는 사회적 규제의 성격상 개발도상국은 앞으로 상당기간 동안 사회적 규제를 강화하지 않으면 안될 입장에 처해 있기 때문이다.

다른 하나의 문제는 정부규제의 완화를 경제학적인 관점에서만 접근하려는 사고방식이다. 우리가 제 3 절과 4 절에서 검토한 바와 같이 정부규제의 완화는 정부규제와 마찬가지로 소득재분배적 효과를 발휘하는 것이기 때문에 여기에는 반드시 이익집단 정치 상황이 전개된다. 다시 말하면 정부규제의 완화를 통해 이득을 얻게 되는 집단이 있는가 하면 정부규제의 완화로 인해 손실을 입는 집단이 있다. 따라서 정부규제의 완화를 요구하는 집단이 어떤 집단이고 정부규제의 완화에 저항하는 집단이 어떤 집단인가에 대한 정치경제학적 분석과 고려가 요구된다. 이런 정치경제학적 고려는 대단히 중요하다. 왜냐하면 경제의 효율성을 요구하는 자는 경제적 강자인 반면에, 경제의 민주성을 요구하는 자는 경제적 약자인 경우가 일반적이기 때문이다. 경제의 자율성 또는 효율성(efficiency)과 경제의 민주성 또는 공평성(equity)을 조화시키는 문제는 간단하지 않다. 그러나 이 문제 사이의 갈등과 상충을 고려함이 없이 정부규제의 완화를 무작정 추진하려고 하는 것은 대단히 위험한 발상이라고 하지 않을 수 없다. 왜냐하면 정부규제의 완화가 경제의 논리에 주로 따르게 될 때 그것의 정치적 정통성이 도전을 받게 되기 쉽기 때문이다.

제 24 장에서 보다 구체적으로 검토하게 될 것이지만 우리나라에서 이 두 가지의 문제는 상당히 심각하게 제기되어야 할 문제이다. 왜냐하면 우리나라에서 정부규제의 완화를 추진함에 있어서 경제적 규제와 사회적 규제의 구분은 물론 경제적 규제를 완화함에 있어서 보완되어야 할 사회적 규제에 대한 고려가 심히 부족하기 때문이다. 이것은 한편으로 정부규제의 완화에 대한 이해가 지극히 부족한 때문이라고 생각되나, 다른 한편으로는 경제적 규제의 완화를 요구하는 기업집단들이 사회적 규제의 강화 필요성을 호도하고 있기 때문이기도 하다. 두번째의 문제점은 이미 지적한 바와 같이 우리나라에서 정부규제의 완화를 가장 강력하게 요구하고 있는 집단은 대기업이라는 사실이다. 물론 중소기업이나 그밖의 경제사회집단의 경우에도 불필요하고 불합리한 정부규제의 철폐를 요구하고 있기는 하지만 이들의 요구는 주로 관료적 타성에 의한 불필요한 행정절차의 폐지에 초점이 모아져 있다.

그러나 우리가 바로 인식하지 않으면 안될 것은 정부규제가 한 사회의 경제사회질서를 형성하고 변화시키듯이 정부규제의 완화도 한 사회의 경제사회질서에 중대한 변화를 초래한다는 사실이다. 요컨대 정부규제의 완화는 누구한테나 유익한 것은 아니라는 말이다. 그렇다면 정부규제의 완화에 있어서도 우리는 우리가 향해 가고 있는 경제사회의 미래상에 대한 명확한 비젼을 가져야 한다. 정부규제의 완화는 경제성장을 촉진하는 측면을 강하게 가진다. 그러나 한 사회가 지향하는 가치가 경제성장만은 아니라고 하는 당연한 命題를 받아들인다면 다른 또 하나의 가치, 즉 經濟正義와 공평성의 실현에 정부규제 완화가 어떤 영향을 미치게 될 것인지에 대한 심사숙고가 필요하다. 이 점에 대해서는 제 24 장에서 다시 깊이있게 논의하게 될 것이다.

제 20 장

경제적 규제의 완화

1. 서 론

제 19 장에서 검토한 바와 같이 경제적 규제는 경제사회, 산업, 기술환경의 변화에 따라 그것의 불합리성이 높아지고 있다. 변화하는 환경속에서 경제적 규제의 불합리성이 높게 나타나고 있는 이유는 경제적 규제의 세부유형이나 성격에 따라 다소 차이가 있다. 그러나 경제적 규제의 완화가 근본적으로 政府失敗에 대한 반성과 市場機能에 대한 보다 적극적인 인식에 기초하고 있음은 변함이 없다. 그러나 아무리 불합리한 경제적 규제라 할지라도 나름대로 일정한 정책목적을 지니고 생겨났고 그러한 정책목적의 실현에 어느 정도 기여하고 있기 때문에 경제적 규제를 완화하는 일이 그렇게 쉽지가 않다. 또한 경제적 규제로 인해 확보된 기득이익의 상실을 두려워 하는 집단은 경제적 규제완화에 극력 저항한다.

본장은 경제적 규제의 완화를 추진하는 과정에서 규제완화에 반대하고 저항하는 집단이 흔히 원용하는 주장과 논리들의 타당성을 검토하는데 목적이 있다. 이들이 규제완화에 반대할 때 내놓는 주장과 논리는 어느 경우에나 기득의 私益(private interest)을 보존하고 유지하기 위한 것이지만 실제에 있어서는 예외없이 公益(public interest)의 탈을 쓰고 나타난다. 이 때 경제적 규제완화는 교착상태에 빠지기 쉽다. 특히 규제완화에 반대하는 측과 규제완화를 주장하는 측의 주장이 모두 객관적인 자료나 분석에 입각하고 있지 못할 때 이 가능성은 더욱 높아진다. 따라서 경제적 규제의 완화를 추진하기 위해서는 각각의 주장의 타당성을 정치경제학적인 관점에서 이론적으로 평가하여 볼 필요가 있다.

본장에서는 경제적 규제의 완화를 추진하는 과정에서 흔히 제기되는 규제완화의 反對論理들을 하나하나 분석하게 될 것이다. 우선 제2절에서는 경제적 규제의 속성이 시장경쟁의 제한에 있는 만큼 경제적 규제를 완화하게 되면 過當競爭이 야기되어 公益이 손상된다는 주장을 고찰한다. 제3절에서는 제2절에 이어서 경제적 규제의 완화로 과당경쟁이 야기되면 여기에 추가하여 제품과 서비스의 질이 저하됨으로써 오히려 소비자의 이익이 침해된다는 주장을 검토한다. 제4절에서는 경제적 규제가 그 밖의 사회적 규제목적의 달성을 저해한다는 주장에 대해 평가해 본다. 제5절에서는 경제적 규제가 交叉補助(cross-subsidization) 기능을 수행하고 있을 때 제기되는 규제완화 반대논리의 타당성을 규명한다. 또한 이와 비슷한 소득재분배적 효과를 갖고 있는 경제적 규제완화의 경우를 아울러 검토한다. 제6절에서는 경제적 규제의 완화 이후 시장경쟁 질서가 자리잡기까지의 過渡期에 생겨날지도 모를 문제들에 대해 고려한다. 끝으로 제7절에서는 이상의 논의를 통하여 생각해 볼 수 있는 경제적 규제완화의 전략을 정리하여 제시한다.

2. 규제완화와 과당경쟁

경제적 규제완화의 반대이유로서 피규제산업이 가장 흔히 내세우는 규제완화 不可의 논리가 바로 過當競爭이다. 이에 따르면 현행의 규제가 철폐될 경우 파괴적인 경쟁이 야기되어 많은 경쟁기업이 몰락하고 그 결과 지배적인 입장에 있는 소수의 기업만이 독과점적 지위를 확보하여 가격을 인상하거나 불규칙한 가격변동을 초래할 위험성이 높다는 것이다.

2.1 과당경쟁과 경제적 규제의 필요성

제8장에서 검토한 바와 같이 많은 경제적 규제는 과당경쟁의 폐해로부터 특정산업을 보호한다는 취지에서 등장하였다. 1930년대의 大恐慌期에 미국에서 항공산업, 트럭산업, 농업 부문에 많은 경제적 규제가 도입될 수 있었던 배경으로서 중요한 것은 당시에 이들 산업이 과당경쟁에 처해 있다는 인식이었다. 우리나라에서도 경제 침체기에 비롯된 규제들, 예를 들면 건설업 부문에 있어서의 진입규제, 1970년대말 섬유산업에 있어서의 시설등록제도 등은 과당경쟁으로부터 해당산업을 보호하기 위한 목적에서 이루어진 규제들이다. 경제의 침체기 및 산업의 구조적 불황기에 정치적 영향력이 큰 산업부문이 경쟁의 가열에 따른 손실을 막기 위해 과당경쟁을 제한한다는 명목으로 경제적 규제의 실시를 요구하는 것은 대단히 흔히 발견되는 현상이다.

일반적으로 과당경쟁으로 인해 심각한 타격을 받게 되는 산업은 (1) 총비용 가운데 고정비용(fixed costs)의 비중이 상대적으로 높은 산업인 동시에, (2) 경기의 변화에 따라 과잉시설(excess capacity) 문제를 주기적으로 안게 되는 산업들이다. 이런 산업은 낮은 공급탄력성(inelastic supply)을 특색으로 한다. 이런 산업에서 과잉시설의 문제가 나타나게 되는 주된 이유는 한 때 수요가 급증한 결과 시설투자가 확대되었으나 그것의 회임기간(gestation period)이 상당히 길어서, 시설이 완공되어 가동에 들어갈 때에는 이미 수요가 감퇴하기 때문이다. 예를 들면 戰爭需要의 충족을 위해 시설투자가 이루어졌으나 전쟁의 종식으로 인해 공급이 과잉되는 것과 같은 경우이다. 이밖에도 기술의 진보, 代替財(substitutes)의 등장, 낙후된 지역에서의 해당 산업의 육성 등으로 인해 특정산업에서 과잉시설의 문제가 야기되기도 한다.[1)]

---

1) Alfred E. Kahn, *The Economics of Regulation: Principles and Institutions*, Vol. 2 (New York: John Wiley & Sons, Inc., 1971), p. 174.

그러나 과당경쟁의 문제가 반드시 이와 같이 고정투자의 규모가 크고 따라서 규모의 경제효과(economies of scale)를 크게 가지는 산업에 있어서만 발생되는 것은 아니다. 오히려 과당경쟁은 어떤 산업이 전체시장 규모에 비하여 아주 작은 小企業들로 형성되어 있을 경우에 보다 많이 발생한다. 물론 이와 같이 무수하게 많은 소기업으로 형성된 산업에서 과당경쟁이 문제가 된다는 것은 경제이론적으로 납득하기 어렵다. 왜냐하면 우리가 제3장에서 고찰한 바와 같이 완전경쟁시장 이론은 이런 기업의 존재를 필요로 하고 있기 때문이다. 다시 말하면 이런 산업에 있어서 치열한 경쟁을 과연 과당경쟁으로 파악해야 할지, 아니면 자연스러운 시장경쟁 현상이라고 보아야 할 것인지에 대해 의문이 남는다.

물론 고정투자가 적은 산업에 있어서도 과당경쟁이 일어나 기업이 倒産하는 사태가 발생할 수 있고 따라서 소수의 기업이 독과점적인 시장을 지배하는 현상이 나타날 수 있다고 주장할 수는 있다. 그러나 이런 주장은 설득력이 약하다. 왜냐하면 이런 산업에서 실제로 과당경쟁의 결과 많은 기업이 도태되고 결과적으로 소수의 기업이 남아 독과점적 이윤을 획득하고 있다고 한다면 다른 기업이 이 시장에 진입하여 경쟁이 다시 강화될 수 있기 때문이다. 다시 말하면 위의 규모경제효과가 큰 산업에서와는 달리 커다란 투자를 필요로 하지 않는 산업에서는 초과이윤(excess profit)이 존재하는 한 시장진입이 언제라도 신속하게 이루어질 수 있기 때문에 실제로 과당경쟁이 독과점 상태를 초래할 가능성은 낮다는 것이다. 물론 이런 산업에서 경쟁이 가열되면 단기적으로 해당 산업내 기업들의 장기적 이윤이 감소하게 될 것이다.

바로 이런 이유로 인해 과당경쟁에 대한 정의는 나라마다 서로 다르다. 미국과 같은 나라에서는 과당경쟁이라는 말 자체가 없을 정도로 작은 기업간의 치열한 시장경쟁을 당연한 현상으로 이해한다. 그러나 일본, 우리나라 등에서는 과당경쟁을 대단히 폭넓게 인정해 주고 있다. 이와 같이 우리나라나 일본이 과당경쟁을 폭넓게 인정해 주는 경향을 갖고 있는 것은 시장경쟁에 대한 이해가 다르기 때문이다. 시장경쟁이 궁극적으로 기여하는 것은 소비자의 이익이지 기업의 이익이 아니다. 그럼에도 일본이나 우리나라에서는 산업정책적 측면에서 기업의 안정적 성장을 대단히 중시하는 반면 소비자의 이익을 부차적인 것으로 밖에 취급하지 않는 경향이 있다.

2.2 산업의 독과점화 가능성

경제적 규제가 이루어져 시장경쟁이 제한되어 있는 산업에서 어느 날 그 산업에 대한 경제적 규제를 완화하게 되면 과당경쟁이 야기되고, 시장경쟁이 파괴적 경쟁(destructive competition)으로 치달아 그 산업이 獨寡占化하고, 궁극적으로 소비자에게 피해를 안겨주게 될 위험성이 높기 때문에 경제적 규제완화는 바람직하지 못하다는 주장을 흔히 들을 수 있다. 또한 경제적 규제가 완화되더라도 시장경쟁을 “적절한” 수준으로 제한할 필요가 있다고 주장하기도 한다. 그러나 이런 주장의 이론적 타당성은 극히 약하다. 아래에서 이런 주장의 타당성 여부를 검토해 보기로 한다.

우선 경제적 규제가 완화될 경우 피규제산업의 일부분이 시장경쟁의 격화로 인해 파산을 면치 못하게 될 것이라는 주장은 상당한 현실성을 갖고 있다. 왜냐하면 정부규제로 인해 경쟁이 제한되면 일정 수준 이상의 수익성이 항상 보장되기 때문에 피규제산업 내에는 시장경쟁 상태에서는 존립할 수 없는 극히 비효율적인 기업도 온존할 수 있게 된다. 따라서 이런 산업에 규제완화가 이루어지게 될 때 비효율적인 기업들이 도산위기를 맞이할 것은 당연하다. 역설적으로 말해, 비효율적인 기업을 온존시키려고 한다면 구태여 규제완화를 통해 시장경쟁을 촉진해야 할 이유가 없다.

경제적 규제의 완화로 인해 비효율적인 기업이 도태된다면 이것은 당연하고 사회적으로도 바람직하다. 경제적 규제를 완화하려 할 때 비효율적인 기업들이 가장 강력하게 반발하는 것은 바로 이 때문이다. 이들은 자신들이 경제적 규제완화에 반대하는 이유가 분명히 私益的 동기에서 비롯되는 것임에도 불구하고 항상 公益을 앞세운다. 이들이 가장 흔히 내세우는 것이 바로 독과점화의 우려이다.

규제기관 역시 자기가 관장하는 산업에 대한 경제적 규제완화에 대해 거부적 자세를 취하고 과당경쟁을 내세워 반발하거나 저항하는 일이 흔하다. 규제기관은 산하의 기업들에 대한 규제가 완화되고 그 결과 시장경쟁이 심화될 때 그것의 파급효과가 어떻게 나타날지에 대해 막연한 우려를 표시한다. 이것은 규제기관이 신규로 참여하게 될 새로운 기업들에 대해 신뢰를 갖고 있지 못하기 때문이다. 다시 말하면 기존의 기업들 중 일부가 도산하고 새로운 기업들이 그 산업에 들어 오게 될 때 오랫동안 유지해 온 규제기관과 피규제산업 사이의 관계가 어떻게 변화하게 될지에 대해 불안감을 갖는다. 예를 들면 기존의 일부 기업들이 도산하게 되더라도 다른 기업이 이 자리를 대체하면 관계 없겠으나 그렇지 못할 때 독과점화가 우려되고, 이들에 의한 독과점적 행태로 말미암아 사회적으로 바람직하지 못한 사태(예를 들면 가격 인상, 공급감소 등)가 야기될 때 그 책임은 여전히 규제기관에 귀속될 것인 바, 이 때 규제완화로 인해 규제권한을 상실한 규제기관은 사태를 어떻게 수습해야 할지를 염려하게 된다. 또 다른 측면에서 규제기관은 규제완화에 반대할 수도 있다. 즉 보다 장기적인 관점에서 경제상황이 호전되거나 수요가 증가할 때 독과점화된 산업이 수요증가에 적절하게 대처하지 못할 수 있다는 것을 염려할 수도 있다.

위의 어떤 경우이든 규제기관이 자신의 관할하에 있는 산업에 대한 규제완화에 소극적인 것은 규제완화 이후에 전개될 새로운 시장상황에 대한 전망이 불완전하기 때문이다. 다시 말하면 과연 해당산업에의 신규진입(new entry)이 활발하게 이루어지고 보다 경쟁력있는 기업들이 시장에 진입하여 자기들이 관장하고 있는 제품이나 서비스를 보다 잘 공급해 줄 수 있을지 여부에 대해 자신을 갖지 못한다. 사실 규제기관이 이것을 사전에 파악하기란 대단히 어려운 일이다. 따라서 규제완화에 반대하는 기업은 자기 산업의 어려운 사정과 규제기관을 궁지에 몰아넣게 될 불확실한 사태의 발생가능성을 과장하는 경향이 있고 이 때 규제기관은 이런 기업의 주장에 捕獲(capture)될 가능성이 높다. 따라서 이런 산업에 있어서 규제기관이 보다 적극적으로 규제완화에 나설 수 있게 하기 위해서는 피규제산업의 비효율성에 대한 보다 면밀한 분석자료와 함께, 신규진입을 희망하는 잠재적 기업들이 얼마나 값싸고 질좋은 제품과 서비스를 공급할 수 있는 능력을 갖고 있는지에 대한 충분한 검토자료와 정보를 제공하는 것이 필요하다.

2.3 소비자보호 측면

다음으로 과당경쟁을 이유로 경제적 규제완화에 반대하는 입장에서 제시하는 두번째 논거는 규제완화가 이루어지면 과당경쟁의 결과 소수의 독점적 사업자가 산업을 지배하게 되고 이 때 소비자 이익은 침해될 수 밖에 없다고 하는 것이다. 그러나 이런 주장은 그릇되었을 뿐만 아니라 지극히 비논리적이다.[2)]

왜냐하면 규제완화는 소비자들에게 부담을 주는 비효율적 기업을 도태시키는 데 근본목적이 있기 때문이다. 규제완화로 인해 비효율적 기업이 도태되는 효과가 발생한다면 이 때 소비자의 이익은 더 잘 보장될 수 있을지언정 그것이 침해될 가능성은 거의 없다. 정부규제야말로 효율적이고 경쟁적인 기업의 피규제산업에 대한 진입을 제한하는 것이기 때문에 소비자 이익을 저해하고 있다.[3)]

이런 주장의 이면에는 규제완화가 이루어질 경우 해당산업내의 기업수가 감소하게 되어 독과점적 구조가 형성될 것이라고 보는 관점이 있지만, 이미 지적한 바와 같이 이것은 옳지 못한 주장이다. 왜냐하면 경쟁상

---

2) Roger G. Noll and Bruce M. Owen, *The Political Economy of Deregulation: Interest Groups in the Regulatory Process* (Washington, D.C.: American Enterprise Institute, 1983), pp. 53~55.

3) Paul W. MacAvoy, *The Regulated Industries and the Economy* (New York: W. W. Norton & Co., 1979), pp. 31~80.

태하에서 보다는 규제상태하에서 기업의 수효가 오히려 더 적은 것이 보통이기 때문이다. 물론 규제완화에 따라 당장에는 비효율적인 기업이 도산하는 사태가 나타날 수도 있지만 잔존기업들이 초과이윤을 획득하고 있다면 머지않아 새로운 경쟁적 기업들이 이 산업부문에 진입하게 될 것이다.

여기에서 강조되어야 할 사항은 경쟁에 대한 올바른 定義 문제인데 경쟁(competition)이란 결코 한 산업내의 기업의 숫자만에 의해서 측정되거나 판단될 수 있는 성질의 문제가 아니라는 점이다. 다시 말하면 한 산업내에 보다 많은 숫자의 기업이 존재한다고 해서 반드시 이 산업이 보다 경쟁적이고 따라서 공익 또는 소비자 이익이 보다 잘 확보될 수 있다고는 말할 수 없다는 것이다. 왜냐하면 기업의 수효가 증가하였다고 하더라도 이들 사이에 경쟁이 원활하게 이루어질 수 없도록 하는 여건(정부규제는 보통 이런 여건을 조성한다)이 존재한다면 이들 기업들은 여전히 초과이윤을 향유할 수 있기 때문이다. 예를 들면 기업의 수효는 증가하였으나 각각의 판매지역을 제한하는 규제가 있다고 한다면 이 시장에서의 경쟁은 제한적인 경쟁 밖에는 될 수 없고 따라서 초과이윤을 얻을 수 있는 소지가 그대로 남아 있게 된다.

따라서 보다 중요한 경쟁의 판단기준은 한 산업내의 일개 기업 또는 기업집단이 각각의 시장에서 어느 정도나 보호를 받고 있으며 어떤 특권을 누리고 있는가가 되어야 한다. 다시 말하면 진정한 의미에서의 경쟁을 판단하는 기준은 단순히 그 산업에 몇개의 기업이 존재하느냐가 아니라, 기존기업들이 초과이윤을 획득하고 있는지 또는 이런 부문에 과연 새로운 기업이 자유롭게 진입(entry)하여 경쟁을 할 수 있겠는지 여부를 결정하는 구조적인 요인을 감안하는 것이 되어야 할 것이다. 이런 기준에서 본다면 진입을 희망하는 새로운 기업이 있고, 이런 기업들이 그러한 능력을 갖고 있음에도 불구하고 이 산업부문에의 진입이 제한되고 있을 때 이 산업부문은 비경쟁적이라고 할 수 있다.

[사례 20－1] 생명보험시장 개방압력

1986년 시장개방 이전의 우리나라 생명보험시장은 비경쟁적 시장의 좋은 예였다고 할 수 있다. 협소한 국내시장 규모로 보아 과당경쟁의 가능성이 높기 때문에 6개의 보험회사 정도만을 허용하는 것이 바람직하다는 재무부의 주장과는 달리, 소위 "황금알을 낳는 거대 산업"으로 인식될 만큼 이 산업에 참여할 수 있었던 운좋은 기업들은 높은 초과이윤을 얻고 있었다. 우리나라의 생명보험회사들이 이렇게 높은 이윤을 얻을 수 있었던 것은 이들의 서비스 수준이 월등하거나 경쟁력이 높아서가 결코 아니었다. 이들이 초과이윤을 얻고 있었던 것은 순전히 이 산업에 참여한 재벌기업을 보호하기 위해 높게 쳐진 진입장벽(entry barrier) 때문이었다. 이것은 외국의 생명보험회사들의 요구에 따라 외국정부가 한국에 대해 최초로 시장개방을 요구하였던 서비스 산업이 바로 생명보험 시장이었다는 사실에서 단적으로 입증될 수 있는 사실이다. 국내 생명보험회사들이 초과이윤을 얻고 있지 않았다면 이 시장에서 배제되어 있는 국내 재벌기업들이 시장개방에 앞서서 이 시장에의 신규진입 허가 확대를 요구하였을 리도 없고 선진 경영기법을 갖춘 외국의 보험회사들이 이 시장에 군침을 흘리면서 개방압력을 가했을 이유가 없다.

이렇게 볼 때 과당경쟁에 근거한 규제완화의 반대논리는 해당산업이 규모의 경제성(economies of scale)을 갖고 있거나, 고정자본의 투자비율이 높은 산업의 경우에 타당성을 갖고 있다고 할 수 있다. 왜냐하면 이런 산업에서 규제완화가 이루어지게 되면 신규진입을 희망하는 업체가 있다고 할지라도 실제로 시장에 진입하기 까지에는 상당한 시간이 소요되고, 따라서 이 동안에 기존 대기업에 의한 시장지배가 강화되어 신규진입을 실질적으로 제한하게 될 가능성이 그만큼 높기 때문이다. 그러나 이런 우려 역시 현실적 타당성이 그리 강하지 않다. 미국에서의 경험을 보면 1975년 이래 증권회사의 위탁수수료율에 대한 규제를 철폐하였음에도 불구하고 많은 소규모의 증권회사가 도산되지 않고 영업을 계속하고 있으며 대형회사들보다도 더 혁신적인 영업활동을 전개하고 있는 것

으로 분석되고 있다.[4)]

2.4 정치사회적 고려

과당경쟁에 기초한 규제완화 不可論 가운데에는 정치사회적인 관점에서 규제완화가 중소기업이나 영세민과 같이 특정 기업군이나 경제사회집단에 과중한 부담을 지우게 된다는 주장이 있다. 연탄가격에 대한 규제 등이 그것의 좋은 예가 될 것이다. 이런 생활필수품에 대해 가격규제를 완화하거나 철폐하게 되면 영세서민이 타격을 입게 될 것이기 때문에 규제를 완화해서는 안된다는 주장이다. 이런 주장은 언뜻 보기에 상당히 설득력을 갖고 있는 듯 하지만 자세히 보면 많은 맹점을 갖고 있다.

첫째, 영세서민을 위해 이들 품목의 가격을 계속적으로 규제할 때 자원배분의 효율성이 떨어진다. 둘째, 이런 품목에 대한 규제가 영세서민이나 영세기업을 돕기 위한 것이라고 한다면 이것은 너무나도 目標 的確性(target efficiency)이 낮다. 이런 규제의 이익은 물론 영세서민에게도 일부 돌아가는 것이 사실이지만, 그 이상의 소득수준을 가진 사람들에게 보다 많은 혜택을 가져다 준다는 점에서 공평성 측면에서도 바람직하지 않다. 따라서 이와 같은 경우 가격규제를 완화함으로써 자원배분의 효율성을 향상시키되 취약한 경제사회적 집단에 대해서는 직접적인 財政補助를 통하여 지원하는 것이 바람직하다고 할 수 있다.[5)]

2.5 독과점규제의 강화 필요성

경제적 규제의 완화를 추진함에 있어서 강조하지 않으면 안될 사항은 경제적 규제의 완화에 있어서는 반드시 독과점 및 불공정거래에 대한 규제가 강화되어야 한다는 점이다. 이것은 우선 위에서 살펴본 바와 같이

4) Noll and Owen, *op. cit.*, pp. 56~57.
5) 이에 대한 상세한 논의는 제8장 참고.

경제적 규제완화가 과당경쟁을 초래하고 이때 독과점화가 촉진되어 궁극적으로 소비자 이익이 침해될 수 있기 때문에 경제적 규제를 완화해서는 안된다는 주장을 강력하게 저지하기 위해서도 요긴하다. 경제적 규제 완화 이후 시장경쟁 과정에서 독과점적인 시장구조가 결과될 가능성은 시장지배력을 크게 가진 기업의 횡포나 공정하지 못한 거래관행에서 비롯되게 될 것이기 때문이다. 따라서 公正去來制度가 보다 잘 정비되어 있다고 한다면 규제완화에 대한 불가론으로서 과당경쟁은 더욱 설득력을 잃게 될 것이다.

최근 우리나라에서의 경제적 규제완화 과정에서 이런 가능성은 확인되고 있다. 1988년이래 우리나라에서도 증권회사의 위탁수수료율에 대한 규제를 철폐하였으나 증권회사들은 여전히 비공식적 談合(collusion)을 통해 동일한 수수료율을 유지하고 있다. 이것은 증권회사들이 그 규모에 관계없이 새롭게 조성되는 경쟁환경에 적극적인 대응노력을 보이지 않고 있음을 잘 보여 주는 것이다. 최근의 석유류 가격의 자유화 과정에서도 이런 현상은 계속되고 있다. 즉 정유사 및 주유소의 석유류 가격을 자유화하였음에도 불구하고 모든 업체가 동일한 가격을 매기고 있는 것이다. 이 때 특히 주의하여야 할 것은 가격자유화시 물가교란을 염려하여 정부가 가격인상폭의 上限을 제시할 때 모든 기업이 그 가격 이하에서 자율적으로 가격을 책정하는 것이 아니고, 그 가격을 기준선으로 삼게 됨으로써 결과적으로 업계의 담합행위를 조장하는 경우가 많다는 점이다.

[사례 20-2] 석유류 가격 자유화

정부는 1991년 9월초 석유산업의 경쟁을 촉진함으로써 석유류가격의 안정과 소비자선택의 폭을 확대한다는 목적으로 휘발유, 납사, 용제, 아스팔트 등 경유와 벙커C유를 제외한 모든 석유제품의 가격을 3% 이내의 등락폭 안에서 제한적으로 자유화하였다. 가격 자유화 조치 이후 정유회사들이 옥탄價(octane value)가 높고 공해배출량이 적은 휘발유를 시판하기 시작하는 등 품질의 다양화를 꾀하고, 주유소들이 선물을 제공한다거나 종업원의 예절교육을 강화하고 세차 및 차내청소를 해 주는 등 약간의 서비스 경쟁을 하고는 있으나, 가격에 관한 한 철저한 담합행위를 하고 있는 것으로 나타나고 있다. 우선 대부분의 주유소들이 하나같이 정부가 제시한 최고가격(리터당 휘발유 4백77원, 등유 2백16원)으로 올려 받고 있다. 제주도 등 일부지역에서는 휘발유와 등유가격을 담합인상하였다가 소비자들이 이에 항의하고 정부가 업계의 담합행위 여부를 조사하겠다고 하자 종전 가격으로 다시 환원하기도 하였다. 이와 반대로 호남정유가 휘발유의 대리점 공급가격을 3%가량 인하하겠다고 발표했다가 돌연 취소하기도 하였다.

석유 및 석유제품 가격자유화 이후 시장경쟁이 유발되지 않고 있는 이유로서 주유소 업자들은 "정유사가 대리점을 통해 공급하는 유류가격이 달라지지 않는 상황에서 적자를 무릅쓰고 소비자가격을 인하할 수 없다"는 주장을 펴고 있고, 반면에 정유사측은 "현재 주유소가 한 정유회사의 제품만을 전문적으로 취급하는 것이 아니고 여러 회사의 제품을 동시에 취급하고 있기 때문에 비록 한 정유회사가 자사제품의 가격을 인하하더라도 이를 소비자 가격에 반영할 가능성은 거의 없으며, 설령 휘발유 및 등유의 공장도가격을 인하하더라도 주유소들이 최종 소비자가격을 내리기보다는 그만큼 자신들의 이윤을 늘리는 데 급급할 것"이라고 주장한다.

사실 석유류 가격자유화 조치 이전에 동력자원부는 주유소 설치에 있어서의 거리제한으로 인해 엄청난 이권이 붙어 있는 주유소 認許可를 완화하려 하였으나 기존 주유소의 반발에 부딪쳐 이를 실현시키지 못하였다. 또한 주유소가 특정 정유회사의 간판을 내걸고 있으면서도 여러 정유회사의 제품을 동시에 취급함으로써 소비자의 선택권을 제약함은 물론 실질적으로 정유회사의 가격경쟁을 가로 막고 있다고 보고 이를 시정하기 위해 석유류 商標 表示制度를 실시하려 하였으나 이 또한 관련업계의 반발에 부딪쳐 무산되고 말았다.

이와 같이 석유류 가격자유화로 인한 효과가 발휘되기 어려운 현실 속에서 1991년 11월에는 정유회사들이 국제석유가격 인상과 換差損에 따른 막대한 결손을 이유로 석유와 석유화학 제품의 가격을 인상하였다. 연내에 석유 및 석유제품 가격의 인상을 허용하지 않겠다던 동력자원부는 경제기획원과의 협의를 거쳐 석유류 가격의 인상을 허용하되 인상폭은 7.1%로 제한한다는 선으로 슬그머니 물러섰다. 그 결과 油公을 필두로 각 정유사가 한결같이 석유 및 석유제품 가격을 7.1% 인상함으로써 담합의 인상을 짙게 풍기고 있다. 이런 공장도가격의 인상이 곧바로 주유소에서의 소비자 가격인상으로 이어졌음은 물론이다.

이런 사례들은 규제완화가 곧 시장경쟁의 촉진으로 이어지는 것만은 아니라는 사실을 잘 보여주고 있다. 즉 시장에서의 건전한 경쟁의 촉진을 통해 궁극적으로 소비자들의 후생이 증가하기 보다는 또한 규제완화로 비롯된 새로운 시장경쟁 환경을 적극적으로 활용하려 하기 보다는, 기존업자들이 談合 등을 통하여 시장경쟁이 수반하는 불확실성(uncertainty)을 회피하고 기득권이 보장된 현실에 안주하려 함으로써 규제완화의 정책목적이 좌절될 수 있음을 보여 주고 있다. 따라서 경제적 규제를 완화함으로써 시장경쟁을 실질적으로 촉진하고 그것이 소비자 이익으로 이어지도록 하기 위해서는 규제완화와 더불어 독과점 및 불공정거래에 대한 규제를 강화하지 않으면 안된다.

3. 제품 및 서비스 질의 저하문제

앞절에서의 논의에 밀접하게 관련되는 것으로서 규제완화가 이루어질 경우 과당경쟁이 야기되고 그 결과 제품 또는 서비스의 질(product or service quality)이 낮아짐으로써 소비자가 피해를 보게 된다는 주장도 간혹 제기된다. 즉 규제완화로 인해 경쟁이 격화되면 그 산업의 제품이나 서비스의 질, 신뢰성, 안전성, 계속성(예: 버스의 배차시간), 공급빈도(예: 열차나 버스의 운행회수) 등이 저하될 위험성이 있다는 것이다.

이미 제 10 장에서 검토한 바와 같이 정부가 어떤 산업에 대해 진입규제, 가격규제를 실시할 때 그것과 동시에 예외없이 그 산업이 생산하는 제품이나 제공하는 서비스의 질(quality)을 규제할 필요를 가지게 된다. 왜냐하면 피규제산업이 가격규제로 인해 야기되는 손실을 제품이나 서비스 질 저하로 보충하려 하는 유인을 가지기 때문이다. 정부가 가격규제를 함에 있어서 규제가격의 현실화를 제때에 해 주지 못함으로써 발생하는 소위 規制時差(regulatory lag)가 커지게 되는 경우에 기업들은 이런 유인을 가지기 쉽다. 이와는 반대로 피규제산업 내 기업간에 제품이나 서비스의 질 경쟁(service competition)이 지나치게 될 때 그것이 급기야 규제가격의 인상을 불가피하게 하는 요인이 되기 때문에 정부가 품질경쟁 및 서비스 경쟁을 제한하려고 하는 경우도 있다.

위의 어느 경우이든 정부가 실제로 진입규제 및 가격규제와 아울러 부수적으로 제품이나 서비스 질의 저하를 막기 위한 규제를 실시하는 것은 흔히 볼 수 있다. 그러나 제품과 서비스의 질의 확보를 위해서는 시장경쟁 만큼 효과적인 것이 있을 수 없다. 그럼에도 불구하고 정부가 제품이나 서비스 질의 확보를 위해 가격규제, 진입규제에 의존하려고 하는 경향을 가지게 되는 것은 이런 규제하에서 규제기관과 피규제기관 사이에 형성되는 상호의존 관계 속에서 여러가지의 추가적인 정책목적을 비교적 용이하게 수행할 수 있다고 보기 때문이다. 첫째, 기업의 수가 작을수록 규제기관은 기업이 정부가 정한 基準(standards)을 이행하고 있는지 여부를 심사하기 용이하다. 둘째, 규제로 인해 進入이 제한되면 기존의 피규제기업은 초과이윤을 얻을 수 있게 되므로 이런 이득이 상실될까 두려워 규제기관의 요구에 보다 잘 따르게 된다. 셋째, 따라서 규제기관은 그것이 필요하다고 생각하는 경우에 보다 높은 품질기준이나 서비스 기준을 피규제기업에 추가로 부과할 수 있고 피규제기업은 이에 순응할 가능성이 높다. 넷째, 진입이 제한되어 있는 경우에 비로소 기업은 소비자와의 신뢰관계를 증진시키기 위해 보다 장기적인 관점에서 보다 많은 노력을 기울이려고 한다.[6)]

그러나 우리가 꼭 기억하지 않으면 안될 사실은 시장경쟁을 완벽하게 통제하기란 어렵다는 점이다. 예를 들면 어떤 산업에 대해 가격규제나 진입규제를 실시하면 그것으로서 경쟁이 완전히 멈추어버리는 것이 아니라 규제되지 않은 새로운 영역에서 또 다른 유형의 시장경쟁이 야기된다는 점이다. 가격경쟁이 제약되면 非價格競爭(non-price competition)이 자극되고 비가격경쟁이 제약되면 가격경쟁이 야기되는 것과 같다. 시장경쟁은 이와 같이 이 손가락 저 손가락 사이로 쉬지 않고 빠져 나가려고

6) Kahn, *op. cit.*, pp. 177~78.

하는 뱀장어와도 같은 속성을 지니고 있다. 우리가 제10장에서 고찰한 바와 같이 본원적인 기업행동을 규제하는 경제적 규제는 따라서 한 영역에 규제가 그치지 않고 다른 영역으로 계속 확산되어 감으로써 결국 규제의 피라미드(regulation pyramid)를 형성하게 됨을 흔히 볼 수 있게 된다.

이와 같이 규제가 피라미드처럼 또는 거미줄처럼 쳐져 있는 산업에 있어서 가격규제나 진입규제가 완화되면 그 산업이 생산하는 제품의 품질이나 서비스의 질이 저하됨으로써 소비자 이익이 침해되기 때문에 그러한 규제를 완화해서는 안된다는 것이 흔히 규제완화에 반대하는 집단에 의하여 주장된다. 그러나 이런 주장의 근거는 대단히 희박하다. 우선 시장경쟁 상태하에 있는 산업에서 보다도 경제적 규제 상태하에 있는 산업에서 제품이나 서비스의 질이 보다 잘 확보되리란 보장이 없다. 오히려 경제적 규제로 인해 시장경쟁이 제한되고 있을 때 이런 문제가 야기될 가능성이 훨씬 높다고 해야 할 것이다. 다음으로 제품이나 서비스 질을 높이기 위해서는 그 산업의 수익성이 높아야 한다는 주장도 설득력이 없다. 왜냐하면 경제적 규제상태하에 있는 산업이 시장경쟁 상태 하에 있는 산업에 비하여 보다 높은 수익성을 보이는 것이 보통이지만 이런 산업의 제품이나 서비스 질이 높다는 실증적 근거는 없기 때문이다.

결론적으로 경제적 규제의 완화가 반드시 제품이나 서비스 질의 저하를 초래하리라는 법은 없다. 오히려 제품이나 서비스 질은 시장경쟁이 좀 더 활발하게 이루어질 때 보다 잘 보장될 수 있다고 보는 것이 합리적이다. 왜냐하면 시장경쟁 상태하에서 불량한 제품이나 서비스를 생산하는 기업은 결과적으로 도태될 수 밖에 없기 때문이다. 정부가 규제에 의존할 때만 제품이나 서비스 질의 저하를 방지할 수 있다는 생각은 근본적으로 시장기능에 대한 불신에서 비롯되는 발상이다. 물론 우리가 제16장에서 누누히 강조한 바와 같이 시장에 있어서 보편적으로 나타나는 소비자 정보(consumer information)의 부족 문제는 심각하다. 그러나 정부가 이런 시장실패 현상을 적절히 보완할 수 있을 때 소비자 문제는 보다 잘 해결될 수 있다.

규제완화로 인해 제품의 질과 서비스 질이 저하되어 소비자 이익이 크게 손상될 위험성이 큰 산업에 있어서는 이것을 이유로 하여 규제완화를 회피하기 보다는, 규제를 완화하되 다른 형태의 규제로 이런 위험을 방지하는 것이 보다 합리적인 접근방법이라고 할 수 있다. 즉 진입규제나 가격규제는 대폭적으로 완화 또는 철폐함으로써 시장경쟁을 유도하되, 소비자 보호를 위해 아주 긴요하다고 생각될 때에는 제품이나 서비스의 최소한의 품질기준과 조건(standards or conditions)만을 갖고 소비자보호 측면에서 규제하는 것으로 충분하다. 모든 기업활동을 자유로운 시장경쟁에 맡기되 정부가 정한 소비자 보호 기준에 미달하는 제품을 생산하여 공급하는 기업에 대해 강력하게 제재를 가할 수 있는 장치를 마련하고 이것을 효율적으로 집행한다면 제품이나 서비스의 질의 저하를 보다 효과적으로 방지할 수 있고 따라서 소비자 이익도 보다 더 확실하게 보장할 수 있다.

이런 주장은 경제적 규제에 부수되어 있는 정책목적이 경제적 규제 자체를 합리화하는 요인이 되지 않도록 하는 것이 중요하다는 말로 요약해 볼 수 있을 것이다. 경제적 규제에 부수되어 있는 정책목적의 달성이 저해될 것을 염려하여 불합리한 경제적 규제를 합리화하려는 것은 한 마디로 말하여 관료주의적 혹은 行政便宜的 발상에 지나지 않는다. 경제적 규제가 그 자체로서 불합리하다고 한다면 그 자체로서 철폐되거나 완화되는 것이 당연한 일이다. 그럼에도 불구하고 그것에 부수되어 있는 정책목적이 중요하기 때문에 불합리한 경제적 규제에 계속 의존해야 할 이유는 없다. 이 경우 가장 바람직한 접근방법이라면 역시 불합리한 경제적 규제는 과감하게 철폐 또는 완화하되, 그것에 부수되어 있던 정책목적의 달성이 중요하다고 한다면 이 목적을 보다 직접적이고 효과적인 방법으로 달성할 수 있도록 하는 다른 방법을 모색하는 일이다. 아래 제4절은 바로 이와 같은 경우들에 대한 바람직한 접근방법에 관하여 폭넓게 논의하고 있다.

4. 사회적 규제목적의 저해

앞절에서도 지적한 바와 같이 규제기관은 어떤 경제적 규제가 이루어지고 있을 때 그로 인하여 다른 문제들이 파생되면 기존의 정부규제에 덧붙여 여러가지의 다른 정책목적을 달성하려고 함으로써 규제의 피라미드 현상을 유발한다. 그 결과 경제적 규제의 목적과 성격은 시간이 갈수록 점점 불분명하고 모호해지게 되는 경우가 많다. 여기에서 검토하고자 하는 것은 당초 경제적 목적에서 이루어진 정부규제에, 예를 들면 환경보호·작업장안전·소비자의 안전 및 보호 등 사회적 규제(social regulation) 정책목적이 추가되어 있어 경제적 규제의 완화를 가로막고 있는 경우다.

예를 들어 보기로 한다. 사업의 인허가는 시장경쟁을 제한하는 진입규제로서 전형적인 경제적 규제의 일종이다. 사업인허가는 보통 특정산업의 육성 또는 과당경쟁의 방지 등 산업정책적 목적에서 이루어지는 것으로서 소비자 보호 보다는 생산자 보호목적을 지니고 있다. 그런데 생산자의 보호를 목적으로 하는 사업인허가의 기준은 사업인허가의 근본적 목적과는 달리 사회적 규제정책 목적의 달성을 위한 시설기준이나 위생기준 등을 포함하게 된다.

정부가 특정 산업의 보호를 목적으로 진입규제를 하면서 이를 합리화하기 위해 여기에 덧붙여 소비자 보호 등을 이유로 한 시설기준·위생기준·안전기준 등을 허가기준으로 정하고 있는 경우에 그 산업에서의 시장경쟁은 실질적으로 제한되고 따라서 경제적 효율성은 저하된다. 경제적 규제의 불합리성이 드러나 그것을 시정할 목적으로 경제적 규제(진입규제)를 완화하려 하면 이번에는 다른 장애물이 나타난다. 경제적 규제를 완화하게 되면 무자격 업체 혹은 기준에 미달하는 업체들이 亂立될 것이고 이 때 소비자 보호 등 정책목적 달성이 저해되므로 경제적 규제를 완화해서는 안된다는 주장이 전개된다.

이러한 주장은 흔히 소비자단체 또는 공익단체들에 의해 제기된다. 그러나 이들이 이런 우려를 갖게 되는 것은 기본적으로 시장경쟁에 대한 불신 때문이다. 시장경쟁이라 하면 그것이 곧 무질서 상태를 의미하는 것으로 보는 잘못된 사고 때문이다. 예를 들면 항공산업에 대한 진입규제를 완화하게 되면 무자격업체가 난립하여 무질서한 경쟁을 야기시키고 그 결과 승객의 안전을 해치게 될 것이라고 막연하게 추측하는 것이다. 그러나 항공산업에 대한 진입규제가 완화되어 시장경쟁이 촉진될 경우 그것이 반드시 소비자안전의 희생을 초래하게 될 것이라고 믿을만한 이유는 없다. 미국에서 항공산업에 대한 규제완화 이후 많은 새로운 항공사들이 생겨났다. 그러나 신규 항공사의 참여로 비행기 사고가 증가하였다는 보고는 없다.[7] 오히려 항공요금이 하락하고 서비스도 개선되었다. 규제완화로 더욱 촉진된 시장경쟁 때문이다.

이렇게 볼 때 중요한 문제는 규제완화 이후 시장경쟁이 어떤 방향으로 또는 어떤 양상으로 전개될 것인지라고 할 수 있다. 또한 정부가 규제완화 이후 시장경쟁을 어떤 방향으로 유도할 것이냐가 중요하다. 앞에서의 예에서 항공산업에 대한 규제완화가 승객의 안전을 무시한 채 무리한 가격경쟁으로만 발전하리라고 보는 것은 논리적 근거를 갖고 있지 못하다. 규제완화 이후 경쟁이 심화됨으로써 승객의 안전수송 문제가 경쟁의 핵심적 사항이 될 수도 있기 때문이다. 요컨대 지금까지 정부가 시장경쟁을 제한해 주는 대신 정부규제를 통하여 기업에 각종 의무를 지움으로써 사회적 규제 정책목적을 동시에 달성하려고 하였던 사고에서 벗어나 이제 시장경쟁이 정부를 대신하여 이런 목적을 달성할 수 있도록 하기 위해 시장경쟁을 올바른 방향으로 촉진하는 것이 필요하다.

경제적 규제의 완화와 동시에 사회적 규제(social regulation)를 강화

7) Alfred E. Kahn, "Surprises of Airline Deregulation," *AEA Proceedings and Papers*, Vol. 78, No. 2 (May 1988), pp. 316~22; Daniel P. Kaplan, "The Changing Airline Industry," in Leonard W. Weiss and Michael W. Klass, *Regulatory Reform: What Actually Happened* (Boston: Little, Brown, and Co., 1986), pp. 40~77; Leonard W. Weiss and Allyn D. Strickland, *Regulation: A Case Approach* (New York: McGraw-Hill, 1982), pp. 277~91.

해야 할 필요성이 제기되는 것은 바로 이 때문이다. 지금까지 경제적 규제를 통해 간접적으로 달성해 보려 했던 정책목적을 이제는 한편으로 시장경쟁을 통하여, 다른 한편으로는 시장경쟁의 올바른 방향으로의 유도를 통하여 보다 직접적으로 달성하려고 해야 한다. 물론 경제적 규제를 완화함과 동시에 사회적 규제를 강화한다고 한다면 과연 경제적 규제 완화의 효과를 기대할 수 있겠느냐 하는 반론이 가능하다. 물론 그러한 가능성은 존재한다.

그러나 이 두 가지 경우는 다음과 같은 이유에서 분명하게 구분하여 생각하지 않으면 안된다. 우선 경제적 규제의 완화란 보다 효율적인 경쟁자의 진입을 촉진하고 보다 자유롭게 기업활동을 추구하도록 함으로써 산업의 경쟁력과 효율성을 높이려는데 그 목적이 있는 것이지, 기업이 당연히 부담해야 할 사회적 의무를 면제하거나 감소시켜 주기 위한 것이 아니라는 사실이다. 둘째, 우리가 제8장과 13장에서 상세하게 고찰한 바와 같이 경제적 규제와 사회적 규제는 서로 다른 정치경제적 속성을 갖고 있는 만큼 각각의 속성에 적합한 정치적 과정 속에서 규제가 이루어져야 한다.

경제적 규제와 사회적 규제는 그것이 달성하고자 하는 목적에서도 상당한 차이가 있지만 각각의 정치경제적 특성에 보다 중요한 차이가 있다. 우리가 제4장에서 고찰한 바와 같이 경제적 규제는 그것으로부터 얻어지는 이익이 대체로 피규제산업에 돌아가는 반면에 그 비용은 잘 조직되어 있지 못하고 따라서 강력하게 자기의 이익을 옹호할 수 없는 수많은 소비자가 부담하는 것이 보통이다. 사회적 규제는 그것의 이익이 수많은 일반국민에게 귀속되나 그것의 비용은 잘 조직되어 있고 정치적 영향력을 강력하게 행사할 수 있는 기업 및 자본가에게 지워지게 되는 것이 보통이다. 다시 말하면 경제적 규제는 보통 고객정치(client politics) 상황을 보이지만, 사회적 규제는 기업가적 정치(entrepreneurial politics) 상황을 야기한다는 것이다.

이와 같은 정치경제학적 속성의 차이 때문에 두 가지 유형의 규제는 서로 혼합되어서가 아니고 서로 다르게 취급될 때 본래 의도한 정책목표에 보다 적합하고 충실하게 운영될 수 있다. 왜냐하면 이 때 비로소 서로 이해관계를 달리하는 이익집단이 보다 분명하게 파악될 수 있고, 이들 간의 정치적 상호작용이 사회적으로 바람직한 방향으로 전개될 가능성이 높아지며, 규제를 담당하는 행정기관의 입장에서도 일관성있고 통일성있는 규제정책 목적의 실현이 가능해지기 때문이다.

예를 들면 어떤 산업에의 참여를 허가(경제적 규제)하는 기준 가운데 일정한 공해방지 시설기준을 부과하고 있을 때 이로 인해 이 산업에의 진입이 저해됨으로써 이 산업이 독과점화되는 의도하지 않은 결과가 파생될 수도 있다. 혹은 이로 인한 부담이 심히 불공평해질 수도 있다. 이것은 바람직하지 못한 결과들이다. 바로 이와 같은 경우에 진입을 제한하고 있는 불합리한 기준을 철폐 또는 완화하고 대신 사회적 규제 측면에서 보다 합리적인 그리고 보다 체계적인 방법으로 환경문제를 다루어 나가는 것이 바람직하다. 요컨대 경제적 규제는 경제적 규제로서 사회적 규제는 사회적 규제로서 목적과 성격을 분명히 해야 할 필요가 있다.

5. 소득재분배 효과에 대한 고려

5.1 교차보조 효과의 상실 문제

제4장에서 고찰한 바와 같이 정부규제의 중요한 기능 가운데 하나가 바로 交叉補助(cross-subsidization)라고 할 수 있다. 교차보조 기능을 담당하고 있는 규제가 완화 또는 철폐된다면 더 이상 교차보조를 통한 소득이전 또는 소득재분배 효과(distributional effects)를 기대할 수 없게 된다는 주장도 규제완화를 반대하는 중요한 논리 가운데 하나로 자주 등장한다. 예를 들면 현행의 진입 및 가격규제의 결과 외딴 지방 주민에게 보다 싼 가격의 교통서비스가 제공되고 있는 것이므로 이런 규제가 철폐

되거나 완화되는 경우에는 이들에 대한 교통서비스의 공급이 불가능해지거나 가능해진다고 하더라도 높은 요금의 책정이 불가피해지게 되어 이들에게 경제적 부담을 안겨 주게 된다는 것이다.

이런 주장의 논거는 예를 들면 시외버스 회사가 외딴 지방에까지 버스를 운행할 수 있는 것은 바로 교통량이 많은 노선으로부터 얻은 수익으로 외딴 지역에 대한 교통서비스 공급에 따른 손실을 보전할 수 있기 때문인데, 이 路線에 신규업체의 진입을 규제하지 않게 되면 마치 우유에서 지방분을 빼내는 것과 같이 모든 신규업체들이 황금노선에 뛰어드는 脫脂行爲(cream-skimming)가 야기되고, 그 결과 새로운 경쟁자들로 인해 기존 업체의 수익성이 저하되면, 외딴 지역의 주민에 대한 교차보조는 불가능해지게 된다는 것이다.[8)]

실제로 교차보조 현상이 이루어지고 있는지 여부에 관계없이 그것이 이루어지고 있다고 주장하는 피규제산업은 물론이고, 그러한 교차보조가 있기에 자기들에게 서비스가 공급되고 있는 것으로 믿는 이익집단은 경제적 규제의 완화에 반대한다. 예를 들면 외딴 지역주민, 이 지역출신의 국회의원 등은 운송사업에 대한 규제가 완화되면 수익성이 낮다는 이유로 운송사업자들이 자기 지역에 대한 서비스 공급을 기피하게 될 것이라고 믿고 규제완화에 반대하는 입장을 취한다.

그러나 진입규제(entry regulation)로 인해 실제로 이런 교차보조가 이루어지고 있는지에 대해서는 많은 논란이 있다. 우선 실제로 교차보조의 현상이 확인될 수 있다고 할지라도 이것만으로 규제가 계속되어야 한다고 주장할 수 있는 근거는 박약하다. 왜냐하면 규제가 완화된 상태에서 그 서비스 공급이 전혀 다른 패턴으로 이루어짐으로써 문제가 보다 효율적으로 해결될 수도 있기 때문이다. 미국의 항공산업에 대한 규제완화의 예를 살펴보면 규제완화 이후 小都市 지역에의 운항노선이 폐지됨

8) 脫脂행위에 대한 상세한 경제학적 분석은 Kahn, *op. cit.*, pp. 220~46 참고. 미국의 전화통신산업에 있어서의 탈지행위에 대한 논란에 대하여는 Gerald W. Brock, "The Regulatory Change in Telecommunications: The Dissolution of AT&T," in Weiss and Klass (eds.), *op. cit.*, pp. 210~33 참고.

으로써 소도시 주민들에게 불이익을 가져다 줄 것으로 우려하였으나, 실제에 있어서 항공노선이 폐지되기 보다는 과거와는 다른 양상의 보다 합리적인 항공노선 구조(route structure)가 형성됨으로써 소도시 주민들이 보다 편리하게 항공서비스를 이용할 수 있게 되었다.[9] 즉 정부규제하에서는 소도시와 소도시 사이를 운항하는 항공편이 많이 있었으나 규제완화 이후에는 이런 노선구조가 소비자의 수요패턴의 변화를 반영하여 小都市와 中大都市를 연결하는 항공편으로 대체됨으로써 항공이용이 보다 편리해졌다는 것이다. 이런 사례는 소도시에 대한 항공서비스의 공급이 반드시 교차보조 때문에 가능하였던 것만은 아니라는 사실을 보여주어 흥미롭다.[10]

실제로 정부규제하에서 과연 교차보조 현상이 이루어지고 있느냐에 대한 사실판단은 대단히 어렵다. 이를 검증하기 위해서는 해당 산업에 대해 관련자료의 제공을 요구하거나, 또는 규제완화시에 제공할 수 없게 될 것이라고 주장하는 서비스의 내용이나 지역을 명확히 밝히도록 하고 이를 확인하는 방법이 사용될 수 있다. 그러나 어떤 경우이든 사업자로서는 이에 관련된 회계자료나 정보를 스스로 제공하리라고 기대할 수는 없다. 이것을 강요하는 것도 곤란한 경우가 많다. 따라서 교차보조 현상의 實在 여부에 관계없이 이를 이유로 경쟁제한적인 경제적 규제가 정당화될 가능성은 높다.[11]

또 하나 보다 근본적으로 제기되어야 할 문제는 우리가 제 9 장에서 지적한 바와 같이 정부규제의 교차보조 기능을 이용하여 특정의 정책목적을 달성해 보려고 하는 것이 과연 올바른 것이냐 하는 문제이다. 왜냐하면 경제적으로 취약한 특정 지역이나 집단을 지원하는 방법으로서 교차보조 기능을 갖고 있는 정부규제는 對象 的確性(target efficiency)이

9) Kahn, *op. cit.*

10) Kaplan, *op. cit.*, pp. 51~55. 이것은 항공산업이 많은 사람의 추측과는 달리 競合市場(contestable market)적 성격을 지니고 있었음을 보여주는 것이다. 이에 대한 논의는 제 9 장 참고.

11) Robert W. Crandall, "Surprises from Telephone Deregulation and the AT&T Divestiture," *AEA Proceedings and Papers*, Vol. 78, No. 2 (May 1988), pp. 323~27.

극히 낮기 때문이다. 다시 말하면 도와 주려고 하는 집단도 돕기는 하지만 다른 사람이나 집단에 불로소득을 가져다 주기 때문에 경제효율성 측면에서 보나 공평성 측면에서 보나 바람직하지 않다는 것이다. 이 경우에는 정부규제를 통해서 보다는 보다 직접적이고 따라서 대상 적확성이 높은 조세 및 財政支出을 통한 방법이 사용되는 것이 바람직하다. 이 때 정부의 재정부담이 증가하는 것은 사실이다. 정부가 재정정책 수단 대신 정부규제에 의존하려고 하는 이유도 바로 여기에 있다. 정부규제는 재정지출을 초래하지 않기 때문이다(제4장). 그러나 그렇다고 하여 비효율적인 규제에 의존하는 편법에 매달리는 것을 能事로 삼는 것은 곤란하다.

5.2 기타의 소득재분배적 효과에 대한 고려

경제적 규제를 완화할 경우 그것이 초래할지도 모를 바람직하지 못한 소득재분배적 효과로 인해 규제완화가 정치적인 벽에 부딪치게 되는 경우도 많다. 위에서 고찰한 교차보조와 관련한 문제는 이런 경우의 전형적인 한 예라고 할 수 있지만 이밖에 중요한 예로서는 각종의 가격규제를 들 수 있다.

이미 제 8 장에서 강조한 바와 같이 경제적 규제는 어느 경우에나 소득분배 및 재분배 효과를 일으키고 실제에 있어서 이것이 경제적 규제의 가장 중요한 목적이 되기도 한다. 정부규제의 소득재분배효과는 한 산업 또는 기업의 이윤을 다른 산업 또는 기업으로 이전시키는 것일 수도 있고 어떤 소비자 집단으로부터 다른 소비자 집단으로 부와 소득을 이전시키는 것일 수도 있다. 뿐만 아니라 이런 소득분배 및 재분배 효과는 정부가 당초에 의도하지 않은 방향으로 또는 방법으로 일어나기도 한다. 바로 이런 정부규제의 소득에 미치는 직간접적인(direct or indirect), 또는 의도적·비의도적(intended or unintended) 영향으로 말미암아 정부규제는 이익집단을 형성하기도 하고 이익집단을 파괴하기도 한다.

이익집단의 형성 또는 파괴작용은 정부규제가 새롭게 생겨나는 과정에서 뿐만이 아니다. 정부규제가 완화되는 과정에서도 새로운 이익집단은 생성되거나 파괴된다. 다만 정부규제가 처음 실시되는 경우와 그 정부규제가 완화되는 경우의 이익집단의 경제적 입장과 정치적 영향력은 대체로 서로 상반되는 모습을 보여주게 될 뿐이다. 그러나 아주 드문 경우에 경제구조 또는 시장구조의 변화에 따라서 동일한 집단이 서로 다른 정책적 요구를 하게 되는 경우도 없지는 않다. 예를 들면 처음에는 경쟁력이 미약하여 정부규제를 요구하였던 집단이 점차 자신들의 산업내 경쟁력이 신장됨에 따라 이번에는 정부규제의 완화를 요구하는 집단으로 바뀌어 갈 경우도 있다.

바로 이런 이유로 인해 규제완화는, 정부규제가 완화되게 되면 손해를 입게 되리라고 생각하는 집단으로부터의 강한 반발에 부닥치게 된다. 물론 이런 집단이 정치적으로 강력한 영향력을 행사할 수 있느냐를 결정하는 요인은 여러가지가 있다. 우선 그 집단이 소수의 대기업으로서 막후에서 강력한 정치적 영향력을 행사할 수 있는 경우가 있을 수 있으나 政經癒着에 의한 정부규제 완화에 대한 반발은 일단 여기에서 제외시키기로 한다. 왜냐하면 이런 경우는 정부가 공평한 견지에서 판단할 수만 있다면 공익이 무엇인지를 쉽게 정의할 수 있을 것이고 따라서 올바른 정책결정을 내릴 수 있을 것이기 때문이다.

이보다 복잡한 문제는 정부규제의 완화 결과 경제적으로 취약한 계층이나 집단이 피해를 볼 것으로 예상되는 경우이다. 물론 이들이 가진 개개의 정치적 영향력은 미약할 것이지만 이들이 겪게 될 어려움이 가지는 정치적 의미는 대단히 크다. 따라서 이와 같이 경제적으로 취약한 집단에 정부규제의 완화에 따른 경제적 調整(economic adjustment) 부담이 귀속되는 경우에 이런 규제를 완화하기란 대단히 어렵게 된다. 특히 경제적 규제의 완화는 곧 시장경쟁의 회복을 의미하는 것인 바 마치 "악마가 뒤처진 자를 잡아 가는(devil takes the hindmost)" 것처럼 시장이 경제적 약자에게 무자비하다는 反市場的(anti-market) 사고와 고정관념에 비추어 볼 때는 정부규제의 완화란 곧 정부가 당연히 담당해야 할 경제적 약자의 보호라는 역할을 포기하는 것으로 보일 수 있다.

따라서 이에 대한 정치적 고려 없이 정부규제가 정부에 의하여 일방적으로 완화되는 과정을 밟게 되면 잠재적으로 정부규제의 완화로부터 이득을 얻게 될 일반 국민으로부터도 무책임하고 비윤리적인 정부라는 비난을 받을 가능성이 높다. 따라서 정부가 경제적 약자를 시장경쟁으로부터 보호한다는 취지에서 비롯된 정부규제는 아무리 그것의 경제적 비효율성이 심각하다고 할지라도 그것을 완화하기란 정치적으로 거의 불가능에 가까운 일이라고 할 수 있을 것이다. 예를 들면 아파트분양 가격규제와 같은 경우에 그것의 경제적 타당성이 심히 의심스럽지만 이를 폐지할 수 없는 것과 같다. 이밖에 많은 가격규제들은 물론 물가안정이라는 정책목표와도 긴밀한 관계를 갖고 있으나 이 보다는 그것이 갖고 있는 소득분배적 측면이 보다 근본적으로 규제의 완화를 가로막는 요인이 되고 있다는 것에 주목할 필요가 있다.

따라서 그러한 성격의 정부규제를 완화하기 위해서는 경제적 약자를 보호할 수 있는 만족할 만한 정책 대안(policy alternatives)이 보다 명시적으로 제시되어야 한다. 이 경우에 생각해 볼 수 있는 정책대안으로서는 역시 조세와 소득이전(tax and transfer) 등 보다 직접적인 방법에 의한 소득재분배 정책의 추구라고 할 수 있다. 다시 말하면 정부규제로부터 시장경쟁체제로 전환하되 시장경쟁에 성공적으로 적응할 수 없는 집단에 대해 財政支援을 해 주는 것이 필요하다는 것이다. 얼마 전 이루어진 高地帶 연탄배달가격의 자유화 같은 것은 좋은 예인데, 이 경우에 정부는 연탄배달가격의 자유화가 아니고는 고지대에 대한 연탄공급이 어렵다는 것만을 강조할 것이 아니라, 여기에 병행하여 고지대 영세주민에 대한 보조금의 지급을 검토했어야 할 것이다.

물론 이런 경우에 직접적인 보조금의 지급과 같은 보완조치는 보조금의 재원조달 방법은 물론 보조금지급 대상자의 선정 및 관리에 엄청난 행정력을 필요로 하는 등 난점이 있는 것이 물론이다. 애당초 이런 방식이 아니고 가격규제가 정책수단으로 활용된 데에는 바로 이와 같은 재정적 부담과 행정적 난점이 고려되었을 것이다. 그러나 이제 와서 가격규제를 철폐하면서 영세민에 대한 당연한 보완정책을 병행하지 않는다면 이들 영세민들은 더욱 심한 절망감에 빠지지 않을 수 없게 될 것이다. 한 걸음 더 나아가서 이런 과정에서 시장경쟁의 낙오자에 대한 명시적인 정치적 배려가 없다면 그것은 머지않아 규제완화의 근본목적이나 이를 추진해가는 과정의 正當性(legitimacy)에 대한 문제를 야기시키고 급기야 심각한 정치적 장벽(political obstacles)에 부딪치고 말 것이라는 점에 주목할 필요가 있다.

6. 과도기적 문제

경제적 규제의 완화에 따라 나타나는 소득재분배적 문제는 규제완화 직후로부터 새로운 경제질서가 安着되기까지의 過渡期에 생겨날 수 있는 문제(transitional issues)로 인해 더 한층 증폭되어 나타날 수 밖에 없다. 사실 과도기에 나타나는 문제는 규제완화를 실질적으로 가로막고 있는 최대의 難題라고 하여도 과언이 아니다. 누구나가 정부규제의 불합리성과 비효율성에 동의하고 따라서 규제완화의 필요성을 지지한다고 하더라도 과도기적 상황에서 발생하는 조정(adjustment) 문제에 이르게 되면 주저하지 않을 수 없다.

[사례 20-3] 아파트 분양가격 현실화

사례 10-1에서 검토한 바와 같이 아파트 분양가격 규제는 많은 문제점을 안고 있다. 아파트 분양가격이 실세가격에 비하여 현격하게 낮은 수준에서 규제되고 있는 한 신규 아파트에 대한 초과수요를 억제하기 어렵고, 아파트 공급도 늘어나기 어렵다. 이렇게 볼 때 아파트 분양가격을 과도하게 낮은 수준에 책정하고 이를 무한정 계속해 나갈 수 없음은 분명하다.

그러나 부동산투기가 극성을 부리는 한 아파트 분양가격을 현실화하기 어렵다. 경제이론적으로 불합리한 것이 사실이지만, 불합리한 제도일지라도 그것이 상당기간 지속될 때는 그것에 따라 질서가 형성되기 때문이다. 아파트 분양가 현실화는 待機性 부동산투기를 촉발하는 신호탄이 된다. 부동산 가격의 인상은 임대료의 인상 등을 통해 인플레를 부추긴다. 이제 아파트 분양가 현실화 문제는 건드려서는 안될 시한폭탄이 된다.

그러나 아파트 분양가격의 현실화로 인한 충격과 진통이 언제까지나 계속될 것은 아니다. 가격 현실화에 따라 주택공급이 늘면 그리고 부동산투기가 어느 정도 잡히고, 따라서 假需要가 감소하면 시장균형가격이 형성되면서 점차 가라앉게 될 것이다. 그러나 문제는 그때까지 이르는 과정이다. 단순히 경제학적인 관점에서만 본다면 이런 조정과정을 겪는 것은 지극히 당연한 일일 수도 있다. 그러나 이런 문제가 가로놓여 있는 한 규제완화란 정치적으로 거의 실현 불가능한 문제가 되고 만다.

이런 우려는 현실로 나타났다. 1989년에 들어서면서 부동산투기가 되살아나고 아파트 분양가격과 실세가격의 차이가 현저하게 벌어져 초과수요가 급증한 반면 주택공급이 저조한 상태를 벗어나지 못하자, 당시 건설부장관은 주택공급의 확대를 위해서는 아파트 분양가격의 현실화가 불가피하므로 정부는 "아파트가격을 건설업자들이 만족할 수 있을 만한 수준으로 현실화하겠다"고 언급하였다. 이것이 보도되자 신규 아파트 분양가격 인상을 내다 보면서 기존 아파트의 가격이 뛰어 오르기 시작했다. 부동산 소개업자들의 농간도 없지 않았다. 6공화국에 들어 와서의 부동산 투기 과열은 이렇게 가속화되었다. 얼마 후 그 장관은 정치적 책임을 지고 물러나야 했다.

이 사례는 정부규제의 완화 이후 나타나게 될 효과에 대한 정치경제학적 분석이 얼마나 중요한지를 잘 보여준다. 또한 정부규제완화 또는 그 정책대안의 선택에 있어서 그것의 정치적 적응성(political adaptiveness)은 다른 어느 무엇보다도 중요하게 평가되어야 할 기준임을 잘 보여준다.[12]

규제완화 정책대안의 정치적 타당성은 그것의 채택과 시행이 이루어지는 경제사회 상황에 따라 크게 다를 수 있다. 따라서 규제완화의 시기

12) Charles L. Schultze, *The Public Use of Private Interest* (Washington, D.C. : Brookings Institution, 1977), pp. 84~90.

선택(timing)은 그것의 정치적 타당성을 좌우하는 중요한 요인이 될 수도 있다. 바로 이런 상황과 적절한 시기선택 속에서만 규제완화가 성공적일 경우도 적지 않다. 왜냐하면 어떤 규제의 경우에나 거기에는 반드시 이익집단이 형성되게 마련이고, 이 이익집단이 규제완화에 정치적으로 저항하는 한 규제완화는 정치적으로 실현불가능해지기 때문이다. 사실 미국의 항공, 전기통신, 트럭운송 등 주요한 산업분야에서 이들 산업의 막강한 반발에도 불구하고 괄목할 만한 규제완화가 이루어질 수 있었던 것은 정부가 정치경제적 상황의 변화를 적절하게 전략적으로 활용할 수 있었기 때문이었다.[13)]

특히 정부규제 완화에 따라 야기될 과도기적 문제는 이 규제를 담당해 온 관계 행정기관이 규제완화에 소극적일 수 밖에 없게 만드는 중요한 요인이 되는 경우가 많다. 구태여 규제기관이 피규제산업의 포로가 될 가능성을 제시하는 捕獲理論(theory of regulatory capture)을 원용하지 않더라도 규제기관의 입장에서는 규제완화로 인해 이득을 얻게 될 새로운 이익집단의 정치적 지지보다는 규제완화로 인해 손실을 입게 될 집단과의 전통적인 관계를 더 중요시 한다. 이 후자의 집단이 안게 되는 과도기적 문제는 정치적인 호소력이 클 뿐만 아니라 어떤 면에서는 관련 행정기관의 무책임과 무능력을 나타내 주는 것으로 보일 수 있기 때문이다. 따라서 규제기관의 입장에서는 기존의 규제가 아무리 비합리적일 지라도 규제완화로 인해 야기될 과도기적 문제에 대한 적절한 보완책이 마련되지 않는 한 규제완화에 적극적일 수 없다. 또한 규제기관 및 기관장이 규제완화에 적극적 태도를 갖게 하기 위해서는 그 규제기관 및 기관장에 대한 정치적 평가가 단지 피규제산업의 지지가 아니고 규제기관이 실현하고 있는 一般的 公益의 정도에 따라 내려지고 있다는 인식을 심어줄 필요가 있다.

---

13) Martha Derthick and Paul J. Quirk, *The Politics of Deregulation* (Washington, D. C.: Brookings Institution, 1985).

7. 경제적 규제의 완화전략

이상에서 우리는 경제적 규제의 완화에 반대하거나 저항하는 집단이 흔히 내세우는 논리에 대해 그것의 타당성을 분석하였다. 이 과정에서 우리는 규제완화에 저항하는 논리가 이론적으로 타당성이 있든 없든 관계없이 그 속에 규제완화로 인해 얻을 수 있는 효과에 못지 않게 중요하고 따라서 정치적으로 무시하기 어려운 여러가지의 고려요인들을 갖고 있음을 확인할 수 있었다. 본절에서는 이런 점들을 고려할 때 규제완화를 추진하는 측에서 전략적으로 고려하여야 할 사항들을 정리하기로 한다.

7.1 규제목적의 차별화

어떤 경제적 규제이든 규제는 한 때 그 나름대로의 필요성이 있어 시행되기에 이른 것이다. 따라서 시행 당시의 경제사회적 구조 및 상황과 현재의 그것과를 비교함으로써 해당 경제적 규제의 필요성이 상실되지 않았나를 판단할 수 있어야 한다. 제8장에서 고찰한 바와 같이 우리나라에서는 산업정책적인 목적에서 또는 사회정책적 목적에서 비롯된 경제적 규제, 그 가운데서도 특히 진입규제가 압도적으로 중요한 비중을 점하고 있다. 이런 규제들이 시행된 당시의 상황과 현재의 상황은 분명히 다르다. 상황의 변화에도 불구하고 그러한 규제가 존속하고 있는 것은 당초의 규제목적에서 보다는 다른 규제목적이 추가되어 있기 때문인 경우가 많다. 이것은 정부규제의 일반적 속성이라고도 할 수 있다. 즉 어떤 규제든 그것이 한번 시작되면 그러한 규제를 둘러싸고 이익집단이 형성되기 마련이며, 이런 이익집단은 어떻게 해서든지 그들의 정치적 영향력을 활용하여 현상유지를 꾀하려 하기 때문에 규제목적은 불가피하게 변화해

간다는 것이다.

따라서 어떤 경제적 규제의 역사가 길면 길수록 그 규제가 갖고 있는 정책목적은 중첩적일 수 밖에 없다. 이 때 다수의 정책목적 가운데 어느 것이 우선적인지를 판단하기도 쉽지 않다. 이와 같이 규제가 여러가지의 정책목적을 동시에 갖고 있을 때 규제완화를 성공적으로 추진하기 어렵다. 왜냐하면 불합리한 정부규제를 완화함으로써 얻을 수 있는 막연한 이익(예: 경제적 효율성의 향상)보다는 비록 불합리하긴 하지만 그것을 통해 확보될 수 있는 부분적 정책목적의 지속적 달성이 중요하다고 여겨지기 때문이다. 더 나아가서 규제의 존속을 원하는 집단은 규제완화로 인해 야기될 수 있는 문제점을 들어 정치적 공세를 펼칠 가능성도 크다. 따라서 상황의 변화에 따라 불합리해진 경제적 규제의 완화를 위해서는 그 규제의 역사적 변천과정을 우선 분석하고 그것이 애당초의 정책목적보다는 다른 정책목적의 달성을 위해 존속되고 있음을 지적하면서 그러한 목적을 차질없이 달성할 수 있는 다른 정책대안을 제시해야 한다.

7.2 일반국민의 지지 확보

어떤 경제적 규제의 경우에나 규제 및 규제완화는 본질적으로 이해관계를 달리하는 이익집단을 형성, 분해, 변화시킨다. 따라서 규제의 정치경제적 효과를 면밀히 추적하고 분석하는 것은 규제완화 전략 수립의 첫걸음이 된다. 이 때 규제정책 결정 또는 집행과정에서 항상 배제되어 온 집단, 예를 들면 소비자들과 같이 집단행동의 딜레마(collective action dilemma) 현상으로 인해 집단적인 이익을 주장하거나 이를 정치적으로 관철시킬 수 없는 무언의 다수 국민을 규제완화의 적극적인 지지자로 동원할 수 있는 전략의 모색은 특히 중요하다.

이를 위해서는 언론매체를 통하여 불합리한 경제적 규제로 인해 빚어지는 소비자들의 厚生 損失(welfare loss)이 얼마나 큰가에 대한 정보나 자료를 지속적으로 보도하게 함으로써 소비자들의 無言의 지지를 확보해야 할 필요가 있다. 같은 맥락에서 소비자단체나 공익단체가 규제완화 과정에 적극적으로 참여하게 한다거나, 公聽會 등을 개최함으로써 일반 국민의 주의를 환기하는 것은 그 자체로서 정책과정의 民主化를 실현하는 일일 뿐 아니라 정치적으로 강력한 영향력을 지닌 기득 이익집단의 저항을 상쇄시킬 수 있는 효과적인 수단이 된다.

7.3 보완대책의 강구

제 19 장에서 지적한 바와 같이 규제를 담당하고 있는 관계부처의 입장에서는 항상 현상유지가 보다 안전한 선택이라는 판단을 갖고 있다. 이것은 규제기관이 관련업계에 捕獲(captured) 되어 관련업계의 이익만을 염두에 두고 있어서라기 보다는, 현존의 규제속에 규제기관이 수행해야 될 기관적 사명과 정책목적이 분리하기 어려울 정도로 접합되어 있기 때문이다. 다시 말하면 규제기관이 관련산업에 대한 행정감독 관청으로서 직간접적인 책임을 져야만 할 사항은 多層的이다. 따라서 이를 개별적으로 실현할 수 있는 정책수단을 개별적으로 강구할 수 없는 경우가 많기 때문에 비교적 큰 영향력을 발휘할 수 있는 정부규제에 이런 모든 정책목적을 결부시키려는 성향을 갖고 있다는 것이다. 따라서 규제완화를 통한 관련업계의 경쟁창달 혹은 경제적 효율성의 증진이라는 정책목표는 이들 부처의 입장에서 볼 때 그 산업에 대해 규제를 하고 있는 목적 가운데 극히 일부분에 지나지 않을 수 있다.

예를 들면 규제를 통한 교차보조(cross-subsidization)보다는 직접적인 소득보조(income support) 방식이 보다 효과적이고 경제적으로 우월한 정책수단이라고 할지라도, 예산확보가 이루어질 수 없는 상황에서 규제기관은 자기들의 수중에 있는 행정규제 권한을 통하여 이런 정책목적을 달성하려고 하는 것이 당연하다. 따라서 이와 같은 경우에는 규제완화와 동시에 규제기관이 규제완화로 인해 충족시키기 어렵다고 판단하는 정책목적의 실현을 위한 보완적인 대책이 수반되지 않고서는 규제기관이 규제완화에 응하기 어렵다. 특히 규제상태로부터 규제완화로 이행하는 과정에서 생겨날 수 있는 과도기적 문제(transitional problems)에 대해 규제기관은 민감할 수 밖에 없다. 따라서 규제기관이 규제완화 이후 과도기에서 발생할 것으로 우려하는 상황에 대한 사전적 대책이 준비되어야 한다.

7.4 정부조직의 개편

규제기관의 행태와 관련하여 또 하나 고려에 넣어야 할 것은 규제기관들은 항시 규제를 하지 않고서는 관련업계를 통제할 수 없다고 생각하기 쉽다는 점이다. 특히 경쟁제한적인 경제적 규제완화의 경우 규제완화가 영향력 상실이 아니라 규제의 대상과 형태가 보다 정상적인 것으로 전환되는 것임을 납득시킬 수 있어야 한다.

예를 들면 보사부 소관 認許可의 경우 태반은 소비자의 안전 및 보호를 위한 목적에서 각종 시설기준을 통하여 진입을 규제하고 있다. 이 경우에 인허가와 이를 통해 달성하려 해온 여타의 정책목적을 분리할 필요가 있다. 즉 진입규제는 완화하되 소비자 안전 문제 등을 중점적으로 다루어 나갈 수 있는 방향으로의 규제기관의 성격전환이 이루어져야 한다. 이를 위해서는 관계기관의 조직을 재정비할 필요가 있다. 또한 현재 소관 산업별로 조직되어 있는 규제기관의 조직을 그 부처가 중점적으로 담당해 나가야 할 정책목표를 보다 직접적으로 반영하는 組織體制로 전환하는 것이 필요한 경우도 많다. 이것은 특히 규제기관의 捕獲과 같은 바람직하지 못한 현상을 불식시키는 데에도 상당히 기여할 수 있을 것이다. 이 점에 관해서는 제22장에서 상세히 고찰하려고 한다.

7.5 정치사회적 맥락과의 조화

한 나라의 정치·경제·사회적 시대상황의 변화는 필연적으로 정부역할의 변화를 요구하고 그 변화는 또한 정부규제의 성격변화의 측면에서 여실히 드러난다. 지금 우리가 경험하고 있는 바와 같은 정치민주화, 경제산업구조의 고도화, 사회적 욕구의 高揚 및 다양화 추세 속에서 개인과 개인 사이, 기업과 개인 사이, 그리고 기업과 기업 사이의 새로운 권리 관계 및 이해관계를 설정하고 조정해야 할 필요성은 누구도 부인할 수 없을 것이다. 정부규제는 바로 그 사회가 요구하는 정치·경제·사회 질서를 유도하고 창출해내는 정부노력의 표현이기 때문이다. 따라서 정치사회의 변화와 국민적 욕구에 부응하지 못하는 방향으로 규제완화가 추진될 때 거기에 국민적 지지가 모아질 수 없다고 하는 것은 당연하다.

그렇기 때문에 이 시점에서의 경제적 규제의 완화는 그 자체로서 충분한 것이 될 수 없고 경제적 규제의 완화로 인해 야기될 수 있는 어떤 우려와 위험에 대해서도 충분한 대책이 서 있어야만 한다. 즉 경제적 규제의 완화를 그 자체로서만 검토하는 데에는 분명한 정치적 합리성의 한계가 있다는 것을 깊이 인식하여야 한다. 경제의 활력을 떨어뜨리고 민간부문의 창의력을 제약하는 어떤 불합리한 규제라 할지라도 그것이 담당하고 있는 특별한 기능이 있기 때문에 이런 기능이 좀더 바람직스럽게 수행될 수 있는 상황이 전제되지 않고서는 아무리 불합리한 경제적 규제라 할지라도 이것을 완화하기는 어렵게 된다. 여기에 규제를 둘러싼 정치적 과정의 합리성이 최우선적으로 고려되어야 하는 이유가 있다.

특히 최근 對外市場開放 폭이 한층 넓어지지 않을 수 없게 되어 가고 있다. 그 템포 또한 가속화되고 있다. 이런 상황에 처하여 국내산업의 경쟁력을 강화하기 위해 정부규제를 보다 가속적으로 완화하고 경쟁을 촉진해야 한다는데 대해 국민적 합의가 형성되어 있다. 이런 유리한 여건을 활용하는데 있어서도 정치사회적인 환경의 변화와 국민적 욕구 수준의 변화는 반드시 함께 고려되어야만 할 것이다. 혹시라도 경제적 규제의 완화가 대외개방에 효과적으로 대처한다는 미명하에 대기업 중심의 경제논리에 편승하거나 이를 비호하는 방향으로 잘못 비쳐진다든지, 또는 경제를 최우선하는 나머지 민주화시대에 추구하여 마땅한 여러 정치사회적 가치 및 요구와 상충을 일으키는 방향으로 진전되어서는 안된다.

8. 결 론

경제사회, 산업, 기술환경의 변화에 따라 시장경쟁의 제한을 속성으로 하는 경제적 규제의 불합리성이 속속 드러나고 있음에도 불구하고 경제적 규제를 완화하기란 쉽지가 않다. 그것은 경제적 규제로 인해 기득이익을 누리는 집단의 반발과 저항 때문이다. 이들은 애당초 경제적 규제를 파생시킨 정치사회적 상황을 상기시키면서, 경제적 규제를 완화할 때 그러한 정부규제를 필요로 하였던 경제사회적 문제들이 다시 야기될 것이라고 주장한다. 경제적 규제를 관장하는 규제기관 역시 현상유지를 선호하여 피규제집단의 반대논리를 자신의 논리로 내세운다.

본장에서는 이와 같이 경제적 규제완화에 저항하는 집단이 내세우는 주장들 가운데 전형적인 논리를 하나하나 검토하면서 그러한 논리가 정당하거나 타당하지 못함을 지적하였다. 우리는 이런 논리들 가운데서 市場機能에 대한 근본적인 불신과 몰이해를 공통적으로 발견할 수 있었다. 시장경쟁은 곧 무질서를 의미하는 것으로 보는 시각은 규제완화를 도저히 불가능한 과제로 만든다. 물론 시장은 많은 결함을 갖고 있는 것이 사실이다. 그러나 시장기능에 결함이 있다고 하여 시장기능 자체를 완전히 배제하려는 사고방식은 대단히 위험하다. 경제적 규제의 폐해가 확인되고 있는 시점에서 우리에게 주어진 선택은 시장상태로의 복원이라기보다는 시장기능이 보다 잘 발휘될 수 있도록 하기 위한 여건의 조성이다. 경제적 규제의 완화와 더불어 독과점 및 불공정거래에 대한 규제를 강화함으로써 시장경쟁이 실질적으로 촉진될 수 있도록 해야 한다.

그렇다고 시장경쟁을 촉진하는 것만으로 문제가 해결되는 것은 아니다. 이미 지적한 바와 같이 시장경쟁에 있어서 중요한 것은 경쟁기업의 숫자가 아니라 그들 사이에 이루어지는 경쟁의 방향과 내용이다. 경제적 규제의 완화에 있어서 정부가 주의하여야 할 것은 바로 이 점이다. 보통 진입규제를 완화하면 그것이 곧 규제완화의 전부인 양 생각하기 쉬우나 진입이 보다 자유로와진 시장에서 기업들이 바람직한 방향으로 경쟁해 나갈 때 비로소 소비자 이익과 후생은 증가할 수 있다. 경제적 규제완화와 동시에 독과점 및 공정거래 규제 그리고 사회적 규제가 강화될 때 시장경쟁은 올바른 방향으로 진전되어 나갈 가능성을 갖는다.

경제적 규제는 순수한 경제적 목적 외에 사회적 규제목적을 포함하고 있는 경우가 많고 따라서 그것이 경제적 규제의 완화를 가로막고 있는 근본적인 방해 요인이 되는 경우가 많다. 이와 같이 복잡한 규제목적을 갖고 있는 경제적 규제의 완화를 위해서는 경제적 규제목적과 사회적 규제목적을 명확하게 분리하여 경제적 규제는 대폭적으로 완화하되 대신 그것에 덧붙여져 있던 사회적 규제목적을 본격적으로 다룰 수 있는 별도의 규제로 전환하는 것이 필요하다. 물론 경제적 규제를 완화하되 그 자리를 사회적 규제가 대신하게 될 때 규제완화의 효과가 발휘될 수 있겠는가에 대해 회의적인 생각을 가지기 쉽다. 물론 그러한 경우도 없지는 않을 것이다. 그러나 본서에서 누차 강조해 오고 있는 바와 같이 경제적 규제와 사회적 규제의 정치경제적 속성이 다르고 그 각각이 이루어지는 정치적 과정이 엄연히 다른 이상, 그 각각을 그것의 속성에 적합한 정책적 맥락 속에서 정당하게 다루어 나가는 것이 올바른 접근방법이다.

경제적 규제가 소득재분배 장치로서의 성격을 강하게 띠고 있는 경우에 대해서도 동일한 주장을 할 수 있다. 즉 정부규제를 통하여 소득재분배 정책을 추구하려 하기 보다는 보다 직접적이고 透明(transparent)한 정책수단이라고 할 수 있는 조세 및 재정적 수단에 의하여 소득재분배를 추구함이 타당하다는 것이다. 국회의 심사기능 등 외부적 통제가 약한 정부규제를 통하여 소득재분배를 추구하려고 할 때 많은 문제점들이 야기된다. 우리가 제8장에서 상세하게 고찰한 바 있듯이 불공평의 시정을 목표로 하는 경제적 규제가 다른 측면에서 오히려 불공평성을 더욱 심화시키는 경우들이 생겨나기도 한다. 이런 문제는 정부규제가 소득재분배를 추구하는 정당하고 효율적인 수단이 되지 못함을 보여 주는 것이다.

요컨대 경제적 규제는 경제적 규제 그 자체로서 정당하게 평가될 때 비로소 올바른 방향으로 개혁될 수 있다. 그렇지 않고 경제적 규제에 덧붙여진 다른 정책목적과 결합하여 혼돈된 속에서 경제적 규제의 완화를 추진하려 할 때 그것이 성공할 가능성은 희박하다. 왜냐하면 아무리 불합리한 경제적 규제라 할지라도 그것에 덧붙여진 다른 정책목적에 대한 정치적 支持(political support)가 있는 한 그 경제적 규제를 개혁하기 어렵기 때문이다. 현실적으로 경제적 규제가 명확한 한 가지의 목적이 아니고 다수의 불명확한 목표체계를 갖고 있는 경우가 대단히 많다. 따라서 정부규제의 본질에 대한 정치경제학적 이해에 바탕함이 없이 규제완화를 추진할 때 그것은 성공적으로 추진될 수 없고, 비록 추진되었다고 하더라도 또 다른 문제를 야기시킬 수 밖에 없다. 이것은 합병증이 있을 때 보다 근본적인 원인부터 차례차례 다스려 나가야 하는 것과 같다.

제 21 장

사회적 규제의 강화

1. 서 론

정부규제 개혁을 추구함에 있어서 경제적 규제(economic regulation)와 사회적 규제(social regulation)의 구분은 대단히 중요하다. 제20장에서 지적한 바와 같이 경제적 규제는 경제사회, 산업, 기술환경의 변화에 따라 그것의 불합리성이 확연하게 드러나게 됨으로써 당연히 완화되어야 할 대상으로 인식되고 있다. 그러나 사회적 규제는 소득 및 생활수준의 향상, 정치사회적 민주화의 진전, 산업사회의 복잡화와 다기화에 따라 날로 그 중요성이 증대하고 있어 오히려 강화되어야 할 대상으로 인식되고 있다. 規制緩和(deregulation)의 大勢 속에서 사회적 규제가 오히려 강화되지 않으면 안될 이유는 그것이 삶의 질(quality of life)의 확보, 인간의 기본적 권리의 신장, 경제사회적 약자의 보호와 사회적 형평의 실현을 목적으로 하고 있기 때문이다.

따라서 규제완화라고 할 때 그것은 보통 경제적 규제의 완화를 의미하는 것으로 이해되어야 하며, 사회적 규제의 완화를 당연히 포함하는 것이 아님에 주의할 필요가 있다. 물론 사회적 규제가 오래 전 부터 강화되기 시작하여 이제 상당한 궤도에 올라 있는 선진국에서는 사회적 규제의 완화에 대한 논의도 분분하다. 그러나 선진국에서 얘기되고 있는 사회적 규제의 완화 역시 그것의 철폐나 축소를 지향하는 것은 아니다. 사회적 규제는 당연하고 불가피한 것으로 인정하되, 그것이 비효율적인 방법으로 이루어짐으로써 경제에 지나치게 부담을 주게 해서는 안된다는 차원에서 논의되고 있는 것에 불과하다. 우리가 제14~17장에 걸쳐 전형적인 사회적 규제로서 환경규제, 근로자의 보건 및 안전을 위한 규제, 소비자 안전 및 보호를 위한 규제, 그리고 사회적 차별에 대한 규제 등에 대해 검토하면서 그것의 정책수단으로서 명령지시적 규제수단(regulation by directives)과 시장유인적 규제수단(regulation by incentives)을 대비시키면서 후자의 경제적 우수성을 부각시키려 하였던 것도 바로 이런 맥락을 염두에 둔 것이었다.

우리와 같은 개발도상국에 있어서 사회적 규제의 개혁문제는 선진국의 경우와는 근본적으로 다르다. 왜냐하면 개도국에서는 이제 비로소 사회적 규제의 중요성에 눈을 뜨고 있기 때문이다. 사회적 규제의 강화는 우리나라에서 특히 중요성을 가진다. 왜냐하면 1980년대 중반 이후 정치사회의 민주화 도정에 들어 선 이래 사회적 규제에 대한 관심과 사회적 규제의 강화를 요구하는 목소리가 강해지고 있기 때문이다. 그러나 개도국에 있어서 사회적 규제로 인한 경제적 부담은 심각한 문제가 된다. 사회적 규제의 강화는 우선 중요한 인플레 요인이 되고, 경우에 따라 경제성장의 속도를 떨어뜨리는 직접적인 요인이 될 수도 있기 때문이다. 개도국일 수록 기업들의 반대도 거세다. 사회적 규제의 경제적 효과가 그만큼 크기 때문이다. 사회적 규제와 그것의 경제적 영향 사이에 정책갈등과 相衝(trade-off)이 크면 클수록 사회적 규제의 강화는 어려워진다.

본장에서는 우리나라에서 사회적 규제의 강화를 요구하는 시대적 요청과, 사회적 규제를 합리적으로 강화해 나가지 않으면 안되는 경제적 현실 속에서 우리가 반드시 고려하여야만 할 사항들을 정리해 보려고 한다. 사회적 규제를 합리적으로 강화해 나가기 위해서는 우선 사회적 규제의 목적과 그것의 정치경제적 속성에 대한 깊이있는 이해가 필요하다. 다음으로 사회적 규제의 속성에 비추어 사회적 규제의 주창자 또는 수호자로서 시민단체 혹은 공익단체(public-interest groups)가 수행해야 할 역할을 재인식할 필요가 있다. 비슷한 이유로 司法府의 역할 강화도 요청된다. 代替的인 사회적 규제정책수단을 상호 비교할 수 있는 합리적 판단기준에 대한 합의도 도출되어야 한다. 또한 사회적 규제에 있어서는 사전예방적 혹은 企劃 목적을 가진 정책수단의 활용도 요긴하다. 예를 들면 환경영향평가제도, 교통영향평가제도 등은 이런 기능을 담당하고 있다. 아래에서는 이런 문제들에 대해 차례로 검토해 나가려고 한다.

2. 사회적 규제의 제도적 기초

2.1 참여민주주의와 시민단체의 육성

우리는 제 13 장에서 1960 년대 중반부터 1970 년대말에 이르기까지의 기간 동안에 美國에서 사회적 규제의 폭발적 증가를 가져올 수 있었던 중요한 사회구조 및 제도적 기초로서, 參與를 통한 民主主義(participatory democracy)라는 이념에 입각하여 적극적인 정책활동을 전개하였던 공익단체 및 시민단체들에 대해 자세하게 고찰하였다. 요약한다면 이들은 시민 스스로가 정책과정에 참여하지 않고서는 시민들이 요구하는 삶의 질의 확보는 요원하다고 보고, 풀뿌리 민주주의(grassroot democracy)를 통하여 시민세력을 규제정책 과정의 정당한 정책참여자로 등장시킴으로써 정부와 대기업 간의 밀착관계를 약화시키려고 노력하였다.

미국에서 공익단체들이 보여 준 활발한 정치적 활동은 사회적 규제를 본격화 해 나가야 할 시점에 있는 우리에게 시사하는 바가 적지 않다. 첫째, 공익단체는 환경문제, 소비자 문제 등에 대한 국민의 자각을 일깨우는 데 커다란 역할과 공헌을 하였다. 이들은 사회적 규제대상이 되는 문제들이 모두 社會的 責任(social responsibility)을 망각한 기업들에 의해 저질러지고 있고, 정부는 자유기업주의를 내세워 무책임한 기업행동에 대해 적극적인 제재를 가하지 않으려는 성향을 갖고 있다고 신랄하게 비판하였다. 또한 정부와 산업이 연합하여 현상유지를 꾀하는 기존의 정치경제질서를 과감하게 개혁하지 않는 한 삶의 질의 확보는 기대할 수 없다고 주장하면서 시민이 보다 적극적으로 관련 정책과정에 참여하고 정치적 압력을 가하는 것 외에는 효과적인 다른 대안이 없음을 주지시키기 위해 노력하였다. 이 과정에서 공익단체들은 언론매체를 최대한 유효적절하게 사용함으로써 국민들이 지속적 관심을 유도하는 한편 의회와 정부로 하여금 사회적 규제의 강화를 추진할 수 있도록 정치적 압력을 행사하였다.

둘째, 공익단체들은 사회적 문제에 대한 국민적 자각을 일깨우는 것만으로는 국회－규제기관－수혜 산업으로 형성되는 鐵의 三角(iron triangle)을 와해시키는데 충분하지 않다고 생각하고 정책과정 자체를 항구적으로 변화시킬 수 있는 보다 실천적인 전략을 구사하였다.[1] 이들은 우선 사회적 규제를 강화할 수 있는 법률의 제정을 위해 국회의 해당 委員會에 대한 정치적 압력을 강화하였다. 이들은 사회제도의 개혁에 사명감을 갖고 해당 위원회에 소속하여 국회의원의 입법활동을 돕는 議員 補佐官들과의 유대관계를 긴밀히 하면서 관련 국회의원들의 사회적 규제문제에 대한 관심을 불러 일으켰다. 해당 의원이 사회적 규제입법과정에서 어떤 입장을 취하고 얼마나 주도적인 역할을 담당하고 있는가를 평가하였다. 이와 같은 공익단체들의 집요한 노력에 따라 높은 정치적 야망을 가진 능력있는 議員들이 공익단체의 적극적인 후원을 받으면서 사회적 규제입법을 주도하기에 이르렀다.

셋째, 이 과정에서 공익단체들은 자신들의 주장을 언제라도 정책과정에 반영할 수 있는 제도적·절차적 보장을 얻어내기 위해 노력하였다. 이것은 사회적 규제입법이 아무리 강력한 규정들을 담고 있을지라도 이

1) 미국의 정치경제를 지배하는 철의 삼각(iron triangle)이 어떻게 변화에 저항하면서 현상유지를 꾀하는가에 대한 논의는 Milton & Rose Friedman, *Tyranny of Status Quo* (New York: Harcourt Brace Javanovich, 1984), pp. 41～51 참고.

를 집행하는 과정에서 무력화될 수 있다는 과거의 경험 때문이었다. 따라서 이들은 규제기관의 정책결정과 집행내용을 상시적으로 감시할 수 있는 법적·제도적 장치의 확보를 위해 노력하였다. 우리가 제13장에서 고찰한 바와 같이 1969년에 제정된 「환경정책법(National Environmental Policy Act)」에 환경영향평가(environmental impact statement: EIS)제도를 삽입하였다든지, 1970년대에 들어서서 제정된 상당수의 규제입법 속에 市民訴訟(civil suit) 혹은 集團訴訟(class action suit)을 인정하도록 한 것은 대표적인 사례라고 할 수 있다.

이런 제도적 변화는 규제기관의 越權으로 인해 시민들에게 손해가 발생한 경우는 물론이고, 규제기관이 당연히 취해야 할 행동을 취하지 않을 때, 공익단체들이 규제기관으로 하여금 엄격하게 법을 집행하도록 강제하는 소송을 제기할 수 있게 해 줌으로써 공익단체들이 실질적으로 규제기관의 법집행 내용과 과정을 효과적으로 감시할 수 있게 하는 데 크게 기여하였다. 이런 제도는 특히 환경규제 분야에서 공익단체들이 監視者(watchdog)의 역할을 충분히 다할 수 있게 하는 위력있는 무기가 되었다. 또한 새로운 제도의 도입은 결과적으로 규제정책 과정에 있어서 法院의 기능을 대폭적으로 신장시키는 역할도 하였다.

넷째, 공익단체의 대두는 규제기관의 정책결정 과정에도 커다란 변화를 초래하였다.[2] 보다 세부화된 규제입법, 법원의 법해석의 엄격성은 규제기관들로 하여금 행정적인 規則 制定(administrative rulemaking) 과정을 보다 공개적으로 진행시키지 않을 수 없게 만들었고, 이에 따라 공익단체의 규제정책과정에의 참여는 보다 수월해지게 되었다. 다시 말하면 규제기관들이 공익단체들의 提訴와, 소송과정에서 규제기관에 불리하게 조성되는 여론의 화살을 피하기 위해서는 어떤 형태로든지 사전에 공익단체들을 보다 광범위하게 정책과정에 참여시키고 이들의 의견을 존중하는 것이 안전하다는 생각을 갖도록 만들었다.

2) Max D. Paglin and Edgar Shor, "Regulatory Agency Responses to the Development of Public Participation," *Public Administration Review* (March/April 1977), pp. 140~48.

공익단체의 정책과정에의 참여를 보다 원활하게 하기 위한 목적으로 공익단체에 補助金을 지원하는 제도들이 생겨나게 된 것도 바로 이런 배경에서 였다. 연방거래위원회(FTC)가 채택한 利害關係者 補助프로그램(intervenor funding program)은 이것의 대표적인 예라고 할 수 있다. 이 프로그램은 이해관계자가 규제정책 결정과정에 참여하여 의견을 개진하기 위한 준비비용의 일부를 규제기관이 보조하여 주는 것으로서 이 프로그램의 최대의 수혜자는 당연히 공익단체들이었다. 물론 이런 보조금의 지급이 아니더라도 공익단체들이 독자적인 시험연구를 통하여 습득한 전문지식과 경험을 존중하여 규제기관이 자발적으로 공익단체의 자문을 구하거나 공익단체들과 사전에 협의하는 것이 관례처럼 여겨지게 되기도 하였다.

이상에서 간략하게 고찰한 미국에서의 공익단체의 활동과 이들이 취한 전략은, 아직 自生的 사회단체가 적고 그들의 활동이 초보적 단계에서 벗어나지 못하고 있는 우리나라에 있어서, 까마득한 장래에나 실현가능한 空想에 지나지 않을지 모른다. 그러나 위에서 고찰한 바와 같은 사회적 규제의 정치경제적 특성에 비추어 본다면 시민단체 및 공익단체의 정치적 참여가 확대되지 않는 한 사회적 규제의 강화는 空念佛에 그치고 말 가능성이 아주 높다는 사실에 주목하지 않으면 안된다. 사실 공익단체 역할의 중요성은 국민 모두가 소망하기는 하나 집단행동의 딜레마(collective action dilemma)로 인해 실현할 수 없는 공익(public interest)을 실체화하는 데 있다. 이런 의미에서 공익단체의 정치적 활동은 국가가 당연히 수행해야 할 역할과 기능을 보완하는 기능을 담당한다. 바로 여기에 공익단체에 대한 정부지원의 필요성과 정당성이 존재한다.

우리나라에 있어서 공익단체의 세력은 극히 미미한 수준에서 벗어나지 못하고 있다. 소비자운동은 이미 1950년대에 부분적으로 시작되었으나 그것이 본격화된 것은 1976년「消費者保護團體協議會」가 발족되면서부터라고 할 수 있다. 현재 우리나라의 소비자단체로서는 이 협의회 산하에「한국소비자연맹」,「소비자문제를 연구하는 시민의 모임」,「한국공익문제연구원」, 「한국소비자생활교육원」, 「대한 YMCA연맹」 등 모두 10개의 단체가 있다. 그러나 이 가운데 「한국소비자연맹」과 「소비자문제를 연구하는 시민의 모임」의 2개 단체를 제외한 나머지 단체들은 여성 및 기독교단체로서 소비자문제의 비중이 커지게 됨에 따라 소비자문제를 역점사업으로 펼쳐 나가고 있는 정도에 불과한 실정에 있다. 이들 민간 소비자단체는 自體財源이 극히 미미하여 거의 국가의 재정지원에 의존하고 있다. 국고지원 역시 1989년에 764백만원(경제기획원 및 환경청이 566백만원, 지방자치단체 보조가 198백만원)에 불과한 실정이다. 또한 국고보조비는 고발센터의 운영, 출판홍보, 교육사업 등에 주로 쓰이고 있으나 경상비 충당에도 힘겨운 형편이다.

환경운동 단체의 사정은 소비자단체의 그것보다도 훨씬 더 열악하다. 우리나라에서 환경운동은 1960년대에 시작되었으나, 1980년대 이후 특히 제6공화국 이후 민주화 분위기 속에서 상당히 빠른 속도로 확대되어 가고 있다. 그러나 아직도 환경운동 단체의 조직기반은 극히 취약하다. 1988년 「公害追放 運動聯合」이 발족되면서 비로소 환경운동 단체의 전국규모화를 모색하고 있으나 아직은 역부족이라고 할 수 있다. 소비자단체협의회 산하의 소비자운동 단체들도 환경보호운동에 나서고 있기는 하나 환경단체로 보기는 어렵다. 1989년 이후 수돗물 오염 등 연달아 터져 나오고 있는 굵직한 환경사건으로 인해 환경문제에 대한 국민들의 관심이 상당히 증대한 것은 사실이나 아직 시민운동으로까지 발전하지는 못하고 있다. 또한 아직도 경제성장을 최우선하는 사고방식이 온존해 있고, 환경운동이 경제성장과 직접적으로 갈등을 일으키는 문제로 인식되어, 환경단체를 마치 불온한 집단처럼 여기는 사회적 분위기도 완전히 가시지 않고 있다.

우리나라에서 공익운동이 이처럼 조직과 활동면에서 극도의 취약성을 보이고 있는 것은 상당히 높아진 것으로 얘기되는 국민들의 권리의식 수준과는 커다란 대조를 보이는 것이라 할 수 있다. 이것은 사회적 문제를 자신의 문제로 여기지 못하는 시민의식의 부족과 우리 사회에 유달리 높은 無賃乘車者(free-rider) 경향 때문이라고 할 수 있다. 또한 이들의 정치적 참여를 달갑게 여기지 않는 정부의 태도도 문제로 지적될 수 있다. 민주주의의 참다운 의미가 참여의 보장과 참여의 확대에 있음이 분명한 이상, 이들의 조직과 활동에 대한 일체의 정치적 제약이 거두어져야 당연함은 물론이고, 더 나아가서 이들의 활동을 적극적으로 지원하는 인식의 전환이 하루바삐 이루어져야 할 것이다.

물론 공익단체에 대한 정부의 지원은 문제점도 갖고 있다. 정부가 이들에 대해 자금을 지원할 때 이들의 자율성은 제약되지 않을 수 없기 때문이다. 그러나 현시점에서 볼 때 공익단체들이 이것을 문제삼을 겨를이 없다. 또한 우리나라에서 공익단체 운동이 미국에서와 같이 반정부적이고 기존의 정치경제체제에 대해 냉소적인 방향으로 나아가고 있는 것도 아니다. 정부의 입장에서도 사회적 규제의 강화를 위해서 행정기관을 늘리는 발상만을 일삼기보다는 공익단체의 기능을 적극적으로 활용하려는 자세의 전환이 시급하다. 예를 들면 1991년 여름 대구 페놀오염 사건(사례 21－1) 이후 환경처는 지방환경청과 지방자치단체에 환경요원을 수천명 증원하려고 하고 있다. 그러나 이들이 할 일이 주로 오염유발업체나 사업장의 감시에 있다고 한다면 여기에 소요되는 예산의 극히 일부분만을 공익단체에 지원하면 그 몇 배의 효과를 얻을 수 있을 것이다. 왜냐하면 공익단체란 監視者(watchdog)로서 社會惡을 감시하고 고발하는 것을 기본적 역할로 삼는 존재이기 때문이다. 비록 이들이 전문성은 충분히 갖추고 있지 못할지라도 감시기능에 있어서야 어느 누구도 이들을 당해내기는 어려울 것이다.

2.2 사법부 역할의 강화

제 18 장에서 이미 상세하게 고찰한 바와 같이 사회적 규제는 사회구성원 사이의 권리관계, 이해관계의 문제로 귀착하는 바 法院의 역할이 중요해지지 않을 수 없다. 사회적 규제가 강력하게 이루어지고 있는 선

진국에서 법원이 종래의 개별적 권리분쟁의 해결이라는 소극적인 역할에서 벗어나 광범위하게 공익에 영향을 미치는 정책문제의 해결에 적극적으로 참여하고, 공익에 무관심한 규제기관에 대치하여 최종적인 공익의 보호자(guardian)로서 기능하고 있음은 주지의 사실이다. 이제 법원은 절차의 정당성에 대한 판단에 그치는 것이 아니라 정책의 실질적 내용(substance)을 심사하고 규제기관이 취한 정책 뿐만이 아니라 규제기관이 당연히 이행해야 할 책무를 이행하지 않는 정부의 不作爲(inaction)를 추궁함으로써 규제기관 재량(discretion)의 폭을 축소하고 보다 적극적으로 정책을 형성하는 새로운 역할을 담당하고 있다.[3]

사회적 규제 영역에 법원의 역할이 증대되면 증대될수록 행정적 절차 또는 규제정책 결정과정은 점차 법원에서의 사실판단과 裁定(adjudication)의 모습을 닮아가지 않을 수 없다. 그 결과 선진국 특히 미국에서 사회적 규제기관(보통은 독립규제위원회)의 정책결정과정은 사법적 절차에 준하고 있다. 예를 들면 해당 산업에 일반적으로 적용되는 규칙 제정(rule-making) 과정에는 모든 이해당사자가 참여하지 않으면 안되고, 이들이 정당한 의견개진의 기회를 부여받지 않고서는 규칙제정 자체가 불가능하다. 이 과정에서 증거의 수집과 제시에 막대한 비용이 초래되고 있고, 정책결정 과정이 무한정 지체되는 부작용이 야기되고 있기도 하다.

물론 사회적 규제에 있어서의 법원의 역할 증대는 장점과 단점을 동시에 갖고 있다. 즉 행정만능의 사고를 배제하고 행정재량의 폭을 축소시킴으로써 정책결정 과정의 투명성(transparency)이 높아지고 절차의 공평성이 향상되는 반면에, 소송비용과 정책결정의 시간적 遲滯 현상이 두드러지게 나타나고 있다. 또한 법원의 역할이 증대되고, 규제기관의 정책결정에 대한 간섭이 증대될 수록, 규제기관이 소극적으로 되면서 정해진 규칙과 절차에 지나치게 얽매이게 되는 바람직하지 못한 현상도 야기되고 있다.

---

3) Donald L. Horowitz, "The Courts as Guardians of the Public Interest," *Public Administration Review* (March/April 1977), pp. 148~54.

우리나라에 있어서도 사회적 규제입법의 증가에 따라 법원의 역할은 불가피하게 증대하게 될 것이다. 우리나라에서 아직은 미국에서와 같은 市民訴訟 또는 集團訴訟이 인정되지 않고 있다. 法文化와 현행 法體系의 차이로 인해 이 제도가 도입되기까지는 상당한 시일이 걸릴 것이다. 그러나 사회적 규제, 예를 들면 환경분쟁, 산업재해 및 직업병과 관련한 분쟁, 소비자 피해구제, 사회적 차별로 인한 권리분쟁으로 인해 법원이 사회적 규제 영역에 깊숙하게 침투해 들어가지 않을 수 없는 시대가 이미 도래하고 있다.

이런 분쟁이 개별적인 事案으로 다루어지기 때문에 그 파급효과가 작게 나타날 것으로 보는 것은 잘못이다. 왜냐하면 이들 사안 하나하나는 국민들의 지대한 관심을 모으기에 충분한 중요한 문제들이기 때문이다. 따라서 기업들이 이런 법적 분쟁에 휘말리게 될 때 법적 분쟁에서의 승패는 차치하고라도, 자기에게 불리하게 조성되는 報道(adverse publicity)와 이에 따른 여론 공세를 두려워하기 때문이다. 이런 측면에서 개별 사안에 대한 법원의 판단은 규제기관의 어떤 조치보다도 강력한 효과를 발휘할 가능성이 높아지고 있다.

이런 상황에 비추어 볼 때 과연 우리나라의 사법부가 이런 역할을 능히 감당할 수 있을 만큼의 인력과 전문성을 축적할 수 있느냐가 문제로 등장한다. 이 점에서 보면 아직 회의적이라고 밖에 말할 수 없는 측면이 많다. 우선 법원이 보다 적극적으로 정책형성 기능을 담당하는 것에 대한 국회 및 행정부의 저항이 강하다. 다음으로 보다 현실적인 문제로서는 우선 法官의 수가 너무 적다는 점, 환경·산업재해·소비자 문제 등 사회적 규제 영역에서 발생하는 법적 문제의 처리를 별로 달가와 하지 않는 풍토, 그리고 이런 문제를 다룰 수 있는 법관의 자질, 전문성 축적을 저해하는 法官 人事制度 등이 지적될 수 있을 것이다. 이런 측면에서의 제도적 개선이 시급하다.

3. 사회적 규제의 경제적 파급효과

이상에서 사회적 규제의 강화를 위한 제도적 기초로서 공익단체의 육성과 사법부 역할 강화를 고찰하였다. 그러나 사회적 규제의 강화에 대한 최대의 장벽은 그것의 경제에 대한 부정적 파급효과에 있다. 환경규제, 산업재해 및 직업병 규제, 소비자보호 규제, 사회적 차별에 대한 규제 그 어떤 것이든 사회적 규제는 기업의 생산비용을 높이는 결과를 초래한다. 물론 이 비용은 장기적으로 모두 소비자에게 轉嫁(shift) 되기 마련이다. 그러나 단기적으로 사회적 규제의 강화는 기업의 收入을 감소시키고, 경제전체적으로는 물가상승 요인을 구성하며, 그것이 선진국에서와 같이 과도하게 이루어질 경우 경제성장의 감속을 초래할 수 있다. 물론 이런 경제적 부작용들은 사회적 규제의 강화에 반대하는 집단에게 무엇보다도 강력한 무기를 제공한다. 왜냐하면 사회적 규제 목적의 달성도 중요하지만 경제의 성장과 인플레의 방지도 중요하기 때문이다. 이렇게 볼 때 사회적 규제에 있어서 핵심적인 문제는 결국 사회적 규제를 강화하되, 어떤 수준에서 어떤 방법으로 사회적 규제의 정책목적을 추구할 때 경제적 부작용과 기업의 저항을 최소화할 수 있느냐로 집약된다.

3.1 정책수단의 선택

우리는 이미 이런 관점에서 제14장으로 부터 18장에 걸쳐 사회적 규제의 대체적인 정책수단들에 대해 상세하게 고찰하였다. 논의의 중복을 피하기 위해 요약해 본다면 다음과 같이 말할 수 있을 것이다. 사회적 규제 수단으로 우리가 흔히 생각하게 되는 것은 두말할 것도 없이 命令指示的 規制(regulation by directives) 방법이다. 즉 정부가 기업이 준수해야 할 행동기준을 법령의 제정을 통하여 규정한 다음 이를 위반하는 기업행동에 대해 제재를 가하는 것이다. 이 방법은 우선 일반인들이 이해하기가 쉽고 또한 강한 직관적 설득력을 갖고 있다. 왜냐하면 사회적 규제의 대상이 되는 기업행동은 당연히 규제되어야 하고, 이를 위반한 자는 당연히 처벌을 받게 될 때, 사회적으로 바람직하지 않은 기업행동이 근절될 수 있다고 믿기 때문이다.

그러나 우리가 이 문제에 대해 조금만 세심한 주의를 기울인다면 이 방법이 그다지 큰 효과를 내기 어렵다는 점을 쉽게 발견할 수 있다. 즉 정부가 과연 사회적으로 바람직하지 않은 행위를 일일이 감시하고 파악할 수 있겠느냐를 생각할 때 우리의 대답은 부정적일 수 밖에 없다. 설령 행정력이 뒷받침될 수 있다고 하더라도, 과연 규제관료들이 성실하게 자기의 임무를 충실하게 수행할 수 있을 것인지가 문제로 대두된다. 또한 정부가 기준을 정한다고 할 때 과연 그 기준이 적정한 선에서 정해질 수 있겠느냐도 문제다. 이에 대해서는 다음 항에서 논의하게 될 것이나, 결론부터 말한다면 이에 대한 사회적 합의를 구하기는 대단히 어렵다.

다음으로 누누히 지적한 바와 같이 명령지시적 규제정책 수단은 경제적 비효율성과 불공평성 문제를 야기한다. 우선 경제적 측면에서 명령지시적 규제수단은 동일한 규제비용으로 보다 많은 정책효과를 얻어 낼 수 있는 가능성을 가로 막는다. 또한 기술혁신의 유인도 제공하지 못한다. 그런가 하면 획일적인 규제기준이 대기업과 중소기업에 또는 다른 업종간에 동일하게 적용될 때 심각한 불공평성을 초래한다. 요컨대 명령지시적 규제는 경제적 측면에서 평가할 때 우수한 방법이라고 할 수 없다. 그러나 정치적 호소력과 설득력면에서는 강점을 갖고 있다.

이에 비하여 市場誘因的 規制(regulation by incentives) 수단은 경제적 효율성과 공평성의 측면에서 우수성을 지닌다. 왜냐하면 이런 규제방법 하에서 피규제자는 시장유인(market incentives)에 따라 자기에게 가장 유리하고 적합하다고 생각하는 방법으로 정부규제에 부응할 수 있는 여지를 가질 수 있기 때문이다. 그러나 이 방법에도 문제가 없는 것은 아니다. 우선 시장유인적 규제수단은 대단히 정교하기 때문에 이해하기가 어렵고, 규제기준이 잘못 설정될 때 규제목적을 달성하기 곤란한 경우가 생겨난다. 또한 현실적으로 이런 규제수단을 제도화하기도 쉽지 않다. 그리고 피규제자에게 재량권을 부여하기 때문에 비윤리적인 것으로 오해되기 쉽다. 비상시에 즉각적인 효과를 발휘하지 못한다는 점도 한계로 지적될 수 있다.

두 가지의 사회적 규제방법을 비교해 볼 때 한 방법의 장점이 곧 다른 방법의 약점이 됨을 쉽게 알 수 있다. 우선 명령지시적 규제수단은 시장기능을 불신하고 따라서 시장기능을 배제한다. 반면에 시장유인적 규제수단은 정부의 구체적이고 경직적인 시장개입으로 인해 발생하는 경제적 문제에 주목하면서 시장기능의 강화를 요청한다. 따라서 두 방법 사이의 선택 문제는 결국 시장기능을 얼마나 신뢰하느냐에 귀착된다.[4] 시장이 어느 정도 기능하고 있고 그것이 정부보다 효율적이라고 할 때 후자가 선택될 것이다. 그러나 시장이 불완전하다고 볼 때에는 명령지시적 규제수단에 의존하지 않을 수 없게 될 것이다.

이 두 가지 규제수단 가운데 어느 방법을 선택하여야 할 것인가의 문제는 각각의 사회적 규제문제의 성격에 따라 다를 수 밖에 없고 따라서 일반화하기는 대단히 어렵다. 그러나 일반화의 위험을 무릅쓰고 말한다면 특별한 경우를 제외하고는 시장유인적 규제수단이 현실적으로 보다 우월한 기능을 하게 될 경우가 많다고 할 수 있다. 사회적 규제의 대상이 되는 피규제자의 수가 워낙 많고 규제대상이 되는 품목이 엄청나게 많을 때 이것을 행정적으로 규제해 나간다는 것은 실제에 있어서 거의 불가능에 가깝기 때문이다. 이것은 사회적 문제의 해결에 시장기능이 보다 많이 활용되어야 할 것을 요구한다. 다음으로 사회적 규제가 극복하여야 할 최대의 난관이 그것으로 인한 경제적 부담이라고 할 때 사회적 규제의 경제적 효율성과 공평성을 최대한 확보할 필요가 있다. 시장유인적 규제는 이 두 가지 점에서 우수성을 갖고 있다.

---

4) Lester B. Lave, *The Strategy of Social Regulation* (Washington, D.C. : Brookings Institution, 1981), pp. 9~11

3.2 규제기준의 적정성

사회적 규제의 대상이 인간의 보건과 생명에 직접적으로 관련되는 문제들이라고 할 때 그러면 어떤 수준을 안전하다고 볼 것이냐가 중요한 문제로 대두된다.[5] 예를 들면 식품의 경우에 어느 정도로 안전한 것이 과연 안전한 것이냐가 문제가 된다. 마찬가지로 환경오염이나 작업장 안전에 있어서 어느 정도 안전한 것이 과연 안전한 것이며 사회적으로 용인될 수 있는 수준이냐가 문제이다. 이를 달리 표현한다면 어느 정도 수준의 위험(risk)을 허용할 것이냐의 문제라고도 할 수 있다. 문제는 여기에서 그치지 않는다. 위험을 제거할 때 기대되는 이익은 어느 정도로 큰가? 동물실험에서 얻어진 결과를 인체에 곧바로 적용하는 것이 타당한가? 어떤 露出水準(exposure level)에서 심각한 위험이 발생하는가? 예를 들어 소량의 사카린이 포함된 콜라를 하루에 평균 한잔씩 마실 때 그것이 암을 유발할 가능성이 있는가? 이런 문제들에 답하기는 대단히 어렵다. 이런 문제들에 대한 실제적인 접근방법은 다음 중 어느 한 가지이다.

3.2.1 無危險(no risk) 기준

이것은 아무리 작은 위험일지라도 그것을 허용하지 않는 규제방법이다. 인체에 위협을 가하는 것이면 그것이 아무리 작을지라도 절대금지하여야 한다는 것이다. 이런 예로서는 미국의 「식품, 의약품, 화장품법」에 규정된 델라니 조항(Delaney clause)을 들 수 있다. 이 조항은 인체나 동물에 암을 유발시킬 가능성이 있는 물질은 절대로 식품첨가물로 사용되어서는 안된다고 규정하고 있다. 이와 같이 위험의 절대적 금지를 목적으로 할 때 그것은 이해하기도 쉽고 윤리적으로도 강한 호소력을 가진다. 또한 규제정책 결정도 비교적 쉬워진다. 왜냐하면 생학실험 결과 발암성(carcinogenicity)이 발견된 물질의 사용을 금지시키면 그만이기 때

5) 논의의 편의를 위하여 여기에서는 사회적 차별에 대한 규제는 제외한다.

문이다. 그러나 이 기준은 비현실적이다. 왜냐하면 식품첨가물이 아닌 자연식품조차도 비록 극히 낮은 수준이긴 하지만 모두 발암의 가능성을 지니고 있기 때문이다.[6] 규제기관 역시 실제로 이런 규정을 그대로 지키고 있지도 않다. 왜냐하면 잘못된 규제로 인해 부당하게 국민들이 애용하던 식품이 시장에서 사라져 버릴 수도 있기 때문이다.

또한 안전만을 唯一無二의 가치로 여겨 문제 삼는다면 모르되, 다른 역시 중요한 문제들이 공존하는 한 이 기준은 실제에 있어서 쓸모가 없게 된다. 인체에 해롭다는 것을 알면서도 사람들이 담배를 피우고 술을 마시며 過食과 偏食을 하고 오염된 공기를 마시며 大都市에 살고 있다. 이것은 안전만이 유일한 가치는 아니라는 사실을 보여준다. 우리는 식품첨가물이 대체로 해롭다는 사실을 알고 있으면서도 모양을 내고 색깔을 내고 향기를 풍기는 음식을 즐긴다. 결국 법률 규정을 통하여 안전을 확보하려는 것은, 마치 법률을 통하여 도덕성을 확보해 보려고 하는 것과 같다. 이런 시도는 의도는 좋을지 모르나 하나의 修辭(rhetoric)에 불과할 뿐이다. 또한 그것은 약간의 사람들을 특정 위험으로부터 배제시킬 수는 있지만 그것에 따르는 비용은 급속하게 증가한다.

100% 안전도 확보를 지향하는 규제는 또한 독성이 극히 약하고 소수의 사람만이 그것에 노출되게 되는 물질과, 독성이 강하고 모든 국민이 그것에 노출될 가능성이 많은 두 가지의 물질이 있다고 할 때 이것을 구분하여 다루지 못하게 만든다. 왜냐하면 毒性이 있는 모든 물질은 동일한 취급을 받게 되기 때문이다. 그러나 독성에도 차이가 있는 것이 분명한 사실이라고 할 때 완벽한 안전이라는 기준은 대단히 불합리할 뿐만 아니라, 규제정책의 수행에 있어서 적절한 우선순위(어떤 물질을 먼저 규제할 것인가?)를 제공해 주지 못한다. 연구결과의 미확인으로 어떤 물질의 즉각적인 사용금지 조치가 부적절하다고 판단될 때, 그 물질에 대해 어떤 수준의 안전도를 부과할 것인가를 결정하는 데도 아무런 도움을 주지 않는다.

6) Lave, *op. cit.*, p. 12.

이런 기준을 환경문제에 적용해 본다면 그것의 불합리성은 더욱 확연하게 드러난다. 예를 들어 無公害(zero emmisions)를 기준으로 한다고 할 때 거의 대부분의 공장은 문을 닫지 않을 수 없게 될 것이다. 왜냐하면 無公害産業이란 거의 없기 때문이다. 더욱이 전력(화력이든 원자력이든), 철강, 석유정제, 석유화학 등 많은 기간산업은 모두 공해산업들이다. 우리는 흔히 산간지방에서 농약이나 비료를 사용하지 않고 재배되어 나오는 채소류 등을 무공해 채소라고 부르고 있지만 그것이 오염된 비를 맞고 자랐다면 이미 완전 무공해 채소는 아니다.

이렇게 볼 때 무위험 또는 100%안전이란 하나의 이상에 불과한 것임을 이해하기 어렵지 않을 것이다. 따라서 비록 규제입법이 이와 같은 내용을 담고 있을 지라도 그것은 선언적 의미를 지니는 것에 불과하다. 실제에 있어서 이런 법조문이 그대로 시행되기를 기대하기 어렵고 또한 바람직하지 않는 측면도 있다.

3.2.2 상대적 위험의 비교

앞의 무위험 기준의 경우에는 위험의 크기가 문제가 되지 아니한다. 모든 위험은 동일하게 취급되고 동일하게 금지되기 때문이다. 그러나 위험의 크기를 따지고 부분적으로나마 편익의 크기를 계산하게 되면 우리는 아래와 같은 두 가지의 다른 판단기준을 가질 수 있게 된다.

첫째, 방부제가 유해할지라도 그것을 사용하면 식품의 부패를 막을 수 있다. 따라서 방부제가 첨가된 식품을 택할 것인가, 아니면 부패된 음식의 섭취로 인한 고통을 선택할 것인가? 이런 경우는 소비자들에게 대단히 어려운 선택의 문제를 제기한다. 다른 예를 들어 설명한다면 당뇨와 비만증에 시달리던 사람이 설탕 대신 사카린을 애용하고 있었는데 어느날 사카린이 발암물질이라는 사실이 알려지게 되었다면, 이 사람은 발암위험을 불사하고 사카린을 계속 사용해야 할 것인가, 아니면 사카린을 포기하고 대신 비만과 당뇨병의 악화를 택할 것인가? 이런 정책적 갈등은 특히 의약품의 경우에 심하게 나타난다. 왜냐하면 부작용이 없는 의

약품은 거의 없기 때문이다. 불치의 병을 치료할 수 있는 특효약이지만 그것이 또 다른 위험을 야기하는 것이라면 어떻게 해야 하는가?

두번째 유형의 갈등은 소비자와 근로자의 위험 가운데 누구의 위험을 보다 중시할 것인가의 문제에서 비롯된다. 예를 들면 보다 안전한 제품을 생산하기 위해 근로자가 작업장에서 보다 높은 직업병 위험을 감수해야 한다면 누구의 안전을 먼저 생각해야 할 것인가? 물론 근로자는 소비자에 비하여 작업장의 위험에 대해 좀더 알고 있을 가능성이 있다. 그러나 그가 부주의로 그러한 위험에 빠지게 된다면 어떻게 해야 하는가? 이런 갈등은 끊임없이 계속된다. 예를 들면 공장안에서 작업하는 근로자의 건강에 대한 위협과 공장 주변의 주민에 대한 건강의 위협 가운데 어떤 것을 우선하여야 하는가? 이렇게 볼 때 이 기준은 無危險 기준보다는 좀더 합리적이라고 볼 수 있으나 사회적 규제정책에 대해 명확한 판단기준을 제시해 주지는 못한다.

3.2.3 가능한 최선의 기술수준 기준

이 기준은 흔히 환경규제에 있어서 사용되는 기준으로서 현 상태에서 가능한 최선의 기술수준(best available technology: BAT)으로 달성할 수 있는 오염처리 기술수준을 규제기준으로 삼는 방법이다. 이것은 규제로 인한 비용과 편익을 계산할 필요없이 기술적 판단에 따라 규제기준을 정하기 때문에 비교적 간단하다는 장점을 가질 수 있다. 또한 이 방법은 장차 보다 나은 기술이 개발되면 그때 보다 낮은 비용으로, 보다 효과적으로 규제목적을 달성할 수 있을 것이라는 암묵적 전제를 갖고 있다.[7] 그러나 과연 무엇이 현존하는 BAT인가? 이것을 결정하기는 쉽지 않다. 왜냐하면 기업의 입장에서는 가급적 BAT를 낮게 잡음으로써 규제순응비용(compliance costs)을 낮추어 보려는 유인을 가지게 되기 때문이다.

따라서 실제에 있어서 규제기관은 규제대상 산업의 收益性이 어떤 수준인가를 보아 수익성이 높을수록 보다 높은 기술의 채택을 요구하려고

7) *Ibid.*, p. 14.

할 것이다. 왜냐하면 수익성이 낮은 기업에 높은 BAT를 요구할 때 그것이 수용되기 어렵고, 비록 수용되었다고 할지라도 기업경영이 각박해지게 될 것이기 때문이다. 이 결과 BAT를 규제의 기준으로 삼을 때에는 현존하는 기술수준 그 자체보다는 그 산업의 수익성이 보다 중요한 판단기준이 될 우려가 높다.

3.2.4 위험편익분석 및 비용편익분석

이제 우리에게 남겨진 선택은 危險便益分析(risk-benefit analysis)과 비용편익분석(cost-benefit analysis)이다. 이에 대해서는 제23장에서 상세하게 논의할 것이므로 여기에서 자세한 설명은 생략한다. 요약하여 말한다면 사회적 규제의 비용과 규제로 인해 얻어질 것으로 기대되는 편익이 균형을 이루는 선에서 규제의 수준을 정해야 한다는 것이다. 물론 사회적 규제 영역에서 이런 경제적 기준이 지배적인 판단기준으로 사용되는 것에 대해 본능적으로 반발심을 가지기 쉽다. 제23장 4절에서 심도있게 검토하게 될 것처럼 이런 분석기법의 사용에 대해 이념적, 방법론적, 기능적 측면에서도 많은 비판이 제기될 수 있다. 그러나 우리가 비용편익 분석을 규제정책 결정을 보다 합리화하기 위한 하나의 수단이라고 이해한다면 큰 무리가 없을 것이다.

비용편익분석과 같은 접근방법의 사용은 사회적 규제의 합리화에 필수적인 요소라고 할 수 있다. 사회적 규제에 있어서 무위험(no risk) 수준이 정당하고 당연한 규제기준이 되어야 한다는 생각을 가지기 쉬우나 우리가 앞에서 검토한 바와 같이 이것은 사회적 규제의 합리화에 중요한 판단기준으로서 기능할 수 없다. 우리는 이런 무위험 기준을 선호하지만 실제에 있어서는 어렴풋이나마 비용편익 분석적 사고를 하고 있음을 인식할 필요도 있다. 예를 들면 같은 비용을 들인다면 보다 많은 인명의 손실을 막을 수 있도록 하는 것이 좋겠다거나, 되도록 많은 인명을 보호하기 위해서는 적은 비용으로 쉽게 구할 수 있는 인명을 먼저 구해야 한다거나, 장차에 닥치게 될 위험보다는 당장 직면하고 있는 위험을 보다 중시하는 것 등은 모두 이런 합리적 사고의 발로라고 말할 수 있다.

요컨대 방법론적으로 많은 결점을 갖고 있는 것이 사실이지만, 비용편익분석적 접근은 우리가 다루어 나가야 할 문제들이 하나가 아니고 무수하며 우리가 갖고 있는 자원이 제약되어 있기 때문에 사회적 규제정책의 합리화를 위해 당연히 필요한 정책분석의 도구가 되어야 한다고 할 수 있다.[8] 다만 이런 분석으로 얻어진 결론이 사회적 규제의 회피 또는 지연을 합리화시키기 위한 방편으로 이용되어서는 안될 것이다. 제 23 장에서 지적하고 있는 바와 같이 비용편익분석에 있어서 비용의 파악이 비교적 용이한 데 비하여 편익의 파악과 계량화가 극히 어렵다고 하는 점을 감안한다면 이것의 중요성은 아무리 강조해도 지나치지 않을 것이다.

3.3 사회적 규제의 경제적 파급효과

이상에서 우리는 사회적 규제정책의 합리화를 위해 필요한 사고의 기준을 몇가지 제시하였다. 여기에서는 사회적 규제와 그것의 경제적 파급효과 사이의 관계에 대해 고찰하려고 한다. 양자의 관계는 사실 대단히 복잡하고 사회적 규제의 범위, 強度 등에 따라 서로 다르게 나타난다. 따라서 이것을 일반화하기는 어렵다. 그러나 사회적 규제에 대한 가장 강력한 위협이 바로 경제활동에 대한 위협에서 비롯되는 만큼 이것을 간략하게 정리해 보기로 한다.

3.3.1 사회적 규제와 물가상승

새로운 사회적 규제가 시행될 때 또는 기존의 규제가 한층 강화될 때 기업의 생산원가는 상승하지 않을 수 없다. 그것은 어떤 사회적 규제수단하에서나 마찬가지다.[9] 왜냐하면 사회적 규제는 기업활동으로 인해 야기되는 사회적 비용을 기업이 흡수하도록 강제하는 제도적 장치이기 때

8) *Ibid.*, pp. 3∼7.

9) 물론 명령지시적 규제의 경우에 비하여 시장유인적 규제 정책수단이 사용될 때 그 부담은 훨씬 적어질 수 있다.

문이다. 따라서 사회적 규제가 이루어질 때 기업이 생산성 향상으로 이를 흡수할 수 없는 한 기업의 단기적 영업수익은 감소한다. 왜냐하면 제품가격이 상승하고 그에 따라 수요가 감소하기 때문이다. 기업이 규제로 인한 손실을 얼마나 쉽게 소비자에게 전가시킬 수 있느냐 하는 것은 기업의 市場地位(market position)와 그 기업이 생산하는 제품에 대한 需要彈力性에 따라 다르다.

그러나 기업의 부담은 궁극적으로 소비자에게 전가된다. 환경규제, 소비자 보호 규제, 근로자 안전확보를 위한 규제, 그리고 사회적 차별의 철폐를 위한 규제 등 각종의 사회적 규제가 기업에 부과될 때 기업이 안게 되는 비용은 누적적으로 증가한다. 이 때 경제전체적으로 비용유발적(cost-push) 인플레이션이 야기된다. 이와 같이 물가가 전반적으로 상승하게 될 때 수출산업의 국제경쟁력도 약화된다. 우리 경제와 같이 인플레에 취약한 경제에 있어서 사회적 규제로 인해 물가가 상승하게 될 때 정부가 사회적 규제에 대해 二律背反的 또는 兩面的 태도(ambivalence)를 보이게 됨은 어쩌면 당연한지 모른다. 일반국민의 입장도 이와 별로 다르지 않다. 즉 사회적 규제가 필요하다고 생각하면서도 물가상승으로 인한 소득의 상실을 당연한 것으로 받아들이려 하지 않는다. 이런 양면적 태도가 만연될 때 기업의 반격은 시작된다. 사회적 규제의 강화는 아직은 時機尙早라느니 우선 경제의 성장과 안정을 돌보아야 한다든지 하는 논리를 강하게 내세우게 된다.

3.3.2 사회적 규제와 경제성장

이와 유사한 논리로 사회적 규제는 경제성장에 부정적 영향을 미친다. 우선 사회적 규제의 강화는 생산비의 상승, 수요의 감소, 생산의 감소를 초래한다. 물론 이것은 사회적 규제의 강도에 따라 다르게 나타난다. 사회적 규제 정책수단이 잘못 선택된 경우에 그것의 부작용은 더욱 크게 나타난다. 물론 사회적 규제 정책수단이 올바르게 선택된 경우에, 기업은 기술개발노력을 강화하고 생산성 향상을 위한 노력을 경주할 수도 있다. 그러나 그것의 효과는 단시일 내에 나타나기 어렵다. 따라서 단기적으로 경제는 부정적 영향을 받는다. 물론 사회적 규제의 강화로 인한 타격은 대기업보다 중소기업에 크게 나타난다. 그만큼 추가비용을 흡수할 여력이 적기 때문이다. 중소기업에 타격이 가해질 때 실업이 증가할 가능성은 그만큼 더 높다. 이같은 사회적 규제와 국민경제 사이의 상충관계(trade-off)와 정부의 이런 상충관계에 대한 대응을 극명하게 보여준 것이 금년 봄에 발생한 대구 페놀오염 사건이다.

[사례 21-1] 大邱 페놀오염 사건

1991년 봄 낙동강 유역의 두산전자 공장에서 대량의 페놀이 낙동강에 유입되어 대구시민이 마시는 수돗물이 시꺼멓게 오염되고, 영문도 모르고 그 물을 마신 많은 사람들이 복통을 일으키고, 유산하는 임산부가 생겨나는 충격적인 사건이 발생하였다. 이 사건 직후 환경처는 문제의 斗山電子(株)에 대해 조업중단을 명령하였다. 한달이 채 못되어 이 공장을 하루 속히 재가동시키지 않으면 이 공장에서 생산되는 제품(PCB)을 부품으로 사용하는 많은 수출기업들이 타격을 입게 된다는 주장이 상공부에 의하여 대두되기 시작하였다. 정작 당사자인 두산전자는 악화된 국민의 여론을 의식하여 공장의 가동재개를 별로 원치 않는 상황이었다. 관련 수출기업들이 상공부에 아우성을 쳤을 것은 물론이다. 상공부는 기어이 환경처에 공장가동의 재개를 허가해 줄 것을 공식적으로 요청하였다. 경제기획원도 상공부의 입장을 편들었다. 국민들의 분노가 채 가시기도 전에 환경처는 두산전자의 조업재개를 허가하였다. 그러나 이내 동일한 사건이 재발하였다.

이 사건 직후인 1991년 4월 대구 지방환경청은 대구 비산에 있는 染色工團 내 36개 업체에 대해 종래 7部制로 온종일 가동해 오던 것을 3부제로 단축 조업하도록 하였다. 이것은 염색공장에서 배출되는 오염의 처리시설이 충분치 못한 상태에서 미처 처리되지 못한 廢水가 방출되는 것을 줄이기 위함이었다. 그러나 공단의 오염처리시설 확대를 위한 아무런 조치도 없이 대구지방환경청은 조업정치 조치 불과 몇 개월만인 11월에 조업제한을 해제하였다. "냉각탑과 化學反應槽 설치 및 고장시설의 보수 등으로 공단에서 방류되는 수질이 배출허용 기준치 이하로 크게 개선되었기 때문"이라는 것이 그 이유였다. 그러나 이것은 국내 최대 염색공단의 부분적 조업중단으로 섬유산업계 및 지역경제가 타격을 받게 되자 상공부와 대구직할시가 이 조치의 해제를 요구한 결과였다.

이상에서 고찰한 바와 같이 사회적 규제는 크든 작든 경제에 부담을 준다. 사회적 규제 강화를 요구하는 국민의 소리가 아무리 강하다고 하더라도 그것이 경제성장과 물가에 악영향을 주게 될 때 정부는 주춤거린다. 어느 것도 놓쳐서는 안되는 것들이기 때문이다. 그러나 결론은 대체로 경제를 우선하는 방향으로 내려지기 쉽다. 이것은 허약한 경제체질을 갖고 있는 나라에서 불가피한 일인지도 모른다. 왜냐하면 사회적 규제로 인한 국민후생의 증가는 나중 문제요, 당장은 경제가 더 급하다고 보는 시각이 항상 지배하고 있기 때문이다. 환경론자, 소비자 운동가라도 이런 상황에 닥치면 주춤하기 마련이고 일반국민은 혼란에 빠진다. 이것이 우리가 연거퍼 경험하고 있는 현실이다. 우리가 사회적 규제의 강화를 통하여 보다 나은 삶을 추구할 수 있기 위해서는 불가피하게 경제적 손실을 감수하지 않으면 안된다는 인식이 보편화될 때까지 이런 현실은 계속될 가능성이 높다.

이것이 우리가 당면하고 있는 엄연한 현실이라면 우리가 선택할 수 있는 代案의 폭은 극히 좁다. 취약한 경제현실을 감안하면서 사회적 규제를 강화하기 위해서는 보다 현실적이고 합리적인 접근방법을 취할 도리 밖에는 없다. 그것은 결국 규제정책 수단의 선택, 시기의 선택문제로 귀착된다. 어떤 정책수단을 사용하는 것이 경제적 부담을 최소화 하면서 최대의 효과를 얻을 수 있는 길인가? 또한 어떤 사회적 규제 영역에서 그와 같은 예들이 있겠는지를 찾아 보아야 한다. 사회적 규제를 강화하라는 정치적 압력이 받아들여 질 수 있는 합리적 토대가 마련되어야 한다. 경제에 대한 파급효과를 미리미리 예측하여 기업의 일방적인 논리에 힘없이 밀리지 않아야 한다. 정부규제의 정치경제적 속성을 깊이있게 이해해야 할 필요는 바로 여기에 있다.

4. 예방적 목적의 사회적 규제

사회적 규제는 많은 비용을 초래한다. 예를 들면 환경이 오염되었을 때 이로 인한 피해를 복구하기 어려운 경우가 많고, 그것이 가능하다 하더라도 엄청난 비용을 필요로 한다. 이것은 사회적 규제에 있어서 사전 예방적인 노력의 중요성을 잘 보여 주는 것이다. 본절에서는 이런 의미에서 환경영향평가제도와 교통영향평가제도에 관해 고찰하기로 한다.

4.1 환경영향평가제도

제 2 절에서 미국에서의 環境影響評價(EIS) 제도의 정치경제학적 의의에 대해 언급하면서 그것이 공익단체들이 환경정책 결정과정에 깊숙이 참여할 수 있고, 이 제도의 운영과정에서 생산되는 관련 정보가 쉽사리 法廷 투쟁에 이용될 수 있기 때문에, 환경단체들이 공익운동을 효과적으로 전개하는데 크게 기여할 수 있음을 지적하였다. 그러나 우리나라에서의 현행 환경영향평가제도는 아직 그 단계에 이르지 못하고 있다. 따라서 여기에서는 환경영향평가제도가 환경의 훼손을 사전에 예방할 수 있도록 하는 중요한 제도적 장치라는 측면에서 주로 논의하려고 한다.

우리나라에서 환경영향평가 제도는 1977년 「환경보전법」이 제정되면서 도입되었다. 이 제도는 미국의 제도를 모방한 것이지만 주로 정부사업의 추진에 있어서 관련부처가 보사부와 협의하도록 하는 정도에 불과하였다. 그러나 이나마도 관계부처의 이해부족 등으로 死文化되다시피 되었다가, 1979년 환경청이 발족되면서 시행준비에 들어 가 1981년 3월 「환경영향 평가서 작성에 관한 규정」을 告示하게 되었고, 1982년부터 시행되기 시작하였다. 당시에는 도시개발, 공업단지, 에너지개발, 항만·도로·철도·공항건설, 매립 및 개간사업 등 행정기관, 공공단체, 정부투자기관이 시행하는 대규모 사업만을 평가대상으로 하였으나, 1987년에는 민간이 주체가 되어 시행하는 일정규모 이상의 개발사업도 평가대상에 포함시키게 되었다. 1990년 「환경보전법」이 「환경정책기본법」으로 대체되고, 1991년 2월 동법 시행령이 제정되면서 평가대상 사업이 확대되었다. 이 제도 운영을 위한 절차적 규정도 보완되었다. 아래에서는 주로 현행제도의 문제점을 중심으로 논의하기로 한다.[10)]

4.1.1 평가대상 사업의 범위

현재 환경영향 평가대상 사업으로는 15개 분야 70개 사업이 지정되어 있다.[11)] 제도 자체가 별 실속없이 운영되고 있는 마당에 대상사업의 범위만을 확대하는 것이 과연 바람직한지에 대해서는 회의가 없지 않다. 그러나 핵폐기물 처분장 건설, 상수원에서의 골재채취, 산간지역에의 위락시설 설치, 대규모 지하수 개발 사업, 도시 및 도시주변지역에서의 유해물질 제조공장 건설, 도심을 관류하는 하천의 복개공사 등의 사업은 하루 속히 추가시키는 것이 좋을 것이다.[12)] 여기에서 제시한 사업들은 최근 우리나라에서 실제로 문제(예: 팔당호에서의 골재채취, 군산 TDI공장의 유해물질 누출 등)가 된 것들이다.

4.1.2 환경영향평가 사전협의 시기

환경영향평가 제도가 효력을 발생하기 위해서는 환경영향을 평가하는 시기를 앞당기는 것이 좋다. 왜냐하면 이미 사업기본계획 및 실시계획이 승인되는 시점에서 뒤늦게 영향평가가 이루어지게 될 때, 환경영향평가 측면에서의 고려가 부당하게 무시되거나 사업계획을 합리화 시켜주는 방향으로 변질될 가능성이 높기 때문이다.

---

10) 환경처, 「환경백서」 1990, pp. 270~78; 김상종, "환경영향평가제도의 문제점과 그 개선책," 서울대학교 사회정의연구실천모임 환경문제공개토론회 발표논문, 1991. 4. 12 참고.

11) 환경정책 기본법 시행령이 1991년 8월 개정되면서 평가대상 사업이 추가되고 평가업무의 약 60%가 지방환경청에 위임되었다. 동아일보, 1991. 7. 24일자.

12) 이 가운데 일부는 1991. 8월의 시행령 개정으로 대상사업에 추가되었으나 일정규모 이상의 사업만을 대상으로 삼고 있다.

4.1.3 주민과 환경운동단체의 참여 보장

환경영향평가 제도의 진정한 의의는 환경에 영향을 미칠 가능성이 있는 개발사업에 대한 정책결정 과정에 주민과 환경운동단체가 참여할 수 있게 하는데 있다. 환경영향평가 제도를 통하여 환경처가 다른 부처나 지방자치단체와 협의함에 있어서 환경처의 영향력을 강화하기 위해서도 시민과 단체의 참여 보장은 중요하다. 따라서 주민참여를 활성화하기 위해서는 사업시행기관 또는 민간사업자가 반드시 공청회를 개최하도록 하는 것이 필요하다. 미국에서는 평가서에 대한 검토가 議會 聽聞會에서 이루어지고 있다. 그럼에도 불구하고 우리의 현행법령에서는 주민참여에 대해 극히 제한적으로 규정하고 있다. 이에 의하면 평가서 草案을 20일 이상 주민에게 공람케 하고, 15일 이내에 주민의견을 제출토록 하고 있고, 국가안보와 관련있는 사업은 평가서의 전부 또는 일부의 非公開를 허용하고 있다. 이것은 제도의 기본적 취지에는 어긋난다. 평가서 내용은 극히 제한적인 경우가 아니면 반드시 공개되어야 하고, 주민 뿐만 아니라 시민단체의 참여가 보장될 수 있도록 고쳐 나가야 할 것이다.

환경영향평가 제도가 강력하게 운영될 때 개발사업에 많은 지장이 초래될 수 있다. 그러나 이 제도의 취지는 바로 우리가 갖고 있는 기존의 개발사업에 대한 관념을 바꾸는 데 있다. 다시 말하면 개발만이 能事가 아니고 환경, 생태계와 조화되는 사업이 아니면 시행해서는 안된다는 것을 분명히 하는데 의의가 있다. 물론 이 제도가 환경영향이 아닌 다른 이유(예: 주민의 금전적 손실방지)를 위해 악용되어서는 안될 것이다.

4.1.4 평가서 작성자

현행 법령에서 환경영향평가서를 작성할 수 있는 자격은 각종 연구기관, 대학의 환경연구소, 환경기술 용역업체, 기타 환경관계 법인체에 주어져 있다. 그러나 실제에 있어서 영향평가는 주로 용역업체에 의하여 이루어지고 있다.[13] 사업의 기본계획이나 실시설계를 담당하고 있는 용

13) 1982~89년간 총 277건의 영향평가 가운데 63.5%인 176개 사업이 용역업체에 의하여 이루어졌다. 김상종, 전게논문, p. 7.

역업체가 자신의 사업에 대한 영향평가서를 작성할 때 그것이 정당하게 이루어지기를 기대한다는 것은 語不成說이라고 하지 않을 수 없다. 이와 같이 용역업체에 의하여 평가서 작성이 이루어지고 있는 것은 사업시행주체가 이들에게 평가서 작성을 의뢰하는 것이 비용면에서나 사업내용의 파악정도에 있어서 유리하다고 보고 있기 때문이다. 그러나 사업시행주체가 평가서 작성자를 선정하도록 되어 있는 것부터가 문제라고 할 수 있다. 환경영향평가 제도의 취지를 살리기 위해서는 환경처 등이 사업시행자의 의뢰를 받아 객관적인 입장에서 공정하게 환경영향을 평가할 수 있는 자를 지정(또는 사업시행자와 협의 지정)하는 방법으로 전환되어야 할 것이다. 이 경우에도 평가비용은 여전히 사업시행자가 부담해야 할 것임은 물론이다.

환경영향 評價書의 작성과 評價는 다르다. 평가서에 대해 공개적인 검토가 이루어진 뒤 환경처에 의하여 최종적인 평가가 내려지는 것이기 때문이다. 그러나 평가서에 대한 검토과정이 불충분해 질 수 밖에 없는 현실을 감안할 때 평가서 작성 자체를 객관타당성있게 하는 것이 시간과 비용의 절약이란 측면에서 바람직하다고 생각된다. 또한 사업의 성격에 따라 평가작업의 성격이 많이 다를 수 있기 때문에 평가서 작성에 있어서 각 연구기관이 갖고 있는 전문성을 중시하여 평가서 작성자를 선정할 수 있도록 유도해 나갈 필요도 있다.

4.1.5 평가결과에 따른 조치

현행 법령에서는 환경처와 협의한 내용을 이행하지 않는 사업자 또는 사전에 공사를 시행하고 있는 자에 대해 환경처 장관이 관계행정기관의 장에게 해당 사업의 일시중지를 요청할 수 있도록 규정하고 있을 뿐이다. 이것은 대단히 미흡하다. 아직 이 제도의 초기단계에 있고 이 제도에 대한 인식이 극히 낮은 점을 감안할 때 환경처와의 협의가 아니라 환경처의 승인을 받도록 하는 것이 좋을 것이다. 이 경우에는 승인된 사업계획의 변경이 있을 경우 다시 환경처의 승인을 받도록 해야 하고, 승인사항에 저촉되는 경우에는 사업의 중지와 원상회복을 명하고 위반사항에 대해 강력하게 제재할 수 있는 明文의 법규정이 필요하다. 물론 사업시행자가 행정기관 또는 지방자치단체인 경우가 많을 것이므로 법적 제재에 곤란성이 예상된다. 그러나 행정기관이라고 하여 예외를 인정해 준다면 그것은 이미 법이 아니다. 실제로 행정기관들의 법령 위반사례가 많은 우리나라에서 이 문제는 심각하게 고려되어야 마땅할 것이다.

4.2 교통영향평가제도

우리나라에서 交通影響評價제도는 교통량을 유발하는 사업의 개시 및 시설물의 착공에 앞서서 그로 인해 야기되는 교통영향을 평가 받게 하는 제도로서 1987년 7월 「都市交通整備促進法」에 근거를 두고 마련되었다. 이 제도의 운영방법, 절차, 문제점 등은 환경영향평가 제도와 유사하다. 다만 환경영향평가가 전국을 대상으로 하고 있음에 비하여, 교통영향평가는 서울을 비롯한 6대도시 및 全州市와 그 交通圈域으로 제한되어 있고 이들 지역내에 이루어지는 택지개발, 도로신설, 공업단지 조성 등 17개 사업과, 공동주택, 업무시설, 판매시설 등 15개 종류의 시설을 평가대상으로 한다. 교통영향 평가기관으로는 交通技術士를 보유하고 있는 기술용역업체, 교통개발연구원, 국토개발연구원, 도로교통 안전협회, 국공립대학 부설 교통문제 연구기관 등이 지정되어 있다.

또한 교통영향평가에 있어서는 중앙(교통부)과 지방자치단체에 교통영향 심의위원회를 두어 이 기구가 평가서를 심의 결정하도록 되어 있다. 사업시행자는 이 기구에 의하여 결정된 교통영향평가서와 심의필증을 당해 사업에 대한 허가, 등록, 인가, 승인을 신청할 때 제시하도록 되어 있다. 허가 등의 신청을 받은 관할관청은 당해 사업의 실시나 시설의 설치가 교통체계에 현저한 영향을 미친다고 인정되는 경우, 당해 사업이나 시설을 調整하게 할 수 있다. 그러나 관할관청이 사업이나 시설에 대해 구체적으로 어떤 조정 조치를 취할 수 있는지에 대해서는 명문의 법

규정이 없다.[14)]

다만 교통영향평가 결과 교통유발 가능성이 큰 사업과 시설물은 사후적으로 교통유발 부담금의 부과대상이 되고 있다. 交通誘發 負擔金 제도는 교통체증 등을 유발하는 원인자에 대해 일정한 방법으로 산정된 부담금을 부과함으로써 교통체증을 유발하는 시설물의 설치를 제한하려는 취지에서 이루어지는 것으로서 제14장에서 고찰한 오염배출 부과금제도와 유사하다. 이 때 부과되는 부담금은 교통혼잡(congestion)이라는 外部效果(externalities)를 발생시키는 행위에 대해 그것이 야기하는 사회적 비용(social costs)을 內部化함으로써 궁극적으로 외부효과를 발생시키는 원인행위를 제한하는데 목적이 있다. 물론 이렇게 확보된 부담금은 교통사업 특별회계에 귀속되어 교통시설의 확충 등 교통부문 사업의 추진을 위한 기금으로서 활용된다.

5. 결 론

사회적 규제는 정부규제의 완화라는 大勢 속에서 예외적으로 취급되어야 할 성격의 정부규제라고 할 수 있다. 그것은 사회적 규제의 강화가 곧 정치사회의 民主化를 의미하고 국민의 삶의 질 향상 욕구, 보다 인간다운 그리고 개인의 기본적 권리가 보장되는 사회의 건설을 위해 우리가 언젠가 반드시 거쳐가야 할 과정이기 때문이다. 사회적 규제가 이런 성격을 지니고 있는 한 그것을 강화해야 할 필요성을 부인할 사람은 아무도 없을 것이다. 그러나 그것이 기업활동에 제약을 가하고 경제성장과 안정에 직접적으로 영향을 미치게 될 때 사회적 규제는 엄청난 반발에 봉착하게 된다. 사회적 규제의 강화가 한 사회 구성원 모두의 가치판단

14) 이러한 문제점으로 인해 교통영향평가제도가 有名無實하다는 비판이 제기되자 교통부는 1991년 10월 6대 도시 24개 사업 및 시설을 점검한 결과 그 중 10개 사업이 당초의 교통영향평가 결과에 따르지 않고 있음을 확인하였다. 이에 따라 교통부는 사업시행자가 평가결과를 이행하지 않을 경우 공사중단명령, 준공검사 거부 등 조치를 취할 수 있도록 하기 위한 관계법 개정을 이제 비로소 검토하고 있다. 동아일보, 1991. 11. 21일자.

을 요구하는 것도 바로 이 때문이다.

특히 정치사회의 민주화 途程에 있는 우리나라에서 사회적 규제의 강화 필요성은 대단히 높다. 이에 대한 국민적 요구도 강하다. 그러나 정부와 기업이 경제성장과 안정을 우선하는 한 사회적 규제는 쉽사리 강화되기 어렵다. 바로 이런 시각에서 제13장에서 깊이있게 고찰한 사회적 규제의 정치경제적 속성을 재음미하면서 市民團體, 公益團體 역할 강화의 중요성을 강조하였다. 이와 아울러 시민운동이 극히 미약한 우리나라에서 공익단체의 육성을 위해 정부가 재정적 지원을 아끼지 말아야 할 필요성과 정당성에 관하여 논의하였다. 또한 사회적 규제 영역에서 司法府가 차지하고 있는 중요한 역할에 대해서도 고찰하였다.

다음으로 사회적 규제는 우리의 욕심만으로 이루어지는 것이 아님을 인식하여야 한다. 사회적 규제를 강화해 나가되 처음부터 대단히 합리적인 방법으로 시행해 나가지 않으면 안된다. 왜냐하면 사회적 규제가 불합리한 방법으로 시행된 나머지 불필요하게 높은 경제적 부담을 기업에 안겨 주게 될 때 기업이 어떤 반격을 가하게 될지는 뻔하기 때문이다. 불합리한 사회적 규제로 인해 경제가 침체되고 인플레가 야기될 때 정부가 사회적 규제의 강화에 적극적으로 나서기 어렵다. 우리와 같이 경제적 여력이 크지 않은 상태에서 사회적 규제를 강화하려고 할 때 이런 위험성은 필연적으로 대두되기 마련이다. 최근에 우리가 경험하고 있는 것도 바로 이것이다. 국민의 압력에 못이겨 사회적 규제를 강화시키는 듯하던 정부가 최근에 주춤하는 모습을 보이고 있고, 기업은 經濟難局을 소리높여 외치면서 사회적 규제의 강화를 時機尙早의 문제로 치부하려 든다.

요컨대 사회적 규제의 강화 그 자체 보다도 더 중요한 것은 처음부터 사회적 규제를 합리적으로 시행해 나가는 일이다. 이런 관점에서 제14~18장에서의 논의와 아울러 본장에서는 보다 합리적인 사회적 규제정책수단의 발굴과 개발의 중요성을 강조하였다. 우리나라에서 사회적 규제를 강화하되 그것을 합리화 하는데 있어서 기본이 되어야 할 것은 제

23장에서 상세하게 논의하게 될 비용편익분석 및 위험편익분석에 담겨져 있는 합리적인 사고방식이다.

우리가 본장에서 고찰한 바와 같이 누구나 심정적으로 완벽을 추구하고 싶지만 그것은 하나의 이상에 불과하다. 현실의 세계는 현실의 논리가 지배하고 있기 때문이다. 따라서 경제상황을 앞세워 사회적 규제의 강화를 거부하려는 현실의 논리를 효과적으로 공격할 수 있기 위해서는 보다 정교한 이론적 기초가 확보되어야만 한다. 비용편익분석 기법은 사회적 규제의 완화를 지향하는 사람들에 의하여 악용될 수도 있지만, 그것이 사회적 규제의 중요성을 강조할 수 있는 분석기법이 되지 말라는 법이 없다. 합리적 정책결정의 도구를 이념적 차원에서 배격하려 하기보다는 이것을 보다 적극적으로 활용하려는 사고를 가질 때 비로소 우리는 선진국이 경험하고 있는 정책과오를 되풀이하지 않을 수 있게 될 것이다.

끝으로 본장에서는 사회적 규제 영역에서 사전적이고 예방적인 규제정책 수단의 활용이 요긴함을 강조하고자 하였다. 우리나라에서 이미 도입하여 시행하고 있는 환경영향평가제도, 교통영향평가제도 등은 대표적인 예들이다. 이런 제도는 장차에 발생할 사회적 규제의 문제를 사전에 막아보자는 취지를 갖고 있다. 장차에 투입하지 않으면 안될 엄청난 비용을 사전에 예방해 보겠다는 것이다. 그러나 우리나라에서 이런 제도는 선진국에서와는 사뭇 다른 양상으로 시행되고 있기 때문에 커다란 효과를 거두기 어렵게 되어 있다. 선진제도의 도입에는 성급하지만 그 제도속에 살아 숨쉬고 있는 정신은 받아들이지 못하는 까닭이다.

제 22 장

규제행정조직과 정책과정의 개선

1. 서 론

정부규제의 개혁이라 하면 흔히 조직과 절차의 개선을 생각할 만큼 이 문제는 중요하다. 이것은 규제기관의 조직적 특성과 규제정책의 결정과정 또는 집행절차는 정부규제에 정당한 이해관계를 지니는 경제사회집단의 정치적 힘(political power)의 분포에 직접적인 영향을 미치고 있다고 보기 때문이다.[1] 즉 규제기관의 조직이나 정책결정 과정 및 절차가 편향성을 지녀 어떤 집단이 보다 강하게 또는 보다 용이하게 정치적 영향력을 행사할 수 있도록 되어 있을 때 규제정책은 필연적으로 비합리적으로 그리고 불공정하게 운용될 가능성이 높아진다. 우리는 이미 제5~7장에 걸쳐 이런 문제들에 대하여 고찰하였다.

그러나 규제기관의 조직이나 정책과정 및 절차가 중요한 것은 사실이지만 그것의 중요성만을 지나치게 강조하는 것은 바람직하지 않다. 왜냐하면 規制失敗(regulatory failure)는 이밖에도 정부규제의 보다 본질적인 문제로 인해 야기되고 다양한 형태로 표출되고 있기 때문이다.[2] 예를 들

1) Alan B. Morrison and Roger G. Noll, *Government and the Regulation of Corporate and Individual Decisions* (Englewood Cliffs, N. J.: Prentice-Hall, 1981), pp. 45~52.

2) 다양한 규제실패 현상에 대한 정리는 Kenneth J. Meier, *Regulation: Politics, Bureaucracy, and Economics* (New York: St. Martin's Press, 1985), pp. 276~84 참고.

면 규제정책의 근본적 문제라고 할 수 있는 불확실성(uncertainties) 및 복잡성(complexity) 문제는 규제조직이나 정책과정 및 절차를 아무리 합리화한다고 하더라도 여전히 남게 되는 문제들이다. 또한 규제정책 결정에 있어서의 정보의 불완전성과 불충분성(imperfect and inadequate information)은 규제정책 수단의 적절한 선택을 방해한다. 따라서 규제기관의 조직과 정책과정 및 절차에만 우리의 관심을 집중시키게 될 때 이런 문제들이 소홀히 다루어질 위험성이 있다. 또한 무릇 모든 조직과 절차의 개선이 그렇듯이 규제기관의 조직 및 의사결정 절차의 개선 역시 상당한 현실적인 제약을 안고 있다는 점도 이해되어야 한다.

본장에서는 규제기관의 조직과 정책과정 및 절차의 개선을 위한 새로운 제도 및 정책에 대한 논의 가운데 주로 미국에서 논의되었거나 논의되고 있는 것들을 검토하면서 규제조직과 정책과정 및 절차의 다양한 함축성을 고찰하기로 한다. 먼저 제2절에서는 규제조직의 전형적인 유형으로서 독립규제위원회가 갖고 있는 장단점에 대해 고찰한다. 이어서 우리나라의 전형적인 규제기관 조직형태라고 할 수 있는 행정부처 또는 그 하부조직으로서 규제기관이 안고 있는 근본적인 문제점을 지적한다. 다음으로는 조직개편 또는 행정개혁의 한계에 대해 논의한다.

제3절에서는 지방자치제의 실시에 따라 중앙정부와 지방정부 사이의 규제권한 및 기능의 재조정이 필요한 시점에서 규제권한의 分權化(decentralization) 필요성과 그것의 함축성에 대해 고찰한다. 제4절에서는 규제정책 과정 및 절차의 개선책으로서 제시되고 있는 日沒法(sunset legislation) 제도, 규제내용에 대한 議會의 拒否權(legislative veto) 제도, 規制豫算(regulatory budget) 제도 등 규제기관에 대한 議會統制(parliament oversight)를 강화할 수 있는 방안에 대해 먼저 고찰한다. 다음은 규제기관에 대한 大統領의 통제기능을 강화할 목적으로 1970년대 이후 미국의 역대 정부가 사용해 온 제도적 장치들에 대해 검토한다. 끝으로 이미 제13장, 제18장, 제21장 등에서 언급된 바 있는 司法的 審査의 강화, 규제정책 과정에 대한 市民參與 확대 방안들에 대해 논의한다.

2. 규제행정조직의 개선

제6장에서 검토한 바와 같이 규제기관의 조직유형은 크게 (1) 行政部處, (2) 행정부처의 下部組織, (3) 행정부처 산하의 독립기관, (4) 독립규제위원회, (5) 기타 특수목적의 규제기관의 다섯 가지로 나누어 볼 수 있다.[3] 서로 다른 조직유형은 규제기관이 추구하는 정책목적, 조직의 구성원 및 운영방법, 책임의 귀속 등에 있어서 상당히 다를 뿐만 아니라 그것의 행태에 있어서도 상당한 차이를 보인다. 여기에서는 獨立規制委員會(independent regulatory commission) 형태가 지배적인 조직유형이라고 할 수 있는 美國에서 제기되고 있는 독립규제위원회에 대한 비판적 논의를 정리한 후 우리나라에서 지배적인 조직형태인 행정부 소속 규제기관이 갖고 있는 문제점에 대해 검토하려고 한다.

2.1 독립규제위원회의 장점과 한계

규제행정기관은 상반되는 이해관계 집단의 정치경제적 利害를 조정하여 일정한 방향으로 경제사회적 질서를 창출하고 유지하는 역할을 담당하는 행정조직이다. 다시 말하면 규제행정기관은 다양한 이해관계 집단의 정치경제적 상호작용이 일어나는 주된 場所(locus)라고 할 수 있다. 미국에서 규제기관이 독립규제위원회 방식을 취하여 오게 된 것은 美議會가 전통적으로 경제적 이해관계가 첨예하게 대립되는 정책문제들에 대해 스스로가 깊이 개입되는 것을 꺼려 별도의 기구를 필요로 하기는 하였으나 公益을 수호하기 위해 객관공정한 판단을 내려야 할 이 기구가 行政府(大統領)의 정치적 간섭을 받는 것은 막아보려는 이중적인 고려에

3) 다양한 형태의 규제행정기관을 가지고 있는 미국에서 통용되고 있는 규제기관의 유형 분류에 관하여는 Damodar Gujarati, *Government and Business* (New York: McGraw-Hall Book Co., 1984), pp. 52~62 참고.

서 행정부로 부터 독립시키고자 하였기 때문이다.[4] 물론 규제업무의 계속성과 개별성을 중시하여 전문성을 강화해야 할 필요에 부응하기 위한 뜻도 있었다. 독립규제위원회는 바로 이런 의도에서 공정한 規則(rules)의 제정과 집행을 통하여 경제사회적 문제를 해결해 나가도록 위임받은 존재라고 할 수 있다.

미의회는 1887년 州際通商委員會(Interstate Commerce Commision)를 설치한 이래 이런 입장을 견지하여 행정부와 사법부에 대해 독립성을 갖는 정치행정체계 상 특수한 지위를 누리면서 準立法的·準司法的 기능(quasi-legislative, quasi-judicial functions)을 수행하는 독립규제위원회들을 계속하여 설치하였다. 그 결과 오늘날 미국에서 독립규제위원회는 '제4의 政府(the fourth branch of government)'라고 불리울 정도로 막강해지게 되었다.[5] 독립규제위원회는 보통 입법부의 동의 하에 대통령이 任免하는 다수의 委員(commissioner)들로 구성되며 이들의 超黨派性과 任期는 최대한 보장되고 있다.

미국에서 독립규제위원회는 너무나도 경직적(rigid)이어서 끊임없이 변화하는 경제사회 환경에 잘 적응하지 못하고 있다는 비판을 받아 왔다.[6] 주된 비판내용을 요약해 본다면 독립규제위원회는 의회의 의도대로 대통령으로 부터 독립되어 있으나 결국 의회의 영향력으로부터도 벗어나서 결과적으로 여론의 압력 또는 경제사회적 변화 요구에 둔감하다는 것이다. 당연히 취해야 할 행동을 취하지 않는가 하면(inaction) 쉽게 결정할 수 있는 내용도 태도를 분명히 하지 못하고(indecisiveness) 따라서 의사결정의 지연과 끝없는 지체(delay)가 하나의 규칙처럼 되어 가고 있

4) 이런 의미에서 독립규제위원회는 삼권분립, 견제와 균형의 원리 위에 서 있는 미국 헌법의 산물이라고 할 수 있다. Marver H. Bernstein, *Regulating Business by Independent Commission* (Princeton: Princeton University Press, 1955); Louis M. Kohlmeier, *The Regulators: Watchdog Agencies and Public Interest* (New York: Harper & Row, 1969).

5) Gujarati, *op. cit.*, pp. 10~11.

6) 이러한 측면에서의 대표적인 비판은 1971년 닉슨 행정부가 설치했던 행정조직자문위원회(Advisory Council on Executive Organization: 위원장 Loy L. Ash의 이름을 빌려 보통 Ash Council이라 부른다)에 의하여 이루어졌다. 이 위원회의 보고서의 요약된 내용은 Roger G. Noll, *Reforming Regulation: An Evaluation of the Ash Council Proposals* (Washington, D. C.: Brookings Institution, 1971), pp. 4~14참고.

음에도 불구하고 독립규제위원회는 그것에 보장된 독립성으로 인해 정치적 책임(accountability)을 묻기 어려운 존재가 되어 버렸다. 그 결과 대체로 이들에 의해 이루어지는 규제정책은 다른 정책에서 보다도 훨씬 많은 문제들을 야기시키고 있다. 각각의 독립규제위원회는 다른 위원회와도 독립적이기 때문에 독립규제위원회 사이에 정책조정이 불가능하고 따라서 많은 비능률성을 야기시키고 있는 것도 문제이다. 또한 독립규제위원회는 다수 委員의 合議制 방식으로 정책결정을 하고 있기 때문에 정책결정이 더디게 이루어지고 있다는 비판도 있다.

따라서 독립규제위원회의 정치적 책임성을 보다 강화하고 경제사회 변화에 보다 많은 적응성을 가지도록 하기 위해서는 그것이 행정부처 내부에 설치되어야 하고, 위원의 수를 줄이거나 獨任制(single administrator)로 전환시켜야 하며, 내부의사결정 절차를 바꾸고, 유사한 독립규제위원회는 통폐합시킴으로써 중복과 낭비 및 관련 규제정책 사이의 상충을 방지하여야 한다는 주장이 제기되었다.

이런 주장에 대해 강력한 반론도 제기되었다.[7] 우선 위에서와 같은 문제점을 두드러지게 노정시키고 있는 위원회도 있지만 보다 많은 위원회는 민주적인 방식으로 운영되고 있고 따라서 규제정책을 신중하게 이끌어 나가고 있다는 것이 첫번째의 지적이다. 다음으로 보다 근본적인 비판으로서는 규제정책의 실패(regulatory failure) 현상이 규제정책 그 자체의 특성에서 비롯되는 것이지 독립규제위원회라는 조직형태나 준사법적 의사결정 절차 때문에 야기되는 것이 아니라는 주장이 강하게 제기되고 있다.[8] 예를 들면 독립규제위원회에 흔히 나타나는 捕獲(capture) 현상도 조직특성에서 유래하는 것이라기 보다는 규제대상이 되는 기업활동이 잘 이루어지지 못함으로써 공공서비스의 공급에 차질을 빚는다거나 그밖에 돌발적인 사건의 발생을 두려워 하는 측면에서 규제기관과 피규

7) *Ibid.*

8) Roger C. Cramton, "Regulatory Structure and Regulatory Performance: A Critique of the Ash Council Report," *Public Administration Review*, Vol. 32 (July/August 1972), pp. 284~91.

제 산업의 공감대가 형성될 수 밖에 없기 때문이라고 보아야 한다는 것이다. 둘째, 규제정책의 실패는 규제권한의 불충분성, 의회에 의하여 위임된 규제정책 임무와 기준의 모호성 등 때문이지 그것이 독특한 규제조직의 형태 때문은 아니라는 것이다. 요컨대 규제정책의 실패를 규제조직의 형태에서 찾으려 하는 것은 문제의 본질을 호도할 뿐으로 보다 근본적으로 규제정책의 실질적 내용과 방법에 대해 주목하는 것이 더 중요하다는 주장이다.[9)]

2.2 행정부처 및 그 하부조직으로서의 규제기관

우리나라에서 규제기관은 제 6 장에서 예시한 바와 같이 주로 행정부처, 행정부처 산하의 독립기관, 행정부처의 下部機關의 형태로 되어 있다. 이런 조직 형태를 취하고 있을 때 규제기관의 任務(tasks)가 특정산업에 대한 규제 뿐만이 아니라 그 산업의 振興과 중복되어 있는 현상이 특징적으로 발견된다. 이와 같이 규제기관에 다소 배타적인 속성을 지니고 있는 임무가 주어질 때 중대한 문제가 발생한다. 왜냐하면 규제기관의 정책목표가 불분명해지기 때문이다.

특정산업에 대한 규제업무가 그 산업에 대한 진흥업무와 混在되어 구분이 어렵게 되어 있을 때 규제기관이 규제업무 보다는 산업의 진흥을 우선하게 될 가능성이 높다.[10)] 이것은 규제업무만을 전담하고 있는 독립규제위원회(independent regulatory commission)의 조직형태가 아닌 그밖의 조직유형을 취하고 있는 규제기관에서 흔히 발견되는 현상이다.[11)] 극히 예외적인 경우가 아니고서는 규제업무가 보통의 지원업무와 혼재되어

9) Morrison and Noll, *op. cit.*, pp. 48～49.

10) John E. Moore, "Recycling the Regulatory Agencies," *Public Administration Review*, Vol. 32 (July/August 1972), pp. 291～98.

11) 물론 독립규제위원회 가운데 특정산업을 대상으로 경제적 규제를 담당하고 있는 독립규제위원회는 역시 이런 성향을 갖기 쉽다. 그러나 사회적 규제를 담당하고 있는 독립규제위원회의 경우에 이 가능성은 낮다. 왜냐하면 이들은 다수의 산업을 대상으로 삼고 있기 때문이다.

있어 따로 규제기관이라고 부르기 어려운 규제기관을 많이 갖고 있는 우리나라에서 이런 현상은 흔히 나타난다.

예를 들면 교통부나 지방자치단체의 교통행정 관련기관은 버스나 택시 등 대중교통수단의 요금과 서비스의 질, 서비스 공급의 안정성·계속성 등을 확보하는 것을 주된 임무로 한다. 이와 동시에 이런 기관들은 이들 산업을 지원하고 육성하는 책임도 지고 있다. 바로 이런 경우에 문제가 발생한다. 예를 들면 시내버스나 택시의 요금인상에 대해 논란이 있을 때 규제기관들은 이들의 서비스 질 저하가 지나치게 싼 요금 때문이라는 업계의 요구를 대체로 수용해 버리는 것을 볼 수 있다. 버스나 택시의 서비스 저하가 사회문제화 되어 있고 따라서 요금인상에 반대하는 여론이 거셀지라도 만약에 관련업계의 요구를 들어주지 않을 때 同盟罷業과 같은 사태가 발생된다면 교통서비스의 안정적 공급을 책임지고 있는 자신들에게 모든 책임이 돌아올 것이므로 이들의 요구에 보다 동정적으로 되기 때문이다. 이런 성향은 평소에도 그대로 작용하여 교통산업의 경영과 관련된 모든 사항에 깊이 관여하지 않을 수 없고 이 때 규제기관은 피규제산업에 유리한 방향으로 교통규제 정책을 전개하게 된다.

요컨대 규제기관이 이와 같이 규제업무와 산업진흥 업무를 동시에 다루고 있을 때에는 피규제산업에 발생하는 모든 문제가 결국 자신의 책임으로 귀착되기 때문에 규제기관은 아주 자연스럽게 피규제산업에 捕獲(capture)되어 그 산업의 이익을 대변하면서 그것이 바로 자신들의 조직목표인 양 착각하기 쉽다.[12] 이런 현상은 아주 많이 눈에 띈다. 예를 들면 보사부와 식품·화장품 및 제약업계·의료기관, 건설부와 건설업계, 동력자원부와 전력·석탄·석유·가스 등 각종의 에너지관련 산업, 재무부와 금융·증권·보험업계 사이에 형성되는 관계가 바로 그러한 예들이다. 이 점에서 우리나라에서와 같이 많은 규제행정 조직이 규제기능과

12) James Q. Wilson, "The Politics of Regulation," James W. Mckie (ed.), *Social Responsibility and the Business Predicament* (Washington, D. C.: Brookings Institution, 1974), p. 155 참고.

함께 규제산업의 진흥을 동시에 담당하고 있는 현실은 하루 바삐 재검토되어야 할 것이다. 산업진흥을 위주로 하던 시대로부터 이들 산업의 사회적 책임이 강조되어야 할 시대로 옮아가고 있는 오늘날 행정기관이 아직도 관련산업의 진흥만을 能事로 삼는다면 규제기능을 통한 공익의 확보는 요원한 과제로 남을 수 밖에 없다. 따라서 공익적 견지에서 규제정책이 올바로 수립되고 집행될 수 있도록 하기 위해서는 어떤 방법으로든 이 두 가지의 기능이 명확히 구분될 수 있도록 할 필요가 있다.

규제행정기관이 특정산업만을 대상으로 한 규제업무를 담당하느냐 아니면 다수의 이질적인 산업에 대한 공통적인 규제업무를 담당하게 하느냐에 따라서도 규제기관의 정책결정은 중대한 영향을 받는다. 이 두 가지 조직방식은 각기 장단점을 갖고 있어 그 우열을 논하기가 쉽지 않다. 예를 들면 단일산업을 대상으로 규제기관을 설치하는 경우(여기에는 주로 경제적 규제가 해당된다) 규제기관이 피규제산업의 실상을 속속들이 파악할 수 있어 전문성을 높일 수 있다고 하는 장점이 있는가 하면, 피규제산업의 代理者로 전락하게 될 위험성은 그만큼 커진다고 할 수 있다. 반대로 규제기관이 다수의 이질적인 산업을 대상으로 규제업무를 수행하는 경우 (여기에는 환경규제,소비자보호 규제와 같은 사회적 규제가 주로 해당된다)에는 피규제산업에 대한 전문성이 약화되는 대신 규제기관이 특정산업에 捕獲될 가능성은 보다 낮아지게 될 것이다.

2.3 조직개혁의 이상과 한계

사실 어떤 정책실패(policy failure)가 발생할 때 우리는 흔히 그것은 정책결정 과정이 잘못되었기 때문이고, 정책결정 과정에 문제가 생기는 것은 조직구조가 잘못되었기 때문이라고 생각하는 경향이 있다. 행정부마다 행정개혁을 시도하는 이유도 바로 여기에 있다. 논리적으로 생각할 때 조직구조의 개편이 정책의 내용과 우선순위를 변화시킬 수 있는 가능성은 분명히 있다.

첫째, 정책은 그 정책을 직접적으로 담당하고 있는 행정기관, 그것과 상호작용 관계에 있는 다른 행정기관, 국회의 관련 위원회, 정당, 그 조직을 지원하거나 그 조직에 적대적인 이익집단, 언론기관 등의 상호작용 속에서 결정된다. 따라서 어떤 행정기관이나 그것이 정책결정 구조에서 차지하고 있는 위치에 따라 상이하게 정책문제를 定義하고 문제에 대한 해결책을 찾아 나가게 된다.[13] 따라서 잘 조직된 이익집단(organized interests)이든 잘 조직되어 있지 못한 이익집단(unorganized interests)이든 이익집단들에게 있어 자기들의 입장에 서 줄 수 있는 행정기관을 갖게 되느냐 여부는 대단히 중요하다. 행정기관의 입장에서 보면 강력한 이익집단을 거느리고 있는 행정기관은 그 이익집단과 상호의존적, 공생적 관계를 형성함으로써 정부의 정책결정 과정에서 강력한 영향력을 행사할 수 있게 된다.[14]

둘째, 행정기관의 정부내에서의 位相에 따라서 정책결정 및 집행과정에서 다양한 이익집단이 상대적으로 얼마만큼의 정책적 관심을 사고 얼마만큼의 상대적 힘을 발휘할 수 있느냐가 직접적으로 영향을 받는다.

그러나 조직형태와 政策成果(policy outcome) 사이의 관계는 여러가지의 요인에 의해 좌우된다.[15] 행정기관은 단지 경제사회집단의 대리자(agents)에 불과한 것이 아니라, 스스로의 기관적 利益(institutional self-interest)을 추구한다. 물론 이것을 억제할 수 있는 방법이 전혀 없는 것은 아니지만 기관의 運命을 좌우하는 문제가 걸려 있을 때 그 기관의 관료적 이익추구를 저지하기는 거의 불가능에 가깝다.[16] 왜냐하면 이들이 바로 자신의 운명을 좌우하는 정책결정 과정에 직접적으로 개입하고 있

13) James G. March and Herbert A. Simon, *Organizations* (New York: John Wiley, 1958), p. 127.

14) A. G. Jordan, "Iron Triangles, Woolly Corporatism, and Elastic Nets: Images of the Policy Process," *Journal of Public Policy*, No. 1 (1981), pp. 95~123.

15) James G. March and Johan P. Olson, "Organizing Political Life: What Administrative Reorganization Tells Us about Government," *American Political Science Review*, Vol. 77 (1983), pp. 281~296.

16) Fritz W. Scharpf, "Policy Failure and Institutional Reform: Why Should Form Follow Function?" *International Social Science Journal*, No. 108 (June 1986), p. 180.

기 때문이다. 또 하나 조직개편을 통하여 정책성과를 향상시키려고 할 때 부닥치는 어려움은 어떤 기관이든 조직구조의 변화로 인한 성과는 상당기간이 경과한 후에야 발생하지만 단기적으로는 적지 않은 마찰과 혼란을 겪어야 하기 때문에 조직은 변화를 꺼려한다는 사실이다. 또한 소멸되어야 할 조직과 외부의 이익집단 사이의 유착관계의 변화는 조직의 안전을 위협할 수도 있다. 따라서 행정기관의 長은 항상 조직의 개편 보다는 안전을 택하려는 성향이 강하고 그렇기 때문에 대대적인 조직개편은 정권이 교체된 집권초기가 아니고서는 기대하기 어려운 경우가 많다.[17)]

비록 조직개편이 이루어지더라도 그것이 과연 정책내용과 우선순위에 변화를 가져올 것인지에 대한 예측은 어렵다. 첫째, 조직의 개편은 현재 잘 이루어지지 않고 있거나 문제가 있다고 생각되는 정책을 보다 잘 실현하기 위한 것이지만 이로 인해 과거로 부터 이어져 내려 온 潛在的 價値(latent values)의 실현이 방해될 때 혼돈에 빠지게 된다. 예를 들면 우리가 지방자치의 필요성을 강조하여 지방정부 기능의 강화를 지향할 때 중앙집권적인 정부형태 하에서 경험하지 못한 문제들에 봉착하게 되고 이 때 지방자치의 추구에 회의를 가지게 되는 것과 같다. 이와 같은 현상이 야기될 때 조직개편은 의도한 효과를 거두기 어렵다.

둘째, 국민의 의식과 태도, 사고방식, 가치체계, 사회적 규범은 변하지 않는 것으로 생각하기 쉬우나 그것들은 바로 사회제도와 공식적·비공식적 조직(formal, informal organization)에 의하여 定義되고 유지되는 것이기 때문에 조직의 변화 혹은 사회제도의 변화가 있을 때 국민들의 행태가 변하게 되는데 그것이 어떻게 바뀔지 예측하기 어렵다. 예를 들면 우리나라의 토지 및 주택정책이 번번이 빗나가 부동산투기를 잡지 못하는 것도 이 때문이다.

셋째, 조직의 개편이 이루어질 때 예컨대 행정권한, 資金, 의사결정 방법 등에 있어서 약간의 변화가 있을 수 있다. 그러나 관료의 승진·보직·轉補 등 人事制度가 바뀌기 어려운 한 관료행태에 변화를 기대하기

17) *Ibid.*, p. 184.

어렵다. 공식적인 내부의사결정 준칙(formal decision rules)이 바뀔지라도 관료들이 유지해 온 전통적인 정책결정 방식(decision style)과 유리되어 있는 한 공식적 준칙은 쓸모가 없게 된다. 요컨대 관료의 행태, 의식구조, 자질(quality)은 변화하기 어렵다는 것이다.

3. 지방자치와 규제권한의 분권화

실질적인 지방자치의 실현과 관련하여 행정규제 권한의 분권화(decentralization) 및 규제권한의 지방정부 移讓은 중요한 정책문제가 되고 있다. 제5공화국 이래 '制度改善'(제24장)의 일환으로 또는 規制緩和라는 이름으로 중앙정부가 관장하여 온 규제업무의 일부가 지방자치단체에 이관되고 있으나 아직은 그 실적이 극히 미미할 뿐만 아니라 내용적으로도 별로 중요하지 않은 것들이 태반이다. 지방자치제의 실시와 더불어 실질적인 행정권한의 지방이양은 이제부터가 중요하다고 해야 할 것이다.

우리는 흔히 중앙정부가 독점하고 있는 행정권한을 지방정부에 이관하는 것을 규제완화(deregulation)의 중요한 한 가지 수단으로 생각하여 왔다. 그러나 이론적으로 행정규제 권한의 지방정부로의 이양이 반드시 그 자체로서 규제완화의 효과를 가지는 것이라고 보기는 어렵다. 그러나 현실적으로 다음과 같은 이유 때문에 지방정부로의 행정규제 권한의 이양이 규제완화를 초래하게 될 가능성이 높다.

첫째, 규제권한의 행사와 관련하여 그 기준이 '지역경제의 발전,"산업의 진흥' 등과 같이 극히 애매모호한 '公益'개념에 입각해 있을 때 그것의 해석과 적용에 있어서 규제의 주체가 중앙정부냐 지방정부냐에 따라 상당한 차이를 가져올 수 있다. 왜냐하면 정책을 수립하고 추진해 가는 과정에서 公益에 대한 가치판단은 이 과정에 참여하는 사람들이나 집단의 政策選好(policy preference) 또는 이해관계 그리고 이들이 갖고 있는 정치적 영향력에 따라 그때그때 달라질 수 밖에 없기 때문이다.

〔사례 22－1〕 그린벨트, 골프장 허가와 「제주도개발특별법」

1990년 10월 건설부는 그린벨트(green belt)의 개발과 관련한 행정권한을 市長과 道知事에게 위임하였다. 이에 대해 지방마다의 특수한 실정에 비추어 그린벨트의 개발타당성을 보다 잘 판단할 수 있는 지방정부에 관련권한을 이관하는 것은 좋으나 불가피하게 그린벨트가 보다 많이 훼손되지 않겠느냐 하는 염려가 대두되었다. 이런 염려는 상당히 현실적인 것으로 드러나고 있다. 아직은 그린벨트 개발과 관련한 규제의 완화가 주로 공공수요(拘置所, 市廳舍, 체육시설 건설 등)를 우선적으로 충족시키려는 선에서 그치고 있기는 하다.

그러나 지방정부나 지방주민의 입장에서 볼 때 그린벨트 보존의 잠재적 가치나 효용성은 상대적으로 낮을 수 밖에 없는 반면에 지방정부의 빈약한 재정형편에 비추어 최소의 예산으로 공공시설물을 설치할 수 있다는 당장의 이득은 과장될 수 밖에 없다. 따라서 지방정부가 그린벨트의 개발이용 문제를 보다 적극적으로 검토해 나가게 될 가능성이 높다. 예를 들면 경기도 河南市의 경우 市면적의 98%가 그린벨트로 묶여 있는 형편이다. 하남시가 개발에 나선다고 할 때 그린벨트를 훼손하지 않으리란 보장이 없다. 또한 그동안 재산권의 침해를 받아 온 지역주민의 숙원을 지방정부가 계속 외면하기도 어렵게 될 것이고 그린벨트 내에 대규모의 토지를 소유하고 있는 지역내 유력 인사의 압력도 더욱 거세어질 것이다.

바로 이런 이유에서 그린벨트 개발에 대한 허가권한을 지방정부에 이관하는 것이 결코 관련 규제를 완화하는 것이 아니라고 하는 건설부의 주장은 설득력이 없다. 건설부의 항변인즉 전국적으로 통일된 그리고 전과 동일한 엄격한 허가기준이 적용될 것이기 때문에 지방정부 수준에서 재량성이 개입될 소지가 전혀 없다는 것이나, 그렇다고 한다면 관련권한을 지방정부에 넘겨주는 이유가 무엇인지 분명하지 않다. 지방정부의 자율적 판단을 제약하는 행정권한의 이양이라고 한다면 그것이 왜 필요하고 무슨 의미를 가질 수 있겠는가 하는 반론이 제기된다.

1989년 7월 골프장 건설 허가권한이 각 市道에 이관된 이후 골프장 건설허가가 급증한 사실은 규제권한의 지방정부 이양이 규제완화로 이어지고 있음을 잘 보여 주는 사례라고 할 수 있다. 동 허가권한이 지방정부에 이관된 후 91년 2월에 이르는 채 2년이 못되는 기간 동안에 신규 골프장 허가건수가 118건에 달하고 있다. 이것은 89년 이전에 이루어진 허가건수의 2배 수준이다. 이와 같이 신규골프장 허가건수가 급증한 원인은 지방정부가 골프장 한 개당 약 50억원의 재정수입(취득세와 등록세 수입만을 말한다)을 얻을 수 있기 때문이다. 물론 지방정부가 골프장 건설로 인해 얻을 수 있을 것으로 기대하는 지역주민 소득은 여기에서 제외되어 있다.

1991년 濟州道를 국제적인 수준의 관광단지로 개발한다는 명목으로 정부가 추진하고 있는 「제주도 개발특별법」에서도 이러한 문제는 예견되고 있다. 이 법은 아예 국토개발의 最上位法인 「국토개발계획법」의 적용을 배제함으로써 관광호텔, 골프장 건설 등을 아무런 用途地域 제한 없이 추진하려는 의도를 갖고 있다. 이 법의 제정이 추진되자 제주도민은 극렬하게 반대하였다. 지역의 시민단체 그리고 「경제정의실천시민연합」 등 중앙의 단체들도 반대의사를 분명히 하고 있다. 급속한 관광개발로 자연환경이 훼손될 것을 염려해서다. 또한 제주도 고유의 생활양식을 파괴하는 것에 대한 두려움도 높다. 농어민 조차도 삶의 터전이 관광개발로 침식되는 것을 원치 않고 있다. 그러나 이 法案은 13대 국회 마지막 회기에 야당의 반대에도 불구하고 졸속처리 되었다.

둘째, 지방정부에 대한 규제권한의 이양이 성급한 규제완화로 이어질 수 밖에 없는 또 하나의 이유는 지방자치제 실시에 따라 지방자치단체들이 갖기 쉬운 무리한 지역개발 의욕과 지방자치단체 사이의 개발경쟁에 있다. 예를 들어 환경규제 권한은 지역적 특수성을 갖고 있는 한 머지않아 상당부분의 환경규제 권한이 지방정부에 이관되지 않을 수 없다. 그러나 현재와 같은 상황 하에서 환경규제 권한의 지방이양은 결과적으로 더 한층 환경규제의 약화를 초래할 가능성이 높다. 왜냐하면 지역개발이 낙후되어 있는 지방정부의 입장에서 환경보호 보다는 지역개발과 지역소득의 향상이 더욱 긴박한 문제가 되고 있기 때문이다. 이런 현상은 지방정부나 주민의 자기 지역만을 생각하는 偏狹性(parochialism)으로 인해 단기간에 모든 지방정부에서 공통적으로 나타날 가능성이 크다. 지역의 소득 및 생활수준을 시급히 제고시키지 않으면 안되는 지방정부의 입장에서 우선적으로 공업을 유치하고자 할 경우 환경기준을 다른 지방정부보다 낮게 적용하고자 하는 政策誘因이 작용할 것이기 때문이다.

이상에서 고찰한 토지나 환경규제 이외에도 행정권한의 지방이양이 규제완화로 이어져 해당 지방자치단체는 물론이고 국가 전체적으로 부정적인 효과를 초래하게 될 가능성은 保健衛生, 職業安全, 消費者保護를 위한 규제 등 소위 특히 사회적 규제(social regulation) 영역에서 더욱 심각하게 나타날 것이다. 사회적으로 바람직한 가치의 실현 또는 보다 쾌적한 생활환경 및 삶의 질(quality of life) 확보를 지향하는 사회적 규제 노력이 각종 公益團體의 목소리가 그래도 높은 중앙정부 차원에서도 아직 충분치 못한 형편에 지역개발을 최우선으로 하지 않을 수 없는 지방정부의 수준에서 어떻게 변모될지 알 수 없다.

물론 행정규제 권한의 지방정부 이양이 필연적으로 문제를 초래한다고 말할 수는 없다. 그러나 왜 그리고 어디에 이런 문제들이 초래될 가능성이 있는지에 대해서는 좀 더 생각해 볼 필요가 있다.

첫째, 중앙정부의 권한이 지방정부에 이관될 경우 그것이 그 지방 대다수 주민의 정당한 요구에 부응하여 정당하고 효율적으로 사용될 것인가? 이것은 곧 地方政治(local politics)가 얼마나 빨리 民主化될 수 있느냐와 직결되어 있다. 우리는 흔히 중앙에서 관장해 온 업무와 관련 행정권한을 지방에 이관할 경우 그 업무를 능히 감당할 수 있을 만한 인력과 전문성이 과연 지방정부에 있을 수 있겠느냐 하는 염려에 젖어 있으나 보다 우선적으로 고려되어야 할 것은 지방정치가 과연 대다수 주민의 참된 의사를 올바로 집약할 수 있겠느냐 하는 문제가 되어야 할 것이다. 우선 지방정치가 옳은 방향으로 작동할 때 비로소 인력의 확보나 개발 필요성이 올바로 인지될 수 있는 것이고, 이 때 비로소 이를 위한 제도적·조직적 개편, 지방정부의 人事政策의 혁신이나 전문성의 제고가 기약될 수 있기 때문이다.[18)]

지방자치제의 실시에 따라 분권화될 행정권한이 지방자치단체의 공익실현을 위해 정당하게 그리고 효율적으로 사용될 수 있기 위해서는 지방

---

18) 이러한 문제들에 대한 논의는 拙稿 "지역균형개발과 민간부문의 역할," 「行政論叢」, 제 28 권 2호(1990), 서울대학교 행정대학원, pp. 187~216 참고.

정부 수준에서 민주주의가 실현되어야 한다. 이것이 전제되지 못한다면 그 동안 중앙정부에 과도하게 집중되어 있던 행정권한을 지방정부에 이관한다고 해서 주민의 입장에서 볼 때 보다 바람직한 정책이 수립되고 집행될 가능성이 높아진다는 보장이 없다. 이런 의미에서 행정권한의 지방이양은 지방 민주주의의 필요조건일 뿐 충분조건은 되지 못한다.

우리의 현실에서 볼 때 지방정치의 민주화는 지방자치제의 실시, 그것도 지방의회 선거 및 團體長의 直選만으로 저절로 보장될 수 없는 심각한 문제를 안고 있다. 물론 이런 현실이 과도한 중앙집권적 전통 때문인지 아니면 자발적인 주민참여의 전통이 아직 수립되지 못한 탓인지 그 先後를 가리기는 이 시점에서 대단히 어렵다. 그러나 주민의 정치참여 수준이 극도로 낮은 것만은 부인하기 어렵다. 여기에 더하여 지방 상공업자 또는 관변단체 출신 인사가 지방의회를 압도적으로 점유하고 있는 현실에 비추어 지방정부의 정책방향이 지방전체의 입장에서 보다는 이들에게 이로운 방향으로 전개될 가능성을 배제하기 어렵다. 왜냐하면 지방정치의 민주화가 이루어지지 못한 상황에서 지역개발을 앞세운 지방의 주도적 기업이나 이들 집단이 지방정치(local politics)를 포로로 삼아 나갈 가능성이 상당히 높기 때문이다.

지방정치의 비민주성과 지방정부 정책의 이와 같은 偏向性(bias)을 염두에 둔다면 이 시점에서의 행정권한의 지방이양은 현재 우리가 안고 있는 문제를 적어도 단기적으로는 더욱 악화시키게 될 가능성도 적지 않다. 이런 가능성은 첨예한 정책갈등을 내포하고 있는 정책문제에서 더욱 두드러지게 나타날 가능성이 높다.

지방정치 민주화의 요체가 지방민의 개발욕구를 보다 잘 수용하고 지방의 특수성을 십분 반영하는 것임은 두말할 필요가 없다. 우리는 누구나 암묵적으로 지방자치제의 실현으로 특성있는 지역개발이 이루어지고 보다 균형된 지역개발이 가능해지게 될 것으로 가정하고 있다. 그러나 이것은 지방정치 민주화를 전제로 하고 있다. 예를 들어 江原道 지역의 경우에 우리는 지방자치제의 실시와 더불어 그 지역이 관광자원의 개발과 보존에 대한 정책비중을 높히어 특성있는 지역개발을 행해 나가기를 기대하지만 그 지방민들이 소득향상에 조급한 생각을 갖고 있고 그 지방정치를 그 지역 상공업자들이 장악하게 될 경우 지역개발의 방향은 고도의 상업화로 치닫거나 공해를 유발하는 산업화로 나가게 될 가능성이 높다.

지역간 개발불균형이 심화되어 있고 낙후지역이라는 汚名을 벗는 것이 십중팔구 지방정부의 최대의 관심사요 지방정치의 선도적 구호가 될 수 밖에 없는 현실에서 대부분의 지방정부는 앞서가는 지방자치단체를 '따라잡기'에 급급하게 될 것이 불을 보듯 뻔한 일이다. 이런 상황에서 과거 중앙정부가 그래왔던 것처럼 개발을 최우선으로 하고 모든 문제는 나중으로 돌리려는 발상이 없으리란 보장이 없다. 더구나 지방의 선거직 공무원들이 가지게 될 짧은 政策 眼目(short time horizon)을 감안한다면 재직기간 중 선거주민의 눈에 쉽게 띄일 수 있는 '업적쌓기'에 치중하게 될 우려가 아주 높다.

두번째 문제는 지방정부에 대한 규제권한의 이양은 많은 경우 지방자치단체 사이에 분쟁과 갈등을 야기하지 않을 수 없다는 사실과 관련되어 있다. 환경규제 권한의 이양에 따른 부정적 효과의 인근 지역으로의 파급 등은 이것의 좋은 예이다. 바로 이런 문제와 관련하여 지방자치단체 사이의 분쟁을 누가 어떻게 합리적으로 조정하느냐 하는 地域間 調整(inter-regional or inter-governmental coordination) 문제(사례 13-1)가 이미 심각하게 대두하고 있는 현실을 감안할 때 지방정부에 대한 규제권한의 이양은 필요하면서도 조심하지 않으면 안되는 어려운 문제라고 할 수 있다.

물론 이것은 문제의 성격에 따라 복잡성을 달리하게 될 것이다. 예를 들면 그린벨트 개발과 같은 경우에는 이에 대한 이해관계자가 해당 지역에 국한되는 것이 아니고 전국적인 관심사항이 될 수 밖에 없는 반면에 경미한 환경문제는 해당 지방정부와 인근의 다른 지방자치단체 간의 비교적 소폭적인 문제로 그치게 될 수도 있기 때문이다. 후자의 경우에 있어서는 상급관청의 개입을 통하여 직간접적인 영향을 주고 받는 관련 지방자치단체 간의 이해조정이 가능하면 별 문제지만 전자의 경우에 있어서는 우선 누가 이 문제에 대한 정당한 이해관계자인지 조차가 불명확하기 때문이다. 다시 말하면 후자와 같은 경우에 있어서는 결국 중앙정부가 결정적인 역할을 하지 않을 수 없게 되어 결과적으로 행정권한의 지방이양이 무색해지게 될 수도 있다.

결국 규제권한의 지방이양 문제는 우리나라와 같이 국토가 협소하고 그나마 지역간의 불균형이 심한 현실에서는 자율성 신장이라는 지방자치단체의 요구와 지방의 균형발전이라는 국가 차원에서의 요구 사이에 빚어지는 갈등으로 인해 왜곡·변형될 가능성이 대단히 높다. 지방문제를 地方民 스스로가 해결하도록 해야 한다는 지방자치제 실시의 근본취지에 비추어 중앙정부의 권한이 지방정부에 지금보다 훨씬 더 많이 이관되어야 한다는 점에 대해서는 이론의 여지가 있을 수 없다. 그러나 이런 구체적인 문제에 봉착하게 되면 중앙의 어떤 업무와 권한이 지방에 이관되는 것이 바람직하고 타당한 것이냐가 불분명해지고 만다.

특히 현재의 규제완화가 중앙정부 차원에서 경제의 활성화와 민간부문의 자율성 신장을 최우선적 목적으로 삼아 추진되고 있다는 사실을 감안할 때 지방정부 차원에서 규제완화가 어떻게 해석되고 그것이 정책적으로 어떻게 발현되게 될 것인지를 사전에 깊이있게 검토하는 것은 대단히 시급한 문제라고 하지 않을 수 없다.

지금까지 주로 논의해 온 사회적 규제의 경우와는 달리 각종의 경제적 규제(economic regulation) 영역에 있어서는 지방경제의 활성화와 지역후생의 증진이라는 측면에서 대폭적인 규제완화가 필요할 뿐만 아니라 이것과 관련된 행정권한의 지방정부로의 이양이 우선적으로 그리고 대폭적으로 이루어져야 할 분야로 지적될 수 있다. 예를 들면 각종의 地方公企業(상하수도, 쓰레기 수거, 병원, 渡船, 교통운수 등)의 운영과 관련한 중앙정부의 각종 간섭은 하루 속히 배제되는 것이 바람직하다.

경제적 분야에 있어서의 전폭적인 행정권한의 지방이양은 우선 이런 경제적 문제들에 대한 지역주민의 반응이 보다 직접적으로 그리고 민감하게 나타나게 될 것으로 기대되기 때문에 앞에서 고찰한 바와 같은 문제를 야기할 소지가 상대적으로 적다. 공기업 그리고 좀더 넓게 경제적 규제가 갖고 있는 비효율성이 대단히 큼에도 불구하고 그것이 존속되고 있는 까닭은 이에 대항할 수 있는 경제사회 세력이 잘 조직되어 있지 못하고 정치적 활동이 미약한데 그 원인이 있는 경우가 많다. 바로 이런 측면에서 지방자치제는 지방정부가 수행하고 있는 경제적 규제의 폐해 또는 지방공기업 운영상의 비효율성 및 비공공성에 따른 주민의 이해관계를 보다 노골적으로 드러내 주고 그 문제의 可視性(visibility)을 높히어 관련정책이 보다 올바로 집행될 수 있도록 하는데 기여할 수 있다.

경제분야에서의 권한이양은 또한 지자체 사이에 마찰을 빚거나 갈등을 일으킬 소지도 상대적으로 적다. 왜냐하면 예를 들어 공익서비스 산업의 경영성과는 곧바로 그 지역 주민의 소득 대차대조표와 지방정부의 예산에 반영될 뿐 직접적으로 다른 지방자치단체에 대해 문제를 제기하지는 않을 것이기 때문이다. 오히려 각각의 지방자치단체에서의 성공담과 실패담은 다른 지방자치단체에 他山之石이 될 수도 있을 것이다. 또한 간혹 이런 정책의 실패로 인해 중앙정부에 부담을 안겨주는 경우가 있다고 할지라도 그 문제가 가지는 중요성은 앞에서 검토한 다른 문제들과 비교한다면 상대적으로 약하다.

이와 같이 볼 때 지방자치제가 실시되고 있는 이 시점에서 우리가 꼭 염두에 두어야 할 사실은 어떤 성격의 행정권한들이 우선적으로 지방정부에 이관될 수 있는 적격성을 갖추고 있는지를 정확히 판별하는 일이다. 또한 그것의 우선적인 판단의 척도는 새로 이관될 행정권한의 행사와 관련하여 지방정치가 어떤 방향으로 어떻게 전개될 것인지에 대한 예측에 기초하여야 할 것이다. 이것을 앞질러 판단하는 것은 오히려 행정권한의 지방이양을 자꾸만 연기시킬 수 있는 구실을 준다는 점에서 대단히 조심스러운 문제이긴 하다. 그러나 눈에 보이는 개발에만 급급하기 십상인 지방정부에 많은 행정권한을 넘겨 주어 회복하기 어려운 정책실수를 되풀이 하도록 방관할 수 없는 일임도 분명하다.

4. 규제정책 과정 및 절차의 개선

제 2 절에서 우리는 규제조직의 변화 만으로는 규제정책을 합리화하는 데 한계가 있음을 확인하였다. 우리의 관심은 이제 규제기관을 지도감독할 수 있는 위치에 있는 상위기관이나 입법부 및 사법부 등 감독기관(oversight agencies) 및 견제기관의 역할에 좀 더 주의를 기울이지 않을 수 없다. 좀 더 구체적으로 말하면 규제정책의 결정과 집행과정에서 규제기관이 경제사회적 변화에 올바로 그리고 민감하게 적응하도록 하기 위해서는 어떤 제도적 장치가 필요한가?

4.1 규제기관에 대한 입법통제

모든 규제는 그것이 국민(개인과 기업)의 권리관계·이해관계에 직간접적으로 영향을 미치기 때문에 명문의 법적 규정과 근거가 요구된다. 따라서 관계입법을 통하여 규제정책의 테두리를 설정하는 議會의 역할은 대단히 중요하다.

4.1.1 日沒法 제도

우리가 제5장에서 검토한 바와 같이 한번 만들어진 정부기관은 그것이 아무런 유의미한 역할과 기능을 하지 못할지라도 좀체로 폐지 또는 소멸되지 않는다. 이것은 경제사회·산업·기술환경의 변화가 완만한 경우나 급격한 경우나 마찬가지다. 왜냐하면 사회적으로 별로 중요한 기능을 하지 못하는 기관이라 하더라도 어떤 면에서는 필요한 기능을 수행하고 있고 이 기관의 존속에 적지 않은 사람들(官僚 포함)의 이해관계가 걸려 있기 때문이다. 또한 이 기관의 존폐를 결정할 권한을 갖고 있는 의회는 이런 상황에서 어떤 조치를 취하는 것이 정당한지를 알고 있으면서도 실천에 옮기지 못하는 경향이 있다.

日沒法(sunset legislation)은 어떤 행정기관의 설치근거법에 그 기관의 존속기간(예: 4년, 10년 등)을 미리 정해 두고 그 기간이 도래하기 직전에 규제기관의 成果(performance)를 심사하는 과정에서 의회가 그 기관을 존속시키기 위한 再授權(reauthorization) 조치를 취하지 않는 한 자동적으로 폐지(automatic termination)되도록 하는 제도이다.[19] 이 제도의 의미는 어떤 규제기관의 존폐 문제에 대해 그것의 존속이 필요없다고 주장하는 사람으로부터 그것의 존속이 필요하다고 주장하는 사람에게 설득력 있는 증거를 제시하도록 擧證責任(burden of proof)을 전환함으로써 불필요한 기관의 존속을 어렵게 만드는 데 있다.[20] 또한 이 제도는 의회가 어떤 행동을 취하든 취하지 않든 정해진 결과가 나타나도록 의회가 스스로를 구속하는 행동강제 장치(action-forcing mechanism)라고도 할 수 있다.[21]

이 제도의 시행을 위해서는 우선 대통령이 국회 회기마다 再授權(reauthorization)이 필요한 규제기관의 개혁법안(reform bill)을 작성하여 의회에 제출해야 한다. 물론 의회 스스로도 그러한 법안을 제출할 수 있다.[22] 어떤 과정을 거치든 의회에 그러한 법안이 제출되면 의회가 이를 심사한다. 이것을 日沒審査(sunset review)라고 부른다. 개혁법안에 대한 심사결과 규제기관의 존재 필요성을 인정하고 개혁안을 받아 들여 再授權하는 경우에 물론 그 규제기관은 존속된다. 그러나 의회가 어떤 이유에서든지 그 법안에 대해 아무런 행동을 취하지 않으면 그 기관은 자동

---

19) 이러한 일몰규정은 반드시 규제기관에만 적용되는 것이 아니고 어떠한 행정기관이나 위원회 및 자문위원회에 대하여도 적용될 수 있다.

20) W. S. Moore, "Sunset Review: Introduction," in Timothy B. Clark, Marvin D. H. Kosters, and James C. Miller , *Reforming Regulation* (Washington, D. C.: American Enterprise Institute, 1980), p. 31.

21) 일몰법 이외에도 최근 미국의회는 스스로를 구속하는 입법들을 제정하고 있다. 엄청난 재정적자를 줄이기 위하여 균형예산이 이루어질 목표년도를 정하고 매년 재정적자폭을 일정율씩 삭감해 나가려는 그램-러드만 법(Gramm-Rudman Act)도 이것의 좋은 예이다. 의원들 스스로가 예산을 삭감하지 못하는 한 이 법에 의하여 미리 정해진 당해 회계년도의 재정적자 폭이 달성될 수 있도록 극히 예외적인 사업을 제외한 모든 예산을 일률적으로 삭감한다는 것이 이 법의 취지이다. 그러나 이 법은 의도대로 시행되지 못하고 착수시기를 자꾸만 천연시켜 나가고 있다.

22) Charles H. Percy, "Regulatory Sunset: An Idea Whose Time Has Come," in Clark, Kosters, and Miller, *op. cit.*, p. 35.

적으로 폐지된다.

이와 같이 일시에 특정의 규제기관을 폐지시키게 될 때 부작용이 나타날 수도 있다. 따라서 몇가지 단계를 거쳐 최종적으로 규제기관을 소멸시키는 방법도 제안되고 있다. 즉 첫단계에서는 의회가 별도의 입법조치를 취하지 않는 한 해당 규제기관이 규제의 강화를 위해 새로운 규칙을 제정할 수 있는 권한을 박탈한다. 두번째 단계의 규제기관에 대한 심사 과정에서 의회가 역시 아무런 입법조치를 취하지 않으면 현행의 규제정책 집행이 정지된다. 물론 국민의 건강과 안전을 위해 불가피한 규제내용은 예외적으로 집행된다. 세번째 단계에서도 역시 의회가 행동을 취하지 않으면 그 때 그 규제기관은 자동적으로 폐지된다.

이론적으로 볼 때 이 제도는 무능한 기관, 국민의 불만과 지탄의 대상이 되는 규제기관의 폐지를 촉진하는 강력한 수단이 될 수 있다. 그러나 실제의 경험은 극히 실망적이다. 미국에 있어서 이 제도는 여러 州政府 수준에서는 성공하였지만 연방정부 수준에서는 실패하였다. 중앙정부 수준에서 일몰심사의 대상이 되었던 규제기관은 「상품사전거래위원회(Commodity Futures Trading Commission)」와 「소비자제품 안전위원회(Consumer Product Safety Commission)」가 있다. 그런데 일몰심사 이후 이 기관들은 모두 살아 남았을 뿐만 아니라 오히려 예산과 인력이 증가하게 되었다. 연방수준에서 성공적이었던 것은 많은 별 볼 일 없는 諮問委員會(advisory commissions)의 폐지에 불과하였다.

이 제도가 이와 같이 기대한 효과를 가져오지 못한 이유는 무엇인가? 첫째, 이 규제기관을 설치할 때 영향력을 행사하였던 경제사회 집단이 이 기관의 존속을 강력하게 요구하였다. 규제기관이 아무리 비능률적이고 비효과적이라고 할지라도 거기에는 늘 支持者(supporters)가 있기 때문에 이들의 반대에 부딪치게 되는 것은 불가피하다. 물론 규제기관 스스로도 존속을 위해 모든 노력을 동원하기 마련이다. 둘째, 다소 의외의 사실이지만 평소 규제기관에 대해 적대적이고 부정적인 입장을 갖고 있던 피규제산업(regulated industries)이 입장을 바꾸어 규제기관의 존속을 희망하였다.[23] 이것은 자기들이 잘 알고 있는 기관이 사라질 때 다른 기관이 규제업무를 이관받게 될텐데 그것보다는 기존의 규제기관과 유대를 강화하는 것이 좋다고 생각한 때문일 것이다. 피규제산업의 입장에서 누가 하든 규제가 불가피하다고 본다면 불확실성이 큰 쪽보다는 豫測可能性이 높은 쪽이 유리하기 때문이다. 셋째, 의원들 스스로가 일몰심사 과정에서 규제기관 업무에 대해 보다 친숙해지게 됨으로써 규제기관에 동정적 입장을 취하였다.[24] 의원들은 규제기관이 사명과 임무를 제대로 감당하지 못한 것은 인력과 예산의 부족 때문이라고 판단하게 되었다. 물론 이런 판단이 맞는 경우도 있겠지만 규제기관이 이런 핑계를 열심히 대었을 것은 뻔한 일이다.

이밖에도 일몰법 제도는 실행상 많은 문제점을 안고 있음이 드러나고 있다.[25] 첫째, 의회가 日沒審査를 하게 될 때 많은 시간과 정력을 여기에 쏟지 않을 수 없기 때문에 높은 비용을 초래한다. 둘째, 의회가 전문적이고 기술적인 규제업무를 제대로 평가할 수 있는 능력을 가지기 어렵다. 셋째, 일몰심사가 진행되는 동안 심사대상 기관의 업무와 유사한 또는 관련되는 업무를 담당하고 있는 행정기관 사이에 관료적 경쟁(bureaucratic competition)이 치열하게 전개된다. 이것은 일몰심사가 각 기관이 경쟁적으로 관할 정책영역(jurisdictions)의 확대를 꾀할 수 있는 좋은 기회를 제공하기 때문이다.

4.1.2 의회의 거부권 행사

규제기관은 실질적으로 입법기능을 행사한다. 의회가 규제기관에 규칙(rules)의 제정권과 집행을 일임하고 있는 것은 규제업무의 정치경제적 성격과 기술적, 전문적 성격 때문이다. 그러나 규제기관의 정책결정이 미치는 엄청난 파급효과를 감안할 때 과연 규제기관에 그러한 입법적 기

---

23) Dennis Avery, "The Record on Sunset Review of Two Agencies," in Clark, Kosters, and Miller, *op. cit.*, p. 43.

24) *Ibid.*

25) *Ibid.*, p. 44.

능을 담당시키는 것이 과연 정당한 것이냐에 대해 의문이 생긴다. 따라서 국민에 의하여 선출된 의회가 규제기관이 제정한 규칙이 부당하거나 불합리하다고 인정되는 경우에 이를 거부할 수 있도록 하는 것이 바로 여기서 말하는 의회의 拒否權(legislative veto) 행사라고 할 수 있다.

그러나 의회가 규제기관의 특정 결정사항 또는 규칙을 번복시키거나 무효화시키는 것이 과연 三權分立(separation of powers)의 원리에 부합하는 것이냐에 대해서는 끊임없는 논란이 있다. 미국에 있어서 의회의 거부권 행사는 違憲이라는 입장이 대체로 주류를 이루고 있다.[26] 미의회에서 거부권 행사는 代議 民主主義(representative democracy)의 회복이라는 측면에서 의원들의 압도적인 지지를 받고 있으나 의회의 거부권 행사에 대해 사법부의 해석은 부정적이다. 실제에 있어서 의회가 규제기관이 발하는 각종의 기술적 규칙에 대해 실질적인 심사를 행할 수 있느냐에 대해서도 회의가 없지 않다. 따라서 의회의 거부권 행사는 규제기관이 규칙을 제정함에 있어서 의회가 정한 범위를 벗어나지 않도록 저지하는 의미를 가질 수 있을 뿐으로 여겨지기도 한다.[27]

4.1.3 규제예산제도의 도입

정부규제의 비용은 크게 두 가지로 나누어 볼 수 있다. 하나는 규제기관이 사용하는 행정비용이다. 다른 하나는 피규제산업 또는 피규제자가 규제내용을 이행하는데 들어가는 비용, 즉 규제 順應費用(compliance costs)이다. 규제기관은 자신에게 주어진 기관적 사명과 임무의 완수만을 생각하기 쉽기 때문에 민간이 부담해야 할 규제 순응비용의 크기는 충분하게 고려하지 않는 경향이 있다. 각각의 규제기관이 이런 경향을 보일 때 피규제산업의 입장에서 보면 각각의 규제기관이 부과하는 규제로 인한 경제적 부담이 엄청나게 증가하게 된다. 피규제산업이 부담할 수 있

26) Antonin Scalia, "The Legislative Veto: In Violation of the Constitution," in Clark, Kosters, and Miller, *op. cit.*, pp. 55~61.

27) Harrison H. Schmitt, "Putting Democratic Controls on the Law of Bureaucrats," in Clark, Kosters, and Miller, *op. cit.*, pp. 51~54.

는 경제적 비용에 한계가 있다고 한다면 이런 한계에 맞추어 정부규제의 우선순위를 정할 필요가 있다.

規制豫算(regulatory budget) 제도란 바로 이런 측면에서 각각의 규제기관이 자신의 의사결정을 보다 합리화 하기 위한 노력을 기울이게 만드는 유인을 부여하기 위해 고안된 제도라고 할 수 있다.[28] 이런 제도가 고안되게 된 배경에는 규제정책이 다른 정책에 비하여 불합리한 측면이 많음에도 불구하고 다른 유형의 정책에 비하여 상위의 행정기관이나 국회에 의한 통제와 심사가 잘 이루어지지 못하고 있는 바 이것은 규제기관의 예산(행정예산)에 대한 심의만으로는 규제기관 사업에 대한 통제가 불충분하기 때문이라는 인식이 작용하고 있다.[29]

규제예산 제도는 행정부의 예산기관(우리나라 같으면 경제기획원)이나 국회에서의 정규의 예산심의 과정에서 각각의 규제기관의 정책 합리성을 판단하고 이를 통하여 각각의 규제기관이 스스로 합리적인 의사결정에 도달할 수 있도록 하기 위한 것이다. 규제예산제도는 다음과 같은 방법으로 이루어진다.[30]

우선 규제기관이 예산요구서를 작성할 때 규제정책 수행에 필요한 행정적 비용만이 아니라 그 규제기관이 관장하는 규제로 인해 야기되는 민간부문의 규제 순응비용을 행정비용에 포함하여 작성하고 제출하게 한다. 이 때 예산기관이나 국회는 각각의 규제로 인해 발생하는 총비용(행정비용 + 민간의 규제순응비용)이 모두 얼마인가를 파악할 수 있게 된다. 예산기관과 국회에서의 예산심의 과정에서 심의대상이 되는 비용은 바로 이 총비용이다.

---

28) 이 제도는 사회적 규제의 합리화를 목적으로 미국의 대통령 경제자문위원회(Council of Economic Advisors: CEA)에 의하여 고안되었다. N. W. Cornell, Roger G. Noll, and Barry Weingast, "Safety Regulation," in H. Owen and Charles Schutze (eds.), *Setting National Priorities: The Next Ten Years* (Washington, D. C.: Brookings Institution, 1976).

29) Fred Thomposn and L. R. Jones, "Reforming Regulatory Decision Making: The Regulatory Budget," *Sloan Management Review* (Winter 1981), pp. 53~61.

30) 규제예산 제도의 운영방법 및 절차에 대한 상세한 설명은 Robert E. Litan and William D. Nordhaus, *Reforming Federal Regulation* (New Haven: Yale University Press, 1983), pp. 133~158 참고.

따라서 규제기관은 과거와는 달리 행정비용만을 고려하는 것이 아니라 민간의 규제 순응비용까지를 포함하여 예산을 요구하여야 하므로 규제기관의 정책목적을 최대한 달성할 수 있는 방향으로 규제정책의 우선순위(priorities)를 정하게 될 것이다. 왜냐하면 규제기관의 예산에 대한 심의가 행정비용 만이 아니라 총비용 기준으로 이루어지게 되므로 규제기관은 행정비용은 적게 들지만 규제 순응비용이 높은 규제정책을 채택하게 될 때 다른 규제정책을 추진하기가 어렵게 된다. 따라서 행정비용은 다소 높을지라도 민간의 규제 순응비용이 비교적 작은 규제정책을 보다 많이 추진함으로써 규제기관의 목적을 보다 합리적으로 달성하려고 할 것이다. 물론 이 과정에서 예산기관과 국회의 판단은 중요하다.

그러나 이 방법은 교묘하기는 하지만 실행에는 많은 난점이 있다.[31] 우선 민간이 부담하는 규제 순응비용의 크기를 파악한다는 것이 어렵다. 과거에 어느 정도의 비용이 소요되었는지에 대해서는 파악이 가능할지라도 앞으로에 대해 그것이 얼마만큼의 비용을 초래하게 될지를 정확히 파악하기란 용이하지 않다. 또한 규제 순응비용에는 직접적인 비용만이 있는 것이 아니고 파악과 계산이 어려운 간접적 비용도 있다.[32] 다음으로 규제 순응비용이 파악되었다고 할지라도 규제로 인한 편익의 파악이 이루어지지 않는 한 얼마만큼의 규제 순응비용이 적정한 수준인지를 파악하기란 여전히 어렵다.

4.2 행정적 통제의 강화

대통령 직속기관을 통한 規制 事前審査(regulatory clearance) 제도는 國政의 최종책임자인 대통령이 경제정책 등 국가정책과 규제정책의 조화를 모색할 수 있도록 하기 위한 것이다. 여기에는 규제기관 長의 人事

31) Lester B. Lave, *The Strategy of Social Regulation* (Washington, D. C.: Brookings Institution, 1981), pp. 21~23.

32) 규제로 인한 간접비용이 충분하게 검토되지 못할 때 과도한 규제를 유발할 수 있다는 주장은 Paul B. Downing, "Policy Consequences of Indirect Regulatory Costs," *Public Policy*, Vol. 29, No. 4 (Fall 1981), pp. 507~26 참고.

(appointment)를 통한 통제 등 여러가지 방법들이 있겠으나 1970년대 이후 미국의 역대 행정부에 의하여 취해져 온 여러가지의 제도들을 검토함으로써 논의에 대신하려고 한다.

4.2.1 삶의 질 심사제도

우선 닉슨 행정부는 대통령 직속기관인 豫算管理局(Office of Management and Budget: OMB)에 「삶의 質 審査(Quality-of-Life Review)」권한을 부여하였다. 이것은 환경, 소비자보호, 직업안전 및 보건규제를 담당하는 규제기관들로 하여금 새로운 規制프로그램을 제안하기 전에 관련기관 및 예산관리국(OMB)과 협의하고 그 결과를 예산관리국에 보고하도록 함으로써 이 과정에서 새로운 규제사항에 대해 관련기관의 충분한 검토가 이루어지도록 하기 위한 것이었다. 협의 및 검토사항은 주로 새로운 규제에 따른 비용 및 편익의 예측, 代替的 규제수단(alternative regulatory instruments)의 탐색 등이었다. 관련기관 사이에 이견이 있는 경우에는 그것을 종합하여 대통령에게 보고함으로써 대통령이 최종적 결정을 내릴 수 있도록 되어 있다. 이 제도는 주로 환경관리청(Environmental Protection Agency)의 규제정책에 대해 활용되었다. 그 결과 많은 공익단체, 노동조합 등으로 부터 이 제도가 환경보호정책을 후퇴시키기 위한 방편이 아니냐 하는 의혹을 사게 되었고 규제기관의 정책결정에 대한 대통령의 심사기능이 차별적으로 이루어지고 있는데 대한 강력한 반발이 제기되기도 하였다.

4.2.2 인플레 영향평가 제도

1974년 포드행정부는 환경규제 및 작업장 안전에 대한 규제가 인플레에 악영향을 끼치고 있다는 판단 아래 규제기관들로 하여금 주요한 규제프로그램에 대해 「인플레영향 평가제도(inflation impact statements)」를 시행하도록 하였다. 이 제도하에서 규제기관은 임금 및 물가안정위원회(Council on Wage and Price Stability: COWPS)와 예산관리국(OMB)

에 새로운 규제정책 또는 새로운 규제법안이 초래하게 될 비용과 편익을 분석하여 사전에 제시하도록 함으로써 규제기관으로 하여금 규제의 경제적 파급효과에 보다 많은 관심을 가지도록 하였다.

4.2.3 「규제심사분석 그룹」과 규제위원회 제도

인플레 영향평가 제도의 시행을 통하여 얻은 경험을 바탕으로 카터(Carter) 행정부는 규제영역에 비용편익분석(cost-benefit analysis)의 관념과 기법을 보다 본격적으로 도입하였다.[33] 물론 이런 분석기법 적용확대의 목적은 경제적 합리성과 효율성을 결여한 규제프로그램을 억제하는 데 있었다. 또한 비용편익분석 적용의 중요 대상은 사회적 규제, 그 가운데서도 특히 환경과 작업장 안전을 위한 규제였다. 이런 제도의 시행을 위해 1978년초에는 「規制審査分析 그룹(Regulatory Analysis and Review Group: RARG)」이란 기구를 설치하였다.[34] 이 기구는 OMB를 비롯하여 대통령경제자문위원회(Council of Economic Advicors: CEA), 상무성, 재무성, 임금 및 물가안정위원회(COWPS)의 부대표자급으로 구성되어 각종의 規制프로그램의 비용과 편익을 비교검토하는 역할을 하였다. 이 제도는 行政命令(executive order)에 근거를 둔 것이었기 때문에 이 기구를 통한 결정은 규제기관을 법적으로 구속하는 것은 아니었다. 그러나 이 기구에서의 결정은 새로운 규제에 대한 대통령의 의사를 대변하는 것으로 간주되었기 때문에 상당한 영향력을 발휘할 수 있었다.[35]

규제심사분석 기구의 영향력이 강화되자 규제기관들은 자신의 위치를 강화하기 위해 「規制委員會(Regulatory Council)」의 설치를 대통령에 요구하였고 이 요구에 따라 1978년 8월에는 이 기구가 발족하였다. 이 기

---

33) 이 제도의 구체적 내용에 대하여는 Lester M. Salamon, "Federal Regulation: A New Arena for Presidential Power?" in Hugh Heclo and Lester M. Salamon (eds.), *The Illusion of Presidential Government* (Boulder, Colorado: Westview Press, 1981), pp. 163~65참고.

34) 이 기구의 구체적 운용방법에 대하여는 Edward P. Fuchs, *Presidents, Management, and Regulation* (Englewood Cliffs, N. J.: Prentice-Hall, 1988), pp. 53~58 참고.

35) Richard A. Harris and Sindey M. Milkis, *The Politics of Regulatory Change* (Oxford: Oxford Univesity Press, 1989), p. 11.

구는 규제심사분석 기구가 대통령의 자문기관이었던 것에 비하여 30여 개의 중요한 규제기관의 長으로 구성되었고 사무국은 각 규제기관으로부터 파견된 관료들로 충원되었다. 이 기구의 중요한 역할은 각 규제기관이 검토하고 있는 규제사항이 다른 규제기관과 중복 또는 상충을 일으키는 것은 아닌지를 검토하고 규제정책 평가의 우선순위(priorities)를 정하는 데 있었다. 이런 사항에 대한 검토내용은 규제정책 분야별로 체계화되어 '規制달력(regulatory calendar)'으로 작성되어 발간되도록 되어 있었다.[36]

4.2.4 「규제경감을 위한 특별작업단」

1970년대를 통하여 닉슨, 포드, 카터행정부는 정부규제의 합리화를 위해 대통령의 심사기능을 강화하였으나 성과는 그리 만족스러운 것이 아니었다. 물론 경제적 규제완화(economic deregulation) 영역에서는 상당한 진전이 있었지만 사회적 규제 영역에 있어서는 커다란 성과를 거두지 못하였다. 그저 폭발적으로 증가하는 사회적 규제로 인해 야기되는 경제적 부작용을 최소화 하기 위한 노력을 전개한 것에 불과하였다. 이에 비하여 1980년 대통령에 당선된 레이건은 취임초부터 사회적 규제에 대한 정면적인 挑戰을 선언하였다.

레이건 행정부의 정부규제에 대한 단호하고 공격적인 태도는 그가 대통령 취임과 동시에 「規制輕減을 위한 大統領 特別作業團(Presidential Task Force on Regulatory Relief)」을 설치한데서 여실히 드러났다. 부쉬(Bush) 부통령을 책임자로 한 이 작업단은 그 명칭이 시사하는 바와 같이 자유로운 기업활동에 '무거운' 짐을 지우고 있는 사회적 규제를 덜어내기 위한 전략들을 고안해 내고 그것을 실천에 옮기는 임무를 부여받았다. 그러나 레이건 행정부가 사회적 규제의 경감을 위해 선택할 수 있는 정책수단의 폭은 제약되지 않을 수 없었다. 그것은 우선 의회가 사회적 규제에 보다 적극적인 民主黨의 지배하에 놓여 있었고, 사회적 규제의

36) Fuchs, *op. cit.*, pp. 58~61.

유지강화를 절대적으로 선호하는 사회분위기가 지속되었기 때문이었다.[37]

그 결과 레이건 행정부의 사회적 규제의 경감 혹은 완화는 주로 행정적인 방법을 통하여 이루어지게 되었고 그것도 백악관이 규제정책 과정을 장악하는 방법을 통하여 이루어지게 되었다. 여기에 가장 주도적인 역할을 담당한 것은 물론 예산관리국(OMB)이었다. 특히 OMB 내에 새로 설치된 「정보 및 규제업무관리국(Office of Information and Regulatory Affairs: OIRA)」은 레이건 행정부가 마련한 기준과 원칙에 부합하지 않는 규제정책 업무를 통제하였다. 그러나 규제입법에 근거를 두고 추진하는 각 규제기관의 업무를 별도의 명확한 입법근거 없이 OMB가 행정적 방법으로 통제하려 하고 해당 규제기관의 예산을 삭감하려 하자 이것은 의회와 심각한 마찰을 불러일으키게 되었고 그 결과 커다란 성과를 거두지 못하였다.[38]

4.3 사법적 심사의 강화

이상에서 우리는 정부규제의 합리화 방안으로서 민주적 선거를 통하여 당선되고 따라서 국민에 대해 직접적으로 정치적 책임을 지는 선출된 정치인(elected officials), 즉 국회와 대통령이 규제기관에 대한 통제(oversight)를 강화할 수 있도록 하기 위한 방안에 대해 고찰하였다. 여기에서 검토하는 사법적 심사(judicial review)의 강화는 정부규제에 있어서 법원의 역할을 보다 강화함으로써 정부규제의 적법성(due process)과 공평성(fairness)을 확보하기 위한 방안으로서 논의되고 있다. 규제정책 과정에서 법원의 심사기능을 강화함으로써 규제기관으로 하여금 정당한 이해관계자들의 규제정책 과정에의 참여와 공평한 의견진술의 기회를 보장하도록 할 때 규제정책이 恣意的으로 결정되거나 운용될 가능성을 줄

37) Martha Derthick and Paul J. Quirk, *The Politics of Deregulation* (Washington, D. C. : Brookings Institution, 1985), pp. 207～36.

38) 레이건 행정부의 규제완화 전략과 그것의 평가에 대하여는 Harris and Milkis, *op. cit.*, pp. 97～139 참고

일 수 있다는 것이다.

정부규제 특히 사회적 규제 영역에서 법원이 차지하고 있는 역할은 대단히 중요하다. 사회적 규제는 궁극적으로 개인과 기업의 권리관계·이해관계에 직결되고 있기 때문에 사회적 규제와 관련하여 법적 분쟁이 야기되는 경우가 많다. 우리가 이미 제18장에서 고찰한 바 있는 환경피해, 소비자 피해, 근로자의 산업재해, 사회적 차별로 인한 피해의 司法的 救濟는 바로 그러한 예들이다. 법원이 이와 같은 사회적 규제 문제들에 개입하게 될 때 법원의 역할은 개별적 분쟁을 해소하는 역할에 그치는 것이 아니다. 일단 내려진 법원의 판결은 향후 규제기관의 정책결정 과정에 직접적 영향을 미칠 뿐만 아니라 규제에 대한 이해관계자의 行動誘因을 변화시킨다. 여기에서 한 걸음 더 나아가 市民訴訟(civil suit) 또는 集團訴訟(class action suit)과 같은 새로운 유형의 소송이 인정된다면 법원의 역할은 보다 적극적인 의미에서 규제정책을 결정하는 역할을 수행하는 셈이 된다.

그러나 사법적 심사의 강화는 적지 않은 문제점도 갖고 있다. 첫째, 과연 법원이 기술적이고 전문적인 내용을 갖는 규제정책에 대해 정당한 법해석과 판결을 내릴 수 있는 능력을 갖추고 있느냐가 문제이다. 또한 법원이 이런 역할을 적극적으로 담당하고자 하는 의도가 있는가도 문제이다. 둘째, 보다 중요한 문제로서 의회나 행정부와는 달리 국민에 의하여 직접 선출되지 않고 따라서 정치적 책임을 지지 않는 법원이 보다 적극적인 정책결정 역할을 담당하는 것이 민주정치 제도하에서 정당한 것인가의 문제도 제기된다. 셋째, 법원에 의한 사법적 심사가 강화되면 될수록 규제정책 결정과정에서 규제기관이 보다 신중을 기하지 않을 수 없고 따라서 그 부작용으로서 규제기관과 관료들이 규제정책 결정 절차의 정당성 확보에 모든 노력을 경주하지 않을 수 없게 됨으로써 정책결정이 무한정 지체(delay)되고 서류작성(paperwork) 부담이 증가하며 규제기관 관료들이 분쟁의 소지가 있는 규제정책의 결정이나 집행에 소극적 성향을 갖게 될 우려도 높다.

특히 맨 마지막의 요인은 사법적 심사가 악용될 수 있음을 시사한다는 점에서 주목을 요한다. 사법적 심사는 정당한 이해관계자가 공평하게 정책과정에 참여할 수 있도록 하는데 근본적 의의가 있다. 그러나 이것은 어디까지나 잘 조직되고 자금력이 풍부한 이익집단이나 기업에 해당될 뿐이다. 왜냐하면 이들은 규제기관의 정책결정 과정을 장악하거나 정책결정 절차의 공평성 보장을 역이용하여 엄청난 자료공세로 정책과정을 마비시키거나 보다 우수한 정보와 분석자료의 제시를 통하여 보다 많은 영향력을 행사할 수 있기 때문이다. 따라서 사법적 심사의 강화가 반드시 규제기관으로 하여금 잘 조직되지 못하고 자금력이 빈약한 경제사회집단이나 개인에 대해 보다 많은 관심을 기울이게 하는 것은 아니다.

4.4 규제협상

규제정책 결정과정에서 公正한 節次(due process)가 보장되어야 한다는 것은 재론의 여지가 없는 지극히 당연한 일이지만 공정한 절차의 강조는 위에서 살펴 본 바와 같은 많은 문제점을 갖고 있다. 여기에서 살펴보려고 하는 規制協商(regulatory negotiation)은 공정한 절차에 대한 사회적 신념이 특히 강하고 따라서 정책결정 절차의 공정성 및 적법성을 둘러싼 법적 분쟁이 끊임없이 제기되고 규제정책 결정과정을 거의 마비상태에까지 이끌고 가는 경향이 강하게 자리잡고 있는 美國에서 최근에 환경분야를 중심으로 시도되기 시작한 혁신적인 규제정책 결정방법이다.[39)]

규제협상이란 규제정책 분야에서 대두되는 분쟁해결(dispute settlement)을 위한 새로운 제도적 장치로서 이것을 간단히 요약하면 규제기관이 공식적인 정책결정(formal rule-making) 과정에 들어가기 이전에 규제정책에 정당한 이해관계를 갖고 있는 집단의 대표자들을 協商테이블에

---

39) 규제정책 결정을 둘러싼 이해관계 집단사이 그리고 이들과 규제기관 사이의 끊임없는 소송으로 인하여 유일하게 이득을 보고 있는 것은 변호사 등 뿐이라는 논지를 전개하면서 규제협상 방식의 도입을 주장하고 있는 논문으로서 Robert B. Reich, "Regulation by Confrontation or Negotiation?" *Harvard Business Review* (May/June 1981), pp. 82~93 참고.

불러 들여 이들이 보다 솔직하고 실용적인 상호 의견교환을 통하여 만족할 만한 정책대안에 도달하게 하고 이렇게 작성된 정책대안을 규제기관이 수용하는 규제정책 결정방식이라고 할 수 있다. 이것은 어떤 의미에서 司法的 過程(judicial process)을 닮아 가고 있는 규제정책 과정을 立法的 過程(legislative process)에 보다 흡사하게 만들기 위한 시도라고도 볼 수 있다.[40)]

규제협상이 추구하는 목적, 혹은 이 제도의 장점은 다음의 두 가지로 요약해 볼 수 있다. 첫째, 문제가 되고 있는 규제정책에 이해관계를 갖고 있는 당사자 스스로가 어떤 합의에 도달하게 한다. 이 때 이루어진 합의가 반드시 이들의 추후 행동을 구속(binding)하는 것은 아니다. 그러나 이해당사자들은 충분한 대화를 통하여 상대방의 입장을 보다 잘 이해할 수 있고 또한 자기의 입장을 보다 잘 이해시킬 수 있게 되기 때문에 이런 과정을 거쳐 얻어진 합의를 존중할 가능성이 높다고 볼 수 있다. 특히 이 과정에서 이루어지는 상호이해와 신뢰는 이들간의 항시적인 극한 대립(confrontation)과 갈등을 제거하게 함으로써 보다 합리적인 정책대안을 모색할 수 있게 한다.

둘째, 결정된 규제정책의 집행(implementation)이 보다 원활하게 이루어질 수 있도록 한다. 이것은 주로 규제협상과정에서 정책집행의 방법에 관한 논의와 협상이 많이 이루어지기 때문이다. 예를 들면 이용가능한 기술수준, 자원의 所要, 지역적 특수성 등을 감안하여 정책집행의 단계를 설정한다거나 의무이행의 확인 또는 규제위반 행위의 단속을 단계적으로 실시해 나갈 수 있게 되는 것과 같다. 이런 요소들에 대한 충분한 고려는 결국 규제정책이 보다 큰 효과를 거두고 잘 작동될 수 있게 만드는 역할을 한다.

규제협상에 있어서 규제기관은 물론 일방 당사자로서 협상에 참여하

40) Melvin A. Eisenberg, "Private Ordering through Negotiation: Dispute-Settlement and Rulemaking," *Harvard Law Review*, Vol. 89 (Jan. 1976), pp. 637~681; Lawrence Suskind and Gerald McMahon, "The Theory and Practice of Negotiated Rulemaking," *Yale Journal on Regulation*, Vol. 3 (Fall 1985), pp. 133~165.

며 협상위원회(negotiation committee)의 구성, 그것의 소집 및 의사진행 등 운영방법의 결정권을 가진다. 경우에 따라서 규제기관은 이 위원회에서 결정된 정책대안을 수정없이 수용할 의사를 표시할 수도 있을 것이다. 물론 이런 경우란 대부분 이 위원회에서 이루어진 합의가 관련법령이나 규제기관의 기본방침에 위배되지 않는 경우를 말한다. 이것은 규제협상이 기존의 공식적인 정책결정 방식을 완전하게 대치하는 것은 아님을 보여준다.[41)]

그러나 규제협상은 다음과 같은 측면에서는 문제점을 갖고 있다. 첫째, 多元的 정치체제(plural political system)에서 고질적으로 나타나는 문제, 즉 이익대변의 정당성과 공평성의 문제가 있다. 즉 규제협상에 참여하는 대표자들이 각각의 이익집단을 올바로 대변하고 있다고 할지라도 여기에서 이루어지는 합의가 사회전체의 이익과 합치되리라는 보장이 없다. 이것은 특히 규제협상에 있어서도 여전히 잘 조직되고 정치적으로 영향력이 있는 집단의 이익이 과도하게 반영될 우려가 있음을 보여 준다. 역으로 말하면 이것은 잘 조직되지 못하고 영향력이 약한 집단의 이익(많은 경우에 公益)이 확보되리라는 보장이 없다는 것이다. 둘째, 규제협상은 이해당사자 사이에 합의를 구하는 과정에서 각각의 이해당사자의 필요에 부응하다 보면 결국 정책의 事實과 價值前提(fact and value premises of decision)를 경시하게 만든다. 다시 말하면 규제협상은 합의를 우선하는 나머지 합리성과 정당성이 없는 협잡(挾雜)이 되고 말 위험성이 없지 않다.

규제협상이 갖고 있는 이런 문제점은 결국 규제협상이 정당하고 유용하게 사용될 수 있는 경우를 잘 가려야 할 필요성을 제기한다. 무엇보다도 규제협상 방식은 '무엇(what)'에 관한 의사결정을 위해서 보다는 '어떻게(how)'에 관련된 의사결정을 위해 사용될 때 보다 높은 신뢰성과 정당성을 확보할 수 있다.[42)] 예를 들면 환경오염의 허용기준, 그것의 지

41) Daniel J. Fiorino, "Regulatory Negotiation as a Policy Process," *Public Administration Review* (July/August 1988), pp. 764～772.

42) *Ibid.*, p. 771.

역간·世代間 配分 등과 같은 사회적 가치 문제의 해결을 위해 이 방법이 사용된다면 그것은 정당하지 못하다. 반대로 규제협상은 규제이행 의무의 猶豫, 대체적 규제수단 가운데서의 선택, 구체적 시험검사 및 감독방법 등을 결정하는데 있어서는 유용한 의사결정 방식이 될 수 있다. 이미 앞에서도 언급한 바와 같이 규제협상 방식은 미국과 같이 정부와 기업이 상호 敵對的 관계(adversarial relationship)를 유지하고 있는 특수한 사회에서 상당한 유용성을 갖고 있는 정책결정 방식이다.[43] 그러나 일본·독일 그리고 한국과 같이 정부관료와 이익집단 사이의 의사소통이 비교적 원활하게 이루어지고 있는 국가에 있어서 규제협상의 효용성은 상대적으로 낮다고 볼 수도 있다. 그러나 규제협상의 근본취지가 규제정책에 관련된 모든 이해관계집단의 상호이해의 바탕 위에서 합의에 의한 정책결정을 이루는 데 있다고 한다면 그리고 위에서 지적한 바와 같이 규제협상이 빠지기 쉬운 위험을 잘 극복할 수 있다고 한다면 규제협상에 의한 정책결정 방식은 보다 적극적으로 활용해 볼 가치가 충분히 있다고 할 수 있다.[44]

4.5 시민참여의 확대

규제정책 결정 및 집행과정에 있어서 공익을 대표하는 시민의 참여를 보다 활성화시킬 필요는 아무리 강조해도 지나치지 않는다. 왜냐하면 우리가 제4장 및 제 19 장에서 고찰한 바와 같이 규제정책 과정에서 잘 조직화되지 못한 경제사회 집단의 이익은 집단행동의 딜레마(collective action dilemma) 현상으로 인해 충분하게 반영되지 못하고 따라서 보다

---

43) 미국에서의 적대적인 정부기업관계 (adversarial government-business relationship)를 잘 묘사하고 있는 문헌으로서 John T. Dunlop (ed.), *Business and Public Policy* (Cambridge, Mass.: Harvard University Press, 1980) 및 Robert B. Reich, *The Next American Frontier* (New York: Times Books, 1983) 참고.

44) 우리 나라에서 穀價引上의 적정선을 모색하기 위해 설치된 糧穀流通委員會, 최저임금 수준의 제시를 위해 설치된 最低賃金調整委員會 등은 약간 성격을 달리하기는 하나 규제협상과 같은 취지와 기능을 담당하고 있는 기관들로 볼 수 있을 것이다.

잘 조직화된 집단이 보다 큰 영향력을 행사하기 쉽기 때문이다. 물론 국회와 대통령은 이와 같이 잘 조직화되지 못한 집단 또는 국민의 일반적인 지지를 받고 있는 정책들을 공익적 견지에서 선도할 책임이 있으나 그들이 이런 책임을 다하지 못하고 정치적 영향력이 큰 이익집단의 편에 서게 되는 경우가 많다고 하는 사실은 역사가 증명하고 있다. 제13장에서 검토한 바와 같이 미국에서 사회적 규제가 급격하게 증가할 수 있었던 것은 바로 정부의 親企業性을 공격하면서 시민적 자각을 촉구하고 맹렬한 정치적 활동을 성공적으로 전개할 수 있었던 市民團體·公益團體들 덕분이었다.

바로 여기에 규제정책 과정에 시민참여가 절대적으로 보장되어야 하는 당위성이 존재한다. 그러나 시민단체·공익단체의 활동이 언제나 공익을 지향하는 것인가에 대해서는 약간의 논란도 없지 않다. 그것은 시민운동이란 때때로 감정에 치우치기 쉽기 때문이다. 그 결과 예를 들면 사회적 규제가 합리적인 수준 이상으로 강화됨으로써 상당히 심각한 경제적 파급효과를 야기시킬 위험성도 존재한다. 물론 어느 정도의 정부규제가 적절한 수준의 것인가는 한 나라의 정치사회의 민주화 수준, 경제사회의 발전 수준, 시민의식 수준 등 여러가지 요인에 의하여 결정된다. 그러나 어떤 경우에 있어서든 사회적으로 바람직한 정부규제의 수준을 유지하기 위해서는 정부규제 문제에 보다 합리적으로 접근하려는 노력이 필요하다. 왜냐하면 정부규제에 합리성이 결여되어 있을 때 정치적 상황, 경제사회적 여건의 변화에 따라 이익집단 사이의 상대적인 정치적 영향력의 크기는 변화하기 마련이고 그때그때의 여건변화에 따라 規制의 時計錘(regulatory pendulum)는 반대방향으로 逆轉될 가능성이 있기 때문이다. 이런 경향은 사회적 규제 영역에서 현저하게 나타난다. 이에 대해서는 제13장 및 제21장에서 비교적 상세하게 분석하였으므로 여기에서는 생략하기로 한다.

규제정책과정에 시민참여를 확대하기 위한 방안으로서는 다음의 몇가지를 생각해 볼 수 있다. 첫째, 규제기관의 長을 임명하는 절차에 있어서 일반국민의 지지를 받을 수 있는 자가 임명될 수 있도록 하는 방법이다. 미국과 같은 나라에서는 대통령이 지명한 규제기관의 장이나 독립규제위원회의 위원(commissioner)에 대한 의회의 인준절차가 정하여져 있고 인준절차에 있어서 의원들은 여론의 압력을 받는다. 따라서 규제기관장의 행동반경에 대한 예측가능성이 높다. 우리나라에서는 헌법에 정하여진 국무총리 임명절차 조차 제대로 이행되지 않고 있기 때문에 이런 제도의 도입은 아직도 요원한 실정이다. 그 결과 예를 들면 기업에 대해 다소 적대적인 관계(adversarial relationship)를 유지하지 않을 수 없는 규제기관에 친기업적인 인사가 임명되는 사례가 적지 않다.

둘째, 공익단체의 활동을 적극적으로 조성하는 것도 필요하다. 이미 제21장에서 강조한 바와 같이 우리나라에서는 아직도 시민의식이 부족하고 따라서 공익단체의 활동이 극히 미약한 실정이다. 이들의 역할이 공익의 증진에 있는 이상 공익단체의 조직과 조직의 활성화를 위한 제도적·재정적 뒷받침이 절실히 요구된다. 셋째, 이와 관련하여 공익단체가 규제정책 과정에 공익을 보다 잘 투입시킬 수 있도록 하기 위해서는 공익단체들이 공익적 입장에서 자신의 주장을 보다 강력하게 제시할 수 있도록 특별한 財政支援 제도를 모색하는 것도 고려해 볼 만하다.[45] 특히 우리나라에서는 공익단체들이 주로 여성들로 구성되어 있고, 스스로의 논리의 전개나 정책대안의 제시에 있어서 전문성이 취약하기 때문이다. 넷째, 각종의 규제정책 결정과정의 초기단계에서 공익단체의 참여가 이루어질 수 있도록 하는 것도 대단히 중요하다. 예를 들면 위에서 검토한 규제협상, 또는 제 12 장에서 검토한 自律規制(self-regulation) 방식에 의하여 정부규제를 운용함에 있어서 소비자단체 등 공익단체가 업계와 사전에 충분한 의견교환을 하도록 하고 이들 사이에 이루어진 협상이나 타협의 결과를 적극 반영하는 것도 필요하다.

45) 미국의 연방거래위원회가 시행한 바 있는 규제정책 개입보조금제도(intervenor funding system)는 공익단체들이 전문가를 고용하여 보다 철저한 기초조사를 하고 이에 바탕하여 공익적 견지에서 보다 설득력있는 정책대안을 발굴하여 제시하도록 하기 위한 제도로서 참고할 만하다. 이에 대한 추가적 설명은 제13장 참고.

다섯째, 시민참여의 확대에 있어서 무엇보다도 중요한 것은 行政節次法의 제정과 시행이라고 할 수 있을 것이다. 이 것은 두 가지 의미를 지닌다. 우선 이 제도는 국민들로 하여금 자신들의 이해관계에 영향을 미치는 정부정책 결정과정에 당연히 참여할 수 있다는 권리의식을 심어주고 국민들의 참여를 보다 용이하게 한다. 다음으로 이 법의 제정은 행정기관이 이 법에 위반하여 공정한 절차를 이행함이 없이 정책결정을 내렸을 때 곧 이해관계자가 바로 법원에 그것의 違法性을 이유로 소송을 제기할 수 있기 때문에 정책결정의 민주화에 직접적으로 기여할 수 있다. 물론 위에서 언급한 바와 같이 이 법이 악용될 소지도 있고 행정기관을 지나치게 위축시킬 우려도 없지 않다. 그러나 이로 인한 비용과 편익을 비교한다면 정치사회의 민주화 과정에서 우리가 어떤 것을 보다 중요시해야 할 것인가는 자명하다고 생각된다. 이와 관련하여 다시 한번 강조하지 않을 수 없는 것은 環境影響評價 제도 등을 운용함에 있어서 그것의 제일 중요한 목적은 시민참여를 보장하는 데 있음이 충분히 이해되어야 한다는 점이다. 이에 대해서는 제21장에서 논의하였으므로 여기에서는 생략하기로 한다.

5. 결 론

본 장에서는 우리가 흔히 정부규제의 개혁이라 하면 먼저 머릿속에 떠올리게 마련인 규제기관의 조직과 정책과정 및 절차의 개선에 대해 논의하였다. 규제기관의 조직 특성과 규제정책의 결정과정 또는 집행과정 및 절차는 정부규제에 정당한 이해관계를 지니는 경제사회 집단의 정치적 힘(political power)의 분포에 직접적인 영향을 미친다는 점에서 대단히 중요하다. 이런 관점에서 본장에서는 주로 미국의 현행제도 또는 미국에서 논의되고 있는 광범위한 개혁방안들을 소개하였다. 규제기관에 대한 입법통제의 강화 방안으로서 日沒法(sunset legislation) 제도를 비롯하여 부당하다고 인정되는 규제내용에 대한 의회의 拒否權(legislative veto) 제도, 規制豫算(regulatory budget) 제도 등에 관하여 살펴보았고 대통령이 규제기관의 업무를 보다 잘 조정통합할 수 있도록 하기 위한 제도적 장치, 그리고 司法的 審査(judicial review)를 강화하는데 따른 장점과 한계에 대해서도 고찰하였다.

그러나 규제기관의 조직이나 절차가 중요하다고 하여 그것의 중요성만을 지나치게 강조하는 것은 바람직하지 않음도 지적하였다. 이것은 규제조직에 대한 개편논의에 있어서 특히 그러하다. 규제관료의 행태와 의식을 근본적으로 개혁하기 어렵고, 규제기관과 이익집단 사이에 형성되는 共生的 관계(symbiotic relationship)를 변화시키기 어렵다고 할 때 조직구조의 개혁은 엄연한 한계를 지니기 때문이다. 이런 시각에서 본다면 규제조직의 개혁보다는 규제기관과 규제환경 사이의 관계를 규율하는 규제정책 과정 및 절차에 보다 주목하는 것이 효과적일 가능성이 높다. 이런 측면에서 우리나라에서 行政節次法의 제정은 시급한 과제가 되고 있다. 이 法의 제정은 규제정책 과정에 대한 시민의 참여를 활성화 하는데 있어서 크게 기여할 수 있게 될 것이다.

본 장에서는 지방자치제 실시와 관련하여 규제권한의 分權化(decentralization) 필요성과 그것의 함축성에 대해서도 고찰하였다. 지방자치제의 참다운 실현을 위해서 규제권한의 지방정부로의 이양이 필요함은 두말할 필요가 없다. 그러나 地方政治(local politics)의 수준이 아직 기대에 훨씬 못미치고 있는 현실에서 무조건적인 규제권한의 분권화는 많은 문제를 야기시킬 위험이 높다. 지역간 개발불균형이 심한 우리나라에서 지방자치는 곧 무리한 지역개발 경쟁을 야기하고 이 때 규제권한이 단기적 개발이익을 추구하는 방향으로 치우치게 될 위험성이 적지 않기 때문이다. 이런 문제의 판단에 있어서 경제적 규제와 사회적 규제를 명확하게 구분하여 접근하지 않는 한 상당한 개념상 혼란이 야기될 수 있다는 사실도 지적하였다.

끝으로 규제개혁에 접근하는 방법과 관점은 다양하여야 한다는 점을 강조하지 않을 수 없다. 예를 들면 규제정책의 근본적 문제라고 할 수 있는 불확실성(uncertainties), 복잡성(complexity)의 문제는 규제조직이나 절차를 아무리 합리화한다고 하더라도 상존하는 문제라고 할 수 있다. 또한 규제정책 결정에 있어서의 정보의 불완전성과 불충분성(imperfect and inadequate information)은 규제정책 수단의 적절한 선택을 방해한다. 따라서 규제기관의 조직과 절차에만 우리의 관심을 집중시키게 될 때 이런 문제들은 소홀히 다루어질 위험성이 있다. 규제개혁에 있어서 규제실패의 원인을 정확하게 파악하려는 노력이 선행되지 않는 한 규제개혁이 改革이 아니고 改惡이 될 가능성도 배제할 수 없다.

제 23 장

비용편익분석의 도입

1. 서 론

정부규제는 직간접적으로 자원배분(resource allocation)에 영향을 미친다. 물론 정부규제가 갖고 있는 이런 경제적 효과는 정부규제의 유형과 성격에 따라 모두 다르다. 우리는 이미 앞의 여러 장에 걸쳐 주요한 정부규제의 유형에 대해 고찰하는 과정에서 각각의 정부규제가 어떤 측면에서 경제적 효율성에 영향을 미칠 수 있는지를 주로 논의하였다. 본 장에서는 보다 일반적으로 정부규제가 갖고 있는 경제적 효율성을 평가하는 수단으로서 정부규제의 費用便益分析(cost-benefit analysis)을 소개하면서 정부규제의 어떤 요인과 어떤 측면이 어떻게 고려되어야 할 것인지에 대해 고찰하려고 한다.

정부규제에 대한 비용편익분석의 필요성은 여러 측면에서 파악해 볼 수 있다. 첫째, 정부규제의 효과는 불확실한 경우가 많다. 따라서 어떤 정부규제가 그것에 들어가는 비용(행정비용과 피규제자의 규제순응 비용)을 정당화시킬 수 있을 만한 효과를 발휘하고 있는지를 평가해 볼 필요가 있다. 물론 비용편익분석 결과 경제적 타당성이 인정될 때에만 정부규제가 정당화될 수 있다고 주장하려는 것은 아니다. 그러나 규제목적을 달성함에 있어서 보다 효율적인 방법을 찾아내고 이들을 비교평가하기 위해서는 어떤 형태로든 비용편익분석이 필요하다.

둘째, 비용편익분석은 여러가지 정부규제 가운데 그 어느 것에 보다 많은 資源을 투입하는 것이 바람직한지를 판단하는데 있어서 중요한 기준을 제시해 줄 수 있다. 각각의 정부규제는 서로 다른 정책목적을 추구하고 있다. 그런 정책목적 모두가 중요하다고 할지라도 그 가운데 어떤 규제에 한정된 자원을 보다 많이 투입(배분)하는 것이 바람직한가에 대한 문제의식은 여전히 중요하다. 예를 들면 인간의 건강과 생명을 보호하기 위한 목적을 가진 규제에는 자동차나 비행기의 안전규제, 탄광의 안전규제, 식품이나 의약품에 대한 안전규제 등 여러가지의 안전규제가 있다. 이 때 보다 적은 비용으로 보다 많은 인명손실을 방지할 수 있는 규제에 보다 많은 자원을 투입하는 것이 바람직하다고 생각해 볼 수 있다. 이런 경우에 비용편익분석은 정책판단을 합리화할 수 있는 도구가 될 수 있다.

셋째, 마찬가지의 논리로 동일한 정부규제라 할지라도 시점에 따라서 그것이 발휘할 수 있는 효과는 달리 나타난다. 예를 들면 일정 시점에서 대기오염, 수질오염, 산업폐기물 등 *汚染源別* 규제효과는 달리 나타난다. 우선 당장은 대기오염의 피해가 보다 크게 나타나나 장기적으로는 산업폐기물 또는 수질오염의 피해가 보다 크게 나타날 수 있다.

물론 자원이 풍부하다고 한다면 이 모든 오염원에 대해 동시에 규제를 강화하는 것이 가능할 것이다. 그러나 한정된 자원을 갖고 환경규제를 함에 있어서 어떤 오염원에 대한 규제를 시간적으로 우선할 것이냐를 결정해야 할 필요가 있다. 이 때에도 비용편익분석은 유용한 판단기준을 제시해 줄 수 있다.

물론 정부규제에 대한 비용편익분석은 앞으로 검토하게 되는 바와 같이 방법론상 많은 문제점과 결점을 갖고 있고 따라서 그것의 현실적 적용에는 상당한 제약이 있다. 또한 그것이 합리적인 의사결정의 도구로서보다는 부당한 목적에서 악용될 소지도 없지 않다. 예를 들면 규제효과가 적음을 이유로 규제의 철폐 또는 완화를 주장하는 근거로서 비용편익분석이 이용될 수 있다. 그러나 비용편익분석은 여전히 정부규제의 대상, 시기, 강도, 방법 등에 대한 정책결정을 보다 합리화 하고 규제정책의 질을 향상시키는데 기여할 수 있는 유용한 분석수단이라고 할 수 있다.

危險-便益分析(risk-benefit analysis)은 비용편익분석의 일종으로서 인간의 생명(및 건강)에 관계된 특수한 정부규제(사회적 규제) 분야에서 중요하게 사용된다. 이것은 인명을 위협하는 각종의 위험요인의 危險度를 평가(risk assessment)하고 이런 위험의 감소(reduction of risks)에 들어가는 비용과 이로 인해 구제되는 人命(saved lives)을 비교분석하는 기법이라고 할 수 있다. 위험편익분석에서는 비용과 편익이 반드시 금전적으로 비교되어야 할 필요는 없다는 점에서 일반적인 비용편익분석과 차이가 있다.

제 2 절에서는 우선 정부투자사업의 경제적 타당성 평가에 일반적으로 사용되어 온 비용편익분석 방법을 정부규제 분야에 적용함에 있어서 고려되어야 할 측면을 비용편익분석의 절차에 따라 간략하게 설명한다. 제 3절에서는 위험편익분석에 대해 검토한다. 제4절에서는 규제정책 결정과정에서 비용편익분석(위험편익분석을 포함한) 방법 또는 비용편익분석적 시각을 도입, 활용하는 것에 대한 贊反論爭을 비판적으로 평가해 보려고 한다.

2. 비용편익분석

비용편익분석은 원래 미국에서 대규모의 水利 및 土木事業 등 자원개발사업의 경제적 타당성을 검토하기 위한 목적에서 개발되어 주로 공공개발사업(public development projects) 및 프로그램의 경제적 타당성 평가에 광범위하게 활용되고 있다.[1] 정부규제 분야에 이런 분석기법을 활

1) 기존의 문헌들은 대부분 이러한 공공사업의 비용편익분석에 관한 것이다. 대표적인 문헌으로는 Ezra J. Mishan, *Cost-Benefit Analysis* (New York: Praeger, 1976); Richard Layard, *Cost-Benefit Analysis* (New York: Penguin Books, 1980); 金東建, 「現代財政學」 (서울: 博英社, 1989), 제6장 참고.

용하게 된 것은 비교적 근래의 일로서 아직까지는 일부의 정부규제 분야에서 부분적으로 사용될 뿐이다.[2)]

그러나 비용편익분석은 거의 모든 정부규제에 적용 가능하고 또 바람직하기도 하다. 다만 극히 다양한 정부규제에 적용될 수 있는 비용편익분석의 개념과 내용을 여기서 모두 다 설명하기는 불가능하므로 본절에서는 환경규제의 경우를 예로 삼아 설명을 전개하기로 한다.

2.1 비용과 편익의 파악

특정 정부규제에 대한 비용편익분석은 그 규제의 비용과 편익요인을 파악(identification)하는 것에서부터 출발한다. 경제의 긴밀한 상호연관관계를 고려할 때 특정 정부규제의 비용과 편익을 다른 요인과 완전하게 분리시켜 파악한다는 것은 결코 쉬운 일이 아니다. 따라서 보다 엄밀한 비용편익분석을 위해서는 一般均衡 計量模型(general equilibrium estimation model)을 구성하고 이를 통하여 특정 정부규제가 시행되기 전과 시행된 후의 假想的 효과를 비교하여야 할 것이다. 그러나 이 모형에 의하더라도 近似値(approximations)를 파악할 수 있는 정도를 벗어나기는 어렵다.

정부규제의 비용과 편익을 파악하는데 있어서 특정 정부규제가 실시되지 않고 있는 현 상태와 정부규제가 실시되고 있는 상태의 구별은 대단히 중요하다. 이를 위해서는 몇가지의 假定을 세워야 한다. 예를 들면 환경규제에 있어 우선 특정 환경규제가 이루어지지 않고 있는 상태에서 예상되는 직접적인 효과, 즉 환경오염 발생량, 계속적인 환경오염으로 인한 긍정적·부정적 경제적 효과에 대한 가정이 필요하다. 먼저 특정 환경규제를 실시하지 않을 때 환경오염 방지 및 제거비용이 절약된다. 그러나 오염으로 인한 건강과 생명의 손실, 동식물·자연환경에 대한 피해

2) Allen V. Kneese and Ralph C. d'Arge, " Benefit Analysis and Today's Regulatory Problems," in Allen R. Ferguson and E. Phillip LeVeen (eds.), *The Benefits of Health and Safety Regulation* (Lexington, Mass.: Ballinger Publishing Co., 1981), pp. 65～8.

등이 야기된다. 다음으로는 특정 환경규제가 실시될 경우의 직접적 효과가 파악되어야 한다. 먼저 특정 환경규제가 실시될 때 정부의 규제행정비용, 민간기업과 개인이 부담하여야 할 공해제거비용을 들 수 있다. 반면에 환경규제로 인한 직접적 편익의 측면에서는 인명손실의 감소, 동식물에 대한 피해의 감소, 자연환경의 보존을 통한 厚生의 증가 등을 생각해 볼 수 있다.

그러나 문제는 여기에서 그치지 않는다. 모든 정부규제는 그것의 환류작용(feedback)으로 인해 다음과 같은 측면에서 추가적이고 간접적인 효과를 유발하기 때문이다. 예를 들면 특정 환경규제가 실시되지 않을 경우에 먼저 긍정적 측면에서는 보다 높은 경제성장, 환경오염 유발산업의 성장, 이들의 성장으로 인한 고용효과, 소득효과, 지역개발 효과 등 간접적 효과를 생각해 볼 수 있다.[3] 반면에 환경규제를 실시할 때 예상되는 간접적 효과로서는 경제성장률의 감소, 영세한 공해기업의 도산, 이로 인한 고용 감소, 인플레율의 증가 등 부정적 요소가 있는가 하면 공해방지를 위한 기술 및 공해방지산업의 성장 등 긍정적 요소도 있다. 따라서 비용편익분석에 특정 정부규제로 인한 직간접적인 효과(비용과 편익)를 모두 파악한다는 것은 대단히 복잡하고 어려운 일이 되지 않을 수 없다.

2.2 비용과 편익의 분류

특정 정부규제에 따른 직간접적인 비용과 편익 요인의 파악이 이루어지게 되면 다음으로는 이들을 일정한 시각(perspective)에서 분류하는 것이 필요하다. 여기에서 일정한 視角이란 특정 정부규제 프로그램에 대한 비용편익분석의 목적이 무엇이냐에 따라 결정된다. 예를 들면 비용편익분석은 중앙정부 또는 지방정부(또는 특정 공단관리청 등) 그 어디에서

3) 이러한 요인들은 분명히 서로 중복적인 측면을 가지고 있다. 따라서 이러한 요인들의 가치를 측정하는데 있어서는 이중적인 계산이 이루어지지 않도록 주의하여야 한다. 여기에서 이러한 상호중복적인 측면을 갖는 요인들을 나열하고 있는 것은 어떠한 효과들이 비용편익분석에서 고려되어야 하는가를 예시적으로 보여주기 위한 것일 뿐이다.

나 할 수 있는 것으로서 이 때 분석목적에 따라 이 분석에 포함되어야 할 비용이나 편익이 달라지게 된다.

이것은 곧 특정 정부규제 프로그램에 정당한 이해관계를 가진 關聯集團(relevant population)의 관점에서 비용편익분석이 이루어져야 함을 말해 준다. 예를 들면 환경규제의 경우 어떤 지방정부가 실시하는 환경규제의 비용이 전액 중앙정부의 지원으로 이루어진다면 지방정부의 입장에서 볼 때 규제에 따른 행정비용은 零(zero)이 된다. 이것은 이 비용이 중앙정부 차원에서는 계산에 들어가야 할 비용이지만 당해 지방정부의 입장에서 볼 때에는 그 지역의 자원을 소비하는 것이 아니고 따라서 機會費用(opportunity costs)을 갖지 않기 때문이다. 마찬가지로 이 경우 편익의 산정에 있어서도 그 지역을 벗어난 타 지역 또는 그 사회전체에 파급 또는 귀속되는 편익은 계산에 들어가지 않게 된다.[4)]

2.3 비용과 편익의 측정

보통 이상에서와 같은 두 가지의 절차만으로 정부규제와 관련한 의사결정의 합리화가 가능한 경우도 많다. 그러나 여기에 내포된 문제가 대단히 복잡한 경우에는 다음과 같은 이유에서 비용과 편익을 수치로 환산하는 과정이 필요해지게 된다. 첫째, 특정 공해방지시설의 설치가 환경정화와 이에 따른 사회후생의 증진에 도움이 된다라는 일반적인 주장 이전에 보다 구체적으로 얼마만큼의 공해가 제거될 수 있고 이것이 얼마만큼의 사회적 가치를 가지는지를 파악할 수 있다면 합리적인 의사결정에 더 큰 도움이 될 것이다. 둘째, 편익의 수준이 어느 정도인지를 파악하지 않고서는 어느 정도의 비용을 들이는 것이 경제적으로 타당한지를 판단하기 어렵다. 셋째, 비용과 편익의 산술적 계산은 이 각각의 합산, 상쇄, 비

4) 따라서 이러한 경우에 특정지역 주민의 입장에서 정당화되는 정부규제 프로그램일지라도 그것이 인근 지역주민의 입장에서는 바람직하지 못한 프로그램이 될 수도 있다. 예를 들면 오염도가 높은 산업시설을 지역경계 가까이에 설치하는 경우에 이웃 지역의 주민의 후생을 감소시키고 그 결과 피해지역의 보복적인 행동(retaliatory action)을 유발할 수도 있다. 이러한 지역편협주의(regional parochialism)에 대하여는 제22장 참고.

교를 용이하게 해 준다.

그러나 비용과 편익을 수치적으로 계량화하는 일은 대단히 복잡하고 어렵다. 정부규제에 따르는 비용은 행정비용과 민간의 규제 순응비용(compliance costs)으로 나눌 수 있다. 우선 행정비용은 비교적 파악이 용이하다. 그러나 민간의 규제순응 비용을 파악하기는 상당히 어렵다. 왜냐하면 과거의 규제순응비용은 회계장부를 입수할 수만 있다면 어느 정도 정확하게 파악해 볼 수 있지만 앞으로 발생될 규제순응비용을 예측하기란 어렵기 때문이다. 또 하나의 문제로 피규제기업이 자신이 부담하여야 할 비용을 과장할 수도 있다.

그러나 비용의 측정과정에서 생기는 문제는 정부규제의 편익을 측정하는 과정에서 야기되는 문제에 비하면 아무 것도 아니다. 보통 편익의 계산에 사용되는 개념은 개인의 選好(preferences)를 반영하는 支拂用意額(willingness-to-pay)이다. 비교적 단순한 정부규제의 경우 이 정부규제를 통하여 개인이 수혜할 수 있는 사회적 편익은 수혜자를 대상으로 각자가 그러한 편익에 대해 얼마만큼을 지불할 용의가 있는지, 즉 지불용의액이 얼마인지를 물어 봄으로써 파악해 볼 수 있다. 예를 들면 서울시의 상수도 오염을 제거하는데 따른 사회적 편익은 서울시민을 대상으로 깨끗한 수돗물을 공급받기 위해 얼마를 지불할 용의가 있는지를 물음으로써 개략적으로나마 파악해 볼 수 있다.[5)]

그러나 조금 더 복잡한 경우에는 이런 設問調査(survey) 방법으로 편익을 측정하는 것이 불가능하다. 예를 들면 인근의 공장으로부터 나오는 오염된 공기를 20% 정화하는데 얼마를 지불할 용의가 있는가를 물을 때 주민이 이런 질문에 정확하게 답하기를 기대하기 어렵다. 따라서 이런 경우에는 보다 간접적인 방법으로 편익을 측정하는 방법을 개발하지 않으면 안된다.

---

5) 이 경우에 서울시민이 生水 또는 藥水의 구입에 지불하고 있는 금액이 모두 얼마인지를 파악하여 비교자료로 삼을 수도 있을 것이다. 물론 이 수치는 최저치로 간주하여야 할 것이다. 왜냐하면 오염된 수돗물로 인하여 피해를 보고 있는 시민 모두가 생수나 약수를 사먹는 것은 아니고 또 일부 시민은 시장을 통해서가 아니라 자기가 직접 생수나 약수를 길어다 먹을 수도 있기 때문이다.

이런 방법 가운데 가장 잘 알려져 있고 경험적으로 가장 널리 사용되고 있는 방법이 소위 "快樂價格(hedonic prices)"의 산정방법이다.[6] 이것은 예를 들면 환경오염, 기후, 사회간접자본 시설 등에 대한 개인의 선호 즉, 지불용의액으로부터 직접적으로 사회적 편익을 계산해 내는 것이 아니고, 그들의 선호가 어디엔가(예를 들면 부동산 가격) 객관적으로 반영되어 資本化(capitalization)되어 있을 것이라는 假定에 기초하여 사회적 편익을 간접적으로 파악해 내는 방법이다.

위의 환경규제의 경우를 예로 들면 다른 모든 측면에서 비슷하나 공기의 오염정도에 차이가 있는 서로 다른 두 지역을 비교지역으로 선정하여 양 지역의 토지 및 주택가격, 또는 傳月貰 가격의 차이를 파악함으로써 공해비용(또는 이의 제거로 인한 편익)을 간접적으로 계산해 낼 수 있다. 또 다른 예로서 騷音으로 인한 비용(또는 소음의 제거로 인한 편익)이 얼마인지를 계산하기 위해서는 소음이 심한 비행장 주변의 주택가격, 전월세 가격을 소음을 제외한 다른 주거조건이 유사한 지역의 주택가격, 전월세 가격과 비교할 수도 있다.

사실 이와 같이 간접적인 방법으로 사회적 편익을 계산해 낸다는 것은 대단히 어렵고 따라서 계산된 결과도 신빙성이 낮다. 그러나 이와 같은 방법의 적용이 현실적으로 어렵다고 해서 그것이 곧 이런 사회적 편익을 고려하지 않는, 따라서 결과적으로 비용편익분석의 가치를 저하시키는 이유가 되어서는 안될 것이다. 개략적이나마 이런 분석을 통하여 사회적 편익(또는 그것의 범위)을 계산해 낼 수 있다고 한다면 그만큼 더 신뢰할 수 있는 비용편익분석이 될 것이고 이것은 더 나아가서 보다 합리적인 의사결정을 가능하게 해 줄 것이다.

이와 같은 간접적인 사회적 편익의 계산에 있어서 주의하지 않으면

6) 이러한 측정방법의 이론적 기초와 경험적 연구에 대한 문헌검토는 David S. Brookshire, Mark A. Thayer, William D. Schultze, and Ralph C. d'Arge, "Valuing Public Goods: A Comparison of Survey and Hedonic Approaches," in *American Economic Review* (March, 1982), pp. 165～177; 회귀분석(regression analysis)을 이용한 이 방법의 실제적용 연구로서는 David Harrison, Jr. and Daniel R. Rubinfeld, "Hedonic Housing Prices and the Demand for Clean Air," in *Journal of Environmental Economics and Management* 4 (March, 1978), pp. 98～102 참고.

안될 것은 비용편익분석에 있어서 아주 흔히 발견되는 오류 가운데 하나라고 할 수 있는 二重計算(double counting) 문제다. 예를 들면 농촌지역에 소재한 오염배출기업에 대한 환경규제로 인한 사회적 편익의 계산에 있어서 그 지역의 농산물(및 동식물)의 생산량 증가와 그 지역의 토지가격 상승분을 모두 계산에 넣는다면 이것은 이중계산이다. 왜냐하면 이 경우에 농산물의 생산량 증가로 나타나는 환경규제의 편익은 이미 토지가격의 상승분 속에 포함되어 있을 것이기 때문이다.

2.4 비용과 편익의 할인

이상의 절차를 밟아 비용과 편익이 계산된 후 추가적으로 고려하여야 할 요소는 시간(time)이다. 왜냐하면 모든 투자계획에 있어서와 마찬가지로 많은 정부규제에 있어서도 그것의 비용과 편익은 한 기간에 국한되는 것이 아니고 여러 기간에 파급되어 나타나는 것이기 때문이다. 따라서 비용과 편익을 비교하기 위해서는 그것을 모두 현재가치(present value)로 환산해야 한다. 이와 같이 여러 기간에 걸쳐 나타나는 비용과 편익을 현재가치로 환산하는 것을 割引(discounting)이라고 한다.

비용과 편익의 할인에 있어서 가장 중요한 문제는 말할 것도 없이 적절한 割引率(discount rate)을 결정하는 일이다. 적절한 할인율을 사용하지 않을 때 동일한 사업이라고 할지라도 그것의 사회적 가치는 다르게 평가될 수 밖에 없다. 할인율은 다음의 두 가지 것을 측정하는데 사용된다. 그 하나는 정부규제에 들어가는 돈의 기회비용(opportunity cost of money)이다. 이것은 장차 다른 목적에 사용될 수도 있는 돈을 지금 정부규제에 사용함으로써 얻지 못하게 되는 비용, 즉 기회비용이 얼마냐를 나타낸다. 다른 하나는 社會的 時間選好率(social rate of time preference)이다. 이것은 장차의 편익이 오늘 얼마만한 가치를 가지느냐에 대한 사회적 판단을 말한다.

우선 기회비용에 의한 할인율의 측정은 비교적 간단하다. 이것은 현재의 정부규제 사업에 투여된 자금의 수익율(rate of return to funds)을 다른 대체적 목적에 사용된 자금의 수익율로써 평가하면 된다. 예를 들면 정부규제 비용이 조세로 충당된다면 이 자금의 기회비용은 민간부문 투자라고 할 수 있고 따라서 그 자금의 수익율이 곧 할인율이 된다. 만일 이 자금이 公債로써 충당된다면 그것의 기회비용은 그 자금의 대체적 용도(alternative uses)에서 얻어지는 수익율이 된다. 이 때의 수익율은 보통 借入資金의 시장이자율(market interest rate)과는 다르다는 점에 주의하여야 한다.

다음으로 사회적 시간선호율의 결정은 대단히 복잡하고 어렵다. 사회적 편익의 계산에 있어서 보통 시장이자율은 지나치게 높다는 지적이 있다.[7] 이렇게 높은 할인율을 적용하게 되면 결국 먼 미래에 혹은 다음 世代(future generations)가 누리게 될 사회적 편익을 과소평가 하게 되는 결과를 초래한다.[8] 예를 들면 환경규제의 효과는 먼 장래에 걸쳐 나타나는 것이므로 높은 할인율을 사용하게 되면 후세대가 누리게 될 편익이 지나치게 낮게 평가된다. 따라서 기회비용에 입각한 할인율과 사회적 시간선호율 사이의 차이는 그때그때 적절하게 조정되지 않으면 안된다.

이상에서 간략하게 살펴보았듯이 적절한 할인율의 선택은 비용편익분석에 있어서 대단히 중요하나 여기에는 복잡한 사회적 가치판단의 문제가 내재되어 있다. 물론 일정한 할인율을 일관성있게 사용한다면 많은 혼란을 피할 수 있다. 그러나 그것이 부적절하게 선정되어 있을 때 정책판단을 그르치게 될 가능성은 여전히 남아 있게 된다. 따라서 부적절한 할인율의 선택으로 인한 정책판단의 오류를 막기 위해서는 敏感度 分析(sensitivity analysis)을 병행하는 것이 도움이 될 경우가 많다.

여기에서 민감도 분석이란 서로 다른 대체적인 할인율을 적용하여 봄으로써 비용편익분석의 결과가 어떻게 달라지는지를 파악하는 것을 말하

7) 이에 대하여는 M. S. Feldstein, "The Social Time Preference Rate," in Layard (ed.), *op. cit.*, pp. 245~269 참고.

8) 이 반대로 미래 세대의 편익을 중시하여 지나치게 낮은 할인율을 적용하면 당연히 현세대가 누리게 될 편익이 희생되게 된다. 따라서 적정한 사회적 시간선호율은 이 두 가지 할인율의 중간 어디쯤에서 찾아져야 할 것이다.

며 부적절한 할인율의 선택으로 인해 얼마나 다른 정책판단이 유도될 수 있는지를 알아보기 위한 것이다. 민감도 분석결과 다소의 할인율의 차이에도 불구하고 정책결론이 달라지지 않는다면 별문제지만 만일 약간의 할인율의 차이에 따라 상반된 정책결론이 유도된다면 보다 정확한 할인율의 산정을 위한 노력이 기울여져야 할 것이다. 또한 민감도 분석은 상호대체적인 프로그램의 우열을 판단하기 위한 목적으로도 사용될 수 있다.

2.5 위험요인의 감안

비용과 편익의 시간적 할인과 관련된 문제로서 장차의 비용과 편익에 내재된 위험요인(risk factor)을 감안하는 것도 중요하다. 이미 앞에서 언급한 바와 같이 비용편익분석은 여러가지의 가능한 상황에 대한 假定 위에서 진행된다. 특히 그것의 파급효과가 장기간에 걸쳐 나타나는 사업이나 프로그램의 경우에 있어서는 상황의 변화를 사전에 충분히 예측하지 못하게 되는 것이 보통이기 때문에 이것을 사전적으로 고려한다는 것은 비용편익분석의 신뢰성을 높이는 중요한 요소가 될 수 있다.

예를 들면 환경규제의 경우 그 효과는 인구의 증가, 도시화, 산업화의 진전속도 및 양상에 따라 상당히 다르게 나타날 것인바 이에 대한 사전적 고려가 필요하다. 이런 위험요인을 감안하는 방법으로서 우선 생각해 볼 수 있는 것은 期待値(expected value)를 계산하는 방법이다. 가능한 가정적 상황(scenarios)을 상정하여 각각의 경우에 예상되는 비용과 편익을 각각의 확률로 곱하여 그 결과치로 나오는 기대비용(expected cost)과 기대편익(expected benefit)을 갖고 비용편익분석을 시도한다. 이것은 발생가능한 대안을 모두 고려하고 있다는 점에서 상당히 우수한 방법이라고 할 수 있으나 실제적용에는 역시 상당한 어려움이 있다.

따라서 보통의 경우에는 최소한 '최악의 상황(the worst possible events scenario)' 속에서 어떤 결과가 도출되는지 만이라도 살펴보고 판단하는 것이 좋을 것이다. 예를 들면 환경규제에 있어서 환경규제를 하지 않을 경우에 발생하게 될 최악의 상황(예: 도시인구의 급증, 오염배출기업의 도시집중, 독극성 오염물질의 급증 등)을 그려보고 특정 시점에 있어서의 구체적인 환경규제 방법의 도입 필요성과 경제적 타당성을 평가해 보는 것은 중요하다.

2.6 형평성에 대한 고려

비용편익분석에 있어서 형평성에 대한 고려는 간과되어 왔다. 이것은 현재의 소득분배 상황이 공평하다거나 아니면 사업 또는 프로그램의 추진으로 인한 비용과 편익이 누구에게 귀속되든 그것은 문제가 아니라는 가정에 입각한 것이다. 이 두 가지 假定 그 어느 것에 입각한 경우이든 여기에서 사용되고 있는 暗黙的 假定(implicit assumption)은 예를 들면 100원의 가치는 어느 누구에게나 동일하다는 것이다. 그러나 이 가정이 옳지 못하다면 비용편익분석 과정에서 형평성에 대한 고려가 어떤 형태로든지 이루어지지 않으면 안된다.

비용편익분석에 형평성에 대한 고려를 가미하기 위해서는 우선 특별한 고려를 받아야 할 집단(group)이 구체적으로 파악되어야 하고 비용과 편익이 그 집단의 개개인에게 개별적으로 배분되어야 한다. 이것은 곧 비용과 편익이 집단에 따라 서로 다른 가중치(weights)를 가져야 함을 의미한다. 예를 들면 저소득층을 중시하는 정부규제에 있어서는 저소득층에게 돌아가는 편익에 2배를 하고, 고소득층에게 돌아가는 편익은 0.5배를 하는 것과 같다. 이와 같이 가중치를 사용하여 비용과 편익을 합산하게 되면 이것이 곧 형평성을 고려한 비용과 편익(equity adjusted costs and benefits)이 된다.

이와는 달리 정부규제가 특히 고려하고 있는 대상집단이 결정된 경우에는 우선 이들만을 대상으로 한 비용편익분석을 시도한 다음 그 정부규제가 여타의 집단에 미치는 영향을 파악함으로써 전반적으로 각 집단에 미치는 효과를 평가하는 방법으로 형평성에 대한 고려를 비용편익분석에 반영하는 방법이 있을 수 있다. 물론 이 경우에도 특정집단과 여타의 집단에 미치는 효과를 어떤 기준으로 비교하느냐 하는 어려운 문제가 남지만 보통의 경우에는 이 방법이 보다 간편하고 쉽게 형평성을 고려하는 방법이 될 수 있다.

2.7 대체적 수단의 비교평가

이상에서 설명한 비용편익분석의 절차는 특정 정부규제 수단에 대한 경제적 타당성 평가를 위한 목적에서 뿐만이 아니고 代替的 정부규제 수단(alternative policy instrument)을 비교평가하고 그 가운데 최선의 대안을 선택하는 목적으로 보다 유용하게 사용될 수 있다. 제9장으로부터 17장에 걸쳐 다양한 정부규제 유형들을 검토하면서 동일한 정책목적을 달성할 수 있는 규제정책 수단들이 갖고 있는 장단점을 분석한 바 있거니와 여기에서 한 걸음 더 나아가 각각의 규제수단 가운데 그 어느 것이 보다 큰 경제적 효율성을 갖고 있느냐를 판단해야 할 필요가 있다. 이런 경우에 여기에서 설명한 비용편익분석 방법이 적용될 수 있을 것이다.

3. 위험편익분석

서론에서 간단히 언급한 바와 같이 위험-편익 분석(risk-benefit analysis)은 인간의 생명(및 건강)에 관계된 특수한 분야에서 사용되고 있고 특수한 분석과정을 필요로 하는 비용편익분석 방법의 일종이다. 위험편익 분석에는 두 가지 유형이 있다. 그 하나는 인명을 위협하는 환경오염, 작업장에서의 위험, 식품·의약품 등에 포함된 유해물질의 위험도를 평가(risk assessment)하고 이런 위험의 감소(reduction of risks)에 들어가는 비용과 이로 인해 구제되는 人命(saved lives)을 비교하는 것으로서 단순히 危險度 分析(risk analysis) 또는 便益評價(benefit assessment)라고 불리운다. 다른 하나는 위와 같은 분석에서 한 걸음 더 나아가 구제되는 인명의 가치에 차등을 두게 될 경우 부득이 人命의 가치를 평가(valuation of lives)하는 작업이 필요하게 되고 분석결과도 규제비용과 이로 인해 구제될 수 있는 인명이 모두 금전적 가치로 표시되기 때문에 외형상 비용편익분석과 차이가 없다.

언뜻 보기에 이 두 가지의 분석기법이 갖고 있는 차이는 전자의 경우 비용과 편익이 서로 다른 단위, 즉 비용은 돈으로 편익은 구제될 수 있는 인명으로 계산되는데 반하여, 후자는 양자가 금전적으로 비교되고 있는 것 뿐인 것으로 생각되기 쉽다. 물론 이 두 가지 분석기법은 서로 많은 부분을 공유하고 있다. 그러나 이 두 가지 분석기법을 구별해야 할 이유는 그것이 각각 상당히 다른 목적을 갖고 있기 때문이다. 우선 전자는 서로 다른 유형의 위험(예: 벤젠(benzene), 염화학 비닐(vinyl chloride), 아크릴로니트릴(acrylonitrile) 등 유해화학물질) 가운데 어느 물질로 인한 위험을 감소시키기 위한 규제노력을 기울이는 것이 보다 많은 인명을 구할 수 있는지를 판단하기 위한 것이다. 이에 비하여 후자는 이것에 추가하여 인명 가운데서도 어떤 인명 (예: 고소득자와 저소득자, 고령자와 연소자 등)을 구하느냐가 정책적으로 더 중요한 의미를 가지는 경우를 위한 것이다. 이하에서는 이 두 가지 분석방법 가운에 위험도 분석(편익평가)에 대해 설명한 뒤 후자의 분석방법의 특수한 측면인 인명에 대한 평가(valuation)에 관하여 살펴보려고 한다.

3.1 위험도 분석(편익평가)

危險度分析(risk analysis) 또는 便益評價(benefit assessment)는 인명구제를 위한 규제정책의 합리화를 위해서는 무엇보다도 먼저 위험의 크기(magnitude of risk)와 정부규제의 예상되는 효과를 과학적으로 파악하고 정확하게 측정하는 것이 필요하다는 것을 기본전제로 삼고 있다. 이것은 위험에 대한 과학적 측정과 평가가 없이 주먹구구식으로 또는 추측에 기초하여 정부규제가 이루어질 경우 정부규제를 둘러싼 이해관계 집단(사회적 규제의 강화를 주장하는 집단과 이것의 불필요성 또는 약화를 주장하는 집단) 사이의 가치의 갈등(value conflict)이 더욱 노골화되거나 악화되기 때문이다.[9)]

위험도 분석은 보통 (1) 위험요인에 대한 露出(exposure)로 인한 보건안전 효과, (2) 投與單位-反應 관계(dose-response relationship), (3) 위험에 노출되는 인구의 수, (4) 독성물질의 양(doses of the toxic substance), (5) 분석대상 이외의 다른 물질(confounding substances)에 대한 노출정도와 그 효과 등에 대한 정보를 필요로 한다.[10)] 이런 요인들에 대한 정보는 주로 생화학 및 生醫學(biochemistry and biomedical science) 분야에서 생산되고 있고 상당한 지식의 축적이 이루어지고 있는 것도 사실이나 아직도 많은 숙제들을 안고 있다. 따라서 이런 요인들을 과학적으로 완벽하게 파악하기란 사실 불가능한 일이라고 할 수 있다.

그럼에도 불구하고 위험도에 대한 과학적 분석이 가지는 중요성은 결코 감소된다고 볼 수 없다. 왜냐하면 정책 우선순위의 결정, 대체적인 규제수단의 선택, 규제의 효과에 대한 증거의 수집을 통한 합리적인 규제정책의 수립과 집행을 위해서는 비록 불완전한 과학정보나마 최대한 활용하지 않으면 안되기 때문이다. 사실 그릇된 규제정책 선택으로 인한 엄청난 비용을 생각해 본다면 이런 과학적 연구와 분석에 들어가는 연구비용은 대수롭지 않으며 상당한 연구비용이 소요된다고 하더라도 그것이 정책결정의 내용과 질을 조금이라도 향상시킬 수 있다고 한다면 그만큼의 가치는 충분히 있다.

3.1.1 보건위해 가능성의 파악

끊임없는 신물질의 개발과 발견으로 화학물질은 현재 60,000 가지에 달하고 있고, 최근에 이르러서는 한 해 동안에만도 약 1,000 종의 新物

---

9) Lester B. Lave, *Quantitative Risk Assessment in Regulation* (Washington D.C.: Brookings Institution, 1982), pp. 4∼8.

10) *Ibid.*, p. 9.

質이 등장하고 있다.[11] 또한 이런 물질 가운데 상당수가 잠재적으로 암, 유전적 變異, 기형아 출산 등 신체적 이상을 일으키는 것으로 알려지고 있다. 그런가 하면 이런 危害物質에 직간접적으로 노출되고 있는 인구의 수와 폭도 산업화의 진전에 따라 계속적으로 증가하고 있는 실정이다. 따라서 이런 수많은 물질 가운데 어떤 것이 위해한 물질인지를 가려낸다는 것은 백사장에서 바늘찾는 일 만큼이나 어렵다. 아래에서는 이런 保健危害(health hazards)의 가능성을 갖고 있는 물질의 파악방법을 간략하게 설명한다.[12]

(1) 事例集落

사례집락(case clusters)은 가장 오래되고 가장 널리 사용되고 있는 방법으로서 보통 醫師들이 비정상적인 유형의 질병을 앓고 있는 환자 또는 다수의 환자들을 발견한 경우에 그러한 질병을 일으키는 원인을 추적하는 방법으로 위해요인을 찾아내는 것을 말한다. 이것은 주로 의사의 直觀(intuition)에 의존하고 있기 때문에 정교한 방법이라고 볼 수는 없다. 왜냐하면 헤아릴 수 없이 많은 요인들 가운데 그러한 질병을 일으키는 중요한 요인을 찾아내기는 대단히 어렵기 때문이다. 그러나 극히 희귀한 질병의 경우에 이런 방법을 통하여 위해요인이 정확하게 파악될 가능성은 의외로 높다.

그러나 이 방법은 여러가지의 제약조건을 갖고 있다. 우선 이 방법은 희귀하지 않은 질병의 원인 파악에는 사용될 수 없다. 다음으로 희귀한 질병이라고 하더라도 위험에 노출된 인구에 대한 정보가 없이는 원인규명이 어렵다. 그것은 그 질병을 일으키는데 직접적인 요인 이외에 여기에 간섭하는 攪亂要因(confounding factors)이 적절하게 통제되지 않기 때문이다. 예를 들면 母集團(population)의 연령, 성별, 유전적 특성을 모를 때 그러한 질병이 예외적으로 발생율이 높은지 어떤지를 판별하기 어렵다. 어떤 경우에는 환자의 특이한 생활습관이 보다 중요한 원인일 수

11) *Ibid.*, p. 28.
12) 보다 구체적인 설명은 *Ibid.*, pp. 28~54 참고.

도 있다. 따라서 많은 경우에 이 방법은 결정적인 증거를 제시하기 보다는 좀더 정밀한 역학적 연구 또는 실험실 연구를 위한 假說(hypothesis)을 제시하는 수단으로 중요성이 있다고 할 수 있을 것이다.

(2) 독성의 화학구조분석(structural toxicology)

이것은 발암물질 등 毒性을 띠는 물질의 화학구조적 유사성을 찾아내는 방법이다. 예를 들면 특정 콜타르(coal tar)의 발암성이 확인된 경우 이와 비슷한 화학구조를 가지는 다른 콜타르 역시 발암물질로 추정한다. 따라서 이 방법으로 독성의 원인을 파악하는 것은 그리 강력한 방법이라고는 할 수 없다.

(3) 단순생물 실험(simple systems)

이것은 박테리아와 같은 단순한 생물 또는 포유동물의 培養세포를 사용하여 위해가능성이 있는 물질을 시험해 보는 방법이다. 이 방법은 비용과 시간이 적게 소요되는 장점을 갖고 있기 때문에 수백 수천 종의 물질 가운데 독성물질을 가려내는 데 유용하다. 이와 같은 과정을 거쳐 선정된 물질은 아래에서 설명하게 될 보다 장기적이고 본격적인 연구의 대상이 된다.

(4) 동물실험(animal bioassays)

이것은 실험실에서 동물에게 연구대상 물질을 투여하여 그것이 그 동물의 조직(organism)에 미치는 영향을 면밀하게 실험하는 방법이다. 이 방법은 비용과 시간이 많이 들기 때문에 이전의 다른 방법에 의한 탐험적 연구(exploratory studies) 결과 상당한 위해 가능성을 지닌 물질이라는 가설(hypothesis)이 얻어진 경우 이것을 검증하는 목적으로 행해지는 것이 보통이다. 그러나 궁극적 연구목적이 화학물질의 인간에 대한 독성을 파악하는 것인 한 이 동물실험의 연구결과는 또 다른 많은 가정과 통계학적 검증을 추가적으로 필요로 한다. 이에 대해도 아래에서 보다 구체적으로 설명하기로 한다.

(5) 疫學調査(epidemiology)

역학조사는 사례집락 분석(case cluster analysis)방법의 보다 과학적이고 체계적인 형태로서 사례집락 방법에서 통제되지 못한 攪亂要因(confounding factors)을 보다 엄밀한 조사설계와 통계분석을 통하여 가능한 한 정밀하게 통제함으로써 보다 신뢰성이 높은 결과를 얻어내기 위한 방법이다.

이상의 방법들을 통하여 얻은 연구결과들은 혹은 부적절(irrelavant)하거나 혹은 비결정적(inconclusive)이라는 두 가지 중 어느 하나의 제약을 안게 되기 마련이다. 또한 이런 방법들을 통하여 얻은 위해가능성에 대한 추정치는 역시 많은 차이를 보일 수 있다. 그렇기 때문에 위의 다섯가지 연구방법은 각각의 특성을 살려 상호보완적으로 사용되는 것이 바람직하다. 또한 사전에 연구결과의 이용목적, 규제정책의 선택에 미치게 될 함축성을 감안하여 연구를 설계하는 것이 필요하다. 예를 들면 규제정책의 시각에서 볼 때 어떤 물질의 독성이 상당한 정도 확인되었다고 할지라도 그러한 독성에 노출될 가능성이 있는 집단이 무시할 수 있을 정도로 작다면 별다른 정책적 관심의 대상이 될 수 없기 때문이다.

3.1.2 위험도의 계측 및 投與單位-反應 관계의 추정

發癌性(carcinogenicity) 또는 毒性(potency)이 의심되는 물질이 파악되면 다음의 절차는 이런 물질의 위험성의 크기를 계량적으로 분석해 내는 일이다. 여기에는 보통 疫學調査(epidemiology)와 장기적 生學實驗(long-term bioassays)이 사용된다.

이 두 가지 방법은 서로 상반되는 장점과 단점을 갖고 있어서 어느 것이 우월하다고 단정하기는 어렵다. 예를 들면 역학조사는 비실험적(non-experimental) 조사방법이기 때문에 표본(sample)을 크게 할 수 있고 조사비용도 적게 드나 비실험적 설계에 의한 조사이기 때문에 대체적으로 신뢰성이 낮은데 비하여, 생학실험은 실험실적 조사방법이기 때문에 비용이 많이 들어 표본의 크기에 제한이 있으나 신뢰성이 높은 연구결과를 얻을 수 있다. 그런가 하면 역학조사는 인간을 대상으로 하고 있는데 비하여 생학실험은 자발적으로 실험대상이 되고자 자원하는 사람이 없는 한 동물에 대한 연구결과를 인간에 확대적용(extrapolation)해야 하는 어려운 문제를 안고 있다. 따라서 이 두 방법은 상호보완적으로 사용되는 것이 바람직하다고 할 수 있다. 아래에서 이 각각의 방법에 대해 보다 구체적으로 살펴보기로 한다.

(1) 역학조사 방법

먼저 역학조사는 인간에 어떤 질병을 일으키는 原因物(agent)의 發病經路(pathways)를 파악하는 것을 목적으로 한다. 어떤 질병을 일으킬 가능성을 갖고 있는 원인은 동시적으로 여러가지가 있으며 이것들은 상당한 잠복기간(latency period)을 가지기 때문에 그 질병을 일으키는 한가지 원인 또는 핵심적 원인을 가려내기란 지극히 어렵다. 또한 어떤 원인이 발견되었다고 할 때 그 원인과 어울려서 질병의 발생가능성을 증가시키는 원인을 동시에 찾아내야 할 필요도 있다. 예를 들면 대기오염이 심한 지역에 살고 있고, 석유난로 등에서 발생하는 가스가 잘 환기되지 않는 집안에서 생활하며, 흡연을 많이 하는 편이고, 石綿(asbestos)을 다루는 공장에서 일하는 어떤 근로자가 폐암에 걸렸다고 할 때 그의 폐암의 원인은 무엇인가? 이와 같이 많은 요인이 상호복합적으로 작용하는 경우에 어떤 질병의 직접적인 원인과 보조요인을 찾아내기 위한 것이 바로 역학조사다.

역학조사는 보통 어떤 질병을 갖고 있는 집단과 이들과 연령, 성별, 그밖의 유관한 개인적 특성을 지닌 건강한 사람의 집단을 각각 선정하여 상호비교하는 방법으로 이루어진다. 이것을 보통 事例-統制그룹 연구(case-controlled group study)라고 부르는데 여기에서 사례집단은 특정 질병을 갖고 있는 患者群, 통제집단은 이들과 비교되는 건강한 사람의 집단이다. 또한 사례-통제그룹연구에는 後向的 연구(retrospective study)와 前向的 연구(prospective study)의 두 가지가 있다.

후향적 연구는 현재의 시점에서 특정 질병을 갖고 있는 환자群과 이들과 비슷한 개인적 특성을 갖고 있는 건강한 사람의 집단이 과거에 특정 위험요인(hazard)에 노출된 적이 있는지, 노출된 적이 있다면 그 정도는 어떤지를 비교함으로써 특정의 위험요인이 특정 질병을 초래한 요인일 수도 있다는 추정을 얻어낸다. 이 방법은 상대적으로 시간과 비용이 적게 들고, 상당히 큰 표본(sample)을 얻을 수 있다는 장점을 갖고 있으나 교란요인(confounding factors)을 적절히 통제하고 있지 못하기 때문에 신뢰성이 높은 결론을 도출하기는 어렵다.

이에 비하여 전향적 연구는 어떤 위험요인에 노출되기 전에 그러한 요인에 노출될 가능성이 있는 집단과 그렇지 않은 集團(cohort)의 표본을 선정하여 시간의 경과에 따라 양 집단의 건강상태가 어떻게 달라지는지를 살펴 봄으로써 특정 위험요인이 갖고 있는 건강위험을 추정하는 방법이다. 이것은 후향적 연구에 비하여 시간이 많이 소요되고 비용도 많이 든다. 그러나 비교집단을 보다 엄밀한 조사설계에 따라 선정할 수 있고 따라서 교란요인의 작용을 상당부분 통제할 수 있기 때문에 보다 높은 신뢰성을 가진 결론을 도출할 수 있는 장점이 있다.

(2) 장기적 생학실험 방법

다음으로 장기적 생학실험은 역학조사가 비실험실적 연구방법인데 비하여 실험실을 통하여 보다 엄밀한 조사설계하에 이루어짐으로써 신뢰성을 높일 수 있는 연구방법이라고 할 수 있다. 그러나 이것은 실험실적 연구이기 때문에 동물을 대상으로 행해지는 것이 보통이고 따라서 동물에 대한 실험결과를 인간의 경우에 어떻게 확대해석할 수 있느냐 하는 개념적·방법론적 문제를 안고 있다.

먼저 실험대상 동물은 이상적으로는 인간과 유사한 생리학적 특성(physiological characteristics)을 갖는 동물이어야 할 것이나, 경우에 따라서 특정물질에 가장 민감한 반응을 보이는 동물, 또는 실험의 편의에 의하여 대상동물이 선택되는 경우도 많다. 실험대상 동물은 보통 세 그룹으로 나뉘어 지는데 統制(control), 高單位(high-dose), 低單位(low-dose)그룹이 그것이다. 여기서 고단위그룹이란 그 동물이 적어도 실험기간 동안에는 죽지 않을 정도로 높은 단위의 물질을 투여받는 집단이고, 저단위 그룹은 이것의 절반의 물질을 투여받는 동물집단이다. 보통 2~3

년간의 실험기간 동안 이 동물들은 일반적인 질병에 걸리지 않도록 해야 하고 따라서 식사 등 동물의 養育(animal husbandry) 과정이 주도면밀하게 관리되어야 한다. 왜냐하면 예를 들어 동물에 먹이는 음식 가운데 아직 밝혀지지 않은 발암물질이 내포되어 있을 때 조사대상 물질(test substance)의 발암효과는 정확하게 파악될 수 없고 未糾明 발암물질의 발암효과를 촉진 또는 저지하는 역할을 할 수도 있기 때문이다.

실험동물의 숫자는 이런 실험의 정확도를 높이기 위해 가능한 한 많은 것이 좋으나 여기에는 많은 비용이 소요되므로 제약될 수 밖에 없다.[13] 이와 같이 실험동물의 숫자가 한정될 경우, 확률적으로 낮은 특정물질의 발암효과 등을 파악하기 위해서는 부득이 조사대상 물질의 투여량을 증가시키지 않을 수 없다. 그러나 더 나아가서 이런 물질 투여량의 확대는 연구결과의 해석을 더욱 어렵게 만드는 요인이 된다. 왜냐하면 작은 동물에 많은 양의 물질을 투여해야 비로소 발암효과가 나타난다고 했을 때 이런 양은 실험동물에 대해서는 엄청난 양이 될지 모르나 실험동물에 비하여 수백 배(표면적 기준) 수천 배(체중 기준) 큰 인간에게 대해서는 극히 소량의 물질을 투여한 것에 지나지 않게 되므로 연구결과의 해석에 문제점이 야기되기 때문이다. 따라서 실험동물의 숫자와 물질 투여량은 이로써 얻어지는 정보의 이득과 비용이 균형을 이루는 선에서 결정되는 것이 바람직하다.

(3) 투여단위-반응 관계의 추정

보통 유용한 역학조사가 부족한 결과 위험도의 측정은 주로 동물실험의 결과를 인간에게 확대적용(extrapolation)하는 방법에 의존한다. 이것은 다음의 두 가지 절차를 통하여 이루어진다. 우선 저등동물에 대한 연구결과를 인간에 확대적용하는 일이다. 여기에서는 주로 인간과 동물 사이의 생리학적 차이가 문제가 된다. 작은 실험동물에 투여된 고단위는

13) 기본적인 종양 발생률(background tumor rate)이 약 1%인 물질의 발암률이 5% 상승했다고 가정할 때 이것으로 부터 통계적으로 유의 (신뢰도 0.05 수준에서)한 결론을 얻어내기 위해 필요한 표본 동물수는 143마리인데 기본종양발생률이 5%인 경우에는 330마리, 10%인 경우에는 540마리로 급증한다. 이것은 실험의 분석력(power of the test)은 標本數가 아니고 그것의 제곱根에 비례하기 때문이다. Lave, *op. cit.*, pp. 40~41 참고.

인간에게는 저단위에 불과하므로 단위에 따라 반응이 어떻게 달라지는지를 파악하여야 한다. 여기에서 설명하고자 하는 투여단위-반응관계(dose-response relationship)는 바로 이런 작업을 위한 것이다.

투여량-반응관계의 추정을 위해서는 우선 이 두 가지 변수가 가질 수 있는 연관관계에 대한 기능적 모형(functional model)에 대한 가정이 필요하다. 예를 들면 투여량에 따라 반응도는 단순비례적으로 증가하는지 또는 기하급수적으로 증가하는지에 대한 가정이 필요하다. 보통의 경우에는 〔그림 23-1〕과 같은 형태의 모형이 주로 사용된다. 〔그림 23-1〕에서 가로축은 투여량을 세로축은 각각의 투여수준에서 반응을 보이는 인구(母集團)의 백분율을 나타낸다. 이 그림의 左端은 어떤 사람들은 유전적 또는 환경적 요인으로 인해 극히 낮은 투여단위에서도 반응을 보이는 것을, 右端은 이와 반대로 전혀 반응을 보이지 않음을 보여주고 있다. 장기적 생학실험 또는 동물실험 결과는 바로 이런 곡선이 구체적으로 어떤 모양을 갖고 있는지를 파악할 수 있게 해 준다.

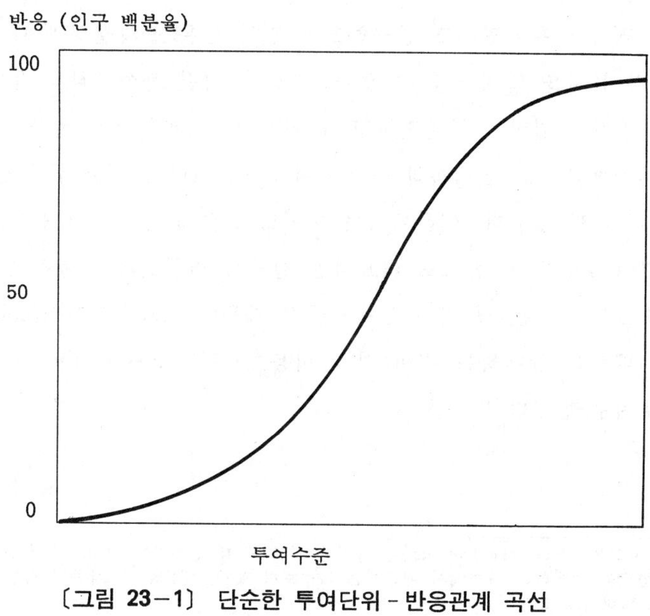

〔그림 23-1〕 단순한 투여단위-반응관계 곡선

3.1.3 노출인구 및 위험 노출량의 추정

이상과 같은 절차와 방법에 따라 특정 물질이 어느 정도의 위험을 갖고 있는지가 평가되면 다음에 필요한 일은 이런 물질이 어떤 경로(pathways)를 거쳐 인간에게 도달되고, 어떤 경로에서 특히 집중되어 있으며, 얼마나 많은 사람들에게 영향을 미치는지를 파악하여야 한다. 이 때에 제기되는 중요한 문제점은 동일한 물질이라고 하더라도 기후조건, 시간, 장소 등에 따라 집중도(concentration)에 커다란 편차를 보인다는 점이다. 따라서 여기에는 높은 불확실성(uncertainties) 문제가 가로놓여 있다. 또한 인간이 이런 위험물질에 노출되는 패턴은 극히 이질적(heterogeneous)이다. 따라서 노출인구 수, 위험노출량 등에 대한 추정치는 保守的 추정치(conservative estimates) 또는 上限과 下限의 일정한 範圍(range)로 표시되는 것이 보통이다.

3.1.4 위험도 분석의 예시

이상에서 고찰한 바와 같이 위험도 분석은 대단히 복잡하고 어려운 과정을 거쳐 이루어짐에도 불구하고 여전히 높은 불확실성과 매우 낮은 신뢰성의 문제를 떨쳐버릴 수 없다. 그러나 이런 분석과정을 통하여 얻어진 불완전한 결과는 불완전하고 불확실하나마 과학적인 접근의 결과로서 규제정책과정을 합리화하는데 기여할 수 있다는 점에서 긍정적으로 평가되어야 할 것이다. 이하에서는 위험도 분석이 어떻게 활용되고 있는지를 알아보기 위해 참고로 대표적인 실증적 연구결과를 예시해 보려고 한다. 〈표 23-1〉은 세 가지의 유해물질 가운데 코크오븐가스(coke oven gas)의 배출을 규제하는 것이 가장 비용효과적(cost-effective)이라는 사실을 보여주고 있다.[14]

14) 코크오븐가스(coke oven gas)란 철강을 제조하는데 들어가는 코크스를 추출하기 위하여 유연탄을 정제하는 과정에서 배출되는 가스로서 폐암, 신장암 등 각종의 암을 유발하는 것으로 밝혀지고 있다.

〈표 23－1〉 위험도 분석 (예시)

	유 해 물 질		
	벤 젠	코크오븐가스	아크릴로니트릴
A) 단위 위험도 (사망자수/연간 유해물질이 $1m^3$당 1미크로 그램)	1.1×10^{-7}	1.3×10^{-5}	4.4×10^{-7}
B－1) 노출 총인구(전체)	8,080,000	25,948,000	8,457,000
B－2) 〃 (오염원으로부터 반경 1km 이내 인구)	27,550	90,193	7,138
C) 오염방지비용 ($1,000)	2,577	19,300	28,988
D) 오염제거량 (1,000kg)	5,059	289	31
E) 노출 감소 (A×D)[1] (연간 1인당 1000 미크로그램)	3,646	819	455
F) 구제된 인명의 수 (A×E)	0.4	10.6	0.2
G) 인명의 가치 (C/F)[2] ($1 Million)	6.5	1.8	144.0

자료 : David Harrison, Jr., "Benefit Assessment and Environmental Regulation: Case Studies of Harzardous Air Pollutants," A paper reported to the Energy and Environmental Policy Center, Harvard University, January 1984, pp. 1～12.

주 1 : 유해물질에 노출된 인구(B)를 수개의 그룹으로 나누어 각각의 노출정도의 심각성에 따라 가중치를 준 단위위험도(A)와 오염제거량(D)으로 곱해서 산출된 수치임.

주 2 : 여기에서 인명의 가치란 이 조사의 결과 1인의 인명을 구하기 위해서는 각각의 금액만큼의 비용이 필요로 된다는 의미로서 예를 들면 카펫트나 코크오븐가스 오염을 방지함으로써 한 사람의 인명을 구하려면 1.8백만불이 소요된다는 것임.

3.2 인명의 가치평가

지금까지의 위험편익분석에 대한 설명에 있어서는 人命의 가치(value of life)는 어느 누구에게나 동일하다고 전제하였다. 그러나 인명의 가치는 사람의 연령, 능력, 직업 등에 따라 사실상 차별적으로 평가되고 있다. 이것이 현실이라고 한다면 정책담당자는 인명을 구함에 있어서 누구의 생명(which lives)을 구하여야 하는가 라는 문제에 봉착하지 않을 수 없다. 이런 문제인식은 대단히 비윤리적인 것처럼 보이고 따라서 많은 거부감을 일으킨다. 그러나 현실적으로 개인적인 또는 공적인 의사결정에 있어서 이에 대한 판단은 암묵적으로나마 항상 이루어지고 있음을 상기할 필요가 있다. 여기에서 고찰하는 인명의 價値評價(valuation of lives)는 인명의 구제와 보호를 목적으로 한 규제에 있어서 이런 인명의 차별적 가치를 보다 명시적으로 고려할 필요에서 이루어진다. 즉 그러한 규제정책의 목적을 보다 분명히 하고 그것의 비용효과성 (cost-effectiveness)을 제고하기 위해서는 인명의 가치를 보다 명시적으로 파악하여야 할 필요가 있다.

인명의 가치는 얼마인가? 이것은 지극히 어려운 문제이다. 이것은 우리가 일상적으로 생산하여 팔고 사는 어떤 재화하고도 다르기 때문이다. 또한 아무리 정교한 방법을 동원한다고 할지라도 이것에 대한 단정적인 해답을 구하기는 불가능하다.[15] 실제로 그러한 수치가 얻어졌다고 하더라도 그것을 100% 신뢰할 정책담당자는 없다. 왜냐하면 인명에 대한 가치평가는 우리 사회의 가장 기본적인 신념과 제도(most basic beliefs and institutions)와 관련되어 있고 또한 그것을 반영하는 문제이기 때문이다. 따라서 인명의 가치평가는 어떤 구체적 수치를 파악하는데 그것의 궁극적 의의가 있다기 보다는, 인명을 평가하는 과정(valuation process) 그 자체의 정당성과 受容性(acceptability)의 확보에 보다 큰 의의가 있다고 해야 할 것이다.[16]

3.2.1 지불용의액의 파악

앞절에서도 검토한 바와 같이 가장 이상적인 인명의 가치평가 방법은 개인들로 하여금 인명의 구제를 위해 얼마를 지불할 용의가 있는지 (will

15) 가장 대표적인 이론적 연구로는 Ezra J. Mishan, "Evaluation of Life and Limb: A Theoretical Approach," *Journal of Political Economy* 79 (Dec. 1971), pp. 687~705 참고.

16) Richard Zeckhauser and Donald S. Shepard, "Principles for Saving and Valuing Lives," in Ferguson and LeVeen (eds.), *The Benefits of Health and Safety Regulation*, *op.cit.*, p. 94.

ingness-to-pay)를 직접 물어보는 방법이다. 이것은 자기의 생명을 자기가 구하고 이에 대한 결정을 자기가 내리는 개인적인 결정(private decisions)에 있어서는 아주 훌륭한 평가방법이라고 할 수 있다.[17] 그러나 다른 사람(근로자)의 생명을 다른 사람(국민)의 비용(조세) 부담으로 구하고 그 결정권이 다른 사람(정부관료)에게 주어져 있는 공적인 결정(public decisions)에 있어서 이 방법은 잘 적용되지 않는다.

왜냐하면 공공정책 결정에 있어서는 어떤 정책결과를 높이 평가하고 그것을 확보하기 위해 보다 많은 비용을 지불할 용의가 있는 개인이 그러한 정책결과를 확보하리란 보장이 없기 때문이다. 예를 들면 깨끗한 환경을 원하고 이를 위해 보다 많은 세금을 지불할 용의가 있는 사람이 있을지라도 공공정책 결정과정에서 반드시 엄격한 환경규제가 이루어지기를 기대하기 어렵다. 실제로 그것이 가능하다고 할지라도 그것은 불공평한 것으로 또는 바람직하지 못한 것으로 받아 들여지는 것이 일반적이다.[18] 이것은 지불용의액이 인명의 보호나 구제와 관련한 영역에서 충분한 정책판단의 지표가 될 수 없음을 말해 준다. 그러함에도 불구하고 이 방법에 의한 인명의 가치평가는 여타의 방법에 대한 이론적 기초가 되고 있고 정책결정 과정에서 유용한 자료 및 정보로서 사용되고 있다.

보통 지불용의액의 파악에는 당사자의 것만이 계산되고 있으나 그의 생명에 이해관계를 갖고 있는 사람들의 가치평가도 포함되어야 한다.[19] 우선 가까이로는 위험에 처하게 되는 당사자의 가족이나 친지의 지불용의액이 있을 수 있다. 예를 들면 어린아이의 생명이 문제되는 경우에는 그의 보호자의 가치평가가 포함되어야 할 것이다. 다음으로는 사회일반도 어떤 사람의 죽음에 대해 이해관계를 가질 수 있다. 왜냐하면 개인은 사회에 대해 외부효과(externalities)를 발생시키기 때문이다.

17) Thomas C. Schelling, "The Life You Save May Be Your Own," in T. C. Schelling, *Choice and Consequence* (Cambridge, Mass.: Harvard University Press, 1984), pp. 113~146.

18) 외국의 경우에 소득분포에 상당한 격차가 있는 도시에서 富村은 貧村에 비하여 보다 많은 돈을 자신의 건강과 안전을 위한 목적에 사용하고 있는 것을 볼 수 있는데 이것은 부자들이 자신의 건강을 위하여 보다 높은 지불용의액을 가지고 있음을 보여주는 것이다.

19) Zeckhauser and Shepard, *op. cit.*, p. 98.

지불용의액의 파악은 보통 設問紙에 의한 방법이 사용된다. 예를 들면 심장마비의 발작 가능성을 일정폭으로 낮출 수 있는 體內裝置에 대해 얼마를 지불할 용의가 있느냐를 묻는 것이다.[20] 한 연구는 대부분의 사람들이 1/1,000 또는 1/500의 사망확률을 피하기 위해 각각 $28,000과 $43,000 을 지불할 용의가 있다고 대답한 것으로 보고하고 있다.[21] 이런 연구에 있어서의 문제점은 사람들이 극히 낮은 확률로서 표시되는 위험을 올바로 인식하거나 평가할 수 없다는 데 있다. 예를 들면 대부분의 사람들은 "당신이 내년에 죽게 될 확률은 금년에 죽게 될 확률보다 0.1% 또는 0.01% 더 높습니다" 라고 했을 때 그것의 의미를 파악하지 못하고 당황하기 마련이다.[22] 이와 같이 작은 확률에 대한 지불용의액의 파악을 위해서는 질문을 약간 바꾸어 "당신이 내년에 죽게 될 확률이 10% 증가된다면 이를 피할 수 있는 방법을 사기 위해 얼마를 지불하겠습니까?"라고 물어서 나온 금액을 100 또는 1,000 으로 나누면 개략적인 값을 얻을 수 있을 것이다.

3.2.2 대체적 평가방법

설문지에 의한 방법이 아니고 보다 간접적으로 지불용의액을 파악하는 방법으로서는 제15장의 작업장에서의 위험에 대한 규제를 논의하면서 간단히 언급한 바 있듯이 노동시장(labor market)에서 나타나고 있는 노동(노동여건)의 질과 임금의 차이를 이용하는 방법이 있다. 즉 직업에 따라 그것에 부수되는 사고 또는 보건 위험도가 상이한 바 이것은 임금의 차이로 반영되어 나타난다는 전제하에 노동의 시장가격으로부터 인명의 가치를 간접적으로 파악한다. 이런 방법을 통한 연구들은 인명의 가치는 대체로 $200,000 안팎에 달하는 것으로 평가하고 있다.[23]

---

20) 이 질문에 대한 대답은 응답자의 소득수준, 심장병 경력의 유무 등에 따라 다르고 이러한 장치로 생명을 연장할 경우의 인생의 질에 대한 평가 등이 모두 고려에 포함되게 될 것이다.

21) Jan P. Acton, *Evaluating Public Programs to Save Lives: The Case of Heart Attack* (Santa Monica: Rand Corp., 1973) 참고.

22) 보통 위험도분석에서 흔히 볼 수 있는 10^{-6} 또는 10^{-8} 등 극히 적은 확률의 경우에는 위험도의 파악에 더한층의 어려움을 느끼게 될 것이다.

이보다 더 객관적인 측정방법으로서는 각 개인의 餘生 동안의 純消費(net consumption) 또는 純生產(net production)을 현재가치로 할인(discounting)하는 방법과 사회에 대한 純寄與(net contribution to society)를 계산하는 방법 등이 있다.[24] 방법론 상의 문제점을 차치하고서라도 이런 방법들은 기본적으로 개인의 사회적 가치를 측정하는 방법으로서 그 개인은 물론이고 그 개인이 죽었을 때 그의 유가족, 친지 등이 겪어야 하는 정신적 고통 등에 대한 고려가 없다는 점에서 인명의 가치에 대한 최소치(lower bound)로서의 의미를 가질 수 있음에 지나지 않는다.

이상에서와 같이 인명의 가치를 금전적 가치(monetary value)로 파악하려는 시도는 많은 문제점과 제약을 갖고 있다. 학자들이 인명의 금전적 가치 환산에 집착하는 근본적인 이유는 合算 등 산술적 계산을 용이하게 하기 위한 것인바 반드시 인명의 가치를 금전적으로 환산하지 않더라도 이것을 가능하게 하는 새로운 방법이 제시되어 주목되고 있다.[25] 이것은 "質을 가미한 生命年(quality-adjusted life years: QALY)"이라는 개념에 기초한 것이다. QALY란 인명이 구제된 개인의 연령, 연장된 생명년수, 이 기간의 생명의 효용(utility)을 감안하여 계산된다. 이때 QALY는 보통 1에서 0까지의 어떤 수치로 표시된다.

이것을 가공적인 예시를 통하여 설명한다면 다음과 같다. 예를 들어 어떤 사람이 병에 걸려 있는데 그의 잔여수명은 최장 2년이라고 하자. 수술을 받든지 안받든지 그가 첫해 말에 사망할 확률은 0.4이고 그가 죽을 경우 그의 QALY는 0이라고 본다. 수술없이 살아갈 때 그의 첫해의 QALY는 0.9이고 두번째 해의 QALY는 0.7이라고 가정한다. 이 때 한해 동안의 그의 QALY는 기대치(expected value)로 계산된다. 즉 가능한 대안과 각각의 확률을 곱하여 평균한 값으로 계산된다. 이 때 선택가능한

23) 이러한 연구들에 대하여는 제15장 참고. 이밖에 이러한 연구들에 대한 문헌조사는 Martin J. Bailey, *Reducing Risks to Life: Measurement of the Benefits* (Washington, D.C.: American Enterprise Institute, 1980) 참고.

24) 구체적인 설명은 Zeckhauser and Shepard, *op. cit.*, pp. 99~103 참고.

25) Richard Zeckhauser and Donald S. Shepard, "Where Now for Saving Lives?" *Law and Contemporary Problems*, Vol. 40, No. 4 (1976), pp. 5~45.

행동대안별로 QALY 흐름(QALY stream)을 대비한 것이 〈표 23-2〉이다. 여기에서 괄호 안의 첫 숫자는 첫해의 QALY를, 두번 째의 숫자는 그 다음 해의 QALY를 가리킨다. 표에서 제3의 대안, 즉 두번째 해의 年初에 수술을 받는 것이 최선의 행동대안임을 쉽게 발견할 수 있다.

〈표 23-2〉 개인의 QALY 흐름 (예시)

결 과	무수술		첫해 수술		두번째 해 수술	
	확률	QALY	확률	QALY	확률	QALY
두해 모두 생존	.6	(.9, .7)	.48	(1, 1)	.48	(.9, 1)
첫해말에 사망	.4	(.9, 0)	.32	(1, 0)	.40	(.9, 0)
첫해 수술해도 사망	–	–	.20	(0. 0)	–	–
둘째해 수술해도 사망	–	–	–	–	.12	(.9, 0)
전체적 QALY흐름 (기대치)		(.9, .42)		(.8, .48)		(.9, .48)

이 QALY 개념의 의의는 그것이 정책결정자로 하여금 이와 같은 방식으로 계산되는 각 개인의 QALY 흐름 가운데서 최선의 것을 선택할 수 있게 해 준다는 데 있다. 일단 개인별 QALY가 계산되면 이것의 산술적 조작이 모두 가능해지고 따라서 한 사회의 모든 구성원의 QALY흐름을 파악할 수 있기 때문에 정책목적에 가장 부합되는 QALY흐름을 가능케 하는 정책대안을 선택하면 된다. 이 QALY는 소득분배에 따른 고려가 이미 QALY 자체에 포함되어 있어 우수한 인명가치의 지표가 된다고 하는 점에 장점이 있지만 QALY의 계산을 위해서는 각 개인의 잔여수명을 알아야 하고 또 각각의 확률을 파악해야 하기 때문에 역시 현실적으로 대단히 복잡한 계산을 필요로 한다는 점에서 문제가 있다.

3.3 위험편익분석의 활용

이상에서 비용편익분석의 방법론을 자세하게 고찰하였거니와 이런 분석을 통하여 얻어진 결과는 규제정책과정을 보다 합리화하는 데 크게 기여할 수 있다. 즉 제약된 자원을 갖고 최대한의 인명구제의 성과를 거두기 위해서는 규제의 대상, 방법, 시기 등에 대한 경제적 분석이 필요하다. 비록 이런 계산의 결과가 많은 편차와 비일관성(inconsistency)의 문제를 안고 있다고 할지라도 이런 분석의 결과는 여전히 중요하다는 점에 유의할 필요가 있다. 보통의 경우에 1~10배 정도의 오차는 위험편익분석에 있어서 커다란 문제를 발생시키지 않는다는 사실은 역설적으로 위험편익분석의 효과가 그만큼 클 수 있음을 보여주는 것이기도 하다.[26]

실제로 사회적 규제에 대한 많은 불만은 규제비용(costs imposed by regulation)이 지나치게 높다는 사실 그 자체에 대해서 보다는 편익(benefits)이 비용에 상응할 만큼 높지 않다고 하는 사실에서 유래한다.[27]

이것은 규제정책의 합리화를 위해서는 비용의 측면 보다는 편익의 측면에 보다 많은 연구가 필요함을 의미한다. 위험편익 분석의 의의는 바로 여기에 있다. 보통 규제정책과정에서 편익의 측면이 충분히 고려되지 못하는 것은 보건과 안전을 위한 규제로 인한 편익이 극히 다양하고 계산하기 어렵다는 이유 때문이다. 그러나 위험편익 분석의 과정에서 위험정도, 다양한 위험의 존재를 인지하는 그 자체만으로도 이와 관련한 규제정책 과정은 크게 개선될 수 있다는 것을 생각할 때 위험편익분석의 중요성은 결코 간과되어서는 안될 것이다.

끝으로 한 가지 유념해야 할 것은 위험편익분석은 비용이 많이 들고 시간이 오래 걸리며 또한 많은 비현실적인 假定(questionable assumptions) 위에서 이루어지기 때문에 그것이 우선순위의 책정 등 규제정책의 합리화를 위해서 사용되기 보다는 이미 시행에 들어간 기존정책을 사후적으로 정당화 하고 지지해 주는 역할을 할 가능성이 있다.[28] 예를 들면 특정 물질에 대한 규제를 의도하고 있는 규제기관이 이런 정책의 수

26) Zeckhauser and Shepard, *op. cit.*, p. 113.

27) George Eads, "The Benefits of Better Benefits Estimation." in Ferguson and Leveen (eds.), *op. cit.*, pp. 43~52.

28) Anthony C. Fisher, Alan J. Krupnick, and Allen R. Ferguson, "Setting Regulatory Priorities," in Allen R. Ferguson (ed.), *Attacking Regulatory Problems* (Lexington, Mass.: Ballinger Publishing Co., 1981), pp. 159~162.

행을 위해 연구를 위탁한 경우에 그 결과를 기다리지 않고 서둘러 시행에 들어간 경우에 이런 가능성은 높다.

4. 비용편익분석의 유용성 논쟁

정부규제 분야에 있어서의 비용편익분석(및 위험편익분석)의 사용에 대해서는 찬반 양론이 대립하고 있다. 이하에서는 먼저 비용편익분석의 유용성에 대한 논쟁의 근거를 살펴보고 다음으로 그러한 논쟁에 대해 종합적으로 평가해 보려고 한다.

4.1 비용편익분석의 유용성

정부규제 분야에 있어서의 비용편익분석의 유용성을 주장하는 논거는 한마디로 말하여 그것이 정부규제와 관련한 의사결정을 합리화 할 수 있는 유효한 수단이라는 데 있다.[29] 본서에서 누차 강조해 온 바와 같이 정부규제와 관련한 의사결정은 대단히 복잡한 양상을 띠고 있는 것이 사실이고 그 때문에 정부규제와 관련한 정책결정 과정은 불합리한 측면이 많다. 이하에서는 정부규제의 정책과정을 복잡하고 어렵게 만드는 요인을 세 가지의 측면에서 파악해 본 뒤 비용편익분석이 이런 각각의 문제의 해결에 어떤 측면에서 기여할 수 있는지를 검토해 보려고 한다.

4.1.1 불확실성에 대한 고려

정부규제에는 감당하기 어려울 만큼의 불확실성(uncertainty)이 따른다. 먼저 정부규제와 그것의 효과 사이의 因果關係의 추정 또는 정부규제의 편익 측면에서 불확실성은 대단히 높다. 예를 들면 무엇이 발암물

29) Peter H. Schuck, "A Tool for Assessing Social Legislation," in Timothy B. Clark, Marvin H. Kosters, and James C. Miller III (eds.), *Reforming Regulation* (Washington D. C.: American Enterprise Institute, 1980), pp. 117~122 참고.

질이고 그것이 어떤 확률로 인체에 위해를 일으키는가에 대한 인과관계의 설정은 지극히 어렵다. 비록 인과관계가 인정되는 경우라 할지라도 어떤 수준을 최저 안전수준(threshold level)으로 정하여 규제할 것인지에 대해서는 명확한 해답이 있을 수 없다. 더 나아가서 발암물질인 사카린(saccharine)의 사용을 금지시킬 경우 어떤 대체적 물질이 사용되게 될지도 알 수 없다. 또한 대체물질이 사카린에 비하여 보다 안전하다는 보장도 없다. 예를 들면 설탕은 당뇨병과 비만증을 악화시킨다.

이런 불확실성의 문제는 정부규제의 비용 측면에서도 마찬가지다. 정부규제는 그것이 의도된 것이든 아니든 관계없이 시장경쟁과 산업구조에 영향을 미친다. 더 나아가서 그것은 기술혁신에 영향을 미친다. 이밖에도 정부규제가 개인과 기업에 대해 미치는 영향은 이루 다 헤아릴 수 조차 없다. 이와 같이 비용과 편익의 양 측면에서 대단히 높은 불확실성의 문제를 안고 있는 정부규제 문제에 대한 합리적인 의사결정을 위해서는 어떤 방법으로든지 이런 불확실성 요인을 명시적으로 고려에 넣을 수 있는 장치와 수단이 요구되는바 비용편익분석은 바로 이런 역할을 한다.

여기에서 비용편익분석이 갖고 있는 방법론 상의 한계는 문제가 되지 않는다. 왜냐하면 이런 불확실성의 문제들은 비용편익분석이 갖고 있는 특수한 문제가 아니라 인간이 본원적으로 지니고 있는 제한된 합리성(bounded rationality) 바로 그것이 문제이기 때문이다. 비용편익분석은 인간의 한계를 극복하기 위한 수단이 아니고 바로 이런 한계 속에서나마 인간(規制者)의 사고를 최대한으로 합리화하기 위한 보조적 수단으로서 가치가 있다.

4.1.2 사회적 가치 형량의 명확화

정부규제와 관련한 정책결정은 예외없이 상호대체적인 바람직한 사회적 가치 사이의 衡量(trading-off)을 필요로 한다. 예를 들면 환경규제에 있어서 원자력발전소 주변에 살고 있는 주민의 건강을 보호하는 것은 중요하다. 그러나 화력발전소의 주변의 주민, 발전소에 연료를 공급하는 탄광의 광부 및 인근의 주민의 건강도 역시 중요하다. 수입규제의 예를 들면 이것으로 인해 득을 보는 어떤 집단의 직업과 소득을 이로 인해 손해를 보는 집단의 직업 및 소득과 비교하지 않으면 안된다. 소비자 안전규제에 있어서는 보다 안전한 제품의 생산을 위해 그 제품을 생산하는 근로자는 보다 큰 (작업장에서의) 위험을 감수해야 할지도 모른다. 이와 같이 정부규제는 상호대체적인 바람직한 사회적 가치를 상호비교하고 형량하여야 하는 문제를 안고 있다. 이 경우에 어떤 규제목적의 달성이 보다 도덕적이냐 하는 것은 문제가 되지 못한다. 왜냐하면 이런 규제목적들은 모두 도덕적으로 합당한 것들이기 때문이다. 이렇게 보면 정부규제의 정책결정 또는 우선순위의 결정은 결국 도덕성(morality) 기준만을 갖고 판단될 수 있는 것은 아니다. 오히려 보다 중요한 선택은 이런 사회적 목적을 동시에 추구하는 것이 불가능한 이상 희소한 자원을 어떤 사회적 목적의 달성에 우선적으로 배분해야 하느냐의 '悲劇的 選擇(tragic choices)'이라고 할 수 있다.[30)]

비용편익분석은 이런 '비극적' 선택을 보다 합리화 하기 위한 하나의 보조적 수단으로서 의미가 있다. 즉 비용편익분석은 서로 다른 정책선택에 내포된 가치의 상충과 정책적 含意(policy implications)를 보다 명시적으로 드러나게 해 줌으로써 정부규제 정책결정의 질을 향상시킬 수 있다.

4.1.3 선호의 강도에 대한 고려

정부규제로 인해 영향을 받는 사람과 집단 사이의 선호의 強度(intensity of preference) 차이가 현격하기 때문에 정부규제와 관련한 정책결정은 본질적으로 정치적이다. 예를 들면 작업장 안전규제, 환경규제 등은 어떤 집단의 生死를 좌우하는 중대한 문제이다. 그러나 소비자보호 규제에 있어서 많은 소비자들은 정부규제가 있는지 없는지 또는 그것이 제품

30) '비극적 선택'이라는 표현에 담긴 도덕적 함의에 대하여는 Guido Calabresi, *The Costs of Accidents: A Legal and Economic Analysis* (New Haven: Yale University Press, 1970), pp. 293~300 참고.

가격의 상승을 초래할 만한 가치가 있는 것인지 없는 것인지에 대해 무감각할 수도 있다. 정부규제에 대한 선호의 強度 차이는 불가피하게 정치적 과정 속에서 서로 달리 파악되고 달리 취급될 수 밖에 없다. 이런 측면에서 비용편익분석은 선호의 강도에 따라 정부규제의 우선순위가 결정될 수 있도록 도와주는 기능을 한다.

4.2 비용편익분석의 적합성

비용편익분석의 필요성과 유용성은 경제적 규제 분야에 있어서 보다는 사회적 규제(social regulation) 분야에 있어서 더욱 강하게 제기된다. 이것은 이상에서와 같은 정부규제 정책결정의 특성은 경제적 규제(economic regulation)에 있어서 보다 사회적 규제의 경우에 보다 두드러지게 나타나기 때문이다.

우선 불확실성의 측면에서 볼 때 특정 산업 또는 산업群을 대상으로 하는 경제적 규제와는 달리 사회적 규제는 거의 모든 산업에 공통적으로 적용되는 것이기 때문에 불확실성의 정도는 휠씬 높다. 둘째, 사회적 가치의 형량이라는 측면에서도 사회적 규제는 인간의 건강, 안전, 생명 등과 관련되고 있기 때문에 더욱 어렵고 복잡하다. 또한 비용과 편익의 귀속이 可視性(visibility)이 낮은 경제적 규제의 경우와는 달리 사회적 규제의 경우에는 규제의 비용과 편익의 귀속이 보다 명확하기 때문에 가시성이 높고 따라서 정치적으로 더욱 어려운 문제를 제기한다. 셋째, 선호의 강도의 차이도 경제적 규제의 경우에 비하여 사회적 규제의 경우에 더욱 다양하고 폭넓게 나타난다. 이것은 사회적 규제의 이해관계자가 수적으로 보다 많고 다양하기 때문이다.

현실적으로도 비용편익분석은 거의 대부분 사회적 규제 영역에서 이루어지고 있다. 이것은 이상과 같은 사회적 규제의 특성에 기인해 개별적 규제에 대한 개혁(case-by-case reform) 방법 보다는 거시적인 접근방법(macro approach)이 보다 유용하다고 판단되기 때문이다. 즉 경제적 규제의 경우에는 이것에 대해 중대한 이해관계를 갖고 있는 피규제산업의 압력에 의하여 과도한 규제가 자동적으로 제어될 수 있다. 그러나 사회적 규제의 경우에는 거의 모든 기업이 관련되고 있기 때문에 이들의 이질성으로 인해 조직력이 약하고 따라서 경제적 규제에 있어서와 같은 자동적 제어는 기대할 수 없다. 그러나 일반적으로 사회적 규제가 과도하게 이루어지는 것에 대해서는 기업 모두가 한결같이 반대하는 입장에서 있기 때문에 터무니 없는 규제 또는 비합리적인 규제를 철회하도록 하기 위한 노력의 일환으로서 비용편익분석이 원용되는 경향이 높다.[31)]

4.3 비용편익분석에 대한 비판

비용편익분석에 대한 비판은 크게 이념적 측면, 방법론적 측면, 그것의 기능적 측면에서 제기되고 있다.[32)] 이것들은 상호배타적이라기 보다는 상호긴밀한 관계를 갖고 있다. 이 각각의 측면에서의 논거를 보다 구체적으로 살펴보기로 한다.

4.3.1 이념적 측면

비용편익분석이 경제적 규제의 영역에 비하여 사회적 규제 영역에서 보다 많이 사용되고 있다고 하는 사실은 그것이 과도한 사회적 규제의 제거 또는 약화를 겨냥하고 있음을 짐작케 한다. 사실 정부규제, 특히 사회적 규제에 대한 비용편익분석적 시각의 도입과 그러한 분석기법의 사용에 대한 첫번째의 반대 논거는 바로 여기에서 비롯되고 있다. 즉 비용편익분석은 사회적 규제의 약화를 합리화시켜 주기 위한 수단으로 사용되는 것이 아니냐 하는 것이다.

31) James C. Miller, "Introduction: Cost-Benefit Analysis of Social Regulation," in Clark, Kosters, and Miller, *op. cit.*, pp. 105~107.

32) 여기에서의 비용편익분석에 대한 비판은 정부규제와 직접적으로 관련되는 사항에 국한한다. 이에 대한 보다 일반적이고 다각적인 관점에서의 비판적 견해에 대하여는 James T. Campen, *Benefit, Cost, and Beyond: The Political Economy of Benefit-Cost Analysis* (Lexington, Mass.: Ballinger Publishing Co., 1986) 참고.

사회적 규제는 그것이 인간의 안전, 건강, 생명과 직결되는 것들인 만큼 상당한 정서적, 도덕적, 이념적 열정(emotional, moral, and ideological fervor)을 동반하고 있다. 사실 귀중한 인간의 안전, 생명을 위협하는 요인들을 규제함에 있어서 비용편익분석이라는 이름 하에 경제적 계산이나 고려가 개입되는 것은 그 자체가 비윤리적인 것이라는 생각과 주장은 정서적으로 그리고 직관적으로 대단한 설득력과 호소력을 가진다.

그러나 생각컨대 이런 주장은 논리적으로 일관성이 있는 주장이라고는 보기 어렵다. 예를 들어 어떤 광부가 탄광의 안전사고로 매몰되어 있으나 아직 생존해 있다는 사실이 알려질 때 정부가 그를 구하기 위해 온갖 노력을 다 기울이는 것을 흔히 볼 수 있고 국민들이 이것을 지지하는 것을 볼 수 있다. 그러나 이 때 이 광부 한 사람을 구하는데 들어가는 비용을 가지면 자동차의 결함으로 인한 사고로 죽어가는, 또는 작업장 안전사고로 죽거나 직업병에 시달리는 이름 모를 수많은 인명을 구할 수도 있다는 사실은 까맣케 잊고 있는 것이 보통이다.[33)]

이미 앞에서도 지적한 바와 같이 정부규제는 근본적으로 사회적 가치 사이의 衡量(trading-off)을 필요로 한다. 귀중한 인간의 생명을 보호하되 어떤 시기에 어떤 방법으로 위험요인들을 규제할 때 보다 많은 인명을 구할 수 있겠느냐가 중요한 것이다. 또한 비용편익분석은 아직 규제가 이루어지지 않고 소홀히 방치되고 있는 분야에 대한 규제의 필요성을 새롭게 제시해 줄 수도 있다. 이와 같이 비용편익분석은 정책결정자(또는 일반국민)로 하여금 희소한 자원을 어떻게 배분할 때 경제적 효율성(같은 돈으로 보다 많은 인명을 구하는 것)과 사회적 형평성(모든 인명이 동등한 대우를 받는 것)을 동시에 높일 수 있을까를 생각하도록 해주는 의사결정 도구이다. 이런 의미에서 비용편익분석을 사회적 규제의 약화를 합리화시켜 주기 위한 수단으로 간주하고 타기하려고 하는 생각은 온당하다고 할 수 없다.

---

33) 위험편익분석에 있어서 전자와 같이 구체적으로 확인되는 인간의 생명을 구체적 인명(identified life)이라고 하고, 후자의 불특정 다수인의 인명을 통계적 인명(statistical life)이라하여 구분하여 부른다. Zeckhauser and Shepard, *op. cit.*, p. 107.

4.3.2 방법론적 측면

비용편익분석에 대한 두번째의 비판은 그것의 내재적, 방법론적 결함과 관련되어 있다.[34] 첫째, 비용편익분석에 들어가는 비용에 관한 정보는 피규제집단이나 기업이 소유·통제하고 있으며 이들은 규제를 회피 또는 약화시킬 목적으로 규제비용(cost of regulation)을 과장할 우려가 있다는 것이다. 또한 피규제집단은 끊임없이 자기들의 입장을 변호하는 선전활동(propaganda campaign)을 전개하고 있어서 이들의 영향력이 과대하게 정책과정에 투입될 가능성도 있다.

둘째, 이에 반하여 규제로 인한 사회적 편익(또는 규제를 하지 않음으로서 야기되는 사회적 비용)은 실제적이고 광범위한 것임에도 불구하고 이것을 파악하고 계측하는 방법 상의 여러가지 난점으로 인해 간접적인 편익이나 외부효과(externalities)가 무시됨으로써 전체적으로 사회적 편익이 지나치게 과소평가 되고 있다는 것이다. 더 나아가서 국민들의 사회적 규제에 따른 편익의 평가(valuation)는 전반적인 생활수준의 향상, 삶의 질(quality of life)에 대한 욕구의 상승에 따라 계속적으로 증가하는 추세를 보임에도 불구하고 이런 추세가 비용편익분석에 적절히 반영되지 못하고 있다는 것이다.

생각컨대 이런 주장들은 모두 사실에 근거를 두고 있고 비용편익분석을 옹호하는 사람들의 입장에서도 수용하지 않을 수 없는 방법론상의 한계라고 말할 수 있다. 그러나 이런 주장이 곧 비용편익분석의 무용성과 해악을 증명할 수 있는 것은 되지 못한다. 왜냐하면 비용편익분석은 그것이 갖고 있는 방법론 상의 여러가지 결점에도 불구하고 여전히 정부규제와 관련한 정책의사결정의 보완적 수단으로서 가치를 갖고 있기 때문이다.

---

34) Mark J. Green, "Cost-Benefit Analysis as a Mirage," in Clark, Kosters, and Miller (eds.), *op. cit.*, pp. 113～116.

4.3.3 기능적 측면

비용편익분석에 대한 세번째의 비판은 정부규제는 정치적인 의사결정을 필요로 하는 것이기 때문에 비용편익분석과 같은 기술적 판단(technical judgment)이 정치적 판단(political judgment)을 압도하거나 배제하는 것이어서는 안된다는 것이다. 이런 주장을 펴는 사람들은 정부가 왜 언론의 자유, 종교의 자유에 대한 비용편익분석은 하지 않는가를 생각해 보아야 한다고 주장한다. 이러한 문제들에 대해 누구도 비용편익분석적 사고를 가져 보지 않는 것은 바로 이들이 인간사회의 기본적 가치(basic value)에 관련된 것들이기 때문이라는 것이다. 사회적 규제 역시 인간의 삶이라고 하는 기본적 가치를 보장하는 것이라고 한다면 왜 이에 대해 비용편익분석이 필요하냐는 논리다.

이런 기본적 가치의 문제는 정치적 과정을 통하여 결정이 되듯이 정부규제 역시 정치적 과정에 내맡겨져야 한다는 것이다. 즉 정부규제와 관련한 일련의 정책과정에 있어서도 이 과정에 대통령과 국회가 참여하고, 정책결정 과정에서 정당한 이해관계자의 의견진술의 기회 등 공정한 절차(due process procedures)가 보장되어 있으며, 불합리하고 불공평한 규제에 대해서는 사후적으로 법원의 심판이 보장된다면 그것으로 충분하고 따라서 정부규제에 대한 비용편익분석은 불필요하다는 것이다.[35)]

생각컨대 이 주장 역시 비용편익분석에 대한 정당한 비판이라고 보기는 어렵다. 왜냐하면 비용편익분석은 결코 정치적 판단을 압도하거나 배제하기 위한 것이 아니고 그것을 보조하는 기능을 담당하고 있을 뿐이기 때문이다. 실제로 오늘날 어떤 정치가나 관료도 그가 비용편익분석이 안고 있는 방법론상의 한계를 인식하고 있는 한 그 분석결과를 곧이 곧대로 신봉하지도 않고 정책결정과정에서 이것에 구속되지는 않는다.[36)] 사실 비용편익분석의 근본목적은 규제기관과 관료 그리고 그들에 대해 영

35) 이러한 주장은 정부규제의 정책결정 과정을 본질적으로 기술적인 것으로 파악하고 있는데서 비롯되고 있다고 볼 수 있을 것이다.

36) Robert W. Crandall and Lester B. Lave (eds.), *The Scientific Basis of Health and Safety Regulation* (Washington, D.C.: Brookings Institution, 1981), pp. 13~4.

향력을 행사하는 정치인들이 단순히 정치적 영향력이 배제된 기술적 결정(technical decisions)을 하고 있는 것처럼 假裝하게 하기 위한 것이 아니고 그들로 하여금 그들이 내려야 할 정치적 결정(political decisions)에 대해 보다 무거운 정치적 책임을 강요하는 데 있다.[37]

비용편익분석은 궁극적으로 정치적인 문제의 성격을 갖고 있는 정부규제 정책이 참된 의미에서 정치적 결정이 되도록 하는 기능을 담당하고 있다. 즉 비용편익분석은 정부규제에 의하여 영향을 받는 모든 사회집단의 이해관계가 정책과정에 충분히 반영되고 그것이 명시적으로 충분한 고려를 받을 수 있는 가능성을 증대시킴으로써 궁극적으로 정부규제와 관련한 일련의 정치적 과정에서 보다 나은 정책검토가 이루어지고 보다 나은 정책이 생산되어 나올 수 있도록 하는 데 기여할 수 있다.

4.4 종합적 평가

이상에서의 논의를 종합해 보면 비용편익분석의 유용성과 그것의 해악에 대한 논란은 본질적으로 비용편익분석이 무엇을 위한 것이냐 라는 물음에 대한 시각의 차이에서 비롯되고 있다고 할 수 있다. 비용편익분석의 誤用(misuse)과 그에 따른 해악을 염려하는 입장은 정부규제와 관련한 정책과정이 근본적으로 기술적(technical)이라는 관념에 입각해 있고 따라서 객관적이고 계량적인 근거를 갖춘 비용편익분석의 결과치는 정책판단을 궁극적으로 좌우할 수 있는 것으로 보고 있는 것으로 보인다. 그러나 무릇 모든 정책과정은 근본적으로 정치적 과정(political process)이며 어떤 것도 이를 대신할 수 없는 것이라는 점을 상기한다면, 또한 이 과정에서 비용편익분석은 이런 정치적 판단의 보조자료에 불과한 것으로 전제한다면, 결국 비용편익분석에 대한 논란은 공허한 논란이 되고 보다 중요한 문제는 비용편익분석이 갖고 있는 방법론 상의 제반 결함을 어떻게 극복하느냐가 관건이 된다고 할 수 있을 것이다.

37) Schuck, *op. cit.*, pp. 120～21

그러나 이와 같은 결론은 어디까지나 정부규제가 어느 정도 성공적으로 이루어지고 있는 선진국의 경우에 적절할 뿐이다. 우리나라와 같이 과거로부터 人命을 비롯한 각종의 사회적 가치를 보장하려는 제도적 전통이 미약하고 따라서 현재 선진국에서 이루어지고 있는 규제(사회적 규제)의 수준에 비하여 훨씬 뒤떨어져 있는 우리나라에서 비용편익분석은 악용될 소지가 상당히 높다고 하는 점은 주의를 요한다. 제24장의 우리나라의 정부규제완화 과정에 대한 분석에서 자세히 고찰되겠지만 이제 민주화의 첫걸음을 내딛고 있는 것에 불과하고 아직도 경제적 효율성(경제의 성장)에 치중하는 정책사고가 지배하고 있는 실정에서 보다 강화·확대되어야 할 사회적 규제들이 기업에 지나친 부담을 준다는 핑계로 오히려 자꾸만 천연되거나 후퇴하고 있는 듯이 보이는 것이 우리의 현실이기 때문이다. 이런 현실에서 비용편익분석은 사회적 규제의 약화를 합리화 시켜주는 방향으로 오용 또는 악용될 가능성이 높고 따라서 그에 따른 해악도 크게 나타나게 될 가능성이 높다.

예를 들면 최근 정부가 민주화 추세를 어느 정도 반영하여 각종의 규제를 통하여 기업활동에 간섭하려고 하자 대기업들이 全經聯을 중심으로 이에 강력하게 반발하면서 자유기업주의(free enterprise system)를 주창하고 있는 것은 바로 이런 조짐을 보여 주고 있는 것으로 볼 수 있다. 정부 역시 경제난은 애써 강조하는 반면에 상수도 水質 등 환경오염에 대한 분석자료의 공개를 기피하거나 각종의 산업재해 및 직업병 실태에 대한 분석을 외면하려는 듯한 인상을 보이고 있는 것도 마찬가지로 해석될 수 있을 것이다. 이와 같은 현상들은 곧 우리 정부와 기업이 규제비용 측면은 과대평가하면서 규제로 인한 사회적 편익(또는 규제를 하지 않음으로써 야기되는 사회적 비용)에는 아직도 냉담하고 이를 과소평가하려는 성향을 강하게 갖고 있다는 증표라고 할 수 있을 것이다. 바로 이런 상황에서 비용편익분석은 이들의 논리를 합리화시켜 줄 수 있는 수단으로 악용될 수도 있다.[38]

38) 여기에서 우리나라에서는 아직 사회적 규제에 대한 비용편익분석을 해서는 안된다고

5. 결 론

본장에서는 정부규제의 경제적 타당성을 검토하는 분석기법으로서 비용편익 분석과 위험편익 분석에 대해 고찰하였다. 규제정책의 합리화에 있어서 물론 그것의 경제적 효율성 측면만을 지나치게 강조할 수는 없다. 그러나 사회적 형평성 등 모든 다른 요인들을 고려한 이후에도 여전히 그러한 정책목적을 보다 효율적으로 달성할 수 있는 방법에 대한 고려가 이루어져야 할 것은 극히 당연한 논리이다.

물론 제4절의 비용편익분석에 관한 논쟁에서 고찰한 바와 같이 비용편익분석적 시각과 논리는 경우에 따라 문제의 본질을 호도하는 도구로 악용될 수도 있다. 특히 우리나라와 같이 아직 환경문제, 안전문제 등과 관련된 인명의 가치에 대한 사회적 평가가 불완전하고 미흡한 사회일수록 그런 가능성은 높다. 이렇게 본다면 현시점에서 우리나라에서 보다 강조되어야 할 것은 규제의 費用 측면보다는 규제로 인한 사회적 便益에 대한 보다 객관적이고 정확한 정보의 확보 필요성이라고 할 수 있겠다.

그러나 주지하는 바와 같이 규제로 인한 사회적 편익의 측정은 지극히 어려운 문제들을 안고 있기 때문에 대단히 불확실성이 높고 부정확하다. 바로 이런 이유로 인해 비용편익분석(또는 위험편익분석)은 정책담당자들로부터 외면되기 쉽다. 사실 이런 분석을 100% 신뢰할 정책담당자는 없다. 그럼에도 불구하고 비록 불완전할지라도 과학적 근거 위에서 진행되는 비용편익분석(또는 위험편익분석)은 관련 규제정책의 합리화에 필수적으로 고려되지 않을 수 없는 긴요한 일부분이 되고 있다는 것을 강조하지 않을 수 없다.

주장하는 것은 물론 아니다. 다만 여기에서는 민주정치적 과정(democratic political process)이 미성숙된 사회에서 비용편익분석은 기존의 정책을 고수하는 역할을 할 수도 있다는 것을 지적하고자 할 뿐이다.

제 6 부

평가와 전망

제 24 장

제 5 · 6 공화국의 규제개혁 평가

1. 서 론

선진외국과 마찬가지로 우리 정부도 1980년대 초반이래 경제분야에서 經濟自由化란 기치 아래 市場開放(수입규제의 철폐), 금융부문 自律化(금융규제의 완화), 외환 및 자본시장 자유화, 공기업의 民營化 등 경제적 규제(economic regulation)의 완화 및 철폐를 지속적으로 추진해 왔다. 한편 經濟力과 富의 집중현상 또는 대기업의 시장지배력 남용을 방지함으로써 중소기업과 소비자를 보호하기 위해 독과점규제 및 불공정거래에 대한 규제도 다소 강화하였다. 사회형평에 대한 국민들의 정치의식이 상승하고 소득수준의 향상에 따라 삶의 질(quality of life)에 대한 국민들의 욕구가 상승하는 과정에서 환경규제 등 사회적 규제(social regulation)의 중요성도 새롭게 인식해 가고 있다.

그러나 1980년대에 들어 지속적으로 추진되어 온 정부규제의 개혁에 대한 지금까지의 접근시각과 방법은 상당한 문제점을 보여 주었다. 예를 들어 경제적 규제의 완화에 있어서 경제적 효율성(economic efficiency)이 지배적인 판단기준으로 사용된 나머지 사회적 형평(social equity)에 대한 고려가 불충분하였고, 사회적 규제영역에 있어서는 公益의 입장에서가 아니라 규제를 받아야 할 피규제집단이 행사하는 정치적 영향력과 권위주의적·관료적 타성으로 말미암아 규제의 실효성이 사회적으로 바람직한 수준 또는 소망하는 수준에 형편없이 미달하고 있다. 본장에서는 제5공화국 정부에 의해 추진된, 그리고 제6공화국 정부에 의해 추진되고 있는 정부규제개혁의 특징적 측면과 요소들에 대해 평가하고자 한다.

2. 제5공화국

2.1 효율성 위주의 개혁

제5공화국 정부는 대내외적으로 어려운 환경과 여건을 안고 출발하였다. 정치적 측면은 어찌됐든 경제에 있어서 본다면 1980년에는 우리 경제개발 역사상 초유의 마이너스 성장을 기록하였다. 따라서 5공화국 정부의 최대 경제정책 과제는 경제성장세의 회복이었다. 그러나 5공화국 정부는 과거와 같은 경제정책 운용방식으로는 경제를 회생시킬 수 없다고 보고 시장기능의 창달과 민간부문의 활력 신장에 상당한 기대를 걸었다. 이런 정책사고의 전환 아래 5공화국 정부는 개방과 자율을 모토로 한 경제자유화와 안정화를 경제정책의 지표로 삼았다.[1)]

5공화국 정부는 경제성장세의 회복을 위해 민간의 창의력과 활력을 저해하는 각종의 정부규제 완화를 추진하였다. 그것이 "成長發展 沮害要因 改善"이란 이름으로 總務處 주관하에 수년간 추진되어 온 정부규제의 개혁이다. 1981년 4월 국무회의에서 全大統領은 "우리 국정의 각 분야에 있어서 성장과 발전을 저해하는 법령, 제도, 관습, 行政先例 등 비능률적이고 불합리한 요소를 과감히 개선"하도록 내각에 지시하였다. 5월에는 국무총리를 위원장으로 하고 관련부처 장관과 각계의 대표를 위원으로 하는 「성장발전 저해요인개선 심의위원회」(1983년 5월 이후에는 「성장

1) 제5공화국 초기의 경제정책 운용기조의 전환과정에 대해서는 Byung-Sun Choi, *Economic Policymaking in Korea: Institutional Analysis of Economic Policy Changes in the 1970s and 1980s* (Seoul: Chomyungsa, 1991) 참고.

발전을 위한 제도개선위원회」로 명칭변경)가 설치되었고 대통령비서실에는 「제도개선지원반」을 두어 이 작업이 대통령의 중요한 관심사임을 강조하였다.[2)]

이 제도개선작업은 당초에 1981년말까지 완료하도록 계획되었으나 1982년말로 연장되었고 이후에도 계속되었다. 제도개선 과제로서는 〈표 24-1〉에서 보는 바와 같이 1981~1986년 기간 동안 범정부 차원의 주요정책과제 총 120건, 일반부처별 과제 총 1,434건이 선정되었다.[3)]

〈표 24-1〉 제도개선 추진실적

구 분 \ 년 도	총 계	'81	'82	'83	'84	'85	'86
계	1,554	658	148	283	189	142	134
주요정책과제	120	23	23	26	17	15	16
부처일반과제	1,434	635	125	257	172	172	118

자료 : 대한민국정부, 「성장발전을 위한 제도개선백서」, 제 3 집(1987. 1), p. 28.

개선대상 제도(정부규제)의 선정기준은 해를 거듭하면서 약간씩 수정(예를 들면 처음에는 아래 7항이 최우선적인 기준이 되었으나 나중에는 최하위 기준이 되는 등) 되어 왔으나 대체로 다음과 같은 사항이 중요한 기준으로서 고려되었다.[4)]

1) 대다수 국민에게 불편을 주는 법령 및 제도 (국민편의성)
2) 국민의 자율성을 저해하는 지원 · 규제제도 (자율성 · 생산성)
3) 행정환경변화에 부적합한 법령 및 제도 (현실적합성)
4) 건전한 가치관과 정신문화를 해치는 제도나 관습 (국민정신의 건전성)

---

2) 제도개선 작업 추진체의 조직, 위원구성, 심의절차 등에 관해서는 大韓民國政府, 「成長發展을 위한 制度改善白書」, 第1輯 (1982. 12), pp. 11~13 참고.

3) 이 건수에는 법령의 정비와 같은 포괄적인 것도 있고 특정의 제도에 관한 것도 있어서 숫자 자체가 중요한 의미를 가질 수는 없다.

4) 전게서, pp. 20~21.

5) 사회정의의 실현을 저해하는 법령 및 제도 (국민신뢰와 화합)

6) 하향적 · 일방적인 정책결정방식 (행정의 민주성)

7) 정부조직내부의 비능률적 · 비민주적 법령 및 제도 (행정의 능률성)

이런 개선대상과제 선정기준으로부터 우리가 알 수 있는 것은 우선 기준 자체가 대체로 막연할 뿐만 아니라 어떤 것들은 지나치게 修辭的인 성격을 벗어나지 못하고 있다는 것이다. 두번째로 지적할 수 있는 것은 이 개혁작업의 명칭이 시사하는 바와 같이 성장발전을 촉진하는 다시 말하면 행정의 능률성(administrative efficiency)과 경제적 효율성(economic efficiency)을 제고시키기 위한 규제완화(deregulation)에 개혁의 초점이 맞추어져 있었다는 것이다. 물론 행정의 민주성 제고도 기준으로서 제시되어 예를 들면 立法豫告制度의 도입, 경지정리사업시행에 따른 異議申請制度의 신설 등 제도개선이 이루어지기는 하였으나, 대체로 성장발전을 촉진하는 측면에서의 고려가 지나치게 강조된 나머지 이 기준은 형식화하였다고 보는 것이 옳을 것 같다. 다만 일반행정, 조세행정, 수출입관리 등 분야에 있어서 행정편의를 위해 민원인에게 불필요하게 과중한 부담을 지워 왔던 많은 제도들을 상당 폭 간소화시킨 것은 두드러진 성과로 볼 수 있다.

그러나 1980년대 초반에 행해진 정부규제의 개혁이 정부규제로 인한 과중한 경제적 부담을 줄여서 경제의 성장발전을 도모한다는 또는 행정절차를 간소화한다는 취지에서 출발한 나머지, 정부규제가 지나치게 졸속으로 완화되거나 무력화됨으로써 정부규제가 당연히 가져야 할 여타의 중요한 목표가 소홀히 취급되거나, 다른 정치사회적 가치의 실현이 오히려 저해될 수 있는 소지를 만들어 냈다. 특히 이런 예들이 경제개발, 토지정책, 건설, 교통, 관광, 환경 등과 같은 분야에서 더욱 현저하게 나타나고 있는 것은 1980년대의 정부규제의 개혁의 지향성과 한계를 잘 보여주는 것이라고 생각된다. 아래에서는 주요한 사례를 중심으로 이를 확인하려고 한다.

[사례 24－1] 수도권지역 공업배치제도의 후퇴

대도시 공장의 과밀화와 인구의 대도시 집중을 방지하기 위해 1979년에 제정시행한 공업배치법 적용 결과 대도시지역에 공장의 신증설이 억제되어 기업활동이 다소 위축되자 정부는 1981년「工業配置法」시행령을 개정하여 공장의 신증설이 억제된 제한정비지역 내에서의 공장신증설에 대한 규제를 완화하였다. 또한 공장을 이전해 나가야 할 이전촉진지역으로부터 제한정비지역으로 지정된 지역의 공업지역으로 공장이전을 허용하였다. 그리고 공해유발 정도가 비교적 낮다고 인정하는 都市型 업종의 범위를 대폭 확대함으로써 도시지역으로부터 당연히 이전해 나가야 할 이전대상 공장의 범위를 축소하였다.[5)]

이 사례는 당시 경제상황의 악화를 이유로 대도시에 소재한 공장주들이나 地主들의 입장과 요구를 받아들여 지나치게 단견적인 안목에서 기존의 공업재배치 정책을 후퇴시킨 것을 보여 준다. 이 제도의 개선(?)에 있어서 이해관계자(인근지역 주민, 환경관계기관, 이전촉진지역의 지방자치단체, 교통관계기관 등)의 입장은 검토되지 않았다. 그 결과 이후 大都市에의 工場過密 및 인구과밀 현상이 더욱 심화된 것은 물론이다. 이에 따라 각종의 도시문제, 교통문제, 환경문제가 보다 심각해지게 되었음도 두말할 필요가 없을 것이다.

[사례 24－2] 지역개발사업의 인허가 단순화

관계부처간의 협의를 거쳐 지정한 개발대상 지역(도시지역, 취락지역, 개발촉진지역, 공업 및 관광휴양지역) 안에서 그 용도에 맞는 개발행위를 하고자 할 경우 토지에 대한 개별법상의 허가를 배제하여 허가업무를 단순화 하였다. 예를 들면 관광호텔을 신축할 경우 농지전용허가, 산림훼손허가, 토석채취허가, 공유수면 점용허가 등 9개의 개별법상의 허가를 면제하였다.[6)] 따라서 주무관청인 교통부로부터 관광사업 허가를 받게 되면 여타의 허가를 받은 것으로 간주되기 때문에 관계되는 각 개별법의 입법취지가 크게 손상되지 않을 수 없게 되었다. 또한 여건의 변화에 따라 심히 불합리하다고 할 수 밖에 없는 개발행위를 용인해 주는 결과를 초래하였다. 그 결과 관광호텔의 건축이 용이해지게 되

5) 상게서, pp. 179∼181.
6) 상게서, p. 197 및 pp. 237∼239.

었음은 물론이고 개발사업자에게 부당한 이득이 돌아갔을 것도 불을 보듯 뻔하다. 초지개발을 한답시고 개발행위 허가를 받은 경우도 마찬가지다. 물론 목축사업에 충실한 사업자도 많으나 상당수의 사업자는 이 제도하에서 쉽게 개발허가를 받은 다음 많은 토지를 사들여 부동산투기에 활용하였다. 광활한 토지에 소 몇마리, 말 몇마리 풀어 놓은 목장은 바로 이렇게 생겨났다.

[사례 24-3] 신개발 의약품 보호지정 축소

의약품의 연구개발을 촉진하고 중복투자를 방지한다는 이유로 보사부가 保護醫藥品을 지정하는 제도가 있다. 이 제도에 의하면 보호지정된 의약품은 5년동안 보호된다. 보호방법은 경쟁사업자가 유사한 허가를 받지 못하도록 하는 것이다. 정부는 신규의약품의 개발을 촉진하기 위해 보호제도를 보다 강화한다는 이유로 신규 보호지정 신청 중에 있는 품목과 공정이나 내용 면에서 유사한 제품, 개발투자 또는 시설투자가 적게 소요되는 제품, 기술성 또는 경제성이 없는 경우 등에는 보호지정을 배제하였다.[7]

특허제도가 있는 한 이 제도와 같은 추가적인 제도는 불필요하다. 이와 같이 의약품 보호지정 신청을 배제하는 기준을 광범위하게 그리고 모호하게 규정해 놓는 경우 먼저 보호지정 신청을 낸 대규모 제약업체가 과보호됨은 물론이다. 이것은 대단히 불공평하다. 더 나아가서 5년의 보호지정 기간에 추가하여 신제품의 성능 및 안전도 시험기간까지를 포함하면 그 기간이 길어서 다른 회사의 신제품 연구개발 의욕을 저상하고, 의약업계의 기술개발경쟁을 오히려 억압할 소지를 안고 있다.

[사례 24-4] 오염배출 부과금제도의 도입

1983년 9월 환경청은 사업장의 개선 또는 이전명령을 받은 사업자가 허용 배출기준을 초과하는 오염물질을 배출하면서 조업을 계속할 경우 조업을 중단시키는 대신 일정금액의 賦課金을 납부하도록 환경규제 방법을 전환하였다.[8] 우리나라의 현행 오염배출 부과금제도는 여전히 성과기준(performance standand)에 입각하고 있다는 점에서 우리가 제

7) 상게서, pp. 306~7.
8) 대한민국 정부, 「제도개선 백서」, 제2집, pp. 332~33.

14장에서 상세하게 분석하고 있는 본래의 오염배출 부과금제도와는 근본적으로 다르다. 어쨌든 이 제도를 시행하는 데는 중대한 문제점들이 있다. 첫째, 賦課金의 적정수준을 정하기가 현실적으로 대단히 어렵다. 둘째 이 제도하에서는 오염물질 排出量을 계속적으로 감시하고 계측할 수 있어야 한다. 이런 문제점들 때문에 선진국에서도 이런 제도의 채택과 시행에 신중을 기하고 있고 따라서 극히 제한적으로 운용되고 있을 뿐이다. 이 제도에 대한 환경단체 등의 정치적 저항도 크다.

그런데 우리나라에서 이 제도를 과감하게 도입한 것이다. 아마도 부과금으로 조달되는 환경오염 방지기금의 조성이 급했기 때문인지도 모른다. 그 결과 어떤 현상이 야기되고 있는가? 배출오염량에 대한 측정의 정확성과 신뢰성은 차치하더라도 부과금 수준이 극히 낮아 부과금이 오염배출기업에 별다른 경제적 부담을 주지 않게 되었다. 과거에는 體罰이 가해졌는데 이제 부과금만 납부하면 되고 그것도 별로 많은 금액이 아니니 오염업체의 기업주 입장에서 얼마나 잘된 일인가. 오염의 방지 및 제거에 들어가는 비용보다 부과금 수준이 낮은 한 이 제도는 환경오염행위를 계속하라는 것 밖에는 안된다.[9)]

[사례 24-5] 官許事業 內認可제도 확대

수산제조업, 식품제조업, 산업폐기물 처리업, 사설강습소 등 상당한 투자를 요하는 官許事業의 인허가에 있어서 신청서의 내용이 인허가 기준에 적합하다고 인정될 경우 신속하고 안정적인 사업의 착수준비를 위해서 일정기간 내에 시설, 장비 등의 요건을 갖출 것을 조건으로 하여 미리 인허가를 해 주는 것을 內認可라고 한다. 정부는 1985-86년 계속하여 이 제도의 적용대상을 확대하는 한편 내인가 후 시설확보기간을 연장해 주는 등의 조치를 취했다.[10)] 이 제도는 사업자의 입장에서 보면 대단히 편리한 제도이겠으나 제도 자체가 악용될 소지가 많고, 이 과정에서 선의의 소비자나 거래관계자가 피해를 입게 되는 등 공익이 저해될 위험성이 대단히 높다. 왜냐하면 일반소비자의 입장에서 內認可와 本認可를 구분하기 어렵고 따라서 준비가 채 안된 채 사업이 착수될 때 문제가 발생할 가능성이 있기 때문이다.

---

9) 1991년 봄 대구 낙동강 페놀오염 사건(사례 21-1) 이후 환경처는 이러한 문제점을 인식하여 부과금 수준을 대폭 인상시키기 위한 특별법 제정을 추진하였으나 업계의 반발에 부딪쳐 흐지부지되고 있다.

10) 대한민국 정부,「제도개선 백서」, 제3집, pp. 431~35.

[사례 24-6] 각종 시설기준의 완화

식품위생 관련업, 오염배출업 등 특정 산업에 있어서 작업장 혹은 생산시설 기준을 완화하거나 소비자 危害·안전사고의 방지 등을 위한 전문직종 인력 채용 의무화 규정 등을 완화하였다.[11] 이런 면에서의 정부규제의 완화는 물론 중소기업의 創業을 보다 용이하게 함으로써 중소기업의 성장을 촉진하고 시장경쟁을 창달한다는 목적에서 취해진 것으로 보이나, 그 결과 소비자의 안전과 공익이 크게 침해될 가능성을 안고 있다는 점에서 문제가 되지 않을 수 없다. 이런 경우에 있어서는 규제기준을 완화할 일이 아니라 중소사업자가 소정의 기준을 쉽게 충족시킬 수 있도록 간접적인 지원을 제공하는 것이 보다 타당한 방법이라고 할 수 있을 것이다.

이상에서 살펴 본 사례들은 하나같이 경제성장을 촉진한다는 목적에 치중한 나머지 정부규제가 추구해야 할 또 다른 측면에서의 정책목적의 달성을 저해하고 불공평의 문제를 초래하였다는 점에서 비판받지 않을 수 없다. 이것은 무엇보다도 정부규제의 성격과 그것의 효과를 충분하게 이해하지 못한데서 비롯되었다고 해야 할 것이다.

2.2 사회적 형평의 저해

제 5 공화국 정부는 초기에 「독과점규제 및 공정거래에 관한 법률」을 제정하고 경제기획원에 공정거래실을 설치하여 시장경쟁을 저해하는 행위를 방지할 수 있는 제도적 장치를 마련하였다. 1987년에는 소비자보호법을 개정하여 한국소비자보호원을 설치하였다. 5공화국 정부가 이와 같은 문제들에 대해 관심을 가진 것은 과거 정권하에서 야기된 경제사회적 문제들, 특히 대기업에 의한 독과점 및 경제력 집중을 억제함으로써 정권의 정통성을 확보하고자 하였기 때문이다. 그러나 1980년대 초반의 어려운 경제상황 속에서 수출과 경제성장세의 회복에 치중한 나머지 집권

11) 상게서, pp. 135~39.

초기에 내걸었던 새로운 경제사회 질서의 형성은 급속하게 퇴색하였다. 그 결과 1980년대를 지나오면서 경제력과 富의 집중은 더욱 심화되었고 소비자불만은 더욱 증가하였다. 예를 들면 금융규제의 완화와 종합소득세제를 도입하면서도 정작 중요한 금융실명제는 성사시키지 못하였다.

그런가 하면 5공화국 정부는 노동조합 및 노사분쟁과 관련한 규제를 유신체제하에서 보다도 오히려 더욱 강화함으로써 노동자의 권익이 심히 침해되었다. 1980년대 초 이래 정부가 줄기차게 추구해 온 경제안정화와 경제자유화(규제완화) 정책은 소득분배의 불공평성을 오히려 악화시켰다.[12] 예를 들면 경제안정화 시책이 지속적으로 추진되었던 80년대 초반에 걸쳐 봉급생활자의 임금이나 농산물에 대한 가격통제는 강화되었으나 물가안정의 혜택은 대부분 대규모 수출기업에 귀속되었고, 또한 수입자유화(수입규제의 완화) 결과 수출대기업들은 수출시장의 안정적 확보 및 확대를 통해 또는 수입에 주력함으로써 勝者(winner)가 되었으나 미처 경쟁력을 키우지 못한 중소기업과 농업부문은 큰 타격을 받았다. 특히 1983년 레이건 미대통령 訪韓이후 그 波高가 더욱 거세어진 시장개방 압력에 대처하는 과정에서 민주적인 정치과정을 충분히 경유하지 못한 채 권위주의적으로 그리고 비공개적으로 급속하게 추진된 수입개방은 이들 부문에 심각한 타격을 주었다.

이와 같이 경제의 안정화와 자유화가 추진되는 과정에서 대기업은 經濟調整期의 부담을 대체로 모면할 수 있었고 성장속도를 가속화할 수 있었던 반면에 그 부담의 태반이 경제적 약자인 중소기업, 노동자, 농민에게 지워지게 됨으로써 분배구조의 歪曲현상이 더욱 심화되었다는 사실은 오늘날 經濟民主化 문제를 이해하는데 있어서 대단히 중요한 의미를 갖는다. 특히 1986년 6월부터 1988년 2월사이에 모두 6차에 걸쳐 78개 기업을 대상으로 비공개리에 행해진 산업합리화조치, 소위 不實企業整理과정에서 引受기업에 베풀어진 금융 및 세제지원액이 무려 11조 4천억원에 달한 반면, 농촌은 약 6조원에 달하는 부채를 누적시키게 된 것은

12) 李奎億, "경제력집중의 현황과 공정거래 정책," 한국개발연구원, 1988 참고.

5공화국 정부의 정책이 어떤 편향성(bias)을 지니고 있었는지를 잘 보여준다.

2.3 관료주의적 규제개혁

이상에서 우리는 제5공화국 정부가 추진한 정부규제 개혁의 초점이 경제성장 촉진 또는 경제효율성의 제고에 치중된 결과, 1980년대 중반 이후 우리경제가 다시 안정성장 궤도에 진입할 수 있게 하는데 결정적 기여를 한 것은 사실이지만, 이 과정에서 소득분배의 불균등은 더욱 심화하는 모순을 빚게 되었다는 것을 살펴 보았다. 이런 모순이 나타나게 된 근본원인은 두말할 것도 없이 정부규제 개혁정책 결정과정 및 집행과정에 있어서 관련 이해집단의 참여가 배제되었고, 따라서 公益에 입각하여 개혁논의가 이루어졌다기 보다는 좀더 큰 정치적 영향력을 행사할 수 있는 대기업 집단과 관료의 주도하에 이루어진 데서 찾아야 할 것이다.

제 5 공화국 정부가 시종일관 유지해 온 권위주의적이고 관료주의적인 정치사회 분위기속에서 관련 이해집단의 이익투입이 활발하게 이루어지지 못하고 국민들이 집단행동의 딜레마(collective action dilemma)에 빠짐으로써, 정부규제의 개혁문제가 사회적인 문제로서가 아니라 행정기관간 또는 행정기관 내부의 문제로서 취급되었다. 따라서 정부규제 개혁의 정치적 可視性(political visibility)은 극히 낮을 수 밖에 없었고, 그 가운데 주로 경제적 효율성(economic efficiency)과 기술적 합리성(technical rationality)을 신봉하는 관료들의 판단과 재량에 따라 정부규제 개혁이 다루어졌다.[13)]

13) 규제개혁 과정에서 나타나는 官僚的 失敗현상에 대해서는 金繁雄, "규제완화의 정치경제와 기업의 행동양식," 全經聯(편), 「제6공화국과 정부규제합리화 추진방향」, 1988. 6, pp. 107~130 참고.

3. 第 6 공화국

3.1 행정개혁위원회의 건의

1987년 중반 이후 폭발된 정치사회 민주화 요구는 기존의 권위주의적 정치체제에 대한 국민적 저항으로서 국민의 기본권 보장을 요구하였을 뿐만 아니라, 경제민주화 요구로 발전하면서 국민의 재산권 존중, 경제력 집중의 완화, 공평한 소득분배를 통한 경제정의의 실현, 소비자보호 강화, 환경보전 등을 요청하게 되었다. 이에 따라 제6공화국 정부는 노사문제에 대한 각종 정부규제의 완화, 경제력집중을 방지하기 위한 여신규제 강화, 금융실명제의 실시, 공정거래 및 소비자보호 규제의 강화, 토지공개념 입법, 환경규제의 강화, 최저임금제도의 실시 확대 등을 추진하지 않을 수 없게 되었다.

이런 정치사회적 분위기와 국민기대 속에서 출범한 6공정부는 1988년 5월 대통령 직속으로 民間 行政改革委員會를 구성하여 새 시대에 맞는 정부역할의 방향과 개혁과제를 건의하도록 하였다. 동위원회는 정부조직의 개편안 작성에 초점을 두었으나 정부규제의 개혁문제도 중요하게 다루었다. 동위원회는 1989년 7월 행정개혁에 대한 건의서를 작성하여 대통령에게 보고하였다.[14] 그러나 행정개혁위원회에서 검토하여 건의한 정부규제 개혁의 검토방향이나 내용은 대체로 제5공화국 하에서 이루어진 '성장발전을 위한 制度改善'과 큰 차이를 보이지 않았다.[15] 民主化와 地方化란 새 시대를 맞이하여 과거 4반세기를 지배해 온 왜곡편향된 법적·제도적 질서를 청산하고 새 시대에 걸맞는 새로운 법적·제도적 秩序(new legal and institutional order)를 창출하는 것과는 상당히 거리가 멀었다.

특히 새로운 경제사회적 질서 형성에 기초가 되는 정부규제 개혁이

14) 行政改革委員會, 「行政改革에 관한 建議」, 1989. 7.
15) 상게서, pp. 55~75 및 pp. 283~401 참고.

일관된 이론적 체계를 갖추지 못한 채 개별적인 정부규제의 합리성을 제고하는 선에 머물고 만 것은 아쉬움을 남기고 있다. 행정개혁위원회에서는 개별적인 정부규제의 검토 보다는 정부규제 개혁과 관련된 정책과정을 보다 민주화할 수 있는 제도적 장치를 모색하고 정치·경제·사회환경의 변화에 따라 정부규제가 개혁되어 나가야 할 방향을 제시하는 역할을 담당하여야 했다. 물론 行政改革委員會가 새 정부의 행정조직 개편안 도출에 많은 시간과 노력을 투입한 것은 이런 목적에서였음을 엿볼 수 있게 해 주기는 한다. 행정개혁위원회가 '작은 政府(small government)'의 구현을 지향하였다는 것이 바로 그것이다. 그러나 同위원회는 '작은 정부'의 비젼과 실천방안 제시에 있어서는 역시 한계를 보였다.

3.2 경제적 규제의 완화

1986~88년, 소위 3低 현상으로 인해 고도성장과 큰 폭의 경상수지 흑자를 시현한 우리 경제는 제6공화국에 들어 온 이후 급격한 임금상승, 사회기강의 해이, 국제경쟁의 심화에 따라 인플레 상승, 대외경쟁력 약화, 무역수지의 적자로의 반전을 경험하게 되었다. 이에 정부는 1990년 4월 경제활성화 종합대책을 발표하면서 이것의 일환으로 국무총리를 위원장으로 하고 관계부처장관을 위원으로 하는 「行政規制緩和委員會」를 설치하였다. 이것은 수출과 제조업 투자의 진작을 위해 정부지원을 확대하는 것도 필요하겠으나, 보다 근본적으로 기업활동에 제약을 주는 각종 정부규제의 완화가 필요하다는 인식에 따른 것이었다. 이 위원회는 정부규제의 완화를 경제행정분야와 일반행정분야로 나누어 각각의 「경제행정규제완화 실무위원회」와 「일반행정 규제완화 실무위원회」를 산하에 두고 경제기획원과 국무총리 행정조정실에서 이를 주관하도록 하였다.[16)]

이전에도 경제적 규제에 대해서는 경제기획원 공정거래실이 한국개발

16) 경제행정규제는 주로 경쟁제한적인 규제로서 본서에서 말하는 경제적 규제와 흡사하나, 일반행정규제는 주로 인허가 등에 있어서의 서류 및 절차의 간소화를 대상으로 하고 있다. 그러나 이러한 분류는 학문적으로 별 의미가 없다.

연구원(KDI)의 협조를 받아 시장경쟁을 제한하는 각종의 정부규제의 완화를 추진하였다. 즉 공정한 경쟁을 통한 시장경제의 창달과 대외 시장개방에 효율적으로 대응하기 위해 경쟁제한적인 각종 정부규제의 완화를 위해 1988년부터 국민경제상 비중이 크고 경쟁제한적 성격이 강한 23개 산업을 대상으로 예비적인 실태조사를 실시하였다. 이 조사결과를 바탕으로 공정거래실은 酒類, 석유, 연탄, 농약, 의약품, 화물자동차 운송, 정보통신 산업 등 10개 산업을 규제완화 대상산업으로 선정하고 구체적인 검토작업에 착수하였다. 1989년에는 추가로 해운, 버스여객운송 등 8개 산업을 선정하여 모두 18개 산업의 규제완화 방안을 수립하였고, KDI주관으로 공청회를 개최하는 한편 관계부처와 협의를 계속하였다.[17)]

이와 같이 제6공화국에서의 정부규제 개혁은 산업특정적인(industry-specific) 방법으로 추진하고 있다. 즉 특히 문제가 많다고 판단되는 특정산업을 선정하여 이것에 대한 중점적인 검토를 가하는 방법을 택하고 있다는 것이다. 아마도 이것은 미국과 일본 등이 이와 같은 방법으로 상당한 성공을 거두었다고 평가한 때문으로 생각된다.

1990년 5월말 「경제행정 규제완화 실무위원회」는 그동안의 작업결과를 기초로 18개 산업에 있어서 신규진입(new entry)을 제한하거나 불공정한 방법으로 시장경쟁을 제약하고 있는 각종의 불합리한 경제적 규제들을 대폭 완화하기로 결정하였다. 이후에도 유사한 방법으로 10개 산업 31개 과제에 대한 규제완화가 추진되었다. 1991년 6월에는 21개 산업 56개 과제를 중점검토 대상으로 선정하였다. 이런 검토작업을 진행하는 가운데 10월에는 금융업의 約款제도 개선, 보험사업자의 상호협정제도 개선, 자동차정비업에 대한 규제완화 등을 결정하였다.[18)] 아래에서는 1990년 5월에 결정된 사항들 중 몇 가지 주요 사례에 대해 검토한다.[19)]

---

17) 공정거래위원회·한국개발연구원, 「공정거래 10년:경쟁정책의 운용성과와 과제」, 1991. 4, pp. 204~5.

18) 경제기획원, "제10차 경제행정규제완화 실무위원회 개최-보도자료," 1991. 10. 30 참고.

19) 1990년 하반기 중 「경제행정 규제완화위원회」에서 확정한 18개 산업의 규제완화 추진내용에 대한 요약은 상게서, pp. 206~211; 李奎億·金種奭(편), 「경제규제와 경쟁정책(II)- 주요산업별 경쟁촉진방안」, 한국개발연구원, 1990. 11 참고.

[사례 24-7] 酒類산업 규제완화

酒類산업은 酒稅 확보 차원에서 그리고 주류업계의 과당경쟁을 억제한다는 명목으로 많은 규제를 받아 왔다. 정부는 1988년 6월 소주의 自道酒 의무판매비율을 50%에서 40%로 하향 조정하였다. 自道酒 의무판매제도는 각 市道에 소재한 소주업체(전국시장 점유율 7% 이상 업체)가 자사제품의 일정비율은 반드시 그 市道 내에 판매하게 함으로써 업계의 과당경쟁을 막아보자는 취지를 갖고 있다. 그러나 그것은 시장경쟁을 제한함으로써 업계에 기득이익을 보장하는 것으로서 소비자의 이익에 반하는 제도였다. 정부는 이 제도를 91년말까지 전면 폐지할 계획을 세우고 의무판매비율 점차로 낮추어 나가기로 한 것이다. 또한 주류유통산업에 있어서 경쟁을 제한하고 있는 주류도매상의 면허구분(일반주류와 洋酒)을 폐지함으로써 신규진입을 용이하게 하였다. 이밖에 1991년에는 알콜도수, 소주의 특성을 업체가 자율적으로 결정함으로써 소비자에게 보다 넓은 선택의 폭을 제공할 수 있도록 하였다.

1992년 말까지는 주류산업에서 경쟁을 제약하는 기본적인 요인이 되고 있는 소주용 酒精 배정제도를 폐지함으로써 업계의 시장경쟁이 완전하게 이루어질 수 있도록 한다는 계획하에, 1991~92년에 걸쳐 酒精을 추가적으로 배정함으로써 점진적으로 시장경쟁체제에 적응해 나갈 수 있도록 하였다. 그러나 소주배정제도의 변화에 대해 중소 소주업체들이 강력하게 반발하였다. 이들은 소주의 소비가 급격하게 줄어가고 있는 상황에서 기존의 주정배정제도를 완화 또는 폐지하게 될 때 眞露 등 시장지배력이 큰 소주업체가 소주시장을 독과점화하여 중소업체는 도산을 면치 못할 것이라는 주장을 전개하였다.

[사례 24-8] 연탄제조업 규제완화

酒類산업의 경우와 유사하게 연탄제조업에서도 연탄 업계의 과당경쟁 방지를 이유로 연탄 공급구역을 제한하여 왔다. 정부는 1989년 12월 연탄공급구역을 전국 63개 지역에서 23개 지역으로 광역화하였고, 이어서 1990년 4월에는 이를 10개 市道 단위로 변경하였다. 1991년에는 연탄제조업에 대한 허가제를 신고제로 전환하였고 93년까지 공급구역을 완전 철폐할 계획이다.

[사례 24-9] 의약품 산업 규제완화

정부는 1988년 12월 원료의약품 수입추천제도를 신고제로 전환하고, 完製의약품은 최초 수입시에는 추천을 받도록 하되 재수입 시에는 신고로 대체할 수 있도록 하였다. 1990년 9월에는 의약품의 표준소매가 제도의 적용대상 품목을 18,000개에서 72개로 축소하고 장기적으로 의약품 가격의 전면 자율화를 추진할 계획이다. 또한 1991년에는 藥師法에 의한 수출입허가제를 폐지하고 무역업 허가만으로 의약품의 수출입 행위를 할 수 있도록 자유화 하였다.

[사례 24-10] 석유산업 규제완화

정부는 1989년 3월 모든 석유제품의 원료인 나프타(naphta) 가격을 자율화 하였다. 5월에는 現物 원유도입 승인제를 신고제로 전환하고, 12월에는 석유정제업자 이외에 대량 수요자 및 수출입업자가 수입추천을 신청할 수 있도록 하였다. 1990년에는 주유소 간의 과당경쟁을 방지한다는 이유로 주유소와 주유소의 상호거리가 1Km 이상 되어야 신규허가를 내 줄 수 있도록 되어 있었던 것을 0.7Km로 완화하기로 하였다. 그러나 이 조치는 사례 20-2에서 검토한 바와 같이 기존 주유소 업계의 강력한 반발에 부딪쳐 실현되지 못하다가 1991년 11월에 들어서 비로소 시행에 들어갈 수 있게 되었다.

이상에서의 예들에서 알 수 있는 바와 같이 제6공화국에 들어 와 추진되고 있는 경제적 규제의 완화는 주로 사업의 인허가로 인해 시장경쟁이 제약됨으로써 초과이윤을 발생시키고 소비자의 이익을 저해하는 산업을 대상으로, 사업인허가를 등록제 또는 신고제로 전환함으로써 경쟁사업자의 수를 확대하고 가격경쟁을 촉진시키는 데 중점을 두고 있다. 그러나 제20장에서 지적한 바와 같이 한 산업에 경쟁사업자수를 증가시킨다고 하여 그것이 바로 시장경쟁을 촉진하리란 보장이 없다는 데서 문제점이 지적될 수 있다. 왜냐하면 사례 20-2에서도 검토한 바와 같이 진입규제(entry regulation)가 다소 완화되었다고 하더라도 업자간에 談合(collusion)이 성행하는 경우에는 시장경쟁 촉진효과가 나타나기 어렵고 그 결과 소비자만 골탕을 먹게 되기 때문이다.

이보다 더 중요한 문제는 시장경쟁을 촉진한다는 목적에 치중한 나머지 불합리하게 진입장벽(entry barrier)을 낮추는 데서 발생한다. 예를 들면 주유소 설치 거리제한의 철폐는 주유소의 증가를 초래하고 다소간 시장경쟁이 촉진됨으로써 소비자에게 이익이 될 수 있을지 모르나, 도시지역에서의 주유소의 설치는 많은 문제점을 야기한다. 즉 주유소가 늘어나게 될 때 화재, 폭발의 위험성은 증가한다. 자동차 소음, 유해가스, 윤활유 등 폐기물로 인한 환경문제도 발생한다. 또한 보통 그렇듯이 주유소에서 洗車영업이 동시에 이루어질 때 이런 문제들은 더욱 심화된다. 이 때 주유소 인근의 주민에게 피해를 주게 됨은 물론이다. 1991년 10월에 이루어진 자동차정비업에 대한 규제완화 역시 이와 유사한 문제점을 안고 있다.

바로 이와 같은 경우에 경제적 규제완화와 경제적 규제 속에 포함되어 있는 사회적 규제목적 사이에 갈등과 상충이 생겨난다. 따라서 이와 같은 경우에 있어서는 주유소의 경쟁촉진 만을 생각할 것이 아니고 주유소 증설에 따라 야기될 환경오염 문제 등 연관된 문제에 대한 충분한 대책이 병행되었어야 한다. 이런 보완적인 조치가 이루어지지 않는 한 주민들의 반발로 인해 주유소의 증설이 실질적으로 벽에 부닥치게 될 뿐만 아니라 결과적으로는 시장경쟁의 촉진을 위해 완화된 규제가 다시 사회적 규제 목적의 달성을 위해 복원될 가능성을 배제할 수 없다. 이런 문제들에 대해서는 이미 제20장에서 상세하게 논의하였다.

3.3 사회적 규제의 개혁

제 6 공화국에 들어 와 정치사회의 민주화 과정에서 국민들의 사회적 규제에 대한 관심은 대단히 높아지게 되었다. 이것은 삶의 질(quality of life), 기본권의 보장, 경제사회적 약자의 보호를 목적으로 하는 사회적 규제의 성격상 당연한 일이다. 1980년대 후반 이후 사회적 규제영역에서 일어난 변화는 제13장에서 이미 고찰하였으므로 여기에서 재차 논의하지는 않으려고 한다. 한마디로 말하여 우리나라에서 사회적 규제는 이제 비로소 제 모습을 갖추어 가는 단계라고 할 수 있고 따라서 사회적 규제의 개혁 측면에서 논의할 사항은 그리 많지 않다. 다만 사회적 규제를 강화해 나가는 데 있어서 몇가지 고려되어야 할 측면에 대해 간단히 논의하려고 한다.

첫째, 사회적 규제의 강화가 다른 선진외국의 경우와는 다르게 시민단체, 공익단체의 주도 아래 이루어지기 보다는 정부주도로 이루어지고 있다. 그 결과 시민단체들의 규제정책 결정과정에의 참여가 충분하게 보장되지 못하고 있는 경향이 높게 나타나고 있다. 이것은 사회적 규제의 정치경제학적 속성에 비추어 볼 때 상당한 위험성을 가진다. 왜냐하면 사회적 규제의 근거가 되는 입법 및 정책의 도입 그 자체만으로 사회적 규제의 목적이 달성되는 것이 아니기 때문이다. 사회적 규제정책이 충실하게 집행됨으로써 효과를 발휘할 수 있기 위해서는 제도시행의 초기단계에서 부터 실체적 정책수단의 구비보다는 규제절차면에서 시민단체, 공익단체, 일반국민의 참여를 보다 확대하기 위한 고려가 충분히 이루어져야 할 것이다.

둘째, 규재정책 수단에 있어서 선진기법의 도입을 선호하는 경향이 역력하게 나타나고 있다. 물론 이런 제도들은 기존의 명령지시적인 정책수단에 비교할 때 여러가지 측면에서 우수성을 갖고 있다. 그러나 제도가 정교하면 정교할수록 그것이 실패할 가능성도 높다는 점에 유의할 필요가 있다. 또한 선진국에서 개발된 제도는 이미 시민사회가 성숙되어 있고 시민단체, 공익단체가 중요한 참여자로서 기능하고 있다는 점이 전제되고 있다는 것도 유념하지 않으면 안된다. 우리가 제21장에서 고찰한 바 있는 환경영향평가제도 또는 교통영향평가제도 등은 좋은 예가 될 것이다. 이런 제도들이 아직은 우리의 행정관념이나 제도문화에 낯설은 것도 사실이다. 그러나 그러면 그럴수록 새로운 제도에 대한 이해를 보다 깊이해야 할 것이다.

셋째, 사회적 규제정책 수단의 정치경제적 효과가 충분히 검토·분석되지 않은 채 사용되고 있다. 사회적 규제의 강화도 중요하지만 그것이 전혀 예측하지 못한 부작용을 야기시키지 않도록 사전에 배려하는 일은 대단히 중요하다. 왜냐하면 사회적 규제의 경제적 파급효과 및 그것의 경제적 효율성과 공평성 효과에 대한 신중한 고려가 없는 한, 사회적 규제는 언제라도 기업의 공격대상이 될 수 있고 그 결과 강력하게 집행되지 못할 가능성을 안고 있기 때문이다. 따라서 사회적 규제를 시행함에 있어 비용편익분석(cost-benefit analysis) 및 위험편익분석(risk-benefit analysis) 기법의 활용 및 그러한 분석적 사고를 규제정책 결정과정에 적극적으로 활용하지 않으면 안될 것이다.

넷째, 기존의 사회적 규제들에 대한 재검토 및 현실화가 필요하다. 우리나라의 사회적 규제법률들은 외국의 입법례에 따라 제정된 것이 많다. 그러나 이들의 태반은 그동안 별로 효력을 발생하지 못하였다. 왜냐하면 사회적 규제의 중요성에 대한 인식이 부족하였고, 사회적 규제로부터 보호되어야 할 입장에 있는 소비자, 근로자, 여성 등이 자신의 권리에 대한 인식이 부족하여 이들 법률을 활용할 생각을 갖지 못하였기 때문이다. 최근에야 비로소 사회적 인식의 향상에 따라 이런 규제법률들의 중요성이 새삼스럽게 인식되고 있는데 불과하다. 따라서 기업은 이런 법률들이 보다 현실성을 갖추기도 전에 그것이 마치 경제에 부담을 주는 불합리한 규제인 것처럼 간주하여 이런 법률을 약화시켜 보려고 시도하고 있다.

예를 들면 1990년 노동부는 작업장의 위험도가 높아 근로시간이 제한되어 있는 작업장의 범위를 확대하기는 커녕 오히려 축소하였다. 또 다른 예를 들면 부패하기 쉬운 식품의 표시(labeling)에 있어서 과거에는 제조일자와 유효기간을 동시에 표기하도록 하고 있었다. 그러나 정부는 농축산물 수출국과의 통상마찰을 핑계로 제조일자 표시규제를 완화하고 유효기간만 표시하도록 하였다(사례16-3). 이것은 지극히 시대역행적인 조치가 아닐 수 없다. 이 조치로 인해 근로자와 소비자 보호가 얼마나 후퇴하고 있는가는 자명하다. 이런 제도개선(?)의 이면에 관련 산업의 압력이 있었음은 물론이다. 우리나라에서 기존의 사회적 규제가 불합리하게 기업의 부담을 가중시키고 있는 경우란 아직은 없다는 점을 잊어서는 안될 것이다.

4. 결 론

1980년대 이후 우리나라에서도 정부규제 개혁은 중요한 정책이슈가 되어 왔다. 規制緩和라는 말이 일상적으로 사용되고 있기도 하다. 그러나 우리나라에서 과거 10여년에 걸쳐 추진해 오고 있는 정부규제의 개혁은 한마디로 말해 경제적 효율성 향상 또는 성장잠재력의 확충을 내세워 경제난국을 극복해 보려는 의도에서 이루어졌다. 그 결과 성급하게 정부규제 개혁이 추진된 감이 짙고 따라서 많은 부작용을 낳았다. 많은 부작용에도 불구하고 정부규제 개혁의 주요 수혜자라고 할 수 있는 기업은 우리나라의 정부규제가 개혁되었다고 믿지 않는다. 왜 이런 문제가 야기되었는가?

첫째, 정부규제의 정치경제적 속성에 대한 충분한 이해와 검토가 없이 일방적인 경제논리에 의해 정부규제 개혁이 추진되었다. 둘째, 정부규제 개혁에 수반되어야 할 보완대책이 충분하지 못했다. 인허가를 완화하면 모든 일이 저절로 해결될 수 있는 양 착각하였다. 그 결과 사태가 예상대로 진전되지 않을 때 갈팡질팡하지 않을 수 없었다. 셋째, 관료주의적으로 정부규제 개혁이 추진되었다. 넷째, 시대적 요청과는 상당한 거리를 갖고 추진되었다. 1980 년대 이후 국민의 삶의 질에 대한 욕구, 재산권과 기본권에 대한 인식이 향상되었음에도 불구하고 이것들은 항상 경제논리에 의해 뒤로 밀쳐졌다. 제6공화국 정부에 들어 와 사회적 규제영역에서 상당한 변화들이 일어나고 있으나 이것은 항상 돌발사태로 인한 사회적 위기감 속에서 급조되고 있다. 다섯째, 정부규제 개혁이 일반국민의 이해부족으로 정부와 관련업계 중심으로 이루어져 왔다. 제 6 공화국 이후 시민단체의 목소리가 높아지기는 하였으나 이들은 아직 효과적인 정책투입을 하기에는 역부족이다. 시민참여도 극히 부족한 편이다.

제 5 공화국이나 제 6 공화국 정부가 모두 국민의 짙은 불신을 사게 된 것은 정부규제 개혁이 국민의 공감대를 형성하지 못한 채, 분명한 방향감각 없이 이루어져 온 데 상당부분 기인한다. 정부규제 개혁은 정부역할 변화를 단적으로 보여 주는 중요한 영역임에도 불구하고 정부규제의 개혁을 경제성장 촉진을 위한 수단으로만 파악한 데 근본적인 문제가 있다. 우리나라에서 만연되어 온 정부규제가 개혁되어야 한다는 사실을 부정할 사람은 아무도 없겠지만 그것이 어떤 방향으로 개혁되어야 할 것인지에 대해서는 충분한 합의가 조성되지 못하고 있다. 그러나 어떤 방향으로 정부규제가 개혁되어 나가야 할 것인지에 대해 국민들은 막연하게나마 생각하고 있는 방향이 있다. 이제 다음 장에서 이것을 저자 나름대로 정리해 보고, 그것의 논리적·현실적 타당성을 제시해 보려고 한다.

제 25 장

규제 및 규제개혁의 민주화

1. 서 론

최근 우리나라에서 정치·경제·사회적 시대상황의 변화와 함께 정부규제 개혁(regulatory reform)이 중요한 정책이슈가 되고 있다. 정부규제가 한 사회의 경제사회 秩序를 유도하고 창출해내는 중요한 기능을 담당하고 있는 한 이런 시대적 상황의 변화 속에서 정부규제 개혁이 중요한 정책이슈로 대두되고 있는 것은 당연하다. 정치사회의 민주화, 경제산업구조의 고도화, 사회적 욕구의 고양 및 다양화 등 변화하는 환경 속에서 개인과 개인, 기업과 기업, 그리고 기업과 개인 사이의 새로운 권리관계·이해관계를 새롭게 설정하고 조정하는 역할이 바로 정부규제에 맡겨져 있기 때문이다. 이런 의미에서 정부규제의 개혁은 민주화시대에 맞는 정부역할 재정립의 핵심적 요소가 된다. 본장에서는 앞장에서 평가해 본 1980년대초 이래 우리나라에서의 정부규제 개혁 경험에 비추어 앞으로 어떤 방향에서 어떻게 정부규제 개혁을 추진해 나가는 것이 정부역할 재정립이란 새 시대의 요청에 부응하는 것인가에 대해 생각해 보려고 한다. 먼저 제2절에서는 정부규제와 규제개혁 문제의 본질을 재음미해 본다. 제3절에서는 정부규제 개혁의 주요 대상과 측면에 대해 간략하게 정리한다. 제4절에는 제19~24장에서 주장한 내용들을 요약정리하여 본서의 결론으로 제시하려 한다.

2. 규제와 규제개혁 문제의 본질

제 2 장에서 우리는 정부규제를 "바람직한 경제사회 秩序의 구현을 위해 정부가 시장에 개입하여 기업과 개인의 자유로운 행위를 制約하는 것"으로 정의하였다. 이 개념정의에서도 알 수 있는 바와같이 바람직한 경제사회 질서의 구현에 있어서 정부와 시장은 相互代替的 關係에 서 있다. 이런 의미에서 정부와 시장은 社會組織(social organization)의 두 가지 基本原理(basic principle)이며, 정부규제의 문제는 정부와 시장 사이의 선택의 문제라고 말할 수 있다.[1] 그러면 어떤 상황에서 사회조직의 기본원리로서 시장은 상대적 우월성과 적합성을 갖는가?

우리가 제3장에서 검토한 바와 같이 시장에 대한 정부의 개입이 정당화될 수 있는 것은 시장이 제 기능을 다하지 못하고 있다고 인정되는 경우에 한한다. 즉 시장결함 또는 시장실패(market failure)가 명백한 경우 그리고 시장기구가 완전하다고 하더라도 시장에서 이루어지는 소득분배 상태가 사회적으로 또는 윤리적으로 바람직하지 않다고 판단되는 경우에 정부규제의 필요성은 정당화된다.

그러면 과연 시장기능이 제대로 작동하고 있는지 또는 정부의 개입이 필요한지에 대한 판단 혹은 시장에 의해 이루어지는 소득분배 현실에 대한 가치판단은 누가 내리는가? 바로 여기에 문제가 있다. 우선 이 문제에 대한 판단은 대단히 어렵다. 또한 여기에는 누구나 동의할 수 있는 하나의 정답이 있는 것이 아니다. 국가 및 관료 역할에 대한 역사적 전통, 정치경제 및 경제사회의 발전단계, 경제사회의 구조 및 국내외 경쟁 여건 등에 따라 이 문제에 대한 해답은 달라진다. 정부개입의 범위와 심도가 나라마다 모두 다른 것은 바로 이런 요인에 차이가 있기 때문이다.

---

1) Charles E. Lindblom, *Politics and Markets* (New York: Basic Books, 1977), pp. 3~13.

한 나라에 있어서도 사회경제적 발전 정도에 따라 시장기능과 정부기능의 配合은 달라진다.

사회조직의 기본원리로서 시장과 정부는 어느 것도 완전하지 않다.[2)]정부규제가 지나치게 만연할 때 시장기능은 크게 위축되고 시장기능에 과도하게 의존할 때 사회적으로 바람직한 가치의 실현이 좌절될 수 있다. 그러면 시장과 정부의 어느 쪽에 보다 더 많이 의존하는 것이 경제적으로 효율적이고 정치적으로 합리적인 결과를 가져오게 될 것인가? 정부규제에 있어서 가장 중요한 판단 문제는 바로 이것이다. 이 문제는 대단히 복잡하고 어렵다. 보통 시장기능에 의존할 때 자원배분의 효율성(allocative efficiency)이 보다 잘 달성될 수 있다고 하나 여기에는 예외가 많다. 시장실패(market failure) 때문이다. 여기에 더하여 개발도상국에 있어서는 시장기능이 잘 발달되어 있지 못하다. 다음으로 정부가 개입할 때 공평성(equity)이 보다 잘 확보될 수 있다고 생각하나 이 역시 절대적이 아니다.[3)] 많은 정부실패(government failure) 현상의 존재 때문이다.

문제를 더욱 복잡하게 만드는 것은 어떤 정부규제 문제이든 거기에는 거의 예외없이 경제적 효율성과 공평성 또는 사회형평이라는 두 가지 중요한 가치 사이에 相衝(trade-off)이 있다는 점이다. 하나의 가치를 중시하면 다른 가치가 희생된다. 정부규제 개혁의 핵심문제는 결국 변화된 정치사회, 경제산업, 기술환경 속에서 시장과 정부라는 두 가지의 사회조직 원리를 어떻게 조화시키느냐의 문제에 귀착된다. 정부규제 개혁의 핵심적 문제가 바로 이것이라고 할 때 이에 대한 가치판단을 관료나 소수 전문가에게만 맡길 수 없음은 당연하다. 이 문제에 대한 판단은 국민의 合意 하에서만 가능하다. 국민적 합의는 민주적인 정치적 과정(democratic political process)이 보장될 때 가능하다. 왜냐하면 정부규제의 개

---

2) Charles Wolf, Jr., *Markets or Governments : Choosing between Imperfect Alternatives* (Cambridge, Mass. : MIT Press, 1988).

3) James Q. Wilson, *Bureaucracy : What Government Agencies Do and Why They Do It* (New York : Basic Books, 1989), pp. 346~64.

혁은 국민의 기본권과 재산권에 직간접적인 영향을 미치기 때문이다. 우리가 정부규제 개혁에 정치경제학적으로 접근하지 않으면 안될 중요한 이유가 바로 여기에 있다.

우리가 정부규제의 개혁문제(기타의 모든 정부정책도 마찬가지지만)를 정확하게 이해하고 이 문제에 올바르게 접근하기 위해서는 무엇보다도 먼저 정부역할에 대한 깊이있는 이해가 필요하다. 정부가 하고 있는 일이라고 하여 또는 전통적으로 해 온 일이라 하여 당연시해서는 안된다. 정부가 어떤 정책을 시행하고 있는 것은 도대체 무슨 이유 때문인가? 가만 내버려 두면 영 안될 이유는 무엇인가? 라는 질문을 던지고 이 문제를 천착해야 할 필요가 있다. 사회를 조직하고 이끌어 가는 원리로 정부(권위)만이 유일무이한 원리가 아니다. 사실 세상의 많은 일들은 정부의 간섭 밖에서 이루어지고 있다. 정부가 전체 인구의 남녀비율을 조정할 수 있는가? 정부가 간섭한다면 그것이 오히려 큰일낼 일이다. 정부가 어떤 물건을 얼마만큼 생산해 내라고 해서 기업이 그대로 하고 있는가? 그러면 큰일이다. 統制計劃經濟(command and control economy)들이 다 망해가고 있는 것을 보고 있지 않은가? 국민 각자의 직장도 국민 각자가 스스로의 이익을 위해 선택한 것이지 정부가 관여했기 때문에 그리된 것이 아니다.

세상의 많은 일들은 누구의 뜻에서도 아닌 우리 모두의 뜻에 따라 이루어지고 있다. 이것이 바로 市場의 역할이다. "빵장사가 빵을 굽는 것은 국민을 먹여 살리기 위해서가 아니고 돈을 벌기 위해서"라는 아담 스미스(Adam Smith)의 말을 음미해 볼 필요가 있다. 세상은 이렇게 각자가 자신의 이익을 위해 최선을 다하는 가운데 조화롭게 이끌려 갈 수 있다. 조화롭게 이끌려 가고 있지 못하다면 어딘가에 문제가 있기 때문이다. 예를 들어 식중독을 일으킬 빵이 팔리고 있다면 소비자가 그 사실을 모르기 때문이다. 악덕 빵업주가 망하지 않고 있다면 소비자들이 무능력하기 때문이다. 이 때 정부가 해 주어야 할 일이 바로 소비자들이 올바로 선택할 수 있게 하고 소비자의 불만이 惡德업주에게 전달될 수 있게 하는 일이다. 어떻게 정부가 모든 악덕업자를 매일같이 찾아내 처벌하겠는가? 빵장사 뿐인가? 별의별 장사가 다 있는데 정부가 도대체 이 일을 어떻게 감당할 수 있겠는가?

바로 여기에 정부가 해야 할 일과 잘 할 수 있는 일, 그리고 정부가 해서는 안될 일과 잘 할 수 없는 일의 구별이 필요해지게 되는 이유가 있다. 정부는 이제 정부가 하지 않으면 안될 일, 꼭 해야만 할 일을 하여야 한다. 그것도 정부가 잘 해낼 수 있는 일이 아니면 그 일을 스스로 무리하게 하겠다고 할 일이 아니라, 정부보다 더 잘 해낼 수 있는 다른 代案을 생각해 내야 한다. 정부와 시장은 모두 불완전하다. 그러나 각각이 상대적으로 우수성을 발휘할 수 있는 영역들이 있는 것이다. '작은 政府(small government)'로 가는 첫걸음이 바로 이것이다.

정부규제는 정부가 시장에 개입하여 개인과 기업의 행동을 제약하는 것이다. 따라서 정부규제가 제 기능을 다하고 있는지 못하고 있는지를 알기 위해서는 정부규제의 효과를 면밀히 추적하여야 하고 이것에 기초하여 정부규제가 실패하게 되는 원인을 모두 찾아내야 한다. 그것은 정치적인 원인 때문일 수도 있고 행정적·관료적 원인인 경우도 있다. 다음에는 이런 문제점을 최소화할 수 있도록 정부규제의 대상과 영역을 확정해야 한다. 또한 적절한 정책수단을 선택해야 한다. 바로 이와 같이 복잡한 문제들에 접근해 들어가는 데 있어서 정치경제학적 접근은 유용한 분석틀이 된다. 우리는 이런 작업을 위해 제 2 부에서 정부규제가 이루어지게 되는 이유로서 시장실패 원인과 함께 이익집단의 정치적 활동에 주목하였고, 정부규제가 이루어지는 과정, 정부규제를 담당하고 있는 규제기관과 관료들의 행태에 대해 고찰하였다. 제 3 부와 4 부에서 우리는 정부규제가 도대체 무슨 일을 어떻게 하는 것인지를 주요한 규제정책 영역에 걸쳐 고찰하였다. 그 결과가 바로 제5 부에서 정부규제에 대한 진단과 개혁으로 나타났다. 이런 논의의 과정에서 실제로 최근 우리 사회에서 벌어진 일들을 사례로 정리하여 독자들의 이해를 도우려 하였다. 이런 노력이 과연 얼마나 성공적이었는지는 알 수 없지만.

정부규제에 대한 깊이있는 이해없이 정부규제 개혁이 이루어질 때 우리는 또 하나의 정책실수를 저지르지 않을 수 없다. **돌팔이** 의사가 환자를 잡듯이 말이다. 정부규제의 개혁에 앞서 이루어져야 할 일은 현존하는 정부규제(경제적 규제의 경우)로 인해 또는 당연히 있어야 할 규제가 없거나 미약하기(사회적 규제의 경우) 때문에 어떤 경제사회적 모순이 빚어지고 있는가를 폭넓은 안목에서 우선 정확하게 파악하지 않으면 안된다. 이것은 필연적으로 정부규제의 본질, 역할, 기능, 효과에 대한 정치경제학적 분석을 요구한다. 이런 인식이 없이 개개의 정부규제를 어떻게 개혁하는 것이 합리적이냐를 논할 때 技術的 合理性 또는 경제적 합리성에 치우친 개혁이 되기 십상이다. 정부규제 개혁이 이런 기준에 의하여 이루어질 때 정부규제 개혁의 의미는 상실되고 남는 결과는 불합리한 정치, 경제, 사회현실과 기득권자의 현상유지일 뿐이다. 우리가 앞의 제24장에서 1980년대의 정부규제의 개혁경험을 평가하면서 얻은 결론은 바로 이것이었다.

3. 규제개혁의 주요 측면

정치경제학적 시각에서 접근할 때 정부규제 개혁의 핵심적인 문제는 어떤 것들인가? 다시 말하면 정부규제는 주로 어떤 측면에서 문제가 발생하는가? 아래에서는 정부규제가 실패하게 되는 원인과 측면을 몇 가지로 정리해 보려고 한다.

3.1 규제정책 목적의 불명확성

정부규제의 정책목적이 명확하지 못한 경우가 많이 있다고 한다면 의아하게 생각할지 모른다. 그러나 이것은 사실이다. 예를 들면 각종 사업에 대한 인허가, 직업면허(occupational licensing) 등은 해당 산업이나 직종에 대한 신규업자의 진입을 제한한다. 이렇게 새로운 사업자의 진입을 제한하는 이유는 무엇인가? 소비자를 보호하기 위해서? 과당경쟁을 방지함으로써 해당산업이나 직종의 수익성을 높여주기 위해서? 단순히 행정지도의 편의 및 행정통계의 확보가 용이하도록 하기 위해서? 다른 예로서 독과점규제나 불공정거래에 대한 규제의 목적은 무엇인가? 소비자를 보호하기 위해서? 소비자 보다는 중소기업을 대기업의 횡포로부터 보호하기 위해서? 어떤 것이 정답인지 분명하지 않다. 정부규제는 항상 '公益'을 앞세우고 있지만 그 공익이 과연 누구의 입장에서 본 공익인지가 분명하지 않다.

이처럼 정부규제의 정책목적이 명확하지 못할 때 정부규제의 정책수단이 합리적으로 선택되기 어렵다. 정부규제에 대한 평가도 제대로 이루어지기 어렵다. 정부규제의 목적이 불분명한 경우 더욱 큰 문제는 규제대상 집단내의 異質性(heterogeneity)에서 비롯되는 경제적 효율성과 공평성 사이의 갈등이다. 이 두 정책목표 사이의 우선순위가 명확하지 못할 때 정부규제가 본래의 정책의도와는 관계없이 시장경쟁을 제한함으로써 자원배분을 왜곡시키거나 소득분배를 악화시키는 방향으로 작용할 수도 있다. 예를 들면 환경오염을 방지하기 위해서 상당한 비용이 드는 공해방지시설의 설치를 의무화할 때 중소 및 영세기업들은 상대적으로 큰 비용부담을 일시에 안게 되므로 그 중 일부 기업은 倒産위기에 처할 수도 있다. 그런가 하면 해당산업 부문에 대한 신규진입(new entry)이 어려워지게 됨으로써 그 산업은 규제이전에 비하여 경쟁이 약화되고 독과점 산업화 할 우려도 없지 않다. 반면에 이런 폐단을 막기 위해서 정부가 중소기업에 대해 의무를 감면 또는 유예해 줄 경우에는 환경규제 목적이 크게 손상되지 않을 수 없다.

정부규제의 목적이 과연 타당하고 정당한 것인가? 꼭 정부가 개입하여 규제해야만 그 정책목적을 달성할 수 있는가? 정부규제보다 우수한 다른 정책수단(예 : 시장경쟁의 촉진)은 없는가? 정부가 내세운 목적을 정부가 과연 기대한 대로 달성할 수 있는가? 정부규제 개혁은 바로 이런 문제제기에서부터 시작되어야 한다. 이런 문제들에 답하는 과정에서 정부규제가 타당하지 않다, 불필요하다, 또는 정부가 정부규제를 통해 그런 정책목적을 달성한다는 것은 불가능하다는 판단이 나올 수 있다. 이 때 정부규제는 개혁되어야 한다.

3.2 정책수단 선택의 부적절성

정부규제의 정책목표가 불명확할 때 규제정책 수단이 올바로 선택되기 어려운 것은 당연하다. 그러나 규제정책 목적이 명확함에도 불구하고 정책수단이 적절하게 선택되지 못하는 경우도 많다. 여기에는 두 가지 경우가 있다. 첫째, 정부규제 보다는 다른 정책수단(예: 조세정책 및 재정정책)이 보다 합당한 경우다. 둘째, 정부규제 정책수단 가운데 보다 나은 정책수단이 있을 수 있음에도 불구하고 비효율적이고 공평성에 문제를 야기시키는 정책수단을 사용하는 경우다.

먼저 전자의 경우는 주로 소득재분배 또는 공평성의 실현을 위해 실시하는 각종의 價格規制의 경우에 많이 나타난다. 예를 들면 전기, 전화, 상하수도, 철도, 시내버스, 연탄, 가스, 석유류 등 소위 공공요금에 대한 가격규제는 우선 물가를 안정시키고 서민을 보호하기 위한 것이다. 그러나 이들 품목에 대한 가격규제의 實益이 서민에게만 귀속되지 않는다. 다음으로 공공요금에 대한 규제는 이런 기초 서비스를 사용하는 산업육성을 위한 것이나 과연 산업육성을 위해 공공요금 규제가 필요한 것인지? 공익서비스 산업(대체로 公企業)이 발생시키는 경영손실을 결국 國家財政에서 보전해 주지 않으면 안된다. 그렇다면 왜 정부가 직접적인 보조 대신 가격규제를 통한 交叉補助(cross-subsidization) 방식에 의한 지원을 선호하는지 알 수 없다. 이와 비슷한 현상은 아파트 분양가격규제(사례 10－1), 농산물 가격규제, 醫療酬價 규제 등 헤아릴 수 없을 만큼 많은 정부규제에서 발생하고 있다.

[사례 25－1] 최저임금제도의 모순

최저임금 제도(minimum wage system)는 정부가 최저임금선 이하 低賃金 근로자의 기본적 생활을 보장하기 위한 제도로서 거의 모든 선진국이 시행하고 있다. 우리나라도 1986년 「最低賃金法」을 제정하였고 1988년 상시근로자 10인 이상 고용 제조업체에 적용하기 시작하여, 1989년에는 광업·건설업에, 1990년 부터는 10인 이상을 고용하고 있는 모든 산업으로 확대해 실시하고 있다.

그러나 이 제도는 단기적으로 미숙련·저임금 근로자를 보호할 수 있으나 장기적으로는 오히려 저임금 근로자의 취업을 어렵게 만드는 역설적 모순을 안고 있다. 예를 들어 독자가 조그만 사업을 경영하고 있다고 생각해 보라. 최저임금제도가 시행되게 되면 어떤 반응을 보이게 되겠는가? 생산성 향상을 통하여 임금상승효과를 쉽게 흡수할 수 있다면 모르되 그것이 어려울 경우 독자는 필경 減員해야 할 필요를 느끼게 될 것이다. 감원이 불가피하다면 누구를 먼저 감원할 것인가? 아마도 가장 숙련도가 낮은 혹은 작업경험이 짧은 근로자가 되지 않겠는가? 바로 여기에 역설적 모순이 발생한다. 즉 정책적으로 가장 많이 도와 주어야 할 필요가 있는 근로자가 먼저 해고를 당하는 당사자가 된다. 기가 막힐 일이다.

최저임금제도의 효과는 여기에 그치지 않는다. 소규모 기업을 경영하는 자는 가급적 10인 이하를 고용함으로써 최저임금제도의 적용을 받지 않으려고 할 것이다. 이 역시 미숙련·저임금 근로자의 일자리를 감소시킨다. 더 나아가서 최저임금제도의 효과는 여기에 그치지 않고 전산업에 연쇄적인 임금상승 효과를 유발할 가능성이 높다. 왜냐하면 최저임금선 바로 위의 근로자층과 기존에 최저임금선 이하 근로자 사이에 존재하던 賃金隔差가 좁혀지게 될 때 전자의 근로자들이 자신들의 임금상승을 요구할 것이기 때문이다. 이런 연쇄효과가 경제전체에 파급되어 나타날 때 그것은 인플레 요인이 되고 실업을 증가시키는 요인이 된다.

이상에서의 분석은 미국에서의 실증적 연구들에 의하여 뒷받침되고 있다. 미국에서 최저임금제도는 주로 흑인과 소수민족(minorities)을 보호하기 위한 목적에서 이루어지고 있는데 흑인과 소수민족의 취업률은 이 제도의 시행 이후 감소하였다. 특히 그 감소폭은 나이가 어리고 직업경험이 적은 층에서 보다 심각하게 나타났다. 기업주들이 같은 임금을 줄 바에는 흑인보다는 백인을 고용하려 하기 때문이다.

이런 예에서 알 수 있는 바와 같이 서민 혹은 저소득층을 보호하기 위해 정부규제에 의존하는 것은 바람직하지 못하다. 그럼에도 불구하고 정부가 가격규제, 최저임금제도 등 정부규제 수단에 의존하여 소득재분배 정책을 추구하려고 하는 이유는 우리가 제 4 장에서 검토한 바와 같이 정부규제가 財政支出을 필요로 하지 않기 때문이다. 정부는 제도를 시행하는 행정비용만 부담하면 되고(대신 공무원의 일자리, 승진기회는 늘어난다) 실질적 부담은 기업이 진다. 그러나 기업의 부담은 불원간 제품이나 서비스 가격상승을 통하여 국민 모두에게 전가된다. 이런 측면에서 본다면 경제적 규제를 통해 소득재분배를 추구하는 것보다는 보다 직접적으로 조세나 소득보조(tax or income support) 정책수단을 사용하는 것이 훨씬 합리적인 접근방법이 된다. 특정의 정책목적을 추구함에 있어서 올바른 규제정책 수단(regulatory instruments)의 선택은 대단히 중요하다.

이상에서 정부규제 정책수단 보다는 조세나 소득보조 등 보다 직접적인 정책수단을 사용하는 것이 보다 효율적인 경우를 고찰하였다. 다음으로 규제정책 수단선택에 문제가 생기는 경우는 규제정책 수단 가운데 命令指示的 규제정책 수단(regulation by directives)과 市場誘因的 규제정책수단(regulation by incentives)을 적절하게 선택하지 못하는 경우에 발생한다. 이에 대해서는 제 3 부와 4 부에서 각각의 장단점을 충분하게 설명하였으므로 생략하기로 한다. 다만 한 가지 다시 한번 독자들의 주의를 환기시키고 싶은 사항은 대체로 시장유인적 규제정책 수단이 우수하나 그것이 올바로 사용될 수 있기 위해서는 우선 이런 새로운 규제정책 수단을 충분하게 이해할 수 있어야 하고 새로운 제도의 도입을 위한 충분한 제도적 준비가 선행되어야 한다는 점이다. 만약 이러한 전제조건이 갖추어지지 않은 상태에서 성급하게 새로운 제도들을 도입할 때 많은 부작용이 야기된다. 정부규제의 개혁에 있어서 효율적인 규제정책 수단의 탐색, 개발은 중요하다. 그러나 어떤 제도든 그것이 잘 작동할 수 있는 여건을 필요로 한다.

3.3 규제정책 효과의 불가측성

정부규제는 정부가 추구하는 정책목적의 달성을 위해 직간접적으로 경제주체의 誘因(incentive)에 영향을 주는 방법으로 이루어진다. 정부규제(regulation)라는 말이 가지고 있는 본래의 뜻도 바로 이것이다. 그러나 정부규제가 각 경제주체에 대해 어떤 유인을 부여하게 되는지를 사전에 완벽하게 파악하기란 불가능하다. 우선 정부규제의 자원배분 효과(allocative effects of regulation)에 대해 살펴본다. 정부규제 효과는 그것의 직접적 대상인 피규제산업이나 집단에게만 나타나는 것이 아니다. 그 산업이나 집단과 경쟁적 또는 보완적 관계에 있는 모든 산업에도 간접적인 영향이 미친다. 예를 들면 특정 자동차부품에 대한 수입규제는 그 부품산업에만 영향을 미치는 것이 아니라 그 부품을 이용하여 자동차를 조립하는 공장 또는 그 부품의 국내생산에 투입되는 원자재 산업에 파급적 영향을 미친다. 따라서 정부규제는 시장구조(market structure), 산업구조(industrial structure), 또는 기술혁신(technological innovation) 유인을 변화시킨다.

또한 정부규제는 피규제산업 및 집단의 이질성에 따라 각각에 대해 차별적 효과(differential effects)를 발생시킨다. 동일한 정부규제로 인한 경제적 비용과 편익이 개인소득의 차이, 기업규모의 차이, 지역의 차이 등에 따라 다르게 나타난다. 정부규제하에서 개인과 기업은 각각 크고 작은 영향을 끊임없이 받게 된다. 정부규제는 또한 정부가 의도한 것과는 전혀 엉뚱한 효과를 유발하기도 한다. 위에서 본 최저임금제도는 이것의 좋은 예라고 할 수 있다. 정부규제의 개혁에 있어서 그것의 직간접적 효과와 아울러 비의도적·잠재적(unintended or potential) 효과에 대한 면밀한 분석이 대단히 중요한 이유는 바로 여기에 있다.

[사례 25-2] 전세기간 연장 유감

1990년 봄 國會는 서민의 주거생활 안정을 위해 전세입주 계약기간을 1년 단위에서 2년으로 연장하는 것을 법제화 하였다. 이것은 물론 전세입자가 자주 이사를 다녀야 하고 잦은 전세값 인상에 덜 시달리게 도와주자는 거룩한(?) 뜻에서 였다. 그러나 결과는 어떻게 나타났는가? 적지않은 서민이 자살하는 사태를 몰고 왔다. 왜 이런 엉뚱한 결과가 야기되었는가? 정부규제에 따른 차별적 효과에 대한 이해와 분석이 부족했기 때문이다. 다시 말하면 정부규제의 효과는 소득수준에 따라 크게 다르다는 점을 망각했기 때문이다. 법정 전세입주 기간을 두 배로 연장하면 집주인이 그동안에 전세값을 조정할 수 없기 때문에 한꺼번에 전세값을 올리려고 하는 것은 당연하다. 보통의 사람들에게는 이사 자주 다니는 것 보다 이것이 차라리 나을지 모른다. 그러나 영세민에게 있어 이것은 하루 아침에 살 집을 잃게 할 뿐이다. 왜냐하면 갑자기 큰 돈을 마련하기 어렵기 때문이다. 이들에게 있어서는 불과 몇 백만원이 대단히 큰 돈으로서 죽음과 맞바꿔야 했던 것이다. 정부규제의 직간접적 효과와 의도적·비의도적 효과에 대한 충분하고 면밀한 분석을 선행함이 없이 정부규제를 남발할 때 이같은 사태는 계속 일어날 수 있다.

정부규제 개혁은 바로 정부규제 효과에 대한 정치경제학적 분석에서 비롯된다. 정부규제에 대한 정치경제학적 접근이 간절하게 요구되는 소이도 바로 여기에 있다. 정부규제로 인한 효과가 세밀하게 파악될 때 우리는 비로소 정부규제를 둘러싸고 벌어지는 정치현상을 깊이있게 이해할 수 있게 된다. 또한 정부규제를 둘러싼 정치경제적 작용에 대해 우리가 깊이있게 이해할 수 있을 때 우리는 민주적으로 정부규제를 개혁할 수 있다.

3.4 정부규제의 주체 · 조직 · 절차

정부규제의 주체가 넓은 의미에서 정부라고 하는 것은 두말할 나위도 없다. 국회는 정부규제의 기초가 되는 규제입법을 제정한다. 법원은 관계법 규정의 적용 및 해석을 통해 입법의도가 관철될 수 있도록 보장할 뿐만 아니라 행정기관의 越權과 職務遺棄를 제어한다. 제18장에서 고찰한 바와 같이 경우에 따라 법원은 보다 적극적으로 규제정책의 결정과 집행에 영향을 주기도 한다. 최근 법원이 연탄공장 소유주에게 인근의 塵肺症 주민에 대해 보상하도록 판결한 것은 좋은 예라고 할 수 있다.

정부규제의 주체를 좁은 의미에서의 정부, 즉 行政府로 규정할 경우에도 그것이 중앙정부냐, 아니면 지방정부냐의 문제가 제기된다. 우리나라에서도 지방자치의 시대를 맞이하게 됨으로써 이 문제는 정부규제에 있어서 대단히 중요한 문제로 대두하고 있다. 중앙과 지방정부의 어느 편이 개개의 규제문제를 보다 효과적으로 다루어 나갈 수 있느냐 만이 문제가 되는 것이 아니다. 정부규제에 따르는 행정비용 및 사업비용은 누가 부담해야 할 것인가?(사례 13−1) 지방정부에 규제권한을 分權化할 때 정부규제의 집행시기, 규제대상, 규제의 強度 등 여러가지 면에서 전국적 통일성은 어떤 방법으로 어떤 선에서 조정되어야 할 것인가? 통일성을 강조하면 지역적 특수성과 자율성이 희생되고, 자율성을 강조하면 국가전체의 이익이 침해될 위험성이 있다(사례 22−1).

또한 정부규제 개혁에 있어서는 기존의 규제기관 행정조직을 政府部處 형태로 하느냐 아니면 위원회 형태로 하느냐? 또는 미국과 같이 준입법·준사법적 권한과 기능을 행사하는 독립규제위원회(independent regulatory commission)로 하느냐? 등의 문제가 대두된다. 이것은 정부규제의 정책과정과 관련하여 또는 규제기관의 책임귀속 및 행정통제 문제와 관련하여 대단히 중요한 문제이다. 우리나라에서 규제기관은 대체로 정부부처 행정조직의 형태를 취하고 있으나, 1980년대 초 독점규제 및 공정거래에 관한 법률의 제정과정에서 公正去來委員會의 조직 및 관할 문제가 심각한 논란의 대상이 되었고, 최근에도 이 문제가 다시 제기되고 있는 데서 보듯이, 규제행정 조직의 문제는 앞으로도 계속해서 제기될 수 있는 성격의 문제이다.

다음으로 중요한 문제는 정부규제의 정책과정 및 절차와 관련한 문제다. 정부규제는 많은 이해관계집단을 갖고 있기 때문에 관련법규의 제정 및 改廢는 곧 이들 관계자사이의 정치적 힘(political power)과 영향력의 배분을 의미한다. 정부규제의 정책과정 및 절차가 심각한 정치적 쟁점이 되는 이유가 바로 여기에 있다. 특히 우리나라에서와 같이 장기간의 권위주의적 정치행정 풍토로부터 벗어나 민주화의 도정을 걷기 시작한 나라에서는 어떻게 모든 이해관계자에게 공정한 의견진술의 기회를 부여하고, 공개적인 정책결정과정을 거쳐 합의를 도출하며, 어떻게 정부규제가 公益(public interest)에 최대한 부합할 수 있도록 하느냐가 대단히 중요한 문제로 대두되고 있다.

4. 금후 규제개혁 추진방향

이상에서의 논의에 기초할 때 앞으로 우리나라에서 정부규제 개혁이 어떤 방향으로 추진되어야 하고 이를 위해서는 어떤 면에서 신중한 고려가 수반되어야 할 것인가?

4.1 경제적 규제의 대폭적인 완화

본원적인 기업활동을 규제하는 경제적 규제(economic regulation)는 이제 그 命을 다해가고 있다. 사업의 인허가 등 진입규제(entry regulation)를 통해 시장경쟁을 제약하는 방법으로 산업성장을 촉진하던 시대는 지나가고 있다. 제조업은 물론 서비스산업을 포함하는 광범위한 분야에서 市場開放이 불가피한 현실에서 진입규제는 무의미해져 가고 있다. 가격규제(price regulation)를 통하여 물가안정을 확보하고 서민을 보호하려는 발상은 이제 버릴 때가 되었다. 우리는 처음부터 시장기능(market mechanism)을 불신하였고 시장기능을 억제하려 하였지만 수많은 정부개입에도 불구하고 시장은 제한된 범위에서나마 여전히 자원배분기능을 수행하여 왔다. 경제규모가 팽창되고 경제산업구조가 대단히 복잡해졌다고 異口同聲으로 말하고 있으면서도 다른 한편으로 정부개입을 계속한다면 그것은 모순이다.

경제산업구조가 복잡해지면 복잡해질수록 시장기능에 대한 의존은 불가피하다. 왜냐하면 우리가 제 5 장에서 다각적으로 분석한 바와 같이 정부(어느 나라 정부를 막론하고)는 복잡한 문제를 효과적으로 다룰 수 있는 능력이 없기 때문이다. 이제 경제영역에서 정부역할은 크게 변화하지 않으면 안된다. 복잡해진 경제산업구조하에서 정부가 지나치게 많은 역할을 담당하고 보다 많은 기능을 수행하려 할 때 그 결과는 정부실패(government failure)의 量產밖에 없다. 우리의 사고방식을 전환하지 않으면 안된다. 경제영역에서 이제 정부가 해야 할 일은 민간과 시장이 사회적으로 바람직한 결과를 생산해 낼 수 있도록 하기 위해 최소한의 질서를 세우고 이것을 잘 지켜 나가는 일이다.

우리가 제20장에서 고찰한 바와 같은 이유를 들어 경제적 규제를 완화해서는 안된다는 주장이 많다. 그러나 경제적 규제의 완화로 인해 야기될 것으로 생각하는 過當競爭의 문제, 독과점화의 문제, 소득분배의 불공평 심화의 문제, 過渡期에서의 문제는 모두 경제적 규제 완화와 동시에 독과점 및 불공정거래에 대한 규제를 강화함으로써, 또는 경제적으로 보다 효율적이고 정치적으로 보다 정당한 방법으로 운영될 수 있는 다른 정책수단에 맡김으로써 해결되어야 한다. 경제적 규제가 시행된 당초의 정책목적에 덧붙여져 있는 여타의 정책목적은 이제 정당한 정책수단(예: 재정정책, 사회적 규제정책 등)에 의해 감당되어야 한다. 경제적 규제가 갖고 있는 많은 정책목적 사이에 主客이 顚倒되어 가는 현상을 막아야 한다. 필요한 경제적 규제가 있다면 경제적 규제 아니고 다른 보다 나은 방법이 없는지에 대한 철저한 검토와 분석이 요구된다. 왜냐하면 경제적 규제는 기득권자에게 그리고 규제기관에게 달콤한 것이어서 한번 가지면 놓치기 싫은 그 무엇이기 때문이다.

독과점 및 불공정거래에 대한 규제를 제외한 모든 경제적 규제는 어떤 형태 어떤 방법으로든지 시장경쟁을 제한하는 속성을 갖고 있다. 시장경쟁이 제약될 때 기득권자는 초과이윤(excess profit)을 누리기 마련이다. 우리 사회에 '權利金(premium)'이 붙어 있는 사업과 직종이 많다는 것은 바로 이것을 증명하고 있다. 시장경쟁을 제약하는 한, 기업가(사업자)는 재미를 보고 소비자는 피해를 입는다. 이들은 자신을 보호해 주고 있는 경제적 규제가 사라지게 될 때 온통 난리라도 날 듯 야단이다. 그러나 그 사업에 뛰어들고 싶어하는 사람들이 많다는 사실을 상기할 필요가 있다. 시장의 세계는 適者生存의 세계다. 정부가 언제까지고 어떤 산업이나 직업의 운명을 좌우하는 열쇠를 지닌 막강한 존재로 남아 있을 수는 없다. 시장(온 국민과 소비자)이 스스로의 운명을 좌우하는 존재가 될 때 비로소 이들은 사회가 요구하는 역할을 올바로 수행하게 될 것이다.

4.2 사회적 규제의 강화

산업과 직종에 대한 경제적 규제를 완화해야 한다고 해서 바로 이들을 고삐풀린 말처럼 자유방임해야 한다는 뜻은 아니다. 현대산업사회는 산업이 차지하고 있는 위치와 그것이 휘두르는 영향력이 큰 사회다. 이들의 역할은 단지 제품과 서비스를 생산공급하는 역할에 그치지 않는다. 이들은 이제 원하든 원하지 않든 공공기능(public function)을 수행하는 존재가 되었다.[4] 우리의 직장과 일상생활이 이들의 손에 달려 있다. 기업이 스스로 응분의 사회적 책임(social responsibility)을 다하지 않는 한

4) Lindblom, *op. cit.*, pp. 170~88 ; Ralph K. Winter, *Government and the Corporation* (Washington, D. C. : American Enterprise Institute, 1978).

사회적 규제(social regulation)는 불가피하다.

환경오염, 산업재해, 소비자 피해, 직장에서의 性差別 등이 야기되는 한 우리가 바라는 안전하게 살 수 있는 사회, 믿고 살 수 있는 사회, 기본권을 누리는 사회는 기대하기 어렵다. 이런 문제의 소재는 기업이다. 어떤 기업을 영위하고 있고 그로써 일자리를 제공하고 수출을 하고 있다고 하여 당연히 애국적 기업이 되고 애국적 기업가가 되던 시대는 지나가고 있다. 사회적 책임을 질 줄 모르는 기업은 다른 사람에게 그 자리를 내 주어야 한다. 우리가 경제성장을 至上第一로 여기던 시대는 가고 있다. 이제 우리가 삶의 질(quality), 믿고 살만한 사회, 불공평을 강요받지 않는 민주복지사회를 지향해 나가고 있는 한 이런 문제는 국민 모두의 노력으로 해결될 수 있어야 한다.

우선 우리 국민은 스스로의 권리를 정당하게 요구할 수 있어야 한다. 또한 보다 나은 사회의 건설을 위한 사회적 비용(social costs)을 감당할 수 있는 용의를 가져야 한다. 우리가 인플레를 두려워 하는 한 사회적 규제는 강화될 수 없다. 왜냐하면 사회적 규제의 비용은 생산원가에 포함되어 궁극적으로 물가를 올리게 되기 때문이다. 사회적 규제에 따라 기업이 부담하는 비용은 우리가 새로운 사회를 향해 나가는데 드는 비용이다. 수도요금을 인상함이 없이 우리가 어떻게 깨끗한 물을 마실 수 있겠는가? 과거에는 오염된 물도 가리지 않고 마셔 온 우리였지만 우리의 건강과 생명 그리고 우리의 후손의 안녕을 염원하는 우리가 맑은 물, 맑은 공기, 깨끗한 자연을 지키기 원한다면 돈을 써야 하지 않겠는가?

사회적 규제에 온 국민의 힘이 모아져야 하는 것은 이 때문이다. 原因者 負擔(polluters should pay) 원칙이 경제원리에 부합한다. 그러나 물가를 올리지 말고 환경오염을 발생시키지도 말라고 하면 문제를 해결할 길이 없다. 이 때 우리는 돈을 안쓰게 되는 대신 더러운 물, 더러운 공기를 마셔야 한다. 사회적 비용을 발생시키는 이런 일들이 덜 생겨나도록 하기 위해서는 그것의 생산과정에서 환경오염을 발생시키고 산업재해와 직업병을 일으키는 생산활동이 감소되어야 하고 그러한 제품의 소비가 감소되어야 한다. 어떻게 보든 사회적 규제는 물가를 올리는 방법으로 진행될 수 밖에 없다. 우리가 사례13-1에서 고찰한 바와 같이 八堂 상수원의 오염처리비용 부담을 둘러싸고 벌어지고 있는 경기도와 서울시(그리고 大淸湖 관련 충청북도와 대전시) 사이의 비용 떠넘기기를 지켜보면서 가만 있을 일이 아니다. 서울시는 수도요금을 올리지 못하니 방법이 없다고 할 일이 아니다. 경제기획원은 물가안정 목표선을 지켜야 하니 수도요금을 올려서는 안된다고 할 일도 아니다. 우리가 이런 추가적 비용을 흡수할 수 있어야 비로소 환경은 깨끗하게 지켜질 수 있다.

사회적 규제를 둘러싸고 한편에서는 기업이, 다른 한편에서는 환경단체, 소비자단체 그리고 일반국민이 벌이는 싸움은 바로 그 비용을 누가 부담해야 하느냐는 것이다. 정부는 이것에 대한 정책결정에서 극히 양면적인 태도를 보인다. 왜냐하면 사회적 규제로 경제가 타격을 받게 될 수 있기 때문이다. 그러나 이것은 가치판단의 문제이다. 그리고 이런 상태는 누차 강조해 온 바와 같이 선진국에서와 같이 사회적 규제가 과도하리만큼 이루어지는 사회에서의 얘기일 뿐이다. 우리는 이제 그러한 문제를 豫期하고 있을 뿐인 단계에 있다.

우리나라에서 사회적 규제는 강화되어야 한다. 사회적 규제의 강화는 선진국권에의 진입과 밀접한 관계를 갖고 있다. 우리가 바라는 선진사회가 물질적으로만 풍족한 사회가 아님은 자명하다. 보다 인간다운 대접을 받고 人命을 귀중하게 여기는 사회, 언제 어디서라도 맑은 자연 속에서 호흡하면서 사는 사회가 아닌가? 사회적 규제와 관련하여 보는 한 우리는 급격한 변화의 시대에 살고 있다. 시민 개개인의 의식은 급속도로 깨어가고 있다. 수도물이 믿을 만하지 못하다고 生水를 사 마시는 시민이 늘고 있다.[5] 이른 새벽에 약수터를 찾는 수고를 기꺼이 하는 시민들이

5) 허쉬만 (Hirschman)은 어떤 제품이나 서비스가 문제를 안고 있을 때 그것에 대해 불만을 제기하고 시정을 요구하는 정치적 압력을 목소리(voice), 다른 제품이나 서비스의 구매로 전환하는 현상을 탈출(exit)이라고 부른다. Albert O. Hirschman, *Exit, Voice, and Loyalty* (Cambridge, Mass. : Harvard University Press, 1970) 참고. 이 예에서 처럼 부유하고 보다 큰 정치적 영향력을 행사할 수 있는 사람들이 오염된 수돗물 대신 생수를 사 마시는 방법으로 문제를 해결하려고 할 때 수돗물의 질은 더욱 떨어지게 될 가능성이 있다. 왜냐하면 이

늘고 있다. 생수를 안마시더라도 집안에서 淨水器를 사용하는 가구가 늘고 있다. 그러나 수도물의 질 문제는 개인의 문제가 아니고 사회의 문제이다. 사회적 문제를 이렇게 개인적으로 이기적으로 해결하려 하는 것처럼 우매한 일은 없고 이 때 그 사회는 병들어 간다.[6)]

[사례 25-3] 生水市販 문제

우리 사회에 언제부턴가 생수를 즐겨 마시는 풍조가 생겨났다. 처음에는 생수가 무기물질 등을 함유하고 있어 건강에 좋다는 이유로 사람들이 생수를 마시고자 하였다. 그런데 수돗물이 오염되어 있다는 사실이 알려지면서 시민들은 수돗물 오염으로 부터 피해를 입지 않기 위해 생수를 선호하게 되었다. 이에 따라 수출용, 국내거주 외국인 및 주한미군용으로 공급되고 일부 부유층들이 몰래 사 마시던 것에 불과하였던 생수의 소비가 빠른 속도로 중산층 가정에까지 확산되고 있다. 이와 같이 국내소비가 증가하게 되자 국내 생수시판의 허용 여부가 정책문제로 대두되었다.

급기야 정부는 1991년 8월 국무회의에서 1992년 부터 생수의 국내시판을 전면 허용하기로 결정하고 생수의 제조허가 및 관리권을 市道로 이양하기 위해 식품위생법 시행령 개정안을 의결하였다. 이에 대해 일반국민의 반발은 컸다. 예를 들면 서울시 의회는 생수시판 허용은 소득계층간 위화감을 조성하고 수돗물에 대한 불신감을 더욱 조장하며 그것은 정부불신으로 연결될 수 밖에 없다고 주장하면서 수돗물에 대한 시민의 불신을 씻기 위해 수돗물 취수장을 한강상류로 이전할 것을 주장하였다. 물론 이들은 수도요금 수입이 감소될 것도 우려하였다.

기존의 생수 제조업자들은 처음에는 국민들의 깨끗한 물을 마실 권리를 보호하여야 한다면서 생수시판 허용을 요구해 왔었으나, 막상 시판허용 결정이 내려지자 자신들의 시장이 신규업체에 의하여 잠식될 것

들이 모두 생수시장으로 "탈출해"버리게 되면 이제 "목소리" 없는 체념형 사람들 만이 수돗물에 의존하게 되기 때문이다. 이러한 사례는 이밖에도 사립학교와 공립학교의 질 차이, 새마을호·무궁화호·통일호 열차의 서비스의 질 차이를 설명하는데 유용하다. 우리는 흔히 가격차이가 있으므로 질의 차이가 있는 것이 당연하지 않는가고 생각하기 쉬우나 질 향상을 요구하는 정치적 압력을 가할 수 있는 사람들이 탈출하여 보다 나은 代案 속에서 만족을 찾으려 할 때 불가피하게 나타나는 현상이다.

6) 우리 사회에 이러한 문제들은 수돗물 말고도 더 있다. 예를 들면 課外는 교육문제를 국가적 문제, 사회적 문제로 생각하지 않고 개인적으로 해결해 보려는 발상에서 비롯되고 있다. 그 결과 과외 등에 쓰여지는 돈이 교육부 예산의 2~3배 수준에 이르고 있다.

을 우려하여 정부의 결정에 반대하였다. 국회의 보사위원회 소속 의원들은 이들의 주장에 맞장구를 치고 있다. 이들 역시 처음에는 기존의 생수업자와 똑같은 태도를 취하면서 국민의 맑은 물을 마실 권리를 보호하고, 생수가 이미 공공연하게 시판되고 있는 현실에 비추어, 생수시판을 허용할 것을 정부에 촉구하다가 막상 생수시판 허용결정이 내려지자, 기존의 생수제조업자들 편을 들어 시판허용 결정의 철회를 주장하였다. 국민의 반발도 고려하였을 것이다. 이런 계속된 시비 속에 정부는 생수시판 문제에 대한 최종결정을 14대 총선 이후인 1992년 6월까지 유보하였다. 이것은 생수시판 허용문제가 총선을 앞두고 정치쟁점으로 비화되어 여야당 간에 공방전이 벌어질 때 여당측에 유리할 것이 없다고 판단한 때문일 것이다.

4.3 규제정책 과정의 민주화

정부규제 개혁방향과 내용이 정당한 이해관계집단의 참여를 통해서가 아니고 소수의 전문가집단과 기술관료(technocrats)들에 의해 이루어지게 될 때 정부규제 개혁이 기술적 합리성에 치우치게 될 가능성이 높다. 왜냐하면 정부규제의 효과는 비록 그 크기에 있어서 차이는 있을지언정 거의 모든 국민에 걸쳐 나타나게 마련이나 이들의 복잡한 이해관계를 통합한다는 것은 불가능하고, 그 결과 소수의 전문가나 관료의 판단이 우세하게 작용할 때 이들의 판단은 恣意性(arbitrariness)을 벗어나기 어렵기 때문이다.[7)]

우리가 제 4 장에서 고찰한 바와 같이 많은 정부규제의 경우에 집단행동의 딜레마(collective action dilemma) 현상이 나타난다. 그 결과 잘 조직되어 있지 못한 일반국민의 이익은 소홀히 되기 쉽다.[8)] 이 때 물론 정

---

7) 1974년도 노벨 경제학상 수상자 하이엑크는 이 점을 경고하고 있다. 합리성에 대한 盲從은 奴隸상태, 獨裁로 가는 지름길이라는 것이다. Friedrich A. Hayek, *The Road to Serfdom* (Chicago : University of Chicago Press, 1944.)

8) Roger G. Noll and Bruce M. Owen, *The Political Economy of Deregulation: Interest Groups in the Regulatory Process* (Washington, D.C. : American Enterprise Institute, 1983), chapter 2 ~3 참고.

부가 또는 관료들이 국민의 代理人(agent)으로서 公益을 담보하는 입장에 서 있지만 그들이 파악하고 있는 관점이나 대변하고 있다고 생각하는 이익이 반드시 公益과 일치한다는 보장은 없다. 우리나라와 같이 시장경쟁 제한적인 경제적 규제가 공익을 빙자하여 만연되어 왔고, 당연히 이루어져야 할 사회적 규제가 기업활동에 부담을 준다는 이유로 기피되어 온 나라에서 일반국민의 바램과 이익이 실현되는 방향으로 규제개혁이 이루어지기를 기대하기 어렵다. 저자가 원칙적으로 경제적 규제의 대폭적인 완화와 사회적 규제의 강화를 주장하고 있는 이유는 우리가 이런 정치적 한계를 벗어나기 위해서는 규제개혁의 방향과 목표를 분명히 하는 것이 중요하다고 생각하기 때문이다.

정부규제 문제에 대한 정치경제학적 접근의 강점은 정부규제의 효과가 이해당사자 각각에게 어떻게 나타나는가? 정부규제에 대한 이해관계집단의 정치적 행동과 이들의 영향력은 왜 어떻게 나타나며, 또한 관료들의 행태는 왜 어떤 특성을 보이게 되는가? 를 이해하게 해 주는데 있다. 이런 정책참여자들의 이해관계가 충분히 이해될 수 있을 때 비로소 우리는 정부규제의 개혁을 민주적으로 추구해 나갈 수 있다. 왜 당연히 완화되어야 할 경제적 규제가 완화되면 어떤 집단이 법썩을 떠는가를 이해할 수 있을 때 우리는 비로소 개혁에 대한 반발과 저항을 물리치고 공익을 실현할 수 있게 될 것이다. 예를 들면 왜 주유소 설치 자유화에 기존업자들이 반대하는가?(사례 20-2) 소주판매지역에 대한 제한을 완화할 때 왜 일부의 소주업자들이 저항하는가?(사례 24-7) 이런 이유에 대한 분석이 이루어져야 우리는 비로소 참다운 공익의 소재를 파악할 수 있게 된다.

4.4 규제와 규제개혁의 절차 정비

정치사회의 민주화를 추진함에 있어서 정책과정에 대한 정당한 이해관계자의 참여를 철저하게 보장하는 것은 중요하다. 그러나 이 보다 더 중요한 것은 공정한 절차(due process) 혹은 기회균등(equal opportunity)의 보장이다. 이것은 사회적 규제의 강화 그리고 경제적 규제의 완화가 사회적으로 바람직한 방향으로 이루어질 수 있도록 하기 위한 절대적 필요조건이다. 정부규제의 개혁을 논할 때 정부규제 개혁 사례 하나하나에 반드시 다수의 이익집단과 無言의 대중(silent public)이 있다는 사실이 깊이 인식되지 않으면 안된다. 公益은 無言의 대중 편에 있다. 물론 무언의 대중이 愚衆이어서는 안될 것이다.

따라서 규제개혁 과정에서 무언의 대중이 바라는 바가 정책과정에 잘 반영될 수 있도록 충분한 시간적 여유를 갖고 검토가 이루어져야 할 뿐만 아니라, 이해관계집단 사이의 정치적 조직력과 자금력의 차이, 정치적 영향력의 偏差를 감안하여 정부규제의 공익성이 최대한 확보될 수 있도록 할 수 있는 장치가 마련되어야 한다. 이런 제도적 장치로서 우선 立法豫告制와 公聽會 등이 부분적으로 운영되고 있다. 하나의 형식적 절차로서가 아니라 정부규제 개혁의 방향을 결정하는 중요한 계기로 활용될 수 있도록 하기 위해서는 이런 제도의 활용이 대폭적으로 강화되어야 할 뿐만 아니라 지금보다도 훨씬 더 많은 言論의 관심과 심층적인 분석보도 노력이 병행되어야 한다. 이런 관점에서 볼 때 광범위한 분야에 걸친 정부규제 개혁을 일시에 그리고 개혁실적 위주로 다루어 온 지금까지의 방법을 탈피하여 정부규제 개혁과제들을 성질별로 분류하여 순차적으로, 집중적으로 다루어 나가는 방법을 모색하는 것이 도움이 될 것이다.

이와 관련하여 行政節次法 제정 문제를 논하지 않을 수 없다. 우리나라에서 행정절차법의 제정 필요성이 제기된 것은 이미 오래되었다. 行政節次法 제정이 이토록 천연되고 있는 이유는 이 법이 제정되면 여타의 모든 행정법률이 이것에 기속을 받지 않을 수 없게 되기 때문에 어떤 면에서 行政法 體系의 혁명을 일으키는 것이라는 데서 찾아 볼 수 있다. 그러나 일반적으로 행정의 民主性을 확보한다는 견지에서 볼 때 행정절차법이 갖고 있는 의미는 막중하다. 특히 정부규제의 개혁에 있어서 그것의 중요성은 아무리 강조해도 지나치지 않는다. 정부규제는 그것의 속성 상 국민의 기본권·재산권에 직간접적인 영향을 준다. 정부규제의 개혁과정에서 모든 이해관계인에게 정당한 참여와 의견진술의 기회를 부여하는 것 만큼 확실하게 정부규제의 私益性 또는 偏向性(bias)을 시정할 수 있는 장치는 없다.

행정절차법의 제정이 지연됨에 따라 우선 실시되고 있는 立法豫告制度만 보더라도 그것이 정책과정에 미치는 영향은 상당하다. 행정절차법은 단지 행정관료의 자의적인 판단과 월권을 방지한다는 차원에서 뿐만이 아니고, 절차를 어떻게 규정하느냐 여하에 따라서 이해관계자의 정치적 힘의 상호작용관계와 비중이 크게 변화하는 것이기 때문에 대단히 정치적인 문제라고 할 수 있다. 행정절차법의 제정에 병행되어야 할 것으로는 行政情報의 公開가 있다. 정당한 이해관계인에게는 물론 관련학계에서의 연구를 촉진한다는 의미에서 관련정보에의 접근과 열람의 권리는 가급적 폭넓게 허용되어야 할 것이다.

다만 한 가지 행정절차법의 제정과 관련해 주의하지 않으면 안될 사실은 이 법의 절차적 규정이 公益性을 살리기 위한 정부의 노력에 지장을 주거나 이를 원천적으로 봉쇄하는데 악용될 수 있는 소지를 주어서는 곤란하다는 것이다. 예를 들면 어떤 정부규제 또는 규제완화의 검토단계에서 관련 이해관계자가 절차적 규정을 빙자하여 이의를 제기하고 그 결과 정부가 행정소송에 휘말려 한없이 입법이 지연될 가능성이 있다. 行政節次法의 제정취지가 어디까지나 공익의 실현을 위한 이해관계인의 참여 보장에 있다고 한다면 이런 취지와 동떨어진 이유에서 야기될 수 있는 무수한 분쟁을 사전적으로 막는 장치도 모색되어야 할 것이다.

다음으로 규제관련 법체계를 보다 분명히 함으로써 행정부 뿐만이 아니라 국회와 법원의 역할이 강화될 수 있도록 하는 것도 중요하게 검토되어야 할 것이다. 최근 상당수의 違憲·違法審判이 憲法裁判所에 의해서 또는 각급 法院에 의해 이루어지고 있는데 이것은 바람직한 현상이다. 司法府의 적극적 개입은 행정부의 越權을 방지할 뿐 아니라 정부가 정부규제를 다루어 나가는데 있어서 보다 신중을 꾀하도록 유도하고 견제하는 효과를 가지기 때문이다. 뿐만 아니라 앞으로는 국회에서도 委任立法사항에 대해 보다 신중한 검토를 가할 것이 요구된다. 과거 행정만능의 풍토속에서 관계법 정신을 뛰어넘는 사항들이 시행령이나 시행규칙 그밖의 행정예규 등에 의하여 규정되어 온 것이 사실이다. 앞으로는 상하위법령 사이의 관계를 보다 명확하게 규정함으로써 행정부의 恣意的 정책결정을 사전에 방지하고 입법부나 사법부에 의한 견제가 보다 용이하게 이루어질 수 있도록 할 것이 요구된다.

지금까지 행정부의 전문성을 이유로 행정편의적으로 관료적으로 이루어져 온 委任立法 제도와 관행은 이제 새 시대의 민주화 요구에 따라 수정을 받지 않으면 안되는 단계에 와 있다. 입법부와 사법부에 의한 국가권력의 분산과 상호견제 기능의 회복이 필수적인 요소가 되고 있다. 다만 현재의 실정으로 보아 국회의 정책개발과 분석기능이 한계성을 노정하고 있음에 비추어 앞으로 이면에서의 정책적 노력이 가해져야만 할 것이다. 제 6 공화국에 들어 와 국회의 국정감사권의 회복, 국정조사권의 강화 등에 따라 국민들의 청원이 증가하고 있고, 행정정보(public information)에의 접근가능성이 높아지는 추세에 있기 때문에, 국회도 마음만 옳게 가진다면 상당한 견제기능을 행사할 수 있게 되었다. 또한 마찬가지의 논리에서 지금껏 과도하게 중앙정부에 집중되어 온 많은 정부기능과 권한이 지방정부에 실질적으로 分權化되어 이해관계자의 참여가 보다 활발해질 수 있도록 되어야 할 것이다.

4.5 감시기능의 강화

위에서 주로 정부규제에 관련한 정책결정과정 상의 偏向性을 시정하고 公益을 보다 잘 실현할 수 있도록 하기 위한 방안들에 대해 논의하였는데, 정부규제의 집행과정에 있어서도 규제행정기관이 과거의 타성에 젖어서 또는 은연중에 피규제집단에 捕獲(capture)되어 규제목적과 유리되는 방향으로 정부규제를 다루어 나갈 가능성은 상존한다. 특히 사회적 규제와 같이 대체로 기업이 그로 인한 부담을 안게 되는 규제 영역에서 정치적 또는 국민적 관심의 퇴조에 따라 또는 경제상황의 악화에 따라 정부규제의 집행이 느슨해지거나 태만해질 위험성이 높다. 이와 같은 폐단을 시정하고 정부규제가 소기의 목적을 충실하게 이루어 낼 수 있도록 하기 위해서는 역시 입법부의 監視機能(oversight function)이 강화되어야 할 필요가 있다.

또한 정부 혼자서 규제정책 내용에 대한 이행여부를 감시하는 역할을 효과적으로 수행하기 어렵다는 점을 고려한다면 국민 모두가 감시자로 나서야 한다. 이런 관점에서 監視犬(watchdog)이라고 할 수 있는 소비자단체·환경보호단체 등 민간 공익단체(public interest organizations)를 정부가 재정측면에서 적극적으로 지원할 필요가 있다. 공익단체는 효과적인 감시기능을 수행할 수 있을 뿐만 아니라, 규제정책 결정 및 집행과정에 참여함으로써 無言의 대중을 대변하여 규제정책이 보다 공익에 부합되는 방향으로 결정되고 집행될 수 있도록 하는 중요한 역할을 수행한다. 이들의 역할이 보다 효과적으로 이루어지도록 하기 위한 방안으로서, 이들이 보다 손쉽게 그리고 비용부담을 줄이면서 규제기관과 피규제집단을 견제할 수 있도록 集團訴訟(class action suit) 제도 등 새로운 소송제도의 도입을 적극적으로 검토할 필요도 있다.

4.6 규제행정조직의 개선

끝으로 제 22 장에서 논의한 바와 같이 우리나라에서는 정부규제를 담당하는 기관이 거의 예외없이 政府部處 또는 그것의 下部組織의 조직형태를 띠고 있다. 물론 정책결정기관으로서 公正去來委員會, 環境保全委員會 등과 같이 위원회 형태를 취하고 있는 경우도 있지만 집행 업무는 모두 행정기관이 담당하고 있다. 이 경우에 특히 문제가 되는 것이 바로 규제업무와 산업진흥업무의 混在 현상이다. 다시 말하면 같은 행정기관이 어떤 산업의 성장을 촉진하는 업무와 그 산업에 대한 규제업무를 동시에 담당하고 있다는 것이다.

왜 이런 조직형태가 문제가 되는가? 그것은 다음의 두 가지 이유 때문이다. 첫째, 이렇게 상반된 업무를 동일한 기관이 동시에 다루고 있을 때 정책목적이 불분명해진다. 특히 규제업무가 진흥업무의 뒷전에 서게 됨으로써 규제기관의 역할을 다하기가 어렵게 된다. 또한 국민들의 규제정책 이해에 혼선을 초래하고 따라서 국민들이 이런 행정기관에 대한 효과적 감시자가 되기 어렵다. 요컨대 규제기관은 可視性(visibility)과 透明性(transparency)이 높을 때 비로소 제 역할을 충실하게 수행할 수 있게 된다. 둘째, 규제의 측면에서 문제가 생길 때 그 문제의 해결방식이 피규제산업의 진흥 쪽으로 치우치는 편향성(bias)을 야기한다. 예를 들면 택시업에 대한 규제에 있어서 교통부나 지방자치단체가 택시업자 편을 들어 요금인상을 허용한다든지, 보사부가 의약품 안전규제 상 문제가 있는 경우 製藥업체를 처벌하기 보다는 제약업체를 돕기 위한 지원책을 마련하는 것과 같다. 이런 예들은 규제기관이 피규제산업에 捕獲(capture)되고 있음을 보여 준다.

따라서 규제기관이 규제업무를 피규제산업의 입장에서가 아니라 국민의 입장에서 공익에 맞게 수행해 나가도록 하기 위해서는 현행의 조직형태를 어떤 방법으로든지 개선해야 할 것이다. 앞에서도 강조한 바와 같이 이제 정부의 역할은 최소한의 역할로 국한되어 나가는 것이 필요하다. 경제성장과 산업진흥을 최우선적 국가정책으로 삼던 시대는 지나가고 있다. 산업의 성장은 민간의 자율성과 시장기능에 맡기되 정부는 이런 산업들이 올바른 방향으로, 정당한 방법으로 경쟁할 수 있도록 하고 이들의 사회적 책임을 強制하는 정부 本然의 역할로 돌아가야 한다.[9)]

9) 물론 국제경쟁의 첨예화에 따라 선진국에서도 산업정책적 수단을 동원하려는 시도가 없지 않다. 그러나 여기에는 정치적 반발이 만만치 않다. 시장에 정부가 깊숙하게 개입하게 되면 될 수록 정치적 문제는 복잡하게 얽혀져 간다는 사실을 잘 알고 있기 때문이다. 최근 우리가 경험해 온 정치경제적 혼란상을 선진국들은 주시하고 있다. 국내적으로도 정부개입은 대단히 신중하게 이루어져야 한다는 것을 보여 주는 사건들이 계속 발생하고 있다. 최근 現代사건도 이런 맥락에서 이해할 수 있다. 정부지원으로 기업이 운영될 때 기업은 정부의 지원을 당연시한다. 다른 나라도 그렇게 해 나가고 있다고 주장하면서 국민의 희생위에 이

'작은 政府'는 바로 여기에서 시작되어야 하고 이 때에만 성공적으로 실천될 수 있는 가능성을 지닌다. 정부가 항상 기업의 편에서 정책을 생각하고 집행하는 나머지 민주공화국과는 거리가 먼 재벌공화국(?), 기업공화국(?)이 되어서는 안된다는 것이다.

5. 결 론

정치사회의 민주화, 지방자치제의 실시, 경제구조의 복잡화, 광범위한 국내시장 개방 등 우리가 처하고 있는 새로운 환경은 정부역할과 기능의 근본적인 변화를 요구한다. 그것도 터무니없이 방만하게 정부규모를 키워가면서가 아니라 '작은 政府(small government)'를 지향하면서 말이다. 정부역할을 새롭게 설정해야 할 필요성과 당위성을 인정한다면 정부규제의 개혁은 당연히 중요한 정책이슈가 되지 않을 수 없다.

정부규제는 한 나라의 경제사회의 질서를 형성한다. 따라서 정부규제가 잘못 되고 있다는 것은 그 나라의 경제사회 질서가 명확한 방향성을 갖지 못하고 표류하고 있음을 의미한다. 오늘날 우리사회가 경험하고 있는 많은 문제들은 정부규제 좀더 넓게는 정부역할이 올바로 설정되어 있지 못해서 생겨나는 문제들이다. 제 6 공화국에 들어 와 우리의 기대와는 동떨어지게 우리 사회가 방향성을 잃고 표류하고 있는 것은 누구보다도 정부에 책임이 있다. 국가가 과거와는 판이하게 다른 새로운 역할을 담당해야 한다고 인식하긴 하되 그 방향을 명확하게 제시하지 못하고, 정치·경제·사회의 민주화 추세는 확인될 수 있으되 국민 모두가 수긍하고 따를 수 있는 새로운 게임규칙을 마련하지 못할 때, 支離滅裂한 사회가 될 수 밖에 없고 기득권자와 소외된 자 사이의 거리는 점점 더 벌어

투어지는 정부지원을 고맙게 생각하지 않는 고약한 버릇이 생겨난다. 오늘날 우리 사회의 핵심적인 문제들이 모두 재벌과 기업의 삐뚤어진 자세에서 비롯되고 있음을 간과해서는 안될 것이다. 또한 이런 문제의 해결이 당장 경제가 어렵다고 또 다시 천연되어서는 안된다. 어차피 한번 겪어야 할 고통이라면 빨리 겪는 편이 낫기 때문이다.

질 수 밖에 없다. 정부에 대한 불신도 깊어질 수 밖에 없다. 민주화에 냉소적인 자세를 갖지 않을 수 없다. 국민 모두가 염원하는 선진된 민주사회의 실현을 위해서는 정부가 하는 일에 分別이 있어야 한다. 정부가 꼭 해야만 할 일을 찾아내고, 하지 않아도 좋을 일을 과감하게 떨어내야 한다. 또한 정부가 잘 할 수 없는 일은 정부가 하지 않겠다고 선언하여야 한다. 이런 일은 당연히 시장(國民)의 몫이기 때문이다.

이런 관점에서 저자는 다소 과장된 감이 있음을 무릅쓰고 앞으로의 정부규제의 개혁방향으로서 경제적 규제(economic regulation)의 대폭적인 완화와 사회적 규제(social regulation)의 강화를 제시하였다. 이 책에서 저자가 경제적 규제와 사회적 규제의 분류를 일관되게 지켜온 것도 바로 이런 결론을 확인시켜 주기 위함이었다. 다만 이 책에서 경제적 규제의 특수한 유형으로 분류해 온 독과점 및 불공정거래에 대한 규제는 여타의 경제적 규제(가격규제, 진입규제 등)의 완화와 동시에 오히려 강화됨으로써 시장경쟁질서를 지켜 나가는 첨병이 되어야 한다는 사실에 주의할 필요가 있다.

경제적 규제는 대폭적으로 완화되어야 하고 대신 사회적 규제는 강화되어야 한다는 강력한 주장에 무리가 따를 수 있다. 그러나 이 결론은 우리의 정치사회적 현실과 경제적 상황을 충분히 염두에 둔 것이다. 이런 주장은 따라서 일반국민들의 상식에 쉽게 부합할 것으로 믿는다. 저자는 일반국민들의 마음속 저 밑바탕에 우리가 찾고자 하는 그러나 잘 잡히지 않는 公益의 실체가 있다고 믿는다.

경제적 규제의 완화 그리고 사회적 규제의 강화를 추진함에 있어서 관련된 정책과정의 민주화가 절대적이다. 정부규제의 복잡한 속성을 들추어 내고 그것을 바르게 수술하기 위해서는 정부규제 또는 규제완화의 문제점이 언제라도 이해관계자들 스스로에 의해서 제기될 수 있도록 보장되어야 한다. 정부규제는 어떤 의미에서든 관련 당사자 사이의 문제가 아니다. 또 그렇게 취급하여서도 안된다. 私益에 사로잡힌 이익집단의 논리를 경계하고 그 논리를 물리치는 것은 公益에 근거한 논리 밖에 없다.

공익이 사익을 압도할 수 있을 때 그 사회는 건강하고 올바른 방향으로 전진해 나갈 수 있다. 이런 주장은 지극히 당연한 주장으로서 새로운 것이 없다는 인상을 줄지 모른다. 그러나 세상 理致는 지극히 단순한 것이지 복잡한 것이 아니다. 이 책을 통하여 독자들 스스로가 이 결론을 확인할 수 있게 되기를 바랄 뿐이다.

차분하게 정신을 가다듬어 생각해 볼 겨를도 없이 민주화의 몇년을 경험해 온 이 시점에서 우리가 정리해야 할 우선적인 과제는 왜 민주화가 우리의 기대와는 다른 방향으로 흘러 왔느냐 하는 것이다. 여기에는 여러가지 진단이 있을 수 있을 것이다. 저자는 그 원인을 민주화 과정에서 주도적 역할을 담당하지 않을 수 없는 정부가 민주화 시대에 걸맞는 정부역할 변화를 가져오지 못하였다는 데서 찾고 있다. 정부규제의 민주적 개혁에 대체로 실패하였다는 것이다. 이것은 무엇보다도 정부규제와 정부역할 사이의 관계 및 함축성에 대한 이해가 부족하였기 때문이다. 정부규제의 개혁이 제도적 측면 보다는 기술적 합리성에 지나치게 의존하였기 때문이다. 성급하게 정부규제를 다짜고짜로 뜯어 고쳐 나가겠다는 생각은 정부규제와 정부역할 사이의 관계를 충분하게 이해하지 못한 데서 비롯되는 것으로서 지극히 위험한 발상이다. 정부규제와 규제완화를 둘러싼 民主的 政治過程(democratic political process)이 잘 기능할 수 있을 때 비로소 정부규제 개혁은 성공할 수 있고, 政府役割은 시대조류에 맞게 설정될 수 있을 것이다.

색 인

〔 ㅁ 〕

〔 ㅂ 〕

〔 ㅅ 〕

〔 ㅇ 〕

〔ㅈ〕

〔ㅊ〕

〔 ㅋ 〕

〔 ㅌ 〕

〔 ㅍ 〕

〔 ㅎ 〕

[著者略歷]
서울大學校 商科大學 經營學科 卒業
서울大學校 行政大學院 卒業
제18회 行政高試 合格
全北道廳, 商工部 勤務
미국 Harvard大學校 大學院 卒業(政策學博士)
行政刷新實務委員會 委員
經濟行政規制緩和 實務委員會 委員
規制改革推進會議 委員
韓國規制學會 會長(2002-2004)
韓國政策學會 會長(2004)
現, 서울大學校 行政大學院 敎授
大統領所屬 規制改革委員會 委員
中央公務員敎育院 兼任敎授(2003-현재)

[著　書]
「國家와 公共政策」(共著, 法文社, 1991)
「행정개혁의 신화와 논리」(공편저, 나남, 1993)
「經濟民主化의 政治經濟」(共著, 法文社, 1994)
시장경제와 규제개혁(공편저, FKI 미디어, 2002)
규제의 역설(공편저, 삼성경제 연구소, 2006)
Economic Policymaking in Korea: Institutional Analysis of Economic Policy Changes in the 1970s and the 1980s (Seoul: Nonmuncharosa, 1995)
기타 論文 다수

政府規制論 - 規制와 規制緩和의 政治經濟 -

1992년 3월 10일 初版印刷
2019년 1월 15일 初版 24刷發行

著者 崔 炳 善
發行人 裵 孝 善
發行處 圖書出版 法 文 社

주　소 10881 경기도 파주시 회동길 37-29
등　록 1957년 12월 12일/제2-76호(윤)
전　화 (031)955-6500~6 FAX (031)955-6525
E-mail (영업) bms@bobmunsa.co.kr
(편집) edit66@bobmunsa.co.kr
홈페이지 http://www.bobmunsa.co.kr

組版 (주) 성 지 이 디 피

정가 30,000원 ISBN 89-18-02258-1